IMAGO MUNDI

Schriftenreihe für Ausbau und Vertiefung
des christlichen Welt- und Menschenbildes
herausgegeben von ANDREAS RESCH

Band VII

RESCH VERLAG INNSBRUCK 1981

VORWORT

Fortleben nach dem Tode ist die bedeutendste Frage für das menschliche Leben. Gibt es ein Fortleben, so bekommt der Mensch Ewigkeitswert, gibt es kein Fortleben, so schrumpft der Mensch auf den Leistungs- und Mitmenschlichkeitswert zusammen. Es kann daher keinen vernünftigen Menschen geben, für den die Frage des persönlichen Überlebens des Todes nicht die Grundentscheidung für die eigene Lebenshaltung wird. Wissenschaftliche, politische, wirtschaftliche oder soziale Ersatzmodelle können nur entwicklungsbedingte Lösungen bieten, die Frage als solche vermögen sie nicht zu beantworten, weil sie als immanente Sättigung die dem Menschen innewohnende Sehnsucht nach einer unsterblichen Stellung im Kosmos höchstens verdecken, niemals aber erfüllen können. Dies hat die Sterbeforschung in den letzten Jahren so offenkundig gemacht, daß man die Verdrängung der Frage des Fortlebens nach dem Tode als das größte wissenschaftliche Vergehen der Neuzeit an der Vollentfaltung der menschlichen Persönlichkeit bezeichnen kann. Es wurde nämlich weder bei den Naturvölkern ein Stamm gefunden, bei dem Dauer und Zweck des menschlichen Lebens als auf der Erde erschöpft angenommen wurde, noch haben psychologische Individualanalysen den Beweis erbringen können, daß der Mensch nicht ewig leben will. So habe ich in meiner psychologischen Praxis, auch bei deklarierten Atheisten und Agnostikern, noch keinen Menschen gefunden, der sich nicht nach einem ewigen und besseren Leben sehnte, selbst wenn er durch Selbstmord dem konkreten Leben zu entrinnen suchte.

Von dieser Warte aus wird auch die weltweite Resonanz auf den VII. IMAGO MUNDI Kongreß mit dem Thema „Fortleben nach dem Tode", vom 13. – 17. September 1978 in Innsbruck, als öffentlicher Ausdruck eines Bedürfnisses verständlich, das nur allzulange verdrängt wurde. Nachdem Demokrit den Menschen gänzlich sterben ließ, hörte das wissenschaftliche Bemühen nicht mehr auf, die Unsterblichkeit des Menschen als unwissenschaftlich abzutun und die Religion als Opium für das Volk zu bezeichnen. So sagte Heinrich Czolbe (1865), ein entschiedener Verfechter des wissenschaftlichen Materialismus, der bis heute noch bestimmend ist: „Nimmermehr die Unsterblichkeit, nur der Tod auf ewig ist ein wahrhaft befriedigender Abschluß des Lebens, ist für den Begriff der Harmonie der Weltordnung notwendig."

Dieser Stellenwert der Unsterblichkeit machte es notwendig, die Frage des Fortlebens nach dem Tode in einer Form zu beleuchten, wie dies bis heute noch nicht geschehen ist.

Nach einem geschichtlichen und ethnologischen Überblick und einem Hinweis auf grundsätzliche Grenzen und Möglichkeiten wird über die Versuche einer empirischen Begründung des Fortlebens nach dem Tode aus energetischen und psychologischen Erfahrungswerten berichtet: Diesseitiges lebt im Jenseits weiter. Auf diese immanenten Betrachtungen folgen die Beiträge, die das Wirken „Jenseitiger" im Diesseits zu untermauern suchen, worauf die parapsychologische und wissenschaftsmethodische Deutung der „immanent" und „transzendent" bedingten Erfahrungen erfolgt. Schließlich erfährt die Frage des Fortlebens nach dem Tode in einer theologischen und religionswissenschaftlichen Betrachtung ihre letzte Ausdeutung für den konkreten Lebensvollzug des Menschen.

Die außerordentliche Vielfalt der Betrachtungen erfüllt mich den Autoren gegenüber mit einem ganz besonderen Dank. In Wahrung wissenschaftlicher Methodik haben sie es nicht gescheut, über traditionelle Argumente hinauszugehen und auch Erfahrungswerte in die Betrachtung aufzunehmen, über die man in der Öffentlichkeit lieber schweigt. Einen weiteren Dank schulde ich den Mitgliedern von IMAGO MUNDI für die Ermöglichung der Herausgabe dieses Bandes und Dr. Günter Emde für unermüdliche Beratung. Nicht zuletzt schulde ich Frau Minka Honeck und Maria Luise Jäger sowie den übrigen Mitarbeitern eine gebührende Anerkennung.

Möge dieser Band dazu beitragen, das Fortleben nach dem Tode zum wohltuendsten Lebensinhalt zu machen und den Wert des menschlichen Lebens zu heben.

Innsbruck, 25. März 1980 und 25. März 1981   Andreas Resch

INHALTSVERZEICHNIS

ANDREAS RESCH

Vorwort 5

INHALTSVERZEICHNIS 7

Autoren 19

ANDREAS RESCH
UNSTERBLICHKEIT: GESCHICHTE UND FORSCHUNG   25

I. ALTERTUM 27
   1. Naturvölker 27
   2. Frühe Kulturvölker 28
      a) Ägypten 29
      b) China 30
      c) Indien 30
      d) Persien 31
      e) Griechen 32
      f) Römer 37

II. CHRISTUS – KIRCHENVÄTER UND SCHOLASTIK 41
   1. Jesu Tod und Auferstehung 41
   2. Die Väter der Kirche 42
   3. Scholastik 45

III. NEUZEIT 49
   1. Kosmologische Betrachtungen 50
   2. Rationalismus 54
   3. Natürliche Unsterblichkeit 56
   4. Leugnung der Unsterblichkeit 58
   5. Wiedergeburt 59
   6. Unsterblichkeit des Allgemeinen 60
   7. Persönliche Erfahrung 62
   8. Wissenschaftlicher Materialismus 65
   9. Unsterblichkeit als Wunschvorstellung 67
   10. Fortschrittsglaube 68
   11. Mystik und Esoterik 69
   12. Lebensphilosophie 72
   13. Existenzphilosophie 74

IV. FORSCHUNG 75
   1. Die phänomenologische Forschung 76
      a) Die Spontanfälle 77
      b) Reinkarnationsforschung 79
      c) Spukphänomene 80
      d) Die Stimmenphänomene 80
   2. Die mediumistische Forschung 81
   3. Die psychologische Forschung 81
      a) Außerkörperliche Erfahrung 82
      b) Erlebnisberichte klinisch Toter 82

c) Sterbebettvisionen		83
d) Reinkarnationserinnerungen		83
V. SCHLUSSFOLGERUNGEN		84

WALTER KUCHER
JENSEITSVORSTELLUNGEN BEI DEN VERSCHIEDENEN VÖLKERN   87

I. FORM DES LEBENS NACH DEM TODE	88
1. Der Präanimismus	88
2. Das Weiterleben des ganzen Menschen	89
3. Der Seelenglaube	89
a) Die Egoseele	90
b) Die Freiseele	90
c) Die Vitalseele	91
d) Die Unsterblichkeit der Seele	92
e) Die Seelenwanderung	93
f) Die Präexistenz der Seele	94
g) Neuere methodische Gesichtspunkte	94
4. Der Tod als Übergang ins Jenseits	95
II. JENSEITSVORSTELLUNGEN BEI NATURVÖLKERN	97
1. Der Weg ins Jenseits	100
2. Die Bedeutung der Bestattungssitten	101
III. JENSEITSVORSTELLUNGEN BEI DEN HOCHKULTURVÖLKERN	103
1. Ägypter	103
a) Die ägyptische Jenseitswissenschaft	105
b) Die Fähre der Götter	106
2. China	107
3. Indien	108
4. Der alte Orient	109
a) Israelitisch-babylonische Vorstellungen	109
b) Das Jenseits der Phönizier	110
c) Die Etrusker	111
5. Die Griechen	113
a) Kreta	114
b) Mykenisch-homerische Zeit	115
c) Die Inseln der Seligen	117
d) Die Unterwelt des Hades	118
6. Die Thraker	119
7. Die Römer	121
8. Die Germanen	122
9. Die Kelten	125
10. Die Finnen	129
11. Die Azteken und Maya	130
12 Die Peruaner	132
13. Jenseitsvorstellungen in der Südsee	132

Inhaltsverzeichnis

IV. HEILSERWARTUNGSIDEEN 135
   1. Die Heilserwartungen bei den Naturvölkern 135
      a) Schamanismus 136
      b) Chiliastische und messianische Ideen 139
      c) Ideen einer Wiedergeburt 140
   2. Heilserwartungen bei den Hochkulturvölkern 143
      a) Der Taoismus 143
      b) Der Hinduismus 144
      c) Der Buddhismus 144
      d) Der Shintoismus 145
      e) Zoroaster und Manichäismus 145
      f) Der Islam 146
      g) Das Jenseits in der israelitisch-jüdischen Religion 147

V. DAS WEITERLEBEN ALTERTÜMLICHER
JENSEITSVORSTELLUNGEN 148
   1. Die Neugriechen 148
   2. Die Südslawen und Bulgaren 150
   3. Das Fortwirken etruskischer Vorstellungen 152
   4. Altertümliches im armenischen Volksglauben 152
   5. Altertümliche Züge im ägyptischen Volksglauben der
     Gegenwart 153
   6. Altindianische Totenkulte im mexikanischen Volksglauben . 154
   7. Zum Volksglauben in Großbritannien und Nordeuropa 155
   8. Vorchristliche Auffassungen 156

VI. SCHLUSSFOLGERUNGEN 157

SIGRID LECHNER-KNECHT

**TOTENBRÄUCHE UND JENSEITSVORSTELLUNGEN
BEI DEN HEUTIGEN INDIANERN UND BEI
ASIATISCHEN VÖLKERN**   161

I. TOD UND JENSEITS BEI DEN HEUTIGEN INDIANERN 161
II. TOD UND JENSEITS BEI ASIATISCHEN VÖLKERN 165
   1. Tibet 166
   2. Nepal 168
   3. Indien 171
   4. Ceylon 172
   5. Jenseits — bei den Auslands-Chinesen 173
   6. Nordsumatra 175
   7. Bali 176
III. SCHLUSSBETRACHTUNG 177

WILHELM GAUGER

POSTMORTALE WELT UND POESIE   179

I. KÜNSTLER UND TOD 179

II. WILLIAM BUTLER YEATS ... 180
1. „Shepherd and Goatherd" ... 180
2. Bau und Verwerfung von Systemen ... 183
3. Die Transzendierung ... 185
4. Bewahrung und Verzicht ... 187

III. POETISCHE AUSSAGEN ÜBER TOD UND POSTMORTALE WELT ... 189
1. Buschmänner ... 189
2. Trobriander ... 191
3. Ein Beispiel aus Irland ... 193
4. Berichte vom Tode C. G. Jungs ... 195

IV. OBJEKTIVITÄT UND SUBJEKTIVITÄT ... 200

V. INTERPRETATION VON STELLEN AUS „JIM KNOPF" STERBEN, GEBURT UND INKARNATION ... 201

VI. POETISCHE SPRECH- UND ERLEBNISWEISE IM ZUSAMMENHANG MIT TOD UND POSTMORTALER WELT ... 211

VII. INTERPRETATION EINER STELLE AUS „EIN MORD, DEN JEDER BEGEHT": EIN LÜCKENPHÄNOMEN ... 213

VIII. ERGEBNISSE ... 217

BURKHARD HEIM
POSTMORTALE ZUSTÄNDE? 221

1. Definition und allgemeine Problemstellung ... 222
2. Die Unerheblichkeit emotionaler Standpunkte ... 226
3. Die Unerheblichkeit des physikalischen Standpunktes ... 230
4. Teil und Ganzheit ... 236

HEINRICH HUBER
DAS KONTINUIERLICHE BEWUSSTSEIN DES MENSCHEN 241

I. TODESFURCHT UND DER TOD ALS THERAPIE ... 242

II. BEWUSSTSEIN ALS ENERGIE ... 244
1. Die Beziehung des Bewußtseins zum Gehirn ... 245
   a) Esoterisch ... 245
   b) Naturwissenschaftlich ... 245
   c) Philosophisch ... 246
2. Das Kontinuierliche Bewußtsein im Sterben und beim Tod . 247
3. Bewußtsein und Kreativität ... 248
   a) Mysterium, Elektrizität ... 249
   b) Bewußtsein wie die Kinder ... 251
4. Energetische Transformations- und Integrationsprozesse ... 255

III. DIE TOTENBÜCHER, DAS DRITTE AUGE UND DIE THEOLOGIE ... 257

IV. DIE ENTWICKLUNG DES KONTINUIERLICHEN
   BEWUSSTSEINS 260
   1. Telepathie 260
   2. Medialität 261
   3. Einweihung und Antahkarana 262
   4. Regeln und Übungen 263
V. AUFERSTEHUNG UND VERKLÄRUNG DES LEIBES 265
VI. DIE QUALITATIVEN ENERGIEN DES MENSCHEN 268
   1. Die Humanenergetik 270
   2. Eigene Erfahrungen mit dem kontinuierlichen Bewußtsein .. 271
      a) Flugträume und Exkorporationen 271
      b) Studium und Dichtung 271
      c) Neurochirurgische u. a. medizinische Erfahrungen 272
      d) Yoga und Spontanyoga 273
   3. Das kontinuierliche Bewußtsein und die Evolution 274

JOSEF GRUBER
EVOLUTIVE ERLEBNISSE VON IDENTITÄT UND BEWUSSTSEIN 277

I. ERLEBNISBERICHT 277
   1. Lebenserfahrungen 278
   2. „Nachtodliche" Erlebnisse 281
   3. Assoziative Deutung 282
II. WISSENSCHAFTSTHEORETISCHE IMPLIKATIONEN 285
   A. Erlebnis von Identität und Bewußtsein 286
      1. Identität 286
      2. Bewußtsein 288
   B. Reinkarnation und Evolution 289
      1. Reinkarnation 289
      2. Evolution 290

WERNER F. BONIN
REINKARNATIONSERFAHRUNG IN DER TRANSPERSONALEN PSYCHOLOGIE UND UNTER EINFLUSS VON DROGEN 293

I. DIE ARBEIT GROFS 293
II. DIE TRANSPERSONALE PSYCHOLOGIE 303
III. EMPIRIE IN DER TIEFENPSYCHOLOGIE, DIE BEOBACHTUNGEN EXPERIMENTELLER MEDIZINISCHER PSYCHOLOGIE, ETHNOGRAPHISCHE BEFUNDE UND PSYCHOLOGISCHE FOLGERUNGEN 308
IV. PHILOSOPHISCHER AUSBLICK 312

ERNST BENZ
**DIE REINKARNATIONSLEHRE IN DICHTUNG UND
PHILOSOPHIE DER DEUTSCHEN KLASSIK UND ROMANTIK** 317

I. LESSING 318
II. KANT 323
III. GOETHE 327
IV. JOHANN GEORG SCHLOSSER 333
V. JOHANN GOTTFRIED HERDER 337
VI. SPIRITISMUS – FRANZ ANTON MESMER UND ALLAN KARDEC 345
VII. SCHLUSS 355

GERHARD ADLER
ZUR REINKARNATIONSIDEE 357

Vorbemerkungen 357
I. EINIGE HISTORISCHE BELEGE 360
   1. Indien 360
   2. Europäische Antike 362
   3. Andere Kulturkreise 366
II. ZUR GEGENWÄRTIGEN DISKUSSION 369
   1. Hypnose, Parapsychologie 369
   2. Deutungsversuche 373
   3. Die „Twenty Cases" des Ian Stevenson 376
   4. Immanente Erklärung 377
   5. Spiritismus und Spiritualismus 378
   6. Anthroposophie 382
   7. Neuoffenbarungen 385
III. FRAGEN UND VORLÄUFIGE ERGEBNISSE 388

FIDELIO KÖBERLE
**BEWEISEN DIE TONBANDSTIMMEN DAS FORTLEBEN
NACH DEM TODE?** 395

GIORGIO DI SIMONE
EINKÖRPERUNGSTRANCE UND FORTLEBEN 403

STEFAN VON JANKOVICH
ERFAHRUNGEN WÄHREND DES KLINISCH-TOTEN ZUSTANDES 409

I. ERLEBNISBERICHT 410

1. Phase: Bewußtwerden des Todes 411
2. Phase: Beobachtung des eigenen Todes 413
3. Phase: Lebensfilm und Urteil! 415
II. PERSÖNLICHE ERWÄGUNGEN 418

KARLIS OSIS UND ERLENDUR HARALDSSON
STERBEBETTBEOBACHTUNGEN VON ÄRZTEN UND KRANKENSCHWESTERN: EINE INTERKULTURELLE UMFRAGE 425

I. MODELL DER ZWEI GRUNDHYPOTHESEN ÜBER
STERBEBETTVISIONEN 428
   1. Ursachen der Sterbebettvisionen 428
   2. Einfluß halluzinogener Faktoren auf Sterbebettvisionen ... 428
   3. Inhalt der Sterbebettvisionen 429
   4. Einfluß psychologischer Faktoren auf Sterbebettvisionen .. 429
   5. Inhaltsverschiedenheiten bei Einzelpersonen und innerhalb
      von Kulturen 430
II. METHODE 430
   1. Fragebogen und Vorgangsweise 430
   2. Interviews 431
   3. Auswertung der Daten 432
III. ERGEBNISSE 433
   1. Merkmale der Erscheinungen, die von Sterbenden
      gesehen wurden 433
      a) Dauer der Erscheinungen 434
      b) Zeitpunkt der Erscheinungen 434
      c) Identität der Erscheinungen 434
      d) Die Absicht der Erscheinungen 437
      e) Reaktion der Patienten auf Erscheinungen 439
   2. Medizinische Faktoren 440
      a) Drogen 440
      b) Temperatur 440
      c) Diagnosen 440
      d) Der halluzinogene Index 441
      e) Klarheit des Bewußtsein 441
   3. Demographische Faktoren 444
   4. Psychologische Faktoren 444
      a) Streß 444
      b) Wünsche und Erwartungen 446
      c) Furcht vor dem Sterben 446
   5. Kulturelle Faktoren 447
      a) Religion 447
      b) Glaube an ein Fortleben nach dem Tode 449
IV. SCHLUSSFOLGERUNGEN 450

RUDOLF LANG
ERLEBNISSE IM UMKREIS VON STERBEN UND TOD ERFAHRUNGSBERICHT AUS DER ERWACHSENENBILDUNG 457

1. Berichte über Telepathie in Verbindung mit Sterbefällen . . . 458
2. Berichte über Psychokinese in Verbindung mit Sterbefällen . 460
3. Berichte über Doppelkörper, Lebenspanorama, Sterbebett-Erlebnisse 460
4. Berichte und Hinweise zu Erlebnissen, die als Kontakte mit Verstorbenen gedeutet werden: Träume, Erscheinungen, Visionen, Halluzinationen usw. 461

ERICH REINDL
MEDIUMISTISCHE AUSSAGEN ÜBER DAS LEBEN NACH DEM TODE 465

I. LEHRMEINUNGEN 465
    1. Wiedergeburt 465
    2. Mensch und Geistwesen 466
    3. Das Leben nach dem Tod 466
    4. Das Jenseits 466
    5. Himmel und Hölle 467
    6. Erdenleben 467
II. „DIESSEITS-JENSEITS-DARSTELLUNG" 468

GEORG SIEGMUND
DAS FORTLEBEN NACH DEM TODE IM LICHTE DES PHÄNOMENS VON EINGEBRANNTEN HÄNDEN 473

I. „KRITISCH" 473
II. SPONTANPHÄNOMENE 476
    1. Literatur 477
        a) Fuchsmühl 478
        b) Museo del Purgatorio 481
    2. Margarete Schäffner 482
    3. Deutung des Phänomens 490
    4. Fegefeuer — Japanisches Totenfest 491
    5. Brandspuren in einem Gebetbuch 492
    6. Brandspuren in einem Totenmissale 495
    7. Nochmals Fegefeuer 499
    8. Zwei weitere noch erhaltene Dokumente mit Brandspuren . . 500
    9. Die eingebrannte Hand auf dem Tribunaltisch in Lublin (Polen) 503

WILHELM SCHAMONI
AUFERWECKUNGEN VOM TODE — 505

1. Einleitung 505
2. Dokumentierte Fälle 507
   a) Auferstehung der Schwester Franziska-Angelika
      de la Pesse 508
   b) Auferweckung des Hieronymus Genin 518
3. Geschichtliche Berichte 529
   a) Altes und Neues Testament 529
   b) Altertum bis Neuzeit 530
4. Schlußfolgerungen 531

WERNER SCHIEBELER
DAS FORTLEBEN NACH DEM TODE IM HINBLICK AUF NATURWISSENSCHAFT UND PARAPSYCHOLOGIE — 533

EINLEITUNG 533
I. NATURWISSENSCHAFT 534
   1. Der biologische Lebensbegriff 534
   2. Das geistige Leben 535
   3. Die physikalische Natur der geistigen Lebensvorgänge 535
   4. Die Voraussetzungen zur Aufrechterhaltung des Lebens ... 537
   5. Sonderfälle geistiger Lebensvorgänge 540
II. PARAPSYCHOLOGIE 546
   1. Möglichkeiten zur Fortführung der Informationsspeicherung
      und Informationsverarbeitung nach dem irdischen Ableben . 546
   2. Der Vorgang des irdischen Todes aus parapsychologischer
      Sicht 554
   3. Die sichtbare Erscheinung der Gestalt Verstorbener 556
   4. Mediale Mitteilungen Verstorbener 568
   5. Die Kreuzkorrespondenzen 573
   6. Rosemary Brown und Viktor Ullmann 576
   7. Die Urheberschaft physikalischer Erscheinungen der
      Parapsychologie 578
III. SCHLUSSFOLGERUNGEN 582
   1. Erfahrungsmaterial 582
   2. Der Gegensatz Spiritismus — Animismus 586

HANS BENDER
PARAPSYCHOLOGIE UND DAS FORTLEBEN NACH DEM TODE — 593

I. GLAUBE AN EIN FORTLEBEN 595
II. PARAPSYCHOLOGIE UND SPIRITISMUS 598
III. TONBAND-STIMMEN-FORSCHUNG 603

IV. EXKURSIONSERLEBNISSE 609
V. ERLEBNISSE IN TODESNÄHE 612
VI. SCHLUSSBETRACHTUNG 614

W. H. C. TENHAEFF
DAS GEISTERSEHEN 617

1. Telepathie 621
2. Außerkörperliche Erfahrung 625
3. Anthropologische Parapsychologie 629

MARIO L. RYBARCZYK
PARAPSYCHOLOGIE, TOD UND UNSTERBLICHKEIT 637

GÜNTER EMDE
GRUNDLAGEN EINER TRANSZENDENZOFFENEN THEORIE PARANORMALER VORGÄNGE 643

I. DAS VERHÄLTNIS DER NATURWISSENSCHAFT ZUM
   TRANSZENDENTEN 643
II. ZUR KRITIK DER TRANSZENDENZVERSCHLOSSENEN
    HALTUNG: GRUNDSÄTZLICHE GEDANKEN ÜBER
    WIRKLICHKEIT UND BEWEISBARKEIT 647
    A. Der Prozeß der Wahrnehmung 647
    B. Hypothesen und Theorien 655
    C. Das Problem der Nicht-Reproduzierbarkeit parapsychologischer
       Experimente 658
    D. Die spiritistische These und ihre Nicht-Beweisbarkeit 661
III. ARGUMENTE FÜR EINE TRANSZENDENZOFFENE
     WISSENSCHAFTLICHE HALTUNG 664
     A. Physikalische Aspekte: Die Raum-Zeit-Struktur im Heimschen
        Weltmodell 665
     B. Biologische Aspekte: Leben und Evolution 674
     C. Neurologische und parapsychologische Aspekte: Das Gehirn
        und die spiritistischen Phänomene 683
        1. Materielle Welt und seelisch-geistige Vorgänge 684
        2. Fortleben nach dem Tode? 689
           a) Erlebnisse an der Schwelle des Todes 691
           b) Reinkarnation 693
           c) Präkognition 694
           d) Paranormale Fähigkeiten und Darwinistische Evolution .. 697
     D. Ethische Aspekte: Die Verantwortung des Wissenschaftlers 698
IV. AUSBLICK: FORSCHUNGSAUFGABEN IM RAHMEN EINER
    TRANSZENDENZOFFENEN WISSENSCHAFT 700

OTTO KNOCH
WAS SAGT DIE BIBEL ÜBER DAS FORTLEBEN DES MENSCHEN NACH DEM TODE? 703

I. DIE BIBEL – EINZIGARTIGES ZEUGNIS AUS DEM ZENTRUM DER GROSSKULTUREN DES ALTEN ORIENTS 704
   A. Die Bibel und ihre Eigenart 704
      1. Kultur und religionsgeschichtliches Zeugnis 704
      2. Die Erfahrung des einen Gottes 705
   B. Die Lebensauffassung der Bibel in ihren ältesten Schichten 707
      1. Die israelitische Überlieferung 707
      2. Die Hoffnungen der Umwelt 709
      3. Das düstere Schicksal der Toten 710
      4. Die unzerstörbare Freude am Leben 712
      5. Errettung vor dem Tode 713
   C. Das Ungenügen jeder rein innerweltlichen Lebenshoffnung – Erste Hoffnungsgrundlagen 713
      1. Das ungenügende Diesseits 714
      2. Der Anschein der Wirklichkeit gegen die Gerechtigkeit Gottes 714
      3. Der Tod als Last und Strafe 715
      4. Die lebende Gemeinschaft mit Gott 717
      5. Die Erfahrung der Treue Gottes 719
   D. Prophetische Botschaft in der Verfolgung: Gott wird die Märtyrer aus dem Tode auferwecken 720
   E. Biblische Lebenshoffnung und griechische Unsterblichkeitserwartung 722

II. JESUS VON NAZARETH – DURCHBRUCH INS EWIGE LEBEN 723
   A. Jesu Botschaft vom künftigen Leben 723
      1. Sadduzäer und Pharisäer 723
      2. Die Botschaft Jesu 723
   B. Auferstehung Jesu, des Gekreuzigten: die Wende der Menschheitsgeschichte 726
      1. Die Begegnungen mit dem Auferstandenen 726
      2. Die neuartige Existenzform des Auferstandenen als Modell der christlichen Auferstehungshoffnung 729
   C. Die urchristliche Zukunftsvorstellung im Umriß 732

INGE VON WEDEMEYER
„WEIT GEÖFFNET SIND DIE TORE ZUR UNSTERBLICHKEIT" 735

JOSEF ZAPF
DIE MYSTISCHE ERFAHRUNG ALS HINWEIS AUF EIN FORTLEBEN NACH DEM TODE — 741

I. PROBLEMFELD 741
II. KLÄRUNG 743
    1. Methode 743
    2. Begriffe 744
    3. Strukturen 746
    4. Vergleiche 751
III. KONSEQUENZEN 762
    1. Die Konsequenz für unser Thema 762
    2. Die Konsequenz fürs eigene Leben als ars moriendi im Sinne einer ars vivendi 763

Namenregister 765
Sachregister 776

AUTOREN

ANDREAS RESCH, Prof. DDr., geb. am 29. 10. 1934 in Steinegg bei Bozen / Südtirol. 1955 Eintritt in den Redemptoristenorden; 1961 Priesterweihe. 1963 Doktorat der Theologie an der Universität Graz, 1967 Doktorat der Philosophie (Psychologie und Volkskunde) an der Universität Innsbruck. Seit 1969 Professor für klinische Psychologie und Paranormologie an der Academia Alfonsiana, Lateranuniversität, Rom, und seit 1980 Direktor des „IGW Institut für Grenzgebiete der Wissenschaft – IMAGO MUNDI", Innsbruck. Anschrift: Prof. DDr. Andreas Resch, Postfach 8: A-6010 Innsbruck, Tel. O5222 / 34772.

WALTER MAXIMILIAN KUCHER, Dr. phil., geboren am 18. April 1912 in Wien, Studium der Völkerkunde und Staatswissenschaften an den Universitäten Wien und Königsberg / Pr., seit 1953 Lehrbeauftragter für Ethnologie an der Philosophischen Fakultät der Universität Erlangen und seit 1971 auch Lehrbeauftragter für Ethnomedizin an der Medizinischen Fakultät der Universität Erlangen-Nürnberg. Ferner ab Wintersemester 1972 Lehrbeauftragter für Ethnomedizin am Institut für Geschichte der Medizin und Medizinischen Soziologie der Technischen Universität München. Anschrift: Dr. Walter Kucher, D-88 Ansbach, Ludwig-Kellerstr. 4

SIGRID LECHNER-KNECHT, Dr. phil., geboren in Freiburg, Promotion bei Nobelpreisträger Karl von Frisch, studierte Naturwissenschaften, Geographie und Philosophie, Kunstgeschichte, Musikwissenschaft und Psychologie, nahm viele Jahre an den parapsychologischen Vorlesungen und Übungen von Prof. Hans Bender teil. Weltweite Reisen. Besonders interessierte sie sich für die Naturvölker, die in der Einheit von „innen" und „außen" leben, für ihre Lebens- und Glaubensweisen, Musik, Tanz und magischen Praktiken. Anschrift: Dr. Sigrid Lechner-Knecht, Günterstalstr. 68, D-78 Freiburg i. Br., Tel. (0761) 75390

WILHELM GAUGER, Prof. Dr. phil, geboren am 13. Juli 1932 in Wuppertal. Nach dem Abitur an einem naturwissenschaftlichen Gymnasium 1953 und dem Studium von Anglistik und Germanistik in Köln Studienreferendar in Solingen und Wuppertal, Assessorprüfung 1962, anschließend Assistent und Akademischer Rat an der freien Universität in Berlin, dort 1965 Promotion. Seit 1974 zahlreiche Veröffentlichungen über den Grenzbereich von Literatur, Literaturwissenschaft, Ästhetik, Parapsychologie. Der Verfasser ist Mitherausgeber der „Zeitschrift für Parapsychologie". Anschrift: Prof. Dr. Wilhelm Gauger, Schopenhauerstr. 7, D-1000 Berlin 38, Tel. 030 – 8029067.

BURKHARD HEIM, Dipl. Phys., wurde am 9. 2. 1925 in Potsdam geboren. Aufgrund einer 1941 gemachten Erfindung auf dem Gebiet der Pyro- und Sprengstofftechnik wurde er 1944 in die Chemisch-Technische Reichsanstalt zu Berlin abgestellt. Leider kam es bei Laboratoriumsarbeiten im Mai 1944 zu einem Explosionsunglück, wobei Heim beide Hände verlor. 1946 Chemiestudium und 1949 Studium der theoretischen Physik, das er 1954 mit dem Hauptdiplom abschloß. Seit 1949, vor allem aber seit 1956, Beschäftigung mit der Natur der Kraftfelder und einer einheitlichen Beschreibung der Elementarkorpuskel: „Elementarstrukturen der Materie". Bd. 1. Innsbruck: Resch 1980. Anschrift: Dipl. Phys. Burkhard Heim, D-341 Northeim, Schillerstraße 2, Tel. 05551/7933

HEINRICH HUBER, Dr. med., geb. am 7. Juni 1920 in Wien. Studium der Medizin, Promotion 1949, Tätigkeit an der Ersten Chirurgischen Klinik in Wien. Seit 1954 arbeitet er in freier Praxis und beschäftigt sich mit Forschungen auf dem Gebiet der Atmung, der Ernährung, des Yoga und insbesondere des Energiekörpers. 1969 erfand er das Pneumotron und 1970 schuf er im Rahmen der Ausstellung in Köln das Kosmosolarium. 1977 wurde er auf dem 3. Kongreß der Internationalen Gesellschaft für Psychotronische Forschung in Tokyo zum Vizepräsidenten für Europa gewählt. Anschrift: Dr. Heinrich Huber Silvaraweg 9/35, A-1190 Wien, Tel. 022 2/323570

WERNER F. BONIN, Dr., geb. 1941, promovierter Sozialwissenschaftler (Völkerkunde, Psychologie), Verlagsmitarbeiter, Autor (u. a. Lexikon der Parapsychologie, Die Götter Schwarzafrikas, in Vorbereitung: Das Buch der Träume, Traditionelle Poesie in Afrika). Anschrift: Dr. Werner F. Bonin, Schillerstraße 9, Oberaichen, D-7022 Leinfelden–Echterdingen 1. Tel. Stuttgart (0711) 74 81 51.

JOSEF GRUBER, Dr. phil., geb. am 10. 1. 1946 in St. Michael (Salzburg), 1965 Abitur in Salzburg, Studium der Psychologie (Schwerpunkt: Klinische Psychologie) an der Universität Salzburg und Promotion zum Dr. phil. 1971. Univ. Assistent am Institut für Psychologie der Universität Innsbruck. Anschrift: Dr. Josef Gruber, A-6103 Reith bei Seefeld 55

ERNST BENZ, Prof. Dr. theol., Dr. phil., wurde am 17. November 1907 in Friedrichshafen geboren und wirkte nach seinem Studium als Dozent in Halle/S. und ab 1935 als Professor für Kirchengeschichte und Ökumene an der Universität Marburg. Prof. Benz gehörte zu jenen großen und seltenen evangelischen Theologen, die das theologische Gespräch auch auf Fragen der Paranormologie ausdehnten. Seine zahlreichen Veröffentlichungen und seine vielseitige Vortragstätigkeit, besonders auch in Amerika, brachten ihm einen weltweiten Ruf. Prof. Benz starb ganz unerwartet am 29. 12. 1978 unmittelbar nach der Fertigstellung seines Beitrages für diesen Band.

GERHARD ADLER, geboren 1941, Studium geistwissenschaftlicher Fächer. Seit 1970 beim Südwestfunk Baden-Baden tätig, derzeit im Kulturbereich.

Verschiedene Publikationen zu religiösen Fragen und Grenzgebieten, wovon „Es gibt Dinge zwischen Himmel und Erde" (1974) und „Wiedergeboren nach dem Tode" (1977) besonders genannt seien. Anschrift: Gerhard Adler, Im Gutacker 7, D-7570 Baden-Baden.

FIDELIO KÖBERLE, Dipl. Psychologe und Graphologe, geb. am 12. 5. 1915 in Düsseldorf. Ausbildung zum Exportkaufmann; Studium der Psychogie an der Universität Bonn, das er 1950 mit dem Diplom abschloß. Seitdem arbeitet er als freischaffender Psychologe. Seit 1969 befaßt sich Köberle in steigendem Maße mit der Tonbandstimmenforschung. Im Jahre 1975 wurde die bereits bestehende Arbeitsgemeinschaft der Stimmenforscher zum Verein für Tonbandstimmenforschung umgewandelt, dessen erster Vorsitzender er seitdem ist. Anschrift: Dipl. Psych. Fidelio Köberle, D-4 Düsseldorf 13, Höhscheider Straße 2, Tel. (0211) 786439.

GIORGIO DI SIMONE, Prof. Dr., geboren am 15. 10. 1925 in Nizza, Lehrtätikeit an der Universität in Neapel, der Accademia Tiberina von Rom. Seit 1963 Präsident des Centro Italiano di Parapsicologia, Herausgeber der Zeitschrift „Informazioni di Parapsicologia" (seit 1964). Derzeit als Psychotherapeut tätig. Von seinen Veröffentlichungen seien Vita di Guaritore (1968), Rapporto della Dimensione X (^{2}1977), Il Christo vero (1975) besonders erwähnt. Anschrift: Prof. Giorgio Di Simone, Via Belvedere 87, I-80127 Neapel, Tel. 647343

STEFAN VON JANKOVICH, Diplom-Architekt, geb. in Budapest; von 1938 – 1942 Studium der Architektur an der Technischen Hochschule in Budapest, an der Universität London und an der Technischen Hochschule München. 1942 – 1948 Architekt in Budapest; ab 1948 Lehrtätigkeit an der Technischen Hochschule in Budapest. 1956 Emigration in die Schweiz. Seit 1962 selbständiger Architekt. 1964 erlitt er auf einer Geschäftsreise als Mitfahrer einen schweren Verkehrsunfall. An der Unfallstelle war er einige Minuten klinisch tot. Anschrift: Stefan v. Jankovich, Dipl. Architekt, Via Pretorio 20, CH-6900 Lugano. Tel. 091 228686.

KARLIS OSIS, Dr. phil., wurde 1917 in Riga, in Litauen, geboren, promovierte 1950 in München zum Dr. phil. Von 1951 – 1957 war er Mitarbeiter am „Parapsychology Laboratory" an der Duke University, gemeinsam mit J. B. Rhine; von 1957 – 1962 war Osis Forschungsdirektor an der „Parapsychology Foundation" in New York City und von 1962 – 1975 an der „American Society for Psychial Research", ebenfalls in New York. Bereits zu dieser Zeit befaßte sich Osis mit umfangreichen Experimenten der außerkörperli-

chen Erfahrung und mit ausgedehnten Untersuchungen von Sterbebetterlebnissen, später in Zusammenarbeit mit Dr. ERLENDUR HARALDSSON, von der Universität in Reykjavik, Island: „At The Hour of Death" (1977), deutsch: „Der Tod ein neuer Anfang" (1978).
Anschrift: Dr. Karlis Osis, 5 West 73rd Street, New York, N. Y. 10023, Tel. 799 5050

RUDOLF LANG, geb. am 14. Dezember 1925, Ausbildung zum technischen Kaufmann und eingehendes Studium der Parapsychologie. Heute ist Lang als Referent für Erwachsenenbildung in Öhringen, BRD, tätig. 1979 veröffentlichte Lang unter dem Titel „Warum Parapsychologie in der Erwachsenenbildung? Erfahrungen und Ergebnisse von 30 VHS-Seminaren" eine sehr aufschlußreiche Untersuchung mittels Fragebogen über parapsychologische Erlebnisse und Hinweise seiner Seminarteilnehmer. Anschrift: Rudolf Lang, Postfach 1263, D-7110 Öhringen, Tel. (07941) 3250

ERICH REINDL, Ing., geb. 1915 in Wien, studierte Elektrotechnik. In den letzten Jahren führte er ein Entwicklungslabor für angewandte Leistungselektronik bei einem weltweiten Unternehmen. Sein Interesse für paranormale Erscheinungen und deren Ursachen machte ihn mit dem spiritistischen Ideengut bekannt. Seine gegenwärtigen Studien betreffen die Verbindungselemente zwischen dem hypothetischen Ätherleib und dem physikalischen Körper unter Heranziehung besonderer Techniken der Kirlianphotographie. Anschrift: Ing. Erich Reindl, A-3753 Staningersdorf 29, Tel. 02913/ 5142.

GEORG SIEGMUND, Dr. phil, Dr. theol., geboren 25. Juni 1903 in Schlesien, ist seit 1946 Professor für Philosophie an der Phil.-Theol. Hochschule Fulda. Von seinen Veröffentlichungen seien genannt: Christentum und gesundes Seelenleben (1940), Schlaf und Schlafstörungen (1948), Der kranke Mensch (1951), Die Natur des Menschen (1955), Wunder (1958), Gottesglaube und seelische Gesundheit (1962), Die Natur der menschlichen Sexualität (3. Aufl. 1973). Anschrift: Prof. DDr. Georg Siegmund, Abt-Richard-Str. 28, D-64 Fulda-Neuenburg, Tel. 0661 / 71413.

WILHELM SCHAMONI, geb. 4. 1. 1905 in Hamm/Westf., 1924 Abitur im Mariengymnasium in Werl/Westf.; besuchte die Phil.-Theol. Akademie in Paderborn, Univ. Innsbruck und Löwen. Priesterweihe 1930 in Paderborn, Vikar in Gotha, 1935 – 1939 Pfarrvikar in Oeynhausen, bis Kriegsende KZ, Hausgeistlicher bei Hagen/Westf., seit 1952 Pfarrvikar in Helmeringhausen. Zahlreiche Veröffentlichungen, die auch ins Eng., Franz. und Spanische übersetzt wurden; mit Walter Nigg Herausgeber der Reihe: „Heilige der ungeteilten Christenheit, dargestellt von den Zeugen ihres Lebens", Patmos-Düsseldorf. Anschrift: Wilhelm Schamoni, D-5787 Olsberg 1, Bigger Str. 21, Tel. (02962) 1076

WERNER SCHIEBELER, Prof. Dr. rer. nat., geb. 17. 3. 1923 in Bremen. Studium der Physik in Göttingen, Promotion 1955. 1965 Dozent für Physik und Elektronik an der damaligen Staatlichen Ingenieurschule, jetzt Fachhochschule für Ingenieurwesen in Ravensburg im Fachbereich Physikalische Technik. Neben der physikalischen Tätigkeit Vertretung des Faches Parapsychologie und Paraphysik in Forschung und Lehre an der Fachhochschule Ravensburg und der Pädagogischen Hochschule Weingarten. Anschrift: Prof. Dr. Werner Schiebeler, Torkelweg 2, D -7981 Torkenweiler, Tel. (0751) 61661.

HANS BENDER, Prof. Dr., geboren 1907 im Freiburg in Br. Studium der Psychologie, Romanistik und Philosophie an den Universitäten Freiburg, Heidelberg, Paris und Bonn. Dort Promotion zum Dr. phil. 1934. Tätigkeit als Assistent am Bonner Psychologischen Institut. Zugleich Medizinstudium. Staatsexamen in Freiburg 1939. Habilitation für Psychologie und klinische Psychologie in Bonn 1941. Berufung an die ehemahlige Reichsuniversität Straßburg. Extraordinat. Aufbau eines Instituts für Psychologie und klinische Psychologie. 1944 – 1945 Internierung. 1946 Gastprofessor an der Heimatuniversität Freiburg. 1950 Eröffnung eines Instituts für Grenzgebiete der Psychologie und Psychohygiene in Freiburg, 1952 Übertragung eines Lehrstuhls für Psychologie und Grenzgebiete der Psychologie an der Freiburger Universität. 1967 Ordinariat, 1975 emeritiert. Weiterhin Leiter des oben genannten Instituts.

Von seinen Veröffentlichungen seien besonders erwähnt: Psychische Automatismen (1936), Verborgene Wirklichkeit (1975), Unser sechster Sinn (^{4}1974), Parapsychologie, ihre Ergebnisse und Probleme (^{2}1977), Telepathie, Hellsehen und Psychokinese (^{4}1977), (Hrsg.) Parapsychologie (^{4}1976) Anschrift: Prof. Dr. Hans Bender, Eichhalde 12, D-78 Freiburg, Tel (0761) 55035

WILHELM H. C. TENHAEFF, Prof. Dr., geboren 1894 in Rotterdam, studierte Psychologie und Philosophie an der Universität Utrecht. 1951 erhielt er einen Lehrauftrag für Parapsychologie und 1963 wurde er außerordentlicher Professor für Parapsychologie an der Universität Utrecht. Dies ermöglichte ihm den Aufbau eines parapsychologischen Institutes, das unter seiner Leitung Weltruf erlangte. Tenhaeff gilt als Begründer der anthropologischen Parapsychologie. Im Laufe seines reichen Forschungslebens hielt Tenhaeff zahlreiche Vorlesungen und schrieb neben den vielen kleineren Abhandlungen ein Dutzend Bücher, von denen einige übersetzt und verschiedene öfters aufgelegt wurden. Anschrift: Prof. Dr. W.H.C. Tenhaeff, Bilthoven, Rubenslaan 1, lat 27, Nederland.

MARIO L. RYBARCZYK, Dr. phil., 1947 in Innsbruck geboren. Studium der Naturwissenschaften, hierauf der Philosophie an der Universität Freiburg / Schweiz. 1972 Dissertation bei Prof. Bochenski über „Sowjetische

Historiographie d. Philosophie" (1975), 1974-1976 Forschungsarbeit „Materialistische Entwicklungstheorie des 19. und 20. Jahrhunderts.. Darstellung und Kritik". Freier Journalist. Anschrift: Dr. Mario L. Rybarczyk, Ploetscha 3, CH-1700 Freiburg,.

GÜNTER EMDE, geboren am 21. Februar 1929 in Arolsen, studierte Mathematik, Physik, Philosophie und promovierte 1956 in Marburg, wo er zwei Jahre als Assistent am Mathematischen Institut der Universität tätig war. Hierauf wirkte Emde drei Jahre an der Freien Waldorfschule in Marburg und ist seit 1961 in einem größeren Industriebetrieb tätig. Seine berufliche Thematik begann mit Grundlagen der Mathematik und Mathematischer Logik und ging über Informationstheorie, digitale Rechentechnik und Management von technischen Entwicklungen bis zum Informationssystem, graphischer Datenverarbeitung und cumputerunterstützter Konstruktion. Am 15. 9. 1978 wurde Emde zum Vizepräsidenten von IMAGO MUNDI gewählt. Anschrift: Dr. Günter Emde, Robert-Koch-Straße 21, D-8012 Ottobrunn, Tel. (089) 609 29 47.

INGE VON WEDEMEYER lebte lange Zeit in Südamerika und hat sich eingehend mit der Meditation befaßt. In zahlreichen Vorträgen, Seminaren, Zeitschriftenbeiträgen und ihren Büchern: „Sonnengott und Sonnenmenschen", „Der Pfad der Meditation im Spiegel einer universalen Kunst" widmet sie sich diesem Ziel, zur „Menschwerdung des Menschen" beizutragen. Anschrift: Inge von Wedemeyer, Martinstraße 75, D-61 Darmstadt, Tel 06151/62557.

OTTO BERNHARD KNOCH, geb. am 7. 1. 1926 in Sindelfingen, promovierte 1959 zum Dr. theol. und leitete von 1959 – 1971 das Katholische Bibelwerk Stuttgart; Lehrbeauftragter der Universität Tübingen 1968 – 1971, 1971 a. o. Prof. und seit 1974 o. Prof. in Passau für Biblische Theologie und Praktische Theologie. Von seinen Veröffentlichungen sei hier sein Buch „Sterben, Tod und ewiges Leben im Zeugnis der Bibel" (1977) besonders erwähnt. Anschrift: Prof. Dr. Otto Knoch, D-8390 Passau, Michaeligasse 13, Telefon (0851) 2120

JOSEF ZAPF, Prof. Dr., geb. 1926, 1948 Eintritt in die Steyler Missionsgesellschaft. Studium der Theologie, Germanistik, Geschichte und Philosophie. Promotion 1964. 1971 o. Prof. für Religionsphilosophie an der Phil.-Theol. Hochschule St. Augustin. Veröffentlichungen: Die Funktion der Paradoxie im Denken und sprachlichen Ausdruck bei Meister Eckhart, Köln 1966, 399 S. Anschrift: Prof. Dr. Josef Zapf, D-5205 St. Augustin 1, Arnold-Jansen-Str. 30, Tel. Siegburg 02241-1971.

Andreas Resch

UNSTERBLICHKEIT: GESCHICHTE UND FORSCHUNG

Blickt man ins menschliche Leben und in die Geschichte seines Empfindens, so findet man zu allen Zeiten als Grundpfeiler persönlicher Erfüllung des Menschen das *psychophysische Wohlergehen*, die *soziale Geborgenheit* und die *unsterbliche Stellung* im Universum.

Während das Bemühen um das psychische Wohlergehen und die soziale Geborgenheit in der Neuzeit bis zur institutionellen Verankerung führte, wurde das Bemühen um die unsterbliche Stellung sogar bis in den schweigenden Intimraum zurückgedrängt und kommt erst jetzt wieder zu öffentlicher Achtung. Dies hat seine besonderen Gründe.

Die Grenzen des technischen Fortschritts, die seit der Landung des Menschen auf dem Mond zusehends zum allgemeinen Bewußtseinsinhalt des Volkes wurden, und die Ohnmacht der Wissenschaft, den Lebensvollzug des Menschen zufriedenstellend zu gestalten, ließen das Bedürfnis der unsterblichen Stellung des Menschen im Universum verstärkt spürbar werden. Abseits von wissenschaftlichen Denksystemen entfaltet sich ein Streben nach Erlebnisinhalten, welche die individuelle Begrenztheit des eigenen Selbst zu durchbrechen vermögen.

Die ersten Ansätze dieses Strebens können mit dem Auftreten der „Beatles" und „Hippies" angesetzt werden. Die tranceähnlichen Erlebnisreaktionen bei den optisch, akustisch und bewegungsrhythmisch betäubenden Tänzen erlauben zuweilen sogar den Erlebnisauszug aus dem eigenen Selbst. Die einsetzende Sex- und Rauschgiftwelle sowie die verschiedenen Versenkungs- und Meditationsbewegungen förderten diesen Wunsch der *außerkörperlichen Erfahrung* und des *kosmischen Einheitserlebnisses*. All diese Versuche sind jedoch als Dauerlösung zum Scheitern verurteilt, weil nach kurzer Zeit, soferne nicht eine Psychose durchgebrochen oder der Tod eingetreten ist, die Rückkehr ins Bewußtsein folgt, aus dem man für immer fliehen möchte. Dies spricht FRIEDRICH NIETZSCHE, der Meister des „Stirb und Werde", nach Eigenerfahrungen des Ein- und Auftauchens in und aus Umnachtungen in dem Gedicht aus, das in den Nietzsche-Felsen bei Sils-Maria eingemeißelt wurde:

> „O Mensch! Gib acht!
> Was spricht die tiefe Mitternacht?
> ‚Ich schlief, ich schlief –
> Aus diesem Traum bin ich erwacht: –
> Die Welt ist tief,
> Und tiefer als der Tag gedacht.
> Tief ist ihr Weh –,
> Lust – tiefer noch als Herzeleid:
> Weh spricht: Vergeh!
> Doch alle Lust will Ewigkeit –,
> – will tiefe, tiefe Ewigkeit!' "[1]

Es ist daher nicht verwunderlich, daß nach solchen Enttäuschungen anfangs der 70iger Jahre die außerkörperlichen Erlebnisse in der Todesstunde wiederum besondere Beachtung fanden, obwohl derartige Phänomene schon früher erlebt und aufgezeichnet wurden.[2] Gleichzeitig fand ein starkes Anwachsen des spiritistischen und okkulten Interesses statt,[3] das jedoch bei der offiziellen Öffentlichkeit nicht jene Resonanz fand wie die Sterbeliteratur, weil es zu „stark" auf das Irrationale und ein Jenseits verwies.

Das seit dem Auftreten des wissenschaftlichen Materialismus völlig unterdrückte Grundstreben des Menschen nach einer persönlichen unsterblichen Stellung drängte in Ermangelung wirksamer Gegenargumente, angesichts der wirtschaftlichen Rezession und des damit verbundenen Schwindens des Fortschrittsglaubens, gewaltig ins Bewußtsein des Volkes. Der VII. Kongress IMAGO MUN-

---

[1] F. NIETZSCHE. - Also sprach Zarathustra. Das trunkne Lied. - Leipzig 1931. - S. 315

[2] E. WIESENHÜTER. - Selbsterfahrungen im Sterben: Blick nach drüben. - Bielefeld: Furche Verlag ²1975; H. FRIELING. - Der Tod: Vergehen, Wandlung, Überwinden. - Stuttgart: Klee 1949.- S. 47 – 57

[3] M. ELIADE. - Das Okkulte und die moderne Welt. Zeitströmungen in der Sicht der Religionsgeschichte. - Salzburg: Otto Müller Verlag 1978

DI, vom 13.–17. September 1978, in Innsbruck, mit dem Thema
„Fortleben nach dem Tode" und den in diesem Band erarbeiteten
Beiträgen führte zu weltweiter Resonanz und zum Ausbruch eines künstlich verschütteten Vulkans zur Freiheit der öffentlichen
Bezeugung der eigenen Sehnsucht nach einem persönlichen ewigen
Leben.[4] Diese Explosion hat ihre besondere Geschichte.

I. ALTERTUM

Die Frage der *Unsterblichkeit* hängt geschichtlich mit den Vorstellungen über Wesen und Ursprung der *Seele* zusammen. Ganz
allgemein lassen sich die Ansichten über die Seele in zwei diametral gegenüberstehende Hauptgruppen teilen. Nach der einen ist
die Seele kein selbständiges Wesen, sondern eine Summe von Funktionen leiblicher Organe. Der Mensch stirbt mit dem Körper. Nach
der anderen ist die Seele ein für sich geschaffenes und bestehendes
Wesen, das nach dem Tode des Körpers weiterexistiert.

Diese diametral gegensätzlichen Vorstellungen von der Seele haben eine lange Entwicklung.

1. Naturvölker

An den Anfang dieser Entwicklung kann man die Ansichten über
die Unsterblichkeit der *Naturvölker* stellen, ohne damit zur „Urreligion" der Menschheit vordringen zu wollen.[5] Als Naturvölker
bezeichnet man jene Populationen, die in ökonomischer und materieller Hinsicht mehr oder weniger unmittelbar von der näheren Umwelt abhängig sind, gedanklich wie emotional mit der Natur und
dem Kosmos in Verbindung stehen und meist keine Schrift besitzen.

---

[4] Eine weltweite Presseresonanz und Zuschriften aus allen Kulturbereichen bestätigen die Aussage.

[5] Bei der Ergründung der Urreligion der Menschheit sind wir heute ausschließlich
auf die Zeugnisse der Urgeschichtsforschung angewiesen. Die Urgeschichte muß jedoch
bei der Ausdeutung ihres spröden Materials auf die ethnographische Kulturkunde, vor
allem der Naturvölker, zurückgreifen; vgl. R. OTTO. - Das Heilige. - München: 3^01958

Dies eröffnet mitunter die Möglichkeit, Glaubensgut aus älteren Schichten fast unverletzt abzuheben.

Als *universale Glaubenselemente* der Naturvölker sind zu nennen:
— die Vorstellung einer oder mehrerer Seelen, von denen nach dem Tode wenigstens eine fortlebt;
— die Ehrfurcht und Angst vor den Toten;
— das Zuschreiben von sakralen Eigenschaften an verschiedenste Lebewesen und Gegenstände, Personifizierung von Naturerscheinungen;
— der Glaube an höhere Wesen und Annahme von Geistern, die sich zeitweise auch in sichtbaren Gestalten manifestieren können;
— das Zuschreiben besonderer Fähigkeiten an Gestalten der mythischen Vorzeit sowie Glaube an magische Kräfte.[6]

So wurde bei den Naturvölkern noch kein Stamm gefunden, bei dem Dauer und Zweck des menschlichen Lebens als auf der Erde erschöpft angenommen wurde. Es wurde auch noch kein Volk gefunden, das jeder Form des Glaubens an ein höchstes Wesen entbehrte und ebenso keines, das nicht in irgendeiner Weise an die Fortdauer der Seelen und Geister sowie an ein Jenseits glaubte, das im Einzelnen oft sehr sinnlich und sehr irdisch aussehen mochte.[7]

2. Frühe Kulturvölker

Auch bei den frühen Kulturvölkern reicht Dauer und Zweck des menschlichen Lebens über den Tod hinaus.

---

6 Die Religionen in Geschichte und Gegenwart: Handwörterbuch für Theologie und Religionswissenschaft (Hrsg.) K, GALLING, Bd. 6. - Tübingen: J. C. B. Mohr 1962. - Sp. 1365 — 1367; Lexikon für Theologie und Kirche. Bd. 7. - Freiburg: Herder 1962. - Sp. 837 — 838; P. DEUSSEN. - 60 Upanishads des Veda. - Leipzig: ^{3}1931; Encyclopedia of religion and ethics, (Hrsg. J. HOSTINGS). - Edinburgh: Clark 1974. S. 862 — 868

7 E. SPIESS. - Entwicklungsgeschichte der Vorstellungen vom Zustande nach dem Tode. - Graz: Akad. Druck- u. Verlagsanstalt 1975, (Unveränderter Nachdruck von 1877). - S. 510 — 600; G. HEIDINGSFELDER. - Die Unsterblichkeit der Seele. - München: Max Huber 1930. - S. 20 —21

a) Ägypten

Der Glaube an die Fortdauer des Menschen nach dem Tode ist vor allem bei den *Ägyptern* von größter Bedeutung.[8] So schrieb bereits DIODORUS SICULUS, der berühmte Geschichtsschreiber zur Zeit Cäsars und Augustus: „Die Ägypter halten die Zeit des Lebens für sehr gering, aber die nach dem Tode, wo sich ihre Tugend im Andenken erhalten soll, sehr hoch. Daher nennen sie die Wohnungen der Lebendigen Herbergen, weil wir nur eine kurze Zeit in denselben wohnen, die Gräber der Verstorbenen nennen sie ewige Häuser, weil die Toten in der Unterwelt eine grenzenlose Zeit zubringen. Für die Erbauung der Häuser verwenden sie daher nur geringe Mühe, die Gräber aber werden auf außerordentliche Weise ausgestattet."[9]

Der All- und Himmelsgott *Horus* wirkt als *Ka* (Lebenskraft) des Königs, überträgt sich durch Selbstzeugung in der Königin auf den Sohn und bewirkt alle Fruchtbarkeit im Volk und in der Natur. Im Tod geht der König zu seinem *Ka*, zur Ahnenreihe zurück, in der er weiterlebt. Nach der Wiedervereinigung von *Ka* und Leib nach dem Tode lebt der König und das Volk um ihn weiter. Die frühen Ziegelgräber der Könige und die späteren Pyramidenfriedhöfe sind als Stätten der Ewigkeit zu verstehen.[10]

In der 5. Dynastie führte die religiöse Wandlung zu einer Beschriftung der Sargkammerwände mit den sogenannten *Pyramidentexten*. Horus wird zum Sohn *der Isis* und des *Osiris*, des Gottes der Unterwelt als Gegenpol zum *Re*, dem Gott des Himmels. Jeder Tote muß, wie einst Osiris, vor den Richtergott *Toth*, der den mit Schuld Beladenen erlösen kann. Schließlich brach das Verhältnis zu einem persönlichen Gott durch, dem die eigene Sündhaftigkeit bekannt wurde, um Gnade zu finden.[11]

---

8 H. KEES. - Totenglaube und Jenseitsvorstellungen der alten Ägypter. - Berlin ²1956; E. HORNUNG. - Ägyptische Unterweltsbücher. - Zürich: Artemis 1971

9 Nach E. SPIESS.- Entwicklungsgeschichte der Vorstellungen vom Zustande nach dem Tode, S. 177 – 178

10 A. ERMANN. - Die Religionen der Ägypter. - Berlin ³1934

11 E. DONDELINGER. - Der Jenseitsweg der Nefretari: Bilder aus dem Grab einer ägyptischen Königin. Mit 29 Farbtafeln. - Graz: Akad. Druck- u. Verlagsanstalt 1973

b) China

In *China,* wo sich die religiösen Vorstellungen bis in die Hsia-Zeit (2000 – 1500) zurückverfolgen lassen, finden wir alle Bereiche der die Natur beseelenden Götter und Geister mit dem Himmelsgott an der Spitze und einen hochentwickelten Ahnenkult. Im Ahnenkult kannte man eine *Leibseele (po),* die nach dem Tode bei der Leiche bleibt und sich von den Totenopfern nährt, und eine *Geistseele (hun),* die im Reich des Himmelsgottes fortlebt, dem die Erdgottheiten unterstehen. Die Unterscheidung zwischen Körper- und Geistseele sowie allgemeinen *Totengeistern (knei)* war jedoch nicht immer klar. Wichtiger war, wie ein Toter zum Rang eines Ahnen und dadurch zum Familienschutzgeist gelangt. Die Seelen ohne Opfer, mit Ausnahme der sehr tugendhaften, bleiben hingegen Totengeister.[12] Später versenkten sich LAOTSE und seine Schüler in das *Tao* als den Urgrund der Welt und die Norm allen Handelns. Nachdem das Tao die Wesen im Sein entfaltet und vollendet hat, kehren diese zu ihm, ihrem Ursprung, ihrer Wurzel zurück. Der Mensch geht dann aber nicht in eine allgemeine Weltseele auf, sondern in dem Maße, wie er mit dem Tao eins geworden und in das Kindschaftsverhältnis zu ihm zurückgekehrt ist, hat der Tod keine Gefahr mehr für ihn.[13] Selbst der Ethiker *Konfuzius* fordert die Pflicht des Opfers an die Götter und Geister und betont die Verehrung des Himmelsgottes und der Ahnen.[14]

c) Indien

In der *indischen* Religion finden wir als Entwicklung des in den *Veden* niedergelegten Naturkultus vor allem in den älteren *Upanishaden* Lösungen zur Bewältigung des eschatologischen Problems.[15] Das *Brahman* wird jetzt nicht nur als Urprinzip, als allei-

---

[12] Die Religionen in Geschichte und Gegenwart, Sp. 1657 – 1658

[13] A. FORKE. - Geschichte der alten chinesischen Philosophie. - Hamburg 1927

[14] Lexikon für Theologie und Kirche, Bd. 2. - Freiburg: Herder 1958. - Sp. 1062 – 1064

[15] H. OLDENBERG. - Die Lehre der Upanishaden und die Anfänge des Buddhismus. Göttingen ²1923

niges Grundprinzip der Welt betrachtet, sondern auch mit dem entsprechenden Prinzip der lebenden Wesen, *Atman,* identifiziert. Die wahre Natur des *ātman-brahman* ist die Unwandelbarkeit. Alleinigkeit und Undifferenziertheit. Das empirische Leben stammt zwar von diesem Absoluten, stellt jedoch seine verdorbene, leidvolle Umwandlung dar. Für die individuellen Wesen erfolgt sie im steten Wandel durch die *Wiedergeburten (Saṃsāra),* in denen jede *Tat (Karman)* entsprechend gute oder schlimme Vergeltungen in den jeweils nächsten Wiedergeburten bedingt. Die einzig mögliche Befreiung erfolgt durch den Ausstieg aus dem Saṃsāra durch das mystische Erkennen der Wahrheit und durch die Hemmung des Karman. Die eigentliche Erlösung erfolgt durch das Eingehen in die Alleinheit des Absoluten.

> „Wie aus dem wohlentflammten Feuer die Funken,
> Ihm gleichen Wesens, tausendfach entspringen,
> So geh'n, o Teurer, aus dem Unvergänglichen
> Die mannigfachen Wesen
> Hervor und wieder in dasselbe ein."[16]

BUDDHA nahm die Lehre der Seelenwanderung und des Karma als selbstverständlich an. Er vertiefte die Lehre vom Saṃsāra, erklärte die Schmerzhaftigkeit des Daseins durch die Vergänglichkeit jeglichen Werdens und wies auf den ewigen und unveränderlichen Zustand hin, den man nach der Erlösung erlangt.[17]

d) Persien

Nach *Zarathustra,* griechisch Zoroastes, werden die Menschen nach dem Tode belohnt oder bestraft, je nach der Wahl, die sie im Leben getroffen haben. Die Guten dürfen in das Haus des Gesanges, die anderen fallen in das Haus der Druj.[18]

---

16 Mundaka-Upanisad II, 1, 1. - in: P. DEUSSEN, Sechzig Upanishad's des Veda. - Leipzig 1897. - S. 550; H. OLDENBERG. - Die Religion des Veda. - Darmstadt: Wissenschaftliche Buchgesellschaft ⁵1970. - S. 423 – 457

7 H. OLDENBERG. - Buddha. Sein Leben, seine Lehre, seine Gemeinde. - Stuttgart ⁷1959

18 Lexikon für Theologie und Kirche, Bd. 5, Sp. 649 – 650; E. SPIESS. - Entwicklungsgeschichte d. Vorstellungen vom Zustande nach dem Tode. S 250 – 269

e) Griechen

In der *alt-griechischen* Kultur finden wir bei HOMER und HESIOD bereits eine starke, diesseits ausgerichtete Lebensauffassung und ein Menschenbild, nach dem das Fortleben nach dem Tode ein Schattendasein im Schattenreich (*Hades*) ist. Im elften Buch der Odyssee, in dem die Fahrt des Odysseus zum Hades und seine dortigen Begegnungen beschrieben werden, sagt seine Mutter zu ihm:

„Dies nun ist das Los der Menschen, wenn sie gestorben:
Nicht mehr wird dann Fleisch und Gebein durch Nerven verbunden,
Sondern die mächtige Kraft des lodernden Feuers vernichtet
Alles, sobald der Geist *(thymos)* die weißen Gebeine verlassen,
Und die Seele *(psyche)* entflieht wie im Traum und weht ins Weite.[19]

Der *thymos,* die „Lebensseele", verläßt die Seele zu einem eigenen Dasein, die *psyche* geht als entseelter Leib, als Totengeist, als Schatten, in den Hades. So war es auch Odysseus nicht möglich, den Schatten seiner Mutter zu umfassen.

„Dreimal sprang ich hinzu und verlangte, ans Herz sie zu drücken,
Dreimal glitt sie mir, wie ein Schatten oder ein Traumbild aus den Händen."[20]

Im 5.Jhd. v. Chr. hat sich eine Identifikation von Psyche und Thymos vollzogen, wobei die Psyche mit dem tieferen Lebensbegriff des thymos zusammenfiel. In der späteren philosophischen Deutung wird daher die Unsterblichkeit mit der Unsterblichkeit der Geistseele in Verbindung gesetzt.[21]

Neben der offiziellen homerischen Religion gab es noch eine inoffizielle, die der *Orphiker.* Sie waren für die griechischen Jenseitsvorstellungen von großer Bedeutung, denn sie besaßen, wohl in Anlehnung an eine ältere Dionysius-Verehrung, als Gegenbild zum Tartarus die Elysischen Gefilde, „blumenübersäte, sonnenglänzende Wiesen, erfüllt von Gesang und Tanz; hier durften die Gesegne-

---

[19] HOMER. - Odyssee, 11 Gesang 218 − 222. - Nach der Übersetzung v. J. H. VOSS. - Hamburg 1791

[20] Derselbe, ebenda, 11 Gesang 206 − 207

[21] W. F. OTTO. - Die Manen. - Darmstadt ^{2}1958. - S. 37; M. ROZELAR. - Das Leben nach dem Tode in der Antike. - in: Grenzerfahrung Tod (Hersg. A. PAUS). Graz: Styria 1976. - S. 98 − 100

ten ihren Lieblingstätigkeiten nachgehen."²² Damit konnte der düstere Glaube HOMERS (8. Jhd. v. Chr.) an ein Weiterleben „umschlagen in eine vertrauensvolle Hoffnung auf die sichere Glückseligkeit."²³ Dieser heilige Bezirk war allerdings nur den Heroen, den Halbgöttern, den Weisen und den Mitgliedern der orphischen Geheimreligion vorbehalten.

Durch PYTHAGORAS (572 – 497) fand diese Unsterblichkeitsvorstellung der Orphiker Eingang in die Philosophie. Nach ihm ist die Seele göttlichen Ursprungs. Sie hat eine Reinigung im Kreislauf der Geburten (metempsychosis) mitzumachen und vereinigt sich schließlich wieder mit dem Göttlichen.²⁴

Hingegen treten ANAXIMANDER²⁵ (510 – 446), HERAKLIT (533 – 475)²⁶, PARMENIDES (um 500)²⁷, EMPEDOKLES (495 – 435)²⁸ und ANAXAGORAS (500 – 428)²⁹ mehr für die Unzerstörbarkeit des Lebendigen ein. Nach LEUKIPP (um 440 v. Chr.) zerfallen die Tiere bei ihrem Tode wieder in „Atome"³⁰. Sein Schüler DEMOKRIT (460 – 371) lehrt schließlich auch die Sterblichkeit der Seele.³¹ Damit wird das Leben zur sinnlosen Qual und der Tod spendet keinen Trost. So sagt EURIPIDES (480 – 406):

---

22. F. CUMONT. - After life in Roman Paganisme. - New York 21959. - S. 34; F. CUMONT. - Lux perpetua. - Paris: Librairie Orientaliste P. Gouthier 1949. - S. 6 – 68. S. 241

23 F. CUMONT. -Lux perpetua, S. 243 – 350

24 G. PFANNMÜLLER (Hrsg.). - Tod, Jenseits und Unsterblichkeit in der Religion, Literatur und Philosophie der Griechen und Römer. - München: E. Reinhardt 1953. - S. 167, 179 – 180. Als erster soll jedoch Pherekydes von Syros die Seelenwanderung gelehrt haben. Herodot führt sie fälschlicherweise auf die Ägypter zurück

25 Derselbe, ebenda, S. 179

26 Derselbe, ebenda, S. 180 – 184 (Fragmente)

27 H. DIELS (Hrsg.). - Die Fragmente der Vorsokratiker. - Berlin ⁶1951 – 1952. - Bd. I, S. 235 – 238, Fragment 8

28 G. PFANNMÜLLER, Tod, Jenseits und Unsterblichkeit, S. 184 – 188, Fragmente

29 H. DIELS, Die Fragmente der Vorsokratiker, Bd. II, S. 38, Fragment 12

30 F. M. CORNFORD. - Plato und Parmenides. - London 1939

31 H. DIELS, Die Fragmente der Vorsokratiker, Bd. II, S. 159. Fragment 74; W. NESTLE. - Die Vorsokratiker. - Jena 1908. - S. 197; Der Dichter Thognis aus Magara lehrte schon im 6. Jahrhundert v. Chr., der Tod sei eine völlige Auslöschung.

32 EURIPIDES. - Hippolytos 189 – 197, in: Euripides, Sämtliche Tragödien. Übers. v. J. J. DONNER. - Stuttgart 1958. - Bd. I, S 408

„Nur Trübsal ist ja der Sterblichen Los,
Und niemals ruhn sie vom Leide.
Was mehr Wert hat denn das Leben im Licht,
Das birgt in Gewölk die verhüllende Nacht.
Wohl hängen wir so töricht an ihm,
Weil's hier auf Erden uns glänzt, weil nie
Von dem anderen Leben uns Kenntnis ward
Noch Kunde von dem, was die Erde verbirgt:
Denn nichtige Fabel betört uns." [32]

Diese Einstellung vermochte jedoch das Grundbedürfnis des Menschen, seine bewußte Persönlichkeit auch nach dem Tode bewahrt zu wissen, ebenso wenig zu befriedigen wie der einfache Glaube des Fortlebens nach dem Tode der Volksreligionen.

Nachdem die Stellung von Sokrates zur Unsterblichkeit aufgrund der sich widersprechenden Aussagen bei PLATON und XENOPHON[33] nicht so sicher ist, müssen wir PLATON (427–347) als den ersten großen Philosophen trostreicher Argumente für die Unsterblichkeit der Seele bezeichnen. Im „Phaidon" nennt er fünf Argumente für die Unsterblichkeit,[34] die O. APELT in folgenden Sätzen zusammenfaßt:

„1. Alles Werden ist ein Entstehen des Gegenteils aus seinem Gegenteil: Also entsteht, wie aus dem Leben der Tod, auch aus dem Tod das Leben. Denn wenn alles stürbe und nicht wieder auflebte, wäre schließlich alles tot.[35]

2. Unser Wissen ist nichts anderes als Wiedererinnerung an das, was wir schon *vor* unserer Geburt erkannt haben. Also muß unsere Seele schon *vor* der Geburt existiert haben. Aber auch *nach dem Tode* muß die Seele existieren, wie schon aus dem ersten Beweis folgt.

3. Die Seele ist als ein unzusammengesetztes und einfaches, unsichtbares, den sich immer gleich bleibenden, unveränderlichen Ideen verwandtes und über den Leib herrschendes Wesen unsterblich und unzerstörbar und geht, wenn sie sich in reinem Zustand von dem Körper trennt, in das Reich des mit

---

[33] XENOPHON. - Die Verteidigung des Sokrates. - in: Die Sokratischen Schriften. Übers. von E. BUX. - Stuttgart 1956. - S. 308, 313. Es dürfte von Bedeutung sein, daß Platon den Prozeß des Sokrates beobachtete, Xenophon hingegen nicht.

[34] PLATONS Dialog Phaidon oder Über die Unsterblichkeit der Seele. Übers. und erläutert von O. APELT. (Philosophische Bibliothek, Bd. 147). - Leipzig: Felix Meiner 1923

ihr gleichartigen Unsichtbaren, des Göttlichen und Unsterblichen ein, während sie, wenn sie sich befleckt und unrein vom Körper trennt, an den Gräbern umherirrt, so lange bis sie wieder — wahrscheinlich in Tierformen — in einen Körper eingeschlossen wird. Aber nur der echte Philosoph gelangt in die Gemeinschaft der Götter.

4. Das Verhältnis von Seele und Körper kann nicht verglichen werden mit dem der Harmonie und der Leier, so daß sie zugrunde gehen müsse wie die Harmonie nach Zerstörung der Leier.

5. Die Seele ist unsterblich und unzerstörbar, denn sie bringt das Leben mit sich, eine tote Seele wäre aber ein Widerspruch in sich selbst."[36]

Nach ARISTOTELES (384 – 332) ist hingegen nur der *geistige Teil* des *nous*, nicht aber das Lebensprinzip unsterblich: „Der Geist denkt nicht zuweilen und zuweilen denkt er nicht. Aber erst wenn er abgetrennt ist, ist er das, was er wirklich ist, und nur dieses ist unsterblich und ewig. Wir erinnern uns aber nicht daran; denn der eine Teil ist wohl leidenslos, der leidensfähige Geist aber vergänglich, und ohne diesen gibt es kein Denken."[37]

Diese philosophischen Argumente vermochten jedoch die weitverbreitete Angst vor dem Tod und dem Hades, wie dies bei ANAKREON (um 500 v. Chr.) zum Ausdruck kommt, nicht zu zerstreuen.

„Denn entsetzlich ist des Hades Tiefe, leidvoll seine Straße,
Offen stets der Steig, hinunter-, nimmermehr herauf zu gehen."[38]

So fand EPIKURS (341 – 270) Lehre, daß die Seele sich mit dem Tode des Körpers auflöse und der Tod daher nicht zu fürchten sei, ein breites Echo bis in die heutige Zeit.

„Gewöhne dich an den Gedanken, daß der Tod uns nichts angeht. Denn alles Gute und Schlimme beruht auf der Wahrnehmung. Der Tod aber ist der Verlust der Wahrnehmung. Darum macht die rechte Einsicht, daß der Tod uns nichts angeht, die Sterblichkeit des Lebens genußreich, indem sie uns nicht eine unbegrenzte Zeit dazugibt, sondern die Sehnsucht nach der Unsterblichkeit wegnimmt. Denn im Leben gibt es für den nichts Schreckliches, der in echter

---

35 Nach G. PFANNMÜLLER, Tod Jenseits und Unsterblichkeit, S. 198
36 Derselbe, ebenda, S. 200, 201, 206
37 ARISTOTELES. - Von der Seele, III. Buch, 430a. - in: Vom Himmel. Von der Seele. Von der Dichtkunst. Übers. von O. Gigon. - Zürich 1950. - S. 333
38 E.MÖRIKE (Übers.). - Griechische Lyrik. - Frankfurt 1960. - S. 53

Weise begriffen hat, daß es im Nichtleben nichts Schreckliches gibt. Darum ist jener einfältig, der sagt, er fürchte den Tod nicht, weil er schmerzen wird, wenn er da ist, sondern weil er jetzt schmerzt, wenn man ihn vor sich sieht. Denn was uns nicht belästigt, wenn es wirklich da ist, kann nur einen nichtigen Schmerz bereiten, wenn man es bloß erwartet.

Das schauerlichste Übel also, der Tod, geht uns nichts an; denn solange wir existieren, ist der Tod nicht da, und wenn der Tod da ist, existieren wir nicht mehr. Er geht also weder die Lebenden an noch die Toten; denn die einen berührt er nicht und die anderen existieren nicht mehr."[39]

Diese Vogel-Strauß Philosophie, die besonders bei LUKREZ und in zahlreichen Grabinschriften ihren Widerhall fand — wie etwa in der Formulierung: *non fui, fui, non sum, non curo* (ich war nicht, ich war, ich bin nicht, es ist mir gleichgültig), die bei den Gladiatoren und Sklaven besonders beliebt war — kennzeichnete bereits einen Tiefstand philosophischen Denkens.[40]

Das nächste bedeutende philosophische System der Antike, die *Stoa,* das um dieselbe Zeit entstand, weist einen größeren Horizont auf. Ihr Ideal der *apatheia,* der Unempfindlichkeit, reicht weiter als das epikureische Ideal der *ataraxia,* der Furchtlosigkeit.

Der Begründer dieser Schule, ZENON VON KITTION (335 – 365) betont die Unsterblichkeit der Vernunft[41], während nach CLEANTES (300 – 220) alle Seelen bis zur *Ekpyrosis,* dem Weltbrand, unsterblich sind und bei der Wiederkehr der nächsten Weltperiode in der gleichen Situation wieder weiterleben,[42] nehmen nach CHRYSIPP (280 – 208) nur die Seelen der Weisen an dieser begrenzten Unsterblichkeit teil. Die Weltseele, deren Teile die Einzelseelen sind, ist absolut unsterblich.[43]

Auch POSEIDONIUS (131 – 51), der bei seinen Zeitgenossen und später als der universalste griechische Denker seit Aristoteles galt, befaßt sich mit Fragen der Unsterblichkeit. Er baut die pythagoräischen Gedanken in die Stoa ein, wobei er den stoischen

---

39 EPIKUR. - Von der Überwindung der Furcht. Übers. von O. GIGON. - Zürich 1949. - S. 45 (Brief an Menoikos)

40 J. CHORON. - Der Tod im abendländischen Denken. - Stuttgart: Klett Vlg. 1967.- S. 64

41 ZENON, Fragment 95

42 Nach F. CUMONT, Lux perpetua, S. 114

43 MARC AUREL. - In se ipsum IV, 21; vgl. auch F. CUMONT, Lux perpetua, S. 114 – 115

Gedanken, daß Gott, die leitende Vernunft des Universums, nicht transzendent, sondern weltimmanent ist, treu blieb. Der Mensch ist der Mittelpunkt des Universums, das aus einem geschlossenen System besteht, umhüllt von der Kugelschale der Fixsterne. Die Seele ist aus dem gleichen Wesen, das dieses Universum durchdringt. „Sie kann das Universum durchstreifen, sein Wesen und seine Gründe schauen und einen Vorgeschmack erhalten von der Glückseligkeit, die der Seele nach dem Tode bevorsteht."[44]

Die Luft sei erfüllt von Dämonen und Heroen, mit denen man in Verbindung treten kann. Damit stehen wir aber bereits in der Zeit der Römer, auf die neben Epikur besonders die Stoa wirkte.

f) Die Römer

Bei den *Römern* finden wir ein sehr düsteres Bild des Todes, das einen stark-orientalischen Synchretismus darstellt. Alles, was die Phantasie der übrigen Völker Düsteres ausgebrütet hatte, findet sich hier vereint. Der Volksglaube hielt lange an dieser herkömmlichen Vorstellung einer Unterwelt fest, zu der alle Menschen nach dem Tode eingehen müssen, dem *Orkus*, den die römischen Dichter Vergil, Horaz, Lukrez usw. ganz nach den griechischen Schilderungen des Hades beschreiben.[45] In der philosophischen Auseinandersetzung wechseln Verneinung und Verherrlichung des Todes mit der Betonung der Unsterblichkeit einander ab.

LUKREZ (96 – 55) folgt seinem Meister EPIKUR und versucht, die Todesfurcht zu zerstreuen, indem er die Sterblichkeit der Seele zu beweisen sucht und mit dem Gedanken einer Kollektivseele die Furcht derer zu zerstreuen sucht, die an ein Fortleben nach dem Tode glauben.

„Und erhielte sich noch Empfindung in Theilen des Körpers,
 Wann von diesem bereits sich getrennet der Seele Natur hat;

---

44 J. CHORON, Der Tod im abendländischen Denken, S. 71
45 HELIODORUS, VIII, 9, 12. - Zudem gab es die Ansicht, daß die Erde den Toten belaste. So kam es, daß man den Grabstein mit den einfachen Initialen: S (it) t (ibi) t (erra) l (evis) – Die Erde sei dir leicht – beschriftete. Diesen Ausdruck kann man heute noch bei Grabreden hören. Es handelt sich hierbei wohl um einen Satz aus einem römi-

> Geht es doch uns nicht an, die in eins zusammengeknüpft nur
> Durch Gemeinschaft und Band des Geist's und der Seele bestehen.
> Ja, wann künftige Zeit die Stoffe von unserem Daseyn
> Sammeln sollte, zurück in die jetzige Lage zu bringen;
> Sollte des Lebens Licht aufs neu' uns wieder geschenkt seyn;
> Würde doch dieses nicht mehr uns selbst im geringsten betreffen,
> Da doch einmal in uns die Wiederholung des Unsern
> Unterbrochen."[46]

Als dies auch nicht beeindruckte, versuchte er, durch Betonung der Eintönigkeit und Leere des Lebens den Tod schmackhaft zu machen.[47]

PLINIUS der Ältere (23 – 79 n. Chr.) preist den Tod sogar als einzigen Hort der Ruhe und lehnt die Unsterblichkeit noch entschiedener ab als Lukrez, weil dadurch das Elend des Lebens nie ein Ende nehmen würde.[48]

Ganz im Gegensatz zu PLINIUS gibt es nach EPIKTET (60 – 117 n. Chr.) in der Welt kein Übel. „So wenig man ein Ziel darum aufsteckt, damit man es nie treffe, so wenig ist das mit dem natürlichen Übel in der Welt der Fall".[49] Er sagt zwar nicht, wozu die Seele, die Trägerin des göttlichen Logos, nach dem Tode bestimmt ist, spricht aber von ihrer Sehnsucht nach einer besseren Existenz in Gott so, als ob er mit der Erfüllung dieses Wunsches fest rechne. So hat EPIKTET nach MARC AUREL den Menschen „als ein Seelchen, das einen Leichnam trägt"[50] verstanden.

MARC AUREL (121 – 180 n. Chr.) litt hingegen gewaltig unter der Begrenztheit des menschlichen Lebens. Er verließ den stoischen

---

schen Grabgebet. Siehe: F. CUMONT, Lux perpetua, S. 16; G. PFANNMÜLLER, Tod, Jenseits u. Unsterblichkeit, S. 227 – 260

46 T. LUCRETIUS CARUS. - Von der Natur der Dinge. Übers. von K.L. v. KNEBEL. - Leipzig ²1931. - Buch III, S. 847 – 856

47 Derselbe, ebenda, S. 1087 ff; G. PFANNMÜLLER, Tod, Jenseits u. Unsterblichkeit, S. 274 – 275

48 PLINIUS. - Historia Naturalis. -, 55, 190; F. CUMONT, Lux perpetua, S 126; G. PFANNMÜLLER, Tod, Jenseits und Unsterblichkeit, S. 275 – 276

49 EPIKET. - Handbuch, 27. - in: Was von ihm erhalten ist. Übers. von J. G.SCHULTHESS u. R. MÜCKE. - Heidelberg 1926. - S 367; G. PFANNMÜLLER, Tod, Jenseits u. Unsterblichkeit, S. 268 – 270

50 MARC AUREL. - Selbstbetrachtungen, IV, 41. Übers. von A. MAUERSBERGER. - Leipzig 1949. - S. 42;

Materialismus und suchte im reinen Geist, dem *nous*, einen Ausweg. „Drei Teile sind es, aus denen du bestehst: Körper, Lebenshauch und Geist. Von diesen dreien sind die beiden ersten nur insoweit dein, als sie deiner Pflege anvertraut sind; nur der dritte ist uneingeschränkt dein."[51] Hierin scheint der Imperativ seiner Aufforderung zur letzten Ehrlichkeit zu liegen:

„Handle, sprich und denk in allem so, als müßtest du möglicherweise im Augenblick aus dem Leben scheiden! Die Gemeinschaft der Menschen aufzugeben scheint nichts Beängstigendes zu sein, wenn es Götter gibt."[52]

Eine solche Aussage ist nur im Blick auf ein Fortleben möglich, sodaß die Behauptung, daß MARC AUREL an kein Fortleben nach dem Tode geglaubt hat, schwer haltbar ist, denn um Ehre ging es ihm nicht. „Die Seele ist ewige kreisende Bewegung. Das Schicksal ein Rätsel, unser Ruf ein Geschwätz."[53]

MARCUS TULLIUS CICERO (106 – 43) wurde durch den Tod seiner einzigen Tochter Tullia mit dem Problem der Unsterblichkeit der Seele konfrontiert. Er greift auf PYTHAGORAS und PLATON zurück, denn „der größte Beweis dafür, daß die Natur selbst stillschweigend für die Unsterblichkeit der Seele plädiert, ist, daß alle Menschen sich die allergrößten Sorgen darüber machen, was nach dem Tode geschehen wird.[54]"

„Also, was nun auch das sein mag, was empfindet, was – weise ist, was lebt, was tätig ist; es muß himmlisch und göttlich und aus diesem Grunde ewig sein".[55]

Nach PLUTARCH (um 46 – 120) ist der Glaube des Fortlebens der Verstorbenen seit urdenklichen Zeiten erhalten. Die Seele erhebt sich nach ihrer Loslösung vom Körper zu einem besseren und glücklicheren Zustand in einer besseren Welt.[56]

---

51 Derselbe, ebenda, XII, 3, S. 160.
52 Derselbe, ebenda, II, 11, S. 15
53 Derselbe, ebenda, II, 17, S. 18; G. PFANNMÜLLER, Tod, Jenseits und Unsterblichkeit, S. 270 – 273
54 M. T. CICERO. - Gespräche in Tusculum, I. Buch, 31. Übers. von O. GIGON. - München 1951. - S. 37
55 G. PFANNMÜLLER, Tod, Jenseits und Unsterblichkeit, S. 277 – 280
56 PLUTARCH. - Consolatio ad Apolonium 27; derselbe, Consolatio ad Uxorem 11, p. 611 E; derselbe, Über den späten Vollzug der göttlichen Strafe. - in: Plutarchs

Auch nach PHILO von Alexandrien (25 – 50 n. Chr.) kehrt die Seele nach dem Tode wiederum dorthin zurück, von wo sie gekommen ist, nämlich zu Gott.[57]

Nach PLOTIN (+270 n. Chr.) ist die Seele als Sitz des Lebens ein einfaches unkörperliches Wesen, zur Erkenntnis des Geistigen, Ewigen, den Göttern verwandt und unsterblich. Allerdings erreicht sie die Unsterblichkeit des Geistes erst nach einem Reinigungsprozeß vom Leiblichen, Sinnlichen auf dem Wege längerer oder kürzerer Seelenwanderung.[58]

Für SENECA (4 v. Chr. – 65 n. Chr.), dem Lehrer Neros, ist, gleich CICERO die Einfachheit der Seele und ihr Vermögen, Göttliches zu erkennen und sich daran zu erfreuen, der Grund ihres Fortbestandes:

„ Etwas Großes und Edles ist die menschliche Seele: ... Ihr Vaterland ist der Raum, der das Höchste und der alles in seinem Umkreis umfaßt: dieses ganze Gewölbe, innerhalb dessen die Meere samt den Ländern liegen, innerhalb dessen die Luft das Göttliche von dem Menschlichen trennend zugleich mit demselben verbindet ...

Sodann läßt sie sich kein engbegrenztes Lebensalter geben: alle Jahre, spricht sie, sind mein. Kein Jahrhundert ist großen Geistern verschlossen, keine Zeit ist dem Gedanken unzugänglich. Wenn jener Tag kommen wird, der diese Mischung von Göttlichem und Menschlichem scheidet, so werde ich den Körper hier, wo ich ihn gefunden, zuücklassen, ich selbst werde mich den Göttern zurückgeben.

Wie neun Monate lang der mütterliche Schoß uns festhält und uns vorbereitet, nicht für sich, sondern für den Raum, in welchen wir gleichsam entlassen werden, sobald wir fähig sind Atem zu schöpfen und im Freien auszudauern: also reifen wir während des Zeitraums, der sich von der Kindheit bis zum Alter erstreckt, für eine andere Geburt. Ein anderer Ursprung erwartet uns, ein anderer Stand der Dinge ... Jener Tag, den Du als den letzten fürchtest, ist der Geburstag der Ewigkeit.[59]

Werke, 32. Bd.: Moralische Schriften. Übers. von CH. F. BÄHR. - Stuttgart: J. B. Mezler 1838. - 13. Bändchen, 1735 ff

[57] E. ZELLER. - Die Philosophie der Griechen, III. Bd., 2. Abtl. - Leipzig: Reisland ^{5}1923. - S. 442 – 444, 458 – 464

[58] PLOTIN. - Enneaden IV, 7. - in: PLOTIN. - Enneaden. Übers. von O. KIEFER. - Jena/Leipzig: Diederichs 1905. - II, 154 ff

[59] SENECA. - 102. Brief an Luzilius. - in: Lucius Annäus Seneca des Philosophen Werke. Übers. von J. MOSER/ A. PAULY/ A. HAAKH. - Stuttgart 1828 – 1851. - Bd. 16, S. 1998 f

II. CHRISTUS – KIRCHENVÄTER UND SCHOLASTIK.

Die eben skizzierte *platonische* und *stoische* Haltung der Griechen und Römer zu Tod und Unsterblichkeit war vom Tode des *Sokrates* gekennzeichnet.

1. Jesu Tod und Auferstehung

Inzwischen hatte aber ein anderer Tod, der des *Jesus* von Nazareth, und seine Auferstehung als historische Einmaligkeit eine Wende eingeleitet, die im christlichen Abendland alle anderen Antworten auf das Todesproblem verdrängte und 1000 Jahre allein gültig blieb.

Im Christentum wird nach den Aussagen des Neuen Testamentes die persönliche Unsterblichkeit betont, womit auch die Auferstehung des Leibes eingeschlossen ist.[60] Für die katholische Kirche hat die Kongregation für die Glaubenslehre in einem Schreiben vom 17. Mai 1979 in Erinnerung gerufen, was die Kirche im Namen Christi lehrt, vor allem das, was zwischen dem Tod des Christen und der allgemeinen Auferstehung geschieht:

„1. Die Kirche glaubt an die Auferstehung der Toten (vgl. das Apostolisches Glaubensbekenntnis).

2. Die Kirche versteht diese Auferstehung so, daß sie den ganzen Menschen betrifft; dies ist für die Auserwählten nichts anderes als die Ausweitung der Auferstehung Christi selber auf die Menschen.

3. Die Kirche hält an der Fortdauer der Subsistenz eines geistigen Elementes nach dem Tode fest, das mit Bewußtsein und Willen ausgestattet ist, so daß das „Ich des Menschen" weiterbesteht. Um dieses Element zu bezeichnen, verwendet die Kirche den Ausdruck „Seele", der durch den Gebrauch in der Heiligen Schrift und in der Tradition sich fest eingebürgert hat. Obwohl sie nicht übersieht, daß dieser Ausdruck in der Heiligen Schrift verschiedene Bedeutungen hat, ist sie doch der Auffassung, daß es keinen stichhaltigen Grund dafür gibt, ihn abzulehnen, zumal ja irgendein sprachlicher Ausdruck zur Stütze des Glaubens der Christen einfach notwendig ist.

---

[60] Siehe die diesbezüglichen Stellen im Alten und Neuen Testament; vgl. auch den Beitrag von O. KNOCH, Was sagt die Bibel über das Fortleben des Menschen nach dem Tode? in diesem Band und die einschlägige Literatur.

4. Die Kirche lehnt alle Denk- und Sprachweisen ab, durch die ihre Gebete, die Beerdigungsriten und der Totenkult ihren Sinn verlören und unverständlich würden: denn all das stellt in seiner Substanz einen locus theologicus dar.

5. Die Kirche erwartet gemäß der Heiligen Schrift „die Erscheinung unseres Herrn Jesus Christus in Herrlichkeit" *(Dei Verbun, I, 4)*, die nach ihrem Glauben jedoch als unterschieden und abgesetzt zu verstehen ist von der Situation des Menschen unmittelbar nach seinem Tod.

6. Die Kirche schließt in ihrer Lehre über das Schicksal des Menschen nach seinem Tod jede Erklärung aus, die die Bedeutung der Aufnahme Mariens in den Himmel an jenem Punkt auflösen würde, der ihr allein zukommt: daß nämlich die leibliche Verherrlichung der allerseligsten Jungfrau die Vorwegnahme jener Verherrlichung ist, die für alle übrigen Auserwählten bestimmt ist.

7. Die Kirche glaubt, indem sie am Neuen Testament und an der Überlieferung treu festhält, an die Seligkeit der Gerechten, die einmal bei Christus sein werden. Ebenso glaubt sie, daß eine ewige Strafe den Sünder so trifft, daß er der Anschauung Gottes beraubt wird und daß die Auswirkung dieser Strafe das ganze Sein des Sünders erfaßt. Was aber die Auserwählten betrifft, so glaubt sie, daß vor der Anschauung Gottes eine Reinigung stattfinden kann, die jedoch von der Strafe der Verdammten völlig verschieden ist. Das meint die Kirche, wenn sie von Hölle und Fegfeuer spricht."[61]

2. Die Väter der Kirche

Bei den *Vätern der Kirche* wird das Fortleben nach dem Tode vor allem mit der Unsterblichkeit der Seele in Verbindung gebracht. Allerdings ist das *Pneuma* des Paulus nicht dasselbe wie die Psyche Platons. Die Seele ist nicht der Feind des Körpers, sondern bildet mit ihm eine Einheit in der menschlichen *Person,* weshalb die Auferstehung des Fleisches, was die Griechen und Juden besonders abstieß, zu einem grundlegenden Inhalt der Hoffnung, aber auch der Bejahung des irdischen Lebens wird. Dabei spielt allerdings der Gedanke der Vergeltung im Jenseits eine bedeutende Rolle. So sagt ATHENAGORAS:

„In Anbetracht unserer Natur sind wir einerseits mit dem gegenwärtigen

---

[61] Kongregation für die Glaubenslehre. - Schreiben zu einigen Fragen der Eschatologie. An alle Bischöfe, Mitglieder der Bischofskonferenzen. - Osservatore Romano, Wochenausgabe in deutscher Sprache, 10. August 1979/ Nr. 32 — 33, Dokumentation 5

Lebenszustand zufrieden, mag er auch, wie es nun einmal sein muß, den Stempel der Unvollkommenheit und Vergänglichkeit tragen, andererseits aber hoffen wir mit Zuversicht auf eine Fortdauer in Unvergänglichkeit".[62]

Wobei hier die Fortdauer von Leib und Seele zu verstehen ist. „In Ewigkeit fortdauern muß also der aus Seele und Leib bestehende Mensch".[63]

TERTULLIAN (160 – 220) betont neben diesem personalen Aspekt, vielleicht als erster der Väterzeit, das *metaphysische* Argument der *Einfachheit* und *Unauflöslichkeit* der Seele.

„Was, o Seele, den dir unausweichlichen Spruch angeht und was sich auf dein Wesen selbst bezieht, so behaupten wir, daß du nach Auslöschung des Lebens noch fortbestehen, den Tag des Gerichtes erwarten, und je nach Verdienst, entweder Qualen überantwortet wirst, oder Freuden, die beide ewig dauern; daß, um diese zu ertragen, dir deine frühere Substanz und dieselben menschlichen Bestandteile und das Gedächtnis wiedergegeben werden, weil du einerseits weder Unangenehmes noch Angenehmes empfinden kannst ohne die Vermittlung des empfindungsfähigen Körpers, und andererseits ohne Vorführung derselben Persönlichkeit welche die Schwere des Gerichtes verdient hat, keine Ursache zum Richten vorhanden wäre. Dies ist die *christliche Ansicht;* wenngleich sie viel anständiger ist als die pythagoräische, indem sie dich nicht in Tierleiber versetzt, wenngleich vollständiger als die platonische, indem sie dir auch noch die Gabe des Körpers wiedergegeben werden läßt, wenngleich annehmbarer als die epikureische, indem sie dir die Auflösung erspart, so wird sie dennoch wegen ihres Namens für einen bloßen Wahn, für Borniertheit und wie man auch sagt, für eine vermessene Phantasterei angesehen. Jedoch wir schämen uns unserer anmaßlichen Phantasterei nicht, wenn du sie mit uns teilst."[64]

Die philosophischen Beweise der Unsterblichkeit bleiben letztlich auf der Strecke. Hier sind nach LAKTANTIUS (ca. + 330) der Glaube und die Beachtung paranormaler Phänomene überzeugender.

„Doch was suchen wir aus Beweisgründen die Unsterblichkeit der Seelen zu erschließen, nachdem uns *göttliche Zeugnisse* zu Gebote stehen? Denn diese

---

62 ATHANAGORAS. - Über die Auferstehung der Toten, Kap 13. - in: Bibliothek der Kirchenväter, Bd. 12; Frühchristliche Apologeten und Märtyrer. Übers. von P. A. EBERHARD, O. S. B.. - Kempten/ München: Kösel 1913

63 Derselbe, ebenda, Kap 15

64 TERTULLIAN. - Das Zeugnis der Seele, Kap 4. - in: Bibliothek der Kirchenväter. Bd. 7. Übers. von Dr. A. H. KELLNER. - Kempten/ München: Kösel 1912. - I, S. 208 f

Wahrheiten lehren uns die heiligen Schriften und die Stimmen der Propheten; und wem dies zu wenig dünkt, der lese die Weissagungen der Sybillen und ziehe auch die Aussprüche des milesischen Apollo in Erwägung; dann wird er einsehen, daß *Demokritus, Epikurus* und *Dicäarchus* von Verstand gewesen sind, *die allein von allen Sterblichen die offenkundige Tatsache geleugnet haben.*"[65]

CYPRIAN (205 – 258) beruft sich ganz auf die Botschaft Christi und tadelt den Brauch, um die Verstorbenen zu trauern, „wenn sie dort bereits weiße Gewänder angetan haben". Traurig sind ja nur jene, die keine Hoffnung haben.[66]

Nach den philosophischen Unsterblichkeitsbeweisen des AURELIUS AUGUSTINUS (354 –430) folgt die Unsterblichkeit der Seele aus ihrer Teilhabe an den ewigen Wahrheiten. „Unsterblich also ist die Seele! So glaube doch deinen Gründen, vertraue der Wahrheit!"[67] Später hat AUGUSTINUS in der Frage der Unsterblichkeit mehr die Autorität des Glaubens betont[68], womit er bereits auf die Entwicklung der kommenden Jahrhunderte hindeutet, wo im lateinischen (CASSIODORUS um +583) wie im griechischen Schrifttum dieser Zeit (JOHANNES DAMASCENUS +749) nur mehr selten die philosophischen Argumentationen anklingen.[69]

Auch „die Hauptsignatur des Wissenschaftsbetriebes im karolingischen Zeitalter und in den darauffolgenden Zeiten bis hinein in die Frühscholastik ist Rezeptivität, Traditionalismus ... Hinter der unbedingten Hinnahme der Väterautorität, hinter diesem Kult der

---

[65] LAKTANTIUS. - Die göttlichen Unterweisungen, Kap 65. - in:Bibliothek der Kirchenväter. Bd 36: Des Luc. Cael. Firm. Lactantius Schriften. Übers. von A. HARTL. - Kempten/ München: Kösel 1919. - S. 211 ff

[66] CYPRIAN. - Über die Unsterblichkeit (2), Kap 20. - in: Bibliothek der Kirchenväter. Bd. 34: Des hl. Kirchenvaters Caecilius Cyprianus Traktate. Übers. von Prof. D. J. BAER. - Kempten/ München: Kösel 1918 - S. 249 f

[67] AUGUSTINUS. - Soliloqua II, 19, 33. - in: Bibliothek der Kirchenväter. Bd. 28. Übers. von Prof. Dr. A. SCHRÖDER. - Kempten/ München: Kösel 1916. - S. 515 ff

[68] M. GRABMANN. - Die Grundgedanken des hl. Augustinus über Seele und Gott. - Köln: J. P. Bachem ^{2}1929

[69] W. GOTZMANN. - Die Unsterblichkeitsbeweise in der Väterzeit und Scholastik bis zum Ende des 13. Jahrhunderts. - Karlsruhe: F. Gutsch 1927

auctoritas mußte die ratio, das vernünftige Verarbeiten, das Durchdringen und selbständige Erfassen des überlieferten Stoffes, zurücktreten".[70]

3. Scholastik

Selbst der Versuch ANSELMS VON CANTERBURY (1033 – 1109)[71] und eines PETRUS LOMBARDUS (+1164)[72] vermochten durch ihre philosophischen Unsterblichkeitsspekulationen die genannte theologische, ethische und philosophische Grundhaltung nicht zu durchbrechen.

Erst gegen Ende des 12. Jahrhunderts gewinnt die philosophische Beweisführung wieder an Bedeutung. Neben ROBERT VON MELUN (um 1100 – 1167)[73], JOHANNES VON SALISBURY (um 1115 – 1180)[74] und ALANUS AB INSULIS (+1203)[75] war es vor allem der Spanier DOMINICUS GUNDISSALINUS (+1146), der sich wiederum theologisch und metaphysisch mit der Beweisbarkeit der Unsterblichkeit befaßte, wobei er als Ausgangspunkt vier Wege nannte, um menschliche Irrtümer auszuschließen:

„Und zwar erstens mittels der Sinne durch Erfahrung; zweitens auf dem Weg der Strafe durch die Gesetzgebung; drittens durch die Philosophie mittels der Beweisführung; viertens durch göttliche Hilfe mittels Weissagungen und Offenbarungen."[76]

Die Ehrbarkeit als letzte Lebensdevise hält er für eine billige Täuschung und führt zunächst den Beweis der Unsterblichkeit ausgehend von der Gerechtigkeit des Schöpfers und des künftigen Gerichts.

---

70 W. GRABMANN. - Geschichte der scholastischen Methode. - Freiburg i.Br.: Herder 1909. - I. S. 179 f
71 ANSELM VON CANTERBURY. - Monologium, Kap 68 – 72
72 Petri Lombardi Libri IV Sententiarum 2 Bde. Quaracchi²1916
73 R. M. Martin. - Oeuvers de R. de Melun. 4 Bde. - Louvain 1932 – 1954
74 JOHANES VON SALISBURY. - Metalogicon. -Ed. C. C. Webb. - Oxford 1929
75 ALANUS AB INSULIS. - Liber de causis; derselbe, Maximae theologiae
76 DOMINICUS GUNDISSALINUS. - De immortalitate animae ; zitiert nach G. HEIDINGSFELDER. - Die Unsterblichkeit der Seele, S. 299

„Denn entweder scheint Gott die, die ihn lieben und verehren, nicht zu kennen oder nicht zu lieben; deren ersteres aber würde seine Weisheit vernichten, das andere aber seine Güte. Das also ist ein Grund, wodurch wir einmal zu zeigen versuchten, daß es für die menschliche Seele ein Leben noch nach diesem Leben gebe.

Ein anderer Grund war für uns *Gottes Gerechtigkeit*. Wenn diese zu Recht besteht, dann muß es einmal ein Gericht geben. Denn in diesem Leben empfangen weder die Schlechten, was sie verdienen, noch auch die Guten, da es sowohl den Schlechten hier gut ergeht als auch den Guten schlecht. Wo bliebe da also die Gerechtigkeit Gottes, da beide gerade das Gegenteil ihrer Verdienste in diesem Leben empfangen, wenn es nach diesem Leben kein Gericht gibt? Das aber kann ja doch nur dann sein, wenn noch ein Leben nach diesem Leben sein wird."[77]

Zudem versucht er die Unsterblichkeit, vor allem in Anlehnung an Aristoteles und seine Anhänger, aus inneren Gründen zu erklären, nämlich durch die Selbständigkeit und Unzerstörbarkeit der intellektuellen Kraft.[78] Diese Form der Argumentation wirkte vorbildhaft auf die kommende Hochscholastik. So folgten ihm MONETA CREMONENSIS (+1260)[79], WILHELM VON AUVERGNE (+1249)[80] und der Franziskaner JOHANNES DE RUPELLA (1200 – 1245)[81].

Die Hochscholastik des 13. Jahrhunderts hatte sich bereits mit einflußreichen Leugnungen der Unsterblichkeit auseinanderzusetzen. Eine Reihe von Sekten, wie die *Katharer* mit ihrem Dualismus von Gott und Teufel und Materie, verbunden mit einem Hang zur Seelenwanderung[82], oder die *Amalrikaner* mit ihrer Verneinung von Gut und Böse[83], brachten pantheistische und materialistische Ideen in weite Kreise des Volkes.

Der *Monopsychismus* des lateinischen Averroismus (SIGER VON BRABANT 1223 – 1284)[84] und der psychologische Materialismus,

---

77 Derselbe, ebenda, S. 301 – 302
78 Derselbe, ebenda, S. 302 – 306
79 MONETA CREMONENSIS. - Summa contra Catharos et Waldenses, 5 Bücher. - Rom 1743
80 GUILIEMI ALVERNI Opera omnia. 2 Bde. - Paris 1674
81 JOHANNES DE RUPELLA. - Summa de anima. - Prato 1882; P. MINGES. - Die psychologische Summe des J. v. Rupella. Franziskanische Studien 3 (1916)
82 R. NELLI. - Ecritures cathares. Text originaux traduits et commentes. Paris 1959
83 Lexikon für Theologie und Kirche.Bd. 1. - Freiburg: Herder 1957.Sp. 415 – 416

der durch die Übersetzung der Schrift „De Intellectu et Intellcto" des ALEXANDER VON APHRODISIAS[85] bekannt wurde, bedrohte die traditionelle Unsterblichkeitsvorstellung, sodaß auf dem IV. Laterankonsil 1215 die Entscheidung gefaßt wurde: „Alle Menschen werden mit ihren Körpern, die sie jetzt herumtragen, auferstehen."[86]

So hatte das vertiefte und verbreitete Lehrgut der *platonisch-augustinischen,* der *arabischen* und *aristotelischen* Philosophie dieser Periode des Mittelalters Anregungen genug, die Unsterblichkeit der individuellen Menschenseele unter Beweis zu stellen, wobei besonders die Schulen der Franziskaner und Dominikaner hervortraten.

Die *Franziskanerschule* mit ALEXANDER VON HALES (ca 1170–1245)[87], PETRUS JOHANNES OLIVI (+1298)[88], JOHN PECKHAM (+1292)[89], RICHARD von MEDIAVILLA (+1307)[90] orientierten sich bei ihren Beweisen mehr an Platon und Augustinus. BONAVENTURA (1221–1274) folgt Augustinus und versucht den Beweis aus der Zweckursache, der Formursache, der Materialursache und der Ursache der Erhaltung zu liefern.

„So ergibt sich der Beweis für die Unsterblichkeit der Seele aus einer Betrachtung der vier Ursachenarten, wenn auch in vorzüglicher Weise aus der Zweckursache. Und diese Überlegungen zeigen nicht bloß, daß die Seele unsterblich ist, sondern auch, warum sie es ist."[91]

---

84 F. v. STEENBERGHEN. - Les oeuvres a la doctrine de Siger de Brabant. - Louven 1938

85 M. GRABMANN. - Mittelalterliche lat. Übersetzungen von Schriften der Aristoteles-Kommentatoren Joahnnes Philopponos, Alexander von Aphrodisias und Themistios.- in: Sitzungsberichte der Bayer. Akademie der Wissenschaften. Philos. hist. Abtlg. Jahrg. 1929, Heft 7, S. 36 f

86 DENZINGER. - Enchiridion Symbolorum, 21 – 23 Aufl. - Freiburg: Herder 1937, - S. 200, 429

88 PETRUS JOHANNIS OLIVI. - Summa questionum (Questiones ordinatae) super sent. - Ed. B. JARSEN. - Quaracchi 1922 – 1926

87 ALEXANDRI DE HALES Summa theologica. 4 Bde. - Quaracchi 1924 – 1948;

89 J. PECKHAM. - Perspectiva communis. - Venedig 1504, 1593

90 R. ZAVALLONI. - Richard de Mediavilla et la contraverse sur la pluralité des formes. Textes inédits et étude critique. - Louvain 1951

91 BONAVENTURA, II Sent. 19, 1, 1, conl. (4). - in: Opera omnia. - Edita studio et cura P. P. Collegii a. S. Bonaventura. Ad Claras Aquas. - Quaracchi 1885. - II, 460

Die *Dominikanerschule* mit VINZENZ VON BEAUVAIS (+ um 1264)[92], PETRUS VON TARANTASIA (+1276)[93], ALBERTUS MAGNUS (1193 – 1280)[94] und THOMAS VON AQUIN (1224 – 1274)[95] steht mehr auf dem Boden des *aristotelischen* Denkens. THOMAS führt den Beweis der Unsterblichkeit der Seele aus ihrer Unvergänglichkeit und Allgemeinheit, womit gezeigt werden soll, „daß die Seele eine Form ist, die in ihrem Sein in keinerlei Abhängigkeit vom Körper steht. Desgleichen endlich auch nicht durch Versagen ihrer Ursache, da sie keine andere als eine ewige Ursache haben kann."[96]

Wenngleich diese Blütezeit die theologischen Beweise der Vorzeit völlig anerkennt, so werden die entscheidenden Überzeugungen letzten Endes doch immer wieder „aus metaphysischen Überlegungen gewonnen, aus der geistig-subsistenten Wesenheit der menschlichen Seele, dieser einheitlich substantiellen Form des Körpers, die weder per se noch per accidens dem Untergang anheimfallen kann, weil ihr auch nach ihrer Trennung vom Leibe noch eine gegensatzlose geistige Subsistenz und darauf beruhende selbständige intellektive Tätigkeit gesichert bleibt."[97]

Im 13. und 14. Jahrhundert wird die Möglichkeit des Unsterblichkeitsbeweises wieder in Frage gestellt und auf den Glauben verwiesen. HEINRICH VON GENT (1293)[98], JOHANNES DUNS SKOTUS (1266 – 1308)[99], der Averroist JOHANNES DE JANDUNO (+1328)[100], WILHELM VON OCKHAM (um 1285)[101].

---

92 VINZENZ VON BEAUVAIS. - Opuscola. Ed. I. AUERBACH. - Basel 1481
93 PETRUS VON TARANTASIA Innocentii V in quattuor libros sententarium commentaria , 4 Bde. ed. T. TURIO—G. de MARINIS. - Toulouse 1649 – 1652
94 Kritische Ausgabe mit Prolog, Apparat, Anmrk., Indices: ALBERTI MAGNI opera omnia ... curavit Institutum Alberti Magni Coloniense, B. GEYER praeside (1951ff)
95 THOMAS DE ACQUINO Opera omnia. Ed. E. FRETTE / P. MARE, 34 Bde. - Paris: Vives 1871 – 1880
96 Summa contra Gentiles. Lib. II. cap. 79
97 G. HEIDINGSFELDER. - Unsterblichkeit der Seele, S. 28
98 HEINRICH VON GENT. - 15 Quodlibeta. - Paris 1518, Venedig 1608 u. 1613
99 Doctoris subtilis et mariani I. D. SCOTI Opera Omnia. Studio et cura commissionis scotitae ad fidem codicum edita praeside P. C. BALIE. - Civitas Vaticana 1950 ff
100 JOHANNES DE JANDUNO. - Kommentare zu Aristoteles und zu de substantia orbis des Averroes. - Vernedig 1481
101 W. v. OCCAM. - Summa totius logices (tractuts logices). - Venet. 1561; derselbe, Logica, 1561

Im 15. Jahrhundert versuchte dann NIKOLAUS VON CUES (1401–1464) in seiner Schrift „De mente" auf dem Boden der platonischen Philosophie wiederum die Unsterblichkeit des Geistes zu beweisen. „Unser Geist ist also durch kein Verhältnis meßbar, unbegrenzbar, unbeschränkbar."[102]

Neben diesen intellektuellen Erwägungen der Unsterblichkeit finden wir selbst in der Hochscholastik die erlebnismäßige Betrachtung des Fortlebens nach dem Tode, nämlich die Mystik, die in MEISTER ECKHART (1260–1327) das philosophische Denken mit der Intuition verbindet.

„Alle Dinge sind – in endlicher Gestalt – in der Zeit entflossen, und sind dabei doch – in unendlicher Gestalt – in der Ewigkeit verblieben. Da sind sie Gott in Gott."[103]

Diese Unsterblichkeitsbeweise vermochten jedoch beim Volk die Furcht vor dem Tode nicht zu zerstreuen, zumal von den Predigern der Akzent auf das „Nadelöhr" gesetzt wurde, durch das man in den Himmel eintreten könne. Durch Ausmalen der Schrecken der ewigen Verdammnis und aller Vergänglichkeit steigerte man sogar noch die Furcht vor dem Tode, wobei man dem Augenblick des Sterbens besondere Bedeutung zumaß, da der Teufel und seine Helfer hier zum letzten Mal um die Seele kämpfen.[104]

III. NEUZEIT

Auf diesem Hintergrund der theologischen und metaphysischen Unsterblichkeitsbeweise, der weitverbreiteten Todesfurcht, sowie der mono- und panpsychistischen Lebensdeutung, kam es zu naturphilosophischen Ansätzen.

---

102 NIKOLAUS VON CUES. - De Mente. Kap 15. - in: Aschendorfs Philosophisches Lesebuch. - Münster i. W. 1925. - S 258 f
103 ECKEHART. - Von der Vollendung der Seele. - in: Schriften aus dem Mittelhochdeutschen übertragen von H. BÜTTNER. - Jena 1934. - S. 95
104 HUIZINGA. - Herbst des Mittelalters. Übers. von T. WOLFF. - Stuttgart 5 1939.- S. 193 f

1. Kosmologische Betrachtungen

Der Vorstand der „Platonischen Akademie" von Florenz, der Arzt, Philosoph und Theologe MARCILIUS FICINUS (1433 – 1499),verfaßt den umfangreichen Traktat „Theologiae platonicae, de immortalitate animorum". In dieser Abhandlung versucht er die Unsterblichkeit der Seele nicht nur philosophisch zu beweisen durch ihre Selbständigkeit, Unabhängigkeit, Geistigkeit und Unzerstörbarkeit, sondern auch *empirisch* durch ihre paranormalen Fähigkeiten wie Absence, poetische und künstlerische Kreativität, Inspiration, Weissagung und Prophetie, Heilung usw. Die vom Körper befreite Seele könne die Materie durchdringen und transformieren und sich den Lebenden durch Zeichen und Visionen kundtun.[105] Die *Seele* bildet die *dritte* Wesenheit des Kosmos und stellt die Verbindung der beiden anderen Wesenheiten dar, nämlich des Irdischen mit dem Außerirdischen. Sie weist drei Grade auf: Die *Weltseele,* die zwölf Seelen der Elemente und der Sphären und die Seelen aller Wesen,[106] wobei die Geistseele unsterblich ist.[107] Den Ausgangspunkt dieser Gedanken bildet seine Kosmogonie. In ihr bildet Gott als unbewegliche Einheit, Güte, Schönheit und absolute Gerechtigkeit, die höchste Wirklichkeit. Von Gott gehen die Engel als reine Geister aus. Von den Engeln emaniert die Geistseele, die als reine Form unsterblich ist. Von der Geistseele erfolgt der Abstieg zur Qualität der Körper und schließlich zur Materie.[108]

Diese Gedanken von der Einheit des Kosmos und der in ihr lebenden Sympathie erinnern an die Schriften, die unter dem Namen des ORPHEUS VON PLETHO als Dokumentation der früheren Überlieferung der heidnischen Theologie anerkannt wurden. Für

---

[105] MARSILIUS FICINIUS. - Theologiae Platonicae, de Immortalitate animorum, Liber XIIII, in: MARSILLII FICINI FLORENTINI Igsignis Philosophi Platonici Medici, atque Theologici clarissimi, Opera. - Basileae: Henripertina ^{3}1576. - 1.Bd. S. 284 – 316

[106] Derselbe, ebenda, Lib. IIII, S. 123 –134

[107] Derselbe, ebenda, Lib. V., S. 135 – 155

[108] Derselbe, ebenda, Lib. II, III, S. 92 – 121, IX, S. 202 – 220; Siehe auch seine Abhandlungen: Mercurii Trimegisti Liber de potestate et sapientia Dei cui titulus Pimander. - in: Opera, 2. Bd., S, 1837 – 1852; In Mercurii Trismegisti Asclepius. - in: Opera, 2.Bd. S. 1858 – 1875-; In Iamblichi de Mysteriis, in: Opera, 2. Bd. S. 1877 – 1907

FICINUS gehörten ORPHEUS, ZOROASTER, HERMES TRIMEGISTOS und PYTHAGORAS mit zu den größten Autoritäten des Altertums.[109] FICINUS Einfluß kam besonders bei PARACELSUS und AGRIPPA VON NETTESHEIM zum Tragen.

Nach Theophrastus Bombastus von Hohenheim, PARACELSUS, (1493 – 1541), besteht der Mensch aus einem *elementaren* und einem *astralen* Leib, sowie aus dem *Geist*. Durch den Astralleib, der im Menschen die unsterbliche Seele mit dem Körper verbindet, wird die Sympathie des Kosmos erfaßt. Nach dem Tode löst sich der astrale Leib auf, jedoch langsamer als der elementische, der Geist, der „Spiritum", geht wiederum dorthin, woher er gekommen ist.[110]

AGRIPPA VON NETTESHEIM (1483 – 1535), der anscheinend um 1515 in Pavia Vorlesungen über Platons Symposion und Pimander von Hermes Trismegistos (übersetzt von MARSILIUS FICINUS) gehalten hat,[111] unterscheidet ebenfalls eine dreifache Welt, eine *elementare*, eine *himmlisch-astrale* und eine *geistige, seelische* Welt, wobei die Seele als göttlicher Gedanke unsterblich ist.[112]

Dieses Aufblühen einer sehr psychologisch empirischen Betrachtung des Menschen führte neben dem Interesse an Plato und den Orphikern auch zu einer Aristotelesrenaissance mit einer verschärften Unsterblichkeitskontroverse. Die einen deuteten Aristoteles im Sinne von AVERROES und verneinten mit ihrem *Monopsychismus* die individuelle persönliche Unsterblichkeit. Die anderen deuteten Aristoteles im Sinne von ALEXANDER VON APHRODISIAS und ließen in der Sicht ihres Naturalismus die Seele mit dem Körper sterben. Diese Ansicht vertrat vor allem PETRUS POMPONATIUS (1462 – 1524) in seinem „Tractatus de immortalita-

---

109 P. O. KRISTELLER. - Studies in Renaissance Thought and Letters. - Roma: Edizioni di storia e letteratura 1956 (Storia e Letteratura: Raccolta di studi e testi 54), S. 37

110 K. SUDDOFF. - Paracelsus. Sämtliche Werke I. Abtl. Die medizinischen, naturwissenschaftlichen und naturphilosophischen Schriften, 14. Bde. (1922 ff). II. Abtl. Die theologischen und religionsphilosophischen Schriften. Hrsg. W. MATTHIESEN. 1. Bd. (1923) Fortgeführt von K. GOLDAMMER (1955 ff)

111 P. O. KRISTELLER, Studies in Renaissance, S. 291. - H. AGRIPPA. - Opera, II. Bd. - Lyon o. J. — S. 1062, 1073

112 AGRIPPA VON NETTESHEIM. - De occulata philosophia. Auswahl, Einführung und Komentar v. W. SCHRÖDTER. - Remagen: Reichel 1967

te animae"[113] vom Jahre 1516. „Schon 1518 schrieb gegen ihn der Averroist AUGUSTINUS NIPHUS (+1546) seinen gleichnamigen „Tractatus de immortalitate animae", in welchem er, der bisher gleich seinem Lehrer Nicolaus Vernias den Monopsychismus gelehrt hatte, nun plötzlich mit Argumenten des heiligen Thomas von Aquin die Unsterblichkeit der Menschenseele verteidigt. Auf ihn erwidert Pomponatius in seinem „Defensorium" 1519. Sogar dessen ehemaliger Schüler, der feingebildete Humanist Kardinal CASPAR CONTARINI (+1542) richtet gegen ihn zwei Bücher „De immortalitate animae adversus Petrum Pomponatium' . Auch ihm erwidert Pomponatius mit einer „Apologia", die in dem „Propugnaculum Aristotelis de immortalitate animae contra Petrum Pomponatium: Flagellum in tres libros apologiae ejusdem" des Dominikaners BARTHOLOMÄUS SPINA VON PISA eine erneute Zurückweisung erfuhr. Desgleichen wurde Kardinal CAJETAN (Thomas de Vio +1534) durch Pomponatius in den Streit um die Unsterblichkeit der Seele verwickelt. Dabei weicht er, den man später einen „alter Thomas" (Ughelli) nannte, von seinem Meister ab, indem er der Vernunft keine Beweiskraft in Sachen der Unsterblichkeit zutraut und auf den Glauben verweist."[114] Dies war letztlich auch die Ansicht POMPONATIUS, wenn er in seiner Apologie betont, daß Körper und Seele durch die Gnade Gottes auferstehen, denn wenn die Seele nicht unsterblich wäre, hätte die Gnade keinen Wert mehr.[115]

In diese Diskussion hinein fallen auch die sogenannten *Naturalisten* der Zeit, die wie etwa BERNARDINUS TELESIUS (1508 – 1588) den menschlichen *Geist (spiritus)* als *reinen* Stoff bezeichnen. Neben dieser feinstofflichen Seele gibt es beim Menschen noch die unmittelbar von Gott gegebene Seele als „forma superaddita", da die über das Irdische hinausweisenden Strebungen des Menschen nur so verstanden werden können. Diese von Gott gegebene Seele ist unsterblich.[116]

---

113 PETRUS POMPONATIUS. - Tractatus de immortalitate animae. Testo e traduzione a cura di G. MORRA. - Bologna 1954

114 G. HEIDINGSFELDER, Die Unsterblichkeit der Seele, S. 30 – 31

115 PETRUS POMPONATIUS, Apologia

116 BERNARDINUS TELESIUS. - De rerum natura. - Neapel 1586

Die *pantheistischen* und *panpsychistischen* Richtungen dieses Renaissance-Naturalismus — FRANCISCUS PATRICIUS (+1597), THOMAS CAMPANELLA (1639), GIORDANO BRUNO (1548 – 1660), HIERONYMUS CARDANUS (+1576) — verzichten auf die *forma suppraddita* und machen die Menschenseele zu einem Teil der Weltseele, sodaß bei ihnen nur mehr indirekt von einer individuellen Unsterblichkeit gesprochen werden kann. So sagt GIORDANO BRUNO im Anschluß an die von ihm im ewigen All entdeckten „*coincidentia oppositorum*" in der Nachfolge des NICOLAUS VON CUES mit Hinweis auf PYTHAGORAS:

> „Sie sehen also, wie alle Dinge im Universum sind und das Universum in allen Dingen ist, wie wir in ihm, es in uns, und so alles in einer vollkommenen Einheit zusammentrifft, sehen sie nun, warum sich unser Geist nicht quälen soll, wie es nichts gibt, über das unser Herz erschrecken sollte".[117]

Diese innere Ruhe beruht bei GIORDANO BRUNO vornehmlich auf seiner festen Überzeugung von der Unsterblichkeit des Menschen.

> „Nimmer vergeht die Seele, vielmehr die frühere Wohnung
> Tauscht sie mit neuem Sitz und lebt und wirket in diesem.
> Alles wechselt, doch nichts geht unter."[118]

Die skeptischen Richtungen dieser Zeit überlassen auch die Unsterblichkeitsfragen dem urteilslosen Zweifel. So sagt MICHEL DE MONTAIGNE (1533 – 1592): „Der Tod mag wohl das Ende des Lebens sein, aber nicht der Endzweck. Er ist ein Ziel, seine äußere Grenze, aber nicht sein Gegenstand."[119] MONTAIGNE verneint zwar den Atheismus, vermochte sich aber nicht zu einer Erwartung des ewigen Lebens aufzuschwingen wie PICO DELLA MIRAN-

---

[117] GIORDANO BRUNO. - Von der Ursache, dem Anfangsgrund und dem Einem. - in: Gesammelte Werke. Hrsg. von L. KUHLENBECK. - Leipzig/ Jena 1904 – 1909. - 5. Dialog, Bd. 4, S. 120

[118] GIORDANO BRUNO. - Della causa principio et uno. Lichtstrahlen aus Giordano Brunos Werken. Hrsg. von Ludwig KUHLENBECK. - Leipzig 1891. - S. 55

[119] M. DE MONTAIGNE. - Essays III, 12. - in: Gesammelte Schriften. - O. FLANKE / W. WEIGAND (Hrsg.). - München / Leipzig 1908 – 1912. - Bd. VI, S. 136; vgl. auch Esseys II, 12. Bd. III, S. 199

DOLA, nach dem der Mensch vor allem um eine große Ebenbildlichkeit Gottes bemüht sein soll.[120]

In diesem Widerstreit zwischen Religion und Wissen, der GIORDANO BRUNO das Leben gekostet hat, warnt FRANCIS BACON (1561 – 1626), der einen viel größeren Einfluß auf die Weiterentwicklung der Wissenschaft hatte als GIORDANO BRUNO, vor einer *Vermengung* von Theologie und Philosophie. Die Philosophie gründe sich auf Sinneswahrnehmungen, die Theologie auf die Offenbarung. Die Frage der Unsterblichkeit ist keine Frage der Wahrnehmung, sondern der Offenbarung: „Glaubt mir, das allersüßeste Lied ist: nunc dimittis, wenn ein Mensch würdige Ziele und Hoffnungen erreicht hat."[121]

An der Wende der Renaissance-Philosophie ist noch der große Spanier, FRANZ SUAREZ (1548 –1617), zu nennen, der noch einmal die ganze Kraft scholastischer Beweisführung für die persönliche Unsterblichkeit des Menschen mit metaphysischen und moralischen Argumenten demonstriert.[122]

2. Rationalismus

Die neuzeitliche Philosophie, deren Beginn allgemein mit RENÉ DESCARTES (1596 – 1650) angesetzt wird, bringt bei der Mannigfaltigkeit ihrer Systeme auch Verschiedenheiten in der Einstellung zur Unsterblichkeit. DESCARTES folgte nach LEON ROTH, „sein Leben lang einem Irrlicht: Er wollte den Tod bezwingen, und zwar nicht nur den Tod der Seele, sondern auch den des Körpers."[123] In einem Brief vom 15. Juni 1646 schreibt er jedoch:

„Derart habe ich statt der Mittel, das Leben zu erhalten, ein anderes sehr viel leichteres und sicheres gefunden, nämlich den Tod nicht zu fürchten."[124]

---

120 G. PICO DELLA MIRANDOLA. - Über die Würde des Menschen. Übers. von H. W. RÜSSEL. Fribourg/ Frankfurt/ Wien o. J. - S. 52 f

121 F. BACON. - Über den Tod. - in: F. BACON, Essays. Herg. von L. L. SCHÜCKING. - Leipzig 1940. - S. 9

122 F. SUAREZ. - Opera omnia 28 Bde. - Paris 1856 – 1878

123 L. ROTH. - Descartes Discourse on Method. - Oxford 1937. - S. 7

124 R. DESCARTES. - Briefe. Hrsg. von M. BENSE. - Köln/ Krefeld 1949. - S. 260

Was schließlich die Unsterblichkeit betrifft, so wolle er selbst glauben, was die Religion lehrt, überzeugen könnten ihn jedoch nur sehr augenblickliche natürliche Vernunftsgründe:

„Erstens nämlich muß man wissen, daß überhaupt alle Substanzen, d. h. die Dinge, *welche ihr Dasein allein der Schöpfung durch Gott verdanken, ihrer Natur nach unzerstörbar sind,* und daß sie niemals aufhören können zu sein, wenn sie nicht von dem selben Gott dadurch ins Nichts zurückgeführt werden, daß er ihnen seinen Beistand versagt. Zweitens aber muß man bemerken, daß zwar der Körper überhaupt eine Substanz ist und darum auch niemals untergehen kann, daß aber der menschliche Körper, sofern er sich von den übrigen Körpern unterscheidet, nur durch eine bestimmte Gestaltung von Gliedern und anderen Akzidentien derselben Art gebildet ist, daß dagegen der *menschliche Geist nicht so aus irgendwelchen Akzidentien besteht, sondern eine reine Substanz* ist; denn wenn auch alle seine Akzidentien wechseln, so daß er andere Dinge erkennt, andere will, andere fühlt usw., so wird darum doch nicht der Geist selbst ein anderer, der menschliche Körper dagegen wird allein schon dadurch ein anderer, daß sich die Gestalt einiger seiner Teile ändert. Hieraus folgt, daß der Körper zwar äußerst leicht untergeht, der *Geist aber seiner Natur gemäß unsterblich* ist."[125]

Diese Vernunftsgründe sind hingegen für BLAISE PASCAL (1623 – 1662) unbedeutend, denn die Frage des Todes kann nur durch die christliche Auferstehung positiv beantwortet werden:

„Ohne Jesus Christus ist er schrecklich, verabscheuungswürdig und das Grauen der Natur. In Jesus Christus ist er etwas anderes: liebenswürdig, heilig und die Freude der Gläubigen."[126]

So wird für ihn die Frage der Unsterblichkeit zum zentralen Problem des menschlichen Lebens.

„Die Unsterblichkeit der Seele geht uns dermaßen an, berührt uns derart im Tiefsten, daß wer bei der Frage, was damit ist, gleichgültig bleibt, jegliches Gefühl eingebüßt haben muß."[127]

Es ist nämlich für das ganze Leben von entscheidender Wichtigkeit, ob die Seele sterblich oder unsterblich ist. „In Zeiten der

---

[125] R. DESCARTES. - Meditationen über die Grundlagen der Philosophie. Übers. von Dr. A. BUCHENAU. Phil. Bibl. Bd. 27. - Leipzig: F. Meiner 1915. - S. 7 ff

[126] B. PASCAL. - Brief an Herrn und Frau Périer, 17. Oktober 1651. - in: Briefe des Blaise Pascal. Übers. von RÜTTENAUER. - Leipzig 1935. - S. 103

[127] B. PASCAL. - Pensées, Nr. 194. - in: Über die Religion und über einige andere Gegenstände. Pensées, übersetzt von E. WASMUTH. - Heidelberg 51954. - S. 100

Trübsal wird mich die Kenntnis aller Dinge der äußeren Welt nicht über die Unkenntnis in der Sittenlehre trösten."¹²⁸ PASCAL ist nämlich fest überzeugt,

> „daß in diesem Leben das Gut nur in der Hoffnung auf ein anderes Leben besteht, daß man nur glücklich ist in dem Maße, in dem man sich ihm nähert, und daß, da es für die, die von der Ewigkeit völlig überzeugt sind, kein Unglück mehr geben wird, es auch für sie kein Glück gibt, die davon nichts wissen."¹²⁹

3. Natürliche Unsterblichkeit

Gegenüber diesem Rekurs auf Erhaltung der Seele durch Gottes Gnade wird unter den führenden Philosophen des 17. und 18. Jahrhunderts die „natürliche Unsterblichkeit" betont. So ist es nach GOTTFRIED WILHELM LEIBNIZ (1646 – 1716), da „Offenbarung und Wunder für sich allein von vielen nicht respektiert werden, für Religion und Moral unendlich vorteilhafter zu zeigen, daß die Seelen von Natur unsterblich sind und daß es ein Wunder sein würde, wenn sie es nicht wären."¹³⁰

Selbst der Empirist JOHN LOCKE (1632 – 1704)¹³¹ glaubt wie CHRISTIAN WOLFF (1679 – 1754)¹³² und GEORGE BERKELEY (1685 – 1753) an eine unsterbliche Vernunftseele. „Die Seele ist, wie wir gezeigt haben, unteilbar, unkörperlich, unausgedehnt, folglich auch unzerstörbar."¹³³

Eine besondere Stelle in diesem Zusammenhang nimmt BENEDICTUS DE SPINOZA (1632 – 1677) ein. Für ihn ist die Seele sozusagen ein geistiges Autonoma. Die Ideenbewegung des Geistes – der Substanz – ist automatische Spontaneität. Sie braucht nichts mehr außer sich selbst. Alles geschieht notwendig, auch der Tod des Körpers.

128 Derselbe, ebenda, Nr. 67, S. 40
129 Derselbe, ebenda, Nr. 194, S. 100
130 G. W. LEIBNIZ. - Neue Abhandlungen über den menschlichen Verstand. Ausg. von E. CASSIRER. Phil. Bibl. Bd. 69. - Leipzig: Meiner 1915. - S. 29
131 The Works of J. LOCKE. A new edition, corrected. 10 Bde. - London 1823, Nachdruck Aalen 1963
132 CH. WOLFF. - Philosophia prima sive ontologica. 2. Aufl. 1736; derselbe, Vernünftige Gedanken von Gott, der Welt und der Seele. 1719
133 G. BERKELEY. - Abhandlung über Prinzipien der menschlichen Erkenntnis. Ausgabe von Fr. ÜBERWEG. Philos. Bibl. Bd. 20. - Leipzig: F. Meiner 1920. - S. 97 f

„Da aber nichts desto weniger das, was nach einer gewissen ewigen Notwendigkeit durch Gottes Wesenheit selbst begriffen wird, etwas ist, so wird notwendig dieses etwas, das zur Weisheit der Seele gehört, ewig sein."[134] Dieser Aussage liegt folgende Definition Spinozas zugrunde: „In Gott gibt es notwendig eine Idee, die die Wesenheit dieses und jenes menschlichen Körpers unter einer Art Ewigkeit ausdrückt."[135]

Auch für JEAN JACQUES ROUSSEAU (1712 – 1778) ist eine Zerstörung des denkenden Wesens im Menschen unvorstellbar, „und da ich nicht imstande bin, mir zu denken, wie es sterben kann, so nehme ich an, daß es nicht stirbt."[136]

Ebenso wird in der deutschen Aufklärung mit ihren menschenbeglückenden Tendenzen und den pietistischen Einflüssen die Unsterblichkeitsidee bewahrt, da ohne sie, wie SAMUEL REIMARUS (1694 – 1768) hervorhebt, die erstrebte Glückseligkeit des Menschen unerfüllbar wäre. Der Mensch ist von Natur „durch die vernünftige Vorstellung seiner selbst und anderer Dinge, zu einem *Vermögen und Verlangen nach einer höheren, reinern und dauerhaftern Vollkommenheit und Glückseligkeit,* als er in diesem Leben erhalten kann, bestimmt."[137]

Eine besondere Verbreitung und Beachtung fand in dieser Zeit der Dialog „Phaidon" (1767) von MOSES MENDELSOHN (1729 – 1786), in dem er sich bemüht, Platos Unsterblichkeitsbeweise zu modernisieren und die Fortdauer der Menschenseele philosophisch zu begründen.

Dieser starken Betonung des individuellen Fortlebens nach dem Tode stellen sich neben der Leugnung der Unsterblichkeit der schon erwähnte Monismus SPINOZAS und ein erwachendes Interesse an der Seelenwanderung gegenüber.

---

134 B. SPINOZA. - Ethik. Anm. zu 23 Lehrsätzen. Übers. von O. BAENSCH. - Leipzig 9 1919. - S. 262 f

135 Derselbe, ebenda, 22. Lehrsatz, S. 261

136 J. J. ROUSSEAU.- Emil oder über die Erziehung. Übers. von H. DENHARDT. - Leipzig: Reclam jun. 1910. - II, 162 ff

137 H. S. REIMARUS. - Abhandlungen von den vornehmsten Wahrheiten der natürlichen Religion. - Hamburg 6 1791. - S. 639 f

4. Leugnung der Unsterblichkeit

Die philosophische Verneinung der Unsterblichkeit, die nun zusehends auftaucht, deckt sich allerdings nicht immer mit der persönlichen Überzeugung. So gab THOMAS HOBBES (1588 – 1679), als es wirklich um den Tod ging, gleich Petrus Pomponatius alle materialistischen Schlußfolgerungen auf, und vertraute auf die Auferstehung. „Kann nicht Gott, der durch sein Wort den unbeseelten Staub und Lehm als lebendiges Wesen aufstehen ließ, ebenso leicht einen toten Kadaver aufs neue zum Leben erwecken?"[138]

Die *französischen* Materialisten des 18. Jahrhunderts machten die Leugnung der Unsterblichkeit zur philosophischen Haltung schlechthin. JULIEN OFFROY DE LA METTRIE (1709 –1751), der in seinem berühmten Buch „L'homme machine" die Ansicht vertritt, daß der Mensch nur eine Maschine ist, welche selbst ihr Triebwerk aufzieht, hält die Seele für einen Teil des Gehirns. Das Denken ist lediglich eine Eigenschaft der Materie, deren Wesen allerdings unbekannt ist.[139] Er wollte daher das Leben genießen wie ein Epikureer und dem Tod wie ein Stoiker entgegenschreiten.

Noch radikaler ist das „Système de la Nature" von PAUL HENRI HOLBACH (1723 – 1789), das zur Erklärung des Wesens des Menschen Materialismus, Sensualismus, Determinismus und Atheismus dogmatisch verbindet. Notwendig und ewig ist nur die Materie. Die Todesfurcht gilt es zu überwinden, denn die Tatsache, daß es kein Leben nach dem Tode gibt, befreit aus der Macht der Priester.[140] Dieses billige Abfinden mit dem Tod ist für A. DE CONDORCET zu wenig und er verkündet als Ideal den „natürlichen Tod", der erst nach Erschöpfung aller Lebenskräfte eintritt und dann willkommen ist.[141] Diese Argumentationen grenzen bereits ans Lächerliche und gehen am Leben vorbei.

---

138 TH. HOBBES. - Leviathan, IV. - in: The English Works of Thomas Hobbes. - London 1839 – 1845. - Bd. III, S. 614 f.

139 La Mettrie's l'homme machine. A study in the origin of an idea. Critical Edition by A. VARTANIAN. - Princeton 1960

140 P. H. HOLBACH. - Système de la nature. 1770; deutsch 1843

141 A. DE CONDORCET. - Entwurf einer historischen Darstellung der Fortschritte des menschlichen Geistes. Hrsg. von W. ALFF. - Frankfurt 1963

Eine viel grundsätzlichere Kritik erfährt die Unsterblichkeitslehre durch DAVID HUMEs (1711 – 1776) metaphysikfeindlichen Empirismus und Skeptizismus, durch die völlige Verneinung des Ichs. Was wir Ich nennen, ist nur „ein Bündel verschiedener Perzeptionen".[142] Die Schlüsse, die sich aus der Natur ziehen lassen, sprechen „deutlich für die Sterblichkeit der Seele."[143] Obwohl es für HUME kein Ich gibt, erwägt er sonderbarer Weise den Gedanken einer Präexistenz der Seele. Sollte es dies geben, dann wäre die Unsterblichkeit als Seelenwanderung möglich." Die Metempsychose ist daher das einzige sichere System dieser Art, dem die Philosophie Gehör geben kann."[144]

5. Wiedergeburt

Dieses Interesse an der Wiedergeburt steht nicht isoliert da. So legte GOTTHOLD EPHRAIM LESSING (1729 – 1781) mit seinem Buch „Die Erziehung des Menschengeschlechts" (1780) ein klassisches Dokument für die Reinkarnationslehre vor, wobei er ausschließlich auf eigener Erfahrung aufbaut. Auch für den Russen ALEXANDER RADITSCHEW (1749 – 1802) kann die Unsterblichkeit nicht mit philosophischen Argumenten, sondern nur mit persönlichen Erfahrungsinhalten begründet werden. „Für die Überzeugung von der Unsterblichkeit des Menschen bedarf es also gefühlsmäßiger und sozusagen zu Herzen gehender Argumente."[145] Damit wird offen ausgesprochen, was im konkreten Lebensvollzug immer schon bestimmend war, nämlich die persönliche Erfahrung.

---

142 D. HUME. - Traktat über die menschliche Natur. Übers. von E. KÖTTGEN und T. LIPPS. - Hamburg/ Leipzig 1895. - Über den Verstand, S. 327

143 D. HUME. - Über die Unsterblichkeit der Seele. - in: Dialog über natürliche Religion, über Selbstmord und Unsterblichkeit der Seele von David Hume. Übers. von F. PAULSEN. - Leipzig ³1917. - S. 162

144 Derselbe, ebenda, S. 163

145 A. N. RADITSCHEW. - Über den Menschen, über seine Sterblichkeit und Unsterblichkeit. (1792). - in: Ausgewählte Schriften. Hrsg. von I. J. TSCHIPANOW. - Berlin 1959. - S. 244

6. Unsterblichkeit des Allgemeinen

In diesem Zusammenhang machte vor allem der „Geisterseher des Nordens", IMMANUEL SWEDENBORG (1688 – 1772) mit seinen Mitteilungen über die „übersinnliche Welt" großes Aufsehen, dem sich selbst IMMANUEL KANT (1724 – 1804) nicht entziehen konnte. So schreibt er in „Träume eines Geistersehers" (1766): „Ich gestehe, daß ich sehr geneigt sei, das Dasein immaterieller Naturen in der Welt zu behaupten und meine Seele selbst in die Klasse dieser Wesen zu versetzen."[146] Später kam KANT jedoch zur Überzeugung, daß die Unsterblichkeit der Seele logisch nicht zu beweisen sei,[147] sondern nur durch die moralische Erfahrung, also die praktische Vernunft vermittelt werden könne:

„Die völlige Angemessenheit des Willens aber zum moralischen Gesetze ist *Heiligkeit*, eine Vollkommenheit, deren kein vernünftiges Wesen der Sinnenwelt in keinem Zeitpunkt seines Daseins fähig ist. Da sie indessen gleichwohl als praktisch notwendig gefordert wird, so kann sie nur in einem ins *unendliche* gehenden *Progressus* zu jener völligen Angemessenheit angetroffen werden, und es ist nach Prinzipien der reinen praktischen Vernunft notwendig, eine solche praktische Fortschreitung als das reale Objekt unseres Willens anzunehmen".

„Dieser unendliche Progressus ist aber nur unter Voraussetzung einer ins *unendliche* fortdauernden *Existenz* und Persönlichkeit desselben vernünftigen Wesens (welche man die Unsterblichkeit der Seele nennt) möglich. Also ist das höchste Gut, praktisch, nur unter der Voraussetzung der Unsterblichkeit der Seele möglich; mithin diese, als unzertrennlich mit dem moralischen Gesetz verbunden, ein *Postulat* der reinen praktischen Vernunft".[148]

Da der Mensch auf dieser Welt nicht jene Glückseligkeit erreichen kann, die er verdient, „muß eine andere Welt sein oder ein Zustand, wo das Wohlbefinden des Geschöpfs dem Wohlverhalten desselben adäquat sein wird".[149]

---

146 KANTS gesammelte Schriften. Hrsg. von der Königl. Preuss. Akademie der Wissenschaften. - Berlin 1902 –1935. - Bd. II, S. 137
147 I. KANT. - Kritik der reinen Vernunft, B4 14; ebenda, Bd. III, S.271
148 Derselbe, Kritik der praktischen Vernunft, Bd. V, S. 122
149 Derselbe, Vorlesungen über Metaphysik, 1821, S. 241 ff

Diese sittliche Weltordnung, hinter der nach KANT die göttliche Vorsehung steht, wird auch von JOHANN GOTTLIEB FICHTE (1762 –1840) geteilt. Er zweifelt jedoch an der Existenz eines Gottes, der sich um die Menschen kümmert. Er gründet daher die Unsterblichkeit nicht nur auf die moralische Weltordnung, sondern auch auf den Primat des Ichs und nennt das Leben der Individuen schlechthin unsterblich.

„Das Leben der Individuen gehört nicht unter die Zeiterscheinungen, sondern ist schlechthin ewig, wie das Leben selbst: Wer da lebt, wahrhaftig lebt, im ewigen Zwecke, der kann niemals sterben: denn das Leben selbst ist schlechthin unsterblich".[150]

Auch für FRIEDRICH WILHELM JOSEF SCHELLING (1775 – 1854) ist das Ich unsterblich, denn die „Zernichtung" der Welt kann nur in unendlicher Annäherung geschehen.[151] „Tod ist jener Vorgang, in dem der Mensch zu seinem wahren „Esse" befreit wird, indem er ganz erscheint, was er ist, Tod ist ,reductio ad essentiam' ".[152] Diese Rückführung auf das Wesentliche befreit das wahre Sein des Menschen, das unsterblich ist. „Der Tod ist die Befreiung der inneren Lebensgestalt von der äußeren, die sie unterdrückt hält".[153]

Diese innere Lebensgestalt bestimmt dann selbst die eigene Widerverkörperung:

„Da die Selbstheit selber das Produzierende des Leibes ist, so schaut jede Seele in dem Maß, in welchem sie, mit jener behaftet, den gegenwärtigen Zustand verläßt, sich aufs neue im Scheinbilde an, und bestimmt sich selbst den Ort ihrer Palingenesie".[154]

Den nachhaltigsten Einfluß auf das Denken über die Unsterblichkeit bis in die heutige Zeit hatte jedoch GEORG WILHELM FRIEDRICH HEGEL (1770 – 1831). Seine Betonung des Allge-

---

150 J. G. FICHTE. - Sämtliche Werke. Hrsg. von J. H. FICHTE. 8 Bde., 1845 – 1846. - Bd. IV. S. 409

151 F. W. J. SCHELLING. - Vom Ich als Prinzip der Philosophie oder über das Unbedingte im menschlichen Wissen. (1795). - in: Sämtliche Werke. Hrsg. von K. F. A. SCHELLING: 1 Abt. 10 Bde., 2. Abt. 4 Bde. 1856 ff

152 Derselbe, ebenda, I, 6, S. 60 f; I, 7, S. 476 ff

153 Zitiert nach R. RUPRECHT. - Unsterblichkeit. Worte deutscher Denker und Dichter. - Jena: Diederichs 1940. - S. 45

154 Zitiert nach R. RUPRECHT,, Unsterblichkeit, S. 45

meinen und die materialistische Deutung dieses Allgemeinen durch seinen Schüler KARL MARX haben die Unsterblichkeit der Einzelseele zusehends in Frage gestellt. Nach HEGEL ist der Geist ewig, unsterblich, „denn weil er, als die Wahrheit, selbst sein Gegenstand ist, so ist er von seiner Realität untrennbar — das Allgemeine, das sich selbst als Allgemeines darstellt".[155] Der Einzelne, das Individuum, aber verschwindet vollständig, nachdem es seine unbedeutende Rolle auf der Bühne der Weltgeschichte gespielt hat. Es macht der „Selbstentfremdung" des Allgemeinen, der Idee Platz, die allein ewig ist. Hat nun HEGEL nur philosophisch oder auch persönlich die Unsterblichkeit des Individuums verneint? Hierüber ist ein Bericht eines früheren Schülers von HEGEL aufschlußreich: Als Frau Hegel ihren Mann fragte, was er von der Unsterblichkeit halte und ob er daran glaube, soll dieser schweigend auf die Bibel gedeutet haben.[156]

Während KANT, FICHTE und HEGEL den Glauben an die Unsterblichkeit durch die Abstraktion des Geistes zu begründen suchten, die *französischen Materialisten* die Überzeugung der vollständigen Vernichtung teilten, formte sich in der *Romantik* als Reaktion auf beide eine Einstellung zum Tod, die von einer undogmatischen Erlebnis- und Erfahrungsüberzeugung der Unsterblichkeit getragen war.

7. Persönliche Erfahrung

Am überzeugendsten formulierte dies FRIEDRICH VON HARDENBERG, genannt *Novalis* (1772 — 1801).

„Leben ist der Anfang des Todes. Das Leben ist um des Todes willen. Der Tod ist Endigung und Anfang, Scheidung und nähere Selbstverbindung zugleich."[157]

---

155 G. W. F. HEGEL. - Vorlesungen über die Naturphilosophie, 1842, S. 693

156 K. GRÜN. - Ludwig Feuerbach in seinem Briefwechsel und Nachlaß. - Leipzig 1874. - Bd. I, S. 26;

157 NOVALIS Werke. Hrsg. von W. BÖLSCHE. 3. Teil: Fragmente. - Leipzig o. J. S. 7

„Das Sterbliche erdröhnt in seinen Grundfesten, aber das Unsterbliche fängt heller zu leuchten an, und erkennt sich selbst."[158]

Dies ist allerdings nur der Fall, wenn der Mensch hier auf Erden die Vollendung erreicht, sonst muß er nochmals die Laufbahn beschreiten.

„Die besten unter uns, die schon bei ihren Lebzeiten zu der Geisterwelt gelangten, sterben nur scheinbar; sie lassen sich nur scheinbar sterben ... Wer hier nicht zur Vollendung gelangt, gelangt vielleicht drüben, *oder muß eine abermalige Laufbahn beginnen.*"[159]

Nach JEAN PAUL (1763 - 1825) erreicht der Mensch seine Vollendung erst im Leben nach dem Tode, das ihn in eine höhere Wirklichkeit führt.

„Es ist als hätten die Menschen gar nicht den Mut, sich recht lebhaft als unsterblich zu denken: sonst genössen sie einen anderen Himmel auf Erden, als sie haben, nämlich den echten, das frohere Anschauen des Alters und des Todes, als des Abendrotes und des Mondscheins des nächsten Morgenlichts ... Und der alte von den wiedergekäuten Neuigkeiten der Erde übersättigte Mensch geht und stirbt neuen Wundern entgegen."[160]

Doch nicht nur Künstler, sondern auch Wissenschaftler teilten dieses Denken der Romantik. Der Arzt und Naturforscher CARL GUSTAV CARUS (1789 — 1869) greift auf PLATO zurück und betont die Unsterblichkeit der Idee der Seele als göttliches Urbild.

„Daß die Seele, in wiefern und insoweit sie eben ein solches göttliches Urbild sei, ewig sein müsse, ist alsbald klar: denn das einfachste Nachdenken zeigt uns, daß auf eine Idee — sie sei nun eine der höchsten oder eine der geringsten, der Begriff der Zeit gar keine Anwendung finde."[161]

Der Mitbegründer der Psychophysik, GUSTAV THEODOR FECHNER (1801 –1887), vertritt in seinem bekannten Büchlein „Vom Leben nach dem Tode", das er 1836 veröffentlichte, die Ansicht, daß der Tod nur eine Stufenkrankheit menschlicher Entwick-

---

158 Zitiert nach J. HEMLEBEN. - Jenseits. Ideen der Menschheit über das Leben nach dem Tode vom Ägyptischen Totenbuch bis zur Anthroposophie Rudolf Steiners. - Reinbek: Rowohlt 1975. - S. 158
159 Zitiert nach J. HEMLEBEN, Jenseits, S. 158
160 Zitiert nach R. RUPRECHT, Unsterblichkeit, S. 53
161 Zitiert nach R. RUPRECHT. Unsterblichkeit, S. 61

lung ist, denn „nachdem sie die große Stufenkrankheit, den Tod, überstanden, entwickelt sie sich nach der unwandelbaren, jede spätere Stufe über dem Grunde der früheren aufbauenden Folgerichtigkeit der Natur auf der Erde ruhig weiter fort in einem und zu einem höheren Sein".[162] Dieses höhere Sein, die innere Höhe Gottes, erreichen jedoch nur die edelsten Geister. „Die Geisterwelt in ihrer Vollendung wird aber nicht eine Versammlung, sondern ein Baum von Geistern sein, dessen Wurzel in dem Irdischen eingewachsen ist und dessen Krone in den Himmel reicht."[163]

Diese Argumentation FECHNERS, die sich weder auf die Bibel noch auf eine logische Schlußfolgerung voll stützen kann, sondern eine völlig persönliche Deutung zum Ausdruck bringt, fand weder bei den Leugnern der Unsterblichkeit noch bei den Kirchen eine Gegenliebe. Zudem griff in dieser Zeit die im ersten Stadium sich entwickelnde Vererbungslehre von CHARLES DARWIN (1809 – 1882) und GEORG JOHANN MENDEL (1822 – 1884) weit um sich und beanspruchte zusehends die ausschließliche Erklärung für das Sein des Menschen.

Diesem Anspruch stellte sich der völlig vergessene Sohn des bekannten J. G. FICHTE, IMMANUEL HERMANN FICHTE (1796 – 1879), frei von der einseitigen Wissensbetonung eines MAX STIRNER[164] oder den negativen Tendenzen eines FRIEDRICH NIETZSCHE mit dem 1867 erschienenen Buch „Die Seelenfortdauer und die Weltstellung des Menschen" entgegen, indem er die Unsterblichkeit mit der Präexistenz der Seele zu begründen versuchte. „Soll der Individualgeist durch seine ihm immanente Natur ... die Fähigkeit besitzen, den irdischen Tod, die Entleiblichung zu überdauern, so muß er auch in irgendeinem Sinne vor dieser Verleiblichung existieren."[165]

---

162 G. TH. FECHNER. - Das Büchlein vom Leben nach dem Tode. - Bern: Scherz (Parnass-Bücherei Nr. 46) o. J. - S. 12

163 Drselbe, ebenda, S. 31

164 M. STIRNER. - Der Einzige und sein Eigentum. 1845

165 I. H. FICHTE. - Seelenfortdauer und die Weltstellung des Menschen. - Leipzig 1867. Insbesondere das zweite Kapitel: Der Begriff allgemeiner Präformation (Präexistenz) und der besonderen des Menschengeistes, S. 147 ff

Besonders eingehend und systematisch befaßte sich ARTHUR SCHOPENHAUER (1788 – 1860) mit der Frage des Todes und der Unsterblichkeit. Hegte er auch die Ansicht, die „so oft beklagte Kürze des Lebens sei vielleicht das Beste daran"[166], so lehrte er doch die Unsterblichkeit des allgemeinen, jedem immanenten, an sich zeitlosen Willens zum Leben.

„Als ein notwendiges aber wird sein Dasein erkennen, wer erwägt, daß bis jetzt, da er existiert, bereits eine unendliche Zeit, also auch eine Unendlichkeit von Veränderungen abgelaufen ist, er aber dieser ungeachtet doch da ist: die ganze Möglichkeit aller Zustände hat sich also bereits erschöpft, ohne sein Dasein aufheben zu können. Könnte er jemals nicht sein, so wäre er jetzt schon nicht. Denn die Unendlichkeit der bereits abgelaufenen Zeit, mit der darin erschöpften Möglichkeit ihrer Vorgänge, verbürgt, daß, was existiert, notwendig existiert. Mithin hat jeder sich als ein notwendiges Wesen zu begreifen, d. h. als ein solches, aus dessen wahrer und erschöpfender Definition, wenn man sie nur hätte, das Dasein desselben folgen würde. In diesem Gedankengange liegt wirklich der allein immanente, d. h. sich im Bereich erfahrungsmäßiger Data haltende Beweis der Unvergänglichkeit unseres eigentlichen Wesens."[167]

Diese Unvergänglichkeit könnte nach SCHOPENHAUER auch durch die Wiedergeburt eine Erklärung finden.[168] Andererseits bezeichnet er den Intellekt als ein „Gehirnphänomen"[169]. Damit rückt SCHOPENHAUER in die Nähe des (phänomenologischen) Materialismus.

8. Wissenschaftlicher Materialismus

Als Reaktion auf die Schelling'sche und Hegel'sche Gedankenkonstruktion und das starke Betonen des Geistes tritt um 1850 ein neuer *Materialismus* auf, der 1854 aus Anlaß eines Vortrages von RUDOLF WAGNER (1806 – 1864) „Über Menschenschöp-

---

166 A. SCHOPENHAUER. - Die Welt als Wille und Vorstellung. I. 4. Buch, Par. 59. - in: Sämtliche Werke nach der ersten von J. FRAUENSTÄDT besorgten Gesamtausgabe. Hrsg. von A. HÜBSCHER. - Wiesbaden ^{2}1946 – 1950. - Bd. II, S. 382
167 A. SCHOPENHAUER. - Die Welt als Wille und Vorstellung. Hrsg. von L. BERNDL. - München: Müller, II. Bd. 1913. - S. 593 ff
168 Derselbe, ebenda, S. 650 ff
169 Derselbe, ebenda, S. 61

fung und Seelensubstanz" zum „*Materialismusstreit*" führte. WAGNER wandte sich in diesem Vortrag zum Teil gegen CARL VOGT (1817 — 1895), worauf dieser in „Köhlerglaube und Wissenschaft" (1854) unter Einbeziehung WAGNERS Schrift „Über Wissen und Glauben" (1854) antwortete und erklärte, „daß die Gedanken etwa in demselben Verhältnis zum Gehirn stehen, wie die Galle zur Leber und der Urin zu den Nieren".[170]

Diese Denkform, die sich auf DEMOKRIT berief und einen evolutionistisch-monistischen Materialismus zum System erhob, fand ihre weitere Ausbildung durch JAKOB MOLESCHOTT mit seinem „Kreislauf des Lebens" (1852), LUDWIG BÜCHNER mit „Kraft und Stoff" (1855) sowie HEINRICH CZOLBE mit seiner „Neuen Darstellung des Sensualismus" (1855). Für BÜCHNER ist der Mensch nichts anderes als „die Summe der Zusammenwirkung der Atome seines Leibes mit der Außenwelt — ein reines Erzeugnis des körperlichen Stoffwechsels, der sich planlos von selbst in Anregung setzt und stetig bis zur Auflösung bewegt"[171] Nach CZOLBE ist die Seele eine reine Gehirnfunktion und der endgültige Tod eine Notwendigkeit der Harmonie der Weltordnung. „Nimmermehr die Unsterblichkeit, nur der Tod auf ewig ist ein wahrhaft befriedigender Abschluß des Lebens, ist für den Begriff der Harmonie der Weltordnung notwendig."[172]

An diese Gedankengänge knüpfte gegen Ende des 19. Jahrhunderts mit ERNST HAECKEL (1834 — 1919) und dem einflußreichen WILHELM OSTWALD (1853 — 1932) eine neue Welle des Materialismus an, wobei man wieder das All-Eine rief, HAECKEL die „Substanz" und OSTWALD die „Energie". Der Geist wird mit Sinnesempfindung und Energie gleichgesetzt, wobei OSTWALD auch die psychischen Vorgänge in das rein Energetische einreiht.

Diese Auffassung findet im psychophysischen Materialismus, der das körperliche Individuum als Substrat der psychischen Vorgänge bezeichnet und unter anderen von THEODOR ZIEHEN (1862 — 1950), HUGO MÜNSTERBERG (1863 — 1960), ERNST

---

170 Vgl. auch: Physiologische Briefe. 1847, S. 206
171 L. BÜCHNER. - Kraft und Stoff 1855, S. 159
172 H. CZOLBE. - Die Grenzen und der Ursprung der menschlichen Erkenntnis. 1865, S. 180

MACH (1838 – 1916), THEODULE RIBOT (1839 – 1916) vertreten wird ihre letzte Ausdeutung. Das Psychische ist nach ihnen zwar etwas Eigenartiges, es besteht jedoch aus Empfindungen, die sich durch Gehirnprozeße erklären lassen.

9. Unsterblichkeit als Wunschvorstellung

Eine solche Reduzierung des Psychischen auf das Körperliche geht sogar dem Begründer der experimentellen Psychologie, WILHELM WUNDT (1832 – 1920),zu weit.

„Der Materialismus beseitigt die Psychologie überhaupt, um an ihre Stelle eine imaginäre Gehirnphysiologie der Zukunft ... zu setzen." Der Materialismus verkennt, daß „der inneren Erfahrung vor der äußeren die Priorität zukommt, daß die Objekte der Außenwelt Vorstellungen sind, die sich nach psychischen Gesetzen in uns entwickelt haben, und daß vor allem der Begriff der Materie ein gänzlich hypothetischer Begriff ist."[173]

Diese Selbständigkeit der Psyche hat jedoch nichts mehr mit der Vorstellung von einer Seele zu tun, die den Tod überdauert. Die Seelenvorstellung nach WUNDT ist vielmehr „das notwendige psychologische Erzeugnis des mythenbildenden Bewußtseins und der primitive Animismus dürfte als der geistige Ausdruck des *menschlichen Naturzustandes* gelten, insoweit dieser überhaupt für unsere Beobachtung erreichbar ist."[174]

Diese Aussage bildete für SIGMUND FREUD (1856 – 1939) eine Bestätigung seiner Ansicht, daß die Vorstellungen von Unsterblichkeit oder Unzerstörbarkeit im Grunde nichts anderes sind, als die Beschreibung der „Wiederherstellung der libidinösen Gelüste nach ihrem Erlöschen durch eine Sättigung, also ihre Unzerstörbarkeit,und diese Hervorhebung ist als Trost durchaus an ihrem Platz, wenn der historische Kern des Mythos eine Niederlage

---

173 W. WUNDT. - Grundlagen der physiologischen Psychologie. [4]1893, S. 629
174 W. WUNDT. - Völkerpsychologie, II. Bd.: Mythos und Religion. 1906. S. 154; vgl. auch S. FREUD. - Totem und Tabu. - in: Gesammelte Werke IX. - Frankfurt: Fischer [4]1968. - S. 95

des Trieblebens, einen notwendig gewordenen Triebverzicht behandelt."[175]

Daß Unsterblichkeit nur Ausdruck eines Wunsches ist, sagten schon DAVID FRIEDRICH STRAUSS (1808 – 1874) und LUDWIG FEUERBACH (1804 – 1872).

„Ewig ist der Mensch, ewig ist der Geist, unvergänglich und unendlich das Bewußtsein, und ewig werden daher auch Menschen, Personen, Bewußte sein. Du selbst aber als bestimmte Person, nur Objekt des Bewußtseins, nicht selbst das Bewußtsein, trittst notwendig einst außer Bewußtsein und an deine Stelle kommt eine neue frische Person in die Welt des Bewußtseins."[176]

10. Fortschrittsglaube

Diese Unendlichkeit des Allgemeinen, das HEGEL besonders betonte, ist auch für seinen Schüler KARL MARX (1818 – 1883) verpflichtend. Er setzte jedoch an die Stelle des aus „reinem Geist" gedachten Weltalls, von Erde und Mensch, den totalitären Machtanspruch der Materie. Den Fluß des deutschen Idealismus leitete er in das Strombett des internationalen Materialismus. Die Dualität von Gott und Welt ist aufgehoben. Das Individuum hat nur zeitliche Funktionsbedeutung: „Der Tod *scheint* als ein *harter Sieg der Gattung über das bestimmte Individuum* und ihrer Einheit zu widersprechen; aber das bestimmte Individuum ist nur ein *bestimmtes* Gattungswesen, als solches sterblich."[177]

Nach FRIEDRICH ENGELS (1820 – 1895) wird nicht nur der Einzelne, sondern die ganze Menschheit und damit auch das allgemeine Bewußtsein den Kältetod sterben. Nur die Materie wird in einem ewigen Kreislauf sich bewegen. „Aber … wir haben die Gewißheit, daß die Materie … mit derselben eisernen Notwendigkeit,

---

175 S. FREUD. - Zur Gewinnung des Feuers. - in: Gesammelte Werke XVI. - Frankfurt: Fischer [3]1968. - S. 7
176 L. FEUERBACH. - Sämtliche Werke, 9 Bde. 1846 – 1857, III, S. 72
177 MARX-ENGELS-Gesamtausgabe. - Frankfurt/ Berlin/ Moskau 1927 – 1935. - III, S. 117

womit sie auf der Erde ihre höchst Blüte, den denkenden Geist, wieder ausrotten wird, ihn anderswo und in anderer Zeit wieder erzeugen muß."[178]

Gegen diesen trostlosen Kreislauf von der ewigen Wiederkehr des Gleichen als Ersatz von Religion und Metaphysik, von dem schon die alten Griechen sprachen, hat von allen späteren Marxisten nur ERNST BLOCH (1885 – 1957) protestiert und eine „zweite Kosmologie" gefordert, „durch die der historische Fortschritt zur kommunistischen Zukunftsgesellschaft ins Kosmische verlängert wird".[179] Diese Umpolung des Glaubens an die Unsterblichkeit in den Glauben an den *Fortschritt* [180] läßt den Einzelmenschen in seiner individuellen Gestimmtheit und Wertigkeit auf der Strecke. Zudem ist man zur Zeit angesichts der Energiekrise gezwungen, diesen Fortschrittsglauben in die Energieerhaltung umzupolen, und nähert sich damit wieder dem trostlosen Kreislauf ENGELS und der alten Griechen.

11. Mystik und Esoterik

Es ist nicht verwunderlich, daß angesichts dieser Verneinung des Ewigen im Menschen die Betonung des Geistigen einen neuen Aufschwung fand, wobei der Bereich des Magischen und Mystischen besonders zur Geltung kam. Man griff die Mystiker an der Wende der Neuzeit wieder auf. So sagte JAKOB BÖHME (1575 – 1624):

„Also siehest du, Mensch, was du bist, und was du ferner aus dir machest, das wirst du in Ewigkeit sein; und siehest, warum du zerbrechen und sterben mußt, denn das Reich dieser Welt vergehet: so bist du in deinem äußeren Wesen doch nicht des Reiches mächtig zu bleiben, bis in sein Äther, sondern du bist darin unmächtig, und liegest bloß darinne in einer Constellation, welche das Gestirn hatte, da du in Fleisch und Blut des irdischen Wesens im Mutterleibe grünetest. Du bist nach dem äußeren Leben also unmächtig, daß du dich

---

178 MARX-ENGELS-Werke. - Berlin-Ost 1956 ff. - Bd. 20, S. 327
179 I. FETSCHER. - Der Tod im Lichte des Marxismus. - in: Grenzerfahrung Tod. Hrsg. A. PAUS. - Graz: Styria 1976. - S. 305
180 E. BLOCH. - Differenzierungen im Begriff Fortschritt jetzt. - in: Tübinger Einleitung in die Philosophie I. - Frankfurt 1963. - S. 195 f

nicht kannst deiner Constellation erwehren, du mußt in die Zerbrechung deines Leibes eingehen, wenn dich die Constellation verläßt. Da fällt dein Leib den vier Elementen heim, und dein Geist, der dich leitete, dem Mysterio, daraus das Gestirn ist erboren worden; und wird behalten zum Gerichte Gottes, da Gott will Alles durchs Feuer seiner Macht bewähren. Also mußt du verfaulen und eine Erde und ein Nichts werden bis auf den Geist, der aus dem Ewigen ist ausgegangen."[181]

Und ANGELUS SILESIUS (1624 – 1677) sagt in „Der cherubinische Wandersmann":

„Tod: ist ein selig Ding: je kräftiger er ist,
Je herrlicher daraus das Leben wird erkiest.

Indem der weise Mann zu tausendmalen stirbt,
Er durch die Wahrheit selbst um tausend Leben wirbt.

Ich glaube keinen Tod: sterb' ich gleich alle Stunden,
So hab' ich jedesmal ein besser Leben funden.

Ich sterb' und lebe Gott: will ich ihm ewig leben,
So muß ich ewig auch für ihn den Geist aufgeben."[182]

Von BÖHME wurde FRANZ BADER (1765 – 1845) stark beeinflußt. Wie BÖHME bekennt auch er sich zur Annahme eines ätherischen Leibes. Die Verstorbenen können noch einige Zeit nach dem Tode mit den Lebenden in Verbindung stehen und selbst auf leblose Objekte einwirken, „in denen der Astralgeist des Verstorbenen einmal Wurzel gefaßt hatte".[183]

Besonders aber hat JOSEF GÖRRES (1776 – 1848) sich für die Unsterblichkeit eingesetzt, wobei nach ihm die Erde inmitten aller Sterblichkeit Unsterbliches nur hegen kann, wenn es ihr von oben gegeben ist.[184]

Gleichzeitig mit dieser Hinwendung zur Mystik entstanden in dieser Zeit der Ausbreitung des naturwissenschaftlichen Materialis-

---

181 J. BÖHME. - De incarnatione verbi. Zitiert nach E. RUPRECHT. - Unsterblichkeit. - S 12 – 13.
182 A. SILESIUS. - Der cherubinische Wandersmann. - in: Sämtliche Werke. Hrsg. von G. ELLINGER. - Berlin 1923. - I, S. 22
183 Nach: R. TISCHNER. - Geschichte der Philosophie. - Tittmoning: Pustet 1960. S. 104
184 J. GÖRRES. - Die christliche Mystik. - Regensburg: Manz o.J. Neue Auflage in 5 Bänden.

mus und der Rationalisierung in Wissenschaft und Kirche, wo die Unsterblichkeit entweder völlig geleugnet oder zum reinen wissenschaftlichen Gegenstand wurde, eine Reihe von Bewegungen, welche die Unsterblichkeit auf ihre Fahnen schrieben.

So setzte mit den Ereignissen in der Familie des Farmers *John Fox* von Hydesville (NY, USA) 1848 der moderne Spiritismus ein, dessen ideologischer Vater ANDREW JACKSON DAVIS (1826 – 1910)[185] sich an den Ideen von SWEDENBORG und JUNG STILLING orientierte. Zu gleicher Zeit gründete der französische Arzt HYPPOLYTE LÉON DENIZARD RIVAIL unter dem Pseudonym *Allan Kardec*[186] den Kardecianismus, der Spiritismus und Reinkarnationsglauben miteinander verband und bis heute breite Anhängerschaft findet.[187] HELEN PETROWNA BLAWATSKY (1831 – 1891)[188] gründete 1875 mit anderen die *Theosophische Gesellschaft*, die eine mystische Weltanschauung vertritt, aus der 1913 durch RUDOLF STEINER (1861 – 1925) die *Anthroposophische Gesellschaft* hervorging, die einen Weg darstellen soll, um das Geistige im Menschen zum Geistigen im All zu führen.

„Dreierlei bedingt den Lebenslauf des Menschen innerhalb von Geburt und Tod. Und dreifach ist er dadurch abhängig von Faktoren, die jenseits von Geburt und Tod liegen. Der Leib unterliegt dem Gesetz der *Vererbung*; die Seele unterliegt dem selbstbeschaffenen Schicksal. Man nennt dieses von den Menschen geschaffene Schicksal mit einem alten Ausdruck sein *Karma* und der Geist steht unter dem Gesetz der *Wiederverkörperung*, der wiederholten Erdenleben."[189]

---

185 A. J. DAVIS. - The principles of nature, her divine relations on a voice to mankind(1851); derselbe, The principles of spirituel intercourse (1857)
186 A. KARDEC. - Das Buch der Geister und die Grundsätze der Geistlehre. - Leipzig: Mutze 21922; derselbe, Das Buch der Medien oder Wegweiser der Medien und der Anrufer. Der experimentelle Spiritismus. - Leipzig: Mutze 1925
187 O. G. QUEVEDO. Spiritismus und seine Implikationen. - in: Grenzgebiete der Wissenschaft Jg. 27, 1978, Nr. 4, S. 544 – 556
188 H. P. BLAWATSKY. - Die Geheimlehre. - Den Haag: J. J. Couvreur o. J. 4 Bde.
189 R. STEINER. - Theosophie. - Stuttgart 281955. - S. 83 ff.

12. Lebensphilosophie

Neben dieser Betonung des Geistes und der Geisterwelt versuchte man im offiziellen philosophischen Bereich alle Wirklichkeit auf die Grundbegriffe des *Lebens* zurückzuführen. Die Antworten der Philosophen auf die Frage nach der Unsterblichkeit unterscheiden sich jedoch voneinander wie ihre Beschäftigung mit dem Tod überhaupt.

Nach HENRY BERGSON (1859 – 1941) muß der Tod letztlich dem allumfassenden *Élan vital* weichen. Aus der Unabhängigkeit der Seele vom Körper „werden wir die Möglichkeit und sogar die Wahrscheinlichkeit eines Fortlebens der Seele schließen können, denn wir haben ja schon hienieden etwas von ihrer Unabhängigkeit in Bezug auf den Körper beobachten und sozusagen mit Händen greifen können."[190]

Nach LUDWIG KLAGES (1872 – 1955) ist, wie SCHOPENHAUER betont, die individuelle Existenz ein Fehler der Natur und die Sehnsucht einer persönlichen Unsterblichkeit ein „äußerster Frevelwunsch und verbrecherischer Eingriff in das Recht der Natur, das um der Ewigkeit des Lebens willen bedingungslosen Verzicht auf Beharrung fordert", denn es muß der reflektierende „Geist als Widersacher der Seele" bzw. des Lebens betrachtet werden.[191]

Im Gegensatz zu KLAGES weist nach GEORG SIMMEL (1858 – 1916) gerade die tiefe Sehnsucht, den Tod zu überdauern, auf die Glaubhaftigkeit der Unsterblichkeit hin.

„Zwischen der einen Geburt und dem einen Tode fühlen wir uns unzähligemale als ein „Andersgewordener" – körperlich, seelisch, schicksalsmäßig – und fühlen dabei freilich dieselbe „Seele", die durch dies alles hindurchgeht ... Es beharrt etwas in uns, während wir Weise und dann wieder Toren, Bestien und dann wieder Heilige, Selige und dann wieder Verzweifelte sind."[192]

---

190 H. BERGSON. - Die beiden Quellen der Moral und der Religion. Übers. von E. LERCH, in dem Sammelband: Materie und Gedächtnis und andere Schriften. - Frankfurt 1964. - S 447

191 L. KLAGES. - Der Geist als Widersacher der Seele. - Leipzig 1929 – 1932. - Bd. III, S. 1358

192 G. SIMMEL. - Zur Metaphysik des Todes. - in: Logos, Internationale Zeitschrift für Philosophie und Kultur. Hrsg. von G. MEHLIS. - Tübingen 1910 ff, Bd. I, (1910), S. 68

Mag es auch wegen der wesenhaften Wandlungen seiner philosophischen Grundeinstellungen schwierig sein, die wahre Überzeugung vom Fortleben nach dem Tode bei MAX SCHELER (1874 – 1928) zu ergründen, so sind die in seiner Studie „Tod und Fortleben" aufgezeigten zwei Wege, auf denen sich das Fortleben nach dem Tode glaubhaft machen läßt, im Hinblick auf die heutigen Forschungsansätze von besonderer Bedeutung. Es sind dies „der Weg der Empirie bezüglich der Seelen gestorbener Menschen, die sich uns auf irgendeine Weise äußern ... (Mystizismus, Spiritismus usw.)" und „der Weg mehr oder weniger kühner Analogiebildungen und -schlüsse, die Grundverhältnisse unserer Erfahrung auf die Daseinssphäre außerhalb unserer Erfahrung übertragen".[193]

Einen völlig neuen Versuch, die Unsterblichkeit zu beweisen, der an HEIMS Quantenfeldtheorie anklingt, unternahm ALFRED NORTH WHITEHEAD (1861 – 1947). Nach ihm ist die Natur nicht eine „Struktur von Energiepartikeln, die sich um nichts kümmern", sondern vielmehr eine „Struktur der Einheit dieses Vorganges".[194] Daraus folgert WHITEHEAD, daß es keine unabhängige Existenz gibt und keine Möglichkeit, ein unabhängiges Faktum zu beschreiben, was natürlich die Zulänglichkeit unseres Wissens bedeutend relativiert. „Es gibt keinen Satz, der seinen Sinn restlos wiedergibt. Es gibt immer noch einen Hintergrund von Voraussetzungen, deren unendlicher Bereich einer Analyse unzugänglich ist."[195] Die Welt ist grundsätzlich unter zwei Aspekten zu betrachten, nämlich als Welt der *vielfachen Erscheinungen* und als Welt der *koordinierten Werte*. „Die wirksame Realisierung eines Wertes in der Welt des Wechsels muß ihr Gegenstück in der Welt der Werte finden: d. h., daß der zeitlichen Individualität in der einen Welt die unsterbliche Individualität in der anderen entsprechen muß."[196]

---

193 M. SCHELER. - Tod und Fortleben. - in: Schriften aus dem Nachlaß. - Bern 1957. - Bd. I, S. 53
194 E. W. HOCKING. Whitehead on mind and nature. - in: The Philosophy of Alfred North Whitehead. Hrsg. von P. A. SCHILPP. - New York 1951. - S. 383
195 A. NORTH WHITEHEAD. - Unsterblichkeit. - in: A. N. Whitehead-Philosophie und Mathematik. Übers. von F. ORTNER. - Wien 1949. - S. 30 f.
196 Derselbe, ebenda, S. 23 f

13. Existenzphilosophie

Eine besondere zentrale Stelle hat schließlich die *Existenzphilosophie* der Frage des Todes eingeräumt. SÖREN KIERKEGAARD (1813 – 1855), der den Begriff der Existenz in den Mittelpunkt des philosophischen Interesses rückte, unterscheidet „drei Existenzsphären: die ästhetische, die ethische, die religiöse", wobei er als Theologe die christliche Auffassung des Fortlebens nach dem Tode bejahte.[197]

Für KARL JASPERS (1883 – 1969) ist der Mensch wie für KANT ein Bürger zweier Welten. „Das Sein" ist „nicht jenseits des Todes in der Zeit, sondern in der gegenwärtigen Daseinstiefe als Ewigkeit".[198] Und jedes echte Sein, ob Mensch oder Gott, ist unbestimmt und unendlich, es ist das Umgreifende, das in einer Grenzsituation wie etwa dem Tod als „Aufschwung in die Transzendenz" erlebt werden kann, wodurch wir „Menschen aus der Tiefe des Ursprungs und des Zieles, welche beide in Gott liegen",[199] werden.

MARTIN HEIDEGGER (1889 – 1976) blieb bei der Frage des Todes dem Sein verhaftet, wo Gott und der Mensch tot sind. „Im Tod erst sind wir, durch ihn entziehen wir uns allem, was zeitlich ist, und gesellen uns zu dem was ewig ist ... immer ist es das Sein."[200] „In diesem Sein sind Gott und das Individuum tot und das Nichts kann sich als Alles vorstellen."[201]

JEAN PAUL SARTRE (*1905) nennt den Menschen „Begierde, Gott zu sein."[202] „Aber die Idee Gottes ist widerspruchsvoll, und wir richten uns umsonst zugrunde; der Mensch ist eine nutzlose Leidenschaft."[203]

---

197 S. KIERKEGAARD. - Stadien auf des Lebens Weg. Übers. von E. HIRSCH. - Düsseldorf 1958. - S. 502

198 K. JASPERS. - Philosophie. Bd. III. - Berlin ³1956. - S. 93

199 K. JASPERS. - Vom europäischen Geist. - in: Rechenschaft und Ausblick. - München 1951. - S. 254

200 R. BERLINGER. - Das Nichts und der Tod. - Frankfurt 1953. - S 180 f.

201 E. WASMUTH. - Vom Sinn des Todes. - Heidelberg 1959. - S. 53

202 J. P. SARTRE. - Das Sein und das Nichts. Übers. von J. STRELLER u. a. - Hamburg 1962. - S. 711 f

203 Derselbe, ebenda, S. 770

Diese Aussagen zum Todesproblem sind als Antworten auf die Frage nach der Unsterblichkeit völlig unzureichend und klingen wie gedankliche Spielerei zur Verdeckung einer nicht bewältigten Lebenserfahrung.

Hier wirken die Aussagen des verstorbenen Ehrenpräsidenten von IMAGO MUNDI, meines hochverehrten Freundes GABRIEL MARCEL (1889 – 1973), wie eine innere Weitung. „Wenn ich mein Leben opfere, dann ist es nicht irgend etwas, das ich aufgebe, um etwas anderes dafür zu erlangen ... An der Wurzel dieses Opfers findet man, wie wir sagen können, nicht nur ein ‚ich sterbe‘, sondern auch ein ‚du, du wirst nicht sterben‘, oder auch ein ‚weil ich sterbe, wirst du gerettet werden‘, oder, genauer formuliert: ‚Mein Tod erhöht deine Lebenschancen‘:"[204] In seinem Theaterstück „Le mort de demain" steht der Satz: „Einen Menschen lieben, heißt sagen, du wirst nicht sterben."[205]

IV. FORSCHUNG

Wenn wir diesen historischen Überblick nun kurz zusammenfassen, so können wir sagen, daß bis zur zweiten Hälfte des 19. Jahrhunderts die Frage der Unsterblichkeit weniger empirisch als ideologisch behandelt wurde, sieht man von den Ansätzen bei FICINUS und PARACELSUS sowie früheren spiritistischen und esoterischen Bewegungen ab. Die eigentliche empirische Auseinandersetzung mit der Frage des Fortlebens nach dem Tode beginnt im populärwissenschaftlichen Bereich mit dem Einsetzen der spiritistischen Bewegung nach den historischen Ereignissen von Hydesville in den USA (1848) und im wissenschaftlichen Bereich mit der Gründung der *Society for Psychical Research* von 1882 in London. Hier hat vor allem der Mitbegründer der Gesellschaft, FREDERIC

---

[204] G. MARCEL, zitiert nach Ch. M. M. DAVY, - GABRIEL MARCEL – Ein wunderbarer Philosoph. Übers. von H. u. W. VETTER. - Frankfurt 1964. - S 317
[205] G. MARCEL. - Sein und Haben. Übers. von E. BEHLER. - Paderborn 1954. - S. 102

W. H. MYERS (1843 – 1901), bahnbrechende Arbeit geleistet. Zunächst veröffentlichte er gemeinsam mit E. GURNEY und F. PODMORE das klassische Werk „Phantasms of the Living",[206] wo er nach der Analyse zahlreicher paranormaler Fälle für die außersinnliche Kommunikation eintrat. Die Begriffe Telepathie und unterschwelliges Bewußtsein stammen bekanntlich von ihm. In seinem postum erschienen Hauptwerk „Human personality and its survival after bodily death"[207] glaubt er vor allem den Beweis der Unsterblichkeit durch das Schreib- und Sprachmedium Mrs. *Piper* gefunden zu haben.

Bevor wir jedoch zu den verschiedenen Ansätzen der heutigen empirischen Forschung schreiten, möchte ich noch darauf verweisen, daß im Spektrum des Bemühens um die Lösung des Problems des Fortlebens nach dem Tode auch die Denkmodelle der Esoterik, wie etwa die Überlieferungen und Lehren der Kabbala, Alchemie, des Rosenkreuzertums, der Gnosis und der Freimaurerei, zu nennen sind. Was schließlich die heutige empirische Erforschung des Fortlebens nach dem Tode betrifft, so möchte ich sie folgendermaßen gliedern:

1. Die phänomenologische Forschung

Unter phänomenologischer Forschung verstehe ich jene Forschungsansätze, die sich zunächst mit der Beschreibung und Dokumentierung der Phänomene befaßen, weil die Ursachen dieser Phänomene noch nicht greifbar sind.

Hierher gehören vor allem folgende Phänomene:

---

206 E. GURNEY/ F. W. H. MYERS/ F. PODMORE. - Phantasms of the living. - London 1886, 2 Bde.

207 F. W. H. MYERS. - Human personality and its survival after bodily death. - London: Longmans-Green 1920, 2. Bde.

a) Die Spontanfälle

Spontanfälle sind jene paranormalen Erscheinungen, die wie von selbst und ohne Beeinflussungsmöglichkeit in Erscheinung treten: *Erscheinungen, Direktes Schreiben, Direkte Stimme, Geisterchirurgie, Geisterphotographie, Eingebrannte Hände, Klopfgeräusche, Leuchtphänomene, Materialisations- Dematerialisations- und Rematerialisationsphänomene, Phantombildungen, Steinwerfen* und dgl.[208] Über all diese Phänomene besitzen wir eine reichhaltige Literatur. Wenn man die einzelnen Berichte auch sehr kritisch abklopft, so bleibt trotzdem ein Rest, wo man ohne Vorurteil die Echtheit nicht bestreiten kann. Dabei machen die Phänomene den Eindruck, von einer *verborgenen Intelligenz* gesteuert zu sein, was die Frage nach einer die Immanenz übersteigenden transzendenten Einwirkung stellen mag, sofern eine immanente Erklärung nicht ausreicht. Es gilt hier jedoch – wie für die gesamten Forschungsansätze zur Klärung des Fortlebens nach dem Tode – der wissenschaftliche Grundsatz, daß man die Frage einer transzendenten Einwirkung nur dort stellen soll, wo eine rein immanente Erklärung nicht ausreicht. Es muß allerdings auch betont werden, daß eine immanente Ursache eine transzendente Verursachung desselben Phänomens keineswegs ausschließt. Das einzelne Phänomen kann nämlich das Resultat einer Kette von Ursachen sein, d. h. eine geistige Ursache kann auf die Psyche, die Psyche auf den Bios und der Bios auf die Physis wirken. Es könnte aber auch sein, daß die geistige oder eine transzendente Ursache direkt auf die Psyche, den Bios oder die Physis wirkt. Selbstverständlich können Psyche, Bios oder Physis auch selbst wirksam werden. Bei der Frage einer transzendenten Einwirkung geht es also immer um die Frage der *Letztursache*. Man kann sicherlich sagen, daß vom Phänomen aus der Schluß auf die Einwirkung eines Verstorbenen wissenschaftlich nicht mehr möglich sei, weil wir nicht in der Lage sind, die für einen wissenschaftlichen Beweis geforderte Kontrolle im Jenseits

---

208 G. ZORAB. - Bibliography of Parapsychology. - New York: Parapsychology Foundation 1957; A. RESCH. - Bibliographie zur Paranormologie. - in: Grenzgebiete der Wissenschaft, Innsbruck, Resch Verlag Jg. 24, 1975 ff

zu machen. Diese Forderung ist zu beachten, läßt sich aber nur dort erfüllen, wo die Verursachung im Bereich des beobachtbaren Phänomens liegt. In allen anderen Fällen, wo die Verursachung weder beobachtbar noch meßbar ist, was in den Geisteswissenschaften und in den meisten Fällen der Naturwissenschaft der Fall ist, kann die geforderte Ursachenkontrolle nicht durchgeführt werden. Man muß auf die Methode der logischen Schlußfolgerungen zurückgreifen, will man über die reine Beschreibung des Phänomens hinausgehen und auch die Frage nach den „*verborgenen*" Ursachen und Vorgängen stellen.

Die Beweisführung, daß es kein Fortleben nach dem Tode gibt, beschränkt sich auf diese äußere Beschreibung und ist daher gezwungen, alle Phänomene im Zusammenhang mit dem Tode, deren Ursachen „verborgen" sind, als wissenschaftlich uninteressant vom Tisch zu wischen oder mit Hypothesen wie Unterbewußtsein, Energie (Ostwald), Substanz (Haeckel) und dgl. aufzuwarten, um sich eine rein immanente Deutung zu sichern. Diese Hypothesen haben jedoch wissenschaftstheoretisch zuweilen einen geringeren Wert als die spiritistische Hypothese, die Annahme einer Einwirkung von Geistwesen bzw. von transzendenten Kräften.

Was schließlich die konkrete Untersuchung der genannten Phänomene betrifft, so bietet sich wissenschaftsmethodisch folgender Weg an:

— Absicherung der Echtheit und genaue Beschreibung des Phänomens.
— Frage nach der Verursachung des Phänomens.

Bei der Frage nach der Verursachung des Phänomens sollen zunächst die *physikalischen*, dann die *biologischen* und schließlich die *psychologischen* Möglichkeiten der Verursachung geprüft werden.

Sollte diese Ursachenprüfung das Phänomen nicht erschöpfend erklären, so ist die Frage nach einer *geistigen* und *transzendenten* Verursachung zu stellen. Es muß hier allerdings in Erinnerung gerufen werden, daß das Einzelphänomen das Resultat einer Kette von Ursachen sein kann, was besagt, daß selbst bei einem rein physikalisch erklärbaren Phänomen eine geistige oder transzendente

Erstursache nicht grundsätzlich ausgeschlossen werden kann. Dies ist dadurch gegeben, daß, während die Physis an das Anorganische, der Bios an das Organische und die Psyche an den Organismus gebunden sind, das Pneuma oder der Geist als beseelendes Prinzip unabhängig von Stoff und Materie ist und gleich den transzendenten Kräften jenseits des phänomenal Erfahrbaren liegt.

Dort, wo die Eigenart des Phänomens eine *intelligente* Ursache fordert und die rein psychisch immanente Deutung überfordert wird, ist der Schluß auf eine geistige oder transzendente Ursache wissenschaftlich sogar geboten.

In wiefern bei den genannten Phänomenen diese transzendente Deutung gefordert ist, kann nur im Einzelfall entschieden werden. Betrachtet man jedoch die Gesamtheit der Berichte über die obengenannten Phänomene, so bleibt selbst bei einer sehr kritischen Analyse ein Rest, der rein immanent nicht hinreichend zu deuten ist.

b) *Reinkarnationsforschung*

Neben den Spontanfällen ist hier kurz jene Richtung der *Reinkarnationforschung* zu nennen, die aus dem Vergleich der körperlichen Ähnlichkeit einer lebenden Person bis in spezielle Einzelheiten mit dem Körper eines Verstorbenen den Beweis der Wiedergeburt und dadurch indirekt auch einen Beweis des Fortlebens nach dem Tode erbringen will. Dieser Auffassung liegt der Gedanke zugrunde, daß die Seele die Eigenart des Körpers bestimmt und daher ihre neuerliche Inkarnation den entsprechenden körperlichen Niederschlag findet. Abgesehen davon, daß solche Vergleiche in Ermangelung hinreichender Beschreibungsunterlagen des Körpers des Verstorbenen zumeist unmöglich sind, und zudem eine Reihe von Ähnlichkeiten durch andere Faktoren bedingt sein kann, ist es ja nicht der Körper, der wiedergeboren wird, sondern die Seele. Ein Schluß von der Physiognomie auf die Psyche ist, wie die Physiognomik zeigt, von geringer Sicherheit (der Koeffizent liegt zwischen 0.00 und 0.50). Der Schluß von einer solchen Grundlage aus auf eine Reinkarnation wird noch dadurch erschwert, daß abgesehen von der physiognomischen Beschreibung die psychischen

Eigenschaften des Verstorbenen nicht mehr überprüft werden können.[209] Aus diesem Grunde konzentriert sich die heutige Reinkarnationsforschung auf paranormale Erinnerungsphänomene, worüber später die Rede sein wird.

c) Spukphänomene

Ein äußerst komplexes Phänomen sind die sogenannten *Spukerscheinungen*, worunter man unerklärliche Ereignisse versteht, die entweder an Personen oder an Orte gebunden sind. Nach dem heutigen Stand der Forschung werden vor allem folgende fünf Merkmale als bei Spukerscheinungen am häufigsten vorkommend genannt: *Verschieben von Gegenständen, unerklärliche Geräusche, Steinwerfen, spontane Verbrennungen* und *Schwarze Magie*.

Die Tatsache solcher Ereignisse kann als gesichert angesehen werden. Gesichert ist auch die Beobachtung, daß viele Spukphänomene den Eindruck intelligenter Verursachung erweckten. Handelt es sich hier also tatsächlich um transzendente Einwirkungen, vielleicht sogar um das Einwirken Verstorbener? Die Frage kann nicht verneint werden. Sie bleibt offen.[210]

d) Die Stimmenphänomene

In neuerer Zeit haben schließlich eine Reihe von Tonbandstimmenforscher die Ansicht vertreten, daß es sich bei den auf einem Tonband auf unerklärliche Weise registrierten Stimmen um das Einwirken von Verstorbenen handle. Die diesbezügliche Forschung ist jedoch noch in einem Entwicklungsstadium, wo die Absicherung der Echtheit des Phänomens im Gange ist. Die zahlreichen Protokolle und die weltweite Resonanz dieser Beobachtungen deuten auf ein Grenzphänomen hin, das die Beteiligten tief zu erschüttern vermag.[211]

[209] J. HEAD/ S. L. CRANTON. - Reincarnation. - New York ²1970

[210] D. SCOTT ROGO. - The Poltergeist experience. - New York: Penguin Books 1979

[211] D. J. ELLIS. - The mediumship of the tape recorder. - Pulborough 1968

2. Die mediumistische Forschung

Als weiterer Forschungsansatz ist die Erforschung der *mediumistischen Durchsagen* und der *Transpersönlichkeiten* zu nennen. Bei den mediumistischen Durchsagen werden zuweilen Äußerungen gemacht, die sich als richtig erweisen und dem Gedankengut eines Verstorbenen völlig entsprechen. In den meisten Fällen meldet sich die unbekannte Person als Transpersönlichkeit oder Kontrollgeist. Die überaus zahlreichen und zum Teil gut dokumentierten Berichte deuten tatsächlich zuweilen auf eine Intelligenz hin, die über Kenntnisse verfügt, die über das Wissen der Teilnehmer hinausgehen. Handelt es sich hierbei tatsächlich um das Einwirken *des* Verstorbenen, als *den* die Transpersönlichkeit sich ausgibt? Die Frage muß auch hier offen bleiben. Das Grundproblem liegt auch hier in der Unmöglichkeit einer Identitätskontrolle, da wir empirisch nicht in die Transzendenz eindringen können, um die erforderlichen Kontrollen, bzw. die Identitätsbestimmungen zu vollziehen. Dieses Verifizierproblem stellt sich bei der Frage der Verursachung jedoch in den meisten Bereichen der Wissenschaft. So hat z. B. noch niemand ein Atom gesehen und trotzdem ist man davon überzeugt. Wir sind daher zum mindesten bei den bestdokumentierten Fällen gezwungen, von Indizien, wenn nicht sogar von logischen Schlüssen für ein Fortleben nach dem Tode zu sprechen[212].

3. Die psychologische Forschung

Diese grundsätzlichen Probleme der *empirischen* Erforschung des Fortlebens nach dem Tode haben nun die Wissenschaftler veranlaßt, auf der psychologisch immanenten Ebene einen Zugang zu finden. Man sagte sich zunächst, wenn der Mensch Erlebnisse haben kann, außerhalb seines Körpers zu sein, ist die Wahrschein-

---

[212] G. N. M. TYRELL. - Mensch und Welt in der Parapsychologie. - Bremen 1972
F. MOSER. - Das große Buch des Okkultismus. - Olten: Walter ²1974; W. H. C. TENHAEFF. - Kontakte mit dem Jenseits. - Berlin: Universitas o. J.

lichkeit, daß der Mensch unabhängig vom Körper ein Bewußtsein haben kann, nicht mehr grundsätzlich auszuschließen.

a) Außerkörperliche Erfahrung

Die zahlreichen Untersuchungen der *außerkörperlichen Erfahrung* (out of body experience, OOBE) haben tatsächlich gezeigt, daß der Mensch das Erlebnis haben kann, außerhalb seines Körpers zu sein. Ist ein solches Erlebnis aber schon ein Beweis dafür, daß Bewußtsein unabhängig vom Körper existieren kann? Und ist dies auch der Fall, wenn der Körper tot ist? Die Frage bleibt offen, denn jene, die solche Erlebnisse hatten, sind nicht gestorben, sondern zum vollen Wachbewußtsein zurückgekehrt.[213]

b) Erlebnisberichte klinisch Toter

Man versuchte daher aus Berichten Wiederbelebter einen möglichen Einblick in ein Fortleben nach dem Tode zu bekommen. Bei diesen Berichten handelt es sich ebensowenig um echte nachtodliche Erlebnisse, sondern vielmehr um Erlebnisse im Zustand der *Biostase,* die bei der Berichterstattung zudem noch von der erlangten bewußten Erlebnissituation gefärbt werden. Trotzdem sind diese Erlebnisformen der eindeutige Beweis, daß die Erlebnisfähigkeit des Menschen über die meßbaren Herz- und Gehirnfunktionen des Organismus hinausreicht. Reicht die Erlebnisfähigkeit aber auch über den endgültigen Funktionsstillstand des Organismus und die Thanatose hinaus?[214] Sind vielleicht die aus den Heiligsprechungsakten bekannten Totenerweckungen ein Beweis dafür?[215]

---

213 D. SHEILS. - A cross-cultural study of beliefs in out-of-body-experiences, waking, and sleeping. - Journal of the Society for Psychical Research vol 49, 1978, no 775, S. 697 – 741; R. A. MONROE. - Journeys out of the body. - New York 1971; D. SCOTT ROGO. - Aspects of out-of-the-body-experiences. - Journal of the Society for Psychical Research vol. 48, 1976, no 768, S. 329 – 335

214 E. KUEBLER-ROSS. - Interviews mit Sterbenden. - Stuttgart/Berlin 1969; R. MOODY. - Leben nach dem Tod: Erforschung einer unerklärten Erfahrung. - Reinbeck: Rowohlt 1977

c) Sterbebettvisionen

In diesem Zusammenhang gewinnen heute die Analysen von Visionen an Bedeutung, die Patienten unmittelbar vor ihrem Tode haben, von dem sie nicht mehr zurückkehren. Bei diesen Visionen vor dem endgültigen Tod werden vor allem Erscheinungen von verstorbenen Angehörigen erlebt, die den Sterbenden abholen. Der Sterbende reagiert auf dieses Abholen meistens mit einer völlig verklärten Bejahung, kann aber auch völlig überrascht sein. An der Tatsächlichkeit des Geschauten hegt er jedoch keinen Zweifel. Alle Versuche, diese Visionen rein kulturell, psychogen oder physiologisch (Endorphine usw.) zu erklären, konnten nicht überzeugen, weil sie die Eigenart und die Eindeutigkeit der erlebten Vision nicht zu begründen vermochten.[216]

In diesem Zusammenhang ist auch jene Beobachtung zu erwähnen, daß geistig völlig umnachtete Menschen im Sterben die volle Klarheit des Bewußtseins erlangten.[217]

Alle diese Phänomene weisen darauf hin, daß es in unserem Wesen etwas Konsistentes gibt, das sich im Tode kundtut und den Tod überdauert.

d) Reinkarnationserinnerungen

Zum psychologischen Bemühen, das Fortleben nach dem Tode zu beweisen, gehört, wie schon erwähnt, auch die Analyse der *Reinkarnationserinnerungen*. Die zahlreichen, gut dokumentierten Fälle von Personen mit Erlebnissen und Kenntnissen, die als Reinkarnationserinnerungen gedeutet werden könnten, reichen nach den bedeutendsten Forschern auf diesem Gebiet noch nicht für

---

215 W. SCHAMONI. - Auferweckungen vom Tode. Aus Heiligsprechungsakten übersetzt. Selbstverlag 1968
216 K. OSIS/ E. HARALDSSON. - Der Tod ein neuer Anfang. Visionen und Erfahrungen an der Schwelle des Seins. Mit Einführung von E. Kübler-Ross. - Freibug: Hermann Bauer 1978
217 P. RINGGER. - Die Mystik im Irrsinn. - in: Neue Wissenschaft 5, 1958, S. 217 – 220

einen Beweis. Sie decken jedoch die Form einer Wissensvermittlung auf, die über die normalen Möglichkeiten des betreffenden Individuums hinausgeht. Es versteht sich von selbst, daß hier nur von einer *progressiven* Reinkarnation die Rede sein kann, weil die *regressive* Reinkarnation, das Wiedergeborenwerden eines Menschen als Tier, Pflanze oder anorganisches Gebilde, das Personsein aufheben würde. Das gesammelte und oft sehr kritisch gesichtete Material hielt zum Teil auch einer geschichtlichen Verifizierung stand.[218]

Das in der Reinkarnationstherapie aus „Reinkarnationsregressionen" gewonnene Material erwies sich hingegen bisher bei der geschichtlichen Überprüfung als völlig unbedeutend.[219] In diesem Zusammenhang muß auch einmal offen ausgesprochen werden, daß es von seiten der katholischen Kirche keine feierliche Verurteilung der Reinkarnation gibt, wenngleich diese Frage von der heutigen Theologie kaum beachtet wird.[220]

V. SCHLUSSFOLGERUNGEN

Dieser stichwortartige Überblick über die Frage der Unsterblichkeit in Geschichte und Forschung bringt mit erdrückender Klarheit zum Ausdruck, daß die Verneiner eines Fortlebens nach dem Tode geschichtlich eine verschwindende Minderheit darstellen. Zudem ist bei ihnen noch zwischen Lehre und persönlicher Überzeugung zu unterscheiden.

Andererseits ist *empirisch* auf dem Wege des wiederholbaren Experiments ein meßtechnisch kontrollierbarer Beweis des Fortlebens nach dem Tode nicht zu erbringen. Hier stoßen wir auf die

---

[218] I. STEVENSON. - Reinkarnation. Der Mensch im Wandel von Tod und Wiedergeburt: 20 überzeugende und wissenschaftlich bewiesene Fälle. Mit einem Vorwort von C. J. DUCASSE. - Freiburg: Aurum 1976

[219] TH. DETHLEFSEN. - Das Erlebnis der Wiedergeburt. Heilung und Reinkarnation. - München, 1976. - S. 280

[220] Siehe: NEUNER-ROOS. - Der Glaube der Kirche in den Urkunden der Lehrverkündigung, neubearbeitet von K. RAHNER und K. H. WEGER. - Regensburg: Pustet 10^{1}1979.

Schwierigkeit der Identitätskontrolle. Hingegen ist empirisch auf dem Wege der Erfahrungswerte und der allgemein anerkannten Wissenschaftsmethode des logischen Schlusses das Fortleben nach dem Tode zuweilen die einzig vertretbare Folgerung. Die Aussagen, daß es kein Fortleben nach dem Tode gibt, sind wissenschaftlich nicht vertretbar, weil sie etwas verneinen, was außerhalb ihrer Verneinungsmöglichkeit liegt.

Die *philosophische* Argumentation gründet auf den Begriffen des Geistes, des Absoluten und des Seins. Soferne diese Begriffe als zeitunabhängig verstanden werden, ist die Unsterblichkeit im Sinne von Ewigkeit gegeben. Die Unsterblichkeit des Individuums ist hier allerdings nur dann aufrecht zu erhalten, wenn das Individuum als solches Geist, Absolutes oder Sein in zeitüberdauernder Form enthält. Wo dies nicht der Fall ist, wird das Individuum zum rein zeitgebundenen Phänomen. Eine solche Vorstellung degradiert jedoch den einzelnen Menschen zu einer reinen Funktionsfigur, mit der sich persönlich niemand abfinden kann.

Für die religiöse Vorstellung ist die Unsterblichkeit Grundinhalt des menschlichen Lebens.

Ich darf diesen Beitrag daher mit der Feststellung schließen, daß auf der Höhe des heutigen Wissens und der gewonnenen Menschheitserfahrung der Einzelmensch nur im Bewußtsein der persönlichen Unsterblichkeit in der Lage ist, seine Persönlichkeit voll zu entfalten und seinen Lebensvollzug sinn- und hoffnungsvoll in jenem Freiheitsempfinden zu gestalten, das ihn im Augenblick seines Existenzminimums siegreich sprechen läßt: „Mein Reich ist nicht von dieser Welt".

Nach diesem stichwortartigen Überblick über „Unsterblichkeit: Geschichte und Forschung" folgen nun die Fachbeiträge zu den wesentlichen Themen der Frage des Fortlebens nach dem Tode. Diese Frage gehört zum Urgut menschlichen Denkens und Fühlens, wie WALTER KUCHER *in der folgenden Darstellung der Jenseitsvorstellungen bei den Natur- und Hochkulturvölkern aufzeigt.*

Walter Kucher

JENSEITSVORSTELLUNGEN BEI VERSCHIEDENEN VÖLKERN

Vorstellungen, die ein Jenseits betreffen, begegnen wir bei fast sämtlichen Völkern oder Stämmen; des öfteren jedoch sind die Auffassungen ziemlich unklar, sogar widerspruchsvoll gehalten. Sie sind so keineswegs einheitlich. Bedeutsam jedoch bleibt der Umstand, daß die Völker im allgemeinen an ein Weiterleben nach dem Tode glauben[1], wobei in vielen Fällen sehr irdische Gesichtspunkte für die Art und Qualität des angenommenen Jenseits bestimmend sind. Als Aufenthaltsorte der Verstorbenen erscheinen Erde, Wasser, hohe Berge, ebenso aber auch Wolken und Gestirne. Oft sogar ist dieses Jenseits in der Nähe der Lebenden gelegen, nämlich im Umkreis der Siedlungen. Im anderen Falle wieder ist das Jenseits überaus weit von den Menschen abgerückt, vor allem dort, wo es in der Richtung des Sonnenunterganges oder beim höchsten Wesen selbst lokalisiert ist. Oft ist das Jenseits auch mit der traditionellen Urheimat des betreffenden Stammes verbunden. So könnte man im letzteren Falle, wie A. BERTHOLET meint[2], den Glauben an ein jenseitiges Gefilde vielleicht als ein „Kompendium menschlichen Heimwehs" überhaupt bezeichnen. Charakteristisch ist ferner der Umstand, daß der Weg ins Totenland als mit Beschwerden und Gefahren verbunden geschildert wird. Zumeist wartet eine ganze Reihe von Prüfungen auf den, der diese Fahrt ins Jenseits angetreten hat. Die jenseitigen Aufenthaltsorte nun sind entweder Gefilde der Glückseligkeit oder es sind wahre Stätten des Schreckens. Wichtig ist ferner für uns, daß nicht bei sämtlichen

---

1 J. HAEKEL. - Religion. - in: Lehrbuch der Völkerkunde. - L. ADAM / H. TRIMBORN (Hrsg.). - Stuttgart 1958. - S. 44 ff; W. HIRSCHBERG. - Wörterbuch der Völkerkunde. - Stuttgart 1965. - S. 204 f.

2 A. BERTHOLET. - Wörterbuch der Religionen. - Stuttgart 1952. - S. 208 f.

Ethnien eine sittlich einwandfreie Lebensführung als Voraussetzung für ein günstiges Dasein nach dem Tode angesehen wird. Im allgemeinen jedoch wird man sagen dürfen, daß es verschiedene Umstände sind, welche ein seliges oder auch trauriges Dasein der Verstorbenen bestimmen; dazu gehören sittliches Verhalten, die Todesart, der Modus der Bestattung, Totenpflege (Speisegaben usw.) sowie die soziale Stellung der Abgeschiedenen.

I. FORM DES LEBENS NACH DEM TODE

Ganz entscheidend natürlich ist die Frage, in welcher *Form*[3] das Leben nach dem Tode erscheint, was eigentlich vom Menschen fortlebt. Wir hören in diesem Zusammenhang vom Weiterleben des *ganzen Menschen* und vernehmen auch vom Weiterleben eines vom Körper unterschiedenen geistigen Prinzips, nämlich der *Seele*.

1. Der Präanimismus

Im *Präanimismus*[4], einer Vorstellung, die dem Seelen- und Geisterglauben vorausgeht, herrscht die Auffassung, der Tote würde in der jenseitigen Welt ein rein körperliches Dasein führen, wie er es eben auch im Leben gewohnt war. Der Verstorbene besitzt so auch dieselben Eigenschaften wie zu Lebzeiten. Bestimmte Kräfte sind es, die sich im Körper befinden und die Fähigkeiten des Menschen ausmachen. Die Welt erscheint stofflich, materiell. Der Begriff des Geistes ist noch nicht vorhanden.

---

3 C. CLEMEN. - Das Leben nach dem Tode im Glauben der Menschheit. - Leipzig / Berlin 1920. - S. 7 ff.
4 W. HIRSCHBERG, Wörterbuch der Völkerkunde, S. 346

2. Das Weiterleben des ganzen Menschen

Bei den afrikanischen *Kpelle*[5], einem Stamm in Liberia beispielsweise, sieht und hört der Verstorbene, er besitzt — wie man weiter meint — auch Nahrungsbedürfnisse, er vermag sich allerdings nicht zu bewegen und kann auch nicht sprechen. Der Verstorbene existiert so wie ein Lebender weiter. Über dem Grabe eines Häuptlings bauen die Kpelle eine Hütte, darin befinden sich sämtliche Gebrauchsgegenstände, so eine Hängematte und auch Stühle. Die Kpelle sprechen mit dem Toten, geben ihm Kleider, Wasser und Nahrungsmittel; ebenso werden ihm Geschenke für andere Verstorbene des Stammes übermittelt.[6]

3. Der Seelenglaube

Wichtig bleibt, daß in den Auffassungen der sogenannten Primitiven in der Hauptsache zwischen Leib und Seele unterschieden wird. Bei der Mehrzahl der Naturvölker dominiert dabei die Vorstellung einer Mehrheit von Seelen. So ergeben sich oft Schwierigkeiten, zu erkennen, welche der Seelen in eine postmortale Existenz übergeht[7]. Daß nun die Seele beim Tode ohne weiteres zugrundegehen müsse, ist eine Auffassung, welche sehr selten anzutreffen ist. Eine solche Vorstellung würde auch, wie der dänische Ethnologe KAJ BIRKET-SMITH[8] es ausspricht, in einer Weise der primitiven Mentalität widersprechen, daß man daran zweifeln müßte, ob die wenigen Fälle, in denen wir von einer Vernichtung der Seele hören, überhaupt richtig verstanden worden sind. Im Zusammenhang damit aber ist natürlich die Auffassung von einer ewigen Dauer der Seele keineswegs gegeben. Den Begriff der Ewigkeit kennen wir bei den Naturvölkern nicht. Dies würde, wie BIRKET-SMITH[9] weiter ausführt, über dem primitiven Horizont lie-

---

5 J. WITTE. - Das Jenseits im Glauben der Völker. - Leipzig 1929. - S. 9
6 D. WESTERMANN. - Die Kpelle, ein Negerstamm in Liberia - (1921)
7 J. HAEKEL, Religion, S. 45
8 K. BIRKET-SMITH. - Geschichte der Kultur. Eine allgemeine Ethnologie. - Zürich 1948. - S. 393 f
9 Derselbe, ebenda, S. 394

gen, und nur ein ganz geringer Teil der Naturvölker würde einen Gedanken über die Frage verlieren, wie lange überhaupt die Seele ihr Dasein fortsetze. Meinungen aus Ozeanien beispielsweise lassen erkennen, daß man sich dort die Vernichtung der Seele nach einiger Zeit vorstellt. Die Vorstellung so einer völligen Auflösung der Persönlichkeit ist bei unseren Ethnien überaus selten.

a) Die Egoseele

Den Weg ins Totenland tritt zumeist die *Egoseele*[10] oder die *Freiseele* an. Die Egoseele gilt als Mittelpunkt des Denkens, Wollens und Fühlens; diese Seele wird auch mit Kopf und Herz in Verbindung gebracht; ihr verdankt der Mensch die intellektuellen Fähigkeiten. Der Sitz der Egoseele befindet sich bei den Griechen Homers im Zwerchfell. Die Egoseele, die sich jedoch des öfteren bemerkenswerter Selbständigkeit im Menschen erfreut, tritt auch als das in Erscheinung, was wir als „Gewissen" bezeichnen. Sie erscheint als individuelle Persönlichkeit im Wachbewußtsein und lebt nach dem Tode in neuer Existenz an einem Jenseitsorte fort.

b) Die Freiseele

Die *Freiseele*[11], von der wir sprachen, ist im großen Ausmaß von der Körperlichkeit des Menschen gelöst. Als Spiegelbild des Menschen wird sie auch *Bildseele*[12] genannt, und wird, da sie sich auch in seinem Schatten in Erscheinung bringen kann, als „Schattenseele" bezeichnet. Sie ist ferner auch die Traumseele, weil sie sich in Träumen, Visionen und Bewußtlosigkeit aktiviert. Im Traume etwa vermag diese Seele weite Wanderungen zu unternehmen. Nach dem Tode lebt sie als Geistprinzip weiter. In spezieller Existenzform begegnen wir dieser Seele ferner als „Außenseele"[13], an einem weitentfernten Ort, im Busch, als „Buschseele", oder in einem Tier, einem Naturgegenstand oder einem Behälter.

---

10 W. HIRSCHBERG, Wörterbuch der Völkerkunde, S. 92
11 Derselbe, ebenda, S. 136
12 Derselbe, ebenda, S 47 f
13 Derselbe, ebenda, S. 30

c) Die Vitalseele

Wie viele Stämme meinen, lassen sich die Lebensäußerungen des Menschen auf die Wirksamkeit der *Vitalseele*[14] zurückführen; sie ist die im Menschen vorhandene Lebenskraft und bewirkt so das Leben des Organismus. Des öfteren setzt man sie auch dem Atem gleich; sie heißt so *Hauchseele*[15]. Wichtig ist ferner nach J. HAEKEL der Hinweis, daß Seele und Totengeist nicht allgemein identifiziert werden dürfen; nicht immer ist es die Seele, die zum Totengeist wird. Bei etlichen Ethnien haben so auch Seele und Totengeist verschiedene Namen. „Die Personalität des Verstorbenen lebt nun in einer neuen Daseinsform weiter, die aber mit Seele nichts mehr zu tun hat."[16] So ist auch der Hinweis von I. PAULSON[17] zu verstehen, wonach der Tote als Totenseele oder Geist nicht so körperlos gedacht wird, wie es der Seelenauffassung beim lebenden Menschen entspricht. Die Totenseele erscheint „körperlich-massiver". Besteht der lebende Mensch aus Körper und Seele, so ist auch der Verstorbene als Doppelheit zu betrachten, nämlich als Leichnam, dann als Totenseele oder Totengeist. Paulson war es auch, der das Verhältnis der Seelenvorstellungen zum Totenglauben der nordeurasischen Völker in einer kurzen Übersicht darstellte. Wir sehen daraus, daß in der Mehrzahl der Fälle die Freiseele als Totenseele überlebt, indes die Körperseelen beim Tode vergehen. Bei einer Reihe von Ethnien jedoch – so bei den *Altaiern* und *Jukagiren* – überleben Freiseele und auch Körperseele. Erscheint dabei die Freiseele als eigentliche Totenseele im Jenseits, so wird die Körperseele ein selbständiger Totengeist, beispielsweise ein Gespenst. Neben der Freiseele vermag auch eine Körperseele als überlebende Seele in eine jenseitige Existenz einzugehen; der Verstorbene besitzt so zwei verschiedene jenseitige Daseinsformen, etwa im Himmel oder in der Unterwelt zugleich.[18]

---

14 Derselbe, ebenda, 469
15 Derselbe, ebenda, S. 172
16 Derselbe, ebenda, S. 84 f
17 I. PAULSON. - Swedish contributions to the study of primitive soul conceptions, Ethnos 19. - Stockholm 1954; derselbe. - Seelenvorstellungen und Totenglaube bei nordeurasischen Völkern, Ethnos H. 1/2. - Stockholm 1960. - S. 84 ff.
18 Derselbe, Seelenvorstellungen, S. 263 f

Bei den *Netsilik-Eskimo*[19] in Kanada glaubt man, daß die menschliche Seele nach dem Tode noch fünf Tage im Körper weiterleben würde. Nach dieser Frist, in der eine Reihe von Betätigungen unterlassen wurde, fuhr man den Verstorbenen im Schlitten fort, und ließ ihn dann im Schnee zurück. Man meinte ferner, daß die Seelen auf Neugeborene übergehen könnten. Zur Zeit der bevorstehenden Geburt rief die Frau die Namen vieler Seelen an und nannte ihr Kind oft nach der hilfreichsten Seele.

Oft wird eine Übergangsform zwischen Tod und Eintritt in das Jenseits gedacht, bei der der Verstorbene im Grabe oder in der Nähe der Siedlung verbleibt und so mit Gütern versorgt werden muß. Wir haben es hier mit der Vorstellung vom *Lebenden Leichnam*[20] zu tun, einer Auffassung, die auf der schon erwähnten Meinung beruht, der Verstorbene würde im Grabe in einer dem Erdendasein entsprechenden Form weiterexistieren. Es wurde früher auch betont, daß eben auch die Auffassung einer vollkommenen Auflösung der Persönlichkeit nur recht selten vorkommt.

d) Die Unsterblichkeit der Seele

Bedeutsam für uns ist auch die Tatsache, daß bei Völkern mit unitärer Seelenauffassung die *Unsterblichkeit* der Seele unbestritten bleibt. Zum Unsterblichkeitsglauben[21] haben wir u. a. eine ganze Anzahl von Mythen, die von einem ewigen Leben des Menschen in der Urzeit zu berichten wissen; durch ein Vergehen des Menschen gegen den Willen Gottes habe dann dieser Zustand ein Ende genommen. Das Motiv der Sünde, des Sündenfalles, ist hier entscheidend, ein sehr altes Motiv überhaupt. Ein überaus altes Motiv ist auch das der Seelenwanderung.[22]

---

19 A. BALIKCI. - Kanadische Eskimo, Netsilik. - in: Die Brockhaus Völkerkunde, Bd. 3. - Wiesbaden 1974. - S. 181 ff
20 W. HIRSCHBERG, Wörterbuch der Völkerkunde, S. 256
21 Derselbe, ebenda, S. 459 f; K. TH. PREUSS. - Tod und Unsterblichkeit im Glauben der Naturvölker. - Tübingen 1930
22 W. HIRSCHBERG, Wörterbuch der Völkerkunde, S. 400

e) Die Seelenwanderung

Diese Auffassung finden wir weltweit und auch im Bereich fast sämtlicher Kulturstufen. Die *Kongopygmäen*, Urwaldjäger und -sammler, die zu den ethnologisch ältesten Gruppen der Menschheit gehören, sind der Meinung, der Sohn würde einen Teil der Seele seines sterbenden Vaters aufnehmen. Die Seele wird bei diesen Pygmäen als ein winziges und leichtes Wesen angesehen, so leicht, daß sie sogar von einer Fliege fortgetragen werden könnte. Nach dem Tode befindet sich diese Seele in der nächsten Umgebung des höchsten Wesens. Die *Rentiereskimo* in den weiten Bereichen der Hudsonbay, ebenso kulturgeschichtlich ältere Gruppen, glauben, daß die Seelen der Toten im Himmel weiterleben. Der Mondmann würde diese Seelen dann zur Erde zurückbringen.[23]

Bei den *Chanten* und *Mansen*[24] des westsibirischen Tieflandes, einer Jäger- und Fischerbevölkerung vor allem, besitzen nach allgemeiner Auffassung die Männer fünf und die Frauen vier Seelen. Nach dem Tode des Menschen lebt eine Seele im Körper des Menschen bis zu dessen Verwesung weiter; eine andere Seele begibt sich in die Unterwelt, wo sie solange bleibt, bis sie in einem anderen Mitglied des Clans wiedergeboren wird. Andere Seelen wieder sollen die Gestalt von Vögeln annehmen können.

Wichtig ist, daß z. B. die Lehre von der Seelenwanderung in der älteren vedischen Zeit nicht bekannt war, erst später ist sie in Indien eingedrungen.[25] Wir können wohl annehmen, daß die Idee der Seelenwanderung von ursprünglichen Völkern kommt und die indische Denkweise dann durchdrungen hat. Wichtig ist auch die Vorstellung, die Seele könne von Mensch zu Mensch übergehen, so etwa die Vorstellung, im Enkel würde der Großvater wiederkehren. So hören wir auch bei etlichen afrikanischen Stämmen, die Kinder wären die zur Erde zurückgekommenen Großeltern.

---

23 K. BIRKET-SMITH, Geschichte der Kultur, S. 394
24 P. J. LINETON. - Chanten und Mansen. - in- Brockhaus Völkerkunde, (Europa und Sowjet-Union) Bd. 9. - Wiesbaden 1974.- S. 182 ff
25 A. BERTHOLET, Wörterbuch der Religionen, S. 435 f.

f) Die Präexistenz der Seele

Bedeutsam ist außerdem, daß bei einer Reihe von Völkern an eine *Präexistenz* der Seele[26] gedacht wird. Die Seele ist so schon vor der Geburt des Menschen vorhanden. Neben dem Himmel kommen als Aufenthaltsorte solcher Seelen die Unterwelt, aber auch Tiere und Naturobjekte in Frage. Speziell entwickelt ist die Auffassung von der Präexistenz der Seele in *Australien*; wir begegnen dort der *Geistkindidee*[27], wonach die Kinderseelen mit den mythischen Vorfahren zusammen in Wasserstellen, Quellen oder anderen Örtlichkeiten leben. Es handelt sich hier um kultische Orte, die man auch als Reinkarnationszentren bezeichnet. Der Vater begibt sich dorthin und erhält im Traum oder im Trancezustand ein solches „Geistkind". Dieses Kind, das aber durchaus körperlich aufgefaßt wird, gibt er seiner Frau, die es in ihrem Leibe weiterentwickelt und durch die Geburt ins Leben treten läßt.

g) Neuere methodische Gesichtspunkte

Einen Punkt allerdings, und er ist von Belang, gilt es nicht zu verschweigen. Sind wir wirklich imstande, das richtig wiederzugeben, was von den verschiedenen Völkern unter „Seele" gemeint und verstanden wird? Der Afrikanist B. ANKERMANN[28] hebt hervor, daß von vielen europäischen Beobachtern manches als „Seele" hingestellt worden sei, was keineswegs der „Seele" entsprechen würde. So wäre es überhaupt sehr bedenklich, den Begriff „Seele" auf Vorstellungen der Naturvölker anzuwenden. Dem schwedischen Religionswissenschaftler E. ARBMAN[29] und seiner Schule (A. HULTKRANTZ, I. PAULSON) verdankt die Religionsethnologie im besonderen Maße die Erarbeitung einer Typologie der Seelenvorstellungen. Beim Begriff „Seele", wie ihn die Natur-

---

26 J. HAEKEL. - Religion, S. 88
27 W. HIRSCHBERG. - Wörterbuch der Völkerkunde, S. 144
28 B. ANKERMANN. - Totenkult und Seelenglaube bei afrikanischen Völkern. - in: Ztschr. für Ethnologie, Bd. 50. - Berlin 1918. - S. 92
29 E. ARBMAN. - Untersuchungen zur primitiven Seelenvorstellung mit besonderer Rücksicht auf Indien. - in: Le Monde Oriental, 20. - Uppsala 1927. - S. 96, 182

völker kennen, handelt es sich nach ARBMAN um ein sehr komplexes Phänomen, um Auffassungen, die im Verhältnis zueinander selbständig sind, uns oft als „disparat" und widerstrebend erscheinen. So sagt ARBMAN noch näher: „Wir glauben, feststellen zu können, daß die heutigen Naturvölker wenigstens in der Regel keine Seele in unserem Sinne kennen, sondern vielmehr nur ein oder mehrere beseelende Prinzipien des Körpers, und daneben einen unsichtbaren, luftigen alter ego des Menschen, der im Grunde nichts anderes ist als seine außerkörperliche Existenzform und als solche mit den ersteren nichts zu tun hat, wie er sich an den Lebensfunktionen des Körpers überhaupt nicht beteiligt."[30] So erscheint wohl die Forderung, Glaubensinhalte der Fremdvölker in ihren eigenen Denkkategorien, mithin kultur-spezifisch, wiederzugeben als überaus bedeutsam. So sollten auch Seelenkonzeptionen der einzelnen Gruppen aus deren eigenem Denkschema gesehen werden. Wie ungemein schwer diese Aufgabe ist, darf jedoch keineswegs übersehen werden.

4. Der Tod als Übergang ins Jenseits

Das *Jenseits* ist zumeist nicht grundsätzlich von der Welt der Lebenden geschieden; der Tod ist kein Ende, er ist lediglich Übergang, er bedeutet nur Zustandsveränderung. Der Tod bedeutet nicht die ungeheure Kluft, die zwischen Lebenden und Verstorbenen besteht; die Nähe dieser anderen Welt ist für den Angehörigen eines Naturvolkes stets bezeichnend. Wie stark ist nur dieser Kontakt im Ahnenkult gewahrt! Es mag in diesem Zusammenhang vielleicht zum Großartigsten gehören, daß der Tote im Grunde den Kreis der Lebenden niemals verläßt. Hier ist etwa A. KOFFKA[31] recht zu geben, wenn er meint, „man müßte eigentlich die Worte ‚Leben' und ‚Tod' ganz ausscheiden, wenn man richtig interpretieren wollte". Die Furcht vor dem Tode kann somit nur eine geringe sein. Unter dieser Rücksicht gewinnt auch der Selbstmord,

---

30 L. HAEKEL, Religion, S. 81 f
31 A. KOFFKA. - Siehe Rezension in: Archiv für Religionpsychologie, Bd. 1. - Tübingen 1914. - S. 267 ff

wie sich A. VIERKANDT[32] ausdrückt, beinahe natürlichen Charakter. Es ist zugleich der Charakter des Naheliegenden. Der Selbstmord erscheint als ein leichtes Hinübergehen ... Von Belang ist ferner, daß ein wesentlicher Teil der in Stammesgemeinschaften lebenden Ethnien echte Selbsttötung als unerlaubt und unheilvoll betrachtet. Ähnliches gewahren wir auch dann, wenn Menschen zu einem ungewöhnlichen Zeitpunkt oder überhaupt auf ungewöhnliche Art ums Leben kamen.

H. J. SELL[33] spricht in diesem Zusammenhang von einem „Schlimmen Tode". Unzeitiger und ungewöhnlicher Tod liegt beispielsweise bei verstorbenen Wöchnerinnen, bei der Geburt oder früh verstorbenen Kindern, bei Ermordeten, Verunglückten usw. vor; mit den Selbstmördern ist hier eine Gruppe von Menschen gegeben, deren auffallende oder merkwürdige Todesart zugleich zu einer speziellen Einschätzung der Verstorbenen führt und ihre Weiterexistenz innerhalb oder außerhalb des Totenreiches bestimmt. Bedeutsam ist, daß derjenige, welcher eines „schlimmen Todes" starb, in seiner Vergangenheit fragwürdig wird und seine künftige Existenz für die Gemeinschaft Unheil zu bringen verspricht. Plötzlicher Tod weist auf „schlimmes" Leben hin. Wie wir etwa bei J. F. LAUBSCHER[34] hören, werden bei den *Bantustämmen* in Südafrika Selbstmörder weit vom üblichen Bestattungsort vergraben; man glaubt auch, daß die Seelen der Selbstmörder nicht in die Gemeinschaft der Ahnen zurückfinden. Der Tote ist so von der Gemeinschaft der anderen Verstorbenen ausgeschlossen; an indonesischen Beispielen vernehmen wir von der Trennung dieser Verstorbenen von den übrigen Toten.[35] So gibt es im Jenseits ein eigenes Dorf der Selbstmörder. Es ist ein schlechtes trostloses Dasein. Schlimmer Tod ist ein unheilvolles, richtig erschreckendes Ereignis. Es ist ein Geschehen von einmaliger Außerordentlichkeit.

---

32 A. VIERKANDT. - Naturvölker und Kulturvölker. - Leipzig 1896. - S. 285

33 H. SELL. - Der schlimme Tod bei den Völkern Indonesiens. - Den Haag 1955. - S. 3, 12

34 J. F. LAUBSCHER. - Sex, custom and psychopathology. A study of South African pagan natives. - London 1937. - S. 288 f

35 W. M. PFEIFFER. - Transkulturelle Psychiatrie. Probleme und Ergebnisse. - Stuttgart 1971. - S. 69

II. JENSEITSVORSTELLUNGEN BEI NATURVÖLKERN

Sittliches Verhalten, der Modus der Bestattung, sind für die Art des Fortlebens nach dem Tode wichtig. Wie sehr auch die soziale Stellung des Verstorbenen eine Rolle spielt, gewahren wir etwa am weiteren Schicksal von *Medizinmännern* und *Schamanen*[36], Persönlichkeiten besonderen Ranges innerhalb der einzelnen Gemeinschaften. Nach ihrem Tode kehren die Medizinmänner der *Dakota-Indianer* Nordamerikas in die Wohnung Gottes zurück. Bei den *Ipurina-Indianern* im Amazonasbecken (Südamerika) fahren die Seelen der sterbenden Medizinmänner im Feuer zum Himmel auf; alte Ideen verbinden sich beispielsweise mit Schamanenbegräbnissen im sibirischen Raume. Dabei sind bestimmte Opferzeremonien von Bedeutung. Ebenso hört man von der Macht verstorbener Schamanen und ihrer Fürsorge für die Sippen- und Stammesmitglieder. Den Seelen abgeschiedener Schamanen werden bei den *Jakuten* und *Burjaten* Nordasiens Haustiere geweiht, ein richtiger Kult ist diesen Seelen gewidmet.[37]

Die Bewohner von *Südwest-Victoria*, Australien, eine ethnologisch alte Gruppe, haben folgende Jenseitsvorstellungen: „Nach dem Begräbnis der Leiche einer guten Person wandert ihr Schatten gegen drei Tage umher, erscheint wohl den Menschen, verkehrt aber nicht mit ihnen. Nach den drei Tagen geht der Schatten weg in ein schönes Land in den Wolken, das Überfluß hat an Känguruh und an anderem Wild, wo man das Leben auf immer genießen kann. Freunde werden sich dort treffen und einander wiedererkennen; aber es wird keine Heirat mehr sein, da die Leiber auf der Erde zurückgelassen sind. Die Schatten der Bösen wandern elendiglich auf der Erde herum für ein Jahr nach dem Tode, erschrecken die Menschen und steigen für immer ... in die Unterwelt hinab, wo sie in beständigem Feuer bestraft werden. Kinder unter vier oder fünf Jahren haben keine Seele und kein künftiges Leben."[38]

---

36 Siehe H. FINDEISEN. - Schamanentum. - Stuttgart 1957. - S. 98 ff
37 Vgl. H. FINDEISEN, Schamanentum, S. 50 ff

Nach einem Bericht von P. SCHEBESTA[39] besitzt bei den relativ altertümlichen *Semang von Malakka* das Jenseits überaus negative Züge. Es ist ein Land der Schattenexistenz, ein Land, in dem man sich vom Schatten auch der Nahrungsmittel ernährt, welche man auf Erden besaß. Es ist allerdings ein Land, wo es keine Gefahren gibt, wo kein Tiger umherschweift, wo es keine Krankheiten gibt, keine Leiden und auch keinen Tod. Mann und Frau und Kinder und Enkel finden zueinander, aber es werden keine Kinder mehr geboren. Gewässer vermögen die Verstorbenen nicht zu überschreiten.

Wie die *Patagonier* und *Pampas-Indianer*[40] meinen, ist mit der Seligkeit des Himmels ständige Trunkenheit verbunden. In den „Ewigen Jagdgründen" der Indianer Nordamerikas bietet sich dem Jäger ein richtiges Paradies von ungeahnter Fülle; bei einigen dieser Indianerstämme sind diese Jagdgründe in der Sonne gelegen. Bei den *Huronen*[41] etwa am St. Lorenz-Strom und in Ontario jagen tapfere und gewandte Jäger nach ihrem Tode des nachts die Schatten von Tieren, mit Waffen zugleich, welche Schatten von Pfeil und Bogen darstellen. Der Weg in diese Jagdgründe ist ungemein weit; Kinder und Alte vermögen ihn nicht zu gehen. Sie schweifen in der Nähe ihrer Gräber umher und ernähren sich im Jenseits recht kärglich mit Rinde, Gräsern, Wurzeln usw.

Etliche Gruppen der *Eskimo* sehen das Nordlicht[42] als das ersehnte Land der Toten an, wo weder Schnee noch Sturm vorhanden sind, sondern nur jubelnde Freude ohne Ende herrscht. Die Eskimo von Grönland[43] besitzen die Vorstellung von einem seligen Lande in der Unterwelt, mit ständigem Sommer, schönstem Sonnenschein und ohne Nacht. Vögel, Fische, Seehunde und Rentiere, die im Überfluß vertreten sind, können ohne Mühe gefangen

---

38 W. SCHMIDT. - Der Ursprung der Gottesidee, Bd. III. - Münster/Westf. 1931. - S. 690

39 P. SCHEBESTA. - Das Hala- oder Medizinmannwesen bei den Semang auf Malakka. - in: Jahrbuch St. Gabriel, Wien/Mödling 1936

40 J. WITTE, Das Jenseits im Glauben der Völker, S. 23 f

41 H. GUNDOLF. - Totenkult und Jenseitsglaube. - Mödling 1967. - S. 56

42 J. WITTE, Das Jenseits im Glauben der Völker, S. 24

43 Derselbe, ebenda, S. 21

werden; man findet sie sogar bereits in einem Kessel kochend. Ebenso glauben die grönländischen Eskimo, der Verstorbene steige zum Monde, spiele dort mit den anderen Seelen mit einem Walroßschädel Ball, tanze, und wohne am großen See, der reich an Fischen und Geflügel ist. Sehr bemerkenswert ist übrigens die Meinung der Grönländer, die Verstorbenen seien für Menschenhand ungreifbar, wie wir z. B. auch vom Inselparadies der *Tonganer*[44] in der Südsee vernehmen, man würde dort durch Bäume, Häuser und Häuptlinge einfach hindurchgehen. Es ist mithin keine materielle Konzeption dieser Abgeschiedenen vorhanden.

In Nordasien, bei den *Korjaken*[45], besitzt der Mensch drei Seelen: Die Hauptseele und die Nebenseelen, nämlich die *Hauch*-und *Schattenseele*. Beim Tode des Menschen verläßt die Hauptseele den Körper und begibt sich zum Höchsten Wesen im Himmel. Von dort wird sie später in den Körper eines Neuempfangenen eingehen. Der Leib nun und die anderen Seelen werden von den bösen Geistern ergriffen. Möglicherweise verbleiben jedoch diese Seelen noch eine Zeit hindurch beim Körper auf der Erde. Dann gehen auch sie in die Unterwelt, welche die Welt der früheren Menschen ist. Der Eingang der Unterwelt wird von Hunden bewacht; Menschen, die früher Hunde schlecht behandelten, werden nicht eingelassen. In der Unterwelt nun leben die Schatten in der Art des irdischen Daseins, in Dörfern und Familien, und jeder der Schatten findet seine entsprechende Zuordnung. Die Schatten sorgen für die Verwandten auf Erden; sie schicken ihnen Wild und andere Nahrung zu. Sie bekunden jedoch auch ihr Mißfallen an den Verwandten, indem sie diese bestrafen.

Die Bedeutung des *Hundes*[46] als Seelenführer und Wegefinder sei an dieser Stelle hervorgehoben; auf Grund seiner Witterung gilt der Hund auch als geistersichtig. Dem Toten ist der Hund auf Grund seiner Eigenschaften ein zuverlässiger Begleiter.

---

44 H. NEVERMANN. - Götter der Südsee. Die Religion der Polynesier. - Stuttgart 1947. - S. 25 ff

45 Siehe I. PAULSON. - Die Religionen der nordasiatischen (sibirischen) Völker. - in: Die Religionen der Menschheit, Bd. III. - Stuttgart 1962

46 Siehe W. KOPPERS. - Der Hund in der Mythologie der zirkumpazifischen Völker. in: Wiener Beiträge zur Kulturgeschichte und Linguistik. - Wien 1930

Die Fortführung des irdischen Lebens im helleren Lichte mag im Grunde menschlicher Erwartung und menschlichem Wollen am meisten entsprechen, vor allem bei Gruppen mit schweren Lebensbedingungen. Von Sorge und Kummer befreit zu sein, ist ein nur zu natürlicher Wunsch des Menschen. Mit betonter Vorliebe zeichnet sich so in der Phantasie das Bild eines verheißungsvollen Jenseits ab, doch mischen sich oft darin recht düstere Farben.

Nicht immer ist das Jenseits daher ein Land der Freude und des Glückes; oft ist es ein trauriger Ort, welcher die dort Hausenden zu einem richtigen Schattendasein verurteilt. Wichtig für uns bleibt die Verschiedenheit der Auffassungen über das Jenseits bei den einzelnen Völkern.

1. Der Weg ins Jenseits

Der *Weg ins Jenseits* kann für die Seele, welche wir als Trägerin des Lebens anzusehen haben, überaus gefahrvoll sein. So müssen gelegentlich etliche Hindernisse überwunden werden, Hemmnisse zugleich gefährlichen Charakters. Dazu gehört beispielsweise das Überqueren eines breiten Flusses, der Lebende von den Toten trennt, auf einer schmalen Brücke und ähnliche Erschwerungen. Das Motiv der Brücke ist von großer Bedeutung. Die *Hidatsa-Indianer*[47] etwa am oberen Missouri in Nordamerika begaben sich nach dem Tode auf einem schmalen Steg über einen wild tosenden Strom ins Seelenland. Bemerkenswert ist dabei, daß die Bösen ins Wasser stürzen und ertrinken. Die zu den Irokesen gehörenden *Huronen* gehen auf einem Baumstamm über den Fluß des Todes. Die *Akpoto* in Afrika[48], am Benue lebend, schreiten über eine Brücke ins Reich der Seligen. Diese Brücke ist ungeheuer lang, sie ist zugleich so schmal wie die Schneide eines Schwertes. Ein Fußgänger benötigt tausend Jahre, um zu ihrem Ende zu kommen. Nur die guten Menschen gelangen ungefährdet über die Brücke.

---

47 Siehe Völker: Fischer Lexikon. - H. TISCHNER (Hrsg.). - Frankfurt/M.: Fischer 1959, S. 124

48 J. WITTE, Das Jenseits im Glauben der Völker, S. 22

Oft ist es so, daß übelwollende Geister oder Dämonen den Weg ins Totenland sperren. Nach Meinung z. B. der *Jica-Indianer*[49] in Südamerika ist das hoch im Gebirge gelegene, von vier Schneebergen umrahmte Totenreich erst nach fünfzehnjähriger mühseliger Reise zu erreichen. So hängt bei den erwähnten afrikanischen Akpoto die Bewältigung des überaus langen Weges von der moralischen Qualität des Betreffenden ab. Wer sich besser im Leben benommen hat, vermag im Laufschritt die Brücke zu durchmessen, wer nie fehlte, darf sogar darüber hinwegfliegen.

2. Die Bedeutung der Bestattungssitten

Absicht vieler *Toten-und Bestattungsbräuche* ist es, den Verstorbenen über diese Hindernisse hinwegzuhelfen — so etwa durch geeignete Beigaben —, überhaupt zum Gelingen der Seelenreise beizutragen. Bestimmte Maßnahmen bei der Bestattung dienen dazu, der Seele beim Austritt aus dem Körper Erleichterung zu geben. Die Irokesen beispielsweise ließen ein Loch im Grab; Verbrennung des Körpers kann ferner die Befreiung der Seele von Banden des Leibes bedeuten. Nach Ansicht der *kalifornischen Indianer* stieg im Rauche des Scheiterhaufens die Seele zu einem glücklichen Lande im Westen[50] empor. Die im Süden von San Franzisko wohnenden *Olchonen*[51] wünschten der Seele beim Anzünden des Holzstoßes eine glückliche Reise nach der neuen Welt. Zu erwähnen ist ferner die Sitte der *Plattformbestattung*[52], nämlich das Aussetzen der Leiche in den Ästen eines Baumes, auf einer Plattform oder einem Stangengerüst. Die Plattformbestattung, welche sich vorzugsweise bei Jäger-und Hirtenvölkern feststellen läßt, hat wohl auch die Aufgabe, eine Erleichterung für den Flug der Seele ins Totenland herbeizuführen. Bei den Jägerstämmen Kanadas beispielsweise ist die Plattformbestattung ein Privileg sozial hochgestellter Per-

---

49 Derselbe, ebenda, S. 21
50 K. TH. PREUSS. - Die Begräbnisarten der Amerikaner und Nordostasiaten. - Diss. Königsberg/Pr. 1894, S. 261 ff
51 Derselbe, ebenda, S. 261
52 W. HIRSCHBERG, Wörterbuch der Völkerkunde, S. 21 f

sönlichkeiten. Ein Vorrecht der Angehörigen einer vornehmen Klasse bei den genannten Akpoto in Afrika ist es auch, im Galopp über die unendlich lange Brücke hinwegzureiten.[53]

In vielen Fällen kommt es überhaupt zu einer Hinausschiebung des Begräbnisses, weil der Zeitpunkt unbekannt ist, an dem die Seele den Körper verläßt. Beim Tode eines Verwandten weinten die *Maya* in Yukatan vier Tage[54]; am fünften erschien der Priester, um anzukündigen, daß der Verstorbene bei den Göttern sei; es wäre nun Zeit, das Leichenbegängnis durchzuführen. Zehn Tage lang brachte man bei den *Insel-Kariben* den Toten Nahrung ins offene Grab; dann erst wurde es geschlossen. Zu erwähnen ist ferner der Brauch, den Verstorbenen gleich nach Eintritt des Todes in Hokkerstellung zu bringen. Afrikanische Beispiele hierfür sind die *Bergdama, Zulu, Herero* usw. Ist es nun die Stellung des Embryos im Mutterleibe, die hier vorgenommen wird? Vor allem auch in Anbetracht der Tatsache, daß der Tote als ein Werdender gilt, als einer, der einer neuen Existenzform entgegengeht? Allerdings ist wie E. DAMMANN bemerkt[55], die Hockerstellung in Afrika auch die übliche Sitz- und Ruhestellung.

Diese Beispiele lassen deutlich erkennen, welches Gewicht den Bestattungssitten beizumessen ist. Erst beim Abschluß der Bestattungsriten wird der Verstorbene als „tot" betrachtet. Damit ist zugleich die Notwendigkeit eines peinlichst durchzuführenden Zeremoniells gegeben. Entscheidend bleibt die Vornahme des Bestattungsrituals in der traditionell festgelegten Form. „Bei den meisten primitiven Völkern legt man daher großes Gewicht auf ein feierliches, ritenmäßiges Begräbnis, weil sonst die Seelen, wie angenommen wird, ihr eigenes Begräbnis sehen, ein übles Los haben und sich dafür an den Lebenden rächen."[56] Hier ist die Auffassung mancher Völker hervorzuheben, wonach sich die Seelen der Verstorbenen eine Zeit hindurch nach dem Tode in der Nähe des Verblichenen aufhalten und so auch den Lebenden gefährlich werden

---

53 J. WITTE, Das Jenseits im Glauben der Völker, S. 21 f
54 K. TH. PREUSS, Die Begräbnisarten der Amerikaner, S. 262
55 E. DAMMANN. - Die Religionen Afrikas. - in: Die Religionen der Menschheit. - CH. M. SCHRÖDER (Hrsg.). - Stuttgart 1963. - Bd. 6, S. 186, 189
56 A. BERTHOLET, Wörterbuch der Religionen, S. 208 f

können. Das künftige Schicksal der Toten wird so entscheidend durch die Lebenden mitbestimmt.Trauerbräuche[57] Totenfeste und -klagen bilden einen dichten Kranz von Vorstellungen, die um den Verstorbenen kreisen. Wir sehen abschließend wieder, wie Leben und Tod sich keineswegs scharf voneinander abgrenzen; Leben und Tod gehören so bei den „Primitiven" wesentlich anderen Kategorien an.

III. JENSEITSVORSTELLUNGEN BEI DEN HOCHKULTURVÖLKERN

Auch nach den Vorstellungen der Hochkulturvölker ist die Seele des Verstorbenen Proben und Qualen unterworfen, dabei gleichen die Bilder und Motive in den Vorstellungen der Völker einander oft in überraschender Weise, nicht selten auch in Details.[58]

1. Ägypter

Der Gedanke an Tod und Jenseits hat den *Ägyptern* wie kaum einem zweiten Volk der Welt zu schaffen gemacht. Nach ägyptischer Auffassung besteht der Mensch aus verschiedenen Teilen, wobei neben Körper und Namen, Schatten, auch der *Ka*[59] gehört; dieser ist die Personifikation der *Lebenskraft*, er ist ein Geistwesen. Der Ka, welcher mit dem Menschen geboren wird, lebt nach dessen Tode weiter, und nährt sich von den Opfern, welche die Angehörigen dem Verstorbenen bringen.

Das *Ägyptische Totenbuch* stellt eine in verschiedenen Zeiträumen entstandene Sammlung dar, von der sich ein Teil ins Alte Reich zurückführen läßt. Wie E. NAVILLE bemerkt[60], stammen

---

[57] W. HIRSCHBERG, Wörterbuch der Völkerkunde, S. 454
[58] J. HAEKEL, Religion, S. 86
[59] A. BERTHOLET, Wörterbuch der Religionen, S. 8 ff
[60] E. NAVILLE. - Ausgang aus dem Tage. Bedeutung und Geschichte des Ägyptischen Totenbuches. in: ADEVA Mitteilungen, H. 29. - Graz 1971, S. 7 ff

die ersten Grundlagen des Buches wohl aus den Anfängen der Entwicklung der Hochkultur in Ägypten. Die ältesten Texte sind die *Pyramidentexte*, welche am Ende der fünften Dynastie in die Gänge und Sargkammern der Pyramiden eingemeißelt worden sind. In der 18. Dynastie, im Neuen Reiche, finden wir die Totentexte auf Papyrusrollen geschrieben; man legt sie in den Sarg oder zwischen die Binden der Mumie. Im Totenbuche werden nun keineswegs die Zeremonien beschrieben, welche für die Begehung ritueller Handlungen erforderlich sind. Der Verstorbene ist es, der im Buche spricht, oder auch angeredet wird. Die Umwelt ist das Jenseits. Den Inhalt des Totenbuches machen nicht bestimmte Auffassungen, das Schicksal der Verstorbenen, der von ihnen zu nehmende Weg usw. aus. ,,Die verschiedenen Zustände, die beschrieben werden, sind nicht aufeinander folgende Phasen, durch welche jeder hindurch müßte; nicht das ist es, was jeder Seele notwendig begegnen muß, sondern was ihr begegnen kann, alle Lagen, in welchen sie sich befinden kann, alle Ziele, denen sie zustreben kann."[61] Der Name des Buches bedeutet ,,Ausgang aus dem Tage", was das Herausgehen des Menschen aus einer zeitlich und räumlich begrenzten Daseinsform in eine neue Existenz zum Ausdruck bringen soll.

Sündenvergebung durch den Priester erfolgt in der ägyptischen Religion nicht; das Gericht des *Osiris* in der Unterwelt entscheidet über das weitere Schicksal des Verstorbenen. In den Unterweltsbüchern des Neuen Reiches[62], dem ,,Amduat", dem ,,Pfortenbuch" und dem ,,Höhlenbuch" wird eingehend geschildert, was der Sündige zu erwarten hat. Die körperliche Pein vor allem findet sich fast minutiös beschrieben. Die Bestattung wird aufgehoben, dem Verdammten reißt man die Mumienbinden ab usw. Feurige Schlangen, Messer zückende Dämonen, Finsternis und völlige Vernichtung, das alles steht den Verurteilten bevor.

Die Guten dagegen sehen den Sonnengott in seiner nächtlichen Fahrt durch die Unterwelt, genießen das Freudvolle ihres irdischen Lebens in der neuen Existenz weiter. Ist *Osiris* (Serapis) Herr der

---

61 E. NAVILLE, Ausgang aus dem Tage, S. 9
62 E. HORNUNG. - Ägyptische Unterweltsbücher. - Zürich / München 1972. - S. 9 f.

Unterwelt, so wurde seine Schwester und Gattin *Isis* mit der Göttin Demeter verglichen. Die *Isis-Serapis-Religion* hatte vom agäischen Raume kommend, bereits im 2. Jahrhundert v. Chr. Rom erreicht. Die Mysterien der beiden ägyptischen Gottheiten fanden in der kosmopolitischen Atmosphäre Roms besonderen Zuspruch.

a) Die ägyptische Jenseitswissenschaft

Charakteristisch ist für das alte Ägypten das Vorhandensein einer richtigen „Jenseitswissenschaft" mit einer Topographie der Jenseitsregionen. Gelegentlich finden sich auch genaue Maßangaben vor. Das Jenseits ist der „Verborgene Raum"[63], welcher dem Verstorbenen bekannt gemacht werden soll, damit er sich in ihm zurechtfindet und der Vielzahl der Gefahren entgeht. Wie sehr dieses Jenseits eine andere, eine verkehrte Welt ist, geht schon daraus hervor, daß dort die vier Himmelsrichtungen aufgehoben sind, die Gewässer krumm verlaufen, und der Tote Gefahr läuft, auf dem Kopfe stehen zu müssen. Diese Abkehr jedoch von den Gegebenheiten auf Erden stellt eine entscheidende Hoffnung dar, vom Tode wieder zur Verjüngung, zum neuen Anfang, zu gelangen. In den grünen, seligen Gefilden ist alles gegeben, was die Toten zu ihrem Fortleben benötigen.

Um in den vollen Genuß des jenseitigen Lebens zu gelangen, muß der Körper des Toten erhalten bleiben, das Ritual der Einbalsamierung richtig durchgeführt werden. Aus den religiösen Texten erfahren wir, welches Maß an Mühe aufgewandt worden ist, den Körper und auch die Sinne wiederherzustellen. Die Öffnung des Mundes des Toten ermöglicht ihm das Sprechen und die Aufnahme der Nahrung. Im Totenkult der Ägypter erreichte die *Mumifizierung*[64] als Sonderform der Totenbehandlung ihre höchste Entwicklung. Der mumifizierte Tote ähnelt irgendwie dem Schlafenden; der Tote wird so in das „Leben" zurückgerettet. Doch bleibt dieses Leben ein Dasein im Jenseits; die reiche Ausstattung der Grabkammern bringt uns nahe, in welcher Weise man für dieses

---

63 Derselbe, ebenda, S. 30 ff
64 W. HIRSCHBERG, Wörterbuch der Völkerkunde, S. 296 ff

Dasein vorsorgte. Es handelt sich dabei um eine derartige Großzügigkeit, daß man versucht ist, von einem wirklichen Leben im Jenseits zu sprechen. In diesem Sinne fürwahr ist es dem Menschen auch nicht aufgegeben, den Tod zu überwinden. Durch den Tod allein kann das Leben regenerieren. So ist das ägyptische Grab, mit seinen farbenfrohen Bildern, eine Stätte verjüngten Lebens[65]. Die Wandbilder in den ägyptischen Gräbern besitzen magische Bedeutung; sie sollen dem Verstorbenen die Möglichkeit verschaffen, das Leben, das durch den Tod unterbrochen worden ist, fortzusetzen. Wandmalereien schildern die Erlebnisse des Toten auf seinem Wege ins Jenseits, so etwa in den Grabkammern der Pharaonen des Neuen Reiches im „Tal der Könige". Vom Ende des Neuen Reiches an treffen wir die Pyramidentexte und die des Amduat auch auf Särgen und Papyri von Privaten, bis in die frühe ptolemäische Zeit hinein.

Unbestattet zu bleiben, war dem Ägypter ein furchterregender Gedanke. Der Tod des Selbstmörders beispielsweise führt zur gewollten und bewußten Vernichtung des Lebens. Der Selbstmörder bereitet sich durch eigenes Tun das Ende. Ebenso ist der Tod durch Ertrinken ein Tod der Vernichtung; die Fluten geben den Toten nicht wieder.[66]

b) Die Fähre der Götter

Im Raume des östlichen Mittelmeeres finden wir auch die Meinung, daß der Weg ins Jenseits über ein „großes Wasser" führt. In der Anschauung der Ägypter ist es eine *Fähre der Götter*, auf der die Toten über ein Gewässer ins jenseitige Land geleitet werden. Regelmäßige Beschäftigung der Verstorbenen ist der Bodenbau; Darstellungen an den Wänden ägyptischer Grabkammern unterrichten uns anschaulich darüber, wie im Jenseits die Erde mit dem Pfluge aufgerissen, wie gesät, das Korn mit der Sichel geschnitten wird, wie man Bier braut usw. Verschwistert ist hier die Vorstellung in der peruanischen Hochkultur, daß man dort den Verstor-

---

[65] E. HORNUNG, Ägyptische Unterweltsbücher, S. 9 f.
[66] A. BERTHOLET. - Die Gefilde der Seligen. - Sammlung gemeinverständlicher Vorträge. - Tübingen 1903

benen Samen zur Aussaat in den jenseitigen Gefilden mit ins Grab gibt. Bei den Ägyptern übrigens wurden den Toten, um ihnen die künftige Arbeit zu ersparen, kleine Figuren von Menschen mit Hacke und Sack – sogenannte Uschebtis – beigelegt. Diese Uschebtis wurden durch Zaubersprüche belebt, um für die Verstorbenen zu arbeiten. So sieht man auch, wie sehr doch magische Vorstellungen im Jenseitsglauben Altägyptens eine wichtige Rolle spielen.

2. China

Sehr altertümliche Vorstellungen finden sich im Totenkult und in den Begräbnissitten *Chinas* ausgeprägt. Im alten chinesischen Volksglauben begegnen wir der Vorstellung von mehreren Seelen, welche nach dem Tode des Menschen zumeist in ein düsteres Jenseits gehen. Die Nachfahren haben für diese Seelen zu sorgen, sie haben sie zu speisen, mit Dienern, Kleidern usw. zu versehen. Den Brauch des „Zurückwinkens der Seele" kennen wir bereits aus dem Jahre 290 v. Chr. aus dem südlichen China.[67] Mit einem Gewand des Toten, das vielleicht dem umherflatternden Geiste den Heimweg anzeigen sollte, winkte man gegen Norden, in die Richtung der Unterwelt, nach den vier Weltgegenden hin. Man rief die Seele und beschwor sie, zurückzukehren. Bemerkenswert ist der Umstand, daß bis in unsere Zeit hinein sich dieser Brauch in einigen Regionen Chinas erhalten hat, so z. B. in Shantung. Erklärlich wird so auch das Bestreben, den Verstorbenen möglichst lange im Hause zurückzubehalten, eben um der Rückkehr der Seele willen. Dem Toten, der in alter Form weiterlebend gedacht wurde, ist des öfteren sein ganzes Besitztum zur Verwendung im Jenseits mitgegeben worden. Als Ersatz der früheren Totenbeigaben wurden im China unserer Gegenwart Nachbildungen aus Stroh und Papier – so mit Pferden bespannte Wagen, Diener, Sänftenträger, Hausgeräte und dgl. – verbrannt und ins Jenseits gebracht. Die einfach immensen Aufwendungen im Zusammenhang mit den Beerdigungsriten sind

---

[67] M. HABERLANDT. - Ostasien. - in: Illustrierte Völkerkunde. Hrsg. von G. BUSCHAN, Bd. II. - Stuttgart 1923. - S. 606 ff

es, die für das alte China die Kunst so deutlich machen.[68] Vor allem in der Zeit der *Han-Dynastie* (202 v.Chr – 220 n. Chr.) erreichte der Totenkult bisher noch nicht gekannte Ausmaße. Im Jahre 1968 wurden etwa 140 km südwestlich von Peking die Grabmäler des Han-Prinzen *Liu-Sheng* (gest. 113 v. Chr.) und seiner Gemahlin *Tou Wan* entdeckt. Es handelt sich um in einen Felshang gehauene Schachtgräber: 2800 Gegenstände sind es, welche, aus Jade, Bronze und Lack gefertigt, mit Keramiken und Steinfiguren die beiden inneren Holzkammern füllen. Es sind zugleich Objekte von höchster Qualität. Ein reich ausgestattetes und ganz erhaltenes Grab war das im Jahre 1970 aufgefundene Grab des *Chu Tan*, des zehnten Sohnes des ersten Ming-Kaisers *Hung Wu* (1368 – 1398). Im Grabe dieses Prinzen, der im Alter von achtzehn Jahren starb, waren über tausend Beigaben vorhanden. In diesem Grabmal in Shantung befanden sich ferner dreihundert gedruckte Bücher aus der Yüan-Zeit (1279 – 1368) sowie eine Anzahl kalligraphischer Rollen. Als Zeichen des Glaubens und der Hoffnung begegnen wir in den Gräbern der Han-Zeit Zikaden aus Jade oder Glas im Mund oder auf den Augen des Toten.[69]

3. Indien

In *Vorderindien* bekennen sich heute noch etwa 1,5 Millionen Menschen zum *Dschainismus*[70], der um 500 v. Chr. als eine antibrahmanische Reformbewegung entstanden ist. Im Mittelpunkt der Jenseitsvorstellungen im Dschainismus steht die Lehre von der Seelenwanderung. Als Mensch oder Tier kann man im Himmel oder in der Hölle wiederverkörpert werden. In den Himmels- und Höllenwelten jedoch können die Seelen über Jahrtausende Wonne oder Schmerz erleiden; sie gehen dann wieder in eine neue, ihrem Karma angepaßte Existenz auf Erden ein.

---

68 M. SULLIVAN. - Chinesische Kunst. - München/Zürich 1974. - S. 5 ff
69 Derselbe, ebenda, S. 18 ff
70 H. v. GLASENAPP. - Die nichtchristlichen Religionen. Fischer Bücherei. - Frankfurt/M. 1963. - S. 120

In der *hinduistischen* Vorstellung[71] geht die Seele eines Menschen nach dessen Tode in eine neue Existenz ein. Die Seele besitzt dabei einen feinen, unsichtbaren Leib. Sind nun viele schlechte Taten vorhanden, so kann die Seelenwanderung auf Erden durch einen überaus langen Aufenthalt in den Höllen unterbrochen werden. Der Lohn für gute Taten kann wieder ein mehr oder weniger langer Aufenthalt in einer himmlischen Welt sein.

4. Der Alte Orient

Die altorientalischen Seelenvorstellungen lassen den Aufenthalt der Verstorbenen tief unter der Erde oder unter den Wassern gelegen sein.

a) Israelitisch-babylonische Vorstellungen

Dieser Ort der Abgeschiedenen, *Scheol*[72], die hebräische Unterwelt, ist von Finsternis erfüllt. In diesem Lande des Vergessens und Vergessenwerdens irren die Bewohner als Schattenbilder umher. Diese Unterwelt, oft als Stadt oder Palast im Innern der Erde gedacht, mit Toren und Riegeln versehen, wird von Ungeheuern bewacht. Aus diesem Lande gibt es keine Rückkehr, es ist ein Reich vollkommener Hoffnungslosigkeit. Es ist nur eine Art von Vegetieren, kein bewußtes Leben mehr. Auch für den Frommen ist es eine große Strafe, hört doch dann jede Beziehung zu Jahve auf.

Die *israelitischen* und *babylonischen* Vorstellungen über das Jenseits entsprechen einander im weitgehenden Ausmaße. In der Richtung des Sonnenunterganges, im Westen, von sieben Wällen und Toren umgeben, liegt das babylonische Totenland. Inmitten des „Landes ohne Heimkehr" befindet sich der Palast, der Sitz der Höllengötter[73]. In den Texten der babylonisch-assyrischen Religion hören wir nur wenig von einer jenseitigen Vergeltung; Böses

---

71 Derselbe, ebenda, S. 169
72 A. BERTHOLET. - Wörterbuch der Religionen, S. 422
73 A. JEREMIAS. - Hölle und Paradies bei den Babyloniern. - in: Der Orient. - Leipzig 1900. - S. 14 ff

wird schon auf Erden bestraft. Doch staubbedeckt sitzen die Verstorbenen in der Dunkelheit des Reiches der Göttin *Allatu*[74], der Beherrscherin dieser Region, essen Lehmklöße und trinken trübes Wasser ... Helfen kann da nur die Unterstützung von seiten der Hinterbliebenen durch Opferung von Speise und Trank. Es scheint jedoch, daß die im Kampfe Gefallenen ein günstigeres Los erwarten dürfen; sie können nämlich reines Wasser trinken.

Gilgamesch, der Held des babylonischen Nationalepos, fährt über das Wasser des Todes in die Gefilde der Seligen. Nach schwieriger Reise ist er dort angelangt; die selige Insel birgt den Lebensquell, wo der von furchtbarer Krankheit Getroffene seine Beulen „rein wie Schnee" wäscht, und eine Wunderpflanze den Menschen Verjüngung bringt.[75]

d) Das Jenseits der Phönizier

Beträchtliche Sorgfalt wandten auch die *Phönizier* ihren Toten zu; wir kennen prunkvolle phönizische Grabkammern, die in der späteren Zeit auch mit Fresken versehen wurden; Anklänge an Ägypten treten hier in Erscheinung. Ein Relief auf dem Sarkophag des Königs *Ahiram* von Byblos (13. Jhrh. v. Chr.) zeigt den verstorbenen König auf seinem Throne sitzend, das Totenopfer, welches ihm dargebracht wird, verzehrend. Nach phönizischer Auffassung besitzt der Mensch einen *Körper*, eine *vegetative* und eine *geistige Seele*. Die letztere wird dem Atem gleichgesetzt, die erstere haust im Grabe beim Körper und verlangt Nahrung und Wasser[76]. Eine große Anzahl von Beigaben ist in den phönizisch-punischen Gräbern, die meist unterirdische Kammern waren, vorhanden. Auch in den Gräbern (Gruben) der Armen begegnen wir einer Fülle von Symbolen, Amuletten, Schmuckstücken und praktischen Gegenständen. Ebenso kennen wir etwa aus den Grabausstattungen der phönizisch-punischen Kultur in Sardinien die ältesten Erzeugnisse der Goldarbeiten, Glaserzeugnisse usw. dieses Landes.[77]

74 H. v. GLASENAPP, Die nichtchristlichen Religionen, S. 59 ff
75 A. BERTHOLET, Die Inseln der Seligen, S. 3 ff
76 G. PICARD. - Das wiedererstandene Karthago. - Frankfurt/M. 1957. - S. 57
77 Archäologisches National-Museum Cagliari. Die phönizisch-punische Zivilisation

c) Die Etrusker

Eine Reise über das Weltmeer, zu einer grünen Insel führend, dieser Vorstellung begegnen wir bei den zu den großen Seefahrern des Altertums zählenden Etruskern. Ein wichtiges Bevölkerungselement der Etrusker stellen die autochthonen *„Mediterranen"* dar, welche vorindogermanischer Herkunft und Träger der bronzezeitlichen Apenninen-Kultur sind. Dazu treten indoeuropäische Gruppen und die aus dem kleinasiatisch-ägäischen Raume kommenden *„Tyrrhener"*, Träger einer sehr entwickelten Stadtkultur[78]. Ein Bronzespiegel des 4. Jahrhunderts aus Vignanello zeigt eine solche Reise; der Tote auf einem Seepferd sitzend, von Delphinen geleitet. In den letzten Jahrhunderten vor Christus verbindet sich bei den Etruskern die Jenseitsreise mit den Dämonen der Unterwelt. Diese Dämonen bringen auch das Gespann, das ans Ufer zur Jenseitsreise über das Meer führt.[79]

Die Totenstädte der Etrusker sind von einer riesigen Ausdehnung Die Mächtigkeit der Jenseitsidee offenbart sich dem Beschauer in einer monumentalen Architektur der Grabanlagen. Die Verstorbenen sind in Wohnungen, deren Einrichtung dem Haus der Lebenden nachgebildet ist. Vor allem wird die unermeßliche Fülle alles dessen sichtbar, was menschliche Pietät und menschliches Hoffen den Verstorbenen zur Sicherung einer angenehmen Weiterexistenz zuzuwenden vermag. Das Beste ist gerade genug: „Neben einigen Speisen gab man dem Toten zahlreiche Gefäße mit Flüssigkeiten auf den Weg, vielleicht weil die Ahnen sich vorstellten, daß die irrenden Seelen im Reiche des Hades großen Durst zu leiden haben. In Spina gehören diese Gegenstände und Geräte zu den erlesensten und edelsten, die man kennt. Es waren rotfigurige attische Vasen, die von den Händen der besten Handwerker des perikleischen Athen geformt worden waren; Gold-und Bronzearbeiten ... deretwegen die Etrusker im Altertum berühmt waren; Parfumgefäße aus Glas und Alabaster orientalischen Ursprungs."[80] Die sehr betonte

---

78 A. J. PFIFFIG. - Einführung in die Etruskologie. - Darmstadt 1972. - S. 8

79 A. J. PFIFFIG. - Jenseits und Seele in der etruskischen Religion. - in: ADEVA Mitteilungen, H. 30, März 1972, Graz, S. 7 ff

80 D. ZANASI. - Das Abenteuer Spina. - in: Merian, Jg. 14, H. 1o, Hamburg 1961, S. 69

Rolle der Frau spiegelt sich in der speziellen Fürsorge, ja in den Privilegien wider, die ihr auch im Grabe zukommen. Vereinigte sich die Frau nach dem Tode mit der großen mütterlichen Gottheit?[81]

Mann und Frau finden wir in Etrurien regelmäßig gemeinsam dargestellt, die aufrichtige Zuneigung beider, die liebende Gebärde, sind der menschlich schönste Zug dieser Grabkunst. Die unerhört starke Entwicklung des Jenseitsgedankens, verbunden mit der schwelgerischen Ausstattung der Gräber, einem ganz dem Totenkult gewidmeten Kunstschaffen, ist das Leitmotiv der etruskischen Kultur, vornehmlich in der Frühzeit. Ist es auch das Bewußtsein einer Sicherung des jenseitigen Lebens, das die Etrusker — wie wir es von den Fresken her kennen — bekränzt, und mit Tanz und Spiel, dieses Jenseits erwarten ließ? Viele Züge des Etruskertums sind sicher unitalisch, sie lassen Beziehungen erahnen, die über Kleinasien hinaus, vielleicht sogar nach Mittelamerika, zu weisen scheinen. Im letzteren Zusammenhang ergibt sich hier ein überaus bemerkenswertes Problem der vergleichenden Hochkulturforschung. Charakteristisch bleibt jedenfalls die Andersartigkeit der Etrusker, ihre teilweise vorindogermanische Mentalität, die sie deutlich von Griechen und Römern abhebt. Sehr merkwürdig unter dieser Rücksicht gerade mag auch der Glaube von der Vorbestimmtheit des Lebens sein. Sühneriten etwa sind in der Lage, das Schicksal des Menschen bis zu seinem siebzigsten Lebensjahre entsprechend zu beeinflussen; dann aber ist er dem Geschick überantwortet. Nach Überschreitung des vierundachtzigsten Lebensjahres wird die Seele als vom Körper geschieden betrachtet. Der Mensch lebt weiter, ist aber im Grunde bereits verstorben. Das Dasein des Volkes selbst ist nach etruskischer Auffassung an ganz bestimmte zeitliche Phasen gebunden.[82]

In der späteren Zeit nähern sich die Etrusker der Vorstellung des Hades, doch irgendwie mit Gelassenheit, mit der Meinung, daß durch bestimmte Opfer an Gottheiten eine Vergöttlichung der Seele erreicht werden könne. Es ist zugleich die Hoffnung auf Unsterblichkeit.

---

81 J. HEURGON. - Die Etrusker. - Stuttgart 1971. - S. 132 ff
82 A. J. PFIFFIG. - Jenseits und Seele, S. 7 ff

5. Die Griechen

In der *griechischen* Vorstellung haben die Toten beim Eintritt in die Unterwelt den Fluß *Acheron* zu überschreiten; dieser Name entspricht dem Begriff „Schmerz". In einem Kahn führt Charon die Verstorbenen in ihr künftiges Land; Verstorbene, welche den Fahrpreis — einen Obolus — nicht zu zahlen vermögen, irren ruhelos am Rande des Acheron umher. Neunmal umfließt der Fluß *Styx*, ein Sohn der Nacht, die Unterwelt[83]. Von Bedeutung ist die chthonische Natur des Wassers; am Styx ist der „Doppelsinn des Wassers von Leben und Tod" besonders sichtbar[84]. Der Fluß ist Lebens- und Totenwasser zugleich, Grenze zwischen Lebenden und Toten.

Als Führer der Totenseelen oder Wächter fungiert der *Hund*. Es ist dies eine Vorstellung, die wir von den Mittelmeerländern, Asien und dem zentralen Amerika her kennen. Bemerkenswert ist überhaupt die Verknüpfung des Hundes mit dem Umkreis des Todes. „Sein Heulen kündigt den Tod an, er führt die Seele in die Unterwelt und bewacht das Totenreich als Kerberos."[85] Wichtig ist überdies die Rolle des Hundes in der Mythologie der zirkumpazifischen Völker. *Kerberos,* der Höllenhund der Griechen, mit drei Köpfen, drei schlangenförmigen Schwänzen versehen, den Körper mit sich sträubenden Giftschlangen bedeckt, gestattet wohl den Seelen den Eintritt in die Unterwelt, hindert sie jedoch an der Rückkehr. Die dreifaltige Göttin *Hekate*[86], die Herrin der Unterwelt, durchzog mit den toten Seelen das nächtliche Reich, von Hundegebell begleitet. Die Griechen nannten sie selbst „Hündin" und „Wölfin". Diese chthonische Göttin, wohl kleinasiatischer Herkunft, Herrin auch der Zauberei und des Spukes, galt insbesondere als Göttin der Frauen.

---

83 H. HUNGER. - Lexikon der griechischen und römischen Mythologie. - Wien 1959. - (Stichwort: Acheron, Charon, Styx)
84 M. NINCK. - Die Bedeutung des Wassers im Kult und Leben der Alten. Philologus. -Leipzig 1921. - S. 1 ff
85 K. BIRKET-SMITH, Geschichte der Kultur, S. 164
86 H. HUNGER, Lexikon der griechischen und römischen Mythologie, S.127 f; K. KERENYI. - Die Mythologie der Griechen, Bd. 1. - Darmstadt 1964. - S. 40

Zu erwähnen ist, daß in den Tempeln des Heilgotttes *Asklepios* Hunde gehalten wurden; so fand man in den Trümmern des Asklepios-Tempels in Athen Hunde-Votiv-Bilder. Die Tempelhunde des Gottes in Epidauros sind uns in ihrer legendären Heilkraft durch Inschriften bezeugt.[87]

Bei seiner Betrachtung der Seelenvorstellungen hebt E. ARBMAN[88] hervor, wie sehr doch die Anschauungen der Griechen über die Seele bemerkenswerte Parallelen zu denen der Naturvölker aufweisen. So würde die Doppelheit der Seelenvorstellung der Griechen der Homerischen Zeit ihre Herkunft aus einem früheren, primitiven Entwicklungsstadium herleiten. Die Auseinandersetzung des Frühgriechentums mit der vorindogermanischen Kulturwelt — um dieses Problem geht es hier — ist gerade für unsere Thematik recht aufschlußreich. „Die Welt, worein die Griechen traten", ist von F. KERN in eindrucksvoller Weise geschildert worden[89]. So auch die Welt Kretas, dessen älteste Kulturschichten uns beispielsweise im 4. Jahrtausend libysch-afrikanische Zusammenhänge aufzeigen.

a) K r e t a

Die *minoische* Hochkultur *Kretas*, deren Beginn ins zweite Jahrtausend v. Chr. fällt, „eine schöpferische Synthese verschiedener Komponenten", besitzt betont femininen Charakter. Tonangebend sind die „Damen" in den Darstellungen auch der minoischen Festveranstaltungen. Sie treten aber auch z. B. bei den Totenfesten entscheidend auf, so etwa auf dem berühmten Sarkophag von *Hagia Triada*[90], der u. a. einen Verstorbenen dargestellt zeigt, dem ein Totenschiff und zwei kleine Opfertiere gebracht werden. Der Tote jedenfalls bekommt ein Fahrzeug, mit dem ein Wasser über-

---

[87] H. SCHOLZ. - Der Hund in der griechisch-römischen Magie und Religion. Diss. Berlin 1937, S. 40 ff

[88] E. ARBMAN, Untersuchungen zur primitiven Seelenvorstellung, S. 85 ff

[89] F. KERN. - Die Welt, worein die Griechen traten. - in: Anthropos, Bd. 25, 1930, S. 195 ff

[90] F. SCHACHERMEYR. - Die Minoische Kultur des alten Kreta. - Stuttgart 1964, S. 161 ff.

quert werden kann. Grabkult und Jenseitsvorstellungen spielen in der minoischen Religion eine wesentliche Rolle. Möglicherweise hängt das Totenschiff des Sarkophags mit der „Insel der Seligen" zusammen, wohin der mythische König *Rhadamanthys* entrückt worden ist, den wir später als gerechtesten Richter der griechischen Unterwelt kennen. Der unheroische, friedliche Charakter des minoischen Kreta mag vielleicht überhaupt dazu beigetragen haben, die Konzeption der *seligen Gefilde* von dieser Insel ausgehen zu lassen.

b) Mykenisch- homerische Zeit

Die Jenseitsvorstellung der alten Kreter ist eine sehr freudvolle; es ist eine heitere und beschwingte Welt, welche die Seelen der Verstorbenen erwartet. Ewiger Frühling herrscht im Garten des Jenseits. A. SCHNAUFER hat in seinem „Frühgriechischen Totenglauben" Untersuchungen zum Totenglauben der *mykenischen* und *homerischen* Zeit[91] durchgeführt.

Der Tote der *mykenischen* Zeit (etwa 1570 –1150 v. Chr.) lebt als „lebender Leichnam" weiter, und zwar unter den Lebenden, mithin in der Oberwelt. Die Wirksamkeit des Verstorbenen ist eng mit der Körperlichkeit verbunden. Bei Nichterhaltung des Körpers ist der Tote endgültig von der Oberwelt abgeschieden; er hat sich in ein fernes Totenland begeben, von dem es keine Rückkehr gibt. Die Schachtgräber von Mykene zeigen uns die Umkleidung der Toten mit Masken aus Goldblech sowie Mumifizierung; dies alles dient der Erhaltung der Gestalt des Körpers. J. WIESNER[92] hebt z. B. vorwiegend bei den Kindermasken hervor, wie sehr durch Augen- und Lippenbohrung – der Tote kann so sehen und atmen – der Anschein der Lebendigkeit verstärkt zu werden vermochte.

---

91 A. SCHNAUFER. - Frühgriechischer Totenglaube. Untersuchungen zum Totenglauben der mykenischen und homerischen Zeit. - in: Spudasmata, Studien zur Klassischen Philologie und ihren Grenzgebieten, B. XX, Hildesheim/ New York 1970, S. 8
92 J. WIESNER. - Grab und Jenseits. Untersuchungen im ägäischen Raum zur Bronzezeit und frühen Eisenzeit. - Berlin 1938. - S. 184 f

Kleider, Besitz und Nahrung werden dem Verstorbenen mitgegeben; er nimmt auch am Leichenschmaus teil. Die reiche Ausstattung der Schachtgräber, die dem Toten gewisse Annehmlichkeiten bringen soll, vermittelt uns die Kenntnis der Ansprüche, welche der Tote an die Hinterbliebenen stellte. Ganz allgemein gesehen, ist es wichtig, sich stets der Abhängigkeit der Grabbeigaben von der Art des Jenseitsglaubens zu erinnern. Nahrung, die dem Toten ins Grab mitgegeben wird, ermöglicht ihm ein Durchhalten auf der Jenseitsreise oder bis zum Eintritt ins Totenland. Entspricht dieser Bereich dem Diesseits, so wird der Verstorbene mit den Gegenständen seines persönlichen Besitzes versehen.

Nach dem Glauben der *homerischen* Zeit[93] geht der Verstorbene unmittelbar nach seinem Tode in den *Hades* ein. An der Seite seiner Gattin Persephone herrscht Hades in der Unterwelt über die Seelen der Abgeschiedenen. Bereits der Tod, nicht erst die Vernichtung seines Körpers, bedeutet für den Verstorbenen die große Zäsur der Oberwelt gegenüber; die Trennung vom Diesseits ist eine absolute. Als „Hauchwesen" existiert der Tote fort, als „Seele", als reines Abbild des einst Lebenden. Die Seele ist, „körperlos, ohne greifbare Substanz, einem Hauch, Traum oder Schatten gleich"[94]. Der Tote besitzt weder Kraft noch Macht, auch keine geistig-seelischen Regungen. Nur halbe, schwache Stimmen sind den Seelen eigen. Der Hades bedeutet so ein trauriges, trübes Dahindämmern, die ganze Trostlosigkeit einer Existenz, der geistiges und seelisches Leben genommen ist. Das, was die Verstorbenen umgibt, ist schlammig, dunkel und moderig. Zu den Lebenden gibt es keine Verbindung mehr, weder im freundlichen noch im feindlichen Sinn. Die Toten sind, wie wir es auch bei W. OTTO[95] hören, für alle Zeiten dahin, wichtig allein ist das Leben. Das Los der Toten ist furchtbar; ihm entgeht auch nicht der Mensch, der auf Erden Heldentaten vollbrachte.

HOMER läßt *Odysseus* mit Hilfe der Circe an die Pforte dieses Jenseits gelangen, um die Totengeister zu befragen. Überaus er-

---

93 A. SCHNAUFER, Frühgriechischer Totenglaube, S. 69 f
94 Derselbe, ebenda,
95 W. F. Otto. - Die Manen oder von den Urformen des Totenglaubens. - Darmstadt 1958. - S. 11

greifend ist das dortige Zusammentreffen des Odysseus mit seiner Mutter, deren inzwischen erfolgtes Ableben ihm unbekannt ist, Odysseus gewahrt seine Mutter in der Schar der Totengeister. Die Mutter selbst starb aus Kummer des langen Fortbleibens ihres Sohnes wegen. Der Anblick der Toten nötigt die Lebenden zum Weinen, erst durch den Genuß von Nahrung kommen die ersteren zu etwas Kraft, um für einige Augenblicke wenigstens sprechen und denken zu können. „Beim Abschied umarmt Odysseus dreimal den Schatten seiner Mutter, dreimal entgleitet das Bild seinen Armen, wie ein Spuk oder ein Nebelstreifen ..".[96]

c) Die Inseln der Seligen

Nun hören wir auch von den „*Inseln der Seligen*". Der Epiker HESIOD, geboren um 700 v. Chr., erzählt in seinen „Werken und Tagen" von diesen Inseln[97], die sich am Rande der Ozeane befinden, auf denen dreimal im Jahr geerntet werden kann, und deren Bewohner so ohne Kummer und Not zu hausen vermögen; einige Helden des Trojanischen Krieges hat *Zeus* dorthin entrückt. Diesen Inseln der Seligen und Elysischen Gefilden begegnen wir auch auf Inschriften nach dem ersten Jahrhundert vor Christus, doch handelt es sich hier um Ausnahmen. Nicht nur Verdienst, sondern auch Beziehungen also ermöglichen den Aufenthalt auf den glücklichen Inseln. Das *Elysium* ist ein Land unter ewig heiterem Himmel, ein Land, das dem Lande der Götter gleich ist.[98]

Die Vorstellung von einem *Totenlande* jenseits des Meeres, des Okeanos, mag auf sehr alte Auffassungen zurückgehen; sie ist sicherlich vorgriechisch. Von Belang ist die enge Verknüpfung des Okeanos mit dem Reiche der Toten. Das Motiv einer Reise über das Meer entspricht so keineswegs der ursprünglichen griechischen Vorstellungswelt.[99]

---

96 A. RÜEGG. - Die Jenseitsvorstellungen vor Dante, Bd. 1. - Einsiedeln / Köln 1945, S. 40 ff.
97 Vgl M. H. PEREIRA DA ROCHA. - Frühhellenische Vorstellungen vom Jenseits. - in: Altertum 6, H. 4, Berlin 1960, S. 207 f
98 A. BERTHOLET, Wörterbuch der Religionen, S. 127
99 A. LESKY. - Thalatta. Der Weg der Griechen zum Meer. - Wien 1947. - S. 58 ff

d) Die Unterwelt des Hades

Die Unterwelt des *Hades* ist eine richtig griechische Vorstellung. Die Schilderung des Hades durch HESIOD entspricht der des HOMER. Noch schlimmer und trüber als der Hades erscheint bei HESIOD die Darstellung des *Tartaros*,[100] des oben erwähnten Ortes, wo die Titanen ihre Bestrafung erleiden. Der griechische Lyriker SIMONIDES, geboren um 556 v. Chr. auf Keos, erwähnt, daß alle Menschen, gut oder böse, mit demselben Schicksal zu rechnen hätten. Daß der Hades der endgültige Ort für sämliche Menschen ist, erfahren wir aus einer Inschrift aus dem 6. Jhd. v. Chr.; immerhin ist der homerschen „Hymne an Demeter", 7. Jhd. v. Chr. ,zu entnehmen, daß Menschen, welche in die *Eleusinischen Mysterien* eingeweiht wurden, ein besseres Dasein beschieden sei, eine Mysterienweisheit, die wir vielleicht auch bei den Etruskern annehmen dürfen. PINDAR, geboren um 518 v. Chr., nennt in der zweiten Olympischen Ode ein Gericht unter der Erde und spricht von der Belohnung der Guten und Bestrafung der Bösen. „Die ersteren werden ein schmerz- und arbeitsloses Dasein führen. Aber wenn sie dreimal während ihrer Seelenwanderungen keine Ungerechtigkeit begangen haben, dann werden sie auf die Inseln der Seligen gelangen."[101]

Bei PLATO, geboren 427 v. Chr., vollzieht sich eine entscheidende Umwertung von Tod und Leben. Totsein ist für Plato erst das eigentliche, richtige Leben, so wie früher für den Griechen das gelebte Dasein eigentliches, volles Leben gewesen ist. Der Tod erst ermöglicht nach Plato das Eingehen in ein Paradies, das keine Schattenwelt mehr, sondern ein Ort ewiger Freude ist. In etlichen seiner Dialoge schildert Plato diese Totenwelt und den jenseitigen *Zustand* der Seelen.

In *Lokri*,[102] an der Küste Großgriechenlands, einer der einst bedeutendsten Städte dieses Kulturbereiches, befindet sich das berühmte Heiligtum der *Persephone*. Die Tontafeln (Pinakes) dieses

---

100 H. HUNGER, Lexikon der griechisch-römischen Mythologie, S. 365 ff
101 M. H. PEREIRA DA ROCHA, Frühhellenische Vorstellungen, S. 208, 212
102 L. v. MATT. - Großgriechenland. - Würzburg 1961. - S. 129 ff

Tempelbezirkes, dem 6. Jhd. v. Chr. zugehörig, schildern das Leben der Göttin, nachdem sie von Hades geraubt wurde. Die religiöse Intensität, mit der Persephone in Lokri verehrt worden ist, läßt uns zugleich vieles über die Mentalität der Bewohner dieser alten Stadt der *Magna Graecia* erkennen.

Frauenfiguren von auffallender Anmut sind es vor allem, die den Verstorbenen seit rund 330 v. Chr. in Großgriechenland ins Grab mitgegeben worden sind.[103] Diese Terrakotten sind in überraschender Menge gefunden worden. Die Tonfiguren des 3. bis 1. Jhds. v. Chr. in den Gräbern Unteritaliens und Siziliens stellen die Göttinnen *Demeter* und *Artemis* dar, unter deren Schutz die Toten ihre Reise ins Jenseits unternahmen. Im Jubel tanzende Mädchen, Mänaden, Schleiertänzerinnen, umgeben die Gruppe. Aus Tarent kennen wir tausende dieser grazilen Terrakotta-Statuetten. In einem der reichsten Gräber Tarents, aus dem frühen 2. Jhd. v. Chr. stammend, ist eine Figurengruppe von *Satyrn* (Begleitern des Dionysos) und Mänaden *(Bacchantinnen)* vertreten, welche die Verstorbenen ewigen Freuden entgegenführen. So vermitteln uns die Terrakotten einen Blick in die Jenseitshoffnungen der Tarentiner der damaligen Zeit.

6. Die Thraker

Den Glauben an ein besseres Jenseits, die Erwartung eines richtigen Paradieses, findet man in betonter Weise bei den *Thrakern*.

Von den Griechen wurden die *Thraker* als kraftvolles Volk mit „barbarischen Sitten" geschildert. Reste der Nachkommen der Thraker, die in hellenistischer Zeit etwa 600 000 Menschen umfaßten, finden wir noch heute in Bulgarien. *Zalmoxis*, der Hauptgott der zu den Thrakern gehörenden Geten, der Gott in Bärengestalt oder mit dem Bärenfell bekleidet, ist es, der die Verstorbenen in einem hohlen Berge zum ewigen Leben gelangen läßt. Nach der Schilderung des HERODOT haben die *Trauser*, ein thrakischer Stamm im südlichen

---

[103] E. LANGLOTZ. - Die Kunst der Westgriechen in Sizilien und Unteritalien. - München 1963. - S. 94 ff

Rhodopebereiche, die Toten unter Liedern und Fröhlichkeit zu Grabe getragen und das Schicksal der Neugeborenen beklagt, da sie schwerem Leben entgegengingen. In der Kuppel des Grabmales von *Kasanlik,* dem Hauptort des Rosentales in Bulgarien, zeigen durchlaufende Friese ein feierliches Abschiedsmahl. „Das Ehepaar auf Thronen sitzend, ist mit goldenen Lorbeerkränzen gekrönt. Der Mann, Fürst oder Feldherr ... ,wirkt jugendlich. Er hält einen Weinkelch in der Hand, und mit der linken ausgestreckten Hand stützt er die schneeweiße Rechte der grübelnden, schmerzbewegten Frau. In diesen verschlungenen Händen, in den Blicken der beiden und in ihrer Haltung zueinander, ist ein menschliches Drama eingefangen, in das wahrscheinlich auch die große, schlanke Frau verwickelt ist, die dem Scheidenden auf einem breiten Tablett Früchte reicht."[104]

Der Glanz des Paradieses strahlt auch in den herrlichen Gold- und Silbergefäßen aus, welche wir aus einer Anzahl thrakischer Grabmäler kennen. Der große Goldschatz aus dem 8. Jhd. v.Chr., Eßgeschirr im archaischen Stile, stammt aus dem Dorfe Valtschitran bei Pleven; das thrakische Grabmal von Kasanlik ist vor etwa 2200 Jahren entstanden. Weit nach dem Osten führende Einflüsse machen sich in der Kunst der Thraker geltend. Wichtig bleibt für uns der thrakische Glaube an ein besseres Leben im Jenseits; asketische Sekten und religiöse Orden in der Art eines Mönchtums entstanden um diese Idee.

Im 4. Jhd. v. Chr. und dann noch später war es in Thrakien üblich, das *Pferd* des Toten mit seinem Herrn zu begraben. Funde von Pferdegeschirr haben wir so noch im 8. und 7. Jhd. bei thrakischen Bestattungen. „Jedenfalls hängt die Tatsache, daß man den Toten mit Pferden und anderen Tieren bestattete, und ihm Symbole der Herrschaft, wie Äxte oder Nachbildungen von ihnen mitgab, mit der Auffassung zusammen, daß er sie im Leben nach seinem Tode brauchen würde."[105]

---

104 K. KRASTEV. - Das Grabmal von Kasanlik. - in: Merian Jg. 17 H. 3 Hamburg 1964, S. 43

105 Siehe R. WERNER. - Geschichte des Donau-Schwarzmeer-Raumes im Altertum. Abriß der Geschichte antiker Randkulturen. Hrsg. von W.-D. v. BARLOEWEN. - München 1961. - S. 103 ff

7. Die Römer

Von der etruskischen Religion gingen erhebliche Einflüsse auf die Glaubensvorstellungen der *Römer* aus. Die *Römer*[106] jedoch zeigen in der Nüchternheit ihrer Ideen vom Jenseits eine ganz spezielle Seite ihrer Mentalität. Auch die römische Unterwelt ist ungemein trübe; die Verstorbenen vegetieren dort in einem Lande der Freudelosigkeit. Totengötter und böse Geister quälen die Toten. Um eine Rückkehr der Toten zu verhindern, wurden besondere Opfer vollbracht und Riten vollzogen. Der römische Gott der Unterwelt ist *Orkus; Ceres*, die römische Göttin des Bodenbaues und Erdmutter, läßt das Lebendige aus ihrem Schoße hervorgehen und nimmt es nach dem Tode wieder zu sich. Unter dem Einfluß der griechischen Philosophie entwickelte sich später der Glaube an die *Unsterblichkeit;* dies sehen wir in CICEROS ,,Traum des Scipio", ferner im sechsten Gesang der Aeneis, in der VERGIL zusammenfassend das Jenseits nach griechischer Auffassung schildert. Mit Hilfe der Sibylle von Cumae steigt Aeneas in die Unterwelt. Er gelangt in den *Tartaros*, den Ort der Verdammten, und sieht auch den Ort der Seligen. ,,Die Seelen der Menschen werden, von der göttlichen Sphäre durch die Verbindung mit dem Körper entfremdet, nach dem Tode in Qualen geläutert. Ist dies geschehen, so trinken sie von dem Lethe-Strom der Vergangenheit und kehren nach 1000 Jahren wieder zu neuem Leben auf die Erde zurück; so geht der Strom des Lebens fort in vielen Wiedergeburten."[107]

An Hadeseingängen *(Plutonien)*[108] kennt der antike Volksglaube Totenorakel. Durch diese Eingänge sollten Totenseelen aus der Unterwelt zum Licht gelangen. Wichtig wurden die Totendämonen, zu denen auch die ruhelosen Seelen gehören, welche eine Zeit hindurch sich in der Nähe ihres Todesortes aufhalten. Zu diesen Seelen zählen gewaltsam Getötete — so auch Selbstmörder —, Unbestattete oder nicht rituell Bestattete, sowie die ,,Unvollendeten", zu denen Ehelose und Kinder gerechnet werden. In den Kaiserbio-

---

106 H. v. GLASENAPP, Die nichtchristlichen Religionen, S. 258 ff
107 Siehe TH. v. SEFFER. Vergil. Aeneis. - Leipzig 1943
108 E. STEMPLINGER. - Antiker Volksglaube. - Stuttgart 1948. - S. 45 ff

graphien hören wir, wie die Seelen der unschuldig Hingerichteten ihre Mörder Nero, Otho und Caracalla peinigten. In seinem „Antiken Volksglauben" spricht E. STEMPLINGER aus: „Die Seelen Ermordeter gehen in den Räumen um, wo ihrem Leib Gewalt angetan ward. PLUTARCH, PLINIUS und SUETON berichten verschiedene *Spukgeschichten,* die den mittelalterlichen nichts nachgehen."[109]

In der römischen Kaiserzeit ist es auch, wo neben der Trostlosigkeit der Unterwelt, wo die Geister der Abgeschiedenen — die Manen — als Götter herrschen, auch die vita beata des Jenseits zu ihrem Rechte gelangt. Die Inseln der Seligen am weiten Himmelsraume mit dem Chorreigen der Götter und Gerechten sind es.[110]

8. Die Germanen

Für die Sicht des Jenseits bei den *indogermanischen* Völkern sind die *Germanen*[111] von großer Wichtigkeit. *Hel* ist die Göttin der germanischen Unterwelt, einer Welt zugleich, in die alle Menschen gelangen, die nicht im Kampfe fielen. Hel bedeutet „Die Verbergende", es ist die Welt, in der die Verstorbenen den Zurückgebliebenen verborgen sind. Von Belang ist, daß dieser Ort keineswegs ein Land der Strafe für begangene Sünden und dgl. darstellt, mag er auch eisig und finster sein. Die Beherrscherin der Unterwelt haust unter einer der Wurzeln der Weltesche *Yggdrasil;* der Weg in diese Unterwelt ist sehr weit und schrecklich. Die Seele geht durch dunkle Täler und über den Totenfluß *Gjöll,* dessen Ende vom bissigen Hunde *Garm* bewacht wird. Garm verhindert auch eine Rückkehr der Toten. *Walhall* ist in der germanischen Mythologie der Aufenthaltsort derer, die auf dem Schlachtfeld gefallen sind. Nach Name und Bauart ist Walhall[112] eine Halle für Waffen-

---

109 Derselbe, ebenda, S. 15
110 C. M. KAUFMANN. - Jenseitshoffnungen der Griechen und Römer nach den Sepulcralinschriften. - Freiburg / Br. 1897. - S. 69 ff
111 H. v. GLASENAPP, Die nichtchristlichen Religionen, S. 129 f; H. GUNDOLF. - Totenkult. - S. 54
112 G. NECKEL. - Walhall. Studien über germanischen Jenseitsglauben. - Dortmund 1913

tote. Es finden aber auch Verstorbene anderer Todesart in ihr Eingang. Die *Walküren*, die Totenwählerinnen, die Dienerinnen *Odins*, bringen die Toten nach Walhall. Die Walküren reiten in strahlender Rüstung, hoch zu Roß, durch die Luft und bezeichnen schon vor der Schlacht die zum Tode Bestimmten. In Walhall selbst, dem als Halle stilisierten Schlachtfeld, können sich die Gefallenen täglich an Kämpfen erfreuen; immer wieder werden sie nach tödlicher Verwundung genesen. Die Milch der Ziege *Heidrun* gibt ihnen sich erneuerndes Leben. Man ißt vom Fleisch des Ebers *Saehrminir*, eines Tieres, das sich ebenfalls immer erneuert.

Walhall erscheint uns so als ein Paradies der Krieger, wobei allerdings gleich zu sagen ist, daß über das Jenseits, die Totenreiche, bei den skandinavischen Gruppen etliche Vorstellungen vorhanden waren. Zu den älteren von ihnen zählt das Totenreich der Hel. Der Walhallaglaube ist spätnordisch. Zum ältesten Bestand der germanischen Jenseitsvorstellungen zählt auch die Idee, daß das, was zusammen stirbt, auch nach dem Tode zusammen bleibt. Der Tote behält so im Jenseits seine Rüstung, ebenso auch den Kampfgenossen, welcher an seiner Seite gefallen ist.[113]

Eines wäre noch zu berücksichtigen: der Weg zum Totenreich führt nach germanischer Auffassung auch über das Meer. In der jüngeren *Edda* erfahren wir, daß das Meer aus dem Blute des Riesen *Ymir* geschaffen worden ist. Ymir ist der germanische Urriese.

Das bedeutsamste Beispiel für germanische Bestattungen im Schiff – denn diese Frage wird wichtig – ist das *Osebergschiff*,[114] das 1903 in der Nähe von Oslo ausgegraben worden ist. Als Grabbeigaben enthielt das für eine tote Fürstin gebaute Schiff alles für eine sehr weite Seefahrt Erdenkliche, daneben aber auch 13 Pferde, sechs Hunde und ein Kalb sowie schöne Wagen und einen großen Schlitten. In der Bootskammer befanden sich die Skelette einer jungen und einer alten Frau, wobei die eine die Fürstin und die andere die Dienerin war. Dazu kommen Bettstellen, Truhen und Geräte, welche das altnordische Tierflechtornament dieses Jahrhunderts in voller Blüte zeigen. Im *Beowulf*, dem einzigen frü-

---

113 A. BERTHOLET, Wörterbuch der Religionen, S. 161 ff, 511
114 H. GUNDOLF, Totenkult, S. 163

hen weltlichen Epos aus dem germanischen Bereiche, hören wir, der dänische König *Scyld Scefing*[115] wäre nach seinem Tode mit seinen wertvollsten Besitztümern auf ein Schiff gebracht worden, das man nachher nach Westen auf dem Meere davontreiben ließ. „Niemand weiß, wer die Fracht in Empfang genommen hat."

Stellt nun — ganz allgemein gesehen — das dem Toten mitgegebene Schiff ein Fahrzeug dar, das der Bootsfahrt ins Jenseits dient? Wie z.B. H. UECKER[116] erwähnt, sind hinsichtlich dieses Problems die Meinungen noch offen. Möglicherweise ist das Schiff nicht ausschließlich Fahrzeug für den Toten, sondern selbst gewöhnliche Beigabe.

Wir kennen die Schiffsbestattung aus literarischen und archäologischen Zeugnissen; sie ist in der Hauptsache ein Phänomen aus dem Norden, das auch überall dort auftritt, wo Wikinger in Erscheinung getreten sind. Belegt sind die Schiffsbestattungen aus den Hebriden, den Orkney Inseln, den schottischen Inseln. Auf der Isle of Man und in der Bretagne begegnen wir ihnen ebenfalls. Die meiste Zahl von Schiffsgräbern weist jedoch Skandinavien auf.[117]. Den literarischen Quellen nach könnten nun mitbestattete Fahrzeuge nicht als Beförderungsmittel aufzufassen sein. In den meisten Schiffsgräbern wurden auch Pferde und Wagen gefunden. Wie A. OHLMARKS[118] meint, hätte nach der Reise mit dem Schiff die Fahrt nach Walhall eine Fortsetzung zu Lande gefunden. Neben der Schiffsbestattung ist als weitere Art der Beisetzung die Schiffsverbrennung zu nennen, die vor allem beim Tode hervorragender Persönlichkeiten mit großem Gepränge durchgeführt worden ist. So kennen wir etwa den Bericht des Arabers IBN FADLAN über die Schiffsverbrennung[119] gelegentlich des Todes eines Wikingerfürsten im südlichen Rußland.

Wie weit nun überhaupt das Schiff mit dem altnordischen Jen-

---

115 Derselbe, ebenda, S. 162 f

116 H. UECKER. - Die altnordischen Bestattungssitten in der literarischen Überlieferung. Diss. München 1966, S. 83 ff

117 Derselbe, ebenda, S. 84

118 A. OHLMARKS. - Studien zum Problem des Schamanismus. - Lund / Kopenhagen 1939

119 Vergl. F. R. SCHRÖDER. - Quellenbuch der Altgermanischen Religionsgeschichte. - 1933, S. 126 ff.

seitsglauben verknüpft erscheint, wird noch nicht genügend deutlich. Die altnordische Literatur erwähnt auch nicht, daß sich das Walhall jenseits des Meeres befindet, und so eine Schiffsreise erforderlich wäre.[120] Dennoch meinen wir, daß auch im germanischen Bereiche das Schiff der Überfahrt der Toten über ein Gewässer ins jenseitige Reich diente. Eine altskandinavische Sitte war es, dem verstorbenen König und Helden in einem Schiffe einen Scheiterhaufen zu schlichten. Das in Brand gesetzte Schiff wurde dem Meere überantwortet.

9. Die Kelten

Gallisch-germanische Stämme an der Rhône legten die Toten auf Kähne, die man dann sich selbst überließ.[121] PROKOPIUS, der byzantinische Geschichtsschreiber, berichtet in seinem „Gotenkrieg", 6. Jhd. n. Chr., daß die Bevölkerung von Armorica, der Küste der Bretagne, die Aufgabe besitze, die Seelen der Toten nach Britannien zu bringen. Mitten in der Nacht würden die Leute ein Klopfen an der Türe und das Rufen einer leisen Stimme vernehmen. Sie würden dann den Strand aufsuchen, wie von einer Gewalt getrieben; dort fänden sie Boote vor, die leer zu sein schienen, mit den Seelen der Toten aber so schwer beladen seien, daß ihr Dollbord (die obere Planke auf dem Bootsbord) sich kaum über die Wogen erhebe. In weniger als einer Stunde seien sie am Ziel ihrer Reise, und dort, auf der britischen Insel, sähen sie niemanden, hörten jedoch eine Stimme, die die Fahrgäste, jeden bei seinem Namen, anrufe. Die bretonische Volkssage sieht die *Baie des Dépassés* als Ort der Abreise an."[122]

Voraussichtlich handelt es sich bei dieser Vorstellung um Reste einer Überlieferung der *Festlandkelten*. Bretonische Traditionen aus der alten Zeit haben sich ja bis in unsere Gegenwart erhalten. Zu den Jenseitsvorstellungen der *Kelten* gehören Ideen über eine unterirdische Totenwelt und eine Insel der Seligen. Das Jenseits

---

120 H. UECKER. - Die altnordischen Bestattungssitten, S. 84
121 M. NINCK, Die Bedeutung des Wassers, S. 129
122 A. LESKY, Thalatta, S. 72

ist weit entfernt und heißt „Land der Freude" oder „Land der Jugend". Jahrhunderte sind dort wie Minuten. Die dorthin Entrückten unterliegen einem Vorgang der Verjüngung; Blumen auf den Wiesen dieser seligen Gefilde welken nicht. Im Flusse strömt Met; an den Gelagen mit zauberhaltigen Getränken nehmen auch Frauen von besonderer Schönheit teil.[123] Wichtig bleibt bei einer vergleichenden Untersuchung der Religion und Mythologie Galliens und der Inselkelten im Westen das Vorhandensein heiliger Inseln. Hierher gehören beispielsweise Inseln vor der Atlantikküste Britanniens und der Irlands. Der Biograph POMPONIUS MELA, aus Südspanien stammend, 1. Jhd. n.Chr., spricht von Priesterinnen auf der Insel Sena, heute Île de Sein, welche der Südwestspitze der Bretagne vorgelagert ist. Wir hören von der Zauberkraft dieser Priesterinnen, der *Gallizenae*, die sich zur ewigen Keuschheit verpflichtet hatten, erfahren von ihrer Kunst, Krankheiten zu heilen und die Zukunft vorauszusagen. Die bretonischen Frauen waren es auch, die im Raume des alten keltischen Totenkultes als Wahrsagerinnen tätig gewesen sind.[124]

Viele Legenden sind es, in denen in der Bretagne der Tod (*Ankou*) als höchste Gottheit in Erscheinung tritt. Die Bretagne, das Land am Meer, ist zugleich Land der Toten. Im Bereiche des Golfes von Morbihan im besonderen ist die Zeugenschaft des jungsteinzeitlichen und bronzezeitlichen Totenkultes am auffälligsten. War dort an der äußeren Grenze des Landes der „letzte Ankerplatz" der Dahingegangenen?

Restbestände der keltischen Sage von der Seelenfahrt nach Britannien sind noch heute im bretonischen Volksglauben anzutreffen. Über einen Meeresarm, die „Passage de l'Enfer", nicht auf dem kürzeren Weg zum Friedhof, werden die Verstorbenen der Gemeinde Plonguel zur letzten Ruhestätte gebracht. Ebenso kennen wir die Sage vom Hund des Pfarrers von Brasparts, welcher die Seelen nach Großbritannien bringt, wenn die Räder des Totenwagens knarren. Der westlichste Punkt der Bretagne, in der Nähe der Pointe du Raz, weist die „*Seelenbucht*" auf.[125]

123 G. ROTH/ P. M. DUVAL. - Die Mythologie der Kelten. - in: Mythen der Völker Bd. III. Hrsg. von P. GRIMAL. - Frankfurt/M. 1967. - S. 231 ff

124 H. v. GLASENAPP, Die nichtchristlichen Religionen, S. 231 ff

125 E. B. TYLOR. - Anfänge der Kultur, Bd. 2, S. 65

In die herrlichen unterirdischen Paläste und Gefilde sind im *irischen* Volksglauben die Menschen von den Geistern entrückt, in ein „Jenseits", in das sie „hinweggenommen". Nach dem Tode werden die Menschen Eigentum dieser übersinnlichen Wesen und *„Fairies"*. Des Nachts tanzen die Fairies oft auf den Felsen und Hügeln, und mancher hat sie dort gesehen. „Aber sieht man genauer hin, dann erkennt man auch bald Freunde darunter, seinen Vater, seine Mutter, oder auch Nachbarn, die längst verstorben sind."[126] Wie lange alte Vorstellungen weiterleben, sehen wir auch daran, daß im 6. Jahrhundert ein keltischer Mönch, *Brandan von Clonfert,* eine Reise in den Atlantischen Ozean unternahm, um die glücklichen Inseln im Nordwesten aufzusuchen. Bei dieser Reise des Hl. Brandanus handelt es sich um eine Fahrt nach Inseln, wo es weder Tod noch Krankheit, sondern ewige Jugend gab. Im anderen Zusammenhang wieder hören wir auch von der wunderbaren Meerfahrt der beiden Mönche *Snedgus* und *Mac Riagla,* einer Sage aus dem alten Irland.[127] Wie spricht es doch der irische Dichter WILLIAM YEATS (1865 – 1939) aus: „In Irland ist die Welt der Lebenden von jener der Toten nicht weit entfernt. Manchmal sind sie einander so nahe, daß die irdischen Dinge wie Schatten der Jenseitigen erscheinen"[128]. Die Phantasie dieses großen Dichters schöpfte aus dem unermeßlichen Bestand des irischen Sagen- und Legendengutes.

Seit den Tagen der Antike her ist die Beschäftigung mit diesen Gefilden der Seligkeit überaus rege. Die Insel *Ogygia* ist es beispielsweise, welche bei HOMER weit im Ozean liegt; PLUTARCH läßt sie fünf Tagereisen im Westen von Britannien gelegen sein. *Kronos,* der jüngste Sohn des *Uranos,* des Himmels, ist der Beherrscher dieser Insel. Er „schläft" dort in einer tiefen Höhle, die Geister, die seine Gefährten waren, als er Götter und Menschen beherrschte, sind bei ihm.[129]

---

126 H.J. HARTMANN . - Über Krankheit, Tod und Jenseitsvorstellungen in Irland. in: Schriftenreihe der Deutschen Gesellschaft für Keltische Studien Heft 9, Halle/S. 1940, S. 160
127 J. ZEMMRICH. - Toteninseln und verwandte geographische Mythen. Diss. Leipzig/ Leiden 1891, S. 13
128 Derselbe, ebenda
129 J. ZEMMRICH, Toteninseln, S. 12

In der *Phäaken-* (Phaiaken-) Erzählung der Odyssee klingt vieles auf, was uns an die Fahrt ins Totenland bei den Kelten erinnert. Gedacht sei hier auch der sehr alten Beziehungen des Keltentums zum altmediterranen Raum und der Übernahme altertümlichen Kulturgutes von den Vorbewohnern Irlands, einer hoch zu bewertenden Erbschaft.

Die Schiffe der *Phaiaken* haben keinen Steuermann; sie erreichen auch im Nebel ihr Ziel, da sie sämtliche Orte und Landschaften kennen. Sie wissen so um das Ziel ihrer Fahrgäste. Die Schiffe gleiten sehr schnell durch die See; Odysseus verstummt, nachdem er das Schiff betreten hat. Die Fahrt unternimmt er in todesähnlichem Schlafe. Haben wir es so mit Totenschiffen zu tun, und sind die Phaiaken („Die Grauen") die Totenschiffer?[130]

Beträchtliches Aufsehen erregte im Jahre 1948 die auf dem *Magdalensberg*[132] bei Klagenfurt gefundene Terrakotte eines Kahnfahrers mit affenähnlichen Zügen. A. BARB denkt bei diesem keltischen Fund an ein Totenschiff; die Figur wäre möglicherweise aus ägyptischem Vorstellungskreise herzuleiten. Die Entdeckungen in Kärnten lassen auch den keltischen Gott *Dis Smertrius*, den Herrn der Unterwelt, erkennen, der zugleich der Spender von Leben und Wachstum ist. Dis Smertrius, „Der üppige Reiche", ist zugleich Stammvater der Kelten; im *Donn* der Inselkelten, im gälischen Stammvater und Totengott, findet Dis Smertrius sein Fortleben.

Bedeutsam ist, daß die Kelten — wie schon hervorgehoben — vorindogermanische Religionsschichten aufweisen. In der Zahl der Naturgeister sind es in der Hauptsache weibliche Gestalten, die vorherrschen. Im irischen, walisischen und schottischen Volksglauben begegnen wir der ganzen Fülle dieser Wesen. Wichtig ist ferner für das Keltentum die Verknüpfung der Auffassung von den seligen Inseln mit der kretisch-mykenischen Welt [132]

Wie weit überhaupt kulturelle Beziehungen reichen, zeigt sich etwa auch an den Bestattungssitten der alten Picener (Picenum,

---

130 Derselbe, ebenda, S. 11 f
131 A. BARB. - Zur Deutung des Kahnfahrers von Magdalensberg. - in: Carinthia, I, 147, Klagenfurt 1957, S. 90 – 111
132 L. SCHMIDT. - Der nordische Himmelsbootfahrer. Mythologische Beiträge zur Kärntner Urvolkskunde. - in: Carinthia I, 141, Klagenfurt 1951, S. 716 ff

heutige italienische Provinz Ascoli Piceno). J. D. WÖLFEL bezeichnet diese Bestattungssitten als submykenisch. Die Stelen der picenischen Gräber weisen Schiffsdarstellungen und Schiffskämpfe auf. Recht bemerkenswert sind die Beziehungen der im Grunde wohl altmediterran bestimmten Picener zur Ägäis, zu den Illyrern und zu Sardinien. Die Keramik bringt Typen, wie wir sie im Westen von Britannien und Skandinavien kennen. Es ist dies die Verbindung mit dem alten Kulturraume des westlichen Mittelmeeres, ein Blick zugleich in die Geschlossenheit dieses Kulturgebietes in ziemlich früher Zeit.[133]

10. Die Finnen

Das Reich der Toten in *finnischer* Vorstellung heißt *Tuonela*[134]. Dieses Land befindet sich unter der Erde; wer dorthin gelangen will, muß über neun und ein halbes Meer fahren. Das Land ist überaus düster; ein riesiger tosender Strom mit donnernden Wasserfällen durchzieht dieses Land. Aus Würmern und Fröschen besteht die Mahlzeit der Toten, die von einem Greisenpaar betreut werden. Ein Sohn dieses Paares hat eiserne Fingernägel; von den drei Töchtern ist eine häßlicher als die andere. *Kalevala,* das Nationalepos der Finnen, zeichnet uns ein Bild dieser Welt der Verstorbenen. In die Auffassungen, die wir von den Finnen über die Unterwelt kennen, gelangten auch germanische Ideen bzw. Auffassungen, die aus der Antike kommen. Dazu gehört auch die Vorstellung des Totenflusses, des Fährmanns usw. Bedeutsam mag in diesem Zusammenhang sein, daß die *finnisch-ugrischen* Völker keineswegs die Vorstellung eines Jüngsten Gerichtes übernommen haben. Das lassen ihre Mythen erkennen. Gut und Böse spielen unter diesem Aspekt in der finnisch-ugrischen Mythologie keine besondere Rol-

---

133 D. J. WÖLFEL. - Die Religionen des vorindogermanischen Europa. - in: Christus und die Religionen der Erde. Hrsg. von Fr. KÖNIG, Bd. I, Wien 1951, S. 257 ff   ; R. BIANCHI BANDINELLI/ A. GIULANO. - Etrusker und Italiker vor der römischen Herrschaft. - München 1974. - S 97 ff

134 B. MÖRNER. - Tinara. Die Vorstellungen der Naturvölker vom Jenseits. - Jena 1924. - S. 15 ff

le. Das Leben im Jenseits ist ein unter schlechten Bedingungen fortgeführtes Erdendasein. Daran tragen die Toten ohne Unterschied.

Aus der Zahl der Götter — wohl z. T. gemeingermanischen Ursprungs — sei beispielsweise die Göttin des Todes und des Gedeihens, *Nehalennia*,[135] genannt. Bilder (Weihesteine) weisen auf die Art des Wirkens dieser Göttin hin, welche vorwiegend in den Rhein- und Nordseegegenden verehrt wurde. Ein Heiligtum dieser Göttin befand sich auf der seeländischen Insel Walcheren. Wie H. SCHNEIDER[136] erwähnt, sind Früchte, Schiff und Hund die Hauptkennzeichen *Nehalennias*. In diesem Namen findet man das Schiff (navis) oder den Toten (got.naus). Beigaben von Rudern und Schiffsteilen weisen vielleicht die Göttin als Beschützerin der Schiffahrt aus. Von Tacitus (Germania, 9) wird Nehalennia der Isis gleichgesetzt, der Gemahlin des Osiris, der „Königin der Toten", deren Mysterien der Stärkung des Jenseitsglaubens dienten.

11. Die Azteken und Maya

Drei verschiedene *Totenreiche* sind es, die wir von den Jenseitsvorstellungen der *Azteken* her kennen. Im *himmlischen* Reiche *Tonatiuh* befinden sich Fürsten und Vornehme, gefallene und geopferte Krieger sowie die im Kindbett verstorbenen Frauen. Diese Frauen, mithin den Kriegern gleichgeachtet, begleiteten die Sonne, das Tagesgestirn, auf der zweiten Hälfte seines Weges und spukten nachts als Gespenster an Kreuzwegen. Die Krieger wieder begleiteten die Sonne bis zur Mitte des Tages, sie schwebten dann als Kolibris und Schmetterlinge um Blumen und Blüten auf Erden. Des Nachts aber standen sie als Sterne am Himmel.

Ertrunkene, vom Blitz Erschlagene, Aussätzige, Geschlechtskranke, an Fieber Verstorbene usw. gingen in das *irdische* Paradies *Tlalocan* („Ort des Regengottes Tlaloc"), wo alles grünte und blühte. Es handelte sich hier um einen Ort, der in einem Gebirge über den

---

135 A. BERTHOLET, Wörterbuch der Religionen, S. 333
136 H. SCHNEIDER. - Die Götter der Germanen. - Tübingen 1938. - S. 25 f

Wolken liegt. Diese Toten wurden begraben und nicht verbrannt wie alle anderen.

„Die Masse der Toten gelangte nach *Mictlan*, in die Unterwelt. Ein beschwerlicher Weg führte in dieses dunkle Reich des Totengottes, das dem griechischen Hades glich. Ein Entrinnen aus ihm gab es nicht. Bei der Bestattungsfeier pflegte man einen Hund zu opfern. Er sollte die Toten über den Strom geleiten, der die Lebenden vom Totenreiche trennte. Die Totenseele hatte Wüsten zu durchqueren und Berge zu überklimmen. Eiskalte Winde wirbelten ihr Obsidianmesser entgegen. Außer mit einem geopferten Hund wurde der hockende, wie peruanische Mumienbündel in Tücher gehüllte Leichnam mit Schutzamuletten und anderen Gaben für die schwierige Reise versehen. Krieger verbrannte man wie gewöhnliche Tote."[137]

Der Weg in dieses schaurige Jenseits, in dem es nur wenig Nahrung und schwere Arbeit gab, und furchtbare Stürme wehten, dauerte oft Jahre. *Rotbraune* Hunde mußten es sein, welche die Toten geleiten. Interessant ist noch die Beziehung des Hundes zum Kalender, zum zehnten Tageszeichen, dessen Regent der Totengott ist. Ebenso stand der Hund dem *Xolotl* nahe, dem Regenten des siebzehnten Tageszeichens. Xolotl brachte die Sonne der Nacht entgegen, blies aber auch im Lande der Toten den Knochen neues Leben ein.[138]

Die Vorstellungen, welche die *Maya* von dem Reiche der Toten besitzen, entsprechen im weitem Umfange denen der mexikanischen Völker. Wir hören wieder, daß im Kampfe gefallene Krieger, sowie im Kindbett verstorbene Frauen, aber auch Selbstmörder, ins Paradies gelangen. Im letzteren Falle nun ist es *Ixtab*,[139] eine weibliche Gottheit der Maya, welche vor allem den Erhängten sofort Eintritt ins Paradies verschafft. Diese Göttin der Selbstmörder ist eine einzigartige Erscheinung. Im Gegensatz zu den mexikanischen Vorstellungen jedoch finden bei den Maya die Guten Be-

---

[137] H. D. DISSELHOFF. - Geschichte der altamerikanischen Kulturen. - München 1953. - S. 189 ff
[138] F. KRETSCHMAR. - Hundestammvater und Kerberos. Studien zur Kulturkunde. Bd. 4. - Stuttgart 1938. - Bd. II, S. 134 ff
[139] H. D. DISSELHOFF, Geschichte der altamerikanischen Kulturen, S. 155

lohnung im Jenseits, indes die Bösen Bestrafung erwartet. In der untersten der neun Unterwelten fristen diese Bösen ein elendes Dasein.

12. Die Peruaner

Eine dünne Brücke, aus Haaren gefertigt, hatten die Verstorbenen nach Auffassung der alten *Peruaner* auf ihrer Reise ins Land der Stummen zu überschreiten.[140] Schwarze Hunde übernahmen die Führung. Von den Bewohnern des peruanischen Küstengebietes hören wir, daß Seehunde die Verstorbenen zur Guanoinsel geleiten. In diesem Zusammenhang mag auch bemerkenswert sein, daß bei den Smith-Sound-Eskimo an der Westküste Grönlands die Meeresfrau Beherrscherin des Totenreiches ist. Auch Hunde gehen nach ihrem Ende in dieses Land ein. Auf das Grab eines kleinen Kindes wird ein Hundekopf gelegt, „damit die Seele des Hundes, die überall nach Hause findet, dem unmündigen Kind den Weg zu dem Lande der Seelen weise".[141]

13. Jenseitsvorstellungen in der Südsee

Bootsbestattungen[142], Bestattungsformen mithin, bei denen der Tote in ein Boot gelegt wird, das man dann dem Wasser überantwortet, kennen wir von etlichen Inseln *Ozeaniens* und der nordwestlichen Küste *Nordamerikas*. Auf den *Salomonen-Inseln* (Melanesien) wurden die Verstorbenen auf Booten weit ins Meer hinausgefahren und dort versenkt. Auf der Südseeinsel Niue wird der Tote in ein Boot gesetzt und dieses aufs Meer hinausgestoßen. Wie Stämme auf den Neuen Hebriden meinen, befindet sich die letzte Ruhestätte des Volkes, zu der der Verstorbene gelangt, unter dem Meere. Dort gibt es keine mühselige Gartenarbeit, die Schweine gedeihen üppig und auch das Tanzen nimmt kein Ende.[143]

140 J. WITTE, Das Jenseits im Glauben
141 F. KRETSCHMAR, Hundestammvater und Kerberos, Bd. II, S. 102 ff
142 W. HIRSCHBERG, Wörterbuch der Völkerkunde, S. 56

Die sagenhafte Urheimat der *Polynesier* ist *Havaiki*[144]. Die Seelen der Toten kehren auch nach Havaiki zurück. Dieses Totenreich der Polynesier ist mehr eine Unterwelt, ein Land unter der See. Wie die Bewohner der Insel Mangaia glaubten, kamen lediglich die Seelen gefallener Krieger in ein himmlisches Paradies; dort lebten sie in Stärke und Freude. Die anderen Totenseelen jedoch mußten noch lange Zeit um die Insel herumirren, bis sie nach „Avaiki" kamen, in eine Welt des Grauens, wo Dämonen die Seelen verfolgten und quälten. Beherrscherin dieses schrecklichen Reiches ist die Göttin Miru, welche die Seelen betäubt und frißt.

Bei den *Maori* auf Neuseeland ist *Miru*[145] die Hüterin der Tore zur Unterwelt. Ein trauriges Reich in ewiger Nacht ist dieses Totenland der Maori.

Auf *Hawaii* ist *Miru* Herr der Unterwelt; sie liegt im Westen und nimmt die Seelen der Toten von niedrigerem Range auf. Helden und Vornehme dagegen sind nach ihrem Tode in einem richtigen Paradies anzutreffen. Die Tradition von Hawaii berichtet über dieses Paradies: „Es war ein heiliges Land. Ein Mann, der es erreichen will, muß rechtschaffen sein. Ist er schuldig, kann er nicht dorthin gehen. Schätzt er seine Familie zu hoch ein, so wird er nie Pali-uli betreten."[146]

Über den Bergen der Insel *Raiatea* suchen die Bewohner der *Gesellschaftsinseln* ihr Paradies; dorthin allerdings gelangen lediglich die Vornehmen, indes die Allgemeinheit ein dunkles Nachtreich erwartet.

Das Jenseitsreich der *Tonganer*[147] ist die Insel *Bulotu*, wo Blumen und Früchte, die gepflückt werden, sofort nachwachsen, Schweine, die geschlachtet wurden, stehen plötzlich lebendig wieder da. Doch alles ist nur Schein; Früchte kann man nicht fassen, sie sind wie ein Schatten. Durch Baumstämme kann man mitten hindurchgehen, ebenso auch durch die Häuser.

---

143 J. WITTE, Das Jenseits im Glauben, S. 17
144 H. NEVERMANN. - Götter der Südsee. - Stuttgart 1947. - S. 29 ff
145 Derselbe, ebenda. S. 32 f
146 Derselbe, ebenda, S. 32 f
147 Derselbe, ebenda, S. 35 f.

Auf der ebenfalls zu Polynesien gehörenden *Osterinsel*[148] hören wir: „Von den Seelen nahm man an, daß sie in der Nähe umherschweiften und herbeikamen, um ein wenig Nahrung von den mitleidigen Lebenden zu erbitten. Nachdem die Trauerriten der Vorschrift entsprechend abgehalten worden waren, begaben sich die Seelen, wenn sie nicht einer Rache wegen noch verweilten, wahrscheinlich an die Westspitze der Insel, um von dort aus gegen Po, „Die Nacht", zu fliegen. Von dorther waren die Vorfahren zu Schiff gekommen und dorthin gingen ihre Nachkommen, um sich wieder mit ihnen zu vereinigen. Die Toten bekleideten dort wieder ihren sozialen Rang und setzten im Schattenreich ihr gewohntes Dasein fort."

Wie die Eingeborenen von *Neu-Pommern*[149] (Melanesien) meinen, halten sich die Seelen der Verstorbenen in Vögeln, Wildschweinen und anderen Tieren auf. Der Eingang zur Unterwelt ist bei etlichen Stämmen auf Neu-Pommern ein Strudel des Mävlu-Flusses. Jeder Verstorbene mußte durch diesen Strudel hindurch; er gelangte dann in ein schönes großes Reich. Dort unterhielten sich die Geister der Abgeschiedenen bei Tanz und Festgelagen.

Zur Ergänzung sei ein Beispiel aus Nordamerika gebracht. Bei den *Algonkin-Indianern* und den *Mandan*[150] am oberen Missouri ist man der Meinung, die Seelen hätten mittels eines eigenen Kanus über das Wasser zu fahren; die Bestattung der Toten erfolgt so in einem Kanu oder das Grab erhält eine bootsähnliche Form. Auf Hawaii sind Boote für hohe Häuptlinge Särge; Bootsform weisen u. a. auch die Särge der Marquesas-Insulaner auf. An vielen Orten überhaupt werden die Verstorbenen am Westrande der Inseln beigesetzt, da dort der Weg zur eingangs genannten Insel Havaiki beginnt.[151]

In *Japan*[152] wird der Verstorbene zu Schiff auf eine *Toteninsel*

---

148 A. METRAUX. - Die Oster-Insel. - Stuttgart 1957. - S. 101 f
149 Siehe A. FORGE. - Die Völker Melanesiens.- in: Brockhaus Völkerkunde. Hrsg. von E. EVANS-PRITCHARD. - Wiesbaden 1974. - Bd. 1, S. 106 ff
150 J. WITTE, Das Jenseits im Glauben, S. 17
151 Vgl. J. CLAMMER. - Die Völker der pazifischen Inseln. - In: Brockhaus Völkerkunde. Bd. 1. - Wiesbaden 1974. - S. 140 ff
152 A. SLAWIK. - Ostasien. - in: Die Große Völkerkunde. - (Hrsg.) H. A. BERNATZIK. Bd. II. - Leipzig 1939. - S. 136 ff

gebracht. Kultische Geheimbünde stellen durch Vermummte die auf Besuch kommenden Toten dar. Diese Totenseelen, Ahnen, Dämonen usw. sind Gegenstand besonderer kultischer Verehrung. Wir haben es hier mit einem richtigen „Besucher-Komplex" zu tun.

Verbindungen ergeben sich hier auch mit alten skandinavischen Vorstellungen. Die Wohnungen der „Alfen"Islands in Bergen und Hügeln strahlen am Julabend im hellen Lichte. Verirrten Menschen geben diese Geister Obdach. In Island ist es auch, wo in der Neujahrsnacht sich die Gräber öffnen, der „Kirchhof steht auf".

In *Schweden* erzählt man, in der Frühmesse müsse der Grabstaub der Toten von den Kirchenbänken abgewischt werden, bevor man sich dort niedersetze ...[153]. Ob wir es auch mit Seebestattungen zu tun haben, wenn wir von Irland hören, daß in einer alten Fischerlegende der Sarg am Meeresstrand niedergesetzt wird, um den Toten das Land der Geister unter den Wellen erreichbar zu machen?

IV. HEILSERWARTUNGSIDEEN

Die geschilderten Vorstellungen vom Jenseits sind bei den Natur- und Hochkulturvölkern mit Heilserwartungsideen verbunden, die im einzelnen unterschiedliche Entwicklungsformen aufweisen.

1. Die Heilserwartungen bei den Naturvölkern

Die engen Beziehungen, welche die Angehörigen der *Naturvölker* in der Initiation und in anderen Zeremonien mit der Geisterwelt angeknüpft haben, gestatten ihnen sogar, „zuweilen den Weg der Toten ins Jenseits genau zu kennen."[154]

---

[153] H. F. FEILBERG. - Jul. - Kopenhagen 1904. - S. 31; A. HABERLANDT. - Die Völker Europas und ihre volkstümliche Kultur. - Stuttgart 1928. - S. 169 ff
[154] K. TH. PREUSS, Tod und Unsterblichkeit im Glauben der Naturvölker, S. 16

a) Schamanismus

Ein wichtiges Motiv in diesem Zusammenhang ist die *Seelenreise*[155], ein *schamanistisches* institutionelles Motiv zugleich, das auch literarische Bedeutung gewinnt. Diese Seelenreise nämlich ist eine entscheidende Form der Unterwelts- und Jenseitsfahrten, vielleicht aber auch der Abenteuerfahrten. Die Seele eines Schamanen unternimmt im Traum oder im Trancezustand eine weite Reise, um sich mit einem göttlichen oder überirdischen Wesen in Verbindung zu setzen. Von der erwähnten Seelen-oder Jenseitsreise ausgehend, kann so auch vom „Wander-Schamanismus" gesprochen werden. Der Schamane der Eskimo beispielsweise, der *Angakok*[156], unternimmt eine gefahrvolle Reise zur Mutter der Seetiere, um sie günstig zu stimmen. Das Verhältnis zur Geisterwelt ist für die Wirksamkeit des Schamanen von ausschlaggebender Bedeutung. In der Intensivierung dieser Beziehung, vor allem auch in der Gewinnung ursprünglich feindseliger Geister, liegt der wesentliche Teil der Effektivität des Schamanen beschlossen. Der Schamane ist in der Tat ausgesprochener Seelenspezialist. Er heilt Krankheiten, beeinflußt die Natur, fördert die Jagd und andere Tätigkeiten, fungiert als Wahrsager, wehrt Übel ab, und kann auch als Priester tätig sein. Zu den wichtigsten Funktionen des Schamanen gehören das Fangen der flüchtigen Seele eines Kranken, das Begleiten der Seele des Verstorbenen ins jenseitige Reich, die Befragung der Geister und das Geleiten der Seele eines geopferten Tieres zur Gottheit. Im Zustande der Trance sucht die Seele des Schamanen in den jenseitigen Regionen die des Kranken oder fragt nach ihrem Verbleib.[157]

Erzählungen der *Karaiben* in Südamerika etwa lassen deutlich erkennen, wie hoch das Heilvermögen, die „Wunderkraft", der alten Schamanen eingeschätzt wurde.„So konnten diese mit ihren leiblichen Augen die Geister, die um den Kranken waren, sehen. Die Medizinmänner waren auch in der Lage, eben Verstorbene wieder ins Leben zurückzurufen; sie betasteten den Toten in der Le-

---

155 W. HIRSCHBERG, Wörterbuch der Völkerkunde, S. 400
156 Derselbe, ebenda, S. 384 ff
157 J. HAEKEL, Religion, S. 131 f

bergegend und stellten fest, ob noch ein wenig Leben in ihm war. Dabei rauchten sie eine sehr lange Zigarre, bliesen den tief eingeatmeten Rauch auf die genannte Körperstelle, worauf der Tote sich rührte, rauchten ihn zum zweiten, zum dritten Male an, worauf der Tote aufstand."[158]

Bei den *Bella Coola* im Hinterlande der zentralen Küste von British Columbia ist *Aelquntäm*[159] der Schöpfer des Universums und der Geister. In alten Zeiten — so heißt es in den Erzählungen — waren die Schamanen in der Lage, ihre Kranken in den Himmel zu tragen und sie dort im Becken des Höchsten Wesens zu waschen.

Bei den *Skythen*[160], deren Kultureinflüsse bis nach dem nördlichen Europa und Sibirien reichten, ist das Vorkommen von Schamanen bezeugt, die z. B. aus Weidenruten wahrsagten. Die Grabbeigaben, welche die Skythen ihren Toten gaben, sind von einer geradezu verwirrenden Vielfältigkeit. Aus den südrussischen Skythen-Kurganen — Erdhügel über den Grabkammern aufgeschichtet — kennen wir vor allem ungewöhnlich reiche Goldfunde; sie spiegeln das Leben der Skythen deutlich wider. Den Gräbern der Verstorbenen wendet sich die Ehrfurcht der Lebenden im besonderen Maße zu. Der Schmuck nimmt eine überaus große Bedeutung ein; unter den goldenen Schmuckstücken verschwinden beinahe die Skelette. Tierformen sind es ferner, die in der Kunst bestimmend sind. Dabei wird der Hirsch bevorzugt dargestellt. In Kult, Mythus und Legende vieler Völker spielt der *Hirsch* eine wichtige Rolle. Besonders auch erscheint der Hirsch als Totenführer. Kann man in diesem Zusammenhang vielleicht annehmen, daß der Hirsch die Seelen der Verstorbenen ins Jenseits trug? Auf den Felsbildern von Bohuslän (Schweden) ist der Hirsch als Zugtier des Sonnenwagens dargestellt.

Wie K. MEULI gezeigt hat, ist die skythische Schamanendichtung in dem Sinne wichtig, daß eine Urform der alten epischen

---

158 F. ANDRES. - Die Himmelsreise der caraibischen Medizinmänner. - Ztschr. für Ethnologie. Bd. 70. - Berlin 1939. - S. 331 f, 341 f

159 J. HAEKEL. - Kosmischer Baum und Pfahl in Mythus und Kult der Stämme Nordwestamerikas. - in: Wiener Völkerkundliche Mitteilungen Jg. 6 N. F., Bd. 1/4, 1959/60, S 39 f

160 K. JETTMAR. - Die frühen Steppenvölker. - in: Kunst der Welt. - Baden-Baden 1964. - S. 13 ff

Poesie auf sie zurückgehen soll. Die Schamanendichtung gilt es daher im besonderen Maße zu beachten. „Auf alle Fälle ist von dieser Schamanenerzählung literarisch jener zahlreich vertretene Märchentypus abzuleiten, der in irgendeiner Variante von einem Helden berichtet, der es unternahm, im Vertrauen auf übernatürliche Mächte und Kräfte, oder auf helfende Tiere, ins Jenseits, in die Unterwelt, in die Hölle, auf den Glasberg, zur Sonne, ins goldene Königreich, zum „lieben Gott" zu reisen, um entweder ein verlorenes Gut wieder zu holen, oder ein gefährdetes Leben durch ein Heilmittel, z. B. durch das Wasser des Lebens, oder auch nur durch die Gewinnung verborgenen Wissens zu retten, um die Ursachen rätselhafter oder bedrohlicher Störungen zu erfahren, oder auch für sich selbst eine wunderschöne Prinzessin zu gewinnen."[161]

Dem Schamanen kommt die Fähigkeit zu, sich zeitlich in Tiere, Geister und andere Wesen zu verwandeln. In Südamerika etwa ist die Auffassung weit verbreitet, der Schamane könne sich in einen Jaguar verwandeln. In Gestalt von Vögeln werden von den Schamanen der *Mataco-Indianer*[162] die eigenen Seelen auf die Reise zur Sonne, der Schamanin von besonderer Weisheit, geschickt.

Wie W. SCHMIDT[163] bei der zusammenfassenden Besprechung des Schamanismus bei den asiatischen Hirtenvölkern mitteilt, sind nicht im Rahmen der Schamanisierungen stets Bewußtlosigkeiten zu beobachten. Beim Himmelsflug würde niemals das Bewußtsein der Schamanen völlig verlorengehen; dort, wo Geister in den Schamanen eingehen, ist allerdings Bewußtlosigkeit häufiger vertreten. Gelegentlich sind beide Formen der Kontaktnahme mit der übernatürlichen Welt kombiniert; der Schamane nimmt die Geister in sich auf und begibt sich nachher in Gestalt seiner Freiseele und in Begleitung der Geister auf die Seelenreise. Die Berufung des Schamanen[164] geschieht meist gegen seinen Willen; sie wird durch

---

161 K. MEULI. - Gesammelte Schriften. Hrsg. von TH. GELZER. - Basel/ Stuttgart 1975

162 Vgl. O. ZERRIES. - Die Religionen der Naturvölker Südamerikas und Westindiens. - in: Religionen der Menschheit, Bd. 7, Stuttgart 1961

163 W. SCHMIDT. - Der Ursprung der Gottesidee. Bd. XII. -Münster/Westf. 1955. - S. 696

164 D. SCHRÖDER. - Zur Struktur des Schamanismus. - in: Religionsethnologie. Hrsg. von C. A. SCHMITZ. - Frankfurt/M 1964. - S. 312

den Schutzgeist veranlaßt, worunter ein Himmels- oder Unterweltsgeist, ein Naturgeist, ein Geistertier gemeint ist. In vielen Fällen jedoch sind es die Geister verstorbener Schamanen oder Schamanenahnen, die zur Ausübung oder Weiterführung des Amtes auffordern; in Nordamerika z. B., einem sehr wichtigen Gebiet des Schamanismus, erreicht die Berufung in der Hauptsache diejenigen, welche unter ihren Vorfahren bereits Schamanen besaßen. Ist etwa eine Sippe, welche einst über Schamanen in ihren Reihen verfügte, ausgestorben, dann ist die Seele eines umherirrenden früheren Schamanen in der Lage, in einen anderen Menschen einzudringen.

In einem Bericht über seine Wiedergeburten erklärt ein Schamane der *Winnebago-Indianer* am Westufer des Michigansees in Nordamerika: „Uns griff eine Abteilung an, die sich auf dem Kriegspfade befand, und tötete uns alle. Doch wußte ich nicht, daß ich getötet worden war. Ich glaubte wie gewöhnlich umherzulaufen, bis ich auf dem Boden einen Haufen Leichen sah und meine darunter." Wir hören dann weiter: „Dort lebte ich, bis ich vor Alter starb. Sogleich lösten sich meine Knochen in den Gelenken, meine Rippen fielen ein, und ich starb zum zweitenmal. Dieses Mal wurde ich in der damals üblichen Weise begraben. Ich wurde in eine Decke gehüllt und in ein Grab gelegt ... Ich beobachtete die Leute, die mich beerdigten."[165] So können wir dieser Darstellung des Schamanen entnehmen, daß bereits Verstorbene noch mehrere Male zu sterben vermögen.

b) Chiliastische und messianistische Ideen

In den Ländern ewigen Lebens, jenseits des Meeres, ist nach den Überlieferungen der *Apapocuva-Guarani-Indianer* Brasiliens das richtige Paradies zu finden.[166] Die Hauptmasse der Tupi-Guarani,

---

165 P. RADIN. - Gott und Mensch in der primitiven Welt, S. 83; K. TH. PREUSS, Tod und Unsterblichkeit im Glauben der Naturvölker, S. 23 f
166 W. MÜHLMANN. - Chiliasmus und Nativismus. - Berlin 1961; G. GUARIGLIA. - Prophetismus und Heilserwartungsbewegungen als völkerkundliches und religionswissenschaftliches Problem. - in: Wiener Beiträge zur Kulturgeschichte und Linguistik. XIII, Wien 1959

einer sehr verbreiteten Sprachfamilie in Südamerika, ist im Süden des Amazonas anzutreffen, speziell an der Küste des Atlantischen Ozeans, im Süden bis zum Rio de la Plata hin.

Ohne Tod, durch jahrelanges Tanzen, kann man in dieses „Land ohne Übel" gelangen. Als die Welt vernichtet werden sollte, veranlaßte Gott einen Medizinmann, sich mit den Seinen auf dem geschilderten Wege dorthin zu begeben. Die *eschatologisch-chiliastischen* Wanderungen der Tupi-Guarani sind nun von großer Bedeutung; es sind zugleich prophetische Bewegungen, welche dank ihrer mythologischen Begründung einen unabhängigen Ursprung vermuten lassen; es sind so auch Wanderungen, deren Ursache nicht nur in den Phänomenen der Akkulturation zu suchen ist.[167]

Eine ganze Reihe solcher Wanderungen dieser Indianer ist uns bekannt; die meisten Medizinmänner suchen das Paradies jenseits des Meeres, so daß die Wanderungen zur Küste erfolgen. Dort glaubte man nun, durch ständiges Tanzen und Fasten „den Körper leicht zu machen", um so über den Ozean ins Paradies fliegen zu können. Prophezeiungen, welche die Medizinmänner verkündeten, lösten in sämtlichen Fällen die Wanderungen der Guarani-Indianer aus. Nach C. NIMUENDAJU-UNKEL, einem ausgezeichneten Kenner der Apapocuva-Guarani, ist die Suche nach dem „Lande ohne Übel" jeseits des Meeres rein indianischer Herkunft, eine Frage unseres Erachtens aber, die kaum eindeutig beantwortet werden kann.[168]

Die Bedeutung *chiliastischer* und *messianistischer* Vorstellungen spielt im Zusammenhang mit dem Vorigen eine erhebliche Rolle. In Nordamerika z. B. sind bei den *Paiute* und *Pueblo*-Indianern Messiasvorstellungen sowie Ideen vom Weltende und Paradies weit verbreitet.[169]

c) Ideen einer Wiedergeburt

Vorstellungen einer *Wiedergeburt* kennen wir aus Afrika, Australien und Amerika. Gerade bei den genannten *Winnebago*-India-

---

167 W. MÜHLMANN, Chiliasmus und Nativismus, S. 19 ff
168 Derselbe, ebenda, S. 35 ff
169 Siehe H. NACHTIGALL.- Völkerkunde. - Stuttgart 1972. - S. 117 ff

nern scheint ein richtiges Verlangen nach einer Wiedergeburt vorhanden zu sein. Bestimmte Geheimgesellschaften sind es auch, die bei diesen Indianern ihren Mitgliedern die Möglichkeit einer Wiedergeburt geben. Im Grunde ist den Indianern dieses Stammes ein „durchaus nicht schlechtes Leben" im Jenseits in der Gegend des Sonnenunterganges versprochen. Wesentlich größere Anziehungskraft jedoch besitzt die Möglichkeit, wiedergeboren zu werden. Im Geheimbund der *Algonkin*-Stämme im östlichen Amerika, im Midewiwin[170], ist das Ritual der heiligen Muschel überaus bedeutsam; diese Muschel wird einem Mitglied zugeworfen und von diesem anscheinend verschluckt. Wir haben es hier mit einer symbolischen Tötung zu tun. Dieses Mitglied wird dann durch Gesänge und etliche Kulthandlungen wieder zum Leben erweckt. Wie K. TH. PREUSS sehr treffend sagt, handelt es sich nun bei der Unsterblichkeit nicht im eigentlichen um ein ewiges Leben; sondern gewünscht und ersehnt wird ein lang ausgedehntes Leben, so lang ausgedehnt, „daß man nach den Erfahrungen des irdischen Lebens genug hat."[171]

Von den *Guaimi*-Indianern in Panama beispielsweise vernehmen wir, daß sie im Jenseits nur zehnmal so lange leben sollten wie auf Erden; dann sollten sie für immer zugrundegehen. Ähnlich gestaltete sich auch die Lebensdauer im Paradies der *Wiyot*-Indianer[172] Kaliforniens; dort war eine zehnmalige Verjüngung möglich, die dann mit dem endgültigen Tode abschloß. Von einem oftmaligen Sterben war schon die Rede. Die *Wasu* in Ostafrika z. B. sterben drei bzw. siebenmal, ebenso auch die *Dayak* in Indonesien. Bemerkenswert ist ferner die Tatsache, daß die Zeit des Lebens im Jenseits wesentlich kürzer von den Angehörigen des Verstorbenen gesehen wird. Was Afrika anlangt, so wird die Totenspeisung im Kult lediglich bis zum Großvater durchgeführt. Ständige Verehrung genießt nur der Ahne des Clans. Wie K.TH. PREUSS es schildert, ist es bei den *Cora*-Indianern im nödlichen Mexiko so, daß Anrufungen und Gaben an die Toten bis zu den Urgroßeltern

---

170 W. HIRSCHBERG, Wörterbuch der Völkerkunde, S. 286 f
171 K. TH. PREUSS, Tod und Unsterblichkeit im Glauben der Naturvölker, S. 25;
172 Vgl. O. LA FARGE. - Die Welt der Indianer. - Ravensburg 1961

stattfinden. „Eine psychologische Verknüpfung dieser Tatsachen mit dem endlichen Aufhören der Toten ist aber dadurch gegeben, daß man sich ein dauerndes Weiterleben nur lebendig vorstellen kann, wenn die Toten als segenspendende oder auch schädliche Elemente in das Menschenleben eingreifen, sei es als Ahnen des Geschlechts, sei es als Glieder und Mitwirkende im Naturgeschehen."[173] Von den *Chiriguano*-Indianern in Brasilien hören wir, daß die Verstorbenen zunächst in eine Art Paradies kamen, das in einem Tale im Norden des Flusses Pilcomayo lag. Nach einiger Zeit gingen die Toten in einen Fuchs, nach dessen Tode in eine Feldmaus, und blieben schließlich in einem Baumstamm. Mit dem Vergehen des Baumstammes selbst ist das endgültige Vergehen erreicht.

Bezeichnend für unser Thema bleibt, daß unsere Ethnien, Völker usw. zwar eine Fülle von Berichten und Erzählungen über die Stätten besitzen, wo sich die Toten aufhalten, daß aber eingehendere Schilderungen des „Lebens" dieser Toten nur in geringem Ausmaße vorhanden sind.[174]

Im allgemeinen darf gesagt werden, daß es recht entfernte Orte sind, welche wir als Jenseitsaufenthalte kennen. Ist es nun wirklich, wie PREUSS meint, die Neigung, den Toten möglichst weit abzuschieben?[175]

Sicher sind es allenthalben schwierige Zugänge, die in das Reich der Toten führen; in diesem Zusammenhang mag es auch bemerkenswert sein, daß Verstorbene, die den Gefahren auf dem Wege ins Jenseits unterliegen — z. B. auf dem Wege abstürzen — nicht direkt zugrundegehen, sondern an diesen schlechteren Orten weiterleben. Wieweit es am Ende mit der Furcht vor dem Toten steht, wird nicht allgemein zu beantworten sein. Im großen und ganzen lassen die Trauerbräuche erkennen, daß nach dem Tode eines Menschen für den Verstorbenen selbst, aber auch für die Menschen, die mit ihm gemeinsam lebten, ein neuer Abschnitt beginnt.

---

173 K. TH. PREUSS, Tod und Unsterblichkeit im Glauben der Naturvölker, S. 26
174 Derselbe, ebenda, S. 27
175 Derselbe, ebenda, S. 30

2. Heilserwartungen bei den Hochkulturvölkern

Bei den Hochkulturvölkern gründen die Vorstellungen vom Jenseits auf mehr oder weniger ausgeprägten Heilslehren.

a) Der Taoismus

In ganz spezifischer Form ist der *Taoismus* mit dem Bereiche des Jenseitigen verbunden. Das Tun des Weisen ist nach LAOTSE das „Nicht-Tun", es ist dies ein Wirken, das dem der Natur entspricht. Das *Tao* ist etwas rein Geistiges, Göttliches. In diesem Tao aufzugehen, ist das letzte Ziel des Menschen. „Unpersönliches Einswerden mit dem unpersönlichen göttlichen Tao, ist das Schönste, was der Mensch nach dem Tode erreichen kann."[176] Hier ist zugleich ein Weiterleben gegeben, ein Weiterleben in der taoistischen Volksreligion in einem Paradies. Alle Frommen können dieses Paradieses teilhaftig werden, wo der Himmelsvater *Pank* mit seiner Frau, der „heiligen Mutter der Allschöpfung", auf dem Berge der Hauptstadt von Jaspis thront. Die bösen Menschen jedoch müssen zu ihrer Läuterung durch die zehn Hallen der Gerechtigkeit durchgehen, wo ihre Seelen richtig gequält werden. Haben diese Menschen abgebüßt, so werden sie als Tiere oder Menschen auf Erden wiedergeboren.

Die Bedeutung des *Ahnenkultes* für die Religion des alten China sei besonders hervorgehoben. Über den Aufenthalt dieser Ahnen jedoch waren nur wenige Vorstellungen vorhanden. Kaiser und hervorragende Personen überhaupt wurden nach ihrem Tode als im Himmel wohnend gedacht. Wo und wie die Toten fortleben, ist auch durch KONFUZIUS nicht näher erklärt worden. Von den Seelen des Menschen soll nach Auffassung des Konfuzianismus die sogenannte höhere Seele nach dem Tode fortbestehen. Typisch bleibt für Konfuzius ein gewisser Abstand dem eigentlich Religiösen gegenüber. So ist das Wort bezeichnend: „Dämonen und Göttern gegenüber Ehrfurcht zu erweisen, aber sich in Abstand von ihnen zu halten, das mag Weisheit genannt werden."[177]

---

[176] H. v. GLASENAPP, Die nichtchristlichen Religionen, S. 94 ff
[177] Derselbe, ebenda, S. 107 ff

b) Der Hinduismus

In *hinduistischer* Auffassung[178] geht die Seele des Menschen nach dessen Tod, mit einem unsichtbaren feinen Leibe versehen, in eine neue Existenz. Ein längeres Warten auf diese posthume Existenz läßt die Seele zu einem Gespenst werden, das sich von den Totenopfern der Verwandten ernährt. Eigentliches Ziel des Daseins nach dem Tode ist das Aufgehen im Göttlichen; doch dazu bedarf es zumeist sehr vieler Wiedergeburten. Sind viele schlechte Taten vorhanden, so führt die Seelenwanderung durch überaus lange Zeiten, wozu auch Aufenthalte in Höllen gehören können. Der Lohn des Guten ist ein Aufenthalt in einer himmlischen Welt für längere oder auch kürzere Zeit. Die von der Wiedergeburt Erlösten befinden sich dauernd in einer überirdischen Welt und in der Gegenwart Gottes.

c) Der Buddhismus

Im *Buddhismus* ist, was die Frage des Jenseits betrifft, eine grundsätzlich verschiedene Meinung gegenüber den anderen Hochreligionen gegeben. Der Buddhismus lehrt eine Wiederverkörperung des Menschen in verschiedenen Daseinsformen. Langdauernde Höllenstrafen sind bei sehr schlechten Taten möglich; gute Taten wieder führen zu bestimmten Aufenthalten in Götterwelten. Die endgültige Befreiung von Leid und Leidenschaft jedoch erfolgt für den Buddhisten nur im *Nirwana*, in einer Welt des Verwehens und Verlöschens. Das Nirwana, das Verlöschen auch der individuellen Existenz, ist schließlich der Zustand, in dem eine unüberbietbare Seligkeit herrscht. „Beim Tode erreicht der Heilige einen Zustand, in dem alle Gruppen von Daseinsfaktoren, die seine Persönlichkeit bilden, vernichtet sind und nicht die Möglichkeit besteht, daß sie wieder neu entstehen können."[179]

---

178 Derselbe, ebenda, S. 269 ff
179 Derselbe, ebenda, S. 85 ff

d) Der Shintoismus

Die alte einheimische Religion Japans ist der *Shintoismus*[180] Es ist dies der „Weg der Götter", wie die Übersetzung des Wortes bedeutet. Die Anzahl der Götter, der *Kami*, ist eine überaus große. Zum Pantheon der Götter gehören auch verstorbene Herrscher. Was das Leben nach dem Tode betrifft, so finden wir ursprünglich im Shintoismus im allgemeinen sehr unklare Vorstellungen. Die Verstorbenen kamen in der Hauptsache in eine Unterwelt; bedeutende Persönlichkeiten gingen in den Himmel, oder lebten auch verborgen auf der Erde weiter. Daß gute oder böse Taten ihre *entsprechende* Vergeltung finden, wird nicht angenommen. Die Ahnen gelten jedoch als Beschützer der Lebenden. Heute wird überdies angenommen, jeder Verstorbene würde zu einem „Kami". Besondere Jenseitserwartungen sind im Shintoismus nicht vertreten.

e) Zoroaster und Manichäismus

In der *zoroastrischen* Religion[181] des alten Iran – der Name Zoroaster für Zarathustra kommt von den Griechen – bleibt nach dem Tode eines Menschen dessen Seele zunächst noch drei Tage in der Nähe des Körpers; dann erscheint ihr gutes oder schlechtes Gewissen in Gestalt eines schönen oder häßlichen Mädchens. Dieses Mädchen geleitet die Seele über die *Tschinvat-Brücke;* Seelen nun, die gute und böse Taten im gleichen Verhältnis aufweisen, begeben sich in ein Zwischenreich, in ein Land, das zwischen Himmel und Hölle liegt. Bedeutsam ist, daß der Aufenthalt im Jenseits befristet ist; am Weltenende nämlich vereinigen sich die Seelen wieder mit ihren auferstandenen Körpern. Dann erst entscheidet sich ihr Schicksal endgültig.

Im *Manichäismus*[182] – in der vom Perser *Mani* im 3. Jhd. n. Chr. gestifteten Religion – verläßt die Seele nach dem Tode des Menschen den Leib. Sonne und Mond reinigen den Körper; lediglich sehr schlechte Seelen werden nach dem Tode der ewigen Ver-

---

180 Derselbe, ebenda, S. 268 ff
181 Derselbe, ebenda, S. 29 ff
182 Derselbe, ebenda, S. 242

dammnis überantwortet. Die meisten Menschen, die Gutes und Schlechtes zusammen besitzen, werden am Ende des Lebens „umgegossen", sie erscheinen als Mensch oder Tier in neuer Existenz. Die Auserwählten jedoch, bei denen sich die Seele endgültig vom Körper gelöst hat, steigen zum Mond und zur Sonne empor. Sie gelangen so in das ewige Reich des Lichtes. Der Manichäismus, der einst in Nordafrika und in angrenzenden europäischen Bereichen sowie bis nach China vertreten war, ist heute als Religionsform nicht mehr vorhanden.

f) Der Islam

Im *Islam*[183] wird der Moslem in der ersten Nacht nach seinem Tode von den Engeln *Munkar* und *Nakir* auf seine Rechtgläubigkeit geprüft; sein ewiges Schicksal entscheidet sich aber erst am Jüngsten Tage, an der Auferstehung und am Jüngsten Gericht. Nur Glaubenskämpfer, die als Märtyrer starben, gehen gleich ins Paradies ein. Beim Jüngsten Gericht gehen die Toten über eine Brücke – die Brücke *Es-Sirath* –, die so scharf wie ein Rasiermesser und dünner als ein Haar ist. Die Bösen stürzen ab und kommen in die Hölle. Die Qualen der Hölle, welche ein richtiges Fegefeuer ist, sind furchtbar. Für den wahren Muslim jedoch, der die Hölle nur durchschreitet, bleibt sie ein vorübergehender Aufenthaltsort. Das Paradies selbst ist ein schattiger Lustgarten, welcher von einem kühlen Strome durchzogen wird. Es gibt dort für die Seligen herrliche Speisen und Getränke sowie Kleider usw. Bei Allah selbst ist die schönste Heimstatt des Menschen.

Der fünfte Teil des *Koran* erzählt von den Freuden des Paradieses; es sind dies in der Hauptsache Freuden sinnlicher Art. „Für jene sind Edens Gärten durcheilt von Bächen. Geschmückt werden sie darinnen mit Armspangen von Gold und gekleidet in grüne Kleider von Seide und Brokat, sich lehnend darinnen auf Diwanen."[184] Die schönen Mädchen, die *Huris*, finden stets dabei Erwähnung. Das Paradies, in dem man auch mit seinen Familienan-

---

183 Derselbe, ebenda, S. 189 ff
184 E. DIEZ. - Glaube und Welt des Islam. - Stuttgart 1941. - S. 34 ff

gehörigen vereint ist, besitzt eine Reihe von Abteilungen. Im späteren Islam kommt es auch zu einer Vergeistigung dieser Jenseitsvorstellungen. Am wichtigsten wird dabei die Vereinigung der Seele mit Gott. Dann aber gelangt man auch im späteren Islam zur Ausgestaltung der sinnlichen Auffassung vom Leben nach dem Tode.

Den mündlichen Überlieferungen nach unterscheidet man drei Arten von *Seelen*[185]. Die Propheten gehen direkt ins Paradies ein, während die Seelen der Märtyrer in den Kröpfen grüner Vögel verbleiben, welche die Früchte des Paradieses essen und aus den Bechern trinken. In bezug auf die Seelen der übrigen Gläubigen ist zu sagen, daß zum Teil die Meinung vertreten ist, die Seelen würden bei den Gräbern verweilen. Nach anderer Auffassung wieder befinden sich die Seelen der Verstorbenen im untersten Himmel oder auch im Brunnen Semsem in Mekka, wo sie das Jüngste Gericht abwarten.

Bedeutsam ist, daß die Jenseitsvorstellungen des Islam durch *persisch-jüdisch-christliche* Vorstellungen mitbestimmt sind. Das Weltgericht wird im *Parsismus* als ein gewaltiges Feuerordal gesehen: Gute und Böse gehen durch einen Strom geschmolzenen Metalls, „während er jenen wie laue Milch vorkommt, ist er für diese glühendes Feuer, aber seine Wirkung ist ... das Land der Hölle der Glückseligkeit der Welt wiederzugeben".[186]

g) Das Jenseits in der israelitisch-jüdischen Religion

Von der alten *hebräischen* Unterwelt, Scheol,[187] war bereits die Rede. Wohl erst nach dem Exil und unter persischem Einfluß kennen wir im Glauben des jüdischen Volkes die Auffassung einer *Auferstehung des Fleisches*, die am Weltende eintritt und auch die Idee eines *Weltgerichtes*. Die Guten gelangen dabei zu ewigem Leben, die Bösen jedoch erfahren Schmach und Abscheu. Die jüdische Mystik jedoch, die *Kabbala*, lehrt die *Seelenwanderung* und

---

[185] Derselbe, ebenda, S. 59 ff
[186] H. v. GLASENAPP, Die nichtchristlichen Religionen, S. 97
[187] Derselbe, ebenda, S. 228

sieht das hohe Ziel des Menschen in seiner Vereinigung mit Gott. In der Kabbala wurzelt der *Chassidismus,* eine Bewegung der Frommen (Chassidim), wie sie vor allem in Polen, Rumänien und der Ukraine große Verbreitung fand. Es handelt sich um eine volkstümliche Religiosität, die eine Vereinigung mit Gott in der Ekstase sucht. Der Wesensgehalt des Chassidismus wurde von MARTIN BUBER[188] wiederentdeckt und in hervorragender Weise dargestellt.

V. DAS WEITERLEBEN ALTERTÜMLICHER JENSEITSVORSTELLUNGEN

Die Jenseitsvorstellungen des Altertums finden bei einzelnen Völkern bis in die heutige Zeit hinein ihren Niederschlag.

1. Die Neugriechen

In einer überraschenden Fülle beispielsweise haben sich bei den *Neugriechen* alte Überlieferungen bis auf den heutigen Tag gehalten. Es handelt sich dabei um Reste überaus altertümlicher Traditionen sowohl bei den Festlands- als auch vorzugsweise bei den Inselgriechen. Das Volksleben des Neugriechentums zeigt den Zusammenhang mit der Antike in einer ganzen Reihe von Vorstellungen, wobei der Heiligenkult, dann Wallfahrtswanderungen, aber auch Ideengut über Schicksal, Tod und Leben nach dem Tode eine bedeutsame Rolle spielen.[189]

Wichtig ist in diesem Zusammenhang, daß etwa Totenklagen[190] — Moirologia' — vielerorts noch heute in Griechenland einen entscheidenden Platz im Totenritual einnehmen. Im südlichen Peloponnes, in der Landschaft Mani, treffen wir die Moirologia vor-

---

188 M. BUBER. - Die Erzählungen der Chassidim. - Zürich 1949
189 B. SCHMIDT. - Das Volksleben der Neugriechen und das hellenische Altertum. - Leipzig 1871. - S. 77
190 Fr. BOEHM. - Die neugriechische Totenklage. - Berlin 1967. - S. 6 ff, 31 ff

zugsweise an. Doch kennen wir auch Totenklagen von den Jonischen und Ägäischen Inseln, vom Dodekanes, von Kreta und den griechischen Siedlungen in Unteritalien (Magna Graecia) her. Grab und Unterwelt sind die hauptsächlichsten Ideen der Totenklage; charakteristisch für die griechische Totenklage ist die Schilderung einer weiträumigen Unterwelt, des *Hades*, wo sich sämtliche Verwandte aufhalten. Die Auffassung von einem Schiff des Charon, in dem sich die Toten auf der Überfahrt befinden, dürfte zweifelsohne inselgriechischer Herkunft sein. Im Hades selbst sind keine Priester, keine Heiligen, und auch keine Ärzte vorhanden, so hören wir es aus den Schilderungen. Den Häftlingen gleich leben die Verstorbenen, die auch zu erkranken vermögen, in der Unterwelt dahin.

Der altgriechische *Charon*[191] erscheint bei den Neugriechen in erster Linie als Repräsentant des Todes und der Unterwelt, ist somit in der Regel nicht mehr der Fährmann der Verstorbenen. Charon ist den Neugriechen der Tod selbst, welcher den Menschen, die ihm verfallen sind, die Seele wegnimmt und sie in sein unterirdisches Reich bringt. Oft tritt Charon in der Volkspoesie als gespenstiger Reiter auf. In der Volksdichtung[192] gilt der Hades als ein Ort ohne Wiederkehr; eine Treppe führt in den Volksliedern tief in dieses Land der Toten. In etlichen Gegenden Griechenlands hören wir noch von einem großen Strome, den die Verstorbenen zu überschreiten haben. Auf der ionischen Insel Zakynthos beispielsweise ist noch die Version des Fährmanns Charon vorhanden, der – wie in der Antike – in einem Nachen die Toten in die Unterwelt überführt; dem Totenschiffer ist auch Fahrgeld zu bezahlen. Dies vernehmen wir übrigens auch von den Griechen Kleinasiens.

Seine einmalige Trostlosigkeit[193] hat der Hades auch bei den Neugriechen nicht verloren; die Lieder sprechen von eisiger Kälte, „kein Tag bricht an", „kein Gras sproßt", „keine Nachtigall singt". Das Leben dort ist unerträglich, der Hungernde bleibt ohne Nahrung, wer Durst hat, kann nicht trinken. Selbst die armen kleinen Kinder sind im Hades ohne Hemdchen. Das Volkslied mit weiter

---

191 B. SCHMIDT, Das Volksleben der Neugriechen, S. 222 ff
192 Derselbe, ebenda, S. 236
193 Derselbe, ebenda, S. 240 ff

Verbreitung schildert den Fluchtversuch etlicher Bewohner des Totenlandes; der Hades bleibt der gemeinschaftliche Aufenthaltsort aller Abgeschiedenen. Auf der Insel Zakynthos ist auch die Meinung vertreten, daß im Reiche des Charon in der Unterwelt viele kleine Lichter brennen, von denen jedes ein Menschenleben darstellt. Erlöscht ein solches Licht, dann stirbt der Betreffende.[194]

Viele alte Vorstellungen und Bräuche leben auch auf *Zypern*[195] weiter. Mit feinem Salz bedeckt die bäuerliche Mutter ihr neugeborenes Kind, damit es Kraft erhalte; die Lippen des Toten verschließt man unmittelbar nach seinem Abscheiden mit einer Binde, um das Eindringen böser Geister zu verhindern. Anklänge an antike Totenopfer zeigen wohl das Ausschütten von Öl, dann das Streuen von Weizen ins offene Grab. Mitgeführte Tonkrüge werden dort rituell zerschlagen. „Die durchdringende Totenklage der Verwandten und Freunde ertönt heute wie vor Jahrtausenden an der Bahre und während des Leichenbegängnisses, und der traurige Gesang des Verstorbenen selbst, den die Hinterbliebenen noch vor dem Abend anstimmen, zeigt, daß die christliche Himmelshoffnung die ererbten Hadesvorstellungen nicht ausgerottet hat."[196]

2. Die Südslawen und Bulgaren

Im Volksglauben und -brauch der *Südslawen* sind z. B. Totengebräuche und Seelenkult mit recht altertümlichen Zügen versehen. Hierher gehören etwa das Öffnen des Fensters, um der Seele des Toten das Entschweben zu ermöglichen, dann Leichenschmäuse der Verwandtschaft auf den Gräbern, Abschiedsmahle für die geschiedene Seele am Grabe. Wie E. SCHNEEWEIS[197] betont, sind die Meinungen und Bräuche der *Serben* und *Kroaten*, welche auf Tod und Begräbnis Bezug nehmen, das Resultat einer innigen Verschlingung von präanimistischen, animistischen und christlichen Elementen.

---

194 Derselbe, ebenda S. 246
195 S. v. CLES-REDEN. - Die Insel der Aphrodite. - in: Vergangenheit und Gegenwart Zyperns, 1969, S. 259 ff
196 Derselbe, ebenda, S. 265

Bemerkenswert sind ferner die *bulgarischen* Bräuche bei Tod und Begräbnis. Die Tür und die Fenster des Zimmers werden geöffnet, um dem Kranken das Sterben zu erleichtern, bei der Leichenklage wird, wie A. STRAUSS[198] berichtet, zum Toten wie zu einem Lebenden gesprochen. So werden dem Verstorbenen auch Aufträge für die vorangegangenen Angehörigen ins Jenseits mitgegeben. Bis zum Morgen nach der Beerdigung scheint dem Abgeschiedenen auch das Gehör geblieben zu sein; wird am Grabe geweint oder geredet, kehrt der Verstorbene nach Hause zurück. Drei Tage nach dem Begräbnis zündet man am Grabe ein Licht an und setzt Wein und Wasser auf das Grab. Ebenso wird in der Stube, in welcher der Tote verstarb, drei Tage lang für die noch immer im Hause herumirrende Seele Butter und Wein bereitgestellt. Wir hören ferner, daß in manchen Häusern auch vierzig Tage hindurch, früh und abends, dorthin, wo der Verstorbene gebettet war, ein Stein gelegt und darauf eine brennende Kerze gestellt wird. Man meint, die Seele würde noch vierzig Tage nach dem Tode im Hause verweilen. Wichtig ist, daß der Verstorbene gründlich gewaschen oder gebadet wird. Danach erhält er neue Kleider. „Man glaubt, der Verstorbene habe einen weiten Weg vor sich und würde viel ausstehen, wenn er barfuß ginge. Sehr oft werden Frauen die Hochzeitskleider angelegt, damit sich die Eheleute im Jenseits wiedererkennen."[199] Nach Auffassung des Volkes trägt der Tote seine wichtigsten Sachen mit ins Jenseits; so werden die zu Lebzeiten am meisten gebrauchten Dinge mit ins Grab gegeben. Auch Geld wird so beigelegt. Im Bezirk von Küstendil z. B. gab man den Verstorbenen auch etliche Kleidungsstücke mit, damit sie die Möglichkeit eines Umziehens erhielten.

Krankheit und Tod werden durch Hundegeheul angezeigt; auch finden wir bei den Bulgaren die Meinung weit verbreitet, daß der *Hund* die Geister wittere. So ist auch im südslawischen Volksglauben die Auffassung vorhanden, Hunde würden das Herannahen

---

197 E. SCHNEEWEIS. - Volksglaube und Volksbrauch bei den Südslawen. - 1961. - S. 83 ff, 106

198 A. STRAUSS. - Die Bulgaren. - Leipzig 1898. - S 427, 451 ff

199 CHR. VAKARELSKI. - Bulgarische Volkskunde. - Berlin 1969. - S. 304

der Krankheitsgeister ahnen und sie sogar sehen. Auch im deutschen Volksglauben besitzt der Hund die Gabe des Geistersehens.

3. Das Fortwirken etruskischer Vorstellungen

Das Nachleben *etruskischer* Vorstellungen beispielsweise zeigt S. CLES-REDEN in etlichen Dörfern der *Toskana*[200] auf. In den im alten Inneretrurien gelegenen Dörfern Barbarano Romano und Vetralla trägt man zu Allerseelen große Bilder der Verstorbenen, mit Blumen geschmückt, auf die Gräber. Alte Frauen gedenken dabei der Abgeschiedenen mit lauter Stimme; sie rufen sie auch beim Namen, und fragen nach ihrem Ergehen. Neben der Totenklage hören wir auch von einer Art Speiseopfer für die Verstorbenen; am 1. November nämlich sammeln Kinder unter neun Jahren Lebensmittelgaben als „Carità per i morti" ein. Ebenso wird im geheimen die magische Verfluchung in den alten Formen geübt. „Die Trusker vollzogen sie, indem sie beschriebene Täfelchen, auf denen die verhaßten Personen den Unterweltgöttern und Dämonen geweiht wurden, in die Erde vergruben."[201] Heute nun spricht man über Gegenständen dieser Personen Verwünschungsformeln aus, vergräbt dieses Besitztum in der Erde und übergibt es so den unteren Mächten.

4. Altertümliches im armenischen Volksglauben

Recht altertümliche Vorstellungen finden wir beispielsweise auch im *armenischen*[202] Volksglauben. Die Seele fährt beim Tode aus dem Mund heraus; sie lebt, vom Leibe getrennt, unsichtbar fort. Doch denkt man sich die Seele zumeist in menschlicher Gestalt, dem Körper irgendwie ähnlich. Wichtig ist ferner die Tiergestalt der Seele. Die abgeschiedenen Seelen verursachen Krankheiten.

---

200 S. v. CLES—REDEN. - Das versunkene Volk. Welt und Land der Etrusker. - Frankfurt/M. 1948. - S. 128 f
201 Derselbe, ebenda, S. 129
202 M. ABEGHIAN. - Der armenische Volksglaube. - Diss. Jena 1898, S. 8 ff

Große Furcht ist so vor der Heimsuchung durch abgeschiedene Seelen vorhanden. Nach Auffassung der Armenier bleibt die Seele des Verstorbenen in dessen Nähe, solange das Begräbnis nicht stattgefunden hat. Ein ganzes Jahr hindurch aber hält sich die Seele in der Nähe des Grabes oder der früheren Heimstätte des Toten auf. In den ersten Tagen nach dem Tode und im Laufe des ganzen ersten Jahres überhaupt haben die Hinterbliebenen der Seele des Verstorbenen besondere Sorgfalt zu widmen. Wichtig ist so die Speisung der Seele.

War der Verstorbene mehr als zehn Jahre alt, so läßt man dort, wo man seine Leiche badete, Kerzen oder Öllampen brennen, um den Weg der Seele ins Jenseits zu erleuchten. Das Jenseits selbst ist nach älteren Vorstellungen dunkel; zwei Kerzen in den Händen des Verstorbenen sollen ihm helfen, seine Verwandten und Bekannten zu erkennen. Die Sitte des *Leichenschmauses*, der Seelenspeise, des „Seelenbrotes", ist in Armenien weit verbreitet. Jeder Verstorbene beansprucht Speise; so wird gleich nach dem Tode ein Brot auf das Herz des Toten gesetzt. Auch kann geweihtes Brot in seinen Mund gesteckt werden. Bei den fünf großen Jahresfesten wird das Andenken der Toten geehrt. Eng ist die Verbindung der Seelen mit den Gestirnen, welche „Lampen der Seelen"[203] sind. Das Paradies befindet sich in einem großen Meere; vor den Himmelstoren fließt der feurige Strom, worüber eine Brücke führt.

5. Altertümliche Züge im ägyptischen Volksglauben der Gegenwart

Altertümliche Anschauungen treten uns ferner in *Ägypten* in den Totengebräuchen entgegen, in der Hauptsache im Rahmen des dörflichen Lebens, in der Welt des Fellachen. Speisen, vorwiegend Lieblingsspeisen des Vorstorbenen, werden von den Frauen regelmäßig für die Armen ans Grab gebracht. Vielerorts ist auch die Meinung noch vertreten, die Seele könnte in Gestalt eines Vogels die Erde besuchen. Ebenso müsse die Seele einen feurigen Strom

---

203 Derselbe, ebenda, S. 25

überschreiten, um den Weg ins Jenseits zu nehmen. Es handelt sich hier um Vorstellungen, wie wir sie aus dem altägyptischen Totenbuche[204] kennen. Im ägyptischen Volksglauben der Gegenwart hören wir auch von einer großen Schar von Geistern; wichtig werden insbesondere die Geister der Toten, die den von ihnen Besessenen zu ihrem Sprecher machen. Der Auserwählte ist das „Reittier" der Abgeschiedenen, die Kontakt zu den Hinterbliebenen suchen. Die „reitenden Geister der Toten", Gespenster, Dämonen, Heilige, Verzückte, dann den Totenkult und das Priestertum hat .H. WINKLER[205] uns für die Welt des oberägyptischen Bauerntums geschildert. Die Totengeister sind es auch, die den Menschen Krankheit schicken können. Das Medium, das die Totengeister trägt, ist befähigt, ihre Wünsche zu erfahren und für die Betreffenden Versöhnung zu erlangen. Im Zusammenhang mit der Geistervorstellung ist auch die Idee von einem *Doppelgänger* bemerkenswert, die an den altägyptischen Ka erinnert.

6. Altindianische Totenkulte im mexikanischen Volksglauben

Altindianische Totenkulte finden wir z. B. im *Mexiko* der Gegenwart. Vor dem Totengedenktag legen die *Chamula*-Indianer des mexikanischen Saates Chiapas einen Weg zwischen ihren Häusern und den Gräbern der Verstorbenen fest. Die Kirchenglocken des Dorfes rufen die abgeschiedenen Seelen in die Häuser, in denen das Totenmahl vorbereitet und die Tische mit Blumen geschmückt sind. Gefüllte Maisbrote, Maisgetränke usw. sind die Totenspeise. Läuten die Glocken zum zweiten Male, so werden von der Herrin des Hauses die verstorbenen Verwandten mit ihren Namen angerufen. Kerzen brennen nächtlich in den Häusern; Freunde und Verwandte besuchen einander. Das, was die Toten an Speisen übrig ließen, verzehrt man gemeinsam. Der Besuch der Totenseelen vor allem haftet fest im Bewußtsein der Indianer.[206]

---

204 W. VYCICHL. - Ägypten und Nubien. - in: Die Große Völkerkunde. - (Hrsg.) A. BERNATZIK. Bd. 1. - Leipzig 1939. - S. 246

205 H. A. WINKLER. - Die reitenden Geister der Toten. - Stuttgart 1936. - S. 95 ff

206 H. HELFRITZ. - Mexiko. Land der drei Kulturen. - Berlin 1968. - S. 149 ff

Überall ist in Mexiko im November ein „heiterer Tod" Begleiter der Lebenden. Totenköpfe aus Teig und Zuckerguß liegen in den Schaufenstern der Bäckereien und Konditoreien. Nicht zur Traurigkeit, sondern zur Fröhlichkeit soll die Besinnung auf den Tod führen. „Das Leben ist nichts wert", sagen sich die Mexikaner stoisch und fatalistisch, „es gibt mehr Schmerzen für die Lebenden als für die Toten. Ich sterbe lieber vergnügt, als ohne Gewinn zu leben ...".

7. Zum Volksglauben in Großbritannien und Nordeuropa

Kehren wir wieder nach *Westeuropa* zurück, so hören wir in der volkstümlichen Überlieferung Großbritanniens[207] von Leichenwachliedern, die im Sterbehause gesungen werden. Sie schildern den gefahrvollen Weg der Seele ins Jenseits und die Brücke der Toten. Wir vernehmen ferner von Allerseelenfeiern und Heischeumzügen der Knaben am Vorabend des Festes, wobei „Seelenkuchen" gefordert werden.

Für den Volksbrauch in Nordeuropa erwähnt R. WOLFRAM[208] Totenklagen. Vor dem Schließen des Sarges gestaltete sich beispielsweise in *Schweden* (Uppland) der Abschied vom Toten sehr ergreifend. Die nächsten Angehörigen hielten einander in den Armen, traten zum Sarg und verweilten dort längere Zeit, wobei sie den Namen des Verstorbenen klagend riefen.

Eine Art musikalischer Totenklage fand R. WOLFRAM[209] in *Norwegen* vor und zwar in Westland und Rogaland. Natürlicherweise haben sich Totenbräuche vorzugsweise in entlegenen Gebieten erhalten. Mit einem speziellen „Kunstgesang" wurde der Tote zum Friedhof gebracht; auf dem Wege zur Kirche verhielt das Totengefolge vor jedem Hause und sang dann einige Verse.

---

207 A.-M. HABERLANDT. - Die Völker Europas. - Stuttgart 1928. - S. 227
208 R. WOLFRAM. - Totenklagen in Norwegen. - in: Niederdeutsche Zeitschrift für Volkskunde, 22, Bremen 1947
209 Derselbe, ebenda, S. 44 ff

8. Vorchristliche Auffassungen

Bei einer Betrachtung des heutigen Volksglaubens gewahren wir, daß hinter den christlichen Jenseitsvorstellungen beträchtlich *vorchristliche* Auffassungen vorhanden sind. Gedacht sei in diesem Zusammenhang besonders an Allerseelen[210], Arme Seelen, Tod, Wiedergänger usw.

Die Gedächtnisfeste für die Toten — nämlich *Allerseelen* — finden wir bei sämtlichen Völkern vertreten. Das meiste Brauchtum von Allerseelen ist bestimmt durch den Glauben an ihre körperliche Anwesenheit. Zu Allerseelen nämlich sind diese Seelen überall anzutreffen, auf Wegen, Gräsern usw. Kühle Milch soll beispielsweise die Feuerqual dieser Seelen lindern oder auch Fett vom Allerseelenlicht, wie dies etwa in *Vorarlberg*[211] geschieht. Ebenso heizt man den Ofen, wenn die Seelen die „kalte Pein" leiden. „Arme Seelen" sind die nackten Seelen, welche aus dem Fegefeuer flehen, an Allerseelen vor allem suchen sie Hilfe. Das *Fegefeuer*,[212] in dem die Armen Seelen für die im Leben nicht abgebüßten Sünden zeitliche Strafen leiden, ist im Sinne eines Purgatoriums bereits in griechischen Anschauungen des 5. Jhd. v. Chr. vertreten.

Sehr bedeutsam ist auch die Vorstellung des *Wiedergängers;* die verstorbene Wöchnerin etwa zieht es zu ihrem Kind zurück. Garn um das Grab gelegt, soll so die Rückkehr der Wöchnerin hindern.

Elemente der Wiedergängervorstellung finden sich vorzugsweise im Ideenkreise der „Wilden Jagd"[213]. Zur Wilden Jagd schreibt OTTO HÖFLER: „Kaum ein Gebiet der germanischen Volksüberlieferung ist so umstritten wie die Sagen vom Wilden Heer. Daß in ihnen der Name *Wodan-Odins* fortlebt, und zwar in Skandinavien wie in Deutschland, ist nur ein Zug, der diesen Mythenkreis besonders auszeichnet." Wodan ist so der Anführer dieser wilden Jagd,

---

210 R. BEITL. - Wörterbuch der Volkskunde. - Stuttgart 1955. - S. 11 f
211 Derselbe, ebenda, S. 1, 2,
212 Derselbe, ebenda, S. 97
213 O. HÖFLER. - Der germanische Totenkult und die Sagen vom Wilden Heer. - in: Oberdeutsche Zeitschrift für Volkskunde, 10, 1936; H. PLISCHKE. - Die Sage vom Wilden Heer im deutschen Volk. - Diss., Leipzig 1914

des Totenheeres. Der Name dieses Geister- und Totenzuges wechselt von Region zu Region. Im Odenwald beispielsweise hören wir vom „*Rodensteiner*"[214], der Anführer dieser wilden Jagd ist. In den zwölf dunklen Nächten nach der Wintersonnenwende erscheint dieses Heer im Sturmgebraus. Ursprünglich bestand es aus Hingerichteten und Toten, später waren es teilweise ungetauft Verstorbene. In der Schweiz und in Vorarlberg[215] ist die Bezeichnung „*Nachtvolk*" für die Wilde Jagd üblich. Von „Nachtschar" sprach man in erster Linie in Graubünden und Churrätien. Es bedeutet Gefahr, diesem Nachtvolk zu begegnen, kann aber auch wieder Glück sein. Bedeutsam bleibt, daß sich die Wilde Jagd in der Vorstellung des Volkes lange Jahrhunderte erhalten hat.

VI. SCHLUSSFOLGERUNGEN

Zunächst ist auszusprechen, daß bei *sämtlichen* Stämmen oder Völkern der Erde irgendwie an ein Leben nach dem Tode geglaubt wird. Auch bei den ethnologischen Altvölkern ist ein derartiger Glaube vorhanden. Zu erwähnen ist allerdings in diesem Zusammenhang, daß dieser Glaube eine gewisse Einschränkung erfährt, wird doch auch nicht für alle Verstorbenen ein solches Weiterleben angenommen. Feststeht jedenfalls, daß die Allgemeinheit der Menschen einen deutlichen Glauben an ein Leben nach dem Tode besitzt. Nicht immer jedoch erscheint dieses Jenseits als ein Ort ewiger Freude. „Das negative, überwiegend schattenhafte, kalte und aller irdischen Freuden beraubte Dasein herrscht in diesen Vorstellungen vor."[216]

Bedeutsam ist ferner der Umstand, daß das Weiterleben nach dem Tode nicht überall als ein ewiges Fortleben betrachtet wird.

---

214 Vgl. W. BERGENGRUEN. - Das Buch Rodenstein. - München: Deutscher Taschenbuch Verlag 1950
215 R. BEITL, Wörterbuch der Volkskunde, S. 548
216 W. GUNDOLF, Totenkult, S. 57

Auf jeden Fall jedoch bleibt der Umstand bemerkenswert, mit welcher Gewißheit eine entsprechende Fortsetzung des Lebens angenommen wird.

Eine Auffassung ferner, die weite Verbreitung findet, ist die von einer Fortsetzung des menschlichen Lebens nach dem Tode in gesteigerter und verbesserter Form.[217] Hier sei nur an die „Insel der Seligen" erinnert, oder an die im Westen liegenden Totenreiche. Ohne Krankheit und Tod, ohne jedwede Sorgen und Belastungen überhaupt leben dort die Abgeschiedenen weiter. Wir hören aber auch von einer Verschlechterung der menschlichen Existenz nach dem Tode, wie sie uns etwa in dem schattenhaften Dahindämmern der Verblichenen — denn hier kann wirklich von „Verblassung" gesprochen werden — in einem Lande der Unterwelt entgegentritt. Der griechische Hades oder die hebräische Unterwelt, Scheol, seien hier Beispiele. Immerhin zeichnet sich auch in der ägyptischen Vorstellungswelt mitunter das düstere Bild solcher Weise charakteristisch ab. Die verstorbene Frau hält folgende Rede an ihren überlebenden Gemahl: „O mein Genosse, mein Gemahl! Höre nicht auf zu trinken und zu essen, betrunken zu sein, die Liebe der Frauen zu genießen, Feste zu feiern. Folge deinen Wünschen bei Nacht und bei Tage. Gönne der Sorge keinen Raum in deinem Herzen. Denn das Westland ist ein Land des Schlafes und der Finsternis, ein Wohnort, in dem sie bleiben, die darin sind. Sie schlafen in ihrer Mumiengestalt, sie erwachen nimmermehr, um ihre Genossen zu sehen, sie erkennen weder ihre Väter noch ihre Mütter, ihr Herz sorgt sich nicht um ihre Weiber und Kinder. Auf Erden genießt jeder das Wasser des Lebens, aber ich leide Durst. Wasser kommt zu dem, der auf Erden weilt, ich aber dürste nach dem Wasser, das bei mir fließt. Ich sehne mich nach dem Luftzuge am Ufer des Flusses, damit er mein Herz in seinem Kummer labe. Denn der Name des Gottes, der hier herrscht, lautet ‚vollkommener Tod'. Wenn er ruft, dann kommen alle Menschen, zitternd vor Furcht, zu ihm. Er macht keinen Unterschied zwischen Göttern und Menschen, vor ihm sind die Großen den Kleinen gleich. Er er-

---

217 Fr. HEILER. Unsterblichkeitsglaube und Jenseitshoffnung in der Geschichte der Religionen. - in: Glauben und Wissen 2, München/ Basel 1950

weist keine Gunst dem, der ihn liebt, er reißt das Kind dahin von seiner Mutter und den alten Mann in gleicher Weise. Niemand kommt, um ihn zu verehren; denn er ist nicht gütig gegen den, der ihn verehrt, er achtet nicht auf den, der ihm Opfergaben darbringt."[218]

Wir hören aber nicht nur von oberen und unteren Welten, in die sich die Abgeschiedenen begeben. Der Glaube an eine *Seelenwanderung* läßt die Seelen der Abgeschiedenen in einem anderen Leibe auf dieser Erde eine Weiterexistenz finden. Diesen Auffassungen begegnen wir bei einer Reihe von Naturvölkern; besonders vertreten sind sie jedoch bei den indogermanischen Völkern.

Eine recht verbreitete und so auch sehr alte Vorstellung ist die von der *Überquerung eines Wassers* oder Stromes durch die Seele auf dem Wege ins Jenseits. Eine geheimnisvolle Macht bewegt das fließende Wasser, in der Meinung der Menschen; das Wasser ist zugleich wieder die Grenze zwischen den Lebenden und den Toten.

Von besonderer Wichtigkeit ist die *übermenschliche* Stellung der Abgeschiedenen. Die Toten erscheinen so als höhere Wesen. In diesem Zusammenhang z.B. ist es wichtig, daß von den Toten Offenbarungen erwartet werden können. Obschon sich die Verstorbenen in einer transzendenten Daseinssphäre befinden, verbinden sich mit menschlichen Bedürfnissen übermenschliche Fähigkeiten und Kräfte. Hilfe und Wohlwollen erwartet man von ihnen, vor allem Fruchtbarkeit für Mensch, Tier und Pflanze. Die Ahnen sind zugleich Mittler zum Höchsten Wesen; gerade im *Ahnenkult* (Manismus) ist eine überaus innige Verbindung der Lebenden mit den Toten gegeben. Die afrikanischen Bantu in der Hauptsache sind repräsentative Vertreter dieses Ahnenkultes. Hier ist überhaupt zu sagen, daß der Manismus seine stärkste Ausprägung bei den bodenbauenden Völkern Afrikas, Süd- und Ostasiens und auch Ozeaniens findet.

Von besonderem Belang ist ferner der Umstand, daß Verstorbene auch in den Rang der *Götter* gelangen. Beispiele liefern hierfür Griechen und Ägypter.

218 Vgl. H. KEES. - Totenglaube und Jenseitsvorstellungen der alten Ägypter. - Leipzig 1926

Was nun abschließend das verschiedene Schicksal der Abgeschiedenen betrifft, so ist nochmals darauf hinzuweisen, daß ursprünglich keineswegs sittliche Maßstäbe entscheidend sind. Jedoch ist deutlich zu sehen, wie wichtig der moralisch-sittliche Faktor in den Auffassungen der Völker zu sein vermag.

Ein sehr bedeutsames Kapitel ist endlich die Frage nach den kulturellen Zusammenhängen, in der Form, daß auch in weit voneinander gelegenen Gebieten auffallende Ähnlichkeiten oder Gleichheiten in den Jenseitsvorstellungen der betreffenden Gruppen in Erscheinung treten. Etliche Beispiele dieser Art wurden in den Ausführungen genannt. Gewisse Anschauungen dürften sich als gemeinsames Gut der Menschheit erweisen, finden sich also bei vielen Völkern vor, wo sie selbständig entstanden. Auf der anderen Seite wieder wird auch das kulturelle Gewicht der Wanderungen und Entlehnungen deutlich, das Ausgehen eines Motivs, einer Idee, von einem bestimmten Orte aus, wo es entstanden ist. Bedeutsam für unser Problem ist auch die Frage nach den Zusammenhängen innerhalb der Hochkulturen. Hier wäre besonders der Zusammenhang zwischen dem Vorderen Orient und Mesoamerika zu erwähnen. Alles in allem könnte unsere Studie noch einmal die Vielgestaltigkeit und Farbigkeit der Gedankenwelt bei den einzelnen Völkern sichtbar werden lassen, wie sie in einer so wichtigen Problematik ihren Ausdruck findet.

Dieses Bild von Tod und Jenseits in der Geschichte der einzelnen Völker wird durch den folgenden Beitrag von SIGRID LECHNER-KNECHT über „Totenbräuche und Jenseitsvorstellungen bei den heutigen Indianern und bei asiatischen Völkern" bis in die Lebensäußerungen der Gegenwart ausgestaltet.

SIGRID LECHNER-KNECHT

TOTENBRÄUCHE UND JENSEITSVORSTELLUNGEN BEI DEN HEUTIGEN INDIANERN UND BEI ASIATISCHEN VÖLKERN

Der Tod ist ein nicht mehr umkehrbarer Abschluß des irdischen Lebens. Wie der Einzelne damit fertig wird, hängt von seiner persönlichen Einstellung zum Sein ab, vom kulturellen und religiösen Mutterboden, von Tradition und Erziehung.*

Auf meinen vielen Reisen als ethnographisch interessierte Biologin habe ich gelernt, daß für die Naturvölker, wie für die Natur, der Tod zum Leben gehört, und daß er ein Mysterium ist, über welches man nicht diskutieren, wohl aber meditieren kann, und daß die Majestät des Todes zu respektieren ist.[1]

I. TOD UND JENSEITS BEI DEN HEUTIGEN INDIANERN

Die vergangene Kultur der Indianer gründete auf einer irdisch-überirdischen Welt, die sakral war und durch Opfer (vor allem des Menschen selbst) in Gang gehalten wurde. Im kultischen Rausch, der eine Erhellung des sonst dumpfen Bewußtseins bringt, überbrückte man das Irdische und erlebte die Einheit, die gleichzeitig eine polare war: *Licht* und *Finsternis* stehen in einer dynamischen Spannung. In den Kriegen und Kulten wurde dies dargestellt. Alles Wesentliche im Irdischen geschah, um sich durch den Tod einen Platz im Kosmos zu sichern, dies im Glauben, daß es zur Funktion der Welt auf jeden Einzelnen ankommt.

---

* Dieser Beitrag wurde vom Herausgeber aus einem sehr umfangreichen Manuskript entsprechend der Thematik des Bandes zusammengefügt.

1 S. LECHNER-KNECHT. - Reise ins Zwischenreich. Herder Taschenbuch 681. - Freiburg/Br.: Herder 1978

Das Universum wurde als eine Doppelpyramide gedacht: zwei Pyramiden mit gemeinsamer Grundfläche, welche die Erdscheibe darstellt. Die Verstorbenen steigen entweder in die 9 (bzw. 13) Zonen der Himmelspyramide auf oder aber 9 Zonen hinab nach der Unterwelt *Mictlan*. Die beiden Pyramidenspitzen symbolisieren also die Polarität von oben/unten = Licht und Finsternis. Der Mensch auf Erden wandelt zwischen den beiden Polen. Der Tod ist eine Art Drehtür, die den Weg nach oben oder unten freigibt. Ohne den Tod kann der Mensch also nicht in die polaren Welten gelangen. Daher war die Todesart für das weitere Schicksal wichtiger als das ethische Verhalten im Leben und so glaubte man folgendes:

1. Wer eines *normalen Todes* (durch Krankheit oder Alter) starb, — der Tod im Krankenbett hatte für die Mexikaner Verhexung als Ursache, was „normal", aber nicht natürlich war — mußte abwärts in das düstere *Mictlan*, wo die Türen links d. h. ohne Ausgang sind, wo sich ewiges Vergessen breitet. Um dorthin zu gelangen, hatte der Verstorbene acht Unterwelt-Stationen verschiedener *Infernos* zu durchwandern: Zusammenstoßende Felsen, eiskalte Winde, Obsidiansplitter wirbeln durch die Luft, als Nahrung dienen ungenießbare oder giftige Pflanzen, usw. Wer endlich bei dem Herrscherpaar des Totenreichs Mictlan angelangt war, hatte *keine Hoffnung auf Rückkehr*. Bei den *Maya* gab es jedoch auch nach diesem Inferno eine Erlösung, das heißt die Möglichkeit, ins „Haus der Sonne" aufzusteigen.

2. Wer unter den „gewöhnlichen" Toten durch Wassersucht, Gicht, Aussatz, durch Ertrinken oder Blitzschlag starb, kam nicht in die Unterwelt, sondern in den untersten der 13 Himmel, nach *Tlalocan*, ins Reich des Regengottes Tlaloc. Dort gibt es (für Wüstenbewohner!) alle nur denkbaren Freuden: Üppige Vegetation, Bäume mit saftigen Früchten, zwischen denen Falter gaukeln, sportliche Spiele, Tanzen, Singen und Weinen (!) ... In Teotihuacan sind diese Freuden des Regengott-Paradieses dargestellt.

3. Die *Kinderseelen* gelangten in einen eigenen *Kinderhimmel*, ins Blumenland (Xochitlalpan), wo ein Baum mit süßen Honigblüten stand, an denen sie wie an der Mutterbrust saugten.

4. Die höchsten Wonnen des Jenseits erfuhren die im Krieg *Gefallenen* und die für die Götter *Geopferten*, die im Kindbett gestorbenen Frauen, die *Könige* und die auf der Reise umgekommenen *Kaufleute*. Menschen also, die für die Existenz des sozialen Gefüges wichtig waren. Sie kamen ins *Haus der Sonne* (Tonatiuhichan) und wurden zu Göttern.

Die *heutigen* Indianer haben zwar noch im Ritus Übernommenes erhalten. Auch gilt ihnen das Jenseits als eine Realität, die auf den alten Vorstellungen gründet. In ihren christlichen Vorstellungen kam es zu einer seltsamen Verschmelzung von altüberliefertem, indianischem Glauben und dem aufgepfropften, neuen, christlichen Glauben. Immer noch hat der Indianer ein kreatürliches Verhältnis zum Tod, und so fehlt eine Todesfurcht. Aber das überhöht-abstrakte, heroische Kosmosverständnis aus vorkolumbischer Zeit gibt es nicht mehr.

Hierzu ein Erlebnis: Heute ist der *Dia de los Muertos* (Guatemala) der Indianer der höchste indianische Festtag, der mit dem Allerheiligen- und Allerseelentag verknüpft wird.

Schon am frühen Morgen schleppen die Indianer Körbe mit Blumen und Kränzen auf den Friedhof. Besonders beliebt sind die goldgelben Tagetes-Blumen, die, wie in vorspanischer Zeit, „Sonne", „Licht" und „Leben" symbolisieren.

Die Familien versammeln sich um die Gräber. Kerzen brennen. Man ißt und trinkt, lacht und singt. Tequila, der Agavenschnaps, wird besonders von den Männern reichlich konsumiert. Tequila wird auch auf das Grab gegossen. Mitunter werden auch Tonröhren in den blumengeschmückten Grabhügel gesteckt und in sie der Schnaps gegossen, damit er den Toten eher erreicht. Schnaps, Weihrauch und die Kerzenflamme, die sich durch die Wärme verflüchtigen und zum Himmel aufsteigen, gelten als *Symbol für die Verwandlung* der Materie in eine unsichtbare Welt.

Scharfe Alkoholika sind heute an die Stelle kultischer Drogen getreten. Bei den Azteken stand die *Todesstrafe auf Alkoholrausch*, der nur an einem bestimmten Festtag erlaubt war. Heute findet man bei allen Festen zum Schluß viele Männer in der Horizontalen liegen. Der angestrebte Entrückungszustand ist zu einem Alkoholvollrausch geworden. Wie bei vielen Naturvölkern hat der sogenannte Fortschritt die alten Ordnungen zerrüttet. Dies wurde mir angesichts eines *Leichenzuges* kraß gezeigt. Ein Sarg wird herangetragen, gefolgt von einer großen Menschenmenge. Dicht hinter dem Sarg schwankt eine Frau, rauft sich die Haare und stößt gellende Schreie aus, etwa mit dem Inhalt: „Ich bin nicht betrunken. Es ist mein Schmerz, der *mein Herz schreien läßt*. Oh meine Mutter, die du in diesem Sarge liegst, nun gilt deine Tochter nichts mehr."

Einige Frauen fallen ins Jammergeheul ein. Es sind *Klageweiber*, von der Familie bestellte oder spontan im Leichenzug hervortretende Frauen. Sie machen exaltierte Bewegungen, schauerlich anzusehen. Am Ende des Zuges kreist ein mit Schnapsflaschen gefüllter Korb. Einige Männer schwanken schon bedenklich und müssen gestützt werden. Während die Frauen noch die alten Traditionen pflegen, sind die Männer bereits dem Suff verfallen.

Mit dem Doppelschlag der Glocke — ein Schlag für die Lebenden, einer für die Toten — wird um Mitternacht alles eingepackt, meist auch die Blumen. Die Leute gehen in die Kirche und begrüssen die auf Erden angekommenen *Animas* (Seelen). Man stellt für sie Kerzen auf und prostet ihnen zu.

Daheim wird nach dem Friedhof- und Kirchgang ein Mahl für die Besucher aus der „anderen Welt" bereitet. Die Tische sind festlich geschmückt, der Boden mit Blumen und Kiefernnadeln bestreut. Für jede Anima = Seele ist gedeckt. Nach ihrer langen Reise können sich die Animas an Kohl- und schwarzer Bohnensuppe, Fleisch und an verschiedenen Tamales (gefüllte Maisfladen) erquicken. Kalebassen mit Wasser und einem ungesüßten Maistrank stehen bereit.

Beim Doppelschlag der Kirchenglocke ruft die Hausfrau mit dem zweiten Schlag alle Verstorbenen der Familie namentlich und lädt sie zum nächtlichen Gelage ein, an dem die Lebenden nicht teilnehmen. Haben sich die Animas genügend gestärkt, — angeblich werden die angebotenen Speisen weniger (ähnlich wie auf Ceylon) - so begibt man sich zu den Nachbarn und ißt dort, was die Seelen übrig gelassen haben. Niemals werden im eigenen Haus die Speisen angerührt.

Die „*Noche de los Muertos*" endet vor Sonnenaufgang wieder mit dem Doppelschlag der Glocke. Die Animas verlassen ihre Familie und kehren ins „Paraiso" zurück.

Die Hinterbliebenen freuen sich auf das „Wiedersehen" im nächsten Jahr. Sie glauben steif und fest an diesen jährlichen Seelenbesuch. Natürlich durfte ich bei dem nächtlichen Seelengelage nicht teilnehmen. Meine Gewährsleute erzählten mir, daß für die Indianer diese Begegnung mit ihren Verstorbenen auf Erden derart real erlebt werde, daß niemand von einem Wiedersehen im Jenseits spreche.

II. TOD UND JENSEITS BEI ASIATISCHEN VÖLKERN

Zum religiösen Weltbild der *asiatischen Völker*, die sich zum *Buddhismus* und *Hinduismus* bekennen, gehört untrennbar der Glaube an die *wiederholten Erdenleben*. Er ist der zentrale Kern dieser Religionen oder Lebensausrichtungen.

Bei uns besteht oft die irrige Meinung, der *Buddhismus* lehre die Seelenwanderung, daß also eine geistige Entität – von uns „Seele" genannt – sich unzählige Male in- und exkorporiere. Nicht die Seele wechselt die Körper wie Kleider, sondern „*Samskara*", die Summe der körperlichen und geistigen Tätigkeiten während eines Lebens, eine hohe *Wirkkraft*. Nach dem biologischen Ende, gleichgültig, ob die Leiche beerdigt, verbrannt oder den Vögeln zum Fraß überlassen wird, bewirkt diese angereicherte Kraft schöpferisch neue körperlich-geistige Einheiten. Bei der Bewältigung des Todes geht es im Buddhismus um den *Zurückziehungsprozeß* beim Sterben, um die schrittweise erfolgende Entkörperung aus unserem grobstofflichen Körper und den feinstofflichen Körperzuständen. Nach der indischen Samkhya-Philosophie gilt die Körperlichkeit als fünfschichtig: Vier „Schichten" sind feinstofflich, nur *eine* grobstoffliche „Schicht" bildet unseren sichtbaren Körper.

Im *Hinduismus* ist *Atman*, das individuelle *Brahman*, unzerstörbar und ewig, etwa mit der christlichen „Seele" vergleichbar. Es gibt ein *niederes Ich* (Ahamkara, das Ego) und ein *höheres Ich* (das unterscheidende *Buddhi*), das frei von allen irdischen Wünschen ist, Atman, das ewige Sein, verbindet sich mit Ahamkara, das sich in ständiger Verwandlung befindet. zu *Jivan* (spr. Dschivan). Das Jivan macht die Reinkarnationen durch, wobei sich ein immer neu verwandeltes Ahamkara, bestimmt durch die vorangegangenen Tätigkeiten und Gedanken, zu Atman gesellt. Wenn die Buddhi-Stufe erreicht ist, kann das betreffende Jivan ins Nirwana eingehen. Es sind also keine neuen Geburten und als deren Polarität keine weiteren Tode mehr nötig. Es gehören wie Schlafen und Wachen *Tod* und *Geburt* zusammen. Im übrigen gilt die Kausalität des Karma.

1. Tibet

In den tibetanischen Totenbüchern wird denen, die in der Kunst des Sterbens, der „ars moriendi", noch weniger erfahren sind, gesagt, was sie erwartet. Dem Sterbenden — und dann dem Verstorbenen — werden die durch Jahrhunderte überlieferten Texte ins Ohr gesprochen, um ihn so auf die Vorgänge des Sterbens (der allmählichen Entkörperung mit seinen psychischen und physischen Erlebnissen) vorzubereiten, sowie auf das, was nun folgt: die Erlebnisse im *Bardo* (= dem Zustand zwischen zwei [do] Seinsformen), der körperfreien Form und der Wiederverkörperung. Durch die Sinngebung von Leben und Tod wird das *Totenbuch* zugleich zum *Lebensbuch!*[2]

---

[2] A. DAVID-NEEL. - Heilige und Hexer, Glauben und Aberglauben im Land des Lamaismus. - Leipzig 1932. - S. 34 ff; dieselbe, Unsterblichkeit und Wiedergeburt. - Wiesbaden 1962; W. Y. EVANS-WENTZ (Hrsg.). - Das Tibetanische Totenbuch oder die Nachtoderfahrungen auf der Bardo-Stufe. (Engl. von L. K. DAVA-SAMDUP). - Zürich: Rascher 1953; H. v. GLASENAPP. - Die Philosophie der Inder. - Stuttgart 1958; derselbe, Die Weisheit des Buddha. - Baden-Baden 1946; derselbe, Buddhismus und Gottesidee. Die buddhistischen Lehren von den überweltlichen Wesen und Mächten und ihre religionsgeschichtlichen Parallelen. - in: Akad. d. Wissens u. Lit., 8. 1954, Mainz 1954; V. JONS. - Indische Mythologie. - Wiesbaden: Vollmer 1967; C. v. KORVIN-KRASINSKY. - Die tibetische Medizinphilosophie. - Zürich: Origo 1953; derselbe, Der Ganzheitsbegriff und seine Anwendung in der lamaistischen Heilslehre vom Menschen als Mikrokosmos. - in: Med. M. spiegel 4, 1961, S. 73 — 79; D.-I. LAUF. - Geheimlehren tibetanischer Totenbücher. Jenseitswelten und Wandlung nach dem Tode. Freiburg/Br.: Aurum 1975;

Die *tibetischen Lamaisten* kennen sechs Arten von Lebewesen: 1. Die *Götter;* 2. die *Nicht-Götter;* 3. die *Menschen;* 4. die *Nicht-Menschen,* wie die freundlichen oder auch bösartigen *Genien, Feen, Geister* (also feinstoffliche Wesen); *5. die Tiere;* 6. die *Yidag,* die Hunger und Durst erdulden, ohne ihn stillen zu können, da ihnen der grobstoffliche Leib fehlt, ebenso auch die Bewohner der verschiedenen Fegefeuer als Läuterungsstationen.

Alle diese Formen von Lebewesen sind nichts Endgültiges, sondern sie dauern nur eine gewisse Zeit, um sich dann zu wandeln, entsprechend der *Dynamik* des buddhistischen Weltbildes.

Nach A. DAVID-NEEL gibt es eine Gruppe von Lamaisten, die behaupten, daß man durch geistige Tätigkeit in diesem Leben selbst bestimmen könne, ob man im nächsten Leben als Gott, als Mensch von verschiedener Entwicklungshöhe, als Tier oder Yidag wiedergeboren wird. Sie sind hierbei (zum Unterschied ihrer Glaubensgenossen anderer Länder) der Meinung, daß das Schicksal der Verstorbenen nicht unbedingt dem sittlichen Verhalten des Vorlebens entsprechen muß.

Das Karma ist also nicht unabänderliche ethische Kausalität. Vielmehr gibt es eine „Schule", in der Methoden gelehrt werden, mit deren Hilfe man sein Schicksal nach dem Tod „so weit abändern und verbessern kann, daß man in einer möglichst angenehmen Lage wiedergeboren wird"[3], obwohl das frühere Leben hierfür keine Voraussetzung gab. Ein tibetanisches Sprichwort zeigt, wie man über diese Methode („Thabs" genannt) urteilt: „Wer es versteht, kann auch in der Hölle behaglich leben." Die eingeweihten Lamas studieren regelrecht eine *„Wissenschaft des Todes"* Sie haben alle den Tod begleitenden Empfindungen durchlebt und wissen, daß man mit *wachem Bewußtsein* die Todesschwelle übertreten muß, um „auf wohlbekannten Wegen zu wohlbekannten Zielen zu wandern".[4]

Was den Weg fortsetzt ist nicht die „Seele", sondern die oben erwähnte *Wirkkraft,* das „Bewußtsein des Ich" und der „Wunsch zu leben". Dieses Bewußtsein ist eine der vielen Arten von Bewußtsein, die der Lamaismus unterscheidet, und wofür es bei uns im Westen keinen sprachlichen Begriff gibt.

3 A. DAVID-NEEL, Heilige und Hexer, S. 35

Beim Tod eines hohen lamaistischen Eingeweihten ist die Lesung aus den *Totenbüchern* unnötig, die, wie gesagt, *nur für die Uneingeweihten* geschrieben sind. Es wird von geistig hochentwickelten Persönlichkeiten berichtet, daß diese Tag und Stunde ihres Todes selbst bestimmen können. Falls diese von ihnen festgelegte Todesstunde für ihre Mitmenschen aus irgendwelchen Gründen ungünstig ist, können sie ihre Todesstunde verschieben. Mit Hilfe der Wissenschaft eines selbst ausgelösten Todes lassen die Eingeweihten mit vorgeschriebenen „hik"- und „phet"-Schreien ihren Geist durch die Schädeldecke entweichen.[5] Nun beginnt dessen Wanderschaft im „Jenseits". Er kann blitzartig die höchste Erleuchtung erkennen und ins Nirwana eingehen.

In diesem Zusammenhang verdient noch die *Totenmusik* eine besondere Erwähnung. Die Musikgruppe (mit Trommeln und Blasinstrumenten) ist bei Bestattungen zunächst dazu da, durch ihr Spiel böse Einflüsse abzuwehren. Darüber hinaus aber hat die Musik einen besonderen Stellenwert in der Zusammenschau der Welt: Der Mensch als Abbild des Kosmos wird durch drei Wirkkräfte beherrscht: *Chi*, Sanskrit *vayu*; *Schara*, Sanskrit *pitta*; *Badgan*, Sanskrit *kapha*. Wobei Chi sowohl „Wind" (Luft, Bewegung) wie geistige Dynamik („Vernunft") bedeutet; Schara bedeutet das rhythmisch-energetische Prinzip, das „Gelbe" (Gallige), den „Stoffwechsel" und Badgan das „Schleimige", „passiv Stoffliche". Sind die drei in Harmonie, bedeutet das Gesundheit. Das Zusammenspiel der drei Prinzipien erfolgt in sieben Stufen, die auf einer Basis ohne Raum und Zeit ruhen. Nach Meinung der tibetischen Medizinphilosophie wird nun das Zusammenspiel am besten durch Musik wiedergegeben. Somit gilt diese als die höchste Symolrealisierung der Weltharmonik.

2. Nepal

Der Herrscher von *Nepal* ist zugleich irdischer Repräsentant von *Wischnu*, einem der drei Hindu-Gottheiten (Wischnu der Bewahrer, Brahma der Schöpfer, Schiva der Verwandler). Die nepalische

---

4 Dieselbe, ebenda
5 Dieselbe, ebenda, S. 36 – 37

Religion ist ein Amalgam aus (indischem) Hinduismus und (tibetanischem) Buddhismus. Für den Nepali spielt es keine Rolle, ob er seine Gebete in einem Hindu-Tempel oder einer buddhistischen Kultstätte verrichtet (abgesehen von wenigen Ausnahmen wie der nur für Hindus zugängige Tempel Paschupatinah, Kathmandu, am Ufer des Bagmati, wo die Totenverbrennungen erfolgen). Auch in Nepal gibt es von Stämmen und Kasten abhängige Totenbräuche, mit einschneidenden Maßnahmen für die Sippe (mit langen Fastenritualen).

Typisch ist die *Verbrennung* mit anschließender Verstreuung der Asche in den heiligen Fluß Bagmati oder andere Flüsse. Alle Flüsse Nepals, die aus dem Himalaya, dem „Thron der Götter" entspringen, sind heilig.

Der Trauerzug (nur Männer!) mit dem Bambusgestell der Leiche im roten Tuch kommt schnellen Schrittes an den Fluß. Der älteste Sohn als Leiter des Rituals (mit geschorenen Haaren) nimmt zuerst ein Bad und trinkt vom schmutzigbraunen Wasser. Mit einem weißen Dhoti um die Hüfte streut er betend Reiskörner und Blumen auf den Holzstoß.

Mit einer kreuzartig geknoteten Fackel aus dem heiligen Gras Kusch umschreitet der Sohn dreimal den Holzstoß und entzündet ihn. Nun wird der Leichnam auf den Scheiterhaufen gelegt. Dazu spielt die Musik (Leute aus einer niederen Kaste). Am Ort bleibt eine Feuerwache solange, bis es nach verbranntem Fleisch riecht.

In *Nepal* wird Diesseits und Jenseits als Einheit betrachtet. Man lebt mit Geistern und Göttern auf Du. Jeder ist bestrebt, nach Schorga (Paradies) zu kommen und sein Karma im nächsten Erdenleben günstig zu gestalten. Hierfür sind „Verdienste" durch gute Taten nötig. Wenn möglich, wird zweimal monatlich gefastet, an Ekadasi (= 11 Tage), d. i. 11 Tage nach Neu- und Vollmond, im Juni und November werden außerdem große Ekadasi-Feste gefeiert. Sie geben Gelegenheit für Verdienste, um den Sündenberg abzubauen. So stiften einige Familien zu diesem Fest meterlange Blumenketten, die von den Frauen aus Tagetes-Blüten in mühsamer Arbeit bei Fasten und Beten hergestellt werden. Diese Blumengirlanden werden am großen Ekadasi-Tag über einen heiligen Fluß gespannt (in Nepal sind alle Flüsse heilig, weil sie vom Himalaya, dem Thron der Götter, entspringen). Diese Blumenbrücke symbolisiert die Wanderung des Menschen zwischen Diesseits und Jenseits, und das Wasser die Reinwaschung von Sünden mit Hilfe der sie ausgleichenden, wenn auch nicht tilgenden Verdienste.

Als *Symbol des Weiterlebens nach dem Tode* spielt die Heilpflanze „*Tulasi*" eine große Rolle. Bei den *Magar* der Gandaki-Zone (Zentralnepal) trinkt der Sterbende als eine Art „letzte Ölung" einen Aufguß aus den Blättern. Danach wird ihm (möglichst vom Priester) ein frisches Tulasi-Blatt auf die Zunge gelegt.

Den Angehörigen der Chhetri (Kriegerkaste) und der Brahmanen wird vor dem Lager eines Sterbenden, für ihn sichtbar, ein Gefäß mit Tulasiblumen gestellt. Er bekommt ein Stückchen der Wurzel auf die Zunge, und aufs Gesicht, die Ohren, die Augen und den Scheitel Blätter gelegt, und geweihtes Wasser vom Ganges wird über ihn gespritzt mit dem dreimaligen Anruf „Tulasi". Nun kann die Seele des Sterbenden unmittelbar zum Himmel eingehen, bis sie sich in einem anderen Körper inkarniert.

Es besteht der Glaube, daß die Verstorbenen der vergangenen Jahre — solang sie sich noch in einem „erdnahen" Stadium befinden — die Tulasi-Pflanze auf dem Hausaltar als nächtliches Absteigequartier benützen. Um den Totengeistern, die wie überall auf der Welt erst mit Einbruch der Dunkelheit eintreffen, den Weg zu leuchten, wird an der Spitze eines Bambusstabes eine Butterlampe angebracht. Manche Leute stellen auch den Tulasi-Strauß aufs Dach, um den Geistern den Weg zum „Übernachtungsplatz" zu erleichtern. Die Beleuchtung ist wichtig, damit sie sich bei ihrem Erdenbesuch nicht verlieren und den Weg zum Himmel zurückfinden.

Bemerkenswert ist die Ähnlichkeit derartiger Vorstellungen in geographisch weit getrennten Räumen und Religionen, die keinerlei Berührung haben, wie bei den Nepali, den Balinesen und den Indianern von Mexiko und Guatemala.[6]

---

6 S. LECHNER-KNECHT. - Magische Pilze — über die mexikanischen Pilzzeremonien. - Neue Wissenschaft, 2, Bern 1961, S. 82 — 92; dieselbe, Ein Ständchen in Nepal — das Ekadasi-Fest. - in: Waage 1970, S. 205 — 209; dieselbe, Ein Lichtfest in Nepal. - in: Esotera 1975, S. 1073 — 1082

3. Indien

Indien ist ein Subkontinent mit vielen Völkern. Vorstellungen und Riten wechseln daher sehr stark. Was alle verbindet, sind gewisse *allgemeine* Vorstellungen über den Tod und das Fortleben, die sich aus dem Mythos ergeben, welcher allerdings von der vedischen über die brahmanische zur hinduistischen Periode auch Wandlungen erfuhr.

Das Universum entsteht und vergeht in Zyklen. Jeweils erfolgt ein vollkommener Zusammenbruch (Maha-Paralaya) einschließlich der Götter, und ein neuer Schöpfergott wird geboren.

Brahmanischem Mythos zufolge waren (nach der großen Flut des letzten Weltuntergangs) *Yama* und *Yami* die Stammeltern des Menschengeschlechts. Yama wurde nach dem Tode König des Totenreiches; hinzu trat der Feuergott Agni. Verbrennung scheidet das Gute vom Bösen (das in der Asche bleibt). Die im Feuer geläuterten Seelen erhalten einen neuen Körper und gehen in das Reich des Lichtes. Das galt ursprünglich für *alle* Toten, außer den *kinderlos Verstorbenen!* Denn für sie hatte niemand die erforderlichen Opfer darbringen können. Kinder gelten noch heute in Indien nicht als Erben erworbener irdischer Güter, und nur nebenrangig als willkommene Mitarbeiter bei den verschiednen irdischen Pflichten, sondern ihr Hauptzweck sind ihre *Opferdienste* für die Verstorbenen. Daher sind Versuche, die Nachkommenschaft wegen der Bevölkerungsexplosion einzudämmen, aus religiösen Gründen zum Scheitern verurteilt.

Später mußte Yama auch prüfen, ob die „unerforschliche Weltordnung" *(Rita)* verletzt wurde; Schuldige wurden nun ins Reich der Finsternis (Put) geschickt.

Bis dahin ähnelt Yamas Reich der buddhistischen Himmelswelt (Swarga) am Gipfel des Meru. Nachdem aber der neue Himmel (Swarga) immer paradiesischer gedacht wurde, wurde Yama immer mehr Herrscher eines Schattenreiches und schließlich einer Hölle, wo man als Giftschlange, Wurm usw. wiedergeboren und für das Böse gequält wurde.

Schon den Sterbenden schaut Yama mit grausiger Miene an, die Schlinge in der Hand, um ihn abzuholen; und nur die unaufhörliche Anrufung Vischnu's kann den Tod hinausschieben, damit der Betreffende noch Zeit für Buße hat.

Daß der Tod Höhepunkt des Lebens ist, tut sich dort besonders kund, wo ein alter Mann, der Zeit hatte, sein Karma zu verbessern, gestorben ist. Wobei (wegen des schlechten Loses der Witwe) am besten der Mann als letzter stirbt. Im südindischen Madurai sah ich einen von Raketenschüssen und Trommeln animierten Männerumzug, der einen Blumenpavillon mit sich trug. Oben thronte aber keineswegs ein berühmter Mann oder ein Hochzeitspaar, sondern der Tote auf einem Kissen, angebunden an Bambusstäbe, mit einer weißen Binde um die Stirn. Es war wirklich ein Triumphzug!

4. Ceylon

In *Ceylon* besteht nach buddhistischer Auffassung das Universum (Chakravala) aus *drei Welten*: eine unter dem heiligen Berg Meru, eine am Bergfuße, eine an der Gipfelregion.

In die *erste Welt*, die *Unterwelt*, (mit ihren 136 Höllen) kommen alle, welche getötet haben — auch von Beruf wegen wie z.B. Metzger! —, welche betrogen und Rauschmittelmißbrauch begangen haben. Der Aufenthalt mißt nach Höllenjahren; „Pin" kann hier den Aufenthalt verkürzen helfen.

In der *zweiten Welt am Bergfuße* wohnen neben Menschen und Tieren Millionen von — den Himmelsrichtungen zuordneten — Königen unterstellten Geistern: Die Mächtigsten im Norden; im Westen ein Schlangenvolk; im Süden die Geister der Verstorbenen, die sich aus karmischen Gründen noch nicht reinkarnieren können, usw. — Diese teils lästigen Geister haben auch ihre ganz bestimmten Wirkzeiten im Tageslauf, weshalb die Dämonenvertreiber ihre gezielten Exorzismen zu festen Zeiten durchführen.[7]

Die *dritte Weltzone* liegt um den Gipfel des Berges Meru, wo sich zahlreiche Himmel (Lokas) mit tausenden von Göttern unter dem König Sakra (=Indra des Hindu-Pantheons) aufhalten. Die

---

7 P. WIRZ. - Ceylon, Exorzismus und Heilkunde. - Bern: Huber 1941

Himmel werden nach oben zu immer unstofflicher (auf die Welten der Meditation folgen schließlich die Welten ohne Form, wo das Nirwana als der Zustand des „vollkommenen Nichts", Bewußtheit ohne Gedanken, seliges „Sein in Brahman", erreicht wird.) Diese Welten werden von den Buddhas, aber auch von Heiligen (*Arhat*) bewohnt, die zwar nicht mehr wiedergeboren werden, aber noch Karma aus früheren Daseinsformen abzutragen haben, — und schließlich von Menschen, die die höchste geistige Entwicklungsstufe erreicht haben.

Interessant ist es nun, im Gespräch zu erfahren, wie von Einzelnen diese Lehre verstanden wird. Besonders viel vermittelte mir der Ceylonese Bandula Silva. Für ihn ist es klar, daß man je nach seinem Verhalten in früheren Leben als Tier, Mensch, Dämon (Geist im Mittelreich) oder Gottheit (Deva) wiedergeboren werden kann. Wer Dämon wurde, verursacht Zank und Streit, oder muß sich als Vampir herumtreiben, bis seine Zeit herum ist und er wieder in die menschliche Inkarnationsreihe zurückkehren kann.

Von der Art der sieben wichtigsten Gedankengruppen (jawan sith) hängt es beim Tode des Menschen ab, was für einen postmortalen Körper er erhält. Die geistigen Strukturen werden zahlenmythisch gegliedert und beim Tode entweicht dann diese „spirituelle Einheit" „Jawan Sith", um bei einer anderen Empfängnis wieder einem Menschen anzugehören, d. h. sich irgendeinem passenden Erbstrom auf der Welt einzufügen.

5. Jenseits — bei den Auslands-Chinesen

Die Religion der *Auslandschinesen* ist eine Mischung der jeweiligen Glaubensrichtungen des Gastlandes, basiert aber vorwiegend auf dem *Ahnenkult*. Je nach Herkunft aus dem Mutterland sind die Totenbräuche recht unterschiedlich, so daß nicht einmal die Chinesen die Bräuche aus einem anderem Distrikt kennen.

In Penang sah ich eine Trauerfamilie bei der Totenfeier mit Räucherstäbchen um einen Papieraltar schreiten. Der Priester läutete mit der Glocke die Ahnengeister heran, vertrieb mit einem Besen böse Geister, zog ein hölzernes Schiffchen mit einer Schnur hinter sich her, durchstach mit einem Dreizack einen Papierzylinder (Symbol dafür, daß die Verstorbene Kinder geboren hat). Die Tochter der Toten erhielt einen roten Lampion (rot ist ein Symbol für Leben, der Lampion für- in diesem Falle - die Tochter als direkte Nachkommin). Währenddessen blies ein Mann monoton auf einer Art Oboe.

Dann richtete man auf der Straße einen Scheiterhaufen aus bemalten Papiergegenständen: Ein schönes Haus, dazu Möbel (einschließlich eines Fernsehers), Papiergeld — und das alles wurde angezündet, sozusagen per Feuerexpress der Verstorbenen nachgeschickt.

Der chinesische Friedhof wirkt wie eine Miniaturstadt aus Liliput-Land mit Häusern, Türmen, Toren, Brücken. Der Tote wird oberirdisch in einen Zementsarg gelegt, der eine bestimmte, kosmisch bezogene Ausrichtung haben muß. Zum Suchen der optimalen Sarg-Lage gibt es Spezialisten, die Sang-Fung-Sui-Architekten (zuständig für die Harmonie von Wasser-Feuer-Luft zur Erde). Und für die Zeit der Einweihung wiederum bedarf es astrologischer Harmonie (Horoskope!). — Nach Zehn Jahren werden die Knochen entnommen, gewaschen und in einem kleinen Grab untergebracht, das ebenfalls im Einklang mit den Elementen sein muß. Die Umbettung ist sowohl für die Hiesigen wie für die Verstorbenen eine kritische Zeit.

Nach Meinung der Chinesen bleibt der Tote 7 x 7 = 49 Tage in Erdnähe und kann feinstofflich erscheinen. Daher baut man am 49. Tage im Zimmer eine Art Himmelsleiter aus Tischen und Stühlen, die mit weißen Tüchern bedeckt sind. An der Zimmerdecke befestigt man ein helles Licht (z. B. Karbidlampe). Unter Blasmusik und Gesängen kann nun der Geist in den Himmel fahren.

Hernach kann man ihn in spiritistischen Sitzungen befragen. Zwei fromme Männer halten eine Astgabel, in die der Geist „Sen Su" hineinfährt. Automatisches Schreiben mit dieser Wünschelrute vermittelt die Antworten. Wird die Rute müde, steckt man sie in Whisky. Die Banalität vieler Antworten und die Art der Wünsche des Geistes (der auch die Kinder ermahnt und lobt) bringt Probleme bei der Deutung des Ganzen.[8]

6. Nordsumatra

Als Ureinwohner *Nordsumatras* gelten die *Batak* mit ihren verschiedenen Stämmen. Bis zur Mitte des 19. Jhds. waren sie Kopfjäger. Sie verehren eine oberste unsichtbare Gottheit allen Seins, den „Herrn der Welt" und Weltschöpfer. Er wird „unser Großvater" beim Volk genannt. Dieser *Mula Djadi*, Ursprung des Werdens ohne Anfang und Ende, schuf die *Götterwelt*, obenan die göttliche Trias der drei Stammväter, und die ersten Menschen. Er schuf auch die *Unterwelt*, wo eine gefesselte Schlangengottheit (*Naga Padoha*) herrscht. Die *Mittelwelt*, wo nun die Menschen leben, wurde von Mula Djadis Tochter erschaffen. Sie gilt als Kulturstifterin.

Das Abbild dieser dreistufigen Welt sind die Dörfer und das Batak-Haus mit dem geschwungenen Dach: Das prachtvoll geschnitzte Dachgeschoß ist den Geistern und Göttern vorbehalten; in der Mitte sind die Wohnstellen mit Feuerplätzen für mehrere Familien, und das Vieh lebt darunter zwischen den Holzstelzen, die das Haus tragen.

Alle Geschöpfe haben sich dem allgemeingültigen Weltgesetz (Adat) zu unterwerfen. Die Adat reicht in sämtliche Bereiche des sozialen und religiösen Lebens, ja, sie gilt mehr als alle Religion, die vermenschlicht sein kann. Die Adat ist unmittelbarer Ausdruck des unsichtbaren Weltschöpfers.

Die Weltkraft äußert sich in „*Tondi*", einer geistigen Energie, die in allem steckt: Steinen, Handwerkzeug, Organen, Abdrücken, ja auch im Schatten und im Wort. Besonders hoch mit Tondi aufgeladen sind Häuptlinge,(Kinder.) Reiche, Zauberer, sowie einige Tiere (Tiger, Wildschwein, Menschenaffe). Im Schlaf oder in Trance verläßt Tondi den Körper und geht auf Wanderschaft, wobei er vieles erfährt, was man nach dem Aufwachen noch weiß. Im Tod trennt sich Tondi ganz vom Körper und treibt sich nachts als (meist böser) Geist, nun Begu genannt, herum, bis er im Sinne des Adat beschwichtigt wird.

Dies erfolgt durch ein getanztes Fest, bei welchem die provisorisch bestatteten, christlich eingesegneten Gebeine in ein kostspie-

---

8 S. LECHNER-KNECHT. - Geisterbeschwörung per Wünschelrute. - in: Esotera VII, 1978, S. 633 – 639

liges Mausoleum (Tambak) überführt werden, für das die Familie mitunter jahrelang spart. Sind die Begus zur Ruhe gekommen, steht dem weiteren Weg in einen (christlichen) Himmel nichts mehr im Wege.

Aus Gesprächen mit Festteilnehmern, die sämtlich getaufte und überzeugte Christen waren, wurde eine geradezu genial zu nennende Durchdringung zweier Religionsformen deutlich, die von seiten der Kirche akzeptiert wird. Die reich besiedelte *Geisterwelt* ist für die Batak von heute ein *Zwischenzustand* zwischen dem Diesseits und einem christlich geprägten Jenseits. Der Wiederverköperungsgedanke ist ihnen fremd.

Obwohl die Ahnen eine wichtige Rolle spielen, werden sie nur im Rahmen der Adat-Bestätigung, aber nicht in einem eigenem Ahnenkult verehrt. In diesem Adat-Rahmen lebt also der alte Glaube noch, aber das dreigegliederte Weltbild mit den zuständigen Gottheiten ist „christlich überhöht."[9]

7. Bali

Der *Balinese* glaubt, wie alle Hindu, daß die individuelle Seele (Jiva), vereint mit der Universalseele (Atman), im ganzen Körper wohnt, jedoch ihr „Zentrum" im Kopf hat, durch den sie beim Tod entweicht. Während des Schlafes verläßt sie (wie der *Tondi* der Batak) den Körper, um in der geistigen Welt umherzuschweifen und dort Eindrücke zu sammeln, an die sich der Erwachsene manchmal, aber nicht immer erinnert. Diese Wanderungen äußern sich in den Träumen. Die Verbindung zwischen Seele und Körper reißt auch im Tode nicht völlig ab, dies geschieht erst durch die Kremation. Bis dahin muß die Seele in der Nähe des letzten Lebensaufenthaltes verbleiben und kann sich dann als unguter Totengeist äußern, je nach Charakter und Verhalten im Leben. (Diese Ansicht hat überraschende Ähnlichkeit mit den Schilderungen von PARACELSUS[10])

9 J. WINKLER. - Die Toba-Batak in gesunden und kranken Tagen. - Stuttgart: Besler 1925
10 PARACELSUS. - Sämtliche Werke. - Wiesbaden 1932. - Bd. 4, S. 470 – 471

Auf Bali wird den Toten ein prunkvoller Abgang aus dieser Welt bereitet, um ein gutes Karma zu sichern, was gleichzeitig auch für die Lebenden gilt. Denn mit einer aufwendigen Verbrennungsfeier sammelt man sich Verdienste zum Ausgleich der Sünden.

Sind die irdischen Reste zu Asche geworden, so werden sie in einem besonderen Zeremonial nach ihrer Abkühlung in den Fluß gestreut. Nun ist *Jivan*, die *Individualseele*, frei. Sie ist eine Verbindung vom erdverhafteten, ichsüchtigen „Ego" (Ahamkara) mit der *Universalseele*, dem Atman. In unterschiedlicher Auslegungsweise wird (in den Upanishaden) zwischen den beiden Seelen als etwas Getrenntem unterschieden: Jivan als „Genießer", der nach der Karma-Lehre die Früchte des Tuns erntet, und Atman, die neben der ewigen Wahrheit auch die Illusion der Welt erkennen will und sich deswegen abwechselnd ver- und entkörpert. Später werden diese beiden Seelen als Einheit angesehen.[11]

III. SCHLUSSBETRACHTUNG

Auf mehreren Studienreisen rund um die Welt lernte ich bei verschiedenen Völkern ihre Einstellung zu Tod, Jenseits und Fortleben nach dem Tod kennen. So unterschiedlich auch der religiöse und kulturelle Hintergrund sein mag, finden sich trotzdem überraschende Gemeinsamkeiten bezüglich dieses Themenkreises, der eine zentrale existenzielle Frage unseres Menschseins betrifft.

Abgesehen von den Materialisten sind sich die Angehörigen aller Kulturkreise in folgendem einig:

1. Tod und Geburt, diesseitiges und jenseitiges Leben, bilden die Pole einer (diese Polarität zusammenfassenden) höheren Einheit.

2. Völker, deren Lebens-, Denk- und Glaubensweisen sich in Einklang mit der kosmischen Weisheit befinden, nehmen den *Tod* als ein *die gesamte Kreatur betreffendes Phänomen* hin. Der Tod ist für sie weder Freund noch Feind, sondern ein kreatürliches, wenn auch rätselvolles Faktum.

---

11 J. BELO. - Trance in Bali. - New York 1960; dieselbe, Traditional Balinese Culture. - London: 1970; G. SANNWALD. - Die Lehre von der Seelenwanderung in der Kulturgeschichte. - in: Neue Wissenschaft 10, H. 2, Bern 1961/1962 S. 73 – 74

3. Im präkolumbischen (altindianischen) Weltbild und in den Vorstellungen asiatischer Hochreligionen unterliegt das gesamte Universum mit allen grob- und feinstofflichen Geschöpfen, einschließlich der Götter, einem *zeitlosen, zyklischen* „Stirb und Werde!"

4. Gleichgültig, ob das Diesseits als ein freudvoller Aufenthalt oder als Quelle des Leids (wie im Buddhismus) aufgefaßt wird oder als ein Ort, der die Chance gibt für eine geistige Höherentwicklung – alle glauben an ein *nachtodliches*, viele auch an ein *vorgeburtliches Leben*, also an eine Wiederverkörperung.

5. Für alle in kosmischen Bezügen lebenden Völker sind *Totengeister* und sonstige Entitäten ohne grobstofflichen Leib (hilfreiche oder gefährliche Geistwesen) eine Realität. Daher gibt es entsprechende Dank-, Opfer- oder Abwehrzeremonien.

6. Auch wer keiner Religionsgemeinschaft angehört, jedoch mit aufgeschlossenem Sinn die Natur und den Kosmos betrachtet, wird eine die gesamte Welt durchdringende Weisheit erkennen, ein *geistiges Prinzip*. Der Geist ist aber unzerstörbar. Daher besteht auch für solche („religionslosen") Vorstellungen kein Zweifel an einem Fortleben nach dem Tode in verwandelter Form.

7. Es gibt jedoch in diesem Zusammenhang keine eigentlichen „Beweise", nur gewichtige *Indizien:* Der Tod schlägt die Brücke zu einem *Mysterium*, das uns Diesseitigen verhüllt bleibt.

> „Es kam ein Engel zu mir, mein Totenkleid zu nähen –
> Denn ich muß andere Welten weitertragen.
> Das ewige Leben dem, der viel von Liebe weiß zu sagen.
> Ein Mensch der Liebe kann nur auferstehen!
> Haß schachtelt ein! Wie hoch die Fackel auch mag schlagen."
> Else Lasker-Schüler (1876 – 1943)

Die aufgezeigten Jenseitsvorstellungen aus völkerkundlicher Sicht finden in der Kunst, besonders in der Poesie, jene Ausdrucksform, die, wie WILHELM GAUGER *im folgenden Beitrag darlegt, das Fortleben nach dem Tode am eindrucksvollsten als zentrales Mysterium des menschlichen Lebens beschreibt.*

Wilhelm Gauger

POSTMORTALE WELT UND POESIE

I. KÜNSTLER UND TOD

Dichter sind seit den ältesten Zeiten mit dem Tode in Verbindung gebracht worden. Es ist nahezu überflüssig, hier auf die Gestalt des Orpheus hinzuweisen, dem es fast gelingt, Eurydike wieder aus dem Schattenreich ins Leben zurückzurufen. Ich erinnere aber auch an einen Maler, ARNOLD BÖCKLIN, über dessen „Selbstbildnis mit dem fiedelnden Tod" (1872) HANS H. HOFSTÄTTER schreibt:

„Der Maler wird vom Tode nicht überrascht und auch nicht geholt. Er horcht von seiner Arbeit plötzlich auf und vernimmt einen Ton, der aus einer anderen Welt kommt, ‚d'outre tombe', einer Welt, an deren Grenzen der Künstler seine Inspiration empfängt, von den Tönen, die zu ihm herüberklingen. Das ganze Bild lebt von diesem Horchen, von der eindringlichen Gestalt jenes feinen Tons."[1]

Der Tod, das Jenseits, als Quelle der Inspiration für den Künstler, das findet sich noch in COCTEAUS „Orphée"-Film (1949), und vor wenigen Jahren erst wurde WALTER REHMS Buch „Orpheus. Der Dichter und die Toten" mit dem Untertitel „Selbstdeutung und Totenkult bei Novalis – Hölderlin – Rilke" bei der Wissenschaftlichen Buchgesellschaft (Darmstadt 1972) neu aufgelegt. Man denkt an die vielen frühverstorbenen Künstler wie SHELLEY, KEATS und BYRON, MOZART, RUNGE, CHATTERTON, BORCHERT, SCHUBERT ... Gewiß sterben auch andere Menschen früh, und nicht alle Dichter sterben jung; aber der frühe Tod läßt

---

[1] A. HOFSTÄTTER.- Symbolismus und die Kunst der Jahrhundertwende.- Köln: Du Mont ³1975, S. 47

sich als eine deutliche Figur vor allem in der romantischen Zeit beobachten. Deutlich wird hier auch schon für das weitere Verständnis: Tod und postmortale Welt gehen vom Wortgebrauch her ineinander über, und die postmortale Welt ist nicht einfach die Welt, in die man nach dem Sterben eintritt, sondern sie scheint weit in das prämortale Leben hineinzureichen. In welcher Weise? Und hier soll sogar die verwegene Frage gestellt werden: Braucht der Tod gar die Dichter?

II. WILLIAM BUTLER YEATS

1. „Shepherd and Goatherd"

WILLIAM BUTLER YEATS (13. 6. 1865 — 28. 1. 1939) wurde immerhin fast 74 Jahre alt und erreichte den künstlerischen Durchbruch, der ihn zu einem der bedeutendsten europäischen Lyriker machte, erst mit etwa 50 Jahren. Mit dem Tode und der postmortalen Welt hat er sich immer beschäftigt. Er war Symbolist, Spiritist, Okkultist, Magier, Mystiker — aber nie ausschließlich. Er gehörte zu den führenden Köpfen der irischen Befreiungsbewegung, war Staatsmann, Senator, Redner, Literatur-Nobelpreisträger. Seine Größe beruht mit darauf, daß er sich verlieren, aber nie verkaufen konnte; er war zu genial, um zum Sektierer oder politischen Fanatiker zu werden. Wie verarbeitet YEATS das Thema des postmortalen Lebens, auf das er einige Male zu sprechen kommt?

Aus einem Gedichtband der frühen Reifezeit, „The Wild Swans at Coole" (1919) möchte ich die Totenklage „Shepherd and Goatherd" (1918), anführen. In diesem Gedicht treffen sich ein junger Schäfer und ein alter Ziegenhirt und beklagen den frühen Tod eines jungen Menschen. Es handelt sich um ROBERT GREGORY, den Sohn von YEATS' Gönnerin und Mitarbeiterin in der irischen Renaissance, Lady AUGUSTA GREGORY. JOHN UNTERECKER[2] spricht treffend davon, daß sich hier Tal und Gebirge, Alter und

---

2 J. UNTERECKER.- A Reader's Guide to W. B. Yeats.- London: Thames and Hudson 1959, S. 137 ff.

Jugend, alte und junge Seelen, YEATS selber als junger und YEATS als alter Mann begegnen. Durch diese Gegenüberstellung der verschiedenen Lebensalter eines einzigen Menschen, des Dichters selbst, wird das Leben gleichsam aus den Angeln gehoben, und der Tod strömt ein. Von dem überaus komplexen Aufbau und Gedankengang soll nur das Lied des Ziegenhirten hier folgen, das sich mit dem postmortalen Zustand der Abgeschiedenen befaßt.

> „He grows younger every second
> That were all his birthdays reckoned
> Much too solemn seemed;
> Because of what he had dreamed,
> Or the ambitions that he served,
> Much too solemn and reserved.
> Jaunting, journeying
> To his own dayspring,
> He unpacks the loaded pern
> Of all 'twas pain or joy to learn,
> Of all that he had made.
> The outrageous war shall fade;
> At some old winding whitethorn root
> He'll practice on the shepherd's flute,
> Or on the close-cropped grass
> Court his shepherd lass,
> Or put his heart into some game
> Till daytime, playtime seem the same;
> Knowledge he shall unwind
> Through victories of the mind,
> Till, clambering at the cradle-side,
> He dreams himself his mother's pride,
> All knowledge lost in trance
> Of sweeter ignorance." *

---

* „Die Gedichte werden zitiert nach der Ausgabe: The Colledted Poems of W. B. Yeats. - London: Mcmillan 1961. - „Shepherd and Goatherd", S. 159 ff:
„Er wird jede Sekunde jünger, die als alle seine Geburtstage zählten, schienen viel zu ernst; wegen dessen, was er geträumt hatte oder der ehrgeizigen Ziele, denen er diente, viel zu ernst (feierlich) und zurückhaltend. Auf der Spritztour, auf der Reise zu seinem eigenem Tagesanbruch wickelte er die (über) ladene Spule ab von allem, was er gemacht

Wie im *Ägyptischen Totenbuch*[3] wird das postmortale Leben hier als ein Rückgang der Lebensstufen verstanden. Der Tote spult seinen Lebensfaden wieder bis zu seiner Kindheit zurück. Daß hier von einer Spule die Rede ist, ist nicht ohne Bedeutung. Wir kennen das Bild vom Lebensfaden aus der antiken Mythologie, und vielfach werden die ganze Welt und das Schicksal als ein Gewebe verstanden.[4] Das Wissen wird auch wieder aufgelöst. Das ist bemerkenswert, wenn wir uns vor Augen halten, daß gerade in den Büchern von MOODY über das Sterbeerlebnis[5] der Wert des Wissens und der über das Sterben hinausreichende Wissenserwerb energisch betont werden. Wie heißt es in der Bibel? „Das Wissen bläht auf, aber die Liebe bessert." (1. Kor 8, 1) Wem soll man also glauben? Hat MOODY recht, haben YEATS und die Bibel recht? Nun präzisiert MOODY[6] seine Äußerungen über das Wissen. Es komme darauf an, anderen zu helfen mit dem Wissen[7]. Es ging um ein Wissen von grundlegenden Dingen, um Gründe und Ursachen, um die allgemeinen Prinzipien, auf denen alles basiert....(um Wissen) von dem, ‚was die Welt im innnersten zusammenhält' ... Mir wurde gesagt, das sei das Wesentliche auch hier auf der Erde ..."[8] Von hier aus läßt sich also auch verstehen, wenn es im 1. Korintherbrief weiter heißt: „So sich jemand dünken läßt, er wisse etwas, der weiß noch nichts, wie er wissen soll." (1. Kor 8, 2) Es kommt auf die Art des Wissens an.[9]

---

hatte. Der verbrecherische Krieg soll schwinden; bei irgend einer alten Weißdornwurzel wird er auf der Schalmei üben oder auf dem kurzgeschorenen Gras um sein Schäfermädchen freien oder sein Herz an irgend ein Spiel verlieren, bis Tageszeit, Spielzeit als eins erscheinen; das Wissen soll er abwickeln durch Siege des Geistes, bis er krabbelnd an der Wiegenseite sich als den Stolz seiner Mutter träumt, alles Wissen in der Trance süßeren Nichtwissens verloren ist."

   3 Ägyptisches Totenbuch.- Übersetzt und kommentiert von GREGOIRE KOLPAKTCHY.- Weilheim: Barth ²1970

   4 F.VONESSEN.- Der Mythos vom Weltschleier.- in: PH. WOLFF-WINDEGG (Hg.). Mythische Entwürfe, Stuttgart: Klett 1975, S. 9 – 51

   5 R. A. MOODY.- Leben nach dem Tod.- Reinbek: Rowohlt 1977; derselbe.- Nachgedanken über das Leben nach dem Tod.- Reinbek: Rowohlt 1978

   6 Derselbe, Nachgedanken, S. 23 ff

   7 Derselbe, ebenda, S . 26

   8 Derselbe, ebenda, S. 121

   9 Vielleicht spreche ich mit Amplifikationen dieser Art nicht ganz im Sinne deutscher Literaturwissenschaft gleich welcher Fachrichtung. Daß ich im Sinne von YEATS spreche, glaube ich annehmen zu dürfen.

Welches Wissen soll der Tote wieder verlernen? Das, das ihn zu ernst, zu feierlich gemacht hat, das aus seinem Ehrgeiz kommt, das, was schmerzhaft oder eine Freude zu lernen war, ja sogar auf seine Leistungen soll er verzichten und die Kindlichkeit wieder gewinnen, selbst den unbewußten Zustand dieser Zeit. Ist das Leben also vergeblich gewesen?

2. Bau und Verwerfung von Systemen

Das Gedicht „Shepherd and Goatherd" steht in engem Zusammenhang mit einem Buch, das YEATS 1925 erscheinen ließ, „A Vision"[10], einem astrologisch-charakterologisch-historiosophischen Traktat, auf den er viel Arbeit verwandte und der teilweise mit Hilfe medialer Methoden geschrieben wurde. RICHARD ELLMANN wirft in seinem Buch „Yeats. The man and the Masks"[11] die Frage auf, ob YEATS überhaupt streng im Sinne einer YEATS'schen Orthodoxie zu behaften und zu interpretieren sei und verweist dabei genau auf dieses Gedicht. Tatsächlich ist „pern", die Spule, auch ein Bild für einen der diaboloartigen Doppelkegel, die für YEATS in sich überschneidenden Abnahmen und Zunahmen sowohl im Charakter wie in der Geschichte den Ablauf der Gestaltungsprozesse regieren. Es geht also, wenn wir der symbolischen Einheit der verschiedenen Verständnisebenen folgen, nicht allein um das Rückspulen des individuellen Lebens, sondern auch der Geschichte. Der Krieg, der hier verschwindet, ist nicht allein der Anlaß zum Tode GREGORYS, es ist auch der Erste Weltkrieg, und es ist der Krieg überhaupt. Es ist der Knoten, das Knäuel in der Geschichte, das Krieg ermöglicht.

Wiederum aber: YEATS läßt sich tatsächlich nicht auf sein System von „A Vision" festlegen! Im Vorwort von „A Vision" weist er darauf hin, daß er nicht buchstäblich an sein System glauben könne[12]. KLEINSTÜCK vergleicht YEATS mit einem Manne,

---

10 W. B. YEATS.- A Vision.- London: Macmillan 1962
11 W. B. YEATS.- The man and the masks.- London: Macmilian 1949, Faber and Faber 1973, S. 233 ff
12 J. KLEINSTÜCK.- W. B. Yeats oder der Dichter in der modernen Welt.- Hamburg: Leibniz-Verlag 1963

der ein Haus baut und dann doch vorzieht, es nicht zu bewohnen und weist des längeren nach, daß dies auch für die Gedichte gilt, die unter dem Einfluß der Arbeit an „A Vision" geschrieben wurden. Was ist das für eine Welt? Dürfen wir YEATS dann also *verbatim* abnehmen, daß er genau das meint, was er in „Shepherd and Goatherd" über die postmortale Welt meint? Fängt er nicht bei Lebzeiten schon an, das zu feierliche Wissen abzuspulen? Es gibt ein sehr aufschlußreiches Gedicht aus der Spätzeit (A Full Moon in March, 1935), „The Four Ages of Man":[13]

> „He with body waged a fight.
> But body won; it walks upright.
> Then he struggled with the heart;
> Innocence and peace depart.
> Then he struggled with the mind;
> His proud heart he left behind.
> Now his wars on God begin;
> At stroke of midnight God shall win."

Wir bauen auf in der Gewißheit, wieder mit der Zerstörung des Gebauten rechnen zu müssen; wir leben im Vorläufigen, im Widerspruch sogar und müssen den Widerspruch noch gutheißen. Das hat YEATS sehr wohl verstanden. Was bedeutet das also für das Wissen? Es ist Stückwerk, und gerade das ist seine Stärke, nicht etwa seine Schwäche. Aber das Wissen *davon* darf erst nach der Anstrengung eintreten.

Weiterhin: Schon der Kontext, der Zusammenhang verbietet es, hier von einer *Lehre* zu sprechen. Man kann YEATS in mancher Hinsicht mit HOFMANNSTHAL vergleichen, der wie jener die Phase frühreifer und allzu weiser Jugendgedichte, die er als seine „Präexistenz" beschreibt, überwinden, vergessen muß. Weisheit muß verloren und vergessen werden. Auch das ist mit dem allzu ernsten, feierlichen Wissen des Toten gemeint. Was ist also die Auf-

---

[13] S. 332: „Er führte den Kampf mit dem Körper, doch der Körper gewann; er geht aufrecht. Dann focht er mit dem Herzen; Unschuld und Frieden sind dahin. Dann focht er mit dem Geist; sein stolzes Herz ließ er zurück. Nun beginnen seine Kriege mit Gott; Schlag Mitternacht muß Gott gewinnen."

gabe des Toten? Es ist die Aufgabe des Lebenden, die hier beschrieben wird. Der lebende Dichter, der junge und der alte, sprechen ja über das Leben!

3. Die Transzendierung

Es handelt sich nicht um ein abgeschlossenes Gedicht in diesen Versen aus „Shepherd and Goatherd", sondern um 24 Verse von 118; und es wäre sinnlos und ein bloßes Plappern von Überzeugungen, bei denen man nicht einmal wüßte, ob sie richtig sind und weshalb sie überhaupt in Versen erscheinen, wenn der Kontext nicht wäre. Der Schafhirte ist der junge Mann, der noch wünscht, der noch fassungslos vor dem Weggerafftwerden seines Freundes steht; der Ziegenhirte ist der alte und, wie seine Tiere, der kühne Bergsteiger, der weiterschaut. Hat der Schafhirte deshalb unrecht? Er schlägt, als beide ihre Lieder vorgetragen haben, vor:

> „When I have shut these ewes and this old ram
> Into the fold, we'll to the woods and there
> Cut out our rhymes on strips of new-torn bark
> But put no name and leave them at her door.
> To know the mountain and the valley have grieved
> May be a quiet thought to wife and mother,
> And children when they spring up shoulder-high." *

Beides miteinander erst kann in seiner Widersprüchlichkeit dem Tode gerecht werden, die prämortale und die postmortale Sicht. Mehr noch: Beides miteinander kann auch erst dem Leben gerecht werden. Was bedeutet das aber? Prämortale und postmortale Welt *miteinander* werden erst sinnvoll; hier entsteht ein Sinn jenseits von Sinn und Sinnlosigkeit, ein Leben jenseits von Tod und Leben. Lehrt nicht auch das Christentum die innere Zusammengehörigkeit

---

* „Shepherd and Goatherd", S.163: „Wenn ich diese Mutterschafe und diesen alten Widder in die Hürde gesperrt habe, gehen wir zu den Wäldern und schneiden dort unsere Verse auf Streifen neugeschälter Rinde, nennen aber keinen Namen und lassen sie an ihrer Tür. Zu wissen, daß Berg und Tal getrauert haben, mag ein beruhigender Gedanke für Weib und Mutter sein und die Kinder, wenn sie schulterhoch aufspringen".

von Kreuz und Auferstehung, des Entsetzlichen und des Triumphes? YEATS' Grabstein in Drumcliffe in der Grafschaft Sligo unterdem Berg Ben Bulben trägt die Verse:

> „Cast a cold eye
> On life, on death.
> Horseman, pass by!" *

Nur in diesem Sinne kann es richtig verstanden werden, wenn YEATS etwa in „Cuchulain Comforted" (13. 1. 1939), seinem vorletzten Gedicht, von dem altirischen Helden Cuchulain aus dem Ulster-Zyklus der irischen Heldenerzählungen schreibt, wie er als Mann mit sechs tödlichen Wunden, die ihm die Krähenfrau Morrigu schlug, unter den Toten schreitet; Leichentücher – wieder das Bild des Gewebes – umschweben ihn wie Vögel und murmeln. Das Bild des Grauenvollen erscheint hier. Cuchulain bekomt den Auftrag, sich selbst ein Leichentuch zu bereiten, weil die Wesen des Totenreiches das Waffengerassel ängstige. Alle müssen zusammenwirken und Cuchulain beginnt zu nähen. Das ist eine Umkehrung des Abwicklungsmotivs in „Shepherd and Goatherd"! Die Tücher müssen singen, alle sind überführte Feiglinge, von ihren Verwandten erschlagen oder Verstoßene und dem Tode in Furcht überlassen. Dann sind ihre Kehlen beim Singen die von Vögeln. KLEINSTÜCK[14] schreibt davon, daß YEATS hier wie in dem Drama „The Only Jealousy of Emer" (1917/8) die alte Vorstellung aufgreift, daß der Tote sich nach dem Abscheiden noch eine Weile an den neuen Zustand gewöhnen müsse, daß er oft nicht einmal ahne, daß er tot sei. Man kann getrost an Bardo-Zustände denken[15], aber auch an die seltsame Auffassung von ARTHUR FORD[16], daß der Tote im Jenseits neu eingekleidet werde und lange, kitschige Gewänder tragen müsse, auch an den Widerstand dagegen. Worin aber besteht der Trost, der Cuchulain zuteil wird? Er

---

* „Epitaph", S. 401: „Wirf einen kalten Blick auf Leben, auf Tod. Reiter zieh weiter!"

14 J. KLEINSTÜCK.- W. B. Yeats, S. 264 f

15 W. Y. EVANS-WENTZ (Hrsg.).- Das Tibetanische Totenbuch oder Die Nachtod-Erfahrungen auf der Bardo-Stufe.-Olten/Freiburg: Walter [9]1973

16 A. FORD.- Bericht vom Leben nach dem Tode.- Bern/München/Wien: Scherz [3]1973, S. 223

hört auf, Cuchulain zu sein. KLEINSTÜCK zeigt, wie die Terzinenform hier unaufhaltsam auf das Wort „birds" zustrebt. Die Individualität verschwindet. Eine deutliche Gegenbewegung gegen die frühere Existenz wird immer stärker. Auch hier notiert KLEINSTÜCK[17], wie die Feststellung, alle seien Feiglinge gewesen, geradezu triumphierend klinge, dies als letzter Anklang an das frühere Leben, bis im Gesang wie von Vögeln ein anderer Zustand erreicht ist — die Transzendenz. Was bedeutet Transzendenz? Es ist das Aufgeben des Selbst, das gerade durch das Aufgeben sinnvoll wird: „Wer sein Leben findet, der wird's verlieren; und wer sein Leben verliert um meinetwillen, der wird's finden." (Matth. 10, 39) Das Bewahren ist etwas Vorläufiges, eine Teilaufgabe. Macht es hier noch Schwierigkeiten, zu verstehen, wie das Abspulen und das Nähen aufeinander verweisen? Mehr noch: Gerade der konservative Revolutionär YEATS ist derjenige, der auch in seinem Leben schon mit dem Abspulen begonnen hatte, der sich im Alter der Revision seiner Jugendträume stellte, der als junger Mann weise sein wollte und im Alter ohne Bitterkeit den Scherbenhaufen seines Lebens besingt (etwa in „The Circus Animals' Desertion", wo er seine früheren Themen als dressierte Zirkustiere versteht, die ihn nun sich selbst überlassen). Aber er hätte nicht zu dieser Einsicht kommen können, wenn er den Weg nicht gegangen wäre. Das Abspulen dient gerade dem Neueinkleiden. Wie in dem Doppelkegelbild wächst der Tod schon zu Lebzeiten heran, während das Leben abnimmt.

4. Bewahrung und Verzicht

Hätte YEATS diese Dinge anders als in künstlerischer Form aussagen können? Kunst und Ritual, die selbst als vergeblich verstanden werden, sind die einzigen Möglichkeiten, in Form und Umschreibung, in Kontext und momentan gültigem Bild das Flüchtige zu bannen. Es möge nicht als Ästhetizismus mißverstanden werden, wenn YEATS (z. B. in „Sailing to Byzantium") versucht,

---

[17] J. KLEINSTÜCK. - W. B. Yeats, S. 265

das Leben in die flüchtige und gerade darum dauernde Gestalt der Kunst, auch hier in Gestalt von Vögeln, zu transzendieren. „Denn wir leben wahrhaft in Figuren", wie es bei RILKE heißt. Und die Figuren übergreifen Leben und Tod. Ich bin versucht, hier mein Prinzip der Musterkonstanz anzuführen[18], das Prinzip, daß eine Zuordnung von Zusammengehörigem über die wechselnde individuelle Konstellation von Einzelheiten hinweg sich gleichbleibt, (über Träume, Menschen, Erzählungen, Traditionen, Rituale, auch hier über Leben und Tod hinweg), wobei die einzelnen Elemente jeweils das Ganze auch oft in sich tragen. YEATS beschreibt so etwas in seinem Gedicht „Long-Legged Fly": Cäsar, der den Krieg verkörpert, Helena, die für Tanz und Liebe steht, Michelangelo, der die Kunst darstellt — sie führen in abgeschlossenen Räumen, wo sie nicht gestört werden dürfen, im Zelt, in der Einsamkeit und in der Sixtinischen Kapelle, eine Existenz wie der Wasserläufer, das Insekt, das auf dem Wasserspiegel gleitet, der unter ihm fortströmt. So sichern sie den Fortbestand von Kampf, Liebe und Kunst, so bewegt sich ihr Geist über dem Schweigen. (In der Stille der Silbernen Kapelle der Innsbrucker Hofkirche kniet seit Jahrhunderten die Rüstung eines Ritters auf einer Konsole hoch über dem Boden vor der Madonna, während der Verkehr unter der Kapelle hindurchbraust. Wie gedankenlos ist es, eine tibetanische Gebetsmühle als mechanisch zu beschreiben! STANISLAV GROF[19] spricht von der paradoxen Erfahrung von etwas, das „inhaltlos und doch alles enthaltend" sei.)

Aber auch auf diese Einsichten muß noch verzichtet werden. In „The Only Jealousy of Emer" bewahrt Emer, die Witwe des soeben verstorbenen Cuchulain, ihre Liebe und seine gerade dadurch, daß sie darauf verzichtet, den toten Gatten noch einmal ins Leben zurückzurufen, was möglich gewesen wäre; er wäre ihr nicht treu gewesen. Gerade im Verzicht auf die Liebe bleibt sie erhalten. „Du sollst dir kein Bildnis noch irgend ein Gleichnis machen."

18 W. GAUGER. - Das Prinzip der Musterkonstanz. - in: „Y". Paranormale Welt, Wirklichkeit und Literatur. - Berlin: Henssel 1980, S. 117 — 153
19 ST. GROF.- Topographie des Unbewußten. LSD im Dienst der tiefenpsychologischen Forschung.- Stuttgart: Klett 1978, S. 47, 127

III. POETISCHE AUSSAGEN ÜBER TOD UND POSTMORTALE WELT

1. Buschmänner

Wir stehen vor der paradoxen Situation, daß man einerseits etwas schreibt, das Geschriebene interpretiert, sogar durch vergleichbares Material stützen kann als etwas, das nicht durchaus fremdartig ist, daß man Widersprüche aufzeigt und aufeinander bezieht und dann, aber nicht wegen der Widersprüche, alles wieder als unzulänglich ausweist. Wir haben auch die paradoxe Situation, daß Bilder des Todes verwendet werden, um das Gesetz des Lebens zu beschreiben und Bilder des Lebens, um dem Tod gerecht zu werden. Beides wird ineinander transzendiert. Gilt das nur für YEATS? Davon soll der folgende Teil handeln und weitere Gesichtspunkte aufzeigen.

„Wenn ein Zauberer stirbt, geht sein Herz hinaus in den Himmel und wird ein Stern. Sein Herz empfindet, daß es nicht mehr lebt; daher wird der Leib, in dem er lebte, dort ein Stern, weil er sich dessen bewußt ist, daß er einst derjenige eines Zauberers war. Also macht sein Zauber einen Stern, damit sein Leib, in dem er lebte, sich umherbewegen kann. Denn ein Zauberer sieht Dinge, die wir als Nicht-Zauberer nicht sehen.

Er ist der Sehende; denn ein Zauberer pflegt viele Orte zu sehen, wenn es Nacht wird; er kehrt dann in derselben Nacht wieder heim. Es scheint nicht, als ob er viele Stellen gesehen hätte, da es so aussieht, als wenn er gar nicht ausgegangen wäre. Wir denken immer, er wäre hier geblieben."

Das ist ein Bericht des Buschmanns DIÄ 'KWAIN vor hundert Jahren für den Sprachforscher WILHELM HEINRICH IMMANUEL BLEEK[20]. E.HOLM, der Kommentator, sieht in dem Sternenzustand die letzte Konsequenz und Erfüllung des Wesens dieses Zauberers. Wenige Seiten weiter wird wiederum aus dem Bericht des DIÄ 'KWAIN zitiert:

„Denn unsere Mütter pflegten zu sagen, daß wenn ein Zauberer stirbt, sein Herz vom Himmel herabfällt und in einen Brunnen fährt. Wenn der Stern, im

---

20 E.HOLM.- Tier und Gott. Mythik, Mantik und Magie der südafrikanischen Urjäger.- Basel/Stuttgart: Schwabe 1965, S. 93/4

Fallen begriffen, sich dem vorgesehenen Brunnen nähert, nimmt er die Zauberkraft und schießt sie zurück zur Stelle, wo die Menschen sind. Denn es sind die Menschen, die er fortnehmen will mit seiner Zauberei; diese hatte er im Sinne, als er noch unter ihnen weilte."[21]

Durch seinen Tod, schreibt HOLM, gebe er die Chaosmächte frei, und so erkläre sich auch die Erscheinung des bösen Zaubers und Zauberers.[22]

„Unsere Mütter pflegten uns zu erzählen, daß eines Zauberers Herz einen Klang macht wie Regen, der ihn entführt, weil es spürt, daß es sterbend dahingeht. Dann stürzt sein Herz in den Brunnen. Es klingt wie Regen, wenn es ins Wasser des Brunnens fährt, welches lebt. Darum klingt es auch wie Regen, weil es sich mit lebendem Wasser vereint, Wasser, welches lebt wie der Zauberer. Darum klingt es wie Regen, denn es ist der Klang (das Pochen) des Herzens, welches ins Wasser geht."[23]

Von den Toten aber sagten die Eltern, daß sie, auf der Erde auferstanden, auf den Wolken reiten. Sie lenken den Regen wie mit Zügeln, sie reiten auf ihm und beherrschen ihn.[24] Selbst auf dem Umweg Buschmannsprache — "Englisch — Deutsch geht das poetische Element der Beschreibungen nicht verloren. Zugegeben, wenn auch BLEEK die Buschleute nicht immer richtig verstanden hat,[25] so bleibt es doch genügend deutlich, daß hier von ein und demselben Vorgang in sehr verschiedener, ja gegensätzlicher Weise gesprochen wird. Das eine Mal steigt das Herz zum Himmel auf, das andere Mal fährt es in die Tiefe. Selbst innerhalb eines Satzes schwankt die Anschauung ununterbrochen. Die Poesie ist geradezu das Element, das sich dem Hörer am ersten erschließt. Vielleicht hat HOLM nicht einmal bemerkt, daß er auf wenigen Seiten Widersprüchliches äußert, denn er äußert sich nicht dazu. Man vergleiche nur die ersten Sätze miteinander, und man wird feststellen, daß die poetische Schönheit einen mühelos auch die folgenden Bilder aufnehmen läßt. Von hier aus gesehen ist das poetische Element sogar das, was einen die Widersprüchlichkeit nicht nur ertragen, sondern als gelöst verstehen läßt. Können diese Menschen, die so sprechen,

---

21 Derselbe, ebenda, S. 97
22 Derselbe, ebenda, S. 98
23 Derselbe, ebenda
24 Derselbe, ebenda, S. 132
25 Vgl. H. PAGER.- Stone Age Myth and Magic as documented in the rock paintings of South Africa.- Graz: Akademische Druck- und Verlagsanstalt 1975, S. 66/7

so denken, überhaupt anders als in Metaphern vom postmortalen Leben sprechen? Mehr noch: Sind die Metaphern hier überhaupt Metaphern? Sind sie nicht fühlbare und erlebbare Wirklichkeiten, ist das alles nicht ein Weg „mit Herz", wie es CASTANEDAS Don Juan nennt? Man ist bei den verschiedenen Aussagen versucht, an HERAKLIT zu denken: „Der Hin- und Rückweg ist ein und derselbe."[26]

2. Trobriander

Ein anderes Beispiel aus Melanesien. BRONISLAW MALINOWSKI befaßt sich in „Magic Science and Religion"[27] mit der geistigen Welt der Trobriand-Insulaner. In einem langen Essay: „Baloma, the Spirits of the Dead in the Trobriand Islands" geht es um die Vorstellungen vom postmortalen Leben. Er unterscheidet dabei die *kosi*, Geister der Abgeschiedenen, die nach dem Tode bald verschwinden und eine Insel aufsuchen, die *mulukuausi*, dämonische Geister von Frauen, die von Aas leben und die Lebenden angreifen, von den *baloma*, die von Zeit zu Zeit das heimische Dorf aufsuchen und von den Menschen gesehen werden, Opfer empfangen, an Festen teilnehmen und sich reinkarnieren[28]. Als methodischer Positivist legt MALINOWSKI sich und den Trobriandern natürlich die Frage vor, woraus die *baloma* denn eigentlich bestehen. So wörtlich: „Of what stuff are they made? Of the same or of different substance? Are they shades, or spirits, or are they conceived materially?"[29] Die intelligentesten Eingeborenen verstehen diese Fragen auch und zeigen großes Verständnis und Interesse. Die Erörterungen geben MALINOWSKI aber Anlaß zu der Feststellung, daß man hier den Glauben im strengen Sinne verlasse und ganz andere Vor-

---

26 DIELS B 60, übersetzt von BRUNO SNELL.- in: Die Fragmente des Heraklit.- München: Heimeran ⁴1944, S.20
27 Selected and with an Introduction by ROBERT REDFIELD.- Boston(Mass.), Glencoe (Ill.) 1948
28 Derselbe, ebenda, S. 130, 135
29 Derselbe ebenda, S. 142: „Woraus bestehen sie? Aus derselben oder einer anderen Substanz? Sind sie Schatten oder Geister, oder werden sie materiell verstanden?"

stellungsbereiche betrete: „Here the native speculates rather than positively believes, and his speculations are not a very serious matter to him, nor does he trouble at all as to whether they are orthodox or not"[30]. In der englischen Literaturgeschichte kennen wir die müßige Frage, wie viele Kinder etwa die Lady Macbeth hatte, und wackere Agnostiker versuchen bisweilen, den Bibelgläubigen mit der Frage zu verwirren, woher wohl Kain seine Frau haben könne. Die armen Eingeborenen haben ja nicht einmal Begriffe von Substanz oder Natur, wie MALINOWSKI schreibt. Sie sprechen dann in Vergleichen von Spiegelbildern im Wasser oder von Schatten, wenn es um die *kosi* geht, aber die sind auch wieder nicht wie diese Gebilde. Letztlich dreht sich die Unterhaltung im Kreise, die *baloma* sind eben wie Spiegelbilder, die *kosi* wie Schatten.[31] Schlimmer noch: Es gibt in der Tat Unterschiede. Hat also der Lebende *zwei* Seelen, man denke an Ägypten oder China –, die den Körper beide beim Tode verlassen, oder ist *kosi* nur ein Nebengeist, der nur beim Tode erscheint und dem Lebenden fehlt? „But the answers were all vacillating and contradictory, the same man giving different answers at various times, the best proof that one was in the domain of pure extempore speculation."[32] Die Auffassung, daß der Geist sich wandle, wird zwar wiederholt geäußert, aber nicht sehr ausdrücklich und erscheint ebenfalls unorthodox. Ein Informant ist der Meinung, nur Zauberern sei das *kosi*-Phänomen eigentümlich. Auch ein Zauberer sei in der Lage, einen Doppelgänger auszusenden. Über den Ort der *baloma* im Körper gibt es ebenfalls keine klare Antwort, obwohl Dinge wie Intelligenz, Gedächtnis, Weisheit sich lokalisieren lassen. Desgleichen ist der postmortale Wohnsitz der Geister undeutlich. Am ehesten kommt noch die Insel Tuma in Frage, aber dort sind die Geister und ihr Dorf unsichtbar. Man spricht auch von einer Unter-

---

30 Derselbe ebenda, S. 142: „Hier spekuliert der Eingeborene eher als er glaubt, und seine Spekulationen sind für ihn keine sehr ernsthafte Angelegenheit, noch gibt er sich überhaupt Mühe, darüber nachzudenken, ob sie orthodox sind oder nicht."

31 Derselbe, ebenda, S. 143

32 Derselbe, ebenda, S. 144 : „Aber die Antworten waren alle schwankend und widersprüchlich; derselbe Mann gab zu verschiedenen Zeiten verschiedene Antworten; was der beste Beweis dafür ist, daß man sich im Bereich reiner Spekulation aus dem momentanen Impuls heraus befand."

welt³³. Wenn das Erntefest vorbei ist, jagt man die *baloma*, die daran teilgenommen haben, mit bestimmten Trommelwirbeln, Prozessionen und sogar übermütigem Gelächter, Arroganz, Spott und hinterhältiger Furchtsamkeit wieder fort.³⁴ Die *baloma* werden von den Trobriandern aber körperlich gesehen, man nimmt sogar Rücksicht auf die Fußkranken bei der Austreibung. Es kommt hier nicht darauf an, alle Elemente im einzelnen zu interpretieren; worauf es aber ankommt, ist die Tatsache, daß den Trobriandern die Widersprüchlichkeit gar nichts ausmacht und daß MALINOWSKI nicht dazu findet, das, was er notiert, positiv zu interpretieren wie etwa HOLM bei seiner Arbeit über die Buschleute.

3. Ein Beispiel aus Irland

Nun gut, mag man sagen, es sind finstere Heiden. Darum zurück ins katholische Irland. Der Romanautor GEORGE MOORE (1852-1933) berichtet in seiner autobiographischen Trilogie „Hail and Farewell", und zwar im mittleren Teil, „Salve",³⁵ wie er auf einer Fahrradtour zu dem altkeltischen Heiligtum Newgrange zusammen mit dem Landreformer, Schriftsteller und Mystiker A E (GEORGE RUSSELL, 1867–1935) in einer entlegenen Gegend in einer Hütte nur einen kleinen Jungen von sieben oder acht Jahren antrifft, dessen Mutter bei Nachbarn ist, um sich ein wenig zu essen zu besorgen. Sie geben ihm eine Schnitte Brot und etwas Geld. Daraufhin wird er gesprächig und erklärt auf die Fragen, seine Mutter komme nachts nur zurück, wenn sie nicht zuviel getrunken habe. Ob er sich denn nicht alleine fürchte? Doch, wenn der große Hund komme, „a mad dog"³⁶, der ihn aufwecke. Er komme zwar nicht ins Zimmer, aber er sei zu hören, wie er draußen die Steine aufwühle. Der Junge habe ihn auch oben in einem Loch gesehen, mit feuerroten Augen und die Haare vor dem Mund gesträubt. Er habe sich unter seinen Sachen versteckt. MOORE vermutet einen Alptraum, fragt aber, weshalb die Polizei das Tier noch nicht erschossen habe. Antwort, sehr logisch: Wie man ihn erschießen könne,

---
33 Derselbe, ebenda, 146
34 Derselbe, ebenda, S. 160 –163
35 G. MOORE.- Hail and Farewell.- London: Heinemann 1947, S. 36 ff
36 Derselbe, ebenda, S. 37

wo er doch schon tot sei? Aber wie könne ein toter Hund auf dem Dachbalken erscheinen? Der Junge weiß es nicht. Auf weiteres Eindringen: Das Tier habe einem MARTIN SPELLACY gehört, etwa eine Meile die Straße hinunter, der ihn gekauft habe, damit er seinen Obstgarten bewache; er sei aber sehr schläfrig gewesen, und die Äpfel habe man weiterhin gestohlen, bis der Hund starb. Danach wurden die Äpfel nicht mehr geraubt, weil der Hund jede Nacht als schreckliches schwarzes Tier im Garten hauste. Frage: Wenn der Hund doch bei den Apfelbäumen sei, wie könne er dann herkommen?

„The little fellow looked at me with a puzzled state, and answered that he didn't know, but accepted the suggestion that ghosts could be in two places at once."[37]

Es ist leicht zu sagen, daß die Angst des Kindes hier eine konkrete Einbildung geworden sei, daß in Irland noch viel Aberglauben lebendig ist, daß die Angst auf den toten Hund projiziert wird und daß das Kind Erzählungen der Nachbarn aufgreift. Es ist aber auch leicht zu sagen, daß hier die gleiche Art von Verlegenheit angesichts der Unstimmigkeiten aufkommt wie bei den Trobriandern. Und ebenso wie dort würde die rationale Aufklärung gar nichts bewirken, bestenfalls wird eine Theorie entwickelt, daß Geister eben an zwei Orten zugleich sein können. In ähnlicher Weise diskutiert man in PLATONS „Symposion" die Natur der Götter. Sehr gebildete Menschen mögen hier von Bilokation oder der Vorstellung von einer Bilokation sprechen. Wesentlicher erscheint es mir, daß das Kind an dergleichen gar nicht denkt, und daß von dieser Indifferenz her das Ganze verstanden werden muß: ob der Hund nur in der Vorstellung oder in der Realität doppelt auftritt, ob er doppelt auftritt oder nur einmal, das ist ebenso und in derselben Weise gleichgültig wie die Frage, ob GOETHES Faust ein lebendiges Vorbild hatte oder nicht.

Was soll man dem Kind auch sagen? In seinem bekannten Roman „Lord of the Flies" (1954) zeigt der englische Schriftsteller

---

[37] Aus GEORGE MOORE. - S. 38: „Der kleine Bursche schaute mich mit einem verwirrten Starren an und antwortete, daß er es nicht wisse, aber er nahm den Vorschlag an, das Geister an zwei Stellen gleichzeitig sein könnten."

WILLIAM GOLDING (geb. 1911), wie in einer auf eine Insel verschlagenen Gruppe von Jungen auf die gleiche Art und Weise das Mysterium des Bösen entsteht. Zuerst ist es die vage Furcht der Kleinen vor „etwas", dann die gespenstische Erscheinung des abgestürzten Piloten auf einer Höhe, dann das Spiel der älteren Kinder als „Wilde", dann der auf einen Pfahl aufgespießte, von Fliegen umschwärmte verwesende Kopf eines erschlagenen Schweines als Symbol des Bösen, schließlich ein gnadenloser Kampf. Mit Sicherheit bedeutet auch der gespenstische Hund für das Kind in Irland – heute müßte es ein alter Mann sein – mehr als nur die Konkretisierung seiner Angst vor dem Alleinsein. Auch behütete Kinder kennen diese Angst, wie gerade in der Märchenforschung immer wieder gezeigt wird und jeder von sich selbst weiß. Worauf es hier ankommt, ist aber, zu zeigen, wie auch im Aberglauben ein poetisches Element lebendig ist, das nur verstanden werden will, und dieses Element besteht im Nicht-Nachrechnen. Es kommt nicht darauf an, ob die Buschmänner mit ihrer Jenseitsauffassung recht haben oder die Trobriander, sondern auf den Horizont, von dem aus sich die Widersprüche relativieren oder geradezu notwendig werden. (Auch empirisch untersuchte Erlebnisberichte weisen diese Vielfalt auf.)

4. Berichte vom Tode C. G. Jungs

Ein letztes Beispiel aus unseren Tagen. Der chilenische Diplomat MIGUEL SERRANO war befreundet mit HERMANN HESSE und C. G. JUNG [38]. HESSE deutete den Tod als ein Eintreten ins kollektive Unbewußte, als SERRANO ihn fragte, ob es wichtig sei, zu wissen, was nach dem Tode geschehe; SERRANO berichtete JUNG habe lauten müssen: „Besteht ein Grund dafür, an ein Leben nach dem Tode zu glauben?" wobei der auf Hinweise aus der Parapsychologie verwies. Die Frage, ob die Erscheinungen, die er selbst nach

---

38 M. SERRANO.- Meine Begegnungen mit C.G.Jung und Hermann Hesse in visionärer Schau.- Zürich/Stuttgart: Rascher 1968
39 Derselbe, ebenda, S. 129

den Verstorbenen gehabt habe, diese sie selbst gewesen seien, läßt JUNG offen: es mag sein, es mag nicht sein; aber die wissenschaftlich vorsichtige Haltung JUNGS ist wiederum auch genau die poetisch richtige. (Der Trobriander würde den Geist sicherer zu identifizieren wissen, aber bei ihm ist die poetische Unschärfe eben anders manifest.) Unter diesem Wirklichkeitsvorbehalt[40] werden die Dinge diskutabel, und das nicht einfach als scharfsinnige, aber wesenlose Metaphern, illustrative Beispiele oder gar Symptome, sondern etwa so, wie GOETHES Faust oder SHAKESPEARES König Lear aus eigenem Recht bestehen und doch nicht verrechenbar sind, wenn diese Beispiele auch sehr hoch gegriffen sein mögen. SERRANO sagt einmal über JUNG, er habe ihm gesagt, nur Dichter könnten ihn verstehen[41]. JUNGS amphibolische Sprache, die sich ständig auf der Grenzscheide zwischen dem Bildlichen und dem Wörtlichen bewegt, belegt das. Man mag einwenden, daß das erhebliche Konsequenzen für die Wissenschaftsauffassung und Praxis haben könnte. Sehr richtig: Genau deshalb schreibe ich über dieses Thema, für das ein Denken im Entweder — Oder nicht hinreicht, und genau das habe ich als Literaturwissenschaftler gelernt. Ich sage sogar ein Dilemma voraus, in das einen diese Praxis bringen wird: Die immer allgemeineren Formulierungen, die notwendig werden müssen, um die postmortalen Phänomene aufeinander zu beziehen und zu beschreiben, werden zu relativ inhaltlosen Formeln führen, wie es etwa die Konsequenzen strukturalistischer Methoden in ihrer Anwendung auf die Literatur deutlich zeigen[42]; Ähnliches wird auch gelegentlich gegen C. G. JUNG geäußert. Doch schließt ein Vorgehen in dieser Richtung ein anderes ja nicht aus; andererseits auch darf wissenschaftliche Praxis und Theorie nicht an Erfordernissen vorbeigehen, die der Gegenstand erzwingt. Wissenschaft hat es allemal mit dem zu tun, was ist, und würde unehrlich handeln, wenn sie über dem naturwissenschaftlichen Den-

---

40 Vgl. W. GAUGER. - Magie und Magieverzicht. - in: „Y". Paranormale Welt, Wirklichkeit und Literatur, S. 25 — 116

41 M. SERRANO.- Meine Begegnungen, S. 82

42 Vgl. etwa K. LAERMANS in freudianischer Termologie vorgetragene Kritik an ROLAND BARTHES in „Georges Bataille — Das Auge als Fetisch", in: H. A. GLASER (Hrsg.) . Wollüstige Phantasie. Sexualästhetik der Literatur.- München: Hanser 1974, S. 62 — 102

ken das interpretierende übersähe — speziell bei diesem Gegenstand. Auch hier dürfte GROFS Formel von dem Inhaltslosen, das alles enthält, wesentlich werden. Man muß sich der fundamentalen Bedingung des Denkens klar werden, daß ein ganz entscheidendes Lückenphämomen[43] zwischen dem Allgemeinen und dem Einzelnen besteht.

Etwa vier Monate nach dem Tode JUNGS hatte SERRANO in Indien einen Traum, in dem ersterer ihm erschien und zu ihm „wie ein Erleuchteter" sprach, „Gedanken voll herrlicher Poesie". SERRANO hörte zu, wollte sie in Erinnerung behalten und wußte doch genau, daß er sie vergessen mußte. Daraufhin überkam ihn ein Gefühl der Verzweiflung; vielleicht war JUNG nur zurückgekommen, um ihm mitzuteilen, „daß er nichts entdeckt und dort nichts vorgefunden habe. Vielleicht aber wollte er mich belehren, daß jenseits des Ich das Leben in den Naturkräften und in der Sprache der Dichtung weiterfließe."[44] Nun schreibt MOODY[45], das Vergessen der Vision sei offenbar eine sehr wichtige Aufgabe in den Berichten von Menschen, die Erfahrung im Bereich des klinischen Todes hatten. (Umgekehrt aber legen Zeugnisse von Überlebenden und literarische Behandlungen des Stoffes es nahe, daß mit dem Eintritt in die postmortale Welt höchster Wert auf die Erinnerung und das Nachleben des Unverstandenen gelegt wird.[46])

Als SERRANO später das Haus JUNGS besucht, hat er den Eindruck, JUNG sei persönlich gekommen, um ihn zu empfangen. Von Frau NIEHUS-JUNG hört er, daß beim Tode JUNGS ein Sturm über Küsnacht wehte und ein Blitz in den Baum einschlug, unter dem JUNG gern gesessen hatte. Die Synchronizität gibt ihm wieder Mut, „sie erschien mir als Zeichen dafür, daß Jung ins Zentrum der universalen Kräfte vorgedrungen war."[47]

---

43 W. GAUGER, Das Lückenphänomen, in: „Y", S. 59 — 94
44 M. SERRANO.- Meine Begegnungen, S. 137 /8
45 R. A. MOODY .- Nachgedanken, S. 27/8
46 W. GAUGER.- Die postmortale Welt in der englischsprachigen erzählenden Literatur des 19. und 20. Jahrhunderts. - in: „Y", S. 13 — 58
47 M. SERRANO, Meine Begegnungen, S. 140

Auch der Südafrikaner VAN DER POST, ein anderer Freund JUNGS, berichtet von dessen Tod.[48] Bei ihm ist ebenfalls von dem Blitzschlag die Rede. Er interpretiert es als den Nachvollzug des alten Totenrituals, bei dem der Besitz des Verstorbenen mit vernichtet wurde, damit der Geist ganz davon befreit werde. „Es ist fast, als habe die Natur selbst den Blitz entsandt, um dies Werk für Jung zu tun."[49] Offensichtlich aber äußerte sich der Tod noch bei vielen Menschen in Träumen und synchronistischen Koinzidenzen. VAN DER POST war zum Zeitpunkt des Todes von Jung mit dem Schiff in Südafrika unterwegs und tief niedergeschlagen über das, was aus seiner Heimat geworden war.

„Und dann hatte ich eines Nachmittags, als ich allein in meiner Kabine, abgespannt, aus Erschöpfung zwischen Wachen und Schlafen schwebte, plötzlich eine Vision: ich sah mich in einem tiefen dunklen Tal in einem Lawinengebiet, zwischen steilen schneebedeckten Bergen. Mich erfüllte die Vorahnung einer unmittelbar drohenden Katastrophe. Ich wußte, wenn ich in dieser Welt meiner Vision auch nur meine Stimme erhöbe, so ließe das die anschwellenden Lawinen auf mich herabstürzen. Da erschien plötzlich am fernen Ende des Tales auf einem Matterhorngipfel, noch vom Licht der Sonne beschienen, Jung. Er stand einen Augenblick so da, wie ich ihn einige Wochen zuvor am Tor gesehen hatte, am Ende des Gartens vor seinem Haus, winkte mir mit der Hand und rief: ‚Bis bald!' Und damit verschwand er auf der abgelegenen Bergseite."[50]

VAN DER POST kann daraufhin endlich schlafen, wird am nächsten Morgen wach und sieht vom Bullauge aus „einen großen einsamen weißen Albatros vorbeigleiten, und die Sonne war wie Feuer auf seinen Schwingen. Als er vorüberglitt, wandte er den Kopf und blickte mich direkt an."[51]

VAN DER POST drehte später einen Film über das Leben C. G. JUNGS.

„Wir hatten am Vormittag in seiner Wohnung gearbeitet, und den Tag über hatten wir, der Kameramann, der Regisseur und ich, ohne es zu erwähnen, ein unbeschreibliches Gefühl, daß Jung uns nahe war. Ich hörte, wie der Kameramann halb im Scherz zu einem Assistenten sagte: ‚Weißt du, ich hatte

---

48 VAN DER POST.- C. G. Jung, Der Mensch und seine Geschichte.- Berlin:Henssel: 1977
49 Derselbe, ebenda, 351
50 Derselbe, ebenda, 352
51 Derselbe, ebenda

das Gefühl, als ob mir Jung die ganze Zeit über die Schulter geguckt hätte.'"[52]

Man macht einige Hintergrundaufnahmen in der Züricher Altstadt; es ist ein trockener, glühendheißer Nachmittag. Bei der Rückkehr nach Küsnacht ist ein Gewitter ausgebrochen.

„In dem Augenblick, wo ich vor der Kamera über Jungs Tod sprechen sollte und bei meiner Schilderung an die Stelle kam, wo der Blitz Jungs Lieblingsbaum zerstörte, schlug wiederum der Blitz in den Garten ein. Das Krachen des Donners war so nah und laut, daß er im Film allen wahrnehmbar ist, und ebenso mein Zusammenschrecken und die dadurch verursachte leichte Sprechhemmung, während der Blitz über dem sturmzerwühlten See und den windgepeitschten Bäumen aufleuchtet."[53]

Diese Erörterungen waren aus mehreren Gründen notwendig. Zunächst hat keine einzige Äußerung Beweiskraft. Aber was beweist denn BÖCKLINS Bild mit dem fiedelnden Tod — doch nicht einmal, daß BÖCKLIN wirklich so ausgesehen hat; was beweist uns BACHS H-moll-Messe? Weiterhin: dem einen bedeutet BÖCKLINS Selbstbildnis etwas ganz anderes als einem anderen, und jedem zu einer anderen Zeit etwas anderes. Noch stärker ist das bei BÖCKLINS „Toteninsel" der Fall, so sehr, daß BÖCKLIN selbst mehrere Fassungen davon malte.[54] So interpretiert SERRANO den Blitzschlag anders als VAN DER POST, und vieles bleibt reiner Gestus, meint nur sich selbst. Ein handfesterer Mensch würde VAN DER POSTS Deutung des Rituals ablehnen und davon sprechen, ein Sardanapalus, ein chinesischer oder ägyptischer Herrscher wolle seine Habe ja mit in den Tod nehmen. So interpretiert auch jeder sich selbst mit. Einigkeit bestände hier nur in der Interpretation des Todes als einer großartigen Verschwendung, und dabei würde ich vom Herzen wie GEORGES BATAILLE[55] mit einstimmen.

---

52 Derselbe, ebenda, S. 353
53 Derselbe, ebenda, S. 354
54 Vgl. auch die Beschäftigung von E. FUCHS mit dem Thema in: W. SCHURIAN (Hrsg.).- E. FUCHS: Im Zeichen der Sphinx, Schriften und Bilder. - München: dtv 1355, 1978, S. 165 – 180
55 G. BATAILLE.- Der heilige Eros (L'Erotisme).- Frankfurt/Berlin/Wien: Ullstein 1974, passim.

IV. OBJEKTIVITÄT UND SUBJEKTIVITÄT

Weiter: es ist zu wenig, Argumente für das persönliche Überleben auf möglichst naturgetreue spiritistische Zeugnisse zu gründen. Als die Fotografie erfunden wurde, hieß es, daß nun die Malerei vom Zwang zum Porträtieren frei werde. Nun ist das Porträt durchaus keine Kunstgattung, die immer geblüht hat, und nicht immer strebte es „erkennbare" Ähnlichkeit an — die genau so gleichgültig war wie die Beschaffenheit der *baloma*-Geister bei den Trobriandern. Die Geschichte der ägyptischen Kunst, speziell in der Amarnazeit, ist in dieser Hinsicht recht instruktiv.

Es gibt in der Parapsychologie ein Evidenzgefühl, und diese Evidenz hat auch ästhetische Qualitäten und gibt Interpretationsmöglichkeiten her. Es ist zu wenig, um es zu wiederholen, persönlich erkennbare Zeugnisse zu sammeln. Ein wesentlicher Gesichtspunkt wäre es zum Beispiel auch, Umstände, Träume, Bilder, Rituale, Synchronizitäten, die den Tod zu suggerieren scheinen, zu sammeln, zu vergleichen und zu interpretieren. Das ist bisher erst im Ansatz geschehen.

Als letztes: Man darf in diesem Zusammenhang nicht auf das *subjektive* Element verzichten. Das hat nichts mit Subjektivismus zu tun; aber man kann Umfang, Struktur, Geschichte, Richtung, Reichweite, Tragfähigkeit, Wirkung, Selbstverständnis und möglicherweise auch Rang des subjektiven Elements bestimmen. Diese Aufgabe ist nicht anders gelagert als in der Geisteswissenschaft oder Psychologie. Es mag sein, daß man wie in der Geschichtswissenschaft nie an die Geschichte (oder die postmortale Welt) direkt herankommt, da sie uns nur in Zeugnissen und Wirkungen vorliegt, nie als Ganzes, sondern nur in Ausschnitten; und doch ist sie unstreitig da und kann beschrieben werden, selbst wenn sie unausgesetzt neu geschrieben werden muß, und sie ist notwendig zum Verständnis unserer selbst. Ist die Frage nach dem persönlichen Überleben des Todes das weniger? Daß man es mit einem unablässig sich wandelnden Gegenstand zu tun hat, nicht anders als der Buschmann, der den Tod des Zauberers beschreibt, das ist ja auch von der Geschichte bekannt.

V. INTERPRETATION VON STELLEN AUS „JIM KNOPF"
STERBEN, GEBURT UND INKARNATION

Im Vorangegangenen war die poetische Art der Behandlung der postmortalen Welt in direkter Form zu diskutieren gewesen. Im Folgenden geht es um die Einbettung verwandter Motive im *Initiationskontext*. Im Jahre 1960 erschien zuerst im Verlag Thienemann in Stuttgart die Erzählung „Jim Knopf und Lukas der Lokomotivführer" von MICHAEL ENDE. Meine Kinder haben dieses Buch und auch seine Fortsetzung, „Jim Knopf und die Wilde 13" (1962) geradezu verschlungen und drängten mich, die Bücher auch zu lesen. „Jim Knopf" erhielt den Kinderbuchpreis und wurde in die Ehrenliste des Hans-Christian-Andersen-Preises aufgenommen. Es gibt noch eine Fernsehserie davon.

Ging es nun bisher darum, daß das Postmortale direkt angesprochen wird, wobei sich zeigte, daß ganz bestimmte Vermittlungsmodi notwendig waren[56], so geht es hier um das funktionale Auftreten von Bildern, die Konnotationen aus dem postmortalen Bereich tragen, ohne daß das immer direkt ausgesprochen würde. Der Symbolismus des Todes wird mit Motiven aus dem „postmortalen" Bereich dargestellt.

Auf der Insel Lummerland gibt es einen König, dann Frau Waas, die einen Laden besitzt, Herrn Ärmel, der einfach Untertan ist, und Lukas, den Lokomotivführer, der den einzigen Zug des Ländchens fährt. Das ist die ganze Bevölkerung. Als eines Tages ein Paket eintrifft, in dem man – das typische Motiv des Findelkindes – den kleinen Negerjungen Jim Knopf entdeckt, gibt es Übervölkerungsprobleme. Der König möchte die Eisenbahn einsparen. Kurz entschlossen kalfatern daraufhin Lukas und Jim Knopf, der inzwischen groß genug ist, ihre liebe Emma und steuern mit ihr aufs Meer hinaus. Nach langer Fahrt kommen sie in China an, wo die Prinzessin verschwunden ist. Lukas und Jim werden sie suchen. Man hat nur eine ungefähre Vorstellung davon, wo sie sein könnte; man kennt die Länder jenseits der Grenzen auch nicht so recht, und so müssen die beiden ohne großen Rat auf die Quest gehen.

---

[56] In dieser Hinsicht ist auch mein Aufsatz über die postmortale Welt in der englischsprachigen Literatur des 19. und 20. Jahrhunderts noch ergänzungsbedürftig.

Man verrät ihnen nur[57], daß man, wenn man das Reich durch das westliche Tor verläßt, in den „Tausend-Wunder-Wald" gerät, danach aber vor dem unübersteigbaren Gebirge stehe, das „Die Krone der Welt" heiße und rot und weiß gestreift sei. Südlich davon gibt es eine Schlucht, das „Tal der Dämmerung", das von unheimlichen Stimmen und Klängen erfüllt ist, „die so schrecklich anzuhören sind, daß niemand es erträgt." Dahinter ist vermutlich eine riesige Wüste, die man „Das Ende der Welt" nennt. Weiter weiß man nichts zu sagen. So fahren sie los.

Der „Tausend-Wunder-Wald" enthüllt sich als ein gewaltiger Dschungel aus farbigen Glasbäumen, Schlingpflanzen und abenteuerlichen Blumen. „Und weil alles durchsichtig war, konnte man eine Menge seltener Tiere sehen, die hier wohnten."[58] Es ist die vegetative und phantastische Zone, die wir etwa aus E. T. A. HOFFMANNS „Goldenen Topf" kennen oder aus den Bildern des Zöllners ROUSSEAU, wie man sie auch aus Rauschvisionen kennt. Das Motiv der durchsichtigen Bäume, der Transparenz, ist für den modernen Leser auch nichts Ungewohntes. Drei Tage dauert die Durchquerung dieses Dschungels, dann stehen sie plötzlich vor dem Gebirge[59]: „Jeder einzelne Berg schimmerte rot und weiß gestreift, waagrecht oder schräg, in Wellenlinien oder auch im Zickzack. Manche waren sogar kariert oder mit richtigen Mustern versehen." Man fühlt sich auch an den Anfang von ERNST JÜNGERS „Heliopolis" erinnert. Die symbolische Bedeutung der Farben Rot und Weiß — etwa Männlich und Weiblich, Blut und Sperma, Geist und Materie, Albedo und Rubedo — sei nur angedeutet. Etwas weiter im Süden liegt das „Tal der Dämmerung", nur straßenbreit, mit rotem Boden, so glatt wie Asphalt, ohne Sonnenlicht zwischen den senkrechten Felstürmen. Alles ist zunächst still.[60] Als die beiden aber sprechen, dröhnt ihr Echo scharf und vielfältig zurück, und das Echo wandert unaufhörlich die enge Schlucht entlang und wieder zurück, geht und kommt und vervielfältigt sich jedes Mal bis

---

57 M. ENDE.- Jim Knopf und Lukas der Lokomotivführer.- Stuttgart- Thienemann 1962. S. 85
58 Derselbe, ebenda, S. 92
59 Derselbe, ebenda, S. 94
60 Derselbe, ebenda, S. 95

zum unerträglichen Lärm. Die beiden verstopfen sich die Ohren mit Wachs und rollen in den Lärm hinein. Naturwissenschaftlich gesehen ist dergleichen natürlich Unsinn. Hier herrscht die Welt des Märchens. Es wird im Gegenteil die naturwissenschaftliche Erklärung noch parodiert, wenn der Erzähler die anfängliche Stille damit erklärt, daß ein Regen jedes Mal die Geräusche wieder auslösche. (Dies gehört in den Problembereich der Vermittlung mythischer Gegenstände in modernem Bewußtseinskontext.) Was die Lokomotive mit ihrem Stampfen und Fauchen hier anrichtet, kann nur zur Katastrophe führen. Von ihrem Fahrgeräusch stürzen hinter den Freunden die Bergwände zusammen, nur mit äußerster Mühe entkommen sie aus der Gasse.

Dafür ist nun die Lokomotive nicht mehr in Ordnung. Sie muß Stück um Stück zerlegt werden, während schon die Nacht hereinbricht und Geier auf den Tod der Freunde warten. Um eine letzte Schraube zu lösen, muß Jim Knopf als der Kleinere ins Innere der Lokomotive unter das Wasser tauchen. Als es gelungen ist, findet er den Ausweg nicht mehr, bis ihm der Ruf von Lukas wieder den Weg weist. Danach gelangen die Reisenden in der Wüste in eine „sonderbare Traumgegend"[61], wo das Gebirge auf einmal auf der anderen Seite erscheint, Eisberge am Himmel schwimmen, die Stadt Ping zur Rechten liegt, die Sonne ihren Ort wechselt, das Oberste nach unten gekehrt ist. Immer toller werden die Luftspiegelungen, sogar Lummerland steht vor den Freunden — bis alles verschwunden ist. Schließlich entdecken sie, daß sie im Kreis gefahren sind. Am nächsten Tag ist der Spuk vorbei, bis sie am Horizont einen beängstigenden Riesen auftauchen sehen, neben dem selbst das Gebirge winzig erscheint. Trotz ihrer Angst fahren sie darauf zu und entdecken dabei, daß er immer kleiner wird, je näher sie ihm kommen: auch dies eine Umkehr des zu Erwartenden wie bei den Echos im Tal der Dämmerung: es ist ein Scheinriese und ein freundlicher alter Herr obendrein. Nachdem sie lange mit ihm über den weiteren Weg gesprochen haben, stehen sie vor der Region der „Schwarzen Felsen", die so schwarz sind, daß sie alle Helligkeit verschlucken[62] — dies ein deutlicher Anklang an das physikalische

---

61 Derselbe, ebenda, S. 110 ff
62 Derselbe, ebenda, S.134

Problem des absolut schwarzen Körpers, auch an die „Schwarzen Löcher" der Kosmologie. Das ist keine Übertreibung. Im Zusammenhang mit der Auseinandersetzung von ERNST FUCHS mit BÖCKLINS „Toteninsel" spricht WALTER SCHURIAN über die Einheit von Leben und Tod und „der unsichtbaren, der ‚schwarzen' Energie"[63] und vergleicht sie mit „schwarzen Löchern". So erscheint in einer LSD-Vision bei GROF[64] das Motiv einer „schwarzen Sonne", ein Bild, das auch D. H. LAWRENCE kennt.

Es erscheint schon in SHELLEYS „Prometheus Unbound" (II IV 1-7) und in LAUTREAMONTS „Chants de Maldoror". (Doch soll hier nicht vorschnell eine Identität postuliert, immerhin aber die archetypische Appellmöglichkeit angedeutet werden.) Nur, indem sie stur geradeaus fahren, können Jim und Lukas hindurch. Sie fahren durch Kälte und Nacht, bis sie vor dem „Mund des Todes" stehen, aus dem der Wind mit schauerlichem Heulen heraustönt. Der Lokomotivendampf gefriert darin zu Schnee und hilft weiter, bis die Freunde wieder ins Freie kommen. Hier findet sich der Symbolismus von Schwarz und Weiß: Tod und Leben, Nacht und Tag, Licht und Dunkel, vielleicht Gut und Böse. Es ist auch die Umkehr der Erfahrung des Weißen am Rande der Welt in EDGAR ALLAN POES „Narrative of Arthur Gordon Pym of Nantucket" (1838). Ging es im Tal der Dämmerung durch die Tiefe, so hier über einen Grat auf der Höhe entlang.

Es ist an dieser Stelle nicht mehr erforderlich, auf den weiteren Verlauf im einzelnen einzugehen: die Freunde kommen an die Drachenstadt, erlösen die Prinzessin aus der grauenhaften Schule der Drachenfrau — der archetypischen Großen Mutter —, besiegen die Quälerin und zwingen sie, mit ihnen und mit allen befreiten Kindern auf dem unterirdischen Weg des Gelben Flusses wieder nach China zu fahren. Die Verlobung Jims mit der Prinzessin und die Heimkehr nach Lummerland gehören dazu, sind hier aber unwichtig.

Den Durchgang durch die wuchernde Welt des Dschungels kann man als eine Regression auf eine vegetative Stufe deuten, wie ich

---

[63] W. SCHURIAN (Hrsg.). - E. Fuchs: Im Zeichen der Sphinx. Schriften und Bilder, S. 246

[64] ST. GROF. - Topographie des Unbewußten, S. 156, 257

sie an anderer Stelle (unveröffentlicht) untersucht habe. Solche Regressionsmotive finden sich häufig in der Literatur, etwa im „Excurse"-Kapitel von D. H. LAWRENCES „Women in Love" (1920). Es ist eine gleichzeitig prä- und postsexuelle Welt. Das Gebirge ist ein Todesmotiv, das z. B. in überirdischer Schönheit in der Ferne in dem in der postmortalen Welt spielenden Roman „On a Dark Night" (1948) von ANTHONY WEST erscheint. Ein Felsen, an den der Mensch sich klammert und der oft aus dem Meer aufragt, wäre hier ebenfalls zu nennen: man denkt an den mediumistischen Roman „Winged Pharaoh" (1937) von JOAN GRANT, an WILLIAM GOLDINGS „Pincher Martin" (1956), an DAVID LINDSAYS „A Voyage to Arcturus" (1920), an GOETHES „Gesang der Geister über den Wassern". Das Berg- und Meer-Motiv ist ein klassisches chinesisches Weltsymbol. Das Motiv des Tals der Dämmerung führt noch ein Stück weiter: Das Fortgerissenwerden durch eine enge Passage, begleitet oder eingeleitet durch einen beunruhigenden akustischen Reiz — kennen wir das nicht von MOODY?

„Also das erste, was geschah — ich beschreibe das jetzt genau, wie ich's damals empfunden habe —, war, daß ich so ein Tönen hörte: brrrrrnnnng — brrrrrnnnng — brrrrrnnnng, immer im gleichen Rhythmus. Dann bewegte ich mich durch diesen — das wird Ihnen jetzt sicherlich absonderlich vorkommen — durch diesen langen dunklen Gang, dieses Rohr oder was immer das war. Ich kann es einfach nicht beschreiben. Ich bewegte mich hin und her, vibrierte die ganze Zeit im Rhythmus dieses Geräuschs, dieses klingenden Geräuschs".[65]

ENDES Buch erschien 1960, MOODYS in Deutschland 1977. Es ist noch mehr zu sagen: 1977 erschien in den USA der fünfte Band der Berichte von CARLOS CASTANEDA: „The second Ring of Power"[66]. Es mag sein, daß, wie RICHARD DE MILLE in „Castaneda's Journey: The Power and the Allegory" (Santa Barbara 1976) herausstellt, die Bücher von CASTANEDA ein synthetisches Elaborat, eine Täuschung darstellen. Das ändert nichts an der Tatsache, daß in ihnen wesentliche Dinge ausgesprochen werden und auch solches, was nicht einfach erfunden und nicht einfach ohne tiefgehende Einsicht adoptiert werden konnte. Der Erzähler lernt im fünften Band die Schüler des Magiers DON JUAN näher kennen

---

[65] R. A. MOODY.- Leben nach dem Tod, S. 37/8
[66] C. CASTANEDA. - The second Ring of Power. - New York: Simon & Schuster 1977; dt: Der zweite Ring der Kraft. - Frankfurt: Fischer 1978

und muß gegen sie und zusammen mit ihnen Kämpfe und Prüfungen bestehen. In entscheidenden Situationen in höchster Bedrohung vernimmt er dabei ein seltsames Geräusch:

„I heard then or perhaps I felt, a snapping sound at the base of my neck, right behind my windpipe. I knew that she had cracked my neck. My ears buzzed and then tingled. I experienced an exeptional clarity of hearing. I thought that I must be dying."[67]

Er fühlt seine Ohnmacht und plötzlich beobachtet er die Szene von oben und kann sich wehren. In anderen Fällen[68] erinnert ihn das Geräusch in seiner Stärke und Trockenheit an das Schlagen einer großen geborstenen Glocke. Wiederum verbindet er die Empfindung oft mit einem kitzelnden Gefühl am Scheitel[69], auch mit dem von OOBE-Phänomenen bekannten Eindruck, daß ihn etwas am Scheitel verlasse[70]. Tatsächlich verdoppelt sich CASTANEDA auch oft in diesen Situationen, und zwar erscheint sein „alter ego" riesengroß (!). DON JUAN sagte einmal, das Geräusch bedeute, daß man „ein anderes Tempo einlege" („changing speed"). Ich behaupte keine Identität mit den Phänomenen, die Sterbende erleben, die die Geräusche auch oft mit einem Glockenton vergleichen und OOBEs ebenfalls beschreiben; immerhin ist es bemerkenswert, daß Jim Knopf und Lukas buchstäblich, und das wird ausführlich beschrieben, ihre Lokomotive Emma mit dem Nothebel zu äußerster Geschwindigkeit bringen, als sie gewahr werden, wie die Passage hinter ihnen von dem Getöse zusammenbricht und sie steckenzubleiben drohen, als es sie einholt. Im übrigen sollte man sich in diesem Zusammenhang fragen, was wohl der tiefere Grund dafür ist, daß auf Kirchtürmen große Glocken klingen und weshalb man heute statt Glocken und Gongs schnarrende Betriebssirenen zur Zeitmarkierung hat. Mich persönlich bringt Glockengeläute immer in einen fast visionären Zustand, ich kenne weniges,

---

67 Derselbe, ebenda, S. 61: Ich hörte dann oder fühlte vielleicht einen knackenden Ton unter dem Hals, gleich hinter der Luftröhre. Ich wußte sofort, daß sie mir den Hals gebrochen hatte. Meine Ohren summten, und dann klingelte sie. Ich erlebte eine außergewöhnliche Klarheit des Hörens. Ich glaubte, daß ich im Sterben sein müsse.

68 Derselbe, ebenda, S. 84
69 Derselbe, ebenda, S. 91, 109, 123
70 Derselbe, ebenda, S. 110

was mir verhaßter wäre, als Glockengeläut gleichzeitig mit Motorradgeknatter zu hören. Das Geräusch, das Castaneda erwähnt, ist ohne Zweifel identisch mit den „repercussion noises", von denen MULDOON und CARRINGTON sprechen[71], einem Geräusch, als platze ein Luftballon nahe beim Ohr, ein lautes „sizz", ein Knistern oder ein „zing", als klinge eine Saite im Kopf, bisweilen auch etwas wie ein gesprochenes Wort, auch wenn es dort beim Wiedereintritt erscheint.

Zum „Tal der Dämmerung" ist noch mehr zu sagen. STANISLAV GROFS bemerkenswertes Buch „Topographie des Unbewußten, LSD im Dienst der tiefenpsychologischen Forschung" wurde soeben ins Deutsche übersetzt. GROF kommt darin ausführlich auf den Umstand zu sprechen, daß in fortgeschrittenen Stadien der LSD-Therapie regelmäßig Elemente des perinatalen Erlebens erscheinen, die GROF in vier Stadien als PM I – IV, also in dem intrauterinen, schwebenden, ozeanischen, aber auch engen Leben des Fötus, den Angstphasen der beginnenden Wehen, der katastrophalen Bedrängnis der Austreibung und dem Glück der endgültigen Befreiung und Abnabelung zuschreibt. In „Jim Knopf" nun spielt sich ganz deutlich nicht nur die Todeserfahrung, sondern auch die Erfahrung der Geburt wider, wie sie GROF[72] in der perinatalen Matrix III zusammenfaßt: „Maßloses physisches und psychisches Leiden, das Gefühl einer unentrinnbaren Situation, die nie enden wird, Höllenvorstellungen verschiedener Art, Gefühle, in einer Falle oder einem Käfig gefangen zu sein (kein Ausgang) ..., unheilverkündende, düstere Farben ...". Der Weg durch das Tal der Dämmerung ist gleichzeitig der Geburtsweg. Auf sehr komplexe Art sind hier also Geburts- und Sterbeerlebnis miteinander verbunden. Nimmt man den Symbolismus von Rot und Weiß hinzu, dann ist es gleichzeitig auch ein Moment der Zeugung oder des Eintritts in die Existenz. Wenn Jim in die Lokomotive taucht und den Ausgang nicht findet, ist das Gleiche ausgesprochen.[73] Verbunden ist der Vorgang mit einem Zerstückelungsmotiv: die Lok wird ganz

---

71 S. J. MULDOON/ H. CARRINGTON.- The Projection of the Astral Body.- London: Rider 1929, 1977, S. 202/3

72 ST. GROF.- Topographie des Unbewußten, S. 125

73 Vgl. die Fallenmotive in KIPLINGs Jungle Books, die ich in Wandlungsmotive in Rudyard Kiplings Prosawerk.- München: Fink 1975.- untersucht habe.

auseinandergenommen und wieder zusammengesetzt, während die Totengeier zuschauen. (Ein ähnlicher Zerstückelungsvorgang wird auch bei GROF[74] bildlich gezeigt. Es ist in diesem Zusammenhang nicht abwegig, auf die innere Verwandtschaft zwischen der Nabelschnur und der „silver cord" der Austrittserlebnisse zu verweisen.) Die Lok ist in dem Moment Grab und Mutterschoß zugleich. All dies ist kaum eine Übertreibung. HUMBERT BONDI[75] bildet die Passage am Grabe des Unbekannten Deportierten in Paris ab und verweist auf die (unbewußte) Parallele dieses dunklen Ganges zu der Passage, von der Reanimierte bei MOODY berichten. Man fürchtet nur, daß diese Dinge ebenso billige Münze werden können wie die bis zum Überdruß bekannte FREUDSCHE Sexualsymbolik, wagt andererseits nicht, es zurückzuhalten, weil auch dadurch Wesentliches dem allgemeinen Verständnis entzogen werden könnte, das für eine entspanntere Einstellung zu vielen Dingen notwendig ist.

Wenn das Kind geboren ist, so findet es sich in der trockenen Welt der Lebenden. (So folgt beim Mystiker oft auf die ekstatische Phase die der Trockenheit.)[76] GROF[77] spricht hier von Elementen von Vernichtung und Wiedererschaffung der Welt auf der Ebene der psychopathologischen Syndrome, von Motiven des glücklichen Entrinnens aus gefährlichen Situationen, von Erfolg, auch von sich

belebender Natur, daneben von ungeheurer Ausweitung des Raumes, Visionen gewaltiger Hallen, schöner Farben, brüderlichen Gefühlen, gelegentlich manischer Aktivität und Größengefühlen in den LSD-Sitzungen. Nun kommt das Motiv der Wüste wiederum häufig in Sterbevisionen und deren literarischer Behandlung vor. Wenn hier die Phantasmen erscheinen, so muß man an TENHAEFFS Äußerungen denken, daß Okkultisten schon seit dem Altertum behaupteten, „der Mensch gerate nach seinem Ableben zuerst in einem traumähnlichen Zustand und sehe sich von einer

---

74 ST. GROF.- Topographie des Unbewußten, S. 105 — 108

75 H. BONDI.- La Survivance par dela la mort.....- PSI international 6, Juillet/Aout/Septembre 1978, p 9 — 16

76 Vgl. G. WALTHER.- Phänomenologie der Mystik.- Olten/Freiburg Walter ³1976, S. 204 ff

77 ST. GROF.- Topographie des Unbewußten, S. 124 — 125

selbstgeschaffenen Welt umgeben, die mehr oder weniger den Vorstellungen entspricht, die er sich im Leben vom Jenseits gemacht hat[78] in eine „Sphäre von Visionen; hier ist es auch eine der entfesselten Erinnerungen. In den Kundgaben von W a l t e r wird von einer ähnlichen Welt als Stufe Zwei und Drei gesprochen[79]. (Ich verwerte hier bewußt und unter vollem Einrechnen aller animistischen Vorbehalte auch spiritistisches Material, gerade um die poetische Komponente auch dieses Erfahrungsschatzes herauszustreichen.)

In diese schwankende Welt aber paßt die Gestalt eines „Scheinriesen" vorzüglich hinein. Nun habe ich in einem noch unveröffentlichten Buchmanuskript eine Reihe von Riesengestalten der Weltliteratur untersucht und dabei festgestellt, daß in den meisten Fällen die körperlichen Ausmaße dieser Giganten nicht realistisch kohärent beschrieben werden (können). Ferner zeigt sich, daß Riesengestalten häufig vor einem großen Durchbruch in der inneren Entwicklung eines Menschen auftreten.[80] Hier tritt nun der Riese vor dem Durchgang durch das „Tor des Todes" auf, gleichsam als Hüter der Schwelle, vielleicht als Manifestation des Größenrausches der postnatalen Phase, aber möglicherweise auch als Reminiszenz an die frühkindliche Zeit, wo die Erwachsenen dem Säugling wie Riesen erscheinen. Die schwankende Natur aller Dinge kann auch als Nachklang der eigenen Disproportionalität des Säuglings verstanden werden, die nach GROF[81], aber auch nach CASTANEDA[82] hier eine Rolle spielt. Natürlich bietet sich auch die einfache Interpretation an, daß der Scheinriese die Schwierigkeiten des Lebens symbolisiert, auf die man mutig zugehen muß, damit sie sich verkleinern. Auch hier gilt wieder, daß keine Bedeutungsmöglichkeit allein gelten darf. Auf jeden Fall erscheinen auch

---

78 W.H.C. TENHAEFF.- Kontakte mit dem Jenseits? Der Spiritismus-Report.- Berlin: Universitas Verlag o.J., S. 254

79 A. FORD.- Bericht vom Leben nach dem Tode.- Bern/München/Wien: ^{3}1973, S. 182 ff

80 Riesengestalten und das Schwanken der Welt zwischen Traum, Tod und Leben finden sich auch in- L. KLIMA.- Die Leiden des Fürsten Sternenhoch.- Hanau: Müller & Kiepenheuer 1966

81 ST. GROF.- Topographie des Unbewußten, S. 82

82 C. CASTANEDA.- Tales of Power.- New York: Simon & Schuster 1974, S. 201 ff

hier die Schwelle zum Leben und die Schwelle zum Tode teilweise als identisch. Wenn Jim Knopf und Lukas später in das Feuerreich des Drachen geraten, dann findet sich hier ebenfalls wieder das Feuermotiv der perinatalen Phasen, insbesondere PM III, der „vulkanischen Ekstase".[83] Man fragt sich,weshalb diese Häufung von gleichartigen Motiven in immer anderer Gestalt so komprimiert erscheint. Sieht man aber alles zusammen, dann ergibt sich das Bild mehrfacher Reinkarnationen, die so lange anhalten, bis die Aufgabe gelöst ist, die Prinzessin befreit werden kann. Die einzelnen Phasen entsprechen dabei verschiedenen Leben oder verschiedenen Toden: ein typisches Beispiel für Musterkonstanz: die Struktur durchzieht gleichmäßig das Ganze wie die Teile. Auf meine Anfrage hin teilte mir ENDE freundlicherweise mit, er sei mit magischem und okkultem Denken und dessen Bildvorstellungen wohlvertraut, habe sich aber beim Schreiben ganz der Eigenbewegung der Bilder überlassen, die, wenn man ihnen wirklich folge, gescheiter seien als der eigene Kopf; er habe „Jim Knopf" ohne jedes Konzept geschrieben. ENDE bekennt sich ausdrücklich zur Vieldeutigkeit und Vielstimmigkeit des Symbols und sieht gerade auch im Humor ein wesentliches Mittel, ein Freiheitserlebnis zu vermitteln, das er, worin man ihm ebenfalls zustimmen muß, als dem heutigen Bewußtsein angemessen ansieht. Unter dem Vorbehalt, daß keine Ausschließlichkeit zugelassen ist, können wir eine Inkarnationssymbolik an oft unerwarteten Stellen nachweisen. Selbst in SHAKESPEARES „Measure for Measure" läßt sich in Analogie zum Gleichnis vom Verlorenen Sohn die Gestalt des Moralisten Angelo als die des Menschen verstehen, der in der Inkarnation das Prinzip der Verschwendung und des Scheiterns lernen muß. Man wird auf Inkarnationssymbolik genau so stark achten müssen wie auf Geburts-, Sexual- und Sterbensmotive.[84]

Mit einem noch sehr ängstlichen Kind, das zur Schule kommen sollte, ging ich einmal auf einem Spaziergang in den Botanischen Garten ins Palmenhaus und setzte mich mit ihm oben auf die Plattform über einer Grotte, zu der eine künstliche Quelle hinabströmte.

---

83 ST. GROF.- Topographie des Unbewußten, S. 147
84 Vgl. meinen Vortrag „Zweierlei Maß in Measure for Measure", gehalten vor dem Anglistentag am 3. 10. 1978 in Wuppertal.

Ich redete ihm lachend zu, die andere Treppe hinabzusteigen. Nachdem wir es zusammen einige Male versucht hatten, ging das Kind selbst, von Abenteuerlust gepackt, überquerte den Teich in der Grotte auf den Schrittsteinen und kam auf der anderen Seite wieder hoch. Die Inkarnationssymbolik dieses Vorgangs hielt ich natürlich geheim; mir selbst war sie bewußt. Auch den Schriftstellern sind die Dinge nicht immer bewußt, und das ist gut so. Die vorschnelle Festlegung auf bestimmte Interpretationen ist unter allen Umständen zu vermeiden. Auch der direkte Bezug durfte nicht ausgesprochen werden, und GOETHES „Gesang der Geister über den Wassern" erschöpft sich nicht in der Reinkarnationssymbolik.

VI. POETISCHE SPRECH- UND ERLEBNISWEISE IM ZUSAMMENHANG MIT TOD UND POSTMORTALER WELT

Wäre dies alles nun als Beleg für die Reinkarnationslehre zu werten? Die Einwände liegen auf der Hand. Wie kann eine bloße Dichtung wie „Jim Knopf" als Beweis gelten? Allenfalls: Kann Poetisches als Hinweis auf Poetisches ernstgenommen werden? Ein Zitat von D.T. SUZUKI bietet sich an:

„Ich weiß nicht, ob die Seelenwanderung auf wissenschaftlicher Ebene bewiesen und aufrechterhalten werden kann, aber ich weiß, daß sie eine inspirierende Theorie voll poetischer Anregung ist, und ich bin zufrieden mit dieser Deutung und habe kein Verlangen, darüber hinauszugehen"[85]

Ein vergleichbares Zitat aus unserem Kulturbereich:

„Bei GEBSATTEL ist die Verknüpfung von Geburt und Tod das Grundprinzip der Lehre von der ewigen Wiederkehr des „Stirb und Werde", der zahllosen „lebensimmanenten Tode" und „Wiedergeburten", die wir Menschen von der natürlichen Geburt bis zum realen Tod zu vollziehen haben."[86]

---

85 D. T. SUZUKI.- Der westliche und der östliche Weg. Essays über christliche und buddhistische Mystik.- Frankfurt: Ullstein 1957, S. 119
86 E. WIESENHÜTTER.- Blick nach drüben. Selbsterfahrungen im Sterben.-Hamburg: Furche-Verlag 1974, S. 43

Der holländische Graphiker M.C. ESCHER (1898 — 1971) berichtet einmal:

„Einst rief mich eine Dame an und sagte: 'Herr Escher, ich bin fasziniert von Ihrem Werk. In Ihrem Blatt Reptilien haben Sie schlagend die Reinkarnation dargestellt.' Ich antwortete: ,Madame, wenn sie das darin sehen, wird es wohl stimmen.' "[87]

Das Motiv der Reinkarnation ist ein immer wieder auftretendes, zwingendes Bild, und ESCHERS Antwort impliziert sowohl Verständnis wie Zweifel.

Nun kommt es mir hierauf an dieser Stelle gar nicht einmal so sehr an. Wesentlich bedeutungsvoller nämlich erscheint es mir, daß hier — etwa im Motiv des Tals der Dämmerung — ein aus empirischen Umfragen bekanntes Phänomen als symbolisch zu verstehendes Bild erscheint. Analysiert man Motive, die sich in EDGAR HERZOGS Buch „Psyche und Tod"[88] finden, etwa das Motiv der gemeinsamen Mahlzeit, der Hochzeit, das Bild des Pferdes, der Brücke, des Stroms, den ja auch MOODY kennt, und andere Todessymbole, so wird daran deutlich, daß es sich nicht einfach um schöne poetische Umschreibungen handelt, sondern um Dinge, die ebenso ernst zu nehmen sind wie die Motive, die MOODY beschreibt. Der Weg über den schmalen Grat im Dunkel, aus dem der Wind heult — aus dem Jenseits kommt immer wieder ein unheimlicher Wind —, dem entspricht der Grat der Cinvat-Brücke der altpersischen Mythologie, über die die Sterbenden gehen müssen — es ist aber gleichzeitig ein Symbol des Lebens, wie schon Kafka fand. Das Tal der Dämmerung, das Traummotiv eines endlosen schwarzen Aufzuges, die „Röhre", durch die der Sterbende zu gleiten scheint, der Geburtsweg: all das bedeutet, daß eine Forschung, die nur von „symbolischer Verkleidung" spricht, nur Teilaspekte berühren kann. Auch die Sterbevisionen kennen ja Lichtstädte, Berge, Landschaften, Menschen. Man muß hier der Tatsache gerecht werden, daß das Sein dieser Erscheinungen eine ungeheure hermeneutische Potenz besitzt: alles interpretiert und wird

---

87 B. ERNST.- Der Zauberspiegel des Maurits Cornelis Escher.- München: Moos 1978, S. 14

88 E.HERZOG.- Psyche und Tod.- Zürich/Stuttgart: Rascher 1960

zugleich interpretiert, und jedes Sprechen darüber, auch das nicht verstehende, wird zur Interpretation. Es gibt keine rein empirischen Aufstellungen, sondern es hat alles eine hermeneutische Dimension. Vielleicht ist sogar die geisteswissenschaftliche Hermeneutik die Energie des Todes, die er dem Leben zuführt. Weiterhin dürfen wir nicht fragen: „Wer hat nun recht?" Die Naivität MOODYS übertrifft noch die eines CASTANEDA, wenn er die häufigsten Motive aufzählt:[89] das ist nur eine ganz offene Matrix, und wir müssen über das LINNESCHE Stadium des Sammelns und Sichtens hinwegkommen, ohne es aufzugeben. Man mache im Urlaub den Versuch, schweigend in der Abenddämmerung am menschenleeren Strande, nur vom Wellenschlag des Meeres begleitet, entlang oder durch die Dünen zu wandern und sich vorzustellen, man sei schon verstorben — es wird sehr schwer, sich von dieser Suggestion wieder zu lösen. Sie trägt völlige Evidenz, obwohl ich mich nicht erinnern kann, sie irgendwo in der Literatur über postmortale Erlebnisweisen gelesen zu haben.

VII. INTERPRETATION EINER STELLE AUS „EIN MORD DEN JEDER BEGEHT": EIN LÜCKENPHÄNOMEN

Als in HEIMITO von DODERERs Roman „Ein Mord den jeder begeht" Conrad Castiletz seine Schuld erkannt hat und von der Reise nach Hause kommt, legt er sich zur Ruhe.

„Es war eine grenzenlose Schläfrigkeit, keine Schwere, ein sanftes Verhauchen der Kräfte nur, die ihn jetzt angenehm verließen, ein Zustand, in welchem man gleich weit und gleich nah von jedem Ding ist, wie der Mittelpunkt einer kleinen Welt."[90]

Er nimmt den vertrauten Lackgeruch seiner Kindheit wahr, der einer Katastrophe voranging. Er löscht das Licht, geht auf den Spiegel zu, fürchtet sich vor dem Gesicht, das ihm daraus erscheinen wird.

---

89 R. A. MOODY.- Leben nach dem Tode.- S. 27 ff
90 H. v. DODERER.- Ein Mord den jeder begeht.- München: 1978, S. 327/8

„Jedoch, obwohl er die Augen durchaus in der richtigen Weise zusammengekniffen hatte, kam es ganz anders: bescheidentlich, im weißen Kleide, über das Brücklein bei der Wäscherei der Frau Rumpler. „Bist du in Salzburg?" fragte er. „Ja Kokosch, und wie schön ist Salzburg!" sagte sie und lächelte. „Ja, bist du mir denn nicht böse?" fragte er. Sie gab ihm ihre kleine, sehr warme Hand: „Aber gar nicht Kokosch, wie kannst du das glauben?! Ich habe nur geweint, weil ich dich lieb habe."

Sie nimmt, wie seine Mutter vor der Katastrophe, die Gardinen ab, er hält die Arme hin, um sie ihr abzunehmen.

„Nein, mein Kind", sagte sie, „du sollst jetzt schlafen. Wir brauchen auch den kleinen Bleistift nicht mehr, gar nie mehr. Schlafe jetzt, schlafe, mein Liebling." Sie legte die Hand auf seine Augen. Wie unter dem Stabe des Patriarchen einst das Wasser aus dem Felsgestein, so sprang hier, bei grenzenlosem Glücke, der Quell aus dem Karst, trat der helle Strom der Tränen wieder an die Oberfläche, der, von einem sehr bestimmten Punkte der Knabenzeit an, ein ganzes Leben hindurch unterirdisch dahingegangen war, wie eine verborgene Blutung."[91]

Erst einige Seiten später erfährt der Leser, daß Castiletz in der Nacht starb, da jemand den Gasschlauch nicht angeschlossen hatte und es am Morgen eine Explosion gab. Das ist eine vollgültige Darstellung des Todes. Auch hier zeigt sich das seltsame Phänomen, daß, wer vom Tode spricht, gleichzeitig vom Leben redet; daß, wer vom Leben spricht, auch den Tod beschreibt. Wir haben den Tod nur im Leben, das Leben nur im Tode. Das Rätsel des Lebens löst sich im Tod; das Rätsel des Todes löst sich im Leben. Das Motiv von DODERER findet sich nicht bei MOODY. Und doch besteht seine Authentizität. Wir dürfen nicht fragen, wer recht hat. Alle haben recht.

Nun kommt es gerade auf Folgendes an: auf das Wie nämlich mehr als auf das Was. Hätte DODERER geschrieben: „Er starb. Im Sterben sah er ...", um es kraß auszudrücken, dann wäre es vermessen und lächerlich geworden. Gerade die Unentschiedenheit, ob es sich um Traum oder Erinnerung, Traum oder Tod, Schlafen oder Wachen, Leben oder Tod handelt, gerade die unüberbrückbare Lücke in der Perspektive und in der Zeit — einmal der einschlafende Castiletz, dann der nach der Gasexplosion wie unversehrt

[91] Derselbe, ebenda

herausgetragene Tote —, genau *das* macht die Sterbevision überzeugend, gerade auch der Schock für den Leser. So erfährt auch der Leser erst am Schluß von WILLIAM GOLDINGS Roman „Pincher Martin", daß der Held schon auf der zweiten Seite gestorben war. Es heißt, daß mancher Tote sich zunächst nicht darüber klar ist, daß er nicht mehr lebt. Hier aber erweist sich sogar eine poetische Notwendigkeit dafür — das Prinzip der Überraschung. Graf HERMANN KEYSERLING schreibt einmal in „Das Buch vom Ursprung"[92], die Todesfurcht diene dazu, einen für die Überraschung sensibel zu machen, die einen nach dem Sterben erwarte. Überraschung ist auch die Essenz alles Poetischen, der Sprung, das nicht Aussagbare. Hier wird eine Mitte umkreist und deutlich gemacht, die sich jeder sprachlichen und bildlichen Darstellung entzieht. Und eben das muß gegen Bücher wie die von MOODY gesagt werden, so verdienstvoll sie sein mögen: Es kommt nicht nur auf das *Was,* sondern vor allem auf das *Wie* an, wenn wir vom postmortalen Leben sprechen. Selbst das Postmortale ist nur eine Chiffre für das Postmortale.

Man mag einwenden, der Tod von Conrad Castiletz sei gewaltsam; ein schlimmer Zufall habe herhalten müssen, um das Leben zu beenden, da nun darüber nichts mehr zu sagen sei und die metaphysische Dimension der Annahme der Schuld noch als Aufgabe vorlag; der Schluß wirke somit konstruiert. Bei dieser Argumentation wird verkannt, daß dieser Zufall sich nach der poetischen Logik völlig in die Gesamtkonstellation einfügt. Auf Höhepunkten des Lebens wie am Ende dessen von Castiletz muß der Zufall sich fügen. Woher man das weiß? Aus der Dichtung. Der tautologische Kurzschluß ist hier erlaubt. Die Grenzen von Innen und Außen werden hier hinfällig, und der Autor, der das wahrnimmt, handelt richtig.

Nun gut, im Augenblick des Todes bemerkt der Leser nicht, daß Castiletz stirbt. Weshalb ist das Bemerken nicht erlaubt?[93] „Denn nur Ansicht ist, was auch der Angesehenste weiß und behält ..."[94]

---

[92] H. KEYSERLING.- Das Buch vom Ursprung.- Bühl: Roland 1947
[93] Doch ein anderer Autor unter anderen Umständen kann durchaus unter seinen Bedingungen so verfahren, grundsätzlich gelten die allgemeinen Regeln des Poetischen nur für den Einzelfall. Darum stirbt auch jeder seinen eigenen Tod.
[94] DIELS B 60.- Die Fragmente des Heraklit, S. 12, 13

Weiß man denn, ob es richtig ist? Das Nichtwissen wird dargestellt durch etwas, was der Autor oder Erzähler nicht verrät. Und selbst hier zeigt sich eine weitere Übereinstimmung von postmortaler Welt und Poesie als deren Form und Ausdrucksweise. Literatur predigt nicht. DANTE müßte als einer der größten Häretiker gelten. Das Orthodoxe gilt hier nur, insofern es ästhetisch vermittelt wird. Wir erleben heute im Osten, wie selbst Künstler, die überzeugte Kommunisten sind oder sein möchten, mit ihren Werken in Schwierigkeiten geraten. Im ästhetischen Bereich gilt nur ästhetische Aufrichtigkeit[95]. Ein Künstler kann und darf ja nicht einmal die Werte, um die es in seinem Werk geht, direkt aussprechen, sonst verrät er eine Lösung, ehe die Aufgabe durchgerechnet ist. Besonders gefährdet sind hier solche scharf- und tiefsinnigen Autoren wie CHARLES WILLIAMS[96], die als Christen und (zeitweilige) Esoteriker sehr genau die Prozesse studiert haben, die als Gnade erlebt werden. Gerade durch das direkte Aussprechen wird das Mysterium zugedeckt, zum Mechanismus, zur Ideologie oder zur leeren Formel. Meine Furcht gilt auch Menschen, die ohne poetische Sensibilität — wo auch immer —, ohne Scheu forschen, die dabei sogar auf Dinge stoßen könnten, die der religiöse Mensch als göttlich bezeichnet; und wenn sie Gott auf diese Weise gefunden haben, preisen sie ihn als neue Energiequelle an, die Arbeitsplätze sichert oder einspart, wobei sie sich noch auf ethische Verpflichtungen berufen. Wir sind in den letzten Jahren einige Male auf diesen Punkt gestoßen. Gott ist unverfügbar. Poesie ist unverfügbar, Liebe ist unverfügbar, Tod ist unverfügbar, und wer sie sich verfügbar macht oder zu machen glaubt, macht sie sich gerade dadurch unerreichbar. In einer völlig gerechten und geregelten Welt, in der jedem jederzeit alles zur Verfügung steht, gibt es keine Liebe und keine Freiheit mehr.

---

95 Vgl. z. B. E. GRASSI.- Macht des Bildes. Ohnmacht der rationalen Sprache. Zur Rettung des Rhetorischen.- Köln: Du Mont 1970, S. 40 ff; H.-E. BAHR.- Theologische Untersuchungen der Kunst. Poiesis.- München/Hamburg: Siebenstern 1965, S. 184 ff

96 Vgl. W. GAUGER.- Die Bewegungen des Grals. Charles Williams und John Cowper Powys.- Z. f. Parapsychologie und Grenzgebiete der Psychologie Jg. 18, 1976, Nr. 1, S. 51 – 75; Nr. 2, S. 129 – 149

VIII. ERGEBNISSE

Zurück zur Poesie: Ich verweise auf das Buch von CHRISTIAAN L. HART NIBBRIG „Ja und Nein. Studien zur Konstitution von Wertgefügen in Texten"[97]. HART NIBBRIG weist nach, daß Werte in ästhetisch relevanten Texten (zu Deutsch: Dichtungen) nur als *Frage* nach diesen Werten ausgesprochen werden dürfen. Und im vergangenen Jahr erschien bei Suhrkamp der von LEONHARD REINISCH herausgegebene Band „Jenseits der Erkenntnis. Fragen statt Antworten", in dem Themen wie das Heilige, Wunder, Stigmatisationen, der Tod als Ende und Anfang von namhaften Autoren behandelt werden. Fragen statt Erkenntnisse! Aber die Fragen müssen gestellt werden, und daß sie gestellt werden, wie falsch und verworren auch immer, zeigt, daß sie gestellt werden müssen.

Wenn es keine Tiere gäbe, gäbe es keine Tiergeschichten. Wenn es keine Liebe gäbe, gäbe es keine Liebesgeschichten. Wenn es keine Verbrechen gäbe, gäbe es keinen Kriminalroman. Wenn es keine „Geister" gäbe, gäbe es dann auch keine Geistergeschichte? Gäbe es keine Geburt, dann gäbe es auch keine Geburtssymbolik. So verhalten sich auch Sexualität und Sexualitätssymbolik, Tod und Todessymbolik. Gäbe es nun keine (Re)inkarnation, gäbe es dann auch keine (Re)inkarnationssymbolik? Hinter den entscheidenden Stellen steht ein Fragezeichen. Ich gehe noch weiter: Es gibt Seinsbereiche, auf die vornehmlich die Frage als Sprechweise angewandt werden muß. Es gibt eine Logik der Frage, und sie ist identisch mit einer Logik der Grenzüberschreitung (oder Transzendenz). Wird dieser Wirklichkeitsvorbehalt anerkannt und verarbeitet, dann ist mir sogar der krauseste Okkultismus recht. Typisch ist, daß sowohl in den fast esoterischen Bereichen der Physik wie in Fragen etwa der Synchronizität oder des Postmortalen immer wieder von „gewissen" Voraussetzungen, „gewissen" Situationen gesprochen wird, in denen dies und jenes eintritt. Dieses „gewisse" meint doch in Wirklichkeit „ungewisse" und kann nicht bestimmt werden. Der

---

[97] CH. L. HART NIBBRIG.- Ja und Nein. Studien zur Konstitution von Wertgefügen in Texten.- Frankfurt: Suhrkamp 1974; L. REINISCH.- Jenseits der Erkenntnis. Fragen statt Antworten.- Frankfurt: Suhrkamp 1977

Appell des Ungewissen löst aber immer neue Fragen und fragende Antworten aus! Die Dinge sind „möglicherweise" so und so.

Mit der Frage, die mehr meint als nur eine technische Zwischenfrage, treten wir in Bereiche des Werthaften ein, wo rein sachliche Haltung unzureichend wird. Das wäre das Letzte, was hier zu sagen wäre. Glauben sie mir bitte jedes Wort. Glauben sie mir kein Wort. Credo quia absurdum.

Was sind nun die Ergebnisse? Die Beschäftigung von Dichtern (im weitesten Sinne) mit der Welt des Paranormalen enthält immer ein Element des Indirekten, das sich auf sehr verschiedene Weise zu äußern vermag. Da gibt es eine Tendenz, nicht lehrhaft zu werden, und da, wo es lehrhaft zugeht, das Gelehrte wieder zu kaschieren und zu relativieren, oft, indem verschiedene, sogar gegensätzliche Aspekte hart gegeneinander gestellt werden. Die Lösung und Vermittlung muß dann gleichsam vom Leser oder Hörer selbst vollzogen werden, und dies nicht im Sinn einer Harmonisierung oder vorschnellen Aufhebung der Gegensätze, sondern im Sinne einer Transzendierung. (Der Mensch hat das Tier transzendiert, indem er *alle* Tiere ist; er hat mehr Tierisches in sich aufgenommen und kombiniert als jedes einzelne Tier und die Tierwelt insgesamt, und dadurch ist er kein Tier mehr. Gerade das aber, was an menschlichem Verhalten als tierisch erlebt wird, findet sich so bei Tieren überhaupt nicht.) So können Bilder des Aufbaus und Abbaus gleichzeitig gültig sein und in engem Zusammenhang miteinander stehen.

Widerspruch und Widersprüchlichkeit sind nicht etwa Mängel dieser Sprechweise vom Postmortalen, sondern Vorzüge, wobei die einzige Gefahr die der Mechanisierung auch dieses Prinzips ist. Der Widersprüchlichkeit widerspricht daher auch nicht, daß es sehr suggestive und überzeugende Motive gibt, die immer wieder erscheinen: das Textilmotiv, die Begegnung mit Verwandten, die Entwicklung, die Insel, der Stern, der Felsen im Meer ... Dabei zeigt sich, daß auch das, was als empirisches Faktum mit einer gewissen Häufigkeit notiert wird, metaphorischen oder symbolischen Charakter hat; ja weiterhin zeigt sich, daß Geburts- und Sterbemotive weithin und wahrscheinlich sogar aus innerer Notwendigkeit identisch erscheinen, daß ferner das Leben mit Bildern des Todes und der Tod mit Bildern des Lebens beschrieben werden kann, daß eine säuberliche Trennung der Bereiche gar nicht einmal möglich ist.

All das aber weist auf den merkwürdigen Umstand hin, daß der Tod (wie die Sexualität) ein Bereich ist, wo ein extremes physisches Faktum gar nicht anders, auch in der Wissenschaft, als auf poetische Weise angesprochen werden kann. (Sogar die Sprache der Verzweiflung, des Brutalen und Obszönen muß unter diesem Gesichtspunkt gesehen werden.) Dieser Tatbestand aber ist ein deutlicher Hinweis auf die Existenz eines *objektiv poetischen* Prinzips in der Welt: Poesie ist mehr als Scheinwirklichkeit und Ideologie; hier gilt kein Cartesianismus, der das Was dem Wie gegenüber bevorzugt. Angesichts der Ratlosigkeit der Trobriander oder des kleinen Jungen in Irland auf eindringliche Fragen hin bezüglich der Natur der Toten, sogar des toten Hundes, muß man von einem Prinzip der Indifferenz sprechen, dem die Natur des Geistigen oder Materiellen, des Einzelnen oder Allgemeinen, gleichgültig und offen ist. Es ist offen für ein Prinzip der Überraschung, und schon deshalb ist es nicht gut und auch nicht möglich, *absolute Gewißheit* über die postmortale Welt zu erlangen. Die Offenheit äußert sich in einem Appell, der sehr verschiedenartige Reaktionen und Erlebnisweisen ermöglicht. Aussagen kleiden sich an irgend einer Stelle wie in der Dichtung in Form von Fragen, Fragen, die gestellt und formuliert werden müssen und sinnvoll sind, selbst wenn die Antworten nicht eindeutig und systematisch ausfallen. Selbstverständlich gehören zu diesen Fragen auch die empirischen Untersuchungen, wenn sie wissenschaftlich vorsichtig und taktvoll vorgenommen werden. „Fools will rush in where angels fear to tread"[98] (ALEXANDER POPE). Die Ergebnisse empirischer Forschung sind imstande, vielen Menschen Fingerzeige, Trost und Hilfe zu geben angesichts der Ratlosigkeit, und man sollte auch nicht mit dem Zeigefinger warnend jeden, der sich in Kontakt mit Verstorbenen wähnt, zurechtweisen: auch damit kann sehr viel zerstört werden; und der Reinkarnationsglaube kann einem Menschen Halt

---

98 „Narren pflegen hereinzustürmen, wo Engel sich aufzutreten scheuen".

geben, wenn die Alternative Verzweiflung ist. Der erforderliche Vorbehalt aber sollte poetisch und nicht nur empirisch verstanden werden. Die Beschäftigung mit dem Tode und dem Postmortalen evoziert unentwegt eine neue Einstellung, letztlich fordert der Tod uns zum Tanz heraus, zum mittelalterlichen Tanz mit dem Gerippe oder dem Tanz der Überlebenden, von dem Frau LECHNER-KNECHT hier berichtet. Angst und die Freude der Erlösung, Trennung wie Wiedervereinigung, Opfer und Auferstehung, sind Schritte in diesem Tanz. „Es führt über den Main eine Brücke von Stein; wer hinüber will gehn, muß im Tanze sich drehn." heißt ein altes Volkslied, das eine unendlich traurige Melodie hat. Und doch ist es heiter.

Nach diesem völkerkundlichen und literaturanalytischen Überblick über die Vorstellungsformen und Motive des Glaubens an ein Fortleben nach dem Tode wird in den folgenden Beiträgen der Versuch einer empirischen Begründung des Fortlebens behandelt. Zunächst weist BURKARD HEIM *in seinem Beitag „Postmortale Zustände?" auf die grundsätzlichen Grenzen und Möglichkeiten eines solchen Unterfangens hin.*

BURKHARD HEIM

POSTMORTALE ZUSTÄNDE?

Durch diesen Beitrag soll der Öffentlichkeit die Existenz einer außerordentlich umfangreichen Arbeit zum Thema vorgestellt werden, die während der letzten drei Jahrzehnte in aller Stille und unter völligem Ausschluß jeglicher Publizistik durchgeführt wurde. Die Schrift darf jedoch nur als ein überaus stark verkürzter verbaler Auszug gewertet werden, der immerhin einen guten Überblick über den logischen Weg und die mannigfaltigen Aussagemöglichkeiten bietet. Es wird im wesentlichen ein Standpunkt indirekter *logischer Schlußweisen* behandelt, derart, daß die Basis des Schlusses eine einheitliche mathematische Strukturtheorie des quantitativ erfaßbaren materiellen Teiles der Welt ist, wobei die Grenze quantitativer Möglichkeiten aufgezeigt werden soll. Allerdings muß in diesem Zusammenhang der Begriff des indirekten Schlusses ganz allgemein verstanden werden, also nicht im spezifisch mathematischen Sinne als reductio ad absurdum. Im so aufgefaßten indirekten logischen Schluß wird dann mit geeigneten logischen Strukturen diese Grenze quantititiver Physis transzendiert, und zwar in die Bereiche des *Bios*, der *Psyche* und des *Pneuma*, so daß die empirisch erscheinende vierfache Konturierung menschlichen Seins eben in Physis, Bios, Psyche und Pneuma als logische Einheit erkannt wird. Hieraus werden dann zwingende Schlüsse auf *postmortale Zustände* der Persona, und auf Eigenschaften dieser Zustände gezogen, was vollständig dem Thema „Fortleben nach dem Tode" entspricht.

Es wurde grundsätzlich auf die Diskussion sogn. paranormaler Erfahrungen verzichtet, weil sowohl animistische als auch spiritistische „Phänomene" als empirische Basis völlig ungeeignet sind und hierfür auch gar nicht benötigt werden. Da derartige Erfahrungen (sofern sie nicht erfunden, sondern echt sind) letztlich stets nur auf Varianten eines Erfahrungsbildes hinauslaufen, welches ebenso lange bekannt sein dürfte, wie es denkende Menschen auf diesem Planeten gibt, aber andererseits gewisse Gruppen solche vermeintlich oder tatsächlich gesammelten Erfahrungen in stark extrapolierter Form auf dubiose Weise publizieren, richtet sich gegen derartige Gruppen im ersten Kapitel eine scharfe Kritik. Es sei jedoch hier ausduücklich betont, daß sich diese Kritik nicht gegen Menschen richtet, die, getragen von einem tiefen religiösen Gefühl, mit großem Ernst ebenfalls der Frage nach dem zeitlichen Woher dem zeitlichen Wohin und der Sinnfrage menschlichen Seins nachgehen.

1. Definitionen und allgemeine Problemstellung

Offensichtlich ist die Lernfähigkeit eine der fundamentalen Eigenschaften aller lebenden Organismen; denn lebende Strukturen können stets Erfahrungen sammeln, was aber nur durch Lernprozesse möglich ist. Dieses Ansammeln von Erfahrungen kann zweifellos nur so vor sich gehen, daß für das betreffende Lebewesen erlebbare spezifische Ereignisstrukturen einer relativen Partialwelt (bezogen auf die spezifische Organismenart) als Erlebnis verarbeitet und in einem wie auch immer gearteten (weitgehend unbekannten) Gedächtnis in irgendeiner (in der Regel ebenfalls unbekannten) Form abgespeichert werden; derart, daß diese Inhalte in späteren Zeitabschnitten des Lebensverlaufes willkürlich abgefragt und somit erinnert werden können.

Im spezillen Fall menschlichen Lebens werde im folgenden die auf den Menschen bezogene relative Partialwelt erlebbarer Ereignisstrukturen kurz als *Welt* bezeichnet. Die spezifisch menschliche Fähigkeit zur bewußten Abstraktion gestattet indessen dem Menschen Erfahrungen vergangener Erlebnisse willkürlich aus den Gedächtnisinhalten abzufragen und diese erinnerten Erfahrungen mit der gegenwärtigen Erlebnisverarbeitung so zu kombinieren, daß Schlüsse auf ein mögliches Zukunftgeschehen extrapolierbar werden, und somit Direktiven menschlichen Handelns weisen können.

Auf diese Weise wirft die allgemeine Urerfahrung menschlichen Todes und das Bewußtsein der absoluten Unausweichbarkeit die Frage nach der Bedeutung dieses Todes auf, derart, daß diese Frage umso drängender wird, je bewußter sich menschliches Leben vollzieht, bis sie schließlich die schwerwiegende Bedeutung einer menschheitsgeschichtlichen Schicksalsfrage ansich erhält. Da in der vorliegenden Ausführung die Frage nach der Bedeutung des menschlichen Todes zu diskutieren ist, sei an dieser Stelle deutlich darauf hingewiesen, daß der Autor nichts mit irgendwelchen spiritistischen Zirkeln, Clubs und Vereinen zu tun hat, und mit diesen Vereinigungen auch gar nichts zu tun haben will. Derartige Einrichtungen sind zwar auf jeden Fall zu tolerieren, jedoch tauchen dann und wann Persönlichkeiten auf, die möglicherweise aufgrund eines stark überzogenen Geltungsbedürfnisses an die Öffentlichkeit drängen, ohne in Wahrheit etwas Plausibles sagen zu können, aber trotzdem so tun, als ob die Frage nach dem Tod keine Probleme mehr aufwirft. Da auf diese Weise eine gutgläubige, aber verschwindende Minorität von Bruchteilen eines Promilles der Menschheit in die Irre geführt wird, jedoch im Bewußtsein der übrigen Menschheit die Bedeutungsschwere der Frage verdeckt und die Frage selbst im Lichte der Lächerlichkeit erscheint, liegt nach der Meinung des Autors bei einem derartigen Treiben ein nicht zu verantwortender Unfug vor. Hieran ändert sich auch dann nichts, wenn sich die Betreffenden selber zu Forschern ernennen und ihre Tätigkeit mit dem Attribut der Wissenschaftlichkeit versehen. Man sollte sich stets in diesen Kreisen die Frage stellen, welche Verantwortung man gegenüber der menschlichen Gesellschaft zu tragen hat, wenn man in meist wenig seriöser Form lediglich emotionale Aussagen über den menschlichen Tod mit dem Attribut einer vermeintlichen Wissenschaftlichkeit in eine Öffentlichkeit trägt, deren menschliche Mitglieder ausnahmslos und unabdingbar gerade diesem Tod bewußt entgegengehen, so daß ihnen letztlich nur die allgemeine Todesangst bleibt.

Will man dagegen die Frage im Gegensatz zu diesen Kreisen ernsthaft diskutieren ohne emotionell mit ungeeigneten Mitteln am ungeeigneten Objekt herumzuspielen, dann wird der Rahmen der Betrachtung wesentlich bescheidener und die Betrachtung selbst wird aufgrund der Elimination emotionaler Elemente möglicherweise sehr nüchtern werden.

Bevor in einer solchen Form das Problem des menschlichen Todes behandelt wird, erscheint zunächst die Notwendigkeit, die Frage nach der Definition menschlichen Lebens zu stellen, was aber eine Kenntnis des allgemeinen Lebensprozesses biologischen Geschehens und eine sehr tiefgehende Kenntnis der Strukturen anorganischer Materie und ihrer Wechselwirkungen voraussetzt.

In 1 wurde gezeigt[1], daß sich der Mensch trotz seines animalen Organismus deutlich vom animalen Hintergrund biologischen Geschehens der irdischen Biosphäre (definiert in der Schrift 2)[2] abhebt, so daß der Mensch durch seine Fähigkeit zur Abstraktion definiert wurde. Diese Definition ist offensichtlich angesichts des vorliegenden Problems zu vieldeutig und wäre in folgender Weise zu verfeinern:

Der Mensch hebt sich so deutlich vom Hintergrund biologischen Geschehens der irdischen Biosphäre ab, weil er durch die Manifestation einer identitäts- und ich- bewußten und zur bewußten Abstraktion fähigen mentalen Personalität charakterisiert ist, die im folgenden zur Kürzung als *Persona* definiert werden soll.

Die Summe aller Verhaltensweisen der so definierten Persona werde entsprechend als *Persönlichkeit* und die spezifische Charakteristik einer solchen Persönlichkeit als deren *Charakter* definiert. Entsprechend werde die Summe aller emotionalen Verhaltensweisen und Lebensregungen beliebiger lebender Organismen als *Psyche* und der lebende materielle Organismus als *Soma* definiert.

Weiterhin soll die Gesamtheit aller Gesetzmäßigkeiten anorganisch-materiellen Geschehens, also beispielsweise sämtliche Varianten physikalischer und chemischer Gesetze, als Existenzbereich α der *Physis* und entsprechend die Gesamtheit aller biologischen Gesetzmäßigkeiten als Existenzbereich β des *Bios* bezeichnet werden. Da wie in 2 (Phänomenologie) gezeigt wurde, daß die Materie eines lebenden Soma von makroskopischer Größenordnung bis in

---

1 B. HEIM. - Der kosmische Erlebnisraum. - in: Imago Mundi, Bd. 5.- Innsbruck: Resch 1975. - S. 13 – 59
2 B. HEIM. - Der Elementarprozeß des Lebens. - in: Imago Mundi, Bd. 6. - Innbruck: Resch 1977. - S. 95 – 143

den atomaren Bereich durchstrukturiert ist, muß β die Physis α implizieren. Ganz entsprechend muß die Gesamtheit der Gesetze psychischer Verhaltensweisen als Existenzbereich γ der *Psyche* den Bereich β implizieren, während die Gesamtheit mentaler Gesetzmäßigkeiten als Existenzbereich δ des *Pneuma* wiederum γ implizieren muß. Diese vierfache Konturierung erfahrbaren Seins ist offenbar in einer hierarchischen Form $\delta \rightarrow \gamma \rightarrow \beta \rightarrow \alpha$ ineinander gefügt. Hier ist der Begriff „Existenzbereich" metaphorisch zu verstehen.

Unter Verwendung dieser Definitionen kann nunmehr die Frage beantwortet werden, was faktisch und unabdingbar über das menschliche Leben tatsächlich bekannt ist. Zunächst kann festgestellt werden, daß sich menschliches Leben simultan in allen vier Existenzbereichen δ bis α vollzieht. Ferner ist bekannt, daß ein Mensch stets als ein animales Wesen (ausgelegt als warmblütiger Plazentalier) in diese Welt geboren wird und sich vom Hintergrund der übrigen irdischen Biosphäre deutlich durch die Manifestation einer mentalen Persona (dem Bereich δ unterworfen) abhebt. Nach einer individuell verschiedenen und stark differierenden Lebensdauer tritt der sogenannte Tod ein, das heißt, das in die Bereiche γ bis α eingebundene lebende Soma wird während des Todesgeschehens aus γ sowie β entlassen und vollständig der Physis α (Zerfall des Soma) überantwortet, während die δ genügende mentale Persona nichtmehr wahrgenommen werden kann; wodurch das Geschehen des Todes ebenfalls empirisch definiert worden ist. Aus diesem Sachverhalt empirischer Art kann nunmehr unmittelbar die allgemeine Problemstellung abgelesen werden:

Es ist eine Antwort auf die Frage zu finden, welches zeitliche Schicksal diese (nach dem Geschehen des Todes nicht mehr wahrnehmbare) Persona post mortem erfährt.

Diese allgemeine Problemstellung macht sofort die extremen Schwierigkeiten logischer Art bewußt; denn einerseits ist das reflektierende Ich-Bewußtsein gezwungen, das eigene subjektive Ich zum Forschungsobjekt zu machen, und andererseits vollzieht sich jeder menschliche Bewußtseinsvorgang simultan in allen vier Bereichen δ bis α des Daseins. Zweifellos muß aus diesem Grunde angenommen werden, daß die Vierfachkonturierung nur anthropomorpher Natur ist; denn menschliches Sein muß eine Einheit sein. Möglicherweise geht diese Konturierung α bis δ auf die Tatsache zurück, daß die anthropomorphe Logik eine zweiwertige vergleichende Alternativlogik ist, derart, daß der logische Aspekt der Quantitäten als Mathematik exakt formuliert werden kann und eine deskriptive Methodik zur Beschreibung der Elemente von α als theoretische Physik liefert, während sich die Gesetzmäßigkeiten β bis δ zwangsläufig diesem rationalen Zugriff quantitativer Art entziehen müssen. Andererseits kann jedoch nicht unbedingt behauptet werden, diese anthropomorphe Logik sei die einzige Möglichkeit logischer Strukturen schlechthin. Immerhin kann wegen ihrer Zweiwertigkeit alternativer Aussagen ein Atavismus organischer Evolution vorliegen, weil aufgrund der den Lebensprozeß[2] definierenden konservativen Triebe bereits auf der Basis der Protobionten die Einzelindividuen insofern zweiwertige Alternativ-Entscheidungen treffen müssen, ob ein Umwelteinfluß vom Organismus akzeptiert werden kann oder nicht.

Anscheinend bilden diese Schwierigkeiten eine unüberwindbare logische Bariere, zumal trotz intensiver Bemühungen es bislang dem Autor nicht möglich war, in der vielfältigen einschlägigen Literatur auch nur den Ansatz einer logischen Struktur zu finden, die geeignet wäre i. B. auf das gestellte Problem zumindest die Richtung eines Lösungsweges aufzuzeigen. Statt dessen findet man eine sehr große Zahl sich meist widersprechender Meinungen, die allenfalls durch Emotionen begründet werden, aber kaum zur Lösung des gestellten Problems beitragen dürften. Trotzdem scheint es sinnvoll zu sein, im Rahmen der Auslotung eines logischen Ansatzes auch diese nicht sehr relevanten Meinungen zu diskutieren, die allenthalben an den interessierten Menschen herangetragen werden.

2. Die Unerheblichkeit emotionaler Standpunkte

Die große Mannigfaltigkeit dieser emotionalen Meinungen hinsichtlich der Bedeutung des menschlichen Todes kann in *sechs Klassen* zusammengefaßt werden, welche insgesamt sechs Standpunkte umschreiben, die im folgenden kurz zusammengestellt werden sollen.

a) Die *mentale Persona* ist nicht existent und die Bewußtseinsvorgänge, von denen diese Persona vorgetäuscht wird, sind sämtlich Sekundärfolgen bestimmter neuronaler Stoffwechselvorgänge, die mit diesen Stoffwechselvorgängen erlöschen. Aus diesem Grunde wird die Existenz postmortaler Zustände abgewiesen, weil die Persona selbst eben nur die Sekundärkonsequenz solcher physikochemisch erfaßbarer Stoffwechselreaktionen ist. Aus dieser Sicht muß das menschliche Leben als sinnlos empfunden werden, was die starke Verbreitung und dauernde Propagierung dieses Standpunktes durch nahezu alle heutigen politisch-ökonomischen Systeme verständlich macht. Nur wenn der Mensch sein eigenes Leben negiert und als sinnlos empfindet, ist der Mensch für jede politische Manipulation stets frei verfügbar, oder aber, man kann das Lustprinzip als Pseudosinn anbieten und ganze Generationen abhängiger Konsumenten schaffen. Dies bedeutet aber für eine verschwindende Minorität unermeßlichen Reichtum, für eine gewisse Majorität Wohlstand, aber letztlich für alle Siechtum und vorzeitigen Tod (z. B. extreme Sterberate an bösartigen Tumoren und Kreislauferkrankungen in gewissen Industriestaaten).

b) Die Frage nach dem *menschlichen Tod* findet überhaupt kein Interesse; denn man lebt und genießt jetzt und will vom Ende dieses Zustandes auf keinen Fall etwas wissen. Hier scheint sich dem Autor eine Art psychisches oder mentales Trägheitsgesetz anzudeuten. Es könnte allerdings auch reiner Opportunismus gegenüber a) vorliegen.

c) Es ist eine *Offenbarung* gegeben und in dieser Offenbarung ist bereits alles enthalten, was der Mensch an Lebensdirektiven benötigt. Mehr wissen zu wollen als in der Offenbarung enthalten ist, erscheint nach diesem Standpunkt als eine Vermessenheit.

d) Man fühlt, daß durch den Tod irgendetwas auf den Menschen zukommt und daß danach irgendetwas sein mag, doch ist nicht der geringste geistige Ansatz zu erkennen, und zwar vom Intellekt her, der über dieses „Irgendwie" oder „Irgendetwas" Aufschluß geben könnte. Aus diesem Grunde muß resignierend festgestellt werden, daß die Frage nach dem Tode *kein Diskussionsthema* ist.

e) Die Existenz einer *postmortalen Persona* ist denkbar und wird geglaubt, weil es sich hier um einen Glaubenssatz handelt, der auf keinen Fall enttäuscht werden kann, auch dann nicht, wenn ein wirklicher Nachweis unmöglich ist. Ist nämlich der Standpunkt a) richtig, dann wird man seinen Irrtum niemals bemerken (und andere auch nicht); ist aber a) falsch, dann ist es auf jeden Fall opportun, sich rechtzeitig mit derartigen Fragen zu befassen, weil auf diese Weise der eventuell sehr langfristige postmortale Zustand mit Sicherheit bequemer und komfortabler gestaltet werden kann.

f) Als *postmortale Zustände* existieren körperlose Seelen Verstorbener, zu denen man über Medien oder mit Hilfe vielfältiger spiritistischer Praktiken Kontakte aufnehmen kann.

Betrachtet man diese sechs Standpunkte kritisch, dann wird deutlich, daß b), c) und d) keinerlei Relevanz haben; denn wer aus Bequemlichkeit nicht bereit ist, über das anliegende Problem nachzudenken, fällt ebenso aus der Diskussion wie jemand, der von vornherein resigniert oder aber aufgrund irgendwelcher wie auch immer gearteter Offenbarung glaubt, über das Problem nicht diskutieren zu dürfen. Der Standpunkt e) schließlich erscheint nur als eine abgeschwächte Form des spiritistischen Standpunktes f) und kann daher zu f) gerechnet werden, so daß lediglich a) und f) eine Relevanz zukommt. Diese beiden verbleibenden konträren Standpunkte a) und f) sind so beschaffen, daß ihre Verfechter ohne eine wirkliche logische Begründung und rein emotional eigentlich nur zur Alternativfrage nach der Existenz oder Nichtexistenz postmortaler Zustände kontradiktorisch Stellung nehmen.

Bei der Argumentation greift man in beiden Bereichen a) und f) besonders gern auf die Naturwissenschaften und ihre Methoden zurück, obgleich es sich hierbei um rationale Methoden handelt, die völlig wertneutral sind. So argumentiert man vom Standpunkt a) mit dem Satz, „die Existenz postmortaler Zustände sei naturwissenschaftlich nicht erwiesen". Hier sollte man allerdings nicht übersehen, daß dieses Argument durch die Tatsache wieder aufgehoben wird, daß das Gegenteil ebenfalls naturwissenschaftlich nicht erwiesen ist. Im Gegensatz hierzu argumentiert man vom Standpunkt f), daß aufgrund der vielfältigen mediumistischen Durchgaben und sonstiger spiritistischer Erfahrungen die Existenz postmortaler Zustände naturwissenschaftlich erwiesen sei. Auch dieses Argument ist nicht zutreffend; denn wenn man einmal unterstellt, daß jeder Betrug ausgeschlossen ist, dann können nach H. BENDER alle diese Vorgänge auch *animistisch* interpretiert werden, so daß für f) der Eindeutigkeitsnachweis fehlt, der aber von einer naturwissenschaftlichen Begründung gefordert werden muß. Vergegenwärtigt man sich die Geschichte der Naturwissenschaften, dann stellt man fest, daß sich jede naturwissenschaftliche Erkenntnis in Phasen vollzieht, und daß stets eine vorwissenschaftliche Phase der Mythenbildung vorangeht. Bezogen auf diese sich in Phasen vollziehende naturwissenschaftliche Erkenntnis befindet sich bereits die von a) und f) gestellte Alternativfrage, aber auch jede spiritistische Methodik noch immer in der vorwissenschaftlichen Phase der Mythenbildung, woran sich auch dann nichts ändert, wenn man im Rahmen f) an Konsumartikeln moderner Unterhaltungselektronik herumbastelt. Insgesamt liegt der Verdacht nahe, daß das Problem postmortaler Zustände, aber auch die gesamte Parapsychologie des Animismus außerhalb des naturwissenschaftlichen Kompetenzbereiches liegen, zumal der Eindeutigkeitsnachweis spiritistischer Phänomene im Hinblick auf den Animismus empirisch prinzipiell nicht erbracht werden kann.

Aufgrund dieses Dilemmas liegt für den Physiker der Gedanke nahe, einen physikalischen Standpunkt in folgender Weise zu konstruieren.

g) Es sei eine cura posteriori, ob es spiritistische Phänomene gibt, jedoch scheinen allgemeine paranormale Phänomene zu existieren, die sich auch in einem physikalischen Erscheinungsbild, z. B. in Form von Anomalien physikalischer Prozesse manifestieren können. Es kommt nach diesem Gesichtspunkt nur darauf an, möglichst viele derartige Anomalien empirisch aufzufinden und quantitativ meßtechnisch zu erfassen, um dann mit Hilfe der mathematischen Methodik auf die Ursache des physikalischen Erscheinungsbildes zu schließen, was dann möglicherweise eine Entscheidung der Alternative a) oder f) herbeiführt.

3. Die Unerheblichkeit des physikalischen Standpunktes

Betrachtet man den konstruierten physikalischen Standpunkt g), dann wird sofort deutlich, daß die Schlußweise zwar unmittelbar einleuchtet, doch liegt gerade in dieser Plausibilität die Gefahr eines schwerwiegenden logischen Trugschlusses. Stets kann labortechnisch das physikalische Erscheinungsbild materieller Zustandsänderungen nach gründlicher qualitativer Empirie quantitativ mit geeigneten Meßinstrumenten vermessen werden. Auch kann auf die so gewonnene Sammlung numerischer Daten die mathematische rationale Methode angewandt werden, was zu einer physikalischen Theorie des Erscheinungsbildes führt. Mit Hilfe dieses theoretischen Formalismus kann dann versucht werden, auf die Ursache des physikalischen Erscheinungsbildes zu schließen, was aber unabdingbar voraussetzt, daß diese Ursache dem gleichen quantitativen und rationalen logischen Kompetenzbereich unterworfen ist, wie das empirisch quantitativ vermessene physikalische Erscheinungsbild selbst. Die Erfüllung dieser Voraussetzung muß offenbar auch dann unabdingbar gefordert werden, wenn es sich bei dem Erscheinungsbild um einen quantenphysikalischen Sachverhalt handelt. Nach den Informationen, die zur Zeit dem Autor vorliegen, scheint diese grundsätzliche Voraussetzung auch anläßlich anspruchsvoller Tagungen und Konferenzen zum Gesichtspunkt g) nicht berücksichtigt worden zu sein (z. B. Konferenz für Quantenphysik und Parapsychologie zu Genf, im August 1974 usw.).

Zur Untersuchung der Möglichkeit des Standpunktes g) hat man sich zunächst die in den Schriften 1 und 2 diskutierte Tatsache zu vergegenwärtigen, daß es zwei verschiedene Ebenen von Ereignissen gibt, und zwar die Ebene manifester durch Zahlenquadrupeln quantifizierbarer Ereignisse und die Ebene qualitativer Ereignisse, die nicht numerisch festlegbar sind. Hier sei noch einmal bemerkt, daß die physikalisch definierte Raumzeit die Gesamtzeit aller Ereignisse der quantitativen Ebene darstellt. Bezieht man nun die vierfache Konturierung der Existenzbereiche α bis δ menschlichen Seins in ihrer hierarchischen Schichtung auf diese beiden Ebenen quantitativer und qualitativer Ereignisse, dann zeigt sich (wie dies in 2 besonders deutlich wird), daß die trennende Grenze der beiden Ereignismannigfaltigkeiten β schneidet, derart, daß α als Physis und der physikochemisch somatisch erfaßbare Bereich des Bios durch die quantitativen Ereignisse, aber die anderen Strukturen des Bios, sowie Psyche und Pneuma durch die Ebene qualitativer Ereignisse charakterisiert werden. Allgemein sind Geschehnisse stets Korrespondenzen von Ereignisstrukturen, die immer dann als normal bezeichnet werden, wenn diese Strukturen allein einer der beiden möglichen Ereignisebenen angehören. Handelt es sich hierbei um die qualitative Ebene, dann muß von mental oder psychisch normalen Geschehnissen gesprochen werden, während Geschehnisse als physisch normal definiert werden, wenn die korrespondierenden Ereignisstrukturen nur in der quantitativen Ereignisebene liegen. Mithin hat man sich in der *Psychologie,* und zwar in allen ihren Varianten, mit derartigen psychisch normalen Geschehnissen, aber im Rahmen der *Physik* (wiederum in allen ihren Varianten) mit physisch normalen Geschehnissen zu befassen. Eine logische dritte Möglichkeit von Geschehnissen ist durch die Korrespondenz quantitativer und qualitativer Ereignisstrukturen als Querbeziehung durch beide Ereignisebenen gegeben. Ein derartiges Geschehen ist weder psychisch noch physisch normal und werde daher als „neben dem normalen Geschehen her", also als „paranormales Geschehen" definiert. Die von A. RESCH unter dem Begriff *Paranormologie* zusammengefaßte allgemeine Beschreibung hat sich demnach in konsequenter Weiterführung derartiger Gedanken allein mit den Gesetzmäßigkeiten so definierten paranormalen Geschehens zu befassen.

Menschliches Sein vollzieht sich offensichtlich als Geschehen simultan in allen vier Bereichen α bis δ. Dies bedeutet aber, da das Soma weitgehend und die Physis vollständig in der quantitativen Ereignisebene der Raumzeit liegen, daß jede menschliche Erlebnisverarbeitung rezeptiv aufgenommener Elemente einer physischen Peristase und umgekehrt jede physische Realisation mentaler oder psychischer Regungen bereits den Charakter paranormalen Geschehens trägt. Da diese psychosomatischen Vorgänge sich im quantitativen Ereignisbereich infrasomatisch manifestieren und im allgemeinen Bewußtsein als ein selbstverständliches Hintergrundphänomen angesehen werden, seien diese paranormalen Vorgänge als paranormal im uneigentlichen Sinne bezeichnet. Nun ist aber auch von dieser Sicht her die Möglichkeit paranormalen Geschehens im eigentlichen Sinne als logische Möglichkeit gegeben; denn es ist denkbar, daß irgendeine Ereignisstruktur in δ oder γ (also im Bereich des Pneuma oder der Psyche) aus diesem qualitativen Bereich unter bestimmten Bedingungen extrasomatisch mit quantitativen Ereignisstrukturen der Peristase aus α korrespondiert. Die Folge einer solchen paranormalen Korrespondenz wären dann gewisse Anomalien, die das rein physikalische quantitative Erscheinungsbild paranormal modulieren, wobei diese Anomalien selbst durchaus quantitativ physikalisch erfaßbar sind.

Diese Definition paranormalen Geschehens und die hierdurch bedingte Interpretationsmöglichkeit setzt jedoch unabdingbar voraus, daß es tatsächlich dem Bereich α übergeordnete und nicht zu α gehörende Kategorien im Sinne von β, γ oder δ gibt. Existieren dagegen diese α übergeordneten Strukturen nicht, derart, daß die Welt in ihrer Ganzheit vollständig und allein vom Bereich α erfaßt wird, dann wäre der Standpunkt g) wegen der Mathematisierbarkeit rationaler Gesetzmäßigkeiten aus α der einzig vertretbare Gesichtspunkt. Es werde zunächst angenommen, daß allein der Bereich α existiert und demzufolge die Weltganzheit nur mathematisierbare rationale Strukturen (also quantitativer Natur) enthält. Unter dieser Voraussetzung gilt g) uneingeschränkt und eine mathematische Beschreibung der Weltganzheit erscheint denkbar, weil in dieser Ganzheit grundsätzlich nur quantifizierbare Strukturen existieren können. Die einheitliche mathematische Theorie einer solchen Welt wäre zwangsläufig eine Theorie ihrer Letzteinheiten, die allein materieller Natur sind. Tatsächlich kann auf diese Weise das Verhalten sowohl atomistischer Strukturen als auch makroskopischer Materiemengen (atomistische Kollektiven) richtig beschrieben und eine Kosmologie materieller Makrostrukturen entwickelt werden, obgleich nach heutigem Wissen eine Kosmogonie der Materie dunkel bleibt.

Diese nur auf α bezogene Beschreibung setzt allerdings voraus, daß der als *Leben* bezeichnete Zustand der Materie nicht existiert. Es ist jedoch ein unabdingbares empirisches Faktum, daß mindestens auf einem Gestirn des physischen Universums dieser Zustand existiert und sich in einer Evolution befindet. Der Lebensprozeß äußert sich aber empirisch in der materiellen Atomistik des Bereiches α im Auftreten der vielfältigsten Strukturen einer zur Replikation fähigen Doppelhelix aus Desoxyribonukleinsäure, deren monomere Bauelemente vier Nukleotide sind, deren verschiedenste Sequenzen Abschnitte auf der Doppelhelix als Katalyte zur Synthese typischer tertiärer und quartärer Proteinstrukturen (aus 20 Aminosäuren) ausweisen, die ihrerseits aufgrund der Aminosäuresequenzen wiederum funktionale Synthesensysteme darstellen, welche zu übergeordneten funktionalen Strukturen integrieren. Eine solche übergeordnete Funktionalstruktur trägt stets den Charakter eines Wirkungsgefüges und wird als *lebendes Soma* definiert. Da auf der Doppelhelix auch Informationen zur Synthese der Nukleotide und Aminosäuren (und zwar der Monomeren) sowie verschiedener DNS-Polymerasen und Nukleasen liegen können, ist das Soma nicht nur wachstumsfähig, sondern darüberhinaus kommt es zur semikonservativen Replikation parentaler Doppelhelices und somit zur Erzeugung eines neuen Soma gleicher Struktur, an welches als Folge der Replikation die parentalen Eigenschaften hereditär weiter gegeben werden.

Mutagene Einflüsse können bei diesem Prozeß einzelne Nukleotidsequenzen mutieren, was zu Artänderungen führt. Stets setzt die Entfaltung derartiger somatischer Strukturen die Substanzaufnahme aus einer geeigneten Umgebung voraus, so daß im Soma durch die Syntheseprozesse ein Stoffwechsel erhalten wird. Die Wachstumsgrenze und der Komplexitätsgrad der Organisation wird während einer Ontogenese vom Nukleotidkode der DNS-Doppelhelix, aber der evolutorische Phylogenesenverlauf zum Teil von den Mutanten dieser Doppelhelix bestimmt. Nach dem gegenwärtigen Wissen sind der Ursprung des Lebens und die Prinzipien seiner Evolution nicht eindeutig geklärt, doch ist dieses Wissen für den folgenden Schluß auch belanglos. Auf jeden Fall wird deutlich, daß lebende Strukturen im Rahmen einer Evolution übergeordnete Organisationen steigender Komplexität integrieren, derart, daß die Strukturen eines Organisationsgrades durch Korrelationen zur Integration des Wirkungsgefüges im übergeordneten Organisationsgrad gelangen.

Wird für die Weltganzheit nur die Existenz von α vorausgesetzt, dann müßten diese übergeordneten Strukturprinzipien der Organisation lebender Systeme bereits aus den mathematischen Beschreibungen atomarer Valenzschalen ersichtlich sein, was aber auf keinen Fall zutrifft. Man kann aus dem quantentheoretischen Bau dieser Valenzschalen oder der Natur der Phosphodiesterbrücken in der Doppelhelix der Desoxyribonukleinsäure (DNS) ebenso wenig auf die übergeordneten Strukturprinzipien lebender sich selbst generierender komplexer Organisationen schließen, wie man beispielsweise unmöglich aus den Meßdaten eines Ziegelsteines auf die Architekturgesetze einer aus diesen Ziegelsteinen gebauten Kathedrale schließen kann; obgleich durchaus in umgekehrter Richtung eingesehen werden kann, weshalb eine besondere Art von Ziegelsteinen oder atomaren Bauelementen zur Realisation der übergeordneten Struktur besonders geeignet ist. Dieser Sachverhalt wird besonders transparent, wenn man berücksichtigt, daß logische Sätze eines übergeordneten Systems niemals aus Sätzen hergeleitet werden können, die allein in einem untergeordneten System gültig sind. Daraus folgt aber unmittelbar, daß die Induktion der biologischen Empirie in die Betrachtung einer als vollständig quantitativ vorausgesetzten Weltganzheit (allein den Gesetzen des Bereiches α genügend) zwingend auf die Existenz eines Bereiches β hinweist, der α übergeordnet ist. Dies widerspricht aber der Voraussetzung, so daß wegen der faktischen Existenz der Lebensprozesse dem physikalischen Standpunkt g) zumindest teilweise die logische Basis entzogen worden ist. Darüberhinaus kann durch eine Induktion der Empirie des Verhaltens der Organismen (einschließlich humanen Lebens) die notwendige Existenz weiterer übergeordneter Bereiche γ und δ durch eine völlig analoge Schlußweise aufgezeigt werden.

Die hieraus zu ziehende Konsequenz kann nur in einer Bestätigung einer vierfachen Konturierung menschlichen Seins bestehen, deren Bezug auf die konstruierten Ebenen quantifizierbarer und qualitativer Ereignisse unmittelbar zur erwähnten Definition normalen und paranormalen Geschehens (paranormal im eigentlichen und uneigentlichen Sinne) führt. So betrachtet können offensichtlich allgemeine paranormale Geschehnisse auch als Gleichzeitigkeitskorrelate komplementärer Strukturen der hierarchisch übergeordneten Bereiche α bis δ verstanden werden.

Bei einem solchen paranormalen Vorgang im eigentlichen Sinne wird sofort deutlich, daß die logische Voraussetzung einer mathematischen Deduktion der Ursache eines physikalischen Erscheinungsbildes aus dessen quantitativen Daten nicht erfüllt ist, woraus geschlossen werden muß, daß der zunächst sehr plausibel erscheinende Standpunkt g) ebenfalls unerheblich ist und zur Klärung des gestellten Problems nicht beitragen kann. Bei den Bemühungen empirischer Art im Rahmen des Standpunktes g) drängt sich der Vergleich mit taub geborenen Menschen auf, die ohne Kenntnis der Musik durch exakte quantitative Vermessungen der Bewegungen einer Tänzerin aus einer mathematischen Theorie der Meßdaten das Wesen des Tanzes und seines künstlerischen Ausdruckes verstehen wollen. So betrachtet erscheinen dem Autor gewisse Auswüchse des Standpunktes g) in ihrer Naivität immer wieder erfrischend.

Es erscheint insgesamt die Möglichkeit eines Lösungsweges des gestellten Problems postmortaler Zustände aufgrund der Standpunkte a) bis g) in einem überaus negativen Licht. Selbst wenn es möglich wäre, eine Antwort auf die Alternativfrage nach der Existenz oder Nichtexistenz postmortaler Zustände der Persona zu geben, dann wäre auch hierdurch die Lösung des Problems keineswegs auch nur angenähert; denn die Frage nach dem zeitlichen Schicksal dieser postmortalen Persona und der Natur ihres Zustandes bliebe wiederum offen. Hinzu kommt, daß es empirische Hinweise hirnchirurgischer und hirnphysiologischer Art gibt,[3] wonach das Ich-Bewußtsein eine eigenständige Entität darstellt, die nicht als sekundäre Stoffwechselerscheinung verstanden werden darf, sondern diesen Stoffwechsel zur Manifestation einer Personalität verwendet. Dies wiederum bedeutet aber, daß die Existenzbereiche β (partiell), sowie γ und δ, aber auch die gesamte Ebene qualitativer Ereignisse keineswegs als Hilfskonstruktionen angesehen werden dürfen, sondern vielmehr strukturierte Bereiche einer über-

---

[3] J. ECCLES. - Hirn und Bewußtsein. - Mannheimer Forum 1977/78

geordneten aber unbekannten Weltganzheit darstellen, von welcher α als Physis der materiellen Welt nur ein Teil ist. Wäre nun diese übergeordnete Weltganzheit bekannt, dann könnte man im direkten logischen Schluß durch Spezialisierung logischer Kompetenzbereiche auf jeden beliebigen Teil dieser Ganzheit schließen; jedoch ist dieser Satz nicht umkehrbar. Es ist grundsätzlich unmöglich, von einem nur rudimentär bekannten Teil α im direkten logischen Schluß diese unbekannte Weltganzheit zu erschließen.

Hierdurch wird die Negation noch einmal potenziert, doch gerade diese Negation eröffnet die Möglichkeit der Konstruktion eines weiteren vertretbaren Standpunktes; denn wenn eine direkte Schlußweise nicht in Erwägung gezogen werden kann, dann erscheint es doch sinnvoll zu untersuchen, ob die Möglichkeit einer indirekten Schlußweise (im Sinne der Vorbemerkung verstanden) besteht. Der auf dieser Basis konstruierbare Standpunkt ließe sich dann in folgender Weise umschreiben:

h) Es ist zu versuchen, aus einer gründlichen Kenntnis des Teiles α der Weltganzheit durch indirekte logische Schlüsse zusätzliche Bereiche dieser unbekannten Weltganzheit zu erschließen, derart, daß die vierfache Konturierung des Seins durch die Existenzbereiche α bis δ als logische Einheit erscheint. Die Hoffnung geht dahin, daß hierbei eine logische Struktur entsteht, die geeignet ist, das gestellte Problem des zeitlichen Schicksals postmortaler Zustände der Persona zu lösen. Es wäre denkbar, daß auf diese Weise auch gewisse andere paranormale Vorgänge aus dem Bereich des Animismus transparent werden und die alte Kontroverse zwischen Animismus und Spiritismus in einem völlig neuen Licht erscheint.

4. Teil und Ganzheit.

Wenn überhaupt die Möglichkeit des indirekten logischen Schlusses von einem zugänglichen Teil der Welt in ein zusätzliches Gebiet der unbekannten übergeordneten Weltganzheit existieren sollte, dann muß dieser Teil als Basis des Schlusses sehr gut bekannt sein. Im Bereich anthropomorpher vergleichender Alternativlogik zweiwertiger Aussage gibt es jedoch nur den einen Aspekt des Vergleiches von Quantitäten, der als Methodik der Mathematik die Formulierung schlüssiger eindeutiger Kriterien gestattet, so daß der Existenzbereich α (der Physis) mit dieser Methodik als System der mathematischen Physik formuliert werden und als Teil α die materielle Welt im Sinne quantitativer Ereignisstrukturen beschreiben kann. Es liegt somit nahe, diesen materiellen Teil der Welt als Basis des indirekten logischen Schlusses zu wählen, und zu untersuchen, ob hinsichtlich dieser Basis der Ansatz zu einem solchen Schluß existent ist.

Ein derartiges Vorhaben setzt eine umfassende Kenntnis von α im Sinne einer einheitlichen Theorie mathematischer Art materiellen Geschehens, also der Materie und ihrer Wechselwirkungen voraus. Aufgrund der Quantisierung der Wirkungen und Energien, sowie der hierdurch bedingten atomaren Natur der Materie kann diese einheitliche mathematische Formulierung der Elemente von α nur eine einheitliche mathematische Theorie materieller Letzteinheiten sein. Da in der Literatur eine in sich geschlossene und empirisch exakt prüfbare einheitliche Theorie dieser Letzteinheiten nicht auffindbar war, hat der Autor versucht, eine derartige Theorie materieller Letzteinheiten als eine einheitliche strukturelle Quantenfeldtheorie der Materie und Gravitation zu entwickeln; denn dies scheint die notwendige Voraussetzung für die Suche nach einem Ansatz der indirekten logischen Schlußweise im Bereich des Teiles α der Welt zu sein. Diese Arbeiten konnten zu einer gewissen Vollendung gebracht und an der Empirie der Hochenergiephysik quantitativ exakt bestätigt werden, obgleich diese Arbeit noch nicht völlig abgeschlossen ist, weil noch einige wenige Fragen offen sind. Diese quantitative Theorie des Teiles α der Welt sollte angesichts des unter 1. gestellten allgemeinen Problems jedoch nicht überbewertet, sondern nur als Mittel zum Zweck h) gesehen werden. Die Existenz dieser theoretischen Basis hinsichtlich α wurde der wissenschaftlichen Weltöffentlichkeit vorgestellt[4] und wegen der unerwartet starken Resonanz ein zweibändiges Buch als ein verdichteter Extrakt aus der Gesamtarbeit 5 verfaßt[5], dessen erster Band

---

4 B. HEIM. - Vorschlag zur einheitlichen Beschreibung der Elementarteilchen. - in: Zeitschrift für Naturforschung , 32 A, Ausgabe März/April 1977

bereits erschienen ist. Da sich jeder Leser nach 5 davon überzeugen kann, daß selbst feinste meßtechnisch noch erfaßte empirische Eigenschaften der materiellen Letzteinheiten vom mathematischen Formalismus des Teiles α quantitativ richtig wiedergegeben werden und die Beschreibung selbst überaus konsistent und universell ist, scheint tatsächlich auf dieser Basis die Gelegenheit gegeben zu sein, nach einem Ansatz für den indirekten logischen Schluß im Sinne h) zu suchen. Hierbei scheinen die im folgenden in Kurzform zusammengestellten Sachverhalte aus 5 von Bedeutung zu sein.

Aus der mathematischen Analyse gewisser empirischer allgemeiner Prinzipien der materiellen Welt in Form einer nichthermiteschen Strukturbeschreibung der Raumzeit ergibt sich die zwingende logische Notwendigkeit, die drei reellen Koordinaten x_1, x_2 und x_3 des physischen dreidimensionalen Raumes, sowie die Lichtzeit x_4 (als Zeitdimension) durch zwei weitere verborgene Weltdimensionen x_5 und x_6 zu ergänzen, die ebenso wie x_4 algebraisch imaginär zählen. Diese sechs Koordinaten eines sechsdimensionalen Welttensoriums R_6 des Teiles α der Welt spannen also derart ein Bezugssystem auf, daß x_5 und x_6 normal zu den übrigen vier Raumzeitkoordinaten verlaufen, so daß x_1, x_2, x_3 und x_4 als physische Raumzeit R_4 einen vierdimensionalen Unterraum des R_6 aufspannen. Ferner gibt es in diesem sechsdimensionalen Welttensorium (des quantitativen Teiles α) geometrische Letzteinheiten im Sinne von Flächendifferenzen, derart, daß eine als Naturkonstante τ=const > 0 auftretende Kleinstfläche (das sogenannte *Metron*) nicht unterschritten werden kann, wobei diese Metronen stets geodätisch begrenzt sind, und in einer jeden zu x_4 normalen Hyperfläche als Streckenraum τ=const als Naturkonstante einer Flächenisometrie unterworfen sind. Diese Isometrie gilt jedoch nicht für die später oder früher liegenden Streckenräume; denn τ erweist sich als eine sehr schwach mit dem Weltalter abfallende Skalarfunktion. Weiterhin werden in der Strukturtheorie aus 5 im sechsdimensionalen Welttensorium alle Strukturen der materiellen Welt in einer radikalen Weise geometrisiert und als

---

5 B. HEIM. - Elementarstrukturen der Materie, Bd. I. - Innsbruck: Resch 1980; Bd. II (in Vorbereitung)

sechsdimensionale Gebilde — die sogenannten Weltstrukturen — aufgefaßt, so daß Geschehnisse physischer Art zweifach singulärer Abbildungen dieser Gebilde in die Raumzeit R_4, aber momentane materielle Zustände im physischen Raum dreifach singuläre Abbildungen in diesen physischen Raum R_3 sind. Die Semantik der verborgenen Koordinaten x_5 und x_6 jenseits des R_4 ergibt sich aus der Tatsache, daß x_5 offenbar sich ständig in x_4 aktualisierende Organisationszustände bewertet, während die mehrdeutige Aktualisierungsrichtung in x_4 aus x_6 gesteuert wird. Aus diesem Grunde wurde x_5 als *entelechiale* und x_6 als *äonische* Dimension bezeichnet, und zwar aufgrund einer Anregung von Frau Dr. H. CONRAD-MARTIUS anläßlich eines persönlichen Gesprächs mit dem Autor (in 1 findet sich eine konkretere Begründung dieser Terminologie).

Bei der Übertragung der oben erwähnten nichthermiteschen vierdimensionalen Strukturbeziehungen (wegen ihrer Eigenschaft zweifach singuläre Abbildungen zu sein) in den R_6 trat insofern eine Schwierigkeit auf, als diese metrischen Weltstrukturen durch Differential- oder Integralgleichungen im Sinne des Infinitesimalkalküls entwickelt wurden, was für $\tau=0$ auch richtig ist. Da aber im Welttensorium $\tau>0$ eine Naturkonstante ist, können tatsächlich die Limesrelationen infinitesimaler Analysis nicht mehr durchgeführt werden, so daß vor der Berücksichtigung von τ diese Analysis methodisch für $\tau>0$ umgeschrieben werden mußte, derart, daß die infinitesimalen Beschreibungen der Weltstrukturen in diese durch τ bedingte Methodik der Flächendifferenzen geodätisch begrenzter Elemente umgeschrieben werden können. Bei dieser Übersetzung gelangt man schließlich (wie in 5 gezeigt) zu einem offensichtlich übergeordneten sehr einfachen Naturprinzip, welches weitgehend, das heißt, vollständig im Bereich gegenwärtig bekannter physikalischer Tatsachen, alle Elemente von α als Sonderfälle oder Approximationen impliziert. Bei diesem übergeordneten Prinzip handelt es sich um ein selektives Auswahlgesetz, welches durch ein auswählendes Operationsprinzip, den sogenannten *Weltselektor* gekennzeichnet ist. Im R_6 gibt es eine vielfach unendliche Schar von Mannigfaltigkeiten überhaupt hinsichtlich der mathematischen Logik möglicher metronischer Gebilde, von denen nur verhältnismäßig wenige als Weltstrukturen angesprochen werden können. Diese Weltstrukturen werden nun durch das Prinzip des Weltselektors von den logisch nur möglichen, aber in α nicht realen metrischen Strukturen separiert, derart, daß eine solche Struktur immer dann als Weltstruktur ausgewiesen ist, wenn die Einwirkung des Weltselektors auf die betreffende Struktur zum sogenannten Nulltensor vierten Grades führt. In dieser Weltselektorbeziehung ist aber auch der Weltselektor selbst mehrdeutig konstruierbar; denn es liegt in der Natur mathematischer Methodik, daß jeweils alle in dieser Logik überhaupt existenten Möglichkeiten aufgezeigt werden. Von der quantitativen Logik allein her betrachtet, sind also mehrere Weltselektoren und damit mehrere materielle Welten möglich, jedoch gibt es einen und nur einen völlig eindeutigen Weltselektor, der die materielle Welt des Teiles α bereits in ihren fundamentalen Prinzipien so beschreibt, wie sie sich phänomenologisch tatsächlich darbietet.

Diese Eindeutigkeit des Weltselektors der realen materiellen Welt ist aber der Ansatz, der die Schlußweise h) relevant macht. Da einerseits mehrere Weltselektoren logisch möglich sind, aber andererseits nur ein einziger Weltselektor die reale materielle Welt eindeutig beschreibt und diese eine materielle Welt als Teil α in die übergeordnete Weltganzheit eingebunden ist, muß diese Eindeutigkeit des Weltselektors auf jeden Fall auf irgendeine typische Eigentümlichkeit dieser Ganzheit zurückgehen. In diesem Sachverhalt ist in α der Ansatz zur indirekten Schlußweise h) zu sehen, über deren Eigenarten dann konkrete Aussagen gemacht werden können, wenn es gelingt die Nullbeziehung dieses eindeutigen Weltselektors zu lösen, wodurch die materiellen Letzteinheiten des Teiles α beschrieben werden.[6]

[6] Hiermit schließt der erste Abschnitt der umfangreichen Ausführung zum Thema,, die als eigene Schrift im Resch Verlag, Innsbruck, 1980 erschien und noch folgende Abschnitte umfaßt: Im Grenzbereich — Die kosmischen Elemente — Transzendierung der Physis in Bios und Psyche — Im Bereich des Pneuma — Thanatose.

Dieser indirekte Schluß auf ein Fortleben nach dem Tode wird besonders vom kontinuierlichen Bewußtsein des Menschen über alle Stadien seines Lebens hinweg nahegelegt, wie HEINRICH HUBER *in Anlehnung an Esoterik und Mysterien aufzeigt.*

Heinrich Huber

DAS KONTINUIERLICHE BEWUSSTSEIN DES MENSCHEN

Als ich mir selbst das Thema „Das kontinuierliche Bewußtsein des Menschen" gestellt habe, dachte ich zunächst nur an die Möglichkeit, die einzelne Menschen in dieser Welt schon immer besessen haben, dieses unser Leben mit *Erhaltung der Kontinuität des Bewußtseins* zu verlassen, um in ein *anderes Leben,* um in ein Leben *nach dem Tode,* überzugehen.[1]

Ich wollte zunächst all die Veränderungen, die der Mensch während seines Lebens durchführen muß, und die Vorbereitungen aufzeigen, damit es dem Menschen möglich wird, diese Kontinuität im Sterben und im Tode zu bewahren. Um diese spezielle Form des kontinuierlichen Bewußtseins besser zu verstehen, ist es notwendig, Formen des kontinuierlichen Bewußtseins im Leben zu studieren und zu erfassen.

Wir unterscheiden das *Wachbewußtsein,* das *Traumbewußtsein,* das *Bewußtsein des tiefen Schlafes* und der *Meditation*.

Unter den zahlreichen Einteilungen gibt es eine andere, die das *Unbewußte,* das *Normal*bewußte, das *Über*bewußte, das *Christus*bewußtsein und das *kosmische* Bewußtsein unterscheidet.

Über die höheren Bewußtseinszustände jedoch, über den *Samadhi-Zustand,* die *Ekstase* oder die *Erleuchtung,* über das *objektive* oder *kosmische* Bewußtsein haben die meisten Menschen keine Erfahrung. Von ihrer Existenz erfahren wir nur auf indirekte Weise, durch die Menschen, die sie erlebt haben.

---

1 Die folgenden Ausführungen bilden eine vom Herausgeber erstellte Auswahl aus einem zum Thema bedeutend umfangreicheren Manuskript, das folgende Abschnitte aufweist: Bewußtseinsformen vom Atom bis zum Kosmos mit und ohne Kontinuität — Todesfurcht und der Tod als Therapie — Bewußtsein als Energie — Die Totenbücher, das dritte Auge und die Theologie — Spontane Symptome in der Menschheit und in unserer Zeit, die Bedeutung der Thanatologie — Förderung und Entwicklung des kontinuierlichen Bewußtseins — Die Qualitativen Energien des Menschen — Eigene Erfahrungen mit dem kontinuierlichen Bewußtsein — Das kontinuierliche Bewußtsein im Einzelmenschen und seine Kontinuität zur Menschheit und zum Reich Gottes.

Das Überzeugendste und Wunderbarste ist die Übereinstimmung der Berichte und Lehren der *Erwachten*, die das Aufflammen des inneren Lichtes, die die Erleuchtung erlebt und uns ihre Erfahrung überlassen haben.

Die ganze menschliche Kultur ist auf die Lehren dieser Menschen zurückzuführen, die diese Bewußtseinserweiterung erlangten. Interessant ist auch, daß es viele Große gab, die nie von diesem höchsten Erleben sprachen, obwohl es sich in ihrem Leben und in ihren Werken unverkennbar widerspiegelt.

I. TODESFURCHT UND DER TOD ALS THERAPIE

Diese *geistige Erleuchtung* führt zum Erlebnis der Unsterblichkeit, zur Erkenntnis, daß alles Leben *ewig,* daß die Seele des Menschen unvergänglich ist. Mit diesem Erlebnis fällt dann aber auch die Todesfurcht ab. Hier liegt dann aber auch in der Tat die Wurzel der Unvergänglichkeitsgewißheit, die diese Menschen letztlich so ruhig dahinleben läßt, obwohl jeder Schritt sie dem Tode näherführt, wogegen die meisten Menschen in einer erkannten oder verdrängten Todesfurcht leben.

Nur weil die Menschen das, was materiell ist, unmäßig lieben und vor allem mit ihrem *Bewußtsein* den Kontakt mit dem Formaspekt, mit sich selbst und der Umwelt nicht verlieren wollen, fürchten sie den Tod.

Diese *Todesfurcht* hat zu verschiedenen Zeiten andere Schwerpunkte, und manchmal treffen mehrere solcher Unterlagen für die Todesfurcht zusammen:
— z. B. Angst vor dem endgültigen Losreißungsprozeß im Todesakt selbst,
— das Entsetzen vor dem Unbekannten und vor dem Unerklärlichen,
— der Zweifel an der schließlichen Unsterblichkeit,
— die Trauer, die Liebenden zurücklassen zu müssen,
— aus alten Zeiten stammende Reaktionen auf vergangene gewalt-

same Tode — alte Erinnerungen, die tief im Unbewußtsein liegen, u. a. .

Auch Jesus als Menschensohn erlebte die Todesfurcht. Er sprach: „Meine Seele ist zu Tode betrübt" (Mk 14, 34). Er geriet (nach Lk 22, 44), während er Gott um Bewahrung vor dem Tod anflehte, in „Todesangst" — so sehr, daß ihm der Angstschweiß wie Blutstropfen zu Boden tropfte.

Die Todesfurcht ist im Menschen auch mit dem *Instinkt* der Selbsterhaltung verbunden: Dadurch, daß es diese Furcht bis jetzt gab und gibt, hat sich die Menschheit bis zur gegenwärtigen Langlebigkeit und Lebensdauer durchgekämpft.

Wir befinden uns jetzt in einer *Übergangsphase*, da dieser Instinkt große Störung erlitten hat, und wir hier bewußt einen *therapeutischen* Prozeß am einzelnen Menschen und an der ganzen Menschheit einleiten müssen.

Doch wir müssen den Tod auch noch anders sehen lernen: 500 Milliarden Zellen müssen täglich in und an uns sterben, damit wir leben können. Die ganze Oberfläche unseres physischen Körpers ist mit toten Zellen bedeckt. Tod ist in das Leben einprogrammiert, und lebende Organismen können nur am Leben bleiben, wenn gewisse Teile von ihnen *planmäßig* sterben! Das Leben selbst hängt vom Tode ab, er ist Therapie!

Gäbe es den Tod der Zellen und der Bakterien *nicht*, dann würde sich über die ganze Erdoberfläche in zwei Tagen ein Bakterienrasen ausbreiten.

Es ist leicht einzusehen, daß auch dann der Tod Therapie ist, wenn ein ganzer menschlicher Organismus durch Schmerz und Leid geplagt und in Auflösung begriffen ist.

Wir müssen heute eine *Kontinuität des Bewußtseins* herstellen zwischen dem Leben und dem Tod, zunächst in dem Sinne, daß der Tod nicht mehr verdrängt wird, wie dies bis heute allenthalben der Fall war. Doch gerade in dieser Hinsicht ist eine Veränderung im Bewußtsein der Menschheit im Gange.

Die Furcht vor dem Tode und die Depressionen der Menschen unserer Zeit stellen, in esoterischer Sprache, *„den Hüter der Schwelle"* dar.

Es sind in Wirklichkeit die belebten Gedankenformen aus Illusion, Verblendung und Täuschung, wie sie das physische Gehirn wahrnimmt und erkennt, daß sie überwunden werden müssen.

II. BEWUSSTSEIN ALS ENERGIE

Nach dem Verständnis der Esoterik und der Mysterien ist das Bewußtsein etwas *Fundamentales*, ein *existentes Fundamentales*, eine Energie. Diese Energie ist eine der zwölf *qualitativen Energien*, die es im Sein überhaupt gibt. Sie gehört mit der kreativen, vereinigenden und transzendenten Energie zum *kosmischen Anteil* des Menschen.

Selbst die durch hohe Sensibilität des gesamten Organismus erreichte Bewußtheit wird durch den kosmischen Einfluß der Energie des Bewußtseins ermöglicht.

Wer Erfahrung hat mit der *Erweiterung des Bewußtseins* weiß auch um seine Energie und seine *Wärme*.

In Indien wurde schon vor 6.000 Jahren der Energieaspekt des Bewußtseins als *Agni* bezeichnet. „O'Sohn der Energie" heißt es im Rig Veda (VIII. 84. 4). Agni ist in die Erde und den Himmel eingedrungen, als wären sie eins. (Rig Veda III. 7, 4).

Wie ist das aber möglich, daß wir Bewußtsein haben? Wir können an der Energie des Bewußtseins nur teilhaben, und dieses Bewußtsein ist daher nie unser Bewußtsein. Diese bewußte Energie hat immer die Eigenschaft, wenn wir mit ihr in Berührung kommen, im Augenblick der Berührung größer zu sein, als wir selbst sind.

Im Jahr sterben mehr als 50 Millionen Menschen. Sterben diese Menschen alle in derselben Art und Weise? Der *Loslösungsprozeß* vollzieht sich ihrer *spirituellen Entwicklung* entsprechend.

1. Die Beziehung des Bewußtseins zum Gehirn

a) Esoterisch

Zunächst ist festzustellen, daß das Bewußtsein durch einen Energiefaden mit dem Gehirn und das Leben selbst durch einen Energiefaden mit dem Herzen verbunden ist. Diese zwei mit dem Energiekörper verbundenen Energiefäden führen zum *Tod*, wenn beide durchtrennt sind.

Wenn *nur* der Bewußtseinsfaden zurückgezogen wird, und der Lebensfaden erhalten bleibt, führt dies wohl zu einem Koma, aus dem aber eine Revitalisierung, eine Reanimation, wieder möglich ist. Wir haben heute in der Medizin keine Möglichkeit, diese beiden Komas zu unterscheiden. Die weitere Energiekörperforschung könnte hier eine segensreiche Arbeit leisten und damit viel unnütze therapeutische Arbeit ersparen.

Die *esoterische* Mitteilung über die Verbindung des Bewußtseins mit dem Gehirn findet auch heute in der modernen Gehirnforschung eine auffallende Bestätigung.

b) Naturwissenschaftlich

Der amerikanische Nobelpreisträger JOHN ECCLES[2] und der Hirnphysiologe SPERRY haben in den letzten Jahren durch Experimente an Hirnverletzten sensationelle Ergebnisse erzielt. Sie untersuchten Patienten, bei denen die beiden Großhirnhälften durch Durchtrennung der großen Kommissur völlig von einander isoliert waren. Sie konnten durch geschickte Versuchsanordnungen beweisen, daß sämtliche Bewußtseinsvorgänge in Verbindung mit dem Sprachzentrum in der *linken* Gehirnhälfte lokalisiert sind. Die Patienten hatten dort ein gänzlich intaktes und ungespaltenes Persönlichkeitsbewußtsein erhalten, während ihre *rechte* Gehirnhälfte un-

---

2 J. C. ECCLES. - Das Geheimnis des Menschen. - München/Zürich: R. Piper & Co. 1975; derselbe, Brain and consciousness experience. - Heidelberg: Springer 1966; derselbe, Wahrheit und Wirklichkeit — Mensch und Vernunft. Deutsche Übersetzung von Facing Realities. - New York: Springer 1975; derselbe, Hirn und Bewußtsein. - in: Mannheimer Forum 77/78. - Boehringer, Mannheim

abhängig davon und außerhalb der Kontrolle durch ihr Bewußtsein die Intelligenz eines Säugetieres höchster Stufe entfaltet, weit intelligenter als alle Primaten, aber ohne Seele. *Bewußter Geist* ist also *nicht naturgesetzliche Folge* bestimmter *physiologischer* Reaktionen, er findet sich vielmehr in völlig unerklärbarer Weise oberhalb und innerhalb der neuralen und biochemischen Prozesse, und nicht in *rational-kausaler* Bedingtheit von ihnen, in der linken, der stärkeren Gehirnhälfte vor.

ECCLES meint in seiner Zusammenfassung über die Gehirn-Geist-Liaison, daß die Welt „zwei", also die der Bewußtseinszustände, eng mit der neuralen Aktivität der dominanten Gehirnhälfte verknüpft ist. Wenn diese, die Verknüpfung, aufhört, so tritt Bewußtlosigkeit ein. Die andere Gehirnhälfte enthält nur Bewußtsein über die Kommissur des corpus callosum (etwa 200 Millionen Nervenfasern). Es besteht auch ein unablässiges Wechselspiel zwischen dem Bewußtsein und dem Liaison-Hirn, wir wissen aber nichts über sein Wesen. Diese Wechselwirkung bedeutet eine unerhörte Herausforderung für die Zukunft.

Nach diesen Mitteilungen dürfte also die energetische Anknüpfung des vorhin erwähnten Bewußtseinsfadens nur in der linken Großhirnhälfte erfolgen.

c) *Philosophisch*

ECCLES nimmt die neueren philosophischen Ausführungen von Sir KARL POPPER[3] als Konzept, der alles Existierende und alle Erfahrungen in *drei Welten* einteilt, die miteinander kontinuierlich verbunden sind:

Die *Welt „eins"*, als Welt der physikalischen Gegenstände, der Materie und Energie des ganzen Kosmos, die gesamte Biologie, einschließlich menschlicher Gehirne und aller künstlichen Gegenstände, die der Mensch geschaffen hat. Welt „eins" ist also die *Welt der Materie*.

---

3 K. R. POPPER. - Objectiv knowledge — An evolutionary approach. - Oxford: Clarendon Press 1972

Die *Welt „drei"* ist das *Wissen im objektiven Sinn,* sie ist die Kultur, die vom Menschen geschaffen wurde und die rückwirkend den Menschen geformt hat.

Die vorhin erwähnte *Welt „zwei"* ist die der *Bewußseinszustände* und der *subjektiven Kenntnisse* aller Art.

2. Das Kontinuierliche Bewußtsein im Sterben und beim Tod:

Der Loslösungsprozeß der gesamten inneren Struktur des Menschen, also des Energie-Astral-Mentalkörpers, des Kausalkörpers und der Seele, kann sich bei unterentwickelten Menschen im Solarplexuszentrum vollziehen, in einer Mittelgruppe von Menschen im Herzzentrum und bei den höher entwickelten Menschen wird der gesamte Mensch durch den Kopf ausgestoßen.

Der Vorgang im Sterben vollzieht sich bei den meisten Menschen im bewußtlosen Zustand. Einzelne Menschen haben aber immer schon über die Fähigkeit verfügt, diesen Vorgang mit einer Kontinuität des Bewußtseins zu erleben.

Die *Überwindung* des *Todes* hängt also nicht von der Beseitigung körperlicher Übel ab, sondern von der *Schaffung* des *kontinuierlichen Bewußtseins,* das uns vom äußeren Leben zur inneren subjektiven Existenz hinüberführt. Der Tibetaner, der Meister DJWAHL KHULS,[4] diktierte telepathisch, daß das ununterbrochene Bewußtsein zu entwickeln sei, das die Tore des Lebens öffnen und die Furcht vor dem, was man erfahren oder erlebt hat, und vor dem, was verschwindet, zerstreuen wird. ARTHUR AVALON schreibt in seinem Werk „Die Schlangenkraft"[5], daß das Erwecken des siebenten Zentrums, also des obersten Zentrums, im Energiekörper die Befähigung bringt, den Körper bei vollem Bewußtsein zu verlassen. Er schreibt: „Wenn das Feuer reihenfolgegemäß durch alle genannten Zentren in dieser Weise hindurchgegangen ist, entsteht das kontinuierliche Bewußtsein, das bis zu dem am Lebensende auf der Astralebene eintretenden Übergang in die Himmelswelt andauert."

4 A. A. BAILEY. - Die geistige Hierarchie tritt in Erscheinung. - Genf: Verlag Lucis 1967

5 A. AVALON. - Die Schlangenkraft. - Weilheim: Otto Wilhelm Barth 1971

Damit sind wir in die *Energiestruktur* des *Energiekörpers* vorgedrungen und Vorgänge in diesem Energiekörper, die es möglich machen, das kontinuierliche Bewußtsein zu entwickeln, sind mit *Yoga, Einweihungsprozessen* und *Mystik* eng verbunden[6].

Was geschieht mit den verschiedenen Strukturen nach dem *Ablöseprozeß?*. Die Strukturen der Persönlichkeit erleiden ebenfalls in verschiedenen Zeitabständen einen Tod, so lösen sich der Energie- oder Ätherkörper, der Astralkörper und der Mentalkörper auf. Bei einem sehr hohen Einweihungsgrad wird auch später der Kausalkörper aufgelöst. Der Mensch erleidet also einen pluralistischen Tod in verschiedenen Zeitabständen. Der Meister D. K. teilt mit: "In dem Maße aber, wie sich das niedere Denkvermögen entwickelt, gehen alle drei Tode — der physische, der astrale und der mentale Tod — in einem immer wacheren Gewahrseinszustand vor sich. Der Mensch verläßt seine ätherische, astrale und mentale Hülle nicht mehr schlafend und unwissend, sondern das Verlassen jeder dieser Hüllen wird zu einem ebensolchen Ereignis, wie es der physische Tod ist."[7]

Schließlich kommt einmal die Zeit, daß der Jünger mit überlegter Absicht, bei vollem Bewustsein und mit wirklichem Wissen seine verschiedenen Hüllen verläßt. Unbeirrbar übernimmt die Seele die Herrschaft, und dann führt der Jünger durch einen Akt des Seelenlebens den Tod herbei und weiß genau, was er tut.

3. Bewußtsein und Kreativität

Es gibt heute nicht nur einen *physischen,* sondern auch einen *geistigen* Hunger in der Welt.

Die Mysterien waren der Menschheit von der Hierarchie gegeben worden. Sie enthalten den Schlüssel zum evolutionären Fortschritt, verhüllt in Zahlen, Ritualen, Worten und Symbolen.

---

6 H. HUBER. - Grundlagenforschung am Energiekörper des Menschen. - in: Imago Mundi, Bd. VI, Paranormale Heilung. - Innsbruck: Resch 1977. - S. 312 – 363

7 D. MILNER/ E. SMART. - Experiment Schöpfung. - Freiburg/Br.: Hermann Bauer Verlag 1977

a) Mysterium, Elektrizität

In den Formeln und Lehren der Mysterien, die uns aus dem Dunkel ins Licht, von Unwirklichkeit zum Wirklichen, vom Tod zur Unsterblichkeit gelangen lassen, liegt der Schlüssel jener Wissenschaft, die das Geheimnis der Elektrizität einschließen wird.

Bei jeder Einweihung erfolgt eine Energie-Übertragung von einem höheren Energiezentrum zu einem niedrigeren im Energiekörper und dieser Energieprozeß geht auch mit elektrischen Aufladungen einher.

Ich möchte hier das „Mysterium der Elektrizität" in Form eigener Erfahrungen demonstrieren. Wir haben versucht, die Versuche von DENIS MILNER und EDUARD SMART[7], die in dem Werk „Experiment Schöpfung", niedergelegt sind, zum Teil zu wiederholen. Es gelang uns tatsächlich, nachzuweisen, daß unter stets gleichen Bedingungen Gleichstromentladungen in einem 1mm breiten Luftspalt bestimmte Figuren auf einem Film erzeugen, die mit einer gewissen Spontanität entstehen. Bei der Betrachtung zahlreicher gemachter Bilder fiel mir eines Tages auf, daß sich nicht eine einzige Struktur in einem *Vierstrahl* etwa x-förmig angeordnet vorfand. So kam ich auf die Idee, den Versuch zu unternehmen, ob es nicht möglich wäre, durch meinen eigenen Wunsch und meine Vorstellungskraft durch das Bewußtsein einen solchen x-förmigen, vierstrahligen Stern zu erzeugen. Wie die Abbildungen 1-2 zeigen, ist dies tatsächlich gelungen. Interessant ist, daß die zwei Autoren, die 8 Jahre gebraucht haben, um ihre Ergebnisse zu erzielen, niemals auf die Idee kamen, einen solchen Vorgang bewußt zu beeinflussen. Ich habe diesen Versuch nach einigen Wochen wiederholt, ohne positives Ergebnis.

Nun könnte man sagen, das sei reiner Zufall! Ich leugne dies auch nicht, aber in dem Sinne, daß es mir zugefallen ist. Das heißt, es bedurfte einer gewissen Spontanität, denn die kreative Energie tritt immer nur spontan in Erscheinung, ich kann an sie Anschluß finden, ich kann sie aber nicht wollen.

Ich war aber bei der Wiederholung nicht in der gleichen Bewußtseinsverfassung wie bei dem ersten Versuch, obwohl es sich bei beiden Versuchen um wachbewußte Zustände gehandelt hat.

Abb. 1: Der vierstrahlige Stern *nach* bewußtseinsmäßiger Vorstellung ist deutlich zu erkennen.

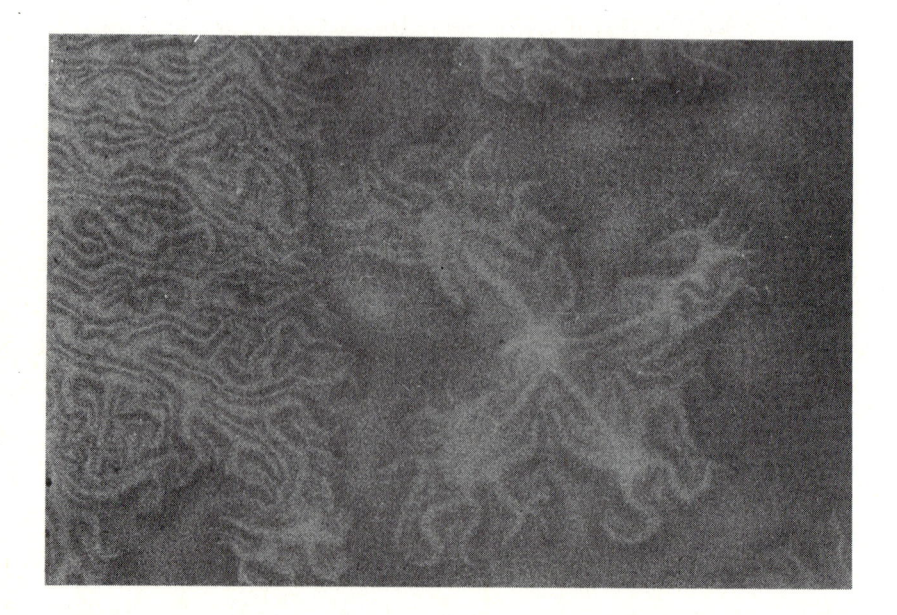

Abb. 2: Der vierstrahlige Stern bei stärkerer Vergrößerung.

CH. TART fordert für die Zukunft bewußtseinszustandsorientierte Wissenschaften, wobei er den bisher üblichen Wissenschaften ebenfalls eine Bewußtseinszustandsorientierung zuschreibt, nämlich die unseres gewöhnlichen Bewußtseinszustandes. Das letztere scheint mir sehr fraglich zu sein, denn auch der gewöhnliche Bewußtseinszustand im Wachen scheint nur nach unten gleich zu sein, ist es aber nicht.

Es gibt verschiedene Abstufungen der Wachheit, die vom *hypnagogen* Zustand bis zu einer *Hellwachheit* reicht.

TART macht aber dann später selbst ein Zugeständnis, wo er von schöpferischer Tagträumerei spricht. Er weist aber deutlich auf eine Wechselwirkung zwischen dem betreffenden veränderten Bewußtseinszustand und der gewöhnlichen physikalischen Realität hin.[8]

Wenn ich aber zeige, daß ich mit einer modifizierten Hochenergie–Fotographie – bei der die Fingerkuppe nicht direkt auf dem Film, sondern auf eine über den Film gelegte schwarze Plastikfolie gegeben wurde – die Absicht hatte, die Entstehung eines Balkens an einer Fingerkuppe zu erzeugen (Abb. 3 - 4) und dies bei einem Versuch gelang und beim nächsten Versuch mißlang, so kann es sich hier wieder nur um den gleichen „Zufall" handeln. Außerdem ist dieser Versuch mit einer anderen Versuchsperson wieder gelungen. Es ist aber auch gelungen, eine bewußtseinszustandsorientierte Technik zu entwickeln, die eine wiederholbare Ionenbildung im Energiekörper aufzeigt (Abb. 4 - 5).

b) Bewußtsein wie die Kinder

Man kann auch sagen, das seien Spielereien, und auch das leugne ich nicht. Es sind jene kreativen Spielereien, die wir an unseren Kindern deutlich beobachten können, die aber später, im Laufe unserer Erziehungssysteme, verloren gehen.[9]

---

8 CH. T. TART. - Transpersonale Psychologie. - Freiburg/Br. Walter Verlag 1978
9 J. GEBSER. - Ursprung und Gegenwart. - Stuttgart: DVA 1966

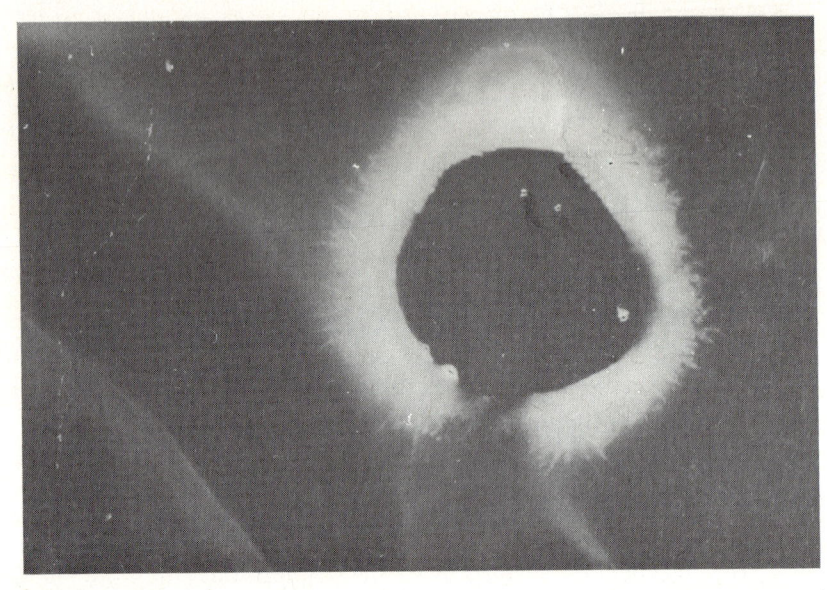

Abb. 3: Hochfrequenzphotographie einer Fingerkuppe, die aber nicht auf dem Film aufliegt, sondern durch eine Plastikfolie getrennt ist.

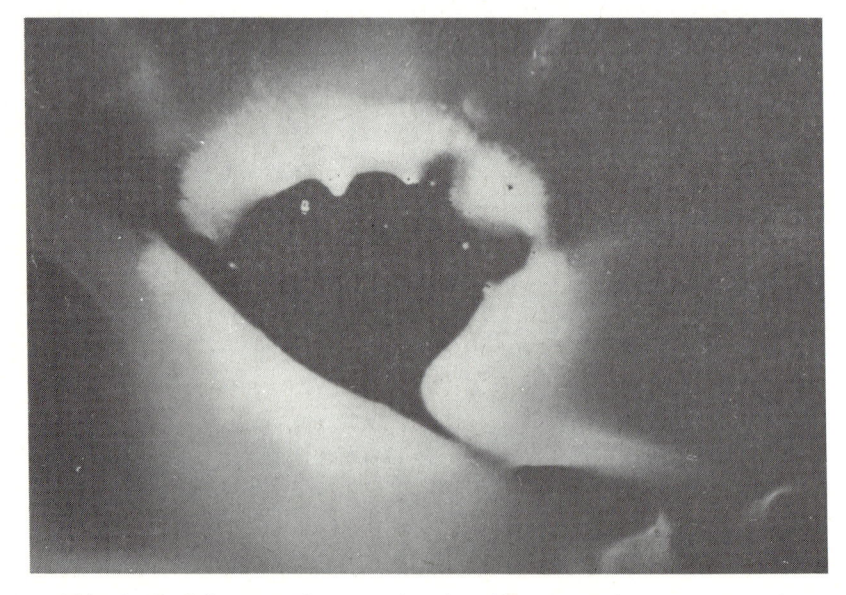

Abb. 4: Hochfrequenzphotographie derselben Fingerkuppe wie in Abb. 3, *nach* bewußtseinsmäßiger Vorstellung einer Balkenbildung.

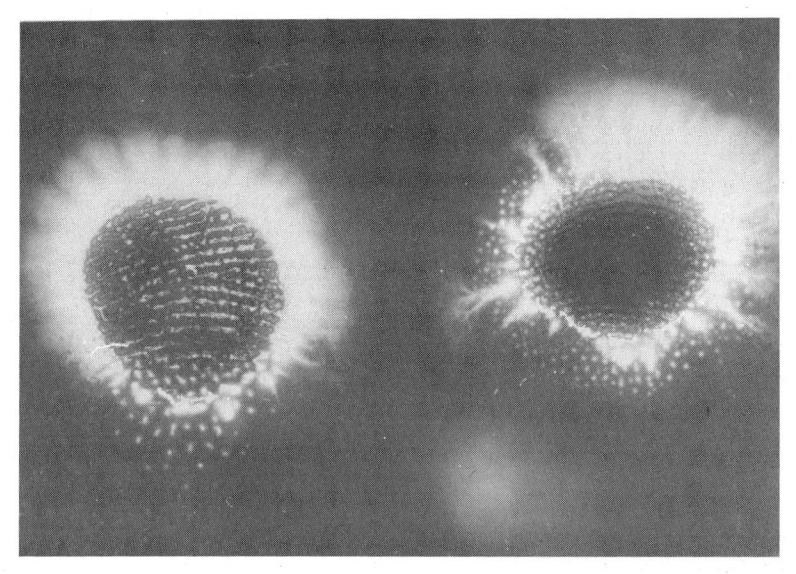

Abb. 5: Eine modifizierte Hochenergiephotographie einer Fingerkuppe mit Energieausstrahlungen nicht nur durch die Koronabildung, sondern durch Teilchen.

Hier ist es bereits gelungen, eine bewußtseinsorientierte Technik zu entwickeln, so daß Wiederholungen der Versuche möglich sind.

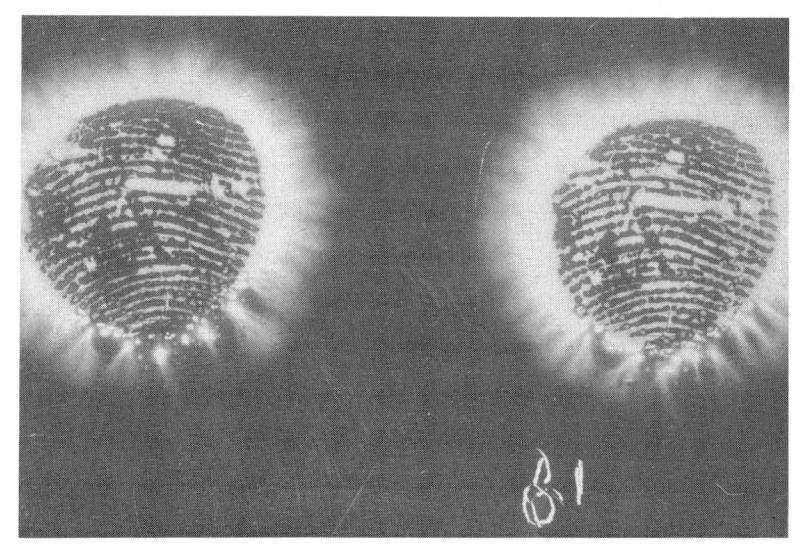

Abb. 6: Zeigt die Fingerkuppe nach Atmung auf dem Pneumatron. Die roten Teilchen ziehen sich in den Energiekörper zurück.

Ein Kind ist noch nicht von Begrenzungen eingeschränkt und lebt in natürlicher Harmonie mit seinem Usprung. Kinder sind glücklich wie die Weisen, weil das Kind noch keinen Sinn für materielle Werte entwickelt hat und der Weise weiß, daß das Materielle keinen Wert besitzt.

Das Kind lebt spontan aus der Seele. Und das Seelische ist das Wunder einer immerwährenden Kindheit, in einem ständig sich ausweitenden Bereich, wo man Herrscher ist.

Kinder unter 5 Jahren erkennen den Tod überhaupt nicht. Alles wird als lebendig geschaut. Kinder in diesem Alter setzen eine Kontinuität zwischen allen Dingen voraus, und sie unterscheiden nicht zwischen Belebtem und Unbelebtem.

Diesen frühkindlichen Glauben an ein universelles Leben finden wir in den verschiedensten Ländern, in Ungarn[10], Schweden[11], Schweiz[12], China[13] und den U.S.A.[14].

Und gerade für den erwachsenen Menschen ist es notwendig, jene Spontanität, die noch im Kinde vorhanden ist, nachdem er erzogen wurde, wieder zu gewinnen, und in diesem Sinne wieder Kind einer Kindheit zu werden, von der uns im Neuen Testament versprochen wird, daß wir nur dann in das Himmelreich kommen können, wenn wir werden wie die Kinder (Mt 18, 3).

Dieser kindliche Animismus sollte mit der Reife des Erwachsenen im kosmischen Bewußtsein einem weiteren Höhepunkt zustreben.

Dem Erwachsenen ist es aber auch aufgegeben, jede neue spontane Erscheinung mit dem in Kontiuität zu bringen, was er schon gewußt und erfahren hat. Wenn das nicht getan wird, vergeht das Spontane und die Kreativität bleibt ungenützt.

---

10 M. H. NAGY. - The child's view of death. - in: Journal of Genetic Psychology, 73 : 3, 1948

11 G. GLINGBERG. - The distruction between living and not living. - in: Journal of Genetic Psychology 168/ 105 : 227, 1957

12 I. PINGET. - The child's conception of the world.- Paladin St. Albans 1973

13 I. HUANG/ H. W. LEE. - Experimental analysis of child animism. - in: Journal of Genetic Psychology 66 : 69, 1945

14 R. W. RUSSEL. - Studies in animism. - in: Journal of Genetic Psychology 56 : 353, 1940

Esoterisch manifestiert sich noch ein tieferer Sinn: Seit Jahrtausenden wird in allen Geheimlehren immer wieder auf die Bedeutung der *Zirbeldrüse* für die höhere Bewußtseinsentwicklung, für die Erleuchtung, die Befreiung und Erlösung hingewiesen.

Wir wissen, daß beim Kinde die Zirbeldrüse entwickelt und in Aktion ist. Ist es nicht dann verständlich, daß wir als Erwachsene diese Zirbeldrüse wieder in Funktion bringen sollen. Also auch hier, im Physiologischen, im Anatomischen, sollen wir wie die Kinder werden. Es muß also ein energetischer *Transformationsprozeß* vom Energiekörperzentrum zur Drüse in uns vollzogen werden, der diese *biologische* Grundlage wieder schafft.

4. Energetische Transformations- und Integrationsprozesse

Die Wissenschaft verlangt die Wiederholbarkeit des Versuches im jeweils abgesteckten Versuchsbereich. Sie nimmt sich damit allein die Möglichkeit einer größeren Schau. Die *Bewußtseinserweiterung* ist aber nur möglich, wenn immer wieder die *spontane Erfahrung* in Form der *Kreativität* sie möglich macht. Dies zu erkennen entspricht jener Diaphanität des Geistigen, von der JEAN GEBSER[15] in seiner „Auffassung des integralen Bewußtseins" spricht. Wir brauchen also jene Kontinuität des Bewußtseins, die über uns selbst hinausreicht.

Der Anschluß an jene kosmischen Energien, Bewußtsein und Kreativität, ist auch lehrbar, es ist geradezu ein *anaboler Energieprozeß*, der aber eine bestimmte katabole Energietransformation verlangt. Mit anderen Worten, wenn ich immer mehr Anteil haben will an jenen transpersonalen kosmischen Energien, ist es notwendig, *in mir selbst* vom Physischen bis zum Mentalen einen Transformationsprozeß einzuleiten. Zunächst ist dazu die Durchführung einer Integration all der Energien notwendig, die in mir wirken. Die Integration der Persönlichkeit des Menschen, d. h. also die Integration seines Physischen, seines Energiekörpers, seiner Emotionalwelt, seines ganzen Denkens, erfordert eine gewisse Kontinuität, die vom Körperbewußtsein bis zum konkreten Denken reicht.

15 J. GEBSER, Ursprung und Gegenwart

Doch selbst in der Wissenschaft werden die großen Entdeckungen für den Fortschritt der Menschheit nicht durch den logischen Zwang erreicht, sondern geschehen meistens spontan, dann oft zu einer Zeit, wo der betreffende Forscher sich in einer ganz anderen Situation befindet. Man denke an das „Eureka" des ARCHIMEDES nach der Badewanne, an die geträumte chemische Formel von KEKULÉ, oder gar an das vom Chemiker DIMITRIJ I. MENDELEJEW im Traum gesehene periodische System der chemischen Elemente. A. EINSTEIN stellte fest, daß ihm die besten Ideen kamen, wenn er sich in einem Boot treiben ließ.

Zudem läßt sich feststellen, daß die enorme, intensive, konzentrierte Arbeit eine Voraussetzung ist, daß also eine Hingabe der *voll integrierten Persönlichkeit* notwendig ist, dann aber ein Entspannungsprozeß einsetzt, der es möglich macht, zu empfangen, mit Demut zu empfangen.

Hier muß man auch das laterale Denken EDWARD DE BONOs[16] und das rechtshirnige Denken von ROBERT ORNSTEIN[17] erwähnen. Das diskontinuierliche Zick-Zack-Denken benötigt aber ein um so ausgeprägteres kontinuierliches Bewustsein.

Wir haben schon vorher vom Links- und Rechtshirn und seiner Beziehung zum Bewußtsein gehört. Wir benötigen eine stärkere Kontinuität zwischen links- und rechtshirnigem Denken, zwischen dem logischen, analytischen und dem phantasievollen, intuitiven Denken. Dies kann sich auf längere Zeit als wesentlich für unser persönliches Überleben und das Überleben unserer Kultur erweisen.

Wenn es wahr ist, daß wir an die Wahrheit durch das Bewußtsein, durch die Natur und durch die Tradition herankommen können und wir die Wahrheit über den Tod, das Sterben, das nachtodliche Leben und die Unsterblichkeit erfahren wollen, dann wird es sich weiter als notwendig erweisen, die Kontinuität vom Bewußtsein zur Naturforschung und zur Tradition herzustellen. Ihr Integrationsprozeß wird die Evolution des Bewußtseins abkürzen, für den einzelnen Menschen und für die gesamte Menschheit. Anders

---

16 E. DE BONO. - Laterales Denken für Führungskräfte. - Reinbeck 1972

17 R. ORNSTEIN. - Rechtes und Linkes Denken. - in: Psychologie heute, Jg. 2, 1975, Heft 2

formuliert, es wird viel Arbeit notwendig sein, damit die Wissenschaft religiöser und die Religion, die Konfessionen, wissenschaftlicher werden.

Der Psychologe CHARLES TART drückt das so aus: „Lassen sich die traditionellen Konflikte zwischen Wissenschaft und Religion so weit reduzieren, daß sich diese beiden Bereiche menschlichen Strebens und Bemühens wechselseitig durchdringen und einander bereichern können? Ich halte letzteres durchaus für möglich und ich habe vorgeschlagen, daß wir das mit Hilfe von Wissenschaftsformen tun, die an bestimmten Bewußtseinszuständen orientiert sind."[18]

Seiner Meinung nach ist die orthodoxe, wissenschaftliche Einstellung, die das Spirituelle nicht zur Kenntnis nimmt, ebenso unangepaßt und pathologisch, wie die ganz ähnlich orthodoxe, religiöse Haltung gegenüber wissenschaftlichen Erkenntnissen, die im Widerspruch zum eigenen Glaubenssystem stehen.

Die Entwicklung von der *Religion des Gefühls* zur *Religion des Denkens* ist schon im Gange.

III. DIE TOTENBÜCHER, DAS DRITTE AUGE UND DIE THEOLOGIE

Die Totenbücher der Welt, es gibt allein schon, wie wir durch die Arbeiten von DETLEF I. LAUF wissen[19], mehrere tibetanische Totenbücher, das ägyptische, das westliche und das abendländische Totenbuch. Alle fordern sie das kontinuierliche Bewußtsein im Sterben und nach dem Tode. Dies schon allein deswegen, damit eine Therapie im Ablöseprozeß und in den darauffolgenden Zwischenzuständen möglich ist. Was tun wir bislang? Wir stoßen den Sterbenden in die Anonymität und weichen ihm in dieser entscheidenden Situation seines Lebens aus. Mancher Arzt ist beleidigt, wenn der Patient stirbt.

18 CH. T. TART, Transpersonale Psychologie
19 D. J. LAUF. - Geheimlehre Tibetanischer Totenbücher. - Aurum Verlag 1977

Erst vor kurzem erlebte ich, wie ein solcher Ablöseprozeß sich über Wochen hinzog, weil dem Patienten bis zum letzten Tag sein Sterben nicht bewußt wurde. Er war an das Physische so verhaftet, daß sein 90 kg schwerer Körper am Ende die 30 kg unterschritten hatte, bis er endlich sterben konnte.

Ich habe aber auch oft das geheimnisvolle Lächeln Sterbender gesehen, die im Sterben zum Mystiker wurden. Es ist dies jenes Lächeln, das wir auch beim richtig geborenen Säugling bald zu sehen bekommen. Ferner ist festzustellen, daß der Blick des Sterbenden auf jenen Punkt zwischen den Augenbrauen gerichtet ist, wo sich nach Aussagen von Weisen das dritte Auge, das einfältige Auge, das göttliche Auge, befindet.

Dieses dritte Auge, bzw. die Erfahrung damit, hängt sehr mit unserem Atem zusammen. Es ist kein Zufall, daß der „ununterbrochene Atem" die Entwicklung dieses einfältigen Auges einleitet, um dann im weiteren Verlauf in den sogenannten unmerklichen Atem überzugehen. Dies sind Atmungsprozesse, die sich z. B. auf dem *Pneumotron*[20] leicht programmieren lassen.

Die Lehren von *Bardo*, vom Zwischenzustand, im Tibetanischen Totenbuch zeigen uns, daß dieser ein doppelter Vorgang ist, mit je einer Entsprechung auf der Seite des Lebens und der des Todes.

Die Theologen K. RAHNER[21] und L. BOROS[22] sind wohl der Ansicht, daß es einen *Ganztod* des Menschen gibt. „Aber im Moment des Todes geht eine Nichtung der Seele vor sich, die trotzdem die geistige Wirklichkeit der Seele nicht zu vernichten mag", heißt es in „Mysterium Mortis" von L. BOROS.

Der Tod ist nach diesen Theologen als *Endentscheidung* anzusehen, er ist eine endgültige vollpersonale Entscheidung über das Leben für oder gegen Gott. Es wird hier das persönliche Gericht nicht nach dem Tod, sondern als ein Moment des Todes selbst verstanden.

---

20 H. HUBER, Grundlagenforschung am Energiekörper, Imago Mundi, Bd. VI, S. S. 336 ff

21 K. RAHNER. - Zur Theologie des Todes, 1958; derselbe, Das Leben der Toten. - in: Schriften zur Theologie. - Einsiedeln/ Zürich/ Köln 1960. - IV, S. 429 – 437

22 L. BOROS. - Mysterium mortis, der Mensch in der letzten Entscheidung. - Olten/ Freiburg/Br. 1966

Im Moment des Todes erreicht nämlich die Geistseele eine neue Intensität ihrer Zeitlichkeit, die es ihr möglich macht, ihren ganzen Seinsbestand auf einmal zu verwirklichen.

In unserem Erkennen ist immer eine Offenheit zum Kosmos und eine Öffnung zu Gott hin eingeschlossen.

Der Tod ist wirklich der Tag der Geburt für unseren Geist, und unser erster vollpersonaler Akt.

Die Endentscheidung erwächst vielmehr aus den vielen Einzelentscheidungen im Leben. Gerade deswegen ist das Leben eine Einübung in den Tod. „Ich sterbe täglich" (1Kor 15, 31), heißt es bei Paulus. Die *Ganztodhypothese* bleibt in der christlichen Theologie nicht unwidersprochen.[23]

Es wird auch theologisch, vor allem in der katholischen Theologie, ein Zwischenzustand zwischen dem individuellen Tod und der allgemeinen Auferstehung der Toten am Jüngsten Tag angenommen.[24] Auch in der Verheißung des gekreuzigten Jesus an den rechten Schächer: „Heute noch wirst du mit mir im Paradiese sein" (Lk 23, 43) ist Jesu Überzeugung von einem Fortleben des Menschen nach dem Tode ausgesprochen.

Der *erste Zwischenzustand* im Tibetanischen Totenbuch bezeichnet die Geburt in der Daseinsphäre und bedeutet, daß die ganze Spanne von Geburt bis zum Tode als *Zwischenzustand* zu betrachten ist.

Der *zweite Bardo* bezieht sich auf den Zwischenzustand im Traumbewußtsein oder dem Traumzustand.

In den tibetanischen Lehren vom Traumzustand werden psychologisch besonders bedeutsame Anweisungen gegeben, wie die Kontinuität des Wachbewußtseins während des Schlafes und des Träumens so beeinflußt und kontrolliert werden kann, daß dem Menschen auch während des Traumes die trugvollen Bilder des Trauminhaltes von selbst klar werden. Die Identifikation mit jenen Bildern der Traumwelt würde zur Trübung des Bewußtseins und damit zu steigender Unwissenheit und Bindung führen. Wir würden heute sagen, dies ist eine Arbeit mit dem *luziden* Traum.

---

23 G. SIEGMUND. - Von unseren Toten. - St. Augustin: Verlag Wort und Werk. Sonderdruck aus „Die Anregung" Heft 11/12, 1974

24 J. FINKENZELLER. - Was kommt nach dem Tod. - Don Bosco Verlag 1976;

So kann er später auch im Bardo der Wirklichkeitserfahrung im Jenseits den Weg seines Bewußtseinsprinzips erkennen und führen.

Es gab auch in Tibet psychische Techniken der Bewußtseinsübertragung. Die Yogaübung der Bewußtseinsübertragung hat den Zweck, durch psycho-physische Übungen den obersten Ausgang an der Schädeldecke so vorzubereiten, daß beim Tod ein ungehinderter Austritt des Bewußtseins möglich ist. Diese Übungen wurden vor allem mit Atemübungen und Silbenmeditation verbunden und dauerten etwa 14 Tage. Sie wurden bereits in jüngeren Jahren bei den Tibetern durchgeführt und brauchten dann nicht mehr wiederholt zu werden. Man wird damit klaren Geistes auf die Zukunft eingestellt.

IV. DIE ENTWICKLUNG DES KONTINUIERLICHEN BEWUSSTSEINS

Die Förderung und Entwicklung des kontinuierlichen Bewußtseins weist verschiedene Formen auf.

1. Telepathie

Zur Entwicklung und zur Herstellung der Kontinuität des Bewußtseins ist die *Telepathie* notwendig, ja, sie sichert geradezu die Kontinuität des Bewußtseins. Nun gibt es verschiedene Formen der Telepathie, die instinktive, mentale oder intuitive Telepathie.

Das telepathische Wirken steht aber eng mit unserem Energiekörper in Verbindung. Die einfachste Form, die *instinktive* Telepathie, wird mit dem Solarplexuszentrum im Energiekörper gehandhabt. Das macht es auch schwierig, hier immer zu gleichen Ergebnissen zu kommen, denn das ist jene Telepathie, die über die Gefühlswelt geht, man sagt ja auch oft „Ich habe das Gefühl, daß ..." und dann erst in Gedanken übersetzt werden muß.

Es gibt aber einen großen telepathischen Prozeß innerhalb des gesamten Menschheitskörpers. Denken sie nur an die Psychologie der Masse und an das, was wir „öffentliche Meinung" nennen. Diese ist eine energetische Erscheinung in der Menschheit, die eine verschwommene emotionelle und mentale Reaktion auf die Tätigkeit und Einwirkung des intensiveren und kraftvolleren Denkens anderer zeigt. Hier schaltet sich auch die Technik mit ihren Medien Radio, Fernsehen, usw., als gewaltiger Verstärker ein.

Eine sehr positive Erscheinung zur Förderung des kontinuierlichen Bewußtseins in der Menschheit ist das telepathische Wirken von Gruppen, die bereits das *Gruppenbewußtsein* erlangt haben, und in einer noch viel intensiveren Form von jenen Gruppen, ab den Meistern, die in einer Einheit und dem Plane entsprechend unseres Planeten telepathisch auf die dafür Empfänglichen einwirken.

2. Medialität

Es gibt einen *niederen* und *höheren* Mediumismus. Bei den niederen *Sehern* und *Medien* ist im Energiekörper das Schutzgewebe im Bereiche des Sonnengeflechtes schon früh im Leben zerstört worden und sie können deshalb leicht aus ihrem Körper heraus und in ihn wieder eintreten, also in Trance kommen, vor allem auf der Emotionalebene tätig sein. Für diese Typen des Mediumismus gibt es keine Fortdauer und Kontinuität des Bewußtseins, es besteht daher auch keine Beziehung zwischen ihrem Dasein auf der physischen Ebene und den Vorgängen, die sie im Trancezustand erzählen, von denen sie im Wachbewußtsein für gewöhnlich nicht die geringste Erinnerung und Kenntnis haben.

Bei *bewußten* Hellsehern und den *höheren* Medien gibt es keinen Trancezustand, keine Medienschaft oder Besessenheit. Hier ist das Gewebe im Energiekörper des Gehirns durchbohrt und dieses Öffnen in dieser Region erlaubt das Einströmen von Licht, Mitteilungen und Inspirationen. Es ist damit auch die Fähigkeit gegeben, in den Zustand der Erleuchtung, in den *Samadhi-Zustand* einzugehen, der sozusagen die geistige Analogie zum Trancezustand, der noch tierhaft empfindenden Natur im Menschen, darstellt.

3. Einweihung und Antahkarana

Einweihung bedeutet den Eintritt in ein geistiges Leben oder ein neues Stadium dieses geistigen Lebens.

Mit jeder Einweihung erfolgt eine innere Vereinigung der Persönlichkeit mit dem wahren Ego, mit der Seele und auf den höheren Ebenen der Einweihung erfolgt die Vereinigung mit dem Geist.

Wer um diese inneren Vorgänge, um diese Entwicklung des kontinuierlichen Bewußtseins weiß, tritt aus dem Wissen in die Weisheit.

Für diesen Entwicklungsprozeß des kontinuierlichen Bewußtseins gibt es auch eine humanenergetische Grundlage. Ein wesentlicher Teil davon ist dem Verständnis der *Antahkarana* gewidmet.

Wie erwähnt, unterscheiden wir unter dem *Lebensfaden* und dem *Bewußtseinsfaden*, der *Antahkarana*. Der eine Faden ist das Fundament der *Unsterblichkeit*, der andere ist die Grundlage der *Fortdauer*.

Die Antahkarana ist ein *innerer, energetischer* Evolutionsprozeß des Menschen. Hier entsteht in einer *energetischen Anatomie* eine Brücke, die mit dem Denk - oder Mentalstoff zwischen der Persönlichkeit und der Seele und zum weiteren zwischen der Seele und dem geistigen Prinzip gebaut wird. Das heißt aber aktive Arbeit leisten mit einem Stoff, der feiner ist als der Stoff der drei Welten, in denen sich die gewöhnliche Entwicklung abspielt.

Diese Brücke erleichtert dann den Fluß des Bewußtseins, sie bildet jenes *kontinuierliche Bewußtsein*, das das Gefühl der Abgesondertheit auflöst, die Todesfurcht für immer beseitigt, den Menschen in seinem Hirnbewußtsein für Impressionen empfänglich macht, die ihn von höheren Reichen des Geistes, von den höchsten Energien, den vereinigenden und transzendenten Energien, zufliessen. Auf diese Weise wird es auch für den Menschen leichter sein, in die Absichten und Pläne der Schöpfung eingeweiht zu werden.

Dieser Bau der Antahkarana erfolgt auch mit Hilfe des Lichtes. Dadurch wird auch die echte Vision und geistige Schau ermöglicht. Die Vollendung des Baues zeigt Christus mit dem Ausspruch: „Der Vater und ich sind eins". (Joh 10, 30)

4. Regeln und Übungen

„Ich bin Er", sagten die Weisen Indiens — so'ham — „denn dies ist die Wahrheit, die alle Menschen, die zur Befreiung gelangt sind, entdecken, ob sie zu Asien oder zum Westen gehören, ob zur Vergangenheit oder zur Gegenwart. Es handelt sich hier nämlich um die ewige Tatsache, die wir alle entdecken müssen", heißt es bei SATPREM:[25]

Dieses „so'ham" ist eng mit der Atmung des Menschen verbunden. Atemübungen mit bewußter Aufmerksamkeit auf die beiden Silben, „so'ham" fördern die Bewußtseinsentwicklung. Verschiedene Formen des Yoga weisen darauf hin, auch MUKTANANDA in „Spiel des Bewußtseins"[26].

In dem von Sri AUROBINDO neubearbeiteten Rig Veda V. 3, 9, heißt es: „Setze ihn frei, deinen Vater, der zu deinem Sohne wird und dich aufrecht erhielt".

Es gibt auch verschiedene Regeln und Übungen, die das kontinuierliche Bewußtsein fördern. Einige wesentliche sollen hier Erwähnung finden:

1. Der Mensch muß lernen, im Kopf konzentriert zu bleiben, vor allem durch geistige Vorstellung und Meditation sowie durch Konzentrationsübungen.
2. Er sollte mit dem Herzen dienen lernen.
3. Der Mensch muß mit dem Schlaf arbeiten, der schon immer als ein Bruder des Todes bezeichnet wurde.

Wir müssen von einem unbewußten, SATPREM bezeichnet ihn als Tierschlaf, zu einem bewußten, ja zu einem Erfahrungsschlaf übergehen lernen. Wie aber soll man sich seines Schlafes erinnern?

Die Hauptschwierigkeit ist, die allererste Brücke zu schlagen, welche die Verbindung zum äußeren Wachbewußtsein herstellt. Dafür ist ein vollkommenes Stillehalten und eine innere und äußere Regungslosigkeit beim Erwachen notwendig. Man verharrt in einer Beschaulichkeit, ohne zu denken!

---

[25] SATPREM. - Sri Aurobindo oder Abenteuer des Bewußtseins. - O. W. Barth 1976
[26] S. MUKTANANDA . - Spiel des Bewußtseins . - Freiburg/Br. : Aurum 1975

Aber auch am Abend, vor dem Einschlafen, können wir lernen, unser Bewußtsein in den Kopf zurückzuziehen. Man kann sich mit dem Willen konzentrieren, man möge die Erinnerung bewahren. Man sollte sich nicht erlauben, einfach in den Schlaf abzusinken, sondern sollte immer wieder das Bemühen aufbringen, das Bewußtsein unbeeinträchtigt zu erhalten, bis ein bewußter Übergang in die andere Bewußtseinsebene erfolgt.

Man kann dazu auch immer wieder ein spontanes oder aber vorgenommenes Aufwachen benützen, um auf verschiedenen Ebenen des Bewußtseins die Kontinuität herzustellen.

Solche Arbeit ist evolutionär adäquat durchzuführen und z. B. ist es nicht angezeigt, Menschen zu früh absichtlich träumen zu lassen.

Auf jeden Fall wird der Fortschreitende die verschiedenen Träume und Wirklichkeiten im Schlaf kraft seines kontinuierlichen Bewußtseins unterscheiden lernen und entdecken, wie viele Kategorien des Traumes es gibt.

Vor kurzem hatte ich eine Patientin, die nicht nur Wahrträume von einer auffallenden Präzision hatte, sondern auch über erste Träume zu berichten wußte, die ihr Unterweisungen für die weitere Entwicklung bringen.

In dieser Entwicklung liegt auch ein Ansatz zu einer bewußtseinsadäquaten Psycho- und Lebenstherapie, die einen Höhepunkt dann erreicht, wenn die *Kontinuität* bis zum *Licht der Seele* reicht.

Ebenso können wir auf dieser Ebene im Tatenschlaf die verschiedenartigsten Menschen antreffen — bekannte und unbekannte, Lebende oder Tote — die immer Lebenden, die als Tote wir betrachten, heißt es bei Sri AUROBINDO [27].

Alles was wir im stofflichen Leben werden und tun und über uns ergehen lassen, wird in unserem Inneren vorbereitet.

Wenn man mit dem inneren Licht in Berührung kommen kann, ist man in einigen Minuten ausgeruht. Von diesem Licht her kann man aber auch helfen.

Ein praktisches Beispiel: Eine Patientin rang schon drei Monate mit dem Tode, der Ablösungsprozeß ging äußerst langsam vor sich. In einer wachen Nacht versuchte ich, zunächst in ein Studium um

---

[27] S. AUROBINDO. - Satvitri 19. - Pondicherry 1954

diese Fragen vertieft, dieser außerdem mir nahestehenden Patientin zu helfen. In tiefer Versenkung rief ich das Seelenlicht um Hilfe für die Sterbende. Am Morgen war sie tot.

Man sollte all die Erscheinungen, die mit diesem Zurückziehungsprozeß, sei es nun im Einschlafen oder in der Meditation, verbunden sind, aufzeichnen. Hier ist z. B. die Erfahrung zu nennen, die viele Menschen machen, daß kurz nach dem Einschlafen ein schmerzhaftes Aufschrecken erfolgt. Das ist darauf zurückzuführen, daß das Bewußtsein durch ein dichtes Energiegewebe hindurch muß, das noch nicht genügend frei ist, durch eine Öffnung, um diesen Ausgang dann zu erleichtern. Mancher kann sogar im Kopf ein lautes Schnappen hören, das auch z. B. manchmal von Krankenschwestern bei Sterbenden beobachtet wird.

V. AUFERSTEHUNG UND VERKLÄRUNG DES LEIBES

Es gibt verschiedene Interpretationen der Auferstehung der Toten! Selbst in der christlichen Theologie sind die Auffassungen verschieden: Durch die Auffassung des *Totaltodes* des Menschen sind natürlich in der Interpretation gewisse Einschränkungen gegeben.

Bei Johannes 3, 3 heißt es jedoch: „Es sei denn, daß ein Mensch von Neuem geboren werde, so kann er das Reich Gottes nicht sehen"! Hat diese *neue Geburt* mit einer *Auferstehung* etwas zu tun? Wenn, dann mit einer Auferstehung, die schon hier zu Lebzeiten beginnt.

Man kann eine *körperliche, seelische* und *geistige* Auferstehung unterscheiden.

Wie möchten sie auferstehen wollen? Möchten sie wieder so ein Vehikel als Körper haben, das leidet, sich selbst nicht genügt und bestenfalls beim nächsten Autozusammenstoß eine Out of Body Erfahrung haben kann?

Welchen Teil von uns erachten wir als für die Unsterblichkeit wünschenswert? Was in uns rechtfertigt Fortdauer?

Der *Auferstehungsprozeß* dürfte aber doch schon hier im Leben beginnen, denn er ist nichts anderes als der Beginn des *Einweihungsprozesses*.

Das kontinuierliche Bewußtsein dem Irdischen zu entziehen und sich nicht um den Leib zu kümmern, ist der *buddhistische* Weg. Die erweiterte Kontinuität des Bewußtseins wird durch das *Christliche* erreicht. Das kontinuierliche Bewußtsein hilft, unseren Leib zu gestalten, zu erhellen, zu verklären. Das kontinuierliche Bewußtsein hilft uns den Energiekörper auszubauen, den Leib weniger materiell und den Körper elektrischer, leichter, leuchtender und transparenter zu machen. Dies ist eine Form der Auferstehung, bei der uns auch die *Atmung* große Hilfe sein kann. Damit kann man auch der in der Theologie so wichtigen Frage des Leibes gerecht werden.

Nach der Auferstehung muß Jesus erst bei allen, denen er begegnet und noch erscheinen will, eine Kontinuität des Bewußtseins erzeugen, sonst würde er ihnen unsichtbar, unhörbar und unerfahrbar bleiben.

„Mag auch unser äußerer Mensch aufgerieben werden, unser innerer erneuert sich Tag für Tag. Nur dürfen wir nicht auf das Sichtbare schauen: denn das Sichtbare ist vergänglich, das Unsichtbare ewig" (2 Kor 4, 16 – 18), heißt es bei dem Eingeweihten Paulus.

Aber die Flucht ins Mystische ist nicht der ganze Sinn der Evolution, ist die Auffassung von Sri AUROBINDO [28]. Damit tritt die weitere West-Östliche-Entwicklung in Erscheinung. Das Christliche mit der Leibmiteinbeziehung wird in der „Synthesis of Yoga" zum System ausgebaut.

Was wir brauchen, ist eine andere Grundform des Bewußtseins, eine andere Grundform, bei welcher die Weiterführung von dem, was ihr vorausgegangen ist, nicht abgebrochen wird.[29]

Es muß die Kontinuität bis ins Körperliche, bis zur Erde bewahrt werden. Die Kontinuität dieser herabsteigenden Bewußtseinsenergie wird die Umwandlung vollziehen.

Die *Verklärung Jesu* am Berge Tabor ist ein erster Hinweis auf diesen Verklärungsprozeß. Hier zeigt sich aber auch, wie die drei

---

28 Derselbe, Stufen der Vollendung. - O. W. Barth, o. J.
29 SATPREM. - Sri Aurobindo

Jünger um das kontinuierliche Bewußtsein ringen. Hier wird von manchem die Frage der Reinkarnation zur Diskussion gestellt.[30] Hier vollzieht sich aber noch mehr: Hier wird die *Kontinuität zwischen dem Alten und dem Neuen Testament verwirklicht*.

Zur Reinkarnationsfrage kann hier nicht in extenso Stellung genommen werden; nur so viel: AUROBINDO hat die alte Wiedergeburtslehre einer vernichtenden Kritik unterzogen, nicht um sie aufzuheben, aber um das Brüchige, ja bis in das Kitschige reichende, aufzuzeigen.

Erwähnen muß man auch, daß es ganz andere Deutungen der Wiedergeburtslehre, wie sie von EMANUEL SWEDENBORG[31] mit dem „Homo maximus" und auch in der Bearbeitung von ERNST BENZ[32] aufgezeigt werden, gibt.

Auch PAUL SCHÜTZ spricht in seinem Aufsatz zur Reinkarnationslehre[33] vom Makroanthropos oder Großmenschen, um verschiedene Phänomene, die mit der Reinkarnation in Zusammenhang stehen, zu erklären.

Ohne das kontinuierliche Bewußtsein ist die Frage der Reinkarnation nicht zu lösen!

Mit dem immer stärkeren Aufkommen des Denkens in der Menschheit wurde das Geheimnis der *Einweihung* und der *Mysterien* zurückgedrängt. Ein Symbol an dieser entscheidenden Wende in der Menschheitsgeschichte ist der Eingeweihte *Pythagoras*, der die Kontinuität zwischen dem mystischen und dem abstrakten, rationalen Denken aufzeigt. Wenn heute immer wieder der Ruf nach einer Renaissance des Pythagoreischen Denkens auftaucht, so ist damit die Idee verbunden, daß sich der Mensch einer permanenten Transformation unterziehen muß.

Das Sterben des Menschen, der Tod, ist also die Therapie für unser Leben, ist das Mysterium, an dem wir lernen sollen, die Kontinuität des Bewußtseins zu entwickeln, und zwar schon hier im Leben. So heißt es im Tibetanischen Totenbuch: „Das bei der Ein-

---

30 J. HEMLEBEN. - Jenseits. - Zürich: Buchklub Ex Libris 1977
31 E. SWEDENBORG. - Homo maximus. - O. W. Barth 1961
32 E. BENZ. - Emanuel Swedenborg. - Zürich: Swedenborg Verlag ²1969
33 P. SCHÜTZ. - Zeitschrift für Religion und Geistesgeschichte, Sonderheft „Reinkarnation" 1957

weihung erteilte geheime Mantra ist, wie das Ägyptische „Kraft- und Machtwort", das Losungswort, das für den bewußten Übergang vom verkörperten zum entkörperten Zustand erforderlich ist. Wenn der Eingeweihte geistig genügend entwickelt ist, bevor die Zeit kommt, wenn er den Erdenleib im Tode aufgibt und sich im Augenblick des Verlassens der irdischen Ebene auf das mystische Mantra besinnen kann, dann wird der Wechsel ohne Verlust des Bewußtseins eintreten, und der voll entwickelte Scheschya wird von Inkarnation zu Inkarnation keine Unterbrechung der Kontinuität des Bewußtseins erleiden."[34]

Nach Auffassung von NARAYANA [35] lösen Mantras mächtige Energievorgänge im Menschen aus. Der gewöhnliche, unvorbereitete Mensch kann an diesen Energievorgängen sogar sterben. Eminente Praktiker der Yogawissenschaften wie Sri RAMAKRISHNA und SWAMI VIVEKANANDA starben an Kehlkopfkrebs, weil sie Mantras falsch aussprachen: Der wichtigste Teil der Mantras ist in der Tat *das*, was *nicht* ausgesprochen wird. Es gibt Mantras, welche überhaupt nicht ausgesprochen werden. Dem entspricht bei der Atempraxis die Pause. Diese führt uns zur Todlosigkeit. RAMAKRISHNA und VIVEKANANDA könnten auch Opfer des Umwandlungsversuches ihres Körpers geworden sein.

VI. DIE QUALITATIVEN ENERGIEN DES MENSCHEN

Wir haben bis heute keinen naturwissenschaftlichen Nachweis eines Lebens nach dem Tode. Nun ist sicher das Mysterium Leben, das Mysterium Mensch, das Mysterium Menschheit, nicht allein naturwissenschaftlich zu erfassen. Das Stichwort für eine optimistische Entwicklung ist der allen geläufige Begriff der „Energie", im Sinne von *qualitativen Energien*, wie sie auch ein G. GURDJIEFF[36] versucht hat, uns aus dem Sufitum verständlich zu machen.

---

34 W. Y. E. WENTZ (Hrsg.). - Das Tibetanische Totenbuch. - Walter Verlag 1971
35 YOGI NARAYANA SIDDHA GURU. - Das Westliche Totenbuch. - Berlin:Verlag Richard Schikowsky 1973
36 G. GURDJIEFF. - All und Alles. - Paris: Janus Verlag, o. J.

Wenn man immer wieder Zitate aus den „heiligen" Büchern der Welt benützt, dann kommt dies daher, daß diese großen Erleuchteten immer schon wußten, mit diesen qualitativen Energien ihres *eigenen Seins*, mit den qualitativen Energien ihrer *kosmischen Struktur* und des *gesamten Kosmos* umzugehen. Hier liegt aber auch etwas für den Agnostiker enthalten: Er kann sich zunächst allein nur von der energetischen Seite mit dem Menschen befassen, er kann lernen, diese Energien selbst anzuwenden. Und jeder, der heute vorgibt, eine Verantwortung für seinen Mitmenschen zu tragen, wird sich in der Zukunft dieser Aufgabe nicht verschließen können.

Wenn er dann aber vielleicht im Geheimen anfangen wird, das eine oder andere geistige Werk, manche religiöse Bestrebung, besser zu verstehen und vielleicht auch ein „heiliges" Buch zu lesen, so wird dies sein Verständnis fördern.

Die Schlüsselstellung für diese naturwissenschaftliche Entwicklung ist der Energiekörper des Menschen, denn über seine Zentren manifestiert sich das seelisch- geistige Prinzip und bringt die Bewußtseinsentwicklung des Menschen durch seine Zentren voran. Eine indirekte Anerkennung der Wirklichkeit des Energiekörpers sind die immer dicker werdenden Bücher über *Endokrinologie* in der Medizin.

Dieser Energiekörper ist mit einem energetischen Band mit dem physischen Körper verbunden. Bei den immer häufiger auftretenden außerkörperlichen Erlebnissen (durch Unfälle, Ermüdung, Narkose, nach dem Schlaf, beim Bergsteigen, durch den klinischen Tod, freiwillig usw.) erfolgt immer wieder die Beschreibung dieses silbernen Bandes, Rauchfadens, des leuchtenden Streifens. Es ist dies jene *Silberkordel*, die schon im Alten Testament erwähnt wird (Prd 12, 6 – 7). Beeindruckend ist vor allem, daß dieses Gebilde überall in der Welt von den verschiedensten Menschen im wesentlichen mit gleichen Ausdrücken beschrieben wird. Ein südafrikanischer Psychiater zeichnete außerkörperliche Erlebnisse auf, die ihm im Barsutoland von Menschen berichtet wurden, die nicht englisch sprechen oder schreiben können und sicherlich noch nie von der silbernen Schnur gehört hatten, die sie ihm aber genau beschrieben.[37]

1. Die Humanenergetik

Um das alles besser zu verstehen, und in der Entwicklung zu fördern, brauchen wir auch die Fortentwicklung in der Wissenschaft. Wir brauchen eine neue, interdisziplinäre Wissenschaft, die Wissenschaft der *Humanenergetik*, die uns lehrt, die qualitativen Energien in uns freizulegen, die uns lehrt, kosmische Energien zu integrieren, die uns zeigt, wie wir für unsere Evolution als Menschen weiter selbst energetisch aufkommen müssen, die uns auch lehrt, wie wir mit den materiellen Energien umgehen müssen, die aber auch zeigt, wie die Menschheit ein großer energetischer Körper ist, der sich integriert und der durch geeignete Reife mit stärkeren spirituellen Energien in Verbindung kommen kann.

Diese Humanenergetik wird auch die Voraussetzungen zeigen, die notwendig sind, damit die Wissenschaft und die religiösen Bestrebungen in der Welt zu einer Kontinuität geführt werden können, sie wird auch zeigen, wie in langsamer, in mäßig schneller Art oder auf schnelle Weise das kontinuierliche Bewußtsein im einzelnen Menschen entwickelt und wie die Kontinuität zwischen dem *Menschenreich* und dem *Reich Gottes* bewußtseinsmäßig entwickelt werden kann. Die humanenergetische Wissenschaft wird auch die individual-soziologischen Grundlagen erarbeiten und aufzeigen können, welche die Integration der Persönlichkeit ermöglichen und die Verbindung der integrierten Persönlichkeit mit der Seele herstellen.

Diese humanenergetische Wissenschaft wird daher auch eine innige Verbindung zur Pädagogik und nicht zuletzt zur Politik aufweisen.

Nur durch die Verbindung der Persönlichkeit mit der Seele ist ein größeres, intuitives Wirken des Menschen möglich und dies nicht nur für sich selbst, sondern in erster Linie freiwillig im Dienst an der Menschheit.

Es schließt sich der Kreislauf in dieser Form der Kontinuität, denn der Dienst am Menschen und an der Menschheit ist ein besonders geeignetes Mittel, das eigene kontinuierliche Bewußtsein

---

37 B. J. F. LAUBSCHER. - Where mystery divells. - Neu York: Bally Bros & Sownfen 1963

des Menschen zu entwickeln: ein Dienst mit *Freude* und *Freiwilligkeit* — das kann hier nicht genug betont werden.

2. Eigene Erfahrungen mit dem kontinuierlichen Bewußtsein

a) *Flugträume und Exkorporationen*

Eigene Erfahrungen mit dem kontinuierlichen Bewußtsein reichen bis in die Kindheit zurück. Diese sind verbunden mit Flugträumen und mit verschiedenen Formen der „out of body experience". Es ist für einen jungen Menschen ein von Angst erfülltes Erlebnis, wenn er sich am Morgen aufwachend *gelähmt* findet und erst in diesem Augenblick des Bewußtwerdens des Gelähmtseins diese Lähmung verschwindet.

Diese Exkorporationen können nun in verschiedener Art und Weise vor sich gehen:
1.) Der Energiekörper in Begleitung mit seinen anderen Strukturen hat den physischen Körper verlassen und das Bewußtsein findet sich ebenfalls außerhalb des physischen Körpers in der Energiekörperstruktur. Das Bewußtsein erkennt seinen physischen Körper z. B. im Bett, gleichsam wie einen Leichnam liegend. Oft dauert es eine Weile, sich selbst als den dazugehörigen Körper zu erkennen.
2.) Das Bewußtsein bleibt im physischen Körper, aber der Energiekörper ist ausgetreten und wird zum Beispiel über dem Bett, neben dem Bett, neben dem Spiegel, usw. gesehen.
3.) Es erfolgt ein Austritt aus dem physischen Körper und das Bewußtsein ist teils im physischen, teils im ausgetretenen Anteil vorhanden und kontinuierlich verbunden.
4.) Der ausgetretene Energiekörper kann auch von anderen Personen gesehen werden.

b) *Studium und Dichtung*

Ein weiteres, bedeutungsvolles Ereignis war das klar logische Denken in den naturwissenschaftlichen Bereichen des Medizinstudiums und dies führte mich zunächst in ein Auflösungsstadium, dann in den Nihilismus des analytischen Denkens. In der Zeit setzte eine spontane, schöpferische Periode ein und ich fing an, Gedichte zu schreiben, die unter dem Motto „Seelenleuchten" standen. Ein Akristichon in doppelter Art sollte das Leitmotiv für die Sammlung sein. Die Anfangs- und Endbuchstaben dieses Kurzgedichtes ergaben ebenfalls „Leuchte Seele". Den Inhalt dieses Kurzgedichtes habe ich erst viel später durch meine weitere forscherische Tätigkeit richtig interpretieren gelernt. In diesem Inhalt ist mein heutiges wissenschaftliches und forscherisches Bestreben bereits festgelegt!

c) Neurochirurgische u. a. medizinische Erfahrungen

Später habe ich in meiner chirurgischen Tätigkeit, vor allem im neurochirurgischen Bereich, immer wieder das faszinierende Erlebnis gehabt, daß man einem Menschen einen Teil des Gehirnes, z. B. die eine Seite des Stirnhirnes oder beide Anteile des Stirnhirnes entfernen kann, ohne daß der Patient auch nur für einen Augenblick sein Bewußtsein verliert.

Diese Erfahrungen werden verständlicher, wenn ich erwähne, daß zu meiner Zeit, als ich chirurgisch tätig war, jede Gehirnoperation ohne Narkose, nur mit einer Lokalanästhesie der Haut, durchgeführt wurde. Das Gehirn selbst ist ohne Schmerzempfindung.

Beeindruckt hat mich oft auch ein bei einer Obduktion festgestellter Befund, z. B. eine sehr schwere Gehirnarteriosclerose, die aber den vorher lebenden Menschen kaum oder überhaupt nicht in seinem Denken und in seinen geistigen Leistungen beeinträchtigt hat. Manchmal war ich erstaunt, daß die Pathologen sich nicht selbst wunderten ob solcher Veränderungen.

Dann tauchte für uns oft die Frage auf, wie konnte ein Mensch mit solchen Gehirnveränderungen überhaupt noch leben? Dieses Fragen hat u. a. auch meine weiteren Forschungen beeinflußt.

Es scheint doch so zu sein, wenn der Mensch aus dem Geistigen lebt, daß in einem dauernden Training das Bewußtsein über den Energiekörper die Lücken im physischen Gehirn überbrückt.

Wir sind nicht imstande, aus einem pathologischen Gehirnbefund auf die Leistungen zu Lebzeiten zu schließen.

Das physische Gehirn kann aber auch das Gegenteil. Es kommt fallweise zu stärkeren neurologischen Ausfällen, die dem anatomischen Substrat nicht entsprechen. Dies konnte ich mit Erfolg bei einer speziellen Lähmungstherapie feststellen.[38] In diesem Zusammenhang sei auch die Erfahrung erwähnt, daß Patienten oft *vor* ihrem Sterben eine Klarheit des Denkens und eine Bewußtseinswerdung erreichen, die sie vorher oft durch Wochen oder Monate hindurch infolge ihres Leidens nicht mehr hatten.

Im therapeutischen Bereich ließen sich manchmal in hoffnungslos erscheinenden Fällen dann noch Ergebnisse erzielen, wenn zwischen dem Patienten und dem Arzt eine Art meditativer Verbindung, eine Kontinuität des Bewußtseins, hergestellt wurde und therapeutische Handlungen und Medikamente nur in dieser Bewußtseinsverbindung wirksam wurden.

d) *Yoga und Spontanyoga*

Yogaforschung und Forschung östlicher Weisheitslehren in theoretischer und später in praktischer Hinsicht haben mir die Lehren des Christentums wieder nahegebracht und verstehen gelehrt. Ich habe das Neue Testament *schöpferisch* lesen gelernt.

Meine Yogaerfahrungen erreichten den Kulminationspunkt nach einer schlaflosen Nacht, durch das Erlebnis *Spontanyoga*. Es handelt sich dabei um das Erlebnis unwillkürlicher, von innen entstehender Bewegungen, den Kryjas und Asanas, den Mudras und Bandas, — mit anderen Worten — Yogaübungen verschiedenster Art laufen von selbst ab, ja es werden Übungen gemacht, von denen man nie vorher gelesen, gesehen, noch gehört hat. Es werden einem körperlich Übungen möglich, die man selbst physisch nicht in der Lage ist durchzuführen, die rhythmischen Bewegungen werden exakt spontan durchgeführt und spiegelbildlich wiederholt — und dies alles bei vollem klaren Bewußtsein, manchmal gleichzeitig mit einer Lichterscheinung in meditativer Schau.

---

38 H. HUBER. - Klinische Neuraltherapie bei Lähmungen. - in: Wr. Med. Wochenschrift 1957, Nr. 23, S. 489 — 493

Diesem Spontanyoga bin ich in meinen bisherigen Forschungen nur bei MUKTANANDA[39] begegnet, der in seinem „Spiegel des Bewußtseins" darauf hinweist, allerdings glaubt, daß dieses nur dann möglich wäre, wenn er oder der dafür geeignete Guru seine Bewußtseinskraft auf den Schüler überträgt, um diesen Spontanyoga – im Grunde genommen ja aus der Kundalinikraft entstehend, – in Gang zu setzen. MUKTANANDA schließt aber auch eine spontane Erweckung nicht aus. Ich spreche auch erst darüber öffentlich, seitdem diese Literatur zugänglich ist.

Auch CH. TART schreibt dazu: „Dazu kann in einigen Systemen auch die direkte Übermittlung von etwas gehören, was den Bewußtseinszustand eines Menschen verändert und ihn bestimmte Wahrheiten unmittelbar erfassen läßt.[40]

3. Das kontinuierliche Bewußtsein und die Evolution

Dem Menschen der Frühzeit war die Welt noch nicht annähernd in ein „Innen" und „Außen" zerfallen, wie sie unsere heutige Welt ist. In älteren christlichen Zeiten betete man um die Gnade eines bewußten Sterbendürfens und bemühte sich um eine immer größere Wachheit, um aus dieser Welt hinüberleben zu dürfen. So war auch alles irdische Tun nach dem „Ägyptischen Totenbuch" dem Blick auf den Tod untergeordnet, doch stets mit dem Willen zur Erhaltung des erworbenen Persönlichkeitsbewußtseins im nachtodlichen Dasein. Man versuchte durch den Mumienkult, durch die seelische Bindung an den konservierten Leichnam, dem Verstorbenen eine Hilfe zur Erhaltung des individuellen Bewußtseins zu geben.

Aber immer wieder zeigt sich, daß nur bei absoluter Selbstlosigkeit sich diese übersinnliche Welt dem noch im Leib Lebenden offenbart. Das Tier im Menschen, das egoistische Gen, muß überwunden werden! Energetisch gesehen: Die unteren Zentren müssen von den oberen beherrscht werden.

---

39 S. MUKTANANDA. - Spiel des Bewußtseins
40 CH. T. TART. - Transpersonale Psychologie

Bemerkenswert ist, wenn ein moderner Genetiker wie H. DAWKINS[41], ein Darwinist, neben der genetischen biologischen Evolution auch eine *kulturelle Evolution* gelten läßt. Sein Werk: „Das egoistische Gen" schließt mit den Worten: „Wir allein, einzig allein wir auf der Erde können uns gegen die Tyrannei der egoistischen Replikatoren auflehnen".

Derselbe Autor läßt auch mit seiner Mem-Evolution gelten, daß diese kulturelle Evolution viel schneller abläuft als die biologische. Wir können demnach zwei große Gruppen von Evolutionen unterscheiden: 1.) Eine *exoterische*, 2.) eine *esoterische* Evolution.

Die biologische Evolution gehört natürlich der exoterischen Gruppe an. Als Übergang zwischen exoterisch und esoterisch steht die *energetische Evolution*. Zu der *esoterischen* gehört die *seelisch spirituelle* Evolution des Menschen. Wenn in der Wissenschaft heute noch immer das „Missing Link", das fehlende Glied zwischen Affenmensch und Mensch, gesucht wird, könnte die Antwort darin zu finden sein, daß ein *kosmisches Ereignis, die esoterische Evolution*, das Bindeglied darstellt.

TEILHARD DE CHARDIN, der mit seiner „Noosphäre" ein die Erde umgebendes Energie- und Bewußtseinsfeld versteht, zeigt damit die weitere Evolution auf, die in der Kontinuität des Bewußtseins des einzelnen Menschen zum Bewußtsein des gesamten Planeten besteht.

Bei dem betont naturwissenschaftlich denkenden HOIMAR VON DITFURTH[42] ist über die Evolution des Bewußtseins zu lesen: „Das Gehirn hat das Denken nicht erfunden ... Es ist doch eine wahrhaft aberwitzige Vorstellung, wenn wir immer so tun, als sei das Phänomen des Geistes erst mit uns selbst in dieser Welt erschienen. Als habe das Universum ohne Geist auskommen müssen, bevor es uns gab. Geist gibt es in der Welt nicht deshalb, weil wir ein Gehirn haben, die Evolution hat vielmehr unser Gehirn und unser Bewußtsein allein deshalb hervorbringen können, weil ihr die reale Existenz dessen, was wir mit dem Geist meinen, die Möglichkeit gegeben hat, in unserem Kopf ein Organ entstehen zu lassen, das

---

41 R. DAWKINS. - Das egoistische Gen. - Springer Verlag 1978
42 H. v. DITFURTH. - Der Geist fiel nicht vom Himmel. Die Evolution unseres Bewußtseins. - Verlag Hoffman und Campe 1976

über die Fähigkeit verfügt, die materielle mit dieser geistigen Dimension zu verknüpfen."

Es gibt im Schrifttum Anhaltspunkte, daß der evokative, universelle Ruf des Tiermenschen diese entscheidende Geburt des Menschen möglich machte. Heute stehen wir an der Schwelle vom Menschenreich in das *geistige Reich*, in das *Reich Gottes*.

Der Tod Papst Paul VI. wurde zu einem historischen Ereignis, das mit der Bemühung um das kontinuierliche Bewußtsein des Menschen im Zusammenhang steht. Sechs Tage vor seinem Sterben hatte er eine Todesahnung. Entscheidend ist aber der letzte Satz auf dem Sterbebett: „Der Tod eines Papstes ist wie der eines jeden Menschen - aber kann anderen Menschen ein *Zeichen* sein." Dieses Zeichen ist der Hinweis für uns Menschen, das kontinuierliche Bewußtsein zu erreichen, um das sich der verstorbene Papst in seinem Sterben ganz wesentlich bemüht hat. Vorher hat er noch zu seinem Bruder gesagt: „Wir sind sehr ruhig, denn wir wissen: Das Leben endet nicht mit dem Tod".

Beim Studium der Geistes-, Religions- und Bewußtseinsgeschichte der Toten- und Bestattungsbräuche des Menschen mit der Blickrichtung „Kontinuierliches Bewußtsein", wurde immer deutlicher, daß dieses kontinuierliche Bewußtsein dem Menschen zur bewußten Bewältigung aufgegeben, daß es ein an die Menschheit gerichteter evolutiver Auftrag ist.

Dieses kontinuierliche Bewußtsein erfährt heute im Bereich der Psychologie durch verschiedene Regressionsformen zum Teil eine Rückführung bis ins Anorganische. JOSEF GRUBER *veranschaulicht im folgenden Beitrag derartige Erlebnisse, worauf* WERNER F. BONIN *diese „Reinkarnations- oder Evolutionserfahrungen" auf ihre Bedeutung für die Thanatologie und das Fortleben nach dem Tode einer kritischen Analyse unterzieht.*

JOSEF GRUBER

EVOLUTIVE ERLEBNISSE VON IDENTITÄT UND BEWUSSTSEIN

> „Ich starb als unbelebte Materie und wurde Pflanze. Als Pflanze starb ich und wurde Tier. Ich starb als Tier und wurde Mensch. Was sollte ich nun fürchten, meine ‚menschliche' Eigenart zu verlieren? Ich werde als Mensch sterben und in der Form des Engels wieder auf-stehen."
> *(MATHNAWI, III)*

I. ERLEBNISBERICHT

Im Jahre 1977 kam ein 40-jähriger Mann in meine psychotherapeutische Praxis und bat mich um Rat wegen diverser psychosomatischer Beschwerden, die er trotz häufiger Facharztbesuche nicht loswerden könne.

Eine *primärtherapeutische* Behandlung, während der er verschiedene traumatische Erfahrungen aus seiner Kindheit, bei seiner Geburt und aus seiner Embryonalzeit „wiedererlebte" und nochmals durchlitt, brachte zwar eine entscheidende Besserung seiner Symptome, aber noch keine „endgültige Heilung". Er interessierte sich daher für eine weitere Verfolgung („Zurückführung" durch die Methode der „Regression") seiner Probleme auf die „wirkliche Ursache" (der Symptome), da er sich davon ein endgültiges Verschwinden seiner Symptomatik erhoffte.

Eine solche Rückverfolgung eines Symptoms, nämlich Kurzsichtigkeit auf einem Auge, über verschiedene traumatische Erlebnisse in der frühen Kindheit, während der Geburt und der Embryonalzeit bis zu „früheren Inkarnationen" war mir schon bei einem anderen Patienten gelungen.

Das Erzählen dieses Ereignisses und ähnlicher Berichte aus TH.

DETHLEFSEN „Erlebnis der Wiedergeburt"[1] animierte ihn, die Ursache für seine Symptome in „früheren Inkarnationen" zu suchen. Er willigte ein, Tonbandaufzeichnungen von diesen „reinkarnationstherapeutischen Sitzungen" zu machen und stimmte dann auch einer Veröffentlichung zu.

Im folgenden werden die verschiedenen „Evolutionsstufen" durch Aussagen aus vier Sitzungsprotokollen in Form von Tonbandaufzeichnungen beschrieben. Zum besseren Verständnis des „Evolutions"prozesses werden die einzelnen Aussagen nach evolutionsgeschichtlicher Symbolik geordnet.

1. Lebenserfahrungen

Nebel

Vp: Mir kommt's da so neblig vor ... Ich weiß nicht, ist das vor 150 Mill. Jahren ... wir ziehen da durch die Gegend so, ich weiß nicht, wie man das nennen soll ... wir werden da getrieben, kommt mir vor, es ist so ein komischer Nebel.

Lavamasse

Vl: Und was passiert nach dem Nebel?
Vp: Mir kommt vor, da werden wir so zusammengepreßt ... es wird immer dichter, die Bewegungsfreiheit wird immer mehr eingeschränkt ... irgendetwas Dickflüssiges kommt's mir vor ... jetzt seh' ich so irgendeine Art Vulkan, was so das Ganze hinaushaut so ... mh, mir kommt vor, da schleudert's uns da irgendwo hinaus ...

Gneiszacke

Vp: Mir kommt vor, da ist ein wahnsinniger Druck von irgendwoher, von unten, ... und das drückt das Zeug einfach in die Höhe ... jetzt wird's heller, und kälter wird's und härter wird's ..., jetzt wird's hart. Mh. Jetzt sitz ich da oben, der Gneis ...

Flüssig

Vl: Wie geht es weiter?
Vp: Da ist da irgendwo ein Erdbeben oder irgendwas. Alles fällt zusammen, die ganzen Zacken (aus Gneis) fallen zusammen. Da kommt mir vor, da wird's ganz heiß drinnen; da fallen wir irgendwo hinein, wo es ganz hell ist und heiß, da schmilzt das aus, glaube ich ... ich komme mir ganz flüssig vor ...

---

1. TH. DETHLEFSEN.- Das Leben nach dem Leben: Gespräche mit Wiedergeborenen.- Tübingen: Wilhelm Heine Verlag 1978; derselbe, Das Erlebnis der Wiedergeburt: Heilung durch Reinkarnation. - Tübingen: Goldmann 1978

Halbedelstein
Vp: Dann gibt's wieder eine Versteinerung, glaube ich ... Ich bin auch irgendwie wieder ein Kristall oder irgendetwas ... so ein schöner, roter ist's, ein schöner, durchsichtiger, roter, so ein Halbedelstein oder ...?

Flechte
Vp: Mir kommt vor, ich kleb' da an einem Stein dran, es dürft' so irgendeine Flechte oder so irgendetwas sein. Ja, mir kommt vor, ich kleb' da an einem Stein dran, so wie auf Almböden oder so irgendwie ist's, wo so Flechtenzeug, so graugrüne Sachen auf den Steinen kleben, mh ...
Vl: Wie fühlst du dich als Flechte?
Vp: Ja, ganz trocken, ich weiß nicht, wie ich sagen soll ... es ist schon ein bißchen was Bewegliches dran an mir im Vergleich zum Stein, zum Gneis.
Vl: Angenehmer?
Vp: Ja, angenehmer; aber sonst, ja man pickt einfach so dort. Ja und mir kommt vor, man registriert, daß da die Sonne, daß da das Helle kommt und geht und daß man dann wieder ganz unterm Eis drunter ist, daß das mit der Zeit wieder verschwindet ...
Vl: Wie lange existierst du in dieser Form?
Vp: Ja, ich glaub', 230 Jahre ...

Frosch
Vl: Und was kommt dann?
Vp: Jetzt wird alles wieder lockerer. Jetzt kommt mir vor, als ob ich ein Frosch wäre, so ein ganz kleiner, wenn sie noch die Schwänze hinten haben, ich weiß nicht, ich bin erst auf die Welt kommen ...
Vl: Wie lange lebst du als Frosch?
Vp: Nur ein paar Monate lang.
Vl: Was passiert dann?
Vp: Mir kommt vor, da frißt mich irgendein Tier.
Vl: Wie fühlt sich das an?
Vp: Ja, das ist so, momentan so ein wahnsinniger Druck da oben, das preßt, mir kommt vor, preßt die Zunge an den Gaumen. (Vp zieht sich vor Schmerz zusammen und atmet dann erleichtert auf). Jetzt bin ich, glaube ich, nimmer.

Robbe
Vp: Da kommt mir eine Eislandschaft vor .. Ich glaub', ich bin eine Robbe. Ich tu' da hinuntertauchen ins eisige Wasser und Fische holen ...
Vl: Wie fühlst du dich, wie ist das Gefühl?
Vp: Gut, die Kälte und das Nasse machen mir gar nichts.
Vl: Wie lange lebst du?
Vp: Ich glaub', 30 Jahre.

Vl: Wie schaust du aus, was hast du für eine Farbe?
Vp: So bräunlich graue Haare sind das überall herum, einen spitzigen Kopf und da gehen so Haare herunter auf der Seite.
Vl: Wann ist das mit der Robbe?
Vp: Ich glaub', 10 000 oder war's früher ...
Vl: Und nach der Robbe, was ist nach der Robbe? Schau', in welcher Form du wieder auftrittst

Affe

Vp: Mir kommt vor, ich bin ein Affe.
Vl: Und wann ist das?
Vp: Das ist, glaub' ich, 7000.
Vl: Und wo?
Vp: Das ist in Afrika, ganz im Süden, glaube ich, irgendwo.
Vl: Bist du ein Männchen oder ein Weibchen?
Vp: Ich bin ein Männchen.
Vl: Sprich einmal mit dem Weibchen, verständige dich einmal mit ihm.
Vp: (Zieht sich eigenartig zusammen und verzieht das Gesicht ... so als ob von innen heraus eine Strukturwandlung vor sich ginge ... — und gibt dann einige Laute von sich).
Vl: Was hast du dem Weibchen gesagt?
Vp: Sie soll auf die Kinder besser aufpassen.
Vl: Was hat sie gemacht?
Vp: Sie hat sie einfach liegen lassen und ist weggelaufen, da sind Löwen herum und so ...

Mensch in Indien (?)

Vl: Was ist die nächste Form, die nächste Gestalt, in der du wieder auftauchst?
Vp: Ja, jetzt bin ich in Indien
Vl: Wann ist das?
Vp: 4693 v. Chr., glaube ich, werde ich geboren.
Vl: In welcher Stadt, in welchem Landteil?.
Vp: Es ist ein Dorf, an einem Fluß.
Vl: Wie heißt der Fluß?
Vp: Jang
Vl: Wie heißt das Dorf?
Vp: Fuchu
Vl: Wie heißen deine Eltern, wie heißt die Mutter?
Vp: Jin
Vl: Und der Vater?
Vp: Fuang
Vl: Wie ist es bei der Geburt, wo kommst du auf die Welt?
Vp: Mir kommt vor, auf einem kleinen Boot ist das. Die Leute wohnen dort.

Da gibt es so ein Gestell. Zuerst steht sie (die Mutter) da und hält sich mit den Händen; dann geht sie auf und ab ... dann bleibt sie wieder einmal unten, dann kommt sie wieder einmal herauf. Dann drückt sie immer so nach. Da ist noch eine andere Frau dabei, die wartet unten, bis ich herauskomme.
Vl: Gut, geh' ein bißchen in der Zeit nach vorne, wo du ein kleines Kind bist. Singt die Mutter mit dir (Es war hier die Absicht des Vl, Sprach- bzw. Singproben abzufragen zwecks einer Überprüfung der „Xenoglossien").
Vp: (Beginnt zu singen, anfangs zu summen) : „Jai- kadi ....
Vl: Wie alt wirst du, wann stirbst du?
Vp: Ich glaube 113 Jahre
VL: Und woran stirbst du? Stirbst du an einer Krankheit?
Vp: Nein ... das Herz hört einfach auf zu schlagen . Ich hab' den Eindruck, daß das Leben einfach zu Ende ist.
Vl: Ist das ein schöner Tod?
Pv: Ja, ich erwart' mir nichts mehr vom Leben, ich bin bereit zu sterben.

Die weiteren „menschlichen Inkarnationen", die inhaltlich und formal großteils sehr interessant sind u. a. zahlreiche „Xenoglossien" enthalten, kann ich hier nur erwähnen. Die ausführlichen Berichte sind in meinem Manuskript abgefaßt.[2] So erlebt sich die Vp ca. 2000 v. Chr. in Afrika, spricht bzw. singt ein „afrikanisches Wiegenlied", im 4. Jhd. n. Chr. in Italien, im 18.Jhd. in Frankreich (spricht hier französisch) und Ende des 19. Jhd. (1867 – 1927) in Deutschland (hier liegen sehr genaue Angaben, wie Orts- Namens- Zeitangaben usw. vor, die jedoch noch näher zu überprüfen sind), bevor sie 1936 in Vorarlberg auf die Welt kam. Aus den „Nachtodschilderungen" sei hier auch nur eine herausgegriffen, die an den oben geschilderten Tod in „Indien" anschließt.

2. „Nachtodliche" Erlebnisse

Vl: Was machst du, wenn du jetzt stirbst, wo gehst du hin?
Vp: (Atmet lange und tief ... kleine Pause ...) Mir kommt vor, ich geh' da so eine Leiter hinauf ... (lacht) ... die hört gar nicht auf ... für mich ist das ganz leicht ... (lacht) ... die hört gar nicht auf ...
Vl: Geh' dem nach, schau', wo du hinkommst!
Vp: Sie hört nicht auf ... es ist schön da oben. Es kommt mir vor, eine schö-

---

[2] J. GRUBER. - Identität und Bewußtsein im Spiegel von Reinkarnation und Evolution. „Evolutionstherapie" ein neuer (alter?) Weg zur Selbsterkenntnis und Psychotherapie. - Unveröffentlichtes Manuskript. Reith b. Seefeld 1977

ne, große Kuppel, so goldig, so Mosaik, so schön farbig und bunt ...
Vl: Was siehst du noch alles?
Vp: Ich geh' da herum jetzt. Da ist noch eine Türe ...
Vl: Wo geht die hin?
Vp: Da drinnen ist es auch ganz hell, da ist so ein großer, viereckiger Raum, da ist aber oben keine Decke, kommt mir vor, scheint die Sonne ganz hell herein. In der Mitte ein schöner Brunnen, das ist, glaube ich, der Lebensquell dort, da geh' ich jetzt hin, setz' mich da auf so einen Stein, da bad' ich.
Vl: Hast du eine Gestalt ... wie siehst du aus?
Vp: Keine Gestalt ... ich komme mir vor wie ein Luftbläschen so...
Vl: Siehst du irgendwelche Gestalten?
Vp: Nein, nichts herum ... Ich bin jetzt ganz goldig geworden durch dieses Baden ...
Vl: Was geschieht weiter?
Vp: Da kommt mir vor, geht ein sehr langer Gang hinaus bzw. sind da mehrere Gänge und irgendwo werde ich, kommt mir vor, in einen dieser Gänge hinausgeblasen ... und in dieser Richtung fliege ich dann weiter, immer weiter als goldiges Bläschen, schön ...
Vl: Wo kommst du hin?
Vp: Ich glaub' ich bin jetzt schon in Afrika.

3. Assoziative Deutung

Unmittelbar nach der Schilderung der angeführten Erlebnisse wurde die Vp durch direkte Befragung einer assoziativen Deutung der erlebten Evolutionsstufen unterzogen.

Vl: Wie ist es, wenn du jetzt zurückblickst auf die Existenz als Nebel, als Stein ... mit deinem Bewußtsein ... ist es das gleiche oder hat es sich geändert, das Gefühl, der Geist, mit dem du schaust, mit dem du das alles überblickst?
Vp: Ich glaub', der ist auch, der ist auch irgendwie geworden.
Vl: Und wann hat das angefangen, die erste Existenz des Geistes?
Vp: Mir kommt vor, damals, wo es kälter geworden ist, mir kommt vor, wo ich Materie geworden bin.
Vl: Ist da der Geist zugleich entstanden?
Vp: Ja, kommt mir vor.
Vl: Was ist das für ein Geist, mit dem du das alles jetzt überblicken kannst, mit dem du da zurückfliegen, mit dem du die Entwicklung überblicken kannst?
Vp: Mir kommt vor, das ist einfach eine Weiterentwicklung des Geistes von damals, der in den Millionen Jahren und in den verschiedenen Inkarnationen immer wieder mehr geworden ist; ich kann gar nicht beschreiben, wie das ist.

Man könnt' sagen, verdichtet, man könnte sagen, farbiger geworden, hat Struktur bekommen, ja, es ist etwas geworden daraus, etwas Kompakteres, während er am Anfang völlig diffus war, ist mir vorgekommen. Vielleicht schon über die Existenz, wie soll ich sagen, also ein Wissen, daß man ist, aber nicht so ein Reflektieren wie heute z.B. Mir kommt vor, da ist einfach Entwicklung drinnen im Ganzen.
Vl: Wer ist da verantwortlich für die Entwicklung, wer kann da die Entwicklung beeinflussen, daß das so läuft, wie es gelaufen ist, wie ist das passiert, was ist da verantwortlich dafür?
Vp: Weiß ich nicht.
Vl: Daß aus dem Nebel ein Stein wird usw. ...
Vp: Da ist die Kälte ... ich würde sagen, äußere Umstände teilweise auch ... mir kommt das vor wie mit diesem Windkanal ... es kommt mir fast wie ein Lotteriespiel vor, wie bei einer Roulettekugel ... da ist einfach jemand da, der dreht ... je fester er dreht, desto weiter geht die Kugel ... und so bin ich mir im Windkanal vorgekommen; und je intensiver der Wind hinter mir bläst, umso weiter werde ich weggetrieben und mit der Zeit geht das Goldkügelchen irgendwo nieder. Und es ist immer auch eine Aufwärtsentwicklung dahinter, aber wer dahinter steht, das ist mir unklar.
Vl: Du hast das nicht in der Hand, wie das läuft?
Vp: Kommt mir vor, nicht. Ich hab' das zwar in diesem Leben in der Hand, aber wo es mich dann wieder hinschleudert, das glaube ich nicht, daß ich das in der Hand habe.
Vl: Wie ist es mit der „Zeit" in dieser Entwicklung?
Vp: Ich glaub', da spielt die Zeit nicht so eine wahnsinnige Rolle wie in unserem Verständnis. Ich glaub', das ist ein bißchen anderes, kommt mir vor. Unsere Zeitvorstellungen sind da, glaube ich, nicht angebracht. Da kann manches, was auf unserer Zeitspur vielleicht nur ein Tag ist, dort vielleicht Jahre oder Jahrzehnte dauern, oder so irgendwie. Das kommt mir jetzt ganz sicher vor, daß unser jetziges Zeitverständnis und unsere Jahresberechnung mit dem Ganzen nicht ganz übereinstimmt bzw. daß das etwas ganz anderes ist ...
Vl: Wenn du da so viele verschiedene Entwicklungsstufen durchgemacht hast, stimmt das mit dem Gefühl überein, das du jetzt im Körper hast?
Vp: Das könnte ich mir vorstellen, ja. Also ich glaub', das läuft nicht synchron mit unserer Zeitrechnung, es scheint mir ... ja einer Ameise kannst' nicht erklären, was ein Kilometer ist, das ist einfach eine sinnlose Sache. Und so kommt mir auch unsere Zeitrechnung ... damit man sich verständigen kann, gut vor, weil man sonst überhaupt in der Luft schweben tät, aber mit dem wirklichen Leben hat es nicht sehr viel zu tun. Es ist einfach so gewachsen, geworden und ich hab' einfach verschiedene Entwicklungsstufen durchgemacht ... Da kommen jetzt diese zwei Zeitrechnungen zusammen: Eine, wie soll man sagen, der natürlichen Entwicklung, z.B. meiner individuellen Entwicklung, und die allgemein gültige Zeitrechnung, die bei uns jetzt existiert

und die ich für mein Leben auch akzeptieren muß und akzeptier', weil ich seh', daß man irgendetwas braucht, womit man übereinkommt; aber die hat mit meiner individuellen Entwicklung ja nichts zu tun. Das ist so ein Raster, der so auf der Seite daherläuft.

Vl: Welche Bedeutung haben für dich diese früheren Entwicklungsstufen?

Vp: Ja, ich wollt' jetzt ursprünglich sagen, daß sie fast uninteressant werden; ja wichtig für einen, weil man sie als Entwicklungsstufen durchlaufen hat; aber von der höheren Stufe her irgendwie eine notwendige Vorbedingung, aber nicht so interessant, daß ich dauernd da zurückschau' ins Frühere, weil ich da, ja mir kommt vor, ich tät da einfach dann im Jetzt wenig leben, bzw. die jetzigen Möglichkeiten zu wenig ausschöpfen, die jetzige Entwicklung. Ich könnte mich möglicherweise nicht optimal entwickeln. Also ich müßte die ganze Entwicklung, meine individuelle Entwicklung, von — sagen wir jetzt einmal — von diesem Urnebel an bis herauf, bewußt akzeptieren in mir, aber eher mit Blickrichtung in die Gegenwart bzw. in die Zukunft, wobei eben die Gegenwart das Wichtige ist: daß ich aus den Möglichkeiten, die sich jetzt im Augenblick anbieten, aus den verschiedenen, daß ich da das Optimale heraushole bzw. daß ich da ganz drinnen steh' und daß dann ich mich weiterentwickle und auch mein Bewußtsein und mein Geist sich weiterentwickeln.

Vl: Hast du das Gefühl, daß du jetzt mehr in der Gegenwart leben kannst, wenn du diese Entwicklung kennst?

Vp: Den Eindruck habe ich schon.

Vl: Wodurch?

Vp: Ja, einfach durch das, wie soll ich sagen, mir scheint, es ist ein volleres Bewußtsein einfach da von mir, bzw. ich habe ein volleres Bewußtsein meiner selbst. Also daß ich nicht erst, angenommen, 1937 erst angefangen habe und möglicherweise 1980 oder 90 oder 2000 wieder aus, Ende ist, sondern daß da in mir wirklich Geschichte drinnen steckt wie auch in anderen drinnen und daß ich mit diesem geschichtlichen Bewußtsein, nämlich meiner eigenen Geschichte, mit diesem Bewußtsein ganz anders im Jetzt herinnen stehe, als wenn ich so für 70, 80 Jahre herumschwirre. Ja, ich habe den Eindruck, man kann, — so ein Modewort —, man kann einfach *intensiver* leben. Es müssen nicht was Gott für großartige Dinge sein; aber mir kommt vor, ich stehe ganz anders auf dem Boden, seit ich diese Sachen da, ja, seit ich da in meiner Geschichte zurückgeschaut habe. Ja, ich komme mir vor, ja wie soll ich sagen, nicht so als Zufallsprodukt wie vorher und auch nicht so unwichtig. Mir kommt vor, ich bin einfach mit dem Boden besser verbunden; also mir kommt vor, ich hab' Wurzeln geschlagen, würde ich so sagen, obwohl ich beweglich bin, möglicherweise geistig beweglicher wie früher, habe ich Wurzeln geschlagen, bin also mit der Erde, mit der Materie, mit der ganzen Geschichte usw. einfach in Verbindung, irgendeine Einheit, kommt mir vor, ist dies irgendwie Harmonie kommt mir das vor.. Früher ist man einfach so entwurzelt, könnte man vielleicht sagen, einfach so hin und hergerissen von

allem und, ja wie ein Hampelmann, der in der Luft hängt, der einfach so nix
... und jetzt kommt mir vor, daß ich einfach irgendwo steh' und wachse ...
Vl: Könntest du sagen, daß das inbezug auf deine Zukunft, auf den Tod eine
Auswirkung hat, auf deine Einstellung zum Tod, diese ganze Entwicklung?
Vp: Würde ich meinen, ja.
Vl: Inwiefern?
Vp: Ja, indem ich einfach völlig gelassen, was heißt gelassen, das ist falsch;
daß ich einfach akzeptiere, wann er kommt und wie er kommt. Wobei ich
mit dem Wie eine Einschränkung mache. Ich glaub , daß ich einen schmerzlosen Tod möchte, einfach vom Gefühl her, daß Schmerzen etwas sehr Unangenehmes sind. Aber das Faktum des Sterbens, da hab' ich überhaupt keinen
Horror davor, obwohl ich früher einen gehabt habe und möglicherweise das
auch ein Mitgrund war, warum ich mich für Theologie interessiert habe ...
Ja, weil ich dort halt im religiösen System eingebettet war und einen Anfang
und ein Ende gehabt habe. Aber das habe ich jetzt natürlich auch, verstehst;
aufgrund meiner, dieser Inkarnationsentwicklung oder wie man da sagen soll,
bin ich überzeugt davon, daß es auch weitergeht, wo ich nicht weiß, wann es
weitergeht und wie es weitergeht, aber ich glaub' einfach, daß es eine Aufwärtsentwicklung ist und daß ich hinter meine Entwicklungsstufe einfach
nicht mehr zurückfallen kann und daß da kommen kann, was will, man kann
mir mein Leben ... man kann mir mein physisches Leben jetzt schon nehmen
... aber das, was weitergeht, kann man mir nicht nehmen. Und daß irgendwo
einmal, auch möglicherweise nach einem Atomkrieg oder irgendwas,
ich irgendwo wieder einmal auftauchen werde, das glaube ich .

II. WISSENSCHAFTSTHEORETISCHE IMPLIKATIONEN

Es stellt sich hier die Frage, inwieweit solche „wiedererlebten Traumatas", die in der *Primärtherapie* (JANOV)[3] und in der *Reinkarnationstherapie* (DETHLEFSEN) oft eine stark dramatische Färbung zeigen und verblüffende Spontanheilungen (zuweilen hartnäckiger Symptome) hervorrufen, auf „realen" (d. h. historisch nachprüfbaren) Erlebnissen beruhen. Solche Nachprüfungen, die S. FREUD für derartige Erlebnisse in der frühen Kindheit und TH. DETHLEFSEN für solche in früheren „Inkarnationen" anstellen ließen, brachten jedoch nicht immer das erwartete Ergebnis. Doch wenn auch die historische Identität nicht nachgewiesen

---

3 A. JANOV/M. HOLDEN.- Das Neue Bewußtsein. Hauptwerk des Begründers der Primärtherapie.- Frankfurt/M: S. Fischer Verlag 1977

werden, bzw. nicht „widerlegt" werden konnte, blieb der Therapieerfolg unangefochten.

A. Erlebnis von Identität und Bewußtsein

Die zentralen Faktoren dieses Prozesses bilden *Identität* und *Bewußtsein*. Während einer 6-jährigen Tätigkeit als Psychologe und Psychotherapeut auf der psychotherapeutischen Abteilung der Univ. Kinderklinik in Innsbruck hatte ich mich im Umgang mit schwer-und schwerstgestörten Kindern und Familien (mit den Problemen der Neurose und Psychose) in Theorie und Praxis vor allem mit Identitäts- und Bewußtseinsproblemen auseinanderzusetzen.

In der Praxis versuchte ich, in Psychoanalyse und Primärtherapie, durch „Eigenerfahrung" meiner „Identität" und meinem „Bewußtsein" in Richtung „Selbstbewußtsein" und „Selbsterkenntnis" näher zu kommen, um dadurch auch die Patienten besser verstehen zu können.

In der Theorie befaßte ich mich neben dem mir zugänglichen Literaturstudium mit dem strukturalistischen Konzept von M. MANNONI[4] und besonders mit jenem von J. LACAN[5].

1. Identität

J. LACAN, der Begründer der École Freudienne, einer psychoanalytisch-sturkturalistisch orientierten Schule in Paris, entwickelte als Psychiater im Umgang mit neurotischen und psychotischen Patienten zum besseren Verstehen deren Problematik die drei Begriffe, die er „Ebenen" oder „Register" nennt, nämlich: 1. das *Reale*, 2. das *Imaginäre*, 3. das *Symbolische*.

Nach ihm sind diese drei Ebenen (des Bewußtseins) wichtig für die Strukturierung der menschlichen *Identität*. Ob ein Mensch in seiner Entwicklung „normal", „neurotisch" oder „psychotisch" wird (eine „normale", eine „neurotische" oder eine „psychoti-

---

[4] M. MANNONI.- L'Enfant, sa „maladie" et les autres.- Paris: Editions du Seuil 1967
[5] J. LACAN.- Ecrits.- Paris: Editions du Seuil 1966

sche" Identität entwickelt) hängt seiner Meinung, bzw. seiner klinischen Erfahrung nach sehr stark von der Beziehung ab, die das Individuum zu diesen drei Ebenen hat. Ein sogenannter „normaler Mensch" bzw. ein Mensch mit einer normalen („gesunden") Identität ist nach Lacan dadurch gekennzeichnet, daß er in der Lage ist, diese drei Ebenen jederzeit flexibel und adäquat zu gebrauchen. Der Neurotiker hingegen verwechselt öfters und in verschiedenen (konfliktbeladenen) Situationen diese drei Ebenen, indem er z. B. eine „real" ganz ungefährliche Situation in der „Phantasie" (auf der „imaginären Ebene") als bedrohlich erlebt und dann in „neurotisches Verhalten" ausweicht. Dem Psychotiker ist meist der Zugang zu einer der drei Ebenen versagt, weshalb ihm eine Anpassung an „unsere Realität" sehr schwer bzw. unmöglich wird, da zur Erfassung der uns vorgegebenen Realität die Beherrschung der drei Ebenen notwendig ist. (D. h., um zum Beispiel die Realität „Haus" adäquat zu erfahren, brauche ich nicht nur die Kenntnis der „realen Ebene" von Mauer und Dach, sondern ich brauche auch die *Vorstellung* von einem Haus (imaginäre Ebene) und ich muß den Begriff, den Namen, das „Symbol" Haus („symbolische Ebene") kennen).

Die gesunde Identitätserfahrung umfaßt daher alle drei Ebenen, nämlich das „Reale", das „Imaginäre" und das „Symbolische". Eine psychologische Forschung, die auf nur „objektivierbare Ergebnisse" „abzielt", berücksichtigt im allgemeinen nur einen Aspekt, nämlich die „reale Ebene". Für die „imaginäre" und die „symbolische" Ebene hat man nämlich (bis heute) keine „hieb- und stich-, festen" Meßmethoden. D. h. aber nicht, daß diese Ebenen, auch wenn man sie nicht festhalten und messen kann, deshalb für den Menschen nicht „real", nicht „wirklich", nicht „*wirksam*" wären! Ein Beweis für die Wirksamkeit dieser Bereiche (des „Imaginären" und „Symbolischen") ist u. a. der oben erwähnte verblüffende Therapieerfolg bei diesen Behandlungsmethoden, obwohl die historische Realität z. B. dieser „früheren Inkarnationen" noch nicht bewiesen ist.

2. Bewußtsein

Mit dem Begriff der Identität steht der Begriff des *Bewußtseins* in engem Zusammenhang, insofern „Identität" als „Bewußtsein seiner selbst" ein Teil des Bewußtseins ist.

Ältere und neuere Psychotherapiemethoden, bzw. deren Begründer oder Verfechter, geben als ihr Ziel immer wieder eine „Bewußtseinserweiterung" beim Patienten an. S. FREUD grenzte vom Begriff des Bewußtseins den Terminus das „Unbewußte" ab. Indem durch die Psychotherapie (Psychoanalyse, Primärtherapie, Reinkarnationstherapie) wieder bewußt gemachte (ins Unbewußte verdrängte) Erlebnisinhalte (ob sie nun in die frühe Kindheit, in das Embryonalstadium oder in frühere „Inkarnationen" zurückreichen) ans Bewußtsein angegliedert werden, soll das Bewußtsein des Patienten „erweitert" werden.

Eine sehr interessante Frage, die mich im Zusammenhang mit diesem Erlebnisbericht und mit anderen ähnlichen Regressionsexperimenten beschäftigt, ist: Was ist das für eine Art Bewußtsein, mit dem die Vp Situationen wieder erinnert, wieder erlebt, wieder erleidet, und wo und wie sind diese „verdrängten Bewußtseinsinhalte" (vor allem, wenn sie in frühere „Inkarnationen" oder gar – wie bei unserem Experiment – über tierische, pflanzliche, mineralische „Existenzformen" bis zurück zum „Urnebel" reichen) gespeichert?

Meine Vp antwortete auf diese Frage, die ich ihr nach der letzten dieser vier Sitzungen stellte, im Rahmen ihrer „assoziativen Deutungen:"

„Mir kommt vor, das (gemeint ist das „Bewußtsein", der „Geist") ist einfach eine Weiterentwicklung des Geistes (des „Bewußtseins") von damals, (zur Zeit des „Urnebels" usw.), der in Millionen von Jahren und in den verschiedenen Inkarnationen immer wieder mehr geworden ist; ich kann gar nicht beschreiben, wie das ist. Man könnt' sagen, verdichtet, man könnte sagen, farbiger geworden, hat Struktur bekommen, ja, es ist etwas geworden daraus, etwas Kompakteres, während er am Anfang völlig diffus war, ist mir vorgekommen. Vielleicht schon über die Existenz, wie soll ich sagen, also ein Wissen, daß man ist, aber nicht so ein Reflektieren wie heute z. B. Mir kommt vor, da ist einfach Entwicklung drinnen im Ganzen".

Ist aus diesen und ähnlichen Bewußtseinsformen zu schließen, daß auch Nebel, Steine, Pflanzen, Tiere eine gewisse „Bewußtseinsform" haben oder „durchläuft" das menschliche Bewußtsein verschiedene Evolutionsstufen (wie z. B. die „mineralische", „pflanzliche" und „animalische")? Diese Frage konfrontiert uns direkt mit den Begriffen „Reinkarnation" und „Evolution".

B. Reinkarnation und Evolution

1. Reinkarnation

Meine Vp durchlief bzw. erlebte während der erwähnten vier Sitzungen verschiedene frühere „Inkarnationen", ähnlich wie dies DETHLEFSEN in seinen Büchern beschreibt. Wenn sie sich in fremden Ländern oder Kulturen „wiedererlebt", spricht sie jeweils spontan verschiedene, fremd oder auch bekannt klingende Sprachen oder Laut- und Silbenfolgen. So erlebte sie sich z. B. im 18. Jhd. in Frankreich wieder, wo sie spontan Französisch spricht, bzw. Lieder in dieser Sprache singt. Vor ca. 2000 Jahren erlebte sie sich in Afrika (ihrer Interpretation nach) wieder, gibt auch hier spontan einige Lautfolgen von sich und singt ein Wiegenlied. Diese Lautfolgen sind noch nicht „historisch" bzw. auf der „realen Ebene" identifiziert. Vor ca. 5000 Jahren fand sie sich in „Indien" wieder, wobei sie wiederum spontan Laut- bzw. Silbenfolgen (noch nicht identifiziert) formuliert.

Meine Absicht bei diesem Experiment war es in erster Linie, gewisse psychosomatische Symptome meiner Vp auf deren Ursprung zurückzuführen. Wir versuchten dies zunächst mit der Methode der Primärtherapie, wodurch wir jedoch nur Teilerfolge erzielten.

Da nun DETHLEFSEN in seinen Versuchen nachzuweisen schien, daß die Ursachen neurotischer Störungen nicht in diesem Leben, sondern in „früheren Inkarnationen" zu suchen sind, wollten wir einen Regressionsversuch über die Geburt und Embryonalphase zurück bis zu „früheren Inkarnationen" wagen, um die Ursachen ihrer Probleme zu finden. Dabei kamen wir, wie dies im Erlebnisbericht geschildert ist, nicht nur bis zu „früheren Inkarnationen", sondern bis zu „animalischen", „pflanzlichen", „mineralischen"

Existenzformen, ja schließlich bis zu einer Art „Urnebel" zurück.

2. Evolution

Nach den gemachten Erfahrungen und neueren Forschungen[6] scheint das menschliche Bewußtsein nicht erst bei der Geburt zu entstehen, sondern bis in frühe und früheste „Evolutionsformen" zurückzureichen. Dies wirft allerdings eine Reihe von Fragen auf:
— Wo und wie sind diese „Erinnerungen" an solche frühere Erlebnisformen bzw. „Evolutionsstufen" gespeichert?
— Sind diese Spuren im Gehirn (JANOV), in der DNS, im Unbewußten (FREUD), im Kollektiven Unbewußten (JUNG) aufgezeichnet?
— Sind diese „Erfahrungen" bzw. „Erlebnisse", wie sie aus solchen *Regressionsexperimenten* berichtet werden, tatsächlich (d. h. historisch real, nachprüfbar) von den Erzählenden *erlebt* worden oder sind diese Erzählungen Ausflüsse einer regen Phantasie?
— Entstammen die „Erlebnisse" bzw. „Erinnerungen" einer persönlichen individuellen Lebensgeschichte? Wenn ja, wie ist ein „persönliches Erleben" individueller Art von einem Stein, einem Nebel, einer Pflanze, einem Tier zu verstehen?

Diese und andere Fragen können hier nur angesprochen, jedoch noch nicht hinreichend erörtert oder gar wissenschaftlich untersucht werden. Weitere Experimente und Forschungen auf diesem Gebiet können vielleicht mehr Licht in dieses wissenschaftlich noch wenig erhellte Neuland bringen.

Mich veranlaßten diese psychotherapeutischen Erfahrungen, Gedanken einer psychotherapeutischen Theorie und Praxis zu entwickeln, die durch Einbeziehen des Begriffes Evolution über die Primärtherapie und die Reinkarnationstherapie hinausführen.

Die *Primärtherapie* (JANOV) führt den Patienten bis zum „Wiedererleben" verschiedener (traumatischer) Situationen in der frühen und frühesten Kindheit, ja sogar zum Wiedererleben der eigenen Geburt und von Szenen im Mutterleib. Die *Reinkarnationsthe-*

---

[6] ST. GROF.- Topographie des Unbewußten. LSD im Dienst der tiefenpsychologischen Forschung.- Stuttgart: Klett-Cotta 1978

rapie (DETHLEFSEN) führt den Patienten bis in frühere Inkarnationen zurück.

Den geschilderten Erfahrungen nach scheint das menschliche Individuum in seiner Identität und seinem Bewußtsein verschiedene *Evolutionsstufen* im Laufe der Zeit (vor Millionen Jahren angefangen bis in die fernste Zukunft) zu durchwandern und in seinem jetzigen Bewußtseinszustand all diese „Erinnerungen" bzw. „Erlebnisse" irgendwie gespeichert und latent abrufbar zu haben. Sonst könnten diese „Erinnerungen" in der Therapie – ohne Hypnose – nicht relativ leicht und spontan reproduziert werden.

Die unvoreingenommene phänomenologische Betrachtung dieser Erfahrung führte mich zur Formulierung einer „Evolutionstherapie", die ich folgendermaßen beschrieb: „Der Begriff ‚Evolution' umfaßt sowohl den phylogenetischen Aspekt, im Sinne einer stammesgeschichtlichen Entwicklung des Menschen, als auch den ontogenetischen Aspekt, im Sinne einer personalen Verwirklichung (Entfaltung und Reifung der menschlichen Identität).

Das führte mich zur Überzeugung, das Geschehen, das sich bei diesen therapeutischen Sitzungen abspielte und sich hinterher in den Protokollen abzeichnete, am besten mit dem Begriff ‚Evolutionstherapie' umschreiben zu können.

Das therapeutische Wiedererleben (früherer Entwicklungsformen, insbesondere traumatischer Erlebnisse) vollzieht sich je nach Veranlagung des Patienten mehr auf der Bildebene (der Patient sieht sich gleichsam in früheren Existenzformen wie in einem Film, dessen Regisseur er selbst ist) oder mehr auf der Gefühlsebene (der Patient wird mehr vom gefühlsmäßigen Erleben früherer Seinsformen getragen).

Die am deutlichsten in die Augen springende therapeutische Situation scheint das Wiedererleben bzw. Wiedererleiden traumatischer Situationen in früheren Existenzformen zu sein. Dabei können nicht nur Traumatas, die einem von der Umwelt zugefügt wurden, sondern vor allem auch solche, die man selbst der Umwelt zugefügt hat, zu Ursachen für spätere Krankheitssymptome werden.

Diese Erkenntnis des Patienten, daß er letzten Endes selbst durch seine frühere Aktivität seine späteren Symptome oder Leiden verursacht habe, bringt m. E. einen neuen, sehr wesentlichen

Gesichtspunkt in das Blickfeld psychotherapeutischer Praktiken und Theorien. Damit wird dem Patienten nämlich die Möglichkeit der Schuldprojektion auf seine Umwelt, insbesondere auf seine Eltern (deren Versagen in der Primärtherapie und anderen Therapieformen oft vom Patienten für seine Probleme verantwortlich gemacht wird) weitgehend genommen.

Der Patient muß im Laufe der Therapie über das Wiedererleben und die Integration früherer Existenzformen und seiner Aktivität in diesen Bereichen lernen, selbst Verantwortung für sein Leben in Vergangenheit, Gegenwart und Zukunft zu übernehmen.

Nach meiner bisherigen Erfahrung sind für diesen Bewußtwerdungs- bzw. Integrationsprozeß ca. 10 bis 30 Therapiesitzungen (individuell verschieden) erforderlich. Das heißt nicht, daß damit dieser Prozeß schon abgeschlossen wäre, sondern eher, daß er damit eingeleitet und so weit fortgeschritten ist, daß der Patient ihn selbständig weiterführen kann. Er erachtet es dann meist von sich aus als seine Aufgabe, weitere (aus dem Unbewußten) ins Bewußtsein tretende Inhalte (Blocks) zu klären und zu integrieren, sodaß diese nicht wie bisher seine Entscheidungs- und Handlungsfreiheit einschränken oder Ursachen für krankhafte Symptome sein können.

Nach meinen Erfahrungen sind bei dieser Therapie noch keine „Rückfälle" bzw. „Symptomverschiebungen" aufgetreten. So möchte ich abschließend, in Zusammenfassung der gemachten Erfahrungen, den Begriff „Evolutionstherapie" wie folgt definieren:

Die Evolutionstherapie besteht in der Bewußtmachung, im Wiederbe(-er)leben und in der personalen Integrierung von Erlebnissen und Empfindungen, die sich in Form von Identitätserfahrungen als Urnebel, als Gesteinsform, als Pflanze und tierische Gestalt und schließlich als Mensch der verschiedenen Entwicklungsepochen bis zu gegenwärtigen wie zukünftigen Existenzformen kundtun können."[7]

---

[7] J. GRUBER.- Evolutionstherapie.- in: Grenzgebiete der Wissenschaft, Jg. 28, 2, 1979, S. 130 – 131

WERNER F. BONIN

REINKARNATIONSERFAHRUNG IN DER TRANSPERSONALEN PSYCHOLOGIE UND UNTER EINFLUSS VON DROGEN

Die folgenden Ausführungen sollen einige Facetten zur derzeitigen Diskussion in der Thanatologie beisteuern. Zunächst wird aus der experimentellen und therapeutischen Arbeit STANISLAV GROFS referiert, sodann das Referierte in bestimmten Zusammenhängen reflektiert. GROF wurde gewählt, weil er mit Karlis Osis und Ian Stevenson zu den bedeutendsten Forschern zählt, die gegenwärtig in den USA empirisch am Todesproblem arbeiten.

I. DIE ARBEIT GROFS

Der Tod hat im jüngeren westlichen Denken nur eine geringe Rolle gespielt; zum Beispiel geriet die *ars moriendi* des Mittelalters so gründlich in Vergessenheit, daß statt ihrer heute ägyptische und tibetanische Totenbücher — nichts gegen ihren Erkenntniswert — hierzulande aufgelegt werden.

Nach dem Ersten Weltkrieg hat Freud, wenn auch vielleicht heute nicht mehr in gültiger Form, den Tod im Todestrieb wieder thematisiert; nach dem Zweiten Weltkrieg — wir brauchen, scheint es, die Kriege, um vom Tod reden zu können — war es M. HEIDEGGERS Fundamentalontologie, die wieder das Sein zum Tode lehrte. — In der Tschechoslowakei, dem Geburtsland SIGMUND FREUDS, hat nur ein einziger Psychoanalytiker das Ende des Krieges erlebt; alle seine Kollegen gingen in die Emigration oder in den Tod. Dieser eine konnte die Tradition weitergeben. Einer seiner Lehranalysanden war STANISLAV GROF, der, 1931 geboren, zunächst in der Tschechoslowakei, dann bei einem Studienaufenthalt in den Vereinigten Staaten und jetzt seit Jahren dauernd in den USA Forschungsarbeit und Therapie betreibt, die hier interessieren. GROF plant, die Ergebnisse seiner nunmehr zwanzig Jahre währenden Arbeit in fünf Büchern vorzulegen. Die beiden ersten sind bereits erschienen.[1]

Der Psychoanalytiker und Psychiater GROF arbeitet mit Psychopharmaka, vor allem mit Lysergsäure-Diäthylamid, einem Psychopharmakon, das unter seiner Abkürzung LSD-25 bekannt geworden ist. LSD wurde kurz vor dem Krieg, nämlich 1939, entdeckt; es erwies sich später — 1943 — als eine halluzinogene Droge, deren Wirkung stärker ist als alle natürlichen, sprich nichtsynthetischen, Drogen, die bislang bekannt geworden sind. (LSD ist eine halbsynthetische Verbindung — seine natürliche Komponente ist Lysergsäure, ein wichtiger Bestandteil der Alkaloide des Mutterkorns; ob die Verbindung LSD nicht doch auch in der Natur produziert wird, ist noch offen.)

LSD wurde übrigens auch in der parapsychologischen ASW-Forschung eingesetzt: EILEEN GARRETT und THELMA MOSS, um die bekanntesten zu nennen, unterzogen sich ASW-Experimenten unter LSD-Einfluß; ob aber LSD das Zustandekommen paranormaler Erfahrungen begünstigt, ist bislang nicht entschieden. Die Arbeit mit LSD wurde — auch in der Parapsychologie — dadurch erschwert, daß sein Genuß in Hippiesubkulturen und anderswo eine wichtige Rolle spielte: Laienversuche, die einen schlechten Ausgang nahmen, wurden in den Gazetten groß herausgestellt, die Droge verteufelt. Vor unkontrollierten Laienversuchen ist in der Tat zu warnen. Hier aber haben wir es mit Versuchen eines erfahrenen medizinischen Experimentators zu tun.

Im Anfang der Arbeit mit LSD stand die Hoffnung, in LSD-Sitzungen quasi-psychotische Zustände herstellen zu können, die beispielsweise Einblicke in das Wesen der Schizophrenie ermöglichen

---

1 ST. GROF.- Realms of the human unconscious. - New York: The Viking Press 1975.- Deutsch: Topographie des Unbewußten. LSD im Dienst der tiefenpsychologischen Forschung.- Stuttgart: Klett-Cotta 1978; ST. GROF/J.HALIFAX.- The human encounter with death.- New York: E. P. Dutton 1977.- Deutsche Ausgabe in Vorbereitung.

sollten: Die Lehrsitzungen, so hoffte man, würden den Auszubildenden zur Empathie gegenüber seinem psychotischen Patienten disponieren. Dieser *psychomimetische* Ansatz spielt heute keine Rolle mehr. In den sechziger Jahren gewann LSD dann einen Platz in der Psychiatrischen Psychotherapie: Wenige Sitzungen führten dabei oft zu dramatischen Ergebnissen. Außerdem schien es aufgrund der Berichte von Personen mit LSD-Erfahrung, daß hier ein Zugang zum Wesen ästhetischer Erfahrungen und kreativer Prozesse sich öffne. Und genausowenig wie Psychiatrie und Psychologie imstande sind, Kunstwerke (ästhetische Produkte) von Geisteskranken von Arbeiten sogenannter gesunder Künstler bei bloßer Analyse des Werks zu unterscheiden, genausowenig, scheint es, lassen sich die quasi-religiösen und „mystischen" Erfahrungen, die in LSD-Sitzungen auftreten mögen, von den entsprechenden Erfahrungen religiöser Menschen unterscheiden. R. ZAEHNER, der große englische Iranist, hat bei der Mystik eine profane und eine religiöse unterschieden — nur aufgrund eines Erfahrungsberichtes läßt sich phänomenologisch nicht ausmachen, ob eine konkrete mystisch-religiöse Erfahrung in einer profanen LSD-Sitzung zustandekam oder „echte" religiöse Erfahrung ist. So wird LSD für die Religionspsychologie und Religionspsychopathologie von hohem Wert.

Ich will nicht im einzelnen auf die Art der LSD-Applikation, auf Dosen, inter- und intraindividuelle Unterschiede der Wirkung und dergleichen eingehen. Zumal die Effekte einer Einnahme nicht vorhersehbar sind. Selbstredend ist auch die Person des Versuchsleiters oder Therapeuten und das experimentelle Design (oder die therapeutische Situation) für die Folgen der LSD-Einnahme von Bedeutung; in welchem Umfang ist noch offen, jedenfalls sind die Erfahrungsmuster, von denen verschiedene Experimentatoren berichten, verschieden. In aller Regel tritt aber eine *Veränderung der Wahrnehmung* auf; dabei überwiegen Phänomene im visuellen Bereich. In der Struktur scheinen diese Erfahrungen dem Traumerleben vergleichbar zu sein. Von Wichtigkeit sind weiters *Verzerrungen im Erleben von Raum und Zeit*. Für Diagnose und Therapie sind *emotionale Veränderungen* von großer Bedeutung. Die beobachtete Variabilität der Veränderungen spricht gegen die Annahme, LSD führe lediglich zu einer bestimmten Intoxikation.

GROFS Therapie ist psychoanalytisch orientiert. Der *psycholytische* Effekt des LSDs soll in ihr wesentlich schneller als die klassische Psychoanalyse-Sitzung zu therapeutischen Veränderungen führen. Die Therapie besteht nicht ausschließlich aus LSD-Sitzungen; ihr voran gehen — und es begleiten sie — drogenfreie psychotherapeutische Sitzungen.

Psychoanalytikern, die gelegentlich allzu ängstlich auf FREUD zurückblicken und vielleicht Skrupel empfinden, wenn Psychoanalyse und Psychopharmakologie sich treffen, sei eine einschlägige Bemerkung FREUDS aus dem Jahre 1938 in Erinnerung gerufen:

„Aber uns beschäftigt die Therapie hier nur insoweit, als sie mit psychologischen Mitteln arbeitet, derzeit haben wir keine anderen. Die Zukunft mag uns lehren, mit besonderen chemischen Stoffen die Energiemengen und deren Verteilungen im seelischen Apparat direkt zu beeinflussen. Vielleicht ergeben sich noch ungeahnte andere Möglichkeiten der Therapie; vorläufig(!) steht uns nichts Besseres zu Gebote als die psychoanalytische Technik ... "[2].

In den therapeutischen LSD-Sitzungen werden wie in psychoanalytischen Sitzungen frühere Erfahrungen wiederbelebt, und wie in der Psychoanalyse stellt sich die oft nicht beantwortbare Frage, ob das, was da als wiedererlebt erfahren wird, tatsächlich schon erlebt worden ist, oder ob nicht — bei unbestrittenem therapeutischem Wert — was da als schon einmal erlebt imponiert, in Wahrheit zum ersten Mal erfahren wird. Nur in bestimmten Fällen läßt sich verifizieren: „So war es wirklich" — und dann stellt sich noch die Frage, ist es nun Erinnerung ans Erlebte oder Erinnerung an Mitteilung anderer über früher Erlebtes? Man kennt das: Eltern erzählen oft irgendeine lustige Geschichte, wie ihr Zweijähriger dies oder jenes tat oder sagte; die wiederholte Erzählung in Gegenwart des Kindes, das mittlerweile älter geworden ist, führt dazu, daß es an eine echte Erinnerung glauben mag.

GROF hat Muster der LSD-Erfahrung aufgezeigt; man kann sagen, daß LSD jeweils verschiedene Systeme aktiviert: In einem bestimmten System erscheinen Geburt und perinatale Erfahrungen wiedererlebt zu werden. Das heißt, die Erinnerung scheint weiter

---

2 S. FREUD.- Abriß der Psychoanalyse. Gesammelte Werke Bd. XVII.- zitiert nach Fischer Bücherei Bd. 47.- Frankfurt/Hamburg 1953.- S. 54

zurückzureichen, als dies die klassische Psychoanalyse glaubt. — Manche psychoanalytische Autoren sind allerdings in diesem Punkt von der Orthodoxie abgewichen, man denke an O. RANK[3] und sein „Trauma der Geburt". Hingewiesen sei auch auf die *age-regression*, wie SEABORN JONES, der ebenfalls mit LSD in der Therapie arbeitet, sie beobachtet haben will: Einer seiner, notabene männlichen, Patienten schritt immer weiter zurück, bis er sich schließlich mit den Bewegungen eines Spermatozoons auf der Couch wandt[4]. Was das mit Thanatologie zu tun hat? Die Geburt erfolgt oft unter physischem Schmerz und unter Seelenangst der Mutter. Belege zeigen, daß auch der Nasciturus empfindet, Indizien sprechen dafür, daß der Akt der Ausstoßung etwas Angst-ähnliches mobilisiert. Seelenangst und Schmerz verheißt auch der unausweichliche Tod.

Ausdrücklich haben Testpersonen Sitzungen, in denen sie Schweißausbrüche zeigten, zuckten, sich verrenkten und schüttelten, den Atem und die Gesichtsfarbe änderten, als Wiedererleben ihrer Geburt bezeichnet, — Beobachter hätten auch an Agonie denken können.

In der Weiterentwicklung der Konzeption vom Unbewußten nimmt GROF im Unbewußten Schichtungen an: Die Schicht, auf der perinatale Erfahrungen und Todeserlebnisse statthaben,[5] nennt er *Ranksche Schicht* des Unbewußten, eine Reverenz vor RANKS obengenanntem Werk. — Wir wissen, daß das Gehirn der Neugeborenen recht weit gediehen, aber eben doch noch nicht fertig ist; das macht es schwer, zu beurteilen, was und wie ein Säugling er-

---

3 O. RANK.- Das Trauma der Geburt und seine Bedeutung für die Psychoanalyse.- Wien : Internationaler Psychoanalytischer Verlag 1924

4 G.S. JONES.- Therapie oder Tortur — Philosophie, Technik und Zukunft der Psychodynamik.- Stuttgart: Klett 1976.- S. 339 f. Der Patient befand sich in einer analytisch-therapeutischen Sitzung mit LSD-Einsatz.

5 Die Verbindung perinataler Erfahrungen mit dem Tode ist vielfach belegt. Ein älteres Beispiel aus der psychoanalytisch orientierten religionspsychologischen Forschung bietet ein von Schjelderup und Schjelderup mitgeteilter Fall von Glossolalie und „mystischem Bewußtsein": In einer Halluzination verdichtete die Patientin den Tod und die Mutter (und zwar nicht die böse, bedrohende Mutter, sondern die, die das Leben schenkt.)

H.-K. SCHJELDERUP.- Über drei Haupttypen der religiösen Erlebnisformen und ihre psychologische Grundlage.- Berlin/Leipzig: de Gruyter 1932.- S. 12 f

lebt, welche Geburtserinnerungen er möglicherweise speichern könnte.

In fortgeschritteneren LSD-Sitzungen – sprich Sitzungen, die später liegen als die der perinatalen Erfahrungen – treten *Transpersonale Erfahrungen* auf: Erfahrungen, die die Persönlichkeit übergreifen und übersteigen. Das Individuum fühlt, wie sein Ich die herkömmlichen Grenzen verläßt (oder verlassen hat), über sich hinausgeht, über Raum und Zeit hinaus, das heißt: über herkömmliche *kategoriale* aber nicht *objektive* Grenzen.

Eine Transpersonale Erfahrung, die manche von GROFS Patienten und Versuchspersonen machten und die hier von Interesse ist, nannte er *Ahnen-Erfahrung*. GROF beschreibt diese Erfahrung als Regression in der Geschichte. Die Grenzen des Normalgedächtnisses werden verlassen, „Erinnerungen" an Vorgeburtliches treten auf. Der Erlebende verfügt über Informationen, die mutmaßlich seine Ahnen hatten. „Ahnen" kann sich hier auf die Eltern beziehen, aber auch auf Personen, die vor Jahrhunderten lebten oder nach den Erfahrungen der Versuchsperson gelebt haben sollen. Diese Pseudoerinnerungen bleiben im Rahmen der ethnokulturellen Provenienz des Erlebenden.

Was erlebt wird, können Episoden aus dem Leben der Vorfahren sein, aber auch Ereignisketten. Wichtig ist, daß der Erlebende das Erlebte als Teil *seiner* Vergangenheit erlebt: so, als ob er seinen „eigenen genetischen Code lese". (Womit GROF unterstellt, solche detailierte Erfahrung sei genetisch codierbar – was ich angesichts von Dutzenden von Generationen, Hunderten von Vorfahren und Millionen Einzelereignissen im Leben der einzelnen bezweifle).

Uns, die wir uns für die Parapsychologie interessieren, ist von Bedeutung, daß bei manchen Ahnenerfahrungen spezifische Informationen auftauchten, die später verifiziert werden konnten, zur Zeit der Sitzung aber den Beteiligten unbekannt sein mußten.

N., eine fünfzigjährige Psychologin, identifizierte sich in einer LSD-Sitzung mit ihrer Mutter. Sie erlebte eine Episode, die sie für eine Szene aus ihrer Mutter Kindheit hielt: „Zu meiner großen Überraschung war meine Ich-Identität plötzlich verwandelt. Ich war meine Mutter im Alter von drei oder vier Jahren; es muß das Jahr 1902 gewesen sein. Ich hatte ein gestärktes aufgeputztes Kleid an und verbarg mich unter der Treppe; meine Augen waren weit aufgerissen wie die eines erschreckten Tieres, und ich fühlte mich verängstigt und einsam. Ich hielt die Hand vor dem Mund und war mir schmerzhaft bewußt, daß gerade etwas Schreckliches geschehen war. Ich hatte etwas sehr Schlimmes gesagt, wurde gescholten, und jemand hatte mir unsanft die Hand auf den Mund gelegt. Von meinem Versteck aus konnte ich eine Szene mit vielen Verwandten sehen – Tanten und Onkel, die auf der Veranda eines Fachwerkhauses saßen, in altmodischen Kleidern, wie sie für diese Zeit typisch waren. Alle schienen zu reden und bemerkten mich offenbar nicht. Ich hatte ein Gefühl des Versagens und fühlte mich überwältigt von den übertriebenen Forderungen der Erwachsenen – brav zu sein, mich gut zu benehmen, zu reden, wie es sich gehört, mich nicht schmutzig zu machen – es schien unmöglich, es ihnen recht zu machen. Ich fühlte mich ausgeschlossen und geächtet und schämte mich."[6]

N.s Mutter bestätigte die Episode und identifizierte die Empfindungen als die ihren. Parapsychologisch-phänomenologisch interessiert an dieser Fallgeschichte die Weise des Erlebens: Wichtiger als die Vorgänge der Außenwelt ist das mutmaßlich paranormale Einfühlen, das über die Empathie hinaus zur Identifikation wird. Für das Thema dieses Bandes ist an dieser Geschichte von Bedeutung, daß die „Ahnenfigur", mit der die Identifikation erfahren wird, noch lebt. *In phänomenologischer Betrachtung scheinen sich Ahnen-Erfahrungen nicht im Punkt lebende oder tote Ahnenfigur zu unterscheiden.*

Dramatischer ist folgende Fallgeschichte:

R., eine Prager Patientin Grofs, hatte in einem fortgeschrittenen Stadium der Behandlung in vier aufeinanderfolgenden LSD-Sitzungen Erfahrungen, die sich auf Ereignisse im Prag des 17. Jahrhunderts bezogen. „Während ihrer ‚historischen' Sitzungen erlebte Renata eine ungewöhnliche Vielzahl von Bildern und Einblicken, die die Architektur der erlebten Geschichtsepoche, typische Gewänder und Trachten, Waffen und Gegenstände des täglichen Gebrauchs betrafen. Sie war ferner in der Lage, viele der komplizierten Beziehungen zu schildern, wie sie damals zwischen der königlichen Familie und den Vasallen bestanden. Renata hatte diese Epoche nie speziell studiert, und wir konsultierten Spezialwerke, um die von ihr mitgeteilten Informationen zu verifizieren." – Zu Beginn des Dreißigjährigen Krieges war die Tschechei unter habsburgische Herrschaft gekommen. Um das Gefühl nationaler Identität zu schwächen, hatten die Habsburger 27 tschechische Adlige auf dem Markt in Prag hinrichten lassen. Viele von Renatas Erlebnissen bezogen sich auf einen dieser Adligen, einen jungen Mann. „In einer dramatischen Ereignisabfolge

---

6 ST. GROF.-Topographie des Unbewußten, S. 186

erlebte R. schließlich unter heftiger Gefühlserregung und mit vielen Einzelheiten die tatsächlichen Vorgänge der Hinrichtung wieder, einschließlich der letzten Qual und Todesangst dieses Adligen. Bei vielen Gelegenheiten erfuhr Renata eine völlige Identifikation mit diesem Mann. Sie war sich nicht recht im klaren darüber. welche Beziehung zwischen diesen historischen Erlebnissen und ihrer jetzigen Persönlichkeit bestand und was sie bedeuteten. *Im Widerspruch zu ihren Überzeugungen und ihrer Weltanschauung* (Hervorhebung: WFB) kam sie zuletzt zu der Folgerung, daß diese Erfahrungen ein Wiedererleben von Ereignissen aus dem Leben eines ihrer Vorfahren gewesen sein mußten." Grof konnte historische Details verifizieren, aber es gelang ihm nicht, die Erfahrungen psychoanalytisch zu integrieren, das heißt zu deuten. – Zwei Jahre später, Grof war mittlerweile in den USA, schrieb ihm seine ehemalige Patientin: Sie war zufällig ihrem Vater begegnet, den sie seit der Scheidung ihrer Eltern, R. war damals drei Jahre alt, nicht mehr gesehen hatte. Ihr Vater erzählte ihr von seinem Steckenpferd: Ahnenforschung. Zur Zeit des Nationalsozialismus hatte er, um den behördlich erforderten „Ariernachweis" erbringen zu können, in alten Kirchenbüchern gesucht, Spaß an dieser Arbeit gefunden und sie fortgesetzt. Dabei war er darauf gestoßen, daß seine Familie auf einen der 27 Hingerichteten zurückgeführt werden konnte. „Nach der Schilderung dieses Vorfalls gab Renata der Überzeugung Ausdruck, daß emotional hoch aufgeladene Erinnerungen in den genetischen Code eingeprägt und durch Jahrhunderte künftigen Generationen weitergegeben werden können." Grof moniert hier „einen recht gravierenden logischen Widerspruch": „ Der physische Tod beendet natürlich die biologische Vererbungslinie; ein Toter kann sich nicht fortpflanzen und ‚genetisch' die Erinnerung seiner letzten Todesangst an künftige Generationen weitergeben."[7]

Nun, im Lichte des *Dunne-Effektes*[8] könnte man dieser letzten Aussage widersprechen. Ich will dies aber nicht tun; ich bin durchaus, wie GROF, der Meinung, der Fall sei ein gewichtiges Indiz gegen die Interpretation „echte" Ahnen-Erfahrung. Leider teilt Grof nicht mit, ob die Situation seiner Patientin zu der Zeit ihrer Erfahrungen aufgrund einer parapsychologischen Hypothese psychoanalytisch deutbar gewesen wäre: Ich kann mir vorstellen, daß zu der Zeit die Gestalt ihres realen Vaters für die Patientin wichtig war (man hatte ihn ihr genommen – ihn „hingerichtet"), daß sie ihn deshalb telepathisch kontaktierte, daß der Vater in die Gestalt des Hingerichteten zumindest partial einging, daß so die Identifikation

---

[7] Derselbe, ebenda, S. 187 – 189
[8] Nach dem irischen Ing. J.W.DUNNE (1875 – 1949), der systematisch seine präkognitiven Träume untersuchte und daraus auf eine Art „Präkognitions-Gedächtnis" des Individuums schloß,

der Patientin verstanden werden kann. Von seiten des Vaters mag der Rekurs auf das 17. Jahrhundert und die usurpierenden Habsburger auch durch die nationalsozialistische Unterdrückung determiniert sein — von den möglichen nationalen Gefühlen der Patientin erfahren wir leider nichts. Nicht ohne Bedeutung scheint mir auch, daß der Vater bei dieser ersten Begegnung sogleich davon ausgeht, es interessiere R. die Abstammung von „seiner" Familie.

Neben diesen von GROF *Ahnen-Erfahrungen* genannten Erfahrungen beobachtete er andere, denen sich mit Jungs Modell des Kollektiven Unbewußten — das bei JUNG ungeschichtet ist! vielleicht beikommen läßt:

In diesen Erfahrungen werden vom Erlebenden Ereignisse beobachtet, häufiger noch teilnehmend erlebt, die sich auf vergangene Epochen beziehen, auf Länder, die außerhalb der rekonstruierbaren Provenienz des Erlebenden liegen. Präferiert werden dabei alte Kulturen, deren Traditionen geschätzt werden: Ägypten, Indien, China, Tibet, Hellas. Die Erfahrungen scheinen nicht an den Wissensumfang des Normalbewußtseins geknüpft zu sein. Ich referiere — will aber betonen, daß GROF den Gedanken einer Reinkarnation hier nicht einmal erwägt.

„Es kam vor, daß Personen von bescheidener Bildung Einzelheiten ägyptischer Bestattungszeremonien beschrieben, einschließlich der Form und Bedeutung verschiedener Amulette und Grabbehälter, der Farben von Bestattungskegeln, der Technik der Einbalsamierung und Mumifizierung und der Abfolge der rituellen Prozeduren. Ein Versuchsteilnehmer, der sich in einer seiner LSD-Sitzungen als Einbalsamierer im alten Ägypten erlebte, war in der Lage, Größe und Art der Mumienbandagen zu beschreiben, die Materialien, die zur Befestigung des Mumientuches verwendet wurden, und die Form und Symbolik der vier Kanopen und der dazugehörigen Kanopenbehälter."9

In den von GROF *psychogenetisch* oder *evolutionär* genannten Erfahrungen identifiziert sich der Erlebende, wie es scheint, mit Reptilien, Amphibien, Fischen etc. GROF rechnet auch Säugetiere hinzu; das ist nach unserer Vorstellung von Evolution problematisch). — Die Erfahrungen muten seltsam an: Personen berichten, was sie als Hai beim Atmen durch die Kiemen erlebten oder schil-

9 ST. GROF.- Topographie des Unbewußten, S. 192; Kanopen sind die in hölzernen Kisten aufbewahrten Krüge, in denen die Eingeweide und bestimmte Organe bestattet wurden.

dern ihre Empfindungen als sexuell erregte Schildkröte. Dabei sind Verifizierungen schwierig; solange Schildkröte und Hai nicht das Erlebte bestätigen, müssen wir mit Anthropomorphisierungen rechnen, mit Projektionen vom Menschen auf Animalisches. Allerdings: Wo Personen zoologische Kenntnisse verraten, die ihnen eigentlich fremd sein dürften — nachprüfbare Details über Balztanz, Nestbau zum Beispiel, — gibt das den Parapsychologen zu denken.

Wieder andere Erfahrungen werden tatsächlich als *Reinkarnation* erlebt. Dabei scheint es dem Erlebenden nicht naheliegend, was er erfährt, im Modell der Reinkarnation zu verstehen: Er *weiß*, daß es sich um Reinkarnation handelt. Mir ist das wichtig — nicht weil ich hier ein Indiz für die Echtheit der Reinkarnation sehe. Wir, die wir solche Erfahrungen nicht haben, suchen nach Indizien; den Träger solcher Erlebnisse enthebt das Wissen solcher Skrupel.

Mit anderen Worten: Die *Plausibilität* ist für den Erfahrenden von anderer Qualität als für den, der Beschreibungen nachvollziehen will — und sei er noch so unkritisch, gar „gläubig". Wichtig ist noch Grofs Feststellung: „Der Glaube an Reinkarnation und die Vertrautheit mit dieser Idee sind keine notwendigen Voraussetzungen für das Auftreten solcher Erfahrungen."[10]

Zum gegenwärtigen Zeitpunkt halte ich es für plausibler, nicht anzunehmen, daß tatsächliche Reinkarnation Quelle solcher Erfahrungen ist, sondern, daß die in den Religionen oder Philosophien als Element integrierte Reinkarnation solcher Erfahrungen als Ursache hat. (Ein Essentielles der Reinkarnation scheint mir, daß in ihr Tod und Geburt zusammen gedacht werden, einander aufheben, — dem entspricht GROFS Beobachtung der systematischen Zusammengehörigkeit von perinatalen und perimortalen Erfahrungen seiner Klienten und Versuchspersonen.) Es mag aber sein, daß alle quasi-religiösen Erfahrungen von Grofs Patienten nur möglich waren, weil zuvor ein homo religiosus sie irgendwo und irgendwann gedacht hat.

---

10 Derselbe, ebenda, S. 196

II. DIE TRANSPERSONALE PSYCHOLOGIE

Die *Transpersonalen Erfahrungen* — das Spektrum, das GROF fand, ist größer als das hier Referierte — sind selbstredend nicht erstmals von GROF beobachtet worden. Sie sind alt: Andere Kulturen verstanden sie religiös zu integrieren; unsere Kultur vermochte das einst, das Vermögen erlosch oder ging zumindest stark zurück, wohl mit dem Beginn der sogenannten Neuzeit. Außerhalb der religiösen Sphäre Transpersonalen Erfahrungen gerecht zu werden, wurde allenfalls in der Poesie versucht; die Psychiatrie etikettierte sie gern als psychotisch. (Ohne jede Ironie sei konstatiert: Personen, denen im Hinduismus die Karriere eines Weisen, Heiligen und Asketen, *sadhu*, offensteht, geraten bei uns in psychiatrische Kliniken oder werden Künstler.) Rühmliche Ausnahmen unter Psychologen und Tiefenpsychologen sind unter anderen W. JAMES, C. G. JUNG und A. MASLOW.

In ihrem Selbstverständnis begreift sich die Tranpersonale Psychologie als „vierte Kraft":
„Transpersonale Psychologie ist die Bezeichnung für eine entstehende Richtung der Psychologie, entwickelt von einer Gruppe von Psychologen und Vertretern anderer Disziplinen, die an solchen Grenzbereichen und Grenzmöglichkeiten menschlichen Erlebens interessiert sind, die keinen systematischen Platz in der positivistischen oder behavioristischen Theorie (‚erste Kraft'), der klassischen psychoanalytischen Theorie (‚zweite Kraft'), oder der humanistischen Psychologie (‚dritte Kraft') haben."[11]

Nun, es bleibt abzuwarten, ob sie diesen Platz einnehmen oder ob sie ihr Weg aus dem Bezugsfeld der westlichen Psychologie tragen wird. Die abendländisch-wissenschaftliche Psychologie in den genannten drei Stufen zu skizzieren, wie A. J. SUTICH es tut, ist nicht unproblematisch: Ist der Behaviorismus wirklich die „erste Kraft" oder sieht es nur aus US-amerikanischer Sicht so aus? Darf man Positivismus mit Behaviourismus gleichsetzen? Akzeptierten akademische Psychologen die Psychoanalyse als „zweite Kraft"?

---

11 A. J. SUTICH.- Some considerations regarding Transpersonal Psychology.- in: Journal of Transpersonal Psychology, I, 1969, 1, S.11 f.

Ist das unter Umständen in Amerika anders als in Europa? Überstürzt sich die Entwicklung nicht, wenn man eine vierte Kraft etablieren will, ehe die dritte — die Maslow als „Revolution" in der Psychologie (und in anderen Disziplinen) verstand — recht ins Bewußtsein der Öffentlichkeit gedrungen ist? Man kann diese Fragen einer einzigen Frage subsumieren: Wird die Transpersonale Psychologie die Paradigmata der ersten, zweiten und dritten Kraft aufheben können?

CH. TART scheint es zu hoffen. Er spricht in seinem soeben deutsch erschienenen Werk „Transpersonale Psychologie" (das amerikanische Original heißt „Transpersonal Psycholog*ies*"!) von den „traditionellen transpersonalen Psychologien" oder „spirituellen Psychologien" — damit meint er östliche Systeme, mystische Traditionen im Christentum und den „Westlichen Inneren Weg" — und fährt fort:

„Die orthodoxe westliche Psychologie hat sich nur in recht unzulänglicher Form mit der spirituellen Seite der Natur des Menschen befaßt; sie hat deren Existenz entweder überhaupt geleugnet oder sie mit dem Etikett ‚pathologisch' versehen. Dabei ist die Agonie unserer Zeit doch zum großen Teil die Folge eines spirituellen Vakuums. Unsere Kultur und unsere Psychologie haben die spirituelle Natur des Menschen verdrängt, aber sie haben für den Versuch einer derartigen Unterdrückung einen ungeheuren Preis bezahlen müssen. Wenn wir zu uns selbst, d. h. zu den spirituellen Aspekten unseres Seins finden wollen, dann ist es für uns unerläßlich, uns mit denjenigen Psychologien zu befassen, die sich mit diesen Aspekten auseinandergesetzt haben. Natürlich kann die Lösung dieses Problems nicht einfach heißen, daß die ‚spirituelle Psychologie' die richtige ist und unsere Psychologie ganz einfach falsch oder daß wir uns zu einem anderen Glaubenssystem bekehren müssen. Wir befinden uns im 20. Jahrhundert und sind Mitglieder der westlichen Welt, und da bilden nun einmal die Wissenschaft im allgemeinen und die wissenschaftliche Psychologie im besonderen wichtige Bestandteile unseres kulturellen Erbes. Einigen mag es vielleicht gelingen, sich von diesem Kulturgut zu lösen und eine bestimmte transpersonale Psychologie als grundlegendes Bezugssystem zu akzeptieren. Bei den meisten von uns sollte das, was wir über die spirituelle Seite unseres Ichs kennenlernen, sich zu mindest zu einer Koexistenz mit unserer angestammten westlichen Wissenschaft und Kultur bringen lassen — und wenn möglich, sogar zu einer *vollen Integration*"[12]

---

12 CH. T. TART.- Transpersonale Psychologie.- Olten/Freiburg i.Br.: Walter 1978.- S. 14 f

Machen wir es uns klar: Ein geschlossenes psychologisches Lehrgebäude, ein Thesaurus gesicherter und systematisierter psychologischer Kentnisse, gibt es in unserer akademischen Psychologie nicht. Stattdessen haben wir Schulen, eine Sammlung psychologischer Studien. Manche Elemente dieser Schulpsychologie stehen dem Glauben näher als dem, was wir Wissenschaft heißen. Von daher mag der wissenschaftstheoretisch für die Transpersonale Psychologie notwendige Ansatz gar nicht so schwer zu erlangen sein; zumal ihn auch schon frühere Autoren ahnten.[13]

---

[13] Man vgl. beispielsweise, was H. WEINEL, allerdings zu einer Zeit, als die Polarität von „Geistes-" und „Naturwissenschaft" noch von größerer Bedeutung war, schrieb: „Unser geisteswissenschaftliches Erkennen steigt auf aus einer bestimmten geistigen und seelischen Gesamtlage, die meist nicht über eine Generation hinaus gleichmäßig dauert, und die Antworten, welche die Väter finden, tun oft schon den Söhnen nicht mehr volle Genüge. Jene Geisteslagen und seelischen Zuständlichkeiten aber werden meist nicht von den Denkern, sondern anderen Führern der Menschheit, den Religionsstiftern, ethischen Propheten und Reformatoren, Staatsmännern und Wirtschaftsgestalten, Entdeckern und Erfindern geschaffen." Das Zitat diagnostiziert die Selbstdeprivation der Wissenschaft.
(H. WEINEL.- Gedächtnisrede auf R. A. LIPSIUS.- in: Sammlung gemeinverständlicher Vorträge und Schriften aus dem Gebiet der Theologie und Religionsgeschichte, Bd. 147, Tübingen: Mohr 1930.- S. 3). Hingewiesen sei in diesem Zusammenhang auch auf T. K. OESTERREICH, dessen Hauptwerk noch immer ungedruckt in der Deutschen Bibliothek in Frankfurt/M. aufbewahrt wird, und der von der Transpersonalen Psychologie noch zu entdecken ist: „ ... ergibt sich, daß die Religionswissenschaft psychologisch an der Aufklärung der parapsychischen Probleme aufs höchste interessiert ist. Das Urteil über den Wert einer ganzen Quelle kann von dem Urteil über parapsychologische Probleme entscheidend bedingt sein. Die Interpretation der Quellen ist ganz und gar abhängig von dem Weltbild der Zeit, der der Forscher angehört. Im Mittelalter und zur Zeit des Altprotestantismus glaubte man an Wunder und nahm die heiligen Schriften in allem und jedem für wahr. Dann kam der Rationalismus der Aufklärung, der alles, was der mechanischen Naturauffassung oder was man dafür hielt, widersprach, für unmöglich ansah. Damals hat die Ausscheidung des Wunderhaften den höchsten Umfang erreicht, auch sämtliche Heilungswunder wurden für ungeschichtlich erklärt. Im neunzehnten Jahrhundert begann eine neue kritisch-synthetische Periode. Die medizinische Wissenschaft hat die Tatsachen der Suggestion und Autosuggestion feststellen gelernt. Das hat auf die religionsgeschichtliche Quellenbeurteilung zurückgewirkt. Ein Teil der Heilungswunder gilt jetzt mit Recht als historisch. Ähnlich steht es mit den Besessenheitsepisoden ... .
Wie es scheint, reicht der Bereich des Historischen aber noch etwas weiter. *Wie weit* er reicht, kann noch nicht gesagt werden. Vieles, vielleicht das Meiste, wird auch noch weiterhin als unhistorische Übertreibung oder Erfindung angesehen werden müssen, anderem scheinen dagegen erweisliche moderne psychologische Erfahrungen zur Seite zu treten."
(T. K. OESTERREICH.- Einführung in die Religionspsychologie als Grundlage für Religionsgeschichte und Religionsphilosophie.- Berlin: Mittler & Sohn 1917.- S. 155)

Das bedenkenswert Neue an der *Transpersonalen Psychologie* ist, daß sie den Menschen eh' und je wichtige Erfahrungen nicht einem platten Normalitätsbegriff unterordnet (bei dem nicht recht klar wird, ob er „Gesundheit" oder „Mittelmaß" meint), noch von Anomalität spricht [14]. TART konstatiert: „Die orthodoxe Wissenschaft läßt also gerade die wichtigsten menschlichen Erfahrungen außer Betracht, oder sie hält sie einer einzelnen Erforschung nicht für würdig."[15]

Wir haben uns angewöhnt, das Normalbewußtsein als einzigen Zustand, in dem Erkenntnis möglich ist, anzusehen. S. FREUD hat die Pforte des Traums (als Tor zur Erkenntnis) zwar wieder für uns geöffnet, C. G. JUNG die lebensnotwendige Nachricht des Traums thematisiert. FREUD hat aber auch den Traum wieder relativiert:

„Der Traum ist also eine Psychose, mit allen Ungereimtheiten, Wahnbildungen, Sinnestäuschungen einer solchen. Eine Psychose zwar von kurzer Dauer, harmlos, selbst mit einer nützlichen Funktion betraut, von der Zustimmung der Person eingeleitet, durch einen Willensakt von ihr beendet. Aber doch eine Psychose ..."[16].

Da setzt CH. TART wirklich einen neuen Anfang:

„Wichtig ist die Erkenntnis, daß es sich beim Bewußtseinszustand um eine aktive Auseinandersetzung mit der Wirklichkeit handelt, wobei Informationen sowohl über die Außenwelt eingeholt werden können als auch über den eigenen Körper und die eigenen Erfahrungen. Unsere dem gesunden Menschenverstand entsprechende Vorstellung vom Bewußtsein besteht darin, daß wir irgendwie die Dinge so wahrnehmen, wie sie tatsächlich sind, und daß wir mit ihnen in unseren Schlußfolgerungen, Empfindungen, Einschätzungen, Handlungen usw. offensichtlich ganz vernünftig umgehen. Die moderne psychologische Forschung hat aufgezeigt, daß diese Vorstellung völlig falsch ist ... Es gibt ... keinen ‚normalen', biologisch vorgegebenen Bewußtseinszustand, den man sozusagen als den natürlichen, optimalen Geisteszustand bezeichnen könnte ... Bei unserem gewöhnlichen Berwußtseinszustand handelt es sich

---

14 Dazu vergleiche man die Begründung, mit der DESSOIR 1889 den Terminus „Parapsychologie" vorschlug: „Das Wort ist nicht schön, aber es hat meines Erachtens den Vorzug, ein bisher noch unbenanntes Grenzgebiet zwischen dem Durchschnitt und den pathologischen Zuständen kurz zu kennzeichnen ..." (Sphinx VII, 1889, S. 42; zitiert nach W. F. BONIN .- Lexikon der Parapsychologie und ihrer Grenzgebiete.- Bern/München: Scherz 1976.- S. 383) — Ich ziehe es vor, nicht von einem „Grenzgebiet zwischen" sondern einem Gebiet „neben" (auch das leistet die Vorsilbe para-) zu sprechen.
15 CH. TART.- Transpersonale Psychologie, S. 23
16 S. FREUD.- Abriß der Psychoanalyse, S. 40

vielmehr um eine im Einklang mit biologischen und kulturellen Gegebenheiten aufgebaute Konstruktion zu dem Zweck, sich mit unserer physischen, intrapersonalen und interpersonalen Umwelt auseinanderzusetzen. Bei einem veränderten Bewußtseinszustand werden natürlich die Informationen aus der physischen, intrapersonalen und interpersonalen Umwelt auf radikal unterschiedliche Weise verarbeitet ..."17

GROF war nicht auf der Suche nach der Reinkarnation; sie begegnete ihm in der praktischen Arbeit. Die Tranpersonale Psychologie fragt nicht, ob es Reinkarnation „gibt", sie konstatiert, daß Menschen innerhalb bestimmter Glaubens- oder Denksysteme oder außerhalb solcher (oder an ihrem Rand: vgl. *gilgul*, die Seelenwanderung im Judentum), aber mutmaßlich immer in einem Zustand, den wir gegenüber dem Normalbewußtsein, was immer das sein mag, als verändert ansehen müssen, Reinkarnation erfahren haben. Noch nicht (vielleicht nie) können wir diesen Zustand (oder diese Zustände), in dem (in denen) solche Erfahrungen möglich sind, in naturwissenschaftlicher Terminologie vollständig beschreiben — trotz schon vorliegender neurophysiologischer Daten, z. B. Aussagen über Veränderungen bei den Hirnaktionsströmen. Noch weniger läßt sich über die Beschaffenheit und ontische Qualität der Information (oder der Informationen) sagen, die in einem bestimmten Bewußtseinszustand (oder bestimmten Bewußtseinszuständen) als Reinkarnation erfahren werden: Entstammt (oder entstammen) sie der physischen, interpersonalen, intrapersonalen, einer transpsychophysischen (gemeint: JUNGS Unus mundus), einer spirituellen extrahumanen Umwelt? — Wird (werden) sie in anderen Bewußtseinszuständen überhaupt nicht wahrgenommen oder gänzlich anders erfahren? Es gilt nur die Konvention — die außerhalb der Transpersonalen Psychologie nicht jedermann teilt — daß ein Reinkarnation erlebendes Ich im Rahmen eines bestimmten Bewußtseinszustandes (oder bestimmter Bewußtseinszustände) sich mit Wirklichkeit auseinandersetzt, Realität erfährt. Die Erfahrung „Reinkarnation" ist *eine Verarbeitung* dieser unbestrittenen Wirklichkeit. Ob es sich dabei um „Reinkarnation" im landläufigen Verstand handelt, ist eine Frage des Weltbildes und zumindest vor-

17 CH. TART.- Transpersonale Psychologie, S. 29 f

läufig (und wie ich aus anthropologischer Ursache hoffe: nie) mit den Mitteln unserer Wissenschaft nicht zu beantworten.

III. EMPIRIE IN DER TIEFENPSYCHOLOGIE, DIE BEOBACHTUNGEN EXPERIMENTELLER MEDIZINISCHER PSYCHOLOGIE, ETHNOGRAPHISCHE BEFUNDE UND PSYCHOLOGISCHE FOLGERUNGEN

Die klassischen *Tiefenpsychologen* verstanden sich als Empiriker; vor allen C. G. JUNG betonte diese Selbstprädikatisierung. Ohne seine Bedeutung auch nur im geringsten schmälern zu wollen, darf man aber wohl sagen, „empirisch" wie die sog. Empirischen Wissenschaften Empirie definieren, empirisch ging JUNG nicht vor. Sein bedeutsames Konstrukt des Kollektiven Unbewußten und seine Archetypenlehre erhalten aber Stütze und vielleicht auch Modifizierung durch die empirischen Arbeiten eines GROFS *und* anderer.

In seiner Arbeit mit LSD an und mit Todkranken – eine Form der Euthanasie, die ihren Namen verdient – ergaben sich aufregende Dinge; ich greife heraus: Einblicke in die Ätiologie des Leidens, Schuld und Sühne und scheinbar telepathische Kontakte mit schon verstorbenen Verwandten. In Summa also Dinge, die im Rahmen der Muster unserer Kultur bleiben.

Die *Ethnographie* kennt viele Nachrichten vom Leben nach dem Tod, von Seelenreisen und dergleichen. Die *Ethnologie* war lange Zeit rasch bei der Hand, hier das Denken „der Primitiven" zu entdecken. Schon vor GROF und vor der Transpersonalen Psychologie bahnte sich hier ein Wandel an, aber GROFS Arbeiten helfen weiter. Die Eschatologie – die bei Naturvölkern nicht überall ausgebaut ist – vieler Mythologien wird heute gestützt durch die psychopharmakaprovozierten Erfahrungen Todkranker, die GROF behandelte. Seine Patienten erlebten Agonie, Tod, nachtodliche Irrfahrt und Wiedergeburt – und das eben prämortal.

Verstehen wir uns recht: Man kann bestreiten, daß die Erfahrungen von GROFS Versuchspersonen überhaupt mystische waren.

Manche Autoren sprechen von *instant mysticism* im Gegensatz zur *heiligen Mystik*. Man kann die Erfahrungen der Grofschen Patienten auch als Blick durchs Fenster nach irgendeinem Drüben sehen – ich kann und will das nicht widerlegen. Redlich scheint mir, sie als Dramatisierungen von Vorstellungen, wie sie auch die Religionsgeschichte kennt, aufzufassen. Es ist aber sicherlich nicht verwerflich, wenn der einzelne Einzelnes zur Stütze seines Glaubens nimmt, wenn er es gebrauchen kann.

Weder die Todes- noch die Reinkarnationserfahrungen der Grofschen Patienten können Leben nach dem Tod oder Leben vor dem Leben beweisen – das gilt, beiläufig, auch für die von THORWALD DETHLEFSEN in seinem Münchner „Institut für außerordentliche Psychologie" geübte Hypnoanalyse[18] –. Die Aussage hat aber nur dann ihren vollen Sinn, wenn wir uns schlüssig geworden sind, was „bewiesen" meinen soll: Wo unser Szientismus zur Religion geworden ist, ist „Beweis" ein Terminus theologischer Dogmatik. „Beweise", auch solche auf „empirischer" Basis, gar durch ein experimentum crucis gewonnene, stehen in einem Erkenntniszusammenhang, der geschichtlich ist. Wenn wir die Geschichtlichkeit des Menschen als anthropologisch relevante Qualität akzeptieren, dann auch die Geschichtlichkeit und Vorläufigkeit unseres Wissens.

Bestimmte ethnographische Daten müssen aufgrund der Transpersonalen Psychologie in des Wortes Doppelsinn neu überdacht werden. (Für bemerkenswert halte ich es übrigens, daß Drogen im Experiment westlicher Forscher bei manchen Autoren nur zur *instant* Mystik reichen – bei Naturvölkern ist's, mit oder ohne Droge, allemal Religion.) Bei RADIN[19] finden wir die Schilderung eines indianischen Medizinmannes, der eine seiner Geburten, an die er sich erinnert, als „Berührung durch einen kalten Hauch" erlebte. Dergleichen ist heute nicht länger ein Kuriosum oder so etwas wie die berüchtigte Arktische Hysterie[20], wir können es auf der Rankschen Ebene des Unbewußten interpretieren.

---

18 TH. DETHLEFSEN.- Das Erlebnis der Wiedergeburt. Heilung durch Reinkarnation.- München: Goldmann 1978, (Goldmann Taschenbuch 11199)
19 P. RADIN.- The Winnebago Tribe.- In: Bureau of American Ethnology. Smithonian Institution.- Washington: 1923.- S. 315

Die Konkordanz Tod/Geburt begegnet sehr schön in der Initiationszerstückelung der sibirischen Schamanen: Der Körper des Neophyten wird zerstückelt, seine Organe erneuert, dem folgt die Wiedergeburt als Schamane. In einem Beleg von den Jakuten[21] heißt es, daß die Geister dem Schamanen den Kopf abschneiden, damit er seiner Zerstückelung *zusehen* kann: ein Hinweis auf die *sinnliche* Erfahrung der Zerstückelung, vielleicht auch ein Indiz für out-of-the-body-experiences. Die Gleichung

Initiation = Tod + Wiedergeburt

findet sich auch anderen Orts: in Australien, beiden Amerika und in Afrika.

Verschiedene Systeme, manchen von ihnen wollen wir den Rang von Psychologien einräumen, haben Aussagen zum Tod gemacht: Das Individuum überlebt, Fragmente einer Person überleben, Menschen werden transformiert, wiedergeboren, ausgelöscht, sie sind unsterblich oder kommen in Jahrhunderten zur Ruhe etc.

„Der Leser mag sich inzwischen in der Meinung bestätigt sehen, daß es sich hier zwar um interessante Vorstellungen handelt, daß wir aber offensichtlich nur eine einzige Lebensspanne besitzen, und daß es sich bei den verschiedenen Postulaten der westlichen orthodoxen Psychologie um einfache Feststellungen von Tatsachen handelt. *Das aber sind sie gerade nicht, vielmehr handelt es sich um Theorien über den Sinn des Lebens.* Für einige von ihnen gibt es handfestes empirisches Beweismaterial, das sie als nützliche empirische Theorien ausweist, aber ich möchte sie fragen: Inwieweit haben sie diese Anschauungen einfach deshalb passiv akzeptiert, weil sie ihnen in dieser Form beigebracht wurden und weil sie von der Gesellschaft akzeptiert werden, und inwieweit haben sie andere Theorien tatsächlich selbst auf ihre Richtigkeit hin überprüft?"[22] (Anschließend fragt TART, ob man STEVENSONS [23] „ausgezeichnete Sammlung", ob man das Material der Parapsychologie kenne. Die Hervorhebung im Tart-Zitat stammt von mir.)

Daß die Menschen sterben müssen, ist statistisch gesichert. Das meine ich nicht scherzhaft, sondern genauso, wie ich es sage und

---

20 Für „Arktische Hysterie", *meryak, menerik,* vgl. AKE OHLMARKS.- Studien zum Problem des Schamanismus.- Lund/Kopenhagen 1939

21 Nach M. ELIADE.- Schamanismus und archaische Ekstasetechnik.- Zürich/Stuttgart: Rascher o.J.- S. 46

22 CH. TART.-Transpersonale Psychologie, S. 135

23 I. STEVENSON.- Reinkarnation.- Freiburg i.Br.: Aurum ^{2}1978.

wie man es sinngemäß auch bei chinesischen Denkern findet. Zur Frage, ob Sterben ein Ende oder einen Anfang setze, ist damit noch nichts gesagt. Manche natur- und hochkulturvölklichen Kulturen haben aus dem Sterbenmüssen den Schluß gezogen, man müsse das Leben als Vorbereitung zu seinem Höhepunkt im Tode inszenieren. Das taten aber nicht alle. Daß der Tod ein Ende setzt, trat dort zurück, wo man ihn als Tor (Geburt) sah. So wenig, wie unsere Medizin schlüssig sagen kann, was ein „natürlicher Tod" ist, so wenig vermochten viele Naturvölker — wenn es ihnen mehr behagt: Kulturen geringerer Naturbeherrschung — den Tod als natürlich zu akzeptieren. Im Bericht einer Mythenaufzeichnung eines afrikanischen Informanten steht der bemerkungswerte „Neben"-Satz: „Weil aber der Tod furchtbar ist ..."[24].

Dem Tod zu begegnen, gibt es verschiedene Weisen; man kann ihn als Ende oder als Anfang sehen. Bei uns dominiert, wenn ich's recht sehe, ihn als Ende anzunehmen, ihn aber nicht zu betrachten, nicht „anzusehen". (Dem ambitendent ist die Todesmystik und -mythik, wie sie ERICH FROMM als Nekrophilie beschreibt, eine Perversion[25].) Üblich geworden ist es bei uns, dem Tod aus dem Weg zu gehen, ja selbst bei denen, die mit dem Tod in Berührung gekommen sind. Bekannte mit einem „Trauerfall" (man beachte das klinisch distanzierende „Fall") in der Familie meidet man eine Weile, rationalisiert mit: „Was könnte man ihnen schon sagen ..". Begräbniszüge, an denen sich alle Nachbarn beteiligen, sind selbst auf dem Dorf verschwunden.

Das sei jetzt konfrontiert mit Material von südamerikanischen Indianern: Bei den *Tupi-Guarani* traten immer wieder Propheten auf, die den Weg in das „Land ohne Übel" wußten. Oft lag das Land überm Atlantik (vielleicht perseveriert da Historisches: noch unveröffentlichte linguistische Untersuchungen HORST H. FIGGES lassen das möglich erscheinen). Hier interessieren die Vorbereitungen: strenges Fasten, unaufhörlicher Tanz.[26] Die Leiden müssen

---

24 W. F. BONIN.- Die Götter Schwarzafrikas.- Graz: Verlag für Sammler 1979.- S: 153

25 E. FROMM.- Die Anatomie der menschlichen Destruktivität.- Stuttgart: Deutsche Verlagsanstalt 1974.

26 K. TH. PREUSS.- Tod und Unsterblichkeit im Glauben der Naturvölker.- Sammlung gemeinverständlicher Vorträge und Schriften aus dem Gebiet der Theologie und

schrecklich sein. Und doch: eine ars vivendi, die zur ars moriendi wird. Es ist eine schreckliche Überheblichkeit, hier bloß zu kritisieren. Ich nehme an, daß diese Erscheinungen bei den Tupi spät und nicht Teil der traditionellen Kultur sind. Auch unsere Kultur kennt nicht mehr Todeskonzeptionen als Determinanten des Lebens. Riten, Systeme, Organisationen zum Tode hin fehlen. Ich halte sie, kulturanthropologisch, für unabdingbar. Und ich bin altmodisch genug, solche bindungsstiftende Riten wie das vorgenannte Dorfbegräbnis zu fordern; ihre Berechtigung ergibt sich mir nur aus psychologischen („dieseitigen") Gründen und nicht aus der Notwendigkeit, Anrufe aus der Transzendenz zu beantworten. Auch GROFS Befunde demonstrieren dieses „natürliche" Hineinragen des Todes in das Leben.

IV. PHILOSOPHISCHER AUSBLICK

Zurück zur *Transpersonalen Erfahrung* des Todes wie sie die völkerkundliche Kasuistik kennt und wie sie manche der Versuchspersonen und Patienten GROFS machten. Was leisten diese Erfahrungen zu unserem Thema? Nun, sie mehren die Kasuistik; was ferne Religionen über den Tod wußten, wird plötzlich von westlichen Zeitgenossen als Erfahrung beglaubigt. Über die *Realität* der Phänomene darf aus dem Material wissenschaftlich nichts gefolgert werden, soweit sich Realität mit dem Realitätsbegriff eben dieser Wissenschaft deckt. Die Qualität der Realität, die uns hier anrührt, bleibt verborgen. Ist diese Wirklichkeit „objektiv" oder „bloß" psychisch? Und was heißt hier „bloß" und „psychisch"? Das Unbewußte, das GROF zu vermessen begonnen hat: ist es bloßes Konstrukt oder — wie JUNG glaubte — eine transphysische Realität? Die Unus-Mundus-Spekulation JUNGS bleibt Spekulation, aber ich möchte sie nicht missen.

Religionsgeschichte, Nr. 146.- Tübingen: Mohr 1930.- S. 5; V. LANTERNARI.- Religiöse Freiheits-und Heilsbewegungen unterdrückter Völker. Soziologische Texte Bd. 33.- Neuwied/ /Berlin: Luchterhand o. J..- S 275 — 289

Daten halten Wissenschaftler, wie der Name sagt, für „gegeben", man kann sich über sie nicht streiten, wohl aber über ihre Deutung. Diese geschieht vermittels dazu hergestellter *Konstrukte*. Was dem religiösen Gläubigen in einer Offenbarung „gegeben" wurde, was der Mystiker (instant oder nicht) erfuhr, ist weder Datum noch Konstrukt. Die Kritik solcher Erfahrungen mit dem Begriffsraster von Datum und Konstrukt ist töricht, denn Datum und Konstrukt sind einem Bewußtseinszustand (dem sog. Normalbewußtsein) zugeordnet. Erinnern wir uns des Unterschieds zwischen Rätsel und Geheimnis: Das Rätsel kann gelöst werden, dem Geheimnis vermag man sich allenfalls und oft nur mit Mitteln außerhalb der Wissenschaft — zum Beispiel künstlerischen — zu nähern, falls man es nicht im Sprung erreicht, dem Sprung in einen veränderten Zustand des Bewußtseins.

L. WITTGENSTEIN sprach vom Rätsel des Lebens; Geheimnis scheint mir treffender:

„Die zeitliche Unsterblichkeit der Seele des Menschen, das heißt also ihr ewiges Fortleben nach dem Tode, ist nicht nur auf keine Weise verbürgt, sondern vor allem leistet diese Annahme gar nicht das, was man immer mit ihr erreichen wollte. Wird denn dadurch ein Rätsel gelöst, daß ich ewig fortlebe? Ist denn dieses ewige Leben dann nicht ebenso rätselhaft wie das gegenwärtige? *Die Lösung des Rätsels des Lebens in Raum und Zeit* liegt *außerhalb* von Raum und Zeit."[27] (Hervorhebungen: WFB)

Und ebenda der berühmte Satz 7:

„Wovon man nicht sprechen kann, darüber muß man schweigen."[28]

Schweigen in der Sprache der Wissenschaft. Ich bin im Zwiespalt, ob ich CH. TART zustimmen soll, wenn er schreibt:

„Erstaunlicherweise besteht trotz der unglaublich großen Bedeutung, die die Frage, ob man nach dem Tode weiterlebt oder nicht, für ein menschliches Wesen hat, praktisch überhaupt kein Bedürfnis, dieses Problem wissenschaftlich

---

27 L. WITTGENSTEIN.- Tractatus logico-philosophicus. Logisch-philosophische Abhandlung, Satz 6.4312.- Zitiert nach edition suhrkamp Bd. 12.- Frankfurt/M.: Suhrkamp 1963.- S. 113
28 Derselbe, ebenda, S. 115

zu erforschen. Den meisten Menschen scheint es zu genügen, entweder, der jeweiligen religiösen Tradition entsprechend, an ein Weiterleben nach dem Tod zu glauben oder aber sich der materialistischen Weltanschauung anzuschließen, nach der es ein solches Weiterleben nicht gibt. Man hätte erwarten sollen, daß auf den Versuch, eine für die Menschheit so bedeutende Frage wissenschaftlich, d. h. mit Hilfe der mächtigen Methode, die der Mensch sich zur Beantwortung offenstehender Fragen und Probleme erdacht hat, zu klären, nicht verzichtet werden würde."[29]

Der Bedarf nämlich an Literatur zum Tod, zu Todeserfahrungen und dergleichen scheint in den letzten Jahren stark zugenommen zu haben, er ist nicht nur von den Verlagen by pushing geweckt worden. Manches der angebotenen Literatur ist furchtbar, den Tod ohne Achtung zu enttabuisieren, ist bedenklich, was an den Instituten für „mortuary science" passiert[30], desgleichen. Aber es ist psychohygienisch kontraindiziert, denen, die diesen Bedarf angemeldet haben, Schweigen zu gebieten. Auch wo die genannten Drogenerfahrungen nur Dramatisierungen von etwas sind, ist dieses Etwas (manche sprechen in diesem Zusammenhang auch von „Phantasie" und meinen dies abqualifizierend) eine Realität, deren Daßheit unbestreitbar, deren Washeit mindest vorläufig und viel-

---

29 CH. T. TART.- Transpersonale Psychologie, S. 220

30 P. FEYERABEND.- Das Märchen Wissenschaft.- In: Kursbuch 53, 1978.- S. 48, 69

31 Literatur, die in den vorstehenden Aufsatz einging, aber nicht zitiert wurde (Auswahl):

ST. GROF. - Variations of Transpersonal Experiences: Observations from LSD-Psychotherapy.- In: Journal of Transpersonal Psychology, IV, 1972, 1, S. 45 –80; derselbe, Theoretical and empirical basis of Transpersonal Psychology and Psychotherapy: Observations from LSD Research.- In: Journal of Transpersonal Psychology, V, 1973, 1, S. 15 ff W. JAMES.- Die religiöse Ehrfahrung in ihrer Mannigfaltigkeit — Materialien und Studien zu einer Psychologie und Pathologie des religiösen Lebens.- Leipzig: Hinrichs'sche Buchhandlung 1907

A. H. MASLOW.- Religions, values and peakexperiences.- Columbus, Ohio: Ohio State University Press 1964; derselbe, The farther reaches of human nature.- In: Journal of Transpersonal Psychology, I, 1969, 1, S. 1 — 9; derselbe.- Theory Z.- In: Journal of Transpersonal Psychology, II, 1970, 1, S 31 — 47

W. N. PAHNKE/ W. E. RICHARDS.- Implications of LSD and experimental mysticism.- In: Journal of Religion and Health, 1966, 5, S. 175 ff

leicht auf immer unergründbar mit den Mitteln der Wissenschaft ist.

Das schließt aber ein Gespräch über den Tod nicht aus.[31]

E. SPIESS.-Entwicklungsgeschichte der Vorstellungen vom Zustand nach dem Tode.- Jena 1877, Reprint Graz: Akademische Druck und Verlagsanstalt 1975

CH. T. TART (Hrsg.).- Altered states of consciousness. A Book of readings.- New York: Wiley 1969

Während die empirische Betrachtung der Reinkarnationsfrage auf Rückerinnerungen fußt, haben Dichtung und Philosophie der deutschen Klassik und Romantik, wie ERNST BENZ *im folgenden Beitrag hervorhebt, die entwicklungspsychologische Bedeutung der Reinkarnation als mögliche Form progressiver Vollendung der Menschheit betont.*

ERNST BENZ

DIE REINKARNATIONSLEHRE
IN DICHTUNG UND PHILOSOPHIE
DER DEUTSCHEN KLASSIK UND ROMANTIK

Das Thema der Reinkarnation gehört nicht zu den Themen der christlichen Theologie. Wo sich diese überhaupt zu diesem Thema äußert — und in diesem Punkt sind sich sämtliche christliche Konfessionen ausnahmsweise ziemlich ähnlich —, geschieht dies meistens in der Form des apologetischen Nachweises, daß dieses Problem im Bereich einer christlichen Theologie nicht existiert und auch gar nicht existieren darf[1]. Diese Feststellung nützt aber gar nichts, denn die Idee der Reinkarnation wird auch im Bereich der abendländisch-christlichen Geistesgeschichte ganz spontan immer wieder entdeckt[2]

Meine Aufgabe ist es nun nicht, eine Apologie der Reinkarnationslehre zu geben, sondern die kritische Frage zu stellen: Wie kommt es eigentlich, daß diese Idee immer wieder auch im christlichen Bereich spontan durchbricht, obwohl für sie nach dogmatischer Ansicht in diesem Bereich kein Platz zu sein scheint? Wo sind denn eigentlich die Einbruchstellen der Reinkarnationslehre in unser abendländisch-christliches Denken? Wo ist die Lücke in unserer traditionellen christlichen Vorstellung von der menschlichen Persönlichkeit und ihrem Woher und Wohin, durch die immer wieder die Anschauung von der Reinkarnation eindringt? Auf wel-

---

[1] s. P. ALTHAUS. - Die letzten Dinge. - ³1926, S. 219 ff; Seelenwanderung (II. Dogmatisch) in dem Handbuch: Die Religion in Geschichte und Gegenwart, 2. Aufl., Bd. V, S. 379. Der Ausgangspunkt der Kritik von Althaus an der Seelenwanderungslehre: „Der Gedanke der Seeelenwanderungslehre spricht nicht eine Erfahrung aus, sondern ist Spekulation aus bestimmten Motiven" wird durch die Psychologie nicht bestättigt.

[2] s. hierzu die eindrucksvolle Fülle des Materials bei E. BOCK. - Wiederholte Erdenleben. Die Wiederverkörperungsidee in der deutschen Geistesgeschichte. - Stuttgart 1952

che Lebensfragen versucht diese Idee eine Antwort zu geben, die
für sich beansprucht, eine bessere Antwort als die dogmatische
Antwort zu sein? Unter diesem Aspekt soll im Folgenden das Auftauchen der Reinkarnations-Idee in der großen klassischen Zeit der
deutschen Geistesgeschichte, in der Epoche der idealistischen Philosophie und Theologie um die Wende des 18. zum 19. Jahrhundert
und in der Epoche der deutschen Klassik und Romantik behandelt
werden. Damals ist wohl unter dem Einfluß der Entdeckung der
nicht-christlichen Hochreligionen Asiens, vor allem des *Hinduismus* und des *Buddhismus*, die erste große geistige Auseinandersetzung mit diesem Problem erfolgt.

I. LESSING

Das Thema der Reinkarnation taucht bei GOTTHOLD EPHRAIM LESSING (1724 – 1781) an einer zentralen Stelle seiner Geschichtsphilosophie auf, nämlich am Ende seiner Betrachtungen
über die *„Erziehung des Menschengeschlechtes"*[3]. In dieser Schrift
aus dem Jahre 1780 entwirft LESSING eine Betrachtung der Geschichte, die das traditionelle christliche Verständnis der Geschichte der Menschheit als einer Heilsgeschichte in die Idee einer stufenweisen Erziehung des Menschengeschlechtes umdeutet. Die göttliche Offenbarung ist „Erziehung, die dem Menschengeschlecht geschehen ist und noch geschieht". Die Erziehung der Gesamtheit
der Menschheit erfolgt in einer Reihe von Etappen, die durch die
verschiedenen Perioden der Heilsgeschichte repräsentiert werden.
LESSING legt jedoch seinem Geschichtsschema nicht die beiden
orthodoxen Stufen der Epoche des Alten und Neuen Testamentes
zugrunde, sondern greift auf die spiritualistische Drei-Epochen-Teilung der Heilsgeschichte zurück, wie sie JOACHIM DE FIORE im
13. Jahrhundert entwickelt hatte. Er sieht die Erziehungsgeschichte der Menschheit durch die Epoche eines neuen „ewigen Evange-

---

[3] s. K. RÖSSLER. - Seelenwanderungslehre Lessings. - in: Preuss. Jahrbuch , Bd.
XX, September, und die Erwiderung DILTHES, Preuss. Jahrbuch Bd. XX, Heft 4.

liums" gekrönt, in die die Menschheit „in einem *dritten Zeitalter* in der Epoche ihrer geistigen *Reife*, ihrer Mannheit" eintritt. Die Erziehung des einzelnen Menschen steht nun zu der Erziehung der gesamten Menschheit im Verhältnis einer unmittelbaren Analogie: „*Eben die Bahn, auf welcher das ganze Geschlecht zu seiner Vollkommenheit gelangt, muß jeder einzelne Mensch (der früher, der später) erst durchlaufen haben*"[4]. Die Erziehungsgeschichte des Einzelnen ist also die Rekapitulation der Erziehungsgeschichte der ganzen Menschheit; seine Vollendung besteht darin, an der Vollendung der Menschheit teilzuhaben. Was als das erhabenste Ziel von der Menschheit am Ende ihrer Geschichte erreicht wird, das ist auch das höchste Ziel der Entwicklung des einzelnen Individuums.

Dies ist der Punkt, an dem das Problem der Reinkarnation bei LESSING einsetzt. Angesichts der Forderung, daß der einzelne Mensch die Bahn zu seiner Vervollkommnung ganz durchlaufen muß, erhebt sich die Frage, ob dieses Ziel für den Einzelnen in einem *einzigen Leben erreichbar ist oder ob nicht diese Forderung voraussetzt, daß der Mensch diesen Grad der Vollkommenheit erst nach dem Durchlaufen vieler Leben, d. h. vieler Inkarnationen* erreichen kann. Ein weiteres Problem: Wie können die früheren Generationen an der letzten Phase der Vollkommenheit teilhaben? Ist es nicht ungerecht, sie davon auszuschließen? Ist es nicht unsittlich, anzunehmen, daß nur die Generation der letzten Menschheitsperiode am Zustand der Vollkommenheit teilhat und so zum Schmarotzer der früheren Generationen wird, die allein den Ertrag des Schmerzes und Leides der früheren Generationen einheimst?

Überraschenderweise stellt LESSING den Gedanken der Reinkarnation an den Schluß seiner Geschichtsphilosophie:

„*In einem und demselben Leben durchlaufen haben? Kann er (der Mensch) in eben demselben Leben ein sinnlicher Jude und ein geistiger Christ gewesen seyn? Kann er in eben demselben Leben beide überholt haben?" „Wohl nicht! – Aber warum könnte jeder einzelne Mensch auch nicht mehr als einmal auf dieser Welt vorhanden gewesen seyn?*"[5]

Hier wird in vorsichtig fragender Form der Gedanke der Reinkarnation als die beste Antwort auf die Frage nach der Erreichung der

---

4 G. E. LESSING. - Erziehung des Menschengeschlechtes, § 93
5 Derselbe, ebenda, § 93 – 94

menschlichen Vollkommenheit angeführt, und die letzten Paragraphen der „Erziehung des Menschengeschlechts" bilden eine in sich zusammenhängende Apologie dieser Lehre. Der Grundgedanke ist dabei, daß ein einziges Menschenleben nicht genügt, um den Menschen alle Stufen seiner Erziehung zur Vollkommenheit durchlaufen und das höchste Ziel dieser Vollkommenheit erreichen zu lassen.

LESSINGS eigene philosophische Begründungen der Reinkarnation sind vorsichtigerweise — wohl mit Rücksicht auf die herrschenden kirchlich-orthodoxen Lehren von den letzten Dingen — gleichfalls durchweg als *Fragen* formuliert.

„Warum könnte auch Ich nicht hier bereits einmal alle die Schritte zu meiner Vervollkommnung gethan haben, welche bloß zeitliche Strafen und Belohnungen den Menschen bringen können?" „Und warum nicht ein andermal alle die, welche zu thun uns die Aussichten in ewige Belohnungen so mächtig helfen?" *„Warum sollte ich nicht so oft wiederkommen, als ich neue Kenntnisse, die Fertigkeiten zu erlangen geschickt bin?* Bringe ich auf eimal so viel weg, daß es der Mühe wieder zu kommen etwa nicht lohnt?" „Darum nicht? — Oder, weil ich es vergesse, daß ich schon da gewesen? Wohl mir, daß ich das vergesse. Die Erinnerung meiner vorigen Zustände würde mir nur einen schlechten Gebrauch der gegenwärtigen zu machen erlauben. Und was ich auf jetzt vergessen muß, habe ich denn das auf ewig vergessen?" „Oder, weil so viel Zeit für mich verloren gehen würde? — Verloren? — Und was habe ich denn zu versäumen? Ist nicht die ganze Ewigkeit mein?"[6]

In dieser begeisterten Apologie der Reinkarnation bleibt für LESSING durchweg der Gedanke beherrrschend, daß es für den einzelnen Menschen unmöglich ist, in einem und demselben Leben sämtliche Stufen zu durchlaufen, die zu seiner Vollkommenheit erforderlich sind. Die Idee der Reinkarnation ist hier also in einem *spezifisch abendländisch-christlichen Sinne umgedeutet,*[7] und zwar in einer doppelten Richtung:

1. Im hinduistischen und buddhistischen Denken umfaßt die Kette der Reinkarnationen *die Wanderung durch das Tier- und Menschenreich.* Hier dagegen ist von einer *Wanderung durch das Tierreich nicht mehr die Rede;* es handelt sich ausschließlich um das

6 Derselbe, ebenda, § 96 — 100

Schicksal der menschlichen Geist-Person, das sich in immer neuen Verleiblichungen vollzieht.

2. Weiter scheint im hinduistischen und buddhistischen Denken die Reinkarnation als der Fluch des irdischen Seins, und das höchste Ziel des Lebens ist das Aufgehen im Nirwana, in dem der Mensch vom Fluch dieser Wanderung erlöst ist. Bei LESSING dagegen tritt eine ganz neue, positive Bewertung der Reinkarnation in den Vordergrund, nämlich der Gedanke der *progressiven Vervollkommnung* der menschlichen Person in einer Reihe von Reinkarnationen. Die Vollkommenheit wird dabei verstanden als die Entfaltung aller Fertigkeiten, die Entwicklung aller Anlagen, die Erfüllung aller Erkenntnis-Möglichkeiten des Menschen. Die menschliche Natur ist so umfassend, die Spannweite des menschlichen Person-Seins so ausgedehnt, daß sich ihre Anlagen und Fähigkeiten unmöglich in einem einzigen Leben entfalten können. Der Gedanke hat von hier aus für LESSING und seine ganze Periode *etwas Berauschendes*. Die Seelenwanderung verschafft den Zugang zu einem unendlich reicheren, tieferen, erfüllteren und beglückteren Leben. Die Möglichkeit, die Vollkommenheit und Glückseligkeit durch die Ausformung aller in dem menschlichen Person-Sein gegebenen Anlagen und Fähigkeiten zu erreichen, ist nicht auf dieses eine irdische Leben beschränkt, wo diese Fähigkeiten durch die Widrigkeiten des Schicksals oft nur all zu früh geknickt und zerstört werden: tausend neue Leben stehen vor uns, tausend Chancen, neue Kenntnisse zu erwerben, neue Fähigkeiten zu entwickeln, neue Glückseligkeiten zu durchlaufen. Es ist ein völlig neues Weltgefühl, das in dem Schlußwort LESSINGS anklingt: „Was habe ich denn zu versäumen? Ist nicht die ganze Ewigkeit mein?"

Das menschliche Person-Sein umfaßt hier *die gesamte Ewigkeit als das Feld ihrer unendlichen Weiterentwicklung und Vervollkommnung,* die nicht nur dieses eine Leben, sondern eine unermeßliche Fülle von neuen Formen personhaften Lebens und einen unermeßlichen Reichtum von Erkenntnissen und Beseligungen umfaßt. Gleichzeitig aber steht dahinter eine Anschauung, die ebenfalls von höchster Bedeutung für das neue Lebensgefühl dieser Epoche ist: Jede Vervollkommnung kann nicht auf einem bloß intellektuellen Wege, sondern *nur durch die Lebenserfahrung selbst erreicht werden*. Nur die am eigenen Geist und Leib erfahrene zeitliche Strafe und zeitliche Belohnung, nur das leibhafte Eintauchen in die dramatische Sphäre von Schuld und Sühne, ist der echte menschliche Weg der Vervollkommnung.

Von hier aus wagt LESSING sogar, die christliche Verheißung ewiger Belohnung als ein Argument für die Wahrheit der Lehre von der Seelenwanderung anzuführen: gerade diese christliche Verheißung erfüllt sich seiner Meinung nach in den Belohnungen, die der Mensch in seinen zukünftigen Leben auf dem Wege seiner stufenweisen Vervollkommnung erfährt.

So deutet sich als Finale der Lessingschen Geschichtsphilosophie ein neues Lebensgefühl an, das sich theoretisch in einem Rückgriff auf die Lehre von der Reinkarnation entwickelt und *das die Ewigkeit als ein Feld unendlicher Möglichkeiten der Entfaltung, Vervollkommnung und Beseeligung der menschlichen Persönlichkeit wie auch der Menschheit selbst erblickt*. Diese Idee der Vervollkommnung des Menschen in immer neuen Inkarnationen hat bei LESSING noch ihren besonderen Ausdruck in einem *Fragment* gefunden, das zu seinen Altersschriften gehört und den Titel führt: „Das mehr als fünf Sinne für den Menschen seyn können" Diese Schrift behandelt die Frage nach der Möglichkeit einer zukünftigen Entwicklung aller menschlichen Sinnesfähigkeiten. Die Seele wird hier von LESSING beschrieben als ein einfaches Wesen, welches unendlicher Vorstellungen fähig ist. Als endliches Wesen jedoch ist sie „dieser unendlichen Vorstellungen nicht auf einmal fähig, sondern erlangt sie nach und nach in einer unendlichen Folge von Zeit"[7]. Eine Untersuchung der menschlichen Sinne, die ihr zur Erfahrung und Anschauung des Universums zur Verfügung stehen, zeigt nun, daß der jetzige Zustand, in dem seine Seele über fünf Sinne verfügt, das Ergebnis eines Prozesses ist, auf dem sie viele Stufen durchlaufen hat, auf denen sich die heute vorhandenen Sinne einzeln ausgebildet und allmählich miteinander verbunden haben. Dieser gegenwärtige Zustand selbst ist aber nicht endgültig

---

[7] G. E. LESSING. - Philosoph. Bibliothek Bd. 119, S. 9f; Sämtliche Schriften, Elfter Band. Berlin 1839, S. 458

abgeschlossen, sondern ist nur der Übergang zu einer *weiteren Entfaltung von Möglichkeiten sinnlicher Erfahrung*. Die Vervollkommnung besteht demnach nicht nur in einer Vervollkommnung der Fähigkeiten der fünf Sinne, über die der Mensch zur Zeit verfügt, sondern in der Ausbildung neuer Sinne im Laufe der zukünftigen Entwicklung des Menschengeschlechtes. LESSING äußert hier bereits bestimmte Vermutungen: er hielt es zum Beispiel für durchaus möglich — und hier steht LESSING unter dem Einfluß der naturwissenschaftlichen Lehren seiner Zeit von der Elektrizität und vom Magnetismus — daß der Mensch einen besonderen *Sinn für den ganzen Bereich der Elektrizität* entwickelt, der ihm zur Zeit sinnenmäßig noch nicht unmittelbar zugänglich ist:

„Dann wird auf einmal für uns eine ganz neue Welt voll der herrlichsten Phänomene entstehen, von denen wir uns jetzt eben so wenig einen Begriff machen können, als er sich von Licht und Farben machen konnte."[8]

Heute sind wir froh, daß wir nicht alle elektrischen Wellen, die den Äther durcheilen, bewußt aufnehmen.

Hier ist also die Idee der Seelenwanderung mit dem berauschenden Ausblick auf eine „ganz neue Welt voller herrlichster Phänomene" verbunden. Das neue Lebensgefühl erwartet hier von neuen Inkarnationen die Eröffnung immer neuer Aspekte des Universums, immer tieferer Erschließungen seiner Geheimnisse.

II. KANT

HELMUT VON GLASENAPP hat in einer aufsehenerregenden Schrift über „Kant und die Religionen des Ostens" dargelegt, daß der Königsberger Philosoph maßgeblich an der Verbreitung der Kenntnis der östlichen Religionen in der gebildeten Welt Deutschlands beteiligt war. IMMANUEL KANT (1724 — 1804) hat in seinen Vorlesungen über „*Physische Geographie*" regelmäßig die Länder und Völker des Ostens behandelt und ging dabei auch ausführlich auf deren Religionen ein. Das in den vielen Bänden der

---

[8] Derselbe, ebenda,

Akademie-Ausgabe von KANTS Werken und in den veröffentlichten Nachrichten von KANTS Vorlesungen enthaltene Material enthält aber nur ein Bruchstück der Ausführungen KANTS, vor allem die Abschnitte über Indien, Japan und die Philippinen fehlen darin völlig. Auf Grund einer Erforschung der in Königsberg und Berlin aufbewahrten Handschriften von KANTS Geographie-Kolleg hat H. VON GLASENAPP die in den bisherigen Ausgaben nicht enthaltenen Teile des Geographie-Kollegs von KANT ausgezogen, im Zusammenhang veröffentlicht und mit einem ausführlichen Kommentar versehen[9]. Diese bisher unbekannten Ausführungen über Indien, Japan und die Philippinen enthalten auch ausführliche Berichte über die indische Religion und beschäftigen sich eingehend mit dem Thema der Seelenwanderung.

GLASENAPP hat nun nachgewiesen, daß die von KANT mitgeteilten Einzelheiten voller Mißverständnisse sind, die mit den für die damalige Zeit notwendigerweise ungenügenden Informationen über die tatsächlichen religiösen Verhältnisse der von ihm besprochenen Länder und Religionen zusammenhängen. Bedeutungsvoll bleibt immerhin, daß KANT *auf den Gedanken der Seelenwanderung auch innerhalb seiner eigenen Philosophie immer wieder zurückgegriffen hat und ihn als ernsthafte Hypothese behandelt hat.* Dies ist z. B. der Fall in seiner Kritik der kirchlichen Lehre von der Ewigkeit der himmlischen Seligkeit und der höllischen Strafen:

„Keines Menschen Schuld ist so groß, daß er ewig bestraft, noch keines Verdienst so groß, daß er ewig belohnt werden solle. Ewig kann daher künftiges Leben nicht sein, denn wenn ein Mensch *die seinen Tagen gebührende Belohnung oder Strafe erhalten hat,* so muß er abtreten, denn er hat das Seine empfangen"[10].

Was geschieht nun aber mit der Seele, wenn sie im Jenseits ihren Lohn und ihre Strafe nach Gebühr empfangen hat? Hier kann die

---

9 H. v. GLASENAPP. - Kant und die Religionen des Ostens. - in: Beiheft zum Jahrbuch der Albertus-Universität Königsberg/Pr. Nr. V. - Kitzingen 1954. *KANT hat über Geographie zum ersten Mal im Sommer 1756 gelesen und bei der späteren häufigen Wiederholung dieses Kolleg fortlaufend verbessert.* Die Ausgabe von GLASENAPP stützt sich auf Diktat-Texte des Kollegs vom Wintersemester 1772/73, die von Kant eigenhändig durchkorrigiert wurden, und bringt also die letzte, auf den neuesten Stand der damaligen Forderung gebrachte Fassung des Kollegs.

10 s. H. v. GLASENAPP, ebenda, S. 157, nach M. HENNIG, Vorlesung Kants über Metaphysik, Leipzig 1894, S. 690

Antwort im Grunde nicht darin bestehen, daß die Seele später wieder in einen materiellen Leib eingeht und in der Sinnenwelt ihre moralische Läuterung fortsetzt.

KANT hat in der Tat auf die Möglichkeit einer Reinkarnation hingewiesen und sie wenigstens als Hypothese im Zusammenhang mit seinen Spekulationen über die Gestirnsbewohner im 3. Teil seiner „Allgemeinen Naturgeschichte und Theorie des Himmels" 1755 angedeutet. Dort ist die Wanderung der Seele nicht als eine Reihe von Inkarnationen auf dieser Erde gedacht, sondern als eine Kette von immer neuen Verleiblichungen *auf immer neuen vollkommneren Erden oder Planeten.*

„Sollte die unsterbliche Seele wohl in der ganzen Unendlichkeit ihrer künftigen Dauer, die das Grab selber nicht unterbricht, sondern nur verändert, an diesen Punkt des Weltraumes, an unsere Erde, jederzeit geheftet bleiben? Sollte sie niemals von den übrigen *Wundern der Schöpfung* einer näheren Anschauung teilhaftig werden? Wer weiß, ist es ihr nicht zugedacht, daß sie dereinst jene entfernten Kugeln des Weltgebäudes und die Trefflichkeit ihrer Anstalten, die schon von weitem ihre Neugierde so reizen, von nahem soll kennenlernen? Vielleicht bilden sich darum noch einige Kugeln des Planetensystems aus, um nach vollendetem Ablauf der Zeit, die unserem Aufenthalte allhier vorgeschrieben ist, uns in andern Himmeln neue Wohnplätze zu bereiten. Wer weiß, laufen nicht jene Trabanten um den Jupiter, *um uns dereinst zu leuchten?*" [11]

Diese Ausdehnung des Bereichs der Reinkarnation auf das gesamte Universum ist ein Gedanke, der hier von KANT in einer fast dichterischen Vision im Zusammenhang mit sehr detaillierten Spekulationen über die Seinsweise der Bewohner der übrigen Planeten unseres Sonnensystems dargelegt wird, – Spekulationen, für die er sogar den Charakter einer wissenschaftlichen Wahrscheinlichkeit postuliert. Sie lassen ein Motiv anklingen, das außerordentlich stark dazu beigetragen hat, den Gedanken der Reinkarnation zu beleben, und das nicht nur bei GOETHE, sondern auch bei HERDER wiederkehrt. Diese kosmische Erweiterung der Reinkar-

---

11 I. KANT. - Allgemeine Naturgeschichte und Theorie des Himmels. Bd. I. - Preuss. Ak. d. Wiss., 1755, S. 366. Nach dem Bericht von J. C. HASSE, „Letzte Äußerungen Kants", S. 29 hat sich Kant in seinen letzten Lebensjahren gelegentlich, auf Befragen nach seiner Erwartung von dem Zustand nach dem Tode, für eine Art von Metempsychose oder Seelenwanderung ausgesprochen; s. GLASENAPP, Kant und die Religionen, S. 158

nationslehre entsprach aufs stärkste dem neuen Naturgefühl, das in der deutschen Klassik erwachte und in der romantischen Naturphilosophie eines SCHELLING seinen großartigsten philosophischen Ausdruck erhielt. Literarisch ist dieses Thema in dieser Zeit dadurch aktualisiert worden, daß EMANUEL SWEDENBORG seine Visionen über die Bewohner der Himmelskörper in einem eigenen Band zusammenfaßte, der als erstes seiner Werke von dem Haupt des schwäbischen Pietismus, dem Theosophen FRIEDRICH CHRISTOPH OETINGER, ins Deutsche übersetzt wurde[12].

Innerhalb der christlichen Theosophie OETINGERS wird allerdings keine Lehre von der Seelenwanderung entwickelt, da sich diese in das System der christlichen Glaubenswahrheiten nicht einfügen läßt. Doch ist bei Leuten wie OETINGER, FRICKER, PHILIPP MATTHÄUS HAHN und auch MICHEAL HAHN, den wichtigsten Häuptern der *schwäbischen Theosophie*, die christliche Endzeiterwartung in einer Weise ausgedeutet, die sie in unmittelbare Nähe einer Reinkarnationslehre rückt[13]. Ist doch für diese schwäbischen Theosophen das Leben nach dem Tode der Beginn einer Epoche fortgesetzter, aktiver Vervollkommnung des menschlichen Person-Seins, und wird doch gerade bei ihnen diese Vervollkommnung mit den übrigen Weltkörpern des Universums in Zusammenhang gebracht, die die Stätten einer zukünftigen weiteren Vollendung der Abgeschiedenen darstellen und als „Pflanzstätten der *Geister*" dienen. So ist innerhalb dieser Spekulationen das Thema der Weiterbildung des Menschen auf anderen Weltkörpern bereits zu einem Lieblingsthema der christlichen Lehre von den letzten Dingen geworden, und es ist kein Wunder, wenn die Reinkarnationslehre bei den Dichtern und Philosophen der deutschen Klassik und Romantik dieselbe Ausweitung ins Kosmische erfahren hat.

---

12 s. E. BENZ. - Swedenborg in Deutschland. - Frankfurt/M 1949, c. X: Oetingers Reflexionen über Swedenborgs Schrift von den Erdkörpern der Planeten, S. 114 ff

13 s. auch E. BENZ. - Swedenborg, Naturforscher und Seher. - München 1948. - S. 132 ff.

III. GOETHE

Das hinreißende Finale von LESSINGS „Ideen zur Geschichte der Menschheit" fand sein starkes Echo in Weimar, vor allem bei JOHANN WOLFGANG VON GOETHE (1749 – 1832) und seinem Kreis. Die kräftigsten Impulse zu einer Beschäftigung mit dem Problem der Reinkarnation gingen von GOETHE selber aus. Offensichtlich hat ihn diese Idee während seines ganzen Lebens zutiefst bewegt. Allerdings hat sich GOETHE gerade über diese Seite seiner innersten Gedanken selten und nur mit größter Zurückhaltung geäußerst. Ja, es finden sich bei ihm Worte, die sich gegen die Beschäftigung mit Unsterblichkeitsfragen selbst richten.
Am 25. 2. 1824 sagt er zu *Eckermann*

„Die Beschäftigung mit Unsterblichkeitsideen ist für vornehme Stände und besonders für Frauenzimmer, die nichts zu tun haben. Ein tüchtiger Mensch aber, der schon hier etwas Ordentliches zu sein gedenkt und der daher täglich zu streben, zu kämpfen und zu wirken hat, läßt die künftige Welt auf sich beruhen, und ist tätig und nützlich in dieser.
Ferner sind Unsterblichkeits-Gedanken für solche, die in Hinsicht auf Glück hier nicht zum besten weggekommen sind ...".

Aber gerade die wenigen positiven Äußerungen zur Reinkarnationsfrage lassen erkennen, wie stark ihn diese Idee ständig bewegte. Das Thema über die Reinkarnation erscheint bereits als Thema eines Gespräches des 23-jährigen GOETHE mit *Charlotte Buff* und deren Verlobten, *Johann Christian Kestner*, von dem dieser in seinem Tagebuch berichtet[14]. Das Thema tritt in dem literarischen Werk GOETHES zunächst ganz zurück, bricht aber in einem doppelten Zusammenhang aufs stärkste hervor. Der erste sichtbare Impuls zu einer literarischen Gestaltung dieses Gedankens bei GOETHE ist seine Liebe zu *Frau v. Stein*. Gerade die Tiefe dieser Liebesbegegnung hat in GOETHE spontan den Gedanken wachgerufen, den schicksalhaften Charakter seiner Beziehungen zu Frau v. Stein als die Auswirkung eines Schicksalbandes zu verstehen, das bereits in einem früheren Dasein geknüpft wurde.

---

14 s. E. BOCK, Wiederholte Erdenleben, S. 56

> „... Sag, was will das Schicksal uns bereiten?
> Sag, wie band es uns so rein genau?
> Ach, du warst in abgelebten Zeiten
> Meine Schwester oder meine Frau ...
> Und von allem dem schwebt ein Erinnern
> Nur noch um das ungewisse Herz,
> Fühlt die alte Wahrheit ewig gleich im Innern,
> Und der neue Zustand wird im Schmerz ..."[15]

Dieses Wort ist nicht nur poetisch gemeint, sondern der Ausdruck einer tiefen, religiösen Überzeugung, die GOETHE einige Monate vorher auch WIELAND gegenüber zum Ausdruck bringt: „Ich kann mir die Bedeutsamkeit – die Macht, die diese Frau über mich hat, anders nicht erklären, *als durch die Seelenwanderung. – Ja, wir waren einst Mann und Weib!* – Nun wissen wir von uns – verhüllt, im Geisterduft. – Ich habe keine Namen für uns – die Vergangenheit – die Zukunft – das All."[16]

Auch für FRIEDRICH VON SCHILLER (1759 – 1805) war es ein Liebeserlebnis, das ihm den Gedanken der Reinkarnation, für den er theoretisch schon in seiner Dissertation eingetreten war[17], in einer persönlichen Weise bedeutsam werden ließ. Unter den „An Laura" gerichteten Gedichten findet sich eines mit der Überschrift „Das Geheimnis der Reminiszenz", das die Begegnung mit der Geliebten als ein in früheren Inkarnationen gehabtes Schicksal empfindet:

> „Waren unsere Wesen schon verflochten?
> War es darum, daß die Herzen pochten?
> Waren wir im Strahl erlosch'ner Sonnen,

---

15 J. W. GOETHE. - Warum gabst Du uns die tiefen Blicke?. - in: Sämtliche Werke.- Stuttgart 1885, I, S. 877

16 Derselbe, Weimar, April 1776

17 Im § 27 dieser Dissertation schildert SCHILLER den Vorgang des Todes: „ Die Seele fähret fort, in anderen Kreisen ihre Denkkraft zu üben und das Universum von anderen Seiten zu beschauen. Man kann freilich sagen, daß sie diese Sphäre im geringsten noch nicht erschöpft hat, daß sie solche vollkommener hätte verlassen können; aber weiß man denn, daß diese Sphäre für immer verloren ist? Wir legen jetzo manches Buch weg, das wir nicht verstehen, aber vielleicht verstehen wir es in einigen Jahren besser."

18 in: Gespräche mit Goethe. Hrsg. E. HEDERER. - Bergen 1950. - S. 129 ff

> In den Tagen lang verrauschter Wonnen,
> Schon in Eins zerronnen?
> Ja, wir waren's — Innig mir verbunden
> Warst du in Äonen, die verschwunden;
> Meine Muse sah es auf der trüben
> Tafel der Vergangenheit geschrieben:
> Eins mit deinem Lieben."18

Wenn GOETHE das Geheimnis seines Glaubens an die Reinkarnation WIELAND gegenüber berührt, so hat dies seinen Grund darin, daß er gerade in WIELAND innerhalb des Weimarer Kreises das innigste Verständnis für diese Problematik fand. In den Gesprächen mit WIELAND wurde die Lehre von der Reinkarnation offenbar auch zur Deutung des *Phänomens der „Genies", der „großen Menschen"* herangezogen. Das *Genie* ist unverständlich als Produkt einer einzigen Welterfahrung. Die Sonderstellung des großen Menschen, seine besondere Einsicht, die ungewöhnliche Spannweite seiner Erfahrung und seines Wissens kann am ehesten verstanden werden als das Produkt einer Reihe von Inkarnationen, in denen sein Person-Sein zu einer immer tieferen Erkenntnis und einer immer weiteren Schau herangereift ist.

Die Thematik wird blitzartig erhellt durch das berühmte Gespräch, das J. D. FALK am Begräbnistage WIELANDS am 25. 1. 1813 mit GOETHE führte. FALK fand GOETHE in einer merkwürdig weichen, fast wehmütigen Stimmung, wie man es an ihm gar nicht gewohnt war. Zu seiner eigenen Überraschung wurde FALK der Eröffnung GOETHES über ein Thema gewürdigt, das er sonst zu vermeiden pflegte; die Frage nach dem Schicksal, das auf den verstorbenen Freund nach seinem Tod wartet, veranlaßt GOETHE, seine Gedanken über die Reinkarnation, die er in vertrauten Gesprächen mit WIELAND geäußert hatte, nunmehr auf WIELAND selber zu übertragen und im Hinblick auf ihn seine Lehre vom „großen Menschen" als der Frucht vieler Inkarnationen zu entwickeln, wobei er in eigentümlicher Weise Gedanken der Leibnitz'schen Monadenlehre mit Ideen SWEDENBORGS verknüpft. GOETHE unterscheidet dabei verschiedene Rangstufen der Seelen und Monaden. Die *Unsterblichkeit* ist eine *Auszeichnung,* die nicht jedem Rang der Seelen verliehen wird und die dem „niedrigen *Weltgesindel*", dem „*wahren Monadenpack,* womit wir in diesem Planetenwinkel zusammengeraten sind", nicht zusteht. Nur einige Monaden entwickeln sich zu höheren Gestalten hinauf bis zur Weltmonade, die in sich ihre früheren Zustände in einigen großen historischen Hauptpunkten zusammenfaßt.

„Wollen wir uns einmal auf Vermutungen einlassen", setzte Goethe hierauf seine Betrachtungen weiter fort, „so sehe ich wirklich nicht ab, was die Monade, welcher wir Wielands Erscheinung auf unserem Planeten verdanken, abhalten sollte, in ihrem neuen Zustande die höchsten Verbindungen dieses Weltalls einzugehen. Durch ihren Fleiß, durch ihren Eifer, durch ihren Geist, womit sie so viele weltgeschichtliche Zustände in sich aufnahm, ist sie zu allem berechtigt. Ich würde mich so wenig wundern, daß ich es sogar meinen Ansichten völlig gemäß finden müßte, wenn ich einst diesem Wieland als einer Weltmonade, als einem Stern erster Größe nach Jahrtausenden wieder begegnete und sähe und Zeuge davon wäre, wie er mit seinem lieblichen Lichte alles, was ihm irgend nahe käme, erquickte und aufheiterte. Wahrlich, das nebelhafte Wesen irgendeines Kometen in Licht und Klarheit zu verfassen, das wäre wohl für die Monas unseres Wielands eine erfreuliche Aufgabe zu nennen; wie denn überhaupt, sobald man an die Ewigkeit dieses Weltzustandes denkt, sich für Monaden durchaus keine andere Bestimmung annehmen läßt, daß sie ewig auch ihrerseits an den Freuden der Götter als selig mitschaffende Kräfte teilnehmen. Das Werden der Schöpfung ist ihnen anvertraut. Gerufen oder ungerufen, sie kommen von selbst auf allen Wegen, von allen Bergen, aus allen Meeren, von allen Sternen; wer mag sie aufzuhalten? Ich bin gewiß, wie sie mich hier sehen, schon tausendmal dagewesen und hoffe wohl noch tausendmal wiederzukommen."

Ähnliche Gedanken klingen bei GOETHE im Zusammenhang mit einem anderen Todesfall nach.

Als Freund Zelter durch den Tod seines Sohnes schwer getroffen wurde, versuchte ihm GOETHE am 19. 2. 1827 mit den Worten Trost zu schenken:

„Wirken wir fort, bis wir vor oder nacheinander, vom Weltgeist berufen in den Äther zurückkehren! Möge dann der ewig Lebendige uns neue Tätigkeiten, denen analog, in welchen wir uns schon erprobt, nicht versagen! Fügt er so dann Erinnerung und Nachgefühl des Rechten und Guten, was wir hier schon gewollt und geleistet haben, väterlich hinzu, so würden wir gewiß nur desto rascher in die Räder des Weltgeschehens eingreifen."

Dann aber fährt GOETHE im Brief an Zelter fort:

„Die entelechische Monade muß sich nur in rastloser Tätigkeit erhalten, wird ihr dies zur anderen Natur, so kann es ihr in Ewigkeit nicht an Beschäftigung fehlen."

Ursprünglich nannte GOETHE im Schluß des zweiten Teils die Seele Fausts auch *Entelechie,* erst in der Schlußfassung wird Entelechie durch Fausts *Unsterblichkeit* ersetzt.[19]

Am 1. September 1929 sagt GOETHE zu Eckermann:

„Ich zweifle nicht an unserer Fortdauer, denn die Natur kann die Entelechie nicht entbehren. Aber wir sind nicht auf gleiche Weise unsterblich, und um sich künftig als große Entelechie zu manifestieren, muß man auch eine sein."

Paradoxerweise konnte sich GOETHE gerade über diese seine Lieblingstheorie, die ihm sein schicksalhaftes Verbundensein mit Frau v. Stein deuten sollte, mit Frau v. Stein selbst nicht verständigen. Der Weimarer Kreis, in dem man sich mit der Reinkarnationslehre befaßte, spaltete sich in zwei Lager, zu deren einem GOETHE, WIELAND und SCHLOSSER gehörten, während die Führer des anderen Lagers HERDER und Frau v. Stein waren. Der Gegensatz über diesen Punkt spiegelt sich in den persönlichen Dokumenten dieses Kreises aufs deutlichste wider. Eine der wundervollsten Bemühungen GOETHES, Frau v. Stein für seine Anschauungen zu gewinnen, ist der „Gesang der Geister über den Wassern", der das Schreiten der Menschenseele durch die Reihe der Inkarnationen schildert:

> „Des Menschen Seele
> Gleicht dem Wasser:
> Vom Himmel kommt es,
> Zum Himmel steigt es.
> Und wieder zur Erde muß es,
> Ewig wechselnd ..."

GOETHE sendet dieses Gedicht Frau v. Stein zu mit der Bitte, es auch für Knebel abzuschreiben. Diese fügt sich zwar der Bitte, fügt aber der Anschrift an Knebel die Worte hinzu: „Dieser Gesang ist nicht ganz meine Religion. Die Wasser mögen auch in ihrer Atmosphäre auf und ab steigen, aber unsere Seelen kann ich mir nicht anders als in die unendlichen Welten der ewigen Schöpfung

---

19 Aus: U. SCHÖNDORFER. - Faust II. Goethes Weltanschauliches Vermächtnis. - in: Zeitschrift für Ganzheitsforschung NF, 22. Jg., Wien 1978, 1, S. 26

verkettet denken." Es ist nicht ohne Reiz, sich vor Augen zu halten, daß die im Folgenden darzustellende große literarische, philosophische und theologische Diskussion, die aus dem Weimarer Kreis heraus zwischen SCHLOSSER und HERDER geführt wurde, im Grunde die explizierte Darstellung der geistigen Spannung ist, die über diesen Punkt zwischen GOETHE und Frau v. Stein bestand. Andererseits ist gerade dieser Streit der Parteien deswegen so bezeichnend, weil er ein untrüglicher Beweis dafür ist, wie tief das Problem der Reinkarnation die Weimarer Geister bewegte.

GOETHE selber hat sich in olympischer Ruhe schließlich damit abgefunden, die Nicht-Übereinstimmung mit Frau v. Stein gerade in diesem Punkt, der sie doch so persönlich betraf, zu ertragen. Als HERDERS „Gespräche über die Seelenwanderung" erschienen, in denen dieser *gegen die Reinkarnationlehre Stellung* nahm, sandte GOETHE das Heft, dessen Schlußfolgerungen seinen eigenen Ideen so entgegengesetzt waren, der Freundin mit den Worten zu: Die Gespräche „sind sehr schön und werden Dich freuen, denn es sind Deine Hoffnungen und Gesinnungen".[20] Während hier GOETHE jede Kritik und jeden Spott über die Herdersche Einstellung meidet, hat HERDER sich nicht enthalten können, gelegentlich GOETHE mit seinem Glauben an die Reinkarnation zu necken. So scherzte HERDER einmal beim gemeinsamen Betrachten römischer Münzen, daß GOETHE dem Profil nach einmal Julius Cäsar gewesen sein müsse, und daß er „zur Strafe ... nach beinahe 1800 Jahren zum Geheimrat in Weimar avanciert und promoviert sei".[21] Erst auf diesem persönlichen Hintergrund läßt sich die Bedeutung der gelehrten Diskussion über die Reinkarnation ermessen, die in mehreren Waffengängen zwischen SCHLOSSER und HERDER geführt wurde.

---

20 Brief GOETHES an Frau von Stein vom 28. 12. 1781
21 KNEBEL, Brief vom 16. 2. 1784; HERDER, Brief vom 16. 11. 1784; s. E. BOCK, Wiederholte Erdenleben, S. 59

IV. JOHANN GEORG SCHLOSSER

Die bedeutsamste literarische Auseinandersetzung über die Reinkarnation entspann sich zwischen Goethes Schwager JOHANN GEORG SCHLOSSER (1739 – 1799) und HERDER. Diese Auseinandersetzung, die im Wechsel einer ganzen Reihe von Schriften ihren literarischen Niederschlag fand, hat dieses Thema zu einem Hauptgegenstand der religiösen und philosophischen Diskussion der deutschen Klassik und Romantik erhoben. SCHLOSSER war ein Privatgelehrter von einer umfassenden Universalbildung. Im Jahre 1766 zog er auf Grund einer Berufung als Geheimsekretär des Prinzen Friedrich Eugen von Württemberg und als Erzieher von dessen Kindern von Frankfurt, wo er als Rechtsanwalt tätig war, nach Treptow und besuchte auf der Reise dorthin GOETHE in Leipzig. Trotz des Altersunterschiedes würdigte ihn GOETHE seiner Freundschaft bis zu seinem Tode. Zu den gemeinsamen literarischen Bestrebungen traten bald auch verwandtschaftliche Bande, indem SCHLOSSER GOETHES Schwester Cornelia 1773 heiratete und sich mit ihr in Emmendingen als Hofrat im Dienst des Markgrafen Karl Friedrich von Baden niederließ. Von hier aus pflegte SCHLOSSER einen regen Verkehr mit den Freunden in Weimar, in der Schweiz, Baden und im Elsaß, wie LAVATER, JACOBI, SALZMANN und vielen anderen und erhielt auch wiederholt, so 1775 und 1778, Besuche GOETHES.

SCHLOSSER hat die Diskussion über die Seelenwanderung, an der seine berühmten Zeitgenossen einen so intensiven Anteil nahmen, im Jahre 1781 durch seine Schrift „Ueber die Seelen-Wanderung" eröffnet[22]. Diese Schrift enthält bezeichneterweise nicht eine direkte philosophische Apologie dieser Idee, sondern bedient sich der Dialogform, die dann auch HERDER in seiner Entgegenung SCHLOSSER gegenüber anwandte. Die kirchliche Orthodoxie bildete in der damaligen Zeit noch eine so starke geistige Macht, daß man es nicht wagte, für eine von der christlichen Dogmatik so

---

22 J. G. SCHLOSSER. - Kleine Schriften, Dritter Theil. - Basel: bey Carl August Serini 1783, 1) Über die Seelenwanderung, 1. Gespräch, S. 1 – 47, 2) An BODMERN bey Übersetzung derselben, S. 48 – 50, 3) Über die Seelenwanderung, 2tes Gesprräch, S. 51 –72

energisch bekämpfte Idee mit einer offenen Apologetik einzutreten; man ließ die christlichen Gegenargumente im Dialog ausgiebig zur Geltung kommen.

Die Lessing'sche Begeisterung für diesen Gedanken wirkt bei SCHLOSSER spontan und erlebnishaft weiter. Eugenius erklärt gleich zu Beginn: „Die Träumerey, die du für so abgeschmackt hältst, hat meinen Kopf so eingenommen, und mich so glücklich intereßiert, daß ich sie wohl nie wieder loß werde."[23] Auch hier ist es ein ähnlich neues Lebensgefühl wie bei LESSING, das der Idee der Reinkarnation eine unmittelbare Aktualität verleiht. Allein die Annahme der Reinkarnation ermöglicht es der menschlichen Persönlichkeit, an der gesamten Fülle des Lebens teilzuhaben, in deren Erfahrung und Verwirklichung die menschliche Persönlichkeit ihre Vervollkommnung und Glückseligkeit erlebt. Was LESSING in wenigen Worten andeutet, das entfaltet SCHLOSSER am Schluß seines Gesprächs in einem fast berauschenden Traum, in dem er sich seine eigenen früheren Daseinsformen vor Augen stellt:

(Der Traum) „führt mich durch alle Welten durch, und führt alle Nationen zu mir. Ich denke mir gerne, daß ich vielleicht in anderer Gestalt Socrates Freund oder Rousseaus Liebling war; ich freue mich des Gedankens, daß meine geliebte Gestorbene noch etwas auf der Erde herum wallen, und vielleicht wieder auf hunderterley Art mit mir verbunden werden, enger verbunden als je, vielleicht anderswo meine Eltern, meine Kinder, meine Geschwister werden; ich freue mich, daß ich vielleicht bald aufgelöst, zu weisern, zu bessern, zu edlern Menschen komme, als die sind, unter denen ich schon lebe; selbst in anderer Gestaltt weiser, besser, edler werde! freue mich des Glücks, das ich genieße, weil, wenn ichs verlasse, im Tod ein andres auf mich wartet; brauche mein Glück und mein Unglück als Erfahrungsstand, der meine Seele besser, selbstständiger machen, und meine Fähigkeit zum Genuß meines bessern Selbst erhöhen soll. – Und betrüg ich mich, ists nicht die Schule der Erfahrung, die ich durchlaufen muß, soll ein besserer Geist – wers auch seye – an meiner Seele unmittelbar vollenden, was ihr fehlt, so wird selbst mein Traum ihm vorgearbeitet haben."[24]

Hier wird deutlich, wie sehr die Entdeckung der Idee der Seelenwanderung auch mit der *Veränderung des Geschichtsbewußt-*

---

23 Derselbe, ebenda
24 Derselbe, ebenda

seins jener Epoche zusammenhängt. In dieser Zeit, in der die Gesamtheit der menschlichen Geschichte von den führenden Denkern erforscht und auf ihre leitenden Ideen geprüft wird, gehört es mit zu dem neuen Ideal menschlicher Vollkommenheit und Glückseligkeit, auch an allen früheren Phasen der Menschheitsgeschichte und an der Fülle ihrer Entfaltung teilgehabt zu haben. Die Idee der Reinkarnation — in einem ganz christlichen Geschichtsverständnis — wird nun als Möglichkeit einer *konkreten Teilhabe der menschlichen Persönlichkeit an den früheren Geschichtsentwicklungen* entdeckt. Nur so kann die eigene Vollkommenheit als universale Vollkommenheit verstanden werden, daß der einzelne Mensch an allen Einzelphasen der Entwicklung der gesamten Menschheit teilnimmt. Nur so schlingt sich auch das Ziel der zukünftigen eigenen Vollkommenheit mit dem Ziel der universalen Menschheitsentwicklung zusammen. Historische Kenntnisse über Sokrates und Rousseau genügen nicht mehr: der Mensch dieser Periode eines neuerwachten Geschichtsbewußtseins beruhigt sich erst bei der Vorstellung, Sokrates' Freund oder Rousseaus Liebling gewesen zu sein. Die Idee der Reinkarnation gewährt hier das Bewußtsein echter, erlebter, zeitgenössischer Unmittelbarkeit und echter Teilhaberschaft an der gesamten früheren Entwicklung der Menschheit: sie macht die Angehörigen früherer Geschichtsepochen zu Zeitgenossen der gegenwärtigen Menschheit!

Dieser Gedanke ist auch sonst unter den Zeitgenossen dieser Epoche sehr verbreitet. So gesteht PETER HEBEL in einem Predigt-Entwurf über das Thema: „Haben wir schon einmal gelebt?"[25], daß ihn der Gedanke an die Möglichkeit einer Fortsetzung unseres irdischen Reifens in späteren Reinkarnationen mit wunderbarem Glück erfülle. Unter den zahlreichen Gründen, die für eine Reinkarnation sprechen, führt er auch folgende auf:

„4. Unerklärliche Sympathie, Vorliebe für die Geschichte einzelner Zeitalter, Männer und Gegenden. — Sind wir vielleicht einmal dagewesen und mit jenen in Verbindung gestanden? ..."[26]

---

25 Ebenda, S. 22
26 Ebenda

HEBEL nennt hier die Lehre von der Reinkarnation als die bestmögliche Erklärung der Tatsache, daß wir uns zu einzelnen Epochen und Persönlichkeiten früherer Zeiten auf eine wunderbare und sonst unerklärliche Weise hingezogen fühlen. Der Gedanke einer persönlichen Teilhabe an dem Gesamtverlauf der Menschheitsgeschichte überfällt ihn dann wie eine berauschende Inspiration:

„Der Gedanke ist doch so anziehend, so einladend zu süßen Fantasien: z. B. ich lebte schon zur Zeit der Mammute, der Patriarchen, war arkadischer Hirte, griechischer Abenteurer, Genosse der Hermannschlacht, half Jerusalem erobern ..."[27]

Wohl zum ersten Mal findet sich hier auch schon die Prähistorie in das Geschichtsbewußtsein einbezogen: zu dem erfüllten Geschichtsbewußtsein gehört auch die Vergegenwärtigung jener dunklen, prähistorischen Perioden, in denen der Mensch noch nicht zum Bewußtsein seiner Geschichtlichkeit vorgedrungen ist. HEBEL erblickt geradezu die höchste Form der Glückseligkeit darin, daß der Mensch am Schluß seiner Wanderungen *ihre ganze Kette bewußt überschaut*, und schafft hier einen *Gegenmythus zu dem antiken Mythus von dem Trunk der Lethe,* der dem Verstorbenen beim Überschreiten des Acheron gereicht wird und ein völliges Vergessen des vorangegangenen Lebens herbeiführt. Nach HEBEL erhält der Mensch, der am Ende seiner Inkarnation angelangt ist, den *Becher der Mneme,* die ihm die Erinnerung an alle früheren Entwicklungsphasen wiedergeschenkt: „Wenn ich dereinst den goldenen Becher der Mneme getrunken habe; wenn ich sie vollendet habe, so viele Wanderungen; wenn ich mein Ich gerettet habe aus vielen Gestalten und Verhältnissen, mit ihren Freuden und Leiden vertraut, gereinigt in beiden, welche Erinnerungen, welche Genüsse, welcher Gewinn!"[28]

Doch zurück zu SCHLOSSER! So wichtig erscheint ihm das Thema der Reinkarnation, daß er sogar versucht, *die Lehre von der Reinkarnation mit der christlichen Botschaft von der Erlösung zu kombinieren.* Er will sie nicht anstelle der Lehre von der Erlösung der Menschheit durch Jesus Christus setzen, sondern versteht um-

27 Ebenda
28 Ebenda

gekehrt die christliche Lehre als eine Botschaft, die überhaupt erst einem solchen Menschen in ihrer ganzen Tiefe verständlich wird, der auf seinem Entwicklungsgang durch immer neue Inkarnationen hindurch bereits zu einem hohen Stadium der Reife an Erfahrungen und Erkenntnissen gelangt ist.

Cl.: „Was brauchst aber der Wanderung, wenn die Wunden allein genug sind?"

Eug.: „Vielleicht nur dem Wanderer genug, der die Masse von Erfahrungen gesammelt hat, die nötig sind, die Einfalt und Wahrheit der Haushaltung Gottes zu erfassen, und die große Arzney zu geniessen, die diese Wunden geben sollen."

Von hier aus erfährt auch die Lehre von der Prädestination eine Umdeutung von der Seelenwanderung her: die Verwerfung im Jüngsten Gericht bedeutet nicht eine endgültige Verdammung, sondern nur die Zuweisung an eine neue Lebensform, eine neue Inkarnation, in der dem Menschen eine neue Möglichkeit zur Reifung geboten wird.

„Du weißt: dich habe ich angenommen, und dich verworfen! — Warum verworfen? weil ich wollte? das sey ferne! Weil du noch nicht reif bist, noch nicht ausgewandert hast."[29]

Das Werk SCHLOSSERS hat der Diskussion der Lehre von der Seelenwanderung in den Kreisen der Dichter und Denker der deutschen Klassik und Romantik einen regen Aufschwung gegeben. War doch hier die Lehre von der Seelenwanderung in einer Form dargestellt, die nicht nur dem neuen Lebensgefühl der Epoche ungemein entgegenkam, sondern auch gerade an denjenigen Punkten einsetzte, an denen das kirchliche Dogma dem zeitgenössischen Denken so ungenügende Antworten zu enthalten schien.

V. JOHANN GOTTFRIED HERDER

Bezeichnenderweise sah sich JOHANN GOTTFRIED HERDER (1744 — 1803) als erster zu einer Entgegnung der Schlosserischen Apologie der Seelenwanderung veranlaßt. Dies ist kein Zufall. Ei-

---

29 Derselbe, ebenda, S. 23

nerseits stand HERDER den Problemen des Weimarer Dichterkreises unmittelbar nahe und war selbst Mitgestalter jenes neuen Lebensgefühls und jener neuen Ideen, die der Lehre von der Reinkarnation plötzlich eine so unerwartete Aktivität verliehen hatten. Andererseits war sein Denken zutiefst in einer evangelisch-christlichen Gläubigkeit verwurzelt, wie seine Sprachphilosophie und auch seine Geschichtsphilosophie deutlich erkennen lassen. Außerdem war er als Superintendent und Oberhofprediger von Weimar der amtlich bestellte Seelsorger dieser schwierigen Gemeinde der Weimarer Genies, die an den Grundfesten der Kirchenlehre rüttelten. In Schlossers Schrift über die Seelenwanderung lag nun nach Herders Auffassung trotz aller Abmilderungen und Einschränkungen und trotz seiner Versuche einer Annäherung der neuen Lehre an die kirchliche Glaubenslehre der Ausbruch eines neuen Lebensgefühls aus dem Bereich eines christlichen Verständnisses der Welt und des Menschen vor. So hat sich HERDER entschlossen, SCHLOSSER mit allem Nachdruck entgegenzutreten, und hat die Polemik mit seinen „Gesprächen über die Seelenwanderung" eröffnet, die 1781 im Deutschen Mercur erschienen und gegen die dann SCHLOSSER im Jahre 1782 mit seinem zweiten Gespräch über die Seelenwanderung antwortete. Zu den *„Gesprächen"* Herders gehören thematisch die weiteren Schriften „Land der Seelen" und „Palingenesie" (vom Wiederkommen der Seelen)[30], die hier im Zusammenhang behandelt werden sollen.

Die Schrift „Das Land der Seelen" ist unter ihnen deswegen besonders beachtenswert, weil sie im Zusammenhang mit Herders Lehre vom Weiterleben nach dem Tode eine Auffassung von Religion entwickelt, in der bereits die anthropologische Deutung der Religion, wie sie später FEUERBACH vorgetragen hat, vorweggenommen ist, ja in der sich bereits das später von KARL MARX übernommene Schlagwort von der *Religion als Opium* findet.

HERDER unterzieht in den ersten der genannten Gespräche die Jenseitsvorstellungen der Völker einer Kritik. Er zeigt, wie die

---

[30] Die Schriften HERDERS über die Seelenwanderung sind abgedruckt in: Sämtliche Werke. Zur Philosophie und Geschichte. Achter Theil, Stuttgart-Tübingen: Cotta 1828, S. 150 – 183 unter c. VI: Ahnungen der eigenen Zukunft

Jenseitsvorstellungen der verschiedenen Völker mit dem Klima und deren besonderen geographischen, geschichtlichen und gesellschaftlichen Verhältnissen zusammenhängen und wie ihre Anschauungen vom Jenseits eine unmittelbare Projektion ihrer irdischen Verhältnisse aufweisen. So heißt es bei der Schilderung der Jenseitserwartungen der orientalischen Völker:

„Offenbar ist's, daß das Klima der Morgenländer, ihr Hang zur Ruhe und sinnlichen Liebe, ihr Gefallen an Schatten, Quellen und schönen Gegenden, vielleicht auch ihre Opiumträume dazu beigetragen, mehrere dergleichen aus der Tradition benachbarter Völker empfangene Ideen vom Paradiese zu bilden und zu gebrauchen."[31]

Dieser Gedanke findet sich in der Schrift über die Palingenesie im besonderen auf die Lehre von der Seelenwanderung angewandt. Diese wird dort als ein „Wahn sinnlicher Menschen" erklärt und zwar ein „Wahn", der mit ganz bestimmten sozialen Verhältnissen zusammenhängt.[32] Ganz allgemein, so stellt HERDER fest, entsprechen die Jenseitserwartungen der jeweiligen sozialen Beschaffenheit der Völker. Völker, die in einer engen gesellschaftlichen Verbindung leben und auf dem System eines engen Sippenverbandes aufgebaut sind, erwarten ein Jenseits, in dem sich ihre enge Volks- und Sippengemeinschaft auf einer idealen Ebene fortsetzt. Die Jenseitsideale der einzelnen Völker stehen in einem komplementären Verhältnis zu ihren geschichtlichen Lebens- und Gesellschaftsbedingungen.

„Jede (Nation) legte ihr Ideal der Glückseligkeit, das sie auf Erden nicht oder nur teilweise fand, in ein Elysium hin. Jede, die zu moralischen Begriffen gelangt war, belohnte und strafte jenseits des Grabes nach Ereignissen und nach der Lebensweise, die ihr diesseits des Grabes eigen gewesen war"[33]. Die Religion ist also ein unmittelbarer Spiegel und eine komplementäre Ergänzung der bestehenden irdischen Gesellschaftsverhältnisse — auch hierin antizipiert HERDER Ideen der Religionsphilosophie von MARX.

---

33 J. G. HERDER, Sämtliche Werke, VIII, S. 154, § 16
31 Derselbe, ebenda, S. 13
32 s. zu diesem Thema: E. BENZ, - Die Religionsphilosophie der Links-Hegelianer. - in: Zeitschrift für Religion und Geisteswissenschaft, Jg. 1955, Heft 5

Von dieser anthropologischen Begründung der Jenseitserwartungen her entwirft HERDER seine Deutung der Lehre der *Seelenwanderung*. Auch diese Lehre entspricht einer bestimmten Struktur der Gesellschaft. Sie ist die Jenseitsvorstellung solcher Völker, die sich nicht so eng verbunden fühlen wie die auf einem engen Sippenverband konstituierenden Völkerschaften, der Wahn solcher Völker, die „keinen Drang hatten, ihren Gesellschaftskreis, ihre Sippschaft, ihren Ruhm, ihre Verrichtungen, in jene Welt hinüberzunehmen. Möge man dies Fühllosigkeit nennen und die Ursachen davon im Klima oder in der natürlichen Organisation oder endlich in früheren Begebenheiten und in der Lebensweise der Nation finden — genug, die Seelenwanderung war das nächste, worauf diese leichter organisierten Völker kommen konnten"[34]. Gefördert wird diese Lehre noch durch den „sinnlichen Wahn", der bei diesen Völkern durch den Umgang mit Tieren entsteht: das dadurch geweckte Mitgefühl, ja die Hochachtung vor ihnen, läßt die Tiere, besonders die Kuh und den Elefanten, sogar als dem Menschen überlegene Lebewesen erscheinen. So führt dieser „Lieblingswahn" — verstärkt durch die Fabel- und Märchenweisheit dieser Völker und kultisch bestärkt durch die Kunst der Schamanen — zur Festsetzung des Dogmas von der Seelenwanderung, das sich so sehr in den Gläubigen einnistet, daß sie in den ekstatisch Begeisterten zur geglaubten Erfahrung und so zum Inbegriff der Religion des Brahmanentums wird. *Sein Sieg wird gefördert durch die ruhige Passivität* dieses sanften Volkes, dessen Klima diesen angenehmen Traum begünstigt. „*Es ist ihm ein Opium, das gleichgültig macht*"[35]. Hier ist also bereits von HERDER, an Hand der indischen Lehre von der Seelenwanderung, die Auffassung von der Religion als dem Opium des Volkes entwickelt, gefördert durch die Brahmanenkaste, begünstigt durch die soziale Struktur des indischen Volkes und die klimatischen Bedingungen seines Landes.

Eben diese Begründung von der Lehre der Seelenwanderung ist für HERDER der Anlaß, sie aufs stärkste abzulehnen. Er stellt der indischen Religion mit ihrer „Konzentration auf's innerste Gemüth

---

34 Derselbe, ebenda, S. 155, § 17
35 Derselbe, ebenda, S. 159, § 24

als den leidenschaftslosen Mittelpunkt des Daseyns" aufs stärkste die Seelenwanderung des Abendlandes gegenüber, „die wir mitten im Kampf physischer und moralischer Weltblähungen leben"[36], und stellt die Frage: „Aber was soll dieß Opium uns?" Seine Antwort lautet: „Hinweg mit der Seelenwanderung als einer Büßungshypothese!" Auch als Hypothese ist nach Herders Auffassung die Lehre von der Wiedergeburt „zu nichts nütze", weil sie das Unglück der Lebenden, der Gebrechlichen und Unterdrückten auf dieser Erde nicht zu erklären vermag. Vielmehr wirft er der Seelenwanderung vor, daß sie alle Lebenden *erst recht gegen das Schicksal verbittert,* „das also rächet und strafet", das die Sünden der Eltern an den Kindern heimsucht und durch die Strafe für Vergehungen eines vorigen Lebens uns die Anwendung und den Genuß des gegenwärtigen Lebens unbewußt raubt, „ohne daß ein vernünftiger bessernder Zweck erreicht werde!"[37]

Dem gegenüber stellt HERDER den Grundgedanken des christlichen Verständnisses von Mensch und Geschichte in den Mittelpunkt: Dieses irdische Leben ist die *einmalige* Chance der Wiedergeburt des Menschen und seiner Erneuerung. „In diesem Leben ist den Menschen Palingenesie, Metempsychose unentbehrlich, oder sie ist überhaupt mißlich!"[38] „Palingenesiert euch selbst an euren leidenden und leidbringenden Teilen; so darf euch das Schicksal nur palingenesieren"[39]. Diese Erde ist der Ort der einmaligen Entscheidung und „haben wir's einmal zu lehren versäumt, dürfen wir's wahrscheinlich mehrmals versäumen". Es gibt zwar einen Fortschritt der Zeiten, aber nicht so, daß durch Palingenesie immer weiter fortgeschrittenere und vollkommnere Wesen hervortreten, „denn immer wird dem Menschen ein Gewicht nötig bleiben, das ihn an der Erde hält, damit er nicht in die Lüfte fliege". Nur die Wiedergeburt auf dieser Erde, die „große Palingenesie der Gesinnungen unseres Geschlechts"[40], kann eine Wendung der irdischen Geschichte herbeiführen.

36 Derselbe, ebenda
37 Derselbe, ebenda, S. 162, § 33
38 Derselbe, ebenda, S. 164, § 37
39 Derselbe, ebenda, S. 164. § 36
40 Derselbe, ebenda, S. 166, § 41

Ist hier der Gegensatz in aller Schärfe formuliert, so zeigt das zweite Gespräch Herders eine Annäherung der Standpunkte, die um so überraschender ist, als sich HERDER ihrer kaum bewußt wird. In dem zweiten Gespräch Herders über die Seelenwanderung[41] rückt das Motiv in den Vordergrund der Diskussion, das bereits in Kants Naturgeschichte des Himmels anklingt, die *Fortführung der Kette der Reinkarnationen auf anderen Planeten.* Dieser Gedanke ist besonders charakteristisch für die kosmische Erweiterung des Lebensgefühls dieser Periode. Die religiöse Anschauung der durch die deutsche Klassik und Romantik bestimmten Epoche begnügt sich nicht mit einer erweiterten und vertieften Kenntnis des Universums, sondern will auch an dem Leben dieses sich vor der wissenschaftlichen Anschauung ins Unermeßliche erweiternden Universums persönlich teilhaben. Es vollzieht sich hier auf dem Gebiet der Naturwissenschaft derselbe Prozeß wie auf dem Gebiet der Geschichtsforschung: *die intellektuelle Erkenntnis der gesamten Spannweite sowohl der menschlichen Geschichte wie des natürlichen Universums will sich zur persönlichen Erfahrung der gesamten Lebensfülle der Universalgeschichte wie des universalen Kosmos vertiefen.* Die Ausführlichkeit, mit der HERDER dem Verteidiger einer ins Kosmische erweiterten Reinkarnationslehre Raum gibt, und die zurückhaltende Form der Kritik, die er an diesen Ideen übt, lassen deutlich erkennen, daß Herders Herz und Geist selbst diesen Spekulationen nur allzu zugänglich war. So läßt er sie auch als dichterischen Traum durchaus gelten und beschränkt seine Kritik lediglich darauf, diesen Träumen sittliche und religiöse Verbindlichkeit abzusprechen.

Theages, bereits im ersten Gespräch Verteidiger der Reinkarnationslehre, nimmt die Betrachtung des nächtlichen Sternenhimmels zum Anlaß, in den Gestirnen die Orte zukünftiger Reinkarnationen irdischer Menschen zu betrachten:

„Vielleicht sind auch Ruheörter, Gegenden der Zubereitung, andere Welten bestimmt, auf denen wir wie auf einer goldenen Himmelsleiter immer leichter, tätiger, glückseliger zum Quell allen Lichts emporklimmen und den Mittelpunkt der Wallfahrt, den Schoß der Gottheit immer suchen und nie erreichen:

---

[41] Derselbe, ebenda, S. 200 ff

denn wir sind und bleiben eingeschränkte, unvollkommene oder unendliche Wesen"[42].

Den Einwand seines Partners, es sei nicht erforderlich, eine andere Stätte der geistigen Entwicklung der Persönlichkeit als diese Erde anzunehmen – „Welt Gottes ist Gottes Welt. Schauplatz ist Schauplatz. Auch unsere Erde ist ja ein Stern unter Sternen" – entgegnet Theages mit dem bezeichnenden Hinweis auf die Tatsache, daß der Ausblick auf die Möglichkeiten einer zukünftigen Seinsverwirklichung auf anderen Planeten dem Menschen einen ganz andern Lebensauftrieb gebe:

„Aber einst, wenn der Tod den Kerker bricht, wenn uns Gott wie Blumen in ganz andere Gefilde pflanzt, mit ganz neuen Situationen umgibt, haben Sie nie, mein Freund, erfahren, was eine neue Situation der Seele für neue Schwungkraft gibt, die sie oft in ihrem Winkel im erstickenden Dampf ihrer Gegenstände und Geschäfte sich nie zugetraut, sich nie fähig gehalten hätte".
Die Planeten sind nur „Gerüst des Schauspiels, Wohnplätze der Geschöpfe, die auf ihnen sich um die unendlich schönere Sonne der ewigen Güte und Wahrheit in mancherlei Hoffnungen, in manchen Ekklipsen, Perihelien und Aphelien bewegen".
„Unsere künftige Bestimmung ist ein neues Glied der Kette unseres Daseins, das sich auf's genaueste in der subtilsten Progression an das jetzige Glied unseres Daseins anschließt wie etwa unsere Erde an die Sonne, wie der Mond an unsere Erde."[43]

Und nun kehren in dem Dialog alle die Spekulationen wieder, die bereits KANT im dritten Teil seiner Naturgeschichte des Himmels über die Planetenbewohner anstellte.[44]

Dieser Ausbruch ins Kosmische bietet auch den Abschluß des letzten Gesprächs, das auf einen Waldspaziergang verlegt ist. „Wie? Der allmächtige Vater sollte keine edleren Gestalten für uns haben

---

42 Derselbe, ebenda, S. 211
43 Derselbe, ebenda, S. 212
44 I. KANT sagt z. B. bei seiner Reflexion über den moralischen Zustand der Erdenbewohner: „Gehört nicht ein gewisser Mittelstand zwischen der Weisheit und der Unvernunft zu der unglücklichen Fähigkeit, sündigen zu können? Wer weiß, sind also die Bewohner jener entfernten Weltkörper nicht zu erhaben und zu weise, um sich bis zu der Thorheit, die in der Sünde steckt, herabzulassen, diejenigen aber, die in den unteren Planeten wohnen, zu fest an die Materie geheftet und mit gar zu geringen Fähigkeiten des Geistes versehen, um die Verantwortung ihrer Handlungen vor dem Richterstuhle der Gerechtigkeit tragen zu dürfen? Auf diese Weise wäre die Erde und vielleicht noch der Mars (damit der elende Trost uns ja nicht genommen werde, Gefährten des Unglücks zu ha-

als in welchen hier unser Herz wallet und ächzet? – Unsere Sprache, alle Mitteilung unserer Gedanken, was ist's mit ihr für ein Flickwerk! ... Die Seele liegt wie ein siebenfach Gefesseltes im Kerker und kann nur durch ein festes Gegitter, durch ein paar Licht- und Luftlöcher hinaussehen und hinausatmen, und immer sieht sie die Welt von nur einer Seite, da Millionen andere da sein müßten, die so bald als wir mehrere und andere Sinne hätten, so bald die enge Hütte unseres Körpers mit einer freien Aussicht wechselten, auch vor uns, auch in uns lägen ... Wenn wir selbst an den seligsten Quellen der Freundschaft und Liebe hier oft und durstig und krank lechzen ... – finden endlich, daß alle Erdenzwecke und Erdenplan nichts sind – eitel, eitel! – fühlen das und fühlen's täglich, welche edle freie Menschenseele hebt sich nicht empor und verachtet ewige Hütte und Wanderplatz im Kreis der Wüsten hernieden!"

Nirgendwo wie gerade hier wird deutlich, wie die Begründung der Seelenwanderung in diesem neuen Lebensgefühl sie von der ursprünglichen hinduistischen und buddhistischen Lehre vollständig abführt, denn hier ist ja die Lehre von der Seelenwanderung nicht mehr die Aufdeckung des Fluches des menschlichen Daseins, der nur durch die endgültige Erlösung aus der Kette der Inkarnationen getilgt werden kann, sondern ein Mittel, immer mehr und inniger am Leben des Universums teilzuhaben und die Gesamtheit des Lebens im Kosmos und in der Geschichte in allen seinen Formen und Stufen zu durchmessen.

---

ben) allein in der gewöhnlichen Mittelstraße, wo die Versuchungen der sinnlichen Reihungen gegen die Oberherrschaft des Geistes ein starkes Vermögen zur Verleitung haben. Ganz ähnlich heißt es bei HERDER, Sämtliche Werke, VIII, S. 216: „Und vielleicht sind wir eben deswegen auch solche Mittelgeschöpfe zwischen der dunklen Saturnus-Art und dem leichten Sonnenlicht, dem Quell der Wahrheit und Schönheit. Unsere Vernunft ist hier wirklich nur noch im ersten Anbruch; und mit unserer Willensfreiheit und moralischen Erkenntnis ist es auch nicht weit her. Gut also, daß wir nicht ewig auf dem Planeten zu weilen haben, wo wahrscheinlich nicht viel aus uns würde."

VI. SPIRITISMUS – FRANZ ANTON MESMER UND ALLAN KARDEC

Der *Spiritismus* ist eine Bewegung, die seit der Mitte des vergangenen Jahrhunderts eine weltweite Ausbreitung erfahren hat und in manchen Ländern den Charakter einer kirchlich organisierten Religion angenommen hat, so in den USA und vor allem in Brasilien. Der Grundgedanke seiner Lehre ist, daß es neben und über unserer irdischen Welt eine Geisterwelt gibt, die sich aus den Verstorbenen unserer irdischen Welt ergänzt, mit dieser unserer Welt in einer vielseitigen Verbindung steht und ständig auf sie einwirkt. Häufig ist diese Lehre auch mit der Botschaft von der Reinkarnation verknüpft, dem Glauben, daß sich unsere irdische Menschheit aus dem Geisterreich dadurch ergänzt, daß Geister verstorbener Menschen sich wieder auf unserer Erde verleiblichen. Teilweise findet sich der Reinkarnationsgedanke auch in der Form ausgesprochen, daß eine Weiterentwicklung der „desinkarnierten" Geister auf anderen Planeten unseres Sonnensystems oder auf Planeten anderer Sonnensysteme gelehrt wird, die schon der Begründer der christlichen Theosophie, CH. OETINGER, als „Pflanzstätten der Geister" bezeichnet hat.

Die Vorstellung vom Geisterreich ist sehr differenziert, es umfaßt nach der spiritistischen Lehre eine ganze Hierarchie von Stufen. Grundgedanke ist, daß es im Geisterreich eine Höherentwicklung des Menschen im Jenseits zu immer vollkommeneren Graden gibt. Der entscheidende Anspruch der spiritistischen Gruppen ist, daß sie durch ihre Medien in einer ständigen Verbindung mit der Geisterwelt stehen und daß sie dadurch immer neue und bessere Aufschlüsse über die Geisterwelt, über das Schicksal der Verstorbenen und über die Möglichkeiten zukünftiger Vervollkommnung erfahren. Deshalb bezeichnen die Spiritisten ihre so ermittelten Aufschlüsse über die Geisterwelt als „die dritte Offenbarung", die ihrem Anspruch nach eine ständige Ergänzung und Vervollständigung der Offenbarung des Alten und Neuen Testaments darstellt.

Ansätze hierzu finden sich bereits in der Religionsphilosophie der Romantik, die sich vor allem im Anschluß an FRANZ ANTON MESMER (1734 – 1815) entwickelte. MESMER, der Entdecker des *„animalischen Magnetismus"*, war zwar selbst kein Spiritist, doch hat sich aus seiner Lehre und Heilpraxis spontan an verschiedenen Orten in Frankreich, Deutschland und auch in England eine spiritistische Bewegung entwickelt. In den mesmerischen Kreisen befaßte man sich sehr intensiv mit den parapsychischen Phänomenen, die sich, im Zusammenhang mit den bei der mesmerischen Behandlung von Kranken auftretenden Trance-Zuständen, in Gestalt des *Somnambulismus* bemerkbar machten. Die Versenkung eines Mediums in den somnambulen Zustand wurde in Deutschland und Frankreich zunächst hauptsächlich dazu benutzt, um aus dem Somnambulen während seines Trancezustandes Diagnosen über die Krankheit und die beste Art ihrer Therapie zu erhalten. In einer Zeit, in der große Visionäre wie SWEDENBORG und kleinere Visonäre und Visionärinnen im Bereich des *deutschen Pietismus*, der englischen *Quäker* und *Methodisten*, der amerikanischen *Shaker* und anderer geisterregter Gruppen, wie der *Inspirierten* aus den Cevennen, auftraten, gingen schon zu Mesmers Lebzeiten einige seiner Schüler dazu über, mit Hilfe der Somnambulen mit der Geisterwelt in Verbindung zu treten und auch die Lehre von der Reinkarnation zu verbreiten. Man interpretierte den somnambulen Zustand als einen Trance-Zustand, in dem die Seele des Somnambulen ihren Leib verläßt und mit den Seelen von Verstorbenen in Verbindung tritt. Ebenso wurden parapsychische Phänomene, in denen das Medium im Trancezustand seine Sprache, seinen Bewegungsrhythmus und seine Gesichtszüge verändert, als ein Zustand der Innewohnung eines Geistwesens der anderen Welt verstanden. Im Jahre 1787 trug TARDY DE MONTRAVEL, der Ahnherr des modernen Spiritismus, in einer Reihe von Offenen Briefen die Theorie vor, daß der Geist des magnetisierten Patienten im somnambulen Zustand die fleischlichen Fesseln verläßt und sich unter den Geistern des Jenseits aufschwingt.

Im selben Jahr kam es zur ersten Aufzeichnung von Gesprächen mit Geistern, die durch ein Medium im somnambulen Zustand vermittelt wurden. Diese spiritistischen Experimente fanden in einer

Gemeinde von Anhängern Swedenborgs in Stockholm statt. Diese Gemeinde, die sich die Verbreitung der Lehren Emanuel Swedenborgs zur Aufgabe gesetzt hatte, gab den Phänomenen des animalischen Magnetismus eine mystisch-spiritistische Auslegung. Es kam zu einer Diskussion zwischen der Stockholmer Gruppe, die sich als *„Exegetische und philanthropische Gesellschaft von Stockholm"* bezeichnete, und einer mesmerischen Gruppe in Straßburg, der *„Société du Magnétisme animal"*. Die Straßburger Gesellschaft vertrat eine rein naturwissenschaftlich-materialistische Auffassung der mesmerischen Phänomene, die sie in einem natürlichen Fluidum der körperlichen Welt begründet sah. Um der Straßburger Gruppe die Richtigkeit ihrer Auffassung zu beweisen, daß die mesmerischen Phänomene auf mystische Einwirkungen aus der Geisterwelt zurückgingen, sandten die Stockholmer Swedenborgianer den Straßburger Korrespondenten im Jahre 1787 Berichte über „Visionen aus der Geisterwelt", die ihre dortigen Somnambulen während ihres Trancezustandes empfangen hatten, und begründeten in ihrem Sendschreiben ihre spiritistische Auffassung. Die Berichte dieser Offenbarungen, die später in den Straßburger „Annales du Magnétisme animal" veröffentlicht wurden, lesen sich bereits wie Protokolle moderner spiritistischer Sitzungen.

Eine große Rolle spielte damals in den mesmerischen Kreisen Frankreichs, die sich für den Spiritismus interessierten, ein Medium namens *Adèle Maginot,* die bald eine europäische Berühmtheit wurde. Ein französischer Handwerker namens *Alphonse Cahagnet* hatte sie entdeckt. Er veröffentlichte 1848 ein umfangreiches Buch über das zukünftige Leben („Arcanes de la Vie future devoilée"), das die Offenbarungen Adèles und die ihr zuteilgewordenen Botschaften von Geistern der oberen Welt enthielt. Dieses Buch zog die Aufmerksamkeit eines bekannten Mesmer-Anhängers, *du Potet,* auf sich, der als Vorsteher einer mesmerischen Gemeinde in Paris das „Journal du Magnétisme" herausgab. In dieser Zeitschrift veröffentlichte er seine eigenen Beobachtungen bei diesem berühmten Medium. Bald begann sich ein regelrechter spiritistischer Kult im Kreise der Mesmer-Anhänger zu entwickeln. In diesen Kreisen beschäftigte man sich auch mit Fällen von Besessenheit, in denen ein zweites Ich in die in Trance befindliche Persönlichkeit einzuziehen schien, was wieder im Sinne der Bekundung der jenseitigen Welt interpretiert wurde. Bei einer der Somnambulen des Magnetiseurs *Roustan*, Mademaoiselle *Célina Bequet*, offenbarten sich die „Geister" verstorbener Ärzte, u. a. auch der Geist Mesmers, die medizinische Anweisungen gaben.

Das genannte Pariser Medium schrieb auch automatisch, angeblich unter dem Einfluß von Geistern. Der Inhalt dieser Geisteraufzeichnungen war philosophisch-religiöser Art. Ein Lieblingsthema war die Seelenwanderung, die *Reinkarnation*.

Ein berühmter Fall von Reinkarnation erregte das Aufsehen der literarischen Öffentlichkeit. Im Jahre 1856 wurde ein gewisser HIPPOLYTE DENIZARD RIVAIL in diesen Kreis eingeführt. RIVAIL war ein Mann mit einer interessanten Vergangenheit. Er hatte zuerst die Höhere Schule in Lyon besucht, kam dann als junger Mann nach Yverdon in der Schweiz, wo er Schüler des berühmten Schweizer Pädagogen *Johann Heinrich Pestalozzi* wurde. 1826 gründete er in Paris ein pädagogisches Institut nach der Methode Pestalozzis, machte aber finanziellen Bankrott. Seit 1854 geriet er unter Einfluß zweier Personen aus den Kreisen des Pariser Mesmerismus, die ihn in die spiritistischen Zirkel einführten, 1858 gründete er die erste spiritistische Zeitschrift in Paris, die „Revue Spirite", dann die *Société Parisienne des études spirites"* und wurde Verfasser verschiedener spiritistischer Lehrbücher. Seit 1855 hielt er selber spiritistische Sitzungen mit Medien ab. Auf einer dieser Sitzungen teilte ihm ein Geist, sein „esprit protecteur", mit, er, HIPPOLYTE RIVAIL, sei ihm bereits im alten Gallien als Keltischer Druide unter dem Namen *Allan Kardec* begegnet. Von da an führte HIPPOLYTE RIVAIL den gallischen Namen seiner Präexistenz *Allan Kardec* als literarisches Pseudonym. Damit stellte er sich selbst als exemplarischen Fall einer religionsgeschichtlich höchst bedeutsamen Reinkarnation vor.

Allan Kardec hat versucht, die Offenbarungen, die ihm von seiten der Bewohner der Geisterwelt durch seine beiden Medien, *Madame Bodin* und *Madmoiselle Rose*, zukamen, zu einem System zusammenzufassen. Dies erfolgte 1857 in seinem „Livre des Esprits", das auch die Offenbarungen der Mademoiselle *Célina Bequet* verarbeitete. Bald folgten weitere Bücher, die eine unerwartete Verbreitung erfuhren und in alle Sprachen übersetzt wurden. Mit der Verbreitung der Schriften Allan Kardec's breitete sich auch die spiritistische Lehre, einschließlich des Dogmas von der Reinkarnation, in ganz Europa und in der neuen Welt mit unheimlicher Geschwindigkeit aus. Allan Kardec wurde bald Mittelpunkt eines regelrechten Kultes, er galt als der Prophet seiner Zeit, der endlich die Geheimnisse der Geisterwelt, des Lebens nach dem Tode, enthüllte, als Eröffner der „dritten Offenbarung". Er wird noch heute als „un Grand Messager du divin savoir" gefeiert.

Die Verbreitung der Ideen und Praktiken Allan Kardec's erfuhr einen außerordentlichen propagandistischen Auftrieb durch die Tatsache, daß der Erzbischof von Barcelona nach dem Erscheinen spanischer Übersetzungen seiner Schriften am 9. Oktober 1861 ihre öffentliche Verbrennung anordnete. Es kam zum letzten Mal in der spanischen Kirchengeschichte zu einem großen öffentlichen Autodafé. Auf dem Galgenberg bei Barcelona wurden die Schriften Kardec's auf einem Scheiterhaufen aufgestapelt. Ein Priester, der in der einen Hand ein Kreuz, in der anderen eine brennende Fackel trug, steckte mit dieser Fackel den Scheiterhaufen in Brand. Damals gab es schon eine europäische Presse: zahlreiche Journalisten wohnten dem historischen Ereignis bei, und die Kunde von diesem Schauspiel, das den „Fall Kardec" als einen neuen „Fall Galilei" erscheinen ließ, trug zur Verbreitung der Schriften Kardec's in Europa, vor allem aber in den südamerikanischen Ländern bei; für die antiklerikalen und freimaurerischen Kreise wurde *Allan Kardec* zum Vorkämpfer und Märtyrer des sogenannten *„wissenschaftlichen Spiritismus"*, der zusammen mit der Philosophie des Positivismus von AUGUSTE COMTE propagiert wurde. Damit fand auch die Reinkarnationslehre weltweite Verbreitung.

Vor allem in Brasilien haben die Schriften Kardec's in portugiesischer Übersetzung eine unerwartete Verbreitung erfahren. Die Auflagenziffer der Schriften Allan Kardec's in Brasilien übertrifft die Auflagenziffer der Bibel. Die brasilianische Post sah sich aufgrund der Popularität Allan Kardec's in Brasilien veranlaßt, zum 100-jährigen Jubiläum des Erscheinens seiner Hauptschrift, des „Buches der Geister", eine Sonderbriefmarke mit seinem Porträt herauszubringen, der bisher einzige Fall, in dem einem Reinkarnierten diese höchste Ehrung zuteil wurde, die die Deutsche Bundespost bisher nur Wissenschaftlern vom Range *Einsteins* zuteilwerden ließ.

Hauptwerke Kardec's sind „Das Buch der Geister" und „Das Buch der Medien". Bei ihm ist nun von vornherein die Reinkarnationsidee kopernikanisch verstanden als Aufstieg der Geister durch Bewohnung der verschiedenen Gestirne des Makrokosmos. Das Interessante bei Kardec ist, daß er seine Bücher in Form eines Katechismus geschrieben hat, mit präzisen Fragen und den entsprechenden Antworten darauf. „Da der Geist", sagt er, „durch mehrere Einverleibungen hindurchgehen muß, ergibt sich, daß wir alle schon mehrere Existenzen hinter uns haben und daß wir noch andere bestehen müssen, sei es auf Erden oder auf anderen Weltkörpern. Die Verkörperung der Geister findet stets in der Ordnung Mensch statt. Irrtümlich glaubte man früher, daß Seele oder Geist sich auch in ein Tier verkörpern könne". Er beweißt nun, warum das nicht möglich ist. Dann heißt es:

„Erfüllen sich unsere verschiedenen leiblichen Existenzen alle auf der Erde?"
Antwort
„Nicht alle. Sie erfüllen sich in verschiedenen Welten. Eure Erde — das spricht der Geist — ist weder die erste noch die letzte. Sie ist eine der am meisten stofflichen und am weitesten von der Vollendung entfernt."
Was ist der Zweck der Wiedereinverleibung?
„Die Sühne, die fortschreitende Besserung der Menschheit".

„Die Reinkarnationslehre, die dem Menschen mehrere sich folgende Existenzen zuschreibt, ist die einzige, die der Gerechtigkeit Gottes für die Menschen entspricht, die Zukunft erklärt und unsere Hoffnung festigt, weil sie uns das Mittel gibt, unsere Irrtümer durch neue Prüfungen wieder gutzumachen." (Buch der Geister, S. 79)

„Nehmt aufeinanderfolgende Existenzen an, und alles erklärt sich nach Gottes Gerechtigkeit. Was man in einer Existenz nicht tun konnte, tut man in einer anderen. So entgeht niemand dem Gesetz des Fortschrittes, jeder wird nach seinem wirklichen Verdienst belohnt und keiner ist von der höchsten Seligkeit ausgeschlossen, auf die er Anspruch hat, gleich welche Hindernisse ihm auf seinem Weg begegnen."

„Nun wird man sagen, die Reinkarnationslehre sei von der Kirche nicht zugelassen, sie würde zum Umsturz der Religion führen. Es ist nicht unsere Absicht, diese Frage zu behandeln, uns genügt gezeigt zu haben, daß diese Lehre vollkommen moralisch und vernunftgemäß ist, somit einer Religion nicht widersprechen kann, die Gottes Güte und Weisheit verkündet ... Übrigens geht das Prinzip der Reinkarnation aus mehreren Stellen der Heiligen Schrift hervor, so aus der Formulierung in Matthäus XVII 9 –13 ... Da nun Johannes der Täufer Elias gewesen ist, hat also eine Reinkarnation vom Geiste oder der Seele des Elias in dem Leib des Johannes stattgefunden ... "

„Wir anerkennen somit, daß die Lehre von der Vielheit der Existenzen allein das erklärt, was ohne sie unerklärlich bleibt; daß sie tröstlich ist, der strengsten Gerechtigkeit entspricht, und daß sie für den Menschen der Hoffnungsanker ist, den ihm Gott zuwarf. Jesus Worte selbst, die er im Evangelium Johannes Kap. 3, 3 – 7 spricht, können hier keinerlei Zweifel aufkommen lassen ... ‚Laß es dich nicht wundern, daß ich dir gesagt habe: Ihr müsset von Neuem geboren werden.'" (Buch der Geister, S. 97)

Gerade hier macht sich der rationalistische Einschlag bemerkbar, der auch bei ihm ja sehr deutlich hervortritt.

Ist die Reinkarnation der Seele in einer weniger groben Welt eine Belohnung?

„Sie ist eine Folge ihrer Reinigung. Denn je mehr sich die Geister reinigen, um so vollkommenere Welten bewohnen sie, bis sie jeglichen Stoff abgelegt und sich von allen Unreinigkeiten gesäubert haben."

„Kann ein in seinem irdischen Dasein fortgeschrittener Geist manchmal auf der gleichen Welt reinkarniert werden?"

„Ja wenn er seine Sendung nicht erfüllen konnte und sie in einem neuen Dasein nachholen muß. Das ist dann aber nicht mehr Sühne." (Buch der Geister, S 292)

„Die Geister gehören nicht für alle Zeit zu derselben Ordnung. Nach und nach erheben sie sich und steigen auf der Leiter des Fortschrittes immer mehr empor. Diese Besserung findet durch die Inkarnation als Mensch statt, die auch als Sühne oder als Mission auferlegt sein kann. Das materielle Leben ist eine Prüfung, welche die Geister zu wiederholten Malen zu bestehen haben, um einen gewissen Grad der Vollkommenheit zu erlangen." (Buch der Geister, S. 22)

„Die verkörperten Geister bewohnen die verschiedenen Himmelskörper im Raume. Die nicht verkörperten Geister, die ‚Wandelgeister' bewohnen keine bestimmte und begrenzte Gegend im unendlichen Raume, sondern finden sich überall, an unserer Seite uns betrachtend und unaufhörlich umdrängend. Eine ganz unsichtbare Bevölkerung lebt und webt um uns herum." (Buch der Geister, S. 23)

„Kann der Geist, der den Leib eines Mannes beseelte, in einer neuen Existenz den eines Weibes beseelen und umgekehrt?
Ja, es sind dieselben Geister, welche Männer und Frauen beseelen.
Zieht man, wenn man Geist ist, vor, in den Leib eines Mannes oder einer Frau inkarniert zu werden?
Darauf kommt es dem Geist wenig an, es hängt von den ihn erwartenden Prüfungen ab.
Die Geister inkarnieren sich als Männer oder Frauen, weil sie kein Geschlecht haben. Da sie in allem fortschreiten sollen, so bietet ihnen jedes Geschlecht wie jede gesellschaftliche Stellung, besondere Prüfungen und Pflichten und die Gelegenheit, Erfahrungen zu sammeln. Wer stets ein Mann wäre, wüßte nur, was die Männer wissen." (Buch der Geister, S. 152)

Angesichts der Fülle der Argumente, die von in ihrem Glauben verunsicherten Christen zugunsten der Reinkarnationslehre vorgebracht wurden, und angesichts der unbestreitbaren Überzeugungskraft einiger Argumente ihrer Fürsprecher wäre es ungerecht, die Frage nicht zu beantworten: Warum sind eigentlich gerade die gläubigen Christen im wesentlichen auf der Seite der Gegner der Reinkarnationslehre zu treffen? Welche Grundgedanken der christlichen Offenbarung hindern sie eigentlich, die so leicht eingängigen Argumente für die Richtigkeit der Reinkarnationslehre anzunehmen und sie im Zuge eines allgemeinen Synkretismus und womöglich unter Berufung auf die „Ökumene" der Weltreligionen in die christliche Glaubenslehre ständig aufzunehmen? In den dogmatischen Lehrbüchern der großen Konfessionen wird man wenig Antworten auf diese Frage finden, offenbar weil es bereits als anstößig gilt, diese Frage überhaupt ernst zu nehmen. Man muß bei den kirchlichen Außenseitern suchen, um hier eine Antwort zu finden. Ich selbst habe sie bei einem Mann gefunden, der kein Theologe vom Fach ist, sondern von Beruf Arzt, ein moderner Charismatiker, Visionär und Heiler, CARL WELKISCH. WELKISCH hat ein Buch geschrieben, „Der Mensch zwischen Geist und Welt"[45] in dem er in einer eindruckvollen Weise ein gewichtiges christliches Gegenargument gegen die Reinkarnationslehre darlegt. Das sachliche Ungenügende an dieser Lehre ist trotz ihrer einleuchtenden Argumente die Tatsache, daß sie völlig den innigen Zusammenhang zwi-

---

45 C. WELKISCH. - Der Mensch zwischen Geist und Welt. - Remagen: Otto Reichl Verlag 1976

schen Geist und Leiblichkeit in der menschlichen Persönlichkeit verkennt. Unsere Leiblichkeit ist nicht ein ablegbares Kostüm, in das heute die und morgen jene Seele schlüpfen kann, sondern die Leiblichkeit jeder menschlichen Person ist von ihrem Geist her erbaut und ist ein integrierender Bestandteil der Persönlichkeit. Die Erlösung der Persönlichkeit kann nicht absehen von der Miterlösung des spezifisch ihr zugehörigen und von ihr erbauten Leibes, sondern sie muß auch in die Tiefe der Leiblichkeit hineinwirken. Das allein ist christlich und kommt im Gedanken der leiblichen Auferstehung zum Ausdruck. WELKISCH sagt, die Wiederverkörperungslehre erkenne nicht an, daß die ererbte Körperstofflichkeit zur Individualität der menschlichen Person beiträgt, sonst könnte sie nicht erklären, der in einem neuen Körper Lebende sei derselbe Mensch, der schon einmal oder mehrmals in einem jeweils anderen Körper ein Erdenleben geführt hat. Es gibt keine Reinkarnation in der Form, daß eine Seele, die sich von einem Körper X losgelöst hat, in einen Körper Y einfährt, denn zur Seele gehört ihr individueller, von ihr erbauter Körper. Deshalb kann sie nicht in einen anderen, ihr fremden Körper einfahren. Sie hat nur ihren eigenen, einmaligen Körper. Der andere Körper wäre auch nur denkbar als Gehäuse, das sich eine andere Geistseele in ihrem Leben erbaut hat, und das ganz individuell mit ihrem Schicksal zusammenhängt. WELKISCH zitiert dann NICOLAI BERDJAJEW, der in seinem Buch „Geist und Wirklichkeit" sagt: „Die Geistigkeit durchdringt auch den Körper des Menschen, der ein integrierender Bestandteil seiner Person ist und erobert ihn für die Ewigkeit". Diese Feststellung, so fährt WELKISCH fort,

„kann ich aus meiner Erfahrung heraus nur bedingungslos bejahen. Der vollkommene Mensch — und jeder von uns soll ja vollkommen werden wie der Vater im Himmel —, ist erst wirklich vollendet, wenn auch der sterbliche, grobstoffliche Körper, zu Geist umgewandelt, seinem zugehörigen Innenmenschen wieder beigefügt und mit Geist und Seele im *Auferstehungsleib* zu einer *Einheit* verschmolzen ist. ... Das ganze irdische Leben ... muß vergeistigt und in den Auferstehungsleib eingebracht werden. Solange nur der kleinste wesenseigene Teil, weil noch unvergeistigt, dem Menschenwesen im geistigen Dasein fehlt, ist auch die letzte Vollkommenheit noch nicht erreicht. Erst im vollendeten Auferstehungsleib kann der Mensch den ihm vorbereiteten Platz im ‚Corpus Christi Mysticum' einnehmen und ausfüllen.

Die Wiederverkörperungslehre mag den Verstand befriedigen, welcher die Gesetze der ihm bekannten materiellen Welt auf die geistige Welt übertragen möchte, sie wird aber der tiefen Bedeutung des Erdenlebens nicht gerecht."[46]

Auf diesem Wege kann es eine wiederholte Verkörperung in einen irdischen Körper nicht geben...

WELKISCH ist zwar in der Theologie eine umstrittene Figur, aber dies scheint mir doch ein höchst bemerkenswerter positiver Beitrag zu unserem Problem zu sein, umso mehr, als er eigentlich der östlich-orthodoxen Theologie vollkommen entspricht. Auch bei WLADIMIR SOLOWJEW, der das Thema der Auferstehung in seinen „Drei Gesprächen" behandelt, ist das Hauptargument: was nützt alle Befreiung, was nützt die Erlösung auf dem rein geistigen und ethisch-moralischen Gebiet, wenn die letzte Wurzel der Hinfälligkeit, die sich im physischen Bereich eingewurzelt hat, nämlich der Tod, ausgerissen ist?

Der wahre Sieg des Lebens findet nur dort statt, wo auch der leibliche Tod besiegt und der ganze Mensch samt seiner Leiblichkeit in den Stand der Auferstehung verwandelt ist. SOLOWJEW schreibt 1889/90 in den „Drei Gesprächen": „Welcher Logik zufolge könnten die moralischen Siege des Guten in Sokrates über die moralischen Mikroben der schlimmen Leidenschaft in seiner Brust und über die öffentlichen Mikroben der Volksplätze in Athen so hoch geschätzt werden, wenn sich als die wahren Sieger die noch schlimmeren, niedrigeren, ja brutalsten Mikroben der physischen Zersetzung erweisen? Hier kann vor äusserstem Pessimismus und vor Verzweiflung keine moralische Schönrederei schützen."[47] Derselbe Gedanke findet sich bereits in dem Grundbuch der ostkirchlichen Mystik, in der „Kirchlichen Hierarchie" des DIONYSIOS AREOPAGITA c. VII § 2 ausgesprochen, wo es bei einer Darlegung der falschen Ansichten über den Tod heißt: „Wieder andere weisen den Seelen die Vereinigung mit fremden Körpern zu. Aber sie begehen nach meiner Ansicht, soviel an ihnen liegt, ein Unrecht an den Leibern, welche mit den göttlichen See-

---

46 Derselbe, ebenda, S. 97, 101

47 W. SOLOWJEW. - Drei Gespräche. übers. v. H. KÖHLER. - Stuttgart 1922. - S. 242

len die Kämpfe geteilt haben, und berauben sie unbillig, nach dem sie an das Ziel des göttlichsten Wettlaufes gelangt sind, der heiligen Vergeltung."[48] D. h. die Leiber, die zusammen mit Seele und Geist den Kampf gegen Sünde und Tod geführt haben, müssen auch an dem Siegeslohn dieses Kampfes teilhaben. Ebenso heißt es bei CYRILL VON JERUSALEM: „Weil also der Leib bei allen Werken mitgeholfen hat, so hat er auch im künftigen Leben mit Anteil an dem Geschehenen."[49]

Das sind Erkenntnisse, die in einer christlichen Theologie der Leiblichkeit und dementsprechend in einer christlichen Kosmologie wohl hineingehören, die aber bisher kaum gegen die Reinkarnationsidee als solche geltend gemacht wurden und die hier in diesem modernen Seitenzweig der christlichen Mystik bei WELKISCH in einem wichtigen Zeitpunkt eines umfassenden Wiedererwachens der Reinkarnationslehre neu erweckt wurden.

VII. SCHLUSS

Die Kirche befindet sich heute mit ihren Lehren vom Leben nach dem Tode in einer paradoxen Situation. Sie hat Jahrhunderte lang von ihrem Lehrmonopol einen unbefangenen Gebrauch gemacht und hat ihre Lehren vom Leben nach dem Tode in eindrucksvollen anschaulichen Formen der Liturgie zum Ausdruck gebracht. Kirche, Krypta und Kirchhof waren durch die unzertrennbare Zusammengehörigkeit der Gemeinde der Lebenden und der Toten in dem einem Corpus Christi Mysticum verbunden. Seit der Zeit der Katakomben ist die christliche Kunst aus dieser Einheit erwachsen.

In einem Jahrhunderte langen Prozeß der Säkularisierung, in dem der moderne wissenschaftliche Matrialismus und Rationalismus als angeblich allein maßgebliche Wortführer der Wahrheit auftraten, hat sich die Kirche immer mehr verängstigen und verunsichern lassen. Sie hat es häufig vorgezogen, zum Thema des Le-

---

48 Kirchliche Hierarchie c. VII, 2, 191
49 cat 18, 19 Migne PG 33 col 1040 C

bens nach dem Tode zu schweigen, aus Angst, sich lächerlich zu machen, wenn sie im herkömmlichen Sinne vom *Fegfeuer* oder von den *armen Seelen* redete. Sie hat absurde Umdeutungen der kirchlichen Lehre wie die *Ganz-Tod-Theorie* in Kauf genommen, in der der entscheidende Punkt, der Glaube an die Kontinuität der menschlichen Persönlichkeit, ihre Freiheit und ihre Verantwortung beseitigt wurden. Sie mußte zusehen, wie in das von ihr selbst geschaffene und geduldete Vakuum Ideen östlicher Religionen einzogen und ungeprüft eingepflanzt wurden, deren Grundvoraussetzungen sich von den christlichen Grundgedanken — vor allem in der Idee der Persönlichkeit Gottes, der Welt als Schöpfung und des Menschen als der zum Mitarbeiter Gottes berufenen gottesbildlichen Kreatur — fundamental unterscheiden.

Dieser Zustand ist unbefriedigend und auf die Dauer im Hinblick auf die Bemühung um die Wahrheit unzumutbar. Es erscheint heute als notwendig, unerschrocken die neue Aufgabe anzupacken, die die neue Situation uns stellt, nämlich die verschiedenen Grundgedanken, die die geschichtliche Überlieferung und die stets sich erneuerte religiöse Erfahrung der des Christentums und der nichtchristlichen Religionen bietet, kritisch zu durchdenken, die Möglichkeit einer inneren Harmonisierung und/oder die gegenseitige Nichtharmonisierung und Diskonkordanz zu prüfen, ihre Bewährung oder Nichtbewährung im Lichte neuer wissenschaftlicher Erkenntnisse und neuer Glaubenserfahrungen zu ermitteln und für die gedankliche Darstellung und die liturgische Verwirklichung der neuerkannten alten und neuen Wahrheiten offen zu sein.

Diese gewaltigen weltanschaulich-religiös-theologischen Probleme, die sich mit der Reinkarnationsidee stellen, werden in folgendem Beitrag von GERHARD ADLER *„Zur Reinkarnationsidee" in ihrer heutigen Auswirkung kritisch beleuchtet.*

Gerhard Adler

ZUR REINKARNATIONSIDEE

Vorbemerkungen

Mit einer gewissen Überraschung stellen wir seit einigen Jahren auch im deutschsprachigen Raum die ungewöhnliche Wirkmächtigkeit des Gedankens der wiederholten Erdenleben fest. Die Expansion der verschiedenartigen weltanschaulichen Sondergruppen und der Erfolg ihres Schrifttums machen deutlich, daß eine wachsende Zahl von Menschen, kirchentreue eingeschlossen, von der Idee der *Reinkarnation* bewegt und angeregt wird. Daß die Fachvertreter von Philosophie und Theologie erst ganz allmählich Interesse an diesem erstaunlichen Bewußtseinswandel bekunden, von dem die (trotz Säkularisierung) in christlich geprägten Kategorien denkende Bevölkerung betroffen ist, liegt wohl auch daran, daß die Vermittlung des Reinkarnationsgedankens zunächst über journalistische Kanäle und im Bestsellerrummel erfolgt. So berechtigt die Zurückhaltung kirchlicher und akademischer Instanzen deshalb sein mag, ist doch auch nicht zu übersehen, daß weltbildprägende Publikationen in Millionenauflagen wirksam werden. Ihnen steht kaum ein vergleichbares Erfolgsbuch gegenüber, das aus biblischer Sicht eine Deutung des Menschen und seiner Existenz im Kosmos entfaltet und mit entsprechender Leserresonanz rechnen könnte.

Wenn hier auf wenigen Seiten einige Informationen zusammengestellt werden, so geschieht dies durchaus mit dem Bewußtsein, daß eine religionsgeschichtlich so bedeutende, gleichzeitig so uneinheitliche Idee wie die der Reinkarnation nur sehr lückenhaft skizziert werden kann. Von Bekenntnisschriften abgesehen, ist allerdings auch kein neueres Werk zum Thema bekannt geworden, das einen Überblick verschafft, der hilfreich sein könnte. Auch fehlt es bislang an einer umfassenden christlich-theologischen Würdigung[1].

Weil aber viele der vorhandenen Publikationen durchaus geeignet sind, Verwirrung zu stiften, weil vielfach als wissenschaftlich erwiesen dargestellt wird, was sich im hypothetischen Vorfeld befindet, weil vor allem eifrige Verfechter der Reinkarnationsidee, möglicherweise guten Glaubens, sich ihre Argumente aus den disparatesten Weltbildern zusammentragen, soll wenigstens, wenn auch oft in Frageform, ein Gerüst erstellt werden, das dem Interessierten als roter Faden dienen mag, wenn er sich dem umfangreichen und sehr ungleichwertigen Schrifttum nähert. Unvollständig bleibt dabei der historische Überblick wie auch die Übersicht zu heute wichtigen Denkströmungen. Die Zusammenfassung und die offenen Fragen vermögen vielleicht den Blick zu schärfen für die gewaltigen weltanschaulich-religiös-theologischen Probleme, die sich mit der Reinkarnationsidee stellen.

Weltanschauliche Vakuen lösen notwendigerweise geistige Strömungen aus. Mit dem Schwinden des Einflusses der christlichen Kirchen konnten sich die verschiedensten Modelle zur Deutung der menschlichen Existenz entfalten. Die Orientierung wird dem einzelnen nicht erleichtert. Kriterium des Erfolgs ist oftmals die intellektuelle Anspruchslosigkeit. Auch die Reinkarnationsidee kommt nun, von unterschiedlichen Gruppen vorgetragen, wieder zur Geltung. Hohes Niveau zeigen einige anthroposophische Autoren.

Doch gerade die primitiven, aber reißerischen Darstellungen verblüffen durch ihren Erfolg. Wir erleben ja seit einigen Jahren schon eine Konjunktur im Grenzbereich zwischen Okkultismus und science fiction. Von den modischen Darstellungsformen ist auch die Vermittlung der Idee der wiederholten Erdenleben mitgeprägt.

Unvergleichlich anspruchsvoller wird die Auseinandersetzung dort erfolgen müssen, wo sich die großen Religionen begegnen wollen, wo das Christentum in einen ernsthaften Dialog mit Hinduis-

---

[1] Ausführliche Belege und Bibliographie in G. ADLER.- Wiedergeboren nach dem Tode? Die Idee der Reinkarnation. - Frankfurt: Knecht Verlag 1977; Derselbe. - Seelenwanderung und Wiedergeburt. Leben wir nicht nur einmal?. - Herderbücherei 806, Freiburg 1980

mus und Buddhismus tritt. Gehört doch die Reinkarnationsidee zu den großen Themen der Religionsgeschichte und nicht selten zum Kernbestand einer religiösen Weltdeutung. Sie ist eines der großen Deutungsmuster für das menschliche Einzelschicksal und das große Geschehen im All.

Die Ausstrahlung der Religiosität Asiens in unseren Kulturbereich macht die Auseinandersetzung auf weltanschaulicher Ebene notwendig. Yoga ist ein typisches Beispiel für die Wirkung „östlicher Weisheit", wenn auch in manch verfälschender Adaptation.

Die auf „wissenschaftliche" Absicherung erpichten Amerikaner und Europäer suchen den empirischen Beweis. Ernsthafte und teilweise auch unernste Versuche mit hypnotischer Rückführung in angeblich vorgeburtliche Daseinsstufen sind ein solcher Versuch der Verifizierung der Idee. Die wissenschaftliche Parapsychologie, soweit sie sich unserer Frage widmet, hat wohl die bislang interessantesten Überlegungen angestellt.

Als das *Hauptmotiv* für die Zuneigung zu diesen Gedankengängen erscheint im Westen die Vergewisserung der Fortdauer des Lebens, die Suche nach Ewigkeit. Die Reinkarnationslehre verheißt diese Fortdauer nicht nur für die Zukunft, nach dem Tod, sie postuliert auch eine Präexistenz, ein Dasein vor dem gegenwärtigen Leben.

Offenbar besteht auch ein großes Bedürfnis nach Deutung unserer Seinsweise jenseits der Schwelle des biologischen Endes. Es geht um Fragen, die den Menschen im Innersten bewegen: um Leben und Tod, um die Entstehung unseres Lebens, um das Schicksal in dieser Welt, um unsere Existenz vor und nach diesem Dasein, um die Deutung von Leid und Schuld, um den Sinn des ganzen Kosmos. Offensichtlich wird dieses Bedürfnis nicht hinreichend von den Kirchen, ihrer Theologie und Verkündigung befriedigt.

Nun steht aber der christlichen Vorstellung von der Einmaligkeit des menschlichen Lebens und Todes nicht eine ebenso eindeutige Reinkarnationslehre gegenüber. Die Geistesgeschichte kennt vielmehr zahlreiche Varianten, sogar Ungereimtheiten und Widersprüche in den Grundvoraussetzungen. Nicht einmal die tiefere Motivation ist einheitlich. Dies erschwert naturgemäß die Behandlung des Themas.

I. EINIGE HISTORISCHE BELEGE

1. Indien

Die ersten schriftlichen Belege für die Seelenwanderungslehre finden sich in den *Upanishaden* (8. Jahrhundert vor Christus). Durch die Reinkarnation soll die Vergeltung aller Werke, soll die Lösung des Theodizeeproblems gewährleistet werden. HELMUTH VON GLASENAPP schreibt: „Die gemeinsame Basis aller religiösen Systeme Indiens ist das Dogma von der Vergeltungskausalität der Tat (karma) und von der durch diese bedingten anfangslosen Kette einander ablösender Existenzen."[2]

Das um die Zeitenwende niedergeschriebene Lehrgedicht der *Bhagavadgita* wird heute durch religiöse Gruppen im Westen erneut und mit Eifer verbreitet. In ihm findet sich ein Niederschlag der Reinkarnationslehre, sowohl unter dem individuellen Aspekt der Wiedergeburt, als auch dem universalen Aspekt der ewigen Wiederkehr auch des kosmischen Gesamtgeschehens.
Aus dem Zweiten Gesang:

> „Nicht Tote noch auch Lebende
> beklagt jemals der Weisen Schar.
> Nie war die Zeit, da ich nicht war,
> und du und diese Fürsten all,
> Noch werden jemals wir nicht sein,
> wir alle, in zukünftiger Zeit!
> Denn wie der Mensch in diesem Leib
> Kindheit, Jugend und Alter hat,
> So kommt er auch zu neuem Leib,
> − der Weise wird da nicht verwirrt" (V. 11 − 13).

> „Denn dem Geborenen ist der Tod,
> den Toten die Geburt bestimmt, −
> Da unvermeidlich dies Geschick,
> darfst nicht darüber trauern du" (V. 27).

---

2 H. v. GLASENAPP.- Unsterblichkeit und Erlösung in den indischen Religionen.-

Aus dem Neunten Gesang:

„Die Wesen all beim Weltenend' gehn ein
in meine Urnatur,
Bricht dann ein neu Weltalter an,
dann schaffe ich sie wieder neu.
Fußend auf meiner Urnatur
schaff' ich sie neu und wieder neu,
Die ganze Schar der Wesen hier,
streng nach dem Willen der Natur" (V. 7 f).[3]

Wir müssen uns sehr davor hüten, die religiösen Vorstellungen Indiens oder gar des „Ostens" allzu pauschal und vereinheitlicht zu betrachten. Auch in Indien herrscht eine breite Vielfalt der Deutung für alle wesentlichen Begriffe und Kategorien. Erlösung zum Beispiel kennt Indien nicht nur als Selbsterlösung, sondern auch als gnadenhaftes Erlöstwerden. Es finden sich Vorstellungen von der Seele, die sie mit abendländischen vergleichbar erscheinen lassen, daneben aber auch die Negierung einer unsterblichen Seele. Die Annahme einer realen Einzelseele, die im westlichen Denken die Grundvoraussetzung für die Reinkarnation des Ich darstellt, ist im Rahmen des indischen Denkens keineswegs garantiert und selbstverständlich.

Während im Westen die Hoffnung auf eine Fortführung der Existenz dominiert, sei es in Goethes Vorstellung einer Entwicklungschance zur vollen Persönlichkeit, sei es ganz banal aus kreatürlicher Angst vor dem Tod, setzt Indien den Schwerpunkt auf den Gedanken der Läuterung. Die Wiedergeburt ist dem Inder eine leidvolle, unabänderliche Einrichtung, und ihr entspricht auch der Fatalismus gegenüber irdischem Elend und Ungerechtigkeit. Der westliche Mensch klammert sich verstärkt an die Wiedergeburtsidee, seitdem ihm die Hoffnungen auf ein Paradies geschwunden sind.

Aber, und dies kompliziert die hier nur sehr verkürzt angedeuteten Zusammenhänge noch weiter, auch aus indischem Denken

---

Schriften der Königsberger Gelehrten Gesellschaft. Geisteswissenschaftliche Klasse, 14. Jg., 1900, Heft 1, S. V

3 Bhagavadgita. Des Erhabenen Gesang.- Düsseldorf/Köln: 1965.- S. 31, 32, 59

heraus wird eine Revision der traditionellen Überzeugungen angestrebt. So wendet sich SRI AUROBINDO gegen die moralisch-kosmische Begründung der Reinkarnationslehre. Mit einem solchen Verständnis seien weder Erdbeben, Vulkanausbrüche und Unglücksfälle, noch die Ungeheuerlichkeiten moderner Kriege und Staatssysteme mit Millionen Opfern zu erfassen. „Die natürlichen Kräfte zumindest wissen das nicht und kümmern sich nicht darum, in der blinden Unparteilichkeit ihrer Wut verhüllen sie uns vielmehr eine solche Absicht ... Attila und Dschingis Khan auf dem Thron bis zum Ende, Christus am Kreuz und Sokrates, seinen Schierlingsbecher trinkend, stellen keine sehr klare Evidenz für irgendeine optimistische Auffassung von einem Gesetz moralischer Vergeltung in der Welt der menschlichen Natur dar ... Der Versuch des menschlichen Denkens, eine ethische Bedeutung in das Ganze der Natur hineinzuzwingen, ist einer jener Akte von willensbesessener und obstinater Selbstverwirrung, einer jener pathetischen Versuche des Menschen, sich selbst sein begrenztes, habituelles, menschliches Selbst in alle Dinge hineinzulesen, ein Versuch, der ihn auf höchst wirksame Weise hindert, zu wahrem Wissen zu gelangen."[4]

SRI AUROBINDO macht aber auch Vorbehalte gegenüber der westlichen Motivation für die Idee wiederholter Erdenleben: dem Überleben der identischen Persönlichkeit, dem ja auch, unter Vernachlässigung des universalen Aspektes, eine individualistische Heilshoffnung zugrunde liegt.

2. Europäische Antike

Während im indischen Kulturkreis das identische Ich nicht durchgängig als Träger des Fortlebens betrachtet wird, ist dieses in der abendländischen Tradition geradezu die Voraussetzung. Die Frage, ob die schon in frühgriechischer Zeit aufscheinende Idee der *Metempsychose* indischer Herkunft sei, ist nicht eindeutig geklärt. Sie ist auch zweitrangig, da die Entwicklung einen anderen Verlauf genommen hat. Bei aller Vielfalt und Widersprüchlichkeit, die

---

[4] zit. in: E. BENZ (Hrsg.).- Reinkarnation.- Sonderheft der Zeitschrift für Religions- und Geistesgeschichte, IX, 1957, 2, S. 117

sich auch im antiken Denken um Metempsychose oder Palingenesie rankt, war doch die Vorstellung beherrschend: eine geistige Seele macht die Persönlichkeit wesentlich aus, sie ist Träger der Identität und somit die Garantie des Fortlebens in neuer materieller Gestalt.

Schon im fünften vorchristlichen Jahrhundert findet sich eine ideengeschichtliche Anmerkung zum Wiedergeburtsgedanken. HERODOT berichtet:
„Nun sind die Ägypter die ersten, welche die Meinung ausgesprochen haben, daß die menschliche Seele unsterblich ist und, wenn der Körper verwest, immer in ein anderes, eben zum Leben kommendes Geschöpf hineinfährt; sei sie nun jedesmal herumgewandert in allen Land-, Meer- und Himmelstieren; so gehe sie wieder in einen zum Leben kommenden Menschenleib ein, und diese Wanderung mache sie in 3.000 Jahren."[5] HERODOT erliegt jedoch einem Irrtum, denn er gibt pythagoreisches Gedankengut wieder. Die Vorstellung des PYTHAGORAS (ca. 582 – 507) von einem Kreislauf der Seelen durch das gesamte Tierreich finden auch heute noch Anhänger.

Aber auch Gegner hat der Gedanke der wiederholten Leben auf den Plan gerufen, und selbst die Kontroversen von heute haben ihre antiken Vorbilder. LUKREZ zum Beispiel vermerkt: „Wenn sie dann aber behaupten, die Seelenwanderung gehe immer durch menschliche Körper, so frag' ich, weshalb wohl die klügsten Geister bisweilen verdummen, warum kein Kind noch verständig."[6] Wenn EMPEDOKLES von sich behauptet hat, „denn ich selber war vordem schon Jüngling und Jungfrau, auch schon Strauch und Vogel und lautloser Fisch in dem Meer"[7], dann erhält er die Antwort: was muß das für eine farblose Seele sein, die sich von so unterschiedlichen Leibformen prägen läßt und gar nicht umgekehrt das Wesen der Leibgestalt ausmacht.

---

5 Des Herodotos von Halikarnassos Geschichten. I.Band.- Deutsch von R. SCHÖLL.- Naunhof/Leipzig o.J..- S. 182 f

6 zit. nach W. STETTNER.- Die Seelenwanderung bei Griechen und Römern.- Tübinger Beiträge zur Altertumswissenschaft, XXII.Heft.- Stuttgart/Berlin 1934.- S. 14

7 zit. nach R. KOEBER.- Ein durchlaufender Faden im Geistesleben des alten Hellas.- in: Sphinx. Monatsschrift für Seelen- und Geistesleben, X,1898, 20. Bd.- S. 105

Mit PLATON entfaltet die Wiederverkörperungslehre eine besondere Wirksamkeit. Da aber in seinem Werk keine systematische Lehre ausgebildet ist, konnten sich an der Uneinheitlichkeit viele Lehrstreitigkeiten entzünden. Außerdem ist nicht zu entscheiden, was bei PLATON jeweils als konkrete Aussage und was als mythisches Bild zu verstehen ist.

Die Seelen kommen nach PLATON mit dem Tod in die Unterwelt vor den Totenrichter. Im Phaidon heißt es dann zum zeitlichen Verlauf:
„Denn dorthin, woher jede Seele kommt, kehrt sie nicht zurück in zehntausend Jahren, denn sie wird nicht eher befiedert als in solcher Zeit, ausgenommen die Seele dessen, der ohne Falsch philosophiert oder nicht unphilosophisch die Knaben geliebt hat. Diese können im dritten tausendjährigen Zeitraum, wenn sie dreimal nacheinander dasselbe Leben gewählt, also befiedert nach dreitausend Jahren heimkehren. Die übrigen aber, wenn sie ihr erstes Leben vollbracht, kommen vor Gericht. Und nach diesem Gericht gehen einige in die unterirdischen Zuchtörter, wo sie ihre Strafe verbüßen, andere aber, in einen Ort des Himmels enthoben durch das Recht, leben dort dem Leben gemäß, welches sie in menschlicher Gestalt geführt. Im tausendsten Jahre aber gelangen beiderlei Seelen zur Verlosung und Wahl des zweiten Lebens, welches jede wählt, wie sie will. Dann kann auch eine menschliche Seele in ein tierisches Leben übergehen, und ein Tier, das ehedem Mensch war, wieder zum Menschen. Denn eine, die niemals die Wahrheit erblickt hat, kann auch niemals diese Gestalt annehmen."[8]

Das Hauptmotiv von PLATONS Seelenwanderungslehre ist ausgleichende Gerechtigkeit. In der hellenistischen Zeit verflachte die Idee bis zum Stilmittel der Literaten.

In VERGILS Aeneis, wieder ein ehrwürdiges Dokument für die Reinkarnationsidee, gibt Anchises dem Sohn Äneas die Antwort auf die Frage:

„'Vater, wär's glaublich?
Steigt von hier ein Teil der geschiednen
Seelen ans Licht empor und kehrt zurück

---

8 PLATON.- Sämtliche Werke 4.- Reinbek: 1958.- S. 30

in die Dumpfheit
Irdischen Leids? Lockt so die Lust mühseliges Leben?'
'Sohn, ich leg dir's aus;
sollst nicht lang fragen und grübeln. ...
Jeglichem folgt im Tod sein eigener Schatten. —
Hernach dann
Haben wir wenigen hier Elysiums Felder zur Herberg,
Bis im unendlichen Tag,
da der Kreis der Zeiten vollbracht ist,
Auch der härteste Fehl wegschmolz,
und schwindend zurückließ
Lauterer Sinne Kristall und des Geistes einfältiges Feuer.
Die dort, wo sie tausend Jahr die Runde durchlaufen,
Ruft aus dem übrigen Schwarm der Gott
zum Strom des Vergessens,
Daß sie, gedächtnislos zum oberen Rand der Wölbung
Kehren: keimender Wunsch,
noch eins im Leibe zu wandeln.' "[9]

VERGIL hat hier die stoische Idee vom Aufstieg der Seelen durch Läuterung mit der Seelenwanderung verbunden.

Auswirkungen zeigen sich auch bei den Kaisern Caracalla und Julian, die sich beide für Reinkarnationen Alexanders des Großen hielten. Auch hier schon der vielbelächelte Anspruch, ausgerechnet eine Verkörperung eines Großen der Weltgeschichte zu sein. Bei PLOTIN und im Neuplatonismus finden wir viele Themen vorgeformt, die heute noch in okkultistischen und spiritualistischen Gruppen diskutiert werden: Schuld und Schicksal, Einkörperung als Strafe etc. Daß Origenes den Gedanken der Reinkarnation aufgreift, wird vielfach zu der Fehlinterpretation mißbraucht, in der alten Kirche habe bis zum Konzil von Konstantinopel 553 ganz selbstverständlich die Reinkarnationslehre gegolten.[10]

---

9 Vergils Aeneis.- Deutsch von R. A. SCHRÖDER.- München: 1963.- S 134 f.
10 aufschlußreich dazu: Origenes und die Präexistenz. Von Prof. Dr. LUDWIG, Freising.- in: Psychische Studien, 42.Jg.Juni 1916.- S. 247 – 258

Mit der Unterbrechung im Hellenismus kennt also die tausendjährige Epoche von frühgriechischer Zeit bis in die Spätantike hinein den Gedanken der Seelenwanderung, in vielfältiger Gestalt, mit Varianten und Widersprüchen, mit Begründungsversuchen und Gegenargumenten.

3. Andere Kulturkreise

Es ist nicht zu bezweifeln, daß die Lehre von Seelenwanderung bzw. Wiedereinkörperung in der Geistesgeschichte des Ostens und auch des Westens seine breite Spur hinterlassen hat. Jedoch haben viele Darstellungen die verfälschende Wirkung, angesichts der eindrucksvollen Materialfülle übersehen zu lassen, daß es immer auch einen sehr mächtigen Strom des Denkens über den Menschen, seine Seele und den Sinn des Kosmos gegeben hat, der den Gedanken wiederholter Erdenleben entweder gar nicht kannte, oder nicht zur Kenntnis nahm, oder ihn skeptisch beurteilte, oder sogar ausdrücklich ablehnte. Neuere Publikationen zum Thema wollen oft den Eindruck erwecken, das Vorkommen der Reinkarnationsidee sei so überwältigend und lasse deshalb kaum einen Widerspruch zu. Dies kommt zustande, wenn man nur einseitig die Befürworter zur Kenntnis nimmt. Auf diese „optische Täuschung" soll aufmerksam gemacht werden, wenn nun weitere Zeugnisse aus verschiedenen Kulturkreisen erwähnt werden.

Während die *jüdische* Orthodoxie die Seelenwanderung nicht kennt, kommt sie in Dokumenten der *Kabbala* und anderen inoffiziellen Quellen vor. Dies gilt auch für den *Islam*, der die Reinkarnation nur als heterodoxes Element verzeichnet. Das bekannte Gedicht des Mystikers DJALAL AL DIN RUMI aus dem 13. Jahrhundert sei als Beleg zitiert:

> „Ich starb als Stein und wurde eine Pflanze.
> Ich starb als Tier und ward ein Mensch.
> Warum sollte ich mich fürchten?
> Hat der Tod mich je vermindert?
> Einmal noch als Mensch werde ich sterben,

um emporzufliegen
mit den seligen Engeln; sogar das Engelhafte
werde ich aber verlassen müssen.
Alles vergeht außer Gott.
Wenn ich meine Engelseele geopfert habe,
werde ich das werden, was kein Mensch je erkannt hat.
Oh, laß mich nicht sein! Denn Nichtsein verkündet:
'Zu ihm werden wir zurückkehren!'"[11]

CÄSAR und DIODOR berichten über die Seelenwanderungslehre bei den *Kelten*. TSCHUANG-TSE kann als Beleg für die *chinesische Tradition* genannt werden.

Schließlich seien aus der eindrucksvollen Sammlung des Anthroposophen EMIL BOCK über die Reinkarnationsidee im deutschen Kulturbereich wenigsten drei Namen genannt:

LESSING: „Warum sollte ich nicht so oft wiederkommen, als ich neue Kenntnisse, neue Fertigkeiten zu erlangen geschickt bin? Bringe ich auf einmal soviel weg, daß es der Mühe wiederzukommen etwa nicht lohnt? ... Die Erinnerung meiner vorigen Zustände würde mir nur einen schlechten Gebrauch des gegenwärtigen zu machen erlauben. Und was ich jetzt vergessen *muß*, habe ich denn das auf ewig vergessen?"[12]

GOETHE: „Ich würde mich so wenig wundern, daß ich es sogar meinen Ansichten völlig gemäß finden müßte, wenn ich einst diesem Wieland als einer Weltmonade, als einem Stern erster Größe, nach Jahrtausenden wieder begegnete, und sähe und Zeuge davon wäre, wie er mit seinem lieblichen Lichte alles ... erquickte und aufheiterte ... Ich bin gewiß, wie Sie mich hier sehen, schon tausendmal dagewesen und hoffe wohl noch tausendmal wiederzukommen."[13]

Schließlich GERHART HAUPTMANN in einer Tagebuchnotiz: „Der übrigens keineswegs neue Gedanke erschließt sich mir vom

---

[11] zit. nach W. LINDENBERG.- Über die Schwelle. Gedanken über die letzten Dinge.- München/Basel: 1973.- S. 92 f.

[12] zit. nach E. BOCK.- Wiederholte Erdenleben. Die Wiederverkörperungsidee in der deutschen Geistesgeschichte.- Stuttgart: 5 1967.- S 36

[13] Derselbe, ebenda, S. 57

Erlebnis aus: daß nämlich der Richter, der Henker und der Gehenkte immerfort ihre Plätze wechseln und daß Du aus Erinnerung früherer Leben alle in Dir hast."[14]

Zum Abschluß der literarischen Zeugnisse ein Beispiel dafür, wie sich die Idee der Reinkarnation auch heute noch mit genuin christlichem Denken verbinden kann. WLADIMIR LINDENBERG erwähnt in seinen Büchern über Yoga, Meditation und die Letzten Dinge immer wieder die Vorstellung von den wiederholten Erdenleben als einem Läuterungsweg. LINDENBERG ist als Russe orthodoxer Christ. Es geht ihm nicht darum, die Reinkarnationslehre zu beweisen, zu verteidigen oder gar zu verbreiten. Er macht jedoch darauf aufmerksam, daß diese Idee in den meisten Religionen eine große Rolle spielt, daß Millionen von Menschen ganz selbstverständlich darauf ihre gesamte geistige Existenz aufbauen und daß schließlich die Grundidee der Läuterung, der Entwicklung und des Aufstiegs auch im Gedanken des Purgatoriums vorhanden ist. So geht er auf die bekannte Parabel vom Schmetterling des TSCHUANG-TSE ein. Im Traum hat TSCHUANG-TSE das Empfinden, ein Schmetterling zu sein, das Bewußtsein von seinem Menschsein ist nicht präsent: „Plötzlich erwachte ich; und da lag ich: wieder ‚ich selbst'. Nun weiß ich nicht: war ich da ein Mensch, der träumt, er sei ein Schmetterling, oder bin ich jetzt ein Schmetterling, der träumt, er sei ein Mensch"[15].

LINDENBERG greift dieses Bild auf und weist auf das Schmetterlingsmotiv der griechischen, römischen und klassizistischen Grabsteine hin. Die Frage „wer ist nun was?" führt er folgendermaßen weiter: „Die grobstoffliche, kriechende, oft häßliche Raupe, die gierig die grünen Blätter frißt, verpuppt sich in einen ruhenden Kokon. Aus dem Kokon schlüpft nach geraumer Zeit ein schillernder, ätherischer Schmetterling heraus, der unsere Sinne ergötzt. Weiß der Schmetterling, daß er einst eine Raupe und ein Kokon war? Und erkennt die Raupe in dem Schmetterling ihre eigene zukünftige Seinsform? Wahrscheinlich nicht. Wir aber, die

---

14 Derselbe, ebenda, S. 154

15 Reden und Gleichnisse des Tschuang-Tse. Deutsche Auswahl von M. BUBER.- Zürich: 1951.- S. 126 f

wir diesen Prozeß beobachtet haben, wir wissen es." LINDEN-
BERG schließt den Gedanken an Evolution und wiederholte Erdenleben beim Menschen an: „So durchwandert der Mensch, der
sich wahrscheinlich aus anderen Kreaturen im Laufe unzähliger
Seinsperioden entwickelt hat, mehrere Daseinsformen, immer mit
dem Ziel, in jedem neuen Leben eine Stufe höher in Gesittung,
Verantwortung, Liebe, Güte, Toleranz aufzusteigen. Der eine
nimmt sich die Zeit und entwickelt sich langsam, den anderen
drängt es zu Gott."[16]

II. ZUR GEGENWÄRTIGEN DISKUSSION

Mit LINDENBERG sind wir bereits in der Gegenwart, deren
Reinkarnationsdenken sich natürlich auch historisch inspirieren
läßt, das aber eine ganz spezifische Ausprägung erfährt durch den
Anspruch, „empirisch" vorzugehen und „wissenschaftliche Beweise" zu finden. Trotz des Bestsellerrummels und unseriöser Darstellungen finden sich in der Literatur auch Gesichtspunkte, die bedacht und in kirchlich-theologischer Hinsicht reflektiert werden
sollten. Es kann sich hier nur um knappe Hinweise handeln.

1. Hypnose, Parapsychologie

Unabhängig von der Frage nach dem Wahrheitsgehalt der Reinkarnationshypothese muß man ihre Breitenwirkung zur Kenntnis
nehmen. Insbesondere im anglo-amerikanischen Raum wurden in
Millionen-Auflage Berichte über den Wunderheiler EDGAR CAYCE
(1877 – 1945) und, im Anschluß daran, die Tätigkeit des Amateur-
hypnotiseurs MOREY BERNSTEIN und dessen Buch zum Fall der
BRIDEY MURPHY verbreitet. Diese und viele andere Bücher sind
längst auch in deutscher Sprache erfolgreich vertrieben worden. Mit
THORWALD DETHLEFSEN hat sich auch ein deutschsprachiger

---

16 W. LINDENBERG.- Yoga mit den Augen eines Arztes. Eine Unterweisung.-
Berlin: 1960.- S. 22

Autor und Hypnotiseur des Themas bemächtigt und seinen Beitrag zur Verwirrung der Gemüter geleistet.[17]

Es ist nicht zu übersehen, daß auch das Sensationelle einen ernsthaften Aspekt hat. Immerhin wurden Millionen von Lesern mit einem Gedanken konfrontiert, der zunächst dem abendländisch-atlantischen Denkstrom zuwiderläuft und der auch mit christlichen Vorstellungen in Konflikt gerät. Allein schon die Folgewirkungen können die Beschäftigung mit der Idee der wiederholten Erdenleben erzwingen. Dies ist der Fall bei EDGAR CAYCE und der um ihn angesiedelten Publikationswelle.

Von 1901 bis zu seinem Tode 1945 wirkte CAYCE als paranormaler Diagnostiker; seine ungewöhnlichen Leistungen, die sich auf Tausende von Diagnosen (readings) beziehen, sind teilweise gut beglaubigt und werden ernst genommen. Seine religiös motivierten Bemühungen um die Heilung von Kranken wurden ergänzt durch prophetische und seherische Äußerungen, die zunächst im Rahmen christlicher Vorstellungsinhalte und okkultistischer Traditionen blieben. So gab CAYCE im selbsterzeugten Trancezustand Auskünfte über das sagenumwobene Atlantis und das biblische Neue Jerusalem. Das Problem der Reinkarnation wurde erst später akut, als nämlich CAYCE bei einem reading behauptete, einer seiner Klienten habe in einer früheren Existenz im Sezessionskrieg auf der Seite der Konföderierten gedient. Als sich schließlich die Existenz dieser namentlich genannten Person verifizieren ließ, glaubten die Anhänger der Reinkarnationshypothese auch einen Beweis ihrer Vorstellungen gefunden zu haben.

Zur Verbreitung der Reinkarnationsidee im westlichen Raum hat MOREY BERNSTEIN viel beigetragen, der vom Skeptiker eine, beinahe als typisch zu bezeichnende, Konversion zum Okkultismus mitgemacht hat und dies auch eindrucksvoll zu beschreiben wußte. Anstoß war ihm die Geschichte von CAYCE, hinzu kam das Interesse an psychiatrischen Versuchen mit der sogenannten *age regression*; in Hypnose werden Klienten über die Schwelle der Geburt zurückgeführt. Daran versuchte sich auch BERNSTEIN im Jahre 1953. In Sitzungen mit einem Medium stellte sich schließlich eine Persönlichkeit ein, die nach eigenen Aussagen von 1798

---

[17] zur Bibliographie s. Anm. 1

bis 1864 in Irland als BRIDEY MURPHY gelebt haben will. Mit viel Aufwand und Spürsinn ist man den Angaben des Mediums an Ort und Stelle in Irland nachgegangen und konnte dabei auch manche Einzelheit verifizieren. BERNSTEIN macht dazu eine Reflexion, die typisch sein dürfte für die Reaktion vieler seiner Leser. „Während ich über Bridey nachdachte, fiel mir eine Maxime des großen englischen Philosophen David Hume ein. Sie besagt, ein Zeugnis sei nur dann stark genug, um ein Wunder zu beweisen, wenn die Tatsache, daß es keines sei, noch wunderbarer wäre. Im Falle Bridey Murphy heißt das: Alle anderen möglichen Erklärungen für das, was wir da gehört haben, kommen mir phantastischer vor als diejenigen, die Ruth Simmons in Trance selbst gibt, nämlich Reinkarnation."[18]

Bevor wir zu den sich aufdrängenden Rückfragen kommen, wollen wir noch auf die Aktivität von THORWALD DETHLEFSEN in München eingehen. DETHLEFSEN veröffentlicht ungekürzt, wie glaubhaft versichert wird, die Tonbandprotokolle, die er bei den Hypnosesitzungen mit seinen Patienten aufnimmt. Sein Anspruch ist es nämlich, psychische Traumata dadurch zu heilen, daß er seinen Klienten in Hypnose den Ursprung des Traumes bewußt macht, sei dazu auch die Rückführung in frühere Inkarnationen erforderlich. „Alles, was bewußt ist, kann nicht mehr weh tun",[19] meint er optimistisch. Und weiter: „All das, was man landläufig als die Ursache eines Symptoms ausgibt, ist nicht die wirkliche Ursache, sondern nur ein mehr oder weniger großes Glied in der ... Kette, die uns zur Ursache führen würde."[20]

DETHLEFSEN behauptet, seine Versuchspersonen „erzählen historische Einzelheiten mit erstaunlicher Exaktheit und Richtigkeit"[21]. Ein wissenschaftliches Nachwort durch Professor RAINER FUCHS, das sicherlich nicht ohne Zustimmung des Autors in dessen eigenes Werk aufgenommen worden ist, vermerkt jedoch: „In der Tat fordern einige von Dethlefsen hervorgerufenen Wiederverkörperungsphasen, die als Lebensschicksal im 19. und 20. Jahrhundert

---

18 M. BERNSTEIN.- Protokoll einer Wiedergeburt.- München/Wien: 1973.- S. 217
19 TH. DETHLEFSEN.- Das Erlebnis der Wiedergeburt. Heilung und Reinkarnation.- München: 1976.- S. 87

im deutschsprachigen Raum spielen, zur Verifizierung geradezu heraus. Es spricht für die Ehrlichkeit und Überzeugtheit unseres Reinkarnationsforschers, daß er seine Hypothesen diesem Test unterzogen hat. Es sollte nicht verschwiegen werden, daß die Ergebnisse bisher sehr enttäuschend negativ ausgefallen sind."[22]

DETHLEFSEN läßt kaum eines der großen Themen der Menschheit aus, wenn er dabei auch mit der Philosophiegeschichte und der historischen Wahrheit ganz unbekümmert umspringt z. B.: „Alle Großreligionen und die Mehrzahl aller Philosophen lehren die Wiederverkörperung. (Im Christentum wurde die Reinkarnation erst beim Konzil in Konstantinopel im Jahre 553 abgeschafft!)"[23] Über den Tod weiß er zu berichten: „Nachdem das Bewußtsein aus dem Körper ausgetreten ist, steht dieser Mensch (jetzt ohne Körper) einem Absoluten gegenüber, in dessen Gegenwart er schlagartig die Fehler seines Lebens erkennt ... Gestorben bezeichnet hierbei den Zeitpunkt der völligen Loslösung des Astralkörpers vom physischen Leib."[24]

Auch über das Jenseits ist sich DETHLEFSEN aufgrund seiner Hypnose-Sitzungen sicher. „Das Jenseits ist der Gegenpol zum Diesseits, es ist das Andere, das Gegensätzliche, das das Diesseits ergänzt ... Läßt man so unbekannte Situationen wie den Nachtodzustand von zehn verschiedenen Leuten nach ihren Phantasien beschreiben, erhält man zehn verschiedene Versionen. Während der Regression ist es hingegen bis jetzt kein einziges Mal vorgekommen, daß eine Versuchsperson etwas geschildert hätte, was sich von den Aussagen der anderen grundsätzlich unterschieden hätte."[25] Die Länge der Intervalle zwischen den einzelnen Leben auf Erden „schwanken nach meiner experimentellen Erfahrung zwischen ein paar hundert Jahren bis zu einigen Jahrzehnten ... Je unreifer eine Seele ist, desto schneller findet die nächste Inkarnation statt."[26] Und gegen alle spiritistischen Aussagen weiß DETHLEF-

---

20 Derselbe, ebenda, S. 107
21 Derselbe, ebenda, S. 117
22 Derselbe, ebenda, S. 280
23 Derselbe, ebenda, S. 59
24 Derselbe, ebenda, S.203, 256
25 Derselbe, ebende, S. 206, 249
26 Derselbe, ebenda, S. 210

SEN: „Es gibt im Jenseits kein Wiedersehen und keine Kontakte der Verstorbenen miteinander."[27]

2. Deutungsversuche

Da in unserem Zusammenhang die weltanschaulichen Fragen im Vordergrund stehen, können wir die verschiedenen Deutungsmodelle, die vor der Frage nach einer postmortalen Weiterexistenz liegen, auf sich beruhen lassen und uns mit der Benennung begnügen. Jeder einzelne Fall ist daraufhin zu untersuchen, ob etwa eine betrügerische Absicht damit verbunden sein könnte; ob es sich um einen Fall von Kryptomnesie handeln könnte (das heißt also um das Auftauchen vergessener Bewußtseinsinhalte, wie zum Beispiel früher erlernte oder gehörte fremde Sprachen); ob hier die Kategorie eines genetisch vererbten Gedächtnisses angebracht sei; ob außersinnliche Wahrnehmung in Frage kommt; ob man eine Personifizierung unterstellen darf (das kann bedeuten, daß sich derjenige, der Erinnerungen an frühere Daseinsweisen zu haben glaubt, sich ganz innig in die Gestalt und die Schicksalsgeschichte einer anderen Person einlebt und möglicherweise subjektiv ehrlich zur Darstellung bringt). Natürlich sind auch Mischformen denkbar, zum Beispiel von außersinnlicher Wahrnehmung und Personifizierung.

Bei Heranziehung dieser bislang genannten Hypothesen zur Deutung eines Falles wäre also noch keine Notwendigkeit gegeben, ein Fortleben nach dem Tode vorauszusetzen. Letzteres ist denkbar in der Form der Wiedergeburt des identischen Personenkerns in einem neuen Leib oder aber als Wirken eines Verstorbenen auf einen Lebenden, was man als Besessenheit bezeichnen kann.

Nach dem gegenwärtigen Forschungsstand ist es eine Ermessensfrage, ob man die eindrucksvollsten Fälle mit jenen Interpretationen abdecken zu können glaubt, die das Fortleben nach dem Tode nicht voraussetzen. Es sieht nicht danach aus, als lasse sich die Frage des persönlichen Überlebens jemals so zweifelsfrei klä-

---

27 Derselbe, ebenda, S. 214. Wie mir mitgeteilt wird, hat Dethlefsen jüngst diesen Standpunkt selbst revidiert.

ren, daß ein sinnvoller Widerspruch nicht mehr möglich wäre; der Empirie sind offenbar Grenzen gesetzt.

Da man also — will man das Problem nicht einfach offen lassen — um Deutungen und „Indizienbeweise" nicht herumkommt, ist es eigentlich selbstverständlich, daß weltanschauliche Vorentscheidungen eine Rolle spielen und die Ergebnisse mitbestimmen. Ein positivistisch gestimmter Materialist wird noch den äußersten Zweifelsgrund benennen; dagegen mag ein aus religiösen Erwägungen an das Fortleben nach dem Tode Glaubender in den Erfahrungen mit den Grenzphänomenen Hinweise erkennen, die seinen Glauben bestätigen. Beide Haltungen sind zwar im Grunde aus der Sicht eines streng empirisch orientierten Wissenschaftsbegriffes nicht mehr legitim, aber dieses Argument hat an Überzeugungskraft verloren; viele Lebensfragen und zahlreiche wichtige Entscheidungen können überhaupt nicht unter diesem Aspekt der strengen Wissenschaftlichkeit gesehen werden. Die Wirklichkeitserfassung durch Wissenschaft erfolgt nur ausschnittweise. Man wird hinzufügen müssen, ein Forscher trifft bereits dann eine weltanschaulich relevante, wissenschaftlich nicht mehr legitimierte Vorentscheidung, wenn er ganz bewußt den empirisch faßbaren Bereich nicht zu verlassen gewillt ist. Von dieser „Selbstverständlichkeit" lebt ein Großteil weltanschaulicher Streitfragen.

An die Grenze wissenschaftlicher Betrachtungsweise führen uns zahlreiche Fälle von „Rückerinnerung". Wir bringen die Kurzfassung eines Berichts unter zahlreichen anderen von H. N. BANERJEE (ein indischer Parapsychologe), weil sein Buch noch nicht von den Illustrierten ausgeschlachtet worden ist. Es handelt sich um einen Fall aus der Türkei, also aus dem islamischen Kulturbereich, in dem die Wiedergeburtsidee keine große Rolle spielt. Im Alter von knapp zwei Jahren überrascht Ismail, 1956 geboren, seine Eltern mit der Bemerkung: ich habe es hier satt, ich will zurück zu meiner Frau und zu meinen Kindern. Im Laufe der Zeit entnehmen die Eltern den Berichten des Kindes eine kaum glaubliche Horrorgeschichte. Ismail nennt den Namen, unter dem er früher gelebt haben will, und er beansprucht nicht nur, mit diesem Namen gerufen zu werden, sondern er benennt auch seinen früheren **Wohnort, beschreibt** seine dortige Familie und schließlich sogar sein blutiges Ende durch einen

Mord. Zahlreiche Details beschreiben seine berufliche und private Situation und die Art seines Todes. Tatsächlich wurde 1956 an jenem Ort ein Mann mit dem genannten Namen umgebracht. Zwei der am Mord Beteiligten waren gehenkt worden, der dritte starb im Gefängnis. Wenige Monate nach der Ermordung wurde Ismail geboren. Die Eltern erinnern sich an eine große Narbe am Kopf des Neugeborenen. Und die Mutter bezeugt, daß dieses Merkmal mit etwa eineinhalb Jahren zu verschwinden begann. Um diese Zeit war es, daß sich Ismail mit dem Ermordeten identifizierte. Er forderte, zu seinem früheren Haus gebracht zu werden. Schließlich erklärten sich die Eltern bereit, sich von dem Jungen das Haus am anderen Ende der Stadt zeigen zu lassen (im Alter von etwa zwei Jahren immerhin), nicht zuletzt, um ihn davon zu überzeugen, daß er Unsinn rede. Es gelingt Ismail, ohne Umwege seine Eltern dort hinzuführen.

Entscheidend für die Glaubwürdigkeit der Eltern ist der Sachverhalt, daß sie zunächst aufgrund ihrer religiösen Vorprägung die Idee der Reinkarnation ablehnen, daß sie ferner niemals die Publizität gesucht haben. Das Erinnerungsvermögen des Jungen erwies sich in der Konfrontation mit den meisten Mitgliedern seiner angeblich früheren Familie als überzeugend, ja er machte sogar einen Straßenverkäufer von Wassermelonen und Eis darauf aufmerksam, daß dieser ihm noch Geld schulde, und der Händler erinnerte sich tatsächlich, dem Ermordeten eine bestimmte Summe nicht erstattet zu haben.

Dies der Bericht in der knappest möglichen Form und unter Verzicht auf zahlreiche interessante Details. Der Fall genügt jedoch, um zu demonstrieren, wie eindrucksvoll solche Vorfälle sein können, insbesondere natürlich für die davon unmittelbar Betroffenen. H. N. BANERJEE beansprucht nicht, mit diesem und vielen anderen Beispielen das philosophische Hauptproblem entschieden zu haben, ob es ein Überleben einer leibfreien Seele nach dem Tode gibt. Er führt aber einen Begriff ein, der sich als neutrale Beschreibung des Beobachteten empfiehlt: *extra cerebral memory (ECM)*: „Wenn wir von einem extrazerebralen Gedächtnis sprechen, dann beschreiben wir ... eine Erinnerungsfähigkeit, die einen dazwischenliegenden Faktor überbrückt – eine Zeitbrücke, die der Tod genannt wird."[28] BANERJEE bemerkt, viele Fälle seien nicht mit der Besessenheitshypothese abgedeckt, da die betroffene Person trotz der sich auf eine angeblich frühere Daseinsweise beziehenden Erinnerungen bei vollem Bewußtsein und vollständiger Selbstkontrolle sei, was ja dem üblichen Bild von Besessenen widerspreche.

3. Die "Twenty Cases" des Ian Stevenson

Mit IAN STEVENSON, dem bedeutendsten Forscher auf diesem Gebiet, kommen wir der zentralen Grundfrage des gesamten Gebietes noch näher. Der Psychiater und Parapsychologe hat Hunderte von Fällen angeblicher Wiedergeburt mit Scharfsinn und Akribie untersucht. Sein vorläufiges Ergebnis ist die Feststellung, daß in dem großen Material immerhin zahlreiche Fälle die Reinkarnation „nahelegen". Der ungeheure Arbeitseinsatz, der hinter seinem Werk steht, legt zwar nahe, daß STEVENSON die Möglichkeit der Reinkarnation annimmt, aber das verführt ihn nie dazu, von mehr als von einer Hypothese zu sprechen.

Seinen Fällen liegen nicht hypnotische Rückführung, auch nicht meditativ oder weltanschaulich-religiös begründete Erfahrungen zugrunde. Es handelt sich um Aussagen und Behauptungen von Kindern und Jugendlichen, sie erinnerten sich an ein früheres Leben; sie belegen diese Erinnerungen mit zahlreichen erstaunlichen Einzelheiten.

Für seine berühmt gewordenen „Twenty Cases" genügen STEVENSON die oben genannten Deutungen nicht, für eine Erklärung glaubt er Hypothesen heranziehen zu müssen, „die ein Leben nach dem Tode einschließen".[29] Das ist ein ganz entscheidender Schritt in seinem Argumentationszusammenhang.

Die große Frage nach dem Fortleben, die ja den Motor für die weltweite okkulte Neugierde ausmacht, wird bei STEVENSON jedoch ganz knapp und mit großer weltanschaulicher Askese auf

---

28 H. N. BANERJEE/W. OURSLER.- Lives unlimited. Reincarnation east and west.- New York: 1974.- S. 25

29 I. STEVENSON.- Reinkarnation. Der Mensch im Wandel von Tod und Wiedergeburt.- Freiburg: 1976, S. 376

wenigen Seiten abgehandelt. Diese letzteren Hypothesen knüpfen an die Modelle ‚Besessenheit' und ‚Reinkarnation' an, die der Autor folgendermaßen definiert: „Wenn die frühere Persönlichkeit sich mit dem physischen Organismus zur Zeit der Empfängnis oder während der embryonalen Entwicklung zu verbinden scheint, sprechen wir von Reinkarnation; wenn die Vereinigung zwischen früherer Persönlichkeit und physischem Organismus erst später stattfindet, sprechen wir von Besessenheit".[30] STEVENSON wiederholt mehrfach, „daß diese Fälle die Reinkarnation *nahelegen* und nicht mehr".[31] Er vermerkt jedoch weiter, daß nach seiner Überzeugung das Beweismaterial für die Reinkarnationshypothese zugenommen habe. Und es folgt nun der entscheidende Satz, der die Relevanz solcher Forschungen auch für die Theologie beinhaltet: „In diesen Fällen haben wir im Prinzip, so glaube ich, einige Beweise dafür, daß der Mensch den physischen Tod überlebt. Ich sage ‚im Prinzip', weil ich mir nach wie vor einzelner Schwächen der vorliegenden Fälle bewußt bin."[32]

4. Immanente Erklärung

Zur Ernüchterung sei nun referiert, was der Vorsitzende der „Israel Parapsychology Society" HEINZ CH. BERENDT, zum Thema äußert. Aus seinem eigenen Forschungsbereich der *Psychometrie* berichtet er Fälle, die sozusagen die innerweltliche Deutung angeblicher Reinkarnationsfälle darstellen. BERENDT verzichtet auf eine Vorentscheidung, er verweist die Überzeugungen auf diesem Gebiet in den Bereich des Glaubens und schließt eine naturwissenschaftlich-empirische Beweisführung für die Gegenwart aus. „Es kann nicht darum gehen, die Frage mit Ja oder Nein zu beantworten. Eine solche Antwort wäre heute zumindest verfrüht, wenn es überhaupt jemals möglich sein wird, eine zu geben."[33] BERENDT erwähnt einen Paragnosten, der in der Lage ist, die typischen Verhal-

---

30 Derselbe, ebenda, S. 378 f
31 Derselbe, ebenda, S. 9
32 Derselbe, ebenda, S. 387
33 Sonderheft der Zeitschrift „Parapsychika" zum Thema Reinkarnation, 3.Jg., Okt. 1976, 5, S. 13

tensweisen eines anderen so überzeugend darzustellen, daß er damit täuschende Ähnlichkeit erziele. Daraus folgert BERENDT: handelte es sich bei dem Imitierten um einen bereits Verstorbenen, könnte der Eindruck entstehen, der Paragnost sei als Medium vom Geiste des Imitierten ergriffen oder dieser habe sich in ihm inkarniert. Sein Schluß: „Für mich ist es immer noch leichter zu verstehen oder, besser gesagt, zu akzeptieren, daß ein Paragnost hellseherisch z. B. die Seite einer alten Chronik erfaßt, die er nie im Leben gesehen hat, daß er imstande ist, wahrzunehmen, was dort geschrieben steht, und dann möglicherweise Aussagen macht, als sei er selbst oder sein Klient etwa ein Mr. Henry Parr aus Leicester gewesen, sein Beruf Apotheker, und er habe vor 1680 gelebt und sei 1705 gestorben. Meiner Ansicht nach werden die Möglichkeiten des paranormalen Wissens durch Hellsehen immer noch sehr unterschätzt. Ich kann zwar meine Theorie nicht beweisen, bin aber aufgrund von Erfahrungen, die sich hauptsächlich auf psychometrische Versuche beziehen, davon überzeugt."[34]

5. Spiritismus und Spiritualismus

Ganz erstaunlich ist das Wiederaufleben spiritistischen Gedankengutes. Der religiöse Ernst vieler Anhänger spiritistischer Gemeinschaften darf nicht mißachtet werden, ebensowenig aber die psychische Gefahr, in die sich nicht wenige begeben, wenn sie sich an Sitzungen beteiligen, ja schon, wenn sie ihre Hoffnungen in spiritistische Versprechungen setzen. In Bezug auf die Reinkarnation sind sich die einzelnen Gruppen keineswegs einig, und zwar nicht nur Details betreffend, sondern schon in der Grundfrage, ob der Mensch überhaupt wiedergeboren werde. Jedoch scheint der überwiegende Teil der spiritistischen und spiritualistischen Gruppen den Gedanken wiederholter Erdenleben aufzunehmen. Man muß sich auch darauf gefaßt machen, daß sich spiritualistische Gemeinschaften, die sich als christlich bezeichnen, nicht mit dem Anspruch auf Bibelnähe begnügen, sondern den Besitz der eigentlichen und ursprünglichen christlichen Lehre geltend machen und dies mit

[34] Ebenda, S. 14

massiver Kirchenkritik verbinden; zumeist ist es die katholische Dogmatik, die für solche Kritik herhalten muß, da sie in ihrer traditionellen Geschlossenheit dazu offenbar geeigneter erscheint als die theologischen Traditionen anderer Konfessionen. Neueren Datums sind die zur Polemik neigenden Auseinandersetzungen angeblicher Jenseitiger mit der sogenannten Ganztodtheorie.

Häufig verbindet sich die spiritistische Lehre mit der Abwertung des Materiellen, des Leiblichen. Diese Abwertung ist nicht selten mit der Vorstellung verknüpft, das Vorhandensein der materiellen Welt sei bereits der Ausfluß und Niederschlag eines präkosmischen Sündenfalles, d.h. die geistige Ursünde habe erst zu dem geführt, was die Bibel als die Schöpfung Gottes bezeichnet.

Wir müssen uns hier auf einige Äußerungen ALLAN KARDECS beschränken, die in seinem „Buch der Geister", einer katechismusartigen Sammlung von systematisierten Äußerungen der „Jenseitigen", vorgelegt werden. Die Schriften KARDECS haben heute noch einen großen Einfluß im Spiritismus. Nach dem Selbstverständnis seiner Anhänger sind sie eine Ergänzung des Alten und Neuen Testaments, also eine „dritte Offenbarung". Wie groß im einzelnen die dogmatischen Differenzen auch sein mögen, die Lektüre der Schriften von ALLAN KARDEC zeigt, daß die christliche Tradition aus seinem Werk nicht wegzudenken ist. Diese Feststellung gilt auch für viele der heutigen spiritualistischen Gruppierungen.

Ein jeder, der davon überzeugt sei, „daß in ihm noch etwas anderes steckt, als bloße Materie, ist Spiritualist".[35] Damit hat sich KARDEC eine breite Basis geschaffen. Er wehrt jedoch zugleich die pantheistische Weltdeutung ab und hält, in diesem Punkte betont westlich, am Unterschied von Schöpfer und Geschöpf und an der Behauptung einer mit Selbstbewußtsein ausgestatteten Individualität fest. Er definiert die Seele als „das immaterielle, individuelle Wesen, welches in uns wohnt und unseren Körper überlebt".[36] Eine solche Formulierung wird heute gerne als platonischer Leib-Seele-Dualismus abgelehnt.

---

35 A. KARDEC.- Das Buch der Geister.- Zürich: o.J..- S. 1
36 Derselbe, ebenda, S. 4

KARDECS Seelenbegriff ist, wie in der östlichen und okkulten Tradition, von einem Modell geprägt, das der Seele mehrere Schichten oder Ebenen zuschreibt, der Übergang und die Verbindung zur grobstofflichen Leiblichkeit ist durch den Astral- oder feinstofflichen Körper gewährleistet. Neben der „Vitalseele", die allem Organischen eigen sei, und der „Intellectseele", die auch den Tieren zukomme, zeichne sich der Mensch durch die „Geistseele" aus, und diese sei „das Prinzip unserer Individualität nach dem Tode".[37]

Aus KARDECS Zusammenfassung der spiritistischen Lehre sei der folgende Abschnitt zitiert, der Gedanken zur Frage der Reinkarnation enthält:

„Gott ist ewig, unwandelbar, unmateriell, einig, allmächtig, allgerecht und allgütig. Er hat das Weltall erschaffen, welches alle belebten und unbelebten Wesen, materielle wie immaterielle, umfaßt. Die materiellen Wesen bilden die sichtbare Welt, die Körperwelt, die immateriellen Wesen die unsichtbare Welt, die Geisterwelt. Die geistige Welt ist die normale, ursprüngliche, ewige Welt, die vor allem physischen Sein gewesen ist und alles materielle überdauern wird. Die Körperwelt ist nur sekundär; sie könnte aufhören zu existieren, ja braucht nie existiert zu haben, ohne die Wesenheit der geistigen Welt zu verändern.

Die Geister legen auf Zeit eine vergängliche, materielle Hülle an, deren Zerstörung – das, was man gewöhnlich Tod nennt – sie wieder in Freiheit setzt ...

Die Geister gehören nicht für alle Zeit zu derselben Ordnung. Sie erheben sich nach und nach und steigen auf der geistigen Leiter immer mehr empor. Diese Besserung findet durch die Einverleibung statt, die auch als Sühne sowie als Mission auferlegt sein kann. Das materielle Leben ist eine Prüfung, welche die Geister zu wiederholten Malen zu bestehen haben, bis sie zu einem gewissen Grade der Vollkommenheit gelangt sind. Es ist dies für sie eine Art Siebtuch oder Läuterungsapparat, aus dem sie mehr oder minder geläutert hervorgehen.

Beim Verlassen des Körpers kehrt die Seele in die geistige Welt zurück, um nach Ablauf längerer oder kürzerer Zeit, während wel-

---

37 Derselbe, ebenda, S. 6

cher sie sich im Zustande eines ‚Wandelgeistes' befindet, eine neue materielle Hülle anzunehmen.
Da der Geist durch mehrere Einverleibungen hindurchgehen muß, so ergibt sich, daß wir alle mehrere Existenzen hinter uns haben und daß wir noch andere, mehr oder weniger vollkommene werden bestehen müssen, sei es hier auf Erden, sei es auf anderen Weltkörpern.
Die Einverleibung der Geister findet stets in der Ordnung Mensch statt. Irrtümlich glaubte man früher, daß Seele oder Geist sich in ein Tier einverleiben könne (Seelenwanderung, Metempsychose). Die verschiedenen materiellen Existenzen des Geistes sind immer vorwärtsschreitende, nie rückwärtsschreitende; aber die Geschwindigkeit des Fortschritts hängt von den Anstrengungen ab, welche wir machen, um zum Ziele zu gelangen ...
Bei ihrer Rückkehr in die geistige Welt findet die Seele alle die wieder, welche sie auf Erden gekannt hat, und alle ihre früheren Existenzen stellen sich nach und nach mit der Erinnerung an ihre guten und schlechten Taten wieder im Gedächtnis dar ... Die einverleibten Geister bewohnen die verschiedenen Himmelskörper im unendlichen Raume ...
Die nicht einverleibten Geister, die ‚Wandelgeister', bewohnen keine bestimmte und begrenzte Gegend im unendlichen Raume; sie finden sich überall im Raume, an unserer Seite, uns betrachtend und unaufhörlich umdrängend. Es ist dies eine ganze, unsichtbare Bevölkerung, die um uns herum lebt und webt."[38] Für KARDEC ist diese Welt nicht der einzige mögliche Ort für eine Reinkarnation. „Die hiernieden ist weder die erste noch die letzte, ja sie ist eine der am meisten stofflichen und am weitesten von der Vollendung entfernten."[39]

Voraussetzung jeder Reinkarnationsidee ist die Präexistenz der Seele. KARDEC ist sich bewußt, daß damit das Problem der Entstehung der Seele nur zeitlich zurückverlagert, nicht jedoch selbst beantwortet wird. Er schreibt dazu: „Die Frage nach dem Ausgangspunkt des Geistes ist eine jener Fragen, die an den Ursprung der Dinge rühren und deren Geheimnis uns Gott vorenthält. Dem

---

[38] Derselbe, ebenda, S. 18 ff
[39] Derselbe, ebenda, S. 139

Menschen ist es nicht verliehen, sie vollständig zu lösen, er kann hier nur Vermutungen anstellen ... "[40]

6. Anthroposophie

Von den gnostisch-esoterischen Gemeinschaften, die sich zur Reinkarnation bekennen, sei wenigstens die *Anthroposophie* erwähnt, zumal aus ihrer Gedankenwelt die eindrucksvollsten Begründungen stammen. Das teilweise sehr anspruchsvolle Schrifttum hat außerhalb der Anhängerschaft kaum eine adäquate Auseinandersetzung gefunden.

RUDOLF STEINER nennt zwei Wege, um zur Einsicht in die Realität wiederholter Erdenleben und die Gesetze des Karma zu gelangen: die geistige Schau und die natürliche Logik. Der Denkweg, den STEINER als logische Folgerung versteht, sei hier kurz referiert.

„In der Mitte zwischen Leib und Geist lebt die Seele."[41] So beginnt STEINER das für unser Thema wichtige Kapitel „Wiederverkörperung des Geistes und Schicksal" in seiner Schrift „Theosophie". „Könnte es nicht sein", fragt STEINER, „daß die Folgen einer vollbrachten Tat, denen ihr Wesen durch das ‚Ich' aufgeprägt ist, eine Tendenz erhalten, zu dem Ich wieder hinzuzutreten, wie ein im Gedächtnis bewahrter Eindruck wieder auflebt, wenn sich dazu eine äußere Veranlassung ergibt? Das im Gedächtnis Bewahrte wartet auf eine solche Veranlassung. Könnte nicht das in der Außenwelt mit dem Ich-Charakter Bewahrte ebenso warten, um so von außen an die Menschenseele heranzutreten, wie die Erinnerung von innen an diese Seele bei gegebener Veranlassung herantritt?"[42] Man dürfe nicht dabei stehen bleiben, Geist und Seele innerhalb der Grenzen von Geburt und Tod zu betrachten. „Jeder Lebensleib ist eine Wiederholung seines Vorfahren. Nur weil er dieses ist, erscheint er nicht in jeder beliebigen Gestalt, sondern in

---

40 Derselbe, ebenda, S. 337
41 R. STEINER.- Theosophie. Einführung in übersinnliche Welterkenntnis und Menschenbestimmung.- Stuttgart: 1962.- S. 45
42 Derselbe, ebenda, S. 47

derjenigen, die ihm vererbt ist ... Aber auch der Geist des Menschen erscheint in einer bestimmten Gestalt (wobei das Wort Gestalt natürlich geistig gemeint ist). Und die Gestalten des Geistes sind die denkbar verschiedensten bei den einzelnen Menschen."[43]
Nach STEINER ist der Mensch als einzelner durch die Biographie so ausgezeichnet, daß er nicht wie das Tier durch seine Gattungsbezeichnung hinreichend beschrieben werden kann. „Was der Mensch bedeutet, das aber fängt erst da an, wo er nicht bloß Art- oder Gattungs-, sondern wo er Einzelwesen ist ... Wer über das Wesen der Biographie nachdenkt, der wird gewahr, daß in geistiger Beziehung *jeder Mensch eine Gattung für sich ist.*"[44]

Mit seinen Taten bereite sich der Menschengeist sein eigenes Schicksal, die Umwelt der neuen Einkörperung entspreche dem Ergebnis der Taten aus dem vorhergehenden Leben, denn zwischen dem wiederverkörperten Geist und den Dingen der Umwelt bestehe eine Verwandtschaft. „Menschen, mit welchen die Seele in einem Leben verbunden war, wird sie in einem folgenden wiederfinden müssen, weil die Taten, die zwischen ihnen gewesen sind, ihre Folgen haben müssen."[45]

STEINER stellt sich auch dem mit dem Karma-Gedanken verbundenen Freiheitsproblem. „Daß unser Schicksal, unser Karma in Form einer unbedingten Notwendigkeit an uns herantritt, ist kein Hindernis unserer Freiheit. Denn wenn wir handeln, treten wir ja mit dem Maße unserer Selbständigkeit, die wir uns erworben haben, an dieses Schicksal heran. Nicht das Schicksal handelt, sondern wir handeln in Gemäßheit der Gesetze dieses Schicksals."[46]

RUDOLF FRIELING, ein Theologe der der Anthroposophie nahestehenden *Christengemeinschaft,* leitet seine Schrift über „Christentum und Wiederverkörperung" mit dem Gedanken ein, der Materialismus habe bereits in der christlichen Theologie Erfolge zu verzeichnen, wofür die Lehre vom Ganztod ein krasses Beispiel sei. FRIELING stützt sich ausdrücklich auf STEINER. Die Reihe

---

43 Derselbe, ebenda, S. 50
44 Derselbe, ebenda, S. 52
45 Derselbe, ebenda, S. 63
46 Derselbe, Reinkarnation und Karma. Und andere Aufsätze.- Stuttgart: 1961.- S. 87

der Inkarnationen müsse keineswegs endlos gedacht werden. „Sind die Inkarnationen zu Ende, dann folgt auf das jeweilige nachtodliche Gericht wahrhaft ein ‚Jüngstes Gericht', mit der Eventualität, daß dann in der Menschheit eine Scheidung eintritt in solche, die ihre Erdenleben im rechten Sinne genutzt haben, und in solche, welche die im Erdendasein vorhanden gewesene Möglichkeit mißachtet haben."[47]

Der Autor ist der Überzeugung, die Wiederverkörperungslehre nach RUDOLF STEINER gehöre organisch zum christlichen Weltbild und stelle keine „okkulte Sonderdoktrin" dar. Dennoch vertritt er die Auffassung, daß es sich ursprünglich um eine esoterische Überlieferung gehandelt habe, die heute jedoch allgemeine Anerkennung finden müsse, wenn man die Lehre von den Letzten Dingen auf christlicher Basis wirklich verstehen wolle.

FRIELING ist nüchtern, was die Nutzung der verschiedenen Bibelstellen betrifft, die in der Okkultliteratur für den Gedanken wiederholter Erdenleben herangezogen werden. So lehnt auch er das Psalmwort „Kehrt wieder, Menschenkinder!" (Ps 90, 3) als Hinweis ab. Dagegen sieht er in Joh. 9, 3 (Heilung des Blindgeborenen) eine Stelle, die nur reinkarnatorisch verstanden werden könne. Auch die in den Evangelien mehrfach erwähnte Frage nach der Wiederkunft des Elias deutet FRIELING in seinem Sinn. Jedoch: „Die Einzigkeit von Golgatha schließt jegliche Anwendung der Wiederverkörperungs-Idee auf den zur Sarx herabsteigenden Christus aus."[48] Und damit im Zusammenhang steht die Abwehr des Einwandes, die Wiederverkörperungslehre schalte die Gnade aus und ersetze sie durch Selbsterlösung: „Rudolf Steiner hat mit aller Klarheit dargestellt, daß alles menschliche Bemühen und Weiterentwickeln – so unerläßlich es ist – ohne den Christus und sein Opfer nicht zum Ziele führen könnte."[49]

---

47 R. FRIELING.- Christentum und Wiederverkörperung.- Stuttgart: ²1975.- S. 77
48 Derselbe, ebenda, S. 25
49 Derselbe, ebenda, S. 80

7. Neuoffenbarungen

Anthroposophie und *Christengemeinschaft* lassen die Frage stellen, ob ihr Christusbild wirklich eine Vertiefung der theologischen Tradition bedeutet oder ob nicht vielmehr Differenzen zur kirchlichen Lehre ins Spiel kommen, die dogmatisch nicht mehr harmonisierbar sind.

Das Problem spitzt sich noch zu gegenüber den zahlreichen Sondergruppen, die sich ausdrücklich auf die Schrift berufen, biblische Aussagen aber ergänzen und, wo umstritten, definitiv deuten wollen, und zwar mit Hilfe von Kundgaben „Jenseitiger", über *Neu-Offenbarungen* also. Im Blick auf die Idee der Reinkarnation seien zwei Schriften referiert, die aus diesem Umkreis stammen und in denen die Wiedereinkörperungslehre eine wichtige Rolle spielt. Diese Beispiele mögen auch demonstrieren, daß pauschale Bewertungen den Mitgliedern und ihren von der Theologie der Großkirchen abweichenden Sonderlehren nicht gerecht werden können, denn die Nähe und Ferne von Orthodoxie fällt sehr unterschiedlich aus.

Nennen wir zunächst ein heute sehr verbreitetes Buch als Zusammenfassung der Lehre der *Geistigen Loge in Zürich*. Der Göttinger Orientalist WALTHER HINZ hat unter dem Titel „*Geborgenheit*" mediale Kundgaben systematisiert und in eine ansprechende Lektüre-Form gebracht.

Grund und Ursache menschlichen Lebens auf Erden ist demnach der viele Jahrmilliarden zurückliegende Abfall von Gott. Wir alle, die wir auf diesem Planeten leben, sind gefallene Engel. Wir alle haben es mit Luzifer gehalten und wurden mit ihm zusammen aus der geistigen Welt Gottes ausgestoßen. Diese Grundwahrheit sei der Menschheit von heute fast gänzlich verloren gegangen.

Die Materie gilt als „ein anderer Zustand des Geistes". Dem Prinzip des Männlichen und des Weiblichen auf dieser Erde entsprechen in der geistigen Welt männliche und weibliche Wesen. „Jedem männlichen Geist ist ein weiblicher Geist nach Gottes Gesetz zugeteilt. Beide passen vollkommen zueinander und finden in der gegenseitigen Ergänzung und ihrem treuen Zusammenarbeiten an der ihnen von Gott gegebenen Aufgabe ihr höchstes persönliches Glück", lautet eine der Kundgaben. „Solche für einander geschaffene Geisterpaare nennt man Duale."[50] Allein Gott und Christus sind von dieser Zuordnung ausgenommen. Und eine weitere Mitteilung der geistigen Welt lautet: „Christus ist der höchste Geist, den Gott in seiner Allmacht schaffen konnte ... Christus ist also nicht Gott, wie viele heute lehren, sondern der als Erster geschaffene ‚Sohn Gottes', sein höchstes und vollkommenstes Geschöpf." Weiter: „Doch das Gesetz der unteilbaren Einheit Gottes ist ewig, und es gibt daher keine Welterlösung durch die göttliche Menschwerdung nach dem Begriff der heutigen christlichen Kirche. Christus selbst lehrte dies nie, und die Bewegung der Arianer in der Kindheit des Christentums war eine von reinen Geistern hervorgerufene Bewegung, die das Christentum im Geiste Christi ausbauen wollte."[51] Christi Aufgabe auf Erden war es, „Luzifer zu zwingen, auf seine Herrschaftsrechte denen gegenüber zu verzichten, die in Reue zu Gott heimkehren wollten."[52]

„Es mußte ein Geist des Himmels sein, der auf dem Wege der Menschwerdung nur äußerlich in den Herrschaftsbereich Satans trat. Denn alles, was in der Materie verkörpert ist, untersteht dem Einfluß der bösen Mächte."[53]

In diese hier aufs äußerste verkürzte Lehre fügt sich auch der Gedanke der Wiedereinkörperung. Hat sich ein Menschengeist im irdischen Leben auf dem Wege zu Gott nicht vervollkommnet, so wird er wieder Mensch. Jedes Leben ist ein Examen. Wer durchfällt, muß es so oft machen, bis er es besteht. Das sind göttliche Gesetze, die für die ganze Schöpfung gleichmäßig Geltung haben. Bei Gott gibt es keine Willkür. Diese Wiedergeburtslehre wird dann auch mit biblischen Argumenten untermauert, wobei die Kategorie einer Urbibel auftaucht. „Die Urbibel enthielt noch alle diese Wahrheiten. Bei der späteren Gestaltung der Heiligen Schrift war die Macht des Bösen am Werk, um die Zusammenhänge in dem Erlösungsplan Gottes der menschlichen Kenntnis zu entziehen. Der Menschheit sollte die tröstliche Wahrheit vorenthalten werden, daß

---

50 W. HINZ.- Geborgenheit.- Zürich: 1975.- S. 69
51 Derselbe, ebenda, S. 72 f
52 Derselbe, ebenda, S. 119
53 Derselbe, ebenda, S. 120

alles wieder zu Gott kommt."⁵⁴ Damit bekennt sich die Geistige Loge auch zur Apokatastasis-Lehre, d. h. zum Gedanken der Erlösung aller Wesen.

Daß man aber nicht alle Gruppen, die sich sowohl auf die Bibel berufen als auch die Wiedereinkörperungslehre vertreten, unbesehen nebeneinanderstellen darf, macht eine Schrift von MAX DÄBRITZ aus dem Jahre 1934 deutlich.

Zwar lassen sich darin manche Lehrpunkte namhaft machen, die auch im Rahmen des Protestantismus Konflikte auslösen können und tatsächlich ausgelöst haben (der Autor beansprucht Treue zum lutherischen Bekenntnis); das Entscheidende ist aber, daß die meisten großen theologischen Themen in Übereinstimmung mit der Schrift und evangelisch-theologischer Tradition stehen (aus heutiger Sicht würde man sogar den auffällig biblizistisch-fundamentalistischen Grundton bemerken).

DÄBRITZ' Zusammenschau zum Thema Reinkarnation aus christlicher und theologischer Sicht ist noch heute anregend. Einige Zitate zum Thema Wiederverkörperungslehre: „Der Zweck dieser fortgesetzten Wiedereinkörperungen in den groben und feinen Stoff ist die Entwicklung und Vervollkommnung der Person."⁵⁵ Jeder einzelne Mensch geht durch verschiedene Völker oder Nationen, um das Fühlen und Handeln in den verschiedensten Menschenkörpern und Völkern kennen zu lernen ... Sobald die Menschheit sich das echte Wissen und das volle Erkennen des Gesetzes der Wiedereinkörperung errungen hat, dann ist aller Nationalhaß verschwunden ..."⁵⁶. „Für die Starken ist der Weg verhältnismäßig kurz, für die Schwachen länger, für die Bösen unermeßlich lang."⁵⁷ Es tauchen natürlich die zahlreichen Argumente für die Reinkarnation aus den verschiedenen Traditionen auf. Theologisch bedeutsam ist neben der Synthese zwischen christlicher Erlösungslehre und Reinkarnation die Aussage: „Die Lehre von der Wiederverkörperung bringt die Geistlehre vom Fortleben nach dem Tode und

---

54 Derselbe, ebenda, S. 142 f
55 M. DÄBRITZ.- Schicksalsgesetz der Wiederverkörperung. (Der Mensch lebt vielmals auf Erden). Freital-Zauckerode bei Dresden: o.J., (jüngst nachgedruckt).- S. 29
56 Derselbe, ebenda, S. 34
57 Derselbe, ebenda, S. 36

die Lehre von der Auferstehung des Fleisches in Einklang." Die Auferstehung des Fleisches — von DÄBRITZ als endzeitliches innerweltliches Geschehen gedeutet — „ist die Wiedereinkörperung der geistigen Persönlichkeit aufgrund eines Naturgesetzes, das uns heute noch unbekannt ist; es scheidet also hier eine Geburt durch die Mutter aus. Jenes unbekannte Naturgesetz ist bis heute nur bei der Auferstehung unseres Herrn und Heilandes in Wirksamkeit getreten, indem Christus nach seinem Tode und nach seiner Höllenfahrt in seinen toten Körper zurückkehrte, ihn abermals belebte und verfeinstofflichte, um ihn dann nach vierzig Tagen feinstofflichen Seins bei seiner Himmelfahrt zu vergeistigen."[58]

Es ließe sich im einzelnen aufweisen, wo DÄBRITZ' Lehre von der amtlichen Theologie nicht gedeckt ist. Dringender ist die Frage, ob die Kirche eine Reinkarnationslehre verwerfen muß, die weder pantheistisch zu verstehen ist, noch die Selbsterlösung lehrt, noch im Gottesbegriff und in der Christologie das Wesentliche der christlichen Heilsbotschaft verfehlt. Es fällt jedenfalls schwer, DÄBRITZ als einen Häretiker zu bezeichnen, wenn er in dem genannten Buch schreibt: „Es gibt nur einen großen, allmächtigen Gott, der sich in Christus als Gott und Mensch offenbarte, und die seine Erlösung und sein Wort annehmen wollen, für die wird er zum erlösenden Gott; für alle Menschen und Welten bleibt er der Eine, Große, Herrliche, Unermeßliche."[59]

III. FRAGEN UND VORLÄUFIGE ERGEBNISSE

Nach einer Sichtung des zum Thema vorliegenden Schrifttums drängt sich der Eindruck auf, daß es gar nicht primär der Reinkarnationsgedanke selbst ist, der aus christlicher Sicht Verständigungsschwierigkeiten mit sich bringt. Das größere Problem stellt vielmehr das weltanschauliche System dar, in das die Vorstellung wiederholter Erdenleben jeweils eingebettet ist. Viel entscheidender

---

[58] Derselbe, ebenda, S. 112
[59] Derselbe, ebenda, S. 130

als die Wiedergeburtslehre sind die theologischen und anthropologischen Konzepte, mit denen sie sich im Einzelfall verbunden hat. Es empfehlen sich also zunächst Anfragen an das Umfeld, um die Hintergründe zu erhellen. Etwa diese:

— Welches Gottesbild steht hinter der jeweiligen Lehre? Welchen Sinn und welches Ziel hat der Kosmos? Wird die Welt als von Anfang an gut gesehen, oder sind die Materialität der Welt und die Leiblichkeit des Menschen bereits Folgen eines präkosmischen Gefallenseins von Seelen, von reinen Geistern? Welchen Wert besitzt die menschliche Leiblichkeit? Ist sie vor allem gottgewollte Schöpfung oder nur Ausdruck des Falles und Behinderung der Seele?

— Wie wird die Seele gedacht? Ist sie anfangsloser Teil bzw. Emanation des Göttlichen, oder hat sie einen geschöpflichen Beginn am Anfang der Reihe von Reinkarnationen? Welches Verhältnis hat sie zum Leib? Ist sie identisch mit dem Personenkern, der das biologische Ende überdauert? Ist dieses Überleben mit Bewußtheit und Identität ausgestattet, oder handelt es sich im Tod um eine Auflösung der Individualität wie die des Wassertropfens im Meer? Spezieller: was ist im Einzelfall mit der Seelenpräexistenz impliziert?

— Welche Rolle spielt auf dem menschlichen Erlösungsweg die ungeschuldete Gnade Gottes bzw. das unerbittliche, auf Gerechtigkeit bedachte Karma? Wenn es überhaupt ein Heilsziel und einen endgültigen Erlösungszustand geben soll, wird dieser dann vorwiegend durch „Eigenleistung", als Selbsterlösung erreicht, oder kommt ihm die Gnade, gar die Prädestination zu Hilfe? Wie ist der Zustand der Erlösung selbst zu denken? Ist der „Himmel" von ewiger Dauer? Gibt es auch eine ewige Verdammnis in einer Hölle"?

— Welche Bedeutung hat der Läuterungsvorgang im Zwischenstadium zweier Inkarnationen? Welcher funktionale Zusammenhang besteht mit der christlichen Vorstellung vom Purgatorium?

Darüber hinaus empfiehlt sich eine aufgeschlossene und zugleich kritische Sichtung der vorgetragenen Argumente. Aus den heute von verschiedenen Weltanschauungsgemeinschaften vorgetragenen

Überzeugungen und den unter wissenschaftlichen Vorzeichen unternommenen Erkenntnisbemühungen ergeben sich einige diskussionswürdige vorläufige Ergebnisse:
Die Vertreter der Reinkarnationsidee haben eine Fülle eindrucksvollen Materials vorbringen können – und es ist kaum zu bezweifeln, daß mancher ihrer „Beweise" für das Bestseller-Publikum überzeugend wirkt –, von einem durchschlagenden empirischen Beweis kann jedoch nicht gesprochen werden. Die wissenschaftlich orientierten Parapsychologen beanspruchen diesen endgültigen Beweis nicht, selbst wenn sie sich aufgrund ihrer eigenen Forschungen zur Idee wiederholter Erdenleben bekennen. Auch die meisten Autoren aus dem Umfeld von Anthroposophie und Christengemeinschaft erheben den Anspruch auf „Wissenschaftlichkeit" im üblichen Sinne nicht. Sie sprechen eher von einer Glaubensüberzeugung, die allerdings durch eine sehr differenzierte Erkenntnismethodik gewonnen worden sei.
Jenen Anhängern der Reinkarnationsidee, die aufgrund spontaner Bewußtseinsvorgänge oder nach langem Meditieren zur Überzeugung gelangt sind, ihr jetziges Leben sei nur eines in einer langen Reihe und sie könnten sich partiell an frühere Leben erinnern, erscheinen empirische Bemühungen als irrelevant. Offenbar sind ihre Eindrücke für sie selbst so überwältigend, daß jedes Gegenargument oder wissenschaftliche Überlegungen als wirklichkeitsfremd empfunden werden.

Die Lehre von den wiederholten Erdenleben stellt kein einheitliches Gebilde dar. Das betrifft zunächst und vor allem den weltanschaulichen Gesamtrahmen, in den die Reinkarnationsidee jeweils eingebettet ist, die Uneinheitlichkeit bezieht sich aber auch auf viele Einzelfragen (Geschlechtswandel, Zwischenzeitraum, Länge des Intervalls etc.). Im ideengeschichtlichen Überblick gesehen verliert der Gedanke aufgrund dieser Diskrepanzen und Widersprüche erheblich an Überzeugungskraft.
Was ist der tiefere Grund für die Attraktivität der verschiedenartigsten weltanschaulichen Sondergruppen, worauf ist der Erfolg ihrer Publikationen zurückzuführen? Eine Teilantwort dürfte folgende Beobachtung geben: Diese Gruppen und ihre Lehren leisten

eine geistige Bedürfnisbefriedigung, die offenbar außerhalb der Intentionen und Möglichkeiten gegenwärtiger Theologie und Verkündigung steht. Nicht zuletzt aufgrund traditioneller, von der Kirche vermittelter Vorstellungsmodelle fragen viele Menschen auch heute zum Beispiel nach dem Schicksal der ungetauften Kinder, nach den „Seelen" der nicht voll ausgetragenen Embryos etc. Eine für den nichtintellektuellen Gläubigen faßbare Antwort vermag eine Seelsorge, die sich an der aktuellen Theologie orientiert, nicht zu geben. So ist es nicht verwunderlich, daß derjenige, dem die Beantwortung seiner Fragen wichtig ist, sich dorthin wendet, wo ihm eine Lösung seiner Probleme angeboten wird. Eng verbunden mit diesem seelsorgerlichen Defizit ist der Schwund einer christlichen Bilderwelt, die die Vorgänge um Schöpfung und Weltende, den Läuterungsweg und die Seligkeit sinnlich faßbar machte. Man muß sich diesen Mangel bewußt machen, auch wenn man sich darüber im klaren ist, welche Probleme die traditionelle Theologie und ihre kosmische Bildhaftigkeit aufgibt.

Im Gespräch mit Vertretern der Reinkarnationsidee wird man unumwunden eingestehen können, daß der Gedanke der wiederholten Erdenleben die Beantwortung zahlreicher philosophischer und theologischer Probleme sowie aus Alltagserfahrung aufbrechende Fragen erleichtert. Das Problem der Gerechtigkeit und der Chancengleichheit angesichts des manifesten Unterschiedes zwischen Einzelmenschen und ganzen Völkern; die Beobachtung ganz unterschiedlicher Anlagen, die Verschiedenartigkeit der Bewußtseinsstufen und der Reifegrade von Menschen aus denselben Familien oder aus vergleichbaren Milieus gehören zu den Argumenten, die für die Plausibilität der Wiedergeburtslehre ins Feld geführt werden. Darüber darf man aber die notwendige Gegenfrage nicht vergessen: wie soll man sich andererseits den Uranfang denken, wenn man — anders als in den pantheistischen Systemen — durchaus an der Geschöpflichkeit festhalten will?

Wie vereinbaren sich Heilszusage, Barmherzigkeit und Liebe Gottes mit dem harten Kausalitäsgesetz des Karma? Sowohl die sogenannte Erbsünde als auch die Folgewirkung persönlicher Schuld sind grundsätzlich etwas anderes als die gnadenlose Karmawirkung.

Die (westliche) Reinkarnationsidee setzt eine Anthropologie voraus, die davon ausgeht, daß die mit dem Leib verbundene Seele grundsätzlich auch leibfrei agieren könne.
Viele Theologen tun sich heute offenbar schwer, diese Voraussetzung überhaupt noch nachzuvollziehen. Sowohl aus exegetischen Gründen als auch unter dem Eindruck der Psychosomatik hat sich ein „ganzheitliches" Menschenbild durchgesetzt. Ihm entspricht aber auch als eine mögliche Konsequenz die „Ganztod"-Theorie.
Das Unbehagen unter Gläubigen ist sicherlich ein Grund dafür, daß die zahlreichen Sondergruppen so großen Zulauf verzeichnen und ihre Publikationen so erfolgreich sind. An die Kirchen werden Fragen gestellt, die selten eine befriedigende Antwort erhalten.
Diese etwa:
Wie soll denn die Kontinuität und Individualität des persönlichen Menschseins „nach" dem Tode gedacht werden, wenn wir mit aller nur wünschenswerten Sicherheit wissen, daß unser Körper verfällt, wenn aber andererseits die Theologie den Seelenbegriff weitgehend eliminiert?

Viele neuere Darstellungen zum Thema Tod zeichnen sich durch eine außerordentliche Abstraktheit aus, die nicht nur für die Verkündigung problematisch ist, die vielmehr auch anthropologische Sackgassen öffnet. Es ist nicht zu übersehen, daß das unter Platonismusverdacht geratene Leib-Seele-Modell den Vorgang des Sterbens in Verbindung mit der Hoffnung auf Weiterleben leichter faßbar macht.
Konkret spitzt sich das Problem zu, wenn man die vielfältigen und gut beglaubigten Erfahrungen der Parapsychologen ernstnimmt Zumindest in Einzelfällen haben die Forscher Wirkungen festgestellt, die offenbar mit einem bereits Verstorbenen in Zusammenhang zu sehen sind. Der von BANERJEE eingeführte Begriff des „extra-zerebralen Gedächtnisses" oder die für manchen angeblichen Reinkarnationsfall herangezogene Besessenheitshypothese lassen erkennen, daß das anima separata-Modell durchaus auch vom empirischen Befund gestützt wird. Es handelt sich hier keineswegs um vage weltanschauliche Spekulationen, sondern um Fakten, die nach einer Deutung verlangen. Man muß die Frage stellen, ob

Theologen eine Ganztod-Theorie entworfen hätten, wenn ihnen diese vielfältigen Materialien bekannt und einer gründlichen Reflexion wert gewesen wären. Um Mißverständnisse zu vermeiden, sei gleich hinzugefügt, daß das aufgrund von religionsgeschichtlichen Überlegungen, meditativen Erfahrungen, spiritistischen Bemühungen und parapsychologischen Untersuchungen behauptete oder vermutete „Fortleben nach dem Tode" nicht identisch sein muß mit dem Zustand, den Schrift und Theologie mit „Himmel" und „Hölle" bezeichnen.

Wir haben es mit Überlegungen zu tun, die zwar aus der Beschäftigung mit der Reinkarnationsidee hervorgegangen sind, die aber keineswegs an die Annahme dieser Theorie gebunden sind. Über die Theologie hinaus zeigt sich die Relevanz der Forschungen auch für Philosophie, Biologie und Physik etc. Das uralte Problem des Verhältnisses von Leib und Seele, von Geist und Materie erscheint unter neuen Vorzeichen. Die Philosophie wiederholt mit Recht die von den Griechen gestellte Frage, was es denn für einen Seelenbegriff bedeute, wenn die Leiber wie die Hemden gewechselt werden und der uns heute viel bewußter gewordene Zusammenhang von Seele und Leib so wenig in der Theorie der Reinkarnationsanhänger bedacht wird. Wo auch bleibt die Identität der Person, wenn ein so radikales Vergessen eintreten kann, wenn alle individuellen Entwicklungsphasen immer neu durchlaufen werden müssen? Viele Okkultisten wollen der Problematik des Leib-Seele-Verhältnisses dadurch entgehen, daß sie auf die neueren naturphilosophischen und physikalischen Einsichten bezüglich des Materiebegriffes verweisen. Ein geradezu pantheistisch anmutendes Einheitsgefühl von Energie, Materie und darüber hinaus des gesamten seelisch-geistigen Bereiches ist oft das Ergebnis solcher Versuche, dem heutigen Problembewußtsein standzuhalten; der verunsicherte Materiebegriff, der in der Okkultliteratur zu einem verbreiteten literarischen Topos geworden ist, soll offenbar die ältesten und schwierigsten Probleme lösen helfen.

Der Gedanke des kontinuierlichen Bewußtseins und die Lehre der Reinkarnation versuchen das Fortleben nach dem Tode durch die Unvergänglichkeit des „Geistigen" im Menschen zu beweisen. Diesseitiges lebt im Jenseits weiter.

Die folgenden Beiträge versuchen hingegen, das Fortleben nach dem Tode durch das Wirken Jenseitiger im Diesseits zu untermauern. Zunächst berichtet FIDELIO KÖBERLE *über das vieldiskutierte Phänomen der Tonbandstimmen.*

Fidelio Köberle

BEWEISEN DIE TONBANDSTIMMEN DAS FORTLEBEN NACH DEM TODE?

Obwohl es die *Tonbandstimmen* bereits 20 Jahre und länger gibt, stellen sie immer noch eine Provokation für den gesunden Menschenverstand dar. Wird doch von vielen Experimentatoren allen Ernstes behauptet, sie könnten sich mit den Toten via Tonband unterhalten, und sie bekämen „von drüben" Informationen. Was ist davon zu halten?

Für denjenigen, der noch nie etwas von diesen Tonbandstimmen gehört hat, sei hier kurz eingeschaltet: *Tonbandstimmen sind Lautäußerungen (Worte, Sätze) auf Tonbändern bzw. Cassetten, die zufällig oder provoziert daraufgekommen sind, ohne daß eine natürliche Quelle dafür herangezogen werden kann. Sie sind real vorhanden, aber „paranormal", also physikalisch nicht erklärbar.*

Tote haben keinen Kehlkopf mehr und können deshalb auch nicht mehr reden. Ihnen fehlt zudem der physische Körper, der eine Beeinflussung von Materie (Ferritschicht des Tonbandes) ermöglichen würde. – So argumentiert der Skeptiker, der von Parapsychologie nichts weiß.

Dagegen kann man einwenden, daß wir heute sehr wohl reale Wirkungen auf Materie kennen, die physikalisch nicht erklärbar sind, nämlich Psychokinese und Spuk. Insofern liegen die Tonbandstimmen nicht im parapsychologischen Abseits. Sie bilden aber zweifellos eine selbständige Kategorie mit eigenen Gesetzmäßigkeiten.

Sie haben den einzigartigen Vorzug, jederzeit reproduzierbar zu sein, sie sind also nicht flüchtig wie Spontanphänomene. Was einmal auf dem Tonband fixiert ist, das läßt sich beliebig oft abhören und in aller Ruhe prüfen. Insofern sind sie ein ideales Untersuchungsmaterial, das bereits früh das intensive Interesse der Fachleute (z. B. des Prof. HANS BENDER, Freiburg) auf sich gezogen hat.

Und nicht nur vorhandene Stimmen lassen sich reproduzieren, sondern man kann auch immer wieder neue Stimmen gewinnen, so daß jeder Interessent bei ihrer Entstehung dabei sein und sich von der Korrektheit der Methode überzeugen kann. Nichts ist überzeugender als das persönliche Evidenzerlebnis. Außerdem ist es jedermann möglich, selbst Stimmen zu gewinnen durch eigene Experimente. Man braucht dazu keine besondere Begabung (etwa Medialität), wohl aber viel Geduld, Ausdauer und einen sicheren weltanschaulichen Stand. Der apparative Aufwand ist nicht groß.

Der Wunsch, sich selbst Informationen über das Leben nach dem Tode zu verschaffen, hat inzwischen Tausende in der ganzen Welt dazu veranlaßt, sich der Tonbandstimmenforschung zu widmen und viele hunderttausende von Stimmen aufzuzeichnen. BENDER spricht sogar von einer regelrechten „Bewegung".

Wie hat es angefangen? Genauso wie bei der Entdeckung Amerikas hat es auch hier Vorläufer gegeben. Sie entdeckten etwas Ungewöhnliches auf Tonbändern, ohne daß sich daraus Weiterungen ergaben. Der eigentliche Kolumbus bei der Entdeckung und bei der weiteren Erforschung dieses Neulandes ist FRIEDRICH JÜRGENSON, der am 12. Juni 1959 erstmals auf paranormale Stimmen auf seinen Tonbändern aufmerksam wurde, und der die Sache dann konsequent weiterverfolgte.

Sein Buch „Sprechfunk mit Verstorbenen" machte das Phänomen einem größeren Publikum, besonders in Deutschland, bekannt. (Es gibt außerdem eine schwedische, eine italienische und eine holländische Ausgabe des Buches.) Er ist mit absoluter Selbstverständlichkeit davon überzeugt, daß die Stimmen von den Toten stammen. Davon hat ihn auch sein Freund HANS BENDER nicht abbringen können, der die animistische Deutung (siehe weiter unten) bevorzugt, wenn dieser auch heute diesen Standpunkt nicht mehr so absolut wie früher vertritt.

JÜRGENSON regte viele Menschen zu eigenen Experimenten an, z. B. Dr. KONSTANTIN RAUDIVE und den katholischen Pfarrer LEO SCHMID. Da die etablierte Wissenschaft leider keine Möglichkeit zu breit angelegten Experimenten gab und gibt, konnte diese

Forschung nur weitergehen durch die Aktivität von Laien. Diese haben sich 1975 zum *„Verein für Tonbandstimmenforschung (VTF)"* zusammengeschlossen. 1978 sind in Italien und in der Schweiz analoge Organisationen entstanden. Der Sinn dieser Zusammenschlüsse ist die Information und der Gedankenaustausch unter den Mitgliedern, um ihnen erfolgreiches Arbeiten zu ermöglichen, sowie die Öffentlichkeitsarbeit.

Durch die Breitenarbeit kommt viel Material zusammen, das einer systematischen Durchforschung bedarf. Der VTF z. B. prüft Tonbandstimmen und vergibt das Prädikat „Vom VTF geprüfte und anerkannte paranormale Tonbandstimme", um Phantasieprodukte auszuscheiden, und um jedem Interessierten sauberes Basismaterial geben zu können für weitere Überlegungen, für die Theoriebildung usw.

Wie kann man nun größtmögliche Sicherheit erzielen, daß man es mit einer wirklich echten Tonbandstimme zu tun hat?

1. Zunächst einmal muß – vor allem bei den Mikrofon-Stimmen – geprüft werden, ob es sich überhaupt um Sprachäußerungen und nicht um irgendwelche belanglosen Geräusche handelt. Zu diesem Zweck kann man Abhörtests machen mit mehreren geübten Hörern. Wenn diese die Stimmen identisch interpretieren, dürfte die Gefahr des willkürlichen Hineinhörens von Sprache gebannt sein. Es ließe sich – allerdings wohl nur bei wichtigen Aussagen vertretbar – noch eine weitere Kontrolle durch optische Verfahren (Visible Speech Diagram) einbauen, bei denen Sprachlaute auf Grund von grafischen Mustern identifiziert werden können.

2. Nachdem so die Faktizität einer Stimme erwiesen ist, käme als nächster Schritt die Feststellung der Paranormalität. Denn es ist ja möglich, daß es sich um ganz normales Sprechen Lebender (im Nachbarhaus, auf der Straße oder durch Rundfunkeinstrahlung o. ä.) handelt.

Es gibt mehrere Indizien für die Paranormalität von Tonbandstimmen:

a) Frage und Antwort (= „Stimme") stehen in einem unmittelbaren Zeit- und Sinnzusammenhang. Wenn ich etwa die Frage stelle: „Elke M., kannst du jetzt sprechen?", und nach 3 Sekunden antwortet eine Stimme: „Sie liegt und kann nicht sprechen", dann haben wir einen solchen Zusammenhang. Ich hatte eine Frau angesprochen, und es wird geantwortet: „*Sie* liegt ...". Ich hatte gefragt, ob sie sprechen kann, und es wird geantwortet: „... kann nicht sprechen". Es ist schlechterdings undenkbar, daß ausgerechnet in dem Augenblick, wo ich diese Frage stelle, eine passende Antwort zufällig etwa von einer Rundfunkstation gesendet wird, und zwar nur dieser eine Satz! Nichts davor und nichts danach. Durch eine genügend ausführliche Dokumentation läßt sich daher die Paranormalität solcher Stimmen für jeden nachprüfbar belegen.

b) Wenn der Experimentator oder sonstige Anwesende mit Namen genannt werden, oder wenn Tote ihre Namen nennen, und wenn sie auch noch am Klang ihrer Stimme identifiziert werden können, dann hat es jede andere Hypothese schwer, glaubhaft zu wirken. Hier können technische Verfahren hilfreich sein, die zur Identifizierung von anonymen Telefonanrufern verwendet werden. Ganz kürzlich hat in den USA ein Speziallabor sein Interesse daran bekundet, paranormale Stimmen mit den Stimmen zu Lebzeiten zu vergleichen, um deren Identität mit technisch-wissenschaftlichen Methoden nachzuweisen.

c) Viele Stimmen werden in einem besonderen Rhythmus gesprochen, der von normaler Sprechweise abweicht. Auf meine Frage an Hitler, was er dem deutschen Volk mitzuteilen habe, kam der Satz: Man hat doch Böses angerichtet.
Auf eine unbetonte Silbe folgt (etwa wie bei einfachen Kinderreimen) eine betonte, dann wieder eine unbetonte usw.

d) Manche Stimmen haben einen eigentümlichen Klangcharakter, der sie von normaler Sprache unterscheidet. Einige bringen einen merkwürdigen Hall mit, andere sind pathetisch gedehnt gesprochen, wieder andere erinnern an Roboter-Sprache usw.

e) Dann gibt es noch das merkwürdige Phänomen der Sprachmischung (Polyglott). Ein Beispiel dazu: „Die anderen machen Fidelio bördig". Hier wird in einen deutschen Satz das schwedische Wort für fruchtbar hineinkomponiert. So etwas kommt weder in der Alltagssprache noch beim Rundfunk vor.

f) Manche Stimmen sind erst beim Abhören des Bandes mit halber oder doppelter Geschwindigkeit verstehbar. Hier ist es ganz ausgeschlossen, daß eine normale Verursachung vorliegen könnte. Allerdings muß man eine genügend lange Durchsage erhalten haben, um auszuschließen, daß Zufall im Spiel ist.

g) Ein Phänomen, das bisher alle Physiker und Techniker verblüfft hat, ist die Tatsache, daß es Stimmen gibt, die im Rückwärtslauf eine neue Information ergeben, die phonetisch *so* 'gar nicht möglich' ist. Auf der Jürgenson-Schallplatte aus dem Jahre 1967 findet man innerhalb einer längeren paranormalen Mitteilung die gesungene Passage: „... haben dolige Menschen" (dolig = schwedisch: böse). Läßt man diese Stelle rückwärts ablaufen, dann entsteht der nicht vorhersehbare Satz: „Man stürzt in den Untergang". Spricht oder singt man den Satz „haben dolige Menschen" aufs Band, dann ergibt sich das zu erwartende „Neschnem egilod nebah". Dieses Beispiel, das im Zusammenhang mit dem IMAGO-MUNDI-Kongreß 1978 im österreichischen Rundfunk gesendet wurde, hat technisch versierte Skeptiker so beunruhigt, daß sie sich nur mit der Trick-Hypothese zu helfen wußten.

3. Nachdem Faktizität und Paranormalität einer Stimme geklärt sind, bleibt als Letztes und Entscheidendes die Beantwortung der 'Gretchenfrage' (Wie hältst du es mit der Unsterblichkeit?): Stammt die Stimme aus dem Unbewußten des Experimentators (= animistische Deutung), oder stammt sie von Verstorbenen (= spiritualistische/spiritistische Deutung)?

Es ist einleuchtend, daß hier der wirkliche Sprengstoff liegt. Hier scheiden sich tatsächlich die Geister. Die Entscheidung, ob animistisch oder spiritualistisch, ist keine Geschmacksfrage, sondern von grundsätzlicher Bedeutung. Der Animist bleibt mit seinem Erklärungsversuch ja noch immer im Diesseits, und er sagt nichts aus über die Möglichkeit des Fortlebens nach dem Tode. Der Spiritualist/Spiritist hingegen nimmt die Verstorbenen als Verursacher der Stimmen an, ohne jedoch damit ausschließen zu wollen, daß es auch paranormale Phänomene gibt, die animistisch zu erklären sind. Praktisch alle Experimentatoren sagen: Die da sprechen sind wirklich die, für die sie sich ausgeben, nämlich die Toten. Die Annahme, er unterhalte sich in einem Frage- und Antwortspiel mit seinem eigenen Unbewußten, ist für einen Experimentator, der das unmittelbare Erlebnis hat, einfach absurd. Der animistische Standpunkt wird denn auch fast nur von Theoretikern vertreten, die keine eigene Felderfahrung haben.

Um ein Beispiel zu geben: Auf meine Bitte hin, mir etwas Wichtiges, Grundsätzliches zu sagen, erhalte ich „Escotschilado". Das ist, wie ich später erfuhr, Hindi. Mein Unbewußtes kann niemals die Quelle dieser Information sein, da ich diese Sprache weder kenne noch jemals gehört habe. Die Aufklärung kam erst Jahre später durch das Bekanntwerden mit einem Inder. Die Stimme sagt in Hindi: „Propagiere es, verkünde es!" Und wenn diese Mitteilung auch noch in d-Moll, der ‚Todestonart' der Musikfachleute gesungen wird, dann liegen genügend Hinweise vor, um annehmen zu dürfen, daß diese Stimme nicht aus meinem Unbewußten sondern aus dem Reich der Toten stammt.

Wollte man hier die animistische Hypothese anwenden, dann müßte man nämlich folgende Zusatzhypothese machen:

1. Mein Unbewußtes spielt Theater und gaukelt mir vor, ich hätte ein echtes Gegenüber, das meine Fragen beantwortet. Hier käme also der ‚Trucage-Faktor' (VTF-Post 4/78) zum Tragen, der die Menschen auf die ‚falsche' (spiritualistische) Fährte locken will.

2. Mein Unbewußtes hätte seine Freude daran, mir eine rätselhafte und unverständliche Antwort auf meine Frage zu geben.

3. Mein Unbewußtes ist in der Lage, das Unbewußte eines Inders ganz gezielt, aber unbemerkt, anzuzapfen, um von ihm die Übersetzung des „Verkünde es!" zu erfahren.

4. Mein Unbewußtes weiß bereits bei der Aufzeichnung, daß ich irgendwann einmal auf einen Inder treffen und ihn diesbezüglich befragen werde, damit ich endlich erfahre, was mein Unbewußtes mir mitteilen wollte, denn sonst wäre ja die ganze Aktion sinnlos gewesen.

5. Ich müßte hier also sowohl aktiv telepathische (gewolltes Anzapfen) als auch präkognitive Fähigkeiten praktiziert haben, die sich sonst noch nie bei mir zeigten. Schon allein dieser Faktor macht die animistische Hypothese unwahrscheinlich. Warum sollte ich nur bei den Tonbandstimmen über diese phänomenalen Kräfte verfügen?

Die spiritualistische Hypothese erklärt die Stimme ganz einfach so, daß man mir „von drüben" ein überzeugendes paranormales Beispiel an die Hand geben wollte, mit dem man etwas anfangen kann, und daß man mich außerdem ermutigen wollte, die Sache publik zu machen.

Der Leser merkt schon, daß man über das Tonbandstimmen-Phänomen nicht urteilen kann, ohne die Inhalte der Stimmen zu berücksichtigen. Der Text selbst ist die Grundlage für die Beantwortung der beiden Grundfragen: 1. Paranormal oder nicht? und 2. Animistisch oder spiritualistisch?

Je mehr geprüftes Stimmen-Material vorliegt, desto deutlicher werden die Konturen des „Landes", über das hier Aussagen gemacht werden. Durch die Breitenarbeit, welche sich seit einigen Jahren zusehends entwickelt, wächst die Fülle des Rohmaterials, aus dem die wertvollsten Stimmen herausgefiltert werden können.

Die Tonbandstimmen erfüllen in idealer Weise die Anforderungen, welche vom wissenschaftlichen Standpunkt aus vernünftigerweise gestellt werden können. Hier hat man es nicht – wie bisher – mit einem persönlichen Medium zu tun, dessen Äußerungen durch unkontrollierbare unbewußte Faktoren aus dem eigenen Inneren modifiziert werden können. Das neue technische Medium ist ohne eigene Tendenz. Das Tonbandgerät zeichnet objektiv und unverfälscht das auf, was ‚von drüben' gesendet wird. Dieses Material ist kritischer Prüfung ohne weiteres zugänglich. Auch das von Wissenschaftlern geforderte Kriterium der Wiederholbarkeit der Phänomene im Experiment ist erfüllt.

Es hat den Anschein, als ob gerade in unseren Tagen der uralte Menschheitstraum in Erfüllung ginge, daß wir etwas erfahren über das Leben nach dem Tode, ohne unseren kritischen Verstand beurlauben zu müssen.[1]

---

1 F. JÜRGENSON. - Sprechfunk mit Verstorbenen. - Freiburg 1967, München 1981
2 K. RAUDIVE. - Unhörbares wird hörbar. - Remagen 1968
3 Derselbe. - Überleben wir den Tod?. - Remagen 1973
4 L. SCHMID. - Wenn die Toten reden. - Luzern / München 1976
5 H. SCHÄFER. - Stimmen aus einer anderen Welt. - Freiburg 1978
Wer Näheres über Tonbandstimmenforschung erfahren möchte, wende sich an den „Verein für Tonbandstimmenforschung (VTF)", Höhscheider Straße 2, D-4 Düsseldorf 13, Tel. 02 11 / 78 64 39

Wird bei den Tonbandstimmen der Wortlaut über Tonträger vermittelt, so werden „mediale Botschaften" durch das Sprachorgan einer Person, eines Mediums, kundgetan. GIORGIO DI SIMONE *berichtet in seinem Beitrag über „Einkörperungstrance und Fortleben" über die Untersuchung eines derartigen Falles.*

GIORGIO DI SIMONE

EINKÖRPERUNGSTRANCE UND FORTLEBEN

In diesem kurzen Beitrag möchte ich über das klassische Phänomen der *Einkörperungstrance* berichten, das Ende der 40-iger Jahre in Neapel in Zusammenhang mit einem stark medial veranlagten jungen Mann auftrat.

Wie bei anderen bemerkenswerten Fällen dieser Art ging auch in diesem Falle der Phase der sogenannten *Sprachtrance* (mit Mitteilungen in einer vom Medium völlig verschiedenen Stimmlage) eine Phase „physischen" Charakters voraus, mit Vorfällen von Levitationen von Gegenständen, von paranormaler Beschleunigung des Pflanzenwachstums und von Apporten. Diese starke Medialität stabilisierte sich schrittweise im Phänomen der *Einkörperungstrance* mit dem scheinbaren Eingriff einer „von außen" kommenden Intelligenz, die sich in einer ihr eigenen charakteristischen Stimme über Probleme des irdischen Daseins, über Argumente der Existenzphilosophie und der spirituellen Welt äußerte. Das Außergewöhnliche des Phänomens (das von einer Person herrührte, die damals noch nicht 20 Jahre alt war und der die kulturellen Grundlagen fehlten) führte dazu, daß sich um das Medium ein Kreis halb-privaten Charakters bildete, der die Manifestationen zusätzlich förderte. Die anfängliche Gruppe bestand aus wenigen Personen verschiedener kultureller und sozialer Schichten: Es waren z. B. Ing. A. S., ein Industrieller; Dr. D. , Rechtsanwalt; Ing. F. L., Geschäftsleiter; N., Vertreter; O. Z., Buchhalter; F. M. und seit 1951 bis heute auch ich.

Abgesehen von dem selbständig hervorgerufenen Phänomen der Trance machte das Medium den Eindruck eines absolut normalen Menschen, vielleicht mit dem Eindruck einer leichten Zurückgezogenheit von der Umwelt. In den ersten Jahren fiel das Medium wöchentlich zweimal in Trance, die durchschnittlich 1 1/2 Stunden dauerte. Nach außen wickelte sich der Trancezustand in der Ecke eines großen, mit einem schwarzen Vorhang abgegrenzten Zimmers ab, wobei der übrige Raum des Zimmers durch ein rotes Licht erhellt wurde. Der Raum bot keinerlei Betrugsmöglichkeiten, wie etwa den Austausch einer Person oder das Hereinschmuggeln von Spezialapparaten. Zudem wurde das Medium während der Phase, welche die Trance einleitete, an der Hand gehalten (mediale Kette). Sein Verhalten stand jeden Moment unter vollkommener Kontrolle. Typisch war jeweils der Trancebeginn: Die Versuchsperson wurde sehr unruhig, zeigte eine beschleunigte Atmung, begleitet von Stöhnen — sodaß man oft um das physische Wohl der Vp Sorge haben müßte; worauf Bewußtseinsverlust und völliger Gedächtnisverlust eintraten.

Was die „medialen Kommunikationen" betrifft, waren neben dem Geistwesen, das sich sowohl als Grundelement wie auch als Gestalter des Phänomens vorstellte, noch andere Wesenheiten vertreten, die, was Wissen und Belehrung betrifft, im allgemeinen von geringerem Wert waren, wobei sich eine Wesenheit jedoch stets mit einer Stimmlage kundtat, die von jener des Mediums verschieden war. Vom gedanklichen und psychologischen Gesichtspunkt aus ist es sehr aufschlußreich, daß die Persönlichkeit des sog. Kontrollgeistes *all die Jahre hindurch völlig gleich blieb und alle charakterlichen Eigenschaften beibehielt* (in den 70-iger Jahren waren es bereits 20 Jahre), *ganz unabhängig von der Anzahl und der „Qualität" der Sitzungsteilnehmer,* was eine „Projektionshypothese" psychischer Art von seiten der Anwesenden von vornhinein ausschließt (Polypsychismus nach MacKENZIE). Abgesehen davon, vermag diese Hypothese das Zentralproblem der synthetischen und intelligenten Gestaltung (zu einem bestimmten Thema) des Materials, das von den Individualpsychen stammen soll und in jedem Falle heterogen ist, nur schwer zu erklären.

Objektiv gesehen waren die philosophische Thematik (aber auch der methodische und soziologische Charakter) des angenommenen Geistwesens (von mir später als „Geistwesen A" bezeichnet), ihre durchgehende gedankliche Kohärenz und ihre strenge Logik bei den Gesprächen der durchschnittlichen Qualität der Teilnehmer von Anfang an überlegen, jedenfalls soweit man dies aus den zwischenmenschlichen Beziehungen der Anwesenden feststellen konnte.

Dazu war das Thema der Mitteilungen, nämlich das fundamentale Thema der Existenz des Geistes, seine Universalität und seine Beziehungen zum Gesetz, zu Gott und der Schöpfung über jede allgemeine, öffentliche Debatte erhaben (besonders soweit es sich um das Wissen auf der Erde handelte). Die Argumente wurden so antitraditionell, so revolutionär, so kühn behandelt, daß dies an die Grenzen der menschlichen Anschauungsmöglichkeiten rührte.

Im Jahre 1973 entschloß ich mich, auch aus einem bestimmten Pflichtgefühl den anderen gegenüber, nach Jahren intensivster dialektischer Debatten mit dem „Geistwesen A", ein Buch in Form einer synthetischen und systematischen Behandlung mit einem Kommentar zu veröffentlichen, das die grundlegenden Mitteilungen beinhaltet, die vom „Geistwesen A" in den vielen Jahren gemacht wurden.[1] Der Erfolg des Buches, das in Italien bereits die 4. Auflage erreicht hat, zeigt das Interesse der Bevölkerung an den verschiedenen Aspekten der gebotenen Darlegungen, die in moderner Form eine Antwort auf die ewigen Fragen nach dem „Warum" des Menschen geben.

Diese inhaltlichen Argumentationen, so wichtig sie auch für die subjektive Erfahrung und Überzeugung sein mögen, stellen jedoch höchstens ein Indiz für eine authentische, spirituelle Persönlichkeit ohne jede körperlich-organische Verbindung zur Materie dar.

Aus diesen und anderen Gründen habe ich im Bemühen um die Feststellung der *realen Qualität* gewisser „medialer Persönlichkeiten" mit der Vp in streng wissenschaftlicher und experimenteller Form zwei Arten von Versuchen durchgeführt. Dieses Unterfangen habe ich auch als Präsident des Italienischen Zentrums für Parapsychologie mit Sitz in Neapel vorgenommen. Diese Gesellschaft, die 1963 gegründet wurde, bemühte sich um die gesamte Breite der Paraphänomenologie und hat ein strenges Programm entwickelt, das auch auf andere Aspekte des Paranormalen angewendet werden kann. Bei den genannten Versuchen handelt es sich um folgende Untersuchungen:

---

[1] G. DI SIMONE. - Rapporto dalla Dimensione X. - Roma: Ed. Mediterranee 1973, 1977

1. Im Jahre 1971 nahm ich mit Prof. Gino Sacerdote vom Institut für Elektroakustik „Gallileo Ferraris" von Turin Kontakt auf. Ich übergab ihm zwei Tonbänder mit Einspielungen des „Geistwesens A" und den Erzählungen des Mediums im Wachzustand. Diese beiden Stimmlagen sind unabhängig voneinander zweimal analysiert worden. Das Resultat der ersten Standarduntersuchung lautet: *Mit großer Wahrscheinlichkeit verschiedene Personen.*

Die zweite Untersuchung wurde 1973 nach der Methode „Voice print" (oder Sonograph, oder „visible speech") durchgeführt und führte zum gleichen Resultat, das heißt, es wurden ausreichend Elemente gefunden, um die *grundlegende Verschiedenheit* der beiden Stimmen festzustellen.

2. Im Jahre 1974 nahm ich unter Mitarbeit des Arztes Dr. Massimo Morlino mit der Neuro-Psychiatrischen Klinik der Universität Neapel (2º Policlinico) Kontakt auf. Unter der Kontrolle von Dr. Morlino und mir sowie einem Team von Ärzten unter Leitung von Prof. G. Buscaino und A. D'Errico wurde die Vp in normalem Wachzustand wie auch in der „Sprechtrance" (d.h. unter Einfluß des Geisteswesens A) einer Enzephalographie unterzogen. Die schriftliche Beurteilung durch M. Morlino schließt mit den Worten:

„A) Die Versuchsperson unseres Experimentes zeigt unter Versuchsbedingungen eine völlig normale elektro-zerebrale Aktivität: Sie hat im Zustand bewußter Entspannung bei geschlossenen Augen dominierend Alpha-Wellen, die bei offenen Augen völlig ausbleiben.

B) Während der Induktionsphase, sei es im Zustand motorischer Ruhe zur Herstellung der „geistigen Leere", sei es im Zustand der Anstrengung und der tranceeinleitenden Bewegung, zeigen sich in den EEG-Aufzeichnungen Chrakteristika, die mehr dem Kontrollzustand bei geschlossenen Augen, als dem des aufmerksamen Wachzustandes mit reduzierter Alphatätigkeit gleichen.

C) Während der eigentlichen Trance finden wir, und das ist vielleicht die interessanteste Feststellung, auch unter Bedingungen, die man funktional und verhaltensmäßig als Wachzustand mit klar ausgerichteter Aufmerksamkeit bei offenen Augen bezeichnen kann, das Vorhandensein einer Alphaaktivität, die bezügl. Quantität und

Ausmaß signifikant ist ... Nach der Schlußfolgerung unserer Beobachtungen ist das Vorhandensein von Alpharhythmen, wo wir eine dessynchronisierte Aufzeichnung erwarten dürften, nicht hinreichend erklärt. ..."[2]

Neben diesen streng experimentellen und objektiven Untersuchungen wurde das Medium zur Zeit der EEG-Kontrollen vom Psychoanalytiker Prof. Antonio d'Errico psychoanalytischen Untersuchungen unterzogen, die bestätigen, daß die Vp unter keinerlei psychischen Störungen leidet und demnach als eine völlig normale Persönlichkeit zu bezeichnen ist. Der einzige Einwand, den man zur Zeit machen könnte, besteht in der Tatsache, daß ich noch nicht bevollmächtigt bin, den Namen des Mediums bekanntzugeben, weil dies persönliche wie berufliche Folgen haben könnte. Dies ist anderseits aber ein Beweis dafür, daß das Medium keinerlei Interesse für Publizität hat, was seine Echtheit unterstreicht.

(Übersetzung aus dem Italienischen: Paola Giovetti und A. Resch)

---

[2] Diese Beurteilung wurde später in der Zeitschrift „Parapsicologia" Nr. 2/1975, dem Organ des italienischen Zentrums für Parapsychologie S. 13 — 14 veröffentlicht.

Wie diese medialen Mitteilungen oft weit über das Wissen des Mediums hinausgehen und somit die Schranken der individuellen Gebundenheit durchbrechen, so erleben die klinisch Toten zuweilen eine Weitung ihrer persönlichen Dimension, die weit über das individuelle Normalbewußtsein hinausreicht, wie STEFAN VON JANKOVICH *im folgenden Erlebnisbericht veranschaulicht.*

STEFAN VON JANKOVICH

ERFAHRUNGEN WÄHREND DES KLINISCH–TOTEN ZUSTANDES

Am 16.9.1964 erlitt ich einen Autounfall bei Bellinzona (Schweiz) und war nach den medizinischen Feststellungen „klinisch tot". Nachfolgend will ich die Erlebnisse schildern, welche ich in diesem Zustande hatte. Die Tatsache, daß ich heute noch lebe, beweist, daß der Punkt, an dem das Absterben irreversibel wird, noch nicht erreicht war.

Früher wurde das Eintreten des Todes mit dem Aussetzen der Atmung, dann mit dem Herzstillstand bzw. dem Aufhören der Gehirnströme gleichgestellt. In gewissen Fällen konnten die Ärzte den „klinischen Tod" rückgängig machen. Mit solchen Reanimationen hat sich dann auch die besondere Forschungsrichtung der *Thanatologie* befaßt. Nach Angabe des Polizeiberichtes hat der Zustand des klinischen Todes bei mir 5,5 bis 6 Minuten gedauert.

In dieser Zeit also erfuhr ich eine Fülle von Erlebnissen und eine Erweiterung des Bewußtseins, von denen nachstehend berichtet wird. Zuvor sei betont, daß ich *vor* dem Unfall in keiner Weise auf das Erlebte vorprogrammiert war. Ich wußte weder etwas von ASW noch von besonderen Theorien westlicher oder östlicher Prägung. Ich bin zwar katholisch aufgewachsen, praktizierte aber nicht; was zählte, war Erfolg im tätigen Leben als Geschäftsmann, im Sport und in der Gesellschaft. Als Ingenieur-Architekt war ich den Realitäten verpflichtet. Mein sachlicher Interessenkreis war Mathematik und Physik (auch im Segelsport). Träumereien lagen mir fern.

Hingegen war ich nach dem Unfall von meinen Erlebnissen – meinem Lebensfilm – so beeindruckt, daß ich unmittelbar danach versuchte, alles möglichst objektiv zu fixieren (teils durch Tonband-Diktat). Wie sehr mich die Erfahrungen persönlich betrafen, ersieht man auch daran, daß ich mich bemühte, die Szene meines Lebensfilmes zu kontrollieren und mich selbst, meinen Körper und Geist durch medizinische Untersuchungen zu testen. Hierbei wurde z. B. auch meine Tauglichkeit für Instrumentalflug (IFR) festgestellt.

Andererseits waren meine Erfahrungen so einschneidend, daß ich versuchte, Objektives zu fassen. Mein (inzwischen verstorbener) Vater, dem ich meine speziellen Geburtserinnerungen erzählte, mußte mir mit großem Erstaunen Einzelheiten bestätigen. (Kerzenlicht bei der Geburt; Umstellung des Kinderzimmers eine Woche nach der Geburt – ich sah die Einrichtung *vor* dieser Umstellung! – usw.). Ich habe also während meines klinischen Todes nicht nur Phantasien erlebt!

Doch ist es kaum möglich, das Erlebte wirklichkeitsgerecht wiederzugeben. Die Erlebniswelt war nicht die hiesige, und die Erfahrungsweise nicht die übliche. Was ich nachfolgend mitteile, ist also nur ein Schatten dessen, was mir widerfuhr.

Für meinen Fall hat man sich besonders deshalb interessiert, weil ich wohl einer der *ersten* war, der den Mut hatte, einen Bericht mit Namen und Adresse zu publizieren. Ich möchte auf diese Weise Gelegenheit geben, in besonderer Weise über das Ich im Zusammenhang mit dem Tode nachzudenken. Das Wichtige sind die Tatsachen; die biologische, psychologische, parapsychologische und theologische Forschung möge sich damit auseinandersetzen.

I. ERLEBNISBERICHT

Beim Frontalzusammenstoß mit einem Lastkraftwagen wurde ich als Beifahrer aus dem Auto geschleudert und blieb mit 18 Knochenbrüchen bewußtlos auf der Straße liegen. Ich erinnere mich, wie ich mit großem Schrecken den Lastwagen auf uns zurasen sah, wie ich durcheinandergemischte Bilder erfuhr, aufschrie – und wie dann plötzlich alles still war. Von der Zeit der Ohnmacht habe ich keine Erinnerung. Ich war nun ein noch lebender Mensch ohne Bewußtsein. Das nun zu schildernde Todeserlebnis begann wohl im Moment des Herzstillstandes: Ich erfuhr eine neue Bewußtheit! Ein Vorhang ging auf wie im Theater, es begann eine Vorstellung, welche mehrere Aufzüge, Etappen oder Phasen umfaßte. Die drei miterlebten Aufzüge hinterließen einen so großen Eindruck, daß ich nun ein ganz anderer Mensch geworden bin. Da man auch bei anderen analogen Fällen von drei Phasen berichtet, scheint sich hier eine allgemeine Erfahrung auszudrücken.

1. Phase: Bewußtwerden des Todes

Die erste Erfahrung ist die Freiheit von einem beängstigenden, bedrückenden, eingeengten Zustand. Erleichtert nahm ich das wiedererlangte Bewußtsein wahr: „Ich habe den Zusammenstoß überlebt!" Das war mein erstes Empfinden. Viele Wiederbelebte berichten, daß ihnen so war, als ob sie durch einen Tunnel ins Freie hinausgegangen wären. Doch gesellte sich zu diesem Erwachen ein zweites: ich spürte nun deutlich, daß ich nun *sterbe*.

Ich war sehr erstaunt darüber, daß ich das Sterben gar nicht als unangenehm empfand. Ich fürchtete mich überhaupt nicht vor dem kommenden Tod. Es war so natürlich, so selbstverständlich, daß ich jetzt am Sterben bin und *endlich* – ja ich spürte endlich –, daß ich sterbe und diese Welt verlasse. Während meines Lebens hätte ich nie daran gedacht, daß man so schön und so einfach vom Leben scheiden kann, daß man plötzlich nicht mehr verkrampft am Leben hängt.

Durch den Unfall mußte ich glücklicherweise nicht den langsamen Todeskampf durchmachen. Durch den Schock des Unfalls wurden ja mein ICH-Bewußtsein, mein Astralkörper, Energiekörper, feinstofflicher Körper, meine Seele und mein Geist – gleich wie man es auch nennen mag – *plötzlich* vom materiellen Körper getrennt. Ich fühlte mich dadurch persönlich sehr erleichtert, fand diesen Zustand sehr schön, natürlich, kosmisch. Ich war erleichtert, ja geradezu erlöst und hatte das Gefühl: „Endlich bin ich soweit". Ich dachte ohne jegliche Angst: „Ich bin glücklich, daß ich nun sterbe". Mit gewisser Neugierde wartete ich darauf, was noch passieren wird, wie dieser Sterbevorgang oder Todesprozeß weiter vor sich gehen würde. Ich war glücklich, gespannt und neugierig wie ein Kind vor Weihnachten.

Ich fühlte, daß ich schwebte und hörte gleichzeitig wunderschöne Klänge. Zu diesen Klängen nahm ich dazugehörende harmonische Formen, Bewegungen und Farben wahr. Irgendwie hatte ich das Gefühl, daß ich gerufen, geleitet wurde in einen anderen Existenzbereich, wo ich nun als Neuling eintreten durfte. Doch ich sah niemanden. Ein göttlicher Friede und eine noch nie wahrgenommene Harmonie erfüllten mein Bewußtsein. Ich war restlos glücklich und wurde durch keine Probleme belastet. *Ich war allein*, kein Wesen der Erde (Eltern, Frau, Kinder, Freunde oder Feinde) störten meine göttliche Ruhe.

Ich habe oft darüber nachgedacht, ob mir damals irgendein irdisches Problem oder eine Person in den Sinn gekommen war, aber ich konnte mich an nichts und an niemanden erinnern.

Ich war – wie gesagt – völlig allein, völlig glücklich und befand mich in einem noch nie erlebten harmonischen Zustand. Ich hatte nur noch ein deutliches Empfinden, ungefähr so, wie der Choral sagt: „Näher mein Gott zu Dir ..." Ich schwebte immer näher zum Licht empor.

Diese erste Phase des glücklichen Sterbens, der Zufriedenheit hat sich in ein „Intermezzo" umgewandelt; ich empfand immer größere göttliche Harmonie. Die Klänge der Musik wurden transparenter, stärker und schöner, überfluteten alles und wurden durch Farben, Formen, Bewegungen begleitet.

Wirklich beschreiben kann man dies nicht. Man könnte es vielleicht annähernd mit dem Film „Fantasia" von Walt Disney vergleichen, denn er hat vor 30 Jahren versucht, die Stimmungen, die durch das Hören von Symphonien in seiner Seele aufkamen, in Farben, Formen und Bewegungen wiederzugeben.

Ich fand diese Farben, die ich in diesen Formen und Erscheinungen wahrnahm, so schön, daß ich sie seit jener Zeit bewußt suche und mich daher der Glasmalerei zuwandte. Die kristallklare Farbe des farbigen Glasmaterials bei der Bruchstelle, die von verschiedenen Seiten mit Licht überflutet wird, erinnert mich immer wieder an diese wunderschönen Farberscheinungen.

2. Phase: Beobachtung des eigenen Todes

Nach diesem wunderschönen Intermezzo fühlte ich, daß ich effektiv schwebte. Ich befand mich über der Unfallstelle und sah dort meinen schwerverletzten, leblosen Körper liegen, ganz genau in derselben Lage, wie ich das später von den Ärzten und Polizeirapporten erfuhr. Ich sah die ganze Szene gleichzeitig von mehreren Seiten – deutlich – transparent. Ich sah auch ganz deutlich unseren Wagen und die Leute, die rings um die Unfallstelle standen, sogar die Kolonne, die sich hinter den herumstehenden Menschen aufgestaut hatte.

Die Leute scharten sich um mich herum. Ich beobachtete einen kleinen, festen, ca. 55-jährigen Mann, der versuchte, mich wieder zum Leben zurückzurufen. Ich konnte genau hören, was die Leute untereinander sprachen, d. h. eigentlich „hörte" ich es nicht, ich war ja *oben* und mein lebloser Körper lag *unten* auf dem Boden mit meinen abgerissenen Ohren. Doch ich konnte wahrnehmen, was die Menschen sagten oder dachten – wahrscheinlich durch eine Art von Gedankenübertragung, durch eine Wahrnehmung besonderer Art.

Der Arzt kniete an meiner rechten Seite und gab mir eine Spritze, zwei andere Personen hielten mich an der andern Seite und befreiten mich von den Kleidern. Ich sah, wie der Arzt meinen Mund mit irgendeinem Gegenstand – sehr wahrscheinlich mit einem Holzklotz – aufspreizte. Unter anderem konnte ich auch erkennen, daß meine Glieder gebrochen waren und sich rechts neben mir eine Blutlache ausbreitete.

Ferner beobachtete ich, wie der Arzt versuchte, mich auf künstliche Art zu beleben und wie er feststellte, daß auch meine Rippen gebrochen waren. Er bemerkte: „Ich kann keine Herzmassage machen". Nach einigen Minuten stand er auf und sagte: „Es geht nicht, man kann nichts machen, er ist tot". Er sprach berndeutsch und ein etwas komisches italienisch.

Man wollte meinen Körper vom Straßenrand entfernen und fragte das anwesende Militär, ob irgendwo eine Decke sei, um meine Leiche zu bedecken, bis der Leichenwagen eintreffe. Ich habe über diese „blöde" Szene fast gelacht, weil ich wußte, *daß ich lebe,* denn ich war nicht gestorben. Unten lag *nur* mein ehemaliger Körper.

Ich fand dies alles sehr komisch, aber keineswegs störend. Im Gegenteil: es machte mir geradezu Spaß, die Bemühungen dieser Leute mitansehen zu können. Ich wollte ihnen *„von oben"* zurufen: „Hallo, ich bin hier, ich lebe! Laßt den Körper, wie er ist. Ich lebe! Ich fühle mich wohl ... " Aber sie verstanden mich nicht und ich konnte keinen Ton von mir geben, da ich „oben" keine Kehle und keinen Mund hatte. Anschließend sah ich einen schlanken jüngeren Mann in schwarzen Badehosen und barfuß mit einer kleinen Tasche in der Hand auf mich zurennen. Diese Person sprach schriftdeutsch mit dem andern Arzt. Mich interessierte diese Szene dann nicht mehr weiter und deshalb schaute ich auch nicht genau zu.

Diese Person hatte mit dem Arzt einen Wortwechsel. Sie kniete daraufhin zu mir nieder und untersuchte mich. Sie gab mir eine Adrenalin-Spritze in die Herzkammer. Ich konnte das Gesicht dieses Mannes ganz gut aufnehmen. Und tatsächlich, fünf Tage später kam ein Herr in mein Spitalzimmer in Bellinzona. Er trug einen normalen Straßenanzug. Ich erkannte das Gesicht aber sofort wieder und begrüßte ihn schriftdeutsch mit „guten Tag, Herr Doktor, warum haben sie mir diese teuflische Spritze gegeben?" Er war verblüfft und fragte, wieso ich ihn erkannt habe? Ich erzählte es ihm. Wir wurden später gute Freunde.

Aber zurück zur Unfallstelle! — Alles in allem war es für mich sehr interessant, diese schreckliche Szene zu sehen, wie nach einem Autounfall ein Mensch „unten" starb. Besonders interessant war, daß ICH dieser Mensch selber war und mich von oben her als Zuschauer ohne Emotionen, ganz ruhig, in einem „himmlischen" glücklichen Zustand genauestens beobachten konnte, da ich doch weiterlebte.

Mein erstes mehrdimensionales Erlebnis war mein freies Schweben über der Unfallstelle. Meine nicht materiellen Sinnesorgane funktionierten alle gut und mein Gedächtnis konnte alles registrieren. Ich konnte auch denken. Ich spürte kein Hindernis und keinen Schmerz.

Ich wandte mich dann vom Unfall ab, *da er mich nicht mehr weiter interessierte*. Deshalb flog ich von der Unfallstelle weg. Alles war so beruhigend, harmonisch, wunderschön. Die Töne, die Lichtspiele wurden immer stärker, immer voller und sie überfluteten mich und meine ganze Umgebung. Ich spürte deutlich eine harmonische Schwingung. Dann sah ich die Sonne irgendwo oben rechts. Ich weiß nicht warum, aber ich sah sie irgendwie rechts oben und nicht ganz über mir. Ich flog deshalb schräg in dieser Richtung weiter. Die Sonne wurde immer lichter, immer strahlender, immer pulsierender. Ich verstehe heute, warum so viele Menschen und Religionen die Sonne als Gottessymbol auffassen oder sogar einen Sonnengott verehren.

Das Erlebnis des schwerelosen Zustandes und des freien Fluges hat mich so stark beeindruckt, daß ich nach meiner Genesung in einer Schweizer Pilotenschule den Privatpiloten-Schein erwarb. Wenn es die Zeit erlaubt, fliege ich hoch über die in Nebel eingehüllten Täler, wo Menschen belastet mit vielen Sorgen und Problemen leben, über die weißen Berggipfel in Südrichtung, über die Poebene bis zum Mittelmeer. Wenn die Sonne am Nachmittag rechts oben über mir steht, dann fühle ich, daß alles mit göttlichem Licht, Energie und Wahrheit überstrahlt und überflutet ist. Wenn ich selber Probleme habe, übe ich diese esoterische Flugtherapie, um neue Kräfte zu holen! Ich fühle mich im kleinen Flugzeug frei und glücklich.

3. Phase: Lebensfilm und Urteil!

Nach diesem wunderschönen Flugerlebnis begann ein phantastisches vierdimensionales Theaterstück, das sich aus unzähligen Bildern zusammensetzte und Szenen aus meinem Leben wiedergab. Um irgendeine Größenordnung zu nennen, gab ich damals die Zahl der Szenen mit 2000 an, die mir in Erinnerung geblieben sind. Die Zahl ist im Grunde genommen nicht wichtig. Jede Szene war abgerundet, d.h. mit einem Anfang und einem Ende. Aber die Reihenfolge war umgekehrt. Der Regisseur hat seltsamerweise das ganze Theaterstück so zusammengestellt, daß ich die letzte Szene meines Lebens, d.h. meinen Tod auf der Straße bei Bellinzona, zuerst sah, während die letzte Szene dieser Vorstellung mein erstes

Erlebnis war, nämlich meine Geburt. So begann ich damit, meinen Tod wiederzuerleben. Die zweite Szene zeigte mir die Fahrt über den Gotthard, nicht als Lenker, sondern als Mitfahrer. Bei strahlender Sonne sah ich die kleinen weißen Schneekappen auf den Bergen.

Alle Szenen sah ich so, daß ich nicht nur *Hauptdarsteller*, sondern zugleich auch *Beobachter* war. Mit anderen Worten: Es hat sich ungefähr so abgespielt, als ob ich über dem ganzen Geschehen im vier- oder mehrdimensionalen Raum geschwebt und von oben, von unten und von allen Seiten gleichzeitig das ganze Geschehen miterlebt hätte. Ich schwebte über mir selbst. Ich betrachtete mich von allen Seiten und hörte zu, was ich selber sagte. Ich registrierte mit allen meinen Sinnesorganen, was ich sah, hörte, spürte und *auch was ich gedacht hatte*. Auch die Gedanken wurden irgendwie eine Wirklichkeit.

Meine Seele bzw. mein Gewissen war ein ganz sensibles Gerät. Es wertete mein Handeln und meine Gedanken sofort aus und beurteilte mich selbst, ob diese oder jene Tat gut oder schlecht gewesen war. Es war sehr merkwürdig, daß harmonische, also positive Erinnerungen auch in jenen Szenen auftauchten, die nach unserer gegenwärtigen Gesellschafts- oder Religionsmoral als schlechte Taten oder Sünden bezeichnet würden.

Anderseits erwiesen sich viele im Erdenleben bewußt vollbrachte sog. „gute Taten" als negativ, als schlecht bewertet, wenn die Grundidee negativ, bzw. egoistisch, ihre Abwicklung kosmisch gestört und nicht harmonisch war.

Das zweite merkwürdige Phänomen war, daß die durch diesen kosmischen „absoluten Maßstab" als negativ beurteilten Szenen nach dem Urteil ausgelöscht wurden. Es blieben nur diejenigen Szenen haften, bei denen alle Beteiligten glücklich waren: wo also Harmonie nicht nur in mir selbst, sondern auch in der ganzen Umgebung herrschte.

Dieser kosmische Maßstab in der Beurteilung der Taten erschien mir zunächst merkwürdig, aber nach jahrelangem Nachdenken erkannte ich, daß sich hier die wunderbare göttliche Gerechtigkeit manifestiert und so mit den Grundprinzipien der Welt übereinstimmt. Ich glaube, dies ist auch eine Eigenschaft Gottes, bzw. der vollkommenen Liebe oder der göttlichen Harmonie: das *Vergeben* durch das vollkomene Gute, durch das unendliche Positivum. Wir streben zu diesem Prinzip empor und müssen unser Bewußtsein *von allen disharmonischen Gedanken und Taten, mit anderen Worten, von unserem Karma* gänzlich befreien, um uns mit ihm endgültig vereinigen zu können. Nur dann können wir wie z. B. die bisher in der Atmosphäre herumwandernden Wassertropfen in den unendlichen Ozean Gottes zurückkehren.

Nach dieser phantastischen, vier—, fünfdimensionalen Theatervorstellung über mein Leben kam eine Schlußbilanz, die von mir selbst abgefaßt wurde. Formulieren kann ich sie nicht mehr. Aber ich spürte, daß ich noch „gute Chancen bekommen würde."

Dann hat mich das glücklichmachende Licht noch einmal überflutet, die Musik der Sphären dröhnte wie eine vier—, fünf— oder mehrdimensionale Stereoanlage; alles war Licht, alles war Musik, alles war Schwingung! Die Sonne pulsierte und ich spürte, daß die Sonne eigentlich Symbol des Urprinzips, das Alpha und Omega, die Quelle aller Energien ist. Dieses Prinzip ist der Ursprung aller Erscheinungsformen der Energie. Ich ahnte, daß dieses Prinzip GOTT selber ist!

Was ich sah, war nicht einmal die Sonne, sondern eine sonnenartige, wunderschöne, warme, lichterfüllte Erscheinung. Es war eigentlich ein wunderbares Gottes-Erlebnis: Erlebnis des über uns stehenden UR-PRINZIPS des Universums. Alles war in Schwingung, alles pulsierte! Die Schwingungen meiner körperlosen Seele und meines Geistes *begannen sich diesen harmonischen Schwingungen anzupassen.* Ich fühlte mich immer glücklicher und wohler, je schneller mein Bewußtsein vibrierte und sich enorm in dieser neuen Dimension erweiterte.

Ich glaube heute, daß dieser Zustand den herannahenden Gehirntod anzeigte. Mit östlicher Terminologie ausgedrückt: in dieser Zeit wurde die sog. Silberschnur, die meinen Astralkörper noch mit meinen Gehirnchakras verband, wie eine „astrale Nabelschnur" immer dünner bzw. elastischer. Der Augenblick nahte, wo diese Silberschnur wie ein hochgespanntes Gummiband zerreißen mußte. Dies hätte nach dem eingetretenen klinischen Tod den endgültigen Hirntod bedeutet, d. h. der ganze Prozeß hätte jene Schwelle erreicht, wo es keine Rückkehrmöglichkeit „von drüben" mehr gegeben hätte

Ich weiß nicht, wie lange es noch gedauert hätte, bis die Silberschnur geplatzt wäre. Nach irdischer Zeitmessung wären vielleicht noch einige Minuten, Sekunden oder Zehntelsekunden übriggeblieben, aber in dieser neuen Dimension hören Zeit und die Gesetze des dreidimensionalen Raumes auf.

Dann aber plötzlich geschah das Schreckliche: Ich fiel in die schwarze Tiefe hinunter und mit einem unheimlichen „Ruck" und „Schock" schlüpfte ich in meinen schwerverletzten Körper zurück. Plötzlich war alles Schöne weg. Ich spürte: *ich mußte zurück*. Ich kam wieder zum Wachbewußtsein. Ich wurde mit Gewalt (durch die Kunst eines guten Arztes) zurückgeholt. Dadurch hat meine Leidensgeschichte wieder begonnen. Seit dieser Zeit pflege ich ironisch zu sagen: „Das schönste Erlebnis meines Lebens war mein Tod" oder anders ausgedrückt: „Ich war noch nie so glücklich in meinem Leben wie in meinem Tod", wobei das Wort „Tod" in Anführungszeichen stehen muß, denn es war ja erst der klinisch-tote Zustand. Aber damals habe ich alles als echtes Todeserlebnis wahrgenommen und registriert.

II. PERSÖNLICHE ERWÄGUNGEN

Dieses Erlebnis oder die Fülle von Erlebnissen haben mein Leben sehr beeinflußt und gänzlich geändert. Während langen Jahren Spitalsaufenthalt hatte ich Zeit, nachzudenken, alles irgendwie zu ordnen, auszuwerten und Schritt für Schritt ganz persönliche Konsequenzen zu ziehen.

Ich war tief beeindruckt und habe angefangen, mir neue Fragen zu stellen:
— Wie geht es nach dem Tode weiter?
— Was ist der Mensch?
— Welchen Sinn hat das Leben?
— Was ist Gott?
— Sind richtige Denkmodelle möglich?

— Sind richtige Verhaltensmodelle möglich?
— Wie soll man sich im Leben verhalten, um ein positives Urteil im Tod zu erlangen?

Ich möchte die Konsequenzen wie folgt kurz zusammenfassen:

1. Der Mensch besteht aus einem materiellen und nicht materiellen Bestandteil. Beide zusammen bilden den *Menschen* als solchen. Falls sich die Verbindung löst, hört der Mensch auf, als solcher zu existieren: Wir sagen: er stirbt.

2. Der nicht materielle Bestandteil des Menschen ist Träger des *Ich-Bewußtseins* mit allen Charakteristiken eines Individuums, einer Persönlichkeit.

Dieses Ich-Bewußtsein kann ohne (oder außer) Körper existieren, im *Out of Body*-Zustand Wahrnehmungen tätigen und Entscheidungen treffen.

3. Der Tod ist kein Ende dieses *Ich-Bewußtseins,* sondern eine Transformation — die Befreiung von materiellen Hemmschuhen oder Zwangsjacken des Körpers —. Er ist ein Übergang von dieser als Raum-Zeit-Kontinuum bezeichneten Welt in einen anderen Schwingungszustand, in eine andere nicht materielle Welt. Diesen Übergang kann man als „Neugeburt" in eine höhere Welt bezeichnen.

4. Sehr wichtig ist, daß dieser Übergang oder diese Neugeburt eine sehr schöne, erhabene Sache ist. Man spürt keinen Schmerz (Schmerz ist mit dem Körper verbunden) und man verspürt auch keine Angst, im Gegenteil, es ist ein erhabenes Gefühl, eine Art von Euphorie in vollständiger Harmonie. Deshalb habe ich vor dem Tod keine Angst mehr.

5. Aber ich habe Angst vor dem *prae-mortalen* Zustand, vor der Zeit, bis mein Herz wieder zum Stillstand kommt. Mit anderen Worten, ich — wie wir alle — habe Angst vor dem Leiden, vor dem Ablöse-Prozeß. Dieser Zustand kann langsam oder schnell (bei einem Schock) vor sich gehen. Der Körper und jede einzelne Zelle, welche noch Lebensenergiepotential aufweist, kämpft für das Leben und will den Stoffwechsel weiterführen. Das nennen wir Todeskampf. In diesem Zustand kann man Todesangst haben. Ich

erlebte diese Angst auch zweimal. Hier hat man Halluzinationen. Man sieht auch Bilder vom Leben, die aus dem Unbewußten hochdringen. Aber diese Bild-Halluzinationen haben keine plastische Ausdrucksweise und auch keine Reihenfolge.

Ich würde diese Erscheinungen gegenüber dem Lebensfilm als flache Diapositiv-Projektionen bezeichnen. Sie haben mit dem Lebensfilm des Todes nichts zu tun. Diese Halluzinationen sind eher dem Traum gleich und können auch wie ein Traum gedeutet werden. Sie stammen vom Unbewußten. Viele Menschen verwechseln diese Halluzinationen mit dem Lebensfilm, welcher unbedingt mit dem *Urteil* verbunden ist.

6. Man beachte beim Urteil während des Lebensfilms: *Ich selber fällte ein Urteil.* Nicht irgend ein Gott oder astraler Richter. Nicht der allmächtige Gott von Michelangelo in der Sixtinischen Kapelle, nicht der im apokalyptischen Feuer erscheinende Richter von Johannes, nein, *Ich selber* hatte die Bilanz zu ziehen. Ich spürte klar, ob ich in dieser oder jener Situation richtig handelte oder mich richtig verhielt, das Problem richtig löste, eine Probe bestanden hatte oder nicht. Mit meiner plötzlich sehr sensitiv gewordenen Seele, dem Geist, oder durch den göttlichen Funken, der in uns allen als Kernstück und Ursprung unseres eigenen *Ich-Bewußtseins* ist, konnte ich das Urteil verspüren. Was das Urteil betrifft, folgt eine der wichtigsten Erfahrungen vom *Tod,* die ich mit Bestimmtheit erkläre: Ich beurteilte mich nicht nach von außen her auferlegten irdischen Moralgesetzen, sondern nach dem kosmischen Harmonie-Gesetz der Liebe, das selbstlos und ohne Zwang ist. Die innere Stimme ist hier unbestechlich. Auch die Verurteilung des Negativen erfolgt durch das eigene Ich und die Erkenntnis führt zu tiefer Reue.

Ich hatte lange Zeit im Spital, untätig liegend, nachgedacht, wie ich dieses Phänomen entziffern könnte: Warum hatte ich eine Handlung als *positiv* beurteilt, wenn ich gegen die bestehenden moralischen Gesetze und Gewohnheiten der Gesellschaft verstoßen habe?

Andererseits verurteilte ich mich für sogenannte „gute Taten", bei denen ich sogar gegen mich selbst Zurückhaltung, Enthaltung, eine Art von Askese geübt hatte, oder mit den besten Absichten jemandem Gutes tat, um ihn glücklich zu machen. Wie war das möglich? Habe ich mich im Leben oft falsch verhalten? War meine Auffassung im Leben nach den herrschenden moralischen Gesetzen falsch? Oder sind *diese* falsch?

Heute lautet meine Überzeugung, daß Taten *positiv* beurteilt wurden, die

— durch *selbstlose* Liebe gelenkt wurden;
— ich *nicht* anderen Personen aufzwang, auch dann nicht, wenn dies mit den besten Absichten erfolgte. Zwang deute ich als Einmischung in das Karma anderer Menschen;
— sich irgendwie ohne Zwang entwickelten, z. B. wenn diese Szene alle Beteiligten *freiwillig und zustimmend mit mir erlebten;*
— irgendwie der *geistigen Weiterentwicklung* der Beteiligten dienten und positiven Inhalt hatten;
— *Bestätigung und Wirkung der göttlichen Harmonie* darstellten;

Dagegen waren Handlungen *negativ* beurteilt, die

— durch *egoistische Hintergedanken* gelenkt wurden und zwar auch dann, wenn diese Taten sonst als „gut" bezeichnet werden;
— ich irgend jemandem *aufzwang*, auch dann, wenn diese Taten im Interesse des anderen lagen. Mit anderen Worten: Ein Eingriff in den Lebenslauf anderer Personen wird negativ beurteilt;
— einen *böswilligen Ursprung* wie Haß, Rache, Neid, Habsucht, Eifersucht etc. hatten;
— nicht *offen und ehrlich* waren: die eine Falle stellten und hinterlistig angewendet wurden;
— nicht ehrlich gemeint waren und die Art von Selbsttäuschung oder Täuschung von anderen, wie *Pharisäertum* als Hintergrund hatten;
— mit denen ich *gegen* das kosmische *Harmonie-Gesetz* verstieß.

7. Die Beurteilung in meinem Lebensfilm erfolgte ganz seltsam. Ich spürte, daß *das ganze Leben eine Probe* war, voll von Problemen, Hindernissen und Hürden. Wichtig war, wie man diese Probleme im Sinne der Harmonie löste.

Gelang mir das in meinem Lebensfilm, so verspürte ich große Freude. Gelang es mir nicht, die Probe zu bestehen, so verspürte ich tiefes Bedauern über mein Versagen. Aber durch echte Reue öffnete sich die Tür der göttlichen Vergebung:
Dann wurden die Taten, die einen Verstoß gegen das Gesetz der Harmonie darstellten, ausgeblendet und verschwanden, da im Gottesprinzip kein Böses enthalten ist. Es blieben nur die positiven, glücklichen und harmonischen Taten als Gesamterlebnis, die ich alle wieder gleichzeitig (d. h. in einer „Nullzeit") als die schönste Illusion erlebte. Man kann mit einem Gleichnis aus der Schule sagen, daß man nur die *guten Noten* mitnimmt und die schlechten Noten bedeuten: „Diese Prüfung hast Du nicht bestanden, Du wirst die Prüfung wieder versuchen müssen. Nun wird Dir eine gute Chance gegeben".

Lange studierte ich dieses Phänomen. Ich glaube heute zu erkennen:
— Gott ist das Absolute, Positive, Gute, das Prinzip, welches wir als die absolute Liebe bezeichnen können, die in Kor. 13 so schön formuliert ist.
— Es gibt kein Böses an sich; es gibt keine Finsternis an sich. Finsternis ist Mangel des Lichtes, Böses ist Mangel des Guten. Wir sollten bewußt das Gute in uns, das Prinzip der Liebe aktivieren. Dadurch verdrängen wir das Negative, das Böse.

8. Jeder von uns hat andere Wege zur Erkenntnis der Wahrheit. Wir müssen diese individuellen Wege der anderen mit Toleranz anerkennen und sie fördern, sie zur Harmonie führen. Durch die „Befreiung" von äußeren Zwängen können wir selber aller Vorprogrammierung und Manipulation wirksam entgegentreten, der wir täglich ausgesetzt sind, und unsere Denkfreiheit und Entscheidungsfreiheit bewahren!

9. Im Grunde genommen kann das Leben auf dieser materiellen Raum-Zeit-Welt nicht das absolute Glück bieten, das wir suchen. Trotzdem müssen wir das Leben *bejahen*. Wir sollen bewußt die schönen harmonischen Erlebnisse anstreben, uns bewußt darüber freuen. Schwierigkeiten, Sorgen und Kummer dagegen müssen wir über uns ergehen lassen, sollten uns von diesen lösen, vergessen und nicht mehr daran denken, sie nicht als bloße Last weiterschleppen.

10. Es ist unbestritten, daß die „Kraft des positiven Denkens" direkt auf unser leibliches Wohl wirkt. Verzicht auf Rache, Vergebung, Ablassen von unmöglichen Zielen, Zuwendung zu neuen Taten aktiviert Leib und Seele und stärkt die positive Ausstrahlung. Die Regeneration erstreckt sich auf alle Bereiche, die Anfälligkeit für psychosomatische Störungen nimmt ab: wir werden *heil* und zufrieden.

11. Letztes Glück wird man freilich nicht hier, sondern erst in einer Welt anderer Zustände erwarten. Die liebende Vereinigung zeigt ja, in welcher Richtung das Glück liegt: man verläßt seinen Körper durch die Hilfe des Partners und stirbt sich selbst ab. In der Hingabe liegt der Genuß, der wesentlich zum irdischen Leben gehört. In dieser Hinsicht muß man auch Schmerz und Leid als Positivum zu sehen versuchen. Und all dieses eingeschlossen, soll man sich auf den Tod vorbereiten.

Haben wir uns selbst erkannt und während unseres Lebensganges auf die innere Stimme gehört, so sind wir auch reif, den Tod als etwas Positives zu erwarten.

12. Zum Schluß möchte ich mein Lebensprinzip kurz wie folgt zusammenfassen:

Wir sollen nur Positives, Aufbauendes anstreben, was unserer Entwicklung dient und die Fülle mehrt, was rings um uns Gutes, Positives ausstrahlt und Freude schafft. Formen wir bewußt unser Leben nach positiven Prinzipien. Alles, was aus Liebe entspringt und Freude bereitet, ist positiv. Solche Taten bringen auch das möglichste irdische Glück. Wir sollen bewußt die Schönheit des Lebens in jeder Lage, in jedem Alter erkennen. Mit anderen Worten, wir sollen das Leben *bejahen* und nicht beklagen. Auch nicht die Probleme, Schwierigkeiten, Schmerzen, Krankheiten usw. ablehnen! All dies hat auch positive charakterentwickelnde Seiten. Vom Leben sollen wir so viel Schönes, Positives herausholen, wie nur möglich. Wir sollen das Leben im positiven Sinn genießen. Gott will nur Gutes mit uns. Das Ende ist unweigerlich der Tod als Abschluß und als Anfang. Ziel des Lebens ist der Tod oder Anfang in einen anderen Existenzzustand unseres *Ich-Bewußtseins. Unser Ziel ist, durch bestandene Prüfungen in jedem Zeitpunkt ein positives Gesamturteil zu erhalten, so daß wir das Leben nicht wiederholen müssen, sondern die Weiterexistenz unseres Ich-Bewußtseins in einem materielosen Zustand geschehen kann.*

Diese Erfahrungen im klinisch toten Zustand deuten auf eine Erfahrungsform hin, die bei völligem Stillstand der lebenswichtigen Körperfunktionen eine ungeahnte Weitung persönlichen Empfindens und Verstehens beinhalten, das Jenseits aber noch nicht erfassen. Hierauf deuten die Visionen hin, die Sterbende unmittelbar vor dem endgültigen Tode haben, wenn sie über Besuche von Gestalten aus einer „anderen Welt" berichten, wie der folgende Beitrag von KARLIS OSIS *und* ERLENDUR HARALDSSON *dokumentiert.*

KARLIS OSIS UND ERLENDUR HARALDSSON

STERBEBETTBEOBACHTUNGEN VON ÄRZTEN UND KRANKENSCHWESTERN: EINE INTERKULTURELLE UMFRAGE

Sterbende „sehen" zuweilen Personen und phantastische Landschaften, die andere Anwesende nicht sehen. Solche Sterbebettvisionen werden gewöhnlich als reine Halluzinationen bezeichnet, die keinerlei Bezug zur äußeren Wirklichkeit haben. In den ersten Jahren der parapsychologischen Forschung erkannten F. W. H. MYERS (1903)[1] und J. H. HYSLOP (1908)[2] in einigen ausgewählten Sterbebettvisionen mögliche paranormale Elemente. Sir WILLIAM BARRETT, ein Physiker am Royal College of Science in Dublin, interessierte sich für solche Fälle und publizierte sie 1926 in dem Büchlein mit dem Titel „Death-Bed Visions"[3]. Einige dieser Fälle wurden von Ärzten und Krankenpflegerinnen aufmerksam beobachtet, andere hingegen sind von geringerer Qualität. BARETT war von jenen Visionen besonders beeindruckt, die eine Art Kontakt zwischen Patienten, die bei klarem Verstand waren und ihre physische Umwelt voll erkannten, und verstorbenen Verwandten widerzuspiegeln schienen, die wahrscheinlich in die „andere Welt" hinübergegangen waren. Die augenscheinliche Absicht der Verstorbenen bestand in solchen Fällen oft darin, den Patienten zu einer nachtodlichen Existenzform wegzuholen. BARRETT erwähnt Fälle, bei denen die Erscheinungen den Erwartungen der Patienten widersprachen, z. B. Erscheinungen von Personen, die der Pa-

---

1 F. W. H. MYERS. - Human personality and its survival of bodily death. London: Longmans, Green 1903, 2 Bände
2 J. H. HYSLOP. - Psychical research and the resurrection. - Boston: Small, Maynard 1908
3 W. F. BARRETT. - Death-Bed Visions. - London: Methuen 1926

tient noch für lebend hielt, die in Wirklichkeit aber schon gestorben waren. In mehreren Fällen von BARRETT wurden die Erscheinungen in gehobener Stimmung oder mit Empfinden der Ruhe und des Friedens erlebt. Sterbebettvisionen, sagt BARRETT, stimmen mit kulturellen Stereotypen oft nicht überein; so waren z. B. sterbene Kinder überrascht, „Engel" ohne Flügel zu sehen.

Dreißig Jahre später regte BARRETTs Buch einen von uns (KARLIS OSIS) dazu an, unter Anwendung moderner Befragungsmethoden und statistischer Auswertung Sterbebetterfahrungen systematisch zu untersuchen. OSIS führte 1959 – 1960 unter der Schirmherrschaft der Parapsychology Foundation, New York, eine derartige Befragung durch. Diese Befragung war die erste ihrer Art und wird hier als „Voruntersuchung" beschrieben. Der Bericht über diese Voruntersuchung wurde 1961 von der Parapsychology Foundation unter dem Titel *„Deathbed Observations by Physicians and Nurses"* als Monographie veröffentlicht.[4]

OSIS stellte fest, daß Sterbebettvisionen, die scheinbar ein Fortleben nach dem Tode nahelegen, dazu tendieren, von Faktoren unabhängig zu sein, die bekanntlich Halluzinationen hervorrufen, deren Auftreten begünstigen oder deren Inhalt beeinflussen. Medizinische Faktoren — wie halluzinationsanfällige Krankheiten, hohes Fieber, Morphium usw. — scheinen die Häufigkeit von Erfahrungen mit nachtodlichen Bezügen nicht zu steigern. Bei gewissen Fällen scheinen solche medizinische Faktoren die überlebensbezogenen Phänomene zu unterdrücken. Ebenso schienen persönliche Variablen des Patienten, wie Geschlecht, Erziehung, sozio-ökonomischer Stand und religiöse Bindung, von geringer Bedeutung zu sein.

Auch die Halluzinationsinhalte der sterbenden Patienten wurden analysiert und man stellte fest, daß sie sich von jenen der allgemeinen Bevölkerung und der Geisteskranken unterscheiden. So sind Halluzinationen der Sterbenden im allgemeinen visuell, wie dies bei außersinnlichen Wahrnehmungen der Fall ist, und nur selten akustisch, was die vorherrschende Halluzinationsform bei Gei-

---

4 K. OSIS. - Deathbed observations by physicians and nurses. - New York: Parapsychology Foundation 1961

stesgestörten ist. Es wurde berichtet, daß sterbende Patienten Erscheinungen Verstorbener im Verhältnis zu Erscheinungen Lebender dreimal sooft sahen, als dies allgemein bei der Bevölkerung der Fall ist. 90% aller Erscheinungen identifizierter Personen waren Verwandte der Patienten; von diesen waren 90% nahe Verwandte: Mutter, Vater, Ehepartner, Geschwister und Kinder. Dies ist bei den Halluzinationen der allgemeinen Bevölkerung selten der Fall.

OSIS unterzog die Daten der Voruntersuchung einer eingehenden Interaktionsanalyse. Diese führte zur Feststellung zahlreicher Merkmale, welche die nachtodliche Hypothese unterstützen. Da jedoch der Großteil der Daten post hoc waren, vertrat OSIS die Ansicht, daß diese Feststellungen ohne Verifizierung durch weitere Umfragen nur von begrenztem Wert seien.

Die zwei neuen interkulturellen Umfragen, über die hier berichtet wird, wurden zur Beantwortung der Voruntersuchung durchgeführt. Der Fragebogen wurde bedeutend erweitert, um mehr Informationen zu erhalten, die entweder die Evidenz des Fortlebens nach dem Tode stützen oder Fakten erbringen, die dagegen sprechen und für die sogenannte „Destruktionshypothese" ins Gewicht fallen. Die Information der Voruntersuchung und andere Quellen wurden dazu verwendet, um ein Modell oder eine Serie von Hypothesen hinsichtlich der Sterbebettvisionen zu formulieren. Es handelt sich um ein bipolares Modell, das zwei Konzepte gegenüberstellt, die sich gegenseitig ausschließen: Die *Hypothese von einem Leben nach dem Tode* und die *Destruktionshypothese*.

I. MODELL DER ZWEI GRUNDHYPOTHESEN ÜBER STERBEBETTVISIONEN

Überleben	*Destruktion*
Tod ist Übergang in eine andere Existenzweise.	Tod ist endgültige Zerstörung der Persönlichkeit.

1. Ursachen der Sterbebettvisionen

Außersinnliche Erfahrung	*Krankheit des Gehirns oder Täuschungen*
1. Außersinnliche Erfahrung körperloser Wesen, d. h. verstorbener Verwandter oder religiöser Gestalten.	1. Funktionsstörung des Nervensystems und des absterbenden Gehirns.
2. Flüchtige hellseherische oder präkognitive Eindrücke einer nachtodlichen Existenz.	2. Schizoide Reaktionen auf starken Streß

2. Einfluß halluzinogener Faktoren auf Sterbebettvisionen

Von medizinischen Faktoren unabhängig	*Von medizinischen Faktoren abhängig*
1. Das Vorhandensein halluzinogener, medizinischer Faktoren erhöht nicht die Häufigkeit von Visionen, die sich auf eine nachtodliche Existenz beziehen.	1. Das Vorhandensein halluzinogener, medizinischer Faktoren erhöht die Häufigkeit von Halluzinationen, die sich auf eine nachtodliche Existenz beziehen – d. h., je gestörter der Gehirnprozeß ist, umso zahlreicher sind Visionen der „anderen Welt",
2. Umstände, die der ASW abträglich sind, verringern die Häufigkeit der auf ein Fortleben nach dem Tode bezogenen Erscheinungen.	2. ASW ist nicht im Spiel.

3. Inhalt der Sterbebettvisionen

Wahrnehmungen	*Halluzinationen*
Visionen mit Bezug auf das Leben nach dem Tode sind zusammenhängender und auf die Situation des Sterbens und den Übergang in eine andere Existenzweise gerichtet unter Einschluß von Boten und Umgebung einer „anderen Welt".	Halluzinationen bringen lediglich Erinnerungen hervor, die bereits im Gehirn gespeichert sind, und drücken Wünsche, Erwartungen und Ängste des Individuums sowie seine kulturbedingten Vorstellungen aus.

4. Einfluß psychologischer Faktoren auf Sterbebettvisionen

Bedingungen für Wahrnehmungen einer „anderen Welt".	*Bedingungen für Halluzinationen dieser Welt oder „anderer Welt" Phantasien*
1. Klarheit des Bewußtseins und intakter Realitätssinn erleichtern die Wahrnehmungen einer „anderen Welt" und ihrer Boten, während Bewußtseinszustände ohne Realitätsbezug solche Wahrnehmungen beeinträchtigen.	1. Klarheit des Bewußtseins und intaktes Realitätsverständnis sind allen Formen von Halluzinationen weniger förderlich als Bewußtseinszustände ohne Realitätsbezug.
2. Die Erwartung des Patienten von Gesundung oder Tod beeinflußt die Visionen mit Bezug auf das Leben nach dem Tode nicht.	2. Die Genesungserwartungen des Patienten fördern Halluzinationen von dieser Welt, während Sterbeerwartungen Halluzinationen eines nachtodlichen Lebens fördern.

5. Inhaltsverschiedenheiten bei Einzelpersonen und innerhalb von Kulturen

Wahrnehmungen	*Halluzinationen*
1. Geringe Verschiedenheit	1. Große Verschiedenheit.
2. Visionen von Grundmerkmalen der „anderen Welt" sind bei Männern und Frauen, Jung und Alt, Gebildeten und Analphabeten, bei religiösen und areligiösen Personen, bei Christen und Hindus, Amerikanern und Indern, im wesentlichen gleich. Es werden bei ihnen nur geringe Unterschiede erwartet.	2. Halluzinationen sind rein subjektiv. Sie variieren stark nach Veranlagung, psychologischer Dynamik und kulturellem Hintergrund des Einzelnen.

II. METHODE

In den USA wie in Indien traten wir zweimal an Ärzte und Kranschwestern heran:

a) Zunächst wurde ein zweiseitiger Fragebogen über Ausmaß und Art der Beobachtungen verteilt, die sie bei sterbenden Patienten und jenen machten, die dem Tode nahe waren, aber wieder genasen.

b) Hierauf wurden mit den Beantwortern individuelle Interviews über Details der in den Fragebogen berichteten Fälle durchgeführt, die dem Zweck der Umfrage entsprachen.

1. Fragebogen und Vorgangsweise

Die Umfrage in den *USA* wurde zwischen 1961 und 1964 in New York, New Jersey, Connecticut, Rhode Island und Pensylvania durchgeführt. Die zweite Umfrage wurde zwischen 1972 und 1973 in *Nordindien* durchgeführt.

Wenngleich in beiden Befragungen der gleiche Grundbogen verwendet wurde, mußten bei den Fragen, die bei den Indern gestellt wurden, leichte Änderungen vorgenommen werden – z. B. wurden tropische Krankheiten, die Hindu- und Moslemreligion berücksichtigt – um sie den kulturellen Verschiedenheiten anzupassen.

Im ersten Fragebogen ersuchten wir das medizinische Personal um Berichte über Beobachtungen von:

1. Halluzinationen von *Personen*
   a) bei *Sterbepatienten* (die nicht genasen) und
   b) bei *Nicht-Sterbe-* Patienten (solche, die dem Tode nahe waren, aber wieder genasen).
2. Halluzinationen von *Umgebungen* (Landschaften, usw.)
   a) bei *Sterbe*-Patienten
   b) bei *Nicht-Sterbe*-Patienten
3. Positive Veränderung der Gemütslage (plötzlicher Wechsel von gedrückter Stimmung zu gehobener Stimmung und Heiterkeit) bei *Sterbe*-Patienten.

In den USA wurde der Fragebogen mit einem Begleitbrief per Post an eine Zielgruppe von 2500 Ärzten und 2500 Krankenschwestern verschickt. Jene, die nicht antworteten, wurden durch einen weiteren Brief um Antwort gebeten. 1400 Antworten trafen ein.

In Indien wurde uns empfohlen, die Fragebogen nicht per Post zu verschicken. Wir arbeiteten daher vor allem in großen Universitätskliniken. Meistens organisierte der Professor für innere Medizin oder für Chirurgie eine Zusammenkunft des Krankenpersonals, bei der wir eine kurze Einführung gaben und die Fragebogen zum Ausfüllen verteilten. Praktisch gaben alle Ärzte und Schwestern, die wir ersuchten, den ausgefüllten Fragebogen zurück (ingesamt 704).

2. Interviews

In Amerika wurden diejenigen, die über zweckdienliche Fälle berichteten, telephonisch befragt. In Indien wurden telephonische Kontakte durch persönliche Interviews ersetzt. Diese fanden hauptsächlich in Spitälern, aber auch bei den Betreffenden zu Hause statt.

Wir erstellten drei getrennte Fragebogen für folgende Erfahrungstypen:
  a) *Halluzinationen von Personen*
  b) *Halluzinationen von Umgebungen* und
  c) *Positive Veränderung der Gemütslage.*

Jeder dieser Fragebogen bestand aus 69 Fragen, nach denen die Interviews abgewickelt wurden.

Wir verwendeten sogenannte offene Fragen, z. B.: „Welcher Art war das Verhalten des Patienten/ Patientin, das dafür sprach, daß er/ sie Halluzinationen erlebte?" Wir verwendeten auch Fragen, die eine Reihe von Alternativantworten anregten, wie: „Wurde der Patient/ Patientin bei der Halluzination ruhig, wurde er/ sie dadurch aufgeregt oder gab es keine offensichtliche Wirkung?"

Die Fragen umfaßten folgende Bereiche:
  a) *Persönliche Merkmale* des Patienten wie Geschlecht, Alter, Bildung, religiöser Glaube und Grad der Beschäftigung damit, sowie Glaube an ein Fortleben nach dem Tode, und
  b) *Medizinische Faktoren* mit Diagnose, Krankengeschichte, medikamentöse Behandlung, Temperatur, Klarheit des Bewußtseins.

Weitere Fragen betrafen Informationen über den Beantworter des Fragebogens wie z. B. Zeitpunkt des Schulabschlusses in der Berufsschule, akademischer Grad, religiöse Glaubenshaltung, Glaube an ein Fortleben nach dem Tode und Verhalten den Halluzinationen gegenüber. Der größte Teil des Fragebogens war dazu angelegt, so viel Einzelheiten als möglich für die berichteten Erfahrungen zu erhalten, z. B. wie der Patient die Halluzinationen beschrieb. Ingesamt 877 Fälle bilden den Hauptteil der Daten, die auf die USA und Indien fast gleich verteilt sind.

3. Auswertung der Daten

Die Daten der Interviews wurden kodiert und auf Computerkarten abgelocht. Jedes Merkmal der verschiedenen Kategorien wurde auf seine Frequenz des Erscheinens geprüft. Z. B. Antworten auf die Frage: „Was war die Primärdiagnose der Krankheit?' wurden in Grundkategorien aufgegliedert wie Bösartigkeit, kardiovaskuläre Erkrankungen, Gehirn-Erkrankungen oder Schädigungen usw. Dann wurden die Daten einer Querschnittabellarisierung unterzogen. Merkmale, die Faktoren beschrieben, welche sich gegenseitig beeinflussen könnten, wurden gemeinsam betrachtet: z. B. wurde zwischen der Zahl der Patienten, die an Krankheiten litten, welche bekanntlich Halluzinationen hervorrufen (Gehirnkrankheiten, Urämie) und der Zahl der Patienten, die an anderen Krankheiten litten, ein Vergleich bezüglich der Häufigkeit angestellt, in der die Patienten lebende Personen, verstorbene Personen, usw. halluzinierten. Der Unterschied wurde mittels Chi-Quadrat errechnet. Wir bringen hier nur Wahrscheinlichkeitswerte in Verbindung mit der Chi-Qudrat-Analyse. Als Signifikanzniveau verwendeten wir $P = .05$ (two-tailed)

III. ERGEBNISSE

Wir führten in den USA (442) und in Indien (435) eine ähnliche Anzahl von Interviews durch. Die große Mehrheit dieser Patienten war sterbenskrank (714). Wir hatten auch 163 Fälle, die sich aus ihrem todesgefährlichen Zustand erholten. Halluzinationen von Personen bzw. das Sehen von Erscheinungen war das am häufigsten genannte Phänomen (von 591 Patienten). Insgesamt 112 Fälle von Visionen beinhalten in erster Linie himmlische Aufenthaltsorte, Umgebungen und Gebäude. In 174 Fällen berichteten Patienten, daß sie nichts Ungewöhnliches sahen, ihre Gemütslage wurde jedoch zu Heiterkeit, Friede, zu erhöhter Stimmung und zu religiöser Ergriffenheit erhoben. Dieser Bericht umfaßt nur Erscheinungsfälle von Personen, die von Sterbenden gesehen wurden.

1. Merkmale der Erscheinungen, die von Sterbenden gesehen wurden

Wie schon bemerkt, bilden die Berichte von Sterbenden, die

„Personen sahen", welche von anderen Anwesenden nicht gesehen wurden, den größten und interessantesten Teil unserer Daten. Die Stichprobe setzt sich aus 216 Interviews mit amerikanischen und aus 255 Interviews mit indischen Beantwortern zusammen.

a) Dauer der Ersscheinungen

Wie bei den meisten Fällen der spontanen außersinnlichen Wahrnehmung (ASW) waren auch die Erscheinungserfahrungen im allgemeinen von kurzer Dauer: 48% dauerten 5 Minuten und weniger. 17% dauerten 6 – 15 Minuten und nur 17% dauerten mehr als eine Stunde (Tab. 1, a).

b) Zeitpunkt der Erscheinungen

Je zeitlich näher die Erscheinung dem Tode des Parienten war (Tab. 1, b), umso häufiger zeigte sie Merkmale, die auf ein Leben nach dem Tode hindeuten. Die Zeit zwischen dem Sehen einer Erscheinung und dem Verlust des Bewußtseins war im allgemeinen kürzer als die Zeit zwischen dem Verlust des Bewußtseins und dem klinischen Tod.

c) Identität der Erscheinungen

Die Erscheinungen in unserer Stichprobe beinhalten lebende Personen, verstorbene und mythologische oder geschichtlich religiöse Gestalten. Nach den Feststellungen der Voruntersuchungen haben Erscheinungen von Lebenden nichts mit dem Fortleben nach dem Tode zu tun. Andererseits können Erscheinungen Verstorbener und religiöser Gestalten Merkmale aufweisen, die auf ein Leben nach dem Tode hindeuten. Wir bezeichnen Erscheinungen dieser Art als „Fortleben bezogene Erscheinungen"; sie umfassen 80% der Fälle der Voruntersuchung. Der Umfang der Fortleben bezogenen Erscheinungen der vorliegenden Untersuchung ist jenem der Voruntersuchung sehr ähnlich: 83% in den USA und 79% in Indien (Tab. 1, c)

Könnten diese Größen für Halluzinationen von Menschen im allgemeinen, die sich nicht im Todesnähe befinden, charakteristisch sein? Glücklicherweise geben uns zwei britische Untersuchungen von Halluzinationen, die von der allgemeinen Bevölkerung erlebt wurden, ein Vergleichsmaterial. Nach dem „Report on the Census of Hallucinations" von H. SIDGWICK u. a. (1894)[5] weisen nur 33% der Stichprobe ähnliche Halluzinationen auf wie unsere Fortleben bezogene Gruppe. D. J. WEST nennt in „A mass observation questionaire on hallucinations" (1948) 25%.[6] (Kategorien, die unserem Klassifikationsschema nicht entsprechen, sind von dieser Prozentsatzberechnung ausgeschlossen). Wir schließen daraus, daß Sterbende sowohl bei der Voruntersuchung wie bei der vorliegenden Untersuchung Erscheinungen Verstorbener und religiöser Gestalten dreimal so oft sahen als die allgemeine Bevölkerung, die in dieser britischen Stadt untersucht wurde.

Während das Ausmaß der Fortleben bezogenen Erscheinungen in den USA und in Indien sehr stabil ist, variiert die Identität der Erscheinungen, die innerhalb von diesen Gruppen erlebt wurden, beträchtlich. Der Großteil der amerikanischen Patienten sah Verstorbene, während indische Patienten vorwiegend religiöse Gestalten sahen (Tab. 1, c; Tab. 2, a und b). In einer Detailanalyse, worüber anderswo berichtet wird, konnten wir einige, wenn auch nicht alle, Ursachen aufzeigen, die diese Verschiedenheiten erklären. Bei den Visionen der indischen Patienten (vor allem Männer), waren weibliche Gestalten äußerst selten (Tab. 1, d). Diese Tatsache allein könnte die Gesamtzahl der Erscheinungen Verstorbener reduziert haben, wodurch das Ausmaß der religiösen Gestalten bei den indischen Stichproben vergrößert wurde (Tab. 2, b). Somit sind die Merkmale dieser Erscheinungen stark von kulturellen Kräften gestaltet, denn die Häufigkeit der Fortleben bezogenen Erscheinungen ist bei beiden Stichproben die gleiche.

5 H. SIDGWICK/ and COMMITTEE. - Report on the census of hallucinations. - in: Proceedings of the Society for Psychical Research 1894, 10, S. 25 – 422

6 D. J. WEST. - A mass observation questionaire on hallucination. - in: Journal of the Society for Psychical Research 1948, 34, S. 187 – 196; L. J. WEST (Ed.). - Hallucinations. - New York: Grune and Stratton 1962

1. MODELL DER ZWEI GRUNDHYPOTHESEN ÜBER STERBEBETTVISIONEN

Variable	Merkmale	Zahl der Fälle			Prozentsatz		
		USA	Indien	Total	USA	Indien	Total
a) Dauer der Erscheinung	1 Sek. – 5 Min.	85	83	168	65	38	48
	6 – 15 Min.	17	43	60	13	20	17
	16 – 59 Min.	11	50	61	9	23	18
	1 Stde. – 1 Tag	13	31	44	10	14	13
	Länger	4	10	14	3	5	4
	Keine Angaben	86	38	124	–	–	–
b) Zeitraum zwischen Erscheinung und Todeseintritt	0 – 10 Min.	17	36	53	9	14	12
	11 – 59 Min.	7	59	66	4	23	15
	1 – 6 Stdn.	26	64	90	13	25	20
	7 – 24 Stdn.	28	41	69	14	17	15
	Länger	117	52	169	60	21	38
	Keine Angaben	21	3	24	–	–	–
c) Identität der Erscheinung	Lebende Personen	30	38	68	16	20	18
	Verstorbene Personen	124	54	178	66	28	47
	Religiöse Gestalten	22	93	115	12	48	30
	Kombination der obigen	11	7	18	6	4	5
	Keine Angaben	29	63	92	–	–	–
d) Geschlecht der Erscheinung	Männlich	59	103	162	39	77	57
	Weiblich	91	30	121	61	23	43
	Keine Angaben	66	122	188	–	–	–
e) Absicht der Erscheinung	Als Besucher	14	28	42	14	14	14
	Zum Trost des Patienten	13	4	17	13	2	6
	Um den Patienten wegzuholen (mit Einverständnis)	40	102	142	41	50	47
	Um den Patienten wegzuhohlen (ohne Einverständnis)	1	53	54	1	26	18
	Um den Patienten zurückzuschicken	0	2	2	0	1	1
	Drohend	4	13	17	4	6	6
	Wiederauflebende Erinnerungen	26	1	27	27	1	9
	Keine Angaben	118	52	170	–	–	–
f) Gefühlsreaktionen	Keine Wirkung oder Entspannung	60	65	125	31	28	30

Variable	Merkmale	Zahl der Fälle			Prozentsatz		
		USA	Indien	Total	USA	Indien	Total
1. Gruppe	Heiterkeit	46	40	86	23	18	20
	Freudige Erregung	56	32	88	29	14	21
	Negative	33	91	124	17	40	29
	Keine Angaben	21	27	48	–	–	–
g) Gefühls-reaktionen, 2. Gruppe	Keine Wirkung oder Entspannung	60	65	125	31	28	30
	Negative	33	91	124	17	40	29
	Positive, nicht religiöse	77	36	113	39	16	27
	Positive, religiöse	25	36	61	13	16	14
	Keine Angaben	21	27	48	–	–	–

In den Prozentwerten sind die Fälle, von denen keine Angaben zur Verfügung standen, nicht enthalten. Wo die Summe der Prozentzahlen nicht 100 ergibt, wurden die Dezimalstellen aufgerundet.

91% aller identifizierten Erscheinungen von Personen waren Verwandte der Patienten. (Bei 20% konnte die Identität der Erscheinungen nicht festgestellt werden.) 90% von ihnen waren nahe Verwandte, d.h.: Mutter, Ehepartner, Kind, Geschwister und Vater — in dieser Häufigkeitsordnung (Tab. 2, a). Die religiösen Gestalten wurden für gewöhnlich einfach als Engel oder Gott beschrieben oder nicht identifiziert. Falls sie identifiziert wurden, dann wurden sie der Religion des Patienten entsprechend benannt, z.B. berichtete kein Hindu, Jesus gesehen zu haben; kein Christ sah eine Hindu Gottheit.

d) Die Absicht der Erscheinungen

Sehr oft erzählten die Patienten den Beantwortern, warum sie die Erscheinung aufsuchte. In 50% der Fälle der Voruntersuchung war es die erklärte Absicht der Erscheinungen, den Patienten bei ihrem Übergang in eine andere Welt zu helfen: „sie wegzuholen". Bei der vorliegenden Umfrage wurde diese Absicht in 65% der Fälle kundgetan (Tab. 1, e). Für weitere Analysen schlossen wir zwei

2. IDENTITÄT DER ERSCHEINUNGEN

Variable	Merkmale	Zahl der Fälle			Prozentsatz		
		USA	Indien	Total	USA	Indien	Total
a) Weltlich	Mutter	60	16	76	28	14	23
	Vater	15	16	31	7	14	9
	Ehepartner	49	10	59	23	8	18
	Geschwister	27	15	42	12	13	13
	Kind	27	17	44	12	14	13
	Andere Verwandte der älteren Generation	5	7	12	2	6	4
	Andere Verwandte der selben Generation	2	10	12	1	8	4
	Andere Verwandte der jüngeren Generation	0	4	4	0	3	1
	Nicht identifizierte Verwandte	9	14	23	4	12	7
	Freunde, Bekannte	21	8	29	10	7	9
	Nicht identifizierte Personen	25	61	86	—	—	—
	Gesamt:	240	178	418	—	—	—
b) Religiös	Gott oder Jesus	13	17	30	42	22	28
	Schiwa, Rama, Krishna	0	13	13	0	17	12
	Maria, Kali, Durga	5	4	9	16	5	8
	Todesgott und Boten	0	18	18	0	24	17
	Heilige und Gurus	3	5	8	10	7	8
	Engel, Devas usw.	9	17	26	29	22	24
	Dämonen und Teufel	1	2	3	3	3	3
	Nicht identifizierte, andere religiöse Gestalten	2	31	33	—	—	—
	Gesamt:	33	107	140	—	—	—

Total umfaßt Fälle, bei denen vom gleichen Patienten mehrere Gestalten gesehen wurden. In den Prozentwerten sind die Fälle, von denen keine Angaben zur Verfügung standen, nicht enthalten. Wo die Summe der Prozentzahlen 1oo nicht ergibt, werden die Dezimalstellen aufgerundet.

etwas zweideutige Kategorien aus: Daß die Gestalt kam, um den Patienten „zu trösten", was entweder eine Absicht für dieses Leben oder eine Weghol-Absicht beinhalten kann, sowie Fälle, wo dem Patienten gesagt wurde, daß es sich um wiederauflebende Erinnerungen handelt, welche selbstverständlich keine gegenwartsbezogenen Absichten darstellen. So sind nach der diesbezüglichen Korrektur der Daten die Weghol-Absichten in allen drei Umfragen klar dominierend: Voruntersuchung 76%, USA Umfrage 69%, Indien 79%.

e) Reaktion der Patienten auf Erscheinungen

Bei der Voruntersuchung stellte sich heraus, daß die große Mehrheit (89%) der Patienten, die Erscheinungen mit Weghol-Absichten sahen, mit Freuden zustimmten, mit ihnen „zu gehen". Auch bei den vorliegenden Untersuchungen wurde in 72% der Weghol-Fälle die Zustimmung ausgesprochen. 28% stimmten nicht zu, und einige Patienten reagierten mit Schrecken und Hilferufen. Alle diese negativen Antworten kamen praktisch von indischen Patienten, die sich weigerten zuzustimmen (Tab. 1, e). Bei unserer unveröffentlichten Interaktionsanalyse stellten wir fest, daß diese Unterschiede in der Zustimmung zwischen den USA und den indischen Stichproben zum Teil von der Religion der Patienten und zum Teil von der Nationalität bedingt sind.

Es wurde gesagt, daß die Patienten in 72% der Fälle mit bemerkenswerten Reaktionen reagierten.[7] Viele von ihnen reagierten mit positiven Emotionen (41%), während eine beachtliche Anzahl (29%) negative Emotionen hatte – vor allem in Fällen, wo der Patient nicht zustimmte, mit der Erscheinung „zu gehen". Von denen mit positiver Emotionsreaktion war die eine Hälfte heiter und ruhig und die andere Hälfte in gehobener Stimmung (Tab. 1, f). Wir ersuchten die Beantworter, die positiven Emotionen der Patienten als religiöse oder nicht-religiöse Empfindungen zu werten (Tab. 1, g). Sie berichteten, daß 35% dieser positiven Emotionen religiöser Natur waren. Sterbepatienten leiden gewöhnlich unter Schmerzen und anderen Formen von Unbehaglichkeiten; ihre Stimmung ist daher eher gedrückt. Die gehobene Stimmung und die Heiterkeit, welche die auf das Fortleben bezogenen Erschei-

---

[7] Die Emotionsreaktionen der Patienten auf Erscheinungserlebnisse wurden durch einen Alternativfragebogen sichergestellt. Für unsere Merkmalsanalyse zur Registrierung positiver Emotionen wurden zusammengruppiert: a) entweder Heiterkeit oder gehobene Stimmung (Tab. 1, f) oder b) entweder positive nicht religiöse Emotionen oder positive religiöse Emotionen (Tab. 1, g).

nungen bei den meisten Patienten hervorriefen, widersprechen völlig der Düsterheit des Sterbens.

2. Medizinische Faktoren

a) Drogen

Verschiedene *medizinische* Faktoren gelten als bekannt, daß sie die Wahrscheinlichkeit halluzinatorischen Verhaltens steigern. Medikationen, die aus bestimmten schmerzstillenden und sedativen Elementen bestehen, wie Morphium und Demarol, könnten bei einigen unserer Fälle Halluzinationen bewirkt haben. Die Mehrheit jedoch (61%) der 425 Patienten, von denen wir derartige Informationen haben, erhielt keine Drogen, die Halluzinationen hervorrufen könnten. Die Hälfte von denen, die unter Sedativa standen, erhielten eine so geringe Dosis oder so schwache Drogen, daß die Berichterstatter sie nicht als psychisch beeinträchtigt betrachteten. Von den 20%, die beeinflußt waren, wurde mehr als die Hälfte (11%) als nur leicht beeinträchtigt beurteilt. 8% waren mittelmäßig beeinflußt und nur 1% stark (Tab. 3, d). Dies zeigt klar, daß in den meisten Fällen die Erscheinungserlebnisse nicht drogenbedingt waren.

b) Temperatur

Hohe Körpertemperatur führt manchmal zu Halluzinationen. Nur 8% der Patienten hatten Fieber über 39° (Mundmessung), was das halluzinatorische Verhalten erleichtert haben mag (Tab. 3, c).

c) Diagnosen

Halluzinationen können mit Verletzungen und Erkrankungen des Gehirns, mit urämischen Vergiftungen durch Funktionsstörungen der Nieren in Verbindung gebracht werden, wenngleich auch viele gehirnverletzte Patienten, speziell jene mit Schlaganfällen, keine Halluzinationen haben.

Nur 12% der Patienten unserer Stichproben — Schlaganfälle eingeschlossen — hatten solche Diagnosen (Tab. 3, a).

Zusätzlich zur Hauptdiagnose beachteten wir auch sekundäre Krankheiten, frühere Krankheiten und jeden anderen Faktor in der Geschichte des Patienten, der von halluzinatorischer Wirkung sein könnte, wie z. B. Alkoholismus oder Geisteskrankheit. Diese Maßnahme war eher übertrieben, da wir sie in die Diagnosen, die nur Ärzten als suspekt galten, und Krankheiten einbezogen, die zur Zeit der letzten Krankheit nicht wirksam waren. Wir bezogen auch die Hauptdiagnosen ein, welche die drei halluzinatorischen Kategorien umfaßten, die wir oben besprachen. Nur 25% der Patienten hatten Sekundärdiagnosen, welche halluzinogen sein konnten (Tab. 3, b).

d) Der halluzinogene Index

Es war ebenso wichtig, zu wissen, wieviele Patienten mindestens einen der folgenden möglichen halluzinogenen Faktoren aufweisen konnten: Drogen, hohes Fieber, primär und sekundär Diagnosen halluzinogener Natur. Es sei auch bemerkt, daß wir Fälle einschlossen, bei denen es nicht besonders nahe lag, daß sie Halluzinationen abnormalen Ursprungs hatten, wie Schlaganfälle, Fälle bei denen die Medikation nur ganz leicht die Klarheit des Bewußtseins beeinträchtigte usw. Trotzdem waren solche Anzeichen nur bei 38% dieser Fälle vorhanden. Die Majorität (62%) war frei von ihnen. In der Voruntersuchung wurde festgestellt, daß Sterbebettvisionen durch medizinische Faktoren verhältnismäßig unbeeinflußbar sind. Die Daten der vorhandenen Untersuchung machen den gleichen Eindruck.

e) Klarheit des Bewußtsein

Wir untersuchten auch die Klarheit des Bewußtseins der Patienten zur Zeit der Erscheinungserlebnisse, einen Zustand, der eng mit medizinischen Faktoren verbunden ist. Wir hatten diese Informationen von 457 Fällen.

3. MEDIZINISCHES ZUSTANDSBILD DER PATIENTEN IM ENDSTADIUM, DIE ERSCHEINUNGEN SEHEN

Variable	Merkmale	Zahl der Fälle			Prozentsatz		
		USA	Indien	Total	USA	Indien	Total
a) Primärdiagnose	Krebs	79	28	107	37	11	23
	Herz-Kreislauf-Krankheiten	61	39	100	29	16	22
	Verletzung und nach-operativer Zustand	10	62	72	5	25	16
	Krankheit der Atmungsorgane	9	26	35	4	11	8
	Verletzung oder Krankheit des Gehirns, Urämie	28	26	54	13	11	12
	Vermischt	25	64	89	12	26	19
	Keine Angaben	4	10	14	–	–	–
b) Sekundär-diagnose, möglicherweise halluzinogen	Vorhanden	67	40	108	33	18	25
	Nicht vorhanden	137	187	324	67	82	75
	Keine Angaben	11	28	39	–	–	–
c) Körpertemperatur (oral)	Weniger als 37,7°	128	129	257	64	53	58
	37,7° – 39,4°	55	94	149	28	39	34
	Über 39,4°	16	20	36	8	8	8
	Keine Angaben	17	12	29	–	–	–
d) Medikamentöse Behandlung, die das Bewußtsein beeinflußt	Keine	94	165	259	49	71	61
	Behandlung ohne Einfluß	39	40	79	20	17	19
	Geringer Einfluß	31	18	49	16	8	11
	Mäßiger Einfluß	22	10	32	12	4	8
	Starker Einfluß	5	1	6	3	0	1
	Keine Angaben	25	21	46	–	–	–
e) Klarheit des Bewußtseins	Klar	98	100	198	48	39	43
	Wenig getrübt	31	103	134	15	41	29
	Stark getrübt	36	39	75	18	15	17
	Schwankend	38	12	50	19	5	11
	Keine Angaben	13	1	14	–	–	–

In den Prozentwerten sind die Fälle, von denen keine Angaben zur Verfügung standen, nicht enthalten. Wo die Summe der Prozentzahlen nicht 100 ergibt, wurden die Dezimalstellen aufgerundet.

Beinahe die Hälfte (43%) der Patienten befand sich in einem normalen Bewußtseinszustand. Sie erkannten und reagierten voll auf ihre Umgebung. Bei 29 % war das Bewußtsein leicht getrübt, doch konnten die Berichterstatter mit ihnen noch sprechen. Nur 17% befanden sich in einem stark beeinträchtigten Bewußtseinszustand, daß nur mehr geringe oder keine Kommunikation möglich war. Bei 11% fluktuierte die Klarheit des Bewußtseins und konnte zur Zeit der Halluzinationserlebnisse nicht sichergestellt werden (Tab. 3, e).

Halluzinogene medizinische Faktoren waren bei Zweidrittel unserer Daten nicht vorhanden. Konnten diese Faktoren trotzdem das restliche Drittel der Patienten, die in die „halluzinogene" Kategorie eingeschlossen wurden, beeinträchtigt haben? Konnten sie die Frequenz jener Eigenschaften erhöht haben, welche die nachtodliche Überlebenshypothese unterstützen? Diese Charakteristiken sind:

a) Vorherrschen der überlebensbezogenen Erscheinungen von verstorbenen Personen und religiösen Gestalten,

b) deren Wegnahmezweck und

c) die dem Patienten eigenen Gemütsreaktionen.

Es gab keine signifikante Interaktion. Das Vorhandensein halluzinogener Faktoren erhöhte nicht die Frequenz der überlebensbezogenen Tendenzen, wie Erscheinungen von Verstorbenen, religiöser Gestalten oder das Aussprechen des „Wegnahme"-Vorsatzes. Halluzinogene Faktoren beeinträchtigten aber signifikant bei der amerikanischen Stichprobe die erwartete emotionale Reaktion der Patienten (P= .03). Sie schienen die Heiterkeit, den Frieden und die religiösen Gefühle zu unterdrücken und das Auftreten negativer Reaktionen zu erhöhen. Diese Tendenz ist bei der indischen Stichprobe nicht signifikant. Wir ziehen daher den Schluß, daß die medizinischen Variablen, welche bei der Untersuchung festgestellt wurden, relativ beziehungslos zu den Erscheinungserlebnissen bei Todespatienten sind. Sie erklären die Sterbebettvisionen nicht.

3. Demographische Faktoren

Demographische Faktoren, wie Alter, Geschlecht, Erziehungsniveau und Beruf (Tab. 4, a – d) wiesen keine signifikanten Beziehungen mit irgendeinem Aspekt der Erscheinungserlebnisse der Patienten auf.

4. Psychologische Faktoren

Wir anlysierten mehrere *psychologische* Faktoren, um festzustellen, ob sie dazu neigen, die phänomenologischen Aspekte der Hauptphänomene zu gestalten: Erscheinungen Lebender wie Toter und religiöser Gestalten, Zweck der Erscheinungen, sowie die emotionale Reaktion der Patienten auf diese.

a) Streß

Halluzinationen treten gerne in schweren *Streßsituationen* auf. Der Großteil dieser Patienten durchschreitet sehr streßvolle Situationen, vor allem, wenn sie mit schweren Schmerzen fertig werden müssen. Waren ihre halluzinatorischen Erlebnisse daher nicht eher von Streß als von Außersinnlicher Wahrnehmung der „Besucher" einer anderen Art von Existenz bedingt? Wir versuchten die Frage durch Auswerten eines indirekten Hinweises auf Streß zu beantworten, den wir in den Daten der Patienten unserer Stichproben fanden, nämlich deren Stimmung am Tag bevor die Halluzination sich ereignete. Wir nahmen an, daß negative Stimmung, wie Angst, Zorn oder Depression, eher den Streß andeuten als positive Stimmung. Der letzte Streß, glaubten wir, würde bei Stimmungen liegen, die von unseren Berichterstattern als „normal" oder „durchschnittlich" bezeichnet wurden.

Es gab keine signifikante Beziehung zwischen den Stimmungen der Patienten am Tag vor den Erscheinungserlebnissen und was sie sahen: Boten einer anderen Welt oder Personen dieses Lebens. Es gab keine beachtenswerte Interaktion zwischen Stimmung und der

4. MERKMALE DER PATIENTEN IM ENDSTADIUM, DIE ERSCHEINUNGEN SEHEN

Variable	Merkmale	Zahl der Fälle			Prozentsatz		
		USA	Indien	Total	USA	Indien	Total
a) Alter	1 - 30	19	68	87	9	27	19
	31 – 50	22	97	119	10	38	25
	Über 50	174	90	264	81	35	56
	Keine Angaben	1	0	1	–	–	–
b) Geschlecht	Männlich	99	175	274	46	69	58
	Weiblich	117	80	197	54	31	42
c) Schulbildung	Keine Vorschule	13	77	90	7	32	21
	Grundschule	57	59	116	30	25	27
	Höhere Schule	73	65	138	39	27	32
	College	45	38	83	24	16	20
	Keine Angaben	28	16	44	–	–	–
d) Beruf	Akademiker, Geistliche, Manager	56	29	85	41	19	30
	Buroangestellte, Verkäufer, Handwerker	9	40	49	7	26	17
	Bauern, Arbeiter, Hilfskräfte, Hausfrauen	70	83	153	52	55	53
	Keine Angaben	81	103	184	–	–	–
e) Religion	Hindus	–	214	214	–	85	48
	Christen	–	26	26	–	10	6
	Moslems	–	12	12	–	5	3
	Protestanten	97	–	97	51	–	22
	Katholiken	68	–	68	36	–	15
	Juden	12	–	12	6	–	3
	Andere oder keine	14	–	14	7	–	3
	Keine Angaben	25	3	28	–	–	–
f) Grad des religiösen Engagements	Kein Engagement	12	3	15	8	2	5
	Wenig	27	12	39	18	9	14
	Mäßig	44	48	92	30	38	33
	Stark	64	65	129	44	51	47
	Keine Angaben	69	127	196	–	–	–
g) Glaube an ein Leben nach dem Tod	Vorhanden	69	70	139	92	92	92
	Nicht vorhanden	6	6	12	8	8	8
	Keine Angaben	141	179	320	–	–	–

In den Prozentwerten sind die Fälle, von denen keine Angaben zur Verfügung standen, nicht enthalten. Wo die Summe der Prozentzahlen nicht 100 ergibt, wurden die Dezimalstellen aufgerundet.

emotionalen Reaktion der Patienten auf die Erscheinungserlebnisse. Der Zweck der Erscheinungen stand in keinem signifikanten Bezug zur Stimmung, weder bei der amerikanischen noch bei der indischen Stichprobe, jede für sich genommen. Hingegen ist die Beziehung beim Gesamt der Daten beider Populationen (P = .001) signifikant, und zwar in Gegenrichtung von dem, was von der Hypothese, daß Streß ein verursachender Faktor bei Erscheinungserlebnissen ist, erwartet würde. Patienten mit normaler Stimmung erlebten Erscheinungen mit einem friedlichen „Weg-nehme" Zweck viel häufiger (54%) als jene, die positive (31%) oder negative (27%) Stimmungen hatten. Aus diesen Daten können wir schließen, daß, während der Streß, der von den Sterbepatienten erlebt wurde, andere Formen von Halluzinationen verursacht haben mag, es unwahrscheinlich ist, daß er das Auftreten von Erscheinungen beeinflußte, die Zwecke im Zusammenhang mit dem Fortleben nach dem Tode ausdrückten.

b) Wünsche und Erwartungen

Wünsche, Erwartungen oder „Wunschdenken" der Patienten könnten die möglichen Ursachen von Halluzinationen sein. Z.B.: ein dürstender Wanderer in der Wüste kann die Illusion haben, Wasser zu sehen, wo kein Wasser ist. Wir sicherten uns von unseren Berichterstattern die Zahl der Patienten, welche einen Wunsch äußerten, den Besuch einer lebenden Person, etwa der Braut oder eines Kindes, zu haben, und forschten dann aus, wie viele von diesen Personen später Halluzinationen hatten. Wir fanden nur 13 solche Fälle, ein unsignifikanter Bruchteil der gesamten Stichprobe. Das Datenmaterial gab ferner keinen Hinweis, daß Personen, welche die Patienten kürzlich besuchten, in ihren Halluzinationen häufiger aufschienen. Von diesen Besuchern wurden nur 9 halluziniert.

c) Furcht vor dem Sterben

Im Zuge der Auseinandersetzung mit der *Furcht* vor dem Sterben konnten Patienten, die erwarten zu sterben, motiviert werden,

„Boten" des nachtodlichen Lebens zu halluzinieren. (Das wäre bei den Patienten, die zu genesen hoffen, nicht der Fall). Doch weder bei der amerikanischen noch bei der indischen Stichprobe waren die Absichten oder die Identität der überlebensbezogenen Erscheinungen signifikant mit den Erwartungen der Patienten, zu leben oder zu sterben, korreliert. Dies ist besonders offensichtlich bei jenen Fällen, wo die Patienten der Wegnehmeabsicht der Erscheinung nicht zustimmten und um Hilfe schrien. Ebenso weisen die Gemütsreaktionen der Patienten auf die Erscheinungserlebnisse keine signifikante Beziehung zu den in der Umfrage festgestellten Motivationsvariablen auf.

5. Kulturelle Faktoren.

Wir hofften, daß interkulturelle Vergleiche ein Licht auf die Hypothese werfen würden, daß Sterbebettvisionen gewisse Aspekte der äußeren Wirklichkeit der Patienten darstellen.

Unserem Modell entsprechend nehmen wir an, daß einige Erscheinungen in gewisser Hinsicht unabhängig vom Beobachter existieren können. Da kulturelle Faktoren eine viel stärkere Wirkung auf subjektive Halluzinationserlebnisse als auf Beobachtungen der äußeren Wirklichkeit haben, könnte der Beeinflussungsgrad von Faktoren wie Religion und Glaube an ein Fortleben einen Hinweis auf die wahre Natur der Sterbebettvisionen geben.

a) *Religion*

Unsere Bevölkerungsstichprobe bestand hauptsächlich aus Christen (43%) und Hindus (48%). Nach religiöser Zugehörigkeit waren in den USA 51% Protestanten, 36% Katholiken, 6% Juden und 7% ohne oder mit einer anderen Religionszugehörigkeit. 85% der indischen Teilnehmer waren Hindus, 10% Christen und 5% Moslems Tab. 4, e). Diese Verteilung der Religionszugehörigkeit entspricht ungefähr der Zugehörigkeitsverteilung der allgemeinen Bevölkerung jener Gebiete, wo die Umfrage durchgeführt wurde, mit Ausnahme der kleinen Gruppe ohne Zugehörigkeit in den USA. Dieser Mangel verschwindet, wenn man annimmt, daß der Großteil der Patienten, deren Religionszugehörigkeit nicht genannt wurde, zur Zeit keiner anderen religiösen Gruppe angehörte. Die Religionszugehörigkeit war anscheinend kein Bestimmungsfaktor der Phänomene. Allerdings bleibt die Frage offen, ob die Religion des Patienten die wichtigen Grundmerkmale der Erscheinungen bestimmten. Religion beeinflußte nicht signifikant die Absicht und Form der geschauten Erscheinungen (Lebende, Verstorbene oder religiöse Gestalten). Sowohl das Auftreten von Fortleben bezogenen Erscheinungen (von Verstorbenen und/oder religiösen Gestalten), sowie deren nachtodliche Absicht, scheinen die sehr verschiedenen religiösen Ideologien der Hindus, Katholiken, Protestanten, Juden und Moslems zu überschreiten.

Die Emotionsreaktionen der Patienten: Heiterkeit, gehobene Stimmung und religiöse Ergriffenheit, die von Erscheinungserlebnissen hervorgerufen wurden, waren in den USA zwischen Katholiken und Protestanten ähnlich. Leider hatten wir zuwenig Patienten anderer Religionen, um bei der amerikanischen Stichprobe einen überzeugenden Vergleich machen zu können.

Aus diesem Grunde wurden Katholiken und Protestanten einfach mit dem Rest der Patienten als Ganzes verglichen — mit Einschluß derer ohne Religionszugehörigkeit, jener anderer Religionen sowie derer, von denen die Zugehörigkeit nicht genannt wurde. Diese gemischte Gruppe zeigte emotionale Reaktionsverschiedenheiten wie weniger Heiterkeit ($P = .02$) und geringere religiöse Ergriffenheit ($P = .06$).

Nach den Berichten in Indien reagierte die kleine Minderheit der christlichen Patienten mit mehr Heiterkeit und religiöser Ergriffenheit als die Hindus. Ein Teil dieses Unterschiedes wurde auf der Wertschätzung der Beantworter gegenüber den christlichen Krankenpflegerinnen zugeschrieben und kann daher nicht mit begründeter Sicherheit interpretiert werden. Es gab jedoch mehr Ähnlichkeiten als Unterschiede: gleich den Amerikanern antworteten viele Hindu-Patienten mit Heiterkeit, Friede und religiöser Ergriffenheit.

Der wirkliche Unterschied zwischen den amerikanischen und den indischen Reaktionen auf die Erscheinungeerlebnisse liegt in der Bereitschaft des Patienten, der Weghol-Absicht der Erscheinungen zuzustimmen: mit einer einzigen Ausnahme waren alle Amerikaner bereit „zu gehen", während 34% der indischen Patienten nicht bereit, waren. Kann dies aus ihren religiösen Unterschieden erklärt werden? Es zeigt sich hier ein Unterschied, der jedoch nicht signifikant war: Nur 16% der indischen Christen stimmten nicht bei, „zu gehen", im Vergleich zu 37% der Hindu-Patienten. Dieses Verhältnis des Nicht-Zustimmens ist wahrscheinlich durch nationale und religiöse Faktoren bedingt. Die religiöse Bindung des Patienten hat keinen signifikanten Einfluß auf die Erscheinungserlebnisse, ihre Absicht oder die emotionalen Reaktionen auf diese.

b) Glaube an ein Fortleben nach dem Tode

Der Glaube des Patienten an ein Fortleben nach dem Tode ist wichtig für das Verständnis seiner Bewältigung des herannahenden Todes. Überraschenderweise stellten nur wenige (ein Drittel) unserer Beantworter den Glauben der Patienten an ein Fortleben, bzw. dessen Fehlen fest. Der Großteil von ihnen berichtete, daß sie das Thema mit dem Patienten weder diskutierten, noch ihm hinreichend Aufmerksamkeit schenkten, um es in Erinnerung zu rufen (68% der Fälle). Bemerkenswert ist, daß 12 Patienten, die nicht an ein Fortleben nach dem Tode glaubten, Erscheinungen hatten (Tab. 4, g). Das ist natürlich für eine Interaktionsanalyse eine zu geringe Stichprobe. Wir nahmen an, daß Patienten, deren Glauben schwach oder nicht vorhanden war, eher dazu neigten, Ärzten und Krankenpflegerinnen gegenüber das Thema nicht zu nennen, als jene, die eine feste Überzeugung hatten. Wir stellten diese „keine Information" Gruppe den Gläubigen gegenüber.

Unsere Analyse zeigte, daß der Glaube an ein Fortleben keinen signifikanten Einfluß auf die Häufigkeit und die Form der geschauten Erscheinung hat, obwohl er die offensichtliche Kommunikation des Patienten mit ihr zu beeinflussen scheint. Mehr Patienten der „Gläubigen" Gruppe als der „keine Information" Gruppe erlebten Erscheinungen mit einer „Weghol-Absicht" und stimmten bei, mit ihnen „zu gehen". Dieser Unterschied ist in beiden Stichproben, der amerikanischen (P =.05) und der indischen (P = .004), signifikant. Bei den indischen Patienten, die nicht zustimmten „zu gehen" gab es einen solchen Unterschied nicht. (Da es bei der amerikanischen Stichprobe nur einen „Nicht-Zustimmer" gab, konnte ein solcher Vergleich nicht gemacht werden).

Der Glaube an ein Fortleben nach dem Tode beeinflußte bei den amerikanischen Patienten Heiterkeit und gehobene Stimmung nicht signifikant, erhöhte jedoch diese Empfindungen auf Kosten der negativen Reaktionen der indischen Stichprobe (P = .005). In beiden Ländern erhöhte der Glaube stark die positiven religiösen Antworten (USA, P = .004; Indien, P = . 002).

Eine Anzahl anderer Variablen wurde festgestellt und analysiert, darunter auch, wie erwähnt, die Möglichkeit des Vorurteils der Beantworter, was hier aus Platzmangel jedoch nicht erörtert wird. Es wurden auch Berichte über andere Phänomene als Halluzinationen menschlicher Gestalten gesammelt und ausgewertet: Visionen von Landschaften, usw. , positive Stimmungsänderung kurz vor dem Tod und Erfahrungen von Patienten, die dem Tode nahe waren, aber wieder genasen. Wir hoffen, darüber anderswo zu berichten.

IV. SCHLUSSFOLGERUNGEN

Die amerikanischen und indischen Umfragen waren dazu bestimmt, die Feststellungen der „Voruntersuchung" zu überprüfen und mehr Einzeldaten für die Stützung der Hypothese des Fortlebens nach dem Tode zu gewinnen. Obwohl die Voruntersuchung viele Feststellungen erbrachte, die als übereinstimmend mit der Fortleben-Hypothese interpretiert wurden, so wies sie hinsichtlich der statistischen Sicherheit dieser Feststellungen sehr starke Grenzen auf. Da die Voruntersuchung die erste dieser Art war, war eine frühere Information als Hilfe zur Voraussage der Tendenzen, die in der Studie auftauchten, ungeeignet. Aus diesem Grunde konnte die Möglichkeit, daß solch unerwartete Tendenzen auf reinen Zufallsveränderungen beruhen, nicht ausgeschlossen werden. Nun sind aber die meisten Tendenzen der vorliegenden Untersuchung unter sich und mit denen der Voruntersuchung hinreichend konsistent. Dies verringert die Zufallswahrscheinlichkeit als annehmbare Erklärung.

Unser Modell der Sterbebetterfahrungen mit Bezug auf ein Fortleben nach dem Tode nimmt an:

a) daß Fortleben bezogene Erscheinungen in einem gewissen Ausmaß von ASW oder von einer „anderen Welt" (z. B. verstorbenen Verwandten oder religiösen Gestalten) bedingt werden könnten, oder

b) falls dies nicht zutrifft, rein subjektiv sind.

Wir stellten daher die Hypothese auf, daß medizinische Faktoren, die oft Halluzinationen verursachen, von denen aber nicht bekannt ist, daß sie ASW hervorrufen, die Häufigkeit der Schauung Fortleben bezogener Erscheinungen nicht erhöhen. In allen drei Umfragen entsprechen die Daten dieser Hypothese. Ferner postulierten wir, daß medizinische Bedingungen, die den Sinnes- (und, wie wir annehmen, außersinnlichen) Kontakt mit der Außenwelt verhindern, ebenso das Vorkommen der Schauung Fortleben bezogener Halluzinationen verringern. Dies wurde bestätigt.

Wir untersuchten eingehend die psychologischen Faktoren, die Halluzinationen hervorrufen könnten. Starker Streß, besonders in Situationen von drastisch reduziertem Sozialkontakt, kann sich in Halluzinationen entspannen. Psychiater weisen darauf hin, daß Sterbebettvisionen eigentlich schizoide Episoden sind, mit denen Patienten sehr streßvolle Situationen durch Halluzinieren angenehmer Phantasien einer anderen Welt bewältigen. Eine aufmerksame Analyse des Datenmaterials erbringt keine Unterstützung dieser Gegenhypothese. Streß korreliert nicht signifikant mit den Grundphänomenen der Sterbebettvisionen. Sowohl bei der amerikanischen wie bei der indischen Stichprobe ging die Tendenz in die Gegenrichtung: Streß tendiert zur Reduzierung der Fortleben bezogenen Aspekte dieser Erlebnisse. Die Begehren, Wünsche und Erwartungen der Patienten hatten ebenso keinen signifikanten Einfluß. Bei einer großen Zahl von Fällen erlebten die Patienten Erscheinungen, die im Gegensatz zu ihren eigenen Motivationen zu sein schienen, jedoch im Einklang mit unserer Hypothese des Fortlebens nach dem Tode standen. Einige Psychiater haben den

Begriff der „latenten Motivation" formuliert – einer Motivation, die sich in Sprache und Verhalten nicht ausdrückt. Dieser Begriff wurde aber schwer kritisiert und von der wissenschaftlichen Forschung allgemein zurückgewiesen. Wir fanden bei unserem Datenmaterial keine bestimmten Anzeichen einer „latenten Motivation" hinsichtlich der Grundphänomene der Sterbebettvisionen.

Die annehmbarste Gegenhypothese ist jene der kulturellen Konditionierung. Im Kindes- und Jugendalter werden uns auf verschiedenen Wegen kulturelle Vorstellungen übermittelt. Könnten sie bei den Visionen Sterbender wieder auftauchen – als eine Art play back alter Aufzeichnungen? Die interkulturelle Umfrage in Indien wurde in erster Linie im Hinblick auf diese Frage durchgeführt. Unser Modell nimmt an, daß individuelle und kulturelle Faktoren die Sterbebettvisionen gänzlich gestalten, vorausgesetzt, daß sie von diesen Faktoren *verursacht* werden. Wenn sie jedoch auf Wahrnehmung einer Art äußerer Realität oder auf flüchtigen ASW-Eindrücken von einer „anderen Welt" beruhen, so stellen wir die Hypothese auf, daß zwischen den Kulturen nur geringe Unterschiede auftauchen, wobei die Hauptaspekte die gleichen bleiben. Eine Analogie hierfür könnte in der Gegenüberstellung eines typisch amerikanischen und eines typisch indischen Gemäldes eines Berges gefunden werden: Die Einzelheiten würden ziemlich verschieden, die Haupteigenschaft eines Berges würde jedoch klar erkennbar sein.

Wir fanden bei allen drei Untersuchungen eine sehr enge Übereinstimmung hinsichtlich der Häufigkeit der Fortleben bezogenen Erscheinungen: Verstorbene, religiöse Gestalten gegenüber Erscheinungen von lebenden Personen. Die offenkundige Abhol-Absicht der Erscheinungen war ebenso gleichmäßig vorhanden. Das Fehlen von Einflüssen medizinischer und psychologischer Variablen wurde von allen drei Stichproben aufgezeigt. Die Grundphänomene waren dieselben.

Kulturelle Färbung war jedoch vorhanden. Das Geschlecht der Halluzinationsgestalten wurde weitgehend von kulturellbedingten Neigungen bestimmt, die ihrerseits die Anzahl der Halluzinationen von Verstorbenen und religiösen Gestalten bestimmen. Religion hatte einen verhältnismäßig geringen Einfluß auf die Hauptphänomene, wenngleich sie die Benennung der religiösen Gestalten bestimmte. Wir interpretieren diesen geringen Unterschied nach unserem Modell: Sie scheinen die Hypothese zu stützen, daß Sterbebettvisionen zum Teil eher auf außersinnliche Wahrnehmung irgendeiner Form der äußeren Realität beruhen, als daß sie rein subjektiven Ursprungs sind.

Jede Kultur entwickelt vorherrschende Einstellungen oder Werte von dem, was wünschenswert oder verdienstvoll zu sagen und zu tun ist und was nicht wünschenswert und erniedrigend ist. In der westlichen Welt wird das Gespäch über persönlichen Kontakt mit den Verstorbenen als unerwünscht empfunden. Ungeachtet der Tatsache, daß 27% der amerikanischen Stichprobe, die von A. M. GREELEY (1975)[8] untersucht wurde, auf die Frage „Haben sie jemals empfunden, daß sie mit jemandem wirklichen Kontakt hatten, der gestorben war?" mit „Ja" antworteten. Nur selten wurden solche Erlebnisse den Fachleuten gesagt. In einer britischen Umfrage sprach W. D. REES[9] (1971) in ausgewählten Ortschaften mit 277 Witwen und 66 Witwern. 94% von ihnen waren für ein Interview geeignet. 47% der Stichprobe berichtete über Halluzinationen der Anwesenheit des verstorbenen Ehepartners. Keiner von ihnen besprach diese Erlebnisse mit seinem Arzt und nur einer von 137 sprach darüber mit dem Priester. Der Hauptgrund des Nicht-Besprechens des Erlebnisses war die Angst, sich lächerlich zu machen. Es ist wahrscheinlich, daß auch Patienten unserer Befragung eine negative Antwort-Einstellung hatten; d. h. sie vermieden es, dem medizinischen Personal über das „Schauen" von Erscheinungen Verstorbener zu berichten. Wenn dem so ist, dann zeigt unsere Stichprobe weniger Fortleben bezogene Erscheinungen als tatsächlich erlebt wurden.

Eine andere mögliche Form kultureller Konditionierung, welche die Daten modifizieren könnte, ist die Einstellung der Beantworter. Die medizinischen Beobachter könnten das berichtet haben, was sie nach ihrer Ansicht entsprechend den kulturellen Normen

---

8 A. M. GREELEY. - Sociology of the paranormal: A Reconnaissance. - Beverly Hills, Calif.: Saga Publications 1975

9 W. D. REES. - The hallucinations of widows. - in: British Medical Journal 1971, 4, S. 37 - 41

glauben, und das ausgeschlossen haben, was gegen den Strich ihrer partikulären Kultur ist. Wir fanden keine bedeutende Entstellung zugunsten der Fortlebens-Hpothese. Im Gegenteil, wir stellten einige Unterbewertungen jener Phänomene fest, die nach unserer Hypothese einen Bezug auf das Fortleben nach dem Tode haben.

Unsere Daten stammen aus Interviews mit Ärzten und Krankenpflegerinnen und nicht so sehr mit den Patienten selbst. Dies könnte bei der Berichterstattung und -Bewertung eine Quelle von Vorurteilen sein. Doch auch einige Studien von R. A. MOODY und E. KÜBLER-ROSS fußen auf Interviews mit Patienten. In MOODYS Bericht (1975)[10] über die Erfahrungen Wiederbelebter stellt er fest, daß nur wenige dieser Patienten im todesnahen Zustand der Gegenwart verstorbener Verwandter wie dessen gewahr wurden, was wir als religiöse Gestalten bezeichneten, „die scheinbar da waren, um ihnen bei ihrem Übergang zum Tod zu helfen" (S. 43). In einer persönlichen Mitteilung (1976)[11] bestätigte KÜBLER-ROSS auf der Grundlage ihrer Erfahrungen mit Sterbepatienten die Hauptmerkmale unserer Feststellungen: Ein Überwiegen der Fortleben bezogenen Erscheinungen, deren Weghol-Absicht und die Reaktion von Heiterkeit, Friede und religiöser Ergriffenheit.

Die Frage des Fortlebens nach dem Tode kann sicherlich nicht nur auf dem Boden der Erfahrungen von sterbenden Patienten beurteilt werden. Die volle Breite anderer Phänomene, die auf ein Fortleben hindeuten, wie außerkörperliche Erfahrungen (out of body experiences), Reinkarnationserinnerungen, kollektiv erfahrene Erscheinungen, gewisse Formen mediumistischer Kommunikation, müssen gemeinsam mit den verschiedenen aufgetauchten Erklärungshypothesen (außer der Fortlebenshypothese) betrachtet werden (siehe z. B. HART, 1956, 1959; MURPHY, 1961; ROLL, 1974; E. M. SIDGWICK, 1923; STEVENSON, 1974a, 1974b, 1975; TYRRELL, 1953)[12]. R. NOYES (1972)[13], R. NOYES und R. KLETTI (1972, 1976)[14] sowie A. M. GARFIELD (1975)[15] haben Untersuchungen von Fällen veröffentlicht, die Sterbebetterlebnisse beinhalten, welche durch veränderte Bewußtseinszustände, pano-

---

[10] R. A. MOODY, Jr. - Life after life. - Atlanta: Mockingbird Books 1975
[11] E. KÜBLER-ROSS. - Personal communication, 1976

ramische Erinnerungen und auch durch einige Phänomene charakterisiert sind, die von unserem Bericht erfaßt werden, jedoch ohne ihnen eine Fortleben-Interpretation zuzuschreiben. Eine Diskussion der gesamten Spannweite der Daten und Theorien in Bezug auf die Frage des Fortlebens fällt nicht in die Absicht dieses Beitrages.

Wir schließen unseren Bericht über die interkulturelle Befragung über Erfahrungen sterbender Patienten, indem wir feststellen, daß die Hauptbefunde innerhalb der drei Befragungen, die in den Vereinigten Staaten und in Indien über eine Periode von 15 Jahren durchgeführt wurden, konsistent sind. Die Grundtendenz der Daten stützt die Fortleben-Hypothese, wie sie im Modell formuliert ist, das wir weiter vorne in diesem Bericht kurz dargelegt haben.[16]

(Übersetzung aus dem Englischen: A. Resch)

12 H. HART. - Six theories about appritions. - in: Proceedings of the Society for Psychical Research 1956, 50, S. 153 — 239; derselbe, The enigma of survival. - Springfield, Ill.: Charles C. Thomas 1959; G. MURPHY. - Challenge of psychical research. - New York: Harper & Row 1961;W. G. ROLL. - Survival research: Problems and possibilites. - in: Theta 1974, S. 1 - 13, 39 — 40; E. M. SIDGWICK (MRS. H.). - Phantasms of the living. - in: Proceedings of the Society for Psychical Research 1923, 33, S. 23 — 429; R. K. SIEGEL/ L. J. WEST (Eds.). - Hallucinations: Behavior, experience and theory.- New York: Wiley 1975;I. STEVENSON. - Twenty cases suggestive of reincarnation. - Charlottesyille: University Press of Virginia ^{2}1974 (a); derselbe, Xenoglossy: A review and report of a case. - Charlottesville: University Press of Virginia 1974 (b); derselbe, Cases of the reincarnation type. Volumen I. Ten cases in India. - Charlottesville: University Press of Virginia 1975; G. N. M. TYRRELL. - Apparitions. - London: Duckworth 1953

13 R. NOYES Jr. - The experience of dying. - in: Psychiatry 1972, 35, S. 174 — 183

14 R. NOYES Jr. / R. KLETTI. - The experience of dying from falls. - in: Omega 1972, 3, S. 45 — 52   dieselben, Depersonalization in the face of lifethreatening danger: A description. - in: Psychiatry 1976, 39, S. 19 — 27

15 A. M. GARFIELD. - Consciousness alteration and fear of death. - in: Journal of Transpersonal Psychology 1975, 7, S. 147 — 175

16 Englische Fassung dieses Beitrages: Deathbed Observations by Physicians and Nurses: A Cross-Cultural Survey. - in: The Journal of the American Society for Psychical Research vol. 71, 1977, no 3, S. 237 — 259.

Erlebnisse im Umkreis von Sterben und Tod sind keine Randerscheinungen, sondern gehören zu den tiefsten Lebenserfahrungen des Menschen, wie RUDOLF LANG *im folgenden Erfahrungsbericht aus der Erwachsenenbildung feststellt.*

Rudolf Lang

ERLEBNISSE IM UMKREIS VON STERBEN UND TOD
ERFAHRUNGSBERICHT AUS DER ERWACHSENENBILDUNG

Dieser Beitrag spiegelt die Überlegungen in der Erwachsenenbildung seit 1974 wider, ob, bzw. wie sie auf die „Okkulte Welle" reagieren sollte. Eine Gruppe wollte sich damit die „Finger nicht verbrennen". Andere hielten kritsche Informationen durch Seminare für dringend notwendig.

Das gleiche Problem beschäftigte 1974 auch die PAE, die *Pädagogische Arbeitstelle für Erwachsenenbildung* in Baden/Württemberg, die sich seit 25 Jahren schwerpunktmäßig mit der Seminararbeit und der Fortbildung von Dozenten befaßt.

Die PAE erteilte deshalb Ende 1974 den Auftrag, ein Seminar über das Paranormale auszuarbeiten. Es sollte den Seminarteilnehmern Orientierungshilfen zur eigenen Urteilsbildung anbieten, auf mögliche Gefahren bei Versuchen zur Entwicklung vermuteter Psi-Kräfte hinweisen und vor den sogenannten Lebensberatern warnen, wie sich heute geschäftstüchtige Wahrsager, angebliche Hellseher und unseriöse Heiler nennen.

Das Seminar mit der Bezeichnung „Gibt es einen 6. Sinn?" basierte im ersten, mehr wissenschaftlichen Teil auf den Arbeiten von J. RHINE und H. BENDER [1]; der zweite Teil „Psychohygiene in Grenzbereichen" sollte auch die dunklen Randzonen des Aberglaubens[2] und die daraus entstehenden Praktiken beleuchten.

Das erste Seminar begann am 15. 9. 1974. Nach Durchführung

---

[1] J. B. RHINE. - Die Reichweite des menschlichen Geistes. - Stuttgart 1950; J. B. RHINE/ J. G. PRATT. - Parapsychologie — Grenzwissenschaft der Psyche. - Bern/München 1962; H. BENDER. - Parapsychologie: Entwicklung, Ergebnisse, Probleme. - (Wege der Forschung IV) Darmstadt: Wissenschaftliche Buchgesellschaft ^{2}1966; derselbe, Parapsychologie: Ihre Ergebnisse und Probleme. - Bremen ^{2}1970; derselbe, Telepathie, Hellsehen und Psychokinese: Aufsätze zur Parapsychologie. - München 1972; derselbe, Unser sechster Sinn. - rororo Sachbuch (Taschenbuch) Nr. 6796. - Reinbek 1972

von 30 Seminaren an süddeutschen Volkhochschulen wurde am 30.9.77 bei den Teilnehmern, die von 6 Abenden mindestens 4 besucht hatten, eine schriftliche Befragung durchgeführt.

Die genauen Ergebnisse der Befragung wurden von der PAE in einer Broschüre von 96 Seiten veröffentlicht.[3] Sie enthält auch 155 Berichte und Hinweise von 94 Seminarteilnehmern über Erlebnisse mit paranormalem Charakter im vollen Wortlaut, geordnet nach:

1) Telepathie mit 38 Fällen
2) Hellsehen mit einem Fall
3) Präkognition mit 60 Fällen
4) Psychokinese mit 15 Fällen
5) Sonstige Phänomene mit 41 Fällen.

Ein Drittel dieser Berichte berührt den Umkreis von Sterben und Tod (Tabelle 1), von denen wir hier die 10 eindrucksvollsten herausgegriffen haben.

1. Berichte über Telepathie in Verbindung mit Sterbefällen

52-jähriger Vermessungstechniker:

„Am 17.9.42 war meine Mutter beim Frühstück ziemlich aufgeregt und behauptete, ihrem Sohn (unserem Bruder) müsse in der vergangenen halben Stunde etwas Furchtbares zugestoßen sein; sie habe ihn rufen hören. Alle Beschwichtigungen waren zwecklos. Alles Zureden, auch an den folgenden Tagen, umsonst. Ernst und in tiefer Sorge ging sie ihrer Arbeit nach.

Wochen später kam ein Brief mit der traurigen Nachricht, daß unser Bruder früh morgens am 17.9.41 in Russland gefallen ist. Ich selbst hatte mir damals Uhrzeit und Datum aufgeschrieben. Ich wollte meiner Mutter beweisen, daß eine Gedankenübertragung nicht möglich sei. Leider hatte s i e recht behalten."

58-jährige Oberschullehrerin:

„Meine Mutter hatte ein Erlebnis im Ersten Weltkrieg. Ihr Bruder war eingerückt. Sie saß mit ihrem Vater im Zimmer. Nichts rührte sich; sie lasen. Plötzlich fiel mit einem großen Krach die Photographie ihres Bruders um, die am

---

[2] K. ZUCKER. - Psychologie des Aberglaubens. - Heidelberg 1948; W. GUBISCH. - Hellseher, Scharlatane, Demagogen. Kritik der Parapsychologie. - München/Basel 1961

[3] R. LANG. - Warum Parapsychologie in der Erwachsenenbildung? Erfahrungen und Erlebnisse von 30 VHS-Seminaren. (Schriften der Pädagogischen Arbeitsstelle für Erwachsenenbildung Nr. (8). -Villingen-Schwenningen: Neckar-Verlag 1979

Tab. 1 Übersicht über die Berichte von psi-ähnlichen Erlebnissen (B) und Hinweise (H) darauf, von 94 Teilnehmern

Mögliche Art der Erlebnisse	Aufteilung nach Altersgruppen und Geschlecht															zusammen		F + M insges.
	I (–25)			II (26–39)			III (40–59)			IV (ab 60)				F	M		
	F	M	= Su	F	M	= Su	F	M	= Su	F	M	= Su					
A. ASW als Telepathie																	
A 1 allg. Fälle (B)	1	1	= 2	5	0	= 5	5	4	= 9	–	1	= 1		11	6	= 17
– Hinweise (H) für A 1	1	–	= 1	–	4	= 4	5	–	= 5	4	1	= 5		10	5	= 15
A 2 in Verbindung mit Sterbefällen (B)	1	–	= 1	1	–	= 1	3	1	= 4	–	–	= 0		5	1	= 6
B. ASW als Hellsehen	–	–	= 0	1	–	= 1	–	–	= 0	–	–	= 0		1	–	= 1
C. ASW als Präkognition																	
C 1 allg. Fälle (B)	–	1	= 1	1	–	= 1	8	1	= 9	1	1	= 2		10	3	= 13
– Hinweise (H) für C 1	2	1	= 3	3	2	= 5	–	3	= 3	2	–	= 2		7	6	= 13
C 2 Warnung vor Gefahren, Unfällen, Verletzungen usw. (B)	–	–	= 0	1	–	= 1	1	2	= 3	1	2	= 3		3	4	= 7
– Hinweise (H) für C 2	–	–	= 0	–	–	= 0	–	–	= 0	1	–	= 1		1	–	= 1
C 3 Ankündigung von Tod und anderen (meist negativen) Ereignissen (B)	1	–	= 1	2	–	= 2	3	3	= 6	5	1	= 6		11	4	= 15
– Hinweise (H) für C 3	–	–	= 0	–	–	= 0	1	–	= 1	–	–	= 0		1	–	= 1
C 4 Abgrenzung zu Präkognition:																	
C 4.1 déjà-vu-Fälle (B)	–	–	= 0	1	1	= 2	–	–	= 0	–	–	= 0		1	1	= 2
– Hinweise (H) für C 4.1	1	3	= 4	–	–	= 0	–	3	= 3	–	–	= 0		1	6	= 7
C 4.2 Wahrsagen mit Erfüllungszwang (B)	–	–	= 0	1	–	= 1	–	–	= 0	–	–	= 0		1	–	= 1
D. PK (Psychokinese)																	
D 1 allg. Fälle (B)	–	–	= 0	–	–	= 0	3	1	= 4	–	–	= 0		3	1	= 4
D 2 in Verbindung mit Sterbefällen (B)	–	1	= 1	–	–	= 0	1	2	= 3	6	–	= 6		7	3	= 10
– Hinweise (H) für D 2	–	–	= 0	1	–	= 1	–	–	= 0	–	–	= 0		1	–	= 1
E. Sonstige Erlebnisse																	
E 1 Doppelkörper, Lebenspanorama, Sterbeerl. (B)	–	–	= 0	7	–	= 7	3	–	= 3	–	–	= 0		10	–	= 10
E 2 Spontanes Wissen, Psychometrie, Innere Stimme usw. (B)	–	–	= 0	–	–	= 0	1	–	= 1	1	–	= 1		2	–	= 2
– Hinweise (H) für E 2	–	–	= 0	–	–	= 0	–	1	= 1	2	–	= 2		2	1	= 3
E 3 Angebl. Kontakte mit Verstorbenen: Erscheinungen, Visionen, Halluzinationen usw. (B)	–	1	= 1	2	–	= 2	2	–	= 2	1	–	= 1		5	1	= 6
– Hinweise (H) für E 3	–	–	= 0	2	–	= 2	1	–	= 1	–	–	= 0		3	–	= 3
E 4 weltanschaulich-religiöser Bereich (B)	–	–	= 0	1	–	= 1	1	–	= 1	3	–	= 3		5	–	= 5
– Hinweise (H) für E 4	–	–	= 0	4	4	= 8	–	–	= 0	–	–	= 0		4	4	= 8
E 5 VERSCHIEDENES (B)	–	–	= 0	–	–	= 0	4	–	= 4	–	–	= 0		4	–	= 4
Erlebnisberichte (B)	3	4	= 7	23	1	= 24	35	14	= 49	18	5	= 23		79	24	= 103
Hinweise auf Erlebnisse (H)	4	4	= 8	10	10	= 20	7	7	= 14	9	1	= 10		30	22	= 52
Zusammen	7	8	= 15	33	11	= 44	42	21	= 63	27	6	= 33		109	46	= 155

Schreibtisch gestanden hatte. Beide erschraken. Der Vater sagte: Jetzt ist dem Fritz etwas passiert!
Wie sich später herausstellte, wurde er genau um diese Zeit schwer verwundet und starb darauf."

2. Berichte über Psychokinese in Verbindung mit Sterbefällen

42-jähriger Glasermeister:

„Als mein Vater starb, war ich 12 Jahre. Ich verließ das Krankenhaus ungefähr eine halbe Stunde bevor er gestorben ist. Zu Hause angekommen, befiel mich ein eigenartiger Zwang, auf die Uhr zu sehen, die im Schlafzimmer meines Vaters stand, wo ich auch geschlafen habe. Es war eine alte Pendeluhr, ein Erbstück meines Vaters.
Da sah ich, wie diese Uhr langsam ausschwang und das Pendel stehen blieb. In diesem Moment wußte ich ganz genau: Jetzt ist mein Vater gestorben. Ich sagte zu meinen Geschwistern: Jetzt ist Vater gestorben. Wir müssen sofort ins Krankenhaus.
Da ist uns Mutter weinend entgegengekommen. Die Uhrzeit hat genau gestimmt. Das ist mir noch nach 30 Jahren in Erinnerung geblieben, wie wenn es heute gewesen wäre. Die Uhr zeigte genau 13.27 Uhr. Diese Uhr ist nie mehr gegangen, obwohl sie nicht kaputt war. Ich sah gleich nach, ob sie aufgezogen war, was auch der Fall war. Sonst ist sie immer acht Tage gelaufen."

44-jähriger Ingenieur:

„Bei meinem diesjährigen Urlaub in Spanien, also im Sommer 1977, blieb in der Nacht, in der meine Mutter starb, meine Armbanduhr stehen, eine Automatikuhr, die seit 20 Jahren kein einziges Mal stehen geblieben ist und die seither auch wieder störungsfrei läuft.
Meine Tante, die Schwester meiner Mutter, hörte in derselben Nacht ihren Namen mit der Stimme meiner Mutter laut rufen."

51-jährige Hausfrau:

„Meine Mutter verstarb im Alter von 32 Jahren und hinterließ drei unmündige Kinder im Alter von 1, 3, und 7 Jahren. Nach Erzählungen meines Vaters hörte er die Verstorbene nächtelang jammern und in den Zimmern von uns Kindern klagen.
Mein Vater baute sich daraufhin ein Haus und zog um."

3. Berichte über Doppelkörper, Lebenspanorama, Sterbebett- Erlebnisse

29-jährige Krankenschwester:

„Es war bei der Geburt meines ersten Kindes. Ich hatte eine Preßwehe, die

letzte, wie mir später die Hebamme sagte. Da hörte ich ein Krachen im Kopf; ich hatte das Gefühl, als ob sich eine Luke in der Schädeldecke öffnete. Mit großer Geschwindigkeit sauste ich da durch. Ich schwebte an der Decke und sah so die Geburt meines Kindes. Es war ein sehr beglückendes Gefühl.
Die Hebamme wollte mir zur Geburt meines Sohnes gratulieren, das konnte ich ihren Gedanken ablesen. Als sie meinen Kopf sah, erschrak sie und rief: ‚Die Mutter, die Mutter, mein Gott, jetzt haben wir das Kind, nun stirbt die Mutter'.
Da wurde ich mir meiner Lage erst richtig bewußt. Ich dachte ganz verzweifelt: Du kannst doch jetzt nicht sterben, was soll der Walter, mein Mann, mit dem Säugling allein? Die Beiden brauchen mich doch gerade jetzt! Während ich dies dachte, kamen aus dem angrenzenden Operationsraum mehrere Ärzte. Ich sah, wie mir ein Arzt eine Spritze gab und ein anderer Herzmassage machte. Eine Schwester legte mir die Sauerstoffmaske aufs Gesicht..
Nun wurde ich — ich war die ganze Zeit über noch durch einen Nebelschleier mit meinem Körper verbunden — mit großer Geschwindigkeit in meinen Körper zurückgezogen. Jetzt hatte ich das Gefühl, mich in einer Zentrifuge zu befinden, wodurch ich bis in alle Winkel meines Körpers geschleudert wurde. Ich hatte die Geburt völlig schmerzfrei miterlebt."

29-jährige Krankenschwester über Erlebnisse mit Sterbenden:
„Ein 10 Jahre altes Mädchen hatte seit vier Jahren Leukämie. Wenige Tage vor seinem Tod sagte es zu seinem etwa gleichaltrigen Vetter. ‚Du, ich kann jetzt mit Michael sprechen, er ist ganz oft bei mir. Wir reden immer miteinander, aber sag das ja niemand, das glaubt doch keiner.' — Der Michael war ihr Onkel, der ein Jahr zuvor bei einem Unfall mit 19 Jahren ums Leben gekommen war."

4. Berichte und Hinweise zu Erlebnissen, die als Kontakte mit Verstorbenen gedeutet werden: Träume, Erscheinungen, Visionen Halluzinationen usw.

37-jährige Kontoristin:
„Eine Nachbarin kam kurz vor Weihnachten 1973 zu mir und wollte ein Schwätzchen mit mir machen. Da ich berufstätig bin, wies ich sie ab, da ich keine Zeit hatte. Kurz nach Weihnachten verunglückte diese Frau tödlich.
Von dieser Stunde an hatte ich ständig das Gefühl, die Tote sei immer um mich, aber nur, wenn ich allein war. Sogar im Bett hatte ich das Gefühl, sie sei da. Ich wurde in dieser Zeit übernervös und war nahe daran, die Nerven zu verlieren, bis mein Mann mir den Rat gab, die Frau fortzuschicken.
Am darauffolgenden Samstag war ich ganz allein im Haus, es war Vormittag um 8.30 Uhr. Ich wollte gerade Geschirr spülen, da hatte ich das Gefühl, die

Frau setzte sich auf den Küchenstuhl hinter mir. Ich nahm meinen ganzen Mut zusammen, drehte mich um und sprach mit dieser unsichtbaren Toten wie mit einem lebenden Menschen. Ich bat sie, mich in Ruhe zu lassen und dorthin zu gehen, wo sie jetzt hingehöre.
Von dieser Stunde an hatte ich Ruhe. Ich ging dann zum Arzt und erzählte ihm alles. Er fand, er hätte mir nicht helfen können; das, was ich tat, sei das einzig Richtige gewesen. Ich nahm starke Tabletten für die Nerven, und nach etwa vier Wochen war ich wieder in Ordnung. Nur wenn ich intensiv daran denke, erfaßt mich auch heute noch, nach beinahe vier Jahren, ein eigenartiger Schauer.

45-jährige Hausfrau:

„In den letzten Tagen des Zweiten Weltkrieges, also Ende April 1945, fiel mein Vater in der Nähe unserer Stadt, wie berichtet wurde, durch einen Herzschuß. Einige Wochen nach dem Tode meines Vaters — ich war damals 12 Jahre alt — träumte ich von ihm. Ich sah ihn in seiner Soldaten-Uniform, am Hals hatte er eine blutige Schußwunde. Der sehr eindringliche Traum wiederholte sich mehrere Male. Er wühlte mich stark auf.
Meine Mutter ließ nachforschen. Nach einiger Zeit stellte sich heraus, daß mein Vater nicht durch Feindeshand gefallen war; vielmehr hatte ein junger deutscher Offizier ihn erschossen, weil mein Vater gesagt hatte, der Krieg sei doch verloren, er wolle nach Hause.
Eine nachträgliche Untersuchung der Leiche meines Vaters ergab, daß mein Vater tatsächlich nicht durch einen Herzschuß getötet worden war, sondern durch einen Halsschuß, genau, wie ich ihn im Traum gesehen hatte. Der ehemalige deutsche Offizier gestand auch seine Tat. Er behauptete, mein Vater habe Fahnenflucht verüben wollen."

67-jährige Sekretärin:

„Noch vor Kriegsende riß der Kontakt mit meinem Mann, der seit 1939 Kriegsteilnehmer war, ab. Drei Jahre lang wußte ich trotz intensiver Nachforschungen gar nichts über seinen Verbleib. Ununterbrochen quälte ich mich in meinen Gedanken ab und beschäftigte mich mit ihm. Lebt er in Gefangenschaft, oder ist er noch gefallen?
Und da erlebte ich eines Nachts im Schlaf folgendes: Wie in meiner Jugend stand ich im Garten meines Elternhauses. Am nächtlichen Himmel nahm ich die Gestalt meines Mannes wahr als völlig verklärte Erscheinung. Ein unglaubliches Leuchten und ein Frieden ging von ihm aus, und zwar mit einer unwahrscheinlich eindringlichen Deutlichkeit. Am anderen Tag, und bis heute noch, sehe ich das Bild vor mir, nicht wie bei einem sonst üblichen Traum, der verschwindet, den man nicht mehr rekonstruieren kann.
Von diesem Augenblick an war ich ganz sicher, daß er nicht mehr unter den

Lebenden war. Nach einigen Wochen erhielt ich die amtliche Bestätigung, daß mein Mann bei Kriegsende durch Partisanen getötet worden war.
Ich möchte noch bemerken, daß ich kein Phantast war oder bin, sondern meiner drei Kinder wegen mit beiden Füßen auf dem Boden der Wirklichkeit stehen mußte. Ich versuchte immer ein gläubiger Mensch zu sein und sah daher diesen Traum, wenn ich mich so ausdrücken darf, als Fingerzeig Gottes."

Verständlicherweise stehen wissenschaftliche Kriterien für die betroffenen Menschen nicht an erster Stelle. Vielen von ihnen scheint das Erlebnis durch sein blitzartiges Auftreten und seinen „Eindringlichkeitscharakter" so unter die Haut gegangen zu sein, daß sie zu kritische Fragen nach Wahrheit und Wirklichkeit nicht verstehen: Sie wollen vielmehr wissen:
— Warum ist das mir zugestoßen?
— Bin ich damit ganz allein und deshalb vieleicht nicht normal?
— Haben auch andere etwas ähnliches erlebt?
— Welchen Sinn hat das Erlebnis für mich?
Die Berichte spiegeln die oft sehr tragische Vielfalt unseres Lebens wider. Ohne Ausnahme handelt es sich um subjektive Aussagen, meist mit starker emotionaler Beteiligung, die im wissenschaftlichen Sinne nicht verifiziert werden können.[4] Es sind keine Beweise. Für die streng wissenschaftliche Forschung sind diese Berichte deshalb nur von bedingtem Wert. Sie veranschaulichen aber, was Menschen auch heute noch erleben. Und die meisten entsprechen Fällen, die in den letzten Jahrzehnten durch sofort angefertigte Protokolle und Bestätigung zuverlässiger, nüchterner Personen einen ähnlichen Wahrheits- oder Wahrscheinlichkeitsgrad haben wie Protokolle und Zeugenaussagen vor Gericht.

---

4 A. RESCH. - Im Kraftfeld des christlichen Weltbildes. IMAGO MUNDI Bd. 1. - Paderborn: Schöningh Verlag 1968. - S. 75 ff; G. FREI. - Probleme der Parapsychologie. IMAGO MUNDI Bd. 2 (Hrsg. A. Resch). Paderborn: Schöningh Verlag 1971; H. DRIESCH. - Parapsychologie. Die Wissenschaft von den okkulten Erscheinungen. - Zürich: 31952. (Neuauflage als Taschenbuch der Reihe „Geist und Psyche" Bd. 2030, München 1967); A. NEUHÄUSLER. - Telepathie, Hellsehen, Praekognition. - Bern 1957-

Neben den Sterbebettvisionen, Ankündigungen und Todesahnungen sind auch die medialen Botschaften zu nennen, die zu einer besonderen Vorstellung von Diesseits und Jenseits führten, wie Ing. ERICH REINDL im folgenden Beitrag schematisch darstellt.

Erich Reindl

MEDIUMISTISCHE AUSSAGEN ÜBER DAS LEBEN NACH DEM TODE

I. LEHRMEINUNGEN

Die von einem mediumistischen Medium mitgeteilten Lehren sind nicht als absolute Wahrheiten, sondern als *„Lehrmeinungen"* aufzufassen.[1] Verschiedene Lehrmeinungen verschiedener Medien ergeben in den übereinstimmenden Punkten die Tragsäulen für eine allgemeine Jenseitskunde. Diese Lehrmeinungen sind die Meinungen von Geistwesen, die sich über Medien mitteilen. Diese Lehrmeinungen kommen aus jenen Sphären des Jenseits, die in vielen Punkten dem Diesseits ähnlich sind. Als Tragsäulen für eine Jenseitskunde können gelten:

1. Wiedergeburt

Die *Wiedergeburt* oder *Reinkarnation*, die Wiederholung des irdischen Daseins, wird von jedem Menschen (als Geistwesen vor der Geburt) nach seinem freien Willen bestimmt. Die auf den Menschen während seiner Erdenzeit zukommenden Prüfungen sind dem Geistwesen bekannt, es nimmt sie auf sich, um seine Schuldenlast (Karma) abzutragen. Der Sinn der Wiedergeburt ist die Erlangung einer möglichst hohen geistigen Reife, die ihm nach sei-

---

[1] Die folgenden Ausführungen bilden eine vom Autor erstellte Zusammenfassung seines Vortrages „Mediumistische Aussagen über das Leben nach dem Tode" und geben einen kurzen Überblick über Jenseitsvorstellungen nach mediumistischen Mitteilungen spiritistischer Ansicht.

nem Tode die Eingliederung in eine höhere Sphäre erlaubt. Wird diese Aufgabe zu Lebzeiten nicht erreicht, so erfolgt eine neuerliche Reinkarnation usw.

2. Mensch und Geistwesen

Mensch und *Geistwesen* sind nur zwei Bezeichnungen für das gleiche unsterbliche Wesen. Mensch nennen wir es während seines Aufenthaltes auf Erden, während seines ungleich längeren Aufenthaltes im Jenseits, in dem seine Gestalt — je nach geistiger Reife — zu einem körperlichen Lichtpunkt zusammenschrumpft, nennen wir es Geistwesen. Was Wissen, die Erfahrungen und die geistige Reife, die der Mensch während seiner Inkarnation annimmt, die letztlich sein „Ich" bilden, kommen ihm nach dem Tode wieder zu Bewußtsein. Vergrößert wird sein Rundblick durch das Wissen über seine Vorinkarnationen und durch eine Klarsicht über seine Entwicklung im Jenseits.

3. Das Leben nach dem Tod

Das *Leben nach dem Tod* auf Erden geht im Jenseits unmittelbar weiter, die erwähnte Klarsicht über die Zusammenhänge lassen dem Geistwesen die „Absolute Gerechtigkeit" erkennen, die für jedes verübte Unrecht ein gleichwertiges Recht erfordert. Das „Jüngste Gericht" und der göttliche Richterstuhl werden in den medialen Durchsagen nicht erwähnt. Der freie Wille ist die lenkende Kraft.

4. Das Jenseits

Das *Jenseits,* wie wir es aus den Schilderungen von Medien kennen, betrifft nur die Nahsphäre des Jenseits. Als Nahsphären sind diejenigen Sphären gemeint, in die wir als Verstorbene eingehen, die Fernsphären, zum Beispiel die Gottesnähe oder das Gegenteil, die Sphären der Verdammnis, entziehen sich unserer Einsicht.

In den Nahsphären verläuft das Leben ähnlich dem irdischen Leben, nur körperlos und mit der Fähigkeit der Klarsicht. Das Wiedertreffen mit bereits Verschiedenen ist so oft verbürgt, daß sich jedes Eingehen auf Details erübrigt. Jedes Geistwesen kann sich zum Verbleib, zum Aufstieg in höhere Sphären (nach Karmaabbau) entscheiden, oder auch dem Bösen zuwenden, es herrscht der freie Wille. Das Diesseits ist ein Teil des Jenseits, der Übergang ist fließend.

5. Himmel und Hölle

Himmel und *Hölle* im landläufigen Sinn gibt es nicht, aber auf Wunsch gibt es eine Läuterung (Karmaabbau), deren Details nicht mitgeteilt werden. Es gibt Berichte von Geistwesen, die eine Läuterung mitgemacht haben und die nur aussagen, man erlasse ihnen, darüber zu berichten.

6. Erdenleben

Die *Aufgaben* des *Erdenlebens* bestehen auf Grund des Vorhergesagten in einer demütigen Aufsichnahme der Lebensprobleme, in der korrekten Durchführung derselben, und in einer gottgläubigen, jenseitsoffenen Lebenshaltung.

Die *relativistische Physik* vermag sinnvolle Antworten auf verschiedene von Geistwesen aufgeworfene Probleme zu geben. Wenn sich das Jenseits mit Lichtgeschwindigkeit gegenüber der Materie (Erde) bewegt, so herrscht eben dort die Nullzeit oder keine Zeit, die relativistische Längenkontraktion tritt ein, Geistwesen sind zeitlos, also unsterblich, und können in Gedankenschnelle an jedem beliebigen Ort sein. Dies sind nur zwei der immer wiederkehrenden Aussagen der Geistwesen, die vor dem relativistischen Zeitalter als „untragbarer Unsinn" abgetan wurden. Tieferes Eindringen in die Probleme bringt uns vermutlich weiter als vorschnelles Abtun mit der Bemerkung „untragbar".

II. „DIESSEITS - JENSEITS - DARSTELLUNG"

„Niedriger Stern" (links oben) bedeutet im spiritistischen Sinn: Stern für niedrigere Geistwesen, das sind Geistwesen mit niedrigerem geistigen Reifeniveau. Von einem derartigen Stern kommen wir Menschen und werden auf der Erde inkarniert. Gemeint ist der Mensch als Geistwesen, ohne körperliche Eigenschaften. Das Geistwesen ist mit der Inkarnation einverstanden, sie dient der Entwicklung einer höheren geistigen Reife. Als Vorbereitung zur *Inkarnation* tritt ein Schlaf des Vergessens ein. Bei der Geburt eines Erdenbürgers kommen nun zwei Eigenschaften zusammen. Einerseits die geistigen Eigenschaften des Geistwesens, andererseits die körperlichen Eigenschaften der Eltern (unten Mitte). Auf dem Lebensweg des Menschen kommen nun verschiedene Einflüsse heran, wie z.B. Inspirationen, Religion, Mediumismus, Irrlehren, böse Einflüsse und der stetige Einfluß des einem jeden Menschen zugeordneten Schutzgeistes (Schutzengel) über die innere Stimme des Gewissens und als Entscheidungsgewalt der freie Wille (Tab. 1).

Nach dem irdischen Tod erfolgt wieder die Trennung von Leib und Seele. Der Leib geht den Weg der Auflösung und die Seele geht zurück ins Jenseits. Als Nebenerscheinung sei das oft und immer wieder zitierte *Zerreißen der Silberschnur* angeführt, die zu Lebzeiten Leib und Seele verbindet.

Stirbt der Mensch unwissend, das heißt, hat er sich nie im Leben für nachtodliche Ereignisse interessiert, so glaubt er auch in der nachtodlichen Zeit fest an das, was er im Leben glaubte. So unglaublich es klingt: die meisten Verstorbenen glauben nicht daran, überhaupt tot zu sein. Die meisten Verstorbenen sind leicht verwirrt und lehnen jede Hilfeleistung z.B. durch *Schutzgeister* ab. Sie bleiben lange Jahre (das Jenseits ist zeitlos) in diesem Verwirrungszustand. Es ist nun eine Aufgabe der Schutzgeister, die Verstorbenen aus diesem Zustand herauszubringen und in das geordnete Jenseits hinüberzuführen. Die Schutzgeister bedienen sich dazu der lebenden Menschen, der Medien, es kommt zum *Erlösungsspiritismus*. Dieser ist gekennzeichnet durch mehrere Medien, die auf Grund ihrer Veranlagung mit den von den Geistwesen herangebrachten Verstorbenen Kontakt aufnehmen und ihren Körper dem

Mediumistische Aussagen 469

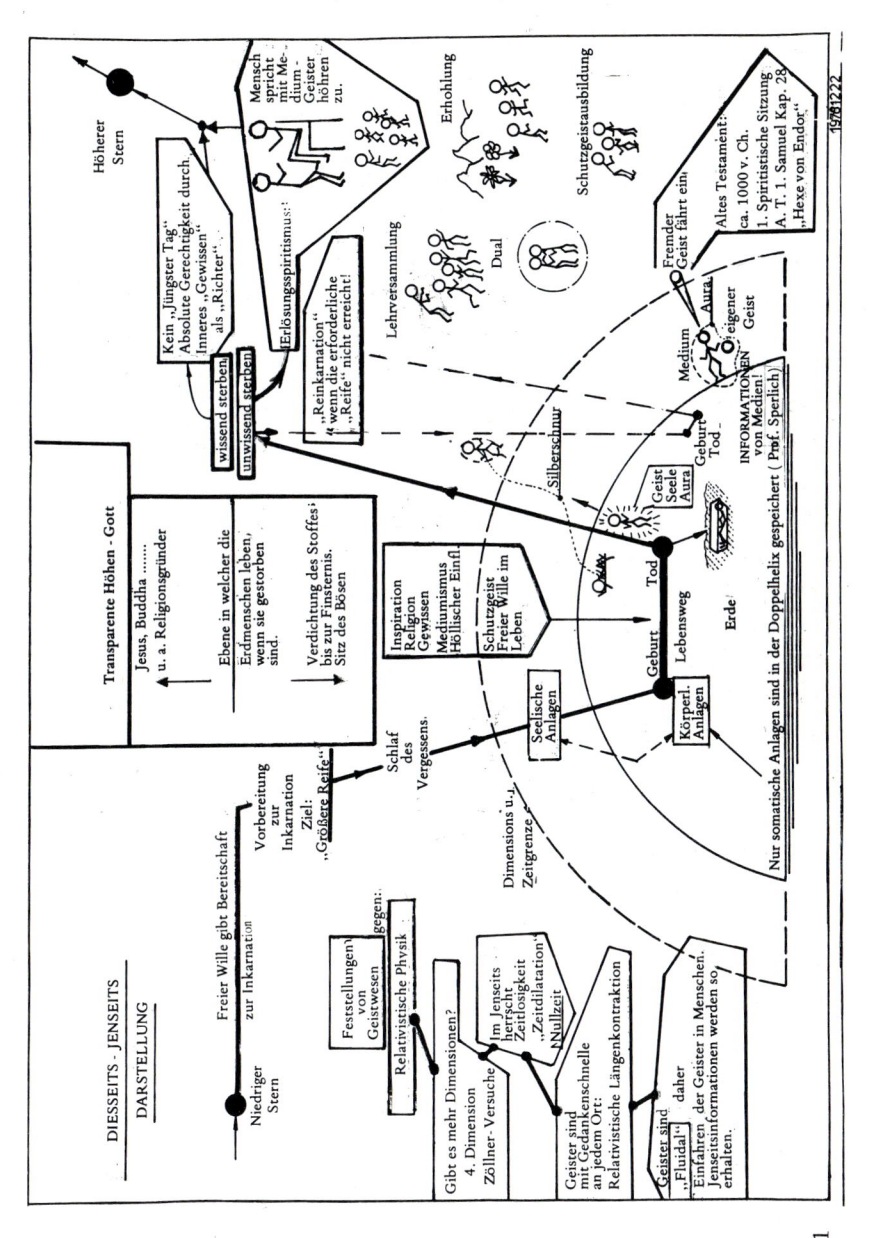

Tab. 1

Verstorbenen zur Verfügung stellen. Der Verstorbene kann nun frei sprechen und zuhören. Aus diesen Gesprächen wissen wir über so viele Details des Sterbens Bescheid. Der erfahrene Seanceleiter weiß aus reicher Erfahrung, mit welchen Argumenten er den Verstorbenen von seinem Zustand überzeugen kann. Er sagt z. B. zu den Verstorbenen: „Sie sprechen doch gar nicht aus ihrem Körper, sehen sie doch ihre Hände an, das sind doch nicht Ihre Hände ... usw." Nach wenigen Minuten ist der Verstorbene überzeugt und folgt willig dem Schutzgeist.

Der Außenstehende hat nun alle Urteile, von der Selbsttäuschung bis zum Betrug, zur Verfügung, um diese Erscheinung zu klassifizieren. Der Informierte sieht in diesen Geschehnissen die Bestätigung seiner Studien, vor allem weiß er, wie weit weg er von Täuschungen und Betrug ist.

Der „wissend" Verstorbene kennt irgendwie die Zusammenhänge, er läßt sich vom Schutzgeist überzeugen und folgt ihm willig. Übrigens, die „unwissend" Verstorbenen finden auch von selbst den Weg, nur dauert es entsprechend lange.

Die einsetzende Klarsichtigkeit der Jenseitigen läßt sie den Erfolg oder Mißerfolg ihrer vergangenen Inkarnationen erkennen, und so folgt auf einen Mißerfolg eine neue Inkarnation usw.

Rechts im Bild sind verschiedene Tätigkeiten in den *Nahsphären* des Jenseits dargestellt. Zum Beispiel der Wander- und Lehrversammlungen über die Ziele im Jenseits, Erholung in wunderschöner Landschaft (deren Materie verdichtete Energie ist). Die Ausbildung zum Schutzgeist ist eine oft vorkommende Dienstleistung zum Abbau des Karmas. Auch die Ehe gibt es im Jenseits, ein geschlechtsloses Aufgehen zweier Geistwesen zum *Dual*.

Rechts unten in der Skizze ist die *Besessenheit* angedeutet, die Besitznahme eines Menschen durch ein Geistwesen. Besessenheit ist eine Form der Trance, sie kann auch üble Formen annehmen, die den Menschen ins Irrenhaus bringen. Zu den ältesten Beschreibungen des Geisterverkehrs gehört wohl „Die Hexe von Endor", von der im Alten Testament ausführlich berichtet wird.

Links in der Skizze sind einige Feststellungen von Geistwesen und ihre Deutungen mittels der relativistischen Physik. Zu bemerken ist, daß die Geistwesen Schwierigkeiten haben, uns mit den

Einrichtungen des Jenseits bekannt zu machen, da viele Einrichtungen des Jenseits an andere Dimensionen gebunden sind und uns unverständlich bleiben.

In der Mitte oben ist noch die grundsätzliche Einteilung des Jenseits gezeigt, wie wir sie in unserer Vorstellungswelt unterbringen können. Jesus, Buddha, Mohammed und andere Religionsgründer sind in transparenter Höhe gezeichnet, während eine Gottessicht nicht gegeben ist. Wir können uns nicht einmal das Universum vorstellen, geschweige denn Gott den Schöpfer. In umgekehrter Richtung, in den Tiefen der größten Materieverdichtung, liegt das Reich des Bösen, dessen Sicht uns auch verwehrt ist.

Als eine ganz besondere und äußerst umstrittene Form der Mitteilung Verstorbener ist ohne Zweifel das Phänomen der eingebrannten Hand zu bezeichnen, mit dem sich GEORG SIEGMUND *im folgenden Beitrag befaßt.*

Georg Siegmund

DAS FORTLEBEN NACH DEM TODE IM LICHTE DES PHÄNOMENS VON EINGEBRANNTEN HÄNDEN

I. „KRITISCH"

„Kritisch" ist ein Prädikat, das sich heute fast jeder Zeitgenosse zuschreibt, worauf er stolz ist, hebt er sich doch damit von allen „Unkritischen" ab. Und doch ist bei eben jenen, die sich am lautesten „kritisch" nennen, der Verdacht berechtigt, ob sie dies im wahren und eigentlichen Sinne sind. Denn geht man dem Ursprungssinn des Wortes im Griechischen nach, so bedeutet „krinein" soviel wie „scheiden, trennen, sondern, sichten", vor allem aber in dem Sinne, wie ihn PLATON meinte, „das Wahre vom Falschen unterscheiden". Solche Scheidung aber setzt besonnene Sichtung voraus. Ob aber all jene, die sich heute gern mit dem Prädikat „kritisch" schmücken, ihren kategorischen Urteilen eine sichtende Scheidung vorausgeschickt haben, muß füglich bezweifelt werden.

Denn sieht man etwas näher zu, so ist meist leicht festzustellen, daß Kritiker einer These, die sie nicht einer gründlichen Sichtung, Scheidung und Prüfung unterzogen haben, oft voreilig von vornherein („apriori") Dinge, die ihnen unglaublich vorkommen, ablehnen, sich dabei in ihre Ablehnung so versteifen, daß sie sich nicht mehr mit einem Gegner auf eine ernsthafte Auseinandersetzung einlassen. In Wirklichkeit aber sind jene hyperkritischen Leute ebenso unkritisch wie die Unterkritischen (hypokritischen), die in ihren Urteilen auf ausreichende Sichtung und Scheidung verzichten, um sich einem Vor-Urteil zu verschreiben.

Hinsichtlich der Berichte von außerordentlichen, sogenannten „okkulten" Phänomenen nimmt die Zahl der apriorischen Hyperkritiker ab. Viele öffnen sich einer besonnenen Sichtnahme, um zu einem sachlich begründeten „kritischen" Urteil zu gelangen. Dieses Ziel zu erreichen, bedarf es oft einer jahrelangen intensiven Bemühung, bis sich eine geheimnisvolle Sache soweit erhellen läßt, daß sie deutlich ins Licht der Erkenntnis tritt.

In den letzten Jahren ist jene Literatur, die sich mit Sterben und Tod, insbesondere mit Manifestationen von Verstorbenen, befaßt, enorm angewachsen. Einige Bücher dieser Literaturgattung sind zu Bestsellern geworden.

Eigentümlicherweise aber schweigt man in der heutigen parapsychologischen Literatur mit einer gewissen Betroffenheit über ein Phänomen, das vor Jahrzehnten einige Forscher lebhaft beschäftigt hatte: das „Phänomen der eingebrannten Hand", wie man es damals nannte. Die gegenwärtige Vernachlässigung dieses Phänomens ist aus mehreren Gründen zu bedauern. Denn hier haben wir es einmal mit Manifestationen von Verstorbenen zu tun, die viel deutlicher und faßbarer sind, als die meisten anderen Phänomene, die heute auf ein so brennendes Interesse stoßen. Dann hat die Mißachtung des Phänomens der „eingebrannten Hand" zur Folge, daß viele davon zeugende Dokumente verloren gehen oder gar vernichtet werden.

Noch herrscht nämlich weithin ein Geist der „Aufklärung" nach, der häufig sehr aggressiv gegen außergewöhnliche Erscheinungen anging, sie als Auswüchse eines Volksaberglaubens brandmarkte und sie zu vernichten trachtete. Tatsächlich ist durch eine Art aufklärerischer Säuberungsaktion sehr viel wertvolles und wichtiges dokumentarisches Material vernichtet worden. Wir vermögen gar nicht abzuschätzen, wieviel dieser barbarischen Säuberungsaktion im Namen einer „Vernunft-Religion" zum Opfer gefallen ist. So tut es not, das Wenige, das ein gesunder Volkssinn gerettet hat, mit Sorgfalt zu erheben und wissenschaftlich zu durchforschen.

Zur Erläuterung des eben Gesagten sei hingewiesen auf die Geschichte eines einschlägigen Dokumentes, das in einem Kirchlein des Tiroler Pfarrdorfes Thaur aufbewahrt wird. In dem über dem Dorf auf einem Berghang gebauten Romediuskirchlein war über

120 Jahre lang eine Holzschachtel mit eingebrannter Hand, durch Glas und Rahmen geschützt, unter der Kanzel aufbewahrt worden, bis ein Erlaß der Regierung des Kaisers Joseph II. diese Kapelle sperren ließ. Im Bericht von Prof. AUGUST LUDWIG, Freising, steht: „Der damalige Pfarrer von Thaur, Ignaz Brock, bemerkte 1784 in seinem Infomationsbuch zu dieser Großtat der Regierung nicht ohne Ironie: ‚Da obgedachtes Gotteshaus aus allerhöchster Verordnung als entbehrlich und zur Seelsorge als überflüssig, gänzlich mußte gesperrt werden und dieses Bild (d.h. die Reliquie) in keiner anderen Kirche in unseren so hell erleuchteten Zeiten sich durfte blicken lassen, so habe ich selbes für mich und meinen Nachfolger zur Erweckung, wo nicht aufgeklärter, so doch heilsamer Gedanken in meinem Zimmer indessen übersetzen lassen.'"[1]

Gegenwärtig (Sommer 1978) befindet sich dieses Dokument wieder in dem Romediuskirchlein, geschützt durch ein Gitter und hoch oben in die Wand eingesetzt.

Immer wieder habe ich die Feststellung machen müssen, daß einschlägige Dokumente, welche amtlichen Stellen zu getreuer Aufbewahrung übergeben waren, nicht mehr auffindbar sind. Man hatte sie offensichtlich als unerwünscht verschwinden lassen. Erst kürzlich habe ich erfahren müssen, daß selbst eine gebildete Ordensfrau eine Schrift mit einer sachlich und wissenschaftlich einwandfreien Dokumentation über Tatsachen, die ihrer Mentalität nicht entsprachen, in Empörung verbrannt hat. Was in ein vorgefaßtes Denk-und Glaubensschema nicht hineinpaßt, darf nicht sein, soll ausgelöscht werden. Diese Mentalität eben bei „aufgeklärten" Gläubigen, die sich selbst für kritisch halten, ist nicht selten und fördert die Zerstörung wichtiger Dokumente.

Trotz aller notwendigen Vorsicht und alles angebrachten Mißtrauens darf an der Tatsache von Fakten nicht gerüttelt werden. Contra facta non valent argumenta – Gegen Fakten kommen keine Argumente an. Sie bestehen und man muß sie zuallererst einmal bestehen lassen. Sie dürfen niemals weggeredet werden.

---

1 J. CLERICUS (=August Ludwig). - Zum Phänomen der eingebrannten Hand. Zweite Folge. - in: Psychische Studien, XLI. Jg., 3. Heft (März 1914), S. 140

II. SPONTANPHÄNOMENE

Bei jenen Erscheinungen, die sich auf eine mögliche Kontaktnahme mit Verstorbenen beziehen, ist es angebracht, von vornherein eine wichtige Unterscheidung zu treffen. Es sind die Phänomene, die gesucht werden und durch mehr oder minder intensive Bemühungen herbeigeführt werden, von jenen Phänomenen zu unterscheiden, die man als *„Spontanphänomene"* bezeichnet, die also von sich aus spontan erfolgen. Meist ist der sie Erlebende von ihnen überrascht. Hilflos steht er seinen Erlebnissen gegenüber und sucht deshalb oft bei Erfahrenen Rat und Aufklärung über das von ihm Erlebte.

Im allgemeinen hat als Regel zu gelten: Je spontaner ein Ereignis eintritt, je betroffener der davon Überraschte ist, desto eher ist anzunehmen, daß sich der Erlebende nicht selbst etwas vormacht, daß er auch kein Opfer der Einbildung ist. Sofern sich bei einer weiteren Durchforschung des Erlebnisses weitere Einzelheiten herausstellen, welche den Eindruck verstärken, hier habe sich wirklich etwas gezeigt, so kann ein erster Eindruck von einer Fremdeinwirkung sich bis zur vollen Überzeugung von der Echtheit der Erscheinung verstärken.

"Betrug" oder „Selbstbetrug" waren lange Zeit hindurch die einzigen Aufschlüsse, welche Hyperkritiker für alle Berichte von Kontakten mit Verstorbenen bereit hatten. Solch hartes Aburteilen ist indes einer weicheren Form von Beurteilung gewichen. Zwei Arten, okkulte Phänomene zu erklären, streiten heute miteinander: die *animistische* und die *spiritistische* Erklärungsweise. Die Entscheidungsfrage lautet: Sind okkulte Erscheinungen, an deren Tatsächlichkeit nicht mehr zu zweifeln ist, zurückzuführen auf außergewöhnliche („paranormale") Fähigkeiten in der *„Seele"* (= anima) des Lebenden selbst oder sind sie von einem sich zeigenden *Geist* (= spiritus) verursacht. Der übliche „Spiritismus" hat eine zum Teil recht trübe Geschichte, weshalb viele von vornherein voreingenommen sind gegen eine Erklärung, in der „Geister" vorkommen. Indes sollten Forscher inzwischen soweit gekommen sein, daß sie sich zunächst eingehend mit den Tatsachen selbst befassen, ohne voreilig auf eine der beiden Erklärungsweisen hinzuschielen.

Für die Bewertung und Einordnung von okkulten Phänomenen spielt die Häufigkeit ihres Vorkommens wie die Art der Personengruppen, bei denen sie sich ereignen, eine große Rolle. Was den Gegenstand unserer Untersuchung betrifft, so dürften in der bisherigen Literatur über etwa hundert Objekte mit Brandspuren, die auf Einwirkung von Verstorbenen zurückzuführen sein sollen, bekannt geworden sein. Doch sind viele der genannten Objekte vernichtet oder nicht mehr erreichbar.

1. Literatur

Zunächst einige Daten über die bisher vorliegende wissenschaftliche Literatur. An erster Stelle ist hier zu nennen General JOSEF PETER (+ 1939), der „Nestor der deutschen Parapsychologen"[2]. J. PETER war zeitweise als Lehrer für Physik und Mathematik an einer Militärakademie tätig und stand im Ruf, als Soldat ein praktischer Mensch von scharfer Beobachtungsgabe zu sein. Er gehörte dem Kreis um den Münchner Psychiater VON SCHRENCK-NOTZING an und war kritischer Beobachter von Versuchen in München, die auch im Psychologischen Institut der Universität vorgenommen wurden. Über sie hat auch THOMAS MANN aus eigener Erfahrung einen zustimmenden Bericht geschrieben. Aus der Feder von J. PETER stammt ein 1912 erschienener Aufsatz „Das Phänomen der eingebrannten Hand"[3]. Doch war PETER nicht der erste, der über dieses Thema geschrieben hat; er bezieht sich auf vor ihm erfolgte Veröffentlichungen von CARL DU PREL und ZINGAROPOLI.

---

[2] W. O. ROESERMUELLER. - Begegnungen mit Jenseitsforschern. - Nürnberg: Selbstverlag ²1961. - S. 34
[3] J. PETER. - Das Phänomen der eingebrannten Hand. - in: Übersinnliche Welt, Heft 2, Februar 1912

An zweiter Stelle ist zu nennen der 1948 verstorbene Freisinger Hochschulprofessor AUGUST F. LUDWIG, für dessen kritische Autorität auf dem Gebiete der Parapsychologie die Tatsache zeugt, daß FANNY MOSER, die Autorin des Standardwerkes „Der Okkultismus, Täuschungen und Tatsachen" (1935, Neudruck 1974), ihm ihre Manuskripte zur Durchsicht und kritischen Beurteilung zusandte.[4]

AUGUST LUDWIG war durch eigene Erlebnisse auf das „Phänomen der eingebrannten Hand" gestoßen. Vor seiner Berufung zum Hochschulprofessor war er als Priester in der Seelsorge tätig gewesen. In dieser Zeit war ein junger Mann zu ihm gekommen, der ihm ein Tuch mit Spuren einer eingebrannten Hand vorwies, angeblich von einem hilfesuchenden Verstorbenen eingebrannt. „Er, der kräftige, derbe, einfache Bauernbursche, der mit seiner Hände Arbeit seine verwitwete Mutter ernährte und moralisch wie religiös nach dem Zeugnis der ganzen Gemeinde gleich gewissenhaft war, hat weder auf mich, noch auf die, die ihn kannten, einen Eindruck eines pathologisch zu Würdigenden gemacht."[5]

a) Fuchsmühl

In seinen Beiträgen zum Phänomen von eingebrannten Händen ist LUDWIG sorgfältig einem Fall nachgegangen, der sich im Jahre 1736 in Fuchsmühl bei Marktredwitz zugetragen hat. Auf meine Anfrage hin bestätigte mir das Pfarramt von Fuchsmühl am 16. 10. 1974, daß das Tuch mit den Spuren der eingebrannten Hand noch vorhanden ist. Mit der Bestätigung erhielt ich ein Foto (Abb. 1).

Leider ist ein weiteres Dokument, von dem LUDWIG berichtete, verloren und nicht mehr auffindbar. Es handelt sich um ein Tuch mit Brandspuren, das Wallfahrer zu dem bekannten bayrischen Wallfahrtsort Altötting mitgebracht hatten und vom dortigen Archiv zur Aufbewahrung übernommen worden war.

---

4 F. MOSER. - Spuk, Irrglaube oder Wahrglaube, Bd. I. Materialsammlung. - Zürich, 1950. - S. 26

5 J. CLERICUS, Zum Phänomen der eingebrannten Hand, S 142

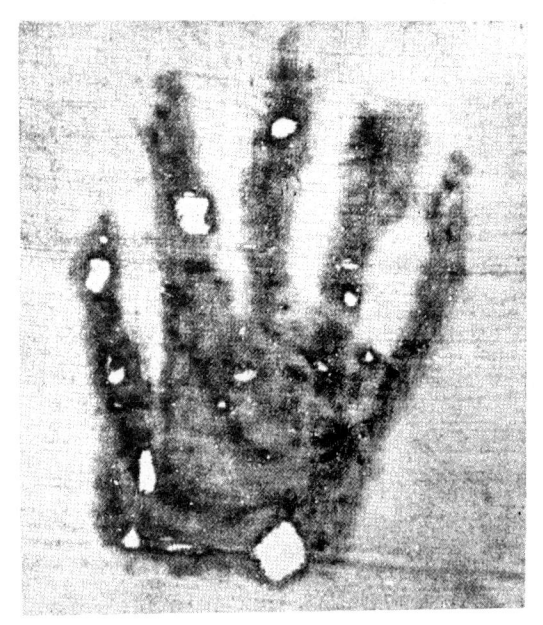

Abb. 1

Hingegen hat mich LUDWIG mit einem anderen Hinweis auf eine gute Spur gebracht. Es handelt sich um ein Korporale (Linnentuch unter dem Meßkelch) in der polnischen Wallfahrtskirche Tschenstochau mit Brandeindruck einer Hand. Der Bericht ist abgefaßt von Pfarrer ALFRED REICHEL (1831 — 1910), der von 1894 bis zu seinem Tode Pfarrer von Hundsfeld bei Breslau war. Der leider undatierte Bericht hat folgenden Wortlaut:

„Ich war mit zwei Amtsbrüdern zur Wallfahrt in Czenstochau. Ein Klosterbruder, der die Sakristei unter sich hat, führte uns, die Merkwürdigkeiten zeigend, auch in ein Nebengewölbe, und aus besonderer Freundlichkeit zeigte er uns dort mit dem Bemerken, daß dies bloß ausnahmsweise geschehe, unter anderem einen viereckigen Blechkasten mit Deckel; er hob diesen ab, und wir sahen darin ein Korporale liegen, auf welchem eine menschliche Hand, die glühend gewesen sein muß, aufgedrückt war. Die oberen Leinwandlagen waren ganz durchgebrannt, die unteren immer schwächer gebräunt; in den Vertiefungen zwischen den einzelnen Gliedern waren die Leinwandfugen erhalten, da wo die Muskeln sich verstärken, war ganz sichtbar die Verbrennung stärker und nahm allmählich nach den Seiten wieder ab. Der Hergang war folgender: Zwei Klostergeistliche (des Pauliner Ordens) hatten sich vor vielen

Jahren das Versprechen gegeben, daß der zuerst Gestorbene dem anderen ein Zeichen geben sollte aus dem Jenseits. Nun war der eine schon lange tot und hatte noch immer kein Zeichen gegeben. Daran dachte der andere, als er gerade einmal die heilige Messe vollendet hatte und das Korporale, wie üblich, vor sich neunfach zusammenlegte. Der böse Zweifel ging ihm durch den Kopf, es möchte wohl gar kein Fortleben nach dem Tode geben. Da erscheint die Hand, legt sich auf das Korporale und verschwindet sogleich wieder. Wie sehr sie aber vom Feuer durchglüht war, das zeigt nur zu deutlich die Verbrennung der neunfach liegenden Leinwand genau in der Form der Hand. Hundsfeld bei Breslau. Reichel Pfarrer."[6]

Auf meine Anfrage erhielt ich bald eine Antwort; sie sei hier wiedergegeben:

„Klasztor OO. Paulinow, Czestochowa, dnia 1. IV. 1975 .... Wirklich, es wird in unserem Kloster ein Korporale mit einer eingebrannten Hand aufbewahrt — Photo beigelegt (Abb. 2) — leider ohne irgendeinen schriftlichen Bericht. Eine mündliche Überlieferung von alten Patres sagt, daß zwei herzlich

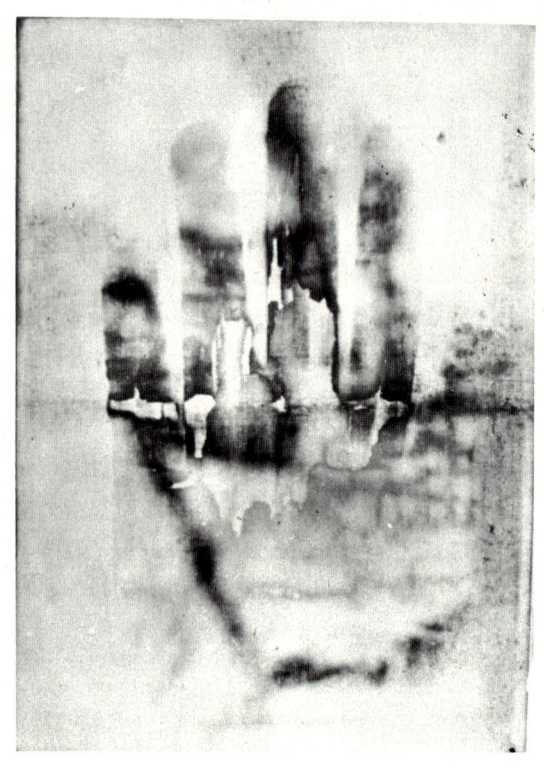

Abb. 2

[6] Derselbe, ebenda, S. 140 f Als Quelle gab LUDWIG an: KELLER. - Armenseelen-

befreundete Mitbrüder haben sich gegenseitig versprochen: wer von ihnen als der erste stirbt, soll dem lebenden ein Zeichen vom ewigen Leben geben. Kurz nach dem Tode des einen fand der Lebende eine eingebrannte Hand auf dem Meßkorporale .... P. Jerzy Tomzinski."

Prof. LUDWIG in Freising soll persönlich im Besitz vieler einschlägiger Dokumente gewesen sein. Wie ich erfuhr, soll ihm diese wertvolle Sammlung zur Zeit des „Dritten Reiches" von der Geheimen Staatspolizei weggenommen und vernichtet worden sein.

An dieser Stelle ist es unmöglich, alle berichteten Fälle, die sich bisher in der einschlägigen Literatur finden, anzuführen. Ich begnüge mich mit solchen Fällen, denen ich selbst nachgegangen bin.

b) Museo del Purgatorio

Eine Sammlung von Dokumenten mit Brandspuren hat vor Jahren ein italienischer Missionar, Pater VITTORE JOUET (1839 – 1912), zusammengetragen zu einem „Museo del Purgatorio", einem privaten Museum, das aber von allen Interessenten besucht werden kann. Er soll sehr viele Dokumente selbst oder Fotos von ihnen besessen haben. In dem 1974 erschienenen Führer[7] sind nur zehn Sammlungsstücke aufgezählt. Wie verschiedenen Berichten zu entnehmen ist, wechselt von Zeit zu Zeit der Besitzstand dieses Museums. P. REGINALD OMEZ schrieb vor offensichtlich mehr als zwei Jahrzehnten: „Wir haben mehrmals das berühmte ‚Museo der Seelen im Fegefeuer' in Rom besucht. Es ist nicht von den kirchlichen Autoritäten eingerichtet worden, sondern im Jahre 1900 von Pater VIKTOR JOUET, Priester vom Heiligen Herzen, Begründer der Zeitschrift ‚Das Fegfeuer'. Dieses Museum zeigt den Besuchern eine außerordentlich originelle und in ihrer Art zweifellos einmalige Sammlung; man kann hier Feuerspuren sehen, die von Seelen im Fegefeuer hervorgebracht worden sein sollen: auf

---

geschichten. - Mainz: Verlag Kirchheim 1891. Der Bericht muß also 1891 schon geschrieben gewesen sein. Ein anderer dem genannten vorhergehender Bericht von REICHEL nennt den 25. August 1890 als Datum.

[7] Arciconfraternità del S. Cuore del Suffragio, „Museo del Purgatorio". Lungotevere Prati, 12, I 00193 Roma 1974, 25 S.

Gebetstüchern (wie auf dem der Margarete Dammerle aus Erlingen), Meßbüchern, Stoffen (wie dem Hemd des Sieur Joseph Leleux aus Mons, das den Abdruck brennender Finger, vom 21. Januar 1789 datiert, trägt, oder wie dem stark versengten Militärmantel der italienischen Wache, die während einer Nacht des Jahres 1932 im Pantheon das Zenotaphium des ermordeten Königs Humbert I. hütete, dessen Gespenst eine feurige Hand auf der Schulter des Soldaten abdrückte, nachdem es ihm eine Botschaft für Viktor Emmanuel III. anvertraut hatte), auf Brettchen, auf ‚feuergravierten Stuhllehnen' usw."[8]

2. Margarete Schäffner

Von den Phänomenen, denen ich selber in den letzten Jahren nachgegangen bin, sei hier an erster Stelle erwähnt das der *Margarete Schäffner* aus Gerlachsheim (Baden), welche am 13. April 1949 im Alter von 86 Jahren gestorben ist. (Abb. 3) Von der Dorfbevölkerung verkannt, war sie nach dem Urteil von einigen menschlich und theologisch Gebildeten eine begnadete Mystikerin, die 68 Jahre hindurch Verbindung zu Verstorbenen hatte in der Absicht, durch sühnendes Mitleiden verstorbenen Seelen im Reinigungsort zu helfen. Verständnis für ihre Erlebnisse fand Margarete Schäffner bei einer aus Luzern stammenden Schweizer Frau, mit der sie jahrzehntelang in Verbindung stand. Nach dem Tod von Frau Oster im Jahre 1946 hielt deren Sohn Leo Oster die Verbindung mit Margarete Schäffner aufrecht, sammelte alles Material über die Mystikerin und veranlaßte BRUNO GRABINSKI, eine Schrift über die Mystikerin zu schreiben. Nach dem Tode von GRABINSKI gab Leo Oster selbst die Schrift in sechster Auflage 1975 erneut heraus. Die Geschichte der Margarete Schäffner ist deshalb einzig dastehend, weil ihr nicht weniger als fünfmal Verstorbene ihre Anwesenheit durch Einbrennen einer Hand in ein Tuch bezeugten.[9]

[8] P. R. OMEZ.- Kann man mit den Toten in Verbindung treten?. - Aschaffenburg, [3]1973. - S. 149

[9] B. GRABINSKI/ OSTER. - Fegfeuer-Visionen der begnadeten Margareta Schäffner von Gerlachsheim (Baden). - Eupen, [6]1975(darin ein Farbfoto eines Tuches mit eingebrannter Hand).

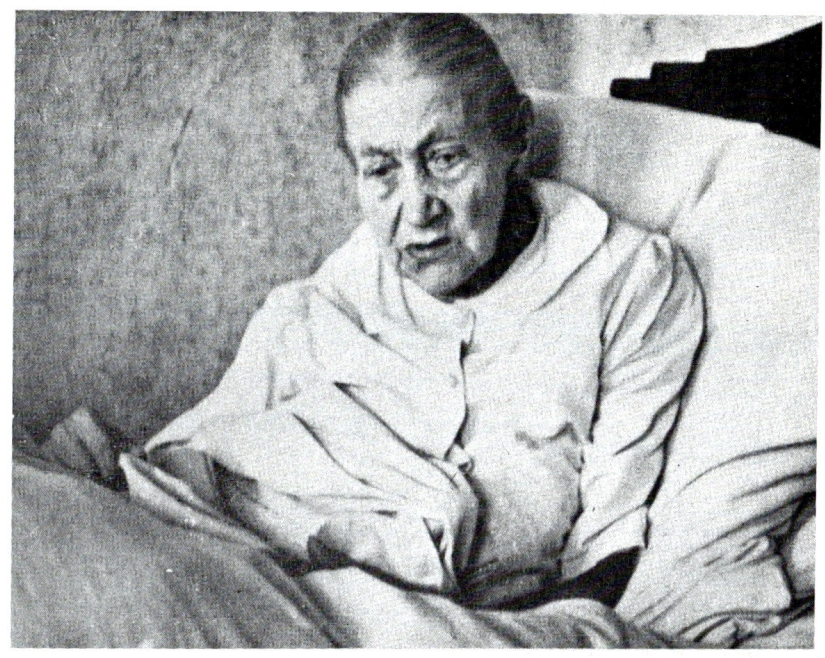

Abb. 3   Margarete Schäffner

Theologen, Priester und Bischöfe standen damals stark unter dem Eindruck eines rationalistischen Zeitgeistes und lehnten meist eine ernstliche Befassung mit sogenannten „Armenseelengeschichten" ab. Darin sah man Auswüchse eines Volksaberglaubens.

Gemäß diesem damals herrschenden Zeitgeist suchte die zuständige kirchliche Behörde die ganze Angelegenheit möglichst zu unterdrücken. Unter dem Vorwand, die Angelegenheit müsse geprüft werden, nahm man der Mystikerin die Tücher mit Brandspuren ab und sandte sie an das zuständige erzbischöfliche Amt nach Freiburg/Br. Wie mir jedoch am 21. Mai 1974 der damalige Pfarrer Nägele brieflich mitteilte, ist keine bischöfliche Untersuchung erfolgt. Eine Nachfrage beim erzbischöflichen Archiv in Freiburg wurde am 27. XI. 1974 dahingehend beantwortet, daß sich diese Tücher nicht mehr im Archiv befinden.

Margarete Schäffner litt jahrelang unter der Verkennung. Auch der erste Ortspfarrer, dem sie von ihren visionären Erlebnissen berichtete, wollte ihr nicht glauben. Deshalb hatte sich die Visionärin von Gott ein Zeichen erbeten, um beweisen zu können, daß sie nicht Opfer einer Täuschung geworden sei, zugleich um sich selbst zu vergewissern, daß sie weder Opfer ihrer Phantasie noch dämonischer Einflüsse geworden sei.

Von den fünf Tüchern mit Brandspuren sind vier leider verloren. Lediglich ein einziges wurde ihr im hohen Alter auf ihre Bitte 1947 zurückgegeben, nachdem es 20 Jahre in Freiburg gewesen war. Sie überließ es dem Karlsruher Religionslehrer, Dr. ALOIS BUNDSCHUH, der es schließlich in das Pfarrarchiv von Gerlachsheim zurückgab (Abb. 4). Statt eine Untersuchung der Angelegenheit vorzunehmen, gebot das bischöfliche Amt der Visionärin Stillschweigen. Margarete Schäffner hielt sich gewissenhaft an die Verbote der kirchlichen Behörde.

Abb. 4

Für Fachleute der Mystik gilt als wichtiges Unterscheidungsmerkmal echter von unechter Mystik der Umstand, ob der in Frage stehende Mystiker sich den Anordnungen einer kirchlichen Behörde gefügt hat oder nicht. Für Echtheit spricht ein bedingungsloser Gehorsam. Hält er sich aber nicht an Verbote, sucht er durch aufbauschende Berichterstattung Eindruck zu machen, Anerkennung und Echo zu finden, dann wird dies als ungünstiges Zeichen angesehen. BUNDSCHUH wie andere bestätigen den einwandfreien Leumund der Mysikerin wie die Tatsache, daß sie in ihren Mitteilungen äußerst zurückhaltend war.

Als weiteres Kriterium für die kritische Unterscheidung echter mystischer Erscheinungen von unechten gilt die Zeitdauer der fraglichen Phänomene. Mystische Erscheinungen, die vorübergehend Eindruck machen, ohne indes Bestand zu haben, sind der Unechtheit verdächtig. Die Kontakterlebnisse der Margarete Schäffner indes ereigneten sich 68 Jahre hindurch; sie dauerten bis zu ihrem Tode im Alter von 86 Jahren an. Dabei hielt sich Margarete Schäffner an die Anordnung des erzbischöflichen Amtes, über ihre Erlebnisse Schweigen zu bewahren. In ihrer Bescheidenheit und Zurückgezogenheit wollte sie nicht die Aufmerksamkeit weiter Kreise auf sich ziehen.

Die Bezeugungen von Verstorbenen durch Einbrennen einer Hand in Tücher waren seltene Ausnahmen in ihrem regelmäßigen Kontakt mit Verstorbenen. Aus näherer persönlicher Bekanntschaft konnte Religionsprofessor Dr. A. BUNDSCHUH, dem sie wiederholt genauere Berichte über ihre Erlebnisse anvertraute, folgendes aussagen: Margarete Schäffner hatte regelmäßig Erscheinungen von Verstorbenen, die sie um Gebetshilfe anflehten.

„Von einer besonderen Kennzeichnung einzelner Erscheinungen darf ich absehen, sie sind so *zahlreich*, daß sie *geradezu alltäglich* genannt werden können, d. h. also buchstäblich bei Tage und bei Nacht erscheinen. Das Aussehen der Erscheinungen ist je nachdem dunkler oder lichter, aussätzig und geschwürig oder gesund und frisch. Gewöhnlich nennt ein Sprecher dieser Erscheinungen die Namen und Anliegen auch der anderen. Die zu Lebzeiten Bekannten können auch in der Erscheinung erkannt werden. Ich selbst habe schon durch Probefragen festzustellen versucht, inwieweit Charakterisierungen von solchen Persönlichkeiten zutreffen, und war erstaunt, wie scharf und präzis die Bitten um entsprechende Hilfe von Menschen, die sie zu deren Lebzeiten nie gekannt und gesehen hatte, von ihr angegeben wurden. So steht für mich die Sache als durchaus glaubwürdig da ...."[10]

Sehr bezeichnend für die allgemeine Stimmung, gegen die sich Margarete Schäffner nicht zur Wehr setzen konnte, ist folgende Begebenheit. Anläßlich einer Volksmission, einer kirchlichen Veranstaltung, bei der von auswärtigen Predigern Predigten gehalten werden, hatten klatschsüchtige Gläubige einem dieser Prediger eine Mitteilung über die Schauungen der Mysikerin, die man offensichtlich allgemein nicht ernst nahm, zugesteckt, worauf dieser sehr energisch reagierte. Er lehnte deren Echtheit entschieden ab und erklärte von der Kanzel aus, solche Erscheinungen seien unmöglich.

„Mit Donnerstimme betonte er auf der Kanzel stehend: ‚Niemals ist so etwas möglich. Niemals!' — Als hierauf dieser Vorfall der Margarete gemeldet wurde, antwortete sie kurz und einfach: ‚Wir wollen für den Pater beten, damit er es einsieht'."[11]

Auf langjähriger Bekanntschaft mit dieser schlichten und doch außergewöhnlichen Persönlichkeit beruht das Zeugnis, das Leo Oster von ihr gibt:

„Jeder unbefangene und unvoreingenommene Besucher wird zugeben müssen, daß Margarete durch ihre Einfachheit, Aufrichtigkeit, Güte, Klarheit und Hellsichtigkeit, vor allem aber durch ihre Frömmigkeit einen bleibenden Eindruck hinterließ. Sie redete langsam und mit Überlegung. Schwätzereien waren ihr fremd. Sie kannte keine Sentimentalität, sondern war eine ruhige, still abwägende Person, deren Trachten stets darauf ausging, möglichst viel Gutes zu wirken, um den leidenden Seelen zu helfen, dies sogar durch die unscheinbaren Opfer des täglichen Lebens."[12]

Ein wichtiges Indiz für die Echtheit mystischer Erscheinungen ist die Uneigennützigkeit des fraglichen Mystikers. Immer wieder wurde sie durch neugierige Fragesüchtige bedrängt, die sich nach dem jenseitigen Los ihrer verstorbenen Angehörigen erkundigen wollten. Sie hätte die Anerbieten solcher Frager ausnützen können, um ihre armselige äußere Lage zu verbessern. Sie hat das nicht getan.

„Margarete war sehr arm. Es regnete in ihr kleines Haus, weil sie kein Geld hatte für Ausführung von Dachreparaturen. Von Geld- und Lebensmittelsendungen, die sie ab und zu von Wohltätern erhielt, verwandte sie nur wenig für

---

10 Derselbe, ebenda, S. 50
11 Derselbe, ebenda, S. 58

sich selbst und gab sie lieber für Meßstipendien zur Linderung der Leiden der armen Seelen oder für andere gute Werke in der gleichen Meinung."[13]

Trotz ihrer schlicht zurückhaltenden Art war sie in ihrem Heimatort feindseligen Handlungen mißgünstiger Mitbürger ausgesetzt. Zur Zeit des „Dritten Reiches" waren alle Leute, die sich mit Übersinnlichem befaßten, den braunen Machthabern verdächtig und hatten mit Verfolgung zu rechnen. Das sollte auch für die einfache Frau von Gerlachsheim zutreffen.

„Im Zweiten Weltkrieg ist sie viel verfolgt worden: Gendarmarie war immer bei ihr. ‚Es wird kein Mensch, keine Ordensschwester und kein Priester so verfolgt wie ich', konnte man eines Tages in einem an Frau Oster gerichteten Brief lesen. Auf ihrem Krankenbette ... vor ihrem Tode ... sagte sie im Dezember 1948 anläßlich eines Besuches des Herrn Oster: ‚Ich bin abgehärtet. Man muß auch etwas in seinem Leben erdulden können' ... ‚Von Gott zu einer Sendung auserwählt zu werden, bedeutet nicht, dessen Lieblingskind zu sein. Vielmehr schließt es immer schwerstes Schicksal in sich. Der Sendbote ist ein ‚Spiel der Vorsehung', die ihn für ihre Zwecke gebraucht. Grausam pflegt Gott oft mit seinen Werkzeugen umzugehen, denn nicht sie selbst sind wichtig, sondern die Pläne Gottes, die durch sie verwirklicht werden'."[14]

Noch in den letzten Monaten machte die inzwischen ständig ans Bett Gefesselte auf gebildete Besucher einen bemerkenswerten Eindruck.

„Margarete machte trotz ihres hohen Alters, ihrer Schwächen und Leiden den Eindruck großer innerer Frische und geistiger Regsamkeit. Sie verfügte über ein außerordentlich gutes Gedächtnis. Zu verschiedenen Malen hatte ich ihr die gleichen Fragen gestellt und immer wieder antwortete sie das gleiche, mit der gleichen Klarheit und Gewißheit."[15]

Auf die Mitteilung einer mit Margarete Schäffner gut bekannten Krankenpflegerin – Emma Schubert aus Freiburg – geht ein Bericht über einen Vorgang der Einbrennung einer Geisterhand zurück.

„Margarete habe ihr viel von dem Verkehr mit den armen Seelen anvertraut, auch daß man sie verleumdet und als Schwindlerin hingestellt habe, so daß der Pfarrer ihr ein Vierteljahr lang die heilige Kommunion nicht mehr gereicht habe. So habe sie einmal eine arme Seele gebeten, ihr doch ein sichtbares Zeichen zu geben, damit die Leute ihr endlich Glauben schenkten. Daraufhin vernahm sie, sie solle eine Schürze auf den Tisch legen. Sie holte eine

---

12 Derselbe, ebenda, S. 69 f
13 Derselbe, ebenda, S. 72
14 Derselbe, ebenda, S. 73
15 Derselbe ebenda, S. 74

schwarze Schürze und legte sie vor sich hin; hierauf wurden zwei Hände eingebrannt. Diese Schürze hat sie, als Frau Schubert bei ihr war, an das Ordinariat Freiburg i. Br. gesandt."[16]

Eine andere Einbrennung einer Geisterhand ereignete sich eines Morgens früh in der Kirche von Gerlachsheim. Beim Kommunionempfang hatte sie über die Hände ein Tuch gebreitet,

„ein Tuch mit kleinen dunklen Linien an den Rändern, das sie in der damals üblichen Weise beim Empfang der hl. Hostie in ihren Händen ausgebreitet hielt ... Als der Priester ihr die heilige Hostie reichte, bemerkte er plötzlich etwas Dunkles auf dem Teil des Tüchleins, der ihm gegenüber herunterhing, als ob sich gewissermaßen etwas darauf ausgebreitet hätte. Margarete selbst hatte nichts wahrgenommen, da sie die Augen geschlossen hatte. Nach Beendigung der heiligen Messe kam der Pfarrer zu ihr in die Bank, in der sie kniete und in tiefe Andacht versunken war, und sagte, sie möchte ihm doch ihr Tüchlein zeigen, da er während ihrer Kommunion etwas Seltsames bemerkt habe. Nichts ahnend zeigte sie ihm das Taschentuch – und nun hatten sie beide eine eingebrannte Hand auf diesem sehen können ... Sofort sagte Margarete sich, daß dies das von Gott erbetene Zeichen sei als Beweis, daß es wirklich arme Seelen seien, die sich ihr näherten und um Hilfe baten. Zweimal hat uns Margarete dieses wunderbare Ereignis in derselben schlichten Weise erzählt, so daß an der Wahrheit und Tatsächlichkeit des Berichtes kein Zweifel möglich ist."[17]

Offensichtlich ist es eben dieses Tuch, von dem sie in einem Brief vom 5. Januar 1947 mitteilen konnte, daß es ihr nach 20 Jahren vom Freiburger Erzbischof zurückgegeben worden sei.

Auf dem Friedhof von Gerlachsheim ist noch heute (1978) ihr Grab zu sehen mit einem Grabstein, auf dem unter einem einfachen Kreuz steht: Margarete Schäffner 1863 – 1949 (Abb. 5). Dieser Grabstein ist ihr nicht von leiblichen Angehörigen, auch nicht von der Gemeinde Gerlachsheim gesetzt worden, sondern von Herrn Oster aus Luzern, der – ähnlich wie seine Mutter – jahrzehntelang mit Margarete Schäffner in freundschaftlicher Beziehung gestanden hatte.

Bisher wurde das einzige erhaltene Tuch mit den Brandspuren einer menschlichen Hand im Pfarrarchiv von Gerlachsheim aufbewahrt, wo ich es wiederholt fotografiert habe, in Schwarz-Weiß wie auf Farbfilm.

16 Derselbe, ebenda, S. 77
17 Derselbe, ebenda, S. 76

Abb. 5

Weder das zuständige bischöfliche Amt noch die jeweils amtierenden Pfarrer des Ortes haben sich auf eine Untersuchung des Falles Margarete Schäffner eingelassen, was schon die Dürftigkeit der Pfarrakte darüber anzeigt, obwohl in einem pfarramtlichen Bericht an den Bischof der Satz steht:

„Im ganzen verfügt sie über fünf solcher Tücher, auf einem seien die Hände der Priester Falk und Dorr kreuzweise eingebrannt."[18]

GEBHARD FREI, ein guter Kenner parapsychologischer und mystischer Erscheinungen, hielt den Fall Margarete Schäffner für echt. In der Monatsschrift „Bethlehem" (Immensee, Schweiz) schrieb er: „Am Karfreitag, 15. April 1949, ist Margarete Schäffner, im Alter von 86 Jahren, in Gerlachsheim, Baden, gestorben. Sie hat 68 Jahre lang ein Sühneleben für die armen Seelen geführt und stand all diese Zeit mit ihnen in bewußtem und erlebtem Kontakt."[19]

Bei genauerem Betrachten der Brandspuren auf dem erhaltenen Tuche ist nicht zu verkennen, daß es sich um eine rechte Hand gehandelt haben muß, die aufgelegt wurde. Die Hand dürfte von

18 Derselbe, ebenda, S. 85
19 Ebenda, Umschlag, S. 3

einem verhältnismäßig großen Menschen gewesen sein. Deutlich sind die einzelnen Finger-und Hand-Glieder zu erkennen.

3. Deutung des Phänomens

Nun drängt die Frage: Wie ist dieses Phänomen zu erklären? Voreilig, aber naheliegend ist die innerlich abwehrende Haltung: Ein Geist könne ja gar nicht wie uns bekannte materielle Dinge brennen und damit Brandspuren an anderen Dingen hinterlassen. Hier muß man zunächst einmal den Mut finden, in aller Unbefangenheit Tatsachen hinzunehmen, ohne sie unbesehen abzulehnen. Es gibt eben viele zunächst unerklärliche Dinge, die nicht einfach geleugnet werden dürfen, zu deren Aufhellung indes eine gewisse Bemühung beitragen kann. Es scheint uns gekünstelt und gezwungen, wie auch dem berichteten Sachverhalt zu widersprechen, hier Einwirkungen einer paranormalen Fähigkeit der Seherin selbst im Sinne des sogenannten Animismus annehmen zu wollen. Viel näher liegt jene Erklärung, welche nicht nur die Seherin selbst, sondern auch alle Unbefangenen, die davon hörten, hatten, daß es sich bei dem Einbrennen von Händen um wirklich von außen her kommende Einflüsse gehandelt hat. Margarete Schäffner war ja anfänglich selbst im Zweifel, ob es sich bei ihren Schauungen um Illusionen oder dämonischen Trug handelte. Deshalb erflehte sie für sich, wie als Beweis für andere, daß sie weder eine Betrügerin noch eine Betrogene sei, ein sichtbares und vorweisbares Zeichen, das ihre Erscheinungen bestätigen würde. Wenn bei ihr also physisch faßbare und vorzeigbare „Zeichen" eintraten, dann liegt kein Grund vor, diesen Zeichen-Charakter abzustreiten.

Eine weitere, hier schnell gestellte Frage lautet: Wie vermag überhaupt eine „Seele" ohne Leib Feuereinwirkungen hervorzubringen? Einen ersten Hinweis zur Beantwortung dieser Frage enthalten die Aussagen von Margarete Schäffner selbst. So sagte sie wiederholt von den Seelen, die sich ihr zeigten, sie seien „in leidendem Zustand, aber ein wirkliches irdisches Feuer ist es nicht".[20]

---

20 Derselbe, ebenda, S. 66

Damit wird eine allzu massiv realistische Vorstellung abgewehrt, als ob die Seelen im „Fege-Feuer" durch dauerndes Feuer gequält würden, das ganz dem irdischen Feuer gleiche.

Es legt sich uns die Vermutung nahe, daß es sich bei den Manifestationen mit Einbrennungen um die sogen. „Materialisation" gehandelt habe, also um eine zeitlich kurze Verstofflichung einer Seele zum Zwecke einer Manifestation im Bereich des Sinnlich-Wahrnehmbaren. Auch wenn wir nicht in der Lage sind, anzugeben, wie solche „Materialisationen" zustande kommen, werden sie in zuverlässigen Berichten so häufig bezeugt, daß an ihrer Wirklichkeit kaum zu zweifeln ist. Ein weiteres Indiz für diese Erklärung ist der Umstand, daß nicht selten die eingebrannten Geisterhände in Größe und Form nicht der ursprünglichen anatomischen Gestalt gleichen. Das freilich wird erst deutlich, wenn man viele Fälle der gleichen Art miteinander vergleicht.

4. Fegefeuer – Japanisches Totenfest

Bevor wir weitere Fälle zum Vergleich heranziehen, wollen wir kurz auf einen heute nicht selten vorgebrachten Einwand gegen den Begriff eines „Fegefeuers" überhaupt eingehen. Man wirft ein, daß es sich hierbei um einen spezifisch katholischen Glaubensbegriff handelt, der den Glaubensvorstellungen in anderen Religionen und Konfessionen fehle.

Daß dieser Einwand nicht zutrifft, dafür sei hier nur ein Beleg aus der Religionsgeschichte Japans angeführt. Jeden Sommer wird in Japan ein Totenfest gefeiert, „Urabon" oder kurz „Bon" genannt. Es gehört dem Gedankenkreis des Buddhismus an. Dieses buddhistische Totenfest ist sehr alt; es soll bereits vor 1300 Jahren gefeiert worden sein. Das Erlebnis eines Buddha-Schülers soll Anlaß zu seiner Einführung gegeben haben. In den Totenfestregeln der buddhistischen Schriften steht geschrieben: „Buddhas Schüler Mokuren (Mu liän), der die Kraft hatte, mit Geistern zu verkehren, wollte Vater und Mutter Wohltaten vergelten, und als er aus einer Meditation erwachte, sah er seine Mutter unter den Hungerteufeln schrecklich Hunger und Durst leiden. Deshalb tat er Speisen in eine Schüssel und brachte sie seiner Mutter dar, aber ehe sie die Speisen zum Mund führen konnte, gingen sie in Flammen auf und verbrannten. Mokuren war also nicht in der Lage, seine Mutter aus eigener Kraft zu retten, und bat deshalb Buddha um Rat. Da Mokurens Mutter nun für viele Sünden zu büßen hatte und nicht durch eines Menschen Kraft erlöst werden konnte, empfahl ihm Buddha, am 15. Tage des siebenten Monats mit vielen Priestern zusammen eine Totenandacht abzuhalten. Mokuren tat, wie ihm Buddha geheißen hatte, und seine Mutter entrann dadurch den Leiden der Hölle und wurde an einem schönen Orte wiedergeboren." [21] Ist zwar in diesem Bericht nicht genau angegeben, wo, wie und welcher Art die Flammen sind, von denen die Rede ist, so muß offensichtlich die verstorbene Mutter in diesen Flammen gewesen sein, denn die dargereichten Speisen verbrannten, ehe sie die Mutter verzehren konnte. Viele außerchristliche Religionen kennen einen Läuterungsvorgang der abgeschiedenen Seelen, wobei immer wieder die Vorstellung von einem Feuer auftaucht. [22]

In den Gleichnissen Jesu, die vom jenseitigen Leben handeln, spielt die Vorstellung von einem „Feuer" eine große Rolle, ohne daß die Art eines solchen Feuers näher gekennzeichnet würde. So etwa schreit der verurteilte Prasser aus dem Ort der Qual zum Vater Abraham, daß dieser den Lazerus schicke: „er möge wenigstens seine Fingerspitzen ins Wasser tauchen und mir die Zunge kühlen; denn in dieser Flammenglut leide ich große Pein" (Lk 16, 24).

5. Brandspuren in einem Gebetbuch

Ein eindrucksvolles, gut erhaltenes Dokument einer eingebrannten Hand stellt ein Gebetbuch aus dem 18. Jahrhundert dar. „Dieses in Neisse OS gedruckte Gebetbuch hatte einer in Nieder-Lindewiese (CSSR) lebenden Familie Hackenberg gehört. Durch einen ostvertriebenen Priester ist es nach Westdeutschland gekommen und

---

21 Das Jahr im Erleben des Volkes. Übersetzt aus dem Japanischen von BARGHORN u. a.- Tokyo 1926. - S. 165; vgl. dazu: G. SIEGMUND. - Buddhismus und Christentum. - 1968, S, 168
22 Vgl. hierzu: A. RIEDMANN. - Die Wahrheit des Christentums, Bd. IV, Die Wahrheit über die vier Letzten Dinge. - Freiburg 1956. - S 284 f

befindet sich heute im Familienbesitz der Familie Kral-Abensberg. Erhalten ist zugleich das Original des Protokolls, das der Direktor des Priesterseminars von Weidenau Dr. Stampfl am 1. November 1922 aufgenommen hat und das von zwei Zeugen mitunterzeichnet worden ist. Darin heißt es:

„Das Büchlein ist 10 cm lang, 6 cm breit, etwas über 2 cm dick ... Gedruckt zur Neiß bey Joseph Schlögl. Ohne Jahreszahl, vermutlich aus der 2. Hälfte des 18. Jahrhunderts. Auf der Seite 18 ist eine kleine Hand so eingebrannt, daß die Brandspuren durch 10 Blätter bis auf den vorderen inneren Einbanddeckel reichen. Deutlich erkennbar sind 5 Finger, die innere Handfläche und ein Teil des Gelenkes. Die Hand samt Gelenk mißt 7 cm, die Finger 2,5 cm reichlich, die Handfläche 3 cm. Das übrige ist Gelenk. Die Finger sind etwas auseinandergespreizt und einzeln deutlich erkennbar. Am stärksten eingedrückt ist der Daumen, der kleine Finger und der Zeigefinger. Auffallend ist, daß der Eindruck auf dem Einbanddeckel deutlicher ist, als auf den letzten Blättern. Die Finger machen den Eindruck, als ob sie nur aus Knochen bestanden hätten." (Abb. 6)

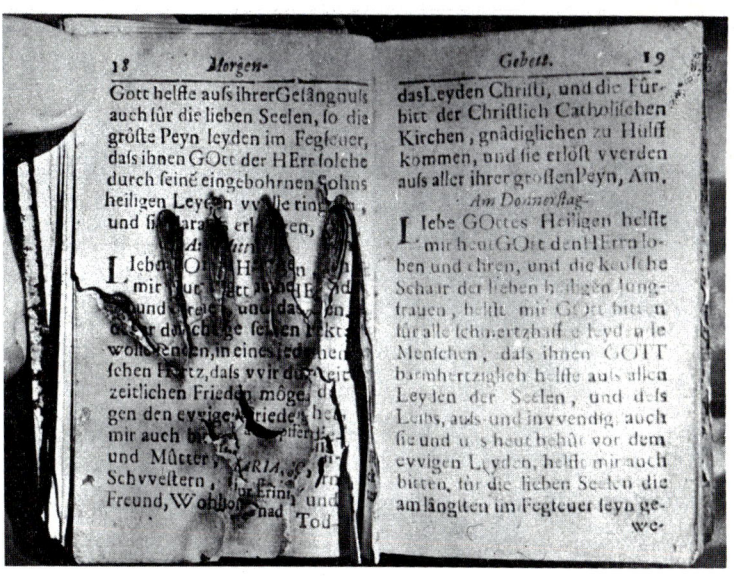

Abb. 6

In einem — auch in Urschrift — erhaltenen Bericht von Anna Bernert aus der Familie Hackenberg, der Dr. Stampf übergeben war, heißt es, daß ein Angehöriger der Familie Hackenberg auf Wunsch seines verstorbenen Vaters eine Wallfahrt nach Grulich — ein bekannter Wallfahrtsort dieser Gegend — unternommen und bei der Rückkehr auf einer Rast im Walde ein außerordentliches

Erlebnis gehabt habe. Er betet das Morgengebet und schläft dabei ein.

„Es erscheint der Verstorbene wieder und dankt ihm und sagt ihm: ‚Ich bin erlöst. Zum Zeichen, daß ich erlöst bin und daß ich wirklich bei Dir gewesen bin, hinterlasse ich Dir den in Dein Gebetbuch eingebrannten Händedruck.' Hackenberg erwacht und sieht, wie auf sein Gebetbuch — auf das Morgengebet — eine glühende Kinderhand eingedrückt und eingebrannt ist."

Wenn wir dieses Zeugnis ernst nehmen — und es besteht kein Grund, daran zu zweifeln —, so ergibt sich daraus, daß es sich hier um eine „Materialisation" gehandelt haben muß. Einmal hat die eingebrannte Hand nur die Größe einer „Kinderhand", nicht die eines Erwachsenen. Dann kann es sich auch nicht um eine durch Feuer gequälte Seele im „Fegefeuer" handeln, denn die sich meldende Seele bekennt ja ausdrücklich, nicht mehr im „Fegefeuer", sondern bereits „erlöst" zu sein.

Bei der Protokollaufnahme sind leider einige wichtige das Geschehnis präzisierende Fragen versäumt worden. Die Berichterstatter konnten nur wiedergeben, was sich in der Tradition der Familie erhalten hatte. Mit Erinnerungsverschiebungen muß daher gerechnet werden. Doch spricht schon einmal das Dokument für sich. Der Direktor des Priesterseminares, der das Protokoll aufnahm, hatte offensichtlich keinen Grund, an der Glaubwürdigkeit der Zeugen zu zweifeln. Es fällt einmal auf, daß die eingebrannte Hand nur die Größe einer Kinderhand hat, es aber ein Erwachsener war, der sich hier manifestierte. Zudem ist in dem Bericht die Rede von einem „Männlein". Mithin liegt es nahe, an eine „Materalisation" zu denken, die nicht an die alte anatomische Form der Hand gebunden ist. Dann dürfte es sich auch nicht um eine noch durch „Feuer" gequälte Seele im „Fegefeuer" gehandelt haben, denn die sich meldende Seele bekennt ja ausdrücklich, nicht mehr im „Fegefeuer", sondern bereits „erlöst" zu sein. Bestätigung für diese Annahme können wir den Berichten von anderen Fällen entnehmen.

6. Brandspuren in einem Totenmissale

»Nach einigem Bemühen ist es mir geglückt, ein bedeutsames Dokument mit Brandspuren aus der jüngsten Zeit zu Gesicht zu bekommen und die Spuren zu fotografieren. Es handelt sich um ein Totenmissale, nach dem im Jahre 1922 eine Seelenmesse gefeiert wurde, während der der Finger einer Geisterhand da und dort auf einen Gebetstext auftippte und Brandspuren hinterließ. Die Geschichte dieses Dokumentes ist ein eindrucksvoller Beleg für die Tatsache, daß solche übersinnliche Phänomene den sie miterlebenden Geistlichen so peinlich sind, daß sie sie zu verheimlichen versuchen. Es bedurfte einer langen Detektivarbeit von BRUNO GRABINSKI, bis es ihm endlich gelang, das Meßbuch ausfindig zu machen. Es wurde ihm schließlich überlassen.[23]

Leider wurde B. GRABINSKI und Studienrat KALITTA, die zuerst das aufgefundene Meßbuch besichtigten, das Versprechen abgenommen, über die einzelnen konkreten Verhältnisse von Ort und Namen Stillschweigen zu bewahren. Indes wissen wir genügend Einzelheiten, um uns von dem Geschehen ein Bild machen zu können. Das Meßbuch gehörte jedenfalls einer Kirche des Saarlandes. Es wurde eines Morgens verwendet für eine Totenmesse, welche für einen verstorbenen Priester gefeiert wurde. Eine Gläubige, welche der Feier des Meßopfers beiwohnte, gewahrte, wie sich zweimal eine Geistergestalt dem Buch näherte, mit dem Finger hineintupfte, worauf Rauch aufgestiegen sei. GRABINSKI gelang es, das Geschehene sich durch den Geistlichen, der die Messe gefeiert hatte, bestätigen zu lassen. GRABINSKI schreibt:

„Er selbst (d. h. der zelebrierende Geistliche) habe von der Erscheinung nichts gemerkt, sondern erst *nach* der Messe Brandflecken im Meßbuch wahrgenommen. Eine natürliche Erklärung habe er für diese nicht finden können, er habe sich nur gesagt, daß die Brandstellen nicht durch glühende Kohle hätten hervorgerufen werden können. Für wen er die Messe zelebriert habe, wisse er heute nicht mehr (der Fall hat sich etwa 1922 zugetragen). Später habe

---

23 BRUNO GRABINSKI. - Beweise aus dem Jenseits. Das versengte Meßbuch., S. 143 – 155

er gehört, daß ein Ordensmann durch jene Messe erlöst worden sei. Die Seherin habe er gut gekannt, man habe ihr außergewöhnliche Fähigkeiten nachgesagt. Sie habe jener Messe beigewohnt und sei nach dieser sogleich in die Sakristei gegangen und habe dem anwesenden Pfarrer M. ihre Schauung mitgeteilt, worauf dieser das Meßbuch habe holen lassen. In diesem habe er die Brandmale festgestellt und so die Angaben der Seherin bestätigt erhalten." [24]

Bei näherem Betrachten der Brandstellen ist zunächst einmal festzustellen, daß sie sich nicht am Rande oder auf der unbedruckten Seite, sondern auf Textstellen befinden. Auch ist nicht eine ganze Hand aufgelegt worden. Vielmehr ist mit einem Finger auf einzelne Textstellen aufgetippt worden (Abb. 7).

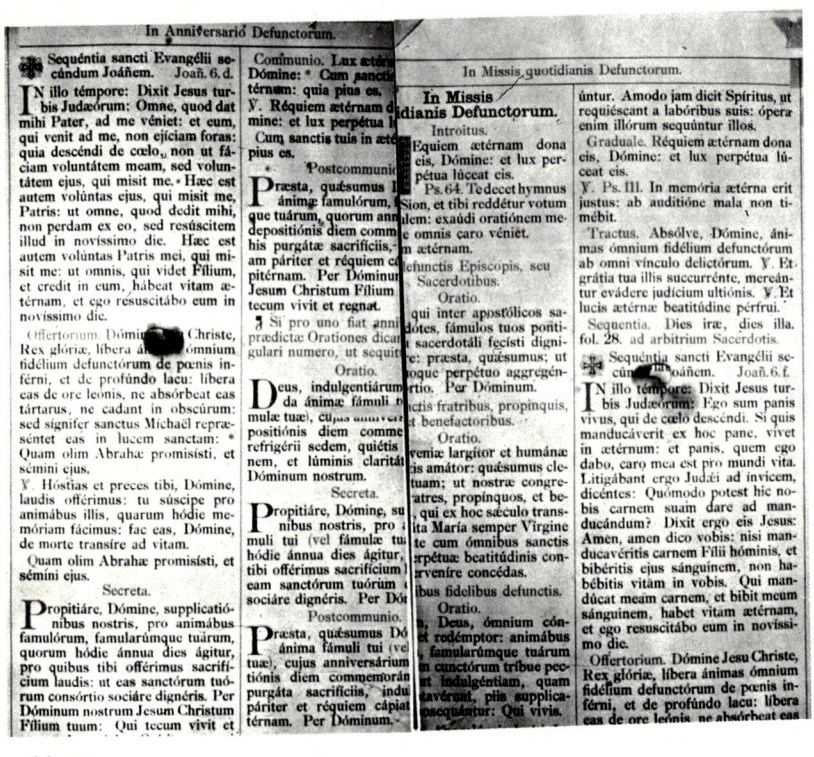

Abb. 7

[24] Derselbe, ebenda, S. 147 f

Dabei hat der aufgetippte Finger offensichtlich nicht wahllos auf dem Text herumgetippt, sondern auf Gebetstexte hinweisen wollen, in denen mit besonderer Intensität das Erbarmen Gottes angerufen wird.

Dieses Auftippen auf besondere Gebetstexte wird besonders auffällig, wenn man bedenkt, daß in dem Bericht ausdrücklich von einem Umblättern durch die Geisterhand berichtet wird, davon aber keine Spur zu sehen ist; eine solche hätte sich auf dem nichtbedruckten Rande einprägen müssen.

Das Zusammentreffen der Brandspuren mit intensiven Gebetsanrufen beschreibt B. GRABINSKI so:

„Bei näherer Betrachtung der Brandstellen fällt auf, daß sie Texte betreffen, die von *ganz besonderer* Bedeutung in der Totenmesse sind. So ist gleich auf der ersten Seite, auf der sich nur ein schwacher Abdruck der folgenden scharf ausgeprägten Brandmale befindet, in der ‚Sequenz‘, und zwar auf den ersten Zeilen, der nachfolgende Texte berührt:

'Oro supplex et acclinis, Cor contritum quasi cinis ...'

'Schuldgebeugt zu dir ich schreie, tief zerknirscht in Herzensreue ...'

Auf der folgenden Seite ist die nachstehende Stelle eingebrannt:

'Propitiare, quaesumus Domine, animae famuli tui N ...'

'Wir bitten Dich, o Herr, sei gnädig der Seele Deines Dieners N ...'

Auf der nächsten Seite berührt die Brandstelle in der Sequenz 'Dies irae, dies illa' den Vers:

'Juste judex ultionis, Donum fac remissionis, Ante diem rationis ...'

'Richter Du, gerechter Rache, Nachsicht üb' in meiner Sache, eh' ich zum Gericht erwache ...'

Auf der gegenüberliegenden Seite ist das Offertorium erfaßt worden.

'Domine Jesu Christe, Rex gloriae, libera animas omnium fidelium defunctorum de poenis inferni, et de profundo lacu ...'

'Herr Jesus Christus, König der Herrlichkeit, bewahre die Seelen aller verstorbenen Gläubigen vor den Qualen der Hölle und vor den Tiefen der Unterwelt ...'

Auf der nächsten Seite ist die Einleitung zum Evangelium nach Joh. 6 f. durchgebrannt, dem Evangelium, in dem es heißt:

'Das ist der Wille meines Vaters, der mich gesandt hat, daß jeder, der den Sohn sieht und an ihn glaubt, das ewige Leben habe, den werde ich auferwecken am jüngsten Tage.'

Auf der nächstfolgenden Seite ist das Blatt in der Rubrik 'Pro defunctis fratribus, propinquis, et benefactoribus' (für verstorbene Brüder, Verwandte, Wohltäter), und zwar in den Anfangszeilen der 'Sekret' durchgebrannt:

'Deus, cuius misericordiae non est numerus, suscipe propitius preces humilitatis nostrae ...'
'Gott, Dein Erbarmen ist ohne Grenzen, darum nimm gnädig auf unser demütiges Flehen ...'
Schließlich ist auf der letzten Seite der Anfangstext in der 'Postcommunio' durchgebrannt:
'Prosit, quaesumus Domine, animae famuli tui N., Pontificis Cardinalis misericordiae tuae implorata clementia ...'
'Wir bitten Dich, o Herr: Deine milde Barmherzigkeit, die wir angerufen, sei der Seele Deines Dieners N. zum Heile ...'
Ein weiterer schwacher Abdruck ist noch auf der nächstfolgenden Seite sichtbar, aber nur als Abdruck und nicht mehr durchgebrannt.

Alle Brandstellen betreffen also Textteile der Totenmesse, die in *direkter Weise Gott um Nachsicht, Barmherzigkeit und Milde* anflehen, gewiß ein doch auffallender Umstand, denn die Brandstellen hätten sich ja auch an ganz anderen Stellen, z. B. am Rande oder an den Ecken der einzelnen Seiten befinden können, ohne die Texte überhaupt zu berühren.

Es drängt sich bei Betrachtung dieser Stellen geradezu der Gedanke auf, daß der erschienene Verstorbene zu Lebzeiten *Latein gekonnt* habe, da er sonst nicht *so sinnvolle* Texte der Totenmesse ausgewählt bzw. versengt hätte. Die Annahme liegt daher nahe, daß es ein verstorbener *Priester* gewesen sei." 2.

Es ist GRABINSKI recht zu geben, wenn er in den angebrannten Textstellen eine intendierte Auswahl vonseiten des Einbrenners annimmt. Es liegt dem Tun der Geisterhand offensichtlich eine Absicht zugrunde, nicht nur sich selbst zu manifestieren und die Aufmerksamkeit auf sich zu ziehen, sondern sie auch auf ganz bestimmte Texte hinzulenken.

Jene Gläubige, welche vom Kirchenraum aus den Vorgang der Einbrennung beobachtet und nachher in der Sakristei gemeldet hat, war den dortigen Geistlichen wohlbekannt, hatte einen guten Leumund und stand im Rufe, paranormale Fähigkeiten zu besitzen, so daß sie in der Lage war, die Stelle anzugeben, wo zwei französische Studenten verunglückt waren, die man lange vergeblich gesucht hatte.

Für die Erklärung des „Phänomens der eingebrannten Hand" — hier freilich nur eingebrannter Finger — ist es wichtig, den Unter-

---

25 BRUNO GRABINSKI . - Spuk und Geistererscheinungen — oder was sonst? II. Teil, - Gröbenzell , 1970. - S. 7. — 78

schied festzuhalten, der zwischen dem amtierenden Priester und der aus dem Kirchenschiff beobachtenden Gläubigen besteht. Der am Altare amtierende Priester hat von der Einbrennung nichts gemerkt. Anders die von weitem beobachtende Person. Sie dürfte also im Besitz einer paranormalen Fähigkeit gewesen sein, einer Art Hellsichtigkeit, die dem Priester abging. Dennoch kann diese paranormale Fähigkeit der Beobachterin nicht die Ursache des ganzen Vorganges gewesen sein. Denn einmal liegt ja das nachträglich feststellbare und festgestellte Ergebnis der Einbrennung vor wie andererseits die ausdrückliche Versicherung, die Einbrennung vonseiten eines anderen Wesens beobachtet zu haben. Es wäre gekünstelt und abwegig, dennoch zu behaupten, die beobachtende Person wäre kraft ihrer paranormalen Fähigkeit die Verursacherin der Einbrennung.

Das Gleiche gilt für die Vorkommnisse um Margarete Schäffner. Wenn nicht nur gute Beobachter, sondern auch parapsychologisch geschulte Fachleute, davon überzeugt waren, daß sie durch fast sieben Jahrzehnte hindurch regelmäßig Kontakt mit Verstorbenen gehabt hat, so kann doch die paranormale Fähigkeit zu solcher Kontaktnahme selbst nicht die Ursache der wiederholt beobachteten Phänomene der Einbrennung von Händen in Tücher gewesen sein. Damit fällt die sogenannte animistische These einer Erklärung für diese Fälle weg.

7. Nochmals Fegefeuer

Worauf die so häufig festgestellten „Phänomene einer eingebrannten Hand" hinweisen, das steht bei der heutigen Theologie nicht hoch im Kurs: die Lehre von einem „Fegefeuer" oder — theologisch besser ausgedrückt: von einem „Purgatorium", einem Reinigungsorte, in dem an der Seele eines Verstorbenen verbliebene Makel ausgebrannt werden. Heute finden die erschreckenden Schilderungen von DANTES „Divina Comedia" in den Augen moderner Theologen keine Gnade. Mit dem heute rasch dahin gesprochenen Wort: „Heute denkt man anders über diese Dinge", sollte man recht vorsichtig umgehen. Denn schließlich kommt es nicht darauf an, was „man" heute denkt, sondern was sich in einer Welt einmal tun wird, die für uns heute völlig verhängt ist. Gott hat uns dieses Geheimnis nicht gelüftet. Es könnte sonst sehr leicht das eintreten, was THOMAS MANN in seinem Roman „Doktor Faustus" schildert, daß zur Hölle Verurteilte sich lange dagegen sträuben, ihr eigenes Geschick glauben zu wollen, aber endlich vergeblich gegen die ein für allemal heruntergefallene Tür anrennen.

Wir leben mitten in einer geistigen Woge, in welcher es eine sentimentalisierte Auffassung für Gottes unwürdig erklärt, daß er wie ein Kerkermeister oder ein KZ-Wächter Untergebene quäle. Dabei verfällt völlig der Verdrängung all das Furchtbare, was in Konzentrationslagern wirklich geschehen ist und was von Terroristen auch heute noch geschieht. Es ist abwegig, zu meinen, Gott könne und dürfe nicht strafen; sein „Metier" (HEINRICH HEINE) sei es, nur zu verzeihen. Ein so verweichlichtes Großvaterbild von Gott widerspricht ganz der Forderung nach Gerechtigkeit vonseiten der Gemarterten, wie auch dem Bild von Gott, dem Strafenden, wie es die Bibel zeichnet. Wir haben Gott keine Vorschriften zu machen, wieweit seine Strafen gehen dürfen, von wann ab sie seiner nicht mehr würdig sind. In dieser Hinsicht haben wir alle gedanklichen Konstruktionen über ein „Decet" oder „Non decet" (= „Es gebührt sich" oder „es gebührt sich nicht") zurückzustellen, denn Gottes Größe ragt unendlich über unser menschliches Fassungsvermögen hinaus, sowohl in seinem Lieben wie in seinem Strafen.

8. Zwei weitere noch erhaltene Dokumente mit Brandspuren

Nur kurz sei hier noch auf zwei weitere Dokumente mit Brandspuren von eingebrannten Händen verwiesen, welche in der bisherigen Literatur bereits beschrieben sind, worauf hier ausdrücklich hingewiesen sei. Meine persönlichen Nachforschungen haben ergeben, daß sie noch vorhanden sind. Auch habe ich von den beiden Dokumenten neue fotografische Aufnahmen gemacht.

Im Pfarrarchiv zu Pflochsbach am Main wird ein Taschentuch

mit einer eingebrannten Hand, dazu eine Reihe dazugehöriger Urkunden, aufbewahrt. Der Schloßgärtner und Turmwart, Kaspar Röslein, hatte im Jahre 1752 eine Bußwallfahrt unternommen. Er war bis zu dem Wallfahrtsort Maria Einsiedeln gekommen und hatte dort bei einer Seelenmesse für einen Verstorbenen durch Eindruck der Hand die Versicherung erhalten, der Verstorbene sei erlöst. BRUNO GRABINSKI hatte im Dezember 1917 das Tuch fotografieren lassen.[25] Neue Farbaufnahmen von diesem Dokument haben wir im Oktober 1978 gemacht. Das Tuch ist unbeschädigt, die Spuren sind deutlich zu sehen (Abb. 8).

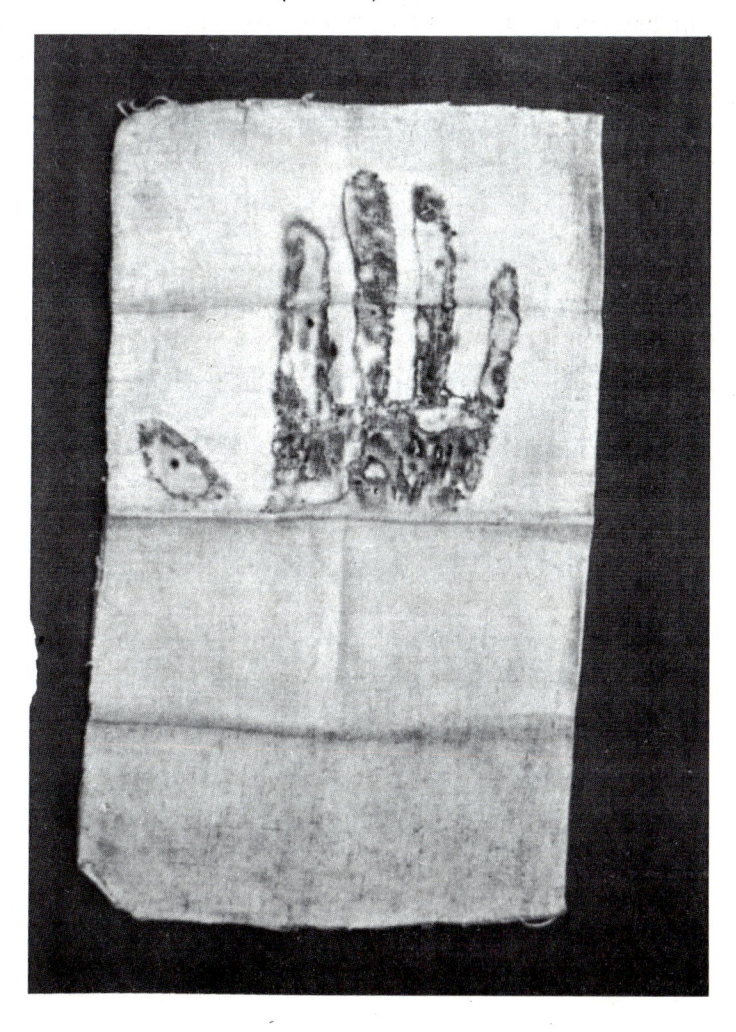

Abb. 8

Ein weiteres Dokument, von dem ich neue Aufnahmen gemacht habe, ist ein Predigtbuch, das der seinerzeit bekannte Jesuit JAKOB REM im Jahre 1595 verfaßt hatte und das 1652 in Dillingen gedruckt worden war. Auf dem vorderen Einbanddeckel weist ein Exemplar dieses Werkes, das gegenwärtig in der Dekanatsbibliothek in Hall (Tirol) aufbewahrt wird, links oben die Einbrennung eines Daumens auf. Die Einbrennung hat Brandlöcher bis auf Seite 64 und Brandflecken auf weiteren Seiten hervorgerufen (Abb.9). Der Bericht über die Einbrennung nennt die Seele eines verstorbenen Priesters als Verursacherin der Einbrennung. Die ganze Sache hat Anlaß gegeben zu privaten und amtlichen Nachforschungen, über die BRUNO GRABINSKI eingehend berichtet hat.[26]

Abb. 9

25 BRUNO GRABINSKI. - Spuk und Geistererscheinungen — oder was sonst? II. Teil, - Gröbenzell , 1970. - S. 7- — 78

26 Derselbe, ebenda, S. 90 — 107; derselbe, , Begegnungen mit Abgeschiedenen. - Wiesbaden, 1964. - S. 139 — 142

9. Die eingebrannte Hand auf dem Tribunaltisch in Lublin (Polen)

Bei dem Besuch Polens im Juli 1978 lernte ich in Lublin einen der bisherigen Literatur noch nicht bekannten Fall des „Phänomens einer eingebrannten Hand" kennen. Im Vorraum eines städtischen Museums, das sich auf einer Anhöhe befindet, steht ein alter, schwerer Tisch, der als Tribunaltisch bezeichnet wird und früher im alten Gerichts-Tribunal gestanden haben soll. Durch eine darübergelegte Glasplatte geschützt, sind unverkennbar die Spuren einer eingebrannten Hand zu sehen. Es muß eine große Hand gewesen sein, die sich hier aufgedrückt hat. Bei näherer Betrachtung fällt auf, daß die Andeutung der natürlichen anatomischen Gliederung der Finger fehlt. Die Fingereindrücke machen den Eindruck eines ungegliederten Schemas. Neben dem Eindruck auf dem Tisch befindet sich ein Bericht in polnischer Sprache über die Geschichte der Einbrennung.

In deutscher Übersetzung besagt der Bericht:

„Im Jahre 1637 wurde vor dem Gericht ein Prozeß gegen eine Witwe geführt. Gegenstand des Streites war ihr Vermögen, das ein Magnat seinem Besitz einverleiben wollte. Dieser gedachte, nach dem Tode des Mannes die Hilflosigkeit der armen Frau auszunutzen. Die bestochenen Richter urteilten zugunsten des Magnaten. Darauf erhob die verzweifelte Witwe ihre Hände zum Kruzifixus im Gerichtsaal und rief: ‚Wenn die Teufel richten würden, würden sie ein gerechteres Urteil fällen'. Um Mitternacht erschienen im Gerichtssaal seltsame Richter mit schwarzen Perücken. Der erschrockene Schreiber, der persönlich Zeuge des Geschehens war, bemerkte die teuflischen Hörner, die geschickt unter den schwarzen Haaren versteckt waren. Es begann die Sitzung des Teufelsgerichtes. Der Teufel-Verteidiger bewies in einer kurzen sachlichen Rede die Rechte der Witwe auf das Vermögen ihres verstorbenen Ehemannes. Nach Anerkennung der Beweise des Verteidigers sprach das Teufel-Gericht das Urteil zugunsten der Witwe, viel gerechter als die Entscheidung des Tribunalgerichtes. Christus am Kreuz hatte aus Scham sein Gesicht abgewandt. Am nächsten Tage sah der Schreiber das Siegel der eingebrannten schwarzen Hand auf dem Tische."

Meine Bemühungen, weitere Informationen über das Phänomen in Lublin zu erhalten, haben bisher noch nicht zu einem Ergebnis geführt.

Noch unglaublicher als die Berichte über das Phänomen der eingebrannten Hand hören sich die Erzählungen über Totenerweckungen an. Wie WILHELM SCHAMONI *im folgenden Beitrag berichtet, gibt es auch darüber gut dokumentierte Fälle.*

WILHELM SCHAMONI

AUFERWECKUNGEN VOM TODE

Ich schreibe hier als Theist und als Christ. Als Theist, weil nur Gott Tote, wirklich Tote, nicht klinisch Tote, Scheintote, sondern wirklich Gestorbene, d. h. Menschen, deren Seele sich von ihrem Leibe getrennt hatte, wieder lebendig machen kann, und als Christ, der in den Worten Christi: „Heilt Kranke, wecket Tote auf" (Mt 10, 8) Verheißungen sieht, die sich erfüllt haben müssen. Wenn ich Atheist wäre, würde ich über die Zumutung, glauben zu sollen, daß wirklich Gestorbene wieder zum Leben zurückgekehrt seien, entweder lachen oder wütend werden

1. Einleitung

Im Jahre 1965 hatte ich auf einer pfingstlerisch inspirierten ökumenischen Tagung in Königstein über „Charismen in der Geschichte der katholischen Kirche" zu sprechen.[1] Ich sprach also über Krankenheilungen, Voraussagen, Lesen in den Herzen, Verstehen fremder Sprachen, Bilokationen, Nahrungslosigkeit, Schweben über dem Boden, Verklärung bei Heiligen. Wie früher bei meinen hagiographischen Arbeiten stieß ich, jetzt aber besonders, auf *Auferweckungen vom Tode*. Es reizte mich, hierüber Näheres zu erforschen, nicht in der Sekundärliteratur, sondern in den Quellen.

Benedikt XIV. (Prosper Lambertini) spricht in seinem großen klassischen Werk über das Selig- und Heiligsprechungsverfahren

---

[1] Das Referat ist wiedergegeben in „Theologie und Glaube", Jg. 56, 1966, S. 206 – 225

(De servorum Dei beatificatione et beatorum canonizatione, Bologna 1734 – 38) über alle übernatürlichen Erscheinungen, die im Leben von Heiligen und nach ihrem Tode vorgekommen sind. In einem langen Kapitel (Buch 4, 1. Teil, Kap. 21) spricht er auch über Totenerweckungen auf die Fürbitte von Heiligen. Ich bin nun seinen Angaben gefolgt und habe mich bemüht, in Kanonisationsakten besonders solche Totenerweckungen zu finden, die als Wunder zum Beweis der Heiligkeit dienen sollten. Auf der Nationalbibliothek in Paris befindet sich ein „Fonds des canonisations", das sind 796 Bände zwischen 1661 und 1809 gedruckter Kanonisationsakten.[2] Sie gehören zu den 1810 von Napoleon I. aus Rom verschleppten Archivalien.

Aus diesen Bänden habe ich für mein Buch „Auferweckungen vom Tode", das 1968 erschien,[3] viele Heiligsprechungsakten übersetzt. Bei diesen Dokumenten handelt es sich um beschworene Gerichtsprotokolle unbescholtener Augenzeugen, die zu mehreren, unabhängig voneinander und einzeln befragt, jede Einzelheit unter Eid ausgesagt haben, z.B. noch am Tage der Erweckung selbst, in den ersten Tagen danach, oder nach gut zwei Monaten oder nach zwei Jahren. Und wenn, wie meistens, die Vernehmungen erst mehrere Jahre nach dem Geschehnis erfolgten, so mag man die

---

2 W. SCHAMONI.- Auferweckungen vom Tode.- Paderborn: Selbstverlag 1968

3 Aus diesen Bänden habe ich viele 100 Seiten fotokopiert und daraus für das Buch übersetzt. Später habe ich noch ein *Inventar* dieses Fonds angefertigt von den Seiten, die mir für Paranormales besonders wichtig erschienen: Inventarium Processuum Beatificationis et Canonizationis, Bibliothecae Nationalis Parisiensis, provenientium ex Archivis S. Rituum Congregationis typis mandatorum inter annos 1661 – 1809, quod digessit Wilhelm Schamoni et auxit signaturis positionum earum partium, quae in Centro pro studiis hagiographicis Paderbornensi praesto sunt, illarumque, quas indicant „Deutscher Gesamtkatalog", Britannici Musaei „General Catalogue of printed books", „The National Union Catalog Pre 1956 Imprints".

Von der Arbeit an diesem Fond für das Inventar habe ich mir für das Buch „Wunder sind Tatsachen – Aus Heiligsprechungsakten übersetzt" (Würzburg: Verlag Naumann, Stein a. Rh.: Christiana Verlag, Linz: Veritas Verlag) mehrere 1000 Seiten Fotokopien mitgebracht, auch ebensoviele aus Rom, besonders von neueren Prozessen geholt. Damit diese Texte jedermann zur Verfügung stehen, habe ich meinen Schatz von etwa 10.000 fotokopierten Seiten der Erzbisch. Akademischen Bibliothek in D-4790 Paderborn, Leostr. 21, übergeben. Das war für Herrn Erzbischof Johannes Joachim Degenhardt Anlaß, bei dieser Bibliothek das Hagiographische Studienzentrum zu gründen. Er erreichte es bei der S. Congregatio pro causis Sanctorum, daß sie dorthin etwa 2300 Bände ihrer Dubletten von Kanonisationsakten auslagerte. (Die Druckauflage dieser Bände beträgt auch heute noch kaum mehr als 50 Exemplare).

Aussagen um so kritischer prüfen, nichts aber berechtigt, sie von vornherein als Märchen oder Legenden abzutun.

Als Beispiel eines Eides, wie er stets den Zeugen in einem Heiligsprechungsverfahren abverlangt wurde und heute noch wird, zitiere ich einmal, was in den Jahren 1306/7 die 323 Zeugen im Prozeß des hl. Thomas von Cantalup, Bischof von Hereford in England, unter Berührung der heiligen Evangelien, ihre ewige Seligkeit zum Pfande gebend, schworen, nämlich, daß sie „über alles die ganze, volle, reine, lautere und einfache Wahrheit sagen würden, die sie wüßten oder glaubten oder gehört hätten, so wie sie sie wissen, glauben oder gehört haben, daß sie nichts aus persönlicher Zuneigung oder Begünstigung oder aus freundschaftlichen Gründen oder wegen eines persönlichen Vorteils, den sie selbst oder durch andere schon erlangt hätten, erlangen würden oder zu erlangen hofften, oder aus Furcht oder Haß etwas verschweigen würden, und daß sie nicht betrügerisch etwas Falsches einflechten oder etwas Wahres unterschlagen würden und daß sie nicht aus Eigenem etwas hinzufügen würden."[4]

Aber die Zeugen, so wendet man ein, waren gewöhnlich doch keine Ärzte, darum konnten sie den Tod nicht mit Sicherheit feststellen. Muß man aber Medizin studiert haben, um mit eigenen Augen beobachten zu können, daß einer nach vielen Stunden aus der Tiefe des Wassers geborgen wurde, oder daß jemand den Hals gebrochen hat und daß ihm ein Halswirbel im Nacken herausstand, daß er eiskalt und starr wie ein Brett war?

2. Dokumentierte Fälle

Sehr gute, ausführlich belegte Beispiele scheinen mir die auf die Fürbitte des hl. Franz von Sales gewirkten Erweckungen zu sein,[5] von denen ich hier zwei bringen möchte.

---

4 Acta Sanctorum, Oct. I.- Antverpiae 1746, S. 588, Nr. 268 f.
5 W. SCHAMONI.- Auferweckungen vom Tode, S. 83

a) Auferstehung der Schwester Franziska-Angelika de la Pesse

Aussagen der auferweckten Schwester:

Ich bin zwischen 41 und 42 Jahre alt, und vor ungefähr 23 Jahren hatte ich die Ehre, den Schleier in diesem ersten Kloster der Heimsuchung zu empfangen. Das Wunder, das an meiner Person geschah, ist noch heute Gegenstand der Bewunderung für die ganze Stadt Annecy und die Erinnerung daran noch ganz frisch. Ich erinnere mich an den 28. April des Jahres 1623. Ich war zwischen acht und neun Jahre alt. Ich aß zu Mittag im Hause meiner Großmutter, der Frau Franziska Crassus, Gattin des Herrn de Boëge de Conflans. Es war eine große Gesellschaft, und nach Tisch vergnügte man sich. Mein Bruder Franz de la Pesse, der neun bis zehn Jahre alt war, und ich sahen, daß man auf uns nicht achthatte. So gingen wir ohne die Erlaubnis meiner Mutter in den Garten meiner Großmutter. Als wir am Rand des Flusses waren, sahen wir am anderen Ufer einige Blumen. Und das Verlangen, sie zu pflücken, trieb uns, über ein langes Brett an das andere Ufer zu gehen. Als ich in die Mitte des Brettes gekommen war, fiel mir ein Handschuh hin, und ich wollte mich bücken, um ihn aufzuheben. Der Fluß führte Hochwasser, daß es fast bis an das Brett kam. Sofort überfiel mich Schwindel, und ich fiel in den Fluß.

Im selben Augenblick, in dem ich fiel, überwältigte mich das Wasser mit solcher Kraft und machte mich so steif, daß ich nach einigen Bewegungen mit Händen und Füßen, als ich meinen Mund hatte öffnen wollen, um meinen Bruder zu rufen, derart erstickte, daß ich mich nicht mehr erinnere, was mit mir geschah, noch wie ich herausgezogen wurde. Das erste, woran ich mich bezüglich des Unfalls wieder erinnere, ist, daß ich, als ich die Augen öffnete, auf das äußerste erstaunt war, mich von mehreren Personen umgeben zu sehen, die schrien: „Wunder! Wunder!" Darüber war ich so erschrocken, daß ich es nicht ausdrücken kann, weil ich nicht wußte, was man damit sagen wollte, und ich dachte nur, daß ich gut geschlafen hätte. Darauf fing meine Mutter, die hinzugekommen war, an zu weinen, und das verwunderte mich noch mehr, weil ich nicht wußte, warum sie weinte. Ich sah, wie sie sich auf die Knie warf und den großen heiligen Franz von Sales anrief, und zugleich sagte man rings um mich, das Geschwollensein meines Gesichtes sei vergangen, was mich immer mehr erstaunte, weil ich nicht wußte, daß ich je ein geschwollenes Gesicht hatte. Und ich sah und beobachtete eine allgemeine Freude im ganzen Haus. Man kleidete mich an, ich erhob mich wie sonst, fühlte keinerlei Beschwerde und begrüßte meinen Großvater und meine Großmutter, was sie mit solcher Freude überwältigte, daß sie in Ausbrüchen unglaublichen Jubels mehrmals wiederholten: „O, dieses große Wunder, das der selige Franz von Sales gewirkt hat!" Und alle anderen in der Gesellschaft taten und sprachen ebenso.

Erst da fing ich an, mich zu erinnern, daß ich in den Fluß gefallen war. Aber ich habe niemals auch nicht die geringste Ahnung und Kenntnis davon gehabt, was darauf geschehen ist und was mir zugestoßen ist. Alles, was ich davon weiß, weiß ich nur, weil man es mir erzählt hat. Am Abend, zu Beginn der Nacht, kehrte ich in das Haus meines Vaters zurück, und ich erinnere mich, daß sehr viele Lichter brannten.

Ich erinnere mich noch, daß, als wir ins Haus getreten waren, meine Mutter mir sagte: „Meine Tochter, du bist vom Tod zum Leben auferweckt worden durch die Fürbitte des heiligen Franz von Sales. Du mußt dafür Gott danken und diesen heiligen Diener Gottes ja gut ehren." Danach gab mir meine Mutter zu essen und brachte mich zu Bett, wo ich sehr gut geschlafen habe. Ich erinnere mich noch, daß am Morgen die Mutter mich in die Kirche der Heimsuchung führte, wo sie die hl. Messe feiern ließ, und sie stellte mich vor das Grab des heiligen Franz von Sales hin. Ich erinnere mich noch, wie am Morgen, als meine Mutter zu mir kam und mich an das erinnerte, was sie mir am Abend zuvor gesagt hatte, ich ihr sagte: „Mutter, läßt du nicht für mich die Messe lesen in der Heimsuchungskirche, wie du es gestern mir versprochen hast?" Diese Worte zogen ihr Tränen der Freude aus den Augen. Ich erinnere mich auch, daß ich die Nacht so gut geschlafen habe, daß ich glaube, in meinem ganzen Leben nie so sanft geschlafen zu haben. Als man mich aus dem Bett hob, wollte meine Mutter nachschauen, wie es mit meinem Kopf stehe. Sie fand meine Haare noch ganz naß. Der große Jubel, in dem alle waren, als sie mich auferweckt sahen, hatte es übersehen lassen, mir den Kopf zu trocknen. An dem Morgen führten mich mein Vater, meine Mutter mit allen andern Verwandten zum Grabe des ehrwürdigen Dieners Gottes, Franz von Sales, unseres Ordensstifters, um das Herz aus Gold, das meine Mutter gelobt hatte, darzubringen. Und es gab einen unglaublichen Andrang des Volkes, das zur Kirche der Heimsuchung herbeigeeilt war, um die Erfüllung des Gelübdes zu sehen. Am Nachmittag des gleichen Tages führte mich meine Mutter ins Sprechzimmer des ersten Klosters der Heimsuchung, um die ehrwürdige Mutter von Chantal zu begrüßen und um ihr das Wunder zu berichten. Aber ich hatte keine Ahnung vom dem, was sie erzählte. Später habe ich gehört, wie das Wunder mit allen Einzelheiten meiner Mutter erzählt wurde. Ich erinnere mich noch, daß mehrere Tage lang unaufhörlich alle möglichen Personen von Rang und Stand kamen, um mich zu sehen und dieses große, mir geschehene Wunder zu bestaunen. Das ist alles, was ich klar und deutlich behalten habe. Das Alter, in dem ich mich befand, machte es mir unmöglich, mehr zu behalten. Aber ich erinnere mich an all das ebenso genau, wie wenn es gestern geschehen wäre. Weil ich es von damals an so oft erzählt habe, konnte ich nichts davon vergessen.

Ich erinnere mich auch noch, daß der Arzt, Herr Grandis, der, wie man mir gesagt hat, mich lange untersuchte, als man mich ganz kalt aus dem Wasser gebracht hatte, mich keinmal gesehen hat, ohne daß er seine Schultern hochzog und die Augen und Hände zum Himmel erhob und mir sagte: „Mit Gott, Wundermädchen!" Denn niemals hat er mich anders genannt. Ich habe oben gesagt, daß ich am 28. April 1623 in den Fluß gefallen sei. Das weiß ich nicht deshalb, weil ich es damals festgestellt habe, denn ich war noch nicht weit genug, um Monate, Tage und Jahre zählen zu können. Aber man hat mir immer erzählt, insbesondere meine Mutter, daß der Sturz an dem Tage geschah. Woran ich mich sehr gut erinnere, ist, daß ich damals acht bis neun Jahre alt war.

Aussagen des Herrn Verdan, Pfarrers von Frangy[6]:

Ungefähr um ein Uhr mittags, am 28. April 1623, begab ich mich zu Frau de Conflans, um Franz de la Pesse abzuholen und zum Kol-

---

[6] Derselbe, ebenda, S. 85

leg zu bringen. Als ich in den Wirtschaftshof ihres Anwesens trat, fand ich ihn ganz entsetzt, und er sagte mir mit zitternder Stimme diese wenigen Worte: „Ach, Herr Lehrer, meine Schwester ist ertrunken." Das trieb mich, um Klarheit zu erhalten, ins Haus, wo ich alle Damen aufgelöst in Tränen fand, vor allem die arme Mutter, die auf den Knien lag und unaufhörlich rief: „Glorreicher heiliger Franz von Sales, gib mir meine Tochter wieder! Ich gelobe dir ein Herz von Gold, wenn ich sie wiederfinden kann!" Die Damen de Crest und de Crans aus dieser Stadt, die zugegen waren, verliessen mit mir das Haus, und wir eilten an das Ufer des Thiouxflusses, der aus dem See von Annecy hervorgeht und mitten durch die Stadt fließt. Der Fluß hatte damals Hochwasser. Nachdem wir mit einer Menge Personen beiderlei Geschlechts und verschiedenen Standes ungefähr eine Viertelstunde gesucht hatten und ich mich am Ende des Gartens von Frau de Chesnay befand, entdeckte ich auf dem Grund des Flusses etwas, das wie weiß aussah. Ich rief darauf die andern, die mit mir suchten, und indem wir ganz bis an den Uferrand des Flusses gingen, dessen Wasser äußerst klar war, sahen wir den Körper des Fräulein Franziska de la Pesse, und wir glaubten festzustellen, daß das Weiße, das ich entdeckt hatte, wahrscheinlich ihre Schürze war. Der Körper lag auf dem Rücken. Das Gesicht sowie die Füße und Beine schienen mit Schmutz und einem Kraut bedeckt zu sein, das in diesem Flusse wächst. Jedoch keiner, der zu dieser Suche herbeigeeilt war, wollte es wagen, in den Fluß zu tauchen, der an dieser Stelle mehr als zwanzig französische Fuß tief war, was zum mindesten dreißig römische Spannen ausmacht, wie ich später gemessen habe. Ich mußte in die Stadt jemanden suchen gehen, wo ich, nachdem ich durch mehrere Straßen geeilt und auf die Notre-Dame-Brücke gekommen war, auf einen gewissen Jean-Louis d'Aurillac stieß, einen Backofenbesitzer, der auf mein inständiges Bitten und nach dem Versprechen, es ihm gut lohnen zu lassen, mir zur selben Stelle folgte, von der ich die Leiche von Fräulein Franziska de le Pesse gesehen hatte. Drei gute Viertelstunden waren vergangen, seit ich von da weggegangen war, bis zu meiner Rückkehr. Jean-Louis d'Aurillac betrachtete die Stelle und sah die Leiche. Er zog sich aus, und nachdem er das Kreuzzeichen gemacht hatte, sprang er mit Kopfsprung in den Fluß. Er blieb darin ungefähr ein Vaterunser und Ave Maria lang, er kam heraus, ohne den ertrunkenen Körper bergen zu können. Er hatte selbst Angst, nicht wieder herauszukommen, weil, wie ich gesagt habe, der Fluß an dieser Stelle zwanzig Fuß tief war und das Wasser äußerst kalt war wegen der strengen Jahreszeit, die Berge waren noch mit Schnee bedeckt. Er machte das Gelübde, wenn er heil davonkäme, wolle er eine Wallfahrt zu den Gebeinen des hl. Claudius in der Franche-Comté machen. Dann tauchte er von neuem, und es gelang ihm. Er kam zurück und hielt mit der linken Hand die Leiche und mit der anderen schwamm er, und einige aus der zusammengeströmten Menge näherten sich ihm und empfingen sie aus seinen Händen.

Der Körper wurde im gleichen Augenblick auf die Erde gelegt, das Gesicht zum Himmel gewandt. Alle, die dort waren, erklärten sie für tot. Nachdem Jean-Louis d'Aurillac sich wieder angezogen hatte, nahm er die Leiche auf seine Schultern, den Kopf nach unten, und trug sie auf Anweisung der Angehörigen in das Haus des Herrn de Conflans, in ein anderes Zimmer als das, in welchem sich Frau de la Pesse befand, die allein immer weiter betete und rief, wie ich selbst beim Eintreten hörte: „Seliger Franz von Sales, meine Tochter!" Der Arzt Grandis war sofort zur Stelle. Er ließ die Leiche auf einen Tisch in der Mitte des Zimmers legen und völlig entkleiden. Das konnte nur dadurch geschehen, daß man die Kleider zerschnitt und zerriß, weil der Leib in äußerstem Maße geschwollen war. Dann untersuchte sie der Arzt, indem er sie an vielen Stellen befühlte. Er legte ihr einen Flaum von Baumwolle unter die Nase und auf den Mund. Als er sah, daß diese Baumwolle sich nicht bewegte, legte er auf das Gesicht einen Spiegel und nahm ihn, nachdem er ihn ein paarmal ziemlich lange hatte liegen lassen, wieder ab, ohne daß eine Trübung gekommen wäre. Dann sagte er ganz laut, daß sie tot sei. Alle, die dabeistanden, waren derselben Ansicht. Als man sie aus dem Wasser holte, waren ihre Augen verdreht, und aus dem Mund waren Blut und Schaum[7] gekommen.

---

7 Blutiger Schaum vor dem Mund ist typisch für Wasserleichen. Über den Vorgang des Ertrinkens im Wasser, die Erklärung des blutigen Schaums und die Kennzeichen des Ertrinkungstodes überhaupt siehe z. B. DETTLING/SCHÖNBERG/SCHWARZ.- Lehrbuch der Gerichtlichen Medizin.- Basel 1951.- S. 273 und 295 f.

Als der Arzt gegangen war, legte man den Leichnam auf ein Bett, das man mit Leinentüchern bedeckte. Die meisten der angesehensten Persönlichkeiten der Stadt, die gekommen waren, die Verunglückte zu sehen, gingen, wenn sie das Zimmer verließen, in das der Mutter, die man im ganzen Haus schreien hörte: „Seliger Franz von Sales, meine Tochter!" Nach einer ganz kurzen Pause rief sie immer wieder: „Seliger Franz von Sales, meine Tochter!" Sie bat zwei Damen der Gesellschaft, nämlich Fräulein de Crans und Fräulein de Crest, ihr die Freundlichkeit zu erweisen und zum Grabe des Dieners Gottes zu gehen und das Gelübde zu wiederholen, das sie gemacht hatte, um durch seine Fürbitte das Leben der Tochter zu erlangen, da sie selber nicht hingehen könne vor lauter Not und Traurigkeit.

Die frommen Fräulein übernahmen sehr gern diesen Auftrag und gingen sofort zur Heimsuchungskirche, wo sie das Gelübde bestätigten. In dem Augenblick, indem sie ihre Gebete beendeten, stürzte atemlos ein Dienstmädchen des Hauses, ganz außer sich, in das Zimmer und rief, die kleine Ertrunkene sei auferweckt. Diese Nachricht verursachte bei allen Anwesenden eine große Freude. Frau de la Pesse lief hin, um ihre kleine Tochter zu sehen, was man ihr vorher nicht erlaubt hatte. Ich folgte ihr mit der übrigen Gesellschaft, und wir sahen die kleine Franziska wie sie in ihrem Bett saß und sagte, sie habe sehr gut geschlafen. Jedoch hatte sie noch das Gesicht ganz geschwollen und übel verunstaltet. Aber Frau de la Pesse, indem sie sich abermals auf die Knie warf und ihr Gelübde erneuerte, flehte Gott an, auf die Fürbitte seines Dieners doch ihre Tochter ganz gesundzumachen. In einem Augenblick waren dieses Geschwollene und die Verunstaltung verschwunden, und das Gesicht des kleinen Mädchens erschien genau so süß und schön, wie es je gewesen war. Das vermehrte noch das Staunen aller, die dabei waren. Sofort danach zog man es an, und aufgestanden begrüßte es seine Frau Großmutter und die ganze Gesellschaft, wobei es mit festem Schritt durch das Zimmer ging. Das Kind wurde gegen sechs Uhr abends ins Haus seines Herrn Vaters zurückgebracht, wo alles Volk herbeilief und an ihm die Macht bewunderte, die der Diener Gottes bei der göttlichen Güte besaß.

Frau de la Pesse schickte sofort zu einem Goldschmied alles

Gold, das sie besaß, seien es Armbänder, Halsketten, Ringe oder sonstiger Schmuck, mit der Anweisung, daraus sofort ein Herz aus massivem Gold zu arbeiten. Am folgenden Tag ging sie mit Franziska, ihrer Tochter, und mehreren Damen der Stadt zum Grabe des Dieners Gottes und ließ zur Danksagung in der Kirche der Heimsuchung eine Messe lesen. Es erschien als etwas Wunderhaftes, daß das junge Fräulein weder müde aussah noch angegriffen von all dem, was über sie gekommen war, und es davon ebensowenig spürte, wie wenn es niemals in das Wasser gefallen wäre. Es hat sich stets seitdem einer guten Gesundheit erfreut und ist gegenwärtig Ordensfrau im Orden von der Heimsuchung Mariä im ersten Kloster dieser Stadt Annecy. Ich bin Augenzeuge von all dem, was ich zu diesem Fragepunkt gesagt habe.

Den beauftragten Richtern genügte diese Darlegung noch nicht. Sie stellten noch mehrere Fragen an Herrn Verdan, von denen die folgenden die wichtigsten sind.

Sie fragten ihn, umwieviel Uhr das junge Mädchen ins Wasser gefallen sei. Er antwortete, daß es eine halbe Stunde nach 12 Uhr gewesen sei.

Sie fragten ihn, wie lange d'Aurillac am Ufer des Flusses gewesen sei, bevor er das erste Mal tauchte. Er antwortete, es sei mindestens eine gute halbe Viertelstunde verflossen, da d'Aurillac die Stelle sehen wollte, von der das Kind abgetrieben war, und die Tiefe beurteilen wollte, in der das Kind festgehalten wurde; auch hatte er diese Zeit gebraucht, um seine Beobachtungen zu machen. Und man mußte ihm zureden, daß er tauche, denn er machte neue Schwierigkeiten, weil er sah, daß die Stelle so tief sei, und er feststellte, wie kalt das Wasser war.

Man fragte ihn, wieviel Zeit verstrich zwischen dem ersten und dem zweiten Tauchen. Er antwortete: Es dauerte zum mindesten reichlich anderthalb Viertelstunden, denn bei der Kälte des Wassers wäre d'Aurillac beim ersten Tauchen beinahe ertrunken. Er hatte sich in unmittelbarer Lebensgefahr befunden und hat ein Gelübde machen müssen, um selbst wieder herauszukommen. Er wollte unter keinen Umständen ein zweites Mal in das Wasser gehen, und er hätte es auch durchaus nicht getan ohne das inständige Bitten des Herrn Ritters Janus de Sales, der ihm sagte, wenn er es nicht täte, würde er selbst sich ausziehen und hineinspringen. Dieses Wort beschämte d'Aurillac, der dann, nachdem er sich von seinem Schrecken erholt und wieder erwärmt hatte, sich wieder entkleidete und tauchte, wie ich es oben gesagt habe. Aber über all dem verfloß mindestens eine gute Viertelstunde.

Man fragte ihn, wie weit der Körper vom Ufer gelegen habe. Er antwortete: Wir entdeckten ihn mitten in dem Fluß, so, wie ich es schon erklärt habe. Es war uns leicht, ihn auszumachen, obwohl er mitten in dem Fluß lag, denn an dieser Stelle fließt er zwischen zwei Mauern und ist nicht sehr breit, aber dafür ist er sehr tief, da hier fast der gesamte Abfluß des Sees zusammenströmt. Die Stelle, wo er gefunden wurde, liegt am Ende des Gartens von Herrn de Chesnay, zwei Klafter oder ungefähr so viel von dem Mühlweg, der zu einem entsetzlichen Abgrund führt.

Man fragte ihn, wie tief das Wasser dort gewesen sei, wo man den Körper gefunden habe. Er antwortete: Es war zwanzig Fuß tief nach hiesigem Maß, das sind ungefähr dreißig römische Spannen, wie die Architekten rechnen, die von Italien kommen. Ich weiß, daß es damals so tief war, weil zwei Tage darauf Msgr. Franz de Sales,[8] Bischof von Genf, begleitet von den kirchlichen sowie weltlichen Spitzen der Stadt, die Tiefe messen ließ und man zwanzig Fuß feststellte. Ich weiß es, weil ich zugegen war.

Man fragte ihn, ob der Körper stets unbewegt auf dem Grunde gelegen habe, oder ob man ihn zur Oberfläche habe kommen sehen. Er antwortete: Nachdem die Strömung den Körper an diese Stelle hingetragen hatte und die Füße sich in den Pflanzen, die in dem Flusse wachsen, verwickelt hatten, ist es sicher, daß er sich nicht mehr fortbewegen konnte, bis zu dem Augenblick, in dem d'Aurillac ihn herausholte. Ich weiß, daß ich den Körper an der selben Stelle und in derselben Lage fand, als ich mit dem besagten d'Aurillac zurückkehrte, wie beim ersten Mal, als ich an den Fluß kam. Und die Leute, die am Ufer des Flusses zurückgeblieben waren, während ich ging und einen Taucher suchte, sagten mir, der Körper sei stets an derselben Stelle und in der gleichen Lage geblieben. So sagten mir ausdrücklich Herr Henri Ruphy, Küster der Kollegiatkirche, sowie Frau Claudine Flocard de Conflans und Herr Henri Ficcard.

8 Der Neffe des Heiligen.

Der Zeuge, gefragt nach Todeszeichen, die bei der jungen Ertrunkenen zu sehen gewesen seien, antwortete: Sowohl am Ufer des Flusses wie auch darauf im Hause des Herrn Conflans, wo der Arzt sie untersuchte, bemerkte ich alle Zeichen von Tod an diesem kleinen Körper und alle Merkmale von Tod durch Ertrinken: 1. Er war völlig ohne jede Empfindung und ohne eine Spur von Puls und Atem; 2. es kam Blut und Schaum aus dem Mund, wie ich es bei anderen Ertrunkenen gesehen habe, die wirklich tot waren; 3. weil sie das Gesicht ganz blau und schwärzlichgrün hatte; 4. weil dieser kleine Körper kalt war wie eine Eisscholle an allen seinen Teilen, was zeigte, daß die natürliche Wärme erloschen war; 5. weil sie alle Glieder unbiegbar und starr wie Knüppel hatte; 6. weil die Augen in monströser Weise dick und geschwollen waren, was zeigte, daß es bei ihr keinerlei Bewegung mehr gab und keinen Schein von Leben; 7. weil der Körper so geschwollen und bis zur Gurgel voll von Wasser war, daß man, um ihn zu entkleiden, die Kleider zerschneiden und zerreißen mußte, wie ich es oben gesagt habe; 8. weil das Gesicht aufgedunsen und schrecklich anzusehen war, so blau und verunstaltet war es; 9. weil der Arzt ihr den Spiegel vor das Gesicht gehalten hatte und sogar Baumwollflaum unter die Nase usw. Nach allen Untersuchungen, die nur möglich waren, konnte er keinerlei Zeichen und nicht einmal den geringsten Anschein von Leben entdecken. Im Gegenteil, er stellte alle Zeichen eines Todes durch wirkliches Ertrinken fest. Das augenscheinlichste Zeichen für den wirklich eingetretenen Tod ist, daß der Körper, wie es in dem Bericht, den ich hier gegeben habe, gesagt wurde, länger als zwei starke Stunden in dem Fluß gelegen hat, ja sogar fast drei Stunden. Ich habe all diese Beobachtungen gemacht, wie alle andern, die am Flußufer standen und die Leiche in das Haus von Frau de Conflans begleiteten und zugegen waren, als der Arzt die Ertrunkene untersuchte und ganz laut erklärte, daß sie wirklich ohne Leben sei.

Man fragte ihn, wieviel Zeit bis zur Auferweckung verflossen sei, nachdem der Körper ins Haus gebracht wurde. Er antwortete: Es verflossen stark anderthalb Stunden. — Ob man bei dem Kinde irgendwelche Heilmittel angewandt habe? Antwort: Man hat keinerlei Heilmittel angewandt, weil der Arzt es für völlig zwecklos erklärte. Ich weiß das, weil ich immer dabei zugegen gewesen bin, seit das Kind aus dem Wasser geholt wurde, bis zu dem Augenblick, in dem es auf das Bett gelegt und mit einem Leinentuche bedeckt wurde. Und Jeanne Tronchat, die man bei der Leiche wachen ließ und die immer bei ihr war bis zu dem Augenblick, in dem sie wieder auferweckt wurde, versicherte, daß man ihr kein Heilmittel gegeben habe.

Man fragte ihn, wer Zeuge der Auferweckung gewesen sei. Er antwortete: Jeanne Tronchat, die bei der Leiche wachte, und Frau de Conflans, welche Frau Claudine Flocard und ihre Tochter Henriette herausbegleitete. Diese wollten, bevor sie das Haus verließen, noch einmal die Leiche sehen, und so waren sie gerade da im Augenblick der Auferweckung.

Man fragte ihn, was das erste Zeichen von Leben bei dem Kinde gewesen sei. Er antwortete: Die genannten Damen de Conflans, Flocard und Tronchat erzählten uns sofort danach, sie habe die Augen geöffnet und die Hände zusammengelegt und sie mit Erstaunen angeschaut. Das war gerade, als die Damen, die kamen, um sie ein letztes Mal zu sehen, das Leichentuch hochhoben, mit dem sie bedeckt war.

Man fragte ihn, ob sie im gleichen Augenblick völlig wiederhergestellt war. Er antwortete: Ich habe schon ausgesagt, daß, als Frau de la Pesse herbeilief, um zu sehen, ob ihre Tochter wirklich auferweckt sei, wir zunächst ihr Gesicht noch aufgedunsen und grauenhaft fanden. Aber als die Mutter sich vor dem Bett auf die Knie geworfen und ihr dem Diener Gottes gemachtes Gelübde erneuert hatte, da war sofort im gleichen Augenblick das Geschwollensein verschwunden, das Häßliche war weg, und das Gesicht des kleinen Mädchens war schön wie früher. Man kleidete sie darauf an, und sie war völlig wiederhergestellt.

Man fragte ihn, ob er diese Wiedererweckung für ein Wunder halte. Er antwortete: Noch nie hat jemand daran gezweifelt, daß diese Auferweckung ein Wunder war. So oft später der Arzt Fräulein de la Pesse sah, zog er die Schultern hoch, erhob die Augen zum Himmel und rief: „Sieh da, das Wundermädchen!" Ich weiß es, weil ich es ihn mehrere Male sagen hörte. Und der Herr Grandis fand, als er am folgenden Tag ins Haus kam, um sich über den Zustand von Fräulein de la Pesse zu vergewissern, daß sie noch die

Haare ganz naß hatte, weil am Abend, bei dem Überschwang der Freude, in der alle waren, niemand daran gedacht hatte, sie ihr zu trocknen. Und der Arzt versicherte, daß, ohne ein besonderes Geschenk von oben, diese Feuchtigkeit nebst all dem anderen, was vorausgegangen war, eine Erkältung nach sich hätte ziehen müssen oder eine richtige Krankheit. Ich weiß dies, weil ich selbst zugegen war, und niemand hat jemals bezweifelt und bezweifelt es jetzt, daß dieses hervorragende Wunder nicht der Fürbitte des Dieners Gottes Franz von Sales zuzuschreiben sei. Denn einerseits machte Frau de la Pesse im gleichen Augenblick, wie sie erfuhr, ihre Tochter sei in den Fluß gefallen, dem Diener Gottes das Gelübde, indem sie ohne aufzuhören rief: Seliger Franz von Sales, meine Tochter. Anderseits wurde sie auferweckt zur gleichen Zeit, wie die Damen de Crans und de Crest das Gelübde vor dem Grabe des Dieners Gottes bekräftigten. Und schließlich aus dem Grunde, weil das Aufgedunsene und grauenhaft Häßliche, das noch auf dem Gesichte war, zur selben Zeit verschwand, wie die Mutter ihr Gelübde vor dem Bette erneuerte, in dem ihr Kind lag. Und dieses Wunder ist so sichtbar und aufsehenerregend gewesen und ist von einer so großen Zahl von Zeugen gesehen worden, daß die ganze Stadt Annecy davon überzeugt war und daß kein einziger es je in Zweifel gezogen hat. Das ist immer gewesen und ist noch heute die öffentliche Meinung und das allgemeine Urteil.

b) *Auferweckung des Hieronymus Genin*

Aussagen des Franz Genin, Steuereinnehmer und Amtsschreiber von Ste Hélène-du-Lac, in der Diözese St. Jean de Maurienne, Savoyen:

Im Jahre 1623 wohnten mein Bruder Hieronymus und ich bei Herrn Claudius Puthod, Pfarrer von Les Ollières im Gebiet von Genf, Diözese Genf. Unsere Eltern hatten uns dort in Pension gegeben, damit wir unter Anleitung des Herrn Claudius Crozet, des Vikars von Herrn Puthod, Latein lernen sollten.

Am letzten Tage des Monats April im Jahre 1623 war mein Bruder schwer von dem Herrn Claudius Crozet gezüchtigt worden, weil er seine Lektionen nicht gut gelernt hatte. Darauf faßten mein

Bruder und ich den Entschluß, zu unseren Eltern zurückzukehren. Am gleichen Tage, ohne irgend jemand unser Vorhaben mitzuteilen, gingen wir am frühen Morgen los und kamen an den Fluß Fier, der von Les Ollières ungefähr drei kleine Meilen entfernt ist. Wir fanden den Fluß außerordentlich angeschwollen von dem Schnee, der einige Tage vorher reichlich gefallen war. Und da wir ihn auf drei Planken[9] überschreiten mußten, die in keiner Weise aneinander befestigt waren, zögerten wir, darüberzugehen, aus Furcht für unser Leben. Aber die Angst, wieder in die Hände des Herrn Crozet zu fallen, ließ uns diese Furcht überwinden. Jedoch, bevor wir es wagten, fühlten wir uns angetrieben, uns der Fürbitte des ehrwürdigen Dieners Gottes Franz von Sales zu empfehlen, und nachdem wir uns hingekniet hatten, machten wir das Gelübde, wir würden, wenn wir unter seinem Schutze über den Fluß kämen, sein Grab besuchen und die Messe in der Kirche der Heimsuchung hören, in der sein Leib ruht. Nach diesem Gelübde wollte mein Bruder, welcher der ältere war, als erster hinübergehen, und er sagte mir, ich solle es unter keinen Umständen wagen, hinüberzugehen, bis er nicht auf dem anderen Ufer sei. Er befürchtete, durch die Bewegung der schwankenden Bretter könnten der eine oder der andere oder sogar wir beide zusammen in den Fluß fallen. Ich blieb also am Ufer, während er fast bis zur Mitte des Flusses gelangte, wo er schwindlig wurde und daneben trat und mit dem Gesicht auf die Bretter fiel und mit lauter Stimme rief: „Seliger Franz von Sales, rette mich!" Ich hörte dies sehr genau. Ich eilte zwei oder drei Schritt auf die Bretter, um zu versuchen, meinem Bruder zu Hilfe zu kommen, soweit mein Alter und meine Kräfte es mir erlauben mochten. Aber vergebens! Denn im gleichen Augenblick fiel mein Bruder in den Fluß. Ich selbst war so erschrocken über seinen Fall, daß ich selbst auch auf die Bretter fiel, und ich war ebenfalls in Gefahr, das Leben zu verlieren. Da ich aber ziemlich nahe am Ufer war, rutschte ich, nachdem ich mehrere Male den Diener Gottes angerufen hatte, indem ich schrie: „Seliger Franz von Sales, rette mich!", auf dem Bauch bis zum Ufer, von dem ich hergekommen

---

9 Die Bezeichnung wechselt im Text, hier steht das Wort chevron, das jenen Balken bezeichnet, welcher die Dachsparren trägt. Es dürfte sich um drei nebeneinanderliegende schmale, aber dicke balkenähnliche Bohlen gehandelt haben, im weiteren Text ist von Brettern oder Planken die Rede.

war, und nachdem ich mich aufgerichtet hatte, betrachtete ich den Lauf des Flusses, ob ich meinen armen Bruder sähe. Ich lief sogar das Ufer entlang ungefähr zweihundert Schritte, weinte und rief: „Mein Bruder, mein Bruder!" Aber ich konnte nichts anderes sehen als seinen Hut, der auf dem Wasser schwamm, und der war schon sehr weit von mir weg.

Da ich sah, daß Weinen nichts nützte, kehrte ich nach Les Ollières zurück, um Herrn Puthod unser Unglück zu melden. Wie ich nun durch das Dorf Ornay ging, fragten mich einige Leute, die mich weinen sahen, nach dem Grunde meiner Tränen. Als ich es ihnen erzählt hatte, eilten sie an das Ufer des Flusses, während ich nach Les Ollières ging. Da ich weder Herrn Puthod noch Herrn Crozet fand, mußte ich bis zum Nachbardorf weitergehen, um Hilfe zu holen und um zu bestellen, man möchte den genannten Herren Puthod und Crozet Bescheid von dem Unglück geben, das meinem Bruder zugestoßen sei, wenn sie wieder zurückkämen. Darauf kehrte ich wieder an den Fluß zurück. Ich fand dort mehr als dreißig Personen. Mehrere sagten mir, sie suchten schon über drei Stunden, ohne meinen Bruder entdecken zu können. Einige Zeit später sah ich einen gewissen Alexander Raphin kommen, begleitet von seinem Sohn und mehreren anderen aus dem Dorfe Ornay. Man sagte mir, er sei der beste Taucher in der ganzen Gegend. Er pflege zu tauchen und die Leichen der Ertrunkenen aus dem Fluß zu holen. Er habe schon eine ganze Anzahl solcher ans Land gebracht. Ich bat ihn unter heißen Tränen, meinen armen Bruder zu suchen, und ich versprach ihm, der Herr Pfarrer von Les Ollières, bei dem ich in Pension sei, werde es ihm reichlich wiedergutmachen.

Mehrere von den Anwesenden baten ihn ebenfalls darum. Er versprach, es zu tun, und fragte mich, an welcher Stelle mein Bruder hineingefallen sei. Nachdem er sie sich genau angesehen und die Tiefe gemessen hatte, zog er sich aus und sprang ins Wasser, wo er eine gute Viertelstunde, indem er immer wieder an die Oberfläche kam, um Luft zu schöpfen, tauchte. Da er nichts fand, stieg er aus dem Wasser, wobei er sagte, daß er nicht länger darin habe bleiben können. Nachdem er sich wieder angezogen und ein wenig Wein genommen hatte, wollte er gehen. Aber ich weinte so sehr, und diejenigen, die dabeistanden, baten ihn so dringend, daß er versprach, von neuem zu tauchen und nicht eher zu gehen, als bis er die Leiche meines Bruders gefunden habe. So sprang er, nachdem er sich lange ausgeruht hatte, an derselben Stelle wiederum ins Wasser und suchte nach allen Seiten. Dann ging er ein großes Stück weiter hinunter, ohne Erfolg, und gezwungen, aus dem Wasser zu steigen und seine Kleider wieder anzuziehen, sagte er von neuem, das Wasser sei zu kalt, als daß er noch länger suchen könne. Dann gingen alle, die herbeigekommen waren, mit dem Herrn Raphin den Fluß hinunter und hielten Ausschau, wo etwa der Körper festgehalten sein könnte. Schließlich, nach einer Stunde Suchen ungefähr, stießen sie in dem Dreh einer Krümmung des Flusses auf einen außergewöhnlich tiefen Kolk. Und der Herr Raphin und die anderen meinten, daß er vielleicht in diesem Wasserloch festliege. Darum entkleidete er sich wieder, und, nachdem er sehr lange getaucht hatte, kam er wieder hoch und rief: „Ich habe ihn gefunden!" Dann stieg er aus dem Wasser und sagte, er könne nicht mehr, er müsse sich erst erholen, dann werde er nochmals tauchen und ihn bergen. Das tat er, er brachte ihn an einem Arm hoch unter sehr großer Anstrengung. Der Sohn des genannten Raphin stürzte sich ins Wasser, um seinem Vater zu helfen und stieß den Körper vor sich her. Sobald er aus dem Wasser war, legte man ihn auf die Erde. Ich sah ihn so aufgedunsen und häßlich, daß er nicht mehr zu erkennen war. Die Anwesenden alle, weil sie ihn bewegungslos ganz zerstoßen und blau sahen, sagten, er sei tot. Dann nahm ihn sich der Herr Raphin auf die Schulter und trug ihn in das Dorf Ornay und legte ihn in einer Scheune auf die Erde. Da aber der Herr Pfarrer von Ville gekommen war und ihn lange betastet hatte und keinerlei Bewegung feststellte, sagte er laut: „Er ist tot, daran kann man nicht zweifeln. Trotzdem, weil er bei Herrn Pfarrer von Les Ollières wohnt, kann man ihn nicht beerdigen, bevor dieser benachrichtigt ist und über das Begräbnis verfügt hat".

Infolgedessen wartete man bis zum folgenden Tag. Inzwischen ließ Herr Pfarrer schon auf dem Kirchhof das Grab ausheben an der von ihm bezeichneten Stelle. Er fragte mich, ob es lange her sei, daß mein Bruder Hieronymus gebeichtet habe. Ich antwortete ihm, ich hätte gesehen, wie er am letzten Karsamstag bei Herrn Pfarrer von Les Ollières beichtete. Mittlerweile war dieser Pfarrer selbst angekommen, und als er diesen armen Leichnam sah, kniete er sich hin und betete sehr lange. Als er sich dann erhob, ging er auf mich zu und sagte mir diese Worte: „Wenn du und dein Bruder gehorsamer gewesen wäret, würden du und ich weniger Leid haben." Er sagte mir, ich solle mit ihm zu Herrn Pfarrer von Ville gehen, und bat diesen Herrn Pfarrer um den Trost, am nächsten Morgen das Beerdigungsamt halten zu dürfen. Dieser war einverstanden und lud uns zum Abendessen ein. Während der Mahlzeit ließen sie sich von mir alle Einzelheiten des Unglücks erzählen. Ich erwähnte ihnen in besonderer Weise das Gelübde, daß mein Bruder und ich dem Diener Gottes gemacht hatten. Darauf versicherte Herr Puthod, er habe sich, während er bei der Leiche betete, angetrieben gefühlt, Gott zu bitten, auf die Verdienste seines Dieners Franz von Sales diesen jungen Menschen, der seiner Obhut anvertraut worden war, das Leben wiederzugeben, und daß, wenn die göttliche Güte sein Gebet erhören würde, er gelobt habe, an neun Tagen nacheinander in der Kirche, in welcher der Leib des Dieners Gottes ruht, die hl. Messe zu lesen. Gegen Ende des Abendessens kam ein gewisser Stephan Gonet aus Annecy und wollte Herrn Pfarrer von Ville fragen, ob er etwas nach Annecy mitzunehmen habe. Herr Puthod, der Pfarrer von Les Ollières, kannte den Herrn Gonet und erzählte ihm die Bedrängnis, in der er sich befand, und von den Gelübden, die mein Bruder und ich und später er dem Diener Gottes gemacht hätten. Dann bat er ihn, er möge, wenn er nach Annecy gekommen sei, noch bevor er in sein eigenes Haus trete, so freundlich sein und die genannten Gelübde am Grabe des Dieners Gottes darbringen. Der Herr Gonet versprach es, er fügte sogar hinzu, er werde eine Messe in dieser Meinung lesen lassen.

Nach dem Abendtisch gingen die beiden Pfarrer in die Scheune, in welcher der Leichnam lag. Sie ließen Weihwasser bringen und beteten die Totenvigil. Ich ging mit ihnen und wollte bleiben und die ganze Nacht bei meinem armen Bruder wachen. Aber der Herr Puthod wollte es mir nicht erlauben. Er brachte mich ins Haus des Pfarrers von Ville zurück, wo ich schlief und erst ziemlich spät aufstand wegen meiner großen Müdigkeit. Sobald ich aufgestanden war, kehrte ich mit Herrn Puthod in die Scheune zurück. Ich fand die Leiche meines Bruders noch unförmiger und häßlicher als am

Vorabend. Herr Puthod betete sehr lange und ging dann. Eine Stunde später kam er zurück mit dem Herrn Pfarrer von Ville. Sie hatten Rochett und Stola angelegt und kamen mit Kreuz und Weihwasser, um die Leiche zur Beerdigung abzuholen. Jedoch in dem Augenblick, wie man sie in einen Sarg legen wollte (nach der Gewohnheit jener Gegend, wo man die Leichen der Ertrunkenen erst dann in den Sarg legt, wenn man sie zur Beerdigung heraustragen will), erhob mein Bruder einen Arm. Ich hörte ihn klagen und diese Worte sprechen: „O seliger Franz von Sales!" Über diese Worte waren alle Anwesenden derart entsetzt, daß die einen davonliefen, andere in Ohnmacht fielen und die mutigsten riefen: „Ein Wunder, ein Wunder!"

Die beiden Herren Pfarrer faßten meinen Bruder an der Hand und hoben ihn hoch. Er war nun nicht mehr häßlich und unförmig, wie einen Augenblick vorher, sondern hatte sein gewöhnliches Gesicht. Als Herr Puthod ihn fragte, ob er ihn kenne, gab er diese Worte zur Antwort: „Ich kenne den seligen Franz von Sales, er ist mir erschienen und hat mir seinen Segen gegeben."

Man ließ Wein bringen. Er wusch sich Sand aus dem Mund, den Augen, Ohren, der Nase. Man gab ihm ein Hemd. Man konnte feststellen, daß er an mehreren Stellen zerstoßen war. Mit geliehenem Zeug kleidete man ihn an. Seine eigene Kleidung war ganz naß und voller Schmutz. Danach erzählte er, wie ihm im Augenblick, in dem er erweckt wurde, der Diener Gottes in bischöflichem Gewand erschienen sei, so wie er auf unseren Bildern gemalt ist, und ihm seinen Segen gegeben habe. Er habe ein strahlendes Antlitz gehabt, ihn sanft und gütig angeschaut. Darauf zogen wir uns mit dem Herrn Puthod nach Les Ollières zurück. Als wir angekommen waren, strömte alles zur Kirche, wo Herr Puthod das Tedeum anstimmte.

Vom Abend dieses Tages an aß und trank mein Bruder wie gewöhnlich. Wahr ist, daß er in der Nacht über heftige Schmerzen an den Schenkeln, den Armen und Füßen klagte, und der Herr Puthod und ich sahen die Verletzungen an seinen Gliedern. Die Schmerzen dauerten bis zu dem Tage, an dem Herr Puthod uns nach Annecy brachte, um unsere Gelübde am Grabe des Dieners Gottes einzulösen (4. Mai). Als wir in die Kirche der Heimsuchung gekommen waren, ließ Herr Puthod meinen Bruder sich auf das Grab des Dieners Gottes legen. Nachdem er ungefähr eine halbe Viertelstunde darauf gelegen hatte, erhob er sich mit ungewöhnlichem Schwung, indem er sagte, die heftigen Schmerzen, an denen er vorher gelitten hatte, seien mit einem Schlag weg. Herr Puthod ließ ihm eines der Hosenbeine hochziehen, und wir fanden, daß alle seine Verletzungen geheilt waren. Als wir in den Gasthof zurückgekehrt waren und Herr Puthod ihn sich entkleiden ließ, stellten wir fest, daß ihm keine Spur von all seinen blutunterlaufenen Stellen geblieben war. Sein Körper war genauso gesund und unverletzt wie vor dem Sturz. Wir blieben in dieser Stadt die ganzen neun Tage. Wir hörten dort die neun Messen, die Herr Puthod in der Kirche feierte. Nach dieser Novene kehrten wir sehr getröstet nach Les Ollières zurück. Die Erinnerung an das Wunder ist meinem Geist so tief eingeprägt geblieben, daß kein Tag vergeht, an dem ich Gott nicht dafür danke und mich der Fürbitte seines Dieners empfehle.

Herr Kononikus Puthod, Pfarrer von Les Ollières zur Zeit des Wunders, erklärte in seiner an Einzelheiten reichen Aussage:

Am 29. April kehrte ich aus dieser Stadt Annecy in mein Pfarrhaus von Les Ollières zurück. Dort erzählte ich, nachdem ich die hl. Messe gefeiert hatte, Herrn Claudius Crozet, meinem Vikar, und den Brüdern Hieronymus und Franz Genin die Auferweckung von Fräulein de la Pesse. Die beiden jungen Schüler waren ungefähr 13 – 14 Jahre alt, gebürtig aus der Pfarre Sainte-Hélène-du-Lac in der Diözese Maurienne. Ihre Eltern hatten sie bei mir in Pension gegeben, damit sie unter Anleitung des Herrn Crozet die lateinische Sprache erlernen sollten. Die Auferweckung dieses jungen Mädchens auf die Fürbitte des Dieners Gottes Franz von Sales gab mir Gelegenheit, die beiden Schüler zu ermahnen, daß sie ihn verehren sollten.

Am folgenden Morgen, dem 30. April, brach ich kurz vor Beginn des Tages auf, um nach Thorens zu gehen, das ungefähr eine Meile von meiner Pfarrei entfernt liegt. Ich kehrte am gleichen Tag nach Les Ollières zurück, wo ich gegen fünf Uhr nachmittags ankam. Da stürzte der Küster der Pfarrei, namens Benestier, auf mich zu und sagte mir, kurz nachdem ich nach Thorens gegangen sei, habe mein Vikar, Herr Crozet, den jungen Hieronymus Genin so heftig geschlagen, weil er nicht gut gelernt und seinen Aufsatz nicht gut geschrieben habe, daß Hieronymus und sein Bruder Franz, als Herr Crozet gegangen war, um einen Nachbarpfarrer zu besuchen, sich, ohne etwas zu sagen, auf- und davongemacht hätten, und daß, als sie über den Fluß Fier gehen wollten, in der Nähe des Dorfes Ornay, Hieronymus hineingefallen und ertrunken sei, ohne daß sein Bruder ihm habe helfen können. Den Küster hatte von dem Unglück Franz selbst in Kenntnis gesetzt, der nach Les Ollières gekommen war, um mich und meinen Vikar zu unterrichten. Da er aber weder den einen noch den andern fand, war er mit mehreren meiner Pfarrkinder zurückgegangen, um seinen Bruder in dem Fluß zu suchen, und war noch nicht wieder zurückgekommen.

Diese Nachricht überraschte mich aufs äußerste und zwang mich, sofort, ohne erst ins Pfarrhaus zu treten, nach Ornay zu eilen, wo ich gegen sechs Uhr abends ankam. Ich ging in eine Scheune, wo, wie man mir sagte, ich die Leiche des Hieronymus finden würde, die man kurz zuvor aus der Tiefe des Wassers gezogen hatte. Ich sah ihn wirklich lang auf dem Boden liegen und fand ihn so verunstaltet, daß ich ihn, wenn ich von dem Unglück nicht gewußt hätte, durchaus nicht wiedererkannt haben würde.

Ich sah auch Franz Genin, der bei dem Leichnam weinte. Als er mich ansah, fiel er mir an die Brust und sagte: „Ach Herr, mein Bruder ist tot!"

Ich wurde zur gleichen Zeit innerlich stark angeregt, Gott und seinem Diener Franz von Sales zu versprechen, daß ich, wenn es der göttlichen Güte gefallen würde, zur Verherrlichung dieses seines wahren Dieners diesem Leichnam das Leben wiederzugeben, neun Tage in dieser[10] Stadt Annecy bleiben würde, um an ihnen neun Messen in der Heimsuchungskirche zu feiern, wo sein Leib

---

10 Die Vernehmung fand in Annesy statt.

ruht. Ich machte dieses Gelübde in der Scheune, nachdem ich ein De profundis (=Ps 129) für die Seelenruhe des Jünglings gebetet hatte. Darauf ging ich hinaus, und zum Pfarrhaus der Pfarrei Ville, um dem Herrn Pfarrer einen Besuch zu machen, der mich zum Abendessen und für die Nacht einlud. Nach dem Essen beteten wir zusammen in der Scheune bei der Leiche das Totenoffizium. Die Nacht war schon gefallen. Dann kehrten wir zurück, um zu schlafen. Am folgenden Morgen kehrte ich gegen sechs Uhr in die Scheune zurück. Ich fand dort den Herrn Franz und wies ihn an, sich noch schlafen zu legen bis zur Beerdigung seines Bruders. Ich blieb in dieser Scheune ungefähr zwei Stunden, in denen ich mein Brevier betete und mein oben berichtetes Gelübde erneuerte. Von dort ging ich in die Pfarrkirche, wo ich bei der hl. Messe diente, die der Herr Pfarrer dort für den Verstorbenen zelebrierte. Danach beichtete ich bei ihm, und da er mir erlaubt hatte, das Sterbeamt zu halten und die Beerdigung vorzunehmen, bereitete ich mich auf die hl. Messe vor. Dann gingen wir in Rochett und Stola mit dem Kreuz voraus, um die Leiche abzuholen. Mehrere Personen, die wir in der Scheune fanden, sagten uns, daß man es in der Nähe der Leiche nicht mehr aushalten könne, so übel rieche sie.

Sobald wir die Scheune (nach der Einsegnung der Leiche) unter dem Gesange der gewöhnlichen Psalmen verlassen hatten, hörte ich einen wirren Lärm, der von den dreißig oder vierzig Personen dieser Pfarrei herkam, die sich zur Teilnahme an dem Begräbnis versammelt hatten. Wir mußten stehenbleiben und hinter uns schauen. Da sah ich diese versammelten Gläubigen, die einen auf den Knien, andere die Arme zum Himmel erhoben, die meisten schrien: „Ihr Herren, herbei! Der Tote ist auferweckt!" Ich kehrte in die Scheune zurück und ging sogleich auf den Körper zu, dessen Gesicht schon von einem der Beistehenden freigemacht war. Ich war erstaunt aufs äußerste, diesen jungen Mann voller Leben zu sehen. Sein Gesicht war so wie vor seinem Tode, die Augen offen, die Stimme ziemlich fest, besonders als ich ihn fragte, ob er mich nicht kenne. Er antwortete mir: „Ich kenne den seligen Franz von Sales, durch den ich auferweckt bin; ich kenne auch Sie, Herr Pfarrer." Als ich ihn auf seinen Füßen stehen sah und wie er zu gehen anfing, da packte mich, ich gestehe es, ein solcher Schrekken, daß ich mich nicht auf den Füßen halten konnte. Ich mußte mich also auf die Knie fallen lassen. Mehrere der Anwesenden lagen ebenfalls da, das Gesicht zur Erde. Ich kann darüber nichts anderes sagen als nur diese Worte des Evangelisten: Stupor apprehendit omnes (Entsetzen packte alle: Lk 5, 26).

Nachdem ich mich endlich ein wenig von meinem Staunen erholt hatte, hörte ich Hieronymus Genin um Wasser bitten, um sich seinen Mund zu waschen, weil er, wie er sagte, voll Sand sei. Man brachte ihm Wein, womit er sich den Mund, die Augen und Ohren wusch. Man ließ ihn ein anderes Hemd anziehen, und ich bemerkte, daß er an mehreren Stellen, auf den Schenkeln, den Füßen und Armen blutunterlaufene Stellen hatte. Er beklagte sich auch wirklich über Schmerzen, die er fühlte. Man zog ihm Kleider an, die einer der Nachbarn ihm lieh. Die seinen waren noch naß und schmutzbedeckt. Ich gab dem genannten Alexander Raphin zwei Vierteltaler als Entgelt für die Mühen, die er, wie er und mehrere andere mir sagten, sich ungefähr vier Stunden an dem Fluß gegeben hatte.

Der Herr Pfarrer von Ville drängte uns sehr freundlich, bei ihm zum Essen zu bleiben. Aber die Eile, die ich hatte, den Auferweckten in meine Pfarrkirche zu bringen, um dort Gott zu danken für dieses große Wunder und um es meinen Pfarrkindern zu verkünden, ließen mich die Einladung nicht annehmen. Ich verabschiedete mich von ihm und der ganzen Gesellschaft, indem ich allen für die Liebe dankte, die sie Hieronymus Genin erwiesen hatten. Franz, sein Bruder und ich kehrten zu Fuß nach Les Ollières zurück. Das erste, was wir taten, war, in die Kirche zu gehen, wo ich mit der Glocke läutete, um meine Pfarrkinder zusammenzurufen. Mein Vikar, Herr Crozet, war einer der ersten, der kam. Ihm folgten manche andere, denen ich das Wunder erzählte. Ich ermahnte sie, so gut ich konnte, den Diener Gottes Franz von Sales zu verehren, auf dessen Verdienste dieses Wunder gewirkt worden war. Dann stimmte ich das Tedeum an, das zur Danksagung gesungen wurde. Danach gingen wir ins Pfarrhaus, wo Hieronymus aß und trank wie sonst auch. In der folgenden Nacht spürte er stärker die Schmerzen, welche ihm die verletzten Stellen verursachten, mit denen seine Schenkel, Füße und Arme bedeckt waren. Das hinderte ihn jedoch nicht, am andern Morgen aufzustehen und an seine gewohnte Arbeit zu gehen. Ich vergaß zu sagen, daß ich niemals gehört habe, daß Hieronymus, nachdem er aus dem Fluß gezogen war, Wasser ausgestoßen oder gebrochen hätte.

Am 4. Mai des genannten Jahres 1623 machten die Gebrüder Hieronymus und Franz Genin und ich uns gegen fünf Uhr morgens auf den Weg, um uns zur Erfüllung unserer Gelübde in diese Stadt Annecy zu begeben, zum Grab des Dieners Gottes Franz von Sales.

Wir kamen dort gegen neun Uhr morgens an. Ich feierte die hl. Messe, die erste der neun, die ich versprochen hatte, dort zu feiern. Ich reichte in ihr Hieronymus und Franz Genin die hl. Kommunion und sofort, nachdem ich in der Sakristei meine Danksagung beendet hatte, ließ ich Hieronymus sich mit seiner ganzen Länge auf das Grab des Dieners Gottes hinlegen. Er blieb so ungefähr eine halbe Viertelstunde, währenddessen ich mit seinem Bruder Franz auf den Knien blieb. Am Ende dieser Zeit erhob er sich mit einem ungewöhnlichen Schwung, indem er uns genau diese Worte sagte: „Durch die Barmherzigkeit unseres Herrn sind meine Schmerzen plötzlich verschwunden." Aus diesem Grunde wollte ich seine Füße, seine Schenkel, seine Arme nachsehen, die ich an diesem selben Tage, bevor wir von Les Ollières fortgingen, noch ganz schwarz und blau gesehen hatte. Darum ließ ich ihn eines seiner Hosenbeine hochziehen, und ich sah, daß sein Fuß ohne jede schwarze und verletzte Stelle war.

Ich dankte Gott für diese Gnade. Und als wir in den Gasthof zurückgekehrt waren, untersuchte ich nochmals seinen ganzen Körper, und ich fand ihn ebenso gesund wie vor dem Sturz in den Fluß.

Wir blieben in Annecy die ganzen neun Tage, an denen ich die gelobten neun Messen zelebrierte. Danach kehrten wir nach Les Ollières zurück, wo die beiden Brüder bis zum Michaelisfest blieben. Zu diesem Zeitpunkt ließen ihre Eltern sie abholen, um sie auf das Kolleg von Chambéry zu schicken. Hieronymus ist jetzt Priester, Pfarrer von La Rochette in Savoyen, in der Diözese Maurienne. Er ist auch Richter am kirchlichen Gericht dieser Diözese. Ich weiß von ihm selbst, daß er oft das heilige Grab besucht hat, um Gott und seinen heiligen Diener Franz von Sales zu danken für die empfangenen Gnaden.

Das ist alles, was ich zu diesem Fragepunkt bezeugen kann.

Nachbemerkung

Aus der Heiligsprechungsbulle Alexanders VII.:

Es steht durch öffentliche Verhandlungen, die in Unserem und der Hl. Ritenkongregation Auftrag vorgenommen und mit Sorgfalt durchgeführt sind, fest, daß Hieronymus Genin, der vom Wasser verschlungen war, gerade als sein schon riechender und in einem Leichentuch eingehüllter Leichnam herausgetragen werden sollte, wieder lebendig wurde, die Arme erhob, zu sprechen anfing und Franz von Sales pries, der ihm im selben Augenblick, da ihm das Leben zurückkehrte, erschien im bischöflichen Gewand und mit gütigem und verklärtem Antlitz

(Magnum Bullarium Laertii Cherubini, Luxemburgi 1727, VI, 224)

3. Geschichtliche Berichte

Berichte von Totenerweckungen finden wir zunächst vor allem in der Hl. Schrift:

a) Altes und Neues Testament

Im Alten Testament sind folgende Totenerweckungen genannt:

1 Kn 17, 17 – 24: der Sohn der Witwe von Sarepta durch Elias.
2 Kn 4, 18 – 37: der Sohn der Sunnamitin durch Elisäus.
2 Kn 13, 20 f: der Mann, der mit den Gebeinen des Elisäus in Berührung kam.

Im neuen Testament finden wir folgende Berichte.
Christus erweckte:
die Tochter des Jairus (Mk 5, 21 – 43; Lk 8, 40 – 50; Mt 9, 18 – 26);

(Die meisten Erklärer nehmen eine Erweckung von den Toten an, andere betrachten das Mädchen, wegen der Worte Jesu Mk 5, 39: „Das Mädchen ist nicht tot, sondern schläft", als scheintot);

den Jüngling von Naim (Lk 7, 11 – 17);

Lazarus, der schon vier Tage im Grabe lag (Jo 11, 1 – 45).
Petrus erweckte Tabitha (Apg 9, 36 – 42).

Paulus erweckte Eutychus, der aus den Fenstern des oberen Stockes gestürzt war (Apg 20, 7 – 12).

b) Altertum bis Neuzeit

Aus allen Jahrhunderten werden Totenerweckungen berichtet. Ein paar ältere Beispiele:

Der hl. IRENÄUS von LYON schreibt zwischen 180 – 190 in seinem Werk „Gegen die Häresien": „Unser Herr und die Apostel haben durch das Gebet Tote auferweckt, und unter unseren Brüdern ist sehr häufig wegen irgendeiner Not, wenn die gesamte Kirche unter Fasten und vielem Beten darum flehte, der Geist des Toten zurückgekehrt und das Leben dem Menschen auf das Gebet der Heiligen geschenkt worden. Die Häretiker aber sind so weit davon entfernt, dies zu vermögen, daß sie nicht einmal glauben, es zu können. Vielmehr behaupten sie, die Auferstehung von den Toten sei nichts anderes als die Erkenntnis ihrer sogenannten Wahrheit." (II, 31, 2) – „Ja sogar Tote sind auferstanden, wie wir bereits gesagt haben, und lebten unter uns noch etliche Jahre." (II, 32, 4)

SULPICIUS SEVERUS schreibt in seinem „Leben des hl. Martin" – wohl schon zwei Jahre vor seinem Tod (+ 397) – von der Erweckung eines nach kurzer Krankheit verstorbenen Katechumenen und eines Mannes, der sich aufgehängt hatte, und in den „Dialogen" (II, 4) um 404 von der Erweckung eines Kindes.

AUGUSTINUS + 430 schreibt sehr kurz im letzten Buch des „Gottesstaates", das aus dem Jahre 426 stammt, über fünf Totenerweckungen, die in und bei seiner Bischofsstadt seit dem Jahre 424 auf die Fürbitte des hl. Erzmärtyrers STEPHANUS geschahen; Reliquien dieses Heiligen waren einige Jahre vorher nach Afrika gekommen (XXII, 8; ein sehr langes und hochinteressantes

Kapitel über Wunder, die er selbst irgendwie bezeugen kann).
MESSIANUS, der damalige Notar des hl. CAESARIUS von ARLES (+ 543), berichtet als Augenzeuge in dessen Vita von der Auferweckung eines Jugendlichen in Ravenna, wohin der Heilige 515 zur Verantwortung vor Theoderich geschafft worden war[11]

So lassen sich aus allen Jahrhunderten Beispiele von Totenerweckungen auf die Fürbitte von Heiligen sammeln. Im hohen Mittelalter, als die Päpste das Alleinrecht auf Heiligsprechungen beanspruchten, beginnen die unter Eid protokollierten greifbar zu werden. Der letzte mir bekannt gewordene Fall aus der Zeit nach dem zweiten Weltkrieg ist mir von dem Advokaten des betreffenden Prozesses erzählt worden. Es sind alle vorgeschriebenen Vernehmungen durchgeführt worden, darunter die beider Ärzte, die den Tod konstatiert hatten. Diese Erweckung geschah in einem östlichen Lande. Es ist über sie nichts veröffentlicht worden, weil man unter allen Umständen Schwierigkeiten für den betreffenden Orden vermeiden wollte.

4. Schlußfolgerungen

Eine Frage drängt sich auf: Warum gibt es (meines Wissens) keine Berichte der Auferweckten über das Jenseits? Es gibt doch Jenseitsvisionen und übernatürliche erhabene Träume, man denke etwa an die hl. Felizitas und Perpetua, Ansgar, Don Bosco? Aber solche Träume und Jenseitsvisionen sind der Glanz in Symbolen und Bildern von tief inneren Erlebnissen, und die Symbole und Bilder gehen hauptursächlich auf Gott zurück. Die jenseitigen Wirklichkeiten selbst aber transzendieren das menschliche Erkennen. So ist Gott allgegenwärtig, für unsere Sinne absolut unfaßbar. Und nur für unseren Geist irgendwie, jedoch nur ganz inkommensurabel, erkennbar. Nicht nur Gott, die jenseitigen Dinge überhaupt, sind für unsere Sinne nicht faßbar. Und wenn etwas mit unseren Sinnen nicht ergriffen ist, kann es vom Menschenverstand in der irdischen Existenzweise nicht begriffen werden, für diesen ist es genauso,

---

11 Buch 1, Kap. 3, Nr. 28, Migne Pl 67, 1015/16

wie wenn es nicht existierte. Die abgeschiedene Seele kann geistig schauen, sie vermag aber das geistig geschaute Unsichtbare, Unsinnliche nicht sinnenhaft festzuhalten und zu bewahren. Für die Sinne Unsichtbares kann man nicht sinnenhaft in sich haben. Aber ohne Beteiligung von Sinnenhaftem und von sinnenhaften Erinnerungen gibt es auf Erden kein geistiges Erkennen. Darum wohl konnten Auferweckte aus der anderen Welt nichts berichten.

Man möchte dem entgegenhalten, daß eine abgeschiedene Seele eine rein geistige Erkenntnis mit zurückgebracht haben könnte. Jedoch dürfte es theologisch beweisbar sein, daß niemand aus seiner endgültigen Bestimmung in der Ewigkeit zu einem neuen irdischen Leben zurückgerufen werden kann. Vom Tode auferweckt werden bedeutet, daß die Seele sich unbezweifelbar von ihrem Leibe getrennt hatte, aber durchaus nicht, daß sie schon in den Besitz Gottes oder in den Zustand der Verwerfung eingegangen war, und wohl auch nicht in die jenseitige Läuterung.

Die Seele dürfte auch nicht das persönliche Gericht, das man wohl als ein Selbstgericht aufzufassen hat und das in seiner Untrüglichkeit vollkommen der Beurteilung Gottes entspricht, durchgemacht haben. Denn das Urteil wird nach der Lehrverkündigung der Kirche auf der Stelle vollzogen. Mit ihm beginnt der Endzustand des Gerettet- oder Verlorenseins, aus dem – nach der Auffassung der Kirche – noch niemand ins irdische Leben zurück gekehrt ist.

Wie lassen sich diese Berichte über das angebliche Einwirken „Jenseitiger" ins Diesseits wissenschaftlich erklären? WERNER SCHIBELER *antwortet im folgendem Beitrag auf diese Frage im Hinblick auf Naturwissenschaft und Parapsychologie.*

Werner Schiebeler

DAS FORTLEBEN NACH DEM TODE IM HINBLICK AUF NATURWISSENSCHAFT UND PARAPSYCHOLOGIE

EINLEITUNG

Unsere heutigen Wissenschaften, insbesondere die Naturwissenschaften, haben uns in den letzten Jahrhunderten, besonders aber in den letzten Jahrzehnten, sehr bedeutsame Erkenntnisse über unser Universum, unsere Erde, unsere Umwelt und unseren menschlichen Körper geliefert. Wir wissen z. B. schon recht gut über die Funktionen unseres menschlichen Körpers, seine Krankheit und deren Behandlung Bescheid. Aber alle herkömmlichen Wissenschaften enden bislang beim oder am Tode des Menschen. Geburt und Tod werden als Beginn und Ende der menschlichen Existenz angesehen. Die Menschen wissen aber im allgemeinen nicht, warum sie diese Strecke zwischen den beiden angeblichen Endpunkten durchlaufen. Die Geburt wird meist als freudiges Ereignis angesehen, der Tod dagegen als unbarmherziger Vernichter.

Seit über 100 Jahren besteht aber eine Wissenschaft, die wir heute Parapsychologie nennen, aber besser *Paranormologie* nennen sollten. Diese Wissenschaft greift über die bestehenden Naturwissenschaften hinaus, versucht sie zu erweitern. In der Parapsychologie wird unter anderem auch die Frage nach der Herkunft und dem Ziel des menschlichen Lebens untersucht und eine Antwort darauf gegeben, ob denn der Tod wirklich das Ende des Lebens ist. Um diese Frage beantworten zu können, muß aber zunächst geklärt werden, was eigentlich unter „Leben" zu verstehen ist und was den irdischen Tod überleben könnte. Der Autor untersucht diese Frage an Hand des heutigen Kenntnisstandes der Naturwissenschaften und des Erfahrungsmaterials der Parapsychologie und kommt zu dem Ergebnis, daß sich eine persönliche Fortexistenz nach dem irdischen Tode durch Indizien und Erfahrungsbeweise zumindest in Einzelfällen nachweisen läßt.

I. NATURWISSENSCHAFT

1. Der biologische Lebensbegriff

Wenn vom Tod und seinem Überleben die Rede ist, muß zuerst einmal erörtert werden, was unter dem Leben und dem Tod zu verstehen ist. Die Biologie versteht unter Leben etwa folgendes, wobei im Leben auch das tierische und pflanzliche Leben einbegriffen ist:

Ein Organismus lebt,
1. wenn er einen autonomen Stoffwechsel hat (Ernährung, Ausscheidung, Atmung),
2. wenn er reizempfindlich ist und auf Reize zielstrebig, d.h. sinnvoll antwortet,
3. wenn er die Eigenschaften des Wachstums, der Fortpflanzung und der Vererbung aufweist.

Besonders die zweite Eigenschaft ist wichtig. Prof. AUGUST BIER, der bedeutende deutsche Chirurg, schreibt von den zwei kennzeichnenden Merkmalen des Lebens: Reizbarkeit und zielstrebige Handlung. Nur das Lebendige ist reizbar. Was nicht reizbar ist, hat nie gelebt oder ist abgestorben.[1] Die aufgezählten Eigenschaften des Lebens sind im Sinne unserer heutigen Biologie an die uns bekannte Materie gebunden. Der materielle Tod tritt ein, wenn diese Eigenschaften erlöschen, wenn also beispielsweise der Stoffwechsel zum Stillstand kommt (Atmung und Herztätigkeit aufhören, klinischer Tod) und auf Reize nicht mehr sinnvoll geantwortet wird.

---

1. A. BIER.- Die Seele.- München: J. F. Lehmanns 1949, S. 372

2. Das geistige Leben

Diese biologische Definition des Lebens wird man aber für das menschliche Leben als offensichtlich unzureichend ansehen. Für den menschlichen Lebensbegriff sind der Stoffwechsel, das biologische Wachstum, die Fortpflanzung und die Vererbung von untergeordneter Bedeutung, so wichtig sie biologisch gesehen auch sein mögen.
Der eigentliche Hauptbestandteil des menschlichen Lebens ist dagegen das sogenannte geistige Leben.
Was ist nun unter geistigem Leben zu verstehen?
Volkstümlich kann man es etwa so formulieren: Das geistige Leben besteht aus dem Bewußtsein (dem Ich-Bewußtsein), dem Denken und der Möglichkeit, gemäß dem Denken nach einer freien Willensentscheidung zu handeln. Es besteht aus der Möglichkeit, vermittels der Sinnesorgane Erfahrungen zu sammeln und zu lernen, dem Ansammeln von Erinnerungen und der Möglichkeit, diese Erinnerungen bei Vorgängen des logischen Denkens und der Auslösung von Gemütsbewegungen beliebig zu verwenden. Es besteht schließlich aus den Gemütsbewegungen, wobei die Freude eine besonders gewichtige Rolle spielt.

3. Die physikalische Natur der geistigen Lebensvorgänge

Was bedeutet aber das geistige Leben in der Sicht der Naturwissenschaften, insbesondere der Physik und ihrer Unterwissenschaft, der Kybernetik? Was man heute feststellen kann ist, daß das geistige Leben innerhalb unseres materiellen Körpers durch das Zentralnervensystem des Menschen, insbesondere das Gehirn, ermöglicht und aufrecht erhalten wird, wobei die Verbindung mit der Umwelt vermittels der Sinnesorgane über das periphere Nervensystem erfolgt. Nach den Erkenntnissen der heutigen Physik bzw. Kybernetik besteht das geistige Leben in der Aufnahme, Speicherung, Verarbeitung von Informationen, d.h. Signalen.
Über die Art, wie diese Vorgänge sich im Zentralnervensystem und im peripheren Nervensystem physikalisch abspielen, geben

die Forschungen der letzten Jahrzehnte in zunehmendem Maß Auskunft, wenn natürlich viele Einzelheiten noch unaufgeklärt sind. Die Informationsübertragung und die Informationsverarbeitung erfolgt im menschlichen wie im tierischen Organismus durch elektrochemische Vorgänge, die man im tierischen Organismus mit einer subtilen Technik untersuchen kann. So kann man durch Untersuchung mit sehr feinen Mikroelektroden feststellen, daß die Informationsübertragung auf den Nervenfasern durch elektrische Impulse von etwa $\frac{1}{1000}$ sek Dauer erfolgt, wobei die Häufigkeit der Impulse je Zeiteinheit den Informationsinhalt widerspiegelt. Man spricht von einer Impulsfrequenzmodulation.[2]

Auch im Gehirn selbst lassen sich mit Hilfe von Mikroelektroden Informationsverarbeitungsvorgänge verfolgen, beispielsweise die elektrischen Signale, die auf einen Sehvorgang hin erfolgen. Wie die logischen Vorgänge im Innern des Gehirns und die Speicherung der Informationen im Langzeitgedächtnis im einzelnen ablaufen, ist noch nicht bekannt. Jedoch lassen sich aus der Rechenmaschinentechnik Möglichkeiten dafür und gewisse Modellvorstellungen herleiten.[3-7]

Auch die Gemütsbewegungen des Menschen und der Tiere lassen sich in die heutigen physikalischen Vorstellungen einordnen. Die Gemütsbewegungen wie Freude, Furcht, Zorn, Ekel usw. bestehen nicht nur in subjektiven inneren Vorstellungen und Gefühlen, die durch Informationsaufnahme und Informationsverarbeitung (geistige Erlebnisse) hervorgerufen werden, sondern auch in klar umrissenen und meßbaren Reaktionen (chemischen Veränderungen im Körperhaushalt) des Organismus, mit dem Ziel, das Individuum einer besonderen Umweltsituation möglichst gut anzupassen, ihm eine größere Überlebenschance im Kampf mit der Umwelt zu ge-

---

2. o. V.- Aufnahme und Verarbeitung von Nachrichten durch Organismen. Vorträge auf dem Gebiet der Kybernetik.- Stuttgart: S. Hirzel Verlag 1961

3. A. F. MARFELD.- Kybernetik des Gehirns.- Berlin: Safari Verlag 1970

4. K. STEINBUCH.- Bewußtsein und Kybernetik.- in: Grundlagenstudien aus Kybernetik und Geisteswissenschaft 3, 1961, S. 2 – 12

5 Derselbe.- Automat und Mensch.-Berlin: Springer Verlag ³1965

6 W. WEIDEL.- Kybernetik und psychophysiologisches Grundproblem.- in: Kybernetik 1, 1962, S. 165 – 170

7 H. FRANK.- Informationspsychologie und Nachrichtentechnik.- in: Umschau in Wissenschaft und Technik 1961, S. 600 – 603, 634 – 636

ben. Diese Zusammenhänge hat für die Furcht der amerikanische Physiologe W. B. CANNON vor dem ersten Weltkrieg zuerst nachgewiesen.[8]

Gemütsbewegungen treten aber nicht nur als Folge geistiger Erlebnisse (als Folge von Informationsverarbeitung) auf, sondern lassen sich auch durch direkte elektrische Reizung der entsprechenden Gehirnbezirke oder durch Zuführung von Chemikalien (Drogen) erzeugen, ohne daß entsprechende geistige Erlebnisse vorliegen.

Diesbezüglich aufschlußreiche Untersuchungen an Hühnern, denen Drahtelektroden in das Gehirn eingeführt wurden, sind in der Arbeit[9] dargestellt. Die Hühner konnten allein durch elektrische Reize zu den verschiedensten Verhaltensweisen angeregt werden, denen Gemütsbewegungen zugrunde lagen, die wir beim Menschen mit den Worten Furcht, Ekel, Geltungsdrang usw. kennzeichnen würden. In allen diesen Fällen lagen keine äußeren Erlebnisse vor, die die Verhaltensweisen der Hühner hätten auslösen können. Es liegt bislang kein Grund zu der Annahme vor, daß der Mensch, falls man bei ihm ähnliche Versuche durchführen könnte und würde, etwa ein anderes Verhalten zeigen würde.

4. Die Voraussetzungen zur Aufrechterhaltung des Lebens

Diese bislang gewonnenen Erkenntnisse lassen den Schluß zu, daß für die Fortführung unseres geistigen Lebens auf dieser Erde die Funktionstüchtigkeit unseres Zentralnervensystems erforderlich ist, oder noch einschränkender gesagt, es muß die Möglichkeit zur Informationsaufnahme, Informationsspeicherung, Informationsverarbeitung und Informationsabgabe bestehen. Die Unversehrtheit des ganzen materiellen Körpers ist zum Fortleben in diesem Sinne nicht erforderlich. Einen Menschen, dem Arme und Beine amputiert wurden, werden wir immer noch als lebend ansehen. Ja, wenn wir nur den Kopf eines Lebewesens ohne den eige-

---

[8] W. B. CANNON.- Der Weg eines Forschers.- München: Verlag Hermann Rinns 1948
[9] E. v. HOLST.- Die experimentelle Erforschung tierischer Triebe.- in: Umschau in Wissenschaft und Technik 1960-, S. 545 – 549, 574 – 576

nen Körper funktionsfähig erhalten, so daß es noch denken und sprechen kann und sein Gedächtnis behält, so daß wir es an seiner spezifischen Ausdrucksweise und an seinen Kenntnissen erkennen können, werden wir sagen müssen, daß das Lebewesen lebt.

Das sind heute nicht nur reine Denkmöglichkeiten, sondern es bestehen bereits Möglichkeiten zur Durchführung. Die Mediziner W. J. KOLFF und A. C. KRALIOS sagen:[10]

„Der Gedanke mag uns gefallen oder nicht, aber wir besitzen jetzt die Möglichkeit, einen abgetrennten Kopf durch eine Batterie von Pumpoxygeneratoren, Ernährungsröhren, Luftschläuchen usw. am Leben zu erhalten. Ob freilich das Leben eines Kopfes ohne Körper ein erstrebenswertes Ziel ist, dazu möchte ich mich nicht äußern."

Auch Versuche zur praktischen Durchführung werden bereits unternommen. Der Neurochirurg Prof. ROBERT JOSEF WHITE am Metropolitan General Hospital in Cleveland (USA) präpariert Affengehirne aus dem Schädel heraus und erhält sie am Leben. Das erkennt man daran, daß das Elektroenzephalogramm des Gehirns normal bleibt. Weiter verpflanzt WHITE Affenköpfe von einem Körper auf einen anderen. Die Operationsdauer beträgt etwa 10 Stunden. Am 7. 12. 1977 wurde vom 1. Deutschen Fernsehen um 22.50 Uhr eine solche Verpflanzung in einer Sendung unter dem Titel „Grenzen der Forschung" ausgestrahlt.

Die Überlebensdauer der transplantierten Köpfe beträgt bislang zwar nur maximal 7 Tage. Aber WHITE hofft, diese Zeit in Zukunft bedeutend verlängern zu können. WHITE sieht seine Affenexperimente als Vorstufe für Operationen am Menschen an, um z. B. aus zwei halben Menschen (einer mit unversehrtem Kopf, der andere mit unversehrtem Leib) einen ganzen zu machen.

WHITE behauptet, das sei bereits heute möglich. Man müsse allerdings eine hohe Sterblichkeitsquote in Kauf nehmen. Aber es gehe dabei um die Frage, ob man überleben oder lieber tot sein wolle.

Man kann hier erkennen, welche Konsequenzen in Gedanken und Taten gezogen werden, wenn man davon ausgeht, daß unser menschliches Leben mit dem Tode seinen endgültigen Abschluß

---

10 W. J. KOLFF/A. C. KRALIOS.- Künstliche Organe in den 70ger Jahren.- in: Umschau in Wissenschaft und Technik 1971, S. 47

findet. Und dabei ist WHITE nicht etwa ein Atheist, sondern wird als gläubiger Katholik geschildert.

Es ist übrigens beachtenswert, daß es auch in der Natur Lebewesen (Wirbeltiere, sogar Menschen) gibt, die nur aus dem Kopf bestehen und über keinen eigenen Leib verfügen, sondern sich einen solchen mit einem anderen Kopf teilen müssen. Beim Menschen gelangen solche Individuen in sehr seltenen Fällen sogar bis in das Erwachsenenalter.

Bei der Definition des Lebens und Fortlebens müssen wir sogar noch einen Schritt weitergehen: Wenn es möglich wäre oder wenn wir feststellen, daß es möglich ist, die gespeicherten Informationen eines Menschen aus seinem Gedächtnis in ein anderes Gedächtnis, d. h. einen anderen Informationsspeicher zu übertragen und wenn dieser neue Informationsspeicher mit der Möglichkeit der Informationsaufnahme, der Informationsverarbeitung und der Informationsabgabe versehen ist, und wenn bei der Informationsübertragung die spezifischen Eigenheiten und das Ichbewußtsein, d. h. die Persönlichkeitsstruktur, erhalten bleiben, müssen wir von einem „Fortleben" sprechen, auch wenn der alte Körper und das bisherige Gehirn materiell vernichtet sind. Von einem Tod, d. h. von einem Auslöschen der geistigen, der persönlichen Existenz, können wir erst dann sprechen, wenn die wesentlichen, im Laufe des Lebens gespeicherten Informationen, die Erinnerung unwideruflich gelöscht, d. h. aus der Welt geschafft sind. Sind die Informationen noch vorhanden und ist nur die Informationsaufnahme und Informationsverarbeitung unterbunden, so wird man von einem Schlafzustand des Individuums sprechen.

Hier treten übrigens bereits gleich die ersten Schwierigkeiten bei der Frage auf, wie man die Fortexistenz oder das Fortleben eines Menschen sowohl auf dieser Erde als auch nach seinem Tode feststellen kann, insbesondere dann, wenn man ihn längere Zeit nicht gesehen hat. Als Erkennungszeichen kann man ja nur seine Persönlichkeitsstruktur, seine Fähigkeiten und sein Wissen, d. h. seine Speicherinhalte, verwenden. Alles wandelte sich aber ständig, wenn der Mensch lebt, da er ja ständig neue Informationen aufnimmt, d. h. neue Erfahrungen sammelt, die seine Persönlichkeitsstruktur wandeln. Das mag vielleicht in Tagen und Wochen kaum in Erscheinung treten, kann innerhalb von Jahrzehnten jedoch sehr stark sein, so stark sein, daß es einem Menschen, der nach 30 Jahren aus einer Gefangenschaft heimkommt, schwer fällt, seine Identität nachzuweisen. Es gibt in dieser Beziehung tragische Beispiele.

Wenn es nun schon auf dieser Erde schwer sein kann, die menschliche Fortexistenz nachzuweisen, um wieviel schwerer ist es erst, nach dem Ereignis des biologischen Todes ein Fortleben der menschlichen Persönlichkeit nachzuweisen. Man ist daher weitgehend auf Indizien angewiesen, auf die man aber auch im täglichen Leben und in der Rechtssprechung ständig zurückgreift. Auch im täglichen Leben ist es unmöglich, das Fortleben eines Menschen ständig zu überwachen. Kaum einer wird aber an der Fortexistenz eines Verwandten oder Freundes ernsthaft zweifeln, nur weil er ihn drei Jahre nicht mehr gesehen hat, beim Wiedersehen aber „einwandfrei" wiedererkennt. Dieses Wiedererkennen ist aber bestimmt kein zwingender und unumstößlicher Beweis. Es gibt ja schließlich zum Verwechseln ähnlich aussehende Doppelgänger, Ausweise können gefälscht sein usw. Wenn man aber in jedem Fall absolut sicher gehen und unumstößliche Beweise verlangen wollte, müßte man erkennen, daß solches nicht möglich ist und bei Beharren auf diesem Standpunkt ein menschliches Zusammenleben nicht möglich wäre.

Wir werden daher bei dem Suchen nach „Beweisen" für das Fortleben nach dem irdischen Tode auch nicht strengere Maßstäbe anlegen dürfen, als wir es im täglichen Leben tun. Wir müssen uns also mit Indizien zufrieden geben und nach einer möglichst großen Anzahl dieser Indizien suchen, die sich möglichst gegenseitig stützen. Daraus läßt sich dann ein „Beweis" konstruieren, den man in der Rechtssprechung „Indizienbeweis" und in der Physik „Erfahrungsbeweis" nennt.

5. Sonderfälle geistiger Lebensvorgänge

Die bisherigen naturwissenschaftlichen Forschungsergebnisse scheinen zu zeigen, daß die geistigen Lebensvorgänge nach bekannten physikalischen Gesetzen ablaufen und daß diese geistigen Lebensvorgänge zum Erliegen kommen, wenn das Gehirn materiell zerstört wird. Diese Auffassung faßt der Mediziner Prof. L. BORCHARDT in einer Arbeit über „Die körperlichen Grundlagen der seelischen Lebensvorgänge"[11] mit folgenden Worten zusammen:

„Es kann nicht wundernehmen, daß die unübersehbare Fülle der Hirnleistungen den Eindruck erwecken muß, daß es sich hier um Auswirkungen übersinnlicher und übernatürlicher Kräfte handelt. Beweise dafür liegen aber in keiner Weise vor. Vielmehr steht die Tatsache unerschütterlich fest, daß alle Leistungen des Gemüts und der Verstandestätigkeit an die lebende Materie gebunden sind, daß sie ihren festen Sitz in bestimmten Teilen des Nervensystems haben, und daß Schädigung dieser Teile mit entsprechenden Ausfallerscheinungen verbunden sind. Das ist schon von Flechsig nachgewiesen worden und bestätigt sich immer wieder."

Der Physiker Prof. K. STEINBUCH äußert sich in der Arbeit „Bewußtsein und Kybernetik"[12] in ähnlicher Weise. Er schreibt:

„Was wir an geistigen Funktionen beobachten, ist Aufnahme, Verarbeitung, Speicherung und Abgabe von Informationen... Auf gar keinen Fall scheint es mir wahrscheinlich oder gar bewiesen, daß zur Erklärung geistiger Funktionen irgendwelche Voraussetzungen gemacht werden müssen, welche über die normale Physik hinausgehen."

Es gibt nun aber interessante Sonderfälle geistiger Tätigkeit, die die Allgemeingültigkeit dieser eben geschilderten Auffassungen als sehr fraglich erscheinen lassen. Es hat den Anschein, als ob die geistigen Lebensvorgänge nicht nur an unsere irdische Materie und ein intaktes Gehirn gebunden sind. Es gibt nämlich manchmal Fälle sehr tiefgreifender Gehirnverletzungen, die zumindest kurzzeitig — meist kurz vor dem Tode — nicht zu den Ausfallerscheinungen führen, die man eigentlich erwarten müßte. Damit soll nicht gesagt werden, daß die bisherigen Annahmen und die heute üblichen wissenschaftlichen Deutungsversuche völlig falsch sind. Im Sinne von Arbeitshypothesen haben sie durchaus ihre Berechtigung. Sie werden uns sicher noch weiterhin wertvolle Erkenntnisse über die Wirkungsweise des menschlichen Gehirns und des geistigen Lebens auf dieser Erde verschaffen. Die folgenden Beispiele sollen uns aber zeigen, daß es vermutlich übergeordnete Gesetzmäßigkeiten gibt, die uns noch unbekannt sind.

11 L. BORCHARDT.- Die körperlichen Grundlagen der seelischen Lebensvorgänge.- in Hippokrates 1955, S. 357 — 361
12 K. STEINBUCH. s. Anm. 4

Betrachten wir zunächst schwere Gehirnverletzungen, die durch Kriegseinwirkung hervorgerufen wurden.

Ein Schweizer Arzt schreibt darüber:

„Etwa die Hälfte der Kopfdurchschüsse im ersten Weltkrieg zertrümmerten wesentliche Anteile des Großhirns; die Verletzten blieben vollbewußt. Einem Mechaniker wurden durch Propellerschlag beide Hinterhauptslappen amputiert; der Mann wurde sofort blind, jedoch nicht bewußtlos. Einem Patienten von Lenggenhager wurden beide Stirnlappen sozusagen abgefräßt, der Verunfallte war imstande, einige Meter weit zu gehen. Schwerste Hirnverletzungen, Fälle, bei denen der Arzt Hirnbrei in der Tiefe der Wunde findet, gehen vielfach ohne Bewußtseinsverlust einher. Ganze Hirnlappen müssen mitunter abgetragen werden; trotzdem kann man sich mit dem Patienten unterhalten. Man ist überhaupt überrascht festzustellen, wieviel Zerrungen, Druck, Quetschung, ja sogar an Zerstörung ein Großhirnteil ohne Erlöschen des Bewußtseins auszuhalten vermag."[13]

In ähnlicher Weise berichtet Prof. CARL LUDWIG SCHLEICH, daß er im ersten Weltkrieg mindestens 20 Fälle von Hirnverletzungen behandelt habe, bei denen löffelweise ganglienenthaltende Substanz ohne Intelligenz- oder Bewußtseinsstörung des Patienten entfernt wurde.[14]

Gleichartige Fälle legt der französische Arzt Dr. G. GELEY vor. Er schreibt:

„Im Juli 1914 übergab Dr. Hallopeau der Société de Chirurgie den Bericht über eine Operation, die man im Hospital Necker an einem jungen Mädchen vorgenommen hatte, das aus einem Wagen der Untergrundbahn gefallen war. Bei der Schädelbohrung stellt man fest, daß ein beträchtlicher Bruchteil der Gehirnmasse buchstäblich in Brei verwandelt ist. Man spült aus, legt Wundröhrchen ein, schließt wieder, und die Kranke wird völlig gesund."

Folgendes veröffentlichten die Pariser Zeitungen über die Sitzung der Akademie der Wissenschaften vom 24. März 1917:

„Die teilweise Entfernung des Gehirns. — In Fortsetzung seiner früheren Mitteilungen über diesen Eingriff, der im Gegensatz steht zu den bis jetzt allgemein vertretenen Anschauungen, richtet Dr. A. Guepin aus Paris an die Akademie einen neuen Beitrag zum Studium dieser Frage. Er erwähnt darin, daß sein erster Operierter, der Soldat Louis R., heute Gärtner in der Nähe von Paris, trotz des Verlustes eines gewaltigen Teiles seiner linken Gehirnhälfte

---

13 W. BÄRTSCHI-ROSCHAIX.- Bewußtsein und Bewußtlosigkeit im Lichte moderner Hirnforschung.- in: Schweizerische Medizinische Wochenschrift 81, 1951, 35, S.829 –833

14 C. L. SCHLEICH.- Bewußtsein und Unsterblichkeit.- Stuttgart/Berlin 1920

(Rindensubstanz, Weiße Substanz, zentrale Kerne usw.) fortfährt, sich geistig wie ein normaler Mensch zu entwickeln, und dies trotz der Verletzung und Entfernung von Windungen, die als der Sitz wesentlicher Funktionen betrachtet wurden."[15]

Einige Zeilen später berichtet GELEY:
„Hier haben wir noch überraschendere Tatsachen, die in der Klinik von Dr. Nikolas Ortiz beobachtet wurden und die mir Dr. Domingo Guzmann in liebenswürdiger Weise mitgeteilt hat. Die Quelle dieser Beobachtungen kann nicht angezweifelt werden; sie stammen von zwei Gelehrten, die in unserer Wissenschaft einen hohen Rang einnehmen:
Der erste Fall betrifft einen Knaben von 12 – 14 Jahren, der im vollen Besitz seiner geistigen Fähigkeiten starb, obgleich sich das Gehirn, ähnlich wie bei einem Geköpften, vollkommen vom oberen Teil des Rückenmarks losgelöst hatte. Die Überraschung der Ärzte war groß, als sie, bei der Obduktion den Schädel öffnend, die Gehirnhäute blutüberfüllt und ein großes Geschwür, fast das ganze Kleinhirn, einen Teil des Großhirns und die Varolsbrücke einnehmen sahen; und doch wußte man, daß dieser Mensch wenige Augenblicke zuvor ganz richtig dachte. Sie müssen sich notwendigerweise gefragt haben: Wie ist so etwas möglich? Der Knabe klagte über heftige Kopfschmerzen, seine Temperatur sank nicht unter 39^0; die einzigen hervorstechenden Symptome bestanden in der Ausdehnung der Pupillen, einer gewissen Scheu vor Licht und einer großen Überempfindlichkeit der Haut. Diagnose: Gehirn- und Gehirnhautentzündung."

All diesen geschilderten Fällen ist das nach unseren bisherigen Kenntnissen der Physik so Erstaunliche gemeinsam, daß die Zerstörung der Gehirnteile ohne bemerkbare Auslöschung von Gedächtnisinhalten oder sonstige wesentliche Ausfallserscheinungen vor sich ging.

In diesem Zusammenhang verdienen auch Fälle aus der Psychiatrie Beachtung, die darüber berichten, daß Geisteskranke, die seit vielen Jahren zu keiner normalen Verstandestätigkeit mehr fähig waren, kurz vor ihrem Tode wieder „normal" wurden.

Dr. du PREL schreibt darüber: „Daß Irrsinnige oft kurz vor dem Tode den Gebrauch ihrer Verstandeskräfte wieder erhielten und

---

15 G. GELEY. Vom Unbewußten zum Bewußten.- Stuttgart/Berlin/Leipzig: Union Deutsche Verlagsgesellschaft 1925
16 C. du PREL.- Philosophie der Mystik.- Leipzig: Verlag von Max Altmann ^{2}1910

völlig verwandelt erschienen, ist häufig beobachtet worden."[16]

W. BISCHOFF kommentiert derartige Fälle folgendermaßen: „Wie wenig die Entwicklung der Seele an das Nervensystem des Körpers gebunden ist, beweist die Tatsache, daß Geisteskranke kurz vor ihrem Tode — wenn also das zentrale Nervensystem praktisch völlig zerstört ist*— wieder völlig klar werden können, ja in ihren Gedanken eine geistige Reife zeigen, die nicht vollendeter sein könnte, wenn sie nie gehirnkrank gewesen wären."[17]

Es kommt sogar vor, daß ein Mensch, der Zeit seines Lebens aus gehirnanatomischen Gründen nie ein Wort gesprochen hat, bei dem nie eine geistige Tätigkeit beobachtet wurde, z. B. auch nicht eine sinnvolle Aufnahme und Speicherung von Informationen, kurz vor seinem Tode beginnt, seine Sprachorgane sinnvoll zu gebrauchen.

Solch ein Fall wird uns von dem Direktor der Heil- und Pflegeanstalt in Treysa FRITZ HAPPICH[18] berichtet. Er schreibt:

„Zu den tiefststehenden Pfleglingen, die wir je hatten, gehörte Käthe. Von Geburt an war sie völlig verblödet. Nie lernte sie ein Wort sprechen. Stundenlang starrte sie auf einen Punkt, dann zappelte sie wieder stundenlang ohne Unterbrechung. Sie schlang Nahrung hinunter, verunreinigte sich Tag und Nacht, stieß einmal einen tierischen Laut aus und schlief. Das waren die Lebensäußerungen, die wir in über 20 Jahren an ihr beobachteten. Nie haben wir in der langen Zeit gemerkt, daß sie auch nur eine Sekunde an dem Leben ihrer Umgebung teilnahm. Ein Bein hatte Käthe noch abgenommen werden müssen. Sie siechte dahin.

Eines Morgens rief mich einer unserer Ärzte, der als Wissenschaftler und praktischer Psychiater anerkannt ist, an: ‚Komm einmal gleich her, Käthe liegt im Sterben!' Als wir gemeinsam das Sterbezimmer betraten, trauten wir unseren Augen und Ohren nicht. Die von Geburt an völlig verblödete Käthe, die nie ein Wort gesprochen hatte, sang sich selbst die Sterbelieder. Vor allem sang sie immer wieder: ‚Wo findet die Seele die Heimat, die Ruh? Ruh, Ruh, himmlische Ruh!' Eine halbe Stunde lang sang Käthe. Das bis dahin so verblödete Gesicht war vergeistigt und verklärt. Dann schlief sie still ein. — Immer wieder sagte der Arzt, dem ebenso wie der pflegenden Schwester und mir Tränen in

---

* Das betrifft allerdings nicht die Schizophrenie, bei der keine strukturelle Veränderung des Nervensystems nachweisbar ist.

17 W. BISCHOFF.- Geheimnis der Seele.- Frankfurt: Anker Verlag o.J.
18 P. RINGGER.- Die Mystik im Irrsinn.- in: Neue Wissenschaft 1958, 5, S. 217 — 20

den Augen standen: ‚Medizinisch stehe ich völlig vor einem Rätsel. Durch eine Sektion kann ich, wenn es verlangt wird, nachweisen, daß Käthes Hirnrinde restlos zerstört und anatomische Denkfähigkeit nicht mehr möglich war.'"

Die in diesem Abschnitt geschilderten Fälle geben bislang einer physikalischen Betrachtungsweise die größten Rätsel auf.

Diese Fälle legen jedoch den Schluß nahe, daß zumindest in Sonderfällen die quasielektronische Steuerung des menschlichen Organismus und insbesondere seiner Ausgabeorgane durch eine physikalisch noch nicht bekannte Aussteuerung ersetzt werden kann.

Sie legen weiter die Vermutung nahe, daß auch die Bewußtseinsvorgänge und die Informationsspeicherung nicht nur in physikalisch bekannter oder vermutbarer Weise ausschließlich an die biologische Gehirnsubstanz gebunden sind. Es hat den Anschein, als ob die für diese Vorgänge bekannten physikalischen Gesetzmäßigkeiten in übergeordnete, uns noch unbekannte Gesetzmäßigkeiten eingelagert sind.

Die rein physikalische Betrachtungsweise nach dem bisherigen Kenntnisstand legt nahe, daß der menschliche Körper etwa einem Klavier entspricht, das menschliche Gehirn aber dem Klavierspieler. Die Sonderfälle der geistigen Tätigkeit lassen es aber als möglich erscheinen, daß der Klavierspieler gar nicht im Gehirn sitzt, sondern außerhalb und das Gehirn nur die Klaviertasten darstellt. Um in diesem Bilde zu bleiben, würden dann die Sonderfälle geistiger Tätigkeit (bei gestörtem Gehirn) darin bestehen, daß vorübergehend auch einmal die Klaviertasten umgangen werden können und die Saiten in diesem Falle durch einen uns unbekannten Mechanismus direkt angeschlagen werden.

Damit kommen wir aber zur Frage, ob denn unsere Persönlichkeitsstruktur unbedingt nur im Gehirn und innerhalb der uns bekannten Materie gespeichert sein muß.

III. PARAPSYCHOLOGIE

1. Möglichkeiten zur Fortführung der Informationsspeicherung und Informationsverarbeitung nach dem irdischen Ableben

Die Speicherung der menschlichen Gedächtnisinhalte und der Persönlichkeitsstruktur muß nicht notwendigerweise ständig an unsere irdische Materie und an ein funktionsfähiges materielles Zentralnervensystem gebunden sein, wenn sie auch im irdischen Leben durch sie in Erscheinung treten. Nehmen wir einmal an, daß parallel zu unserem irdischen, materiellen Gedächtnis ein irgendwie geartetes Gedächtnis, also ein Informationsspeicher mit einem Informationsverarbeitungssystem vorhanden sei, das nicht an unsere irdische Materie gebunden ist. Nehmen wir weiter an, daß dieses System entweder in unserem irdischen Leben schon parallel zu unserem materiellen Gedächtnis die Informationen speichert oder aber sie im Augenblick des irdischen Ablebens übernimmt, und daß nach diesem Ableben eine weitere Informationsverarbeitung vielleicht in einer anders strukturierten Welt möglich ist. Wenn dabei die Eigenheiten der Persönlichkeitsstruktur weitgehend erhalten bleiben, müssen wir von einem persönlichen Überleben des irdischen, biologischen Todes reden, ganz gleich in welcher Art das Weiterleben und in welcher Umgebung es stattfindet.

Was hat nun die Parapsychologie zu diesen zunächst hypothetischen Überlegungen zu sagen? Trägt sie zur Klärung der aufgeworfenen Fragen bei, ob und in welcher Form ein persönliches, geistiges Überleben des irdischen, biologischen Todes stattfindet?

Die paranormale Erscheinung, über die zunächst gesprochen werden soll, hat den Namen *„Austritt des Astralleibes"* erhalten. Dieses Phänomen tritt manchmal auf, wenn bei gesunden, kranken oder geschwächten Personen das normale Bewußtsein beispielsweise durch Gehirnerschütterung, Narkose, körperliche Erschöpfung oder Drosselung der Luftzufuhr (beim Ertrinken) ausgeschaltet wurde. Manchmal wird das Phänomen auch im Zustand des sog. klinischen Todes (vorübergehender Herzstillstand) oder auch im

Schlaf beobachtet. Von wenigen Personen kann es sogar absichtlich herbeigeführt werden.

Bei solchen Zuständen wird von den betroffenen Menschen beobachtet und berichtet, daß sich im Augenblick des Eintritts der körperlichen Bewußtlosigkeit aus dem materiellen, irdischen Körper ein gleichartig oder ähnlich gestalteter, manchmal auch nicht bestimmbarer Körper löst, der aus einer uns unbekannten, unsichtbaren und physikalisch bisher nicht nachweisbaren Substanz besteht. Dieser Körper wird gewöhnlich mit dem Wort „*Astralleib*" bezeichnet. Während des sog. Austritts hat das „Ich" des betreffenden Menschen in dem Astralleib das volle Bewußtsein. Es kann durch die „Sinnesorgane" des Astralleibes die Umgebung wahrnehmen und den bewußtlosen, eigenen, materiellen, fleischlichen Körper als fremden Gegenstand liegen sehen. Es kann denken und beispielsweise seine besondere Lage erfassen, ist jedoch meist nicht imstande, sich seiner materiellen Umwelt irgendwie bemerkbar zu machen. In gewissem Umfang kann der Astralleib seinen Standort willkürlich verändern. Zu dem normalen, materiellen, jetzt bewußtlosen Körper besteht lediglich eine vom Kopf ausgehende Verbindung über einen dehnbaren, oft silbrig glänzenden, etwa fingerdikken Strang, der wegen seines Aussehens meist „silberne Schnur" genannt wird. Die Kenntnis dieses Stranges ist sehr alt. Er wird vermutlich als „silberne Schnur" bereits in der Bibel (Pred 12, 6) erwähnt. Allerdings wird dieser Strang von vielen dem Austritt unterworfenen Personen nicht wahrgenommen, da sie auf das Ereignis im allgemeinen nicht vorbereitet sind, die ganze Angelegenheit meist in relativ kurzer Zeit vorübergeht und sie daher auf diese Einzelheit nicht ausreichend achtgegeben haben.

Entsprechende Berichte werden sowohl in der älteren parapsychologischen Literatur[19-22] als auch in der neueren parapsychologischen und medizinischen Literatur in großer Anzahl[23-25] aufgeführt.

19 E. MATTIESEN.- Das persönliche Überleben des Todes, 3 Bände.- Berlin: Verlag Walther de Gruyter 1936 — 39
20 A. N. AKSAKOW.- Animismus und Spriritismus, 2 Bände.- Leipzig: Verlag G. Mutze [4]1905
21 S. J. MULDOON.- Die Aussendung des Astralkörpers.- Freiburg: Verlag Hermann Bauer 1964
22 G. HUBER.- Das Fortleben nach dem Tode.- Zürich: Origo Verlag 1957

Das für unsere Betrachtungen Wesentliche an diesem Phänomen ist nun, daß die dem Austritt unterworfene Person durch den ausgetretenen Astralleib Informationen aufnehmen, verarbeiten und als Erinnerung in den materiellen Körper nach der Wiedervereinigung zurückbringen kann, obwohl das Gehirn und die materiellen, fleischlichen Sinnesorgane ausgeschaltet sind und obwohl, wenn diese nicht ausgeschaltet wären, von dem Standort des materiellen Körpers aus diese Informationen oft gar nicht hätten gewonnen werden können.

Dr. MATTIESEN legt in dem Kapitel „Austritt des Ichs mit Wahrnehmung des eigenen Leibes" in dem Werk[26] 60 Fälle dieser Art vor.

Einer möge hier berichtet werden[27]. Er betrifft einen reformierten Geistlichen L. J. Bertrand und ist den Proceedings of the Society for Psychical Research, vol. VIII, S. 194 entnommen. Es heißt:

„Bertrand hatte sich während einer Bergbesteigung von seinen Gefährten getrennt und am Rande eines Abhanges niedergelassen, als er sich von einer Lähmung ergriffen fühlte, die ihn sogar verhinderte, ein Streichholz fortzuwerfen, mit dem er sich eine Zigarre hatte anzünden wollen und das ihm bereits die Finger verbrannte. Er hielt den Anfall für hereinbrechenden ‚Schneeschlaf', beobachtetet das allmähliche Absterben der Füße und Hände, und dann der Knie und Ellbogen, des Rumpfes und Kopfes und schließlich das ‚Ausgehen' des Lebens. Er hielt sich für ‚tot' und hatte das Bewußtsein, als eine Art „Ballon" in der Luft zu schweben. ‚Niederblickend, war ich erstaunt, meine eigene totenblasse sterbliche Hülle zu erkennen. Seltsam, sagte ich zu mir selbst, dort ist mein Leichnam, in dem ich lebte und den ich als mein Ich bezeichnete, als wenn der Rock der Körper wäre und der Körper die Seele.' Er sah die Zigarre in der Hand des „Leichnams' und stellte sich vor, was die Gefährten sagen würden, wenn sie seinen Körper fänden. Dann nahm er wahr, daß diese einen Weg zum Gipfel wählten, den sie ihm hatten versprechen müssen, nicht zu benutzen, und daß der Führer sich heimlich gewisse Speisevorräte seiner Schutzbefohlenen aneignete. ‚Hallo, sagte ich, dort geht meine Frau nach Lungern, und doch sagte sie mir, sie werde nicht vor morgen abreisen.' Er fühlte sich abwärts in den Köper zurückgezogen, geriet in ‚Verwir-

---

23 S. SMITH.- Die astrale Doppelexistenz.- Bern / München / Wien: Scherz Verlag 1975

24 R. A . MOODY.- Leben nach dem Tode.- Reinbek: Rowohlt Verlag 1977

25 Derselbe.- Nachgedanken über das Leben nach dem Tod.- Reinbek: Rowohlt Verlag 1978

26 E. MATTIESEN, Bd. II, S. 296 f

27 Derselbe, ebenda, S. 331

rung und Chaos', im Gegensatz zu der völligen Klarheit zuvor, und fand, als er zu voller Besinnung kam, daß die Genossen ihn aufgefunden und ‚wiederbelebt' hatten. Er hielt ihnen ihren Wortbruch und dem Führer seinen Diebstahl vor, und der Mann, der den Teufel vor sich zu haben glaubte, nahm Reißaus unter Verzicht auf seinen Lohn. Auch was B. bezüglich seiner Frau gesehen, erwies sich als richtig."

Ein zweites Beispiel wurde vom Verfasser dieser Arbeit gesammelt:
Der Inhaber eines Pflasterbaubetriebes J.W. aus der Nähe von Offenburg, 26 Jahre alt, wurde Mitte 1972 gegen 11 Uhr beim Abfahren vom Bauaushub auf der Abladestelle von einer Hornisse in den linken Ringfinger gestochen. Da er allergisch gegen Insektenstiche war, wurde er nach etwa 14 Minuten ohnmächtig. Ein zufällig anwesender Arzt veranlaßte nach vergeblichen Versuchen, den Patienten zum Bewußtsein zu bringen, die unverzügliche Überführung in ein Krankenhaus. Hier wurde der Herzstillstand festgestellt. Zur Wiederbelebung erfolgten mehrere intracardiale Injektionen und Stromstöße durch das Herz. Bei diesen Manipulationen sah sich der Patient von der Zimmerdecke aus bewußtlos auf dem Behandlungstisch liegen und hörte die Gespräche der Ärzte. Er hatte dabei den Eindruck, daß sein aus dem materiellen, bewußtlosen Körper ausgetretener Astralleib aufrecht auf einem festen, nicht näher identifizierbaren Untergrund aufrecht nahe der Zimmerdecke stand. Er bemerkte ein sehr dünnes blau-violett flimmerndes Band vom Kopf seines Astralleibes zum bewußtlosen Körper laufen. Es war dünner als ein Finger.
Auf einmal hatte der Patient das Gefühl, vor zwei Treppen zu stehen. Die eine war sauber, frei und bequem zu begehen. Die andere machte den Eindruck, beschwerlich zu begehen zu sein. Diese Treppe ging der Patient hinauf. Nachdem er sie zu einem Viertel erstiegen hatte, empfand er eine Stimme, die ihm sagte: „Du mußt zurück, du wirst noch nicht gebraucht. Geh, wieder zurück!' Der Patient ging wieder zurück und versuchte nochmals die Treppe zu ersteigen. Wieder wurde er zurückgewiesen und erlangte dann etwa gegen 14 Uhr in seinem materiellen Köper das Bewußtsein zurück, war zunächst aber noch gelähmt, konnte nur hören, später auch sprechen. Er konnte erst nach Stunden wieder seine Glieder bewegen. Der Arzt erzählte ihm später, daß während der Bewußtlosigkeit sein Herz dreimal ausgesetzt habe, einmal 4 Minuten, einmal 6 und einmal 7 Minuten.

Ein drittes Beispiel ist einem Buch[28] von Dr. GUIDO HUBER entnommen. Er berichtet innerhalb einer Reihe von Beispielen:
„In genau gleicher Weise nämlich schilderte mir ein Bekannter fünf Tage vor seinem Tod sein Erlebnis.
Nur durch Vergleiche gewinnen diese Berichte an überzeugender Kraft.

---

28 G. HUBER, Das Fortleben nach dem Tode, S. 153

‚Ich kam an einem Freitag vormittags 11 1/2 Uhr zu ihm und traf ihn in seinem Schlafzimmer im ersten Stock des Hotels, das ihm gehörte und das er führte, an, im Schlafrock auf seinem Bett sitzend, in Gegenwart seiner Frau. Er erzählte mir, nachdem er mir berichtet hatte, wie plötzlich die Krankheit über ihn gekommen sei, er habe vor wenigen Tagen eine Ohnmacht gehabt und in dieser sei ihm eine höchst merkwürdige Wahrnehmung zuteil geworden. Er habe sich nämlich außerhalb seines Körpers befunden, habe diesen wie leblos auf dem Bett liegen sehen und sei nun plötzlich aller Schmerzen und Angst ledig, frei gewesen. Es sei ein unbeschreiblich schönes, beruhigendes Gefühl gewesen, er wäre zu gerne nicht mehr in seinen Körper zurückgekehrt. Hier warf ich nun die Frage ein, nach jahrzehntelangen parapsychologischen Studien darauf bedacht, jede Suggestion zu vermeiden: „Sahen Sie auch das Band?" Bei dem Wort "Band" sprang mein Bekannter auf, so daß seine Gattin und ich ihn beruhigen mußten. Aufgeregt rief er: „Ja ich sah das Band" und ging an den Tisch, zeichnete mit einem Bleistift auf ein Blatt Papier, wie seiner Meinung nach dieses leuchtende Band rechtwinklig abgebogen habe, je weiter er sich von seinem Körper, einem Licht entgegen, entfernte. Er wußte aber an einem bestimmten Punkt, weiter könne er nicht mehr, hier sei die Grenze zwischen Leben und Tod, und er müsse zurück in seinen Körper. In dem leuchtenden Band sei Leben gewesen, ein fortdauerndes Strömen hin und her. Sich selbst aber sah er körperlos, d. h., er beobachtete vielleicht die ätherische Hülle ebenso wenig, wie er es unterlassen hatte, die beiden Punkte zu bestimmen, von denen aus das Band sich erstreckte.'
Er starb fünf Tage später; aus der zweiten folgenden Ohnmacht kam er nicht mehr zurück ".

In manchen Fällen verdichtet sich der ausgetretene, im allgemeinen unsichtbare Astralleib derart, daß er auch für normale Menschen sichtbar wird. Gelegentlich kann er sogar leichte physikalische Handlungen ausführen wie z. B. schreiben oder einen Gegenstand bewegen. Man spricht dann von einem Doppelgänger oder dem Phänomen der *Bilokation*. Solche Erscheinungen sind auch gelegentlich bei einzelnen Heiligen beobachtet[29] worden. Der russische Staatsrat A. N. AKSAKOW hat in einem ausführlichen Kapitel „Das körperliche Wirken des lebenden Menschen, welches sich durch die Erscheinung seines Ebenbildes mit gewissen Attributen der Körperlichkeit verrät" seines Werkes[30] eine Reihe solcher Beispiele zusammengestellt.

Weitere Fälle sind dem Buch „Die astrale Doppelexistenz"[31]

---

29 S. SMITH, Die astrale Doppelexistenz, S. 111
30 A. N. AKSAKOW, Bd. II, S. 605 f.
31 S. SMITH, Die astrale Doppelexistenz, S. 87 f

den Kapiteln „Astralprojektionen, Der Doppelgänger, Die Gabe der Bilokation" zu entnehmen.

Ein Beispiel soll jedoch hier berichtet werden. Es wird von dem amerikanischen Roman- und Schauspieldichter und Experimentator auf dem Gebiet der Außersinnlichen Wahrnehmung HAROLD SHERMAN (geb. 1898) in seinem Buch „You live after death"[32] geschildert. Es wird zitiert nach GERDA WALTHER, „Zur Problematik der Doppelgängererlebnisse"[33]

„In Verbindung mit der Abfassung eines Drehbuches wohnte Sherman 1941 in dem Fremdenheim Canterbury Appartments, 1746 North Cherokee Ave., Hollywood, Calif. Er hatte sich sehr angefreundet mit einem anerkannten Spezialisten für Kriminalistik, einem gewissen Harry J. Loose, früher Mitglied der Chicagoer Polizei, dann Detektiv am Hull House (Chicago), zuletzt Leiter der Privatdetektivabteilung der ‚Chicago Daily News'. Er lebte nun als Pensionist etwa 25 – 30 Kilometer auf der anderen Seite von Los Angeles in Monterey Park, 123 Elisabeth Ave. Dieser höhere Polizeibeamte hatte sich sehr eingehend mit Okkultismus beschäftigt, und Sherman pflegte seine Sonntagnachmittage frei zu halten, um entweder in seiner eigenen oder dessen Wohnung mit ihm zusammenzukommen.

Am Thanksgiving Day (Erntedankfest) 1941, dem 27. November, hatte Sherman der Familie Loose als Freundschaftszeichen einen Früchtekorb geschickt. Am kommenden Sonntag war diese an der Reihe, den Besuch Shermans zu empfangen. Er war nachmittags ausgegangen und etwas überrascht, als er bei der Rückkehr etwa um 15 Uhr einen Zettel in seinem Fach vorfand, den der Portier William A. Cousins ausgefüllt hatte. Er lautete: ‚Herr Loose war hier – erwartet Sie am Sonntag.'

Die Shermans wunderten sich, daß Loose, statt anzurufen, es darauf ankommen ließ, ob sie zu Hause seien, zumal die Fahrt durch Hollywood an einem verkehrsreichen Feiertag recht ermüdend ist. Eigentlich war eine Einladung für Sonntag nicht nötig, da Looses ja an der Reihe waren. Aber sie wollten sich vielleicht für den Früchtekorb bedanken?

Sherman wartete, bis Loose wieder zu Hause sein mußte, und rief ihn dann an, voller Bedauern, ihn versäumt zu haben. Es war um 15.30 Uhr, der Portier hatte den Zettel auf 14.30 Uhr datiert. Herr Loose erklärte sofort, es müsse sich um eine Verwechslung handeln, er sei den ganzen Tag nicht ausgegangen. Seltsamerweise war der Name Loose auf dem Zettel richtig geschrieben, Sherman las ihn vor. Gewiß, war die Antwort, wir erwarten sie am Sonntag, ‚aber der Portier muß sich geirrt haben. Josie und Ray und der kleine John (Looses

---

[32] H. SHERMAN.- You live after death.- New York: Creative Age Press ³1950
[33] G. WALTHER.- Zur Problematik der Doppelgängererlebnisse.- in: Neue Wissenschaft 3, 1952, 2/3, S. 45 – 50

Tochter, Schwiegersohn und Enkelchen) waren zum Mittagessen hier. Ich habe den ganzen Tag keine Schuhe angezogen und bin in meinen Arbeitshosen und der alten braunen Strickweste, habe Pantoffeln an ... Mein Wagen ist gar nicht aus der Garage gekommen.'

Seltsam! Sherman begab sich sofort wieder hinunter zum Portier, dem er mitteilte, daß der Besucher den ganzen Tag zu Hause gewesen sei. Er fragte ihn, ob er sich vielleicht erinnern könnte, wie der Herr aussah? Mr. Cousins erwiederte, er hätte wie ein Arbeiter ausgesehen. Arbeitshosen und eine braune Strickjacke mit einem dunkelblauen Hemd und eine Mütze angehabt. Sherman war verblüfft über diese genaue Schilderung Looses, was er Cousins auch sagte: Loose hätte ihm eben mitgeteilt, daß er auf diese Weise gekleidet sei, zugleich aber, er sei den ganzen Tag zu Hause gewesen.

Nun war es an Cousins, verblüfft zu sein. Er erinnerte sich nun, daß er den Mann gar nicht hereinkommen gesehen hatte, als er aufsah, stand er auf einmal da, er sprach langsam, als falle es ihm schwer, wie jemand, der fürchtet, sein Gebiß zu verlieren! Seine Worte waren:

‚Sagen – Sie - Herrn - – Sherman – Mr. Loose – erwarte – ihn – am – Sonntag –.' Er fragte noch, ob der Portier alles richtig verstanden habe. Eine Dame, die dabei zugegen war, sagte nachher, es sei ein sonderbarer Mann gewesen. (Sie hatte ihn also auch gesehen!) Er verschwand dann, ohne daß der Portier wie sonst die sich entfernenden Schritte und das Öffnen und Schließen der Eingangstür gehört hätte.

‚Wenn das nicht der Herr Loose war', schloß der erstaunte Cousins, ‚wer war es dann?'

Sherman rief Loose abermals an und berichtete ihm das Ganze. Nun schien Loose etwas bestürzt. Er bat Sherman, die Sache dem Portier gegenüber auf sich beruhen zu lassen und versprach, sie am kommenden Sonntag aufzuklären. Anläßlich seines Besuches vertraute er dann Sherman an, daß er die Fähigkeit besitze, seinen Körper zu verlassen, und zwar absichtlich, vollbewußt und mit völliger Erinnerung an das Erlebte bei der Rückkehr. Er pflege auf diese Weise einige ihm nahestehende Personen zu ‚besuchen', nach vorheriger telepathischer Vereinbarung, so daß er erwartet werde. Seine Frau passe inzwischen auf seinen Körper im Schlafzimmer auf, da es einen Nervenschock auslösen könnte, wenn er unzeitig geweckt werde. Frau Loose pflege, wenn Besuche kämen, zu sagen, ihr Mann habe sich niedergelegt und dürfe nicht gestört werden. Ein Freund von Loose, John Carlos, ein katholischer Geistlicher in Südamerika (Loose selbst war nicht Katholik, doch sei das von der Konfession unabhängig), pflege seinerseits auch Loose auf diese Weise zu besuchen, es geschehe dies meist auf einer bestimmten stillen Gartenbank. Sollte jemand zufällig vorbeigehen, würde er wohl kaum merken, daß es sich nicht um einen Menschen in seiner fleischlichen Körperlichkeit (in the flesh) handle. Was Loose nun beunruhigte, war, daß er diese Fälle von Ausscheiden des Doppelgängers immer voll bewußt und absichtlich vollzogen hatte, im vorliegenden

Fall aber nichts davon merkte. Er war offenbar eingenickt, nachdem er kurz vorher an Sherman und sein freundliches Geschenk gedacht und sich auf seinen bevorstehenden Besuch am Sonntag gefreut hatte. Wie lange er geschlafen hatte, wußte er nicht, vielleicht war der Schlaf in Bewußtlosigkeit übergegangen, und ein Teil seiner Selbst hatte sich selbständig gemacht. Seine Tochter und ihre Familie hatten sich nach dem Essen verabschiedet, seine Frau und deren Schwester hatten sich zu einem Mittagsschläfchen zurückgezogen, während er selbst, über ein Buch gebeugt, das er lesen wollte, in dem Zimmer am Eingang saß (die Tochter sah ihn, als sie wegfuhr, noch kurz nach 13.30 Uhr). Frau Loose und ihre Schwester wurden kurz vor 14.30 durch den Schlafzimmerwecker (der etwas vorging) aufgescheucht und begaben sich nach kurzer Unterhaltung wieder in das Vorzimmer, wo sie Herrn Loose über sein Buch gebeugt vorfanden. (Frau R. A. Burkhart, geborene Loose, ihr Mann, Frau Emily H. Loose und ihre Schwester Dorothy Hesse, bestätigten dies alles an Eides statt in einer Erklärung vom 20. Dezember 1941). Sein unbewußt sich ablösendes Selbst wußte offenbar, daß Sherman nicht zu Hause war, da ‚es' gar nicht nach ihm fragte, sondern nur die Botschaft hinterließ.
Loose wollte sich nun versichern, daß der Portier Cousins ihn wirklich gesehen habe. Am folgenden Dienstag fuhr er nach vorheriger Vereinbarung nach Hollywood, wo er Sherman traf. Sie begaben sich an einen Seiteneingang des Hauses in der Yuca Street. Dort blieb Sherman an einer Stelle stehen, von der aus man die Eingangshalle überblicken konnte, während Loose — in seiner Gartenkleidung — auf die Portierloge zuschritt. Dort blieb er stehen, ohne etwas zu äußern. Plötzlich rief Cousins voller Überraschung und Bestürzung: ‚Oh! Guten Morgen, Herr Loose!'
Loose fragte nun, ob Herr Sherman zu Hause sei und erhielt die Antwort, er sei soeben weggegangen. Sherman merkte, daß Herr Cousins nervös war, er eilte deshalb hinzu und versicherte ihm, daß dies wirklich der leibhaftige Mr. Loose sei. Cousins atmete erleichtert auf, er hätte wirklich nicht gewußt, was er jetzt denken sollte. Herr Loose bat ihn, sein Erlebnis vom Thanksgiving Day zu wiederholen und fragte, ob er genau so gekleidet sei, wie damals? Dies bestätigte Cousins, nur das Hemd komme ihm unbekannt vor, es scheine heller zu sein, als das, das Loose damals trug. Auch dies stimmte, jenes andere Hemd war inzwischen in die Wäsche gegeben worden! (Auch Herr William A. Cousins hat dies alles in einer eidesstattlichen Erklärung vom 27. Dezember 1941 bestätigt.)
Sherman hat all diese Erklärungen mit einer Photographie Looses im Gartenanzug noch heute in seiner Kartothek aufbewahrt. Auf die Bitte, es veröffentlichen zu dürfen, erlaubte Loose es, jedoch dürfte es erst nach seinem Tod geschehen. — Dieser erfolgte am 21. November 1943."

Es scheint als unberechtigt, die vielen von den unterschiedlichsten Autoren berichteten Erlebnisse als reine Halluzinationen, gekoppelt mit Außersinnlicher Wahrnehmung und Psychokinese, abzutun und ihnen einen tatsächlichen Hintergrund abzusprechen. Man muß diese Erlebnisse als Indiz für die Hypothese ansehen, daß es parallel zu unserem irdischen, materiellen Körper einen zweiten Leib aus einer noch unerforschten Substanz gibt, in dem auch das menschliche Bewußtsein lokalisiert sein kann und in dem auch Informationsverarbeitungsvorgänge stattfinden können. Normalerweise besteht eine Bewußtseinssperre zwischen diesem zweiten Leib und unserem normalen Körper. In den geschilderten Sonderfällen aber kann dann diese Bewußtseinssperre aufgehoben sein. Wir haben in diesem zweiten Leib, dem sog. Astralleib, aber den zunächst spekulativ geforderten weiteren Informationsspeicher vor uns, in dem auch die Persönlichkeitsstruktur gespeichert sein kann. Dieser Astralleib braucht ja nicht unbedingt dem materiellen Tod des physischen Körpers, in den er während des irdischen Lebens normalerweise eingeschachtelt ist, mitunterworfen zu sein. Da er offensichtlich aus einer anderen Substanz besteht, könnte er ja den materiellen Tod überdauern, d. h. überleben. Suchen wir also nach weiteren Indizien für diese Hypothese.

2. Der Vorgang des irdischen Todes aus parapsychologischer Sicht

In der *parapsychologischen* Literatur wird nun berichtet, daß beim Ablauf des irdischen Todes der Astralleib ebenfalls aus dem materiellen Körper austritt, sich von ihm löst, diesmal aber unter Zerreißung des Verbindungsbandes, der sog. silbernen Schnur. Der Tod oder das Ableben soll dann irreversibel geworden sein. Er soll dann nicht mehr, wie beim sog. klinischen Tod (d. h. bei nur vorübergehendem Kreislaufstillstand, aber noch nicht irreversiblem Erlöschen der Gehirntätigkeit) durch Wiederbelebung rückgängig gemacht werden können[34].

[34] J. GREBER. - Der Verkehr mit der Geisterwelt, seine Gesetze und sein Zweck.- Teaneck N. J.: J. Greber Memorial Foundation [4]1975, S. 336

Das Austreten und Lösen des *Astralleibes* in der Phase des Todes kann hin und wieder von einzelnen anwesenden, insbesondere sog. hellsichtigen Personen mehr oder weniger deutlich beobachtet werden. Fälle dieser Art werden in den Werken von E. MATTIESEN[35] und J.GREBER[36] beschrieben.

Weiter kann beobachtet werden, daß der Sterbende von Wesenheiten aus dem Jenseits, insbesondere von bereits verstorbenen Verwandten oder Freunden, empfangen und abgeholt wird. Diese Verwandten und Freunde sieht auch gelegentlich der Sterbende selbst schon kurz vor seinem Tode und berichtet davon den Umstehenden. Im allgemeinen pflegt man derartige Wahrnehmungen (auch schöne Musik wird gehört) und Äußerungen Sterbender als Imaginationen oder Halluzinationen im Delirium anzusehen. Der ganze paranormale Zusammenhang legt aber die Auffassung nahe, daß es sich hier nicht um Halluzinationen, also Produktionen des eigenen Geistes, sondern um Visionen mit einem realen Geschehen als Ursache und Hintergrund handelt. Eine Vielzahl von Berichten dieser Art werden von den Doktoren K.OSIS und E.HARALDSSON[37] vorgelegt.

Hier möge als Beispiel der Bericht der englischen Krankenschwester JOE SNELL folgen. Sie selbst war „hellsichtig" und konnte die Sterbevorgänge durch quasioptische Eindrücke verfolgen, d. h. wahrnehmen, als wenn sie es mit den eigenen irdischen Augen sähe. Sie berichtet:

„Ich wurde dann Berufspflegerin, und diese Berufung übte ich 20 Jahre aus. Ich war Zeugin vieler Todesvorgänge, aber immer sofort nachher sah ich die Geistform, in Erscheinung ein ätherisches Doppel der menschlichen Form, über dem Körper, in dem das Leben erlosch, Gestalt annehmen, und dann verschwinden."[38]

Einige Seiten weiter berichtet JOE SNELL:

„Etwa sechs Monate nach meinem Eintritt in den Spitaldienst offenbarte sich mir, daß Sterbende wirklich die sahen, welche vom Geisterreich gekommen

---

35 E. MATTIESEN, Bd. II, S. 355 f
36 J. GREBER.- Der Verkehr mit der Geisterwelt, S. 246 f
37 K. OSIS/E.HARALDSSON.- Der Tod ein neuer Anfang.- Freiburg Hermann Bauer Verlag 1978
38 J. SNELL.- Der Dienst der Engel diesseits und jenseits.- Zürich: Gesellschaft für Geistforschung 1960, S. 8

waren, um sie zu begrüßen bei ihrem Übertritt in eine andere Daseinsform. Das erstemal bekam ich diesen sichtbaren Beweis bei dem Tode von L., einem süßen Mädchen von 17 Jahren, einer Freundin von mir. Sie war das Opfer von Auszehrung. Schmerzen hatte sie nicht, aber die innere Ermüdung, die von der großen Schwäche und Hinfälligkeit kam, belastete sie sehr, und sie sehnte sich nach dem Ende. Kurz vor ihrem Ende bemerkte ich zwei Gestalten, die zu beiden Seiten des Bettes standen. Ich hatte sie nicht kommen sehen, sie standen am Bett, als ich sie bemerkte, und ich sah sie so deutlich, wie ich alle Anwesenden in dem Raum sah. In meiner Vorstellung nannte ich diese Wesen aus einer anderen Welt immer Engel, und als von solchen will ich weiterhin sprechen. Ich erkannte in diesen beiden zwei intime Freundinnen des Mädchens, die, gleichaltrig mit ihm, ein Jahr vorher gestorben waren. Gerade bevor die beiden erschienen, hatte das sterbende Mädchen gesagt: ‚Es ist so dunkel geworden, ich kann gar nichts mehr sehen.' Aber diese erkannte sie sofort. Ein liebliches Lächeln glitt über ihr Gesicht. Sie streckte die Hände aus und rief in freudigen Tönen: ‚Oh, ihr seid gekommen, mich abzuholen! Ich freue mich, denn ich bin so müde.' Als sie ihre Hände ausstreckte, ergriff jeder der beiden Engel deren eine. Ihre Gesichter waren leuchtend, und wie auch das Gesicht der Sterbenden strahlend lächelte, die ja nun die Ruhe finden sollte, nach der sie so verlangte. Sie sagte nichts mehr, aber für etwa eine Minute hielt sie die Hände ausgestreckt, die von den Händen der Engel gehalten wurden, und sie sah sie weiter an mit strahlenden Augen und dem Lächeln auf ihrem Gesicht. Vater, Mutter und Bruder, die ersucht worden waren, zugegen zu sein, wenn das Ende käme, begannen bitterlich zu weinen, als sie merkten, daß sie sie verlassen werde. Von meinem Herzen aber stieg eine Bitte empor, daß sie sehen könnten, was ich sah, aber sie konnten nicht. Die Engel schienen die Hände der Sterbenden loszulassen, die dann auf das Bett zurückfielen. Ein Seufzer, wie von jemand, der sich glücklich dem Schlaf hingibt, kam von ihren Lippen und dann war sie, wie die Welt sagt, tot. Aber das milde Lächeln, das auf ihr Gesicht gekommen war, bei dem Erkennen der Engel, blieb noch. Die Engel blieben am Bett während des kurzen Augenblickes, bis die Geistform über dem toten Körper sich gebildet hatte. Sie erhoben sich dann und blieben einige Augenblicke neben ihr, die ihnen nun gleich war. Dann verließen drei Engel den Raum, wo vorher nur zwei gewesen waren."[39]

3. Die sichtbare Erscheinung der Gestalt Verstorbener

Die beim Todesvorgang ausgetretenen Astralkörper verschwinden nun nicht immer auf Nimmerwiedersehen in einer unbekannten Region. Es gibt zahlreiche Berichte darüber, daß Verstorbene kurz nach ihrem Tode einzelnen Freunden oder Verwandten „sichtbar" erscheinen, um auf ihren Tod aufmerksam zu machen. Besonders in Kriegszeiten werden diese Erscheinungen beobachtet. Oft treten die Erscheinungen, man nennt sie *Phantome*, in ihrer Soldatenuniform auf, in der sie gefallen sind und deuten auf ihre Verwundung. Es bleibt hierbei aber in den meisten Fällen unklar, ob es sich um eine induzierte Halluzination handelt oder ob eine echte Vision im Sinne einer paranormalen Wahrnehmung vorliegt oder ob der Astralkörper des Verstorbenen sich so verdichtet (man sagt materialisiert) hat, daß er normal sichtbar und damit im Prinzip auch photographierbar wird.

Es gibt aber Fälle, in denen die Gestalt oder das Phantom verstorbener Personen mehrfach einer größeren Zahl von lebenden Menschen sichtbar erscheint, so daß man kaum noch Halluzinationen oder Visionen vermuten kann. Dazu ein Beispiel, das in den Bereich der sog. *orts-* oder *objektgebundenen Spuks* fällt[40].

Am 29.Dezember 1972 stürzte die Maschine 310 des Typs TriStar Jet L — 1011 der Eastern Airlines nach einem Flug von New York beim Landeanflug auf den Flughafen von Miami ab. Der Grund war ein geringfügiger technischer Defekt mit einer anschließenden Fehlbedienung durch die Besatzung. Von den 176 Insassen kamen 99 ums Leben, darunter der Flugkapitän Bob Loft, der Erste Offizier Albert Stockstill, und der Flugingenieur Don Repo. Einige Zeit nach dem Unglück traten in Schwesternmaschinen des abgestürzten Fluzeugs, besonders in der Maschine 318, Spukerscheinungen auf. Diese Schwestermaschinen waren mit noch verwendbaren Teilen des abgestürzten Flugzeugs ausgerüstet worden. Es handelte sich dabei hauptsächlich um Teile der Kücheneinrichtung. Die Spukerscheinungen dauerten bis zum Frühjahr 1974 und bestanden darin, daß der getötete Flugkapitän Bob Loft und der Flugingenieur vor oder während des Fluges sichtbar den lebenden Besatzungsmitgliedern oder Fluggästen erschienen. Es konnten eine Vielzahl von Beobachtungen dieser Art gemacht werden.

Einige Beispiele dazu: Ein Vizepräsident der Eastern Airlines[41] bestieg vor einem Flug einer TriStar L — 1011 nach Miami vor den übrigen Passagieren das Flugzeug und fand in dem Erste-Klasse-Raum lediglich einen Eastern-Kapitän in Uniform. Der Vizepräsident verharrte, um den Kapitän zu begrüßen. Dabei bemerkte er plötzlich, daß er mit Bob Loft, dem getöteten Flugkapitän sprach. In diesem Augenblick löste sich Loft auf, verschwand. Der Vizepräsi-

---

39 Dieselbe, ebenda, S. 19
40 J. G. FULLER.- The ghost of flight 401.- New York: Berkley Publishing Corporation 1976. Zusammenfassende Darstellung von W. Schiebeler.- in: Allgem. Z. f. Parapsychologie 3, 1978, H. 1, S. 23 — 27
41 J. G. FULLER, The ghost of flight 401, S. 181

dent eilte sofort zur Flugleitung. Das ganze Flugzeug wurde durchsucht, aber kein Kapitän gefunden. Besonders häufig trat die Erscheinung von Don Repo auf. In Einzelfällen sprach er sogar. Vor einem Flug einer L − 1011 kam ein Flugingenieur zur allgemeinen Vorkontrolle in die Maschine. In seinem Sitz sah er einen Mann in der Uniform eines Zweiten Offiziers der Eastern Airlines sitzen. Er erkannte ihn sehr schnell als Don Repo. Dieser sprach den Flugingenieur etwa mit folgenden Worten an: „Sie brauchen sich nicht mehr um die Flugvorkontrolle zu bemühen. Ich habe es bereits gemacht." Unmittelbar darauf löste sich die dreidimensionale Erscheinung von Repo auf, verschwand.
Bei den Erscheinungen von Repo[42], insgesamt über 24, hatte man vielfach den Eindruck, daß er hilfreich sein wollte oder vor Schaden warnen wollte. Im Februar 1974 erschien er auf dem Flug nach Mexico City in der Küche der Maschine 318 zwei Stewardessen. Diese holten den Flugingenieur. Er erkannte in dem deutlich geformten Gesicht (der vollständige Körper war wohl nicht ausgebildet) Don Repo. Letzterer sprach dann hörbar die Worte: „Achten sie auf Feuer in diesem Flugzeug." Danach verschwand die Erscheinung vollständig.
Die Annahme von Kollektivhalluzinationen oder Produktionen des Unterbewußtseins der lebenden Menschen kann wohl kaum ernstlich zur Erklärung dieser Phänomene herangezogen werden.
Dagegen ist es sinnvoll und folgerichtig anzunehmen, daß wirklich Verstorbene in den Flugzeugen in Erscheinung traten. Sie hatten dafür noch dazu ein Motiv, nämlich die Schwestermaschinen vor Unglück durch technisches oder menschliches Versagen zu bewahren.

Sichtbare Erscheinungen von den „Körpern" verstorbener Menschen können in gewisser Weise auch absichtlich hervorgerufen werden. Es wird dazu allerdings eine entsprechend veranlagte Versuchsperson, ein sog. Materialisationsmedium, benötigt. Berichte über Versuche dieser Art liegen in großer Anzahl vor, z. B. in dem Buch[43] von AKSAKOW in dem Kapitel „Die Identität der Persönlichkeit eines Verstorbenen, bestätigt durch die Erscheinung der irdischen Gestalt" und in Bd. II des Werkes von MATTIESEN[44] in den Kapiteln „Vollphantome der Experimentalsitzung".

Die beiden bedeutendsten bekannt gewordenen Materialisationsmedien waren *Carlos Mirabelli (1889 − 1951) in Brasilien und Einer Nielsen (1894 − 1965)* in Kopenhagen. Beide wurden (wie auch viele andere Medien dieser Art) wegen ihrer staunenswerten

---

42 Derselbe, ebenda, S. 186
43 A. N. AKSAKOW, Animismus und Spiritismus
44 E. MATTIESEN, Bd. II,

Eigenschaften während ihres Lebens erheblich angefeindet und der Täuschung verdächtigt. Dr. H. GERLOFF hat in drei Büchern[45] eine Rechtfertigung dieser Medien vorgenommen und die Phänomene eingehend geschildert. Dabei hat er Einer Nielsen über einen längeren Zeitraum selbst eingehend beobachtet und untersucht.

Einer Nielsen hat seine Tätigkeit als Trance-Medium mit 17 Jahren begonnen und genau 50 Jahre lang ausgeübt. Gesundheitsgründe veranlaßten ihn dann, diese Tätigkeit einzustellen. Am 1. 9. 1914 erfolgte bei ihm die erste Bildung oder Materialisation (wie man immer sagt) eines vollausgebildeten „menschlichen" Körpers, eines sog. *Vollphantoms*. Nach Schätzungen[46] sind bei Anwesenheit Nielsens in der Zeit von 1914 bis 1961 in etwa 1700 Materialisationssitzungen etwa 17 000 vollmaterialisierte (d. h. vollkommen ausgebildete, im Sinne der irdischen Materie) Gestalten erschienen, d. h. pro Sitzung im Mittel 10 Phantome, einmal mehr, einmal weniger. Manche Gestalten kamen hunderte von Malen, doch auch stets neue, je nach den anwesenden zuschauenden Teilnehmern dieser Erde. Die wechselnden Phantome, die auftraten, gaben sich ja meistens als verstorbene Verwandte oder Freunde der anwesenden Personen aus und wurden von diesen als solche auch erkannt und anerkannt.

Die Phantome bauen sich nach den betreffenden Berichten aus organischer irdischer Materie auf, die teils sichtbar als sog. *Teleplasma* oder *Ektoplasma* dem Medium entströmt (Abb. 1)[47], teils aber auch unsichtbar dem Medium, das sich in Trance befindet, und teilweise auch den anwesenden Zuschauern entnommen wird. Die organische Natur des Ektoplasmas ergibt sich aus Laboruntersuchungen, die in Bezug auf ein polnisches Materialisationsmedium der Münchener Nervenarzt Dr. v. SCHRENCK-NOTZING[48] veröffentlicht hat.

---

45 H. GERLOFF.- Das Medium Carlos Mirabelli.- Tittmoning/Obb.: Verlag Walter Pustet 1960; derselbe, Die Phantome von Kopenhagen.- München: Dr. Gerlachsche Verlagsbuchhandlung ²1955; derselbe, Die Phantome von Kopenhagen. Ein Bilderbuch.- Büdingen-Gettenbach: Verlag Welt und Wissen 1958

46 Derselbe, Die Phantome von Kopenhagen, S. 109

47 Derselbe, Die Phantome von Kopenhagen, Ein Bilderbuch, S. 38

48 A. v. SCHRENCK-NOTZING.- Materialisationsphänomene.- München: Verlag Ernst Reinhardt ²1923, S. 528

Abb.1: Einer Nielsen entströmt in Tieftrance Ektoplasma aus Mund und Nase. Schon nach wenigen Sekunden kann sich daraus ein Phantom formen. Aufnahme in Gegenwart von Dr. Hans Gerloff am 17. 1. 1935. Aufnahme entnommen: H. Gerloff, Bilderbuch, S.38

Das *Ektoplasma* kann sich vom Medium lösen, selbständige Bewegungen ausführen und zu einer Vorform eines Phantoms aufbauen (Abb. 2)[49]. Schließlich kann daraus eine vollständige menschenähnliche Gestalt entstehen, deren Herzschlag[50], Pulsschlag und Atmung[51] geprüft werden konnten. Es sind also Wesen mit einem Körper auf Zeit, etwa auf die Dauer von einigen Minuten bis maximal etwa einer Stunde. Die vollkommene Ausbildung eines Phantomgesichtes zeigt Abb. 3[52]

49 H. GERLOFF, Die Phantome von Kopenhagen, Ein Bilderbuch, S; 45
50 Derselbe, ebenda, S. 65
51 Derselbe, ebenda, S. 82
52 Derselbe, ebenda, S. 59

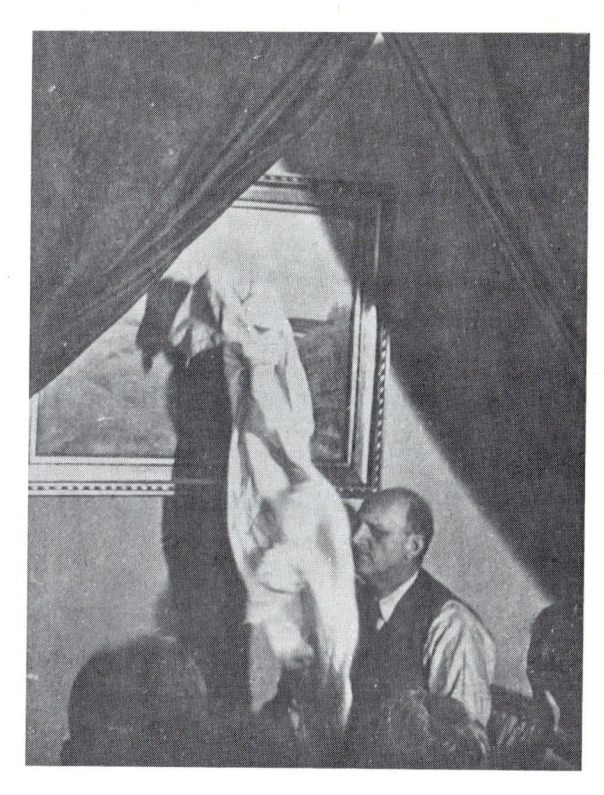

Abb. 2: Das Ektoplasma hat sich vom Medium Einer Nielsen gelöst und sich zur Vorform eines Phantoms aufgetürmt. Aufnahme vom Mai 1942, entnommen: H. Gerloff, Bilderbuch. S. 45

Zum Verständnis für den Ablauf einer Materialisationssitzung folge der Bericht des Physikers Dr. ERICH PETERSEN aus Flensburg. Er hat zusammen mit Dr. GERLOFF Einer Nielsen über einen Zeitraum von vielen Jahren beobachtet und untersucht. Beide waren dem Verfasser als ernsthafte Untersucher persönlich bekannt. Petersen schreibt:

„Ich möchte hier zunächst von der ersten Sitzung in Apenrade berichten. Der Sitzungsraum in einem Privathaus war etwa 4 x 4 m. Eine Ecke wurde kurz vor der Sitzung durch einen dünnen schwarzen Vorhang als ‚Kabinett' abgetrennt. Darin stand nur ein bequemer Stuhl für das Medium. Die etwa 20 Teilnehmer saßen in drei halbkreisförmigen Reihen vor dem Vorhang, die erste 1 bis 1 1/2 m vom Vorhang entfernt. Alle Teilnehmer bildeten ‚Kette'. Zu Beginn sprach das Medium, vor dem Kabinett stehend, ein Gebet und setzte sich dann auf den Stuhl im Kabinett, wo es bald in Trance verfiel. Die Phänomene stellten sich nicht sofort ein, sondern erst nach etwa 10 bis 15 Minuten. Währenddessen wurden mit gedämpfter Stimme passende Strophen von bekannten Kirchenliedern gesungen. Es ist ja bekannt, daß eine erwartungsfrohe,

Abb. 3: Ausschnittvergrößerung des Gesichtes eines Phantoms, das sich als Araber ausgab u. Stephan nannte. Aufnahme von A. Christensen am 13. 5. 1943. Entnommen: H. Gerloff, Bilderbuch. S. 60

feierliche Atmosphäre, eine gewisse Andachtsstimmung, meist Voraussetzung ist für das Zustandekommen von Phänomenen, wie wir sie hier erwarteten. Das ist gefühlsmäßig verständlich und wissenschaftlich interessant und lehrreich. Ich saß in der ersten Reihe, etwas seitlich, und habe sehr scharf alles beobachten können. — Plötzlich sah ich, in der Luft schwebend, vor dem Vorhang, ein nebelartiges Gebilde mit unscharfer Begrenzung, weißlich, etwa 1 m hoch und 3/4 m breit. Aber in Sekundenschnelle wurde daraus eine menschliche Gestalt in voller Größe, gehüllt in ein weites weißes Gewand griechischer Art, mit weiten Ärmeln. Auch der Kopf war bedeckt. Nur Gesicht und Hände waren frei. Diese Art der Bekleidung von materialisierten Gestalten ist ja allgemein, wenn auch durchaus Ausnahmen vorkommen. Auffallend ist die schneeweiße Farbe bei der schwachen Rotlicht-Beleuchtung. Es ist durchaus so, als ob die Gewänder irgendwie selbstleuchtend wären. Mit kurzen Unterbrechungen erschienen 15 — 16 Gestalten dieser Art, alle in derselben Weise bekleidet. Jede blieb etwa 2 — 4 Minuten, um dann wieder zu verschwinden. Entweder verschwammen ihre Konturen vor unseren Augen, bis die entstandene ‚Masse' immer weniger sichtbar wurde und schließlich verschwand, oder die Gestalt sank in sich zusammen, um schnell als nebelartige Masse unter dem Vorhang ins Kabinett zu fließen. Die Gestalten gingen fast alle einige Schritte hin und her, nannten ihren Namen und sprachen mit uns (dänisch) artikuliert und deutlich. Ihre Begrüßung war meist: ‚Guds Fred' (Gottes Friede).

Nun einige Einzelheiten: Eine männliche Gestalt legte mir die Hand auf den Kopf, die sich genau so materiell anfühlte, wie jede normale menschliche Hand; der Arm bewegte sich vor meinem Gesicht, und ich fühlte völlig deutlich die dadurch erzeugte Luftbewegung. Ich sah dann, in meiner unmittelbaren Nähe, den besonders schön geformten Arm durch den weiten dünnen Ärmel durchschimmern. — Eine große männliche Gestalt behauptete, in ihrem Erdenleben Peter Christensen geheißen zu haben und bei der Heilsarmee tätig gewesen zu sein. Einmal erschienen zwei Gestalten zu gleicher Zeit! Eine weibliche Gestalt machte uns darauf aufmerksam, daß sie vor ihrem völligen Verschwinden erst den unteren Teil ihres Körpers entmaterialisieren werde. Sie machte dann mit den Händen nach unten abstoßende Bewegungen, und wir sahen dann nur den Oberkörper frei in der Luft schweben, der darauf auch bald verschwand. Eine junge weibliche Gestalt erschien, wurde von den Angehörigen erkannt und sprach mit ihnen. Ganz besonders eindrucksvoll war das Erscheinen einer großen männlichen Gestalt, die mit tiefer, wohlklingender Stimme behauptete, der bekannte Propst M. L. zu sein. Er habe, sagte er, während seines Erdenlebens gegen den Spiritismus gearbeitet, jetzt käme er, um für ihn zu zeugen durch sein eigenes Erscheinen. — Eine männliche Gestalt kam ganz nahe an die in der ersten Reihe sitzende Frau C. heran und bat sie, aufzustehen und mitzukommen. Darauf ging die Gestalt rückwärts, den Vorhang wegschiebend, ins Kabinett, die Dame unmittelbar hinterher. Beim schlafenden Medium angekommen, sagte die Gestalt: ‚Berühre unser Werkzeug (Medium)!' Die Dame stellte nun fest, daß auf der einen Seite das Medium schlafend in seinem Stuhle saß, während die Gestalt sich an ihrer anderen Seite befand ... Dann gingen beide zurück, und Frau C. bedankte sich. Da sagte die Gestalt: ‚Du solltest das erleben, damit du den Menschen erzählen kannst, daß es wahr ist, daß wir uns zeigen können.' Ich habe unmittelbar nach der Sitzung Frau C. ausgefragt; sie erzählte mir noch, daß sie das ‚sonnengebräunte' Gesicht, ja sogar die Augen und die Pupillen in den Augen deutlich habe sehen können."[53]

Soweit der Bericht von Dr. PETERSEN über Einer Nielsen.

Besondere Aufmerksamkeit widerfuhr bei Einer Nielsen einem Phantom, das behauptete, die am 29. 8. 1935 bei einem Autoun-

---

[53] E. PETERSEN.- Meine Erlebnisse mit dem dänischen Materialisationsmedium Einer Nielsen.- in: Neue Wissenschaft 2, 1952, 8. S. 263 — 272

fall ums Leben gekommene Königin Astrid von Belgien zu sein[54]. Sie war eine Prinzessin aus dem schwedischen Königshaus und Frau des König Leopolds von Belgien. Sie materialisierte sich erstmals am 31. 5. 1938 in Kopenhagen. Danach erschien sie wiederholt zu lebhafter Unterhaltung mit den ihr bekannten Teilnehmern, dabei in gewisser Sorge für ihre lebenden Angehörigen. Sie übte sich zum Aushalten für eine photographische Blitzlichtaufnahme. Der starke Lichteinfall einer solchen Aufnahme bringt die Phantome in kürzester Zeit zur Auflösung und belastet dadurch Phantom und Medium. Eine Blitzlichtaufnahme stand daher immer am Ende einer Sitzung. Am 9. Juni 1939 machte der schwedische Geistliche Martin Liljeblad eine photographische Aufnahme des Phantoms der Königin Astrid.[55] (Abb. 4) zeigt diese Aufnahme und (Abb. 5) eine Vergrößerung des Kopfes neben einem Bild aus Lebzeiten. Astrid erschien in Kopenhagen letztmals am 11. 6. 1938.

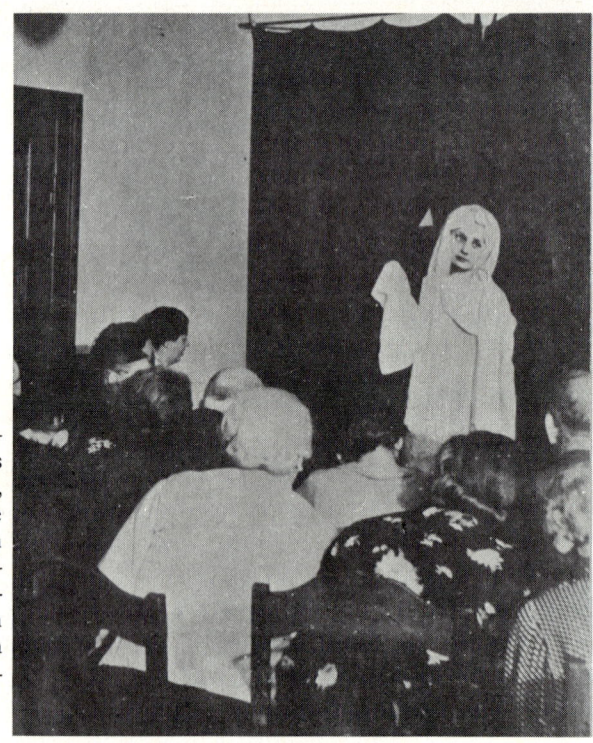

Abb. 4: Bildung eines Vollphantoms bei Einer Nielsen, das sich als frühere Königin Astrid von Belgien ausgab. Aufnahme des schwedichen Geistlichen Martin Liljeblad am 9. 6. 1939, entnommen: H. Gerloff, Bilderbuch, S. 68

54 H. GERLOFF, Die Phantome von Kopenhagen, S. 103
55 Derselbe, Die Phantome von Kopenhagen, Ein Bilderbuch, S. 67

Abb. 5: Ausschnittvergrößerung von Bild 4 und Bild der Astrid von Belgien zu Lebzeiten.

Man hat aus verständlichen Gründen nicht versucht, König Leopold zu veranlassen, seine Frau in Kopenhagen zu identifizieren.

Die Frage, die sich hier stellt, ist die: Sind die bei Materialisationssitzungen gebildeten Gestalten Geister aus einem Jenseits, also etwa die Astralleiber von Verstorbenen, die als Form mit irdischer Materie wieder aufgefüllt werden? Oder sind sie nur lebendig gewordene Träume des Mediums oder der Teilnehmer, die sie in wachem Zustand erleben? Die Phantome sprechen und handeln aber doch wie zu Lebzeiten und werden von ihren irdischen Bekannten vollständig erkannt.

Kritiker und Skeptiker haben derartige Berichte aber nie überzeugt, überzeugt in dem Sinne, daß hier etwa ein Beweis für die persönliche Fortexistenz nach dem irdischen Tode vorläge. Sie haben stets behauptet, wenn sie diese Berichte überhaupt als wahr und nicht als erfunden ansahen, daß alles nur Schöpfungen des Mediums und der anwesenden Teilnehmer oder anderer noch lebender Menschen seien, daß insbesondere die zutage tretenden Informationen einfach dem Unterbewußtsein der lebenden Menschen abgezapft seien und keineswegs etwas mit einem Fortleben nach dem Tode und einer jenseitigen Welt zu tun hätten. Nun treten aber bei solchen Materialisationssitzungen, wie auch bei anderen medialen Kundgaben, oft Infomationen zutage, die keiner der anwesenden Teilnehmer, noch das Medium wußten. Gelegentlich sind es auch Dinge, die Anwesenden unangenehm sind. *Einer Nielsen* berichtet selbst solch ein Beispiel:

„Ich traf Herrn A. zum ersten Mal auf einer Sitzung bei Herrn Bonne. Er interessierte sich sehr für die Frage, ob es ein Leben nach dem Tode gebe. Er war nie zuvor bei einer Sitzung gewesen und kannte den Spiritismus nur durch Bücher. Bei der ersten Sitzung war er nun sehr begeistert, und ein Teilnehmer sagte, die Freunde von drüben hätten alles getan, damit er eine Überzeugung bekäme. Als wir eines Abends von einer Sitzung heimfuhren, sagte er: ‚Es gibt doch Dinge, über die wir keinen Bescheid bekommen und über die auch die Geister keine Mitteilung geben können!' Auf meine Frage, was das sei, antwortete er: ‚Ja, das ist mein Geheimnis!'

Ein halbes Jahr später kam auf einer Sitzung eine weibliche Gestalt aus dem Kabinett, ging auf ihn zu und sagte ‚Ich bin Deine erste Frau, die Du verlassen hast! Du ließest mich allein mit unserem Kind sitzen, und nach langer Krankheit mußte ich sterben. Jetzt liegt mein Leib auf dem Kirchhof in H. begraben, und unsere Tochter lebt in Not in der Stadt. Such sie auf und hilf ihr! So kannst Du Deine Handlungsweise mir gegenüber wieder gutmachen!' Dann verschwand sie, indem sie sich draußen auf dem Boden vor uns auflöste. Sie war eine der letzten Gestalten, die sich an diesem Abend zeigten, und kurz danach wurde die Sitzung geschlossen.

Nach der Sitzung konnte ich nur schwer wieder zum Bewußtsein kommen, und als es endlich geschah, taumelte ich auf einen Diwan, um mich auszuruhn. Inzwischen versuchte Herr A. den Teilnehmern sein Eheerlebnis auf etwas verschönerte Weise zu erklären; seine erste Frau sei geistesverwirrt gewesen, als sie starb, und deswegen habe sie wohl so gesprochen. Er habe gehört, wie man sterbe, so wache man wieder auf usw. Während er dies erzählte, fühlte ich, daß jemand an meiner Seite stand, und hellsichtig erblickte ich eine junge Frau. Im selben Augenblick ging ich in Trance, und die junge Frau sagte nun durch mich: ‚Es ist nicht wahr, was er sagt, er verließ mich!' War Herr A. bei der ersten Mitteilung erregt gewesen, so wurde er es bei diesem Protest noch mehr; statt weitere Aufklärung zu geben, wurde er aber ganz still!

Einige Tage vergingen, ohne daß ich etwas von ihm hörte. Dann aber kam er, um mir die Wahrheit über sein Jugendleben zu erzählen, von dem niemand nach seiner Meinung etwas wissen konnte. Den Gedanken, daß seine erste Frau sich eventuell materialisieren könnte, hatte er nicht gehabt. Nun war es

indessen geschehen, und das Phänomen war so überzeugend gewesen, daß er sich vor der Tatsache beugen mußte: Das war sie! Und nun erzählte er mir von seiner Jugend, wie er mit 20 Jahren mit einem guten, hübschen Mädchen gleichen Alters verheiratet worden war, aber kurz danach begonnen hatte, mit seinen Freunden auszuschweifen, zu zechen und besonders viel Geld für seine Damenbekanntschaften verbraucht hatte. Das Geld, das er von seinem Vater kurz vor der Hochzeit bekommen hatte, war verbraucht, und sein Geschäft hatte er unter Aufsicht gestellt. Seine Frau hatte geweint und ihn gebeten, sich zusammenzunehmen, er sollte daran denken, daß in einigen Monaten ihr erstes Kind geboren würde. Aber eines schönen Tages, als er seinen vollständigen Ruin sah, war er davongereist, um nicht mehr heimzukehren. Erst nach Jahren kam er wieder zurück als wohlhabender Mann und erfuhr nun, wie es seiner Frau ergangen war. Sie hatte von der Einrichtung verkauft, solange noch etwas da war, und kurz nach der Geburt ihres Kindes, eines kleinen Mädchens, hatte sie eine Stellung als Wirtschafterin bei einem Witwer in Jütland annehmen müssen. Hier bekam sie Tuberkulose, durfte aber aus Mitleid ihre Stelle behalten, solange sie arbeiten konnte. Zwei Jahre nach der Geburt des Kindes starb sie im Krankenhaus, und niemand folgte ihr zum Grab auf dem kleinen Kirchhof. Das Mädchen wurde bei fremden Menschen aufgezogen und war jetzt nach den Auskünften, die er erhalten hatte, verheiratet und im Ort L. ansäßig, mußte aber hart um das Dasein kämpfen. Er hatte sie noch nicht aufgesucht, wollte es aber tun.
Einige Tage später begab sich Herr A. nach dem kleinen Ort, wo seine erste Frau die letzten Jahre gewohnt hatte, setzte eine hübsche Gedenktafel auf ihr Grab und sandte ein Gebet zu Gott, er wolle ihr helfen und ihm vergeben. Seine nächste Handlung war, die Tochter aufzusuchen, die äußerst erstaunt war, so unerwartet einen wohlhabenden Vater zu sehen. Nach vielen Erklärungen bewog er sie, die Hilfe anzunehmen, die er brachte. Nach allen diesen Erlebnissen kam er wieder zu mir, und wir bekamen noch eine Sitzung, bei der seine Frau wieder erschien! Sie war ihm gefolgt, hatte ihn am Grabe auf dem kleinen Kirchhof gesehen, seine Bitte zu Gott gehört und war zusammen mit ihm bei der Tochter gewesen, wo sie über seine Hilfe froh wurde. Als sie so mit ihm gesprochen hatte, knieten sie nieder, sie, der Geist, und er, der Mensch, auf dem Boden mitten im Sitzungsraum und baten Gott für sie beide. In einem solchen Augenblick ist es, als würde uns Menschen etwas von dem himmlischen Licht zuteil! Ich weiß, daß alle, die an dem Abend zugegen waren, ihn nie vergessen werden. Er wird immer mit leuchtender Schrift im Buch ihrer Erinnerungen stehen!" [56]

Läßt sich dieses alles mit dem Unterbewußtsein und Außersinnlicher Wahrnehmung befriedigend erklären? Wohl kaum.

---

[56] Derselbe, Die Phantome von Kopenhagen, S. 149

4. Mediale Mitteilungen Verstorbener

Informationen, die auf einen ehemals auf dieser Erde lebenden Menschen schließen lassen, müssen nicht unbedingt durch direkt sprechende Vollphantome gegeben werden, sondern können auch durch andere mediale Betätigung auf diese Erde gelangen. Dazu gehören das unmittelbare Sprechen eines Mediums in Trance oder Halbtrance oder das mediale Schreiben unter dem Einfluß einer jenseitigen Wesenheit. Es gehören dazu aber auch die Benutzung einer Planchette (eine Art medialer Zeigertelegraph) oder eines klopfenden oder kippenden Tisches.

Über solche Versuche berichtet der bereits erwähnte Dr. PETERSEN:[57]

„Im folgenden soll über ein „spiritistisches' Erlebnis berichtet werden, welches unzweifelhaft verdient, von wissenschaftlicher Seite stark beachtet zu werden.

Im Jahre 1926 nahm ich regelmäßig an Sitzungen teil, die meist einmal wöchentlich mit einem recht bedeutenden Medium, einer damals 45-jährigen Dame aus einfachem Stande, abgehalten wurden. Die Zirkelteilnehmer waren im allgemeinen immer dieselben, 10—12 Personen. Das Medium war während der Sitzungen, von vereinzelten Ausnahmen — die für unseren Bericht nicht in Frage kommen — abgesehen, völlig wach. Besonders stark ausgeprägt waren die Klopflaute, die sich oft zu ‚Faustschlägen' verstärkten. Fernbewegungen kamen in den verschiedensten Formen vor. Leuchtphänomene waren seltener. Berührungen durch ‚fluidale Gliedmassen' waren allgemein und oft außerordentlich kräftig. Das Medium war ferner hellsehend, zeitlich und räumlich; es sah zuweilen künftige Ereignisse voraus. Auch Apporte sind zuweilen gekommen, dabei fiel das Medium, wenn auch nur für kurze Zeit, in Trance.

Besonders wichtig ist, daß das Medium während der im Dunkeln abgehaltenen Sitzungen die sich mitteilenden ‚Transpersönlichkeiten' sah, und zwar meist sehr genau.

Den Hauptinhalt der Sitzungen bildeten aber immer intelligente Mitteilungen. Sie wurden durch einen von mir konstruierten Tisch vermittelt, der gegenüber der vorher angewandten einfachen ‚Klopfalphabet'-Methode eine große Erleichterung brachte. In einem unter der Tischplatte befindlichen schwach erleuchten Hohlraum wurde durch die kippende Bewegung des Tisches ein Zeiger in Bewegung gesetzt, der auf Buchstaben zeigte, die durch Öffnungen in

---

[57] E. PETERSEN.- Ein Identitätsbeweis?.- in: Neue Wissenschaft 3, 1952, H.2/3, S. 51—57

der Tischplatte hindurchschienen, welche mit durchsichtigem Material verschlossen waren. Der Tisch war also für Dunkelsitzungen brauchbar, beanspruchte wenig Energie und arbeitete sehr schnell und ohne Irrtümer.

Es folgen nun die Protokolle der für unser Thema in Frage kommenden Sitzungen. Sie fanden immer um 9 Uhr abends in einem Privathaus statt.

Dienstag, den 19. Januar 1926. Das Medium sieht unter anderen sehr deutlich eine ‚Geistgestalt', die bisher noch nicht da gewesen ist. Sie wird beschrieben als ein Mann von etwa 60 Jahren, bartlos, mit wenig Kopfhaar, etwas spitzer Nase, hoher Stirn und gütigen Augen. Er ist ganz in Weiß. Auf unsere Frage, wer er sei, antwortete er: ‚Rochlitz'. – Keiner von den Zirkelteilnehmern kennt den Namen. Aber dann sagt er weiter: ‚Ich bin Schriftsteller gewesen, ich war erst Sänger, bin schon 150 Jahre hier. Diese Sache interessiert mich. Wenn ihr gestattet, möchte ich euch am Dienstag mein irdisches Leben beschreiben. Ich nehme auch Anteil an eurem Sohn; der will ja seine Stimme ausbilden. – Ihr könnt ja dann forschen. Freund Tomfohrde erlaubt es gerne.' Zur Erklärung sei gesagt, das ein Sohn (Carl) der Familie, in deren Wohnung die Sitzungen stattfanden, Gesangunterricht nahm in der Absicht, Sänger zu werden. Tomfohrde, der aus Ohlhavers Buch „Die Toten leben" bekannt ist, war in den Sitzungen der ‚Kontrollgeist', was durch die Beziehungen eines früheren Zirkelmitgliedes zum Hause Ohlhaver zu erklären ist.

Dienstag, den 26. Januar 1926. Das Medium sieht heute keine ‚Geistwesen', aber als erster meldet sich durch den Tisch Rochlitz und sagt: ‚Hier Johann Friedrich Rochlitz. Ich bin geboren in Leipzig und auch ebendaselbst gestorben. Mein Geburtstag fiel a m * 12. Februar, mein Heimgang a m 16. Dezember. Geburtsjahr 1770, gestorben 1842. Mein Vater war Schneidermeister. Er hieß Carl Ludwig. Meine herzige Mutter hieß Susanne Magdalene, geborene Häcker. Dieses alles findet ihr im Kirchenbuch St. T o m a e . Dieses nur, damit ihr überzeugt seid. – Ich kam erst als Externus in ,d i e T o m a s schule. Später kam ich in das Alumneum. (Dieses Wort machte Rochlitz etwas Mühe.) Hier wurde [ich] ** erster Sopranist. (Es wurde hier bemerkt, daß Carl das interessiert hätte.) Deshalb sage ich es. – Leider wechselte meine Stimme, und ich wurde erster Tenor. Meine herrliche Stimme bekam ich auch nie wieder. Ich fing in meinem 18. Lebensjahr zu komponieren [an]. Dann lief die Wissenschaft mit mir fort. Nächstens mehr. (Es wurde gefragt, ob Rochlitz Brüder gehabt habe.) Zwei. Wir hatten aber nicht solchen Wohlstand a l s w i e dieser Schneidermeister; bei uns ging es bös arm her.' (Der Inhaber der Wohnung, in der die Sitzungen stattfanden, war Schneidermeister.)

---

* Auffällige Spracheigentümlichkeiten und Sprachfehler sind durch Sperrdruck hervorgehoben. – Der hier gebrauchte Dativ war, wie sich später herausgestellt hat, zu R's Zeiten gebräuchlich.

** Augenscheinlich vergessene Worte oder Buchstaben stehen in eckigen Klammern.

Während der Zeit bis zur nächsten Sitzung hatte ich im Koversationslexikon gesehen, daß der in Frage kommende Rochlitz tatsächlich gelebt hatte, daß es sich um einen zeitweiligen Herausgeber der „Allgemeinen Musikalischen Zeitung", die in Leipzig herauskam, handelte, daß er aber im Jahre 1769 geboren sei (!), während das in der Sitzung angegebene Monatsdatum stimmte. Die weiteren kurzen Ausführungen im Lexikon wurden absichtlich nicht gelesen!

Dienstag, den 2. Februar 1926. Wir unterhielten uns während der Vorbereitung zur Sitzung über die oben erwähnte Unstimmigkeit. — Bei Beginn der Sitzung zeigte sich Rochlitz dem Medium sehr deutlich und meldete sich als erster durch den ‚Zeigertisch': ‚Ihr meint wegen meines Geburtsjahr[s]. Ich habe immer gesagt: siebenzig, aber die haben es mir abgestritten. Im Kirchenbuch, sagen die Menschen, steht neunundsechzig. Aber d a ist schon viel u m gestritten worden. Aber ich muß es doch wissen. Ihr könnt es ja mit erwähnen, wenn ihr schreibt. — Also: Ich hing ja zuletzt den Gesang an [den] Nagel und ging zur Wissenschaft. Siebenzehnhundertneunundachtzig (so diktiert!) verließ ich das Alumneum. (Das Wort machte wieder Schwierigkeiten; erst wurde Aleneum buchstabiert.) Ich studierte dann zwei Jahre Theologie, konnte aber meiner Armut wegen den Kursus nicht zu Ende führen. Nun dachte ich, mit meinem Fleiß würde es gelingen, und nahm einen Platz als Hauslehrer bei einem Landskammerrath, aber mußte diese Stellung gesundheitswegen nach anderthalb Jahren wieder verlassen. Nun war ich noch viel ärmer als zuvor. Für heute Schluß!'

Dienstag, den 9. Februar 1926. Rochlitz zeigt sich heute, ebenso wie andere ‚Geistwesen', weniger deutlich. Er meldet sich wieder zuerst: ‚Also hier Rochlitz. Siebenzehnhundertzweiundneunzig verließ ich meine Stellung bei dem Landkammerrath O e l e r in C r i m m e r s c h a u und fuhr nach Leipzig zurück. Dank meines Freundes Beethoven, der für Mittel sorgte, konnte ich wieder mein Studium der T e o l o g i e aufnehmen. Ich hielt zuweilen auch Kanzelreden in den Hauptkirchen ab, aber ich hatte das Gefühl, e s auf diesem Gebiet nicht genug wirken zu können. Es war mir alles zu eng, mein Genius wies mir den Weg zu schriftstellern an. M o z a h r t kam dann nochmal nach Leipzig, und wir konnten dann für unsere Zeitgenossen wirken. Gute Nacht.'

Ich sagte, ich würde mich freuen, das alles bald bestätigt zu finden. Darauf Rochlitz: ‚Mein Tauftag fiel a m 15. Februar.' Darauf wurde Rochlitz gefragt, ob er mit seinem Bericht bald fertig sei. Die Antwort lautete: ‚Lange nicht!'

Dienstag, den 23. Februar 1926. Das Medium sieht u. a. auch Rochlitz besonders deutlich. Er berichtet weiter: ‚Rochlitz. — Mit den gediegensten Kenntnissen und (hier lange Pause, etwa 2 Minuten) klar über die Richtung, die ich einzuschlagen ... (Nun wieder von vorne anfangend:) Mit den gediegensten Kenntnissen ausgerüstet und klar über die Richtung, klar über das Ziel, das

Das Fortleben nach dem Tode 571

ich einzuschlagen hatte ... (Der Satz blieb unvollendet!) Meine äußere Lebensweise traf keine Störung und Beeinträchtigung mehr, alles glückte, was ich vornahm. Im Jahre achtzehnhundertzehn verheiratete ich mich mit der Tochter des Bauraths Hansen zu Leipzig. Sie war eine verwitwete Daniel Winkler. Unsere Ehe war sehr glücklich, aber leider ohne Nachkommenschaft. Von meinem ferneren Leben wäre wohl nicht viel mehr zu erwähnen, nur daß ich im Jahre einunddreißig das Ritterkreuz und [den] Hausorden vom weißen Falken erhielt. Die letzten zwölf Jahre widmete ich mich ganz meinem Gott und Heiland. Mein Gesangbuch wurde erst nach meinem Heimgang eingeführt. Geschrieben und Melodien. Am Morgen des sechzehnten Dezember mit Sonnenaufgang schied sich meine irdische Hülle vom Geist. Am neunzehnten begruben sie mein Kleid. Ich litt vier Wochen an Nervenfieber. Es war an einem Montag, als sie mich begruben. — Ich sage dieses nur, damit ihr forschen könnt,' — Die Sitzungsteilnehmer unterhielten sich über die Unwahrscheinlichkeit, daß Rochlitz' Frau tatsächlich eine geborene Hansen sein könne, da das doch ein typisch nordischer Name sei. ‚Hansen hieß meine Frau', erklärte darauf unerwartet Rochlitz. Ich dankte Rochlitz für seine Ausführungen und sagte, daß wir jetzt forschen wollten. ‚Ich habe auch geforscht', war die Antwort.

Nun zu den Nachforschungen nach der Richtigkeit der gemachten Angaben: Ich wandte mich zunächst an das Pfarramt der Thomaskirche in Leipzig und erfuhr, daß Name und Beruf des Vaters und der Name, auch Mädchenname, der Mutter genau stimmten und daß auch Rochlitz' eigener Name ganz richtig angegeben war. Die Daten der Geburt und der Taufe waren aber nicht der 12. und 15. Februar 1770, sondern der 12. und der 15. Februar 1769. In einer Sitzung vom 16. März 1926 erzählte ich Rochlitz von seiner offenbaren Fehlangabe. Er antwortete: ‚In der Kirche haben sie sich schon um mein Geburtsjahr gestritten. Zu der Zeit meiner Verheiratung war schon nicht alles in Ordnung. (Diese Angaben sind leider unkontrollierbar.) Wie es zugeht, weiß ich nicht. Meine Erinnerung verläßt mich nicht.' Nun ist es außerordentlich interessant, daß Rochlitz schon zu ‚Lebzeiten' das Jahr 1770 als sein Geburtsjahr angegeben hat! In „Gerbers Neuem Musiklexikon", Leipzig 1803, ist auch eine kurze Biographie des damals noch lebenden Rochlitz enthalten, die, wie dort erwähnt ist, dieser dem Herausgeber auf dessen Bitten im Dezember 1802 eigenhändig mitgeteilt hat. Sie beginnt: ‚Ich bin in Leipzig 1770 geboren ...' Das schreibt Rochlitz als ein reifer, hochgebildeter Mann von 61 Jahren! Daß er als Schüler genauer Bescheid gewußt haben sollte, ist nicht zu erwarten. Tatsächlich hat er als 12-jähriger Quartaner im September 1781 ins album alumneorum der Thomasschule eigenhändig eingetragen: Ego Johannes Fridericus Rochlitzius Lipsiensis natus sum anno Chr. MDCCLXVIII patre Carolo Ludovico Rochlizitio sartore ...' (Genaue Abschrift durch Kirchenmusikdirektor a. D. Bernhard Friedrich Richter in Leipzig). Hier gibt Rochlitz also das Jahr 1768 als sein Geburtsjahr an. In bezug auf Daten ist er also schon wäh-

rend seines Erdenlebens nicht zuverlässig gewesen. Hierzu paßt auch der Nachweis des Herrn Prof. B. Richter im Bach-Jahrbuch 1906, daß Rochlitz in musikgeschichtlichen Dingen nur bedingte Glaubwürdigkeit beanspruchen könne. Es wundert uns deshalb auch nicht, daß er im Jahre 1789 die Schule verlassen zu haben behauptete, während er bereits 1788 das Zeugnis der Reife erhielt. Der Rektor der Schule, Fischer, hat später dem oben erwähnten eigenhändigen Eintrag Rochlitz' hinzugefügt: ‚Discessit honeste e classe I a, d. 26. Martii 1788'. (Abschrift durch Bernh. Fr. Richter.)
Die übrigen Angaben Rochlitz' sind so befremdend – wie der Name Hansens – und so genau sie zum Teil waren, von einer noch zu besprechenden Ausnahme abgesehen, vollauf bestätigt worden, und zwar durch eine in der „Allgemeinen Musikalischen Zeitung", Jahrgang 1843, Heft 7 – 9 abgedruckte Selbstbiographie Rochlitz', durch eine in Heft 2 desselben Jahrganges vorhandene Biographie und vor allem durch eine von Dörffel verfaßte Biographie. Sie ist beigefügt der nach Rochlitz' Tode in Züllichau erschienenen Auflage der „Auswahl des Besten aus Joh. Fr. Rochlitz' gesammelten Schriften, vom Verfasser veranstaltet, verbessert und herausgegeben. Diese verschiedenen Quellen mußten aus der Berliner Universitätsbibliothek entliehen werden."

Aus Platzgründen wird aus dem ausführlichen Bericht Petersens ein Teil ausgelassen und gleich zur Schlußbetrachtung übergegangen:
„Bewußter Betrug – das mag hier der Vollständigkeit halber hinzugefügt werden – kommt nicht in Frage. Das darf bei Kenntnis der Sitzungsteilnehmer und der für jede sich mitteilende Intelligenz, also auch für Rochlitz' typische Art der Tischhandhabung, behauptet werden. Trotzdem sind verschiedentlich zur Kontrolle dem Medium die Augen sorgfältig verbunden worden: Der Tisch arbeitete weiter, als wenn nichts geschehen wäre; auch wenn – wie es oft der Fall war – das Medium allein eine Hand oder beide Hände lose auf den Tisch legte.
Schaffen wir uns jedoch von der ganzen Rochlitz-Kundgebung in ihrer geschlossenen Ganzheit und in ihren Einzelheiten eine Gesamtschau, so gewinnt die Anwendbarkeit der spiritistischen Hypothese an Wahrscheinlichkeit. Nirgends stimmt der gegebene Text mit dem der vorhandenen Biographien überein, abgesehen von der einen beabsichtigten Ausnahme, die an sich außerordentlich bedeutsam ist und ohne weiteres jedem Unbefangenen als ein Bemühen erscheinen muß zum Nachweis der Identität. Rochlitz unterhält sich mit den Anwesenden in ungezwungener Weise, er gibt auf Fragen sinngemäße und richtige Antworten, er berichtet, daß er zwei Brüder gehabt habe, was in keiner Biographie zu lesen, aber bestätigt ist. Rochlitz bekundet als wissenschaftliche Persönlichkeit immer wieder Interesse an der Bestätigung seiner Angaben. Fast verblüffend ist die Tatsache, daß Rochlitz in bezug auf sein Geburtsjahr jetzt genau denselben Fehler macht wie zu seinen ‚Lebzeiten', trotz der

richtigen Angaben in den über ihn verfaßten Biographien und in Lexikonberichten. Wenn Rochlitz einige wenige Male ein Wort falsch buchstabiert oder ein Wort ausläßt, ist das ebenfalls durchaus ‚menschlich'. Und es kommt noch etwas hinzu, was nicht beschrieben werden kann, sondern erlebt werden muß: die für ihn völlig charakteristische Art, den Zeigertisch zu handhaben und die einzelnen Buchstaben zu zeigen. Schließlich das, was wohl den größten Eindruck macht: Das Medium sieht ihn in den einzelnen Sitzungen gleichbleibend, lebend, so, wie er in den letzten Jahren seines Erdenlebens ausgesehen haben mag. Alles in allem: Rochlitz machte durchaus den Eindruck einer anwesenden denkenden Persönlichkeit.

Es muß hier zum Schluß betont werden, daß es eine unbegründete wissenschaftliche Ansicht ist, wenn man meint, die spiritistische Hypothese erst dann anwenden zu dürfen, wenn alle anderen, auch die unwahrscheinlichsten versagen! Wer gibt uns das Recht, eine Rangordnung aufzustellen? In ‚okkulten' Dingen ist immer die Hypothese als die beste anzusehen, die ein Erlebnis am besten, am einfachsten und ungezwungensten deutet, ganz abgesehen von zeitbedingten Vorurteilen!"[58]

5. Die Kreuzkorrespondenzen

In England wurde 1882 die *Society for Psychical Research (S.P.R.)* gegründet. Zu ihren Gründern gehörten u. a. Prof. William Barret (1845 – 1926, Physiker), Prof. Edmund Gurney (1847 – 1888, Altphilologe), Prof. Frederic Myers (1843 – 1901, Altphilologe und Philosoph), Prof. Henry Sidgwick (1838 – 1900, Präsident der S.P.R. von 1882 – 84 und 1888 – 92, Philosoph und Psychologe), Prof. Henry Butcher (Altphilologe in Edinburgh, gest. 1910).

Diese Gründer und andere führende Mitglieder befaßten sich in den ersten Jahren und Jahrzehnten des Bestehens dieser Gesellschaft besonders mit dem Problem des persönlichen Überlebens des Todes. Sie wußten auch, wie schwierig es ist, einen Beweis des Fortlebens einigermaßen überzeugend zu gestalten. Sie wußten, daß immer wieder die Einwände von Telepathie und Unterbewußtsein vorgebracht werden.

Von dem Jahr 1901 ab, nachdem also Gurney, Myers und Sidgwick bereits gestorben waren, entwickelte sich bei einigen Damen,

---

58 Derselbe, ebenda, S. 58

die sich bis dahin nicht medial betätigt hatten, die Fähigkeit des automatischen oder medialen Schreibens.[59]
Es handelte sich um folgende Personen:

1. Die Altphilologin Margaret Verrall (1859 – 1916, Ehefrau des Cambridger Altphilologen Dr. Arthur Verrall (1851 – 1912)), 2. ihre Tochter Miss Helen Verrall (später verh. Salter, 1883 – 1959), 3. eine Mrs. Holland (Pseudonym von Alice Kipling Fleming (1868 – 1948), Schwester des Schriftstellers R. Kipling, die damals in Indien lebte), 4. eine Mrs. Willet (Pseudonym für die Friedensrichterin Winifred Coombe-Tennant, 1874 – 1956), 5. eine Mrs. Edith Lyttelton.

Diese Damen, die zum Teil weit von einander entfernt wohnten, erhielten durch ihre eigenen Hände mediale schriftliche Durchgaben. Sie befaßten sich fast durchweg mit literarischen Anspielungen, Zitaten und Titeln, und zwar in englisch, lateinisch und griechisch. Die Botschaften erfolgten in stärkerem Maße und in kurzen Zeitabständen ab 1906. Teilweise bestanden sie auch in Trancerede und waren jeweils nur bruchstückhafte Äußerungen, die keine besondere Bedeutung zu haben schienen. Erst nachträglich ergab sich zwischen diesen medialen „Botschaften" eine innere Bezogenheit, ein innerer Vorstellungszusammenhang. Als Verursacher dieser Durchgaben, auch Kommunikatoren genannt, traten „Jenseitige" auf, die sich als die verstorbenen Mitglieder der S.P.R. Myers, Gurney und Sidgwick ausgaben. Diese Versuche dauerten eine Reihe von Jahren. Nach ihrem Tode gesellten sich zu den genannten Kommunikatoren auch die S.P.R.-Mitglieder Henry Butcher †1910 und Arthur Verrall †1912, Ehemann des einen Schreibmediums. In diese Durchgaben, die man dann *Cross Correspondences* nannte, wurde auch das amerikanische Medium *Leonore Piper* (1859 – 1950) mit einbezogen. Nachdem der innere Zusammenhang dieser Durchgaben festgestellt war, wurden laufend alle Durchgaben von den Medien an den Research Officer der S.P.R. *J. G. Piddington* gesandt. Es wurde darauf geachtet, daß die verschiedenen Me-

---

59 E. MATTIESEN, Bd. I, S. 104; G. N. M. TYRRELL.- Mensch und Welt in der Parapsychologie.- Hamburg: Broschek Verlag o. J.; G. LODGE.- Evidence of classical scholarship and of Cross-Correspondence in some new automatic writings.- in: Proceedings of the Society for Psychical Research, part LXIII, vol XXV, 1911, S. 113 – 176

dien isoliert arbeiteten und den Inhalt der anderen Schriften nicht erfuhren. Piddington hatte die Bruchstücke zusammenzusetzen, was einen hohen Grad an klassischer und literarischer Bildung verlangte. Er beschrieb die Schriften der Kommunikatoren als Glieder einer Kette oder Würfel in einem Mosaik von Gedanken, die auf verschiedene Medien verteilt sind.

Die Kommunikatoren gaben als Grund für ihre Cross Correspondences an, daß die Verteilung eines einzelnen Themas unter verschiedene Medien, von denen keines wußte, was das andere schrieb, beweisen sollte, daß ein einziger unabhängiger „Geist" oder eine Gruppe von "Geistern" hinter dem Phänomen stünden. Das könne dann nicht einfach durch Quertelepathie unter den Medien erklärt werden. Auch wurden wenig bekannte Stellen der klassischen Literatur eingestreut, um die Identität der Kommunikatoren zu beweisen, denn Myers, Verrall und Butcher waren hervorragende Altphilologen gewesen. Die Kommunikatoren hofften, durch ihre Durchgaben einen besonders starken Beweis für ihr Fortleben zu geben.

Der englische Physiker und Präsident der S.P.R., G.N.M. TYRRELL · schreibt:

„Es gibt gewisse persönliche Nuancen in den automatischen Niederschriften, die ein Außenstehender zweifellos wegerklären würde, die aber für die persönlichen Bekannten der Kommunikatoren besonders zwingend sind.
Auch Mrs. Sidgwick wurde nach und nach von der Echtheit der Kommunikatoren überzeugt. Sie war eine Frau von überragender Begabung und ausgewogenem Urteil. Sie sagte 1913: ‚Obgleich wir nicht berechtigt sind, ein sicheres Urteil zu fällen, bin ich persönlich der Ansicht, daß das Beweismaterial zu der Schlußfolgerung hinführt, daß unsere früheren Mitarbeiter immer noch mit uns arbeiten.' Ihr Bruder sagte 1932 in einem Vortrag: ‚Der schlüssige Beweis eines Überlebens nach dem Tode ist offenkundig schwer zu führen. Aber das Beweismaterial kann so beschaffen sein, daß es zur Gewißheit führt, wenn auch zwingende Beweise fehlen. Ich habe die Zusicherung von Mrs. Sidgwick – eine Zusicherung, die ich auch der Versammlung mitteilen darf –. daß sie angesichts des ihr vorliegenden Beweismaterials sowohl an ein Überleben nach dem Tode als auch an die Wirklichkeit einer Verbindung zwischen Lebenden und Toten fest glaube.' Viele werden damit nicht übereinstimmen, aber wahrscheinlich ist niemand besser in der Lage, sich über das vorliegende Beweismaterial ein gültiges Urteil zu bilden."[60]

---

[60] G. N. M. TYRRELL, Welt und Mensch, S. 162

6. Rosemary Brown und Viktor Ullmann

Rosemary Brown ist eine in Wimbledon (früher Balham) bei London wohnende Engländerin (geb. 1922). Nach dem Tode Ihres Mannes und ihrer Mutter kam bei ihr ab 1961 eine Medialität voll zum Ausbruch, die schon als Kind bei ihr angelegt war und von ihr gelegentlich bemerkt wurde.[61]

Die Medialität bestand und besteht darin, daß Mrs. Brown die Gestalten von Verstorbenen hellsichtig wahrnimmt und sich mit ihnen unterhalten kann. U. a. erscheinen bei ihr Komponisten, die früher zu Lebzeiten auf dieser Erde sehr bekannt gewesen sind. Unter den 12 hauptsächlich bei ihr auftretenden Komponisten befinden sich Liszt, Chopin, Beethoven, Brahms.

Diese 12 Komponisten haben es sich zur Aufgabe gestellt, so geben sie durch den Mund von Mrs. Brown an, ihr persönliches Fortleben nach dem Tode durch mediale Durchgabe ihrer ganz speziellen persönlichen Fähigkeiten und Merkmale künstlerischer Art zu beweisen. Durch den Stil von neuen, noch unbekannten Kompositionen wollen sie ihren geistigen Fortbestand kundtun. Diese neuen Kompositionen (mittlerweile einige hundert) geben sie Mrs. Brown ein oder diktieren sie ihr. Sie schreibt sie dann auf Notenpapier nieder. Einige dieser Musikstücke sind auf zwei Schallplatten (Philips stereo 6500 049, 1970 und Intercord 160.819, 1977) und in zwei Musikalben[62] veröffentlicht worden.

Über die Güte und die Beweiskräftigkeit der paranormalen Neukompositionen für die Überlebenshypothese möchte der Autor hier kein Urteil abgeben, da er über keine musikalische Ausbildung verfügt. Dagegen soll über einen Fall der neuesten Zeit berichtet werden. Er gibt nämlich unabhängig von der Güte und Stilechtheit der empfangenen Musik unmittelbare Hinweise auf das nachtodliche Weiterbestehen eines bestimmten Einzelwesens.

Zu Rosemary Brown kommen gelegentlich noch lebende be-

---

61 R. BROWN.- Musik aus dem Jenseits.- Wien/Hamburg: Paul Zsolnay Verlag 1971
62 Derselbe.- The Rosemary Brown Piano Album.- Sevenoaks, Kent: Paxton Borough 1974; Derselbe.- Music from beyond, seven pieces for piano solo.- Eadtwood, Essex: Basil Ramsey 1977

kannte Komponisten und Dirigenten, da sie sich für ihre Arbeit interessierten. So besuchte sie im Sommer 1976 der BBC-Dirigent Kerry Woodward[63]. Während seiner Anwesenheit erschien vor dem geistigen Auge von Mrs. Brown ein ihr unbekanntes Wesen, das sich als *Viktor Ullmann* vorstellte und auf einen Stoß zerlesener Musikpartituren zeigte. Er erklärte, daß er ein Komponist und Dirigent gewesen und 1898 in Teschen (Ostoberschlesien) geboren worden sei. Im Zweiten Weltkrieg sei er in das Konzentrationslager Theresienstadt eingeliefert worden. Dort habe er 1943 eine Oper komponiert mit dem Titel „Der Kaiser von Atlantis oder: Die Verweigerung". Das Libretto zu dieser Oper habe der ebenfalls in Theresienstadt inhaftierte Schriftsteller *Peter Kien* (geb. 1919) verfaßt. Partitur und Libretto wurden auf die Rückseite von Formularen der SS geschrieben. Die Oper sei 1944 in Prinzip von ihm fertiggestellt worden. Auch die Proben für die Aufführung durch das Lagertheater hätten bereits begonnen gehabt. Doch sei es zu keiner regulären Aufführung mehr gekommen, da er und Peter Kien im September 1944 in das Konzentrationslager Auschwitz transportiert und dort vergast worden seien. Die meisten Insassen von Theresienstadt wurden dort umgebracht. Das Manuskript der Oper, so sagte Ullmann, sei aber nicht untergegangen oder vernichtet, sondern befinde sich bei einem Dr. Adler in London. Woodward möge ihn aufsuchen und sich das Manuskript geben lassen. Er, Ullmann, habe im Jenseits eine Vielzahl von Korrekturen, Änderungen und Ergänzungen ausgearbeitet, so daß die Oper eigentlich erst jetzt aufführungsreif geworden sei. Diese Änderungen wolle er durch Mrs. Brown medial durchgeben.

Der Dirigent Woodward fand tatsächlich den besagten Dr. Adler in London und bei ihm das Manuskript der Oper. Es stellte sich heraus, daß Dr. Adler ein Mithäftling von Ullmann und Kien in Theresienstadt war. Er überlebte jedoch, konnte noch vor Kriegsende das Manuskript aus dem Lager schmuggeln und es nach dem Kriege mit sich nach London nehmen.

Mrs. Brown bekam dann von Ullmann eine Vielzahl von Ände-

---

63 W. EISENBEISS.- Der Fall Viktor Ullmann.- Allg. Z. f. Parapsychologie 3, 1978, H. 3 S. 77 – 80

rungen diktiert mit genauer Seiten-und Taktangabe der Originalpartitur. Woodward übernahm diese Änderungsmitteilungen und fügte sie in das Originalmanuskript ein. Die Oper ist seitdem einige Male unter Leitung von Kerry Woodward in England und am 22. 11. 1978 im Ersten Deutschen Fernseh-Programm aufgeführt worden.

Das Wiederauffinden und die Ergänzung des verschollenen Opermanuskriptes stellt ein weiteres Indiz für den Fortbestand eines menschlichen Wesens dar. Diesen Fall allein durch Telepathie oder andere Außersinnliche Wahrnehmung erklären zu wollen, erscheint hier als wesentlich verwickelter und damit unwahrscheinlicher.

7. Die Urheberschaft physikalischer Erscheinungen der Parapsychologie

Ein sehr wichtiges Gebiet der Parapsychologie sind die sog. *physikalischen Erscheinungen*. Bei ihnen handelt es sich um das Auftreten von mechanischen Kräften, von elektrischen, magnetischen, thermischen, akustischen und photochemischen Vorgängen, die nicht mit den bisherigen Kenntnissen der Physik erklärt werden können. In der Regel ist zur Erzeugung solcher Vorgänge die Anwesenheit eines paranomal veranlagten Menschen erforderlich.

Man spricht bei diesen Erscheinungen von *Telekinese* oder heutzutage meist von *Psychokinese*. Dabei ist häufig die Meinung verbreitet, daß die Vorgänge ihre Urheberschaft in der Psyche (d. h. also dem Geist) eines lebenden Menschen haben. In manchen Fällen mag diese Auffassung tatsächlich zutreffend sein. In anderen Fällen erscheint es aber doch als sehr wahrscheinlich, daß diese Vorgänge von nicht irdischen Wesenheiten verursacht werden oder jedenfalls nicht von der Psyche lebender Menschen. Allerdings kann man meist nicht den genauen Verursacher mit Namen und Herkunft feststellen.

Als eindrucksvolles Beispiel dieser Art mögen hier sog. *Apportphänomene* geschildert werden, wie sie sich von 1950 – 1955 in Manila im Hause eines Professors *Tolentino* ereignet haben. Unter einem Apportphänomen versteht man das unerklärliche und plötzliche Auftreten von materiellen Gegenständen an Orten, wo sie sich vorher nicht befanden und wohin sie auf normale Weise gar nicht gelangen konnten. Es hat oft den Anschein, als ob diese Gegenstände aus dem Nichts kommend plötzlich innerhalb eines Zimmers bei geschlossenen Türen und Fenstern entstehen und dort zu Boden fallen. Manchmal kann man die Herkunft der Gegenstände erkennen, oft aber auch nicht. Prof. Tolentino war ein auf den Philippinen sehr bekannter Bildhauer und langjähriger Präsident der *Union Espiritista Christiana de Filipinas*. Er veranstaltete von 1950 – 1955 mediale Sitzungen in seinem Haus mit einem Mann namens *Juan Naval* (1893 – 1955), der seit 1905 mediale Fähigkeiten zeigte. Im Verlauf dieser Sitzungen fielen bei voller Beleuchtung von der Zimmerdecke kleine Gegenstände herunter, und zwar Walnüsse, Muskatnüsse, Steine und Holzstücke in Nußgröße. Diese Gegenstände waren äußerlich unbeschädigt und wiesen keine äußeren Öffnungen auf.

Die Sitzungsteilnehmer wurden medial aufgefordert, diese Gegenstände vorsichtig zu öffnen, teils mit dem Messer, teils mit einer Stein- oder Holzsäge. Sie seien nämlich hohl. Nach dem Öffnen stellte sich dann heraus, daß in diesen Gegenständen kleine Zettel aus ganz dünnem Papier enthalten waren. Auf diese Zettel waren in sehr kleiner Schrift Mitteilungen oder Botschaften aufgeschrieben und zwar in den Sprachen Englisch, Französisch, Spanisch und Tagalog (Sprache der Filipinos um Manila). In der letzten Sprache erfolgten die meisten Botschaften.

Toletino gibt an [64], 1375 Mitteilungen dieser Art erhalten zu haben. Er hat sie und ihre „Verpackungen" (Abb. 6 u. 7) sorgfältig aufbewahrt. Ein Teil der Botschaften hatte religiösen Charakter und wurde mit den Namen bekannter christlicher Heiliger unterzeichnet. Daraus läßt sich aber nicht unbedingt schließen, selbst bei Annahme der Überlebenshypothese, daß diese Heiligen persönlich die Verfasser oder Vermittler der Botschaften waren. Man kann die Apporte und Botschaften nur als Indiz für das Wirken nichtirdischer Wesenheiten ansehen, zumal das Medium Naval die spanische und französische Sprache nicht beherrschte. Ob die Ur-

---

64 G. TOLENTINO.- Union Esperitista Christiana de Filipinas. Some published and unpublished Writings. San Diego, California 1972. (wahrscheinlich Selbstverlag) S. 17

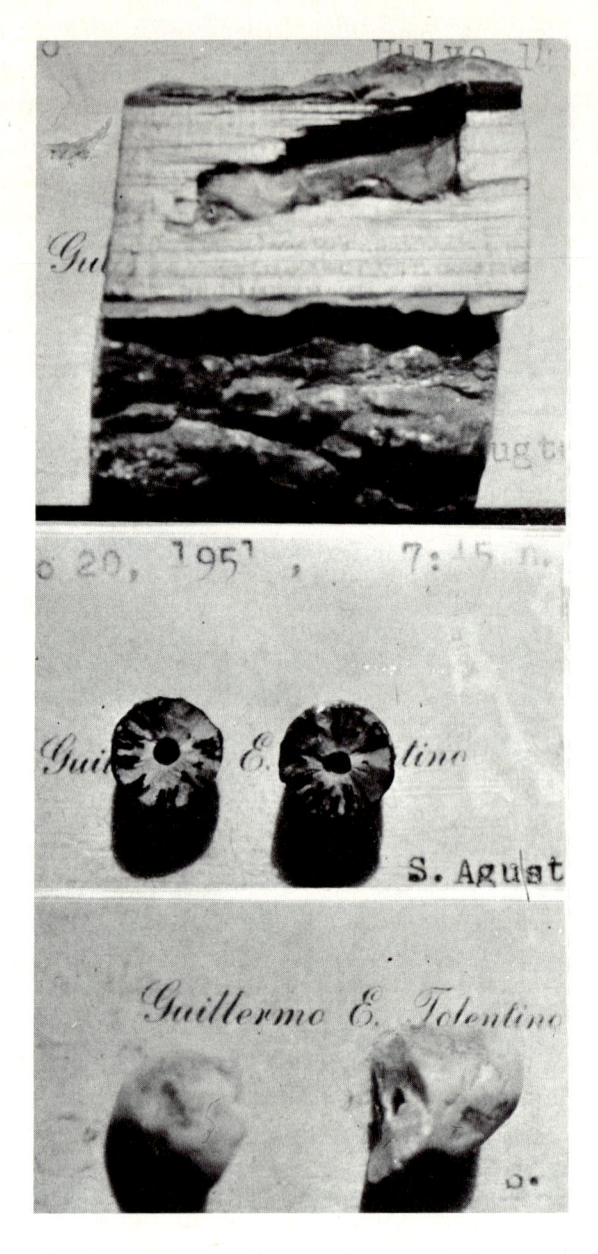

Abb. 6: Hohle und später geöffnete Apportgegenstände, erhalten in den Jahren 1951 und 1955, aus der Sammlung von Prof. Tolentino in Manila. Von oben nach unten: Holzstück, Muskatnuß, Stein, Die kleinen Zettel mit den Botschaften sind bereits entnommen.

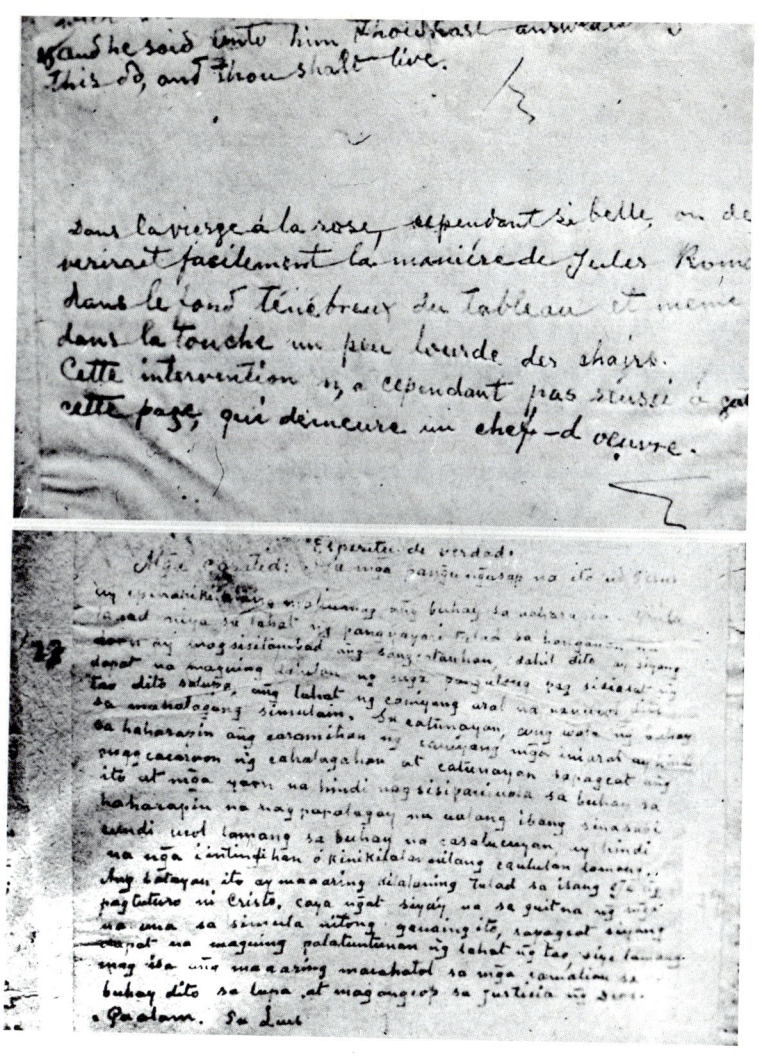

Abb. 7 Kleine Zettel mit Botschaften, erhalten aus den hohlen Appotgegenständen des Bildes 6 in den Sprachen Englisch, Französisch und Tagalog.

heberschaft der jeweiligen Unterzeichner der Botschaften jemals genau untersucht oder festgestellt werden konnte, entzieht sich meiner Kenntnis. Es erscheint mir aber als sehr weit hergeholt und äußerst unwahrscheinlich, die Psyche des ungebildeten Mediums für die komplizierten physikalischen Vorgänge verantwortlich zu machen.

III. SCHLUSSFOLGERUNGEN

1. Erfahrungsmaterial

Welche Schlüsse lassen sich nun aus dem vorgetragenen und dem zahlreichen sonstigen in der Literatur berichteten Erfahrungsmaterial ziehen, wenn man es als wahr annimmt?

Die Informationen einzelner Verstorbener bestehen offenbar weiter, aber nicht „leblos" wie in einem Buch abgedruckt, sondern kommunnikations- und aufnahmefähig mit allen Merkmalen der früheren Persönlichkeit. Nach Definition im physikalisch-nachrichtentechnischen Sinn ist das dann Fortleben, ganz gleich, wo man die Fortexistenz annimmt. Diese Auffassung ist unter dem Namen *„Spiritistische Hypothese"* oder *„Spiritistische Theorie"* bekannt geworden. Manch einen mag eine solch einfache Beweisführung nicht überzeugen. Hier werden ja auch keine mathematischen Beweise vorgelegt, sondern nur sog. Erfahrungsbeweise, wie sie im täglichen Leben und auch vor Gericht als Indizienbeweise ständig verwendet werden. Viele Menschen machen sich außerdem gar nicht klar, daß die tiefsten Grundlagen aller Wissenschaften nicht exakt beweisbar sind, sondern immer auf irgendwelchen Annahmen oder Axiomen oder Grundprinzipien beruhen, die nicht beweisbar sind. Auch in der Physik, die doch als sog. exakte Wissenschaft gilt, sind sehr wichtige Gesetzmäßigkeiten nicht exakt beweisbar. So ist z. B. das 1687 von ISAAC NEWTON formulierte Trägheitsgesetz: „Jeder Körper verharrt in seinem Zustand der Ruhe oder der gleichförmig gradlinigen Bewegung, sofern er nicht durch einwirkende Kräfte gezwungen wird, seinen Zustand zu ändern" ein reiner Erfahrungssatz, d. h. die Schlußfolgerungen, die aus dem Satz gezogen werden, werden durch die Erfahrung bestätigt.

Ein unmittelbarer Beweis dieses Satzes ist unmöglich, da wir keinen Körper äußeren Einflüssen völlig entziehen können. Man nennt das dann[65] eine erkenntnistheoretische Voraussetzung, die auf keine Weise bewiesen werden kann, ohne die man indessen nicht weiterkommt.

---

65 L. BERGMANN/CL. SCHÄFER.- Lehrbuch der Experimentalphysik, Bd. 1.- Berlin: Verlag de Gruyter: 71965, S.452

Eine ähnliche Lage liegt in der Wärmelehre vor. Bei der Temperaturfestlegung geht man nämlich von der nicht beweisbaren Annahme aus, daß Änderungen von Körpereigenschaften (z. B. Volumen, elektrische Eigenschaften usw.) in gesetzmäßiger Weise von ihrem Körperzustand, den wir Wärme nennen, abhängen. Die Physiker L. BERGMANN und CL. SCHÄFER sagen dazu: „Will man diese Annahme nicht machen — und man kann auf logischem Wege nicht dazu gezwungen werden — so muß man auf eine wissenschaftliche Behandlung der Wärmelehre verzichten."[66]

Ähnlich ist es in der Parapsychologie. Niemand kann auf logischem Wege dazu gezwungen werden, die spiritistische Hypothese durch Erfahrungs- und Indizienbeweise als „bewiesen" anzusehen. Aber dieser muß dann eben auch auf eine wissenschaftliche Behandlung nachtodlicher Zustände und Entwicklungen verzichten. Er wird nie auf den Gedanken kommen, etwa das Leben nach dem Tode erforschen zu wollen. Für ihn wird jeder Spukfall nur reine Psychokinese von Menschen sein, die materiell auf dieser Erde leben. Ein solcher wird nie auf den Gedanken kommen, in bestimmten Spukfällen etwa mit einem „verstorbenen Spukverursacher" Verbindung aufzunehmen, ihn über seinen Zustand aufzuklären und zu veranlassen, den Spuk einzustellen. Ein Gegner der spiritistischen Hypothese läßt höchstens Menschen, die von dem Spuk betroffen sind, psychologisch oder psychiatrisch auf neurotische Symptome untersuchen.

Natürlich bleibt festzuhalten, daß im wissenschaftlichen Sinn die Annahme vom Fortleben nach dem Tode nur eine Hypothese ist. „Exakte" Beweise gibt es dafür nicht, wie es überhaupt in keiner Wissenschaft exakte Beweise für ihre Grundlagen gibt. Diese angeführten Erfahrungs- oder Indizienbeweise gelten außerdem nur für einzelne Individuen, keinesfalls erstrecken sie sich aber auf alle Individuen dieser Welt. Es ist also ein kühner Schluß, wenn man von den Indizien des Fortlebens einzelner Menschen auf das Fortleben aller Menschen schließt. Es bleibt dem Einzelnen überlassen, ob er auch diese Annahme macht.

---

66 Derselbe, ebenda, S. 451

Es ist weiter zu bemerken, daß das Erfahrungsmaterial der Parapsychologie keinerlei Hinweise gibt auf etwas, was wir „Unsterblichkeit" nennen. Fortleben nach dem irdischen Tode und Unsterblichkeit sind ja zwei verschiedene Dinge. Die Erfahrungen der Parapsychologie reichen nur in den unmittelbaren Bereich nach dem Tode hinein.

Aber trotz allem ist die Überlebenshypothese wichtig.[67] Ohne einen ausreichenden Vorrat an Hypothesen verarmt jede Wissenschaft. Hypothesen sollen einer Forschung den Weg weisen. Sie sollen zum sinnvollen Suchen anregen, sie sollen uns Richtlinien geben, die in die Zukunft weisen. Zur Überlebenshypothese ist hier zu sagen, daß auch sie, wie das Trägheitsprinzip in der Physik, uns in die Lage versetzen soll, uns auf künftige Situationen einzustellen und zwar auf Situationen unseres nachtodlichen Lebens. Das Trägheitsprinzip gibt, obwohl nicht exakt beweisbar, aber unzählige Male in seinen Schlußfolgerungen bestätigt, Richtlinien für physikalisch sinnvolles Handeln. Die Überlebenstheorie kann uns, wenn wir sie annehmen, Verhaltensrichtlinien für unser Leben geben, sie kann uns Einblicke in Zusammenhänge geben, die wir sonst nicht durchschauen, die uns sonst sinnlos erscheinen.

Wenn wir das an Erkenntnis annehmen, was uns aus der Welt angeboten wird, in die wir nach unserem Tode eintreten, wenn wir es sorgfältig prüfen und verwerten und die Richtschnur unseres Handelns darauf entsprechend ausrichten, können wir Menschen mit mehr Ruhe und Gelassenheit durch das Leben gehen. Auch Schicksalsschläge werden uns, wenn wir das irdische Leben nur als Durchgangsstation zu einem nachtodlichen Leben ansehen, nicht in dem Maße umwerfen, wie sie es tun, wenn der Tod für uns unwiderrufliche Endstation ist.

Ähnliche Hilfe wollen uns ja auch die Religionen dieser Erde geben, inbesondere auch das Christentum. Das Christentum und sein Vorläufer, die Mosaische Religion, kannten sogar Zeiten der ständigen unmittelbaren Verbindung mit der jenseitigen Welt und der

---

[67] W. SCHIEBELER.- Parapsychologische Probleme und physikalische Forschungsmethoden und Forschungsergebnisse.- in: Allg. Z. f. Parapsychologie 3, 1978, H. 2, S. 35 –42, und H. 3, S 85 – 90

Welt Gottes. Die Annahme der Überlebenshypothese und die Beschäftigung mit ihren Erfahrungsberichten kann auch Einfluß auf die religiöse Haltung eines Menschen ausüben. Dazu äußert sich der schweizerische evangelische Theologieprofessor FRITZ BLANKE mit folgenden Worten:
„Unsere theologische Parole gegenüber den parapsychologischen Dingen lautet also nicht einfach in globo: Hände weg! Diese Mahnung gilt gegenüber der Magie. Sie, die sich Gottes selber bemächtigen will, ist für die Seele eine Gefahr. Aber es wäre unwahr und ungerecht, wollten wir die Beschäftigung mit der Parapsychologie allgemein als seelengefährlich hinstellen. Es gibt Menschen, die der Parapsychologie einen inneren Fortschritt verdanken. Menschen, die, versunken in Materialismus und Rationalismus, dem Okkulten begegneten und daraufhin an ihrer bisherigen Weltanschauung zu zweifeln begannen. Und dieser Zweifel endete damit, daß sie wieder zu Religion und Christentum zurückfanden.

Gewiß, es gibt auch immer wieder Personen, die im Parapsychologischen stecken bleiben und es geradezu als Ersatzreligion gebrauchen. Aber das muß nicht sein. Es gibt, wie gesagt, andere Menschen, die auf dem Umwege über die Parapsychologie und ihre Geheimnisse zum ersten Mal wieder auf die Welt Gottes aufmerksam wurden. Ich weiß von solchen, die, angeregt durch die Parapsychologie, wieder zum Neuen Testament griffen und denen vieles an den biblischen Schriften wieder glaubwürdig wurde. Von mir selbst muß ich bekennen, daß mir durch die Kenntnis der parapsychologischen Tatsachen wieder ein neuer Zugang zur biblischen Wirklichkeit der Engel und Dämonen eröffnet wurde. Ich bin heute weniger als jemals bereit, die Auffassung der Bibel, daß es Gewalten und Mächte zwischen Himmel und Erde gibt, als mythologischen Ballast über Bord zu werfen. Nicht, als ob die Parapsychologie den Glauben ersetzte, aber die Ergebnisse parapsychologischer Forschung schaffen für den Glauben Raum, und darum ist die junge Wissenschaft der Parapsychologie, richtig verstanden, eine hilfreiche Brücke zum Vollzuge christlicher Existenz. Wenn wir Theologen den Menschen der Gegenwart wirklich dienen wollen, so haben wir alle Veranlassung, das parapsychologische Forschen ernst zu nehmen und es gewissenhaft zu verarbeiten."[68]

2. Der Gegensatz Spiritismus — Animismus

Für die bisher vorgetragenen Tatbestände gibt es auch eine völlig andere Hypothese, zusammengefaßt unter dem Namen *„Animistische Hypothese"* im Gegensatz zu der bislang nahegelegten sog. *„Spiritistischen Hypothese"*. Die Vertreter der animistischen Hypothese führen alles bisher geschilderte auf eine sehr weit gefaßte außersinnliche Wahrnehmung (Super-ASW-Theorie) zurück, gegebenenfalls in Verbindung mit Psychokinese lebender Menschen.

In manchen Fällen wird die spiritistische Hypothese auch als „unwissenschaftlich" bezeichnet. So heißt es in einem Lexikon der Parapsychologie: „Wissenschaftstheoretisch ist die spiritistische Hypothese weder beweisbar noch widerlegbar, der Animismus hingegen ordnet sich unserem Wissenschaftsbegriff ein. Vielen erscheint die spiritistische Erklärung — meist in der Form, der Geist eines Verstorbenen bewirke das Phänomen — jedoch leichter annehmbar als die animistische; tatsächlich müssen im konkreten Fall zur Verteidigung des Animismus oft recht gewagte Konstruktionen herhalten, andererseits bleibt die spiritistische Möglichkeit in der Sphäre des Glaubens und damit außerhalb der Wissenschaft."[69]

Dazu muß man sagen, daß es reine Willkür ist, die spiritistische Hypothese, die in sich folgerichtig und schlüssig ist und sich auf gewichtige Indizien stützt, einfach aus der Wissenschaft auszuschließen. Ein solches Vorgehen vereinfacht aber das Verfahren, weil man dann die Erfahrungsbeweise, die für die spiritistische Hypothese sprechen, nicht mehr ernsthaft zu erörtern braucht.

Der bekannteste lebende Vertreter der animistischen Auffassung im deutschsprachigen Raum ist der Freiburger Psychologe Prof.

---

68 F. BLANKE.- Parapsychologie und Christentum.- in: Neue Wissenschaft 4, 1954, H. 4, S. 97 – 99
69 W. BONIN.- Lexikon der Parapsychologie.- München/Bern: Scherz Verlag 1976.- S. 76

HANS BENDER. Er schreibt: „Der Streit zwischen „Animismus" und „Spiritismus" — Rückführung der Phänomene auf Fähigkeiten Lebender kontra Verbindung mit Jenseitigen — wird seit bald hundert Jahren unter dem genannten Stichwort ausgetragen. Das Bemühen um Vorurteilslosigkeit gebietet zuzugeben, daß der Unbeweisbarkeit der spiritistischen Hypothese auch die Unbeweisbarkeit gegenübersteht, daß sie nicht richtig sein kann. Nach allem, was die Parapsychologie bisher erarbeitet hat, ist aber die animistische Deutung viel näherliegender und wahrscheinlicher, doch ist andererseits die Unrichtigkeit der spiritistischen Hypothese nicht zwingend beweisbar."[70]

Die Ansichten darüber, was wahrscheinlicher ist, gehen unter Fachleuten sehr auseinander. Der katholische Theologe, Professor GEBHARD FREI, Mitbegründer und erster Präsident von IMAGO MUNDI, stellt jedenfalls fest:
„Das Resultat der bisherigen Überlegungen ist, daß sicher der weitaus größere Teil derer, die sich überhaupt ernstlich und eingehend mit parapsychologischen Fragen beschäftigt haben, oft nach langem Ringen, zum Schluß kamen, eine gewisse Summe von Phänomenen könne nur durch das Hereinwirken Jenseitiger erklärt werden. Also könne die Parapsychologie empirisch das Überleben des Todes, was begrifflich mit „Unsterblichkeit" im strengeren Sinne noch nicht identisch ist, beweisen."[71]

In ähnlicher Weise äußert sich der britische Physiker GEORGE TYRRELL, von 1945 — 46 Präsident der Society for Psychical Research:
„Alles läuft darauf hinaus, daß die parapsychischen Phänomene sehr dafür sprechen, daß es Kommunikationen mit Verstorbenen wirklich gibt. Natürlich ist es möglich, diese Schlußfolgerung zu umgehen, aber nur, wenn man eine noch ungewöhnlichere Hypothese einführt. Die Tatsachen sind ganz klar. Man kann sich ihrer nicht entledigen, indem man sich schweigend darüber hinwegsetzt, seinen Blick abwendet oder verfälschend darüber berichtet. Früher oder später wird man sich mit ihnen auseinandersetzen müssen."[72]

70 H. BENDER.- Unser sechster Sinn.- Stuttgart: Deutsche Verlags Anstalt 1971
71 G. FREI.- Probleme der Parapsychologie.- IMAGO MUNDI Bd. II.- Paderborn: Ferdinand Schöningh Verlag 21971, S. 104
72 G. N. M. TYRRELL, Mensch und Welt, S. 228

Prof. BENDER hält solchen Auffassungen entgegen:
„Persönlich möchte ich bemerken, daß ich durchaus bereit bin, mich von einem zwingenden Beweis überzeugen zu lassen und keine Vorurteile gegen die Hypothese des Überlebens habe. Doch fühle ich mich als Wissenschaftler an den alten scholastischen Grundsatz verpflichtet ‚Entia non sunt numeranda praeter necessitatem' — Prinzipien sollen nicht über das notwendige Maß hinaus erweitert werden. Auf die Kontroverse Animismus — Spiritismus angewandt, heißt das: Wir machen als Parapsychologen bei spontanen Phänomenen und im Laboratorium ständig die Erfahrung von den Raum und die Zeit transzendierenden Fähigkeiten der leibgebundenen Psyche. Wir verfügen aber über keine unmittelbare Erfahrung, daß die Psyche als personale Entität leibfrei existieren kann."[73]
Ebenso sagt Bender:
„Wenn eine Äußerung, die sich auf etwas bezieht, was nur ein Verstorbener wußte, überhaupt verifiziert werden kann, muß die Verifikationsquelle entweder telepathisch oder hellseherisch, also im Rahmen der ‚animistischen Deutung' erreichbar sein. Ich halte einen strengen Beweis der spiritistischen Hypothese für ausgeschlossen."[74]

Zu diesen Ausführungen ist folgendes zu sagen:
1. Die Meinungen gehen wiederum darüber auseinander, ob nun die Einführung der Super-ASW-Theorie oder die Einführung des sog. Astralleibes und einer feinstofflichen, jenseitigen Welt die weitergehende Erweiterung der Prinzipien oder Annahmen ist.
2. Kein Parapsychologe der spiritistischen Richtung behauptet, daß die Psyche den Tod leibfrei überlebt. Sie existiert in einem Leibe weiter, nur ist er besonderer Art und wird Astralleib genannt oder mit anderen Namen belegt.
3. Zwingende Beweise kann man in dieser Welt weder in irgendeiner Wissenschaft, noch im täglichen Leben, noch im Gerichtswesen erbringen. Alle Wissenschaften beruhen auf irgendwelchen Annahmen und Grundprinzipien, die nicht beweisbar sind. Trotzdem

---

[73] H. BENDER.- Parapsychologie und Spiritismus.- Z. f. Parapsychologie 1971, S. 1 – 23, S. 8
[74] H. DRIESCH.- Parapsychologie.- München: Kindler Verlag o.J.- S 186

werden Wissenschaften betrieben. Ebenso werden vor Gericht Prozesse geführt, obwohl die Geständnisse, Zeugenaussagen und Indizien falsch sein können und es manchmal auch sind.

Eine absolute Sicherheit ist also nirgends zu erreichen. Wer bereit ist, nur bei absoluter Sicherheit etwas zu unternehmen und sich nur durch „zwingende" Beweise überzeugen läßt und das konsequent durchhält, ist zu absoluter Untätigkeit verurteilt.
Die Beweisschranke wird von den Animisten in der Parapsychologie so hoch gehängt, daß sie nie übersprungen werden kann. Ganz folgerichtig sagt BENDER dann auch, daß er einen strengen Beweis der spiritistischen Hypothese für ausgeschlossen hält.

In allen anderen Wissenschaften gibt man sich schon mit sehr viel geringwertigeren „Beweisen" zufrieden, besonders auch in der Psychologie. Ja es gibt einen Fall, wo man nur von sich selbst ohne jeden Beweis auf alle anderen Menschen schließt. Gemeint ist hier das Ich-Bewußtsein und die Wahrnehmung der Sinneseindrücke (Farben, Töne usw.). Jeder geht davon aus, daß, abgesehen von pathologischen Fällen, auch alle anderen Menschen im wesentlichen die gleichen inneren Empfindungen haben wie man selbst. Einen halbwegs stichfesten Beweis gibt es dafür aber nicht. Schließlich kann man ja die Berichte anderer über ihre inneren Empfindungen, die man in keiner Weise kontrollieren kann, nicht als strenge Beweise im wissenschaftlichen Sinn ansehen.

In der Philosophie gilt der Grundsatz, daß die Beweiskraft eines Beweises sich nach der Stärke der Beweisgründe richtet. Was will und kann man aber in der Parapsychologie mehr erwarten, als wenn Verstorbene leibhaftig wieder erscheinen, sich ausfragen, betasten und sogar Herz- und Pulsschlag prüfen lassen. Und das nicht einmal, sondern tausende von Malen. So geschehen bei Einer Nielsen, Carlos Mirabelli und anderen.

Dieses gewichtige Material wird aber meistens in seiner Echtheit angezweifelt. Es wird behauptet, die ganzen Materialisationserscheinungen seien vorgetäuscht, die Bilder Fotomontagen, alle Materialisationsmedien seien Schwindler und die Beobachter und Untersucher (teils bedeutende Naturwissenschaftler, teils Laien) seien leichtgläubige Idealisten. Diese Vorwürfe sind schon gegen CROOKES, ZÖLLNER und SCHRENCK-NOTZING erhoben worden. Sie haben sich aber kräftig dagegen zur Wehr gesetzt. Trotzdem wurden die Vorwürfe weiterhin aufrechterhalten und weiterverbreitet, mochten die „Enthüllungen" auch noch so fadenscheinig sein.

Natürlich gibt es auch in der Parapsychologie und unter Medien Schwindler. Die gibt es in jeder Bevölkerungsgruppe und in jedem Berufsstand. Der Autor hat selbst schon schwindelhafte Materialisations-Demonstrationen gesehen. Zwei seiner Bekannten, von ihm ausgerüstet mit einem Infrarot-Nachtsichtgerät, konnten ähnliche Beobachtungen in Camp Silver Belle (USA) und Brasilien machen. Aber diese und andere Demonstrationen waren auch schon vor der Benutzung von Nachtsichtgeräten als äußerst verdächtig anzusehen. Die Medien saßen unkontrollierbar in großer Entfernung von den Beobachtern, die Beleuchtung war äußerst schlecht, alle Kontrollmaßnahmen waren verboten, meist sogar die Benutzung von Tonbandgeräten untersagt. Hier wurde niemals das Entstehen und Vergehen der Phantome und das Herausfließen des Ektoplasmas aus dem Medium unmittelbar beobachtet. Bei Nielsen wurde das aber von wissenschaftlich geschulten Beobachtern oft unter einwandfreien Bedingungen gesehen. Trotzdem ist aber auch Nielsen von der Verdächtigung der Täuschung nicht verschont geblieben. Im Mai 1915 wurde er sogar auf Grund einer nicht beweisbaren Verdächtigung[75] für 2 Tage in Untersuchungshaft genommen. Unmittelbar danach fanden aber erneut Kontrollversuche mit Nielsen statt, bei denen er sich vorher nackt ausziehen mußte und dann in fremde Kleider gesteckt wurde.[76] Außerdem fanden die Versuche nicht in seinem Hause statt. Trotzdem erschienen Phantome und traten andere physikalische Phänomene auf. Die von den Untersuchern unterschriebene Ehrenerklärung hat aber nicht dazu geführt, daß Nielsen nicht doch mit allen anderen Schwindlern in einen Topf geworfen wird. Auch für ihn gilt:„Etwas bleibt immer hängen".

Dr. H. GERLOFF hat sich viele Jahre lang bemüht, Parapsychologen (auch der animistischen Richtung) Europas und Amerikas

---

75 H. GERLOFF.- Die Phantome von Kopenhagen, S. 124
76 Derselbe, ebenda, S. 126

zu Einer Nielsen zu bringen und sie zur Untersuchung der Phänomene anzuregen. Der Göttinger Mathematiker Prof. Lyra versuchte das gleiche mit dem Kopenhagener Atomphysiker Niels Bohr. Alles vergebens. Keiner von ihnen befaßte sich mit Nielsen. Heute heißt es aus dem Kreis der gleichen Parapsychologen, daß die Versuche mit Einer Nielsen als äußerst fragwürdig anzusehen seien, da es nur Wohnzimmerexperimente gewesen seien. Ein Parapsychologe sagte dem Autor im Herbst 1961 in einem Gespräch: „Ich stimme mit ihnen darin völlig überein, daß die physikalischen Phänomene für die Parapsychologie äußerst wichtig sind. Aber man muß es doch nicht gleich wie dieser Dr. Gerloff machen und zu Einer Nielsen fahren, um dort mit seiner eigenen Großmutter zu frühstücken." Warum eigentlich nicht? Der Autor würde ein solches Frühstück mit der eigenen (verstorbenen, wohlgemerkt) Großmutter als äußerst beweiskräftig ansehen. Der Gesprächspartner scheute aber offensichtlich einen solchen „Beweis".

So werden also Nielsen und andere bedeutende Materialisationsmedien weiterhin umstritten bleiben. Manche Kritiker werden weiterhin lieber annehmen (wie früher u. a. behauptet), daß Nielsen seine umfangreichen Ektoplasma-Produktionen bis zum Umfang eines Bettlakens aus dem After hervorgezogen habe und sie dorthin nachher auch wieder habe spurlos verschwinden lassen. Die gegenteiligen Behauptungen erfahrener Wissenschaftler (Ärzte, Naturwissenschaftler, Ingenieure) und anderer Beobachter werden dagegen einfach ignoriert. Daher bleibt dem heutigen Leser nichts anderes übrig, als die Originalliteratur sorgfältig zu lesen und sich an Hand der Argumente und Berichte selbst ein Urteil zu bilden. Echte Materialisationsmedien, die man heute besuchen könnte, sind zur Zeit leider unbekannt. Wenn es sie geben sollte, so wirken sie im Verborgenen.

Es ist aber auch gar nicht erforderlich, daß nun alle Menschen, Wissenschaftler oder Parapsychologen von dem „Beweismaterial" für die spiritistische Hypothese überzeugt werden. Wichtig ist nur, daß einige überzeugt sind und von der Plattform des Spiritismus aus weiter vorstoßen in unbekannte Bereiche. Es wird sich dann zeigen, ob von dieser Ausgangsposition größere Erfolge errungen werden können, als mit der rein Animistischen Hypothese. Bislang ist allerdings noch keinem der große Durchbruch in der Parapsychologie gelungen.

Zur Zeit hat es aber der Animist, kurzfristig gesehen, einfacher. Er überblickt in Ruhe einen begrenzten Bereich. Er braucht sich nicht auf „schwankenden" Boden vorzuwagen. Für den aber, der sich dazu durchgerungen hat, die spiritistische Hypothese als gerechtfertigt anzusehen, beginnen damit erst die Schwierigkeiten. Er muß sich nämlich daranmachen, die Phänomene zu sortieren in die, die wirklich spiritistisch zu deuten sind und die, die nur scheinbar eine spiritistische Deutung nahelegen. Er muß die Flut der „Jenseitsmitteilungen" sichten und dort die Spreu vom Weizen trennen. Das ist eine sehr schwierige Aufgabe, die dem Animisten erspart bleibt.

So muß jeder Mensch und jeder Forscher seine eigene Entscheidung treffen, wie er das vorgelegte Erfahrungsmaterial bewerten will und welchen Weg er danach einschlagen will. Auch in den normalen Naturwissenschaften waren die Meinungen über die „Beweisfähigkeit" von gewissen Versuchen und Beobachtungen oft sehr geteilt. Es hat manchmal sehr lange gedauert, bis sich eine neue Theorie voll durchgesetzt hat. Hier wie auch in der Parapsychologie gilt der Satz, den der bedeutende Physiker Prof. MAX PLANCK 1933 veröffentlicht hat:

„Eine neue wissenschaftliche Idee pflegt sich nicht dadurch in der Welt durchzusetzen, daß ihre Gegner allmählich überzeugt und bekehrt werden, sondern in der Weise, daß die Gegner aussterben."

Dieser eigenen Entscheidung stellt sich HANS BENDER *im folgenden Beitrag über „Parapsychologie und Fortleben nach dem Tode" nach der wissenschaftsmethodischen Darlegung, daß die Parapsychologie in Bezug auf das Fortleben nur den „funktionellen" Aspekt des Problems untersuchen kann.*

Hans Bender

PARAPSYCHOLOGIE UND DAS FORTLEBEN NACH DEM TODE

Eine „okkulte Welle", ständig anwachsend, überflutet seit einigen Jahren die westliche Welt. Versucht man eine Motivationsanalyse dieser mannigfaltigen Zuwendung zum Irrationalen, zum Magischen mit den gleitenden Übergängen zum Phantastischen, so trifft man auf ein Janus-Gesicht: sie zeigt zwei Aspekte, einen positiven und einen negativen. Ein etwas strapazierter Begriff charakterisiert den *positiven* Aspekt, wie ich meine, am treffendsten: ein Bedürfnis nach Bewußtseinserweiterung, nach neuen Dimensionen des Lebens. Es macht sich vor allem bei jungen Menschen bemerkbar. Enttäuscht von dem technologischen Fortschrittsglauben, unbefriedigt von den Angeboten der Konsumgesellschaft einerseits, und auch von den sie nicht erreichenden , als oft zu formalistisch empfundenen Lehren der Kirchen anderseits, wenden sich die Suchenden dem Außergewöhnlichen zu, wobei auch die Parapsychologie, die Wissenschaft von den „okkulten Erscheinungen", in ihr Blickfeld rückt. Im Grunde dieses Bedürfnisses nach Bewußtseinserweiterung scheint die Frage nach dem Sinn der individuellen Existenz zu stehen, die notwendig das Menschheitsproblem ihrer Begrenzung durch den Tod einschließt. Es sind die Fragen, auf die die Religionen eine Antwort suchen, und die nun auch im Blick auf das wissenschaftliche Erkennen gestellt werden. Hier setzt eine Analyse ein, die Kirchenrat KURT HUTTEN, früherer Leiter der Ev. Zentralstelle für Weltanschauungsfragen in Stuttgart, in einem Artikel „Überweltpropheten gegen Diesseitigkeitsapostel" in dem von EBERHARD BAUER herausgegeben Sammelband „PSI und Psyche"[1], unternimmt.Der Okkultismus, meint er, durchbricht die Eingrenzung unseres geistigen Lebensraumes, der durch Aufklärung, Rationalismus und die entsprechenden Ideologien auf die Spanne der irdischen Existenz und der handgreiflichen Dimensionen verkürzt wurde. Der „vertikalen Hoffnung", wie sie im Verweis auf die Transzendenz, auf die Weiterexistenz der Seele nach dem leiblichen Tod, bestand, erwuchs in der „horizontalen Hoffnung" innerweltlicher Heilsangebote – das marxistische „Paradies auf Erden" – die staaten- und klassenlose Gesellschaft der Zukunft – eine zunächst sehr erfolgreiche Konkurrenz. Diese horizontale Hoffnung ist aber in eine tiefe Krise gestürzt. Eine wachsende Zahl von Menschen, die dieser Ideologie nahestanden, zweifelt daran, ob eine Erfüllung solcher menschlicher Träume und Hoffnungen jemals eintreten wird. Sie wollen daher ihr Dasein nicht länger ausschließlich nach gesellschaftlichen Gesichtspunkten verstehen, sie stellen die Frage nach dem Sinn ihrer individuellen Existenz und damit die Frage nach dem Sinn des Sterbens. Hoffnungsstreben und Sinnfrage sind nach HUTTEN die stärksten Motivationen der „okkulten Welle". Die Hauptformen sieht er im Spiritismus, der den empirischen Beweis für ein persönliches Überleben des Todes erbringen will, an zweiter Stelle nennt er die gnostischen Esoteriker – Theosophen, Anthroposophen, Rosenkreuzer u. a. – an dritter Astrologie und Kosmologie, an vierter den Glauben an Transplanetarier und Ufonen. Dieser Ufonen-Glaube, der in manche Gruppen von Spiritisten eingegangen ist, scheint mir ein Ausdruck der hier nur anzudeutenden *negativen* Aspekte der okkulten Welle zu sein: ein wachsendes Gefühl der Unsicherheit in der von Katastrophen bedrohten industriellen Gesellschaft, eine vielfach festzustellende Endzeit-Stimmung, läßt die Hoffnung auf geheimnisvolle, der technischen Zivilisation überlegene Mächte und Wirklichkeiten entstehen, die mit Heilserwartungen verbunden werden, pseudoreligiöse Formen annehmen und schließlich in phantastische Verzerrungen münden.

Auf diesem Hintergrund, in diesem Klima eines sich vom technologischen Positivismus entfernenden Zeitgeistes, haben Untersuchungen über Erlebnisse in Todesnähe, hat die *Thanatologie* eine

---

1 K. HUTTEN. - Überweltpropheten gegen Diesseitigkeitsapostel. - in: E. BAUER (Hrsg.). Psi und Psyche. Festschrift für Hans Bender. - Stuttgart: Deutsche Verlagsanstalt 1974. S. 75 – 93

außerordentliche Resonanz gefunden. Ein Skandalon, das über das Sterben verhängte Tabu, ist durchbrochen worden. Schon früher bekannte, vor allem in der parapsychologischen Literatur veröffentlichte Beobachtungen von klinisch Toten, die ins Leben zurückgeführt wurden, erfahren jetzt erst eine weit sich erstreckende Würdigung ihrer Tragweite. In diesem Zusammenhang haben die sog. *Exkursionserlebnisse,* die „out-of-the-body-experiences", seit langem in der parapsychologischen Literatur bekannt, neue Beachtung erfahren. Um gleich die Beziehung zum Thema dieses Beitrages „Parapsychologie und das Fortleben nach dem Tode" herzustellen: Exkursionserlebnisse von Lebenden und Sterbenden, vor allem von reanimierten klinisch Toten, werden heute als starke Argumente für das Überleben des Todes herangezogen. Wie noch dargelegt werden wird, hat EMIL MATTIESEN, Autor des klassischen dreibändigen Werkes „Das persönliche Überleben des Todes"[2] schon im Band 1931 der „Zeitschrift für Parapsychologie" in dem Artikel „Der Austritt des Ich als spiritistisches Argument"[3] auf die Bedeutung dieser Phänomene für das Problem des Überlebens hingewiesen.

I. GLAUBE AN EIN FORTLEBEN

Aus einer repräsentativen Gallupumfrage in den Vereinigten Staaten geht hervor, daß 69% des amerikanischen Volkes „einen gewissen Glauben an ein Fortleben nach dem Tode" haben, daß 20% nicht an ein Fortleben glauben und 11% sich des Urteils enthalten. Im auffallenden Gegensatz zu diesem Ergebnis stehen Trendumfragen, die das Demoskopische Institut in Allensbach zu der Kernfrage ausführte: „Glauben Sie, daß es in irgendeiner Form ein Fortleben nach dem Tode gibt?" Die letzte Zählung im November 1975 ergab: „ja" 36%, „nein" 40%, „unmöglich zu sagen" 24%. Leider ist die Frage 1976 bis 1978 nicht mehr gestellt wor-

---

2 E. MATTIESEN. - Das persönliche Überleben des Todes. 3 Bde. - Berlin: De Gruyter 1936/1939. - Neudruck 1962.

3 E. MATTIESEN. - Der Austritt des Ich als spiritistisches Argument. - in: Zeitschrift für Parapsychologie 1931, S, 413-437, 481-493

den. Es könnte durchaus sein, daß sich das zunehmende Interesse an dem Problemkreis Sterben-Tod-Überleben im Zuge der okkulten Welle in veränderten Ergebnissen spiegeln würde. Der Trend läßt eine Abnahme von 1956 bis 1971 erkennen: April 1956 haben 44% „ja" zum Fortleben nach dem Tode gesagt, 34% „nein", 24% hatten keine Meinung. Im Herbst 1967 sagten nur noch 38% „ja" und 37% „nein", im Januar 1971 35% „ja" und 42% „nein", dann 1975 wieder ein leichtes Ansteigen der Ja-Stimmen. Sehr auffällig ist der Unterschied nach Konfessionen:

	ja	nein	unmöglich zu sagen
Katholiken	50%	26%	24%
Protestanten	26%	48%	26%
andere oder ohne Konfession	23%	59%	18%

Beiläufig sei eine andere Umfrage erwähnt, in der die Meinung über die Unsterblichkeit der Seele nach der Parteizugehörigkeit der Befragten aufgegliedert wurde:

	glaube ich	könnte sein	glaube ich nicht
CDU-Anhänger	50%	24%	26%
SPD-Anhänger	20%	26%	53%

Das veranlaßte den Bearbeiter einer zusammenfassenden Übersicht über „religiöse Strömungen", Prof. GERHARD SCHMIDTCHEN, Zürich, von einer „Partei der Unsterblichen" und einer „Partei der Sterblichen" zu sprechen. Auffallend und in unserem Zusammenhang auch nur am Rande zu erwähnen ist das Ergebnis einer Umfrage von 1975 über die „Gerechtigkeit im Jenseits". Die Frage lautet:

„Manche Leute fürchten, daß man nach dem Tode für das Unrecht bestraft wird, das man getan hat. Beschäftigt Sie dieser Gedanke auch manchmal, oder öfter, oder eigentlich nicht?"

Die Antworten lauteten:
Öfter: 7% – manchmal: 27% – nie: 57% – keine Angabe 9%

Ich möchte aus den Umfrageresultaten eines herausgreifen und im Zusammenhang mit der Motivationsanalyse der „okkulten Welle" kommentieren: Das erstaunliche Ergebnis, daß nur 26 % der Protestanten glauben, daß es in irgendeiner Form ein Leben nach dem Tode gibt, während 48%, also nahezu die Hälfte, angeben, daß sie nicht daran glauben. In diesem Ergebnis scheint sich mir die „Ganztod-Theologie" zu spiegeln, die von KARL BARTH und einer größeren Anzahl führender lutherischer Theologen vertretene und verkündete Lehre, daß die Seele im Tode mitstirbt. Das neue Lehrstück, ein Erzeugnis des protestantischen Rationalismus und seines hintergründigen Bemühens, möglichst wissenschaftsnahe zu sein — ein Bemühen, dem wir die Entmythologisierung verdanken — fand, wie ADOLF KÖBERLE in einem Artikel „Die Theologie der Gegenwart und das Leben nach dem Tod" feststellt, „vor allem unter der jüngeren Pfarrerschaft ein bereitwilliges Echo, sehr zum Verwundern und Entsetzen der Gemeinden, die in der alten Überlieferung fest verwurzelt waren und die an den Gräbern ihrer Angehörigen nun einmal eine völlig andere Botschaft zu hören bekamen.[4]

Zur theologischen Begründung dieser Seelentod-Auffassung führt KÖBERLE aus: Nach christlicher Überzeugung hat das Böse, hat die Sünde ihre Wurzel nicht in unserer leiblichen Natur, sondern in der Seele, im Geist des Menschen. Wenn nun der Tod der Sünde Sold ist, dann muß im Gericht des Todes auch der eigentlich Schuldige sterben, und das ist die Geistsseele. Es wäre kein Gericht, wenn nur der Leib zerbrochen würde, während die Seele neuen Seinsweisen entgegeneilte. Darum dürfen wir mit keinem Leben nach dem Tod rechnen; die Möglichkeit eines Zwischenzustandes wird eindeutig abgelehnt. „Das einzige, was bleibt, läßt sich so beschreiben: Unsere Namen sind im Gedächtnis Gottes aufbewahrt, und aufgrund dieses umfassenden göttlichen Weltengedächtnisses werden wir am Tag aller Tage aus den Gräbern zu neuem Dasein erweckt werden. Damit tritt dann zugleich das Mysterium der Resurrectio mortuorum (Auferstehung der Toten) — und das ist ein weiteres entscheidendes Argument in der Beweisführung der neuen lutherischen Theologie — ins volle Licht, wenn nicht nur eine fortexistierende Seele mit dem Auferstehungsleib überkleidet wird, sondern der vernichtete Mensch durch eine

---

[4] A. KÖBERLE. - Die Theologie der Gegenwart und das Leben nach dem Tod. - in: HILDMANN (Hrsg.). - Jenseits des Todes. - Stuttgart: Quell Verlag 1970

Machttat Gottes aufs Neue ins Leben tritt"[5]. KÖBERLE ist einer der wenigen evangelischen theologischen Systematiker, die sich gegen die Ganztod-Lehre stellen und dem Gedanken eines Zwischenzustandes zustimmen, wobei sie sich auf neutestamentliche Stellen stützen.

II. PARAPSYCHOLOGIE UND SPIRITISMUS

Die folgende Begriffserklärung der beiden Termini *Parapsychologie* und *Spiritismus* wird vielen bekannt sein.

Das allgemein eingebürgerte Kunstwort „Parapsychologie", das bekanntlich MAX DESSOIR 1889 vorgeschlagen hat, soll mit der Vorsilbe „para" = „neben" – zum Ausdruck bringen, daß in diesem Wissenschaftszweig seelische und seelisch-körperliche Phänomene untersucht werden, die neben den uns vertrauten, mit den herrschenden Kategorien unseres Weltverständnisses begreiflichen Erscheinungen auftreten oder deren Vorkommen behauptet wird. Aus dem weiten und diffusen Bereich des *Okkultismus,* der Lehre von den unbekannten Kräften der Natur und des Seelenlebens, hat die Parapsychologie zwei Probleme ausgesondert, die für eine Erforschung mit wissenschaftlichen Methoden geeignet erscheinen:
1. die Frage, ob Menschen bzw. Organismen Informationen außerhalb der bisher bekannten Wege der Erfahrung erhalten können. Es hat sich der Begriff „Außersinnliche Wahrnehmung" als Abkürzung für „Wahrnehmung außerhalb der uns bekannten Sinnesorgane" eingebürgert. Als Arbeitshypothese werden drei Formen unterschieden: *Telepathie – Hellsehen – Hellsehen in die Zukunft,* in der Parapsychologie als „*Präkognition*" bezeichnet.
2. die Frage, ob Menschen bzw. Organismen auf eine physikalisch z. Z. nicht erklärbare Weise auf Objekte der Körperwelt, auf materielle Systeme, einwirken können. Man spricht von „*Telekinese*" oder, jetzt fast allgemein, von „*Psychokinese*".

Drei hauptsächliche Forschungsverfahren möchte ich kurz erwähnen: Die Untersuchung der aus allen Schichten der Bevölkerung mitgeteilten Berichte über Erlebnisse, die als außergewöhnlich

---

5 Derselbe, ebenda

aufgefaßt und meist als unheimlich empfunden werden: *Ahnungen, Zweites Gesicht, Wahrträume, Erscheinungen, Todesankündigungen, Spuk* sind die Kennworte für die in Frage stehenden Phänomene. Diese außerordentlich zahlreichen Berichte zeigen eine auffallende Gleichförmigkeit. In markanten Fällen wird eine Unterscheidung von Täuschungen und Tatsachen durch Zeugenbefragungen versucht, bei angeblichen Spukfällen durch Untersuchungen an Ort und Stelle. Aus diesem Material werden Hinweise für experimentelle Untersuchungen gewonnen. Man kann *quantitativ-statistische* Experimente durchführen, mit standardisierten Verfahren beliebige Versuchspersonen auf paranormale Fähigkeiten prüfen. So hat der amerikanische Parapsychologe J. B. RHINE, Pionier der statistischen Forschung in der Parapsychologie, in unzähligen Experimenten seit 1932 Spielkarten mit geometrischen Zeichen — Kreis, Quadrat, Kreuz, Stern und Wellenlinien — zur Untersuchung der außersinnlichen Wahrnehmung, und Würfel, deren Fall beeinflußt werden soll, zur Untersuchung der Psychokinese verwendet. Man kann auch sogenannte *qualitative* Experimente durchführen, bei denen außergewöhnliche Leistungen besonders begabter Versuchspersonen, sogenannter Sensitiver oder Medien, im Laboratorium erforscht werden — wie etwa durch gedankliche Suggestionen herbeigeführte Fernhypnosen oder die telepathische Beeinflussung von Träumen oder die von dem Holländer *Gerard Croiset* mit Erfolg demonstrierten Voraussagen, wer bei einer zukünftigen Veranstaltung auf einem durch das Los gewählten Stuhl sitzen wird, oder die von *Ted Serios* auf Fotofilme gebrachten Vorstellungen. Zu den Forschungsverfahren der qualitativen Experimente gehören auch die „Tonbandstimmen", die von Spiritisten als Mittel für eine Kommunikation mit Verstorbenen angesehen werden.

Für die Parapsychologie ist die Frage des Fortlebens nach dem Tode schon deswegen Gegenstand der Forschung, weil eine beträchtliche Anzahl vor allem spontaner paranormaler Phänomene, wie etwa Erscheinungen Verstorbener oder aber in erwartender Beobachtung provozierter Vorgänge wie angebliche Botschaften Verstorbener durch Medien den Eindruck eines „Hereinragens der Geisterwelt in die unsere" (JUSTINUS KERNER) erwecken. Hier setzt die bald 100-jährige Animismus/Spiritismus-Kontroverse an:

Die *Animisten* sind der Auffassung, daß sämtliche als Einwirken Verstorbener erscheinende Vorgänge auf paranormale Fähigkeiten Lebender zurückgeführt werden können, während die *Spiritisten* überzeugt sind, daß zumindest durch manche paranormale Phänomene eine individuelle nachtodliche Existenz bewiesen werden könne. Um diese spiritistische Kerndoktrien ranken sich zahlreiche Varianten:

Der nur psychohygienisch zu beachtende *Vulgärspiritismus,* der kritiklos in den Klopfzeichen rückender Tische Botschaften erlauchter Geister sieht, und sich nicht durch die Trivialität der angeblichen Kommunikationen von Kant, Friedrich dem Großen, Goethe, oder wer immer es sei, abstoßen läßt.

Weiter ein *ethisch-religiös gefärbter Spiritismus,* wie er vor allem in Südamerika als Ersatzreligion auftritt, aber auch in unseren Breiten ständig an Anhängern gewinnt,

dann der *Offenbarungs-Spiritismus,* der durch „Trance-Medien" mit Gott und den höchsten Engel-Hierarchien in Verbindung zu stehen vorgibt,

und schließlich ein sogenannter *„wissenschaftlicher Spiritismus",* in dem es Richtungen gibt, die sich ausdrücklich an das metaphysische Bedürfnis der Menschen wenden, und andere, denen es auf den Erkenntniswert ankommt.

In dem von OSKAR SCHATZ herausgegebenen Sammelband „Parapsychologie" hat WILHELM PETER MULACZ einen in der Ausführlichkeit der Dokumentation und dem Scharfsinn der Analyse bemerkenswerten Titel „Der sogenannte wissenschaftliche Spiritismus als parapsychologisches Problem"[6] beigesteuert. Die Frage nach der postmortalen Existenz stellt sich natürlich nur, wenn man ausgeht von einer unabhängigen Existenz des Psychischen vom Physischen. Es liegt auf der Hand, daß für einen materialistischen Monisten das Nach-Tod-Problem nicht existent ist. Die dualistische Auffassung ist auch bei den animistischen Parapsychologen vorherrschend, was die Philosophin HEDWIG CONRAD-MARTIUS zu der Bemerkung veranlaßte, daß Animisten

---

6 P. W. MULACZ. - Der sogenannte wissenschaftliche Spiritismus als parapsychologisches Problem. - in: O. SCHATZ (Hrsg.). - Parapsychologie. Graz/Wien/Köln: Styria Verlag 1976. - S. 187 — 284

wie Spiritisten sich auf eine Psyche berufen, die eine Entität sui generis darstellt, wobei zwischen den beiden Varianten nur die Modifikation „inkarniert" oder „exkarniert", aber kein prinzipieller Unterschied besteht. Das mag für die philosophische Betrachtung einigermaßen zutreffen, doch sicherlich nicht für die empirische Forschung: Eine autonome, leibfreie Existenz der Psyche kann nicht direkt nachgewissen werden. In einem Artikel „Telepathie und menschliche Persönlichkeit" im „Journal of Parapsychology" hat J. B. RHINE 1951 erklärt, daß er weitere Forschungen über die Frage des Überlebens davon abhängig sähe, ob es gelinge, eine vom Organismus unabhängige Existenzmöglichkeit der Psyche unmittelbar zu beweisen. Wie das empirisch möglich sein soll, verriet uns der Dualist RHINE damals nicht.[7]

Ein konstituierendes Element des Spiritismus ist der Glaube an eine Kommunikationsmöglichkeit mit Verstorbenen. Seit dem klassischen Werk von H. N. AKSAKOW, „Animismus und Spiritismus" (1890)[8] beherrscht die Kontroverse das Problem der Identifikation: Wie kann man evident machen, daß anscheinende „Botschaften Verstorbener", vermittelt durch ein Medium – meist in Trance – oder durch sogenannte spiritistische Praktiken wie Tischrücken, ouija-board, automatisches Buchstabieren oder Schreiben, tatsächlich von einem persönlich Überlebenden, Jenseitigen stammen? Die Kommunikation durch Medien beginnt gewöhnlich damit, daß der sich angeblich äußernde Verstorbene zu erkennen gibt, wobei oft kleine triviale Begebenheiten berichtet werden, ähnlich, wie man sich am Telefon mit jemandem unterhält, der nicht glaubt, daß man der sei, für den man sich ausgibt. Darüberhinausgehende Inhalte können den Bildungsgrad des Mediums übersteigen, geben oft das Spezifische der Ausdrucksform des Verstorbenen wieder – Redewendungen, Kosenamen, Scherze. In den Besonderheiten der Struktur medialer Aussagen oder Niederschriften – in ihrem auswählenden und personifizierenden Charakter – sieht HANS DRIESCH ein starkes Argument zugunsten der spiri-

---

7 J. B. Rhine. - Telepathy and human personality. - in: Journal of Parapsychology, XV, 1951, S. 6 – 39

8 A. N. Aksakow. - Animismus und Spiritismus. 2 Bde.- Leipzig: Mutze 1905

tistischen (von ihm „monadisch" genannten) Hypothese[9]. Solche Informationen, argumentieren die Animisten, können auf eine außersinnliche Wahrnehmung, auf Psi-Leistungen des Mediums selber zurückgeführt werden, sei es auf Telepathie, wenn die geäußerten Tatsachen einer Person bekannt sind, oder auf Hellsehen, wenn sie keiner lebenden Person bekannt sind. Auch das eindruckvollste Experiment, das zum Nachweis der Identität eines sich durch Medien äußernden Verstorbenen durchgeführt wurde, die berühmten cross correspondences, die „verteilten Botschaften", können den Nachweis nicht mit Sicherheit erbringen. Nach dem Tode der Pioniere der englischen Society for Psychical Research (HENRY SIDGWICK und F. W. H. MYERS) um die Jahrhundertwende zeigten sich in automatischen Niederschriften verschiedener Damen der Gesellschaft sowie in Trance-Kommunikationen von Mrs. Piper in Amerika Mitteilungen, die Zeugnis klassischer Bildung ablegten und wie ein Ausdruck der Persönlichkeit von MYERS anmuteten. Eine Analyse dieser Niederschriften ergab, daß sie sich nicht nur auf das gleiche Thema bezogen, sondern sich gegenseitig ergänzten, daher der Name cross correspondences. Auch von zeitgenössischen Bearbeitern wurde schon diskutiert, ob eine lebende Person telepathisch das gesamte Material geliefert hat, oder ob nicht mehrere der beteiligten Gelehrten „durchlässige Psychen" hatten. Das Material ist ungemein komplex. *Spiritistisch* wird es interpretiert als „formale Selbstbezeugung" von MYERS – so die Argumentation von MATTIESEN – *animistisch* als eindrucksvolle Demonstration eines unraumhaften psychischen Feldes, in dem sich telepathisch die Bildung eines Polypsychismus vollzieht, der eher als eine Verschmelzung und Identifizierung verschiedener Psychen als eine „Übertragung" seelischer Vorgänge von einer Psyche auf eine andere aufzufassen wäre. In ein solches Feld können die lebendigen Erinnerungen an eine abgeschiedene Persönlichkeit eingehen, und entsprechend der „Personifikationstendenz" des Unbewußten als anscheinend agierende Instanz in „formaler Selbstbezeugung" auftreten. Der Eindruck, daß sich in den verteilten Botschaften eine Regie durch den verstorbenen F. W. MYERS äußert, wäre

---

9 H. DRIESCH. - Parapsychologie, die Wissenschaft von den „okkulten" Erscheinungen. - München Bruckmann 1932; Nachdruck: Kindler Taschenbücher, München o.J.

dann ein aus der normalen und paranormalen Erinnerung an den großen Gelehrten entstandenes Kunstprodukt. Man gelangt bei dem Versuch eines Identitäts-Nachweises in eine Aporie, in eine Unentscheidbarkeit, und muß feststellen, daß es keine Kriterien gibt, um eine eindeutige Lösung zu finden.

Betrachtet man die Psyche *dualistisch* als eine Entität sui generis, also als eine „autonome Substanz", könnte man, gewissermaßen formal-logisch betrachtet, den beiden konkurrierenden Modellen Animismus und Spiritismus Gleichberechtigung zuerkennen und sie in gleicher Weise als wissenschaftlich erlaubte Hypothese ansehen. HANS DRIESCH zum Beispiel hat die Gleichberechtigung bejaht. Andere sind der Meinung, daß von einer Gleichberechtigung der beiden Hypothesen nicht die Rede sein kann, weil der Spiritisten-Hypothese die sogenannte „causa vera" fehle: empirisch kenne man das Geistige nur in materieller Bindung.

Das aktuelle Interesse an den Erscheinungen der Seelenexkursion bei Lebenden, Sterbenden oder reanimierten klinisch Toten steht im Zusammenhang mit diesem einschränkenden Argument. Forschungsziel ist, zu untersuchen, ob eine vorübergehende Trennung von Seele und Leib nachgewiesen werden kann. Vor der Diskussion dieses für die Animismus/Spiritismus-Kontroverse zentralen Problems sei die Frage des Identitätsbeweises angeblicher jenseitiger Kommunikatoren am Beispiel der aktuellen Tonbandstimmen-Forschung nochmals aufgenommen.

III. TONBAND-STIMMEN-FORSCHUNG

Seit den Publikationen von FRIEDRICH JÜRGENSON („Sprechfunk mit Verstorbenen", 1967),[10] KONSTANTIN RAUDIVE („Unhörbares wird hörbar; auf den Spuren einer Geisterwelt", 1968)[11] und zahlreichen nachfolgenden Veröffentlichungen in vielen Ländern bemühen sich Tausende von Amateuren mittels eines Tonbandgerätes oder eines Radios, Stimmen Verstorbener als

---

10 F. JÜRGENSON.- Sprechfunk mit Verstorbenen. - Freiburg/Br.: Bauer Vlg.1967
11 K. RAUDIVE. - Unhörbares wird hörbar. - Remagen: Reichel 1968

sogenannte „Einspielungen" akustisch aufzuzeichnen. Ich kann hier nur kurz und teilweise zusammenfassen, was ich über meine Experimente mit FRIEDRICH JÜRGENSON in der „Zeitschrift für Parapsychologie und Grenzgebiete der Psychologie", und dann im Nachdruck in meinem Buch „Verborgene Wirklichkeit"[d 2] dargestellt habe.

Das Setting des Versuches kann für Erkundungs-Experimente sehr einfach sein: Vor dem Mikrofon eines Tonbandgerätes wird ein Gespräch geführt. Beim Abhören zeigen sich manchmal — vor allem in erwartender Beobachtung — Worte oder Satzfragmente in die Pausen eingestreut, die nicht von den Teilnehmern zu stammen scheinen. In jahrelangen Versuchen glaubte JÜRGENSON in diesen sogenannten „Einspielungen" die Stimmen Verstorbener zu erkennen und ist seither mit vielen anderen überzeugt, mit einer jenseitigen Welt in Kontakt zu stehen. Ich bin mit JÜRGENSON befreundet und verdanke ihm eine nie ermüdende Bereitschaft zu Experimenten. Ich weiß seine Toleranz für meine Interpretation dieser „Einspielungen" zu schätzen und achte die Lauterkeit seines missionarischen Eifers, die frohe Botschaft „die Toten leben" zu verkünden. In der internationalen Literatur werden diesbezügliche Untersuchungen meist als „Raudive-Stimmen" bezeichnet — sehr zu Unrecht, der Pionier dieser Forschung ist FRIEDRICH JÜRGENSON.

Die Untersuchung des *Stimmen-Phänomens* hat zunächst zu klären, ob die als „Einspielungen" in Anspruch genommenen Schallereignisse auf Tonbändern auf normale Einwirkungen zurückzuführen sind oder paranormal verursacht werden. Bei Aufnahme mit dem Mikrofon muß geprüft werden, ob vielleicht unkontrollierte Äußerungen von Teilnehmern, sei es in der Form „unbewußten Flüsterns" oder beabsichtigter Zwischenrufe, „Stimmen" vortäuschen. Eine von Laien oft übersehene Fehlerquelle

---

12 H. BENDER. - Zur Analyse außergewöhnlicher Stimmenphänomene auf Tonband. - in: Zeitschrift für Parapsychologie und Grenzgebiete der Psychologie Jg. 12, 1970, S. 239 — 254; nachgedruckt in: H. BENDER. - Verborgene Wirklichkeit. - Olten/Freiburg/Br.: Walter [4]1975; H. BENDER. - Parapsychologie und Spiritismus. - in: Zeitschrift für Parapsychologie und Grenzgebiete der Psychologie Jg. 13, 1971, S. 1 — 23; Nachgedruckt in: H. BENDER. - Telepathie, Hellsehen und Psychokinese. - München: Piper [4]1977. - S. 68 — 91

sind fragmentarische Radiosendungen, die von dem Tonbandgerät aufgenommen werden, das unter besonderen Umständen als Empfänger funktionieren kann. Vielfach werden auch in Geräusche auf dem Tonband „Stimmen" subjektiv hineinprojiziert. Das kann aufgedeckt werden, indem man Hörversuche mit einer möglichst großen Zahl geschulter Teilnehmer durchführt. Weiter dienen dazu objektivierende Verfahren wie etwa die „visible speech-"Diagramme. Solche elektronische Sprechdiagramme hat in einem Laboratorium der Bundespost in Berlin für uns JOCHEN SOTSCHEK hergestellt. Er berichtet darüber in der Zeitschrift für Parapsychologie und Grenzgebiete der Psychologie.[13]

Bei Experimenten, die wir 1970 im Landhaus von Jürgenson in Mölnbo durchführten, haben wir mehrere Mikrofone, die durch aufgesteckte, etwa 30 cm lange Pappröhrchen Richtqualität erhielten, mit einer entsprechenden Zahl von Tonbandgeräten verbunden. Diese aus Kostengründen notwendige Improvisation machte es trotz ihrer Primitivität möglich, festzustellen, aus welcher Richtung eine Einwirkung auf das Mikrofon bzw. das Tonband erfolgte. Wir arbeiteten außerdem — aber das braucht uns hier nicht näher zu beschäftigen — mit einem Oszillographen, der zu dem auf Tonband und einem auf Video-Recorder aufgezeichneten Ton ein Oszillogramm lieferte.

In Vorversuchen, die nun schon 13 Jahre zurückliegen, hatte ich mit der Mikrofontechnik eine deutlich vernehmbare Einspielung „von wo" erhalten, die einen sinnvollen Bezug auf den Kontext des Gespräches hatte. Jürgenson ließ offen, von wo die Stimme kam, jedenfalls erkannte er darin nicht einen seiner verstorbenen Kommunikatoren.

Am 4. Mai 1970 geschah im Landhaus von Jürgenson folgendes: Er demonstrierte uns am Vormittag frühere Radio-Einspielungen, wobei uns die überaus ausdrucksvolle Stimme seiner „Radio-Assistentin" Lena auffiel — wie er sagte, einer verstorbenen Freundin — die ihn bei einer gleich zu beschreibenden anderen Technik der

---

[13] J·SOTSCHECK. - Über Möglichkeiten der Erkennung von Sprachlauten.- in: Zeitschrift für Parapsychologie und Grenzgebiete der Psychologie Jg. 12, 1970, S. 239 — 254

Einspielung durch ein Zeichen darauf aufmerksam machte, welche Welle er bei Experimenten mit einem Radio als Trägerwelle für die Stimme verwenden sollte. Ich machte mir im Laufe des Tages Gedanken über besonders expressive Stimmen und dachte in diesem Zusammenhang an eine Mitarbeiterin, die eine sehr ausdrucksvolle Stimme hat, am Telefon aber allerdings ihren Namen „Rasmus" mit betonter Sachlichkeit und, was bei Frauen unüblich ist, ohne Vornamen zu nennen pflegte. Abends versuchten wir, Einspielungen mit der Mikrofon-Technik zu bekommen. Ich begann das Testgespräch mit Bemerkungen über die eindrucksvolle Lena-Stimme. Dabei hatte ich mit einem lästigen Hustenreiz zu kämpfen. Gleich zu Beginn fand sich eine deutlich vernehmbare Einspielung, die sich schon während des Gesprächs auf dem allen sichtbaren Oszillographen feststellen ließ. Eine Stimme sagte: „Tschappa", laut nur auf dem Tonband, das mit dem auf Jürgenson gerichteten Mikrofon verbunden war, sonst an der Schwelle der Vernehmbarkeit. Im Laufe des Gesprächs fuhr ich dann mit Bemerkungen zur Stimme „Lenas" fort. Beim Abhören zeigte sich kurz darauf wieder eine Einspielung: Zwischen dem von mir geäußerten Wort „Emotion" und „Ich möchte Sie gerne fragen" konnte ich und unabhängig von mir mein Mitarbeiter Louis Belanger den Namen „Rasmus" verstehen. Die Kontrolle der einzelnen Tonspuren ergab: Jürgenson laut, Bender etwas gedämpfter, andere Teilnehmer ganz leise, der Oszillograph zeigte einen kurzen Ausschlag. Jürgenson, auf dessen Richtmikrofon-Tonspur „Rasmus" am lautesten und deutlichsten vernehmbar war, kannte den Namen nicht. Ich war von allen Anwesenden der einzige, der ihn kannte, so daß man daran denken konnte, ich hätte ihn flüsternd produziert. Es ist aber nach der Analyse des visible-speech-Diagramms unmöglich, da ich nach einem Gutachten von Sotscheck in dem auf dem Diagramm feststellbaren kurzen Zeitraum von weniger als 0,05 sec. nicht von einer stimmlos, sehr leise geflüsterten Äußerung die Stimme auf das stimmhaft und laut gesprochene „i" von „ich" umstellen konnte. Dies Ergebnis spricht dafür, daß Jürgenson der Urheber der Einspielung ist; da er den Namen nicht kannte, muß man erwägen, daß er ihn telepathisch von mir, der neben ihm saß, erfahren hat.

Es wäre sinnlos, diese Interpretation als eine „animistische" zu bezeichnen, da gar keine Veranlassung bestand, für diese „Einspielung" Verstorbene in Anspruch zu nehmen. Der Name „Rasmus" klang so, als ob meine Mitarbeiterin ihn selbst ausgesprochen hätte. Aber — wie sie sich am Telefon meldete, war ja in meinem Gedächtnis aufgezeichnet und konnte von mir übertragen worden sein.

Warum schildere ich diesen Versuch so ausführlich? Es geht um das Problem der Identifizierung, um die Frage, welche Hinweise zur Beantwortung der Frage beitragen, woher diese paranormalen Einspielungen stammen. Aus meiner Interpretation des „Rasmus"-Versuches kann man meine Hypothese schon entnehmen: Ich halte es für sehr wahrscheinlich, daß bei diesem Experiment — wie auch bei anderen — Jürgenson der unbewußt agierende Verursacher ist, daß er die Einspielung psychokinetisch herbeiführte. Die Frage ist nun, ob es plausibel ist, diese Interpretation auch auf die Versuchsergebnisse auszudehnen, wo sich eindeutig Stimmen Verstorbener in den Einspielungen erkennen lassen.

Bei einer solchen Einspielung ist deutlich die Stimme des finnischen Medizinalrates *Kersten* zu erkennen, eines Freundes von Jürgenson, mit dem er deutsch sprach. Kersten ist durch seine humanitären Verdienste bekannt geworden: Als Masseur Himmlers gelang es ihm immer wieder, Opfer vor den Vernichtungslagern zu bewahren. Kurze Zeit nach Kerstens Tod demonstrierte Jürgenson in Radio Stockholm die Technik, durch die Einstellung eines Rundfunkgerätes auf eine geeignete Trägerwelle (Lena, seine jenseitige „Radio-Assistentin", bezeichnete sie) einen Kontakt mit Verstorbenen herzustellen. Eine Stimme wurde vernehmbar, die drängend sagte: „Friedel, Friedel, hör mich, dreh unten". Es war die Stimme von Kersten, die von seiner Witwe und auch, in meiner Gegenwart, von einem Arzt, der Kersten kannte, ohne Zögern eindeutig identifiziert wurde.

Vor allem für die affektiv mit dem Verstorbenen Verbundenen ist der Eindruck überwältigend. Eine naive Interpretation zweifelt nicht an dem jenseitigen Ursprung der Stimme. Eine kritische Interpretation allerdings zwingt zu Überlegungen: Kann diese Stimme nicht in derselben Weise zustande gekommen sein wie die der lebenden Person „Rasmus"? Man kann von einem verstorbenen Freund träumen, im Traum seine Stimme hören — kann diese Einspielung nicht analog ein nach außen verlegter Traum des Unbewußten von Jürgenson sein, der ja in seinem Gedächtnis die Stimme seines Freundes Kersten gespeichert hatte? Das sogenannte Sparsamkeitsprinzip muß hier in die Überlegungen einbezogen werden: der scholastische Satz: „Entia non sunt multiplicanda praeter necessitatem" (Erklärungsprinzipien dürfen nicht ohne hinreichenden Grund vermehrt werden). Für mich hat in diesem Fall die psychokinetische Deutung — die „animistische" — die größere Wahrscheinlichkeit, wobei ich keineswegs verkenne, daß es bei dem Versuch eines Identitätsnachweises kein Kriterium gibt, um diese Frage im Sinne eines unumstößlichen Beweises zu beantworten. Ich kann mich also nicht damit einverstanden erklären, daß man ohne weitere Überlegungen Tonbandstimmen als „paranormale Extras auf Tonbändern" bezeichnet und von vornherein unterstellt, daß sie von Verstorbenen stammen.

Es gibt nun im Bereich der Stimmen-Forschung Beobachtungen, die viel kompliziertere Sachverhalte zeigen als das Kersten-Beispiel. Zwei Tonband-Einspielungen der in Südschweden lebenden Frau *Lizz Werneroth* vom 2. und 7. Januar 1974 enthalten eine prophetische (praekognitive) „Reportage" von einem — das ist die Interpretation Jürgensons — Eingreifen der „Toten" bei einem Autounfall, den Jürgensons Frau Monika am 16. Januar 1974, also zwei Wochen nach der Bandaufnahme, erlitt. Bemerkenswert ist, daß die Sprache polyglott ist: Schwedisch dominiert, aber Teile der Einspielung sind russisch (was Frau Werneroth selbst nicht spricht), deutsch und italienisch. Es ist weniger der präkognitive Gehalt der „Einspielung", die das besonders Merkwürdige ausmacht — Präkognition finden wir auch in Träumen — sondern die Tatsache, daß die Kommunikatoren von Jürgenson nun bei einer Hunderte von Kilometern von Jürgenson entfernt lebenden experimentierenden Frau akustisch in Erscheinung treten und dabei verständlich Sprachen sprechen, die die Versuchsperson nicht versteht. Für Details über diesen bemerkenswerten Fall verweise ich auf den Artikel von JÜRGENSON: „Eingriffe aus der Anti-Welt"[14]. In Anbetracht der „Durchlässigkeit" des Psychischen — Jürgenson könnte die Stimmen telepatisch auf Frau Werneroth übertragen haben — läßt sich auch hier kein zwingender Schluß auf eine jenseitige Verursachung der Einspielung ziehen, aber man muß angesichts eines solchen Falles an die Feststellung von WILLIAM JAMES denken, der sagte, für manche Fälle erscheine die spiritistische Hypothese als die plausibelste.

IV. EXKURSIONSERLEBNISSE

Bei der Diskussion der Gleichberechtigung der beiden Konkurrenzhypothesen „Animismus" und „Spiritismus" erwähnte ich das Argument, daß der spiritistischen Hypothese die „causa vera" fehle, da Geistiges nur als Verbindung mit einem materiellen Substrat beobachtet werden könne. Es ist eine kardinale Frage des Spiritismus, ob ich-bewußtes Seelenleben außerhalb des Leibes stattfinden kann. Ganz in den Vordergrund der Diskussion ist neuerdings die Analyse der sogenannten *Exkursionserlebnisse*, der „out-of-the-body-experiences", gerückt und im Zusammenhang damit die Berichte über Erlebnisse Sterbender und reanimierter klinisch Toter. Diese Problemstellung ist keineswegs neu:

Der scharfsinnige und souverän informierte Verfechter des Spiritismus, EMIL MATTIESEN, hat schon frühzeitig die Bedeutung der Exkursionserlebnisse erkannt. In dem erwähnten Artikel in der früheren Zeitschrift für Parapsychologie, 1939, „Der Austritt des Ich als spiritistisches Argument" hat er auf der Grundlage von Berichten über Exkursionserlebnisse von Lebenden und Reanimierten in einer eingehenden phänomenologischen Analyse die Frage untersucht, ob die Hinausversetzung des Ich eine bloß scheinbare sei — eine Halluzination, vielleicht mit Hellsehen gekoppelt, wenn der Exkurierende von Wahrnehmungen berichtet, die er nicht auf normale Weise gemacht haben kann — oder ob es sich um eine echte Hinausverlegung der wahrnehmenden Persönlichkeit aus ihrem Leibe handelt. Die Berichte scheinen ihm eine echte Absonderung,

---

14 F. JÜRGENSON. - Eingriffe aus der Anti-Welt. - Esotera Bd. XXXVII, 1976, S. 328 — 343

eine Separation, wahrscheinlicher zu machen als ein halluzinatorisches Erleben. Merkmale, die gegen die Halluzination sprechen, sind nach ihm: „Das hinausversetzte Subjekt behauptet ausdrücklich, dieselbe Person wie im normalen Zustand und vollkommen wach" gewesen zu sein, ja, während der Exkursion sich erstmalig als ein ‚wahres Ich', lebendiger denn je, gefühlt zu haben. Die Exkurierenden sind zu genauester und ausgedehntester Selbstbeobachtung und Selbstanalyse fähig, und sie können die „Interessiertheit, ja Verwunderung" eingehend beschreiben, mit der sie den eigenen Leib verlassen und Einzelheiten der engeren und weiteren Umgebung „beobachtet und registriert" haben, ja, sie können die Entfernung zwischen dem neuen Blickpunkt und dem verlassenen Leib in Metern und selbst Zentimetern abschätzen. Die Lokalisierung jenes Blickpunktes wird durch Beziehung auf Punkte der Umgebung des Leibes präzisiert, zum Beispiel: „an der Zimmerdecke", „zu Füßen des Bettes" und anderes mehr. Die experimentelle Untersuchung der Exkursion, die z. B. KARLIS OSIS durchführt, knüpft an solche Überlegungen an. Zu den Exkursionsberichten reanimierter klinisch Toter meint MATTIESEN: „Der Zustand der Hinausversetzung erscheint in solchen Fällen geradezu als ‚vorübergehender Tod', als zeit- und teilweise Vorwegnahme des Zustands nach dem Tode, und es wäre dann nur ein Schritt zu der naheliegenden Formulierung, die das Gestorbensein als Exkursion von mindestens beträchtlicher Dauer bezeichnet." Er geht auf das Gegenargument ein, daß die Möglichkeit der Exkursion abhänge von einer Erhaltung wenigstens eines Minimums an „Lebensfunktionen des physischen Leibes", also an ein objektives somatisches Substrat gebunden sei. Dieses Bedenken, meint er, würde zusammenfallen, wenn auch nur in *einem* Falle durch die Beobachtung von außen die Existenz eines von keinem lebenden Leibe abhängigen objektiven Phantoms erwiesen wäre. Damit ist er bei dem ortsgebundenen Spuk. Die Frage, ob objektive identifizierbare Spukphantome nachweisbar sind, bejaht er unbedenklich, wobei er auf sein Buch „Der jenseitige Mensch"[15] verweist. Vor allem scheinen ihm auch fotografische Dokumente wichtig.

15 E. MATTIESEN. - Der jenseitige Mensch. Eine Einführung in die Metapsychologie der mystischen Erfahrung. - Berlin: W. de Gruyter 1925

Ein bekanntes Stereotyp von Phantomen ist die *„weiße Frau"*. Aus zahlreichen Schlössern wird von solchen Erscheinungen berichtet, so etwa aus Schloß Bernstein im Burgenland, worüber eine bemerkenswerte Dokumentation aus dem Jahre 1926 vorliegt – 26 schriftliche Zeugenbestätigungen, die teilweise unabhängig voneinander sich in sehr vielen Punkten voll decken: in fast allen Räumen des Schlosses soll zunächst ein fluoreszierender Lichtschein wahrgenommen worden sein, der beim genaueren Hinschauen die Konturen einer kleinen, zarten Frauengestalt hatte. Dieses „Schemen" hatte ein Gesicht mit merkwürdig trostlosen, verlorenen Augen. Mit einem ungarischen Kopfschmuck und einem weiten, weißen Schleier versehen, bewegte es sich, was übereinstimmend bezeugt wurde, schwebend, glitt die Treppe herauf und herab, die Türen öffneten sich vor ihm, und auf Anreden verschwand das Phantom meist rasch. Die Zeugen berichteten: „Sie löste sich auf" oder „sie zerrann". Einmal soll eine Fotographie gelungen sein: die Kamera, nachts mit offener Blende aufgestellt, zeichnete einen unscharfen Lichteindruck auf, der dann zu einer verhüllten weiblichen Gestalt retuschiert wurde. Wie nahezu immer in solchen Fällen wird das Phantom in Verbindung zu einer Untat gebracht: In der zweiten Hälfte des XVI. Jahrhunderts soll der damalige Besitzer des Schlosses Bernstein, ein mächtiger ungarischer Patriarch, seine Frau, die er bei einer Untreue überraschte, ins Burgverlies geworfen haben, wo sie verhungerte.[16]

Der noch nicht sonderlich gut untersuchte *ortsgebundene Spuk* ist eine der schwierigsten Fragen der Parapsychologie. Handelt es sich um autonome Wesenheiten, die sich vorübergehend manifestieren, oder sind bedingende Ursachen vielleicht die lebenden Beobachter, die als Perzipienten von Spukerscheinungen dann gleichzeitig deren Auslöser wären, und durch die Umgebung als psychometrisches Objekt, als Induktor, zu ihren paranormal motivierten Projektionen angeregt würden? Wie steht es aber dann mit den Fotografien? – kann man einwenden. Wenn man die Echtheit der sogenannten Geisterfotografien oder wenigstens einiger unterstellt,

---

16 B. GRABINSKI. - Der lokale Spuk. - München: Herold Vlg. 1925; W. ERWEMWEIG. - Schloß Bernstein im Burgenland. - Bernstein: Selbstverlag A. v. Gyömörey, 1927

muß man doch an die Relativierung der Bedeutung der Fotografie als Beweismittel für das, was real ist, durch neuere Forschungen denken: die Psychofotos von *Ted Serios* zeigen, daß, wohl psychokinetisch, auf fotografischen Platten oder Filmen Bilder von Vorstellungen erzeugt werden können.

V. ERLEBNISSE IN TODESNÄHE

Das umfangreiche Material über die Seelenexkursion, den „Hinaustritt des Ich" in der Terminologie von EMIL MATTIESEN, erfährt durch die thanatologische Forschung neuerdings eine besondere Beachtung.

Die *Erlebnisse in Todesnähe* und die Berichte reanimierter *klinisch Toter*, wie sie in den Pionierarbeiten von ELISABETH KÜBLER-ROSS, RAYMOND A. MOODY, KARLIS OSIS, ERLENDUR HARALDSSON und anderen beschrieben werden, werden von diesen Autoren mit dem Problem des Überlebens des Todes in Verbindung gebracht. Die Seelenexkursions-Erlebnisse beim sogenannten „klinischen Tod" haben eine Besonderheit: „Klinisch Tote", die bewußtlos sind, keinen Puls mehr haben, und bei denen infolge des Kreislaufkollapses und der damit verbundenen Hirnanämie, der mangelnden Durchblutung des Gehirns, sicherlich auch die höheren Hirnfunktionen ausfallen, nehmen, wie immer wieder berichtet wird, trotzdem wahr, was geschieht, können die Ärzte verstehen, Einzelheiten der Rettungsmaßnahmen bei Unfällen angeben usw. Normal sind für solche Leistungen Funktionen der Großhirnrinde erforderlich, die aber im Zustand der tiefen Ohnmacht blockiert waren.

Man muß daraus schließen, daß in Ausnahmefällen die Bindung seelisch-geistiger Funktionen an bestimmte Gehirnfunktionen nicht so eng ist, wie wir es gewöhnlich als gegeben annehmen. Hier ist offenbar ein paranormales Erkennen in Funktion, wie es von der Parapsychologie als außersinnliche Wahrnehmung in den Formen Telepathie, Hellsehen und Präkognition beschrieben wird. Die physiologischen Substrate sind unbekannt und sind jedenfalls nicht mit der normalen Wahrnehmung vergleichbar. Es äußern sich

Fähigkeiten der Psyche, die Raum und Zeit überschreiten. Nun sind die reanimierten klinisch Toten ja nicht eigentlich „gestorben". Sie waren an der Grenze — im Bereich einer „verborgenen Wirklichkeit", die wir nicht in den uns vertrauten Anschauungsformen von Raum und Zeit erfahren, die in Bezug auf unser dreidimensionales Erleben schon ein „Jenseits" ist, aber noch nicht ein Jenseits nach dem Tod.

MATTIESEN und neuerdings implizit einige Thanatologen sind der Ansicht, daß die Wahrnehmungen von einer autonomen Entität, einem „Astralleib", gemacht wurden, einer psychischen Entität, die auch unabhängig vom physischen Leib existieren kann und nach dem Verfall des physischen Organismus weiterzuleben vermag. Eine nachtodliche Existenz der Psyche oder der Person scheint mir durch die Erlebnisse in Todesnähe nicht im strengen Sinne bewiesen zu werden, aber die Gleichförmigkeit der Berichte, die auf das Freiwerden eines spirituellen Teiles der Persönlichkeit hinweisen, vermitteln eine Art subjektiver Evidenz, die sich für einen Übergang in eine andere Welt abzeichnet. In seinem Buch „Life after Life" (ungenau als „Leben nach dem Tod" übersetzt)[17] faßt der amerikanische Psychiater R. MOODY seine Beobachtungem an 150 reanimierten klinisch Toten mit den Stichworten zusammen: „Ein Mensch liegt im Sterben. Während seine körperliche Bedrängnis sich ihrem Höhepunkt nähert, hört er, wie der Arzt ihn für tot erklärt. Mit einem Mal nimmt er ein Geräusch wahr — Läuten oder Brummen — und hat sogleich das Gefühl, daß er sich durch einen langen dunklen Tunnel bewegt. Danach befindet er sich plötzlich außerhalb seines Körpers, jedoch in der selben Umgebung wie zuvor: als ob er ein Beobachter wäre, blickt er nun aus einiger Entfernung auf seinen eigenen Körper. Dann begegnet er dem Geistwesen bereits verstorbener Verwandter und Freunde. Vor ihm erscheint ein Liebe und Wärme ausstrahlendes Wesen, ein Lichtwesen, das, ohne Worte zu gebrauchen, eine Frage an ihn richtet, die ihn dazu bewegen soll, sein Leben als Ganzes zu bewerten ..." Der Sterbende sieht dann ein Panorama mit den wichtig-

---

17 R. MOODY. - Leben nach dem Tod. - Reinbek: Rowohlt 1977; derselbe, Nachgedanken über das Leben. - Reinbek: Rowohlt 1978

sten Stationen seines Lebens in blitzschneller Rückschau und hat ein überwältigendes Gefühl der Freude, der Liebe und des Friedens, weiß dann, daß er zurückkehren muß, und vereinigt sich, ohne zu wissen, wie, wieder mit seinem physischen Körper. Während Frau KÜBLER-ROSS,[18] die in Amerika lebende schweizer Psychiaterin, in solchen Beobachtungen eine ihrer einfühlsamen Teilhabe an Sterbeerlebnissen entsprechende Bestätigung sieht, daß es ein Leben nach dem Tode gibt, ist MOODY zurückhaltender und vermeidet den Anspruch auf einen „Beweis". Seinen Verzicht begründet er mit der Begrenztheit der z. Z. anerkannten wissenschaftlichen und logischen Methoden. KARLIS OSIS und sein Mitarbeiter E. HARALDSSON vermuten einen indirekten Beweis für das Überleben des Todes in der Tatsache, daß eine genaue Analyse der transkulturellen Beobachtungen am Sterbebett den Schluß nahelegen, daß die Sterbenden tatsächlich eine Begegnung mit etwas „dort draußen" haben, und daß Grund zur Annahme besteht, daß die Wesen, die den Sterbenden abholen – Verwandte, Freunde – selbständige Wesenheiten und keine halluzinatorischen Gedankenprojektionen sind. [19]

VI. SCHLUSSBETRACHTUNG

Es erscheint mir zweifelhaft, ob es möglich ist, im Rahmen einer positivistischen Methode die Frage nach dem Fortleben „wissenschaftlich" zu beantworten. Eine zentrierte experimentelle Untersuchung müßte über den Grad der Trennbarkeit und der Möglichkeit einer vollständigen und unabhängigen Existenz des Teiles der Persönlichkeit angesetzt werden, die dem Begriff des „mind" (Geist und Psyche) entspricht. Die gegenwärtige Methodendiskussion in der Parapsychologie stellt die Angemessenheit des positivi-

---

18 E. KÜBLER-ROSS. - Interviews mit Sterbenden. - Stuttgart: Kreuz Vlg. 1973; dieselbe, Was können wir noch tun? Antwort und Fragen nach Sterben und Tod. - Stuttgart: Kreuz Vlg. 1977

19 K. OSIS / E. HARALDSSON. - Der Tod — ein neuer Anfang. - Freiburg i. Bre.: Bauer 1978

stischen Zugangs zu den Problemen einer Raum und Zeit transzendierenden Psyche mit Recht in Frage. Zur Zeit kann man nur sagen, daß die spiritistische Hypothese „legitim" ist und nicht im strengen Sinne widerlegt, aber auch nicht bewiesen werden kann. Man muß zugeben, daß eine Psyche, die Raum und Zeit überschreitet, also außerhalb des raum-zeitlichen Kontinuums zu wirken imstande ist, weit eher als eine auch unabhängig von einem lebenden Organismus existierende gedacht werden kann als etwa eine Psyche in einer materialistisch-mechanistischen Konzeption des Menschen. Die „andere Wirklichkeit", in der sich das Paranormale vollzieht, ist schon eine Art „Jenseits" im Vergleich zu der dreidimensionalen Welt, in der wir wahrnehmen und agieren. Dieses „Jenseits" ist zunächst als eine erweiterte Natur zu verstehen, was G. N. M. TYRRELL in seinem Buch „The Personality of Man"[20] zu der Feststellung veranlaßte, es sei keineswegs einzusehen, daß ein zukünftiges Leben notwendig ein religiöses Phänomen sein muß. Er schreibt: „Wenn wir von einem zukünftigen Leben sprechen, müssen wir diesen Endzustand der Existenz, auf den die Parapsychologie hinzuweisen scheint, klar von der Unsterblichkeit unterscheiden, die das Ziel der Mystik ist und in der Vereinigung mit dem Göttlichen besteht." Diese Unterscheidung kann deutlich machen, daß die Parapsychologie keine religiöse Aussage macht und in Bezug auf das Fortleben nur den „funktionellen" Aspekt des Problems untersuchen kann. Ich persönlich glaube, daß ein Fortleben nach dem Tode mit der Sinnfrage konfrontiert, wie sie die Religionen beschäftigt. Denn: anima naturaliter religiosa est.

---

20 G. N. M. TYRRELL. - The Personality of Man. Harmondsworth, Middlesex, England: Penguin Books 1947; deutsch von H. BENDER und I. STRAUCH. - Mensch und Welt in der Parapsychologie. - Bremen: Schünemann 1974

In diesem Zusammenhang ist schließlich noch das Phänomen des „Geistersehens" zu nennen, das, wie W. H. C. TENHAEFF *im folgenden Beitrag darlegt, das Hereinwirken der Geisterwelt in unsere Welt wahrscheinlich macht.*

W. H. C. Tenhaeff

DAS GEISTERSEHEN

A. SCHOPENHAUER hat in seinem „Versuch über das Geistersehen" schon darauf hingewiesen, daß man vom Altertum bis in die Neuzeit Berichte über Geistererscheinungen und was damit zusammenhängt, vorfindet.

Unter die bekannten Gestalten aus der Renaissance-Zeit, die behaupten, Geister gesehen zu haben, gehört MELANCHTON, der in seinem Buch „De Anima" darüber ausführlich berichtet.

1681 erschien das Buch „Sadducismus Triumphatus" aus der Hand des berühmten Theologen JOSEPH GLANVIL, den A. AKSAKOW einen Vorläufer des Spiritismus genannt hat. Er bedient sich nicht nur der historisch-biographischen Methode, um seine Leser davon zu überzeugen, daß Gestorbene weiterleben und sich unter bestimmten Umständen manifestieren können, sondern er verwendet auch die vergleichende Methode. Mit Hilfe dieser Methode wies er darauf hin, daß diese Erscheinungen im Laufe der Jahrhunderte sich selbst immer gleich geblieben sind. Darin sieht er einen Beweis für ihre Realität. Sollte, so schreibt er, das alles auf Phantasie beruhen, so würde man diese merkwürdige Übereinstimmung gewiß nicht finden.

GLANVIL fand einen Gegenspieler im niederländischen Theologen BALTHASAR BEKKER, der in seinem 1691 erschienenen Buch „De Betooverde Wereld" (die verhexte Welt) den Beweis zu liefern versucht, daß es keine Geistererscheinungen geben kann, weil diese zu bestimmten philosophischen und theologischen Auffassungen in Widerspruch stehen.

BEKKER ging von der Annahme aus, daß ein Geist, also jener

Teil der menschlichen Persönlichkeit, der nach dem leiblichen Tod fortbesteht, ein nicht-materielles Wesen sei.

Seinen kirchlichen Auffassungen gemäß mußte ein Geist ein unkörperliches Wesen sein. DESCARTES hatte ihn gelehrt, daß Seele und Leib zwei völlig verschiedene Prinzipien sind. Also sagte BEKKER, der die Tatsachen an Theorien erprobte (statt umgekehrt), es können sich keine Manifestationen von Geistern ereignen, denn wie könnte angesichts der beiden gänzlich verschiedenen Naturen der Geist auf die Materie einwirken?

BEKKER wurde stark angefeindet, vor allem von seiten der Anti-Cartesianer. Manche seiner Widersacher — darunter Theologie-Professoren — verteidigten den Glauben an Geistererscheinungen und was damit zusammenhängt, weil sie in einem solchen Glauben einen gesicherten Stützpfeiler der christlichen Religion zu sehen vermeinten.

Im 18. Jahrhundert machte E. SWEDENBORG als Hellseher und Geisterseher von sich sprechen. Er war ein bekannter Gelehrter. Als daher bekannt wurde, daß ein Gelehrter mit einem so großen Ruf behauptete, daß er Kontakte mit der Geisterwelt hätte, war man in ganz Europa beunruhigt. Man muß dabei bedenken, daß SWEDENBORG im Zeitalter der Aufklärung lebte, wo so mancher davon überzeugt war, daß Erzählungen über Geister sehr zum Altweiber-Geschwätz gehörten. Auch KANT interessierte sich für den Fall SWEDENBORG. 1766 erschien sein Buch „Träume eines Geistersehers", woraus klar hervorgeht, daß KANT durch SWEDENBORGS Auftreten völlig verwirrt wurde.

In der zweiten Hälfte des 18. Jahrhunderts entstand die Mesmerische Bewegung, die das Interesse für Somnambulen weckte. Unter ihnen befanden sich mehrere, die behaupteten, Geister zu sehen. — Wobei *Friederike Hauffe*, die Seherin von Prevorst, die erste Stelle einnimmt. Der Arzt JUSTINUS KERNER schrieb über sie das Buch „Die Seherin von Prevorst", das viele Auflagen erlebte und auch in unseren Tagen noch gelesen wird. In diesem Buch berichtet KERNER über ihr Geistersehen und was damit zusammenhängt. Für KERNER stand sie zweifellos mit der Geisterwelt in Verbindung ...

1882 wurde in England die *Society for Psychical Research* gegründet. Damit wurde mit der systematischen wissenschaftlichen Untersuchung auf jenem Gebiet der Psychologie begonnen, das wir heute Parapsychologie nennen.

Eine der ersten Aufgaben, die sich S.P.R. stellte, war die Durchführung von Untersuchungen auf dem Gebiete der Telepathie und verwandter Phänomene. Diese Untersuchungen brachten die Forscher, ohne daß sie dies besonders beabsichtigt hätten, in Berührung mit der Problematik des Geistersehens und was damit zusammenhängt.

Seit der Gründung der S.P.R. ist nun fast ein Jahrhundert verflossen. In diesem Zeitraum hat sich die Parapsychologie zu einer Disziplin entwickelt, die in vielen Ländern von Wissenschaftlern betrieben wird. Diese Anerkennung veranlaßte uns, die Frage zu stellen, zu welcher Auffassung man heute bezüglich des Geistersehens gekommen ist.

Wie zu erwarten war, konnte die Parapsychologie als psychologische Disziplin darstellen, daß es viele Fälle von Geistersehen gibt, die als Pseudo-Fälle zu betrachten sind. Nehmen wir z. B. den folgenden Fall. Es handelt sich um eine Frau, die einen Selbstmordversuch mit Leuchtgas machte. Der Versuch schlug fehl, aber ihre beiden Kinder kamen dabei ums Leben. Aus Briefen, die diese Frau aus der psychiatrischen Klinik an ihren Mann schrieb, ist zu ersehen, daß ihr wiederholt diese Kinder erschienen und sie mit Vorwürfen überschütteten. Es ist klar, daß wir es hier mit einem Fall von „Geistersehen" zu tun haben, für die eine psychoanalytische Erklärung auf der Hand liegt (Schuldbewußtsein und Strafbedürfnis).

In meinem Buch über den Spiritismus (Kontakte mit dem Jenseits?) beschreibe ich einen Fall von Kindern im Alter von 11 und 14 Jahren, die auf einem Kirchhof, wo sie Blumen auf das Grab eines Verstorbenen legten, plötzlich Maria mit dem Jesuskind erscheinen sahen. Während sie mit den Blumen beschäftigt waren, sah zunächst eines der Kinder die Erscheinung. Danach sahen angeblich noch zwei andere Kinder die Erscheinung. Das älteste Mädchen konnte allerdings nichts bemerken.

Der Verstorbene, dessen Grab die Kinder damals schmückten, war der Onkel zweier von ihnen. Er war ein frommer Mann, der der Dorfkirche ein Bild der Gottesmutter geschenkt hatte. Wenn die Kinder in der Kirche saßen, hatten sie dies Bild immer vor Augen. Es ist nun wahrscheinlich, daß diese Fixierung wesentlich zur Entstehung der Erscheinung beigetragen hat, und daß wir es hier mit einem *eidetischen* Bild zu tun haben, d. h. einem Bild, das in der Mitte zwischen Nachbild und Vorstellungsbild liegt. Wir wissen, daß diese subjektiven optischen Anschauungsbilder bei Jugendlichen oft festgestellt werden.

Daß auch *Illusionen* Anlaß zu Geistererscheinungen sein können, ist bekannt. GOETHE hat uns in seinem Erlkönig ein Beispiel von einem Kind gegeben, das einen Nebelstreif für den Erlkönig hielt.

Bei der Lektüre der Ereignisse, welche sich am 11. August 1889 in *Dordogne* (Le Pontinet) abspielten, können wir vernehmen, daß eine aufgeregte Menge einen grillenhaft gebildeten Felsen für die Gottesmutter ansah. Die Tatsache, daß nicht alle Beschreibungen der Beteiligten gleichlautend sind, beweist, daß jeder der Beteiligten seine Wahrnehmung auf die ihm eigene Weise fälschte (optische Täuschung).

1886 erscheint das von E. GURNEY, F. W. H. MYERS und F. PODMORE verfaßte Buch „Phantasms of the Living". Es enthält eine Sammlung von Spontanfällen, aus denen hervorgeht, daß es sehr oft vorkommt, daß jemand, der in Schwierigkeiten ist und Hilfe sucht, eine Person, mit der er gefühlsmäßig verbunden ist, unbewußt und ungewollt telepathisch beeinflußt. Diese Beeinflußung kann zur Folge haben, daß die betreffende Person eine Erscheinung der hilfesuchenden Person hat.

Derartige Erscheinungen gibt es auch inbezug auf Sterbende. PETRARCA berichtet, daß er eine Erscheinung seiner Freundin *Laura* hatte, als diese am 6.4.1348 dreihundert Meilen von ihm entfernt ganz unerwartet starb. In der heutigen parapsychologischen Literatur finden wir zahlreiche Berichte solcher übereinstimmender Fälle.

Wir sind aber auch im Besitz vieler Berichte von Erscheinungen, die sich auf Personen beziehen, welche erschienen, nachdem sie kürzere oder längere Zeit vorher gestorben waren. Sollen wir hier von Geistererscheinungen sprechen, die einer spiritistischen Erklärung bedürfen? Experimentelle Untersuchungen haben bewiesen, daß wir bei manchen dieser Fälle nicht so weit gehen dürfen, weil es sich lediglich um eine *verschobene Bewußtwerdung* handelt.

1. Telepathie

Wir wollen uns nun der Frage zuwenden, was bedeutet „*telepathische Beeinflussung*"?

Unter einem Andenken versteht man einen Gegenstand, der einen an etwas oder jemanden erinnert. Wenn wir diesen Gegenstand sehen oder zur Hand nehmen, dann drängen sich allerlei Erinnerungen auf. Menschen, die lebhafte und anschauliche Vorstellungen haben (z. B. Eidetiker), können Pseudo-Halluzinationen des betreffenden Ortes oder der betreffenden Person haben. Der Psychologe sagt, daß die Tatsache, daß Andenken uns an bestimmte Örtlichkeiten oder Menschen denken lassen, auf Assoziationen beruht.

Die Parapsychologie bringt uns mit Menschen in Verbindung, die man als Psychoskopisten (früher Psychometristen genannt) zu bezeichnen pflegt. Man versteht darunter Paragnosten, die sich für gewöhnlich eines Gegenstandes (Induktors) als Hilfsmittel bedienen.

Ein Großteil der Leistungen der Psychoskopisten beruht auf Telepathie, einem Phantom, das, wie wir sehen werden, eng mit dem *Er-* (d. h. wieder-) *innern* zusammenhängt und derselben Gesetzmäßigkeit unterworfen ist, wie ich in verschiedenen Publikationen zu beweisen versuchte.[1] Geben wir einem Psychoskopisten ein uns gehörendes Andenken, so kann es sein, daß sich der Vp unsere darauf gerichteten Erinnerungen als *Innerungen aufdrängen*. Ganz nebenbei sei darauf verwiesen, daß der Induktor, wie schon

---

[1] W. H. C. TENHAEFF. - Hellsehen und Telepathie.- Gütersloh: Bertelsmann Vlg.

gesagt, nur ein Hilfsmittel ist, wie der Knoten im Taschentuch beim Er-innern.

Die Selbstwahrnehmung unserer Vpn stimmt völlig mit der Ansicht überein, daß wir es bei der Telepathie mit Innern zu tun haben. So sagte z. B. *Stephan Ossowiecki*[2], daß der Kontaktgegenstand für ihn nur ein Hilfsmittel und als solches durchaus entbehrlich sei. Es erleichtere ihn, telepathische Kontakte mit jenem aufzunehmen, der (wenn z. B. der Kontaktgegenstand ein geschlossenes Kuvert mit einem eingeschlossenen beschriebenen Blatt Papier ist) das Blatt beschrieben hat, wobei es ihm ganz gleichgültig sei, ob die betreffende Person bei der Sitzung anwesend ist oder nicht. „In einem bestimmten Augenblick" sagte die Vp, „bekomme ich das Gefühl, daß ich der Mensch sei, der auf das Papier geschrieben oder gezeichnet hat, und dann taucht das, was er gedacht, was er geschrieben hat, in mir auf wie eine Erinnerung. Es ist, als ob ich mich dessen erinnere. Was er gedacht hat, sehe ich vor mir ..." In Übereinstimmung mit den Selbstwahrnehmungen der Psychoskopisten steht auch das Verhalten dieser Vpn. Wer solche Versuchspersonen beobachtet hat, weiß, daß ihr Verhalten immer wieder an einen Menschen erinnert, der sich mit Mühe auf ein Wort besinnt, auf einen Namen oder ein Ereignis.

Eines Tages zeigte mir eine mir bekannte Frau eine Reihe von Notizen, die sie anläßlich eines Besuches bei einem mir bekannten Paragnosten gemacht hatte. Dieser hatte ihr u. a. mitgeteilt, er sähe hinter ihr einen großen, mageren Mann stehen, der etwas mit Malen zu tun habe, einen eiförmigen Kopf besitze und eine rote Mütze trage. Diese Beschreibung hatte die Frau sehr beeindruckt, weil sie sehr treffend auf den auch mir bekannten Kunstmaler Bl. passe, den sie und ihr Mann des öfteren in seinem Atelier besuchten.

Man kann sagen, daß der Paragnost „halluzinierte" inbezug auf eine der Erinnerungen der Frau. Er innerte, was sie sich er-innerte (= wieder innerte).

Der Maler, dessen Bild bei dem Paragnosten auftauchte, war noch am Leben. Auch wenn er vor vielen Jahren gestorben wäre,

---

2 ST. OSSOWIECKI war ein polnischer Ingenieur, der einen großen Ruf als Paragnost hatte. Mehrere bekannte Untersucher haben mit ihm experimentiert. Er war immer bereit, sich ohne Belohnung zur Verfügung zu stellen.

hätte es genauso geschehen können, daß die Vp ihn beschrieben hätte. Es macht für die Paragnosten keinen Unterschied, ob die Personen, inbezug auf die sie innern („halluzinieren"), noch am Leben sind, oder vor kürzerer oder längerer Zeit verstorben sind.

Wäre der Maler, den der Paragnost beschrieb, gestorben gewesen, so wäre die Wahrscheinlichkeit groß, daß so mancher hier von einer Geistererscheinung, also von einem spiritistischen Phänomen, gesprochen hätte. Ich bin oft Zeuge solcher falscher Interpretationen gewesen.

Eines Tages teilte mir ein bekannter niederländischer Schauspieler mit, daß er einer Frau begegnete, die in Kreisen von Spiritisten als ein gutes Medium betrachtet wurde. Nachdem sie ihm einige Begebenheiten aus seiner Vergangenheit mitgeteilt hatte, die offenbar auf einer telepathischen Beeinflussung beruhten und woraus hervorging, daß sie über eine paragnostische Begabtheit verfügte, begann sie, ihm einen „männlichen Geist" zu beschreiben, den sie sah und der, nach ihrer Meinung, sein Schutzgeist war, der sich immer in seiner Nähe befand. Die Beschreibung, so sagte mein Berichterstatter, war sehr auffallend. Die Frau war immer sehr enttäuscht, als er ihr mitteilte, daß sich ihre Beschreibung auf eine Rolle beziehe, welche er einstudierte. Er freute sich darüber, daß er diese Rolle spielen mußte, und hatte sich ganz in diese Rolle eingelebt.

Es kann kein Zweifel darüber bestehen, daß wir es hier mit einem sogenannten *Gedankengebilde* zu tun haben. In den Schriften der Theosophen LEADBEATER, SINNETT u.a. finden sich wiederholt Mitteilungen über Gedankengebilde. Ihnen zufolge soll die „Astralmaterie" durch unser Denken zum Vibrieren gebracht werden und Gestalt annehmen.

Solange die Parapsychologie in dieser Angelegenheit nicht über unumstößliches Material verfügte, konnte man derartige Behauptungen nur zur Kenntnis nehmen. Seit dem Erscheinen des Buches von JULE EISENBUD „The world of Ted Serios" sind wir genötigt, das Vorkommen von Gedankengebilden zu akzeptieren. Unter strengster Kontrolle und in Zusammenarbeit mit verschiedenen Sachverständigen gelang es dem Psychiater EISENBUD aus Denver in Colorado, festzustellen, daß *Serios* imstande war, Photoplatten oder Filme direkt oder über ein Kamerasystem zu beeinflußen und mehr oder weniger gut erkennbare Bilder verschiedener gedachter Gegenstände zu produzieren. Damit war bewiesen, daß es wirklich Gedankengebilde gibt, und daß wir bei unseren Untersuchungen damit rechnen müssen.

In der spiritistischen Literatur wird oft über *Geisterphotographie* berichtet. Wenngleich man nicht verneinen kann, daß auf diesem Gebiet viel geschwindelt wurde, so kann man doch nicht behaupten, daß hier alles auf Schwindel beruht hat. Es gibt Photographien, worauf Verstorbene sichtbar sind. Die Frage ist nur, in wieweit diese Photographien einer spiritistischen Erklärung bedürfen. Die Untersuchungen von EISENBUD lieferten den Beweis, daß, wenn schon nicht alle, so doch viele der Geisterphotographien wahrscheinlich Gedankenphotographien sind, die ihren Ursprung in der Psyche der trauernden Hinterbliebenen haben.

Eines Tages, als sich ein Mann unter meinen Versuchspersonen in einer kleinen Gesellschaft im Hause der ihm bis dahin unbekannten Familie befand, tauchte ihm plötzlich das Bild mit einer ihm fremden Frau auf. Sie war bejahrt und humpelte mit Hilfe einer Krücke durchs Zimmer, das er anders eingerichtet sah, als es wirklich war. Niemand der Anwesenden konnte sich dieses Bild erklären. Später zeigte sich, daß der Paragnost eine Beschreibung der früheren Bewohnerin und ihres Mobiliars gegeben hatte. Weitere Nachforschungen ergaben, daß die Frau noch am Leben war und sich in einem Altersheim befand. Wäre die Frau inzwischen verstorben, hätten sich gewiß manche veranlaßt gesehen, hier von einer Art Geistererscheinung (im spiritistischen Sinn) zu sprechen. So aber müssen wir annehmen, der Paragnost habe mit Bezug auf ein Erinnerungsbild eines der Nachbarn, mit dem er unbewußt und ungewollt in telepathischen Rapport gekommen war, halluziniert. Es ist aber auch möglich, daß sich der Paragnost in die Vergangenheit zurückversetzt hat. Dann haben wir es mit einem Beispiel für das sogenannte *Hellsehen in die Vergangenheit* (Rückschau, Retroskopie) zu tun.

Der Rückschau steht die *Vorschau* gegenüber oder das Hellsehen in die Zukunft. Beide Phänomene sind miteinander eng verwandt, und das eine ist ohne das andere nicht denkbar. Es liegt also die

Vermutung nahe, daß Paragnosten auch Eindrücke von künftigen Bewohnern eines Hauses zu gewinnen vermögen.[3] Die Untersuchungen haben gezeigt, daß dies der Fall ist. In diesem Zusammenhang stehen die Platzversuche, die wir mehr als 30 Jahre lang mit *Gerard Croiset* gemacht haben und worüber ich ausführlich in meinem Buch „Der Blick in die Zukunft" berichtete.

2. Außerkörperliche Erfahrung

F. W. H. MYERS hat in seinem Buch „Human personality and its survival of bodily death" (1903) darauf hingewiesen, daß man ohne Zweifel wichtige Beiträge zur Erkenntnis der Vorgänge beim Eintritt des Todes gewinnen konnte, wenn man Sterbende oder Menschen, die sich einmal im Zustand des Scheintodes befunden haben, um ihre diesbezüglichen Eindrücke befragen konnte. Zur Zeit, als er dieses schrieb, fanden seine Worte wenig Widerhall. In unseren Tagen ist hier eine Änderung eingetreten und es hat sich zum Guten gewendet. In den USA haben sich die Ärzte R. A. MOODY und E. KÜBLER-ROSS für diese Problematik besonders interessiert und Untersuchungen befürwortet. Von parapsychologischer Seite sind es u. M. W. BARRETT und K. OSIS, die sich mit dieser Angelegenheit beschäftigt haben und wertvolles Material zusammentrugen.

Aus diesen Untersuchungen geht hervor, daß es manchmal vorkommt, daß Patienten, die sich an der Grenze zwischen Leben und Tod befinden, erzählen, daß sie sich im Bett doppelt vorhanden wähnen. Bereits SCHOPENHAUER hat in seinen Schriften darauf hingewiesen. In der „Zeitschrift für Parapsychologie" 1929, Seite 358, berichtet der Arzt KRUCKENBERG von einer 73-jährigen Frau, die er wegen akuter linksseitiger Apoplexie behandelte. „Die

---

[3] In meinem Buche „Kontakte mit dem Jenseits" (S. 102) habe ich darauf hingewiesen, daß es Fälle von Geistersehen gibt, die auf Präkognition beruhen. Ein Berichterstatter teilte mir mit, daß er eines Abends eine Erscheinung von einem Mann hatte, den er in seiner Studentenzeit kannte. Die Erscheinung sah ihn durchdringend an. Am nächsten Abend las er in der Zeitung, daß dieser Mann gestorben war. Der Gedanke liegt nahe, daß die Erscheinung eine Art proskopisches Traumbild war mit fragmentarischer Kongruenz (Dunne-Effekt).

ersten Tage", so berichtet er, „sah der Zustand bedenklich aus. Und in diesen kritischen Tagen erzählte sie, daß sie sich doppelt im Bett befände".

Diejenigen, welche in der parapsychologischen Literatur bewandert sind, wissen, daß, wenn wir solche Erfahrungen, wovon wir, wie meine Untersuchungen zeigen, viele übereinstimmende Berichte kennen, mit anderen vergleichen, mit denen wir uns noch näher befassen wollen, sich uns die Frage aufdrängt, ob wir es möglicherweise mit einer beginnenden Exkursion, mit einem Austritt des Meta-Organismus (Astralkörper), zu tun haben.

Eine Anzahl von Personen, die sich im Zustand des Scheintodes befanden, behaupten, daß sie außerhalb ihres Körpers waren und von einem Punkt im Raum auf ihren Körper hinabgesehen haben. Sie waren dabei nicht körperlos, doch besaßen sie einen Körper von ätherischer Substanz.

Wir wissen, daß die heutige parapsychologische Forschung ernsthaft der Möglichkeit Rechnung trägt, daß es so etwas wie einen Meta-Organismus *(Astralkörper)* gibt. In dieser Hinsicht werden wir durch die Ergebnisse der Untersuchungen auf dem Gebiete der Psychokinese unterstützt. Diese Untersuchungen legen uns den Gedanken nahe, daß es flüchtigere Formen von Materie gibt als jene, die wir aus der Physik kennen. Die Psychokinese macht uns mit der Lehre vom hylischen Pluralismus vertraut. Diese Lehre gründet auf der Ansicht, daß es zwei oder mehrere Körperformen des Menschen gibt. Man findet diese Lehre schon bei den alten Indern. Sie sprachen von einem feinstofflichen Leib, linga sharira, der der Seele in den feinstofflichen Welten als Fahrzeug (ochema) dienen wird, sobald sie ihr irdisches Pilgerkleid endgültig abgelegt hat.

Die Jahrhunderte hindurch hat es Philosophen gegeben, die von der Existenz dieses Meta-Organismus überzeugt waren. PARACELSUS und BAPTISTA VON HELMONT gehören zu ihnen. Die parapsychologische Forschung hat es höchstwahrscheinlich gemacht, daß dieser Glaube auf Wahrheit beruht. Einer der vielen Beweisgründe sind die Austritte, worüber Sterbende berichten. Doch nicht nur Sterbende, sondern auch eine große Anzahl von gesunden Menschen, kennen das Austreten aus eigener Erfahrung. Es gibt auch Menschen, die den Austritt des Ich bei sich selbst mit Erfolg erreichten. Zu ihnen gehört der niederländische Arzt FREDERIK van EEDEN. In meinem Buch über den Spiritismus habe ich ausführlich hingewiesen.

Wie gesagt, behauptet so mancher, der den Austritt aus eigener Erfahrung kennt, daß es ihm zu Mute war, als schaute er aus einem Punkt im Raum auf seinen Körper hin. Das war z. B. der Fall bei dem Arzt *Wiltse*, der sich für kurze Zeit im Zustand des Scheintodes befand. Sein Bewußtsein war — so schien es ihm zumindest — in eine Art ätherischen Leib versetzt. Von dort aus schaute er auf seinen scheinbar toten Körper hinab. Er beschreibt seine vergeblichen Versuche, die Aufmerksamkeit der um sein vermeintliches Sterbebett Stehenden zu erregen. Sie spürten seine Berührungen nicht, sahen seine Bewegungen nicht und gingen durch den Körper, den er nun besaß, hindurch. Diese Erfahrung steht nicht für sich allein da. Man kennt z. B. viele Fälle von Personen, die durch einen Verkehrsunfall auf der Straße lagen, sie sahen, nach ihren Berichten, die Polizisten und die Sanitäter, welche um sie herumstanden. Obgleich sie sich viel Mühe gaben, die Aufmerksamkeit dieser Leute auf sich zu richten, gelang dies ihnen nicht. Wir wollen nun die Frage stellen, ob es Fälle gibt, wo der Ausgetretene als solcher gesehen wurde. Die Antwort kann bejaht werden. Es gibt sogar Personen, die auszutreten versuchten, um einer bestimmten Person zu erscheinen. Man kann nicht umhin, anzunehmen, daß einige dieser Versuche gelungen sind. Wie können wir das nun erklären?

Die einfachste Erklärung ist, daß der Ausgetretene denjenigen, den er besucht, telepathisch beeinflußt hat, und bei ihm eine *veridike* (pseudo-) Halluzination hervorrief. Wenn dies zutrifft, dann haben wir es zum Teil mit einem Äquivalent von jenen Fällen zu tun, wo kein Austritt stattfand.

Es gibt aber auch Fälle, wo der Ausgetretene wirklich gesehen wurde. Hierbei gibt es nun zwei Möglichkeiten.
Die erste Möglichkeit besteht darin, daß die besuchte Person paragnostisch begabt war und hellseherisch den Astralkörper wahrnahm. Wir sprechen dann von einer paranormalen Wahrnehmung. Die zweite Möglichkeit besteht darin, daß der Astralkörper des Besuchers sich verdichtete (materialisierte) und so für jedermann

sichtbar wurde. In diesem Fall sprechen wir von einer Wahrnehmung des Paranormalen.[4]

Am überzeugendsten sind hier jene Fälle, bei denen die Erscheinung mit einem Fall von Psychokinese verbunden ist. Ein solches Beispiel berichtet der Arzt G. ZENKER. Versuchsperson war ein gesundes, junges Mädchen mit einer gewissen paranormalen Begabung. Es wurde von ihm in einen parapsychologischen Kreis eingeführt. Er hypnotisierte es und befahl, sich von Leipzig, wo es sich befand, nach Naumburg zu begeben. Dort möge es nun erzählen, was sich in einem bestimmten Institut abspiele. Zugleich beauftragte er es, an die Türe der Privatwohnung des Eigentümers dieser Institution zu klopfen. Nachdem es nun mit der Faust fest auf den Tisch geschlagen hatte[5], sagte es, „Herr W. sitzt am Tisch und liest eine Zeitung. Er steht auf und öffnet die Tür, um zu sehen, wer da ist. Der Hund, der beim Ofen schläft, erhebt sich und knurrt"[6].

Ein paar Tage später schrieb Herr W. seinem Freund Dr. ZENKER einen Brief, aus dem hervorging, daß die Beschreibung des Mädchens völlig den Tatsachen entsprochen habe.

Auch andere Untersucher berichten derartige Fälle. So schreibt MULDOON, daß er während seiner Exkursionen Klopflaute verursacht habe.[7] Die meisten Leute, die den Austritt aus eigener Erfahrung kennen, schreiben, daß sie aufgrund dieser Erfahrungen überzeugt sind, daß es ein Fortleben nach dem Tode gibt. So schreibt zum Beispiel FREDERIK v. EEDEN: „Was Generationen und Generationen einander als leere Worte, als eitles Phantasiegebilde oder als Suggestion einander nachgeplappert haben, das Bestehen einer

---

4 Der niederländische Physiologe Prof. G. van Rijnberk, der zu Beginn unseres Jahrhunderts in Neapel die Gelegenheit hatte, mit Eusapia Palladino zu experimentieren, konstatierte eine Verdoppelung eines ihrer Arme. Er berichtet, daß er mit völliger Sicherheit davon überzeugt ist, daß er einen Teil ihres Astralkörpers mit seinen Augen wahrgenommen hat. Kontakte mit dem Jenseits?, S. 231

5 Derartige synchronistische Phänomene hat man auch bei Eusapia Palladino und anderen Paragnosten wahrgenommen. Kontakte mit dem Jenseits?, S. 245

6 Dieser Fall ist nicht vereinzelt. Man kennt viele Fälle von Tieren, die auf Erscheinungen reagiert haben.

7 Siehe: S. J. MULDOON/ H. CARRINGTON. - Die Aussendung des Astralkörpers. Deutsche Übersetzung. - Freiburg/Br.: o.J.

außersinnlichen Welt, war für mich Erfahrungswirklichkeit geworden. Ich wußte nun, daß ich noch einen anderen Leib habe als den gewöhnlichen, einen „animae corpus" mit eigener Wahrnehmungswelt, und dieses Wissen beruht auf ebenso guten Grundlagen wie das Wissen eines jeden anderen um das Wissen des Bestehens seines gewöhnlichen Körpers".

In meinem Buch über die Frage, ob es ein Fortleben nach dem Tode gibt, habe ich darauf hingewiesen, daß, obgleich genaugenommen der wissenschaftliche Beweis für ein Fortleben nach dem Tode noch nicht geliefert ist, wir heutzutage über genügend übereinstimmende Tatsachen und Argumente verfügen, um das annehmbar zu machen. Kommen wir nun zur Frage, ob es Fälle von Geistersehen gibt, die man nicht länger animistisch erklären kann, sondern bei denen man von einem Hereinragen der Geisterwelt in unsere Welt sprechen muß.

Ich glaube, daß wir diese Frage bejahend beantworten können. Wenn der Mensch, der zeitlich seinen Körper verlassen hat, in irgendeiner Weise wahrgenommen werden kann, so ist es sehr wahrscheinlich, daß der Mensch, der für immer seinen Körper verlassen hat, auch dazu imstande ist. Die Frage ist nur, wie kann man wissen, ob man es mit einem ausgetretenen Menschen zu tun hat oder mit einem Verstorbenen. Damit betreten wir aber den Bereich der Phänomenologie.

3. Anthropologische Parapsychologie

Wer die Geschichte der Parapsychologie kennt, weiß, daß bei der Gründung der englischen *Society for Psychical Research* ihr erster Vorsitzender, Prof. HENRY SIDGWICK, darauf verwies, daß die erste Aufgabe der Society darin bestehe, Tatsache an Tatsache zu reihen.

Seitdem SIDGWICK diese Worte gesprochen hat, ist fast ein Jahrhundert vergangen. In diesem Jahrhundert haben wir fast eine unüberschaubare Menge von Tatsachen erhalten. Diese Menge hat dazu beigetragen, daß man in unseren Tagen die parapsychologische Forschung nicht mehr beiseite schiebt, sondern sie mehr und mehr in Rechnung zieht. Wer heute das Vorkommen von Paragnosie und Paregie leugnet, den kann man nicht mehr ungläubig, sondern unwissend nennen.

Schon 1920 hat der niederländische Psychologe, Prof. G. HEIMANS(Groningen), der sich immer sehr für die Parapsychologie interessierte, darauf hingewiesen, daß wir nicht nur die Tatsächlichkeit der paranormalen Phänomene zu beweisen haben, sondern auch die Struktur von Personen untersuchen müssen, bei denen die paranormalen Fähigkeiten sich in einer übernormalen Weise offenbaren. Jedermann hat diese Fähigkeiten, aber es gibt zwischen den Menschen graduelle Unterschiede.

Schon früh habe ich diese Worte des Nestors der niederländischen akademischen Psychologie zu Herzen genommen. Bereits in der Mitte der zwanziger Jahre begann ich mit der psychodiagnostischen Untersuchung paragnostisch begabter Personen. Im Laufe der Jahre kam ich mehr und mehr zu der Überzeugung, daß Mensch und Phänomen eine Einheit bilden, und ich begann eine *anthropologische Parapsychologie* nach dem Modell der anthropologischen Psychiatrie (KARL JASPERS) aufzubauen. Ich unterließ es dabei nicht, meine Versuchspersonen auch tiefenpsychologisch zu untersuchen. Damit betrat ich das Gebiet der Selbstwahrnehmung (Introspektion).[8]

HUSSERL hat einmal gesagt, daß eine deskriptive Psychologie Voraussetzung der experimentellen Psychologie ist. Ich bin damit völlig einverstanden. Bei meinem langjährigen Kontakt mit Paragnosten habe ich immer genau beschrieben, was sie sahen (hörten usw.). Ich war aber nicht nur daran interessiert, *was* sie sahen (hörten usw.), sondern auch an der Frage *wie* sie es sahen usw.

Viele teilten mir mit, daß dem Sehen (Hören usw.) ein Wissen vorausging. „Ich weiß, daß der Mann sich in der Nähe einer Mühle befand. Jetzt sehe ich die Mühle ...". Wissen und Sehen gingen ineinander über. Außerdem sprachen sie von einem Richtigkeitsbewußtsein, wobei das nicht-anschauliche Wissen und das anschauliche Wissen zusammenfallen. Sie erzählten, daß die Bilder, welche vor ihnen auftauchten, bald zwei- bald dreidimensional waren, bald schwarzweiß, bald farbig. Bei meinen tiefenpsychologischen

---

8 W. H. C. TENHAEFF Anthropologische Parapsychologie. - in: Der kosmische Mensch, Imago Mundi Bd. 4. - Paderborn: Schöningh 1974. - S. 263 – 307

Untersuchungen bat ich meine Vp, mir ihre Einfälle zu sagen. Die Selbstwahrnehmungen der Paragnosten sind für mich immer von großer Bedeutung gewesen.

Die Selbstwahrnehmung (Introspektion) ist für die Psychologie (und damit für die Parapsychologie) nicht nur eine Methode innerhalb von anderen Methoden. Sie ist eine spezifische psychologische Methode, die man nicht entbehren kann. Man braucht hier nicht nur an die Würzburger Schule (OSWALD KÜLPE) zu denken, um das einzusehen. Wahrnehmung und Selbstwahrnehmung müssen bei unseren Experimenten eine Einheit bilden.

Man soll nicht meinen, daß all diejenigen, welche imstande sind, gute und wissenschaftlich bedeutende paranormale Leistungen zu produzieren, auch fähig sind, gute Beschreibungen von ihren Wahrnehmungen und Selbstwahrnehmungen zu geben. Nicht allein Ausbildung, Sprachbeherrschung, Interesse usw. spielen hierbei eine Rolle, sondern auch die Frage, inwieweit die Vp in der Lage ist, sich einigermaßen in der psychologischen Fachsprache auszudrücken oder sich jedenfalls so auszudrücken, daß der Psychologe sie versteht. Die Vp soll auch gut beobachten können. Doch mehr als eine gute Beobachtung ist die Selbstwahrnehmung eine Kunst, die nicht jedermann beherrscht.

Ein Beispiel einer Frau, die diesen Anforderungen zufriedenstellend genügte, war Frau PHOEBE BENDIT PAYNE, die Ehefrau des englischen Psychiaters L. J. Bendit. In ihrem Buch „Man's latent powers" schreibt sie, daß sie schon als Kind an der Grenze von zwei Welten lebte und Aura, Gedankenformen, Geistererscheinungen und alles, was damit zusammenhängt, gesehen hat. Zu Beginn war sie sich nicht bewußt, daß andere diese Begebenheiten nicht sahen. Allmählich aber kam sie zu dieser Feststellung. Im Laufe der Jahre fand eine Entfaltung und Entwicklung ihrer paranormalen Fähigkeiten statt. Sie verstand es dabei, sich Rechenschaft von dem zu geben, was sie „sah" und erlebte. Ihre Unterscheidungsfähigkeit nahm zu und hatte zur Folge, daß sie den naiven Realismus, den sie in spiritistischen Kreisen erlebte, kritisierte. Zu dem, was sie beschreibt, gehört die Verwechslung von Gedankenformen und Gedankenerscheinungen, weil die betreffenden Vpn den phänomenologischen Unterschied zwischen beiden

Gegebenheiten nicht kannten, weil sie nicht hinreichend befähigt waren, die Unterschiede festzustellen.

In letzter Zeit beobachten wir ein zunehmendes Interesse für das *Aurasehen* und was damit zusammenhängt. Wer einen Blick auf die vielen Aufsätze geworfen hat, die in unseren Tagen über dieses Thema erschienen sind, weiß, welch eine babylonische Sprachverwirrung hier vorherrscht. Die meisten Autoren haben sich über Inhalt und Umfang des Begriffes nicht hinreichend informiert und besitzen ungenügende Kenntnis über die Phänomenologie dieser Problematik. Deshalb verwechseln sie den Kirlian-Effekt mit demjenigen, was wir in der Parapsychologie unter Aura verstehen. Unter denjenigen, die einen psychologisch verantwortbaren Beitrag zum Aura-Problem geliefert haben, nimmt die verstorbene Frau *Dr. Gerda Walther* einen hervorragenden Platz ein. Schon im jugendlichen Alter hatte sie einige paragnostische Erfahrungen, die sie anfänglich nicht verstand. Später kam sie zur Entdeckung, daß sie eine Aura gesehen hatte und eine Aura-Seherin war. Als Studentin der Philosophie hörte sie die Vorlesungen von EDMUND HUSSERL über die Phänomenologie und was damit zusammenhängt. Das alles hatte zur Folge, daß sie einen Beitrag über das Aura-sehen auf phänomenologischer Grundlage schrieb, welcher m. E. als grundlegend betrachtet werden muß. Die Tatsache, daß sie imstande war, ihre eigenen Erfahrungen (Wahrnehmungen und Selbstwahrnehmungen) mit dem Aura-Sehen zu verarbeiten, hat den wissenschaftlichen Wert ihrer Betrachtungen bedeutend erhöht.

Wir können die Menschen, die als paranormal Begabte von sich sprechen lassen, in mehrere Gruppen unterteilen. Eine dieser Gruppen besteht aus jenen, deren Begabtheit sich ganz außerhalb ihrer Willenskontrolle offenbart und die sich von ihrer Begabung mehr beherrscht fühlen, als sie imstande sind, die Begabung zu beherrschen. Eine andere Gruppe bilden diejenigen, die ihre Begabung mehr oder weniger beherrschen und sich dadurch von ihren Erlebnissen einigermaßen Rechenschaft geben können. Zwischen beiden Gruppen gibt es allerlei Zwischenräume.

Die paranormal Begabten, die ihre Begabung einigermaßen beherrschen können, sind bis zu einem gewissen Grad imstande, Versuchsperson und Versuchsleiter in einer Person zu sein. Ein Beispiel hiefür ist der vorhin schon genannte Arzt van EEDEN, der, wie J. S. MULDOON versucht hat, das Phänomen der Exkursion an sich selbst herbeizuführen. Wenn man seine Erfahrungen mit denjenigen anderer vergleicht, die etwas derartiges versucht haben, dann findet man eine merkwürdige Übereinstimmung. Wir können nicht umhin, darauf zu verweisen, daß derartige Übereinstimmungen von Bedeutung sind. Hierauf hat schon der bereits genannte JOSEPH GLANVIL hingewiesen.[9]

Zurückkommend auf van EEDEN, möchte ich darauf verweisen, daß sein Versuch, Versuchsleiter und Versuchsperson in einer Person zu vereinigen, grundsätzlich nicht neu ist. Wer mit der Geschichte des Okkultismus vertraut ist, weiß, daß man sich schon im Altertum dieser Methode bediente. In unseren Tagen sind es die Theosophen und die Anthroposophen, die eine derartige Verbindung befürworten. Obgleich ich grundsätzlich der Meinung bin, daß man mit dieser Verbindung wertvolle Gegebenheiten erlangen kann, glaube ich doch, daß hier große Vorsicht geboten ist. Aus dem, was uns von der genannten Verbindung bekannt ist, geht hervor, daß es oft sehr schwierig wird, Wahrheit und Dichtung voneinander zu trennen. Anders gesagt: Eigene Subjektivität hinreichend zu reduzieren. Aus diesem Grunde sollen wir uns vorläufig vorwiegend der erprobten wissenschaftlichen Methoden bedienen. Es kann sein, daß in der Zukunft eine Änderung eintritt. Das wachsende Interesse, das in unseren Tagen Meditations- und Konzentrationsübungen entgegengebracht wird, kann dazu beitragen.

Wenn die Anhänger der historischen Psychologie (Metabletica) recht haben, ist die Möglichkeit gegeben, daß wir zwei Formen von paranormaler Begabung zu unterscheiden haben. Eine Art, wobei wir es, wie C. G. CARUS[10] meinte, mit einem *Atavismus* zu tun haben d. h. einen Rückfall auf frühere Entwicklungsstufen, und eine zweite Art, welche mit der zukünftigen Entwicklung der Menschheit zu

---

[9] Zu den Übereinstimmungen gehört auch die Tatsache, daß vom Altertum her bis auf unsere Tage diejenigen, die den Austritt aus eigener Erfahrung kennen, oft behaupten, daß eine elastische Schnur die Verbindung zwischen dem Leib und dem Astralkörper herstellt. Beim Sterben soll diese Verbindung zerrissen werden. Es ist schwer zu glauben, daß alle diese Übereinstimmungen auf Zufall beruhen.

tun hat. Die zukünftige paranormale Begabung wird dann ein anderes Aussehen haben als jene der fernen Vergangenheit, als der Mensch noch vorwiegend ein instinktives und intuitives Wesen war.

Diese Grundgedanken finden wir bereits in der alten brahmanischen Philosophie, die für mich bis zu einem gewissen Grad einen heuristischen Wert hat. Wir müssen deshalb mit der Möglichkeit rechnen, daß in Zukunft die Phänomenologie eine bedeutendere Rolle spielen wird, als es heutzutage der Fall ist. Wenn diese Annahme richtig ist, werden wir in Zukunft über eine Wesensschau (HUSSERL) verfügen, die zuverlässiger ist als jene, welche unsere heutigen Versuchspersonen imstande sind, uns zu liefern. Damit werden wir tiefer in die Problematik des Geistersehens eindringen und besser unterscheiden können, als dies jetzt der Fall ist. Und, wie SPINOZA schon gesagt hat, ist gut unterscheiden die erste Bedingung, um gut zu dozieren.

10 Ich habe schon darauf hingewiesen, daß wir es bei der Telepathie mit „innern" zu tun haben. Es gibt aber noch eine andere Auffassung von Telepathie. „Ich bekomme" sagte Ossowiecki, „das Gefühl, daß ich der Mensch sei, der auf das Papier geschrieben hat, und dann taucht das, was er geschrieben hat, in mir auf wie eine Erinnerung ...". Innern und Persönlichkeitserweiterung um das Du (zu gleicher Zeit selbst und der andere sein) sind beides Aspekte der Telepathie. Wir können sagen, daß bei der Telepathie ein Augenblick „une foule a deux" entsteht, eine Tatsache, worauf auch GERDA WALTHER aufgrund ihrer Selbstwahrnehmung hingewiesen hat.— Die Untersuchungen haben den Beweis geliefert, daß mehrere Menschen zugleich miteinander in telepathischer Verbindung stehen können. Das ist z. B. der Fall, wenn sich eine Menge bildet. Die Menschen beeinflussen einander darin gegenseitig. Es entsteht eine Gruppenseele.

C. G. CARUS, der schon 1829 entwicklungspsychologische Betrachtungen über die paranormale Begabung geschrieben hat, spricht hier von einer Verallgemeinerung, von einer Rückkehr zu einer unserem Urzustand verwandten Lebensform. In diesem ursprünglichen Zustand ist der Mensch in der Lage zu ahnen. Unter ahnen versteht CARUS „Gewahrnehmen gewisser Verhältnisse, über welche der gewöhnliche Zustand unserer Sinne uns keinen Aufschluß gibt". Das Ahnen ist der Vorläufer des Hellsehens, d. h. „jenes traumartige Erkennen, welches sonderbarerweise ‚Hellsehen' genannt worden ist, da es doch eben kein vollkommen helles Sehen, d. h, durchaus bewußtes Sehen ist". Der Mensch ist nach CARUS kein vollkommen isoliertes Wesen, sondern ein Wesen, das mit der gesamten Welt und dem Leben der Menschheit in Verbindung steht.; CARUS war ein typischer romantischer Denker, für den der Mensch nicht nur eine selbständige Wesenheit ist, sondern zu gleicher Zeit „ein Glied des Weltalls, in welchem die großen kosmischen Rhythmen und Ströme pulsieren" (Ricardo Huch).

CARUS unterscheidet in seiner entwicklungspsychologischen Betrachtung vier Stufen. Die erste Stufe ist die Vorstufe des Weltbewußtseins, ein Zustand von dumpfem Schlaf. Allmählich beginnt die Seele zu wissen, daß sie ein Teil der Welt ist, aber noch nicht imstande, sich von dieser Welt scharf zu unterscheiden und abzusondern. Das ist die Stufe des Weltbewußtseins. Nach und nach wird die Seele sich ihrer eigenen Existenz bewußt. Der seelische Mensch wird ein vernünftiges Wesen, ein Geist. Der Geist ist die höher entwickelte Seele als solche.

Der Mensch, der sich zu einem denkenden, fühlenden und wollenden Wesen entwickelt hat, ist nicht mehr imstande zu ahnen. Nur wenn seine Seele zurückkehrt zum unbewußten Leben (was geschieht, wenn er schläft oder in somnambulen Zustand gerät) offenbaren diese paranormalen Fähigkeiten sich wieder. Für den Menschen, dessen Seele sich zu einem Geist entwickelt hat, sind diese Fähigkeiten also Atavismen.

Wie bekannt, war CARUS ein Vorläufer von LUDWIG KLAGES. Dieser war der Meinung, daß der Geist der Widersacher der Seele ist. Der ursprüngliche Mensch war seelisch, d.h. instinktiv und intuitiv. In der Art war er paranormal begabt. Allmählich „vergeistigte" er aber. Zuletzt wird er an seinem Verstand zugrunde gehen.

Wir stellen die Frage, warum der heutige durchrationalisierte Mensch das Endziel der Entwicklung sein muß. Es sei doch möglich, daß es eine Mittelform gibt. Wenn das der Fall ist, dann ist es denkbar, daß die paranormale Begabung zurückkehrt, sei es auch in einer anderen Art und Weise. Es entsteht eine neue menschliche Lebensform.
Es ist dies eine Ansicht, die wir in der alten indischen Philosophie finden, und worauf Patanjali's Yoga Lehre beruht.

Zur weiteren Information:

CARUS C. G. - Vorlesungen über Psychologie (1829/30), Neudruck. - Leipzig: Rotapfel
MATTIESEN E. - Das persönliche Überleben des Todes, 3. Bände, Neudruck. - Berlin 1962
MOODY R. A. - Life after life. - Atlanta: Mockingbird Books 1975,
MULDOON J. S./CARINGTON H. - Die Aussendung des Astralkörpers. Deutsche Übersetzung. - Freiburg/Br.
MYERS F. W. H. - Human personality and its survival of bodily death. Neuauflage. - New Hyde Park, N. Y. : University Books
OSIS K./HARALDSSON E. - Deathbed observations by physicians and nursus. - in: Journal of the American Society for Psychical Research 1977, S. 237 – 259
TENHAEFF W. H. C. - Kontakte mit dem Jenseits?.- Berlin: Univeritas Verlag o. J.
TENHAEFF W. H. C. - Der Blick in die Zukunft, Präkognition. - Berlin: Univeritas Vlg..
TENHAEFF W. H. C. - Hellsehen und Telepathie. - Gütersloh: Bertelmann Verlag
TENHAEFF W. H. C. - Het Kirlian-effect in geen parapsychologisch verschijnsel, Tydschrift voor Parapsychologie, 1974
WALTHER G. Die innerseelische Seite parapsychologischer Phänomene. - in: Neue Wissenschaft, Zürich, 1956/57, Heft 11/12; dieserbe, Zum anderen Ufer. - Remagen: Otto Reichel Verlag 1960

Nach diesen Darlegungen der parapsychologischen Deutungen der Phänomene im Umkreis von Tod und Fortleben nach dem Tode stellt sich die Frage nach dem Stellenwert der Parapsychologie in bezug auf Transzendenz, die MARIO L. RYBARCZYK *im folgenden Beitrag behandelt.*

MARIO L. RYBARCZYK

PARAPSYCHOLOGIE TOD UND UNSTERBLICHKEIT

Geburt – Leben – Tod, dies scheint der natürliche Zyklus eines jeden Lebewesens zu sein ...
Doch der Mensch hat seit jeher die Existenz einer anderen als der irdischen Realität geahnt; die großen Religionen bekräftigen ihn darin. Sie unterstützen sein Streben und sein Begehren nach mehr Wissen über das Jenseits und geben ihm den *Glauben.*
Es hat sich aber seit jeher die Frage gestellt, ob man nicht auch eine *Gewißheit* über die Welt jenseits des Todes erhalten könnte. Große Denker, Dichter, Mystiker und unzählige Menschen haben sich damit befaßt. Die Überzeugung von der Existenz einer Unsterblichkeit scheint jedoch für jeden Menschen eine immer wieder neu zu erkämpfende Gnade zu sein, die er nicht vermitteln und weitergeben kann.
Ist es da verwunderlich, daß die Menschen Hilfe von der Wissenschaft erhofften und erhoffen – der Wissenschaft, die schon so viele unlösbar erscheinende Probleme und Rätsel gelöst hat. All diese Menschen suchen die Untermauerung ihrer Glaubensvorstellungen durch die Autorität jenes menschlichen Erfahrungsbereiches, die die Materie gespalten und den Mensch auf den Mond gebracht hat.
Daran ist bestimmt nichts Illegitimes, insofern nicht irgendwelche Wunschgedanken als Realität dargestellt werden. Andererseits muß man sich fragen, ob und wie die Wissenschaft etwas über ein Gebiet aussagen kann, das zunächst gar nicht zu ihrem Forschungsgebiet gehört, da sie keine Zugangsmöglichkeiten dazu hat. Was kann man also mehr als weithergeholte Schlußfolgerungen und rein persönliche Ansichten und Konklusionen erwarten?
Man darf in diesem Zusammenhang auch nicht vergessen, daß die Wissenschaft zwar ein besonders wichtiger, aber nicht der ein-

zige Erfahrungsbereich des Menschen ist! Neben der wissenschaftlichen Welterfahrung gibt es z. B. auch die Alltagserfahrung, die religiöse, die ästhetische, die paranormale, die mystische Erfahrung.

Zu oft wird ernst zu nehmende oder empirische Erfahrung einfach mit der wissenschaftlichen Erfahrung gleichgesetzt. Es ist wichtig, darauf hinzuweisen, daß es hier nicht darum geht, die Frage nach dem Tod und insbesondere nach der Unsterblichkeit als unwichtig darzustellen. Es ist und bleibt eine der wesentlichen Fragen, mit denen sich jeder Mensch früher oder später auseinandersetzen muß — vielleicht sich sein ganzes Leben auseinandersetzt. Es geht hier darum, festzustellen, ob diese Frage innerhalb der Wissenschaft und insbesondere innerhalb der Parapsychologie beantwortbar ist. Dies um so mehr, als daß man ziemlich schnell feststellen kann, daß man für die Frage nach der Unsterblichkeit innerhalb der philosophischen Welterfahrung wohl ernstzunehmende Hinweise, aber keine definitiven Lösungen bekommt.

So hat man seinerzeit in diesem Zusammenhang große Hoffnungen in die *Psychologie* gesetzt. Die Psychologie wurde oftmals als die Lehre von der menschlichen Seele verstanden. Die Psychologie ist aber bisher bei dem Hinweis auf einen nicht körperlichen Bestandteil des Menschen stehengeblieben. Man muß aber auch sofort hinzufügen, daß viele Psychologen viel lieber von psychischen Prozessen, als von Psyche sprechen.

Es ist weiter nicht verwunderlich, daß sich die Erwartungen auf die *Parapsychologie* verlagert haben. Wir wollen dabei die Parapsychologie als die Wissenschaft von den unerklärlichen Phänomenen im Zusammenhang mit der menschlichen Psyche verstehen, und uns dabei bewußt sein, daß dies nichts weiter als eine Arbeitsdefinition ist.

Es sei hier auch nicht verschwiegen, daß der Spiritismus mit seinen Praktiken und Vorstellungen sicher eine nicht unwesentliche Rolle bei der Verstärkung der Verbreitung solcher Erwartungen gespielt hat.

Der *Spiritismus* ist im Wesentlichen nichts anderes, als die Annahme der *Fortexistenz* der menschlichen Person (zumindestens ihres nichtmateriellen Teils) nach ihrem Tode (dies hat er mit den meisten großen Religionen gemeinsam), und die Vorstellung, daß eine *Kommunikation* mit den Verstorbenen (Totenbeschwörung) mittels dazu bestimmter und ausgewählter Menschen (Medien) möglich ist. (Man sollte besser von Geisterhypothese sprechen).

Das besonders Verlockende am Spiritismus ist nicht der Glaube an die Unsterblichkeit, sondern die Vorstellung der Kontaktmöglichkeit mit den Toten. Dies verleiht ihm jene manchmal geradezu in Sucht ausartende trostspendende Eigenschaft und den Anschein eines empirischen Unsterblichkeitsbeweises.

Unzählige Menschen ließen sich dadurch zur „Totenbeschwörung" verführen und glauben, damit ihren Jenseitsvorstellungen eine empirische, ja eine wissenschaftliche Grundlage gegeben zu haben. Die Phänomene des Spiritismus (Tisch-Klopfen, Tischrükken, Mitteilungen von Medien, Materialisationen, ...) wurden für sie zu einem unumstößlichen Beweis dafür. Sie vergaßen dabei allzu schnell und allzugerne, daß alle Erscheinungen des Spiritismus auf der Grundvorstellung der Weiterexistenz der menschlichen Seele nach dem Tode aufgebaut sind, die ja eine religiöse Glaubensvorstellung ist! Man muß auch beifügen, daß es möglich ist, diese Erscheinungen – insofern sie echt sind – ohne weiteres auch als Produkte der menschlichen Psyche zu erklären.

Die bisherigen Darstellungen sollen aber keinesfalls so verstanden werden, als ob mich die Frage nach dem Jenseits, nach der Unsterblichkeit, nicht bewegen würde. Ich wehre mich jedoch, mein Verlangen danach durch allzu simple Vorstellungen zu befriedigen. Durch philosophische Aufarbeitung der menschlichen Erfahrung vorbereitet und durch praktische Tätigkeit und Forschung auf dem Gebiet der Psychologie beeinflußt, habe ich mich zur Ansicht durchgerungen, daß es gegenwärtig außerhalb des Glaubens nur *einen Weg zur Erfahrung der Transzendenz gibt:* den dornigen, schweren Weg der *Mystik*. Zu viele Menschen haben die Fähigkeit zu glauben und zu vertrauen verloren und suchen nun nach einem Ersatz. Sie wollen aber den Weg des Entsagens, den Weg der Arbeit an sich selbst, nicht auf sich nehmen, und verfallen umso leichter irgendeiner Ideologie

Man darf aber auch nicht vergessen, daß im Bereich der mystischen Erfahrung zwar die Transzendenz erfahren werden kann, diese Erfahrung aber nicht intersubjektivierbar ist. Es sind dort höchstens „Evidenz-Beweise" für den Erfahrenden möglich. Ihre Aussagekraft bleibt aber auf das erfahrende Individuum beschränkt. Es ist eben ein einsamer Weg ...

Gegenwärtig kann die Wissenschaft, und insbesondere auch die Parapsychologie, über das „Jenseits" weder im positiven noch im negativen Sinn etwas aussagen. Die wissenschaftliche Forschung kann höchstens Hinweise für ein Jenseits liefern, alle weitergehenden Behauptungen sind persönliche Schlußfolgerungen der jeweiligen Forscher.

Man kann natürlich nicht ausschließen, daß die paranormalen Fähigkeiten der Menschen von Jenseitigen zu Mitteilungen benützt werden könnten — etwa wie Wunder, die natürliche Vorgänge mit einer transzendenten Ursache sind — aber ebenso wie die Wunder dürfte dann ein solcher Gebrauch zu den seltensten Fällen gehören. Man könnte das Gleiche übrigens auch von normalen Phänomenen behaupten; es ist gegenwärtig nicht einzusehen, warum die Jenseitigen für ihre Durchgaben mit solcher Vorliebe gerade die noch so stark umstrittenen Parafähigkeiten der Menschen benützen sollten.

Insofern die Parapsychologie die Wahrscheinlichkeit der Existenz der menschlichen Psyche erhöht und vor allem die Möglichkeit überprüft, ob vom menschlichen Körper unabhängige psychische Prozesse existieren, könnte sie ernsthafte Hinweise für die Weiterexistenz nach dem Tode liefern. So aber bleibt das Problem des „Überlebens" der menschlichen Psyche nach dem Tode immer noch im Bereich des *Glaubens* und der *Mystik*.

Gegenwärtig ist ein Beweis der Existenz des Jenseits bzw. der Unsterblichkeit noch nicht denkbar. Vor allem weil ein absoluter Identitätsbeweis der angeblichen Verstorbenen nicht möglich ist.[1]

---

1 Alle Informationen, die von den angeblichen Verstorbenen mit Hilfe der Automatismen oder der Medien geliefert werden, sind entweder überprüfbar — also außer den normalen Sinnen mit Hilfe der Telepathie oder des Hellsehens erreichbar — oder sie sind es nicht, dann haben sie keine Aussagekraft, denn dann können sie ebensogut reine Phantasieprodukte sein.

Wenn es der Parapsychologie allerdings gelingen würde, nachzuweisen, daß psychische Prozesse auch unabhängig von ihrem materiellen Träger möglich sind, dann wären wir um einen bedeutenden Hinweis auf die Unsterblichkeit der Seele reicher.[2]

Seien wir vorsichtig, daß wir die Geister, die wir gerufen, auch wieder loswerden können, wenn sich dies als notwendig erweisen sollte!

---

[2] Bei der spiritistischen Deutung von Paraphänomenen z. B. der Tonbandstimmen, der responsiven Xenoglossie, der AKE ... usw. muß man zuerst ein hypothetisches Konstrukt: die Seele des Verstorbenen annehmen, für die als einzige Grundlage die religiöse Annahme des Weiterlebens der Seele nach dem Tode existiert. Was aber ist sie? Wie kann sie bestehen? Wie kann sie auf die Materie einwirken? Um systematisch vorzugehen, müßte man:

    a) die Existenz der menschlichen Psyche nachweisen

    b) objektiv nachweisen, daß es psychische Prozesse gibt, die unabhängig von ihrem materiellen Träger existieren können (z. B. AKE). D.h. also, daß die menschliche Psyche ohne den menschlichen Körper existieren kann.

    c) solche psychische Prozesse, auch nach dem Tode objektiv nachweisen.

Erst dann könnte man die spiritistische Deutung gleichberechtigt neben die tiefenpsychologische stellen.

Aber auch wenn Punkt b) nachgewiesen wäre, müßte man noch nicht zwingend annehmen, daß die menschliche Psyche nach dem Tode des menschlichen Körpers „überlebt". Sie könnte sich genauso wie der Körper desintegrieren.

Erst Punkt c) würde dies garantieren. Hingegen wäre die Unsterblichkeit noch immer nicht nachgewiesen:

Man müßte einen Psycho-Struktur/Organisation-Erhaltungssatz, ähnlich dem Energie Erhaltungssatz haben.

Es geht dabei nicht um die Erhaltung der Energie, sondern der Struktur. Im Materiellen (insbesondere im Organischen) desintegrieren sich alle höheren Strukturen in einfachere. Wie steht es damit im Psychischen?

Eine ausführliche Darstellung dieses Problems hat W. H. C. TENHAEFF in seinem Buch „Kontakte mit dem Jenseits". Berlin: Univeritas Vlg. unternommen; siehe auch die Darstellung von W. P. MULACZ. - Der sogenannte Spiritismus als parapsychologisches Problem. - in: O. SCHATZ (Hrsg.) Parapsychologie. - Graz/Wien/Köln: Styria Vlg. 1976.

Ist die Frage des Fortlebens nach dem Tode wissenschaftlicher Methodik tatsächlich nicht zugänglich oder wird sie nur aus dem Raum der empirischen Wissenschaften ausgeklammert? Schließen sich Immanenz und Transzendenz völlig aus? Mit dieser grundsätzlichen Frage befaßt sich GÜNTER EMDE *im folgenden Beitrag.*

Günter Emde

GRUNDLAGEN EINER TRANSZENDENZOFFENEN THEORIE PARANORMALER VORGÄNGE

I. DAS VERHÄLTNIS DER NATURWISSENSCHAFT ZUM TRANSZENDENTEN

Was kommt nach dem Tode? – Diese Frage ist nicht nur von wissenschaftlichem Interesse, sie hat insbesondere für jeden einzelnen Menschen eine schwerwiegende persönliche Bedeutung; denn es drängen sich nachfolgend die Fragen auf: Wie muß ich mein Leben einrichten, um mich auf das eventuell folgende Dasein vorzubereiten? Gibt es etwa einen höheren Richter, vor dem ich mich zu verantworten habe? Was ist demnach meine Aufgabe im irdischen Leben?

Diese Fragen wurden seit altersher von den Denkern aller Kulturen als grundlegend wichtig, als der Anfang aller Weisheit angesehen. – Heutzutage sind diese Fragen aus der wissenschaftlichen Diskussion zurückgedrängt, es heißt: sie sind wissenschaftlicher Methodik nicht zugänglich; derartige Aussagen können nicht exakt überprüft werden. In der heute herrschenden öffentlichen Meinung werden nur die exakten Naturwissenschaften und die auf ihnen aufbauenden Disziplinen als kompetent gehalten für Fragen nach der Entstehung des Weltalls und des Lebens, weil nur sie ihre Aussagen experimentell beweisen oder durch überzeugende Schlußweisen glaubwürdig machen können. Niemand ist jedoch imstande, mit dieser (angeblichen) Beweiskraft Antworten auf die einleitend gestellten Fragen zu geben, und so werden die existentiellen Probleme des Menschen aus dem Raum der Wissenschaft ausgeklammert und in den Bereich des Glaubens verwiesen; man erwartet hierüber keine allgemein überzeugenden Aussagen mehr und wendet sich anderen, aussichtsreicheren Fragen zu.

Wie konnte es zu einer solchen Umstülpung in der Gewichtung grundlegender Themen des menschlichen Daseins kommen? — Als GALILEI bei seiner Untersuchung des freien Falls mit der Frage: *„Wie* fällt ein Stein?" das messende Experiment in den Vordergrund rückte, kehrte er sich von der bislang vorherrschenden Fragestellung *„Warum* fällt der Stein?" ab. Er begründete damit eine neue, auf die *quantitative* Beschreibung der Naturvorgänge gerichtete Denkweise. Dabei konnte er den ungeheuren Erfolg dieser Methode nicht voraussahnen. Die gewaltigen Triumphe der daraus resultierenden Technik führen nun seit 200 Jahren der Menschheit immer aufs neue die Leistungsfähigkeit dieses Denkansatzes vor Augen. So mußte es zum Vertrauen in diese Methodik kommen, zu einem sich immer mehr ausbreitenden Glauben an die Naturwissenschaft und an diejenigen, die dieses Wissen beherrschen. Und so werden viele noch heute dem Naturwissenschaftler mehr glauben als dem Philosophen oder dem Theologen (der nicht als Wissenschaftler angesehen wird), wenn Fragen wie „Was ist der Mensch? Was ist das Leben?" behandelt und die Fragen „Wer ist der Mensch?", „Wozu ist das Leben?" übergangen werden.

Obgleich große Naturforscher immer wieder vor der Einseitigkeit der quantitativen Naturbeschreibung gewarnt haben,[1] breiteten sich in der Literatur unkritisch-optimistische Darstellungen über das angeblich bewiesene Wissen aus, wurde das Interesse auf die wissenschaftlich zugänglichen Fragen hin und von den existentiellen Fragen weg gelenkt. Die Masse der Wissenschaftsgläubigen wuchs bis in den Raum der Kirchen hinein, sodaß viele Christen und Vertreter christlicher Kirchen vor den scheinbar besseren Argumenten einer materialistisch gewordenen Naturwissenschaft kapitulieren. Die Nachwirkungen des „kopernikanischen Schocks" hatten das Denken mancher Gläubigen so sehr verunsichert, daß sie sich lieber mit ihren Ideen in eine vom Bereich der Naturwissen-

---

1 A. EINSTEIN/ L. INFELD.- Die Evolution der Physik.- Hamburg: Rowohlt-Verlag 1956.- S. 192/3; C.F.v. WEIZSÄCKER/ J. JUILFS.- Physik der Gegenwart.- Göttingen: Vandenhoeck & Ruprecht 1952.- S. 6, 7, 33; W. HEISENBERG.- Das Naturbild der heutigen Physik.- Hamburg: Rowohlt-Verlag 1960.- S. 18, 21, 23; M.PLANCK.- Religion und Naturwissenschaft.- Leipzig:- J.A.Barth Verlag 1938.- S. 21

schaften getrennte und unabhängige Welt des Glaubens flüchteten, in der sich Argumentationen entfalten ließen, frei von den logischen und raumzeitlichen „Behinderungen" naturwissenschaftlicher Gesetzlichkeit.

So standen sich Naturwissenschaft und Religion gegenüber, scheinbar unvereinbar in ihrer Methodik, mit weitgehend unterschiedlichen, möglichst säuberlich voneinander getrennten Fragestellungen: auf der einen Seite recht sichere Aussagen über existentiell (inbezug auf den Sinn des persönlichen Lebens) belanglose Beziehungen, ergänzt um leichtfertige, populäre Extrapolationen, die unkritisch wachsendes Interesse fanden — auf der anderen Seite tiefsinnige Erörterungen zentraler menschlicher Sinnfragen, die in weiten Kreisen aber nicht mehr ankommen, nicht mehr überzeugen, nur noch gewohnheitsmäßig respektiert werden ohne Verbindlichkeit für das persönliche Handeln, weil ihr Bezug auf die scheinbar gesicherten wissenschaftlichen Begründungen vermißt wird.

Seit einigen Jahren scheint sich die Richtung des Pendels jedoch wieder umzukehren, und einige Anzeichen sprechen dafür, daß wir an einer allgemeinen Wende in unserem Verhältnis zu Wissenschaft und Religion stehen. Das optimistische Vertrauen breiter Schichten in die Möglichkeiten zukünftiger Technik weicht mehr und mehr einem Unbehagen über ihre sichtbaren Auswirkungen und einer ernsten Sorge um die Lebensqualität kommender Generationen auf unserem Planeten. Der nachdenkliche Betrachter der Gesamtszene fühlt sich zur Rückbesinnung auf vernachlässigte Werte des Daseins veranlaßt.

So richtet sich ein wachsendes, ernstzunehmendes Interesse auf paranormale Phänomene, die nach ihrer inhaltlichen Bedeutung in dem Grenzbereich von Wissenschaft und Religion anzusiedeln sind, die mit wissenschaftlicher Methodik zum gewissen Grade erforschbar zu sein scheinen, deren Deutungen und Erklärungen aber möglicherweise in den weltanschaulich-religiösen Bereich hineinragen.

Das Thema *Paranormologie* fordert den wissenschaftlich orientierten Menschen, also den, der von dem sicheren Boden wissenschaftlicher Ergebnisse ausgehen möchte, zu einer Stellungnahme heraus. Zwei mögliche Haltungen stehen ihm frei:

Haltung A:
Zur Deutung der paranormalen Phänomene sollen, wenn irgend möglich, alle Hypothesen vermieden werden, die sich auf theologisch relevante Begriffe beziehen, so daß die alte Grenze und Unabhängigkeit der Gegenstandsbereiche aufrecht erhalten bleiben kann; erst ein absoluter Beweis darf zur Revision dieser Abgrenzung führen.

Haltung B:
Die Behandlung paranormaler Phänomene eröffnet die Chance einer gegenseitigen Befruchtung und Wiederzusammenführung beider Aspekte wenigstens auf einem Teilbereich. Dabei ist Vorsicht geboten; denn die oft ungenügend abgesicherten Ergebnisse der „Para"-Wissenschaften und ihre voreilig als „wissenschaftlich erwiesen" verkündeten Deutungen werden vielfach mit Recht kritisiert. Der grundsätzliche Ansatz und die Zielrichtung sind jedoch nicht anzufechten, wenn man ein klares Bild von der Sicherheit oder Vorläufigkeit seiner Grundaussagen hat und die bewährten Prinzipien des wissenschaftlichen Vorgehens befolgt. Demgemäß besteht die scharfe Grenze zwischen Wissenschaft und Religion nicht in der gegenständlichen Zuständigkeit, aber unbedingt in der Methode und vielleicht im Wahrheitskriterium.

Wir wollen die erstere der genannten Haltungen als *„transzendenzverschlossen"* bezeichnen. Sie wird, zumindest in der öffentlichen Diskussion, von einer Mehrheit der Fach-Parapsychologen vertreten. Aber auch in interessierten theologischen Kreisen ist diese Einstellung zu finden.

Hierfür lassen sich achtbare Glaubensgründe vorbringen oder auch das Bestreben, die eigenen hochgeschätzten Wertvorstellungen vor einer entwürdigenden oder gar zersetzenden Argumentation zu schützen. Diese Haltung muß also keineswegs transzendenz-feindlich sein.

Die letztere der beiden Haltungen, wir wollen sie *„transzendenzoffen"* nennen, wird vor allem auch in unkritisch okkultgläubigen Gruppen eingenommen und findet schon aus diesem Grunde in wissenschaftlichen Kreisen weitgehend Abneigung.

Ich möchte hier dennoch versuchen, einige Argumentationen zugunsten der transzendenz-offenen Haltung ins Feld zu führen, denn ich vermute, daß einerseits die aus solcher Haltung entstehenden Anstöße von größerer wissenschaftlicher Tragweite sind, und andererseits, daß sie sich als dringend notwendig erweisen werden, um die Zukunftsprobleme auf unserer Erde zu bewältigen.

Im *ersten Teil* meiner Ausführungen werde ich eine grundsätzliche Kritik an der *transzendenz-verschlossenen* Haltung vorbringen. Sie richtet sich gegen jene, die metaphysische Deutungshypothesen ablehnen, solange keine „zwingenden Beweise" vorliegen. Es wird sich zeigen, daß entsprechende Beweise, die „allen Anforderungen an Strenge" genügen, gar nicht erbracht werden können. Demnach läuft die Haltung darauf hinaus, daß metaphysische Entitäten niemals Gegenstand oder mitbestimmender Faktor in einer „wissenschaftlichen" Erklärung sein *könnten,* selbst wenn sie „in Wirklichkeit" existieren. Anderseits werden z. B. in der Physik nicht *derart* strenge Bedingungen an die Zulassung neuer Hypothesen und Theorien geknüpft, weil sonst der wissenschaftliche Fortschritt zu sehr behindert würde.

Im *zweiten Teil* möchte ich versuchen, eine wissenschaftlich vertretbare *transzendenz-offene* Theorie in einigen Aspekten zu begründen und ihre Ziele zu umreißen.

II. ZUR KRITIK DER TRANSZENDENZVERSCHLOSSENEN HALTUNG
GRUNDSÄTZLICHE GEDANKEN ÜBER WIRKLICHKEIT UND BEWEISBARKEIT

A. Der Prozeß der Wahrnehmung

Seitdem die Menschen begonnen haben, die Welt verstandesgemäß zu ordnen und zu analysieren, spielte das Bemühen, die Existenz nichtmaterieller Wesen und die Unsterblichkeit der Seele zu beweisen, eine fundamentale Rolle. In älteren Zeiten wurden diese Themen zwar gar nicht ernsthaft in Zweifel gezogen; die Beweise sollten nur dazu dienen, die Harmonie der Welt auch in ihrer logisch-begrifflichen Struktur aufleuchten zu lassen. Die abendländische Philosophie war bis zum Ausgang des Mittelalters im Einklang mit der theologischen Dogmatik.

Mit dem Aufkommen der experimentellen Naturwissenschaft und ihrer quantitativen Methodik entstanden neue Beurteilungskriterien und Begriffsysteme für Wahrheit und Wirklichkeit, die unabhängig von den bisherigen Glaubensfundamenten waren. Notwendigerweise mußten sie mit diesen in Widerstreit geraten. Von da an nahmen die Beweise den Charakter wirklicher Argumentationen an. Aus den sehr divergierenden Aussagen der Philosophen des 17. Jahrhunderts ist die Schwierigkeit und Erfolglosigkeit solcher „Beweise" zu erkennen. KANT setzte diesen Auseinandersetzungen schließlich mit der „Kritik der reinen Vernunft" ein Ende, indem er darlegte, daß das menschliche Erkennen und Denken grundsätzlich nicht zu unumstößlichen (apodiktischen) Aussagen über die Wirklichkeit (das Ding an sich) kommen kann.

Wir wollen an dieser Stelle etwas mehr ins Detail gehen und versuchen, uns klarzumachen, auf welche Weise unser Bewußtsein von einer äußeren Wirklichkeit Kunde erhält und wie sicher und zuverlässig dieses Wissen ist.

Zum besseren Verständnis des nachfolgenden wird in Bild 1 (mit allem Vorbehalt) versucht, den Prozeß der Wahrnehmung in einigen wichtigen Funktionen grob zu veranschaulichen. Das Bild ist sicher unvollständig und noch mit vielen Problemen behaftet; inbesondere ist völlig ungeklärt, wie und wo die Umsetzung in Bewußtseinsgegenstände erfolgt und welcher Natur sie sind, wie das Gedächtnis funktioniert, welche dieser Funktionen tatsächlich physikalisch im Gehirn stattfinden, auf welche Weise paranormale Einwirkungen ihren Weg zum Bewußtsein nehmen usw.

Unter Berücksichtigung der Kantschen Analysen können wir folgende kritische Aussagen machen über unsere Möglichkeiten zur Erkenntnis einer äußeren Wirklichkeit:

1. Unmittelbare Erfahrung haben wir nur von den Inhalten unseres *Bewußtseins*. Sie sind unsere „primäre Realität"[2]. Das

---

2 J.C. ECCLES.- Hirn und Bewußtsein.- in: Mannheimer Forum 77/78.- Mannheim: Boehringer GmbH 1978.- S. 31/32

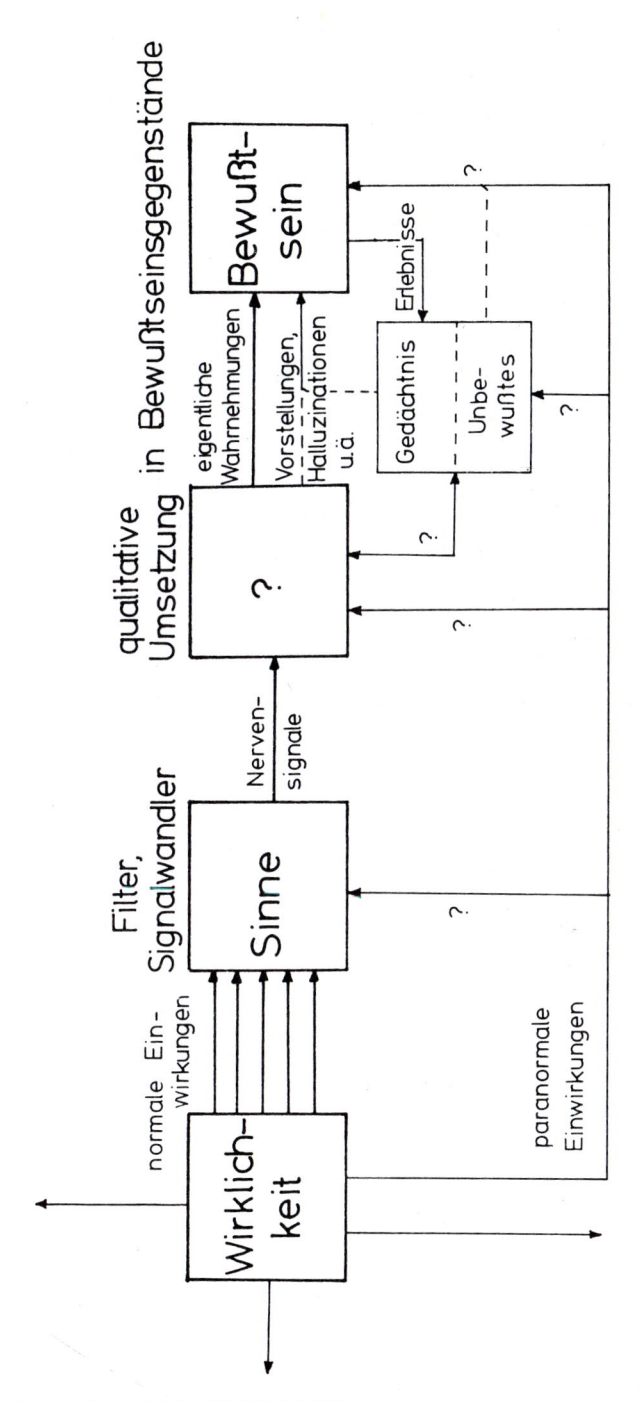

Grundlagen einer transzendenzoffenen Theorie 649

Bild 1. Darstellung zum Prozeß der Wahrnehmung

große Problem ist, inwieweit sie uns getreue und vollständige Kunde über objektiv Wirkliches geben.
2. Ein Teil dieser Inhalte entsteht offenbar durch Vermittlung unserer Sinne, der andere Teil umfaßt Vorstellungen u.dgl.. Wir sind im hohen Maße überzeugt, daß die *Sinneseindrücke* von wirklichen „äußeren" Ursachen ausgehen, die unabhängig von uns existieren, denn:
   a) Die Empfindungen aus mehreren Sinnen stimmen ihrem Gehalt nach zum Teil überein (Beispiele: der Tastsinn bestätigt die optisch wahrgenommene räumliche Begrenzung; ein sichtbarer Aufprall von Gegenständen wird von einem hörbaren Knall begleitet).
   b) Die Fülle der Sinneseindrücke erscheint uns geordnet, nämlich untergliedert in Wahrnehmungskomplexe (Einzelobjekte wie Tisch, Haus usw.). Diese Ordnung bestätigt sich reproduzierbar und weitgehend unabhängig von Ort und Zeit. (Ein Gegenstand wird auch nach einer Ortsveränderung wieder als dieselbe Formen- und Farbenkombination gesehen wie vorher). Wir können also annehmen, daß die von uns wahrgenommenen Objekte keine ständig wechselnden Gaukelbilder sind, sondern dauerhaften Bestand haben.
   c) Unter den von mir wahrgenommenen Komplexen gibt es ein Gebilde, das ständig wahrnehmbar ist und meiner unmittelbaren Steuerung unterliegt: mein Körper. Ferner gibt es Gebilde, die meinem Körper ähnlich sind und sich ähnlich verhalten. Diese „Mitmenschen" bestätigen durch ihr Verhalten, daß sie die gleichen Sinneseindrücke von Gegenständen haben wie ich. Dies bestärkt meinen Glauben, daß die von mir wahrgenommenen Dinge unabhängig von mir existieren.
3. Wir haben jedoch auch Wahrnehmungen, bei denen die Sinne sich nicht gegenseitig bestätigen: Töne, Farben, Geschmäcke, Gerüche, Hitze, die ich als solche nur mit jeweils einem Sinn wahrnehmen kann. Da es sich hierbei um *qualitative* (nicht quantifizierbare) Eigenschaften der Bewußtseinsgegenstände handelt, läßt sich nicht überprüfen, ob diese *Empfindungen* im Bewußtsein verschiedener Menschen übereinstimmen. Ja, es läßt sich auch nicht nachweisen, ob diese Qualitäten überhaupt in dieser

Form Eigenschaften der Dinge selbst sind. Im Gegenteil müssen wir wohl vermuten, daß sie erst durch die Eigenart unseres Wahrnehmungssystems aus den (physikalischen) von unseren Sinnen empfangenen Signalen erzeugt werden. (Die Farbe „Rot" wird zwar durch ein bestimmtes Frequenzspektrum in dem gesehenen Licht bedingt, aber die Empfindung „Rot" ist etwas qualitativ anderes als ein räumlich-zeitlicher Schwingungsprozeß elektromagnetischer Felder. Ebenso wird uns ein Ton nicht als Druckschwankung *bewußt*.) Die Physik beschreibt uns die äußere Wirklichkeit in einer Beschaffenheit, wie sie mit unseren unmittelbaren Wahrnehmungen qualitativ überhaupt nicht übereinstimmt: als weit überwiegend leeren Raum mit winzigen zittrig bewegten Teilchen oder gar nur Energieverteilungen, wo wir bunte, klar begrenzte Gestalten in unser Bewußtsein bekommen.[3]

4. Die uns bewußt werdenden Bilder der äußeren Welt sind in einem dreidimensionalen *Raum* und in der *Zeit* geordnet. Es läßt sich aber physikalisch nicht nachweisen, daß dies das adäquate Ordnungssystem für die ganze „wirkliche Welt" ist. Es ist denkbar, daß Raum und Zeit nur durch die Eigenart unseres Bewußtseins bedingte Formen der Anschauung sind, also nicht Eigenschaften einer „äußeren Wirklichkeit" selbst. Zumindest spricht vieles dafür, daß unser dreidimensionaler (euklidischer) Anschauungsraum, ergänzt um den Parameter „Zeit", keine angemessene Beschreibung der gesamten Wirklichkeit gestattet. Für unseren persönlichen Handlungsbereich ist er gut geeignet und ausreichend genau, aber die wirkliche Welt kann eine ganz andere Struktur haben.

5. In der Wissenschaft pflegt man aus bekannten Sachverhalten nach den Regeln der *Logik* und der *Mathematik* neue Zusammenhänge abzuleiten. Auch dieser Weg führt natürlich nicht zu unumstößlichen Aussagen, denn schon die Grundannahmen, aus denen geschlossen wird, gehen auf Sinneswahrnehmungen mit ihren Unzulänglichkeiten zurück. Darüberhinaus ist aber

---

3 Vgl. hierzu: A. KOESTLER.- Die Wurzeln des Zufalls.- Suhrkamp Taschenbuch Nr. 181, 1972.- S. 49 — 74

auch unsicher, ob überhaupt die logisch-mathematischen Schlußweisen, die uns Menschen so evident erscheinen wie die Anschauungsformen Raum und Zeit, für Objekte der Wirklichkeit, für „Dinge an sich", angemessen sind; ob nicht auch sie nur eingeprägte Denkformen unseres menschlichen Verstandes sind, ihre Ergebnisse also nur subjektive Scheingültigkeit haben.

Nach solchen Überlegungen möchte man geneigt sein, alles Wissen und alle Erkenntnis als Illusion, „Schall und Rauch", zu betrachten. Aber trotz dieser grundsätzlichen, weitgehend allgemein anerkannten Einsichten[4] treiben die Menschen mit unbestreitbarem Erfolg Wissenschaft. Die *Erfahrung* lehrt uns nämlich, daß es in *der* Welt, die uns (durch Vermittlung unserer Sinne) bewußt wird, Regelmäßigkeit, Ordnung, Gesetze gibt. Wir erfahren weiter, daß die logischen Gesetze unseres Denkens bis hin zur Mathematik sich auf die Erscheinungen weitgehend erfolgreich anwenden lassen, indem wir logisch-quantitative Modelle in unserer Vorstellungswelt aufbauen und Voraussagen über entsprechende Vorgänge in der vermuteten Wirklichkeit machen können und diese sich dann auch in den Erscheinungen bestätigen.

Angesichts der oben dargelegten berechtigten Skepsis ist die Erfahrung gesetzmäßiger Ordnung in unserer Erscheinungswelt ein ganz erstaunliches Phänomen. Sie erst ermöglicht unseren Glauben, daß auch eine dahinterstehende Wirklichkeit entsprechend gesetzmäßig geordnet ist, und daß wir in unseren Wahrnehmungen (d. h. den auf Sinneseindrücken beruhenden Gegenständen unseres Bewußtseins) kongruente Bilder von Dingen aus jener wirklichen Welt vor uns haben.

Diese Vermutung einer *Kongruenz* unserer Wahrnehmungen mit (einem Ausschnitt aus) der Wirklichkeit hat durch lebenslange Bestätigung für uns den Charakter einer Gewißheit bekommen, sie ist

---

4 E. MENNE/ W. TRUTWIN (Hrsg.).- Religion und Wissenschaft.- Düsseldorf: Patmos-Verlag 1970.- S. 35 — 42; K. JASPERS.- Wahrheit und Wissenschaft.- in: Philosophische Aufsätze.- Frankfurt: Fischer Verlag 1967.- S. 67.- zitiert in: E. MENNE/ W. TRUTWIN, Religion und Wissenschaft, S. 41/42; C.F.v.WEIZSÄCKER.- Die Tragweite der Wissenschaft.Stuttgart: Hirzel Verlag 1964.- zitiert in: E. MENNE/ W.TRUTWIN, Religion und Wissenschaft, S. 35 — 37; K. R. POPPER.- Logik der Forschung.- Tübingen: Mohr Verlag 1969.- S. 223 — 225.- zitiert in: E. MENNE/ W. TRUTWIN.- Religion und Wissenschaft, S. 56/57

unausgesprochene Grundlage jeder Handlung und aller Wissenschaft. Aber wir müssen festhalten: Diese „Grundlage aller Wissenschaft" ist selbst nur eine Vermutung, ein Glaube, der sich bewährt hat; sie ist selbst nicht beweisbar.

Die hier dargelegte grundsätzliche Erkenntniskritik ist bereits seit Tausenden von Jahren bekannt und wurde von PLATO in seinem Höhlengleichnis[5] dargestellt. Die Erfolge der neuzeitlichen Technik verleiten indessen immer wieder dazu, diese Problematik zu vergessen. Man hat sich an die Parallelität von Wahrnehmungen und vermuteten wirklichen Dingen so sehr gewöhnt und neigt dazu, beide stillschweigend zu identifizieren und weiterhin zu schließen: „*Nur* das, was aufgrund von Sinneswahrnehmungen erkennbar ist, ist wirklich; die materielle Erscheinungswelt der Sinne spiegelt nicht nur einen *Ausschnitt* aus der Wirklichkeit, sondern umfaßt die vollständige Welt".

Aber diese Thesen sind eben nicht nur unbewiesen, sondern auch falsch:

a) Elektromagnetische Felder, und auch andere Feldarten, sind von uns (in weiten Frequenzbereichen) als solche nicht wahrnehmbar, obgleich sie uns ständig umgeben; wir können nur ihre Wirkungen auf bestimmte Gegenstände (z. B. Radioempfänger) feststellen. Ferner läßt sich bekanntlich Materie in elektromagnetische Energie umwandeln; daher fällt ein allein auf Materie begründeter Substanzbegriff in sich zusammen und ebenso ein allein auf der Wahrnehmung materieller Gegenstände beruhendes Bild von der Wirklichkeit.

b) Trotz intensiver Gehirnforschung konnte bisher keine Organkonfiguration gefunden werden, die in der Lage wäre, die Entstehung der qualitativen Eigenschaften (Farben, Töne usw., siehe Punkt 4) unserer Wahrnehmungen zu erklären oder gar den eigentlichen Prozeß der qualitativen Gewahrwerdung von Bewußtseinsgegenständen durch ein erkennendes Subjekt, obwohl diese Objekte gerade das Einzige sind, was wir überhaupt unmittelbar als wirklich wahrnehmen können (siehe III. C)[6]

---

5 PLATON.- Politeia.- in: Sämtliche Werke (Hrsg. E. GRASSI).- Hamburg: Rowohlt Verlag 1976, Band 3.- S. 224
6 Siehe Anm. 36

c) Bei der Umwandlung der Sinneseindrücke geht sicher eine beträchtliche Menge an Informationen verloren, wird weggefiltert; man denke allein an den begrenzten Spektralbereich und die begrenzte Genauigkeit unserer Sinne. Darüber hinaus ist zu erwarten, daß ganze Merkmalskategorien überhaupt nicht übermittelt werden, für die uns entsprechende Sinne fehlen und von deren Vorhandensein wir vielleicht noch gar nichts ahnen.

d) Es läßt sich sogar rein logisch darlegen, daß z. B. der Mensch grundsätzlich nicht durch ein System physikalischer Gesetze vollständig beschrieben werden kann[7].

Es erhebt sich die Frage: Gibt es andere Wege außer dem über die normale Sinneswahrnehmung, um über die Wirklichkeit Aufschluß zu bekommen und in der Erkenntnis fortzuschreiten?

Man könnte vielleicht hoffen, daß die paranormale sogenannte „Außersinnliche Wahrnehmung" einen solchen Weg zusätzlicher Erkenntnis darstellt. Aber seine Problematik ist noch größer als die der sinnlichen Wahrnehmung; denn — ob es sich dabei um erweiterte Sinnesfunktionen handelt, — ob ein anderes Ordnungsschema von Raum und Zeit wirksam ist, — ob eine Gewahrwerdung ohne Vermittlung durch zugeordnete Sinne stattfindet, — welcher Natur also der verwendete Nachrichten-Übertragungskanal ist und wie der Ablauf der Phänomene gesteuert wird: mit all diesen Fragen stößt man in noch ungenügend erforschte Bereiche vor. Und darum gibt es auch keine zuverlässigen Kriterien dafür, unter welchen Bedingungen einer paranormal übermittelten Information eine Wahrheit über den verborgenen Teil der Wirklichkeit zukommt, ja, nicht einmal dafür, unter welchen Bedingungen eine paranormale Wahrnehmung überhaupt stattfindet oder ausbleibt.

Wir haben also festgestellt, daß es keinen absolout sicheren Weg zur Erkenntnis der äußeren Wirklichkeit gibt[8]. Kein Mensch kann

---

7 LORENZEN/ SCHWEMMER.- Konstruktive Logik und Ethik.- BI Hochschultaschenbuch Nr. 700 .- behandelt in: R. WÜRINGER .- Eine Modellvorstellung für normale und paranormale Effekte.- in: Grenzgebiete der Wissenschaft Jg. 24, 1975, S. 94 – 101; W. SCHWETSCHENKO.- Die verteufelten Fragen der Kybernetik.- in: Ideen des exakten Wissens Jg. 11, 1971, S. 765 – 770; vgl. auch K. NASITTA.- Forschungsmöglichkeiten in der Psychotronik.- in: Grenzgebiete der Wissenschaft Jg. 26, 1977, S. 172 – 177.

einen anderen mit Sicherheit von der Richtigkeit einer bestimmten Aussage überzeugen. Diese Einsicht, daß es keine zwingenden, absolut unanfechtbaren Beweise von Aussagen über die Wirklichkeit gibt, wollen wir uns für später zur Kritik an der transzendenz-verschlossenen Haltung merken.

Zunächst aber möchten wir uns noch mit der Frage beschäftigen, auf welche Weise die Naturwissenschaften, insbesondere die Physik, zu ihren bewunderten Erfolgen kommt, ob uns ihr Wahrheitskriterium vielleicht zu größerer Sicherheit und Weite der Erkenntnis führt.

B. Hypothesen und Theorien

Charakteristisch für die heutige naturwissenschaftliche Methodik ist das Operieren mit *quantitativen* Größen, die entweder gemessen oder berechnet werden können. Die quantitative Beschreibung des Naturgeschehens ermöglicht die Erfassung von Wechselwirkungen von Dingen, nicht jedoch eine Erklärung der Qualität, des Zwecks und des Sinnes der Dinge. Die Beherrschung der quantitativen Zusammenhänge ermöglicht Voraussagen von Funktionsweisen, sie war darum Voraussetzung für den Entwurf komplizierter Maschinen.

Quantitative Gesetze drücken sich in mathematischen Formeln aus. Ihre Gewinnung ist auf zweierlei Weise möglich:

a) durch *experimentelle Meßreihen*.
b) durch *mathematische Deduktionen* aus anderen Formeln.

a) erfordert meist einen relativ hohen Aufwand an Zeit und Kosten, wenn man überzeugende Ergebnisse mit hinreichender Meßgenauigkeit erzielen will.

b) führt, dank ausgefeilter mathematischer Verfahren, in überzeugender Weise und meist weniger kostspielig zu neuen gültigen Formeln, — falls die vorausgesetzten Formeln als abgesichert angesehen werden können. Diese Vorzüge von b) erklären das in allen

---

8 Vgl. hierzu auch: K. R. POPPER .- Von den Quellen unseres Wissens und unserer Unwissenheit.- in: Mannheimer Forum 75/76.- Mannheim: Boehringer GmbH: Sonderdruck 1978, S. 28/29

Naturwissenschaften bestehende Bestreben, alles Geschehen auf wenige einfache *Grundprinzipien* (Axiome) zurückzuführen, sodaß alle anderen Gesetze gemäß b) (deduktiv) daraus gewonnen werden können. Diese „axiomatisch-deduktive Methode" hat ihr Vorbild bereits in EUKLIDs „Elemente der Geometrie". Sie wurde das Muster einer (quantitativen) wissenschaftlichen *Theorie*. Eine solche besteht also (vereinfacht) im wesentlichen aus

1) Grundprinzipien, die durch Experimente bestätigt (oder auch nur als gültig vorausgesetzt) werden und
2) erlaubten Regeln zur Ableitung weiterer Gesetze (ausgehend von den Grundprinzipien und bisher evtl. schon abgeleiteten Gesetzen). Solcherart abgeleitete Gesetze nennt man dann auch „bewiesen in der betreffenden Theorie." Ihre Unsicherheit aufgrund unserer früheren Überlegungen wird dabei nicht mehr erwähnt.

Eine Theorie ist umso leistungsfähiger, je größer ihr Gültigkeitsbereich ist, d. i. der Bereich der Vorgänge, die korrekt beschrieben werden.

Von einer Theorie wünscht man ferner, daß ihr Deduktionssystem einfach ist: daß die Formeln möglichst einfache Struktur haben, daß klare Regelmäßigkeit und Symmetrien möglichst ohne uneinsichtige Ausnahmeregeln die Handhabung erleichtern und auch, daß möglichst wenig Grundbegriffe und Grundprinzipien benötigt werden und diese möglichst einfach aufgebaut sind. Diese Forderungen sind jedoch rein pragmatischer Natur, sie dürfen nicht als entscheidendes Kriterium verwendet werden bei der Frage, welche von zwei Theorien der Wirklichkeit besser entspricht.

Die meisten bedeutenden physikalischen Theorien der Neuzeit beruhten bei ihrer Einführung und zum Teil bis heute auf experimentell nicht nachgewiesenen Grundprinzipien, sog. *Hypothesen*. Solche Hypothesen konnten dann allgemeine Anerkennung finden, wenn sich die darauf aufbauende Theorie als leistungsfähig bewährte, — oft jedoch nur solange, bis eine noch leistungsfähigere Theorie gefunden wurde. Die Beispiele dafür reichen vom Ptolemäischen Weltbild und der Demokritschen Atomlehre bis zur heutigen Quanten- und Relativitätstheorie: in allen Fällen waren die einzel-

Grundlagen einer transzendenzoffenen Theorie

nen Grundprinzipien direkt nicht experimentell nachzuweisen, aber die Theorien bewährten sich[9].

Die Physik wird heutzutage so sehr von solchen auf Hypothesen aufbauenden Theorien geprägt, daß deren Bedeutung gelegentlich überschätzt wird: die bloße Zurückführung auf möglichst einfache Grundprinzipien wird schon als abschließende „Erklärung der Ursachen" verstanden; tatsächlich stellt sie jedoch nur einen mathematischen Zusammenhang im Rahmen eines quantitativen Beschreibungssystems her, keineswegs aber die hinreichende Deutung eines Vorgangs[10]. (Beispiel: KEPLER hatte gefunden, daß sich die Planeten auf elliptischen Bahnen bewegen; diese Bahnform läßt sich mathematisch aus den von NEWTON aufgestellten Grundprinzipien der Mechanik „beweisen", so als ob eine Anziehungskraft von der Sonne auf die Planeten wirke. Jedoch: auf welche Weise eine solche Kraftwirkung über den leeren Raum hinweg übertragen wird, darüber gibt diese „Begründung" noch keinen Aufschluß).

Bei einer Theorie, die auf Hypothesen aufbaut, bleibt der Beweis der Gültigkeit (also der experimentelle Nachweis der Grundprinzipien) zunächst offen. Um nun einer völligen Willkür bei der Aufstellung von Hypothesen und Theorien vorzubeugen, erhebt man bestimmte formale Forderungen:

Aus der Theorie darf sich natürlich kein logischer Widerspruch ableiten lassen, sonst wäre sie sicher unbrauchbar.

Man fordert nun ferner: eine Hypothese dürfe nur dann für eine wissenschaftliche Theorie zugelassen werden, wenn sie „falsifizierbar" ist, d. h. wenn wenigstens die Möglichkeit ihrer Widerlegung prinzipiell besteht. Man möchte auf diese Weise vermeiden, daß mehrere konkurrierende Thesen für ein Gebiet bestehen, ohne daß zwischen ihnen jemals eine Entscheidung gefällt werden kann. – In diesem Sinne erklärt man z. B. die „spiritistische Hypothese" (vgl. II.D) für unzulässig.

Diese Forderung hat sicher eine pragmatische Berechtigung; es ist für die Wahrheitsfindung erleichternd, wenn sie sich erfüllen läßt. Aber sie darf doch nicht erhoben werden, wenn die Gefahr

---

9 B. BAVINK.- Ergebnisse und Probleme der Naturwissenschaften.- Leipzig: Hirzel Verlag 1944.- S. 22 – 40
10 A. EINSTEIN/ L. INFELD.- Die Evolution der Physik, S.197/8

besteht, daß dadurch eine angemessene Beschreibung der Wirklichkeit erschwert oder verhindert wird. Auch die grundlegende These, daß es außer mir (dem erkennenden Subjekt) noch andere wahrnehmende Menschen gibt, autonome, denkende Wesen mit Bewußtsein, ist nicht falsifizierbar (und nicht beweisbar); aber sie ist unausgesprochene Voraussetzung jeder Theorienbildung, denn für wen sonst wird die wissenschaftliche Beschreibung denn vorgenommen, wenn nicht für andere Menschen, die man überzeugen will.

Das gleiche gilt von der „animistischen These", die alle einschlägigen paranormalen Phänomene auf Leistungen des menschlichen Unterbewußtseins zurückführt: auch sie ist nicht falsifizierbar, (weil die spiritistische These prinzipiell nicht beweisbar ist, wie sich später zeigen wird, vgl. II,D).

C. Das Problem der Nicht-Reproduzierbarkeit parapsychologischer Experimente

An der an sich bewährten deduktiven Methode möchten sich auch die psychologischen Wissenschaften orientieren. So ist die Parapsychologie bestrebt, die von ihr untersuchten Phänomene auf wenige Grundphänomene zurückzuführen. Diese sind experimentell gut abzusichern und sollen dann in der Lage sein, durch geeignete Kombination miteinander, Erklärungen für alle einschlägigen Phänomene zu liefern. Als solche Grundphänomene werden z. B. angesehen:

Telepathie, Hellsehen, Psychokinese.

Die Sätze der sich daraus ergebenden Theorie lauten jedoch in charakteristischer Weise anders als in physikalischen Theorien, nämlich

in der *Physik*: „Unter den und den Bedingungen tritt das und das (in allen Fällen) ein",

in der *Parapsychologie*: „Es gibt Fälle, in denen unter den und den Bedingungen das und das eintritt".

Diese „Nicht-Reproduzierbarkeit" der parapsychologischen Phänomene war immer ein Stein des Anstoßes, denn Reproduzierbarkeit von Phänomenen unter gleichen Bedingungen ist Voraussetzung für die Beherrschung und Anwendung eines Phänomens (z. B. zum Bau von Geräten, für Heilzwecke, zur Kommunikation).

Aber sicher ist es verfehlt, der Parapsychologie deswegen Unwissenschaftlichkeit vorzuwerfen, weil die Phänomene nicht voraussehbar sind, denn auch in der Physik mußten ja (widerstrebend) solche Aussagen respektiert werden wie:

„Es besteht die und die Wahrscheinlichkeit dafür,
daß ein bestimmtes Atom in diesem Zeitintervall
radioaktiv zerfällt: ob es tatsächlich zerfällt,
kann nicht vorausgesagt werden."

Die mikrophysikalische „Nicht-Reproduzierbarkeit" wird jedoch in unserer Wahrnehmungswelt so nicht erfahren, weil — infolge der großen Zahl der Atome — nur ihr statistisches Durchschnitts-Verhalten im makroskopischen Bereich wirksam ist und dieses Verhalten wieder strengen mathematischen Gesetzen genügt.

Wie ist nun „Nicht-Reproduzierbarkeit" erklärbar, ohne gleich an der Gesetzmäßigkeit der Wirklichkeit zu zweifeln?

Es gibt drei Denkmöglichkeiten:
1. Nicht-Reproduzierbarkeit liegt in der Natur der Sache (z. B. Atome verhalten sich eben akausal, nach statistischen Gesetzen), sie ist nicht weiter erklärbar.
2. Es gibt eine auslösende Ursache solcher Ereignisse, sie ist uns nur noch nicht (genügend) bekannt. Mit fortscheitender Erkenntnis (und Auswertungstechnik) wird man genauere Voraussagen machen können.
3. Die auslösende Ursache verfügt über einen eigenen Handlungsspielraum — evtl. aufgrund individueller Willensfreiheit.

Die Ansicht 1 überwiegt im Bereich der Physik, sie stellt die Rückzugsposition der Resignation dar, nachdem alle Versuche gemäß 2 mißlungen sind. Jedoch gibt es im Rahmen der *Heimschen Theorie* neue Aspekte, die eine Überwindung dieser unbefriedigenden „akausalen" Beschreibungsweise zumindest erhoffen lassen.

Ein typisches Beispiel für 2 ist die Meteorologie: Bessere Wetterprognosen sind möglich, wenn mehr Meßdaten durch größere und schnellere Computer verarbeitet werden könnten als es dem jetzigen Stand der Technik entspricht. Auch die Parapsychologie forscht gemäß 2 nach den auslösenden Ursachen und Funktionsbedingungen und wird die oben angegebenen Grundphänomene vielleicht einmal auf verursachende, grundlegendere Prinzipien zurückführen können.

Die Möglichkeit 3 tritt typisch in den empirischen Naturwissenschaften auf, etwa in der Form: „Dann und dort trat ein Exemplar der Gattung sowieso auf." Derartige Ereignisse sind nicht reproduzierbar, aber solche Ausssagen werden wissenschaftlich (evtl. mit Vorbehalt) akzeptiert. Auch bei spiritistischen Phänomenen muß naturgemäß mit dieser Art von Nichtreproduzierbarkeit gerechnet werden aufgrund der Willensfreiheit der ggf. beteiligten Persönlichkeiten.

Die Parapsychologie kämpft zur Zeit noch immer darum, ihre Grundphänomene allgemein glaubhaft zu machen. - Aber was heißt „glaubhaft machen", „nachweisen" bei nicht reproduzierbaren Experimenten? — Vielleicht: daß ein unvoreingenommener Beobachter, der sich mit Verstand in die Technik vertieft und die Experimente überprüft, in der Regel von der Richtigkeit der gefundenen Aussagen „überzeugt" wird. Wer allerdings zu dieser sorgfältigen Überprüfung nicht selbst in der Lage oder willens ist, ist dann auf den Glauben an die ausführenden Wissenschaftler angewiesen. — Dies bringt der Parapsychologie öffentliche Skepsis, Kritik bis zum persönlichen Vorwurf des Betrugs ein.

Auch in den beschreibenden Naturwissenschaften gibt es umstrittene Entdeckungen (z. B. Schneemenschen auf dem Himalaya, Saurier im Loch Ness), sie bleiben offene Probleme bis sie ggf. durch einige bestätigende Funde gesichert sind und dann anerkannt werden. Warum nicht so in der Parapsychologie?

Es gibt Unterschiede:

a) Die Parapsychologie befaßt sich nach ihrer eigenen Zielsetzung *nur* mit „abnormen" Phänomenen, die schon darum zunächst unglaubwürdig (weil „wunderbar", im Widerspruch zu den bekannten Naturgesetzen) sind.

b) Die Ergebnisse der Parapsychologie betreffen sehr weitreichende menschliche Dimensionen, gegen deren wissenschaftliche Behandlung die öffenliche Meinung weitgehend voreingenommen ist.

Man erkennt: Obgleich es sich in der Parapsychologie zum Teil gar nicht um den Nachweis von Gesetzen handelt, sondern um bloße „Existenznachweise", bei denen eigentlich ein einziger abgesicherter Fall ausreichen würde, benötigt man die Reproduzierbarkeit (oder wenigstens eine ausreichende Zahl entsprechender Wiederholungen in öffentlichen Demonstrationen) nur, um die Anderen überzeugen zu können.

Von dem Betroffenen selbst wird das Phänomen natürlich meist ganz anders beurteilt, denn er selbst kann durch ein einziges Erlebnis zu völliger Gewißheit kommen. Der Glaube als Frucht individueller Erfahrung ist ja überhaupt für den Einzelmenschen und seine persönlichen Zielsetzungen meist wichtiger und stärker als alle wissenschaftliche Theorie. Wo solche Erfahrungen aber fragwürdig sind oder fehlen, sollte man sich an die Wissenschaft wenden können und dort möglichst überzeugende Argumente finden.

Darum muß in den Wissenschaften grundsätzlich immer das Charakteristikum der Überzeugungsfähigkeit angestrebt werden. Und insofern ist die Nicht-Reproduzierbarkeit parapsychologischer Phänomene ein schwerwiegendes Problem, es beeinträchtigt deren Überzeugungswert, solange keine befriedigende Erklärung dafür vorliegt (oder aber: bis solcherlei Geschehnisse einmal zum allgemeinen Erfahrungsgut fast aller Menschen geworden sind; denn manche Theorien setzen sich durch, indem ihre Gegner aussterben).

D. Die spiritistische These und ihre Nicht-Beweisbarkeit

Die gleiche prinzipielle Kritik, die noch immer gegen den Nachweis der parapsychologischen Grundphänomene vorgebracht wird, läßt sich auch gegen jeden noch so ausgetüftelten Beweis einer transzendenz-bezogenen Aussage ins Feld führen, insbesondere etwa gegen die sog. *spiritistische These:* „Es gibt autonome intelligente Wesenheiten, die nicht über einen eigenen materiellen Körper verfügen, aber auf unsere Erfahrungswelt einwirken."

Hier tritt sogar noch eine weitere charakteristische Schwierigkeit hinzu: Die paranormalen *Phänomene*, auf die sich die spiritistischen Argumentationen stützen, sind prinzipiell die gleichen, die auch von nichtspiritistischen Vorgängen bekannt sind: Spukartige Bewegung von Gegenständen kann in der Form der Telekinese auch von besonders begabten lebenden Menschen verursacht werden[11]; intelligente automatische Handlungen können in Hypnose von einem Lebenden gesteuert werden; ja auch in der medialen Trance können nachweislich Lebende als Kommunikatoren auftreten[12].

Es scheint demnach, daß aus der Art der Phänomene als solche prinzipiell überhaupt kein Nachweis der spiritistischen These erbracht werden kann.

Dies macht einen solchen Nachweis natürlich nochmals schwerer: Es muß nämlich der übertragene Informations*inhalt* untersucht werden; dieser ist aber von Fall zu Fall verschieden, muß also im Einzelfall daraufhin geprüft werden, ob z. B. das Medium oder eine sonstige lebende Person die Information schon vorher erlangt (und telepathisch weitergereicht) haben könnte und dgl. .Das Gewicht einer Argumentation im Einzelfall ist aber stets von der Glaubwürdigkeit des untersuchenden Wissenschaftlers abhängig und läßt der skeptischen Kritik immer ein Tor offen. Schließlich kann man scharfsinnig argumentieren, daß ein zwingender Beweis für die spiritistische These überhaupt prinzipiell unmöglich ist, weil, nach T. K. OESTERREICH, „durch welche Mitteilungen auch immer ein Geist sich legitimieren mag, sie müssen zwecks Beglaubigung ihres Legitimationswertes selbst zunächst verifiziert werden. Das ist aber nur möglich, wenn lebende Menschen sie durch ihr Zeugnis erhärten oder ihre Richtigkeit sich durch Urkunden irgendwelcher Art beweisen läßt. Dann aber ist es prinzipiell möglich, die Kenntnisse des Mediums auf Telepathie oder Hellsehen zurückzuführen." „Ebenso kann keine noch so große psychi-

---

11 H. BENDER.- Unser sechster Sinn.- Stuttgart: Deutsche Verlagsanstalt 1971.- S. 104 – 106

12 E. MATTIESEN.- Das persönliche Überleben des Todes (3 Bände).- Berlin: W. de Gruyter ²1968, Bd. II.- S. 227 – 244

sche Konstitutionsähnlichkeit zwischen dem automatischen Geisteserzeugnis" (also auch einer Personation in Trance) „und irgendeinem lebenden oder toten Individuum einen Beweis für die Identität des erzeugenden Geistes mit eben jenem anderen liefern." Denn „wir kennen keine Grenzen der Einfühlung in eine fremde Person und der eigenen Umbildungsfähigkeit."[13]

Die Eigenschaft, nicht beweisbar zu sein, teilt die spiritistische These mit vielen Hypothesen. Anders jedoch als bei jenen Hypothesen wird sie von verschiedenen Seiten auch als Hypothese abgelehnt, obgleich sie durch viele Phänomene als wahrscheinliche Ursache nahegelegt wird.

Als tieferer Grund für diese Abneigung ist meines Erachtens nur die eingangs formulierte transzendenz-verschlossene Haltung zu erkennen, die in der öffentlichen Meinung vorherrscht und die ihrerseits einen unanfechtbaren Beweis dieser These fordert, ehe sie gleichberechtigt in wissenschaftlichen Erörterungen herangezogen werden darf. Das heißt aber doch, daß man diese Deutung grundsätzlich auf immer ablehnen will, denn in den vorangehenden Ausführungen wurde m. E. hinreichend dargelegt,

1. daß ein solcher unanfechtbarer Beweis gar nicht erbracht werden *kann*[14],
2. daß in anderen Wissenschaften, insbesondere der Physik, ein solcher unanfechtbarer Beweis von Grundprinzipien einer Theorie nicht gefordert wird, weil dies den Fortschritt der Theorienbildung und damit der darauf aufbauenden Forschung behindern würde[15].

Die transzendenz-verschlossene Haltung bedeutet demzufolge einen freiwilligen Verzicht auf bestimmte Deutungsmöglichkeiten der Erscheinungen, — unter Umständen gerade auf die zutreffendsten; sie bedeutet ein a-priori-Beharren auf gewissen unbewiesenen

---

13 Ebenda, Band I, S. 384
14 Vgl. Hierzu auch H. BENDER. - Parapsychologie und das Fortleben nach dem Tode. - in: Imago Mundi Band 7, (Hrsg. A. RESCH).- Innsbruck: Resch Verlag 1980.- S. 593 — 615
15 W. STEGMÜLLER.- Metaphysik — Skepsis — Wissenschaft.- Berlin: Springer Verlag 1969.- S. 39 f.- zitiert in: E. MENNE/ W. TRUTWIN.. Religion und Wissenschaft, S. 39; B. BAVINK.- Ergebnisse und Probleme der Naturwissenschaften, S. 33 — 35

Wissenschaftsschranken, die die wissenschaftliche Behandlung bestimmter Daseinsformen von vornherein auschließen.

Diese Haltung ist rein logisch durchaus zu vertreten. Sobald jedoch behauptet wird, dieses Vorgehen führe zu einem besseren Bild der Wirklichkeit, ein anderes Vorgehen sei weniger wissenschaftlich, dann schließt man ebenso falsch wie etwa jener Fischer, der mit seinem grobmaschigen Netz nur große Fische fängt und meint, es gebe gar keine kleinen Fische, weil er mit seinem „bewährten" Netz noch keinen gefangen und darum auch keinen gesehen hat.

Wir wollen daher im folgenden bewußt eine transzendenz-offene Haltung einnehmen:

Unter allen denkbaren Theorien soll diejenige den Vorzug verdienen, die sich bei der Deutung der Erscheinungen am besten bewährt; und wir lassen dabei auch Thesen mit bestimmten metaphysischen Konsequenzen zu, wenn sich diese Thesen aus der Natur der Phänomene aufdrängen.

Wir sind uns andererseits auch bewußt, daß jede menschlich faßbare Theorie nur einen *Teil* der Gesamtwirklichkeit beschreiben kann und insofern immer unvollständig und vorläufig sein wird.

III. ARGUMENTE FÜR EINE TRANSZENDENZOFFENE WISSENSCHAFTLICHE HALTUNG

Eine *transzendenzoffene* Haltung bedeutet also, daß wir es nicht als wissenschaftsfremd erachten, gleichberechtigt solche Hypothesen zuzulassen, die sich *auch* aus weltanschaulich-religiöser Hinterfragung der Wirklichkeit ergeben. Das darf natürlich nicht dazu führen, solche Thesen nach freiem Ermessen in die wissenschaftliche Theorienbildung einzuführen.

Um dieses Prinzip zu belegen, wird im folgenden eine Reihe solcher Gründe dargelegt, die es unseres Erachtens berechtigt erscheinen lassen, die spiritistische These als Grundprinzip zuzulassen und darauf eine „*spiritistische Theorie*" aufzubauen.

Zuvor noch eine Bemerkung zur *Terminologie:*
Das Wort „*spiritistisch*" wird in der Parapsychologie als Gegensatz zu „animistisch" zur Kennzeichnung von Deutungsansätzen im Sinne der obigen These verwendet (siehe hierzu Abschnitt III, C). — Das gleiche Wort dient aber auch als Bezeichnung für Praktiken, die darauf abzielen, mit den Geistern der Verstorbenen in einen kommunikativen Kontakt zu kommen. Solchen Bestrebungen soll hier nicht das Wort geredet werden; denn auf diesem Gebiet bestehen nicht nur vielfältige Täuschungs- und Irrtumsmöglichkeiten, es muß insbesondere vor den erheblichen Gefahren für die psychische Gesundheit gewarnt werden: schwere Neurosen und Geisteskrankheiten können von solchen Betätigungen ihren Ausgang nehmen. Damit soll aber nicht gesagt sein, daß es nicht auch echte, ehrwürdige „Kundgaben von drüben" gibt.

In unserem Zusammenhang wird die spiritistische These (siehe II, D) in einem allgemeineren, mehr philosophischen Sinn gemeint. Sie ist ihrem Gehalt nach ja auch zu schwerwiegend, als daß sie nur dem Aspekt der Parapsychologie vorbehalten bleiben dürfte; sie ist vielmehr für eine ganze Reihe von Wissenschaftsgebieten grundlegend bedeutsam. Dies wird sich auch aus den folgenden Ausführungen ergeben. — (Leider konnte ich eine weniger belastete, aber dennoch treffende Bezeichnung anstelle von „spiritistisch" nicht finden).

A. Physikalische Aspekte: Die Raum-Zeit-Struktur im Heimschen Weltmodell

BURKHARD HEIM hat eine umfassende physikalische Theorie entwickelt[16], die sehr leistungsfähig zu sein scheint, denn sie beinhaltet alle Gesetze der klassischen Physik und beschreibt sowohl die Welt im großen wie im kleinen, die Anwendungsbereiche der

---

16 B. HEIM.- Vorschlag eines Weges zur einheitlichen Beschreibung der Elementarteilchen.- in: Zeitschrift für Naturforschung 32a, 1977, S. 233 — 243; derselbe.- Ausgewählte Ergebnisse einer einheitlichen Quantenfeldtheorie der Materie und Gravitation.- Unveröffentlichtes Vortragsmanuskript, 1976; derselbe.- Elementarstrukturen der Materie (2 Bände), Band 1, Innsbruck: Resch Verlag 1980, Band 2 in Vorbereitung..-

allgemeinen Relativitätstheorie wie die der Quantentheorie, im Einklang mit der (auf Messungen begründeten) Erfahrung; sie liefert somit eine einheitliche theoretische Grundlage für das Gesamtgebiet der Physik. Insbesondere gestattet sie, erstmalig, die Ableitung von Formeln, mit deren Hilfe die Massen aller Elementarteilchen und die Lebensdauer ihrer Grundzustände zahlenmäßig korrekt berechnet werden können. Wir erwarten daher, daß sie sich als besseres Modell der Wirklichkeit gegenüber anderen konkurrierenden physikalischen Theorien durchsetzen wird. Insofern scheint dem *Heimschen Modell* eine größere Glaubwürdigkeit zuzukommen als anderen Modelltheorien über die Struktur unserer Welt.

Die Konsequenzen der Heimschen Theorie gehen aber in eigentümlicher Weise über den rein physikalischen Aspekt hinaus und legen eine übergeordnete Weltsicht nahe, die auch metaphysische Aspekte einschließt[17].

Zum besseren Verständnis der folgenden Darlegungen muß ich etwas ausholen und einige Erläuterungen vorausschicken:

„Ereignisse" unserer Erfahrungswelt werden bekanntlich durch Angabe von Ort und Zeit identifiziert, wobei zur präzisen Ortsangabe drei Zahlen (z. B. geogr. Länge, Breite und Höhe über dem Meeresspiegel) erforderlich sind. Wir sagen darum: Unser „Erfahrungsraum", das ist die Mannigfaltigkeit aller Orte, hat *drei* Dimensionen; unsere „Erfahrungswelt", d. i. die Mannigfaltigkeit der Ereignisse, hat *vier* Dimensionen, nämlich über die *drei Raumdimensionen* hinaus noch eine *Zeitdimension*.

In der Mathematik ist es möglich, geometrische Berechnungen in der (zweidimensionalen) Ebene, im Raum oder auch (formal) in einem vier- oder noch höher-dimensionalen Raum durchzuführen, obgleich sich solche Operationen anschaulich nicht mehr verfolgen lassen. Insbesondere ist es prinzipiell möglich, auch die Ereignisse wie „Punkte" eines vierdimensionalen abstrakten „Raumes" zu behandeln. Es wäre jedoch verfehlt, daraus zu schließen, unsere Welt sei nun ein vierdimensionaler Raum, unsere Zeit sei in Wahr-

---

[17] B. HEIM.- Der kosmische Erlebnisraum des Menschen.- in: IMAGO MUNDI, Band 5 (Hrsg. A. Resch).- Innsbruck: Resch Verlag 1975.- S. 13 – 59

heit eine vierte *Raum*dimension. Bei der mathematischen Beschreibung der vierdimensionalen Raum-Zeit-Welt unterscheiden sich nämlich die drei Raumkoordinaten in charakteristischer Weise von der Zeitkoordinate:

Mit der metrischen Fundamentalform, die im einfachsten Fall (bei euklidischem Raum) $\Delta s^2 = \Delta x^2 + \Delta y^2 + \Delta z^2 - (c \cdot \Delta t)^2$ lautet, wird der allgemeine "Abstand" zweier Ereignisse E_1 und E_2 bestimmt, deren Raumkoordinaten sich um $\Delta x, \Delta y, \Delta z$ unterscheiden und im zeitlichen Abstand Δt auseinanderliegen (c=Lichtgeschwindigkeit). Falls die Ereignisse zur gleichen Zeit stattfinden ($\Delta t = 0$), ergibt $\Delta s = \sqrt{\Delta x^2 + \Delta y^2 + \Delta z^2}$ die räumliche Entfernung der beiden Orte (entsprechend dem Satz von Pythagoras für die räumliche Geometrie); also eine reelle Zahl. Falls die Ereignisse am gleichen Ort stattfinden ($\Delta x = \Delta y = \Delta z = 0$), bekommt man $\Delta s^2 = -c^2 \cdot \Delta t^2$, d. h. $\Delta s = i \cdot c \cdot \Delta t$ mit $i = \sqrt{-1}$, also einen "imaginären" Wert, der — abgesehen von dem konstanten Faktor c — den zeitlichen Abstand repräsentiert.

Es lassen sich also prinzipiell „*reelle*" = räumliche und „*imaginäre*" = zeitartige Dimensionen unterscheiden[18].

Vor 100 Jahren bereits versuchte F. ZÖLLNER bestimmte paranormale Phänomene dadurch zu erklären, daß er dem Raum eine reelle vierte Dimension zuschrieb[19]. Dabei ergeben sich jedoch Deutungsschwierigkeiten bei der mathematischen Beschreibung von Zentralkraftfeldern (z. B. beim Newtonschen Gravitationsgesetz und beim Coulombschen Gesetz der Elektrostatik): die Abnahme der Kraft umgekehrt proportional zum *Quadrat* der Entfernung läßt sich nämlich im dreidimensionalen Raum mit der Verteilung des Kraftfeldflusses auf eine kugelförmige Fläche erklären (dessen Flächeninhalt ja zum *Quadrat* des Radius proportional ist)[20]. — Es wäre also eher zu vermuten, daß die zur Deutung para-

---

18 W. GERLACH (Hrsg.).- Physik.- Frankfurt: Fischer Verlag 1960.- S. 328
19 F. ZÖLLNER.- Die transcendentale Physik.- Leipzig 1878; dargestellt in: M. RENNINGER.- Echte vierte Raumdimension als paranormale Wirksphäre?.- in: Zeitschrift für Parapsychologie und Grenzgebiete der Psychologie Jg. 19, 1977, S. 215 – 226
20 M. JAMMER.- Das Problem des Raumes.- Darmstadt: Wissenschaftliche Buchgesellschaft 1960.- S. 198 – 200, 207

normaler Phänomene geeignete zusätzliche Dimension nicht reell, sondern imaginär, also zeitartig ist. (Übrigens hat bereits HORNELL HART eine fünfte „psychische" Dimension in Ansatz gebracht und auch K. NASITTA weist auf die Unvollständigkeit einer vierdimensionalen Weltbeschreibung hin[21].)

Diese Vermutung wird nun durch die Heimsche Theorie voll unterstützt: Sie fordert nämlich zur Beschreibung der physikalischen Erscheinungen eine *sechsdimensionale Welt* aus *drei reellen* und *drei imaginären* Dimensionen: die bisherige Struktur einer vierdimensionalen Raum-Zeit-Welt wird eingebettet in eine umfassende „Überwelt" mit zwei zusätzlichen zeitartigen Dimensionen.

Diese Weltstruktur, die ihre Begründung also rein im physikalischen Bereich hat, führt naturgemäß zu der Vermutung, daß es außer der uns wahrnehmbaren Welt noch weitere „*verborgene*" Welträume gibt und daß dort auch die Ursachen und Mittel paranormaler Phänomene zu suchen sind.

Imaginäre Zahlen haben in der Mathematik in gewissem Sinne tatsächlich etwas mit dem „Verborgenen" zu tun: In der Analytischen Geometrie ist die rechnerische Behandlung aller konstruierbaren räumlichen Figuren möglich. Läßt man bei der Berechnung auch „komplexe" Zahlen (mit imaginären Anteilen) zu, so erhält man zusätzliche berechenbare Figuren, die im reellen Raum konstruktiv nicht auftreten; zum Beispiel hat ein Kreis auch mit einer außerhalb verlaufenden Geraden zwei durchaus berechenbare „imaginäre Schnittpunkte": ihre Koordinaten haben einen imaginären Anteil, liegen nicht im reellen Bereich (vgl. Bild 2).

Diese mehr qualitative Entsprechung von „imaginär" und „verborgen" darf aber nicht dahin konkretisiert werden, als bildeten die drei imaginären Dimensionen gerade die Ergänzung der drei reellen Dimensionen zu einer Welt aus drei komplexen Doppeldimensionen; denn die imaginären Dimensionen haben qualitativ eine unterschiedliche physikalische Bedeutung (eine entspricht ja

---

[21] H. HART.- The Psychic Fifth Dimension.- in: Journal of the American Society for Psychical Research vol. 47, 1953, S. 3 – 32; wiedergegeben in: H. v. NOORDEN.- Theorien der Außersinnlichen Wahrnehmung.- in: Zeitschrift für Parapsychologie und Grenzgebiete der Psychologie Jg. 11, 1968, S. 79 – 80; K. NASITTA.- Forschungsmöglichkeiten in der Psychotronik.- Grenzgebiete der Wissenschaft Jg. 26, 1977, S. 173

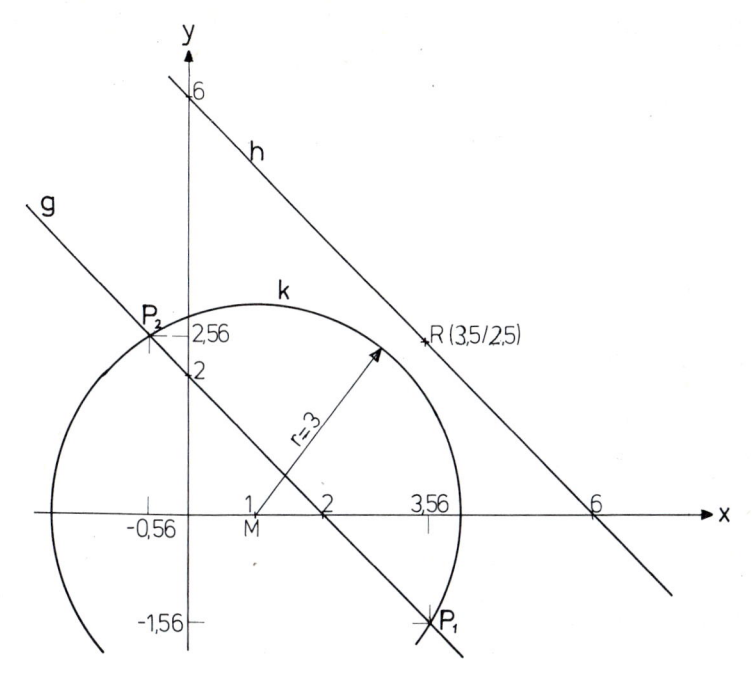

Grundlagen einer transzendenzoffenen Theorie

Schnittpunkte des Kreises k mit den Geraden g und h:

$k: (x-1)^2 + y^2 = 9$	$k: (x-1)^2 + y^2 = 9$
$g: \qquad y = -x + 2$	$h: \qquad y = -x + 6$
$(x-1)^2 + (-x+2)^2 = 9$	$(x-1)^2 + (-x+6)^2 = 9$
$2x^2 - 6x + 5 = 9$	$2x^2 - 14x + 37 = 9$
$x^2 - 3x - 2 = 0$	$x^2 - 7x + 14 = 0$
$x = 1{,}5 \pm \sqrt{2{,}25 + 2}$	$x = 3{,}5 \pm \sqrt{12{,}25 - 14}$
$\quad = 1{,}5 \pm 2{,}06$	$\quad = 3{,}5 \pm \sqrt{-1{,}75}$
$P_1: x_1 = 3{,}56 \ / \ y_1 = -1{,}56$	$Q_1: x_1 = 3{,}5 + 1{,}32\,i \ / \ y_1 = 2{,}5 - 1{,}32\,i$
$P_2: x_2 = -0{,}56 \ / \ y_2 = 2{,}56$	$Q_2: x_2 = 3{,}5 - 1{,}32\,i \ / \ y_2 = 2{,}5 + 1{,}32\,i$
Die Schnittpunkte von k und g haben reelle Koordinaten.	Die „Schnittpunkte" von k und h haben komplexe Koordinaten mit imaginären Anteilen: sie liegen nicht in der reellen Ebene.

Bild 2. Reelle und imaginäre Punkte in der Geometrie

der Zeit), bei einer Zugehörigkeit zu je einer Raumdimension würden daher bestimmte Raumrichtungen auch eine besondere physikalische Bedeutung in der Weltstruktur haben; tatsächlich sind alle Raumrichtungen aber strukturell gleichwertig (wenn man von Feld- bzw. Materie-Verteilungen im Raum absieht). Ob der gleichen Anzahl von imaginären und reellen Dimensionen unserer Welt ein anderer, weisheitsvoller Gedanke zugrunde liegt, ist vorerst ungewiß.

Wie kann man sich eine solche Weltstruktur mit imaginären Dimensionen vorstellen?

Wir betrachten dazu die bekannte und erlebbare Dimension Zeit und stellen fest: Eine Momentaufnahme der Welt zu einem bestimmten Zeitpunkt liefert uns jeweils eine bestimmte Anordnung und Form materieller Gegenstände im Raum, eine bestimmte Materieverteilung. (Liegen die Zeitpunkte sehr eng beieinander, so stimmen die entsprechenden Materieverteilungen weitgehend überein. Aus Gründen der Einfachheit möchten wir darum annehmen, daß alle diese Materieverteilungen sich auf denselben Raum beziehen und die Veränderungen als quasi stetige Bewegungen der Gegenstände in diesem Raum gedeutet werden können.)

Angenommen, ein Parkplatz ist um 1 Uhr von einem grünen Auto besetzt; das Auto fährt dann fort, und um 2 Uhr steht dort ein blaues Auto. Dann können wir sagen, daß sich an derselben Raumstelle (Parkplatz) zu verschiedenen Zeitpunkten verschiedene Gegenstände (Autos) befinden; m. a. W. sie belegen bei verschiedenen Werten der Koordinate Zeit *denselben Raumbereich, ohne sich zu stoßen.*

Diese Beschreibung übertragen wir nun analog auf andere imaginäre Dimensionen: Nach der Heimschen Theorie wird unsere materielle Welt und ihr zeitlicher Ablauf innerhalb der sechsdimensionalen Überwelt durch bestimmte feste Koordinatenwerte der fünften und sechsten Dimension charakterisiert (ähnlich wie eine Momentaufnahme durch einen bestimmten festen Zeitpunkt). Ändern wir nun z. B. den fünften Koordinatenwert, so erhalten wir *andere Substanzverteilungen in demselben Raum,* (analog zu Änderungen im Ablauf der Zeit), z. B. kann der Raumbereich, an dem sich in der materiellen Weltansicht mein „materieller" Körper befindet, dort von einer anderen „odischen" Substanz ausgefüllt sein.

Könnten wir also mit bewußter Wahrnehmung diesen fünften Koordinatenwert verändern, so würden wir vermutlich ständig wechselnde Szenen, Formen, Gebilde, Arteigenschaften usw. erleben, die sich in demselben Raum überlagern und durchdringen, in dem auch wir uns materiell befinden; und zwar Gestalten, die sich ihrerseits im Laufe der Zeit verändern können, ebenso wie die Gegenstände unserer Welt einem zeitlichen Ablauf des Geschehens unterworfen sind. Wir vermuten also, daß unser Raum nicht nur von dem für uns wahrnehmbaren Geschehen erfüllt ist, sondern auch von den Vorgängen der raum-zeitlichen *Parallelwelten*, die lediglich durch andere Koordinatenwerte der fünften und sechsten Dimension charakterisiert sind. Wenn man sich dies vor Augen hält, dann erscheint es nicht mehr so absurd, die reale Existenz eines, wie man sagt, „feinstofflichen" Körpers (Odleib, Aura) eines jeden Menschen für möglich zu halten, der etwa denselben Raumbereich wie der materielle Körper belegt, aber eben einer solchen Parallelwelt angehört und darum von uns nicht mit den physischen Sinnesorganen wahrgenommen werden kann.

In der so gewonnenen Vorstellung vom Gesamtgeschehen in einer sechsdimensionalen Gesamtwelt erkennen wir unsere wahrnehmbare Welt als den Teilaspekt, der unseren Sinnen zugänglich ist. Hätten wir eine Wahrnehmungsfähigkeit, die einem anderen Koordinatenwert der fünften oder sechsten Dimension entspräche, so würde sich uns ein anderer (Teil-)Aspekt des Gesamt-Raumes erschließen; wir wollen ihn (im Anschluß an HEIM) „*Pararaum*" nennen. Weiter wollen wir von einer „*Parawelt*" sprechen, wenn wir auch die zeitliche Dimension mitbetrachten.

Es ist wohl offensichtlich, daß sich ein solches Weltbild vorzüglich als raum-zeitliche-Strukturform bei der Erklärung paranormaler Phänomene eignet. Wesentliche, aber nicht wahrnehmbare Begleitprozesse solcher Geschehnisse scheinen sich in Pararäumen zu vollziehen. Wir haben noch kein genügendes Wissen, um aufgrund der Heimschen Theorie eine Paraphysik im Detail konkretisieren zu können. An späterer Stelle werden hierzu einige Grundgedanken vorgestellt, die die Fruchtbarkeit des Heimschen Weltbildes als

Deutungsarsenal paranormaler Phänomene erkennen lassen. Auch die Erlebnisberichte von Exteriorisierten, von „Fast-Gestorbenen", gewisse „Jenseits-Visionen" von Hellsichtigen ebenso wie eine große Zahl von „Jenseitsberichten" aus spiritistischen Kundgaben ordnen sich hier insofern zwanglos ein, als darin übereinstimmend immer wieder Strukturmerkmale von Heimschen Parawelten erkennbar sind[22].

So wird z. B. von menschenähnlichen Gestalten berichtet, die sich im Raum bewegen, und von Gegenständen, die eine Form haben; aufschlußreich ist aber insbesondere, daß man mit seinem „jenseitigen Leib" jene Gegenstände ergreifen und bewegen kann, während die physische Materie ohne Widerstand durchdrungen wird. Denn das wäre auch im Sinne der Heimschen Theorie zu erwarten: Gebilde verschiedener Parawelten können sich an derselben Stelle befinden, ohne sich beim Durchdringen anzustoßen; dagegen können die Gegenstände derselben Parawelt füreinander undurchdringlich sein, ebenso wie in unserer materiellen Welt.

Noch eine andere Struktureigenschaft des Heimschen Weltmodells ist in diesem Zusammenhang wichtig: Die *Koordinaten* jeder imaginären Dimension nehmen nur diskrete Zahlenwerte an, sind also *quantisiert*[23]. Das heißt aber, daß die einzelnen Pararäume nicht kontinuierlich (gleitend verschwimmend) ineinander übergehen, sondern diskret voneinander getrennt sind. Ein menschliches Wesen müssen wir uns demnach nicht als ein unauflöslich zusammenhängendes Gebilde vorstellen, von dem wir nur den materiellen Aspekt wahrnehmen, sondern bestehend aus mehreren diskreten Bestandteilen, die jeweils verschiedenen benachbarten Parawelten angehören, aber sich im selben Raumbereich überlagern. Es besteht demnach auch keine prinzipielle Denkschwierigkeit, anzunehmen, daß diese Bestandteile ihre Verbindung untereinander lockern oder ganz auflösen können, sei es nur zeitweise oder auf Dauer, oder auch andere Verbindungen eingehen können; dies müßte in unserer Erfahrungswelt zu Phänomenen führen, wie sie tatsächlich als Exteriorisation bzw. Besessenheit und beim spiritistischen Mediumismus bekannt geworden sind. Auf die sich dabei

---

22 Siehe die Anmerkungen 40 — 44 zum Abschnitt III. C. a)
23 B. HEIM.- Der kosmische Erlebnisraum, S. 37 — 41

abspielenden Kopplungsvorgänge und -bedingungen wird an späterer Stelle noch einmal versuchsweise eingegangen, dabei werden einige nach der Heimschen Theorie denkbare Modellvorstellungen für diese Vorgänge dargelegt.

Als Konsequenzen dieser Betrachtungsweise würden sich ergeben:

1. Beim *Tod* eines Menschen kann aus dem Zerfall des physischen Organismus nicht auf Vernichtung oder Auflösung der Parabestandteile des Menschen, insbesondere seines persönlichen Bewußtseins, geschlossen werden, sondern zunächst nur auf ihre Abtrennung vom physischen Leib.
2. *Bewußtsein* und *geistige* Prozesse sind nicht bloße Funktionen des materiellen Gehirns, sondern spielen sich wesentlich in Parabestandteilen des Menschen ab. Die erwähnten Berichte von Exteriorisierten lassen vermuten, daß diese Prozesse zu ihrer Funktion das materielle Gehirn nicht erfordern. Dies spräche dafür, daß das Gehirn statt dessen eine Antennen- und Transformatorfunktion spielt, um Signale und Informationen aus dem physischen in den Parabereich zu vermitteln und umgekehrt.
3. Die *Existenz* autonomer, intelligenter, *nichtmaterieller Wesenheiten* ist in diesem Sinne zu erwarten, und zwar mit räumlicher Gestalt in einem zeitlichen Geschehen. Die gelegentlich geäußerte Vermutung einer gestaltlosen Seele wäre allenfalls mit einer nicht scharf begrenzten, evtl. zerfließenden Substanz vereinbar. Ein *unräumliches* und ebenso ein *zeitloses Dasein* in den Parawelten ist nach der Heimschen Theorie nicht zu vermuten.
4. Es ist möglich, daß beim Übergang in andere Pararäume der Zeitmaßstab verzerrt wird; es ist ferner möglich, daß die Umstände dort anders organisiert sind und die Zeitordnung eine weniger zwingende Rolle spielt als in unserer Welt: auf jeden Fall dürfte es aber einen Geschehensablauf mit „Vorher" und „Nachher" mit „Vergangenheit" und „Zukunft" geben, und infolgedessen auch die formalen Voraussetzungen für ein Handeln und Entscheiden, die formale Möglichkeit für Freiheit und Verantwortung.

Gegen diese Betrachtungsweise als ganzes erhebt sich jedoch ein berechtigter, prinzipieller Einwand: Die beiden hinzugenommenen imaginären Dimensionen sind zwar sicher zur Gewinnung der

Rechenergebnisse in der physikalischen Theorie als formale Zustandskoordinaten erforderlich, es läßt sich aber nicht beweisen, daß ihnen eine physikalische Realität zukommt; und selbst wenn die Pararäume wirklich existieren sollten, läßt sich aus der Heimschen Theorie nicht beweisen, daß sie mit spirituellen Wesenheiten „bevölkert" sind.

Tatsächlich haben die hier vorgebrachten Gedankengänge keinesfalls den Charakter von Beweisen, sie sind rein hypothetisch und bedürfen noch vielfältiger Überprüfung, Überarbeitung, Ergänzung, Detaillierung und sicher auch Korrektur; dies gilt insbesondere für die später folgende versuchsweise weitere Ausführung. Andererseits dürfte aber einer Argumentation, die da lautet: paranormale und speziell spiritistische Vorgänge seien mit den physikalischen „Tatsachen" nicht zu vereinen, gründlich der Boden entzogen sein: denn es hat sich gezeigt, daß sich spiritistische Deutungsmodelle dieser Art sehr wohl in den Rahmen einer physikalisch begründeten Theorie einordnen lassen.

Auch unter Berücksichtigung des Einwands können wir die Ergebnisse dieses Abschnitts wie folgt zusammenfassen:

Die *Heimsche Theorie* hat im Bereich der Physik Ergebnisse geliefert, derart *als ob* die Welt zwei zusätzliche Dimensionen mit bestimmten Struktureigenschaften hätte. Unter der Annahme der realen Existenz solcher Parawelten müßte mit der Möglichkeit spiritistischer paranormaler Phänomene gerechnet werden. Tatsächlich sind aber solche Phänomene zur genüge bekannt, und unter der Annahme einer spiritistischen Deutung weisen sie gerade die raumzeitlichen Strukturmerkmale auf, die im Sinne der Heimschen Theorie zu erwarten sind.

Beide Theorien stützen und bestätigen einander also vorzüglich und können als Ergänzungen zueinander im Hinblick auf ein umfassendes Weltverständnis aufgefaßt werden.

B. Biologische Aspekte: Leben und Evolution

Die spiritistische Hypothese (siehe II,D) postuliert eine für unsere normalen Sinne verborgene aber gleichwohl existierende und erfüllte und wirkende Welt, sie enthält also eine sehr allgemeine und grundsätzliche Aussage. Mit Recht würde man ihr darum mit größter Skepsis begegnen, wenn sie sich nur auf Phänomene und Deutungsmodelle eines einzigen Wissenschaftsgebietes abstützen könnte. Im folgenden soll darum auf Argumente aus anderen Fachbereichen eingegangen werden, die für die Gültigkeit dieser Hypothese von Bedeutung sind.

In der *Biologie* handelt es sich dabei als erstes um die Frage nach dem *Wesen des Lebens,* insbesondere darum, ob Leben eine Funktion der Materie ist, also aus den Eigenschaften der Materie erklärt werden kann. Die heute übliche Antwort lautet: Leben als solches läßt sich gar nicht präzise definieren, wir finden es immer gebunden an einen materiellen Organismus und können nur Lebensmerkmale eines solchen Organismus beschreiben[24]: Stoffwechsel, Wachstum, Reaktion auf Reize, Fortpflanzung und ggf. Entwicklung, Regeneration. Diese Lebensäußerungen lassen sich auf beobachtbare materielle Vorgänge zurückführen und insofern besteht kein Anlaß, vom Leben als von einem eigenen Etwas zu sprechen.

Diese Argumentation ist typisch für materialistisch orientierte wissenschaftliche Theorien. Ganz analog lauten ihre Antworten nach dem Wesen der Seele, der Persönlichkeit usw., sie laufen immer darauf hinaus, daß diese Fragen nur Scheinprobleme seien, weil das Wesen dieser Entitäten nicht faßbar ist; man begnügt sich mit der Beschreibung der Mechanismen für ihre Einzelmerkmale. Und das ist im Rahmen jener Theorien auch gar nicht anzufechten.

Die Aussagen würden anders lauten, wenn man von der realen Existenz einer lebenserhaltenden Kraft bzw. einer Seele oder einer Persönlichkeit ausgehen könnte. Einen Fingerzeig dafür kann uns die Frage nach dem Wesen des Bewußtseins geben, die wir nicht als Scheinfrage abtun können, weil wir nicht nur „Äußerungen" des Bewußtseins anderer Menschen wahrnehmen, sondern die reale Existenz unseres eigenen Bewußtseins erleben können.

---

24 H. J. BOGEN.- Knaurs Buch der modernen Biologie.- München: Droemersche Verlagsanstalt 1967.- S. 15

Wenn nun auch die Frage nach dem Wesen des Lebens (und zwar aus formal-begrifflichen Gründen) uns zu keinen überzeugenden Ergebnissen zugunsten einer spiritistischen Theorie führt, so muß doch die Frage nach der *Entstehung des Lebens* (der lebendigen Organismen) auch vom Standpunkt einer materialistischen Anschauung ernst genommen werden. Sie zerfällt in mehrere Teilprobleme:

Wie entstand das erste Leben auf der Erde und wie kam es zu der Vielzahl der Arten?

Wie vollzieht sich die Entwicklung eines individuellen Lebewesens?

Und wir fügen gleich hinzu:

Wie werden die Lebensfunktionen eines lebenden Organismus gesteuert?

Für unsere Thematik interessieren uns dabei weniger die einzelnen Voraussetzungen dieser Prozesse, sondern wir fragen prinzipiell: Lassen sich ihre sichtbaren Ergebnisse glaubhaft vollständig aus Vorgängen erklären, die sich rein im materiellen Bereich abspielen, oder legen sie vielmehr die Wirksamkeit verborgener Einflüsse nahe, die diese Prozesse planvoll steuern; mit anderen Worten: Vollzieht sich biologische Evolution nach Gesetzen der (materiellen) Physik aufgrund von zufälligen (materiellen) Ereigniskonstellationen, oder ist unsere vorhandene Welt der Lebewesen ein derart unwahrscheinliches Ergebnis solcher Prinzipien, daß wir eine verborgene planvolle Steuerung annehmen müssen.

Als Nichtbiologe fühle ich mich nicht imstande, diese Thematik anhand von Fallbeispielen im Detail zu behandeln. Ich verweise dazu auf einschlägige Fachliteratur. Stattdessen möchte ich nur die prinzipielle Gedankenführung einiger wichtiger Diskussionspunkte und ihre Bedeutung für die Grundlegung einer spiritistischen Theorie überblickhaft zusammenstellen.

Die heute vorherrschenden materialistischen Erklärungsmethoden versuchen die Evolution allein aufgrund von physikalisch-chemischen Eigenschaften der Materie unter geeigneten irdischen Umweltbedingungen mit dem Prinzip der *Darwinschen* Selektion

("Survival of the fittest") zu erklären, — ohne jede planvolle Steuerung.
Dieser Vorstellung werden Argumente folgender Art entgegengehalten:
1. Die *Wirksamkeit* des Darwinschen Prinzips bei der Entstehung neuer höherer Baupläne ist *empirisch nicht begründet* (lediglich bei der Entstehung von Spielarten und Rassen innerhalb einer Art bzw. Gattung)[25].
2. Wahrscheinlichkeitsrechnungen sprechen mit astronomischen Zahlen gegen eine *zufällige* Entstehung von — sich selbst reproduzierenden — Makromolekülen als Urkeimen des Lebendigen und ebenso gegen größere Sprünge in der (Darwinistischen) Entwicklung. Solche Sprünge wären aber bei der Entstehung neuer Organe erforderlich, weil erst ein *funktionierendes* Organ einen Selektionsvorteil ergibt[26]. Man denke etwa an Scharniergelenke der Muscheln, Sinnesorgane, und zwar gleich als Organpaar (Augen, Ohren) für Raumorientierung, Ultraschall-Radar, Orientierungsvermögen der Zugvögel; insbesondere völlig neue Konstruktionsprinzipien wie Lungenatmung, Warmblutprinzip, Lebendgeburt mit Säugevorrichtung, Flugfähigkeit mit Leichtbauweise und Federkleid, Knochenskelett mit Fortbewegung auf dem Lande. - B. VOLLMERT kommt aus der Sicht der Makromolekularen Chemie zu dem Ergebnis: „Die ganze Philosophie von ‚Zufall und Notwendigkeit' beruht auf einem Mißverständnis des Begriffs *Mutation*: Mutationen, die eine durch Selektion erfaßbare Veränderung des Eigenschaftsbildes zur Folge haben und schließlich zur Entstehung neuer Arten ... führen, gibt es nicht und hat es nie gegeben"[27].

25 L. G. TIRALA.- Massenpsychosen in der Wissenschaft.- Beihefte der Deutschen Hochschullehrerzeitung Heft 3/4.- Tübingen: Grabert Verlag 1969.- S. 1 –30, 125 – 166; R. RIEDL.- Die Strategie der Genesis.- München: Piper Verlag 1976; J. ILLIES.- Biologie und Menschenbild.- Freiburg: Herder Verlag 1975; derselbe.- Das Geheimnis des Lebendigen.- München: Kindler Verlag 1976; A. PORTMANN.- 100 Jahre Darwinismus.- in: J. Illies.- Das Geheimnis des Lebendigen, S. 284 – 290; K. v. FRISCH.- Biologie - München: Bayerischer Schulbuchverlag 1961, Bd. 2, S. 194 – 197

26 L. G. TIRALA.- Massenpsychosen, S. 10 – 13, 127 – 128; J. ILLIES.- Biologie und Menschenbild, S. 16 – 18; P. JORDAN.- Erkenntnis und Besinnung.- Oldenburg: Stalling Verlag 1972.- S 173/74

27 B. VOLLMERT.- Das Makromolekül DNS.- Pfinztal: G. F. Sass Verlag 1978.- S. III, 50 – 54

3. Viele primitive Arten bestehen seit Jahrmillionen unverändert trotz ständigem „Kampf ums Dasein", andererseits sind zahlreiche biologische Mechanismen bekannt, die ein Überhandnehmen bestimmter Arten durch eigene Gegensteuerung verhindern[28]. Spricht das nicht mehr für eine planvolle Lenkung der Erdpopulation?
4. Die Darwinistische Theorie erklärt nicht überzeugend die Entstehung von *Qualitäten,* die keinen Selektionsvorteil bringen: die Schönheit von Blumen, Schmetterlingen, Fischen, Vögeln, die Musikalität bei Menschen[29]. Auf die Entwicklung paranormaler Fähigkeiten werde ich im nächsten Kapitel gesondert zu sprechen kommen.
5. In der Entwicklungsgeschichte treten häufig entsprechende Organe und Organfunktionen in verschiedenen unabhängigen Entwicklungslinien auf (*analoge* Organe)[30], so als ob im Zuge eines intelligenten Vorgehens auf frühere konstruktive Lösungen zurückgegriffen würde (z. B. Linsenaugen bei Wirbeltieren und Tintenfischen, Linsensysteme bei den Lampen der Tiefseefische).
6. Die Entstehung der vielen zum Teil hochspezialisierten *Symbiosen* (der Anpassung von verschiedenen Lebewesen aufeinander und ihre gegenseitige Förderung, z. B. Blume und Insekt) erfordert in einigen Spezialfällen doch offenbar eine aufeinander abgestimmte Entwicklung der beteiligten Arten[31]; man denke auch an die originellen aufeinander angepaßten angeborenen Verhaltensweisen der Individuen gleicher Art (Hochzeitsgebaren, Demutsgesten), die einem Tier nur dann von Nutzen sind, wenn auch ihr Verständnis beim Partnertier vorhanden (angeboren) ist. Angesichts der Vielfalt solcher Abhängigkeiten fällt es schwer, zu glauben, daß solche Entwicklungen sämtlich ohne höhere Koordination zustandegekommen sind.
7. Die *Technik der Natur* ist der von Menschen entwickelten Technik weit voraus. Dies wird deutlich, wenn man versucht, z. B.

---

28 L. G. TIRALA, Massenpsychosen, S. 16 – 18, 24 – 28
29 A. PORTMANN.- Neue Wege der Biologie.- München: Piper Verlag 1960.- zitiert in: J. ILLIES, Das Geheimnis des Lebendigen, S. 159 – 181
30 R. RIEDL, Die Strategie der Genesis, S. 73 – 74
31 L. G. TIRALA, Massenpsychosen, S. 21 – 22; K. v. FRISCH, Biologie, S. 45 – 54

den Menschen als technisches Gerät zu beschreiben; es hätte dann folgende Konstruktionsmerkmale und Funktionen:
— Es kann sich selbsttätig an einen Zielort begeben, dort bestimmte Aktionen verrichten und zum Ausgangspunkt zurückkehren.
— Die Steuerung erfolgt aufgrund von eingegebenen akustischen oder optischen Kommandos.
— Ein eingebauter Mikrocomputer und Sensoren verschiedener Art ermöglichen es dem Gerät, den günstigsten Weg einzuschlagen, unterwegs Hindernisse zu überwinden und die Verkehrsvorschriften zu befolgen.
— Der Fahrzeugteil besteht aus einem Gelenksystem (ohne Räder), das bei täglichem Betrieb über Jahrzehnte wartungsfrei arbeitet. Der Verschleiß wird weitgehend durch ein Regenerationssystem vermieden, durch das abgetragene Schichten selbständig wieder ersetzt werden.
— Zum Schutz gegen Korrosion ist das Gerät mit einer wasserdichten elastischen Folie überzogen, die zugleich eine aktive Temperaturstabilisierung im Innern besorgt. Wenn die Folie ein Loch bekommt, so tritt eine klebende Flüssigkeit aus, die das Loch verschließt.
— Das Gerät benötigt keinen elektrischen Anschluß; die erforderliche Energie wird in Form geeigneter Substanzen neben dem Gerät bereitgestellt, den Rest besorgt das Gerät selbst.
— Das Gerät ist außerordentlich lernfähig; es versteht Kommandos in freier Umgangssprache, evtl. sogar in verschiedenen Sprachen. Es kann sprechen und schreiben.
Die Aufzählung ließe sich noch sehr in die Länge ziehen; denn es ist noch zu erwähnen, daß das Gerät seine arteigene Fertigungsmaschinerie in funktionsfähiger miniaturisierter Form stets mit sich führt, daß ein neues Gerät zunächst in Miniaturform erstellt wird und dann automatisch weiterwächst bis zur endgültigen Größe, daß schwere Brüche automatisch repariert werden usw., vor allem, daß es selbständig denken und entscheiden kann, daß es aus eigenem Antrieb nach dem Sinn seiner Existenz fragt, daß es Schuld empfindet bei eigenem Versagen ...

Man muß sich vor Augen halten, daß der größte Teil dieser Fähigkeiten so weit über unserem Stand der Automationstechnik liegt, daß ihr genauer Wirkungsmechanismus und dessen Steuerung überhaupt noch nicht durchschaut werden können. Die Behauptung, „es spreche alles dafür", daß der Mensch nicht planvoll konstruiert worden, sondern auf „natürliche" Weise im Spiel von Zufallsmutationen und natürlicher Auslese „von selbst" entstanden sei, erscheint doch geradezu phantastisch.

Was leistet nun etwa eine spiritistische Theorie inbezug auf die angeführten Probleme?
Unter der Annahme der Existenz und Aktivität höherer nichtmaterieller Wesenheiten kann man sich die Entstehung der Arten entweder als eine *einmalige* Schöpfung der kompletten lebendigen Welt vorstellen, oder aber als planvoll gelenkten *allmählichen* Evolutionsprozeß, wobei *zu gegebener Zeit neue Arten geschaffen* werden. Angesichts der vielen fossilen Zeugnisse einer langdauernden Evolution müssen wir wohl der letzteren Vorstellung den Vorzug geben[32].

Über den Vorgang der Artentstehung und Artumwandlung kann man sich dabei durchaus konkretere Vorstellungen bilden; vorerst sind diese natürlich rein hypothetischer Natur, aber sie haben immerhin den Vorzug, daß sie sich in eine physikalisch begründete Weltstruktur einordnen lassen.

Wir orientieren uns dazu an bekannten paranormalen Phänomenen: Bei einem sogenannten „Apport"[33] wird ein Gegenstand vermutlich zunächst an seinem Ort dematerialisiert und später am Zielort wieder rematerialisiert. Auf der Grundlage der Heimschen Weltansicht können wir vermuten, daß die Gestaltinformation in der Zwischenzeit in einer anderen Parawelt real existiert und einer dortigen Substanzart aufgeprägt ist, vielleicht ähnlich einer Gedankenform, wie sie von Ted Serios photographiert werden konn-

---

[32] W. J. OUWENEEL.- Schöpfung oder Evolution.- Neustadt (Weinstraße): Ernst-Paulus-Verlag 1976; J. ILLIES/H. AICHELIN.- Zur neuerlichen Auseinandersetzung um die Darwinsche Evolutionslehre.- in: Materialdienst der Evangelischen Zentralstelle für Weltanschauungsfragen, 41, 1978, S. 148 – 161

[33] H. BENDER.- Neue Entwicklungen in der Spukforschung.- in: Zeitschrift für Parapsychologie und Grenzgebiete der Psychologie Jg. 12, 1970, S. 1 – 18

te³⁴. Wenn wir noch annehmen, daß solche Formen in der Parawelt willkürlich umgewandelt, ergänzt oder gar gänzlich neu erzeugt werden können, (entsprechend wie ja auch Maschinen im materiellen Bereich durch einen Umbau verändert, verbessert werden können), bevor sie dann materialisiert werden, so haben wir einen groben prinzipiellen Modellansatz für solche Schöpfungsprozesse.

Dabei ist natürlich vorauszusetzen, daß es auch jemanden gibt, der solche höchst sinnvolle und kunstreiche Gebilde konzipiert, der sie im Detail ausarbeitet, der sie schließlich einer Substanz als Gestalt aufprägt und damit die neue Art körperlich zur Realität werden läßt, zunächst in der Parawelt im Sinne einer *Entelechie,* so daß daraus dann durch Materialisation in unserer Welt ein Urpaar entstehen kann, von dem alle Artgenossen abstammen. Wer dabei der eigentlich aktiv schöpferisch Tätige ist und wer den gesamten Evolutionsprozeß überwachend lenkt, ob es eine Vielzahl von Wesen ist im Rahmen einer großen göttlichen Ordnung, das können wir nur zu erahnen versuchen, darauf eine Antwort zu wagen, würde die Spekulation im jetzigen Stadium zu weit treiben.

Der obige Erklärungsversuch mag vielen ungewohnt vorkommen: Ein bekanntes Geschehen wird anhand von weniger bekannten, weithin sogar umstrittenen Phänomenen gedeutet. — Aber wir können ja nicht aus prinzipiellen Erwägungen die paranormalen Phänomene auf Dauer beiseite schieben, als wären sie nicht da. Wir sollten vielmehr versuchen, sie in einem umfassenden Zusammenhang einzuordnen, wenn wir dadurch zu einem besseren Verständnis der Geschehnisse unserer Welt kommen.

An dieser Stelle konnte dies am Prozeß der Artentstehung nur angedeutet werden. Im weiteren wird es nötig sein, eine allgemeine *Struktur- und Substanztheorie Heimscher Parawelten* zu entwickeln, die es erlaubt, sowohl paraphysikalische als auch biologische Vorgänge bis in ihre Einzelheiten zu deuten.

Wir haben uns bisher nur mit dem Problem der Artentstehung befaßt. die weiteren oben angeführten Fragen, die sich auf die

---

34 H. BENDER.- Unser sechster Sinn.- S. 98 — 111; J. EISENBUD.- Gedankenfotographie.- Freiburg: Aurum Verlag 1975; J. G. PRATT.- Psi-Forschung heute.- Freiburg: Aurum Verlag 1976.- S. 115 — 124

Entwicklung der einzelnen Individuen beziehen, sind nicht minder problembeladen, denn:

8. Die Entwicklung eines Lebewesens aus der Eizelle erfordert eine *Steuerung* der zeitlichen Abläufe; im materiellen Bereich hat sich dafür bisher noch kein entsprechendes Organ finden lassen.
9. Das gleiche gilt für die Steuerung des Wachstums z. B. einer Pflanze in ihre arteigene Gestalt, so, als ob eine unsichtbare Form mit materiellen Zellen ausgefüllt würde; unerklärt ist die Aufrechterhaltung dieser Gestalt trotz ständigem Stoffwechsel und Zellaustausch.

Auch diese und ähnliche Probleme könnten vielleicht zukünftig im Rahmen der erwähnten Struktur- und Substanztheorie Heimscher Parawelten ihre Deutung erfahren, denn wir müssen es nach dem früher Gesagten durchaus für möglich halten, daß jene *entelechale* Gestalt der Pflanze oder des Tieres als formgebende Entität in einer benachbarten Parawelt (man pflegt zu sagen: „feinstofflich") real existiert, und daß die sichtbare Entwicklung sich unter ihrem führenden und prägenden Einfluß vollzieht.

Wir können dann das materielle Wachstum eines Lebewesens als eine Art von *allmählichem* Materialisationsprozeß auffassen; es wäre insofern dem Schöpfungsprozeß einer neuen Art (siehe oben) vergleichbar, mit dem Unterschied, daß hier keine *neue* entelechale Form zugrundeliegt, sondern die Gestalt von den Eltern übernommen oder als feinstoffliches Gebilde dem materiellen Körper einverleibt wird. Vielleicht vollzieht sich also die Übergabe des entelechalen Bauplans überhaupt im nicht materiellen Bereich. So hat man festgestellt, daß „aus den Gen-Karten der besonders gut untersuchten Taufliege eine Unmenge von differenziellen Einzelattributen, wie Augenfarbe, Haarbesatz, Aderung der Flügel oder Schleifen der Tracheen, abgelesen werden können, jedoch (bisher) nichts über die unverwechselbare Taufliegengestalt oder über das charakteristische Taufliegenverhalten"[35].

---

35 H. ZOLLER.- Die Befreiung vom wissenschaftlichen Glauben.- Freiburg: Herder Verlag 1973.- S. 21; vgl. auch B. VOLLMERT, Das Makromolekül DNS, S. 67 – 79

Zur Zeit ist es also eine durchaus offene Frage, ob die arteigene Gestalt überhaupt Bestandteil des materiell übertragenen Erbguts ist. Hier stellen sich natürlich in jedem Fall viele Detailfragen und harren ihrer Klärung.

Das Konzept der sechsdimensionalen Weltstruktur stellt, wie man sieht, eine Reihe von Deutungshypothesen bereit. Hier tut Forschung not, Forschung auf der Basis einer transzendenz-offenen Haltung, die das Wirken unsichtbarer schöpferischer Wesen in unsere Welt hinein nicht von vornherein ausschließt.

Wir sind uns der Vorläufigkeit und Unvollkommenheit bewußt, die diese Deutungen zum jetzigen Zeitpunkt noch haben. Immerhin glauben wir doch, am Ende dieses Abschnitts das Fazit ziehen zu dürfen, daß eine spiritistische Theorie zwar schwerlich allein aus biologischen Argumenten abgeleitet werden sollte, daß sie aber, da sie auch aus anderen Wissenschaftsbereichen unterstützt wird, auch in der Biologie eine große Hilfe darstellen kann bei der Klärung zahlreicher grundlegender Probleme.

C. Neurologische und parapsychologische Aspekte
Das Gehirn und die spiritistischen Phänomene

Die bekanntesten Phänomene, die eine spiritistische Deutung nahelegen, gehören dem Bereich der *Psychologie* und insbesondere der *Parapsychologie* an. Dabei geht es in erster Linie um die Frage nach dem *Wesen der Seele* und ihrer Abhängigkeit vom materiellen Körper.

Um auch hier der Gefahr einer Scheinproblematik (wie oben bzgl. des „Wesens des Lebens") zu entgehen, formulieren wir präziser wie folgt:

1. *Lassen sich seelisch-geistige Funktionen des Menschen (wie Bewußtsein, Verstandestätigkeit, Erinnerungsvermögen, Gefühle und sonstige) glaubhaft vollständig aus Vorgängen erklären, die sich rein im materiellen Bereich abspielen?*

Wir sprechen von einer „materialistischen" Theorie, wenn diese Frage bejaht wird.

2. *Sind a) die seelisch-geistigen Funktionen des Menschen an seinen materiellen Körper gebunden (hören also mit dem Tode auf) oder b) gibt es einen nichtmateriellen Träger, „Seele" genannt, der eine Fortsetzung dieser Funktionen über den Tod hinaus ermöglicht?*
3. *Wie vollzieht sich die Wechselwirkung zwischen seelisch-geistigen Prozessen, insbesondere Bewußtseinsakten, und materiellen Körperfunktionen, m.a.W. (nichtmaterialistisch formuliert): zwischen Seele und Körper?*

Als Nichtpsychologe bin ich auch hier nicht befugt, die Diskussion dieser Thematik anhand von Fallbeispielen im Detail durchzuführen, ich verweise dazu auf die einschlägige Fachliteratur. Es sei mir aber auch hier gestattet, die prinzipielle Argumentation in einigen wichtigen Punkten darzustellen, abzuwägen und zu ergänzen.

1. Materielle Welt und seelisch-geistige Vorgänge

Inbezug auf *Frage 1* ist zunächst auf die grundsätzliche Fragwürdigkeit eines Versuches zu verweisen, ein *streng* „materialistisches Weltbild" aufrechtzuerhalten, da der volkstümliche Materiebegriff in der Physik längst überwunden ist. Unter dem „materiellen Bereich" in Frage 1 wollen wir darum hier die Vorgänge verstehen, die sich in der unbelebten Natur vollziehen. Die Frage besagt dann, ob eine auf die *unbelebte Natur* ausgerichtete Wissenschaft zur Beschreibung und zur Erklärung von geistig-seelischen Vorgängen geeignet ist.

Kaum ein Wissenschaftler wird hierauf mit einem überzeugten Ja antworten, schon allein weil unser Wissen über die psychophysiologischen Wirkungsketten viel zu lückenhaft ist.

In der Neurophysiologie ist neuerdings sogar ein Trend zur Verneinung dieser Frage erkennbar: Der angesehene Gehirnforscher und Nobelpreisträger JOHN C. ECCLES vertritt aufgrund der vorliegenden experimentellen Befunde die Auffassung, daß es außer der materiellen Welt eine Welt des Bewußtseins, des „Geistes" geben müsse,[36] wobei eine Wechselbeziehung zwischen beiden besteht, die durch bestimmte Partien des Gehirns, „Liaison-Zonen", vermittelt wird. Diese ermöglichen einen Informationsfluß in beiden Richtungen, vom Gehirn zum Bewußtsein (bei Wahrnehmungen) und vom Bewußtsein zum Gehirn (bei Aktionen). Dem Gehirn kommt demnach eine Antennenfunktion zum eigentlichen nichtmateriellen Bewußtseinszentrum zu. Wesentliche experimentelle Stütze dieser These ist die Entdeckung, daß bei Personen, bei denen die Verbindungsleitungen zwischen der linken und rechten Gehirnhälfte durchschnitten wurden, die Vorgänge der rechten Gehirnhälfte, trotz normaler Funktion, nicht ins Bewußtsein kommen, sondern nur die der linken. Offenbar ist das Bewußtsein nur mit der linken Gehirnhälfte gekoppelt. Insofern widerspricht der experimentelle Befund der verbreiteten Auffassung, Bewußtsein sei nur die „innere" erlebte Seite materieller neurologischer Prozesse, denn jene Prozesse verlaufen in der rechten Hälfte ohne Bewußtwerdung. (Bei manchen Menschen ist hierbei die Rolle der linken und der rechten Gehirnhälfte vertauscht.) Es soll nicht verschwiegen werden, daß auch andere Interpretationen dieser Versuchsergebnisse vorgebracht werden, die z.B. darauf hinauslaufen, daß der Mensch zwei Bewußtseinszentren hat; dies entspricht aber m.E. nicht der eigenen inneren Erfahrung[37].

Die gleiche Auffassung drängt sich auf, wenn man versucht, die Entstehung der Bewußtseinsgegenstände zu ergründen: Wir empfangen ja aus der wahrgenommenen Außenwelt elektromagnetische Wellen als Licht, Druckschwankungen der Luft als Schall und dergleichen. Diese Signale werden bekanntlich in den Sinnesorganen ausgewertet (gefiltert) und in entsprechende elektrische Impulsfolgen umgewandelt, die über die Nervenleitungen ins Gehirn gelangen und dort auch nachgewiesen werden können. In unserem Bewußtsein nehmen wir aber keine solche Impulse oder Frequen-

---

36 J. C. ECCLES.- Hirn und Bewußtsein.- Mannheimer Forum 77/78.- Mannheim: Boeringer GmbH 1978.- S. 9 – 63; derselbe, Das Gehirn des Menschen.- München: Piper Verlag 1975.- S. 233 – 275; W. SCHIEBELER.- Das Fortleben nach dem Tode im Hinblick auf Naturwissenschaft und Parapsychologie.- in IMAGO MUNDI, Band 7, 1980, S. 533 – 582; vgl. auch H. v. DITFURTH.- Der Geist fiel nicht vom Himmel.- Hamburg: Hoffmann & Campe Verlag 1976.- S. 15, 318

37 R. PUCCETTI.- Brain Bisection and Personal Identity.- in: British Journal for the Philosophy of Science, vol 24, 1973, S. 339 – 355

zen wahr, sondern qualitative, bunte Bilder mit unklaren Umrissen, Töne und Klänge. Bisher hat man noch keine Organkonfiguration lokalisieren können, die die Umwandlung der Nervensignale in Bewußtseinsgegenstände besorgt, und ECCLES vermutet – aufgrund der Schaltungsanordnung der Nervenzellen im Gehirn –, daß sich schon diese Umwandlung nicht mehr im materiellen Gehirn abspielt; sondern in einer anderen „Welt".

Einen weiteren Aspekt zur Frage 1 gewinnen wir aus der Betrachtung der paranormalen Phänomene:

Es hat seit Jahrhunderten immer wieder Versuche gegeben, diese Phänomene „normal" zu erklären; die Tatsache, daß wir sie noch immer als „paranormal" einstufen, zeigt uns, daß diese Versuche bisher gescheitert sind. Es sind verschiedene Hypothesen aufgestellt, um insbesondere die paranormale Wissenserlangung bei außersinnlicher Wahrnehmung und das Wiederauftreten von verstorbenen Persönlichkeiten zu erklären. M.W. gibt es aber bisher noch keine Theorie, keinen erfolgversprechenden Ansatz, um diese Vorgänge auf bekannte physikalische Prozesse zurückzuführen, nachdem alle Versuche fehlgeschlagen sind, elektromagnetische Wellen als hinreichende Ursache bei der Übertragung von Informationen (z.B. bei Telepathie) nachzuweisen[38].

Demgegenüber bietet uns nun die neue Heimsche Theorie ein reichhaltiges Arsenal von Deutungsmodellen für paranormale Vorgänge an. Welche dieser Modelle sich tatsächlich bewähren und auch experimenteller Überprüfung standhalten werden, kann jetzt noch nicht gesagt werden.

Ich kann hier lediglich beispielhaft demonstrieren, daß sich im Rahmen der Heimschen Weltstruktur leistungsfähige Funktionsmodelle konzipieren lassen, ohne besondere Rücksicht darauf, ob die Wirklichkeit sich so verhält. Und so möchte ich im folgenden einmal in diesem Sinne weitgehend hypothetisch spekulieren.

Wir knüpfen dazu wieder an die „Zeitartigkeit" der beiden zusätzlichen Dimensionen an:

---

38 H. BENDER, Unser sechster Sinn, S. 129 – 130; P. JORDAN, Erkenntnis und Besinnung, S. 208 – 209

Man wird erwarten, bei einer „zeitartigen" Dimension müsse es doch auch so etwas wie ein zeitliches Durchlaufen geben, einen Prozeß, der eine unsichere Zukunft aktualisiert und in fixierte Vergangenheit verwandelt. Aber ein solches Durchlaufen von Werten braucht ja nicht unbedingt monoton in einer Richtung zu erfolgen, sondern könnte auch eine periodische Schwingung sein. Vielleicht ist die Frequenz dieser Schwingung überhaupt die wesentliche Maßzahl einer solchen Para-Koordinate (so wie die Zeit bei der vierten Weltdimension). Dieser Aspekt würde dem häufig herangezogenen Begriff der „Schwingungen" eine konkretere Grundlage geben.

Eine solche „Paraschwingungs-Hypothese" läßt sich auf interessante Weise weiter ausbauen, indem wir uns wieder mittels Analogieschluß an der uns bekannten imaginären Dimension, der *Zeit*, orientieren. Das einsinnige Vorrücken der Zeit hat zur Folge, daß eine kausale Beeinflussung immer nur in dieser einen Richtung erfolgen kann; die Ursache liegt also zeitlich vor der Wirkung.

Bei einer „schwingenden" zeitartigen Koordinate hingegen kann eine Beeinflussung abwechselnd in beiden Richtungen erfolgen, aber nur im Bereich der Schwingungsweite. Falls nun die Schwingungsbereiche von Substanzen aus benachbarten Parawelten sich überlappen, kann unter entsprechenden Voraussetzungen die Beeinflussung in jeder Richtung kettenförmig weitergereicht werden.

Hieraus ergibt sich ein Funktionsmodell dafür, daß z. B. das materiell-körperliche Geschehen über einen evtl. Vitalorganismus, ggf. weiter über ein Empfindungssystem auf das Bewußtsein einwirken kann: Schmerz wird empfunden, Sinneseindrücke werden bewußt. Andererseits könnten sich Bewußtseinsvorgänge bzw. Willensakte über die umgekehrte Kette in materiell-körperlichen Handlungen auswirken.

Ich lasse noch eine weitere solche hypothetische Spekulation folgen:
Die Vorgänge in unserer materiellen Welt vollziehen sich physikalisch betrachtet inbezug auf die Zeit nach Stetigkeits-/Trägheitsgesetzen („kleine Änderungen in kleinen Zeiten") und Erhaltungssätzen (bestimmte Größen und Eigenschaften bleiben konstant, z. B. Masse, Energie, Impuls usw.).

Analoge Stetigkeitseigenschaften in bezug auf die beiden anderen imaginären Dimensionen müßten sich in einem gewissen räumlichen Aneinander-„*Gebundensein*" der Substanzen benachbarter Parawelten auswirken. Durch solche „Bindung" könnten zusammenhängende Komplexe entstehen, die in mehreren benachbarten Parawelten das gleiche Raumgebiet überdecken. Auf diese Weise ist vielleicht denkbar, wie ein materieller Leib mit seinen feinstofflichen Organismen verbunden gehalten wird.

Falls es andererseits z. B. einen Erhaltungssatz für (ein irgendwie beschaffenes) individuelles Bewußtsein und dessen Gedächtnisinformation gibt, könnte sich dieses entlang der Para-Dimension vom materiellen Leib entfernen (indem es ohne Ortsänderung auf die Substanz einer entfernteren Parawelt übergeht) und dadurch dann ein räumliches Abkoppeln aus der „Bindung" ermöglichen.

Ein anderes Funktionsmodell für das An- und Abkoppeln könnte auch in der Veränderung der oben genannten „*Schwingungsweite*" bestehen. Wird sie vergrößert, so ist eine erhöhte Interaktion der Wesensglieder zu erwarten: der Mensch ist aufmerksam und leistungsfähig, er ist „ganz da", sozusagen mit Energie geladen. Wird die Schwingungsweite verringert, so läßt auch die Wechselwirkung zwischen Seele und Körper nach: der Mensch fühlt sich müde, unkonzentriert. In diesem Modell wird verständlich, warum es gerade bei Müdigkeit und schwerer Krankheit gelegentlich zum Abkoppeln der Seele vom Körper (Exteriorisation) kommt: die verringerte Vitalität hat dann so geringe Schwingungsweiten zur Folge, daß diese sich nicht mehr überlappen; die Wesensglieder können dann keine Wirkung mehr aufeinander ausüben und werden unabhängig voneinander.

Bei allem Reiz solcher Gedankengänge muß man sich doch vor Augen halten, daß es sich dabei vorerst um rein theoretische Modelle handelt, denen man sicher noch weitere zur Seite stellen könnte; und wir haben noch keine ausreichende Vergleichs- und Entscheidungsgrundlage, um eines dieser Modelle zu bevorzugen.

Darum soll hier auch darauf verzichtet werden, spekulative Modelle für Telepathie, Hellsehen, Psychokinese usw. darzulegen, bevor nicht wesentliche Fortschritte in der allgemeinen Struktur- und Substanztheorie Heimscher Parawelten vorliegen. Wahrscheinlich ist dazu auch eine neue semantisch- assoziative Verknüpfungslogik erforderlich; denn z. B. bei der „außersinnlichen Wahrnehmung" werden ja die Inhaltselemente offenbar nach ihrer bildhaften Bedeutung und nicht nach quantitativen Größenrelationen miteinander verknüpft.

Immerhin haben die vorhergehenden „Spekulationen" gezeigt, daß sich auf dem Boden einer spiritistischen Theorie Modellvorstellungen bilden lassen, die gegenüber manchen anderen Theorien (die nicht minder hypothetisch sind) den Vorzug haben, daß ihre Deutungselemente einer physikalisch begründbaren Theorie entstammen. Auf jeden Fall, so scheint uns, ist ein gravierender Fortschritt im Verständnis des Wirkungsmechanismus parapsychologischer Phänomene dann und vielleicht nur dann zu erwarten, wenn wir unser zu eng gewordenes materialistisches Weltbild um neue Dimensionen im wörtlichen Sinne erweitern und parallele Räume, erfüllt mit Substanz und Leben, als Grundlage weiteren wissenschaftlichen Forschens annehmen.

Inbezug auf unsere Frage 1 ist schließlich noch auf Berichte von Schwerstverunglückten hinzuweisen, die in einigen Fällen während ihres „klinisch toten" Zustands bewußte Wahrnehmungs- und Denkfähigkeit hatten. Also können geistig-seelische Funktionen auch bei weitgehender Funktionsunfähigkeit des materiellen Körpers ausgeübt werden. Die Betreffenden haben dabei Wahrnehmungen der Umwelt und erleben sich außerhalb jenes Körpers in einer anderen Leiblichkeit; dies läßt vermuten, daß die Tätigkeiten des Denkens und Empfindens zumindest in solchen besonderen Situationen durch die nicht-materiellen Organe eines „geistigen Leibes" erfolgen können.

2. Fortleben nach dem Tode?

Wir wenden uns nun der oben angeführten Grundfrage 2 zu, die wir etwas genauer formulieren wollen: Wenn wir schon veranlaßt sind, das materialistische Weltbild zu erweitern, genügt es dann nicht, als „Seele" eine nur vorübergehend (zu Lebzeiten) in dieser Form bestehende Organisationsstruktur anzunehmen, die durch enge Wechselbeziehungen mit einem materiellen Trägerkörper verbunden und derart von ihm abhängig ist, daß sie beim sichtbaren Tod des materiellen Körpers auch die charakteristischen Persönlichkeitsmerkmale verliert? Dies ist die These des *Animismus*, der *einen* heute bestehenden parapsychologischen Theorie. Sie wird heute häufig noch mit dem Dogma einer transzendenz-verschlossenen Haltung verknüpft, welches wissenschaftlich nicht zu rechtfertigen ist, wie wir oben festgestellt haben. Demgegenüber vertritt der *Spiritismus*, die andere parapsychologische Theorie, die Auffassung, daß aus vielen Phänomenen ein Fortbestehen der Persönlichkeit über den Tod hinaus erschlossen werden kann.

Dies ist nun das Generalthema dieses Bandes überhaupt und wird bereits in anderen Beiträgen eingehend behandelt. Und so möchte ich auf die angemessene Darlegung dieser Argumente verzichten, zumal sie in hervorragender Weise in dem dreibändigen Werk „Das persönliche Überleben des Todes" von EMIL MATTIESEN behandelt werden[39]. Das Werk trägt den Untertitel „Eine Darstellung der Erfahrungsbeweise" und wird diesem Anspruch m. E. insoweit gerecht, als es durch sorgfältig abwägende Analysen eines enormen Fallmaterials den Leser zu der Überzeugung führt, daß der spiritistischen These bei bestimmten Arten von Fällen eindeutig der Vorzug gebührt: sie erklärt diese Vorgänge einfacher, sinnvoller, vollständiger und systematischer, während die animistischen Deutungen, die ebenfalls ausführlich dargestellt werden, fallweise immer neue Hilfskonstruktionen heranziehen müssen, die dann weit unglaublicher wirken als die spiritistische These.

Man fühlt sich bei den animistischen Erklärungsversuchen oft an die Argumente des subjektiven Idealismus erinnert: nur die Existenz des erkennenden Subjekts sei absolut sicher, alles andere sei Scheinwelt; aus dem Verhalten unserer Mitmenschen könne nicht abgeleitet werden, daß auch sie eigenständige Personen seien, es könnten alles auch vorgegaukelte Hirngespinste sein.

---

39 E. MATTIESEN.- Das persönliche Überleben des Todes, 3 Bände; siehe hierzu auch: W. H. C. TENHAEFF.- Kontakte mit dem Jenseits? - Berlin: Univeritas Verlag 1972; ferner H. BENDER.- Parapsychologie und Spiritismus.- in: Zeitschrift für Parapsychologie und Grenzgebiete der Psychologie Jg. 13, 1971, S. 1 – 23; W. SCHIEBELER, Das Fortleben nach dem Tode im Hinblick auf Naturwissenschaft und Parapsychologie.

Es ist jedoch zu bedenken: Wenn auch die spiritistische These für einige Arten von Phänomenen bevorzugt wird, so gibt es doch andere Phänomengruppen (Telepathie, Hellsehen, Psychoskopie), bei denen eine spiritistische Deutung (die Annahme der Wirksamkeit von Geistwesen ohne materiellen Körper) im allgemeinen nicht angemessen wäre. Nun wäre es aber unlogisch, die allgemeine Bedeutung der spiritistischen These abzulehnen mit dem Hinweis, sie gelte nur in den seltenen Sonderfällen. Denn wenn die spiritistische Erklärung auch nur für einen Fall angenommen werden *muß*, so zieht das die allgemeine Aussage nach sich, daß die Persönlichkeit unabhängig vom materiellen Körper existieren *kann* und zumindest fallweise dies tatsächlich auch tut. Ein Nachweis, daß ausnahmslos *alle* Menschen persönlich den Tod überleben, ist kaum möglich, erscheint aber auch nicht so dringend; denn vernünftigerweise wird man davon ausgehen, daß alle Menschen prinzipiell dem gleichen Bauprinzip und der gleichen Lebensgesetzlichkeit unterliegen.

MATTIESEN behandelt ausführlich die Phänomenbereiche der Erscheinungen und des Spuks, des Mediumismus in allen Formen und Stadien, der Sterbeerlebnisse und Exteriorisationen, der Materialisation von menschlichen Phantomen und die Inhalte medialer Kundgebungen über das „Jenseits".

Ergänzend sollen hier noch einige weitere Argumente zugunsten der spiritistischen These angeführt werden.

a) Erlebnisse an der Schwelle des Todes

In den letzten Jahren mehren sich Veröffentlichungen über Erlebnisse von Menschen an der Schwelle des Todes. Bekannt geworden sind insbesondere (1.) die *Selbstzeugnisse* von Verunglückten über ihre Erlebnisse im Zustand ihres sogenannten klinischen Todes[40]. Sie ähneln den schon länger bekannten Exteriorisationserlebnissen[41]. Hinzu kommen neuerdings (2.) Auswertungen über

---

40 J. CHR. HAMPE.- Sterben ist doch ganz anders.- Stuttgart: Kreuz Verlag 1975; R. A. MOODY.- Leben nach dem Tod.- Hamburg: Rowohlt Verlag 1977

paranormale Wahrnehmungen von Sterbenden in der Zeit kurz vor ihrem tatsächlich eingetretenen Tod; ihnen liegen Aufzeichnungen von Krankenschwestern und Ärzten zugrunde[42].

Der weit überwiegende Teil all dieser Berichte weist in übereinstimmender Weise auf eine Daseins- und Erlebnismöglichkeit in einer für uns unsichtbaren Parawelt hin.

Von animistischer Seite wird demgegenüber ins Feld geführt, daß in all diesen Fällen der Tod ja noch nicht wirklich vollzogen war und darum noch kein Beweis für ein Überleben des Todes abgeleitet werden könne; die menschliche Seele verfüge vielmehr offenbar über die Fähigkeit, in bestimmten besonderen Situationen solche Halluzinationen hervorzubringen.

Diese Deutung tut sich jedoch schwer mit der Erklärung einiger Details (z. B. daß oft nur Verstorbene, aber keine lebenden Bekannten gesehen werden) und gibt auch keine Erläuterung darüber, was das Ganze für einen Zweck haben soll.

Nun gibt es noch andere Arten von Phänomenen, die uns ganz entsprechende Vorstellungen über eine Parawelt mit Körpern, Gegenständen und persönlicher Fortexistenz nahelegen, die aber ihrem Anschein nach aus der Zeit *nach* dem endgültig eingetretenen Tod herrühren, nämlich (3.) die *spukhafte Erscheinung* von Verstorbenen[43] sowie (4.) die Aussagen und Niederschriften von Transpersönlichkeiten, die uns bei *medialen Kundgaben* zukommen[44].

Es ist doch auffallend, daß nicht nur die Einzelfälle einer Phänomengruppe, sondern sogar diese verschiedenen Arten von Phänomenen hinsichtlich der übermittelten Inhalte im Grundsätzlichen so gut übereinstimmen.

Die *spiritistische* Deutung solcher Phänomene ist
— einfacher, denn sie entspricht weitgehend dem wahrgenommenen Anschein,

---

41 Vgl. z. B. E. MATTIESEN, Das persönliche Überleben des Todes, Band II, S. 296 – 414; S. SMITH.- The Enigma of Out-of-Body-Travel; deutsch unter dem unpassenden Titel: Astrale PSI Geheimnisse.- Heine Taschenbuch Nr. 7041.- München 1977

42 K. OSIS/E. HARALDSSON.- Der Tod ein neuer Anfang.- Freiburg: Bauer Verlag 1978; siehe auch: K. OSIS / E. HARALDSSON. - Sterbebettbeobachtungen von Ärzten und Krankenschwestern. - in: IMAGO MUNDI Band 7, 1980, S. 425 – 455

43 E. MATTIESEN, Das persönliche Überleben des Todes, Band I, S. 10 – 222

44 Derselbe, ebenda, Band I, S. 279 – 456

- einheitlich für alle vier Arten,
- sinnvoller in vielen Details (z. B. wenn die Sterbenden offenbar von verstorbenen Verwandten abgeholt werden).

Demgegenüber sind die *animistischen* Erklärungen
- komplizierter, denn alle Erlebnisse müssen als (z. T. sehr raffinierte) vorgegaukelte Bilder über eine nichtexistente Welt angesehen werden,
- uneinheitlich zumindest für die Arten (1.), (3.) und (4.), trotz wesentlicher inhaltlicher Übereinstimmungen, und
- ohne Angabe über Sinn und Zweck der ganzen Phänomene, geschweige ihrer inhaltlichen Details.

b) Reinkarnation

In dem Buch „Reinkarnation" legt JAN STEVENSON einen Auszug aus einem umfangreichen Material von insgesamt 1500 gesammelten Fällen vor, die für die These der wiederholten Erdenleben sprechen[45]. Die Ergebnisse stellen nach Aussage des Autors zwar keinen sicheren Beweis dar, lassen die These aber wahrscheinlicher erscheinen als ihr Gegenteil.

STEVENSON berichtet anhand eines detaillierten Fallmaterials über Kinder, die sich an eine frühere irdische Existenz erinnern und sich mit ihr identifizieren, und deren Angaben über Namen, Örtlichkeiten und Geschehnisse sich bei der Nachprüfung tatsächlich bestätigten. In einigen Fällen tragen die Kinder sogar noch ein Geburtsmal genau an der Stelle und in der Form entsprechend der Todeswunde, die ihre „Vorexistenz" seinerzeit erlitten hatte, in Übereinstimmung mit dem jeweiligen Obduktionsbefund.

Solche Untersuchungen sind für unser Thema natürlich von großem Interesse: einerseits ist jedes Argument für die Reinkarnation zugleich ein Argument für die spiritistische These, denn die Seele hat ja in jedem Reinkarnationsfall den Tod der ersten Inkarnation überdauert — mit dem Besitz von Erinnerungen und Identität. Andererseits werfen sie ein Licht auf die Frage, ob die Seele schon

---

45 I. STEVENSON.- Reinkarnation.- Freiburg: Aurum Verlag 1976.- vgl. auch: J. G. PRATT, Psi-Forschung heute, S. 147 — 161

vor der Geburt existierte. Schließlich eröffnet der Gedanke der Reinkarnation eine Deutung der scheinbar ungerechten persönlichen Schicksale und Startbedingungen auf Erden.

c) Präkognition

Das bekannte paranormale Phänomen der Präkognition, des Vorauswissens der Zukunft, bereitet der parapsychologischen Forschung von jeher Probleme besonderer grundsätzlicher Art[46]. Sie treten etwa bei der genau datierten Vorhersage eines weit in der Zukunft liegenden Ereignisses auf, z. B. des Todesdatums eines bestimmten Menschen.

Die animistischen Theorien greifen zur Erklärung entweder auf die Vorstellung einer voll determinierten Welt zurück, wobei Präkognition nur die Wissenserlangung über den streng vorherbestimmten Zukunftsablauf darstellt, der irgendwo gespeichert sein mag. Diese Vorstellung macht ersichtlich moralische und religiöse Begriffe wie Verantwortung, Schuld und Strafe sinnlos und nimmt den Tugenden (Aufopferung, Verzeihen) ihren Wert. Gegen diese Vorstellungen sprechen jedoch Berichte, nach denen ein vorhergesagtes Schicksal noch abgeändert werden kann[47]; demzufolge wäre also die Zukunft nicht streng determiniert und das sichere Wissen darüber würde auch nicht vorliegen und erreichbar sein.

Andere Theorien betrachten die Möglichkeit von Wirkungen aus der Zukunft in die Vergangenheit. Neuerdings wird diese Betrachtung auch durch bestimmte Experimente (H. SCHMIDT) nahe gelegt. Grundsätzlich begibt man sich mit derartigen Thesen in die Gefahr von logischen Widersprüchen, wie sie bei den Science-Fiction-Vorstellungen vom Zeitreisenden gegeben sind, der in die Vergangenheit reist und sich dort selbst umbringt. Wir sollten nicht leichtsinnig bewährte Denk- und Anschauungsformen wie Kausalität und Zeit über Bord werfen, sonst untergraben wir unsere eige-

---

46 A. NEUHÄUSLER.- Telepathie, Hellsehen, Präkognition.- Bern: Francke Verlag 1957.- S. 101 – 104

47 Derselbe, ebenda, S. 106/7; W. SCHIEBELER.- Kausalität, Willensfreiheit und Vorherbestimmung aus der Sicht der Physik und Parapsychologie.- in: IMAGO MUNDI, Band 4 (Hrsg. A. Resch).- Paderborn: Schöningh Verlag 1973.- S. 309 – 332

nen wissenschaftlichen Erkenntnismöglichkeiten. Aus einem Widerspruch läßt sich bekanntlich alles „beweisen". Experimente wie die von H.SCHMIDT[48] werfen jedoch (falls sie in nachfolgenden Versuchen genügend abgesichert werden können) schwer zu lösende Probleme auf, für die ich noch keine befriedigende Lösung kenne.

Als dritte Erklärungsmöglichkeit ist schließlich das unbewußte Prognostizieren in die Zukunft aufgrund eines paranormal erworbenen umfassenden Wissens zu nennen. Es ist jedoch schwer zu glauben, daß ein Todesdatum auf Jahre im voraus abzuschätzen ist, wenn man den Menschen einen freien Willensspielraum einräumt; und die Durchführung einer derartig genau zutreffenden Prognose wäre eine kaum vorstellbare Leistung des Unterbewußtseins des Paragnosten.

In einer spiritistischen Theorie stehen noch andere Deutungsmodelle der Präkognition zur Verfügung, die vergleichsweise wesentlich weniger problematisch sind.

1) Zum einen dürfte es in einer geordneten Welt von tätigen Geistern grundsätzlich leichter sein, alle Informationen über Gegenwart und Zukunft zu erlangen (einschließlich der uns unbekannten Motive und Pläne von Menschen und Geistern), diese Informationen zu verknüpfen und daraus Prognosen zu gewinnen. Möglicherweise sind diese Informationen dann abrufbar irgendwo gespeichert.

2) Zum anderen wird aus spiritistischen Berichten der Gedanke nahe gelegt, daß dem Menschen bestimmte Ereignisse in seinem Erdenleben schicksalhaft vorherbestimmt sind, nicht im Sinne eines unpersönlich automatisch abrollenden Schicksalsmechanismus, sondern im Sinne von bestehenden Beschlüssen, die höheren Orts getroffen worden sind, um den charakterlichen Fortschritt zu fördern und durch Aufgaben und Prüfungen zu festigen (etwa im Zusammenhang mit der Reinkarnations- und Karma-Lehre). Präkognition besteht dann z. B. darin, das beschlossene Schicksal eines Menschen (das vielleicht der Seele des betreffenden irgendwie eingeprägt ist) zu erkennen. Und es ist

---

[48] H. SCHMIDT.- Precognition of a Quantum Process.- in (deutsch): E. BAUER (Hrsg.).- Psi und Psyche.- Stuttgart: Deutsche Verlagsanstalt 1974.- S. 187 – 195

vorstellbar, daß die verantwortlichen Geistwesen auch Wege finden, um ein so beschlossenes Schicksal zur Erfüllung zu bringen. — In diesem Modell ist auch die Abwandlung von vorhergeschauten Ereignissen möglich, indem ein neuer Beschluß gefaßt wird, weil der Betroffene eine unerwartet gute oder schlechte Entwicklung genommen hat, oder auch, weil aufrichtig und intensiv darum gebetet wurde.

Diese Gedankengänge werden beim ersten Hören ungewohnt und naiv oder befremdlich klingen. Zweifellos bietet sich aber nun durch Kombination von Prognosen unter Verwendung erkannter beschlossener Schicksalsketten eine weitreichende Erklärungsmöglichkeit auch für weit in der Zukunft liegende Ereignisse, eine Erklärungsmöglichkeit, die nur im Rahmen einer spiritistischen Theorie besteht, aber von der grundsätzlichen Problematik der animistischen Erklärung frei ist.

Zwischenbemerkung: Die hier erwähnten Prognosen wird man sich auf der Grundlage einer qualitativen Logik vorstellen müssen, die — besser als unsere quantitativen Prognoseverfahren — auch die Bedeutung, den Sinn von Beschreibungen erfaßt und Zusammengehöriges verknüpfen kann. Solche Bild- und Bedeutungsverknüpfungen sind mit Mitteln, die wir technisch jedoch noch nicht beherrschen, sicher möglich; denn das menschliche Bewußtsein arbeitet nach solchen Verfahren: es erfaßt sogleich die Bedeutung der gespeicherten Erinnerungen und verknüpft (u. a.) nach dem Sinnzusammenhang. Und sogar das Unterbewußtsein hat diese Fähigkeit, wie wir an Traumbildern erkennen können, z. B. den Zukunftsträumen von Frau CHR. MYLIUS[49]. BURKHARD HEIM hat im Zusammenhang mit seiner Theorie erste Ansätze einer qualitativ assoziativen Logikstruktur entwickelt[50].

---

49 C. MYLIUS.- Traumjournal.- Stuttgart: Deutsche Verlagsanstalt 1974.- 187 — 196
50 B. HEIM.- Postmortale Zustände?.- Innsbruck: Resch Verlag 1980

d) Paranormale Fähigkeiten und Darwinistische Evolution

In der letzten Argumentation dieses Kapitels behandeln wir die Frage, wie man sich denn das Aufkommen *paranormaler Fähigkeiten* aufgrund eines *Darwinistischen Evolutionsprozesses* vorstellen könnte.

In der Parapsychologie herrscht weitgehend Einigkeit darüber, daß die animistischen Erklärungsversuche einiger spiritistischer Phänomene (z. B. der sogenannten „verteilten Botschaften" im Vergleich zur spiritistischen Erklärung sehr kompliziert sind und dem Unterbewußtsein der Medien Fähigkeiten zuschreiben müssen, die die „Ansichten hinsichtlich des subliminalen Selbst von Grund auf revidieren" (W. H. C. TENHAEFF[51]); um etwa derart ausgeklügelte Phänomenen-Verkettungen unbewußt zu ersinnen, zu organisieren und gemeinsam mit den unterbewußten Persönlichkeiten anderer Medien (für jene unbewußt) zur Ausführung zu bringen; dabei verfolgt jede solche „Phänomen-Kette" offensichtlich ausgerechnet den Zweck, die spiritistische (!) These zu beweisen.

Nun müßte sich aber diese vielgestaltige Persönlichkeitsstruktur mit ihrer unbewußten Leistungsfähigkeit nach Darwinistischer Denkweise allmählich durch Zuchtwahl und Auslese herausgebildet haben. Das unbewußte ausgeklügelte Vorgaukelnkönnen von spiritistischen Geschehnissen kann ja wahrhaftig nicht als Selektionsvorteil im Kampf ums Dasein angesehen werden, hat sich aber dennoch zur Vollendung entwickelt und weltweit ausgebreitet.

Aus dieser Betrachtung ergibt sich meines Erachtens das bemerkenswerte Fazit: *Darwinismus* (als alleinige Evolutionserklärung) und *Animismus* sind unverträglich miteinander, denn je komplizierter die Persönlichkeitsstrukturen sind, die der Animismus fordern muß, umso schwieriger wird es für den Darwinismus, deren Entstehung zu erklären. Verwirft man aber eine der beiden Annahmen, den Darwinismus oder den Animismus, so bietet sich in beiden Fällen eine *spiritistische* Theorie als Alternative, denn sowohl

---

[51] E. MATTIESEN, Das persönliche Überleben des Todes, Band II, S. 49 – 190, speziell S. 159 – 174; H. BENDER, Parapsychologie und Spiritismus, S. 15 – 18; W. H. C. TENHAEFF.- Kontakte mit dem Jenseits?, S. 196 – 203, 217

die spiritoiden Phänomene als auch die Entstehung medialer Fähigkeiten können dann eher erklärt werden. Man erkennt also auch hier, daß ein Beharren auf materialistisch orientierten Theorien größere prinzipielle Probleme aufwirft als die Anerkennung eines transzendenz-bezogenen Grundprinzips.

So möchte ich denn am Ende dieses Kapitels meine Vermutung aussprechen, daß das umfangreiche Beobachtungsmaterial und die vielfältigen Analysen endlich hinreichend sein müßten, um jeden vernünftig denkenden Menschen von der Tragfähigkeit und den besseren Argumenten einer Theorie zu überzeugen, die aus der transzendenzoffenen wissenschaftlichen Haltung erwächst, – es sei denn, ein fester materialistischer *Glaube* hindert ihn daran, solche Vorstellungen zu akzeptieren.

D. Ethische Aspekte: Die Verantwortung des Wissenschaftlers

Ich komme jetzt zu einem kurzen Abschnitt, aber einem wichtigen Anliegen. In einer bedeutsamen Ansprache führte der frühere deutsche Bundespräsident, WALTER SCHEEL, im Mai 1978 aus: „Wir haben die Möglichkeiten wissenschaftlichen und technischen Denkens überschätzt und den unendlichen Zusammenhang der Natur unterschätzt"[52]; er spricht vom Zusammenbruch des Glaubens an die Wissenschaften und fordert eine Abkehr vom „eindimensionalen Denken, eine Veränderung des Bewußtseins auf der Basis neuer Ziel- und Wertvorstellungen unter Beachtung der Verflochtenheit aller Bereiche unseres Lebens und der Gesellschaft." Er hat damit ausgesprochen, was viele denken: In den letzten Jahren wurde die Menschheit erstmalig in ihrer Geschichte mit Problemen konfrontiert, von denen sie als ganzes betroffen wird; teilweise haben die Krisen schon begonnen, teilweise stehen sie drohend bevor. Es sei hier nur stichwortartig verwiesen auf: Grenzen des Wachstums, Bedrohung der natürlichen Umwelt, in armen Ländern Hunger und Elend, in reichen Ländern Übersättigung, Wirtschaftskrisen, Arbeitslosigkeit, Terrorismus, Gefahr von atomaren Ver-

---

52 W. SCHEEL. - Vortrag zum 75. Gründungstag des Deutschen Museums in München, auszugsweise in: Süddeutsche Zeitung 8. 5. 78, S. 1

nichtungskriegen. Alle diese Erscheinungen stehen in einem Zusammenhang und haben gemeinsame Wurzeln. Und man hat schon erkannt, daß ihre Ursache letztlich in dem gewaltigen Machtzuwachs des Menschen aufgrund seiner Technik und Wissenschaft und dem Mangel an Weisheit und Bescheidenheit im Gebrauch seiner Möglichkeiten liegt.

Spätestens jetzt ist die Stunde, da die Wissenschaftler ihre Verantwortung erkennen und wahrnehmen müßten; sie *können* dazu beitragen, daß sich mehr Wohlwollen und Hilfsbereitschaft, mehr Friedfertigkeit und Versöhnung ausbreiten, indem sie den Glauben an eine höhere geistige Weltordnung fördern. Die Moraltheoretiker der großen Religionsgemeinschaften bemühen sich seit einiger Zeit, einen „ethischen Fundamentalkonsens" zu erzielen und allgemein einzuführen; aber ethische Normen kann man nicht „beschließen", sie müssen für jeden einzelnen *verbindlich* werden. Und dies geht m. E. bei der jetzt in der Menschheit erreichten Freiheit des Denkens nur durch Überzeugung: durch Ausbreitung des Glaubens an eine höhere Macht, die ethisches Handeln einem jeden einzelnen als Lebensaufgabe gestellt hat. Die heutigen Menschen sind vergleichbar mit Verirrten in der Wüste, den Tod, ein sinnloses unausweichliches Ende, vor Augen, wenn nicht eine Oase mit lebensspendendem Wasser gefunden wird. Die Materialisten unter ihnen argumentieren: „Es gibt ja doch keine Oase, alles Hirngespinste, Täuschungen, kann nicht bewiesen werden, nur Wunschvorstellungen ..." – Aber statt dessen tut es not, die Oase zu suchen, solange nur ein Fünkchen Hoffnung besteht; und zwar nicht nur mit blindem Eifer, sondern unter Anwendung aller Vernunft und allen Wissens und aller bekannten Technologie! Unverantwortlich handelt ein Wissenschaftler, der nur aus pessimistischem Vorurteil heraus durch leichtfertige Argumente die Menschen von der ehrlichen Suche nach Gott und Unsterblichkeit abbringt.

Von einem Wissenschaftler verlangen wir Sachlichkeit und Ehrlichkeit. Ein ehrlicher Wissenschaftler muß aber bereit sein, die Lücken und Fehler seines bisherigen Gebäudes zu erkennen und einzugestehen; er wird vor der Öffentlichkeit nicht den Nimbus eines Wissenden herausstellen, der ihm nicht zusteht.

Wissenschaft sollte für den Menschen da sein und dem einzelnen eine Hilfe sein, auch dem Ungebildeten und dem Gläubigen. — Viele Menschen haben paranormale Erlebnisse. Sie suchen dann eine treffende Erklärung, sie haben Fragen über den evtl. Sinn solcher Erlebnisse, über Konsequenzen für ihre Lebensführung.

Wohin soll sich der persönlich Betroffene dann wenden, wenn etwa ein Arzt sogleich eine beginnende Geisteskrankheit registriert, ein Psychologe ihn als willkommenes Testobjekt für Fragen betrachtet, die ihm unverständlich, unzutreffend und unwichtig sind, wenn die Wissenschaftler den ihm zentral wichtigen persönlichen Aspekt des Erlebnisses, der ins Transzendente weist, gar nicht ernstnehmen und von vornherein als Täuschung ausklammern?

Hoffentlich geht er dann wieder zu seinem Pfarrer, seinem Seelsorger, und findet bei ihm Verständnis und Hilfe (!) — ehe er sich an Schwindler und Phantasten im Gewande magischer Meister wendet.

Eine große Aufgabe liegt vor uns, gemeinsam für Wissenschaftler vieler Fakultäten, einschließlich der Theologen, ein neues Bild der Natur und der Welt, IMAGO MUNDI, zu entwerfen und zu begründen, in dem nicht nur die Materie, sondern auch Seele und Geist ihren gebührenden Platz haben, nicht nur der analysierte Körper, sondern auch das Leben, das den Tod überdauert.

IV. AUSBLICK: FORSCHUNGSAUFGABEN IM RAHMEN EINER TRANSZENDENZOFFENEN WISSENSCHAFT

Ich möchte meinen Beitrag nicht beenden, ohne auch einige Themen für weitere Forschungsarbeiten anzuführen, die sich aus den vorangegangenen Überlegungen ergeben.

Als erstes wäre eine weitere Absicherung und ein Ausbau der physikalischen Basis, der Heimschen Theorie, zu nennen. In dieser Theorie bieten sich erste Deutungsmöglichkeiten für Wechselwirkungsmechanismen zwischen Entitäten verschiedener Parawelten. Diese sind, wie mehrfach erwähnt, in eine allgemeine Struktur- und Substanztheorie Heimscher Parawelten zu überführen. Daraus müßten sich dann Funktionsmodelle z. B. für paranormale Vorgänge, biologische Steuerungen usw. ableiten lassen, die unter physikalischen, physiologischen, psychosomatischen, biologischen und parapsychologischen Aspekten zu beurteilen und nach Möglichkeit auch systematisch experimentell zu erproben sind.

Aufbauend auf solcher verbesserten Modellvorstellung könnte versucht werden, apparative Lösungen für einen kontrollierbaren Informationsaustausch zwischen verschiedenen Paraebenen zu entwickeln; zu denken wäre insbesondere an funktionstüchtige Geräte zur Sichtbarmachung von Paraformen (evtl. Aura, Gedankenbilder) und zur Wiedergabe von Schall (z. B. Sprache). Vielleicht sind Kilnerschirm, Gedankenfotographie und Tonbandstimmenphänomene bereits Vorstufen für solche Techniken. Diese mehr naturwissenschaftlich-technisch orientierten Arbeiten sollen aber nicht nur theoretischen Zwecken dienen, es sind u. U. wichtige Nutzanwendungen, Verfahren und Einsichten für Medizin, Pädagogik, Pflanzenwachstum usw. zu erwarten.

Parallel dazu eröffnet sich ein teilweise geisteswissenschaftliches Arbeitsgebiet, nämlich die vergleichende Analyse von inhaltlichen Bezeugungen über die elementare Beschaffenheit und Naturgesetzlichkeit „jenseitiger Welten"[53]. Ein umfangreiches Aussagenmaterial liegt dazu bereit: visionäre Schauungen, Eingebungen und vor allem medial übermittelte Inhalte und die Erlebnisberichte von Exteriorisierten. Ein großes und bisher ungelöstes Problem entsteht dadurch, daß diese Berichte nicht immer übereinstimmen, sie widersprechen sich oft in grundlegenden Aussagen. Es sind also Kriterien zu erarbeiten zur Bewertung solcher Informationen. Solche Kriterien können sich auf die sprachliche Form beziehen oder auf die Glaubwürdigkeit des Kommunikators, auf die Art und Umstände der Informationsübertragung oder auf den Inhalt selbst, ob er mit anderem Wissen logisch verträglich ist. Mir scheint, daß diese Vorgehensweise umso erfolgversprechender sein wird, je mehr Ergebnisse uns aus der naturwissenschaftlichen Paraforschung (Struktur- und Substanztheorie) und aus der phänomenologischen Feldforschung (z. B. über Reinkarnation, Besessenheit) zur Verfügung

---

53 W. HINZ.- Jenseitskunde – ein Forschungsgebiet von morgen.- Zürich: A. Brunner Verlag 1966; E. MATTIESEN, Das persönliche Überleben des Todes, Band III, S. 338 – 374

stehen, die dann als Prüfsteine für die Kriterien dienen können.

Letztlich soll es uns aber darum gehen, Aspekte einer „Imago mundi", eines für uns faßbaren Bildausschnitts der Gesamtwirklichkeit, zu gewinnen, Aufschlüsse über den Sinn und Zweck des Naturgeschehens, der Entstehung von Leben und des menschlichen Daseins zu erhalten. Spätestens bei dieser Thematik ist der intensive Dialog mit der Theologie erforderlich, und zugleich wird auch unser Herz mitsprechen. Die Naturwissenschaften hatten in der Vergangenheit keinen Platz im All für Gott und Geister; jetzt, da zusätzliche Räume erkennbar werden, kann der Brückenschlag von der Naturwissenschaft zur Religion mit frischen Kräften wieder aufgenommen werden. Wir haben dazu durch transzendenzoffenes Denken die Pfeiler dieser uralten Brücke neu zu gründen, unsichere Fundamente durch tragfähigere zu ersetzen und darüber einen neuen großen Bogen zu spannen. Nicht zuletzt ist auch am anderen Ufer ein passender Anschluß vorzubereiten.

Kein geringerer als MAX PLANCK spornt uns zu diesem Unternehmen an, wenn er sagt[54]:

„Wohin und wieweit wir also blicken mögen, zwischen Religion und Naturwissenschaft finden wir nirgends einen Widerspruch, wohl aber gerade in den entscheidenden Punkten volle Übereinstimmung.

Religion und Naturwissenschaft — sie schließen sich nicht aus, wie manche heutzutage glauben oder fürchten, sondern sie ergänzen und bedingen einander."

„Es ist der stetig fortgesetzte, nie erlahmende Kampf gegen Skeptizismus und gegen Dogmatismus, gegen Unglaube und gegen Aberglaube, den Religion und Naturwissenschaft gemeinsam führen, und das richtungsweisende Losungswort in diesem Kampf lautet von jeher und in alle Zukunft: Hin zu Gott!"

54 M. PLANCK.- Religion und Naturwissenschaft.- Leipzig: J. A. Barth-Verlag 1938.- S 30 — 31, 32

Hin zu Gott führt der Weg, der dem Menschen durch die göttliche Offenbarung verkündet wird. Was sagt nun die Bibel über das Fortleben nach dem Tode? Auf diese Frage antwortet OTTO KNOCH im folgenden Beitrag.

OTTO KNOCH

WAS SAGT DIE BIBEL ÜBER DAS FORTLEBEN DES MENSCHEN NACH DEM TODE?

Im Kulturraum des abendländischen und morgenländischen Christentums hat sich die biblische Hoffnung vom Fortleben der Gerechten nach dem Tode mit dem griechischem Gedanken von der Unsterblichkeit der Menschenseele verbunden und bestimmt bis heute maßgeblich die Zukunftshoffnung der christlich beeinflußten Menschen. Insofern ist es für die Besinnung auf die spezifisch-christliche Zukunftshoffnung von hoher Bedeutung, der Entfaltung der biblischen Lebenshoffnung von ihren Anfängen an nachzugehen und nach deren Grundlage und gestaltenden Kräften zu fragen. Hier kann allerdings nur eine sehr knappe Übersicht über den Gang der *biblischen* Lebenshoffnung geboten werden.[1]

---

1 Zum Gesamtthema siehe mein Buch: Wirst du an den Toten Wunder wirken? Sterben, Tod und ewiges Leben im Zeugnis der Bibel.- Regensburg 1977. Dort ausführliche Besprechung aller wichtigen biblischen Aussagen und Hinweise auf weiterführende Literatur. A. T. NIKOLAINEN.- Der Auferstehungsglauben in der Bibel und ihrer Umwelt.- Helsinki. Annales Academiae Scientarum Fennicae 49, 1944, 3; L. WÄCHTER.- Der Tod im Alten Testament, Abhandlungen zur Theologie 2. R., Bd. 8.- Stuttgart 1967; O. SCHILLING.- Der Jenseitsglaube im Alten Testament.- Mainz 1961; G. QUELL.- Die Auffassung des Todes in Israel.- Darmstadt 1967; P. VOLZ.- Jüdische Eschatologie von Daniel bis Akiba.- Tübingen 1903; G. MOLIN.- Entwicklungen und Motive der Auferstehungshoffnung vom Alten Testament bis zur rabbinischen Zeit, in: Judaica 9, 1953/4, S. 225 – 229; CH. BARTH.- Diesseits und Jenseits im Glauben des späten Israel. Stuttgarter Bibelstudien 72.- Stuttgart 1974; K. SCHUBERT.- Die Entwicklung der Auferstehungslehre.- in: Bibl. Zeitschrift, NF 6, 1962, S. 177 – 214; G. STEMBERGER.- Der Leib der Auferstehung, Anthropologie und Eschatologie im palästinischen Judentum im neutestamentlichen Zeitalter.- Analecta Biblica 56.- Rom 1972.

I. DIE BIBEL – EINZIGARTIGES ZEUGNIS AUS DEM ZENTRUM DER GROSSKULTUREN DES ALTEN ORIENTS

A. Die Bibel und ihre Eigenart

Die Bibel stellt in vielerlei Hinsicht ein einzigartiges *kultur-* und *religionsgeschichtliches Zeugnis* dar. Zur Bibel sind dabei zu rechnen die Schriften des Alten und Neuen Testamentes sowie die Randliteratur der sogenannten Apokryphen, religiöser Schriften, welche fälschlicherweise den Anspruch erheben, im Namen eines der großen geistigen Gestalten des Alten und Neuen Bundes geschrieben zu sein.

1. Kultur- und religionsgeschichtliches Zeugnis

Diese Schriften bieten gerade auf unsere Frage wichtige Einblicke in das religiöse Denken der Menschen oder von Gruppen derselben, die hinter diesen Schriften stehen. Diese Zeugnisse decken einen geistig-kulturellen Raum von rund 1400 Jahren ab (ab 1300 v. Chr. – 100 n. Chr.), der geprägt ist von dem relativ kleinen Halbnomaden- und später Bauernvolk der Israeliten in Kanaan, dem Schnittpunkt der Großkulturen Ägypten im Süden, Assyrien und Babylonien im Nordosten, der Hethiter und der Perser im Norden, der Phöniker im Nordwesten sowie der hellenistischen Diadochenreiche der Ptolemäer im Süden und der Seleukiden im Osten und Norden, dann schließlich vom Imperium Romanum. Die Landnahme Israels erfolgte zwischen 1300 und 1250 vor Christus; das Einsickern hebräischer Stämme in Ägypten ist um 1600/1500 vor Christus anzusetzen (Josef). Die letzten Schriften des Neuen Testaments wurden 100 – 110 n. Chr. an verschiedenen Orten im römischen Weltreich verfaßt.[2]

---

2 Zur Datierung der biblischen Schriften vgl. E. SELLIN/G. FOHRER.- Einleitung in das Alte Testament.- Heidelberg 11-1969; O. EISSFELDT.- Einleitung in das Alte Testament.- Tübingen 2-1956; A. WEISER.- Einleitung in das Alte Testament.- Tübingen 2-1948; J. SCHARBERT.- Das Sachbuch der Bibel.- Aschaffenburg 1-1965; A. WIKENHAUSER/J. SCHMID.- Einleitung in das Neue Testament.- Freiburg 6-1973; W. G. KÜMMEL.- Einleitung in das Neue Testament.- Heidelberg 17-1973.

Schon diese Hinweise zeigen, daß das Volk, das hinter dem Zeugnis dieser biblischen Schriften steht, im Kontakt mit allen bedeutenden Religionen dieses kulturellen Großraumes stand und so Gelegenheit hatte, am Denk-, Erfahrungs- und Hoffnungsprozeß dieses so bedeutsamen kulturellen Zentrums zwischen Mittelmeer und persischem Meerbusen in dieser grundlegenden Frage menschlicher Existenz vollauf teilzunehmen.[3] Besonders bedeutsam ist dabei der Umstand, daß nirgendwo sonst die geistige Entwicklung über so lange Zeit hinweg ohne völlige Umbrüche und Überformungen hinweg verfolgt werden kann wie gerade in Israel. Da es sich bei den biblischen Schriften um religiöse Zeugnisse handelt, zu deren Kern auch die Hoffnung auf von Gott geschenktes Leben im umfassenden Sinn gehört, sind wir auch quellenmäßig in einer sehr günstigen Situation in Hinsicht auf unsere Frage.

2. Die Erfahrung des einen Gottes

Für das Verständnis der Zeugnisse der Bibel ist wesentlich, daß sie alle voraussetzen, dem Volk Israel allein habe sich unter allen Völkern in einem langen kontinuierlichen Prozeß ab Abraham (ca. 1700 v. Chr.) und Mose (1300), also ab 1700 v. Chr., der wirkliche, *alleinige Gott und Herr des gesamten Kosmos* gezeigt und enthüllt; daß es neben diesem Gott keine anderen göttlichen Mächte gebe, also auch keine Toten- und Krankheitsgötter oder -dämonen; daß dieser Gott allein Natur und Geschichte lenke und zwar als gerechte, auf Gerechtigkeit bedachte, völlig gute Wesenheit; daß aber der Mensch entsprechend dem Wollen dieses Schöpfergottes frei handeln und geschichtsmächtig wirken könne und insofern sein Schicksal letztlich selbst gestalte und wirke. Der Mensch ist nach biblischer Überzeugung nicht Objekt der Launen und des Wirkens guter und böser, lebensfördernder und lebensvernichtender Mäch-

---

3 Vgl. A. BEEK.- Geschichte Israels von Abraham bis Bar Kochba.- Stuttgart 1961; A. JIRKU.- Geschichte Palästinas und Syriens im orientalischen Altertum.- Aalen 1963; CL. SCHEDL.- Geschichte des Alten Testaments, 5 Bände.- Innsbruck 1959–1964; J. BRIGHT.- Geschichte Israels.- Düsseldorf 1966; W. FOERSTER.- Neutestamentliche Zeitgeschichte, 2 Bde.- Hamburg 1959–1961; B. REICKE.- Neutestamentliche Zeitgeschichte.- Berlin 1964

te, also Spielball der Götter, er ist vielmehr der freie, verantwortliche Agent seines Schicksals, des eigenen Geschicks, auch der Geschichte seiner Sippe, seines Stammes, seines Volkes und der Menschheit als ganzer.[4] Das bringen vor allem die beiden sogenannten Schöpfungserzählungen Genesis 1 + 2 deutlich zum Ausdruck.

In diesen theologischen Schöpfungsdarstellungen aus verschiedenen Zeiten und Sichten heraus werden der Kosmos selbst und die kosmischen Mächte dadurch ihrer göttlichen Mächtigkeit beraubt, daß sie als Geschöpfe, Werke Gottes dargestellt werden. Sie werden also entmythologisiert. In den Religionen der Umwelt Israels sind all diese Elemente — Sonne, Mond, Gestirne, Feuer, Wasser, Untiere — göttliche Mächte, die der Mensch zu verehren und zu fürchten hat. In Genesis 1 aber heißt es:
„Gott sprach: Es sollen Leuchten werden am Gewölbe des Himmels, um zu scheiden zwischen der Nacht und dem Tag, und sie sollen als Zeichen dienen sowohl für die Festzeiten als auch für die Tage und Jahre; sie sollen Lichtspender sein am Gewölbe des Himmels, um zu leuchten über der Erde ... So machte denn Gott die beiden Leuchten, die größere, daß sie über den Tag herrsche, die kleinere, daß sie über die Nacht herrsche, und dazu die Sterne. ..." (Gen 1, 14 —17).
Nur vom Menschen wird gesagt, daß er nach dem „Ebenbild Gottes, nach Gottes Bild, geschaffen sei" (Gen 1, 26 f). Diese Verwandtschaft mit dem wahren Gott besteht im Herrschertum und in der Handlungsfreiheit des Menschen.
„Gott sprach zu dem Menschenpaar: Seid fruchtbar und mehret euch und erfüllet die Erde und macht sie euch untertan und herrscht über die Fische des Meeres, die Vögel des Himmels und über alles Getier, das sich auf Erden regt" (Gen 1, 28).
Es gibt demnach keine Bereiche, die für den Menschen tabu, die seiner Herrschaft entzogen sind. Der Mensch steht frei in der Welt. Sie ist ihm in all ihren Bereichen anvertraut und unterworfen. Als der Herrscher über die Welt steht der Mensch verantwortlich und

---

4 S. dazu W. EICHRODT.- Theologie des Alten Testaments, 3 Bde.- Göttingen/Stuttgart [7]1961/1962; G. von RAD.- Theologie des Alten Testaments, 2 Bde.- München 1958/1960; J. de FRAINE.- Adam und seine Nachkommen.- Köln 1962; J. McKENZIE.- Geist und Welt des Alten Testaments.- Luzern 1962

damit geschichtsmächtig Gott gegenüber. Gott und Mensch, sie beide gestalten die Geschichte, wobei Gott die Freiheit des Menschen zwar in Verantwortung ruft, sie aber nicht antastet, beeinträchtigt oder aufhebt. Auch im Bösen nimmt Gott den Menschen ernst. Er hilft zwar mit, daß das Böse sich nicht voll auswirkt, aber er hebt dessen Folgen nicht einfach auf, sondern bietet dem Menschen an, bei dessen Überwindung mit dem Menschen zusammen mitzuwirken. In der sogenannten Sündenfallerzählung (Gen 3) wird daher gezeigt, daß das Unheil in der Welt, Bosheit, Lüge, Brudermord, Krankheit und vorzeitiger Tod nicht einfach die Wirkung dunkler übermenschlicher Mächte darstellen, sondern die Folge des Ungehorsams und der Empörung des Menschen gegen seinen Schöpfer bilden. Die Schlange wird nicht mit dem Satan identifiziert; sie kann auch verstanden werden als das böse Verlangen im Menschen, das sich gegen Gott behaupten und durchsetzen will.

B. Die Lebensauffassung der Bibel in ihren ältesten Schichten

1. Die israelitische Überlieferung

Die älteste Überlieferung Israels setzt die *Sterblichkeit* des Menschen als Schöpfungsgegebenheit voraus und nimmt sie als unabänderlich unreflektiert hin. Die große Gabe Gottes ist das Leben in der guten Schöpfung Gottes, besonders in dem vom Bundesgott seinem Volk gegebenen Kulturland. Das Interesse des Israeliten kreist deshalb um das Gelingen eines ungestörten, langen; erfolgreichen, mit Reichtum, Kindern und Ansehen gesegneten Lebens. Die Zukunfshoffnung erstreckte sich zunächst nur auf das Leben in dieser Welt. „Alt und lebenssatt zu sterben" wie Abraham (s. Gen 25,8); viele Kinder, vor allem Söhne, zu haben und die Sippe blühen zu sehen bis in die 4. Generation wie Ijob (s. Ijob 42,16 f); Glück, Reichtum, Ehre und Liebe zu erfahren; einen angesehenen Namen zu besitzen, das ist das allgemeine Hoffnungsideal des israelitischen Menschen über lange Jahrhunderte hinweg bis etwa zum 2. Jahrhundert vor Christus.

„Von Jahr zu Jahr säst du die Menschen aus; sie gleichen dem sprossenden Gras, am Morgen grünt es und blüht; am Abend wird es geschnitten und welkt. Du läßt die Menschen zurückkehren zum Staub und sprichst:, Kehrt wieder ihr Menschen!' " (Ps 90, 3 – 6).
„Wir alle altern wie ein Kleid; es ist ein ewiges Gesetz: Alles muß sterben. Wie sprossende Blätter am grünen Baum – das eine welkt, das andere wächst nach –, so sind die Geschlechter von Fleisch und Blut: das eine stirbt, das andere reift heran" (Jesus Sirach 14, 17 – 19).
„Unser Leben währt siebzig Tage, und wenn es hoch kommt, sind es 80 ... Unsere Tage zu zählen, lehre uns, damit wir ein weises Herz gewinnen" (Ps 90, 10 – 12).
„Das Gut des Lebens währt zählbare Tage, das Gut des Namens unzählige Tage" (Jesus Sirach 41, 13).

Von einem jenseitigen Leben ist zunächst nicht die Rede. Es geht um das Leben in dieser Welt, „unter dieser unserer Sonne". Stirbt der Mensch, sei er gut oder böse, geht er in die Unterwelt, die *Scheol*, den Hades, das Reich der Toten und vegetiert dort wie ein Schattenich, ohne Freude und ohne Leid, von Gott und den Menschen vergessen, dahin.
„Wie die Wolke schwindet, vergeht, so steigt nicht mehr auf, wer zur Unterwelt fuhr. Nie kehrt er zurück in sein Haus" (Ijob 7, 9 f).
„Die Toten erkennen überhaupt nichts mehr ... Die Erinnerung an sie ist in Vergessenheit versunken. Liebe, Haß, Eifersucht gegen sie, all dies ist längst erloschen. Für alle Zeit ist ihnen ihr Anteil genommen an allem, was unter der Sonne getan wird" (Kohelet 9, 5f).
„Weise sterben, genauso gehen Tor und Narr zugrunde, sie müssen anderen ihren Reichtum lassen. Das Grab ist ihr Haus auf ewig " (Ps 49, 11 – 15).
„Tote können den Herrn nicht mehr loben, keiner der ins Schweigen hinabfuhr" (Ps 115, 17).
Nicht der Tod und die Sterblichkeit ist daher ein Problem für Altisrael, sondern der vorzeitige, jähe, schwere Tod des frommen und guten Menschen. Denn dies steht im Widerspruch mit der Gerechtigkeit Gottes. Die griechische Idee einer unsterblichen Geistseele, die beim Tod frei wird vom Leid und in den Bereich der Geister

und Götter zurückkehrt, ist Israel bis zur Zeit der Makkabäer im 2. Jahrhundert vor Christus fremd.

2. Die Hoffnungen der Umwelt

Dieses Ideal verblüfft, wenn man auf die Umwelt Israels schaut, auf Kanaan, Assyrien und Babylonien und vor allem auf Altägypten.

In *Ägypten* lebten die Israeliten als Gastvolk, zuletzt als Sklavenvolk, für 2 – 3 Jahrhunderte. Kein Volk der Erde hat so konsequent für das Leben im Jenseits der Welt gelebt, wie das ägyptische. Nicht umsonst sind Gräber die größten Kulturbauten dieses Volkes. Das Sinnen und Trachten dieses Volkes und seiner Führer kreiste um das Aufspüren des Weges durch den Bereich der Todesgötter hindurch in den Bereich der Sonne und der Gestirnsgötter und damit in den Bereich des ewigen Lichtes und des ewigen Glücks. Der Erhaltung des Leibes als dem Haus und Träger des *Ka*, des geistig-göttlichen Ichs des Menschen, galt daher die ganze Sorge der Religion und des Kultes. Und diese Sorge erstreckte sich auch auf die den Göttern heiligen Tiere (Stier, Bock, Vögel).

Die Sorge und Hoffnung, am Leben der guten Götter nach dem Tode teilzunehmen, bildete auch ein wesentliches Element der *assyrischen, babylonischen,* der *kanaanäischen* und der *persischen* Religion.[5] Darum ist es so erstaunlich, daß Israel über Jahrhunderte hinweg davon unbeeinflußt blieb und am altbeduinischen Totenglauben festgehalten hat. Nach dieser Auffassung geht der ganze Mensch als eine Art Schattenich oder „Schrumpfexistenz" vom Grab in das unterirdische Totenreich, Scheol genannt, ein und vegetiert dort ohne Erinnerung, ohne Hoffnung, ohne Schmerz und

---

[5] Vgl. dazu F. NÖTSCHER.- Altorientalischer und alttestamentlicher Auferstehungsglauben.- Würzburg 1926; H. KEES.- Totenglauben und Jenseitsvorstellungen der alten Ägypter.- Berlin ²1956; J. LEIPOLDT.- Der Tod bei Griechen und Juden.- Leipzig 1942; E. EBELING.- Tod und Leben nach den Vorstellungen der Babylonier.- Berlin 1931; H. SEEGER.- Die Triebkräfte des religiösen Lebens in Israel und Babylon.- Tübingen 1923; E. DRIOTON.- Die Religion des Alten Orients.- Aschaffenburg 1958; O. EISSFELDT.- Religionsgeschichte des Alten Orients.- Leiden 1964; J. LEIPOLDT.- Die Religionsgeschichte des Orients in der Zeit der Weltreligionen.- Leiden 1961; S. MORENZ.- Ägyptische Religion.- Stuttgart 1960

ohne Freude dahin. Reste der alten Größe sind in diesem Reich des Staubes und der Dämmerung zu erkennen. Aber Gott kümmert sich nicht um die Toten — obwohl er theoretisch die Macht hätte, zu helfen und daraus zu retten —, auch die Menschen vergessen die Toten im Hingang der Zeit. Eine Wende des Schicksals der Toten in der Zukunft wird nicht erwartet.

„An die Toten im Grab denkst du nicht mehr, denn sie sind deiner (Gottes) Hand entzogen" (Ps 88, 4—13).

In der Unterwelt sind „klein und groß beisammen, der Sklave ist frei von seinem Herrn, Gefangene sind frei von Sorgen; dort hören Frevler auf zu toben, dort ruhen die aus, deren Kraft erschöpft ist" (Ijob 3, 17—19).

„Das ist das Schlimme an allem, was unter der Sonne getan wird, daß alle ein und dasselbe Geschick trifft, den .. Guten und den Bösen" (Kohelet 9, 2 f).

3. Das düstere Schicksal der Toten

Demnach enthielt die Offenbarung des wahren Gottes Jahwes zunächst keinerlei Hinweis auf das jenseitige *Schicksal* der Toten. Beide, Fromme wie Bösewichte, traf ein und dasselbe Schicksal im Tod. Es wurde lediglich angenommen, daß der Gerechte lange leben und im Glück sterben, der Böse aber vorzeitig und jäh sterben werde.

„Die Übeltäter trifft Furcht und Schrecken, denn Gott steht auf der Seite der Gerechten" (Ps 14, 5).

„Ein Mann des Friedens hat Zukunft, die Sünder aber werden alle vernichtet" (Ps 37, 38).

„Der Frevler erwirbt trügerischen Gewinn, wer Gerechtigkeit sät, hat beständigen Ertrag" (Sprüche 11, 18 f).

„Gottesfurcht mehrt die Tage, doch die Jahre der Frevler sind verkürzt" (Ps 10, 27).

Diese Auffassung entspricht der Überzeugung, daß Gott, der Herr des Lebens, gerecht am Menschen handelt. Die rein diesseitige Lebenskonzeption erforderte daher auch eine innerweltliche Vergeltung.

Die älteste Offenbarung Gottes an Israel enthielt nicht nur keinerlei Hinweis auf eine jenseitige Vergeltung, sie tabuierte und bestrafte jede Art von Totenkult, Beschwörung von toten Geistern und jeden Versuch, mit den Toten durch magische oder sonstige Methoden in Verbindung zu treten. Es bestand das Gebot, alle Totenbeschwörer in Israel auszurotten.

„Kommst du in das Land, das dir der Herr, dein Gott verleiht, so sollst du die Greuel dieser Völker nicht nachahmen. Niemand finde sich bei dir, der ... einen Totengeist oder einen Wahrsagegeist befragt oder Auskunft bei den Toten sucht, denn ein Greuel für den Herrn ist jeder, der solches tut ... " (Dtn 18, 9 – 13).

„Wendet euch nicht an die Totenbeschwörer ..., sie verunreinigen euch" (Lev 19, 31).

„Gegen einen, der sich an Totenbeschwörer und Wahrsager wendet und sich mit ihnen abgibt, werde ich mich wenden und ihn aus seinem Volk ausrotten. Ihr sollt euch heiligen, um heilig zu sein, denn ich bin der Herr, euer Gott!" (Lev 20, 6 f).

„Männer oder Frauen, in denen ein Toten- oder Wahrsagegeist ist, sollen sterben. Man soll sie steinigen, ihr Blut soll auf sie kommen" (Lev 20, 27).

Ja, es war sogar verboten, wie die Heiden um die Toten zu trauern und einen besonderen Totenkult zu pflegen. „Ihr dürft nicht den Rand eueres Kopfes kreisförmig abscheren, du sollst nicht den Rand deines Bartes abstutzen" (Trauerbräuche der Kanaaniter!) „Ihr dürft euch nicht wegen eines Toten Einschnitte machen an eurem Leib! Ich bin der Herr!" (Lev 19, 26 – 28; vgl. Dtn 14, 1 f). Bei der Übergabe des Zehnten für Leviten, Fremde, Waisen und Witwen am zuständigen Heiligtum hatte der Israelit u. a. zu bekennen: „Ich habe nichts davon einem Toten gespendet!" (in Form eines Speiseopfers am Grab, Dtn 26,14).

Es ist auch nur eine Geschichte von einer Totenbeschwörerin überliefert, jener von Endor, die der unglückliche Saul vor der Schlacht am Gilboaberg aufsuchte, in der er mit seinen beiden ältesten Söhnen den Tod fand (1 Sam 28, 3 – 25). Auch dieses Verhalten wies nach Ansicht des Alten Testaments darauf hin, daß Saul von Gott als König verworfen war.

4. Die unzerstörbare Freude am Leben

Man könnte meinen, aufgrund dieser Auffassung hätten in Israel Furcht vor dem Tod oder Flucht in hektische Lebensfreuden vorgeherrscht. Dem ist aber nicht so. Die Freude an der Schöpfung, am Geschenk des Lebens und an den Möglichkeiten menschlicher Lebensgestaltung beherrschen alles und bilden das Grundgefühl des Isrealiten. Jede Art von Verdrängung oder Überhöhung des Todesgeschicks fehlt. Der Isrealit hält lebenstapfer und nüchtern dem Geschick und dem Rätsel des Todes stand. So bekennt der Beter vom Psalm 8 voll Staunen:
„Was ist der Mensch, daß du an ihn denkst, ...? Du hast ihn nur wenig geringer gemacht als Gott ... Du hast ihn als Herrscher eingesetzt über das Werk deiner Hände" (die Schöpfung).
Der skeptische Lehrer der Lebensweisheit, *Kohelet*, der feststellt, daß kein innerweltliches Lebensgut dem Tod standhält und der deshalb meint, zwischen Mensch und Tier bestünde in bezug auf den Tod kein wesentlicher Unterschied, zieht daraus den Schluß:
„Iß freudig dein Brot und trink vergnügt deinen Wein, denn alles, was du tust, hat Gott längst so festgelegt, wie es ihm gefiel ... Mit einer Frau, die du liebst, genieß das Leben alle Tage deines Lebens ... Alles, was deine Hand zu tun vorfindet, tu mit deiner ganzen Kraft. Denn es gibt weder Tun noch Können noch Wissen im Totenreich" (Kohelet 9, 7 – 10).
Und der späte Weisheitslehrer *Jesus Sirach* (2.Jhdt. vor Christus) führt zur Frage nach dem rechten Lebensvollzug aus:
„Der Herr hat die Menschen aus Erde erschaffen und läßt sie wieder zu ihr zurückkehren. Gezählte Tage und bestimmte Zeit wies er ihnen zu und gab ihnen Macht über alles auf der Erde ... Über alle Tiere ... sollten sie herrschen. Er bildete ihnen Mund und Zunge, Auge und Ohr und ein Herz zum Denken. Mit kluger Einsicht erfüllte er sie, und lehrte sie Gutes und Böses. Er zeigte ihnen die Größe seiner Werke, um die Furcht vor ihm ins Herz zu pflanzen. Sie sollten für immer seine Wunder rühmen und seinen heiligen Namen loben" (Sir 17, 1 – 10).
Dies war auch deshalb möglich, weil das Ringen um die Existenz des Volkes und die Möglichkeiten des einzelnen darin alles andere

zunächst in den Hintergrund drängten. Auch bildete das Vertrauen in die Gemeinschaft mit dem sich offenbarenden Gott einen Schutz gegen Resignation, Skepsis und unfruchtbares Grübeln. Gott konnte alles ändern, wenn er wollte. Denn, „der Herr gibt Tod und gibt Leben, er führt zu den Toten hinab und wieder herauf" (I Sam 2, 6). Und Gottes Güte waltet wunderbar über der ganzen Schöpfung (vgl. Ps 36, 6 – 10).

5. Errettungen vor dem Tode

Auch wußte man darum, daß Gott Menschen oft aus Todesgefahr rettete, ja durch besonders bevollmächtigte Männer aus dem Tod zurückrufen konnte. Die Überlieferungen von Totenerweckungen der Propheten *Elija* und *Elischa* weisen darauf hin (1 Kön 17; 2 Kön 4, 13).

Vor allem aber gab es die uralte Überlieferung, daß Gott Menschen, die er liebte, vor dem Todesschicksal bewahrte und sie zu sich „nahm". Der erste, von dem dies berichtet wurde, war *Henoch*, ein Mensch der Patriarchenzeit.

„Henoch war seinen Weg mit Gott gegangen, dann war er nicht mehr da, denn Gott hatte ihn weggenommen" (Gen 5, 23 f).

Später rechnete man auch Elija (2 Kön 2: Sonnenwagen), Mose und Jeremia dazu. Diesen Menschen ordnete man später besondere Aufgaben für die Endzeit zu: Sie würden die Zeit des Messias ankündigen und das Volk Israel darauf vorbereiten (vgl. Mk 9, 2 – 13; auch 8, 27).

C. Das Ungenügen jeder rein innerweltlichen Lebenshoffnung – Erste Hoffnungsgrundlagen

Im Hingang der Zeit, im Nachdenken über die Wirklichkeit des menschlichen Lebens mit all seiner Mühe und seinen Unvollkommenheiten und angesichts der sich vertiefenden religiösen Einsicht wurde der rein auf das Diesseits ausgerichtete Hoffnungshorizont zunehmend als problematisch und ungenügend empfunden.

1. Das ungenügende Diesseits

Einerseits wurde erkannt, daß das diesseitige Leben, auch wenn es lang und erfolgreich ist, die Lebenssehnsucht des Menschen nicht zu stillen vermag. „Unser Leben währt 70 Jahre, und wenn es hoch kommt, sind es 80, das Beste daran ist nur Mühsal und Beschwer; rasch geht es vorbei, und wir fliegen dahin" stellt der Beter vom Psalm 90 fest. Der Verfasser von Psalm 39 aber betet:
„Herr, du machtest meine Tage nur eine Spanne lang, meine Lebenszeit vor dir wie ein Nichts. Ein Hauch nur ist jeder Mensch, ... um ein Nichts macht er Lärm" (Ps 39, 5 — 7).
Im Buch Ijob wird ausgesprochen:
„Der Mensch, vom Weib geboren, knapp an Tagen, unruhvoll, blüht wie die Blume auf und welkt, flieht wie ein Schatten und bleibt nicht bestehen"(Ijob 14, 1 f).
Und der Weisheitslehrer Sirach bekennt:
„Tod, wie bitter ist es, an dich zu denken für den, der ruhig sein Heim bewohnt, für den, der ohne Sorge ist und in allem Erfolg hat und noch kräftig genug ist, die Lust zu genießen" (Sir 41, 1 f).

2. Der Anschein der Wirklichkeit gegen die Gerechtigkeit Gottes

Die Wirklichkeit selbst widersprach nicht selten der Überzeugung der religiösen Lehrer Israels, daß es den Guten auf die Dauer gut, den Schlechten auf die Dauer schlecht gehe. Das stellen vor allem die Verfasser der Bücher Ijob und Kohelet, aber auch die Dichter und Beter von Psalmen fest, deren Gebete Aufnahme in das Alte Testament fanden. So bekennt Psalm 73:
„Fast wären meine Füße gestrauchelt, ... als ich sah, daß es den Frevlern so gut ging. Sie leiden keine Qualen, ihr Leib ist gesund und wohlgenährt. Sie kennen nicht die Mühsal der Sterblichen, sind nicht geplagt wie andere Menschen. Darum ist Hochmut ihr Halsschmuck ... Sie reißen ihr Maul bis zum Himmel auf ... Darum wendet das Volk sich ihnen zu" (Ps 73, 2 — 12).
Psalm 10 stellt die Frage:
„Herr, warum bleibst du so fern? ... Der Frevler rühmt sich nach

Herzenslust, er raubt, er lästert und verachtet den Herrn. Überheblich sagt er: ‚Gott straft nicht. Es gibt keinen Gott!' So ist sein ganzes Denken. Zu jeder Zeit glückt ihm sein Tun" (Ps 10, 1 — 10).

Ijob richtet an Gott die Anfrage:
„Warum bleiben Frevler am Leben, werden alt und stark an Kraft? Ihre Nachkommen stehen fest vor ihnen, ihre Sprößlinge sind vor ihren Augen. Ihre Häuser sind in Frieden, ohne Schreck. Die Rute Gottes trifft sie nicht ... Sie ... verbringen ihre Tage in Glück und fahren voll Ruhe ins Totenreich. .. Der eine stirbt in vollem Glück, ist ganz im Frieden, sorgenfrei ... Der andere stirbt mit bitterem Herzen und hat kein Glück genossen. Zusammen liegen sie im Staub, und Gewürm deckt beide zu" (Ijob 21, 7 — 15; 23, 25 f).

Kohelet aber faßt seine Erfahrung in die Worte:
„Ich ... überprüfte alles: ob es nämlich zutreffe, daß die Gebildeten und Gesetzestreuen in der Hand Gottes stehen. Doch die Menschen erkennen nicht, ob sie geliebt oder ob sie verschmäht sind. Alle ... trifft ein und dasselbe Geschick, den Gesetzestreuen und den Gesetzesbrecher, den Guten und den Bösen, den Reinen und den Unreinen, den Opfernden und den, der nicht opfert. Dem Guten geht es wie dem Sünder ... Das ist das Schlimme an allem, was unter der Sonne geschieht, daß alle ein und dasselbe Geschick trifft" (Kohelet 8, 16 — 9, 2).

Diese Wirklichkeit wurde als schwere Anklage, als harter Widerspruch gegen die Gerechtigkeit Gottes empfunden und konnte deshalb einfachhin nicht schweigend und gehorsam hingenommen werden.

3. Der Tod als Last und Strafe

Der Tod wurde mehr und mehr als etwas erkannt, das in der Weise, wie ihn der Mensch normalerweise erfährt, nicht in die gute Welt Gottes gehört. Er widerspricht dem Wesen des guten Schöpfers, der Leben, volles Leben ist und der dieses Leben allen Geschöpfen, vor allem seinem Ebenbild mitteilen will. In Wirklichkeit wurde so der Tod als ein dunkles Rätsel, als Überwältigung durch eine unheimliche Wirklichkeit, als Zerstörung der Gemein-

schaft mit Gott und den Menschen, der eigenen Welt empfunden. So begann Israel über den Zusammenhang von Sünde und Tod nachzudenken. Es stand fest, daß schwere Vergehen seitens Gottes durch die Verhängung eines jähen und bösen Todes geahndet wurden. Im Psalm 38 bekennt ein Kranker:
„Nichts blieb gesund an meinem Leib ..., weil ich gesündigt ... Meine Sünden schlagen mir über dem Kopf zusammen, sie erdrücken mich wie eine schwere Last ... ; mir schwären die Wunden wegen meiner Torheit" (Ps 38, 2 – 6).

Jesus Sirach stellt bündig fest:
„Wer gegen seinen Schöpfer sündigt, fällt dem Arzt in die Hände" (Sirach 38, 15).
Dazu wuchs die Einsicht, daß kein Mensch vor Gottes heiligem Wesen als gerecht und gut bestehen kann.
„Wie wäre ein Mensch gerecht vor Gott ...? Selbst der Mond glänzt nicht hell, die Sterne sind nicht rein in seinen Augen, geschweige denn der Mensch, die Made, der Menschensohn, der Wurm" (Ijob 25, 4 – 6).

So wurde erkannt: „Gott, hat den Tod nicht gemacht, er hat keine Freude am Untergang der Lebenden" (Buch der Weisheit 1, 12 f), vielmehr kam der Tod in seiner jetzigen Gestalt als Folge der *Sünde* des Menschen in die Welt. Dies wird vor allem in der großartigen Darstellung vom Sündenfall des Urmenschen Adam eindrucksvoll zum Ausdruck gebracht.
„Zum Menschen (Mann) sprach Gott: Weil du vom Baum (der Erkenntnis von Gut und Böse) gegessen hast, von dem ich dir zu essen verboten hatte: So ist verflucht der Ackerboden deinetwegen. Unter Mühsal wirst du von ihm essen alle Tage deines Lebens. Dornen und Disteln läßt er dir wachsen ...; mit Schweiß im Gesicht wirst du dein Brot essen, bis du zurückkehrst zum Ackerboden ... Denn Staub bist du, zum Staub mußt du zurück" (Gen 3, 16 – 19). Damit schickte Gott den Menschen weg vom Baum des Lebens (vgl. Gen 3, 22 f).

Die Empörung gegen Gott zieht zwar als Folge nicht den Tod nach sich – die Sterblichkeit gehört zum Wesen des Menschen als Geschöpf, – sondern verändert alles zum Schlechteren: Essen und Trinken, Liebe, Vaterschaft und Mutterschaft, Kinder, Arbeit,

Freude, Altwerden und Sterben. Denn die Urbeziehung, aus der der Mensch existiert, wurde und wird immer neu durch die Sünde gestört. Die Trennung von Gott überantwortet den Menschen sich selbst, seinem Egoismus, seiner Torheit, seiner Bosheit. So wird die Geschichte des Menschen zu einer Geschichte des Leidens und der Not, des Brudermordes und des schweren Sterbens, der Hoffnungslosigkeit und der Verzweiflung.

4. Die belebende Gemeinschaft mit Gott

Aus dieser bitteren Erfahrung erwuchs die Einsicht, daß erst die ungestörte, volle Gemeinschaft mit Gott den Menschen Leben auf Dauer und damit Glück und Seligkeit im Vollsinn des Wortes zu vermitteln vermag. Diese Einsicht wurde zuerst durch einzelne Fromme in Israel gewonnen. Dies war die entscheidende Erkenntnis, aus der sich ein verheißungsvoller Weg in eine begründete Hoffnung über den Tod hinaus eröffnete. Die äußeren Katastrophen Israels trugen ebenso wie die sich vertiefenden Erkenntnisse der Propheten und der Frommen über das wahre Wesen Gottes zu dieser Einsicht bei. Und obwohl vom israelischen Wirklichkeitssinn wie von den religiösen Voraussetzungen her, daß es sich Gott vorbehielt, über das Hernach und das Jenseits des Todes etwas zu enthüllen, eine Flucht in schöne Theorien nicht möglich war, fanden einige Beter in Israel einen Durchbruch in eine bleibende Hoffnung über das dunkle Rätsel des Todes hinaus. Sie erfuhren im Gebetsringen mit Gott die Gewißheit, daß Gott Leben und Liebe ist und daß er allen, die ihm in Vertrauen und Liebe verbunden sind, die Treue halten wird über den Tod hinaus. Das Wie dieser Möglichkeit mußte zwar offengehalten werden, aber das Daß war eine Gewißheit, die von nicht wenigen in Israel in der späten Königszeit und danach erfahren wurde. Vor allem die Psalmen 16; 49 und 73 geben darüber Aufschluß. Der erste Beter vom Psalm 16 spricht die feste Hoffnung aus:
„Behüte mich, Gott, denn ich vertraue dir! Ich sage zum Herrn: ‚Du bist mein Herr; mein ganzes Glück bist du allein! ...' Ich habe den Herrn beständig vor Augen. Er steht mir zur Rechten, ich

wanke nicht. Darum freut sich mein Herz und frohlockt meine Seele; auch mein Leib wird wohnen in Sicherheit. Denn du gibst mich nicht der Unterwelt preis: du läßt deinen Frommen das Grab nicht schauen. Du zeigst mir den (schmalen) Pfad zum Leben. Vor deinem Angesicht herrscht Freude in Fülle, zu deiner Rechten Wonne für alle Zeit."

Der Weisheitslehrer von Psalm 49 stellt zunächst voll Skepsis fest:
„Man sieht: Weise sterben, genauso gehen Tor und Narr zugrunde ... Und das Grab ist ihr Haus auf ewig ... Der Mensch bleibt nicht in seiner Pracht, er gleicht dem Vieh, das verstummt."

Er fügt dann aber einschränkend hinzu:
„So geht es denen, die auf sich selbst vertrauen".

Dann aber bekennt er mit fester Überzeugung:
„Doch Gott wird mich loskaufen aus dem Reich des Todes, ja, er nimmt mich (bei sich) auf" (Ps 49, 8 – 13. 14 f.16).

Der fromme Beter vom Psalm 73 offenbart zunächst seine Not:
„Ich habe mich über die Prahler ereifert, als ich sah, daß es diesen Bösen so gut ging ... Sie sind nicht geplagt, wie die anderen Menschen. Darum ist Hochmut ihr Halsschmuck ... Da sann ich nach, dies zu begreifen. Es war eine Qual für mich, bis ich dann eintrat ins Heiligtum Gottes ...".

Danach aber fährt er fort:
„Ich aber bleibe immer bei dir. Du hältst mich an meiner Rechten. Du leitest mich nach deinem Ratschluß und nimmst mich am Ende auf in Herrlichkeit. Was habe ich im Himmel außer dir? Neben dir erfreut mich nichts auf der Erde. Auch wenn mein Leib und mein Herz verschmachten, Gott ist der Fels meines Herzens und mein Anteil auf ewig" (Ps 73, 3 – 17. 23 – 28).

Von hier aus könnte man sagen, daß eine mystische Grunderfahrung den Weg zu einer Hoffnung auf das Jenseits des Todes öffnete und zwar zu einer Zeit, wo die Lehrer Israels theologisch noch keine Hoffnung auf ein Fortleben nach dem Tode vertraten. Zugleich zeigten diese Frommen, daß nicht materielle Güter das bleibende Glück des Menschen ausmachen, sondern die bleibende Gemeinschaft mit Gott, dem Bundesgott, selbst.

5. Die Erfahrung der Treue Gottes

Damit verbunden war eine zweite Erfahrung, die des Handelns Gottes in der Geschichte Israels, aber auch in jener der Gerechten. Gott erwies sich immer wieder als der, der den Weg der Guten auch durch Not und Gefahr hindurch wunderbar lenkte, während die Bösen letztlich scheiterten. Vor allem das einzigartige Schicksal Israels wurde zum Zeugen der Treue Gottes, die wunderbare und einzigartige Wege ging in der Geschichte der Völker. Nicht nur verkündeten zahlreiche Propheten (vor allem der Prophet Jeremia) den völligen Untergang von Nation und Religion, wenn Israel seinem Gott nicht treu bliebe – was dann auch eintraf (722 v. Christus: Untergang des Nordreichs Israel durch die Assyrer; 587: Untergang des Südreichs Juda durch die Babylonier)[6] und zeigte, daß Gottes Gerechtigkeit tatsächlich den Gang der Geschichte bestimmt –, die Rückkehr eines Restes des Volkes aus der Verschleppung nach Babylon (nach 539 vor Christus), die ebenfalls durch Propheten vorbereitet und ermöglicht wurde (besonders durch die Propheten Deuterojesaja[7] – seine Prophetie ist in den Kapiteln 40–55 des Buches Jesaja erhalten – und Ezechiel), wies auf den Willen dieses Gottes hin, Leben jenseits von Katastrophen und Untergang zu schaffen. Es ist der Wille dieses Gottes, daß letztlich Gerechtigkeit und Leben endgültig siegen. Gerade im Exil von Babylon (von 587 – 539 vor Christus) erfuhr z. B. der Prophet Ezechiel im Bild der Erweckung toter Skelette zum Leben die Verheißung auf die Auferstehung des Volkes aus dem Totenhaus Babylon:

---

6 Den Untergang des Nordreiches sagten an vor allem die Propheten *Amos* und *Hosea*, s. Am. 5, 1 – 7. 18 – 20; 7, 11. 17; 8, 1 – 3; 9, 1 – 4; Hos 1, 4 – 9; Kp. 9 – 10; 13, 12 – 14, 10. Vom Untergang des Südreiches handeln vor allem die Worte des *Jeremia*. 1, 11 – 16; Kp. 7; Kp. 23 – 27; Kp. 29; 34, 1 – 7; Kp. 39. Zu den Propheten allgemein s. die Einführungen : C. KUHL.- Israels Propheten.- Dalp-Taschenbuch 234.- München 1956; J. SCHARBERT. -Die Propheten Israels bis 700 v. Chr.- Köln 1965; B. VAWTER.- Mahner und Künder.- Salzburg 1963

7 Der sog. Prophet *Deuterojesaja* sagte die Befreiung der nach Babylon verschleppten Juden durch den Perserkönig Cyrus voraus, was tatsächlich eintraf. Cyrus ließ die Juden nach der Eroberung Babylons nach Palästina zurückkehren, ab 539 v. Chr., und ermöglichte den Wiederaufbau des Tempels, vgl. dazu Jes 41, 1 – 7; 45, 1 – 4. *Ezechiel*, der ebenfalls in Babylon unter den Verschleppten wirkte, entwarf bereits Pläne für den Wiederaufbau des Tempels und der Stadt Jerusalem, s. Ez 40 – 44

„Der Herr brachte mich im Geist hinaus mitten in eine Ebene, die voll von ausgedorrten Gebeinen war ... Sprich zu diesen Gebeinen: Geist, komm herbei von den 4 Winden. Hauch diese Toten an, daß sie lebendig werden! Da sprach ich als Prophet ...,und es kam Atem in sie. Sie wurden lebendig. Sag zu ihnen: So spricht Gott der Herr: Ich öffne eure Gäber ... und hole euch, mein Volk, ... zurück in das Land Israel! Dann werdet ihr erkennen, daß ich der Herr bin!" (Ez Kap. 37).

Dreierlei ist an diesem Text bemerkenswert:

1) Die Verheißung schafft Geschichte. Israel kehrt erneuert aus Babylon zurück.

2) Der Prophet gebraucht das Bild einer Totenauferstehung, wie es im kanaanäischen und orientalischen Glauben von sterbenden und auferstehenden Vegetationsgöttern bereitlag, verwendet es aber nicht im physischen, sondern im historischen Sinn.

3) Der Schritt zur Übernahme des orientalischen Glaubens an eine Auferstehung der Toten wird nicht getan. Auch hier wird auf Gottes Eingreifen und Handeln gewartet. Israel schafft sich nicht selbst einen Auferstehungsglauben.[8]

D. Prophetische Botschaft in der Verfolgung: Gott wird die Märtyrer aus dem Tode auferwecken

Den entscheidenden Impuls für die Entfaltung des Auferstehungsglaubens erhielt das Volk Israel in der Zeit der Verfolgung seiner Religion durch den griechisch-syrischen Großkönig Antiochus IV. Epiphanes aus der Diadochendynastie der Seleukiden, welche nach dem Tod Alexanders des Großen die Herrschaft über einen Großteil seines Reiches antraten. Ab 198 geriet Palästina unter ihre Herrschaft. Zur Stärkung des Reiches suchte Antiochus IV. Epiphanes alle Völker seines Herrschaftsgebiets, auch die Juden, mit Hilfe des griechischen Götterglaubens auch religiös und kultu-

---

8 Über die altorientalischen Kulte mit der Verehrung von sterbenden und auferstehenden Vegetationsgottheiten — z.B. Osiris, Baal, Adonis, Tammuz — s. die Werke über den alttestamentlichen Auferstehungsglauben in Anm. 1

rell zu einigen. Er verbot 168 vor Christus die jüdische Religion, verwandelte den Tempel zu Jerusalem in ein Zeusheiligtum, ließ Sabbat und jüdische Feste abschaffen und verlangte, daß alle Juden den griechischen Göttern opfern. Das führte zum Aufstand der *Makkabäer* (ab 167 v. Christus). Viele fromme Juden wurden wegen des Festhaltens an ihrem Gottesglauben gewaltsam getötet. In dieser Zeit setzte sich in einem Teil der Juden unter prophetischem Einfluß die Überzeugung durch, Gott werde all jene, die wegen ihrer Treue zum Bundesgott vorzeitig ihr Leben verlieren, am Ende der Zeit wieder zum Leben erwecken und sie auch mit dem Leib in einer völlig erneuerten Welt für immer glücklich leben lassen. Von dieser Hoffnung auf eine Auferweckung der Frommen und Gerechten legt sowohl das Buch des Propheten und Sehers *Daniel* wie auch das 2. Buch der *Makkabäer* Zeugnis ab. Im Buch Daniel wird verheißen:

„Von denen, die im Lande des Staubes schlafen, werden viele erwachen, die einen zum ewigen Leben, die anderen zu ewiger Schmach" (Dan 12, 2).

Im 2. Makkabäerbuch, das in dieser Zeit entstand, wird gesagt:

„Gott hat uns die Hoffnung gegeben, daß er uns wieder auferweckt" (7, 14).

Darin wird auch berichtet, daß Judas, der jüdische Anführer aus dem Haus der Makkabäer, für die im Kampf gegen die heidnische Fremdherrschaft Gefallenen ein Entsühnungsopfer darbringen ließ, weil er „erwartete, daß die Toten auferstehen werden" (2 Makk 12, 42 – 45).

Diese prophetisch begründete Hoffnung wurde durch andere Propheten im 1. Jahrhundert vor Christus dahin vertieft, daß Gott „den Tod für immer vernichten werde" (Jes 25, 8 a). Damit verband sich dann die Vorstellung von einer allgemeinen Totenerweckung, einem allgemeinen Gericht und von einer ewigen Vollendung bei Gott und einer ewigen Verdammnis.[9]

---

[9] In dieser Zeit (ab dem 3. bis 2. Jhdt. v. Chr.) beginnt in Israel sich die sog. *Apokalyptik* zu entwickeln, eine geistige Richtung, die versucht, die Aussagen der Prophetenbücher über die Zukunft und das Ende der Welt zu systematisieren und die Etappen bis zum Ende zu berechnen. Diese Richtung ist geprägt durch die Vorstellung, die Weltgeschichte sei beherrscht von dem Kampf Satans und der heidnischen Völker gegen den wahren Gott und sein Volk. Ein Niederschlag dieser geistigen Welt- und Zukunftsschau

E. Biblische Lebenshoffnung und griechische Unsterblichkeitserwartung

Im jüngsten Buch des Alten Testaments, dem Buch der *Weisheit* — es wurde nur von Juden als Offenbarungsbuch anerkannt — wird schließlich unter dem Einfluß des griechischen Denkens der urbiblische Gedanke vom Menschen als Ebenbild Gottes (s. Gen 1; Ps 8) dahingehend vertieft verstanden, daß der Mensch als Geschöpf Gottes, das nach dem Willen des Schöpfers auch am Wesen seines Schöpfers teilhat, zur endgültigen Teilhabe am ewigen Leben Gottes vom Anfang an berufen sei. In diesem Buch heißt es: „Gott hat den Menschen zur Unvergänglichkeit erschaffen und ihn zum Abbild seines eigenen Wesens gemacht. Doch durch den Neid des Teufels kam der Tod in die Welt, und ihn erfahren alle, die ihm angehören" (Weish 2, 23 f).
Allerdings geht nur „der Gerechte ... in Gottes Ruhe ein" (Weish 4, 7 f); der Gottlose muß ins Totenreich und wird dort „ein verachteter Leichnam sein" (Weish 4, 19 f). Hier wird also die griechische Unsterblichkeitshoffnung mit der biblischen Lebenshoffnung verknüpft und in das Beziehungsfeld von Gerechtigkeit und religiös sittlicher Bewährung eingeordnet. Das Leben Gottes ist und bleibt so dessen freies Geschenk an die Bewährten. Das eigentliche Leben liegt dabei jenseits des Todes. Das führt zu einer Umwertung der bisherigen Lebensauffassung: Wer früh stirbt, ist nicht zu bedauern, wenn er fromm und gut war; wer lang lebt, nicht zu beneiden, auch wenn er böse und gottlos ist.
„Der Gerechte, kommt das Ende auch früh, geht in Gottes Ruhe ein. Denn ehrenvolles Alter ... wird nicht an der Zahl der Jahre gemessen" (Weish 4, 7 — 10).[10]
Auffällig ist auch an dieser Aussage, daß Israel außerbiblische Ideen und Überzeugungen nicht einfach aufgreift, sondern daß es diese prüft an seiner Offenbarungstradition und an den Einsichten,

---

findet sich bereits im Buch Daniel. Zur Apokalyptik s. H. H. ROWLEY.- Die Apokalyptik.- Einsiedeln/Köln 1965; P. RIESSLER.- Altjüdisches Schrifttum außerhalb der Bibel.- Augsburg 1928

10 Vgl. dazu H. BÜCKERS.- Die Unsterblichkeitslehre des Weisheitsbuches.- Alttestamentliche Abhandlungen XIII, 4.- Münster 1938

die dieses Volk im Umgang mit seinem Gott und dessen Handeln in der eigenen Geschichte gewann. Bemerkenswert ist auch hier, daß Israel jeder Spekulation und Flucht in schöne Gedanken und Theorien abhold ist. Es will die Wirklichkeit selbst verstehen, um diese Wirklichkeit auch bestehen zu können.

II. JESUS VON NAZARETH – DURCHBRUCH INS EWIGE LEBEN

A. Jesu Botschaft vom künftigen Leben

Zur Zeit Jesu herrschten zwei Richtungen von Jenseitserwartungen in Israel vor.

1. Sadduzäer und Pharisäer

Die Richtung der *Sadduzäer*, des Priesteradels, welche die altisrealistische Auffassung vom Gang aller ins Totenreich vertraten und die Auferstehungshoffnung mit Skepsis ablehnten und verspotteten (s. die Anfrage an Jesus Mk 12, 18 – 27), und jene der *Pharisäer*, welche die prophetische Hoffnung auf leibliche Auferweckung am letzten Tag (in der messianischen Zeit) erwarteten, zusammen mit allgemeinem Totengericht, ewigem Lohn (= Teilhabe an Gottes Leben) und ewiger Strafe.[11]

2. Die Botschaft Jesu

Jesu Auffassung war jener der Pharisäer verwandt, wenn er auch hier eigene Akzente setzte.

---

11 Vgl. K. SCHUBERT.- Die jüdischen Religionsparteien in neutestamentlicher Zeit.- Stuttgarter Bibelstudien 43.- Stuttgart 1970. Zum Ganzen vgl. A. T. NIKOLAINEN.- Der Auferstehungsglauben in der Bibel und ihrer Umwelt, Bd. 2; E. SCHILLEBEECKX.- Jesus.- Freiburg 1975

Für ihn ist Gott ein Gott, der Leben stiftet und Leben erhalten und vollenden will, also ein Gott des Lebens und der Lebenden. Er will allen Menschen Anteil an seinem Leben schenken.

Dies stellt er in einer Diskussion mit Sadduzäern heraus, die seine Auffassung lächerlich zu machen suchten.

„Ihr kennt weder die Schrift noch die Macht Gottes. Denn wenn die Menschen von den Toten auferstehen, werden sie nicht mehr heiraten, sondern wie die Engel im Himmel sein. Daß aber die Toten auferweckt werden – habt ihr das nicht im Buch des Mose in der Geschichte vom Dornbusch gelesen, wo Gott zu ihm sprach: ‚Ich bin der Gott Abrahams, der Gott Isaaks und der Gott Jakobs' (Exodus 3, 6). Er ist doch nicht ein Gott der Toten, sondern der Lebenden! Ihr irrt euch sehr" (Mk 12, 24 – 27; vgl Mt 22, 23 – 33; Lk 20, 27 – 38).

Jesus deutet diese alttestamentliche Aussage also so, daß die genannten Patriarchen – wie alle verstorbenen Gerechten, nach ihrem Tod bei Gott leben. Gott hält also seinen Getreuen auch selbst die Treue, und zwar über den Tod hinaus.

Über das Wie jedoch sagt Jesus nichts Näheres. Das Gleichnis vom reichen Mann und vom armen Lazarus (Lk 16, 19 – 31) setzt einfach die spätjüdische Auffassung voraus, alle Toten warteten bis zur Ankunft des Messias bzw. bis zum Endgericht in einer Art Warteraum, wobei die Guten ebenso wie die Bösen bereits um ihr künftiges, endgültiges Schicksal wissen und dementsprechend von Hoffnung oder von Verzweiflung geprägt sind. Eine eigene Stellungnahme Jesu zu dieser Vorstellung von der Unterwelt fehlt aber im Neuen Testament.

Auch nach Jesus spielt die Haltung des Menschen in diesem Leben eine maßgebliche Rolle im Endgericht und bestimmt so das künftige Leben grundlegend mit. Der Maßstab des Gerichtes Gottes ist aber nicht die Gerechtigkeit, sondern die Barmherzigkeit. Das sagt sowohl das Gleichnis vom armen Lazarus und dem hartherzigen Reichen (Lk 16, 19 – 31) wie vor allem die bildhafte Darstellung des Endgerichts (Mt 25, 31 – 46), bei der als Maßstab der Beurteilung aller Menschen, auch der Nichtjuden und Nichtchristen – beachte die Menschen, die Christus nicht kennen –, das mitmenschliche Verhalten herausgestellt wird: „Was ihr einem meiner geringsten Brüder — (nicht) getan habt —; das habt ihr mir (nicht) getan".

Gottes Erbarmen setzt dabei die Güte und Barmherzigkeit des Menschen voraus.

„Seid barmherzig, weil auch euer Vater (im Himmel) barmherzig ist" (Lk 6, 36).

„Mit dem Maß, mit dem ihr meßt, wird euch gemessen werden" (Mt 7, 1 f).

Verhängnisvoll sind nach Jesus Selbstsicherheit, Selbstgerechtigkeit und Hartherzigkeit. Erst das künftige Leben bildet das eigentliche Leben.

„Was nützt es dem Menschen, wenn er die ganze Welt gewinnt, dabei aber sich selbst verliert und Schaden erleidet?" (Lk 9, 25).

„Euch soll es zuerst um das Reich Gottes und seine Gerechtigkeit gehen; dann wird euch alles andere dazugegeben werden" (Mt 6, 33).

Darum fordert Jesus, auf dieses hin zu leben und zu handeln. Dennoch vergleichgültigt oder verachtet Jesus diese Welt nicht. In diesem Leben gilt es, sich zu bewähren. Jesus wünscht, daß der Mensch auch in diesem Leben glücklich ist und sein Leben bejaht. Aber erst der Bezug auf das künftige Leben schenkt diesem Leben einen letztgültigen Wert und eine überzeitliche Bedeutung (Polarität von Weltbejahung und Weltüberwindung!). Darum auch hat das bereitwillig und im Vertrauen auf Gottes Treue vollzogene Lebensopfer einen Sinn und bleibenden Wert.

„Es gibt keine größere Liebe als die, wenn einer sein Leben gibt für seine Freunde" (Joh 15, 13).

Jesus hat diese seine Sicht auch auf überzeugende Weise vorgelebt. Er liebte das Leben und rang am Ölberg um den Sinn seines gewaltsamen, vorzeitigen Todes (vgl. Mk 14, 32 — 42), zugleich starb er als ein vertrauender, liebender, sich an Gott für die Menschen Hingebender.

„Vater vergib ihnen, denn sie wissen nicht, was sie tun" (Lk 23, 34).

„Ich gebe mein Leben für meine Freunde" (Joh 15, 9 — 13).

Es gab keine wunderbare Rettung vor dem oder im Tod, aber die geistige Haltung seines Sterbens prägte seine Auferweckung vor.

Sein Vertrauen und seine Hingabe riefen das wunderbare Eingreifen Gottes zu seinen Gunsten hervor.[12]

B. Auferstehung Jesu, des Gekreuzigten, die Wende der Menschheitsgeschichte

Mit dem Auffinden des leeren Grabes und den Erscheinungen Jesu vor seinen Jüngern und Anhängern, aber auch vor seinem Verfolger Paulus, trat die Geschichte der biblischen Lebenshoffnung – und damit der Menschheit – in ihre entscheidende Epoche ein, sowohl inhaltlich, als auch tatsächlich.

1. Die Begegnungen mit dem Auferstandenen

Kurz nach dem Tod Jesu erlebten frühere Anhänger Jesu, aber auch Feinde oder Unentschiedene, einzeln oder in Gemeinschaft, Begegnungen mit dem verstorbenen Jesus, den sie dabei als fremd, unheimlich, jedoch in leiblicher Gestalt und weltüberlegen - "verklärt" – und in Gemeinschaft mit Gott erfuhren. Das älteste Auferstehungszeugnis, 1 Kor 15, 3 – 11, geht im Kern auf die Jerusalemer Christengemeinde zurück und dürfte wenige Jahre nach dem Tod Jesu entstanden sein. Die Nennung von befragbaren Zeugen

---

[12] Beachte das Beten von Psalm 22 am Kreuz, Mk 15, 34, den Jesus wohl ganz betete und der in dem Bekenntnis endet, daß Gott unschuldig Verfolgte wunderbar aus Todesnot errettet: „Gott hat nicht verachtet das Elend des Armen; ... er hat auf sein Schreien gehört. Deine Treue preise ich in großer Gemeinde". Beim letzten Mahl mit seinen Jüngern deutet Jesus seinen Tod als Opfertod eines Schuldlosen und bezieht sich dabei auf die Prophetie vom leidenden Knecht Gottes, der stellvertretend für die Mitmenschen stirbt, dessen Lebensopfer Gott annimmt und ihn wunderbar aus dem Tod ins Leben ruft, Jes 52, 13 – 53, 12. vgl.bsd.die Formulierung: „dies ist mein Blut des Bundes, das für viele vergossen wird" Mk 14, 24, mit Jes 53, 12. Von diesem Gottesknecht wird gesagt: „Man gab ihm bei Verbrechern sein Grab ... Und doch hat er kein Unrecht getan. Der Herr jedoch fand Gefallen an ihm ..., er heilte – ihn, der sein Leben als Sühnopfer hingab. Er wird Nachkommen sehen, lange leben, und der Wille des Herrn wird durch ihn vollstreckt" (Jes 53, 9 – 11). Beachte in diesem Zusammenhang, was Jesus über die Möglichkeiten des Glaubens sagt, z.B. Mk 9, 23: „Alles ist dem möglich, der glaubt"; auch Mk 11, 22 – 25. Jesus stirbt als Glaubender: „Vater alles ist dir möglich ..Dein Wille geschehe" (Mk 14, 36). Zum Ganzen s. B. WEISSMAHR.- Kann Gott die Auferstehung Jesu durch innerweltliche Kräfte bewirkt haben? In: ZKTh 100, 1978, S. 441 – 469 (Lit) und H. SCHÜRMANN.- Jesu ureigener Tod.- Freiburg 1975

soll der Sicherung des Bezeugten dienen. Paulus schreibt an die Gemeinde in Korinth:

„Vor allem habe ich euch überliefert, was auch ich empfangen habe: Christus starb für unsere Sünden entsprechend den (heiligen) Schriften und wurde begraben; er ist am dritten Tag auferweckt worden entsprechend den Schriften und erschien dem Kefas (aramäische Bezeichnung für Petrus, Fels), dann den Zwölf (Jüngern); danach erschien er mehr als fünfhundert Brüdern (Bezeichnung für Christen) zugleich; die meisten von ihnen sind noch am Leben ... ; danach erschien er dem Jakobus und dann allen Aposteln".
Dieser Liste fügt Paulus seine eigene Begegnung mit dem Auferstandenen bei:
„Als letztem von allen erschien er auch mir" (vgl. noch Gal 1, 15 f; Lk 24, 13 – 49; Joh 20, 11 – 21, 23; Apg 1, 3).[13]

Das führte zur Sammlung der Anhänger Jesu, zu ihrer Mission in Jerusalem (vgl. Apg 1, 4 – 14), zur Überwindung der völkischen, religiösen und sozialen Grenzen der damaligen Zeit (s. die Mission bei Samaritanern und Heiden, Apg 8; 9 und 11, 19 – 26, die Aufnahme von Sklaven) und zur Bereitschaft, für die eigene Überzeugung auch zu sterben. Die Überzeugung, mit dem bei Gott lebenden Jesus unzertrennlich verbunden zu sein (durch Glaube und Taufe), befreite von religiöser Magie, von falscher Götter- und Menschenfurcht und ermöglichte ein freudiges, zuversichtliches, jedoch zugleich verantwortungsbewußtes Leben. Denn die Anhänger Jesu waren der festen Gewißheit, daß mit der Auferstehung Jesu der Tod als Macht und Wirklichkeit selbst überwunden, der Weg des Menschen zu Gott endgültig eröffnet sei. So stellt Paulus fest: „Verschlungen wurde der Tod vom Sieg" (1 Kor 15, 54).

Jesus war ja nicht, wie wiederbelebte „Tote", ins alte Leben zu-

---

13 Zum sog. Ostergeschehen s. H. von CAMPENHAUSEN.- Der Ablauf der Osterereignisse und das leere Grab.- Heidelberg ³1966 (weist die Glaubwürdigkeit der Berichte vom Auffinden des leeren Grabes nach); L. SCHENKE.- Auferstehungsverkündigung und leeres Grab. Stuttgarter Bibelstudien 33.- Stuttgart 1968; H. GRASS.- Ostergeschehen und Osterberichte.- Göttingen ³1964; J. KREMER.- Das älteste Zeugnis von der Auferstehung Christi (1 Kor 15, 1 – 11). Stuttgarter Bibelstudien 17.- Stuttgart 1966; PH. SEIDENSTICKER.- Zeitgenössische Texte zur Osterbotschaft der Evangelien. Stuttgarter Bibelstudien 27.- Stuttgart 1967; B. KLAPPERT.- Diskussion um Kreuz und Auferstehung.- Wuppertal 1968

rückgekehrt und dann doch gestorben, nein, er hatte eine neue, auch leiblich gänzlich neue, endgültige Existenz bei Gott gewonnen, und zwar als Vorläufer und Vorbild der vergänglichen Menschheit. Das irdische Leben war dadurch nicht entwertet oder als uneigentlich erwiesen, es bildete vielmehr die notwendige Vorstufe für das endgültige Leben bei Gott. Mit dem Tod und der Auferstehung Jesu sehen daher die Judenchristen und dann alle Christen die Zeit der Vollendung der Schöpfung, den Beginn der Endzeit, die Epoche der Totenauferstehung eingeleitet. Auf dreifache Weise spricht sich diese Überzeugung im Neuen Testament aus: in dem Hinweis des Matthäusevangeliums auf die Öffnung der Gräber bei Jerusalem im Augenblick des Todes Jesu (Mt 27, 52 f)[14], in der Ausgestaltung der Lazarusgeschichte (Joh 11, 1 — 47: beachte die Zeitangabe: 4. Tag, die Umstände: „er riecht schon"; vor allem die Aussage, Jesus sei Lebensgrund auch für Verstorbene)[15] und in der Aussage des Paulus, Jesus sei der zweite, der neue Adam, der das in der Schöpfung des Menschen Begonnene vollendet (Röm 5, 12 — 21). So schreibt Paulus im 1. Korintherbrief:
„Christus ist von den Toten auferweckt worden, der Erste der Entschlafenen" (15, 20).
„Wenn jemand in (Gemeinschaft mit) Christus ist, dann ist er eine neue Schöpfung" (2 Kor 5, 19).
„Die Toten werden zur Unvergänglichkeit auferweckt, wir alle werden verwandelt werden ... Verschlungen wurde der Tod vom Sieg" (1 Kor 15, 54 ff).[16]
Der Glaube an die Auferstehung Jesu hat wirklich die Weltreligionen und die Weltgeschichte entscheidend verändert. Das erwies

---

14 S. dazu R. KRATZ.- Auferstehung als Befreiung. Eine Studie zur Passions- und Auferstehungstheologie des Matthäus.- Stuttgarter Bibelstudien 65.- Stuttgart 1973

15 Vgl. J. BECKER.- Auferstehung der Toten im Urchristentum.- Stuttgarter Bibelstudien 82.- Stuttgart 1978. Zur Deutung der Lazarusgeschichte s. neuerdings den Kommentar von R. SCHNACKENBURG.- Das Johannesevangelium. Herders Theol. Kommentar zum Neuen Testament, Bd. IV, 1 — 3.- Freiburg 1970/77

16 S.dazu P. HOFFMANN.- Die Toten in Christus (nach Paulus). Neutestamentliche Abhandlungen, Neue Folge 2.- Münster 1966; O. KNOCH.- Zur Diskussion über die Heilsbedeutung des Todes Jesu.- in: Theol.-Praktische Quartalschrift, 124, 1976, S. 3 — 14. 221 — 236; F. MUSSNER.- Die Auferstehung Jesu. Biblische Handbibliothek 7.- München 1969; L. SCHEFFCZYK.- Auferstehung, Prinzip christlichen Glaubens.- Sammlung Horizonte, Neue Folge 9.- Einsiedeln 1976.- G. GRESHAKE.- Auferstehung der Toten.- Essen 1969

sich bereits an der Kraft dieses Glaubens, der in einem gekreuzigten Juden eine neue Epoche der Schöpfungs- und Menschheitsgeschichte gegeben sah.[17]

2. Die neuartige Existenzform des Auferstandenen als Modell der christlichen Auferstehungshoffnung

Über die neue *Existenzweise* Jesu berichtet das Neue Testament an zahlreichen Stellen. Neben den Berichten der Evangelien stehen vor allem die Zeugnisse des Apostels Paulus uns zur Verfügung, der sich in seinen Briefen, vor allem im 1. Korintherbrief, ausführlich darüber äußert und zwar als Zeuge erster Hand. Der Grund für diese Stellungnahme ist der Kampf gegen den griechischen Unsterblichkeitsglauben, der zwar die Befreiung der Seele und deren Rückkehr in die Sphäre der Götter wünschte und erwartete, der aber keineswegs an eine Auferweckung des Leibes zu glauben vermochte. Von Plato stammt ja die berühmte Formulierung, der Körper (soma) sei der Kerker (sema) der Seele. Durch den Tod wird die Seele nach griechischer Auffassung frei von Vergänglichkeit und Leid und gewinnt erst ihre eigentliche Existenzform bei den Göttern und den Seelen der Vollendeten in den himmlischen Sphären. Gerade an dieser Stelle zeigt sich, daß der christliche Auferstehungsglaube in keiner Weise sich der griechischen Unsterblichkeitshoffnung bemächtigte, um so Glauben in der griechisch-römischen Welt zu finden, sondern das Gegenteil ist der Fall: der christliche Auferstehungsglaube rief ein jahrhundertelanges geistiges Ringen um die Entscheidung zwischen einer leiblichen Fortlebenshoffnung und einer rein seelischen Unsterblichkeitsidee im griechisch-römischen Kulturraum hervor, ein Ringen, das bis heute noch nicht beendet ist.[18]

---

[17] S. dazu E. JÜNGEL.- Tod.- Themen der Theologie 8.- Stuttgart 1972; J. CHORON.- Der Tod im abendländischen Denken.- Stuttgart 1967; J. MOLTMANN.- Theologie der Hoffnung.- München ^{5}1966; J. B. LOTZ.- Der Tod als Vollendung. Von der Kunst und Gnade des Sterbens.- Frankfurt 1976

[18] Vgl. O. SCHILLING.- Geist und Materie in biblischer Sicht.- Stuttgarter Bibelstudien 25.- Stuttgart 1966; J. SCHARBERT.- Fleisch, Geist und Seele im Pentateuch.-

In Athen wird Paulus nach Aussagen der Apostelgeschichte von den dortigen Gebildeten verlacht wegen seiner Botschaft von der Auferstehung Jesu.
„Manche sagten: ‚Was will denn dieser Schwätzer?' ... Sie fragten: ‚Können wir erfahren, was das für eine neue Lehre ist, die du vorträgst? Du bringst uns ja seltsame Dinge zu Gehör ...'. Als sie von der Auferstehung der Toten hörten, spotteten die einen, andere aber sagten: ‚Darüber wollen wir dich ein anderesmal hören' " (Apg 17, 16 —32). Genannt werden als Gegner des Paulus epikureische und stoische Philosophen. Darum konnte Paulus auch nur wenige Leute für seine Botschaft gewinnen (vgl. Apg 17, 34).

In der Gemeinde Korinth aber bildete sich eine Gruppe von Christen heraus, die behaupteten: „Eine Auferstehung der Toten gibt es nicht" (1 Kor 15, 13). Sie nahmen wohl an, lediglich die Seele Jesu lebe bei Gott weiter. Um ihre Einwände gegen eine leibliche Fortexistenz nach dem Tod zu widerlegen, widmet er ein ganzes Kapitel dieses Schreibens dieser Frage, das Kapitel 15. Man kann es geradezu als eine Apologie, eine Verteidigung des christlichen Auferstehungsglaubens nennen. Ein besonderes Problem bildete dabei die neue Weise der leiblichen Existenz des Auferstandenen.[19] Als Grundsatz für seine Fortlebensaussagen stellt in diesem Kapitel Paulus auf: Wie Christus, so der Christ. Die Existenzform des in den Erscheinungen sich zeigenden Christus bildet nach ihm Voraussetzung, Grundlage und Modell der künftigen Existenz des Christen. Näherhin führt Paulus dazu aus:
„Es steht fest, daß Christus von den Toten auferweckt wurde ... Aber man wird fragen: Was für einen Leib werden die Toten ha-

---

Stuttgarter Bibelstudien 19.- Stuttgart 1966; O. CULLMANN.- Unsterblichkeit der Seele oder Auferstehung der Toten?.- Stuttgart 1962; R. HEINZMANN.- Die Unsterblichkeit der Seele und die Auferstehung des Leibes.- München 1965; G. GRESHAKE/G. LOHFINK.- Naherwartung, Auferstehung, Unsterblichkeit.- Quaestiones disputatae 71.- Freiburg 1975; J. PIEPER.- Tod und Unsterblichkeit.- München 1968

Zu den heutigen Einwänden und Fragestellungen gegen die biblisch-christliche Auferstehungshoffnung im abendländischen Denken s. die Auffassungen des Idealismus, der Theo- und der Anthroposophie, neuer idealistischer Richtungen

19 Ausführlich handelt über die Gedanken des Paulus P. HOFFMANN.- Die Toten im Christentum.- (s. Anm. 16); zur Auferstehung des Leibes s. J. GNILKA.- Die Auferstehung des Leibes in der modernen exegetischen Diskussion.- in: Concilium 6, 1970, S. 732 — 738

ben?" Darauf antwortet er: …„Was gesät wird, ist vergänglich, was auferweckt wird, unvergänglich. Gesät wird ein irdischer Leib, auferweckt ein pneumatischer Leib … Dieses Sterbliche muß sich mit Unsterblichem bekleiden, dieses Vergängliche mit Unvergänglichem" (1 Kor 15, 20. 35. 37. 42. 43. 53).
Paulus hält also daran fest, daß der Mensch als ganzer, als Leib-Seele-Einheit, bei Gott in einer neuen Lebensform weiterleben wird, so wie er dies an Christus, dem Auferstandenen, im Vorgang der Christuserscheinung in Damaskus erkannte (vgl. Gal 1, 14 f; 1 Kor 9, 1 f). Diese neue Lebensform ist aber eine pneumatische, d. h. vom Pneuma, von der Weise, wie Gott lebt, geprägt („Geistleib"). Denn Pneuma, „Geist", ist die Lebensmacht Gottes. Dieser „Geistleib" ist das Ergebnis einer Neuschöpfung durch Gott, nicht einfach das Ende eines Verwandlungsprozesses des sterbenden Menschen. Paulus nennt an anderer Stelle, 2 Kor 5, 1 – 4, diesen neuen Leib „eine Wohnung von Gott, ein nicht von Händen errichtetes ewiges Haus im Himmel, ein neues Kleid (von Gott)". Die neue endgültige Existenz ist Geschenk Gottes an den Menschen, der im Geist Gottes lebt und stirbt nach dem Vorbild Christi. Dabei ist es die Überzeugung nicht nur des Paulus, sondern auch der frühen Christenheit, daß Gott allen Menschen diese Form endgültigen Lebens schenken wird. Fragt man danach, wie sich die ersten Christen diese neue Existenzform der bei Gott vollendeten Menschen vorstellten, so kann man lediglich auf die „Beschreibungsversuche" des nach dem ersten Ostern erscheinenden Christus zurückgreifen. Er ist verklärt, d. h. vom Glanz Gottes durchdrungen und geprägt, er ist hoheitsvoll und doch menschlich nahe, fremd und doch vertraut, leiblich geprägt und doch nicht an die Gesetze der irdischen Leiblichkeit gebunden, göttlich und menschlich bestimmt zugleich (vgl. Mt 28, 16 – 20; Lk 24, 13 – 50; Joh 20, 14 – 29; 21, 1 – 23). Auf keinen Fall wird der vollendete Mensch, der Anteil an der Lebensfülle Gottes gewinnt, zu einem Engel, sondern er bleibt im Vollsinn Mensch. Er ist noch leiblich bestimmt und hat dadurch eine Beziehung zu Raum, Zeit und Geschichte, steht außerdem in der Gemeinschaft von Mitmenschen und wird in dieser Gemeinschaft sein Glück und seine Vollendung finden. Das wird auch dadurch ausgedrückt, daß der ein-

zelne Christ Glied am Leib Christi, der Kirche des Auferstandenen, ist und bleibt (vgl. 1 Kor 12, 11 – 27; Röm 12, 4 f).

Hier kann nicht näher auf diese Frage des Wie der neuen Existenz eingegangen werden. Es soll nur noch aufgewiesen werden. welche gedankliche Konzeption aus dieser Begegnung der ersten Christen mit dem Auferstandenen Christus nach seinem Tod im Gesamt der biblischen Überlieferung erwuchs.

C. Die urchristliche Zukunftsvorstellung im Umriß[20]

Der Mensch ist vergänglich, aber Gott will sein edelstes Geschöpf und damit die Schöpfung an seiner Lebensfülle bleibend teilnehmen lassen. Diese Teilhabe ist Geschenk, Neuschöpfung, Verwandlung, Vollendung, nicht Ergebnis eines naturhaften Prozesses oder innerweltlicher Methoden oder Techniken des Menschen. „Wir werden alle verwandelt werden" (1 Kor 15, 51).

Voraussetzung dazu ist auf seiten des Menschen Offenheit für Gott, für ein Leben nach dem im Gewissen erfahrenen Anspruch dieses Gottes in Güte, Gerechtigkeit und Liebe, aber auch im Vertrauen auf Gottes Treue und Vollendungswillen.
„Lebt würdig vor Gott, der euch zu seinem Reich und zu seiner Herrlichkeit beruft" (1 Thess 2, 12).

Nach biblischer Auffassung ermutigt Gott die Menschen auf vielfältige Weise, an diese künftige Vollendung zu glauben: durch Hilfe in Krankheit und Todesgefahr, durch Totenerweckungen, durch innere Erfahrung der Gemeinschaft mit Gott, durch den Hinweis auf die Hoffnungsgeschichte des Volkes Gottes vor und nach Christus. Diese Hoffnung will zum Leben und zum Sterben ermutigen und daher zu Standhaftigkeit, Freude, Gelassenheit und Selbstlosigkeit führen.
„Keiner von uns lebt sich selber: Leben wir, so leben wir dem Herrn, sterben wir, so sterben wir dem Herrn. Ob wir leben oder ob wir sterben, wir gehören dem Herrn" (Röm 14, 7 f).

---

20 S. dazu die Theologien des Neuen Testaments von J. JEREMIAS, Teil 1, Gütersloh ²1973; E. LOHSE, Stuttgart 1974; W. G. KÜMMEL, Göttingen 1972; K. H. SCHELKLE, Band 411, Düsseldorf 1974; L. GOPPELT, Band 2, Göttingen 1976.

Für den Christen beginnt das neue Leben bereits in diesem Leben verborgen in der Gemeinschaft mit Gott (durch Glaube, Taufe und Geistmitteilung).

„Wenn der Geist dessen, der Jesus von den Toten auferweckt hat, in euch wohnt, dann wird er ... durch seinen Geist ... auch euren sterblichen Leib lebendig machen" (Röm 8, 11).

Der auferstandene Christus ist das Modell des künftigen Lebens. Die Verwandlung vollzieht sich bereits im Tod des Einzelnen. Die neue Existenz setzt aufgrund einer neuen leibseelischen Existenzweise Gemeinschaft und Raumzeitlichkeit voraus. Die Bibel spricht davon im Bild vom *Neuen Himmel* und der *Neuen Erde*. Das geistig-kulturelle Erbe der Geschichte wird in diese Vollendung eingehen, wie u.a. das Bild vom Himmlischen Jerusalem, einer glanzvollen Stadt, ausspricht (Offb 21, 1 – 22, 5).

Die Verwandlung des einzelnen Menschen findet in der Aufhebung dieser Schöpfungsordnung und in ihrer Verwandlung ihre Vollendung. Der Gedanke vom Endgericht weist darauf hin, daß jeder Mensch auch seinen Anteil in der Geschichte verantworten muß und in die Vollendung mitnimmt (vgl. Mt 25, 31 – 46; Offb 20, 11 – 15).

Die vollendete Existenzform des Menschen mit Gott wird eine soziale sein: Sie vollzieht sich in Verbindung mit der vollendeten Menschengemeinschaft im Raum der vollendeten Schöpfung. Vor allem die Offenbarung des Johannes spricht über diese Hoffnungen in großartigen Bildern.

Mit einem Satz aus diesem Buch sei daher diese knappe Übersicht beschlossen:

„Ich sah einen neuen Himmel und eine neue Erde ... Ich sah die heilige Stadt... von Gott her aus dem Himmel herabkommen .... Gott wird unter den Menschen wohnen, sie werden sein Volk sein, und Gott selbst wird mit ihnen sein. Er wird jede Träne aus ihren Augen wischen: der Tod wird nicht mehr sein, nicht Trauer, noch Klage, noch Mühsal. Denn die alte Welt ist vergangen" (Offb 21, 1 – 4).

Jeder Mensch soll nach der biblischen Botschaft Bürger des neuen Himmels und der neuen Erde sein, denn die Tore zur Unsterblichkeit sind weit geöffnet. Wer durch sie hindurchschreiten will, muß seinen Lebensweg entsprechend ausrichten, wie INGE VON WEDEMEYER *in folgendem Beitrag veranschaulicht.*

Inge von Wedemeyer

"WEIT GEÖFFNET SIND DIE TORE ZUR UNSTERBLICHKEIT"

In der Symbolsprache der Völker weist das *Tor* entweder zum Untergang, zur Unterwelt, zur Hölle – oder aber es ist Himmelstor.

Der Tod führt durch das Tor, – zum Gericht oder aber zur Auferstehung.

Im Osten steht das Himmelstor des Sonnenaufganges; das Tor des Ostens steht am Beginn, das des Westens am Ende des Lebens; jeder Mensch muß diese beiden Tore durchschreiten, bestehen. Und die Sonne, um die wir als um unsere Mitte kreisen, ist mit ihrem scheinbaren Kommen und Gehen zugleich auch Symbol ewiger Wiederkehr und des ewigen Lichtes.

So ist die höchste und lichteste Aussage dieses Symbols das Sonnentor – die Einladung zum Licht, der Durchgang von der Erde zum Himmel.

In allen Kulturen finden wir das Symbol des Tores; hier einige Beispiele:

Durch das Sonnentor von Tiahuanaco, in den Hochanden Südamerikas, kehrt der Indianer heim zu "unserm Vater, der Sonne".

Über Toren des alten Ägyptens findet sich das Bild der Sonne; Es erklingt der Gebetsruf: "Mögen die Pforten des unermeßlichen Himmels aufgetan sein für mich!"

Im Buddhismus führt das Tor den Wanderer auf dem Pfade in das "Reine Land", und ein Einweihungsspruch lautet: "Weit geöffnet sind die Tore zur Unsterblichkeit. Wer Ohren hat zu hören, der höre. Erwecket euren Glauben."

Über den Portalen der christlichen Kirchen findet sich die Sonnenrose, die Christussonne. Das Tor als Übergang vom irdischen

Dasein zum Reich Gottes. Christus ist der Führer und ist das Tor auf diesem Pfad, so konnte er von sich sagen: „Ich bin die Tür" (Joh 10, 7).

Über dem Sonnenportal der Abteikirche von St. Denis in Frankreich steht:

„Eingehe zum Licht, in dem Christus die Tür ist ... Der dumpfe Geist erhebt sich zum Wahren durch die stofflichen Dinge; aus seiner Versunkenheit steigt er empor zum Licht."

So tut sich in Wort und Bild der großen Kulturen eine Fülle von Aussagen über das Tor als Gleichnis auf. Versuchen wir zu erkennen, ob und wie dieses Symbol gelebte, erfahrene Realität werden kann.

Der Frage nach einem Fortleben nach dem Tode liegt die Sehnsucht nach Unsterblichkeit, ja individueller Unsterblichkeit zugrunde. Und wir neigen dazu, den physischen Tod als Tor zur Unsterblichkeit anzunehmen. Der Tod ist aber keineswegs stets gleichbedeutend mit dem Eingehen in die Unsterblichkeit. Der physische Tod, das Ablegen der körperlichen, sichtbaren Hülle ist – wie alles Irdische – sowohl eine Realität als auch ein Gleichnis; es ist der Durchgang zu einer anderen Weise des Existierens.

Der Tod kann nicht von der irdischen Verstricktheit erlösen, darum sagt der Mystiker: „Stirb vor dem Sterben".

Es ist *eine* Sache, an die Möglichkeit der Unsterblichkeit zu glauben, sie zu bezweifeln, sie zu diskutieren. Und es ist etwas ganz anderes, den Weg tatsächlich einzuschlagen, der zur Unsterblichkeit führt.

Und man möchte über dem einen nicht den anderen versäumen.

Es ist *eine* Sache, den Kontakt mit jenseitigen, mehr oder minder, jedoch durchaus noch sterblichen Wesen und Wesenheiten aufzunehmen, ihre Existenz anzuerkennen. Und es ist etwas ganz anderes, an die Pforte der Unsterblichkeit zu pochen.

Auch hier gilt: Man möchte über dem einen nicht das andere versäumen. Ja, im Grunde genommen sollte man wissen, was das einzig Wichtige ist.

Wo aber finden wir diese Pforte, die zur wahren Unsterblichkeit führt?

Das läßt sich gut am *Andreaskreuz* erläutern, dem Schrägkreuz, das die Gestalt des X, der römischen Zehn, der vollkommenen Zahl hat. Auch dieses Symbol des Schrägkreuzes findet sich in verschiedenen Gestaltungen wohl in fast allen großen Kulturen.

Es stellt zwei Tore dar, das eine ist nach unten, das andere nach oben geöffnet; es sind zwei Dreiecke, die an der Spitze miteinander verbunden sind, gleichsam in einem Nullpunkt, in einem Nichts, oder richtiger: im geistigen Alles, — hier ist Ende und Beginn, Alpha und Omega, hier ist der Kosmische Christus.

Das Schrägkreuz ist eine symbolische Darstellung auch des Menschen und weist auf seine zwei Geburten hin. Durch das untere Tor geschieht die irdische Geburt, inkarnieren wir in die Erde hinein, in ein Reich der Entwicklung und Bewährung; diese Geburt, die unsere große Chance zum echten Aufstieg in die höheren Regionen der geistigen Welten ist. Durch das obere Tor aber geschieht die zweite Geburt, die geistige, die Wiedergeburt.

Daher heißt es im Korintherbrief (15, 44): „Es wird gesäet ein natürlicher Leib und wird auferstehen ein geistlicher Leib."

Mit anderen Worten: Erst wird der natürliche Leib geboren, dann aber soll der geistliche, unsichtbare Leib, der Christus in uns, geboren werden, — das ist die Wiedergeburt. Sie geschieht aber nicht von ungefähr, sondern durch das Streben des Menschen, der sich nach Vollendung sehnt, und dank des antwortenden und erbarmenden Handeln Gottes.

Das untere Dreieck ist die Welt der Materie und Sterblichkeit. Das obere Dreieck ist Sein und Unsterblichkeit. Die Vollendung wird dargestellt durch die Vereinigung der beiden Dreiecke zum sechsstrahligen Stern.

Das untere Dreieck symbolisiert auch die Flamme. Ihr Auflodern weist hin auf die dem Menschen eingeborene Sehnsucht, aufwärts zu steigen, und zudem verbrennt sie das, was uns am Aufsteigen — auch im Jenseits — hindern würde.

Wenn man diesem Wunsch des Aufwärtsstrebens nicht Genüge tut, diesem inneren Gesetz nicht folgt, gleicht das Gemüt mit der Zeit einem halb erstickten, schwelenden, qualmenden Brand.

Wie aber gelangt man aus dem unteren, irdischen Dreieck hinaus und hinauf in das obere Dreieck der geistigen Geburt? Der Weg führt durch diesen absoluten Treffpunkt, der die beiden Dreiecke miteinander verbindet. Hier ist die Pforte der Unsterblichkeit, die Pforte zum reinen Geist.

Daher sagt Christus in der Bergpredigt: „Gehet ein durch die enge Pforte. Denn *die* Pforte ist weit und der Weg ist breit, der zur Verdammnis führt; und ihrer sind viele, die darauf wandeln. Und *die* Pforte ist eng und der Weg ist schmal, der zum Leben führt; und wenige sind ihrer, die ihn finden" (Mat 7, 13 –14). Das ist sehr deutlich.

Ferner sagt Christus: „Laßt die Toten ihre Toten begraben" (Mat 8, 22). Auch dies ist deutlich genug! Wir müssen also etwas tun, um die göttliche Flamme in uns zu erhalten und wachsen zu lassen.

Wenn das Andreaskreuz den Menschen symbolisiert, ist der Kreuzungspunkt der beiden Balken das Herz, wohlbedacht das seelische Herz, das der Inder „Anahata-Chakra" nennt, der Christ „Herz-Jesu". *Das* aber ist die enge Pforte zur Unsterblichkeit! Daher die Übung des Herz-Jesu-Gebetes, mit dem der Gläubige unabläßig an diese Pforte pocht: „Klopfet an, so wird euch aufgetan" (Mat 7, 7).

Damit ist schon eine erste klare Weisung gegeben, *wie* man durch diese Pforte hindurchkommen kann: Klopfet an! Weiter: Die Bergpredigt sagt es deutlich genug; sie ist ein einzigartiges Lehrbuch der Unsterblichkeit, schwer zu lesen, schwer zu verstehen, noch schwerer, danach zu leben, — mit einem Wort: denkbar unbequem, wie jeder weiß, der sich ernstlich damit beschäftigt hat.

Da heißt es: „Selig sind, die reinen Herzens sind, denn sie werden Gott schauen" (Mat 5, 8). Das will sagen: Sie werden ihn schauen, wenn sie die zweite Geburt erfahren.

Die Weisung lautet also: Ein reines Herz haben! Das heißt, ein von aller irdischen Begehrlichkeit und Leidenschaft und Verstrickung lediges Gemüt. Und das ist es, was in einem wahrhaft meditativen Leben durch die Verbindung zum Geistig-Göttlichen gelernt und empfangen werden sollte.

Daher ist das Schrägkreuz auch das klassische Bild für den Meditierenden: Fest und gelassen sitzt er da, gleich einem Berg — das ist das untere Dreieck, damit der Körper den eigentlichen Meditationsvorgang nicht stören kann, damit man ihn immer mehr loslassen kann. Und dann öffnet man seine seelischen Arme nach oben — in das obere Dreieck, um das göttliche Licht einströmen zu lassen, um sich ihm ganz hinzugeben, damit es einen reinigt und wandelt. Für diese Hinwendung gibt es im Neuen Testament ebenfalls eindeutige Weisungen, indem es z. B. heißt: „Trachtet am ersten nach dem Reich Gottes"(Mat 6, 33) und „Wo euer Schatz ist, da ist euer Herz" (Mat 6, 21).

Unser Leben besteht im allgemeinen darin, im unteren Dreieck mehr oder weniger aufgeregt hin- und herzulaufen, statt dieselbe Kraft, die wir so verschwenden, einzusetzen, um damit an die Pforte zu klopfen.

Indem man die Welt des unteren Dreiecks immer gelassener hinnimmt und zugleich losläßt, wird man immer leichter; es ist wie das Steigen eines Fesselballons, der Ballast abwirft. Der Volksmund sagt sehr richtig: „Mir wird leichter ums Herz." Leichtigkeit und Freude im Herzen sind Erlebnisse des Meditierenden, der den Pfad findet.

Eindeutig aber heißt es: „Willst du aber zum Leben eingehen, so halte meine Gebote" (Mat 19, 17).

Und dem, der durch die ewige Pforte aufsteigen wird, demjenigen, der den Durchbruch erfahren darf, sind Glückseligkeit und Unsterblichkeit verheißen. Glückseligkeit und Unsterblichkeit werden also in einem Atem genannt! Das heißt: Wer den Saum der Glückseligkeit berührt, berührt den Saum der Unsterblichkeit! —

Noch einmal zu dem Wort: „Stirb vor dem Sterben!" Das bedeutet keineswegs Lebensfeindlichkeit oder Verachtung des unteren Dreiecks, sondern bedeutet Überwindung, gelassene Unabhängigkeit von dem, was vergänglich. Es bedeutet: Leben aus dem Unwandelbaren, aus dem Geiste, aus Gott.

„Stirb vor dem Sterben!" denn „Das Reich Gottes ist inwendig in euch" (Lk 17, 21) und sollte und kann, durch das Leben aus dem Geiste, schon hier in diesem Erdenleben und Erdenleibe verwirklicht werden. Das ist die Verheißung, die Wiedergeburt, die Taufe mit dem Heiligen Geist.

Das ist die Heimkehr in das unerschaffene Licht der Seele, von dem Meister Eckhart spricht, und von dem es heißt, daß in diesem Licht keine Finsternis ist (I Joh 1, 5).

Weit geöffnet sind die Tore der Unsterblichkeit dem, der das Sonnentor, die enge Pforte durchschreitet.

Die Worte Meister Eckarts kommen aus jener Erfahrungstiefe menschlichen Lebens, die das Fortleben nach dem Tode, die persönliche Unsterblichkeit, zum sicheren Lebensinhalt macht, wie JOSEF ZAPF *im folgenden Schlußbeitrag über „Die mystische Erfahrung als Hinweis auf ein Fortleben nach dem Tode" anschaulich unter Beweis stellt.*

Josef Zapf

DIE MYSTISCHE ERFAHRUNG ALS HINWEIS AUF EIN FORTLEBEN NACH DEM TODE

I. PROBLEMFELD

Über *mystische Erfahrung* läßt sich besser schweigen als reden. Mystische Erfahrung kann man als Erfahrung nicht mitteilen. Das hat sie gemeinsam mit jeder Erfahrung. Wenn der mystisch Erfahrene spricht, so öffnet ihm entgegenkommendes Vertrauen und bereitwilliges Verstehen den Mund. Skepsis der Zuhörer hingegen läßt ihn verstummen. Der Skeptiker findet genug Gründe, die mystische Erfahrung abzuwerten. Sie gilt ihm als unkritisch, unbewiesen, unbeweisbar. Der Selbsttäuschung verdächtig, erscheint mystische Erfahrung manchem sogar gefährlich in der Meinung, sie mache lebensuntüchtig, verliere sich im Gefühlsüberschwang. Seit sich im 17. Jahrhundert Mystik und Theologie als wissenschaftliche Disziplinen getrennt haben, steckt auch die Theologie bis heute insgeheim voller Vorbehalte gegenüber der Mystik. Sie ist der Theologie zu irrational, zu undogmatisch, zu systemtolerant, zu radikal, zu extrem. Die Psychologie beurteilt bisweilen sogenannte mystische Zustände als paranormal, pathologisch und hysterisch.

Dem Mystiker selber kann ernste wissenschaftliche Forschung nur willkommen sein. Sie ist ihm eine Hilfe, ganz gleich von welcher Seite er sie empfängt. Die Tiefenpsychologie klärt ihm visionäre Zustände, Halluzinationen, ekstatische Phänomene, Auditionen. Das schärft den Blick für ein selbstkritisches Urteil. Er lernt unterscheiden, welche Phänomene aus dem eigenen Unbewußten aufsteigen und trennt die Erfahrungen aus dem Unbewußten von der Erfahrung des Göttlichen. Die Sprachphilosophie erhellt ihm die Zusammenhänge von Sprache und Denken. Er wird sich bewußt, daß er in der Not seines eigenen Versuches, das Unsagbare seiner Erfahrung aussagen zu wollen, vorgegebene Modelle von Sprache, Traditionen, Systemen verwenden muß, die keine adäquate Aussage zulassen. Sprache und Denken in Sprache sind geformt von der menschlichen Wirklichkeit. Mystische Erfahrung aber ist betroffen von einer absoluten Wirklichkeit. Die Theologie zwingt den Mystiker, der immer ein Grenzgänger ist, die Gefahr der Häresie zu vermeiden, sobald er in den Glaubensraum seiner Tradition zurückübersetzt, was er jenseits dieses Raumes erfahren hat. Selbst die Philosophie leistet mit ihrer unerbittlichen Logik einen Beitrag. Wenn in der Aufhebung der Subjekt-Objekt-Spaltung ein mystisches Erkennen aus dem Einssein mit der letzten absoluten Wirklichkeit beansprucht wird, prüft die Philosophie die paradoxen Aussagen über diesen Zustand einer Aufhebung von Erkennendem und Erkanntem.

Aus den Beziehungen der Mystik zur Philosophie, Sprachwissenschaft, Psychologie und Theologie wird eines klar: *Mystik ist ein Grenzphänomen.* In unserem Thema wird Mystik in Beziehung gesetzt zu einem zweiten Grenzphänomen, dem *Tod.* Mystische Erfahrung soll Auskunft geben über das Fortleben nach dem Tod. Sie kann das Fortleben nach dem Tod nicht beweisen für den Menschen, der grundsätzlich ein solches Fortleben nach dem Tod leugnet. Sie kann es auch nicht beweisen für den Menschen, der noch keine mystische Erfahrung gemacht hat. So bleibt die Frage: Kann sie das Fortleben nach dem Tod für sich selbst beweisen? Hier gilt es zu differenzieren. Wenn Tod nicht nur als physiologisches Ende gesehen wird, sondern als Verwandlung; wenn Tod gelten darf als die andere Seite des Lebens; wenn Leben und Tod als zwei Seiten des gleichen Geheimnisses gewertet werden; dann bedarf es für die mystische Erfahrung keines Beweises des Fortlebens nach dem Tod. Die mystische Erfahrung als solche ist eine Verwandlung des menschlichen Lebens in das göttliche Leben. Mystik kennt nur ein einziges Ziel: das *Einssein.* Einssein womit? Mit sich selbst, mit dem Kosmos, mit Gott. Daß sich das einzige Ziel des Einsseins in dieser Weise differenziert, deutet bereits hin auf die Verschiedenheit innerhalb der Entfaltung mystischer Erfahrung. Darum gilt es zu klären, was mystische Erfahrung ist. Es gilt zu klären, in welcher Beziehung sie ein Hinweis sein kann auf das Fortleben nach dem Tod.

II. KLÄRUNG

Für den Mystiker liegt die Klärung im Vollzug der mystischen Erfahrung selber. Diese ist aber weder machbar noch übertragbar. Die einzige Möglichkeit des Verstehens liegt folglich im Mitvollzug oder Nachvollzug. Es bleiben aber Unterschiede im Erfahren, obwohl alle das Gleiche erfahren, weil jeder auf verschiedene Weise und in verschiedenem Grade das Gleiche erfährt. Normalerweise dürfen wir die mystische Erfahrung als eigene Erfahrung nicht voraussetzen. Darin liegt die Hauptschwierigkeit einer Verständigung über die mystische Erfahrung.

Um diese Schwierigkeit zu mindern, teilen wir das Problemfeld mystischer Erfahrung auf. Wir fragen nach Methode, Begriff und Struktur der mystischen Erfahrung. Unser Thema setzt die mystische Erfahrung in Beziehung zum Fortleben nach dem Tod. Deshalb vergleichen wir Aussagen des Tibetanischen Totenbuches über das Jenseits mit der mystischen Erfahrung. Wir überprüfen die Aussagekraft der Hinweise der mystischen Erfahrung über ein Fortleben nach dem Tod. Zum Schluß ziehen wir einige Konsequenzen für unser jetziges Leben angesichts des unausweichlichen Todes.

1. Methode

Mystische Erfahrung ist Erfahrung des Einsseins mit dem Absoluten. Spricht der Mystiker darüber, so spricht er die Sprache des Relativen. Absolutes erfahren und es relativ beschreiben, das ist paradox und verlangt eine paradoxe Sprachform. Darüber zerbricht die Form. Der Sinn leuchtet auf wie der Blitz. Für einen Augenblick erhellt sich der Abgrund des Absoluten, ohne sich zu entbergen. Sein Geheimnis bleibt verschlossen. Der Blick ins Licht aber verändert von Grund auf die Existenz des Betroffenen. Gemessen an der letzten Wirklichkeit wird alles relativ im Sinne von relational, d. h. in Beziehung setzend zum Absoluten. Das Ich verliert seine zentrale Stellung als Wertmaßstab. Sprache, Systeme, Traditionen erscheinen nur als mögliche Perspektiven, Modelle und Deutungen der Wahrheit. Kein System umgreift das Ganze. Jedes bleibt Teil des Ganzen, darum Durchgang, Weg. Alles bezieht sich auf alles in einer unendlichen Offenheit, unabschließbar. So wird alles zum Symbol und Gleichnis. Die Existenzebenen stehen in Beziehung zueinander. Das Gesetz ihrer Beziehung ist die Entsprechung. Jede Ebene spiegelt auf ihre Art das Ganze. Alles bleibt im Fluß. Sein ist als Seiendes ein Werden. Der Mensch als Werdender erkennt das, was er ist, ohne kaum je zu erreichen, was er sein soll. Seine Erkenntnis ist menschliche Erkenntnis, seine Wahrheit menschliche Wahrheit, sein Wissen menschliches Wissen, seine Erfahrung menschliche Erfahrung. Und alles Menschliche verliert in der Erfahrung des Absoluten sein Eigengewicht, wird befreit von sich selbst, bezogen auf das Absolute als einzig verbindliche Mitte. Die adäquate Methode der mystischen Erfahrung ist darum die Sprache als Schweigen und das Schweigen als Konzentration aller Kräfte auf die existentielle Verwandlung. Diese Verwandlung ergreift alle Wesensschichten. Sie bleibt aber selbst dann unabschließbar, wenn die Angleichung ans Absolute durch das Absolute sich vollzieht. Denn dann verschmelzen Ruhe und Bewegung zur paradoxen, zur übergegensätzlichen Einheit.

Die Methode der mystischen Erfahrung ist also ein existentieller Verwandlungsprozeß. Er wird erkannt im Vollzug. Von außen beschrieben, verwandelt sich selbst die Beschreibung in einen indirekten Hinweis. Worauf wird indirekt verwiesen?

2. Begriffe

Verwiesen wird auf das *Einssein*. Wir haben bereits unterschieden zwischen Einssein mit sich selbst, Einssein mit dem Kosmos, Einssein mit dem Absoluten. Auch diese drei Ebenen des Einsseins stehen unter dem Gesetz der Entsprechung. Das Einssein mit sich selbst ist auch das psychologische Ziel des Individuationsprozesses. Die Erfahrung des Einswerdens mit dem Kosmos setzt die Erfahrung des Einsseins mit sich selbst voraus oder bewirkt sie. Die kosmische Einheitserfahrung bewirkt eine Bewußtseinsentgrenzung und Erweiterung, liegt aber noch im Erfahrungsbereich einer menschlich endlichen Unendlichkeit. Die mystische Erfahrung beginnt erst mit dem Einbruch des Absoluten in die menschliche Erfahrung. Die begriffliche Fassung dieser Erfahrung des Absoluten ist geschichtlich gewachsen, darum auch Erbe einer Tradition. Zwei Hauptunterschiede innerhalb der mystischen Traditionen lassen sich belegen: 1. die Erfahrung des Absoluten als *personal* oder *apersonal,* 2. die Erfahrung des Absoluten als eine mit dem Wesen des Menschen *identische* oder mit dem Menschen *wesenverschiedene* Erfahrung. Die Verschiedenheit "personal-apersonal" erweist sich als Akzentuierung einer Polarität, die nur zwei verschiedene Seiten derselben Realität bezeichnet. Die Einheitserfahrung als wesensidentisch oder wesensverschieden trennt bisher die Mystiker des *Islam*, des *Judentums* und des *Christentums* von den Mystikern des *Hinduismus* und *Buddhismus*. Aber auch diese Trennung wird auf beiden Seiten durch einzelne (sogenannte) Häretiker seit eh und je durchbrochen. Für den Mystiker einer monotheistischen Tradition ist das Absolute auch das personal Göttliche. Seine mystische Erfahrung läßt sich definieren als Einheitserfahrung (unio mystica) aufgrund einer experimentellen Gotteserkenntnis. Der klassische Ausdruck seit dem Mittelalter dafür ist *"cognitio dei experimentalis."* Für den Mystiker einer apersonalen Sicht des Absoluten ist die mystische Erfahrung die existentielle Erkenntnis der eigenen Wesensidentität mit dem Göttlichen, z. B. im *Vedanta* des Hinduismus. Im Buddhismus ist der Inhalt der mystischen Erfahrung das Erleben der Alleinheit des absoluten Nichts als Fülle, genannt *nirvana*. Der gemeinsame Begriff der mystischen Erfahrung ist also die Einheitserfahrung, die *unio mystica*. Die Differenz liegt in der Deutung dieser Einheitserfahrung. *Monotheistisch* ist die Erfahrung Gottes als *Vergöttlichung* des Menschen eine „Symbiose" ohne Identität. *Hinduistisch* und *buddhistisch* ist sie Erkennnis der Identität, also *Vergottung* des Menschen (atman ist brahman).

Diese Begriffserklärung mag hilfreich sein fürs Gespräch über die mystische Erfahrung. Ohne den Erfahrungsprozeß selber bleiben die Begriffe leere Worte. Darum versuchen wir, durch die Frage nach der Struktur den Erfahrungsprozeß tiefer zu verstehen.

3. Strukturen

Um die Struktur der mystischen Erfahrung zu erhellen, bieten sich zwei Möglichkeiten an: die Analyse des psychologischen Erlebens und die Interpretation des Selbstverständnisses der Mystiker. Beides ergänzt sich. Darum verbinden wir beide Möglichkeiten in einer Zusammenschau. Bei der Strukturanalyse wählen wir allerdings nur das aus, was dem Hinweis auf das Fortleben nach dem Tod dienlich ist.

Unser Alltagsbewußtsein ist vielschichtig. Die klare Zentrierung auf die Wesensmitte wird meistens gehindert durch wechselnde Gefühle, Vorstellungen und Wünsche, die Willensakte und Entscheidungen beeinflussen. Der *Buddhismus* versteht diese sich ewig wandelnde Welt der Beziehungen unseres Icherlebens als vorläufige Scheinwelt. Er bemüht sich, uns Menschen den Blick zu schärfen für die Instabilität, ja Unwirklichkeit der Ichsphäre. Er weiß aus Erfahrung, daß die Verhaftung an die Egozentrik für den Menschen zur unerschöpflichen Quelle des Leidens wird. Durch Überwindung der Egozentrik öffnet sich der Weg zur Erlösung. Auch die Erkenntnisse der Tiefenpsychologie verstärken die Einsicht in die Notwendigkeit einer inneren Umstellung des Menschen. Nach der Lebensmitte gilt es, die Entwicklung der Kräfte zu konzentrieren auf die Verwirklichung des tieferen Wesens. C. G. JUNG nennt dieses eigentliche Wesen das Selbst. Es verbindet Ich und Unbewußtes und öffnet uns für die eigene Tiefe. Diesen Prozeß nennen die Psychologen Individuationsprozeß. Für die Tiefenpsychologie bleibt die Frage offen, ob wir auf dem Wege zu unserer Wesenstiefe nur uns selbst begegnen, ob das Göttliche nur eine archetypische Form des Unbewußten ist. Es bleibt offen, ob dieses Selbst in uns den Tod überdauert. Darauf soll die mystische Erfahrung antworten. Die buddhistisch mystische Erfahrung löst dieses Problem praktisch. Sie entleert durch Versenkungsübung das Bewußtsein so lange, bis der Umschlag geschieht ins Einssein mit dem Ganzen, als Teil des Ganzen, ohne das Konkrete der Dinge und des Eigenen darüber zu verlieren. In diesem einen Ganzen als der eigenen Wirklichkeit überdauert der Mensch das Sterben. Er geht in die Leere des Nichts ein, das die Fülle des Seins in sich birgt. Das Einzelne, Individuelle, das Seiende ist nur Erscheinungsform des einen Letzten. Wahr, wirklich, selig, friedvoll, erfüllt von Freude und wunschloser Vollkommenheit, ist nur dieses gefüllte absolute Nichts. Indem ich hier in dieser Welt als dieser konkrete Mensch mich dieser letzten Realität öffne, geschieht durch diese letzte Realität in mir die Verwandlung. Indem ich mich lasse in meiner Egozentrik, leere ich mich von mir selbst und von aller Verhaftung an die Welt der Dinge, der Begierden, der Wünsche, der Gedanken. Ich werde frei und erfüllt von der Einzigartigkeit des Nichts.

Die hinduistisch mystische Erfahrung ist vielschichtiger. Zwei Grunderfahrungen greifen wir heraus. Im *Vedanta* sucht der Mystiker die existentielle Erfahrung der Identität mit dem Göttlichen. Das größte Hindernis auf dem Weg ist die Unwissenheit. Sie ist Selbstentfremdung. In der Erleuchtung der mystischen Erfahrung durchbricht der göttliche Wesenskern seine Schale. Dieser Durchbruch verwandelt Unwissenheit in existentielles Wissen. Ich selber bin in meinem tiefsten Sein göttlich, somit kann ich nicht sterben. Der Tod befreit mich lediglich von der Hülle des Leibes, die ich ablege wie ein verbrauchtes Kleid.

Im Hinduismus lebt nicht nur die Erfahrung des Wissens um die eigene Göttlichkeit des Menschen. Auch der *Weg der Verwandlung* durch Hingabe an das Göttliche in der Liebe befreit aus dem Rad der Wiedergeburt. Dieser Weg heißt *Bhaktiweg*. Liebe zielt auf eine Person. Darum verehrt Liebe das Göttliche unter dem personalen Aspekt. Da Liebe den Liebenden in den Geliebten verwandelt, überwindet Liebe den Tod kraft der Verwandlung in die göttliche Liebe. Sie ist unsterblich und unzerstörbar.

Die mystische Erfahrung ist in ihrer Art einzigartig. So kann sie nicht verwechselt werden mit Vorgängen, die aus unserem eigenen Bereich herrühren. Alles Abgespaltene unserer Persönlichkeit, alle archetypischen Aufbrüche unserer Tiefenperson, lassen sich integrieren, wenn nicht aktuell, so doch potentiell. Selbst paranormale Fähigkeiten außersinnlicher Wahrnehmungen oder die Schau geistiger Welten lassen sich noch zur Reichweite der endlichen Unendlichkeit menschlichen Geistes zählen. Wenn die mystische Erfahrung durchbricht, trifft der Mensch auf eine Wirklichkeit in sich, die mit nichts anderem außerhalb von sich selbst vergleichbar ist. Darum nennen wir sie das Ganz-Andere. Es wird erfahren als anwesend, im innersten Kern des Wesens anwesend. Dieses Anwesendsein erschüttert mit unfaßbarer Intensität das Gemüt, den Seelengrund, den Geist, das ganze menschliche Sein des Erlebenden. Dieses unwiderstehlich und zutiefst Betroffensein verwandelt den ganzen Menschen. Es gleicht diese Betroffenheit einer Kernspaltung. Der Verwandlungsprozeß rückt nicht nur das Ichbewußtsein aus seinem Zentrum. Er führt nicht nur die Integration von Ich und Selbst herbei, wie sie der Individuationsprozeß der Psychologie anstrebt. Die mystische Erfahrung polt die Mitte einer Selbstverwirklichung nochmals um auf die Mitte des anwesend Absoluten, indem wir das Göttliche erkennen. Diese Erkenntnis bleibt leer. Sie nichtet alle Vorstellungen über das Göttliche durch die Einzigartigkeit ihres Soseins als Dasein. Sie vernichtet aber nicht die Individualität des Erlebenden, sondern verwandelt sie. Diese Verwandlung vollzieht sich bei aller Ähnlichkeit der mystischen Stufen individuell. Das Ankommen dieses Umfassenden, wie CARL ALBRECHT es nennt, kann ein langsames Reifen sein oder ein blitzartiges Einbruchserlebnis. Die Verwandlung kann sich über lange Jahre hinziehen oder sich beim ersten Erlebnis bis zur ekstatischen Entrückung aufgipfeln. Geht der Mensch voll auf diesen Prozeß ein, so wird dieser zur zentralen Berufung seiner Existenz. Alles ordnet sich diesem Reifungsprozeß unter. Die Struktur dieses Reifens ist vorgegeben durch die Beziehung des Erlebenden zum Inhalt seines Erlebens. Der Mensch erfährt durch die Verwandlungskraft des in ihm anwesenden Göttlichen eine Vergeistigung seiner Sinne, seines Leibes. Er erfährt eine Vergöttlichung seiner Seele und seines Geistes. JOHANNES vom KREUZ beschreibt diese Phasen als dunkle Nächte der Läuterung. Viele Mystiker erleben diese Läuterungen analog den Zuständen, die wir in der christlichen Theologie als Fegfeuer und Hölle bezeichnen. Die

Modelle einer Systematisierung sind verschieden. Das bekannteste Traditionschema ist der Dreistufenweg von Läuterung — Erleuchtung — Einigung. Die Große heilige THERESIA entwickelt ihre mystische Lehre anhand der Gebetsstufen und unterscheidet vier mystische Gebetsarten:
Ruhe, einfache Vereinigung, ekstatische Vereinigung, vollkommene Vereinigung. Alle großen Mystiker gehen ihren persönlichen eigenen Weg. Aber sie alle bezeugen, daß diese Verwandlung ein geistiges Sterben ist, ein Sterben bei lebendigem Leib. Sie legen auf ihre Art den weiten Weg bis zum Ursprung aus der Kraft des Ursprungs zurück. Sie nehmen damit vorweg, was der Nichtmystiker jenseits des Todes erfährt: die Befreiung von sich selbst, die Verwandlung in den göttlichen Grund, die Erfahrung der eigentlichen Vergöttlichung. Innerhalb des Vollzuges dieses Verwandlungsprozesses hat für den Sichverwandelnden die neue Existenzform den Charakter einer Doppelexistenz. Sein eigentliches Leben ist das göttliche Leben. Daß diese Zentrierung auf diese göttliche Präsenz in der Seele den Ablauf des normalen Lebens nicht hindert oder stört, sondern vertieft, verändert, intensiviert, dies ist ein Hinweis auf die Möglichkeit einer Durchdringung von Diesseits und Jenseits. Der Mensch ist nicht festgelegt auf die irdische Existenz einer Leib-Seele-Einheit, die mit der Empfängnis und Geburt beginnt und im Tode aufgehoben wird. Der Mensch findet sich vor in dieser Welt, entwickelt seine Fähigkeiten leiblich — seelisch — geistig, ohne dieser Entwicklung im Geistigen ein Ende setzen zu müssen. Sein Wesen als Geist ist endliche Unendlichkeit, Offenstand zur Transzendenz, dem Absoluten zugänglich, wandelbar im Sichselber-übersteigen aus der Kraft dieses Absoluten, fähig, das Göttliche aufzunehmen, um göttlich zu werden aus der Gnade des Göttlichen. JOHANNES vom KREUZ bezeichnet diesen vergöttlichten Zustand als ein Sein, in dem der Mensch mehr Gott als Mensch ist. Da dieser Zustand eine Anteilnahme am göttlichen Leben ist, da göttliches Leben immer Fruchtbarkeit, reinste Aktivität, Ruhe in Bewegung und Bewegung in Ruhe ist, da der Mensch auf menschliche Weise dieses Göttliche schon in dieser Welt voll mitleben darf, kann die geistige Überwindung des Todes als Sterben der Egozentrik mit dem leiblichen Tod nicht enden. Denn der Geist ist mehr

als der Leib, ist unabhängig vom Leib in seiner rein geistigen Existenz innerhalb des Leibes. Die Behauptung, das Leben des Geistes ende mit dem Tod, sieht sich vor einer erdrückenden Beweislast, die schwerer zu bewältigen ist als der umgekehrte Verweis auf die unzerstörbare Fortdauer des Geistes nach dem Sterben. Dem Mystiker gibt die Evidenz unmittelbarer Erfahrung die innere Gewißheit der Existenz des Göttlichen. Und es gibt ihm die evidente Gewißheit einer ewigen Dauer seiner Vergöttlichung, weil die Garantie und der tragende Grund das Göttliche selber ist.

Unsere Strukturanalyse soll noch an Meister Eckharts Mystik Gestalt und Anschaulichkeit gewinnen. ECKHART spricht von einem dreifachen Menschen in uns. „Alle Kreaturen schmecken als Kreaturen (nur) meinem *äußeren* Menschen, wie Wein und Brot und Fleisch. Meinen *inneren* Menschen aber schmeckt nichts als Kreatur, sondern als Gabe Gottes. Mein *innerster* Mensch aber schmeckt sie (auch) nicht als Gaben Gottes, sondern als ewig".[1] Dem enspricht ein dreifacher Weg: „Der eine ist dies: mit mannigfachem ‚Gewerbe' mit brennender Liebe *in allen Kreaturen* Gott zu suchen ... Der *zweite* Weg ist ein wegloser Weg, frei und doch gebunden, wo man willen- und bildlos über sich und alle Dinge weithin erhaben und entrückt ist, wiewohl es doch noch keinen wesenhaften Bestand hat"[2]. Der *dritte* Weg heißt zwar ‚Weg' und ist doch ein ‚Zuhause'-Sein, er ist: Gott zu schauen unmittelbar in seinem eigenen Sein."[3] Die Entbildung von aller Kreatur im Loslösungsprozeß der „abgescheidenheit", die Hilfe heiliger Vorbilder und heiliger Schriften, die Läuterung im Feuer der Leiden aus Liebe, die wunschlose Absichtslosigkeit in allem Handeln, die Verwandlung als Überformung mit dem göttlichen Bild bewirken das Wunder: „ ... draußen stehen wir drinnen, begreifen und umgriffen werden, schauen und (zugleich) das Geschaute selbst sein, halten und gehalten werden — *das* ist das Ziel, wo der Geist in Ruhe verharrt, der lieben Ewigkeit vereint."[4]

---

1 Meister Eckhart. Deutsche Predigten und Traktate.- J. QUINT (Hrsg.).- München 1955.- S. 272
2 Derselbe, ebenda, S. 284
3 Derselbe, ebenda, S. 285
4 Derselbe, ebenda

Die Strukturanalyse der mystischen Erfahrung trifft auf die Begegnung mit dem ganz Anderen, dem Absoluten, dem Göttlichen im Innersten des Menschen. Der Mensch erfährt die Anwesenheit dieses Göttlichen, ohne es erkennen zu können in seinem Sosein. Er weiß nur, daß es ist und nicht, was es ist. Da der Mystiker in einer bestimmten inneren oder äußeren Tradition steht, leiht ihm diese Tradition Sprachgestalt, Ausdrucksmittel, Bilder, Vergleiche, Reflexionen, Systematisierungen. Diese Mittel helfen ihm, das Unaussprechliche darzustellen. Deshalb unterscheiden sich die Interpretationen der Mystik in Judentum, Christentum, Islam, Hinduismus und Buddhismus. Das relativiert aber auch jeden Vergleich. Alles wird Hinweis auf den Vollzug der Verwandlung in die erlebte unerkennbare letzte Wirklichkeit. Da sich diese Verwandlung an einem konkreten Menschen vollzieht, färbt sie sich mit allem, was diesen konkreten Menschen zu dem macht, was er ist: Charakter- und Erbanlagen, Begabung, Schicksal, Schuld und Gnade. Das gilt es zu berücksichtigen, wenn wir noch einen Vergleich in unsere Überlegungen einbeziehen: das Tibetanische Totenbuch.

4. Vergleiche

Es wäre interessant, die im *Tibetanischen Totenbuch* enthaltenen spirituellen Erfahrungen hier voll auszubreiten und sie mit anderen Religionen zu vergleichen. Beides müssen wir uns versagen. Eins aber ist möglich: die spezifische mystische Erfahrung, die Begegnung mit dem Urlicht nach dem Tod, tiefer ins Bewußtsein zu heben. Das Sterben ist Übergang, Prozeß, Auflösung des Körpers. Die Lebenswärme weicht zurück. Der Geist verdunkelt sich. Es steigt ihm ein dämmriges Licht auf, erst weißlich, dann rötlich wie die Morgendämmerung. Der Geist fällt in Ohnmacht. Wenn er erwacht, tritt er in das „volle Licht des Tages". So beschreibt es das Ägyptische Totenbuch. Das Tibetanische Buch der Toten[5] spricht vom Aufleuchten des Urlichtes. Ob der einzelne Verstorbene es wahrnimmt, wie intensiv und wie lange er es wahrnimmt, das

---

5 Das Tibetanische Totenbuch.- E. DARGYAY. (Hrsg.).- München 1977, zitiert als TBT.

hängt ab von seiner spirituellen Reife, vom Grad seiner Ich-Freiheit. Der noch ungeläuterte Verstorbene steht in der Gefahr, das Erscheinen des Urlichtes „in schierer Bewußtlosigkeit" zu verdämmern[6]. Deshalb bereitet sich der lamaistische Gläubige auf diesen entscheidensten Augenblick ein Leben lang durch Lichtmeditation vor. Erkennt er in diesem Urlicht die letzte transzendente Wirklichkeit als den göttlichen tragenden Grund alles Seins, so dauert die Erscheinung des Lichtes „etwas länger, als man zum Verzehren einer Mahlzeit braucht"[7]. Den anderen vergeht das Licht „wie ein Fingerschnalzen"[8]. Die Deutung dieses Lichtes finden wir in der Lehre des tantrischen Buddhismus, des *Lamaismus*. Nach dieser Lehre ist die letzte Wirklichkeit die einzige und allen gemeinsame Buddhanatur. Jedes Wesen hat teil an ihr, folglich auch der Mensch. Sein tiefster Wesenskern ist als Buddhanatur Geist, und als Geist ist er Leere. Diese Einsicht in das Sosein des eigenen Wesens wird durch zwei Methoden ermöglicht. „Die erste besteht darin, daß das Licht als Buddha Amitabha erfahren wird, die zweite darin, daß das Licht als der eigene Yi-dam erlebt wird"[9]. Buddha Amitabha ist der Buddha des unermeßlichen Lichtes, nicht eines „irdischen Lichtes, sondern eines transzendenten Lichtes, das der Grund alles Daseienden ist"[10]. Der Ausdruck *Yi-dam* läßt sich leider nicht mit einem sinnentsprechenden europäischen Wort übersetzen. Yi-dam ist der dem Menschen „eingeborene Genius", „der einesteils aufs innigste mit dem Wesen des Menschen verquickt ist, andererseits aber den Menschen überragt und eben deshalb helfend und leitend ihm beisteht"[11]. Analog denkt man im Christentum an den Schutzengel des Menschen. Der Yi-dam im Lamaismus hat darüber hinaus teil am Göttlichen. Yi-dam und Gläubiger werden durch eine tantrische Einweihung verbunden. Die Erscheinungsformen der Buddhas sind archetypisch geprägt, also männlich und weiblich, beseligend und schrecklich zugleich. Mit diesen Vorkennt-

---

6 Derselbe, ebenda, S. 96
7 Derselbe, ebenda, S. 94
8 Derselbe, ebenda, S. 96
9 Derselbe, ebenda, S. 91
10 Derselbe, ebenda
11 Derselbe, ebenda, S. 92

nissen fällt es nun leichter, den Anrufungstext des TBT zu verstehen.

„Sohn der Edlen N.N. höre! Dir wird nun das reinste Licht des Wahren Seins aufleuchten. Dies mußt du erkennen! Sohn der Edlen, das innewohnende Sein deines gegenwärtigen Erkennens ist eben diese bloße Leere; diese hat auch kein Sein als Ding, Phänomen oder Farbe, sondern ist bloße Leere. Dies eben ist die absolute Wirklichkeit als (der weibliche Buddha) Samantabhadrā" (als Verkörperung der höchsten Wirklichkeit). „Da dein Erkennen bloß in Leere besteht, laß diese Leere nicht bedeutungslos werden: Dieses noch nicht vergangene Erkennen ist eben der klare, leuchtende Geist, ist der männliche Buddha Samantabhadrā. Deine eigene Geist-Natur ist leer an innewohnendem Sein und an jeglicher Substanz, während dein Intellekt leuchtend klar ist. Diese beiden (Geist-Natur und Intellekt) sind untrennbar, und sie sind das Wahre Sein, der Buddha. Deine Geist-Natur, gleichermaßen klar und leer, besteht in einer Fülle von Licht, und da sie frei von Werden und Vergehen ist, ist sie eben der Buddha des Unvergänglichen Lichtes (i.e. Amitābha). Dies erkenne! Hast du deine eigene geistige und intellektuelle Natur als leer an einem innewohnenden Sein, als Buddha erkannt, dann schaue selbst auf deine geistige Natur. Dies ist das Versunkensein in die Andacht des Buddha."[12] (Andacht des Buddha meint hier das konzentriert Gesammeltbleiben auf Buddha, „um eine Ahnung des ungeschaffenen Buddha aufsteigen zu lassen"[13].)

Der spirituell reife Mensch erkennt also das Urlicht und die Teilhabe seines eigenen Geistes an diesem Urlicht. Diese Erkenntnis befreit ihn aus dem Rad der Wiedergeburt (samsāra). Er vereint sich mit diesem Urlicht ins Licht. Diese Vollendung dürfte die Ausnahme sein. Für die Mehrzahl der Verstorbenen beginnt nun die Wanderung durch die sechs Welten des Zwischenzustandes zwischen Tod und Wiedergeburt, dem sogenannten Bardo. Zum Verständnis dieser sechs Welten verhilft uns die Lehre von den „Drei Körpern" (Trikaya)[14]. Nach buddhistischer Anschauung ist

---

12 Derselbe, ebenda, S. 93
13 Derselbe, ebenda, S. 201
14 Derselbe, ebenda, S. 13

der Körper sichtbar gewordenes Bewußtsein. Der „Lichtkörper" des transzendenten Urlichtes ist Ausdrucksgestalt der letzten, höchsten Wirklichkeit, des Gesetzes (Dharma), des höchsten universellen Prinzips der Buddhaschaft. Dieses letzte Prinzip hat wegen seiner prinzipiellen Namenlosigkeit verschiedene Namen: Leere (Śūnyatā) als reine Potentialität, als reine Leere des Noch-nicht-Geformten; Soheit (tathatā), immanente Gesetzmäßigkeit. Der „Körper" dieser absoluten Wirklichkeitsebene heißt daher (Dharmakāya). Diese letzte einzige Wirklichkeit emaniert und bildet den zweiten Körper, den „Körper geistiger Verzückung" (Sambhogakāya). Er ist das beseligende Erlebnis intuitiver Schau. In der irdischen Welt tragen wir Menschen den dritten Körper, den sichtbaren „Verwandlungskörper" (Nirmanakāya). Wir bilden in dieser irdischen Existenz in uns einen feinstofflichen Geistleib durch unsere Gedanken, Gefühle, Wünsche, Begierden, Leidenschaften, durch unser Tun und Lassen. Der irdische Leib löst sich auf im Sterben und Tod; der feinstoffliche Leib bleibt erhalten. Ihm eignen Erkennen, Fühlen, Wahrnehmen, Entscheidungsfreiheit, Wollen und Handeln. Er ist die Frucht des irdischen Lebens, des Karma. Insofern ist er programmiert für die Befreiung in der Begegnung mit dem Urlicht oder zur Wiedergeburt in einer der sechs Welten, die im Zwischenzustand erscheinen. Diese sechs Welten entsprechen sechs Verhaltensformen des Menschen. Die Symbolwelten der Götter, der Menschen, der Titanen oder Halbgötter, der Tiere, der Hungergeister und der Höllenwesen stehen in ursächlichem Zusammenhang mit Stolz, Begierden, Neid, Unwissenheit, Habgier und Haß. Der wandernde Verstorbene wird zur Wiedergeburt von *der* Welt angezogen, der sein noch unfreies Wesen entspricht: Der Stolze von der Götterwelt, der Neidische von den Titanen, der Leidenschaftliche von der Menschenwelt, der geistig Unwissende von den Tieren, der Haßerfüllte von der Hölle. Zweck des TBT als Totenritual ist es deshalb, die Wiedergeburt verhindern zu helfen. Der Inhalt des TBT wird daher sieben Wochen lang jeden Tag im Haus des Verstorbenen gelesen, verbunden mit bestimmten Opferriten.

Der Inhalt des TBT läßt sich zusammenfassen als „die große Befreiung durch Hören". Das Buch selbst besteht aus drei Teilen: „1. Einsicht (in die Natur) des Urlichts im Zwischenzustand der Todesstunde. 2. Das Rezitieren des großen Gebetes, das den Zwischenzustand des Wahren Seins darlegt. 3. Die Lehre, wie das Eingehen in den Mutterschoß im Zwischenzustand des Werdens zu verhindern ist"[15]. Wir verzichten hier auf die Schilderungen der 42 (oder 52) friedvollen Gottheiten, die aus der Ebene des Gefühls, des Herzlotus, aufsteigen, verzichten ebenso auf die Darstellung der 58 zornvollen und bedrohlichen Gottheiten, die aus dem Intellekt und der reinen Verstandestätigkeit aufsteigen. Wichtiger sind für uns folgende Zusammenhänge:

1. Die archetypische Form dieser Erscheinungen. In ihnen gestalten sich die Spannungen zwischen Intellekt und Gefühl. Sie sind eine Kontrastharmonie aus Faszination und Schrecken. Sie sind männliche und weibliche Ergänzung. Alle Polaritäten sind Ausdruck der gleichen Wirklichkeit.

2. Die Aufgabe des Wandernden ist es, diese visionären Erscheinungen als unwirkliche Erzeugnisse des eigenen Bewußtseins zu erkennen. Dazu mahnen die Lesungen des TBT. Sie helfen aber nur demjenigen Verstorbenen, der sich schon in dieser Welt durch meditatives Studium dieser Lehre oder durch meditative Übertragung seines Bewußtseins, oder durch meditative Versenkung in die Mandalas (d. h. Meditationsbilder mit Darstellungen dieser sechs Jenseitswelten) vertraut gemacht hat. Insofern ist das TBT ebenso sehr ein Buch der Lebenskunst wie der Vorbereitung auf die Befreiung.

3. Trotz der Vorprogrammierung des Verstorbenen durch das Ergebnis seiner irdischen Existenz (karma) ermahnt das TBT, jeder Anziehungskraft oder Abschreckung einer der Jenseitswelten zu widerstehen, um die Wiedergeburt zu verhindern. Es gibt Hilfen durch genaue Anweisungen, wie die Ermunterung zur Furchtlosigkeit: „... habe weder Angst noch Furcht! Da du ein Geist-Wesen bist, das durch seine latenten Neigungen (bestimmt ist), kannst du nicht wirklich sterben, auch wenn du getötet oder zerhackt werden soll-

---

15 Derselbe, ebenda, S. 82

test. In Wahrheit besteht deine Gestalt in der Leere, so daß du dich nicht zu ängstigen oder zu fürchten brauchst ... Denn Leere kann der Leere nichts anhaben ... Es gibt eine (unumstößliche) Tatsache, daß nur im Kraftfeld deiner Geist-Natur die äußerlich Friedvollen, Schrecklichen, die Bluttrinker, die mit verschiedenen Köpfen, die Aureolen, die schrecklichen Gestalten des Todesgottes ect. erscheinen, aber jeder Substanz entbehren. Wenn du dies erkennst, dann ist der Angst und Furcht jeder Boden entzogen, und du wirst (mit dem Urgrund des Seins) in eins verschmolzen und ein Buddha werden"[16]. Um die Prüfungen auf der Wanderung durch die Jenseitswelten zu bestehen, bedarf es aber nicht nur großen Mutes, sondern vor allem auch des vertrauensvollen Gebetes. „Voll Verehrung und Hingabe denke: Sie (die schrecklichen Gestalten als göttliche Yi-dam) sind gekommen, um mich aus den abgründigen Pfaden des Zwischenzustandes zu geleiten. Zu ihnen nehme ich Zuflucht! Vergegenwärtige dir die drei Kostbarkeiten!" (d. h. Buddha, die Lehre, die Gemeinde). „.... Rufe deinen Lama beim Namen und flehe ihn an"[17]. Sprich zu den göttlichen Bluttrinkern dieses Gebet: „Da ich durch mein übles Karma Leid erfahren muß, mögen die göttlichen Yi-dam mir das Leid wegnehmen! Da der ureigene Schall des Seins-an-sich gleich tausendfachem Donner hallt, möge mir alles zum sechssilbigen Gebet sich wandeln!"[18]. Wenn den Wandernden im Jenseits die Existenzangst überfällt und in ihm das tiefe Verlangen weckt, wieder einen Körper zu haben, so wird er ohnmächtig. Es sind seit dem Tod 24 Tage vergangen. Das TBT mahnt: Verlange und begehre nicht! „Verharre gelassen in diesem Zustand, der frei von (allem) Begreifen und Tun ist"[19] „... verweile im Wesen (dieses Nichtsuchens) und sei ohne Zerstreuung"[20]. Die Zerstreuung macht den Wandernden unfähig, die Wahrheit zu erkennen. Bleibt er zerstreut, so reißt „der Faden des Mitleids"[21].

---

16 Derselbe, ebenda, S. 148
17 Derselbe, ebenda
18 Derselbe, ebenda, S. 149
19 Derselbe, ebenda, S. 156
20 Derselbe, ebenda, S. 163
21 Derselbe, ebenda, S. 166

Er wird wiedergeboren. Es zieht ihn jener Mutterschoß an, zu dem ihn seine eigene Wesensart hindrängt. Selbst hier noch versucht das TBT, durch Anweisungen die Wiedergeburt zu verhindern. In diesem Bemühen wird eine entscheidende Grundhaltung sichtbar, aber auch ein Problem aufgedeckt, das nachdenklich macht. Das TBT vertritt die Lehre, daß prinzipiell für den Menschen die Möglichkeit besteht, die letzte Wirklichkeit zu schauen, das Urlicht.

Das Streben nach der Teilhabe an diesem Urlicht bleibt deshalb solange Lebensaufgabe, bis sie vollzogen werden kann als endgültige Befreiung. Darum ist für den Buddhismus keine der sechs Welten von Dauer, auch nicht die Hölle. Sie ist eine Stätte der Läuterung von unermeßlicher Dauer. Aber sie gibt die Chance zu neuer Verwandlung ins Licht. Die Lehre des TBT enthält eine eigentümliche Spannung. Einerseits versucht sie unablässig, die Wiedergeburt zu verhindern, weil sie von der Möglichkeit dazu überzeugt ist und begründet dies: „So ist es nicht möglich, daß irgendein Lebewesen, habe es beste, mittelmäßige oder beschränkte geistige Fähigkeiten, nicht befreit würde. Warum ist das so? 1. Da (das Lebewesen) im Zwischenzustand über ein unbeschränktes Hellsehen verfügt, kann es alles hören, was ich sage. 2. Auch wenn es (vorher) blind und taub war, so verfügt es jetzt doch über alle Sinnesfähigkeiten und kann daher verstehen, was ich sage. 3. Da es beständig von Furcht und Schrecken gejagt wird, achtet es ohne Zerstreuung der Gedanken darauf, was als Bestes (zu tun) sei. Deshalb hört es alles, was ich sage. 4. Da sein Bewußtsein ohne (materielle) Stütze ist, kann es ungehindert dorthin gelangen, wo es zu sein beabsichtigt, und so ist es leicht lenkbar. Da seine Achtsamkeit neunmal schärfer ist, so ist jetzt aufgrund seiner früheren Taten seine Geist-Natur viel klarer geworden, auch wenn (das Lebewesen) vorher dumm war. Daher hat es die Fähigkeit, all das zu betrachten, wozu es ermahnt wird. Dies sind die wesentlichen Gründe dafür"[22]. Andererseits ist sich das TBT klar darüber, daß es ohne Erkenntnis des Urlichtes als eigene Geistnatur und ohne ein Durchschauen der sechs Erscheinungswelten als Projektionen des eigenen Geistes keine Befreiung gibt. „Sohn der Edlen, wenn du deine eigenen Erscheinun-

---

22 Derselbe, ebenda, S. 182 f

gen nicht als solche wahrlich erkennst, wirst du kein Buddha, auch wenn du alle Verkündigungen, Sutren und Tantras kennst und während eines ganzen Weltzeitalters den Dharma übtest. Wenn du aber (die Natur) deiner eigenen Erscheinungen erkennst, dann wirst du auf der Stelle in einem Augenblick Buddha"[23]. Dieser Unterschied enthüllt den Kern. Die Fähigkeit zur Erkenntnis, wie sie hier beschrieben wird, beruht nicht auf intellektuellem Studium oder auf einer gewohnheitsmäßigen religiösen Praxis. Sie ist vielmehr eine spirituelle Erkenntnis aufgrund von unmittelbarer Erfahrung und daraus resultierender Verwandlung. „Die geforderte Einsicht muß der Sterbende bzw. Tote ganz allein vollziehen"[24]. Die Schrecken der flammengleichen, bluttrinkenden Götter versetzen den Toten in äußerste Schwindelzustände und Pein. „Selbst Äbte, die die Mönchsregeln halten, und Lehrer der Philosophie werden in dieser Situation verwirrt und erkennen (die Wahrheit) nicht, sondern müssen wiederum in der Wandelwelt umherirren. Um wieviel mehr ergeht es erst den geringsten der Lebewesen so, denn da sie dem Schrecken, der Angst und Furcht zu entfliehen suchen, stürzen sie in den gähnenden Abgrund der üblen Daseinsbereiche und müssen leiden"[25].

Von daher gesehen ist das TBT eine geniale Deutung des Zwiespaltes menschlicher Existenz in ihrer Zerrissenheit und Selbstentfremdung. Im Jenseits ist der Mensch sich total selber ausgeliefert. Deshalb ist er sein eigener Engel oder Teufel, ist sein eigenes Gericht, ist sich Befreiung oder Verdammung. Was er dort ist, entscheidet er aber hier und jetzt. Darum zeigt das TBT eine sechsdimensionale Jenseitswelt, der Divina Comedia eines Dante vergleichbar. Beide sind unerschöpfliche Quellen der Lebensweisheit für den Menschen. Die ars moriendi wird zur ars vivendi. Der existentielle Ernst ist beiden gemeinsam. Die inhaltliche Schau ist verschieden, das Ziel ist das gleiche: Besinnung, Umkehr, Einsicht, Verwandlung, Befreiung ins göttliche Licht.

Der Vergleich zwischen der östlichen Lehre des TBT und dem westlichen Denken eines Dante ließe sich mannigfach ergänzen.

---

[23] Derselbe, ebenda, S. 147
[24] Derselbe, ebenda, S. 37
[25] Derselbe, ebenda, S. 130 f

Für viele Vertreter der christlichen Mystik sei hier nur hingewiesen auf die Visionen der Hl. Theresia von Avila, die Schau Jakob Böhmes, Swedenborgs, die Gesichte der Catarina von Genua oder die Einsichten Jakob Lorbers. Über *Hildegard von Bingen* und ihre Schau des Urlichtes wollen wir allerdings ausführlicher sprechen. Sie trennt den Schatten des lebendigen Lichtes vom Erleben des Lebendigen Lichtes. In einem Brief an den Mönch Wilbert von Gembloux schreibt die 70jährige Hildegard: „Von meiner Kindheit an, als meine Gebeine, Nerven und Adern noch nicht erstarkt waren, erfreue ich mich der Gabe dieser Schau in meiner Seele bis zur gegenwärtigen Stunde, wo ich doch schon mehr als siebzig Jahre alt bin. Und meine Seele steigt — wie Gott will — in dieser Schau empor bis in die Höhe des Firmamentes. . . . Ich sehe aber die Dinge nicht mit den äußeren Augen und höre sie nicht mit den äußeren Ohren, auch nehme ich sie nicht mit den Gedanken meines Herzens wahr noch durch irgendwelche Vermittlung meiner fünf Sinne. Ich sehe sie vielmehr einzig in meiner Seele, mit offenen leiblichen Augen, so daß ich dabei niemals die Bewußtlosigkeit einer Ekstase erleide, sondern wachend schaue ich dies, bei Tag und Nacht.

Das Licht, das ich schaue, ist nicht an den Raum gebunden. Es ist viel, viel lichter als eine Wolke, die die Sonne in sich trägt. Weder Höhe noch Länge noch Breite vermag ich an ihm zu erkennen.

Es wird mir als der ‚Schatten des Lebendigen Lichtes' bezeichnet. Und wie Sonne, Mond und Sterne in Wassern sich spiegeln, so leuchten mir Schriften, Reden, Kräfte und gewisse Werke der Menschen in ihm auf.

Und ich werde durch Krankheiten stark gehemmt und oft derart in schwere Schmerzen verstrickt, daß sie mich zu Tode zu bringen drohen. Doch hat Gott mich bis jetzt immer wieder neu belebt.

Alles, was ich in der Schau sehe und lerne, das behalte ich lange Zeit in meinem Gedächtnis, weil, sobald ich es sehe oder höre, es in mein Gedächtnis eingeht. Ich sehe, höre und weiß gleichzeitig, und wie in einem Augenblick erlerne ich das, was ich weiß. Was ich aber nicht sehe, das weiß ich nicht, denn ich bin ungelehrt und wurde nur unterwiesen, in Einfalt Buchstaben zu lesen. Und was ich schreibe, das schaue und höre ich in der Vision und setze keine anderen Worte als die, die ich höre und in ungefeilten lateinischen Worten, so wie ich sie in der Vision höre, kundtue. Denn ich werde in der Schau nicht gelehrt, wie die Philosophen zu schreiben. Die Worte in dieser Schau klingen nicht wie die aus Menschenmund, sondern sie sind wie eine blitzende Flamme und wie eine im reinen Äther sich bewegende Wolke. Die Gestalt dieses Lichtes vermag ich aber nicht zu erkennen, wie ich ja auch die Sonnenscheibe nicht ungehindert anschauen kann.

In diesem Licht sehe ich zuweilen, aber nicht oft, ein anderes Licht, das mir das ‚Lebendige Licht' genannt wird, wann und wie ich es schaue, kann ich nicht sagen. Aber solange ich es schaue, wird alle Traurigkeit und alle Angst von mir genommen, so daß ich mich wie ein einfaches junges Mädchen fühle und nicht wie eine alte Frau...

In beidem, in Leib und Seele, kenne ich mich selbst nicht und erachte mich gleich dem Nichts. Ich strecke mich aus nach dem lebendigen Gott und überlasse all dies Ihm, damit Er, der weder Anfang noch Ende hat, mich in all dem vor dem Bösen bewahre. Deshalb bete auch du für mich, der du diese Worte erfragst, gemeinsam mit allen, die sie gläubig zu hören verlangen, damit ich im Dienste Gottes ausharre."[26]

Hildegard von Bingen empfängt all ihr Wissen von Vergangenheit und Zukunft der Menschen, der Kirche, der Schöpfung, des Alls aus der Schau in dieses Licht. Sie beschreibt aus diesem Wissen die tiefen Bezüge von Mensch und All, von Mikrokosmos und Makrokosmos. Die jenseitigen Welten öffnen sich ihrer Schau ebenso wie die tiefen Geheimnisse der Geschichte, der Seelen, des Engelkampfes des Urbeginns, des dreifaltigen Lebens. Ihr Blick ist umfassender als der des TBT. Diese Schau wird ihr zuteil als Lebender und macht sie zur Beraterin ihrer Zeit, zur Prophetin für die Zeiten, zur Heilkundigen für Leib und Seele. Der Inhalt ihrer Schau ist christlich. Der Inhalt der Schau des TBT ist buddhistisch. In beiden Fällen ist der lebendig gelebte Glaube einer bestimmten Religion der Hintergrund des Inhalts. Der Unterschied spiegelt ein Gesetz der

---

26 Hildegard von Bingen: Briefwechsel.- A. Führkötter (Hrsg.).- Salzburg 1965.- S. 226 f

geistigen Welten. Jeder Schauende sieht das, was er aufgrund seines Wesens, seiner Eigenart, seiner konkreten Existenz, seiner kulturellen und religiösen Zugehörigkeit sehen kann. So wird ein Christ das Jenseits nicht in buddhistischer Vorstellung erleben. Es wird ein Buddhist das Jenseits nicht in christlicher Vorstellung erleben. Nach ihrer Läuterung aber werden beide das Urlicht schauen und im Urlicht befreit werden in die Vollendung dessen, was in irdischmenschlicher Form in dieser Welt begann. „Im Hause meines Vaters sind viele Wohnungen."

Auf dem Weg dorthin ist es eine der wichtigsten Hilfen, einem Führer sich anvertrauen zu können, der aus der Sphäre Gottes kommt und den Menschen durch seine Existenz und seine Lehre den Weg zur Freiheit für die liebende Erkenntnis zeigt. Im Buddhismus helfen die *Bodhisattvas* durch das Gelübde ihres Verzichts auf das Nirvana aus Mitleid und Güte allen Kreaturen zur Erlösung. Im Hinduismus sind die Avatare Inkarnationen des Göttlichen in Gestalt Vischnus oder Schivas. In Zeiten der „Gottesfinsternis"(M.Buber) entzünden die Avatare das Licht der Gotteserkentnis und Gottesliebe. Ihre Existenzform gibt lebendige Antwort auf die drängenden Fragen ihrer Epoche. In dieser Sicht ist das Werk Sri Aurobindos zu interpretieren. Sein „Integraler Yoga" ist die Synthese altindischer Spiritualität und modernen Lebens, ist die Synthese eines Dialoges zwischen Ost und West, der weit vorausgreift in die Zukunft. Nach Aurobindo ist es die Aufgabe der Zukunft, die Selbstverwirklichung als Vergöttlichung des Menschen so zu leben, daß die Vollendung im Göttlichen der Verwandlung der irdischen Welt dienstbar gemacht wird. Das Jenseits soll das Diesseits so durchdringen, daß jeder Schritt ins göttliche Licht durch einen Schritt ins menschliche Dunkel sich erlösend auswirkt.

Die Sikhtradition gibt durch die Bindung an einen gottmenschlichen Meister dem Jünger die Möglichkeit, die Welten des Jenseits schon hier in dieser Welt in der Kraft und unter dem Schutz des Meisters zu durchwandern. Sie entwirft eine Bilderwelt des Jenseits von erstaunlicher Mannigfaltigkeit. (Wenigstens die Namen der sieben Ebenen seien hier genannt: Pind, And Brahmand, Par Brahmand, Sach Khand, Alakh und Agam.) Die 8. Ebene ist die des Namenlosen. Der Christ sieht in Jesus Christus die einzigartige und einmalige, darum unüberbietbare Form gottmenschlicher Heilsvermittlung.

Überblicken wir diese Vielfalt der mystischen Erfahrungswege, so stellt sich für uns eine letzte Frage. Sie bindet die Vielfältigkeit nochmals ein in unsere Themenstellung. Welche Konsequenzen ergeben sich aus dem Dargelegten für unser Thema, welche Konsequenz ergibt sich für uns selbst?

III. KONSEQUENZEN

1. Die Konsequenz für unser Thema

Wir gingen der mystischen Erfahrung nach in ihrer Methode, ihrem Begriff, ihrer Struktur. Das Ergebnis lautete: Mystische Erfahrung läßt sich nur durch existentiellen Vollzug verstehen. Sie ist eine experimentale Erfahrung des Göttlichen. Dieses ist ganz anders als jede innerseelische Wirklichkeit. Dieses Ganz-Andere läßt sich weder erkennen mit Hilfe philosophisch-psychologischer Kategorien, noch integrieren in einem psychologischen Individuationsprozeß. Im Gegenteil: Es bewirkt Verwandlung aus existentieller Betroffenheit, die nicht nur über jede menschliche Möglichkeit hinausgeht, sondern einen unabschließbaren Prozeß der Vergeistigung und Vergöttlichung in Gang setzt. Diese Verwandlung ist ein analoges Sterben, eine geistige Vorwegnahme des Todes. Die dadurch gegebene Befreiung von sich selbst führt zu einer Doppelexistenz. Darin liegt ihr Kriterium. In ihr verbindet sich göttliches und menschliches Leben zur Symbiose, die östlich-asiatisch als Erwachen zur Identität mit dem Göttlichen selbst gedeutet wird. Für den Christen ist dieser neue Bewußtseinszustand zwar mehr göttlich als menschlich, läßt aber den Seinsunterschied zwischen Gott und Mensch bestehen, verbindet ihn jedoch durch das Gliedsein des Christen am mystischen Leib Jesu Christi. So ist der *Christ* „Gottes Sohn" aus Gnade, der *Monist* „Gottes Sohn" aus Natur. Für beide ist das vergöttlichte Leben der Erweis der Echtheit mystischer Erfahrung. Da die mystische Erfahrung durch Verwandlung des Menschen in das Göttliche in allem am Göttlichen teilgibt, kann diese Teilhabe durch den Tod nicht aufgehoben werden. Denn die Teilhabe gründet nicht auf der Teilhabe des leiblichen Körpers, sondern auf der Teilhabe des verwandelten Geistes. Der verwandelte Geist ist unabhängig vom Leib. Darum vernichtet die Auflösung des Leibes den Geist nicht. Sie befreit ihn zu seiner besten Möglichkeit, er selbst zu sein in Freiheit, Frieden und Glückseligkeit. Bleibt der Geist der Egozentrik in irgendeiner Form verhaftet, muß er geläutert werden. Asien löst dieses Problem durch die Wiedergeburts- und die Erleuchtungslehre. Das Christentum löst dieses Problem durch die Gnade Christi, durch Gericht, Fegefeuer, Hölle und Himmel. Auch diese Zustände der Läuterung werden durch die mystischen Erfahrungen im Diesseits schon vorweggenommen. Der christliche Mystiker ist auf der letzten Stufe ebenso vorbereitet, in die volle Gemeinschaft mit Gott einzugehen wie der hinduistisch-buddhistisch Erleuchtete in die Einheit mit dem Urlicht. Beide Wege leben Gottes Weise in dieser Welt: die *personale Liebe* wie die *apersonale Unendlichkeit*. Das Göttliche müßte selber sterben, wenn der vergöttlichte Mensch mit dem Tod ausgelöscht werden könnte. Darin liegt der Hinweis der mystischen Erfahrung auf das Fortleben nach dem Tode.

2. Die Konsequenz fürs eigene Leben als ars moriendi im Sinne einer ars vivendi

Der unfreie, an sich gebundene Mensch fürchtet den Tod als das größte Unglück. Der Tod nimmt ihm alles, was sein Leben zu erfüllen schien. Das Ende ist gewiß. Ungewiß bleibt für ihn die Existenz jenseits des Todes. Darum bleibt der Tod ein Ende mit Schrecken. Er wird verdrängt, solange es möglich ist, selbst dann noch, wenn er in schwerer Krankheit schon präsent ist.

Dem Egozentriker ist nicht bewußt, daß sein Leben mehr Tod als Leben ist. Erfährt er aber die Begegnung mit dem Urlicht, wird er aus seiner Blindheit befreit. Bekanntlich wird diese Erfahrung von Menschen bestätigt, die aus klinischem Tod zurückgeholt werden konnten. Der Blick über die Grenze hat ihnen die Einsicht vermittelt, die Rückkehr ins irdische Leben als Chance zum Neubeginn zu begreifen. Jede Erfahrung der Verwandlung, ob sie ausgelöst wurde durch ein tiefes Natur- oder Kunsterlebnis, durch wissensmäßige Erkenntnis, eine Begegnung in der Liebe, oder ob sie im hingebenden Gebet geschenkt wurde, öffnet uns, weitet uns, ermutigt, den Schritt über uns hinaus zu tun. Indem wir den Weg in die Fülle des Lebens wagen, findet alles seinen Platz, seine rechte Ordnung und volle Lebendigkeit. Die Erkenntnis, daß Leben und Tod nur die zwei Seiten des Geheimnisses der Fülle sind, die im Letzten absolute Liebe ist, darum Teilhabe und Mitteilung dem bringt, der sich verwandeln läßt, diese Erkenntnis weiht ein in die Kunst zu leben im Blick auf das Ende als Neubeginn.

NAMENREGISTER

Abeghian, M. 152, 153
Abraham, 705
Adler, G. 356, 357 – 393
Agrippa v. Nettesheim, 51
Ahiram v. Byblos 110
Aichelin, H. 680
Aksakow, A. K. 547, 550, 558, 601
Alanus de Insulis, 45
Albertus Magnus, 48
Albrecht, C. 748
Alexander d. Große, 365
Alexander VII., 529
Alexander v. Aphrodisias, 47, 51
Alexander v. Hales, 47
Alff, W. 58
Althaus, P. 316
Amont, L. 204
Amos, 719
Anaximander, 33
Anchises, 364
Andres, F. 137
Äneas, 364
Ankermann, B. 94
Anselm v. Canterbury, 45
Antiochus IV. Epiphanes, 720
Apelt, O. 34
Arbman, E. 94, 95, 114
Archimedes, 256
Aristoteles, 35
Astrid v. Belgien, 564
Athenagoras, 42, 43
Avalon, A. 247
Averroes, 51
Augustinus, 44, 530
Augustinus Niphus, 52
Aurobindo, S. 264, 266, 267, 362

Bacon, F. 54
Bader, F. 70
Bailey, A. A. 247
Balie, P. C. 48
Balikci, A. 92
Banerjee, H. N. 376, 392
Barb, A. 128
Barrett, W. F. 425, 426
Barrett, M. W. 625, 573
Barth, Ch. 703
Barth, K. 597
Bartholomäus Spina v. Pisa, 52
Bärtschi-Roschaix, W. 542
Bataille, G. 199
Bauer, E. 693
Bavink, B. 567, 663
Becker, J. 728
Beek, A. 705
Beethoven, 576
Beicke, B. 705
Beitl, K. 156, 157
Bekker, B. 517, 518
Belo, J. 177
Bender, H. 229, 457, 587, 589, 592, 593 – 615, 662, 663, 680, 681, 686, 688, 690, 697
Bendit-Payne, Ph. 631
Benedikt XIV., 505
Bense, M. 54
Benz, E. 262, 267, 315, 316 – 356
Berdjajew, N. 353
Berendt, H. Ch. 377
Bergengruen, W. 157
Bergmann, L. 583
Bergson, H. 72
Berkeley, G. 56
Berlinger, R. 74
Bernardinus Telesius, 52

Bernatzik, H. A. 154
Bernstein M. 369, 370, 371
Bertholet, A. 87, 93, 102, 103, 106, 109, 117, 123, 130
Bianchi Bandanelli, R. 129
Bier, A. 534
Birket-Smith, K. 89, 93, 113
Bischoff, W. 544
Blanke, F. 585, 586
Blawatsky, H. P. 71
Bleek, W. H. I. 189, 190
Bloch, E. 69
Bochert, 179
Bock, E. 316, 327, 332, 367
Böcklin, A. 179, 199, 204
Boehm, Fr. 148
Bogen, H. J. 675
Böhme, J. 69, 70
Bohr, N. 591
Bölsche, W. 62
Bonaventura, 47
Bondi, H. 208
Bonin W. F. 276, 277–292
Borchardt, L. 541
Boros, L. 258
Brahms, 576
Bright, J. 705
Brown, R. 576, 577
Bruno, G. 53, 54
Buber, M. 148
Buchenau, A. 55
Büchner, L. 66
Bückers, H. 722
Bundschuh, A. 484, 485
Butscher, H. 573
Byron, 179

Caesarius v. Arles, 531
Cahagnet, A. 347
Campenhausen, H. v. 727
Cannon, W. B. 537
Caracalla, 365

Carrington, H. 207, 628, 635
Carus, C. G. 633, 634, 635
Cäsar, 367
Cassiodorus, 44
Cassirer, E. 56
Castaneda, C. 191, 205, 206
Cayce, E. 369, 370
Chatterton, 179
Chopin, J. 576
Choron, J. 36, 37
Cicero, M. T. 39, 40, 121
Clammer, J. 134
Clemen, C. 88
Clericus, J.(August Ludwig), 475, 478
Cles-Reden, S. v. 151, 152
Cocteaus, 179
Comte, A. 349
Condorcet, A. de 58
Conford, F. M. 33
Conrad-Martius, H. 239, 600
Contarini, C. 52
Cranton, S. L. 80
Croiset, G. 599
Crookes, 589
Cullmann, O. 730
Cumont, F. 33, 36
Cyprian, 44
Cyril v. Jerusalem,
Czolbe, H. 66

Däbritz, M. 387, 388
Damman, E. 102
Dante, A. 216, 499
Dargyay, E. 751, 752, 753, 755, 756, 757. 758
Darwin, Ch. 64
Dava-Samdup, L. K. 166
David-Neel, A. 166, 167, 168
Davis, A. J. 71
Davy, Ch. M. M. 75
Dawkins, R. 275

De Bono, E. 256
De Chardin, T. 275
De Fiore, J. 318
De Fraine, J. 706
De Montravel, T. 346
Demokrit, 33, 66
Denhardt, H. 57
Denzinger, 47
Descartes, R. 54, 55, 618
Dessoir, M. 306, 598
Dethlefsen, Th. 277, 285, 289, 291, 309, 369, 371, 372, 373
Deussen, P. 28
Deuterojesaja, 719
Diä 'Kwain, 189
Diels, B. 191 – 193, 215
Diels, H. 33
Diez, E. 146, 147
Diodor, 367
Diodorus Siculus, 29
Dionysius Areopagita, 354
Disselhoff, H. D. 131
Dittfurth, H. v. 275, 685
Djalal al din Rumi, 366
Djwahlkhuls, 247
Doderer, H. v. 213, 214
Dominicus Gundissalinus, 45
Don Juan, 205, 206
Dondelinger, E. 29
Donner, J. J. 33
Driesch, H. 463, 588, 601, 603
Drioton, H. 709
Ducasse, C. J. 84
Du Prel, C. 477, 543
Duval, P. M. 126

Ebeling, E. 709
Eccles, J. C. 235, 245, 246, 648, 684, 685
Eckhart, 49, 750
Eeden, F. van 627, 633
Eichrodt, W. 706

Einstein, A. 256, 644, 657
Eisenbeiss, W. 577
Eisenbud, J. 623, 624, 681
Eissfeldt, O. 704, 709
Eliade, M. 26, 310
Elija, 713
Elischa, 713
Ellis, D. J. 80
Ellmann, R. 183
Emde, G. 642, 643 – 702
Empedokles, 33, 363
Engels, F. 68
Ende, M. 201, 202, 203, 205, 210
Epiket, 38
Epikur, 35, 36
Ermann, A. 29
Ernst, B. 212
Escher, M. C. 212
Euripides, 33
Eurydike, 179
Evans-Wentz, W. Y. 166, 186
Evans-Pritschard, E. 134
Ezechiel, 719

Falk, J. D. 329
Fechner, G. T. 63, 64
Feilberg, H. F. 135
Fetscher, I. 69
Feuerbach, L. 68, 338
Feyerabend, P. 314
Fichte, I. H. 64
Fichte, J. G. 61, 64
Ficinus, M. 51, 75
Figges, H. H. 311
Findeisen, H. 97
Finkenzeller, J. 259
Flake, O. 53
Foerster, W. 705
Fohrer, G. 704
Ford, A. 186
Forke, A. 30
Franciscus Patricius, 53
Frank, H. 536

Franz v. Sales, 507
Frei, G. 489, 587
Freud, S. 67, 208, 285, 288, 293 296, 306
Fricker, 326
Frieling, R. 383, 384
Frisch, K. v. 677
Fromm, E. 311
Fuchs, E. 199, 204
Fuchs, R. 371
Fuller, J. G. 557

Galilei, 644
Galling, K. 28
Garfield, A. M. 454, 455
Garrett, E. 294
Gauger, W. 178, 179 – 220,
Gebsattel, V. v. 221
Gebser, J. 251, 255
Geley, G. 542, 543
Gerlach, W. 667
Gerloff, H. 559, 560, 561, 564, 590
Geyer, B. 48
Giulano, A. 129
Glanvil, J. 517, 633
Glasenapp, H. V. 108, 110, 121, 122, 126, 143, 144, 145, 146, 147, 166 323, 324. 325, 360
Glaser, H. A. 196
Glingberg, G. 254
Gnilka, J. 730
Goethe, J. W. 194, 196, 205, 211, 325, 327 – 332, 333, 361, 367, 620
Goldammer, K. 51
Golding, W. 195, 205, 215
Görres, J. 70
Gotzmann, W. 44
Grabinski, B. 482, 486, 487, 488, 489, 490, 495, 497, 498, 501, 502, 611
Grabmann, M. 44, 45, 47

Grant, J. 205
Grass, H. 727
Grassi, B. E. 216
Grassi, E. 653
Greber, J. 554, 555
Greeley, A. M. 453
Gregory, A. 180
Gregory, R. 180, 183
Greshake, G. 728, 730
Grimal, P. 126
Grof, St. 188, 197, 204, 207, 208, 209, 210, 290, 293, 294, 296, 297, 298, 300, 301, 302, 303, 307, 308, 309, 312, 314
Gruber, J. 276, 277 – 292
Grün, K. 62
Guariglia, G. 139
Gubisch, W. 458
Guliemi Alverni, 46
Gundolf, H. 98, 123, 157
Gurdjieff, G. 268
Gurney, E. 76, 573, 620
Guzmann, D. 543

Haakh, A. 40
Haberlandt, A. 135
Haberlandt, A.-M. 155
Haberlandt, M. 107
Haeckel, E. 66, 78
Haekel. J. 87, 89, 91, 94, 103, 136, 137
Hahn, M. 326
Hahn, Ph. M. 326
Hampe, J. Ch. 691
Happich, F. 544
Haraldsson, E. 83, 424, 425 – 455, 555, 612, 614, 635, 692
Hart, H. 454, 455, 668
Hart Nibbrig, Ch. L. 217
Hartmann, H. J. 127
Hasse, J. C. 325
Hauptmann, G. 367

Head, J. 80
Hederer, E. 328
Hegel, W. F. 61, 62, 68
Heidegger, M. 74, 293
Heidingsfelder, G. 28, 45, 48, 52
Heiler, Fr. 158
Heisenberg, W. 644
Helfritz, H. 154
Heliodorus, 37
Helmans, G. 630
Helmont, B. v. 626
Heim, B. 220, 223 — 240, 665, 666, 672, 696
Heine, H. 500
Heinrich v. Gent, 48
Heinzmann, R. 730
Hemleben, J. 63, 267
Hennig, M. 324
Henoch, 713
Heraklit, 33, 191
Herder, J. G. 325, 332, 333, 337 — 345
Hermes Trismigistos 51
Herodot, 363
Herzog, E. 212
Hesiod, 117, 118
Hesse, H. 195
Heurgon, J. 112
Hieronymus Cardanus, 53
Hildegard v. Bingen, 759, 760
Hinz, W. 385, 386, 701
Hirschberg, W. 90, 91, 92, 94, 101, 103, 105, 132, 136, 141
Hobbes, Th. 58
Hocking, E. W. 73
Hoffmann, P. 728, 730
Höfler, O. 156
Hofmannsthal, H. v. 184 J.
Holm, E. 189, 190, 193
Homer, 32, 33, 116, 118
Hornung, E. 29, 104, 105, 106
Horst, E. v. 537
Hosea, 719

Hostings, J. 28
Huang, I. 254
Huber, G. 547, 549
Huber, H. 240, 241 — 276
Hübscher, A. 65
Huizinga, 49
Hultkrant, A. 94
Hume, D. 59
Hunger, H. 113, 118
Husserl, E. 630, 632, 634
Hutten, K. 593, 594
Hyslop, J. H. 425

Ijob, 714, 715
Illies, J. 677, 678, 680
Infeld, L. 657, 644
Irenäus v. Lyon, 530

Jacobi, 333
Jakobus, 727
James, W. 303, 314, 609
Jammer, M. 667
Jankovich, St. v. 409. 424
Janov, A. 285. 290
Jaspers, K. 74, 630. 652
Jeremias, A. 109, 719
Jesus Sirach, 712, 714, 716
Jettmar, K. 137
Jirku, A. 705
Johannes, 733
Johannes Damascenus, 44
Johannes Duns Skotus, 48
Johannes de Janduno, 48
Johannes de Rapella, 46
Johannes v. Salisbury, 45
Johannes vom Kreuz, 748, 749
Jones, G. S. 297
Jordan, P. 677
Jouet, V. 481
Juifes, J. 644
Julian, 365
Julien Offroy de la Mettrie, 58

770 Namenregister

Jung, C. G. 195, 196, 197, 198, 290, 301, 303, 306, 307, 308, 312, 746
Jung Stilling, 71
Jüngel, E. 729
Jünger, E. 202
Jürgenson, F. 396, 603, 608

Kafka, 212
Kant, I. 60, 323 – 326, 343, 618
Kardec, A. 71, 345 – 355, 379, 381, 382,
Kaufmann, C. M. 122
Keats, 179
Kees, H. 29, 159, 709
Kellner, A. H. 43
Kepler, 657
Kerenyi, K. 113
Kern, F. 114
Kerner, J. 599, 618
Kerule, 256
Keyserling, H. 215
Kien, P. 577
Kierkegaard, S. 74
Klages, L. 72
Klappert, B. 727
Kleinstück, J. 183, 186, 187
Kletti, R. 454, 455
Knebel, K. L. 38
Knoch, O. 41, 702, 703 – 733
Köberle, A. 597
Köberle, F. 394, 395 – 401
Koeber, R. 363
Koestler, A. 651
Koffka, A. 95
Kohelet, 712, 714, 715
Kolff, W. J. 538
Kolpaktchy, G. 182
Konfuzius, 143
Koppers, W. 99
Korvin-Krasinsky, C. v. 166
Kralios, C. 538

Krastev, K. 120,
Kratz, R. 728
Kremer, J. 727
Kretschmar, F. 131, 132
Krickeberg, W. 175
Kristeller, P. O. 51
Kruckenberg, 625
Kübler-Ross, E. 82, 454, 612, 614, 625
Kucher, W. 86, 87 – 160
Kuhl, C. 719
Külpe, O. 631
Kümmel, W. G. 704

Lacan, J. 286
Laermans, K. 196
La Farge, O. 141
Lakantius, 43, 44
Lang, R. 457, 458 – 463
Langlotz, E. 119
Lanternari, V. 312
Laotse, 30, 143
Laubscher, J. F. 96, 270
Lauf, D. I. 166, 257
Lavater, 333
Lawrence, D. H. 204, 205
Leadbeater, 623
Lechner-Knecht, S. 160, 161 – 178 220
Lee, H. W. 254
Leibniz, G. W. 56
Leipoldt, J. 709
Leopold v. Belgien, 564
Lesky, A. 117, 125
Lessing, G. E. 59, 318 – 323, 327, 334, 367
Leukipp, 33
Liljeblad, M. 564
Lindenberg, W. 367, 368, 369
Lindsay, D. 205

Lineton, J. 93
Lipsius, R. A. 305
Liszt, 576
Locke, J. 56
Lodge, G. 574
Lohfink, G. 730
Loose, J. 551
Lorenzen, 654
Lotz, J. B. 729
Lucretius, T. Carus 38
Ludwig, A. F. 365, 478, 479, 480, 481
Lukrez, 36, 37, 363
Lyra, G. 591
Lyttelton, E. 574

Mach. E. 67
Maginot, A. 347
Malinowski, B. 191, 192, 193
Mann, Th. 477, 500
Mannoni, M. 286
Marcel, G. 75
Marcilius Ficinus, 50, 51
Marfeld, A. F. 536
Marinis, G. de 48
Mark Aurel, 36, 37, 38, 39
Marx, K. 62, 68, 338, 339
Maslow, A. 303, 304, 314
Matt, L. v. 118
Matthiesen, W. 51
Mattiesen, E. 547. 548, 555, 558, 595, 602, 609, 610, 612, 635, 662, 690 – 692, 697, 701
McKenzie, J. 706
Mehlis, G. 72
Melanchton, 517
Mendel, G. J. 64
Mendelljew, D. I. 256
Mendelsohn, M. 57
Menne, E. 652. 663
Mesmer, F. A. 345 – 355
Messianus, 531

Metraux, A. 134
Meuli, K. 137, 138
Michelangelo, 188
Milner, D. 248, 249
Mirabelli, C. 558
Mohr, J. C. B. 28
Moleschott, J. 66
Molin, G. 703
Moltmann, J. 729
Moneta Cremonensis, 46
Monroe, R. A. 82
Montaigne, M. de 53
Moody, R. A. 82, 182, 197, 202, 205, 208, 212, 213, 214, 215, 454, 548, 612, 613, 614, 625, 635, 691
Moore, G. 193, 194
Morenz, S. 709
Mörner, B. 129
Mörike, E. 35
Morra, G. 52
Mose, 705, 713
Moser, F. 81, 478
Moss, Th. 294
Mozart, W. A. 179
Mühlmann, W. A. 139, 140
Muktananda, S. 263, 274
Mulacz, P. W. 600
Muldoon, S. J. 207, 547, 628, 633, 635
Münsterberg, H. 66
Murphy, B. 369, 371
Murphy, G. 454, 455
Mussner, F. 728
Myers, F. W. H. 75, 425, 573, 602, 620, 625, 635,
Mylius, Ch. 696

Nachtigall H. 140
Nagy, M. H. 254
Napoleon, I. 506
Narayana, S. G. 268

Nasitta, K. 654, 668
Naval, J. 579
Naville, E. 103, 104
Neckel, G. 122
Nelli, R. 46
Neuhäusler, A. 463, 694
Nevermann, H. 99, 133
Newton, I. 582
Nicolaus v. Cues, 49, 53
Nielsen, E. 558, 563, 566, 590
Nietzsche, F. 26, 64
Nikolainen, A. T. 703, 723
Nimendaju-Unkel, C. 140
Ninck, M. 113, 125
Noorden, H. v. 668
Nötscher, F. 709
Novalis, (Friedrich v. Hardenberg) 62, 179
Noyes, R. jr. 454, 455

Occam, W. v. 48
Oesterreich, Th. K. 305. 662
Oetinger, F. Ch. 326, 345
Ohlhaver, 569
Ohlmarks, A. 124, 310
Oldenberg, H. 30, 31
Omez, R. 481, 482
Origenes, 365
Ornstein, R. 256
Orpheus, 52, 179
Orpheus v. Pletho, 51
Osis, K. 83, 293, 424, 425 – 455
    555, 610, 612, 614, 635, 692
Ossowiecki, St. 622
Oster, L. 482
Ostwald, W. 66, 78
Otto, R. 27
Otto, W. F. 32, 116
Oursler, W. 376
Ouweneel, W. J. 680

Pager, H. 190
Pahnke, W. N. 314
Paracelsus, 51, 75, 176, 626
Parmenides, 33
Pertrarca, 620
Pascal, B. 55, 56
Paul, J. 63
Paulson, I. 91, 94, 99
Paulus, 727, 729, 730, 731
Pauly, A. 40
Paus, A. 69
Peckham, J. 47
Pereira da Rocha, M. H. 117, 118
Peter, J. 477
Petersen, E. 561, 563, 568
Petrus, 727
Petrus Johannes Olivi, 47
Petrus Lombardus, 45
Petrus Pomponatius, 51, 52
Petrus v. Tarantasia, 48
Pfannmüller, G. 33, 35, 38, 39
Pfeiffer, W. M. 96
Pfiffig, A. J. 111, 112
Philo, 40
Picard, G. 110
Pico della Mirandola, 53
Piddington, J. G. 574
Pieper, J. 730
Pindar, 118
Pinget, I. 254
Piper, L. 574
Planck, M. 592, 644, 702
Platon 34, 63, 118, 194, 364, 653
Plinius, 38, 122
Plotin, 40, 365
Plutarch, 39, 122, 127
Podmore, F. 76, 620
Poe, E. A. 204
Pomponius Mela, 126
Pope, A. 219
Popper, K. R. 246, 652, 655
Portmann, A. 677, 678
Post, van der, 198, 199

Pratt, J. G. 457, 681, 692
Preuss, K. Th. 101, 102, 135, 139, 141, 142, 311
Prokopius, 125
Puccetti, R. 685
Pythagoras, 33, 39, 51, 53, 363

Quell, G. 703
Quevedo, O. G. 71

Rad, G. v. 706
Radin P. 139, 309
Raditschew, A. N. 59
Rahner, K. 258
Ramakrishna, R. 268
Rank, O. 297
Raudive, K. 396, 603
Rees, W. D. 453
Rehms, W. 179
Reichel, A. 479
Reimarus, S. 57
Reindl, E. 464, 465 – 471
Reinisch, L. 217
Rem, J. 502
Renninger, M. 667
Resch, A. 5, 25 – 85, 231, 463
Rhine, J. B. 457, 599, 601
Ribot, Th. 67
Richard v. Mediavilla, 47
Richards, W. E. 314
Riedl, R. 677, 678
Riedmann, A. 492
Riessler, P. 722
Rilke, R. M. 179, 188
Ringger, P. 83, 544
Rivail, H. L. D. (Kardec), 71, 348
Robert v. Melun, 45
Rochlitz, J. F. 569
Roesermueller, W. O. 477
Rogo, Scott D. 80, 82
Roll, G. 454, 455
Rössler, K. 318

Roth, G. 126
Roth, L. 54
Rousseau, J. J. 57
Rowley, H. H. 722
Rüegg, A. 117
Runge, 179
Ruprecht, R. 61, 63
Russel, R. W. 254
Russell, G. 193
Rybarczyk, M. L. 636, 637 – 641

Salzmann, 333
Sannwald, G. 177
Satprem, 263, 266, 268
Satre, J. P. 74
Schachmeyer, E. 114
Schäfer, Cl. 583
Schäffner, M. 482
Schamoni, W. 83, 504, 505 – 532
Scharbert, J. 704, 719, 729
Schatz, O. 600
Schebesta, P. 98
Schedl, Cl. 705
Scheel, W. 698
Scheffczyk, L. 728
Scheler, M. 73
Schelley, 204
Schelling, F. W. J. 61, 326
Schenke, L. 727
Schiebeler, W. 532, 533 – 592, 685, 690, 693
Schillebeechx, E. 723
Schilling, O. 703, 729
Schiller, F. v. 328
Schjelderup, H. K. 297
Schleich, C. L. 542
Schlosser, J. G. 331, 332, 333 – 337, 338
Schmid, J. 704
Schmid, L. 396
Schmidt, B. 148, 149, 150
Schmidt, H. 692, 694, 695

Schmidt, L. 128
Schmidt, W. 98, 138
Schmidtchen, G. 596
Schmitz, C. A. 138
Schnackenburg, R. 728
Schnaufer, A. 115, 116
Schneeweis, E. 150, 151,
Schneider, H. 130
Scholz, H. 114
Schöndorfer, U. 331
Schopenhauer, A. 65, 72, 517, 625
Schrenck-Notzing, A. v. 447, 559, 589
Schröder, A. 44
Schröder, Ch. M. 102
Schröder, D. 138
Schröder, F. R. 124
Schröder, R. A. 365
Schubert, F. 179
Schubert, K. 703, 723
Schurian, W. 204
Schürmann, H. 726
Schütz, P. 267
Schwemmer, 654
Schwertschenko, W. 654
Scotti, P. C. 48
Seeger, H. 709
Seidensticker, Ph. 727
Sell, H. J. 96
Sellin, E. 704
Seneca, 40
Serios, T. 599, 623
Serrano, M. 195, 196, 197, 199
Shakespeare, 196, 210
Sheils, D. 82
Shelley, 179
Sherman, H. 551
Sidgwick, H. 435, 573, 602, 629
Sidgwick, E. M. 454, 455, 575
Siegel, R. K. 455
Siegmund, G. 259, 472, 473 – 503
Siger von Brabant, 46
Silesius, A. 70
Simmel, G. 72

Simmons, R. 371
Simone, G. 402, 403 – 407
Simonides, 118
Sinnett, 623
Slawik, A. 134
Smart, E. 248, 249
Smith, S. 548, 550, 691
Snell, J. 555
Solowjew, W. 354
Sotschek, J. 605
Spellacy, M. 194
Spiess, E. 28, 29, 315
Spinoza, B. 56, 57, 634
Steenberghen, F. v. 47
Stegmüller, W. 663
Steinbuch, K. 536, 541
Steiner, R. 71, 382, 383
Stemberger, G. 703
Stempflinger, E. 121, 122
Stettner, W. 363
Stevenson, I. 84, 293, 310, 376, 377,
  454, 455, 693
Stirner, M. 64
Strauss, A. 151
Strauss, D. F. 68
Suarez, F. 54
Suddoff, K. 51
Sueton, 122
Sullivan, M. 108
Suplicius, S. 530
Sutich, A. J. 303
Suzuki, D. T. 211
Swedenborg, I. 60, 71, 267, 326, 329,
  347, 618

Tart, Ch. T. 251, 257, 274, 304, 306,
  310, 313 – 315
Tenhaeff, W. H. C. 81, 208, 209, 617
  – 635, 690, 697
Tertulian, 43
Theresia v. Avila, 74

Thomas von Aquin 48
Thomas Campanella, 53
Thomas v. Cantalup, 507
Tirala, L. G. 677, 678
Tischner, R. 70
Tolentino, G. 578, 579
Trutwin, W. 652, 663
Tschipanow, I. J. 59
Tschuang-Tse 367, 368
Turio, T. 48
Tylor, E. B. 126
Tyrell, G. N. M. 81, 454, 455, 574, 575, 587, 615

Uecker, H. 124, 125
Ullmann, V. 577
Unterbecker, J. 180

Vakarelski, Ch. 151
Vawter, B. 719
Vergil 121, 364, 365
Verrall, A. 574
Verrall, M. 574
Vetter, H. 75
Vetter, W. 75
Vierkandt, A. 96
Vinzenz v. Beauvais 48
Vivekananda, S. 208
Vogt, C. 66
Vollmert, B. 677, 682
Volz, P. 703
Vonessen, F. 182
Vycichl, W. 154

Wächter, L. 703
Wagner, R. 65, 66
Walter 209
Walther, G. 208, 551, 632, 634, 635
Wasmuth, E. 55, 74
Wedemeyer, I. v. 734, 735 – 740
Weidel, W. 536
Weigand, W. 53
Weinel, H. 305

Weiser, A. 704
Weissmahr, B. 726
Weizsäcker, C. F. v. 644, 652
Welkisch, C. 352 – 355
Wentz, W. E. 268
Werner, R. 120
West, A. 205
West, D. J. 435
West, L. J. 455
Westermann, D. 89
White, R. J. 538, 539
Whitehead, A. N. 73
Wieland, 328, 329, 331
Wiesner, H. 115
Wiesenhütter, E. 26, 211
Wikenhauser, A. 704
Wilhelm v. Auvergne, 46
Willet 574
Williams, Ch. 216
Winkler, H. A. 154
Winkler, J. 176
Wirz, P. 172
Witte, J. 89, 98, 100, 102, 132, 133, 134
Wittgenstein, L. 313
Wölfel, D. J. 129
Wolff, C. 56
Wolff, T. 49
Wolff-Windegg, Ph. 182
Wolfram, R. 155
Woodward, K. 577
Wundt, W. 67
Würinger, R. 654

Yeats, W. B. 127, 180 – 184, 186 – 188
Yggdrasil, 122

Xenophon, 34

Zaehner, R. 295
Zanasi, D. 111

Zapf, J. 741 – 762
Zavalloni, R. 47
Zeller, E. 40
Zemmrich, J. 127
Zenker, G. 628
Zenon v. Kittion, 36
Zerries, O. 138

Ziehen, Th. 66
Zingaropoli, 477
Zoller, H. 682
Zöllner, F. 589, 667
Zorab, G. 77
Zoroaster, 51
Zucker, K. 458

SACHREGISTER

Ablöseprozeß 248
Absicht, betrügerische 373
Acheron 113
Adam, neuer 728
Adam, zweiter 728
Aeneis 364
age regression 297, 370
Ägypten 29, 103 – 107, 153 – 154, 363, 709
Ahnenkult 95, 173
Algonkin 141
Algonkin-Indianer 134
Allerseelen 156
Altes Testament 529
Altisraelitisch 723
Amalrikaner 46
Anatomie, energetische 262
Andreaskreuz 737
Angakok 136
Angst vor dem Tod 361
Animismus 586, 587, 599, 689
Animisten 589
Annecy 508
Antahkarana 262
Anthroposophen 367, 382, 384, 385, 390
Apatheia 36
Apapocuva-Guarani-Indianer 139
Apokatastasis 317

Apokryphen 704
Apport 680
Apportphänomen 578
Arbeitshypothesen 541
Archetypenlehre 308
Arianer 368
Ars moriendi 293, 312
Asanas 273
Astralleib 547, 549, 550, 554 – 556
Ataraxia 36
Atavismus 633
Atlantis 370
Atman 31, 165, 176
Atmung 266, 560
Auferstehung 220, 265 – 268, 597
Auferstehung, leibliche 723
Auferstehung des Fleisches 388
Auferstehung der Toten 730
Auferstehungsglaube, christlicher 730
Auferstehungshoffnung 723
Auferstehungsprozeß 265
Auferstehungszeugnis 726
Auferweckung 725
Auferweckung des Leibes 729
Auferweckungen vom Tode 505, 552
Auferweckungsglaube, christlicher 729
Auffassung Jesu 723
Aufstieg 368

Sachregister

Aurasehen 632
Auschwitz 577
Ausfallerscheinungen 541, 543
Auslands-Chinesen 173
Aussagen, mediumistische 465 – 471
Außenseele 90
Austritt des Astralleibes 546
Austrittserlebnisse 208
Avaiki 133
Axiome 656
Azteken 130 – 132

Badgan 168
Bali 176 – 177
Baloma 191
Bantustämme 96
Bardo 166, 258
Barmherzigkeit 724
Bella Coola 137
Beobachtungen des eigenen Todes 413 – 415
Beowulf 123
Bergdama 102
Beschwörung von toten Geistern 711
Besessenheit 373, 377, 470
Besessenheitshypothese 376, 392
Bestattungsbräuche 101
Bestattungssitten 101 – 103
Betrachtung, kosmologische 50 – 54
Bewahrung 187 – 188
Beweis 390, 540
Beweis, empirischer 359
Beweisbarkeit 647
Beweise, unanfechtbare 655
Beweise, wissenschaftliche 369
Bewußtlosigkeit 547, 553
Bewußtsein 288 – 289, 542, 648, 685
Bewußtsein als Energie 244 – 257
Bewußtsein des tiefen Schlafes 241
Bewußtsein, kontinuierliches 241 – 276

Bewußtsein, kosmisches 241
Bewußtsein, objektives 241
Bewußtseinserweiterung 255
Bewußtseinsfaden 262
Bewußtseinsgegenstand 653
Bewußtseinssperre 554
Bewußtwerden des Todes 411 – 413
Bhagavagita 360
Bhaktiweg 747
Bild, eidetisches 620
Bildseele 90
Bilokation 550
Biologie 393, 534
Bios 221, 225
Biosphäre 224
Bolotu-Insel 133
Bootsbestattungen 132
Botschaften 601
Botschaften, verteilte 602
Brahman 165
Brandspuren 492, 495, 500 – 502
Buch der Geister 379
Buddhismus 144, 358, 735, 746
Burjaten 97
Buschmänner 189 – 191
Buschseele 90

Ceres 121
Ceylon 172 – 173
Chamula-Indianer 154
Chancengleichheit 391
Chanten 93
Charakter 224
Charon 149
Chassidismus 148
Chi 168
China 30, 107 – 108
Chiriguano-Indianer 142
Christengemeinschaft 383, 385, 390
Christentum 304, 358
Christus 41, 386

Christusbewußtsein 241
Cora-Indianer 141

Dakota-Indianer 97
Dämonen 585
Darwinismus 676
Deduktionen, mathematische 655
Delirium 555
Dematerialisation 77
Denken, logisches 535
Destruktion 428
Deutsche Klassik 317
Diagnosen 440
Dichter 179
Dichtung 271 – 272, 317 – 356
Diesseits-Jenseits 468 – 471
Dimension 686
Dimension, äonische 239
Dimension, entelechiale 239
Dimensionen 666
Dimensionen, imaginäre 667
Direktes Schreiben 77
Direkte Stimme 77
Dominikanerschule 48
Doppelgänger 540, 552
Doppelkörper 460
Dordogne 620
Drittes Auge 257 – 260
Drogen 293 – 315, 440
Dschainismus 108
Dual 386, 469, 470
Durchsagen, mediumistische 81

Ebenbild Gottes 706
Egoseele 90
Einfachheit 43
Einkörperungstrance 303 – 307
Einweihung 267
Einweihungsprozeß 266
Ekstase 241
Ektoplasma 559, 560
Ektoplasma-Produktion 591
Elektrizität 249 – 251

Elysische Gefilde 32
Elysium 117
Emanation des Göttlichen 389
Emotionsreaktionen 439
Empfindungen 650
Endentscheidung 259
Endgericht 733
Endokrinologie 269
Endzeit 728
Energetische Transformation 255 – 257
Energie 78
Energie, qualitative 264 – 276
Energiekörper 248
Engel 731, 556, 585
Engel, gefallene 385
Entelechie 331, 681
Entmythologisiert 706
Entstehung des Lebens 676
Entwicklung 368
Entwicklung, spirituell 244
Epoche der Totenauferstehung 728
Erbsünde 391
Erde, neue 733
Erdenleben 467
Erdenleben, wiederholtes 357
Erfahrung, außerkörperliche 82, 625 – 629
Erfahrung, außersinnliche 428
Erfahrung, spontane 255
Erfahrungsbeweise 534, 540, 582
Erinnerungen 376, 535
Erkenntnis 648
Erkennungszeichen 539
Erklärungsweise, animistische 476
Erklärungsweise, spiritistische 476
Erlebnisberichte klinisch Toter 83
Erlebnisse, außerkörperliche 26
Erlebnisweise, poetische 211 – 213
Erleuchtung 241
Erleuchtung, geistige 242
Erlösung 361
Erscheinung Jesu 726

Sachregister

Erscheinungen 77, 439, 461, 691
Erscheinungen, Absicht 437
Erscheinungen, Dauer 434
Erscheinungen, Identität 434
Erscheinungen, Zeitpunkt 434
Erwartungen 446
Eskimo 98
Etrusker 111 – 112
Euthanasie 308
Evolution 274, 290 – 292, 674 – 683
Evolution, darwinistische, 696, 697
Evolution, energetische 275
Evolution, esoterische 275
Evolution, spirituele 275
Evolutionsstufen 278
Evolutionstherapie 292
Ewigkeit 322
Existenzform, vollendete 733
Existenzphilosophie 74 – 75
Exkorporation 271
Exkursionserlebnisse 609 – 612
Experimente, qualitatives 599
Experiment, quantitatives 599
Experiment, statistisches 599
Exteriorisation 688

Fähigkeiten, paranormale 696
Fähre der Götter 106
Faktoren, demographische 444
Faktoren, kulturelle 447
Faktoren, medizinische 440, 428, 432
Faktoren, psychologische 429, 444
Fegefeuer 491, 499 – 500
Finnen 129 – 130
Finsternis 161
Flugträume 271
Fonds des canonisations 506
Forschung 75 – 85
Forschung, mediumistische 81

Forschung, psychologische 81 – 84
Forschungsaufgaben 700
Fortexistenz 534, 540, 638
Fortleben 539, 540, 703
Fortleben nach dem Tode 393, 473, 595
Fortlebenshoffnung 729
Fortschrittsglaube 68 – 69
Frangy 510
Franziska-Angelika de la Pesse 508 – 518
Franziskanerschule 47
Frau, weiße 611
Freiseele 90
Fuchsmühl 478
Furcht vor dem Sterben 446

Gallizenae 126
Ganzheit 236 – 240
Ganztod 258, 383
Ganztodhypothese 259
Ganztod-Theologie 597
Ganz-tod-Theorie 356, 379
Garm, Hund 120
Geburt 201 – 209, 296, 297, 302, 533, 637
Gedächtnis 539
Gedächtnis, extrazerebrales 375, 392
Gedächtnis, genetisches 373
Gedankengebilde 623
Gefallensein, präkosmisches 389
Gehirn 684
Gehirnerschütterung 546
Gehirnverletzungen 541
Geist 52, 476, 731
Geisterchirurgie 77
Geisterfotografien 77, 611, 624
Geistersehen 617 – 635
Geistige Loge 358
Geistleib 731
Geistseele 30, 380

Geistwesen 466
Gemeinschaft mit Gott 717, 718
Gemütsbewegungen 535
Gerechtigkeit 391, 722
Gerechtigkeit Gottes 719
Germanen 122 – 125
Geschichte des Menschen 717
Geschichte Israels 719
Geschichtsbewußtsein 334
Geschick 715
Gesellschaftsinseln 133
Gesetzmäßigkeiten 545
Gestirngötter 709
Gilgamesch 110
Gilgul 307
Glaube 640
Glaube an Fortleben 449
Gnade 389
Gott 386
Gott des Lebens 724
Grab, leeres 726
Griechen 32 – 37, 113 – 119
Größen, quantitative 655
Grunderfahrung, mystische 718
Grundphänomene 658
Grundprinzipien 656
Gruppen, okkultistische 365
Gruppen, spiritualistische 365
Guaimi-Indianer 141

Hades 32, 112, 116, 118 – 119
Hagia Triada 114
Halluzinationen 429, 430, 432, 461, 555, 557
Haltung, transzendenzoffene 664
Haltung, transzendenz-verschlossene 663
Harmonie-Gesetz 421
Harmonie, göttliche 421
Hand, eingebrannte 77, 473 – 503
Hauchseele 91
Havaiki 133

Heidrun, Ziege 123
Heiligsprechungsverfahren 505
Hekate 113
Hypnose 369, 373
Hypnosesitzungen 371 – 372
Hypothese, animistische 586
Hypothese, parapsychologische 300
Hypothese, spiritistische 582, 586, 591

Ich 362
Ich-Bewußtsein 419, 539
Identifikation 601
Identität 277 – 292, 286 – 288
Illusion 620
Imago Mundi 75
Immanente Erklärung 377 – 378
Impulsfrequenzmodulation 536
Index, halluzinogener 441
Indianer 161 – 165
Indianer, kalifornische 101
Indien 30 – 31, 108 – 109, 171 – 172, 360 – 362
Indizien 534, 540
Indizienbeweis 374, 540, 582
Information 535
Informationsspeicher 539
Informationsspeicherung 545
Informationsverarbeitung 536
Informationsverarbeitungssystem 546
Informationsverarbeitungsvorgänge 536
Infrarot-Nachtsichtgerät 590
Initiationskontext 201
Inkarnation 201 – 209
Innerung 621
Insel-Kariben 102
Inseln der Seligen 117 – 118
Inspiration 179
Integrationsprozesse 255 – 257
Interviews 431
Ipurina-Indianer 97
Irland 193 – 195

Isis-Serapis-Religion 105
Islam 146 — 147, 366
Israel 723

Jakuten 97
Japan 134
Jenseits 95, 466, 531
Jenseitsvorstellungen 87 — 160, 161 — 178
Jenseitswissenschaft 105 — 106
Jerusalem, himmlisches 733
Jerusalem, neues 370
Jesus 41, 726 — 733
Jica-Indianer 101
Jim Knopf 201 — 209
Jivan 166
Jukagiren 91
Jüngstes Gericht 384

Ka 29
Kabbala 366
Kaiser v. Atlantis 577
Kalevala 129
Kami 145
Karaiben 136
Karma 383, 389, 391
Karman 31
Kasanlik 120
Katharer 46
Kelten 125 — 129, 367
Kerberos 113
Kinder, ungetaufte 391
Kinderhimmel 162
Kinderseelen 162
Kirche 732
Kirchenkritik 379
Kirchenväter 41 — 45
Klarheit des Bewußtseins 441
Klinisch-toter Zustand 409 — 424
Klopfalphabet-Methode 568
Klopfgeräusche 77
Kollektivhalluzinationen 558
Kommunikation 638

Komponisten 576
Konfuzius 30
Kongopygmäen 93
Kongregation für die Glaubenslehre 41
Kontakte 461
Kontrollgeist 404
Konzepte, anthropologische 389
Konzepte, theologische 389
Konzil von Konstantinopel 365
Koran 146
Korjaken 99
Körper, feinstofflicher 380, 671
Kpelle 89
Krankheitsdämonen 705
Krankheitsgötter 705
Kreta 114 — 115
Kreuzkorrespondenz 696
Kritisch 473
Kryjas 273
Kulturvölker, frühe 28 — 40
Kundgaben 385
Kundgaben, mediale 691
Künstler 179
Kybernetik 535
Kryptomnesie 373

Lamaisten 167
Langzeitgedächtnis 536
Läuterung 361, 368, 391
Lazarusgeschichte 728
Leben 533, 534, 539, 637, 674 — 683
Leben, eigentliches 725
Leben, geistiges 535
Leben nach dem Tod 465 — 471
Lebensbuch 166
Lebensfaden 182
Lebensfilm 415
Lebensform, pneumatische 731
Lebenshoffnung, biblische 726
Lebenskraft 103
Lebenspanorama 460

Lebensphilosophie 72 – 73
Lehrmeinungen, spiritistische 465 – 468
Leib 730
Leib, astral 51
Leib Christi 732
Leib, elementar 51
Leib, pneumatischer 731
Leiblichkeit 389
Leibseele 30
Leib-Seele-Einheit 731
Leib-Seele-Modell 392
Leib-Seele-Pluralismus 379
Leichnam, lebender 92
Leid 359
Letzte Dinge 384
Letztursache 77
Leuchtphänomene 77
Leugnung der Unsterblichkeit 58 59
Licht 161
Logik 651
Lohn, ewiger 723
Lokri 118
Lückenphänomen 213 – 216
Luzifer 385

Magdalensberg 128
Magna Graecia 119
Magnetismus, animalischer 346
Mandan 134
Mangaia 133
Manichäismus 145
Mansen 93
Maori 133
Maßstab des Gerichtes Gottes 724
Mataco-Indianer 138
Materialisation 77, 682
Materialisationsmedium 558
Materialisationssitzung 566
Materie 546, 653
Materiebegriff 393
Mathematik 651

Maya 102, 131
Medialität 261
Medien 261
Meditation 241
Medium 378
Medizinmänner 97
Mensch 466
Menschwerdung 368
Meßreihen, experimentelle 655
Meta-Organismus 626
Metempsychose 362, 381
Methodisten 346
Mexiko 154
Mictlan 131, 162
Midewiwin 141
Mikroelektroden 536
Miru 133
Moirologia (Totenklage) 148
Monopsychismus 46
Mortuary science 314
Mula Djadi 175
Mulukuausi 191
Mumifizierung 105
Museo del Purgatorio 481
Mutation 677
Mysterien 267
Mysterien, eleusische 118
Mysterium 249 – 251
Mystik 248, 640, 742
Mystik, heilige 309
Mystik und Esoterik 69 – 72
Mystiker 313

Nabelschnur 208
Nachtodliche Erlebnisse 281 – 282
Nachtschar 157
Nahsphären 470
Naturvölker 27 – 28, 97 – 103, 135 – 142
Naturwissenschaft 305, 535, 643, 701
Nekrophilie 311
Nepal 168 – 170
Nervensystem 544

Netsilik-Eskimo 92
Neugriechen 148 – 150
Neues Testament 529
Neuplatonismus 365
Neu-Pommern (Melanesien) 134
Neurose 286
Neuschöpfung 731, 732
Neuzeit 49 – 75
Nicht-Beweisbarkeit 661 – 664
Nicht-Reproduzierbarkeit 658
Nicht-Sterbe-Patienten 431
Nirwana 144
Nordindien 430
Nordsumatra 175 – 176
Normalbewußte 241
Norwegen 155

Objektivität 200
Offenbarung 227
Offenbarung, dritte 379
Offenbarung, neue 388
Öffnung der Gräber 728
Ogygia Insel 127
Okkultismus 358, 598
Olchonen 101
Opium 340
Opium Religion 338
Orient, alter 109 – 113
Orkus 37, 121
Ornay 520
Orphiker 32
Orthodoxie, jüdische 366
Osebergschiff 123
Osiris 29, 104
Osterinsel 134

Paiute-Indianer 140
Palingenesie 363
Pampas-Indianer 98
Paragnosten 377
Paranormologie 231, 533 644

Parapsychologie 298, 359, 369 – 373, 390, 533, 619, 637 – 641, 658 593 – 616
Parapsychologie, anthropologische 629 – 635
Pararaum 671
Parawelt 671
Parsismus 147
Patagonier 98
Patient, Endstadium 442
Persephone 116, 118
Persien 31
Persona, mentale 277
Persona, postmorale 228
Personenkern 389
Personifikationstendenz 602
Personifizierung 373
Persönliche Erfahrung 62 – 65
Persönlichkeit 224
Peruaner 132
Pferd 120
Phaidros 364
Phantom 557, 559, 560, 565, 611
Phantombildungen 77
Pharisäer 723
Philosophen, stoische 730
Philosophie 393, 317
Phönizier 110
Physik 231, 393, 535, 543, 578, 655, 658, 723
Physik, relativistische 467
Physis 224
Picener 128
Pietismus 346
Planeten 325
Platonismusverdacht 392
Plattformbestattung 101
Pneuma 42, 221, 225, 731
Pneumotron 258
Präanimismus 88
Prädestination 389
Präexistenz 359, 381
Präkognition 458, 598, 612, 693

Primärtherapie 285, 290
Protestantismus 387
Psyche 221, 225
Psychiatrie 543
Psychoanalyse 296, 297
Psychokinese 458, 578, 598
Psychologie 231, 638
Psychometrie 377
Psychose 286
Pueblo-Indianer 140
Purgatorium 368, 384
Puthod 524
Pyramidentexte 104

Quäker 346

Rationalismus 54 − 56
Rätsel des Todes 712, 717
Raum 651
Raumdimensionen 666
Raum-Zeit-Struktur 665 − 674
Regression 277
Reich Gottes 276, 725
Reich, geistiges 276
Reinkarnation 289, 301, 302, 307, 367, 377, 465, 692
Reinkarnationserfahrung 79 − 80, 293 − 315
Reinkarnationserinnerungen 83 − 84
Reinkarnationsglaube 219
Reinkarnationsidee 357 − 393
Reinkarnationslehre 317 − 356
Religion 309, 358, 447, 701
Religion, zoroastrische 145
Religionspsychologie 295
Religionspsychopathologie 295
Religiosität Asiens 259
Rematerialisationsphänomene 77
Rentiereskimo 93
Retroskopie 624
Ritenkongregation 529
Rodensteiner 157
Romantik 317

Römer 37 − 40, 121 − 122
Rückerinnerung 374
Rückführung, hypnotische 359
Rückschau 624

Sadduzäer 723
Salomon-Inseln 132
Samadhi-Zustand 241, 261
Samsara 31
Schamanen 97
Schamanismus 136 − 139
Schara 168
Schattenseele 90
Scheol 109, 147, 709
Schicksal der Toten 710
Schiffsbestattung 124
Scholastik 41, 45 − 49
Schöpfung 391, 680
Schöpfung, neue 728
Schöpfungserzählungen 706
Schuld 359
Schweden 135, 155
Schwingung 686
Seele 375, 376, 729
Seele, arme 356
Seele, Präexistenz 94, 384
Seelenglaube 89 − 95
Seelenreise 136
Seelenspeise 153
Seelentod 597
Seelenwanderung 93, 324, 381
Seelenwanderungslehre 360
Selbsterlösung 361, 384, 388
Selbstmord 95
Seleukiden 720
Seligkeit 391
Semang von Malakka 98
Shaker 346
Shepherd and Goatherd 180 − 183
Shintoismus 145
Silberschnur 468, 547
Sinneseindrücke 654

Sachregister

Sinnesorgane 535
Skythen 137
Society for Psychical Research 73,
 573
Soma 224
Soma, lebend 233
Somnambulismus 346
Sonderfälle geistiger Tätigkeit 541 –
 545
Sonne 709
Sonnentor 735
Sprechweise, poetische 211 – 213
Spiritismus 71, 345 – 355, 378 –
 382, 586, 594, 599, 638, 689
Spiritismus, wissenschaftlicher 349
Spiritualismus 378 – 382
Spontanfälle 77 – 79
Spontanphänomene 476 – 503
Spontanyoga 273
Spuk 80, 557
Spuk, ortsgebundener 611
Steinwerfen 77
Sterbebettbeobachtungen 425 – 445
Sterbebetterlebnisse 460
Sterbebettvisionen 428 –430
Sterbelieder 544
Sterben 201 – 209, 247 – 248, 457
 – 248, 457 – 463
Sterbende 555
Sterbepatienten 431
Sterblichkeit 716
Sterblichkeit des Menschen 707
Steuerung, quasielektronische 545
Stimmenphänomene 80
Stoff, feiner 387
Stoff, grober 387
Stoffwechsel 534, 535
Strafe, ewige 723
Streß 444
Substanz 78
Subjektivität 200
Südsee 132 – 135

Südslawen 150 – 152
Südwest-Viktoria 97
Sünde 716
Sündenfall 716
Sündenfall, präkosmischer 379
Sündenfallerzählung 707
Synchronizität 197, 217
Systeme 182 – 184
Styx 113
Szientismus 309

Tao 30
Taoismus 143
Tartaros 118
Täuschung 428
Technik der Natur 678
Teil 236 – 240
Telekinesse 578
Telepathie 76, 260 – 261, 458, 573,
 612, 621 – 625
Teleplasma 559
Temperatur 440
Thanatologie 293, 297
Theodizeeproblem 360
Theologie 257
Theorie, falsifizierbar 657
Theorie, materialistische 683
Theorie, wissenschaftliche 656
Theosophie, schwäbische 326
These, spiritistische 661, 689
Thraker 119 - 120
Thymos 32
Tibet 166 – 168
Tlalocan 130, 162
Tod 95 – 96, 179, 180 – 199, 247 –
 248, 437 – 463, 533, 534, 555,
 556, 557, 565, 637, 715, 716,
 733, 742
Tod, biologischer 546
Tod, klinischer 534, 603, 612
Tod als Therapie 242 – 244
Tod des Einzelnen 733

Tod Jesu 726
Todesfurcht 242 − 244
Todestrieb 293
Tonbandstimmenforschung 603-609
Tondi 175, 176
Tonganer 133
Totenauferstehung 720
Totenbeschwörer 711
Totenbräuche 101, 161 − 178
Totenbuch, Ägyptisches 103, 182, 293, 751
Totenbuch, Tibetanisches 293, 751
Totenbücher 166, 168, 257 − 260
Totendämonen 705
Totenerweckung 505 − 532
Totenfest, japanisches 491
Totengeister 30
Totengericht 723
Totenglaube, altbeduinischer 709
Totengötter 705
Totenkult 711
Totenkulte, altindische 154
Totenmissale 495
Totenreich 722, 723
Totenreich, unterirdisches 709
Totenrichter 364
Toter, klinisch reanimierter 609
Tradition, abendländische 362
Tradition, chinesische 367
Trance 559, 561
Trancezustand 370
Transpersonale Psychologie 293 − 315
Transpersönlichkeiten 81
Transzendenz 217, 643 − 647
Transzendenzoffen 646
Transzendierung 185 − 187
Transzendenzverschlossen 646
Trauerbräuche der Kanaaniter 711
Trauerfall 311
Traum 306, 461
Traum, luzider 259
Traumata, psychische 371

Traumbewußtsein 241
Traumerleben 295
Traumseele 90
Trobriander 191 − 193
Tulasi 170
Tuonele 129
Tupi-Guerani 139
Tyrrhener 111

Überbewußte 241, 297
Überleben 428
Umfrageresultat 596
Unauflöslichkeit 43
Unbewußte, kollektive 301, 308
Unsterblichkeit 25 − 85, 92, 262, 329, 331, 637 − 641, 703, 735
Unsterblichkeit des Allgemeinen 60 − 62
Unsterblichkeit als Wunschvorstellung 67 − 68
Unsterblichkeit, natürliche 56 − 58
Unsterblichkeitsglaube, griechischer 729
Unsterblichkeitshoffnung, griechische 722
Unsterblichkeitsidee 357 −393, 729
Unterbewußtsein 566, 567
Untergang der Nation 719
Untergang der Religion 719
Unterwelt 364, 724
Unvergänglichkeit 728
Upanishaden 360
Urbibel 386
Urteil 315 − 318
USA 430

Vedanta 747
Vegetationsgötter 720
Veränderung d. Gemütslage 432
Verantwortung des Wissenschaftlers 697 − 700
Verbrennung 169
Verdammnis 384

Vererbung 534, 535
Vergeltung 710
Verheißung 720
Verklärung d. Leibes 265 — 268
Verklärung Jesu 266
Verkündigung 391
Verstorbene 461
Vervollkommnung 321
Verwandlung d. Einzelnen 733
Verzicht 187 — 188
Visionen 461, 555, 557
Vitalseele 91 — 92
Völker, asiatische 165 — 177
Volksglaube, armenischer 152 — 153
Vollendung 733
Vorarlberg 156
Vorgänge, seelisch-geistige 684
Vorschau 624

Wachbewußtsein 241
Wachstum 682
Wahrnehmung, außersinnliche 373, 554, 567, 598, 612,
Wahrnehmung v. Sterbenden 691
Wahrnehmungen 429, 430
Walhall 122, 123
Walküren 123
Wandelgeister 381
Warteraum 724
Weg, buddhistischer 266
Weg ins Jenseits 100 — 101
Wegnahmezweck 443
Weisheit, östliche 259
Weisheitslehrer 718
Welle, okkulte 593
Welt 222, 725
Welt, determinierte 693
Welt, elementare 51
Welt, geistig seelische 51
Welt, geistige 381, 385
Welt, himmlisch-astrale 51
Welt, postmortale 185, 189 — 199
Welt, sechsdimensionale 668

Weltende 391
Welterlösung 386
Weltmodell, Heimsches 665 — 674
Weltselektor 239
Wesen des Lebens 675
Wesen der Seele 683
Wesen Gottes 717
Wiedergängervorstellung 156
Wiedergeburt 31, 59, 140 — 142, 361, 373, 465
Willensentscheidung 535
Winnebaga-Indianer 139
Wirklichkeit 647 — 664
Wischnu 168
Wissenschaft 312, 313, 533
Wissenschaft, transzendenzoffene 700
Wissenschaftlicher Materialismus 65 — 67
Wiyot-Indianer 141
Wünsche 445

Yama 171
Yami 171
Yidag 167
Yoga 273

Xolotl 131

Zakynthos 149
Zalmoxis 119
Zarathustra 31
Zeigertelegraph 568
Zeit 651
Zeit, messianische 723
Zeitartig 686
Zeitdimension 666
Zwischenstadium 384
Zwischenzustand 176, 259
Zukunftshoffnung 703
Zulu 102
Zustände, postmortale 228
Zustandsbild, medizinisches 442
Zypern 150

SCHRIFTENREIHE
IMAGO MUNDI, (Hrsg. A. Resch)

IM KRAFTFELD DES CHRISTLICHEN WELTBILDES
  IMAGO MUNDI, Band I, 1968
  197 Seiten, kartoniert öS 108.– DM 14.–

Gebhard Frei:
PROBLEME DER PARAPSYCHOLOGIE
  IMAGO MUNDI, Band II
    Gesammelte Aufsätze, 2. verbesserte Auflage 1971
  292 Seiten, kartoniert öS 185.– DM 24.–
(Neuauflage zur Subskription)

WELT MENSCH UND WISSENSCHAFT MORGEN
  IMAGO MUNDI, Band III, 1972
  344 Seiten, kartoniert öS 215.50 DM 28.–

DER KOSMISCHE MENSCH
  IMAGO MUNDI, Band IV, 1974
  488 Seiten, kartoniert öS 369.50 DM 48.–

MYSTIK
  IMAGO MUNDI, Band V, 1975
  385 Seiten, kartoniert öS 385.– DM 50.–

PARANORMALE HEILUNG
   IMAGO MUNDI, Band VI, 1977
   679 Seiten, öS 497. - DM 71.–

FORTLEBEN NACH DEM TODE
   IMAGO MUNDI, Band VII, 1980
   787 Seiten, kartoniert öS 600.– DM 84.–

KOSMOPATHIE
   IMAGO MUNDI, Band VIII,
   In Vorbereitung